天喜文化

从声音到文字，分享人类智慧

THE SPANISH CIVIL WAR

Hugh Thomas

西班牙内战

秩序崩溃与激荡的世界格局，1936—1939

上

[英] 休 · 托马斯→著

郭建龙 李相程 朱莹琳→译

天地出版社 | TIANDI PRESS

图书在版编目（CIP）数据

西班牙内战：秩序崩溃与激荡的世界格局：1936—1939 /（英）休·托马斯著；郭建龙，李相程，朱莹琳译．—成都：天地出版社，2024.10
书名原文：THE SPANISH CIVIL WAR
ISBN 978-7-5455-7949-9

Ⅰ．①西… Ⅱ．①休… ②郭… ③李… ④朱… Ⅲ．①西班牙内战 Ⅳ．①K551.52

中国国家版本馆CIP数据核字（2023）第178161号

著作权登记号：图进字21-2019-539
审图号：GS（2023）2699号

XIBANYA NEIZHAN：ZHIXU BENGKUI YU JIDANG DE SHIJIE GEJU：1936–1939

西班牙内战：秩序崩溃与激荡的世界格局：1936—1939

出 品 人 陈小雨 杨 政
作　　者 ［英］休·托马斯
译　　者 郭建龙 李相程 朱莹琳
责任编辑 孙 裕 张新雨
责任校对 杨金原
封面设计 水玉银文化
责任印制 王学锋

出版发行 天地出版社
（成都市锦江区三色路238号　邮政编码：610023）
（北京市方庄芳群园3区3号　邮政编码：100078）
网　　址 http://www.tiandiph.com
电子邮箱 tianditg@163.com
经　　销 新华文轩出版传媒股份有限公司

印　　刷 北京文昌阁彩色印刷有限责任公司
版　　次 2024年10月第1版
印　　次 2024年10月第1次印刷
开　　本 880mm × 1230mm 1/32
印　　张 34
字　　数 945千字（上下册）
定　　价 198.00元（上下册）
书　　号 ISBN 978-7-5455-7949-9

咨询电话：（028）86361282（总编室）
购书热线：（010）67693207（营销中心）

如有印装错误，请与本社联系调换

目　录

上　册

下　册

编者按

本书是*The Spanish Civil War*原版翻译本。作者在原书中根据内容需要穿插使用了西班牙语及其他语言，并在原版编者按中作出说明。由于本书为该书的中文版，很多原书语言的使用习惯在本书中无法体现，因此编者根据本书特点作出部分调整。此外根据译稿习惯，亦作出相关说明，内容如下：

1. 本书脚注中的参考文献为了方便查阅不作翻译，并与原书脚注格式保持一致：在第一次提到某项出处时，它的书名全称、发表地点、发表时间以及作者的全名将全部列出；随后，当该出处再次出现时，只会简单罗列作者的姓名。当提到同一作者的第二本（或第三本）书时，这本新书和引用的作者的第一本书的名称都会使用一个简称代指。所有引用文献的完整名称及相关信息，均在“注释与参考文献”中列出。

2. 在内战中，当事人的阵营名称通常被归称为以弗朗西斯科·佛朗哥为核心的“国家主义西班牙”和西班牙人民阵线左翼联盟领导的“共和主义西班牙”，阵营内人群的泛称分别简单译作“国家主义”和“共和派/共和主义”。国家主义西班牙一方的军队称为“国民军”，共和主义西班牙一方的军队称为“共和军”。正文中不再赘述。

标注简称说明

CAB　英国内阁会议纪要（未发表，在公共记录办公室）——有适当的参考内容。

FD　法国外交政策文件1936—1939年，第3部起第2系列。

FO　外交部，暗指公共档案办公室未公开的文件。

GD　德国外交政策文件系列D卷3部，除非另有说明。

NIC　不干涉委员会文件

NIS　不干涉小组委员会文件

USD　美国外交政策卷1936—1939年

团体和政治党派

简称和中文翻译对照

CEDA （Confederación Española de Derechas Autónomas）——西班牙自治权利联盟（天主教党派）

CNT （Confederación Nacional de Trabajo）——全国劳工联合会（无政府主义-辛迪加主义工会）

FAI （Federación Anarquista Ibérica）——伊比利亚无政府主义者联盟（无政府主义先锋）

FIJL （Federación Ibérica de Juventudes Libertarias）——伊比利亚自由主义青年联盟（无政府主义青年）

JAP （Juventud de Acción Popular）——人民行动青年团（天主教行动青年运动）

JCI （Juventud Comunista Ibérica）——POUM，伊比利亚共产主义青年

JONS （Juntas de Ofensiva Nacional-Sindicalista）——国家工团主义进攻委员会（法西斯主义者）

JSU （Juventudes Socialistas Unificadas）——统一社会主义青年团（联合青年运动革命）

POUM （Partido Obrero de Unificación Marxista）——马克思主义统一工人党革命共产主义者（例如：反斯大林主义）

PSUC （Partido Socialista Unificado de Cataluña）——加泰罗尼亚统一社会党（加泰罗尼亚共产党的化名）

UGT （Unión General de Trabajadores）——劳动者总工会（社会主义工会）

UME （Unión Militar Española）——西班牙军事联盟（右翼军官组织）

UMRA （Unión Militar Republicana Antifascista）——反法西斯共和党（共和军官组织）

五十周年版序 v

1957年过半，文稿经纪人詹姆斯·麦克吉本（James Macgibbon）找到我。当时他就职于著名的柯蒂斯·布朗（Gurtis Brown）公司。①他是一位温和的左翼，一位迷人的绅士出版人，曾任麦克吉本&基公司的创始主席。詹姆斯邀我到萨维尔俱乐部共进午餐，但我去得太晚，于是我们转而沿途走到康诺特酒店。在那儿，他谈到我的小说《世界的游戏》的结尾，里面描写了英雄出走以色列的战斗故事。他说，这让他想起其他类似的冒险故事，例如西班牙内战的故事。真是碰巧，他认识的一位美国出版人小卡斯·坎菲尔德［Cass Canfield Junior，他的父亲是重组了哈珀兄弟出版公司（Harper Brothers）的伟大出版人卡斯·坎菲尔德］，想找人为他就职的科沃德·麦卡恩（Coward McCann）公司写一部关于这场内战的书。他问我是否有兴趣接受这项委托，如果有，我需要写一份大纲。我同意了。

到8月，大纲完成了。比我年长近十岁的小卡斯·坎菲尔德非常满 vi
意，并委托我为哈珀兄弟出版公司创作该书——当时他已加入这家出版社。对于我在英格兰的出版商，艾尔和斯波蒂斯伍德出版公司（Eyre and Spottiswoode）的道格拉斯·杰罗尔德（Douglas Jerrold）而言，大

---

① 参见詹姆斯载于《泰晤士报》（*The Times*, 30 October 2004）上的自述。战争期间，詹姆斯先是在白厅的陆军部工作，之后到了华盛顿的参谋长委员会。英国拒绝将自己包括D日（D-day，重大事件预发生日）计划在内的军事计划告知苏联，而且通过苏联驻伦敦大使接触格鲁乌，进而将规则掌握在自己手中。这些事在詹姆斯看来都是丑闻。他向苏联人透露了许多有趣的秘密，而且他本人似乎在苏联情报部门那里被称为“老爷”。

纲即便没能取悦他，但也令他满意。杰罗尔德曾出版我的小说《世界的游戏》。他在1936年曾是佛朗哥的积极支持者。事实上，正是他租用迅龙飞机把佛朗哥将军从加那利群岛载往摩洛哥。杰罗尔德、路易斯·博林（Luis Bolín）和里卡多·德拉谢尔瓦（Ricardo de la Cierva）在辛普森滨河餐的一次会面中策划了这一行程。博林当时是西班牙报纸《阿贝赛报》（*ABC*）驻伦敦的通讯员；德拉谢尔瓦则是这款直升机的发明者。杰罗尔德在他的著作《乔治时代的冒险》（*Georgian Adventure*）的段落中，清晰表明了自己关于西班牙内战的立场。1938年拜访佛朗哥之后，他写道，虽然佛朗哥可能并不是一名“伟人”，但他“确实无比重要，是个极好的人，或许是个英雄，或许是个圣人……”[①]詹姆斯·麦克吉本与道格拉斯·杰罗尔德，这是一个多么奇异的资助人联盟啊！小卡斯代表哈珀兄弟出版公司给我提供了300美元的订金，艾尔和斯波蒂斯伍德出版公司给了我250英镑。我想本书计划就此落定。

我在1957年夏到1961年春这段时间研究西班牙内战的历史。研究初始，我便在思考这场战争中有关国际方面的信息。我获得了德国外交部的文件。它们从1951年开始便在定期出版，但尚未有人使用过。有关意大利方面信息的获得，我得到了诸多便利，不仅可以阅读官方文书，而且可以阅读齐亚诺（Ciano）伯爵30年代后期的日记。我曾在剑桥与他的遗孀见面。至于法国，我有一些议会档案，其中包括1936年驻马德里的法军专员莫雷尔（Morel）上校的回忆记录。他跟莱昂·布鲁姆（Léon Blum）[②]曾说过一些事，大意是“我唯一能告诉你的是：我可以向你保

---

① Douglas Jerrold, *Georgian Adventure* (London, 1938), p.384.

② 安德烈·莱昂·布鲁姆（André Léon Blum，1872年4月9日—1950年3月30日），法国左派政治家和作家，知名文学和戏剧评论家，1936—1937年为人民阵线联合政府的首脑，法国第一位社会党籍（也是第一位犹太人）总理，执政100天左右，实行了变革，提高了工人待遇。1940年“维希政府”将他逮捕，并监禁到1945年才释放。——编者注

证，法兰西国王本该参战的”。英国方面和著名的不干涉委员会的信息源则更难敲定，不过我最终找到了一些外交部文件。关于不干涉委员会的文件在当时仍属机密，但我发现在荷兰有一个版本可轻易获取。我并未在外交部阅读到这一西方机构的正式文书。假如能读到，我应该可以发现有间谍唐纳德·麦克莱恩（Donald Maclean）和约翰·凯恩克罗斯（John Cairncross）签名的备忘录。在一份版本精良的美国外交文书选集 vii
里，我发现了外交大使克劳德·鲍尔斯（Claude Bowers）在30年代与罗斯福总统的交流记录。当然，了解苏联要难得多。不过众多前共产党人和其他人士，甚至是一些苏联军官，都记录了他们的见闻。

我还与当时登上过外交舞台的一些幸存者会面。例如，我的一次大冒险便是在布宜诺斯艾利斯与约翰内斯·伯恩哈特（Johannes Bernhardt）共进晚餐。这个德国商人曾在1936年7月拜访希特勒，请求他帮助佛朗哥。尽管他曾是党卫军的将军，但跟我预期的反差极大。他是个忧郁的东普鲁士人。和我在一起时，他花了很长时间来哀叹苏联人在他年轻时征服了德国领土的过往。他将佛朗哥的一封信传递给希特勒。伯恩哈特说，信的风格十分“孩子气”。或许正因如此，这封信似乎才未见出版。

尽管我经常到访意大利，但我从未找到与伯恩哈特地位相当且合乎写作需要的意大利人。不过，我挖掘到了1936年驻巴黎的西班牙大使胡安·德卡德纳斯（Juan de Cárdenas）的宝贵证词。他是一名老派的外交官，随后又成为西班牙议员，之后又任驻华盛顿大使。内战开始时，他代表共和国向法国政府提出购买军火的请求。令他惊讶的是，莱昂·布鲁姆同意了。然而德卡德纳斯在交易完成前就辞去了职务。共和国一方最积极的合作者是巴勃罗·德阿斯卡拉特（Pablo de Azcárate）。整个内战期间，他都是驻伦敦大使，还是胡利奥·阿尔瓦雷斯·德尔巴约（Julio Álvarez del Vayo）的连襟，后者在1937—1939年间任共和国外交部长。1958年我在日内瓦见到（业已退休的）德阿斯卡拉特。当时我在那里为联合国工作。我们在他位于霍德勒路的家里进行了多次交谈。德阿斯卡拉特描述了对西班牙共和国政府的回忆，并给我看了他的回忆录（而后由他儿子出版）。他告诉我，早在1936年，温斯顿·丘吉尔对于内战就已经表达了中立的决心，因为两边都已“双手浸满鲜血”。“血，血，血！”他在见到德阿斯卡拉特时喊着。当罗伯特·西塞尔将德阿斯卡拉特引荐给丘吉尔时，丘吉尔拒绝与之握手。

我与内战中站在“政治光谱”中的各方代表人物都建立了良好的关系。在右翼，包括：唐安赫尔·埃雷拉（Don Angel Herrera），他是共和国天主教报纸《辩论报》（*El Debate*）的编辑，到1959年我们会面时，
viii 他已经成为枢机主教兼马拉加主教；托雷（Torre）公爵卡洛斯·马丁内斯·坎波萨（Carlos Martínez Campos），他曾在国家主义一方指挥炮兵，而后成为唐胡安·卡洛斯（Don Juan Carlos）的导师；卡洛斯主义领袖曼努埃尔·法尔·孔德（Manuel Fal Conde），我在塞维利亚与他见过面，他的儿子也在场，当时中风已令他身体虚弱。慷慨的卡洛斯主义历史学家梅尔乔·费雷尔（Melchor Ferrer）给了我一大摞令人着迷的未刊材料，其内容涉及内战中的卡洛斯派。他还向我保证，他火炉里未引爆的炸弹已经被西班牙共产党扔到了萨拉戈萨的石柱圣母圣殿。事实上，它是被新闻记者弗兰克·耶利内克（Frank Jellinek）扔到那里的——耶利内克是这么说的。我到迪奥尼西奥·里德鲁埃霍（Dionisio Ridruejo）在马德里的住所拜访了他。他是最有教养的长枪党人，早期便与佛朗哥发生过争执（但似乎仍然以间接的方式支持佛朗哥）。我还与贝尔特兰·多梅克（Beltran Domecq）建立了十分友好的关系。（佛朗哥在唐赛德过暑假时）他是佛朗哥的摩托信使。1936年9月，他到奥罗佩萨（Oropesa）送信，惊恐地发现10具已然变形的修女尸体躺在当地的墓园里。

感谢西班牙驻伦敦使馆的一位外交官，我得以见到拉蒙·塞拉诺·苏尼尔（Ramón Serrano Súñer），也就是佛朗哥将军那位心怀不满的连襟。正是因为这层关系，在他位于巴斯克自治区札劳兹（Zarauz）海边可爱的夏季住所中，他得到了“最高连襟”（Cuñadisimo）的绰号。

我还见到了诺埃尔·菲茨帕特里克（Noel Fitzpatrick）和彼得·肯普（Peter Kemp），他们属于为数不多的站在佛朗哥一方战斗的英国人。此外还有罗兰·圣奥斯瓦尔德（Rowland St Oswald），当时他是一名记者。他宣称当“第五纵队”这个鼎鼎大名的词语被创造出来时，他就在现场。在1936年9月的新闻发布会上，他代表《每日电讯报》（*Daily Telegraph*）询问埃米利奥·莫拉（Emilio Mola）将军（后文称莫拉将军），为马德里组建的四路纵队中，哪一路会率先解放首都人民。莫拉似乎答道：“我的四路军事纵队都不会解放马德里，荣誉将归于第五纵队，已经在城里的秘密支持者。”

左翼方面，我也曾与一群有代表性的有趣人物会面。我已提到胡利奥·阿尔瓦雷斯·德尔巴约，我在巴黎遇到他，并进行了一场结果令人不太满意的谈话。我想这要么是因为我没处理好访谈，要么是因为他遗忘了一些事。我还见了一些显要的巴斯克人，如赫苏斯·马里亚·德雷佐拉（Jesús María de Leizaola，时任总统）。我们是在流亡巴黎的巴斯克政府总部见面的。尽管那时他已离乡20年，并且还要等上15年才能安全回归故里，但桑热街（Singer）的办公室依旧呈现出忙碌的氛围， ix
活动密集，电话铃声不断，人员带着消息进进出出，仿佛我们是置身于拿破仑在滑铁卢的司令部。我认识的另一个重要的巴斯克政治家是曼努埃尔·德伊鲁霍（Manuel de Irujo）。他的流亡岁月在伦敦度过。

我还到巴黎福煦大街（Avenue Foch）拜访了流亡在外的共和国政府。我坐在他们的图书室，听到隔壁房间传来兴奋的讨论声，而后所有部长带着微笑走出。“政府已经垮台了。”埃米利奥·埃雷拉（Emilio Herrera）将军对我说。“那么谁是新任首相呢，我的将军？”我问道。“我获得了这份荣誉。”埃雷拉认真地回答。

前无政府主义者同样活力四射，例如何塞·加西亚·普拉达斯（José García Pradas）和无政府主义部长兼领袖费德里卡·蒙塞尼（Federica Montseny）。前者在加入BBC西班牙服务之前曾是年轻气盛的暴力之徒。

我见到了马克思主义统一工人党的胡利安·戈尔金（Julian Gorkin）。他以相当确定的态度告诉我如何判断共产主义者［20世纪20年代，当统一工人党让他刺杀普里莫·德里维拉将军时，他曾离党而去。他坚持认为，“热情之花”颇为类似于杜·莫里耶（du Maurier）塑造的“软毡帽”（Trilby），是共产国际超级特派员维托里奥·卡德维拉（Vittorio Codovilla）着手创造的一个积极肯干的形象，后者还将自己视为杜·莫里耶再世］。我还与小胡安·内格林博士（Dr Juan Negrín Junior）及其妻子罗西塔·迪亚斯（Rosita Díaz）谈话。小胡安·内格林是社会主义者胡安·内格林（Juan Negrín）之子，且一度是他父亲的参谋。我还同萨尔瓦多·德马达里亚加（Salvador de Madariaga）成了朋友，他总是一副积极乐观的样子。其他人还包括：阿尔韦托·奥南迪亚（Alberto Onandía）神父，向我描绘了他亲眼目击的空袭格尔尼卡的情景；巴斯克人路易斯·德奥图萨尔（Luis de Ortúzar），现在是毕尔巴鄂的巴斯克警察局局长；曼努埃尔·塔维尼亚（Manuel Tagüeña），内战开始时是学生领袖，内战结束时是军官，如今作为药剂师在墨西哥过着平静的生活。

在英国的左翼中，我找到了众多有趣的亲历者，包括：姬蒂·温特林厄姆（Kitty Wintringham），国际旅英国营最后一位指挥官的遗孀；英国营的参谋长、忧郁的演员马尔科姆·邓巴［Malcolm Dunbar，原书此处为“迈克尔·邓巴”（Michael Dunbar）疑误］，不久后他便走向威尔士的海边，投海自尽；在巴黎为联合国儿童基金会工作的肯尼思·辛克莱·洛蒂特（Kenneth Sinclair Loutitt），他曾是共产党员，并且非常乐意谈他那些在党内的老友；另一个知晓西班牙共产党经历的克劳德·科伯恩（Claud Cockburn），曾任《周报》（*The Week*）编辑，非常
x 有趣、智慧、热情。我见了20世纪30年代的政治家，如：前议长、当时已受封为邓罗西尔（Dunrossil）勋爵的W. S. 莫里森（W. S. Morrison）和菲利普·诺埃尔-贝克（Philip Noel-Baker）；曾任第十五国际旅政委

的乔治·艾特肯（George Aitken），曾任该旅指挥官的弗雷德·科普曼（Fred Copeman），以及切尔西国际旅成员汉弗莱·斯莱特（Humphrey Slater）。后者把自己的名字从休（Hugh）改成汉弗莱（Humphrey），因为他觉得汉弗莱这个名字更像工人阶级。我接着还访问了共和国的热情支持者，例如贾尔斯·罗米利（Giles Romilly）、菲利普·汤因比（Philip Toynbee）、斯蒂芬·斯彭德（Stephen Spender）、迈尔斯·托马林（Miles Tomalin）、汉弗莱·黑尔（Humphrey Hare）和玛戈·海涅曼（Margot Heinemann）。黑尔是南希·米特福德（Nancy Mitford）的朋友，他起着类似英国情报员的作用，尽管不如唐纳德·达林（Donald Darling）重要，后者是身在加泰罗尼亚的英情报局（SIS）人员。玛戈·海涅曼是杰出的小说家，曾是前途无量的诗人约翰·康福德（John Cornford）的女友。我在剑桥见过康福德聪慧的母亲弗朗西丝（Frances）。弗朗西丝向我保证，她的儿子约翰1936年秋返回西班牙时并不情愿，而后他死于友军的炮火。她认为这是有人故意为之。玛戈·海涅曼则愤怒地否认了这种观点。

在日内瓦，我与弗兰克·耶利内克进行了多次谈话，他是《曼彻斯特卫报》（*Manchester Guardian*）驻西班牙的通讯员。他给了我一些当时的剪报，这些剪报无比珍贵。我在50年代约见的另一位在30年代活跃的记者，亨利·巴克利（Henry Buckley）。他是个极好的信息源，因为他熟识共和国的各位政治家。

我搜罗了一大批图书。它们由西班牙内战的参与者、国际旅成员或记者在内战时期用所有能想到的各种语言写成。在大英博物馆旧馆的老阅览室和伦敦图书馆里，我满怀热情地研习了所有这类图书。

当然，我意识到我必须到西班牙进行一趟长时间的旅行，以便让自己沉浸到西班牙的生活中。这便是我在1958年头几个月做的事。开始，我在马德里待了一两个月，随后前往托莱多、埃斯科里亚尔、阿维拉、塞拉山脉和安达卢西亚旅行。《路牌》（*The Tablet*）周刊的编辑汤姆·伯恩斯（Tom Burns）希望我到托莱多见见他的岳父、名医格雷戈里奥·马拉尼翁（Gregorio Marañon）。这样他就能给我解释为何写一部西班牙内战的历史是不可能的——写一部巴利亚多利德的法西斯主义史或许可能，但写战争本身的历史根本不可能。于是我决定自己还是不要去托莱多那座著名的郊外别墅午餐了。

紧接着我前往毕尔巴鄂和圣塞巴斯蒂安，而后是奥维耶多。随后又
xi 去了巴塞罗那。我还记得身在充满生气的兰布拉大道时我是多么兴奋。沿街都是花店和咖啡馆，街道的尽头，巨大的哥伦布雕像矗立在石柱上，面朝大海。我还能回忆起海边的留声机如何对着空旷的广场播放着海滨之歌，歌名似乎是《我会回来》（*Volveré*）。

1959年夏，即当年英格兰的选举季，我也在西班牙四处游历。当我搭乘火车在塔霍河河谷穿行时，身旁的旅客绘声绘色地跟我描述西班牙选举时可能会发生的一切。“会出现枪击事件，”他说，“西班牙向来如此。英格兰则不同。”

多趟塔尔戈列车之旅后，1960年，我完成了西班牙内战史的稿子，并在艾尔和斯波蒂斯伍德出版公司将它交给道格拉斯·杰罗尔德。当时才华横溢的出版人莫里斯·坦普尔-史密斯（Maurice Temple-Smith）、约翰·布赖特-霍姆斯（John Bright-Holmes）和詹姆斯·赖特（James Wright）在为杰罗尔德工作。我们找到我漂亮的朋友瓦妮莎·杰布（Vanessa Jebb）来汇编附录。那时，我已搬入康沃尔花园的公寓。这座公寓属于托比·罗伯逊（Toby Robertson），很久以前，他就是我的剑桥戏剧《天使谈话》（*Some Talk of Angels*）的制作人。我在那里举行了一场宴会以庆祝新书出版。我记得我将道格拉斯·杰罗尔德引荐给贾尔斯·罗米利，以证明左翼有时可能与右翼友好相处。

我返回西班牙做了些最后的地形考察。我在马拉加附近的丘里亚纳见到杰拉尔德·布雷南（Gerald Brenan），随后北上马德里。感谢驻伦

敦大使馆的一位西班牙外交官（一名塞维利亚人）从中斡旋，我住到了科莱希奥市长塞萨尔·卡洛斯（Cesar Carlos）家里。在那儿，我不仅见到许多有趣的，主要是左翼的同龄人，而且接了一通来自托雷公爵马丁内斯·卡罗（Martínez Caro）将军的电话，他是位鼎鼎有名的君主派将军。我的友人无法理解我如何能交到这些朋友！

本书出版于1961年4月，收到的几乎全是正面的评价。西里尔·康诺利（Cyril Connolly）在《星期日泰晤士报》（*Sunday Times*）上表示它写得很好，这是极高的赞誉。迪克·克罗斯曼（Dick Crossman）在《新政治家周刊》（*New Statesman*）上称它"近乎典范"。罗伊·詹金斯（Roy Jenkins）在《旁观者周刊》（*The Spectator*）上给予它赞扬，迈克尔·霍华德（Michael Howard）在《听众周报》（*The Listener*）上也表达了同样的观点。克劳德·科伯恩在《星期日电讯报》（*Sunday Telegraph*）上表示它令人激情澎湃，彼得·肯普在《每日电讯报》上也表达了同样的观点。罗兰·圣奥斯瓦尔德和马尔科姆·马格里奇（Malcolm Muggeridge）分别在《约克郡邮报》（*Yorkshire Post*）和《时间与潮流》（*Time and Tide*）上表示它很吸引人。雷蒙德·卡尔（Raymond Carr）在《观察家报》（*Observer*）上进行了友善评论，尽管他自己也计划写一部内战史。德斯蒙德·威廉姆斯（Desmond Williams）在《爱尔兰报》（*Irish Press*）上表示它精彩绝伦。《泰晤士报文学副刊》（*The Times Literary Supplement*）给了支持性的 xii
评论［那是匿名评论的时期，后来我知道书评出自阿伦·洛德·查尔方特（Alun Lord Chalfont）］。我收到唯一的严厉批判来自《天主教先锋报》（*The Catholic Herald*），由阿诺德·伦恩（Arnold Lunn）执笔。

在美国，我也从主流报纸上获得了令人愉快的评论。以《纽约时报》（*New York Times*）开始，比森特·希恩（Vincent Sheehan，"吉米"）满怀热情地赞美它。《纽约时报》甚至为此书发表了一篇社论。威廉·斯图尔特·张伯伦（William Stuart Chamberlain）和萨尔瓦多·德马达里亚加分别在《华尔街日报》（*Wall Street Journal*）和《星期日先锋论坛》（*Sunday*

Herald Tribune）上发表书评。我似乎声名鹊起。

西班牙的反馈十分有趣。马丁内斯·坎波萨将军在《阿贝赛报》上赞扬它极好，除此以外便只有告知本书已出版的通告。本书遭到了查禁。几年后，我发现一本有趣的书里提到了佛朗哥将军的反应，即佛朗哥的表弟和副官埃梅内希尔多·佛朗哥·萨尔加多（Hermenegildo Franco Salgado）的《佛朗哥私人谈话录》。相关评论例如："将军就托马斯先生的书问了些问题……这位英格兰作家的许多说法，将军都予以否认。"

本书当时就已经存在西班牙语版本。我从未想过有这种可能性。甚至本书的英语版本问世之前，就有两位西班牙反对派的成员来拜访我。一位是历史学家克劳迪奥·桑切斯·阿尔沃诺斯（Claudio Sánchez Albornoz）之子尼古拉斯·桑切斯·阿尔沃诺斯（Nicolás Sánchez Albornoz）；另一位是比森特·吉尔博（Vicente Girbau），一名反叛的前西班牙外籍军团成员。他正帮忙在巴黎寻找一家出版商，专门出版被佛朗哥政权谴责的一系列作品。将我的书作为开端似乎正好。我同意合作，鲁埃多·伊韦科出版社（Ruedo Ibérico，出版商耳熟能详的名字）开始了翻译工作。这家出版社当时由来自巴伦西亚的无政府主义者佩佩·马丁内斯（Pépé Martínez）管理。

很快我又与其他出版社合作，例如巴黎的罗贝尔·拉丰出版社（Robert Laffont，很高兴它此时仍是我的出版商）、德国的乌尔施泰因出版社（Ullstein）和意大利实力雄厚的埃诺迪出版社（Einaudi）。最终，本书由17家出版商出版，译成欧盟所有国家的语言。

自1961年本书首次出版，有关西班牙内战的历史研究已大为改观。
xiii 我们经历了佛朗哥将军、何塞·安东尼奥·普里莫·德里维拉（José Antonio Primo de Rivera）、卡尔沃·索特洛（Calvo Sotelo）、胡安·内格林、因达莱西奥·普列托（Indalecio Prieto）和曼努埃尔·阿萨尼亚（Manuel Azaña）思想深邃的人生，阿萨尼亚的完整日记已经出版。内战的国际资料方面已有大量在历史方面极负责任的作品。供给双方的武器得到了充分探讨。两条战线背后的暴行已得到详尽研究，许多数据有了大胆推测。甚至苏联在其中的角色也得到权威性研究，罗马教会的作用也得到深入分析。军事方面的冲突当然也不会被忽视。伊恩·帕特森（Ian Patterson）的《格尔尼卡》（*Guernica*）展现的微观研究成果也能如宏观研究揭露的那样丰富。但是仍然存在一些问题，例如，洛伦佐·马丁内斯·福塞特（Lorenzo Martínez Fusset）将军所扮演的真实角色是什么？他是佛朗哥将军的军事助手，而后又被证明早年曾是诗人费德里科·加西亚·洛尔卡（Federico García Lorca）的密友。

在20世纪头几年萨帕特罗首相执政期间，西班牙内战再次成为当代政治问题。问题在于，在1939年内战结束之后的那些年里，胜利者能够利用人们对众多左翼党派和民兵团体暴行的回忆做警示，拒绝与共产主义有任何往来；然而，左翼从未获准对右翼和政府的不公正进行类似的报复。这一点似乎尤为可耻，因为在1939—1945年世界大战肆虐欧洲众多地区时，佛朗哥政府或多或少都能够不受批判地肆意行动。西班牙希望利用《历史记忆法》的通过，平息由此造成的怨愤。

然而，历史记忆里从来就没有什么是显而易见的。让我们回想一下，当善良之人合乎情理地希望重新体面安葬诗人费德里科·加西亚·洛尔卡的遗体时发生过什么。1936年8月，加西亚·洛尔卡在格拉纳达或其附近遭到有组织的右翼枪杀。他最早的葬身之所似乎由杰拉尔德·布雷南和伊恩·吉布森（Ian Gibson）这些值得尊敬的人所建。一场要求挖掘原址的运动开始，但它最初遭到诗人家族中仍健在的成员反对。不过，这一提案最终在2010年得到批准并付诸实践。然而，精细的挖掘工作并没能找到遗体。

对于内战纪念问题，我主张采用一种简单的解决方案。应当参考以色列大屠杀纪念碑，在马德里城外设立一座纪念碑。所有直接死于战争 xiv
的受难者之名都应铭刻于此，无论他们是死于战场还是后方。纪念碑上应既有何塞·安东尼奥的名字，也有加西亚·洛尔卡的名字，既有莫拉的全名，也应有路易斯·孔帕尼斯（Luis Companys）的名字。当然也不应该忘记康福德和那位著名的塞维利亚斗牛士“阿尔加瓦人”[①]——处于敌对双方的两人都死于1937年洛佩拉的冬季战役。前者是英格兰诗人和共产主义者，后者是长枪党成员。他们是各自阵营里的英雄，却对彼此一无所知。

休·托马斯

2012年

① 他的父亲是一名更优秀的斗牛士，也是个著名的花花公子。

再版前言 xxiii

本书于1961年首次出版，当年和次年便译为包括西班牙语在内的多种语言出版。但是，西班牙语版并非在马德里出版，因为在当地，这本书遭到西班牙信息部审查官员的查禁。因此，西班牙语版由鲁埃多·伊韦科出版社制作发行（我想它是该公司的首部作品）。这是一家由西班牙流亡者在巴黎开设的出版社。本书随后被走私到西班牙。之后，诸个修订本以英语出版。1976年，全面修订本以英语和西班牙语出版。那时佛朗哥将军已然辞世，国王胡安·卡洛斯任命阿道弗·苏亚雷斯（Adolfo Suárez）为首相。新政府着手废除审查制度。于是，本书的多个版本在西班牙发售，其中有一个插图本以分册的形式在火车站和街角的报刊亭出售。

我认为西班牙20世纪60年代的审查制度促进了本书在70年代的销量增长。佛朗哥一去世，人们就贪婪地渴望着阅读此前所有遭禁的书。如果这些书涉及像内战这种将佛朗哥送上权力宝座的敏感问题，就会面临更严重的情况。不过，这些出版物也促使后佛朗哥时代民主转型的成功——不仅指我的书，也包括其他历史学家的著作，作者既有西班牙人也有英国人，既有法国人也有美国人。此前西班牙的民主为什么会在20世纪30年代走上歧途？我想，重拾这一问题的相关知识在20世纪70年代有极其重大的意义。平静地回想西班牙内战是“多么恐怖的失败”，可以帮助那些如今专注于“构建新西班牙”的作家们，让他们 xxiv
避免在作品中使用过于激进的措辞。指出“内战的责任难以轻易作出判定”这一事实并揭示那些四处横行的可憎罪行，便会避免诸多报复行动——如果我们还记得多少参与内战的人其实依然健在，便不敢全然期盼这样的现实。雪莱说："诗歌能拯救我们。"难道我们不能为历史做同样的主张吗?

对西班牙内战的看法一代与一代不同。如今，人们似乎认为，这场内战是1914—1945年间欧洲大陆整体崩坏的一部分：西班牙堕落至野蛮的境地并非特例，当然也不是最具代表性的。过去的几个世纪里，没人认为卷入战争的国家在资金耗尽之时还能幸存。1914年的事件证明了这种观点的错误。20世纪之前，没人会料想内战双方在武力耗尽时仍内战不止，但西班牙用事实证明，外国可提供战争物资，以使冲突无止境地持续。从那以后的多场战争也证明了这一点。许多人在西班牙殒命。但我在第一版就质疑过"100万人死亡"这一估值的可靠性，并主张最大值可能是50万。我相信在历史作品中这是第一次。随后人们对伤亡人数的估值日趋降低。如今，人们或许完全可以接受如下主张：与20世纪其他欧洲大国的暴力冲突相比，西班牙内战伤亡的人数较少。

这是个重要的反思。高姿态的"北方民族"[①]不太理解，且常常私下鄙夷西班牙。(在伦敦，"老西班牙风俗"这一俗语意味着拿了钱不干活。)西班牙通常会被人认为比事实上更暴力。1815年以来，西班牙就被好运气和地理因素隔绝在大国竞争的"世界游戏"之外，它能教授给其他民族的比它需要学习的更多：最重要的是，它比其他国家更能透彻地理解将进步与保守相结合的艺术。最近，它在给自治地区下放权力方面取得了诸多进展，但并不是整个西班牙都表示支持，因为中央政府的开支依然很高。但我觉得，如果那些发达国家仍然希望中央政府可以参与管理一半的经济事务，那么他们都应走这条路。这些是大问题，如果人民希望继续幸福地在欧洲生活，就像我们现在大多

---

① 指西班牙以北的欧洲其他民族。——编者注

数人一样（尽管总有些不如意），毫无疑问，今后关于历史的记载会影 xxv
响未来的生活。

在醉心于西班牙内战研究的年月里，我曾与众多当时的亲历者对谈或通信。那些给予我帮助的西班牙人包括：

维克托·阿尔瓦（Víctor Alba）、胡利奥·阿尔瓦雷斯·德尔巴约、巴勃罗·德阿斯卡拉特、卡耶塔诺·玻利瓦尔（Cayetano Bolívar）、胡安·德博尔冯（Juan de Borbón）、博什·金佩拉（Bosch Gimpera）教授、贝特兰·多梅克（Beltrán Domecq）、曼努埃尔·法尔·孔德、梅尔乔·费雷尔、安德烈斯·加西亚·拉卡列（Andrés García Lacalle）、何塞·加西亚·普拉达斯、何塞·玛利亚·希尔·罗夫莱斯（José María Gil Robles）、胡利安·戈尔金、胡安·格里哈尔沃（Juan Grijalbo）、比森特·瓜内尔（Vicente Guarner）、安赫尔·埃雷拉枢机主教、埃米利奥·埃雷拉将军、马丁·德伊鲁霍、何塞·马里亚·德雷佐拉（José María de Leizaola）、萨尔瓦多·德马达里亚加、何塞·伊格纳西奥·德曼特孔（José Ignacio de Mantecón）、阿道夫·马丁·加梅罗（Adolfo Martín Gamero）、马丁内斯·坎波萨将军、托雷公爵、唐娜·费德里卡·蒙塞尼、小胡安·内格林、阿尔韦托·奥南迪亚神父、阿尔瓦罗·德奥尔良-博尔冯（Prince Alvaro de Orleans-Borbón）亲王、路易斯·德奥图萨尔、路易斯·波蒂略（Luis Portillo）、多明戈·Q（Domingo Q）、迪奥尼西奥·里德鲁埃霍、拉蒙·塞拉诺·苏尼尔、曼努埃尔·塔拉戈纳（Manuel Tagueña）、何塞·马里亚·塔拉德利亚斯（José María Tarradellas）和费尔南多·巴莱拉（Fernando Valera）。

与我进行过宝贵谈话或通信的人还包括：乔治·艾特肯、理查德·本内特（Richard Bennett）、约翰内斯·伯恩哈特、杰拉尔德·布雷南、亨利·巴克利、汤姆·伯恩斯、R. A. 巴特勒（巴特勒勋爵）、克劳德·科伯恩、弗雷德·科普曼、弗朗西丝·康福德（Frances

Cornford）、托拉·克雷格（Thora Craig）、亚历克·迪格斯（Alec Digges）、马尔科姆·邓巴（Malcolm Dunbar）、邓罗西尔勋爵、诺埃尔·菲茨帕特里克上尉、德斯蒙德·弗劳尔（Desmond Flower）、格拉德温勋爵（Gladwyn）、汉弗莱·黑尔、玛戈·海涅曼、弗朗西斯·海明（Francis Hemming）、霍姆勋爵（Home）、弗兰克·耶利内克、道格拉斯·杰罗尔德、彼得·肯普、彼得·克里根（Peter Kerrigan）、阿瑟·库斯勒（Arthur Koestler）、阿瑟·克罗克（Arthur Krock）、巴兹尔·利德尔-哈特爵士（Sir Basil Liddell-Hart）、伯纳德·马利（Bernard Malley）、安德烈·马尔罗（André Malraux）、赫伯特·马修斯（Herbert Matthews）、杰西卡·米特福德（Jessica Mitford）、南希·米特福德、菲利普·诺埃尔-贝克、乔治·帕拉茨-霍沃思（George Palaczi-Horwarth）、奥克塔维奥·帕斯（Octavio Paz）、维克多·普里切特爵士（Victor Pritchett）、贾尔斯·罗米利、埃丝特·萨拉曼（Esther Salaman）、迈尔斯·舍洛弗（Miles Sherover）、肯尼思·辛克莱·洛蒂特、斯蒂芬·斯彭德爵士、威廉·斯特朗爵士（William Strang）、诺曼·托马斯（Norman Thomas）、迈尔斯·托马林、菲利普·汤因比、范西塔特女士、弗雷德·沃纳爵士（Sir Fred Warner）和罗兰·圣奥新瓦尔德。

曾在某个时刻给予我有益建议的学者中，我要感谢：迈克尔·阿尔珀特（Michael Alpert）教授、安赫尔·巴阿蒙德（Angel Bahamonde）、巴蒂斯塔-罗加（Batista i Roca）教授、雷蒙德·卡尔爵士、海梅·塞
xxvi 韦拉（Jaime Cervera）、诺曼·库珀（Norman Cooper）、威廉·迪金（William Deakin）、吉尔·爱德华兹（Jill Edwards）教授、罗纳德·弗雷泽（Ronald Fraser）、艾瑞克·霍布斯鲍姆教授、詹姆斯·乔尔（James Joll）教授、彼得·格雷顿（Peter Gretton）、伊恩·麦金太尔（Ian Macintyre）、保罗·普雷斯顿（Paul Preston）教授、拉蒙·塔马梅斯（Ramón Tamames）和哈维尔·图塞利（Javier Tusell）。

我在此一如既往地向小卡斯·坎菲尔德和詹姆斯·麦克吉本致以谢意，他们率先建议我撰写本书。感谢小卡斯·坎菲尔德和道格拉斯·杰罗尔德在我写作时所给予的支持。

休·托马斯

伦敦

1999年

第一部
战争的起源

每一个西班牙人的理想都是能携带一份法定凭证，上面只有一个简短而专横的条款："这个西班牙人被授权做任何他想做的事情。"

——安赫尔·甘尼维特（ANGEL GANIVET）

1. 开场白

在普拉多美术馆通往太阳门广场[①]的半山腰上，耸立着西班牙议会大楼（the Cortes）。驻守大楼门户的一对青铜狮像由西摩战争[②]中缴获的枪支铸造而成。在科林斯式圆柱支撑着的花岗岩三角墙上，正义女神满怀希望地拥抱着大力神。1936年6月16日，整个西班牙的目光都聚集在这座古老的建筑上。

迄今为止，距阿方索十三世退位已经过去5年有余。按照他自己的说法，放弃王位是为了避免内战的浩劫（这也许夸大了他在人民心中的地位）。在这5年间，西班牙议会恢复了运作。国王退位以前的1923年到1931年，议会被彻底解散。这8年间的大部分时间里，温和的军事独裁者普里莫·德里维拉独揽大权。但到了1936年6月，西班牙宪法体系眼看就要毁于一旦。

此时在半圆形的辩论厅前排，一群焦虑不安的中产阶级自由主义者正聚集在蓝色的政府议员席上。他们真诚而睿智，背靠一众拥趸，且都痛恨暴力，憧憬英国、法国和美国那样和颜悦色的民主解决方式。然而，与他们持相同立场的人在同时代的西班牙中可谓寥寥无几，在熙熙攘攘的辩论厅里，在他们旁边或坐或立的另外400名议员也对他 4

① 位于马德里的热闹非凡的中心广场，有许多场革命运动曾经在这里打响。（本书除标注“编者注”与“译者注”外，余则均为原著注释。——编者按）

② 指1920—1927年柏柏尔人与西班牙的武装冲突，中文为“里夫战争”。译为“摩洛哥战争”，易与1844年“法国-摩洛哥战争”混淆。——编者注

们避而远之。[①]本届政府一心想在西班牙复制那些民主国家的辉煌，但这不过是他们深陷自我狂热中一厢情愿的想象，那些民主国家远非那么不切实际。

就拿总理圣地亚哥·卡萨雷斯·基罗加（Santiago Casares Quiroga[②]）举例。他是西班牙西北地区加利西亚省的一名富豪，一生中的大部分时间都在为落后的加利西亚争取自治权，然而加利西亚人（gallegos）[③]从中获得的唯一好处不过是铁路运输状况的改善。虽然卡萨雷斯看上去服膺自由主义，奉行形成于比利牛斯山脉之外的威尔逊法则，但没有人比他更像西班牙爱国者。当有组织的工人阶级崛起让自由主义看上去如封建主义一样不合时宜时，他选择了将满腔的热情注入自由主义事业当中。西班牙还没有成功掀起过像1789年法国大革命那样的资产阶级革命，因此很难有人会对卡萨雷斯及其同道好友们的观念进行批判。在共和国成立之初的1931年和1932年，卡萨雷斯·基罗加（时任内务部长）和法国大革命时期的圣茹斯特一样目光如炬，头脑发热、不分敌友地审视周遭。如今，他的眼神中透露出的是一种奇异和带有讽刺意味的乐观，这只能解释成是他患肺结核时产生的一种症状[④]。

在1936年6月16日这天，人们可以从希尔·罗夫莱斯的遭遇看出西班牙危机的本质。希尔·罗夫莱斯为人圆滑，体形肥胖，头发稀疏，但

---

① 第二共和国的议会中有473名成员。

② 根据西班牙人起名的原则，一名西班牙人的全名包含他的教名（或姓氏），他父亲的姓（也是他自己的姓）以及他母亲的姓。西班牙人偶尔在称呼自己的时候会使用全名。他们习惯于省略掉名字中的最后一个姓（即母亲的姓），用父亲的姓和教名来代表自己。但在父姓非常常见的地方，他们有时会用母亲的姓来代替。比如，加西亚·洛尔卡，没有人会叫“加西亚”，如今都称呼他为“洛尔卡”。阿斯图里亚斯矿工的领袖冈萨雷斯·培尼亚，在上下文足够清晰的情况下，可以称作培尼亚，但绝对不能称为冈萨雷斯。还有些西班牙人使用母亲的姓可能是出于母亲的姓似乎更加悦耳，更加庄重。

③ 加利西亚的本地人。

④ 此处应为感染肺结核后表现出的脸部潮热，状似兴奋的样子。——编者注

并不衰老。他是西班牙天主教团体（the Spanish Catholic Party）——西班牙自治权利联盟（CEDA）[1]的领袖。他的政党属于保守的天主教派，成员包括那些试图复辟的君主主义者以及期望实现基督教民主共和国的人。西班牙自治权利联盟的部分成员，尤其是其青年团体（人民行动青年团[2]）几乎可以算得上是法西斯主义者，其中一些成员颇为欣赏陶尔斐斯的奥地利联合政府。希尔·罗夫莱斯能言善辩，颇有才干，但他优柔寡断，阴险狡诈。不仅社会主义者，连君主主义者和法西斯主义者也一样厌恶他。然而，正是他，在西班牙创建了第一个中产阶级大众政党。如今的他肯定还对自2月份选举以来政府曾行使过的包括新闻审查和中止宪法保障在内的种种特权记忆犹新。然而他也强调，在举行大选的那4个月，有160座教堂被焚毁，发生了269起政治谋杀以及1,287起不同程度的恶意伤害，69个政府机构遭到破坏，爆发了113次大罢工以及228次局部罢工，还有10家报社遭到了洗劫。希尔·罗夫莱斯总结道："让我们不要再自欺欺人了！一个国家无论是选择君主制还是共和制，议会制还是总统制，共产主义还是法西斯主义，都可以存续下去！但在无政府的状况下，国家必将万劫不复！如今的西班牙正处于无政府的状态之中。我们今天出席的是民主的葬礼！"此言一出，整个议会厅响起一片吼声，一部分是赞同的呐喊，另一部分则是反对的咆哮。[3]

虽然这些数据的准确性很可疑，并且部分混乱局面是由右翼一手策划导致的，但正如希尔·罗夫莱斯揭示的那样，国家和政局的确陷入水深火热之中：上层阶级的青年团体在众目睽睽之下放火焚烧了格拉纳达右翼报纸《理想报》（*El Ideal*）的办公大楼，此外还发生了其他挑衅行

---

① Confederación Española de Derechas Autónomas，是西班牙右翼建立的自治联盟组织。

② Juventud de Acción Popular

③ 引自 *Diario de Sesiones de las Cortes Españolas*,16 June 1936. 详情请见 Gil Robles's memoirs, *No fue posible la paz* (Barcelona, 1968)。

为。[1]除了种种暴行，两翼政党的极端分子正在按照军事编队的形式进行训练。许多政治领导人指示："周日要全力以赴。"虽然卡萨雷斯·基罗加和希尔·罗夫莱斯都是第二共和国时期显要政党的领袖，[2]但他们都没能掌控住局势。事实上，两人之所以能在议会站稳脚跟都是因为代表们的投票支持，而他们与拥护他们的代表们目标并不一致。在刚过去的2月份的选战中，两大联盟曾进行了激烈的角逐，分别是人民阵线（the Popular Front）与国民阵线（the National Front）。除了像卡萨雷斯一样
6 的自由主义者，人民阵线中还包括规模庞大的社会党、未成气候的共产党以及其他工人阶级团体。社会党的背后是名为劳动者总工会（Unión General de Trabajadores）[3]的强大工会组织，这也是整个欧洲组织得最好的工人运动团体之一。国民阵线则不仅包括西班牙自治权利联盟，还有君主主义者、代表南部和中部大地主的重农派以及一些其他右翼团体，是包括军队、教会以及资产阶级在内的所有西班牙传统势力的政治联盟。

尽管人民阵线在1936年2月举行的大选中赢得了胜利，但根据西班牙的选举法，他们在议会的席位超过了严格的比例代表制度下的应得席位，因为不是所有加入竞选联盟的政党都能进入政府。实际上，自由主义的共和党人[4]在组建政府的同时，在议会的多数席位还要依靠工人阶级政党的有力支持。这绝对不是一个强力政府存在的长久之计。1936年的西班牙四处弥漫着不满情绪，此时的工人阶级已然处在无休止的革命沸腾当中；除了那些选择与民主体制合作、将斗争限于议会中的代表席位之争，政府的外部势力还包括将近200万名无政府主义工人。他们

---

① 引自Ian Gibson的*The Death of Lorca* (London, 1973), p.14.

② 卡萨雷斯·基罗加是左翼共和党的一员，该党吸收了加利西亚的自治主义者的势力。

③ 米格尔·毛拉（在1936年6月18日发行的*El Sol*上）根据安全局局长的估计，推算出该组织有1,447,000名工人。

④ 左翼共和党和共和主义联盟党这两个"纯粹的"共和主义政党都有加利西亚和加泰罗尼亚自治党派的代表加入。

主要分布在安达卢西亚和巴塞罗那，由全国劳工联合会（Confederación Nacional de Trabajo）进行组织，[①]并受控于秘密社会团体伊比利亚无政府主义者联盟（Federación Anarquista Ibérica）[②]。这场规模庞大、全神贯注、充满激情的工人运动，其如火如荼之势仿佛战火中的一座巨城。在他们的眼中，卡萨雷斯·基罗加的进步政府与过去的右翼政府一样，都是枯木朽株。再来谈谈军队。在那年初夏的马德里，有谁没有听到过将军们密谋建立“秩序”，甚至是军事独裁的传言？实际上，当希尔·罗夫莱斯在议会发表完演讲后，一位社会主义代表宣称，密探们正通过烧毁教堂为发动叛乱制造借口。

社会党党内四分五裂：其中有些人是改良主义者；有些人是支持费 7
边社的知识分子；一少部分人是革命党人；一些人被共产国际鼓动；还有一些人被共产主义势力在近期的崛起吓得惊慌不已。然而，当社会党发言人对右翼进行谴责时，党内所有人又会因相同的支持力量而表现出一致的态度。

当他们的欢呼声消退后，君主主义代表卡尔沃·索特洛得意地站了出来。他与卡萨雷斯·基罗加同来自加利西亚，但与卡萨雷斯一样，他也缺少淳朴的加利西亚人特有的冷静。他是否有吉卜赛人血统？他是否像他威武的身姿显露的那般强壮？他是西班牙的罗斯福，还是会“更聪明地”成为西班牙的墨索里尼？当下众人唯一能确定的是，他冷酷、巧言善辩并且能力非凡。心胸宽广且作风保守的毛拉（Maura）曾是阿方索十三世的总理。1915年从萨拉戈萨大学毕业以后，卡尔沃·索特洛成为毛拉的私人秘书。[③]不久以后，25岁的卡尔沃·索特洛被毛拉

---

① 米格尔·毛拉（在1936年6月18日发行的《太阳报》上）给出的全国劳工联合会的人数是1,577,000。他也许低估了全国劳工联合会的规模。

② Iberian Anarchist Federation.

③ 毛拉曾经在一次选举中提出了一项十分简洁的政治纲领——“我们就是我们！”在这位政治家的最后几年中，他的政敌甚至采用了更为简单的口号：“不要毛拉！”

提拔为巴伦西亚的行政部长。[①]32岁时他被普里莫·德里维拉将军指派接管财政部。共和国成立初期，为了躲避针对独裁统治时期出现的对财政问题的指控，他谨慎地选择留在巴黎。等到共和国开始崩溃后，他才返回西班牙。以君主主义者身份入选议会的他，对自己的使命再清楚不过了。希尔·罗夫莱斯的失势让他受益良多。历经风浪，正值权力顶峰的卡尔沃·索特洛讲起话来好像西班牙的未来已尽在他的掌握之中。[②]

在屡次被打断的演讲中他表示，西班牙的混乱是由1931年的民主宪法造成的。他认为，这一宪法不适用于任何政体：

> 当前的政体大势已去，我提议重新建立一个团结统一的国家，采取不偏不倚的经济政策，并以应有的权威来宣布："不再有罢工，不再有工厂关闭，不再有高利贷，不再有资本主义
> 8 的剥削，不再有让人挨饿的工资水平，不再有高官因意外事故带来的政治薪酬感到庆幸，[③]不再让无政府主义大行其道，不再有蓄意破坏全力生产的犯罪阴谋。"全国的生产力将会造福于各个阶级、各派政党和各方利益。也许很多人把这样的国家叫作法西斯主义国家；如果这就是所谓的法西斯主义国家，那么对法西斯主义坚信不疑的我，将骄傲地宣布我就是一个法西斯主义者！

---

① 西班牙的49个省由在"省会"设立的行政长官管理。行政长官的职位是由内务部负责任命。行政长官与被称作军事长官的城市驻军指挥官共同掌握着权力，军事长官由战争部负责任命。

② Richard Robinson的 *The Origins of franco's Spain*（Newton Abbot, 1970）的第215页对卡尔沃·索特洛进行了最为全面的描述。还可以参考Aurelio Joaniquet的 *Calvo Sotelo, una vida fecunda*（Santander, 1939）。

③ 共和国的所有部长都有资格领取抚恤金。

随后，当嘲弄与称赞声融汇而成的阵阵声浪退去以后，他继续演讲道：

> 当听到有关君主主义将军们可能发动政变的闲言碎语时，我一笑置之，因为我不相信西班牙军队中会有军人为了复辟君主制，为了反对共和国而揭竿起义（请准许我对天发誓）。倘若真的有这样的人，那他一定是疯了——说真的，这种癫狂就如同某个军人在必要情况下，在危机来临时拒绝拼尽生命，为西班牙挺身而出，反对无政府状态。

卡尔沃·索特洛此前已经在暗地里许诺，如果有军事起义的必要，他将支持起义。皮肤黝黑的议会发言人迭戈·马丁内斯·巴里奥（Diego Martínez Barrio）曾请求卡尔沃·索特洛不要发表这样的声明，因为他的意图容易遭到曲解。迭戈·马丁内斯·巴里奥是一个来自塞维利亚的某个地区的政治老手，他曾短期担任过总理。如今的他是共和主义联盟党（Republican Union party）的领袖。他为人直率，富有同情心，但又爱慕虚荣，在迄今为止的政治生涯中，他采取的最多的方案就是妥协。他的政敌把他的崛起归因于其作为共济会三十三级成员的神秘力量，毕竟他的崛起之路在西班牙实属罕见。

迭戈·巴里奥前总理慎重地对卡尔沃·索特洛的发言进行了回应：

> 阁下[①]说完这些话以后，一切后果都将由您一人承担。您今天来到这儿只不过是为了两件事：一是斥责议会无能；二是煽动军队，试图让部队叛离共和国。但是我在此保证，议会会动作如常，军队也会忠于职守。

---

① 从字面上来讲，“阁下”用于在议会进行的演讲当中。

9 接下来，西班牙最知名的共产党员，时年40岁，被誉为“热情之花”的多洛雷斯·伊巴露丽①发表了演讲。她常常一身黑色着装，严肃但又充满激情的面容让听她演讲的观众把她视作革命圣徒。多年以前，当多洛雷斯还是个小女孩的时候，她曾是一名虔诚的天主教教徒。在那些日子里，她往来于巴斯克省的各个村落，用头顶着美丽的盘子，贩卖（据某种说法）盘子里的沙丁鱼。②后来，靠卖沙丁鱼为生的多洛雷斯嫁给了一个来自阿斯图里亚斯的矿工，此人是西班牙北部社会党的创建者之一。她的个人悲剧接连发生——三个女儿都在婴儿时期死去，且都是死于残酷的斗争环境。③于是，她放弃了对圣母贝戈尼亚的信仰，转而投向了从大英博物馆阅览室里走出的先知马克思。右翼散布谣言说，她曾经用自己的牙齿咬断了一个神父的喉咙。后来她成为一名演说家，并且对用词和演讲节奏已经拿捏得出神入化。但是她的性格并没有像在公众前显露的那般坚强，并且她的敌人——左翼托洛茨基主义分子声称她是莫斯科秘密特派的斯文加利式女间谍，这也解释了她所具有的非凡演说才能。然而，她实际上简单直率。作为极富政治能量的女性，此前她曾多次入狱——共和国时期有三次，还有两次在莫斯科。在议会中，她是尚未成气候的西班牙共产党中唯一备受关注的领导人。议会中只有17位共产主义代表，这些人在社会主义温和派因达莱西奥·普列托的眼中都是“寂寂无闻之徒”，在议会之外，共产党党员最多时可达13万人。④

---

① Dolores Ibarruri，西班牙共产党领袖，西班牙工人阶级的领袖，国际共产主义运动家。

② “El Campesino” (Valentin González), *Communista en España y anti-Stalinista en la URSS* (Mexico, 1952), p.110.

③ 引自Dolores Ibarruri的*El único camino* (Paris, 1962), p.102。自1930年以来，她一直是该党的中央委员。

④ 毛拉引用了同一份报告，并提到共产党有133,000人。普列托的评论见*De mi vida* (Mexico, 1965), vol. II, p.146。

更为重要的一点是，“热情之花”代表了革命女性的思想，对于一个在宗教中把圣母放在特殊地位的国家而言，女性力量不容忽视。早在1909年的悲剧周中，无论是罢工者、教堂纵火犯还是抢劫女修道院的强盗，最善辩、最勇敢以及最暴力的人都是女性。[①]

在6月16日的议会发言中，“热情之花”痛斥西班牙的法西斯主义者是恶棍流氓。有一个听命于柏林和罗马的“法西斯国际（fascist 10
international）”不是连扫荡西班牙的清算日都已经定好了吗？

加泰罗尼亚商人胡安·本托萨随后对前总理迭戈·巴里奥坦然透露的乐观态度十分担忧。曾在君主制时期两次出任财政部长的本托萨已经混迹政坛多年，他还是巴塞罗那知名金融家弗朗西斯科·坎博（Francisco Cambó）的臂膀。弗朗西斯科·坎博是西班牙最富有的人之一，有消息称坎博已经将资产转移到海外。问题是，以资本外逃的角度来讲，是应该更乐观一点，还是更悲观一些呢？政府始终无法作出清晰的决定。共产主义内部的一个带有反叛意识的共产主义政党——马克思主义统一工人党（POUM）[②]的领袖华金·毛林（Joaquín Maurín）随后宣称，当前西班牙的国家局势已经出现了法西斯主义征兆。卡尔沃·索特洛随后再次起身回应总理：

> 我的肩膀结实宽广（他说）。我不会退缩，事实上，我欣然为我的所作所为承担责任……我想起了圣多明戈·德西洛斯[③]曾对一位西班牙国王说过的话：“陛下，您可以夺走我的生命，但您能夺走的也就仅限于此。”事实上，光荣地死去难道不是比在鄙夷的目光中存活更加美好吗？但反过来，我倒希望

---

① 见1909年的记录，对应原书第17页。

② Partido Obrero de Unificación Marxista，见原书第113页。

③ 布尔戈斯附近的一位乡贤。

> 我们的前总理能好好想想他的职责；鉴于他是无神论者，就算不能在上帝面前忏悔，但至少看在自己备受尊敬的分儿上，他也应当扪心自问。

之后，他提到克伦斯基和卡罗伊如何让苏联和匈牙利陷入共产主义革命的浪潮之中：

> 值得我尊敬的朋友绝不会是克伦斯基那样的人，因为他很清楚自己的所作所为。对于不愿公开的信息以及尚在心中筹谋的计划，他全部了然于心。愿上帝保佑，永远不要有人拿他与卡罗伊相提并论，那个蓄意背叛一个上千年文明的人！

正当卡尔沃·索特洛要坐下的时候，叫嚷声连同掌声响彻整个辩论厅。似乎是“热情之花”在喊：“这是你最后的演讲！”

11 这场掺杂着威胁和警告的辩论在整个西班牙缭绕回荡。声音传到了共和国的代表、总统曼努埃尔·阿萨尼亚的耳朵里，回荡在冷清寥落的国家宫[1]里，总统陷入忧郁，眼看着自己的美梦渐渐坍塌。声音传到了那些一直以来利用闲暇时间谋划反政府军事起义的将军们的耳朵里。声音传到了老独裁者之子、西班牙法西斯主义团体长枪党的领袖何塞·安东尼奥·普里莫·德里维拉的耳朵里——政府用一个微不足道的理由对他进行指控，并把他关押在阿利坎特港口的监狱中，实际上这是政府为了防止其追随者们进一步展开行动而扣押的人质。声音传到了另外一个西班牙团体的耳朵里，即立志于议会之外的无政府主义者。声音传到了2,400万名西班牙人民的耳朵里。随着夏季将至，局势犹如掀起高潮的斗牛比赛，每个人的心中都在疑惑：“这样的局面将要持续多久？”“会

① 此前（和此后）的王宫。

发生革命运动吗？”“会爆发内战吗？”自17世纪以来，欧洲多数国家都没有爆发过内战，作为躲过第一次世界大战的重要欧洲国家，西班牙在19世纪有三次陷入了边境冲突。

2. 关于宪法的斗争与一战的影响 12

这次议会大辩论将关于国家应该如何实行统治的争论推向了高潮，而这一争议自1808年已经有过多次激烈的讨论。那一年，软弱无能的君主向拿破仑俯首称臣。在随后爆发的独立战争中，威灵顿公爵带领英国人帮助西班牙人民赶走了拿破仑。不受爱戴的费迪南德七世借此重登王位，波旁王朝得以复辟，但君主政体从此失去了其神圣性。在1808年之前近3个世纪的漫长时间中，西班牙一直都是欧洲最和平的国家——此后，西班牙就卷入了最动荡的欧洲乱局。

在接下来长达半个世纪的时间里，西班牙深陷关于宪法的争斗当中。争斗双方是在独立战争中挣扎求存并赢得荣誉的教会和军队。前者是保守派，后者与共济会来往密切。争斗遍及整个帝国，几近引发战争。①1820年，自由派官员强迫费迪南德七世接受宪法，然而到了1823年，费迪南德七世求助于法国军队“百万圣路易斯之子”，废除
了这部宪法。1834年，已故费迪南德七世的弟弟卡洛斯号召教会势力 13
和北方地方主义的拥护者们发动了第一次卡洛斯战争。与卡洛斯争夺王位的是他的侄女，也就是费迪南德七世的女儿伊莎贝拉二世，她当时还是个婴儿。拥护伊莎贝拉二世的是自由派和军队，两者都认同卡斯蒂利亚王国血统统治伊比利亚半岛的合法性。这场宗教与王位继承

---

① 在这动荡不安的前半个世纪之初，西班牙在中美洲和南美洲的殖民地爆发了起义，这些地方以自由主义的名义取得了独立。

战争结束于1839年，虽然自由派取得了胜利，但和平构建在双方军队相互妥协的基础之上，他们允许卡洛斯派军官加入西班牙正规军。上述原因，加上1837年没收教会土地政策削弱了教会的影响力，导致了自由派和教会保守派的斗争演变成双方将军们此消彼长的口诛笔伐（pronunciamientos）。

1868年，权势最盛的自由派将军普里姆废黜了伊莎贝拉二世，自此，一个荒诞的时代落下了帷幕。从表面上看，伊莎贝拉二世被赶下台的原因是她过于宠信她的告解神父克拉雷特，但实际上是由于伊莎贝拉和她的“奇迹法庭”常年不理朝政，最终导致政府变成了众矢之的。在接下来的7年里，局势变得十分混乱。意大利国王的弟弟奥斯塔公爵被接到西班牙即位，成了阿玛迪奥一世。作为资产阶级君主制的尝试，此举并没有缓解自由派与保守派之间剑拔弩张的紧张态势。阿玛迪奥一世不久之后退位，第一共和国宣布成立。共和国起初打算采用联邦制，让各省享有高度的自治权。但是，谋划此举的知识分子们实力不济，完全无法维持政权的存续。在北方，老夺权者的孙子引领卡洛斯派东山再起，并且得到了整个伊比利亚半岛教会势力的广泛支持。在南方和东南方，许多沿海城镇宣布成为独立行政区。最终，军队再次取得政权。将军们一方面着手恢复秩序，另一方面商定，为今之计，只有迎回伊莎贝拉二世的儿子，此时正在桑赫斯特当学员的阿方索十二世，才可以解除困局。

1876年，西班牙颁布了新宪法。得益于欧洲良好的贸易环境，19世纪80年代的西班牙经济繁荣昌盛。同时，西班牙在名义上实行了男性普选权，但是，选举结果常常由于所谓的两大党和平轮替原则而遭到篡
14 改，这一不成文的规定由内务部长的代理机构和地方的政治权贵在暗地里进行操纵制定。议会制度被西班牙民众看作是对英国的刻意模仿，是将他们排除在政治之外的一种手段。1885年，28岁的阿方索十二世英年早逝，留下了遗腹子阿方索十三世。阿方索十三世的母亲玛利亚·克里

斯蒂娜垂帘听政，直至1902年归政。[①]

宪法实践中“虔诚的欺诈”是革命思想在工人阶级中广泛传播的原因之一。第一次世界大战爆发时，西班牙有两大总工会。一个是受苏联巴枯宁无政府主义影响的西班牙全国劳工联合会（CNT），另一个是受马克思主义影响，倡导改革而非革命的劳动者总工会（UGT）。劳动者总工会的社会主义者们为了能在议会中谋得一席之地，选择与当时的政治体制合作。随着地方权贵操控选票越发困难，他们在城市实行的选战中斩获连连。但在无政府主义者的眼中，宪法不过是贪敛钱财、专门搜刮民脂民膏的腐化利器。无政府主义激进分子们不时挑起暴行、谋杀和闪电式罢工，把政府搞得焦头烂额。但这两个工人阶级团体都希望通过教育、高尚的公众道德、和平主义、反教权主义和政治来复兴整个西班牙。

不过，还有另外两个因素导致了复辟时期建立的宪法体系走向崩溃。首先便是加泰罗尼亚问题。大部分加泰罗尼亚人渴望自己在身份上能与西班牙其他地区的人区分。西班牙统一以后，加泰罗尼亚一直把自己当作独立特区，并将巴塞罗那而非马德里作为自己的首都。随着19世纪巴塞罗那的工业蓬勃发展，“加泰罗尼亚问题”变得越发尖锐敏感。19世纪末，由于不满马德里政府的无能，巴塞罗那的富豪新贵们开始推崇加泰罗尼亚民族主义。此外，无政府主义者深受工人们追捧，他们的文盲率居高不下，再加上崇尚极权主义和机会主义，激进党还反反复复地肆意煽动，[②]这些都让世纪之初人口增长飞速的巴塞罗那变成 16
了欧洲最动荡的城市，可称得上是“火药之城”。1902年的巴塞罗那大罢工和1903年的毕尔巴鄂大罢工就是当时主要的斗争运动，其间所有

① 活跃于1936年到1939年的内战中的重要人物全部都出生于这一时期。1936年，一位70岁的老人还会记得童年时期的19世纪70年代所爆发的卡洛斯战争。一位80岁的老人也许还参加过当时那场战争。

② 见原书第33页的内容。

人的神经都高度紧绷。富裕的资产阶级享有的华丽建筑此时成了一块块奢侈的背景幕布，无政府主义者在其中反复上演“打砸抢”的戏码。行政长官安赫尔·奥索里奥–加利亚多曾记录：“在巴塞罗那搞革命活动无须预先筹谋，因为随时随地都有可能爆发。”[①]与此同时，类似加泰罗尼亚独立的声音开始在局势更为平稳的巴斯克地区引发共鸣。在巴斯克地区，相对自给自足的资产阶级正通过制铁业、银行业和贸易而变得愈发富有。

古巴和摩洛哥先后爆发的殖民地战争让当时的西班牙政权陷入了第三次危机。在1895年爆发的古巴战争持续到1898年时演变成了美西战争，最终，西班牙大败而归，殖民地丢失殆尽，仅有帝国荣誉尚存。古巴是加泰罗尼亚纺织业最有力的市场，因此，战争的惨败加剧了加泰罗尼亚问题。失去古巴这件事还对民众造成了心理负担，因为很多加泰罗尼亚人的财富都依赖于古巴贸易。[②]另外，残破帝国最后一块殖民地的覆灭还引发了国内危机，揭开旧伤疤的同时又刺出了新伤口。因此，战败的1898年成为重要的转折点：从此，西班牙人不得不正视，自己的国家是一个资源匮乏的欧洲弱国。

然而，摩洛哥让西班牙重新燃起了帝国美梦，但同时也再次引发了局势的动荡。数百年以来，西班牙一直占据着摩洛哥北部的两个港口：梅利利亚和休达。19世纪60年代，西班牙试图从这两个港口拓展自己的海外版图，到了19世纪90年代，西班牙在梅利利亚附近进一步扩张。可想而知，西班牙并不愿让与其相邻的非洲北岸盘踞其他欧洲势力。1904年，作为英法签订的友好协议的一部分，摩洛哥被法国和西班

---

① 引自Angel Ossorio y Gallardo, *Julio de 1909, declaración de un testigo* (Madrid, 1910), p.13. 与加泰罗尼亚有关的讨论请见Joaquín Romero Maura, *La rosa de fuego* (Barcelona, 1974).

② 详情见休·托马斯的*Cuba, or The Pursuit of Freedom*（New York, 1998）的第三卷的各部分内容。

图1　19世纪西班牙的行政区划

牙瓜分，其中面积较小的北部归了西班牙。当时的摩洛哥荒芜落后，法纪松弛，尽管不是进行长远投资的理想之地，但也是欧洲列强攫取眼下利益的理想之地。虽然两地名义上都效忠于菲斯的苏丹，但实际上已名存实亡。面对如此蛮横霸道的协议，消息闭塞的西班牙民众和懒散的苏
17 丹都持反对态度，毕竟此前，协议并未征询他们的同意。然而，巨大的商业利益紧随着一个标志性事件而来：摩洛哥发现了丰富的铁矿。西班牙紧接着逐步扩大在摩洛哥的贸易活动，其中一部分原因是西班牙要应对法国的贸易扩张（如果西班牙不彰显其殖民利益，法国将侵吞整个摩洛哥）。西班牙建立了一家殖民地公司，该公司在驻军的保护之下进行土地收购。但不久后，摩洛哥土著部落奋起反抗，收购土地的进程被迫中断，频频受挫的驻军不得不请求支援。1909年，西班牙驻军接连战败，

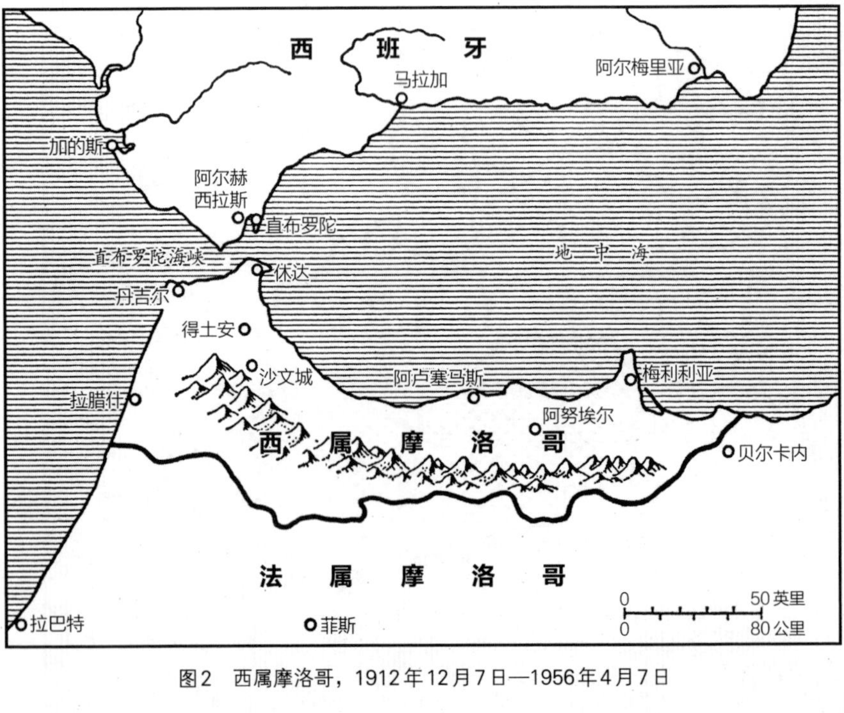

图2　西属摩洛哥，1912 年 12 月 7 日—1956 年 4 月 7 日

同年9月份，摩洛哥的西班牙驻军已增至4万人。但也正是此时，西班牙决心发动一次帝国冒险行动，其唯一目的就是征服摩洛哥北部，而这场军事行动的成本已经超过了西班牙国力承受的极限。

外患已然引发了内忧。1909年，安东尼奥·毛拉（Antonio Maura）政府征召850名后备役军人上前线。这批军人全部来自西班牙东北部，其中一部分人来自加泰罗尼亚地区。当他们在巴塞罗那港口心不甘情不愿地登船时，普遍的厌战情绪酝酿为一场表达抗议的大罢工运动。随后，巴塞罗那爆发了长达一周的暴乱，这就是所谓的“悲惨周”（Semana 18
Trágica）。激进分子、社会主义者和无政府主义者趁乱合伙烧毁教堂。一些人期望一场全国性的革命运动。但由于缺乏真正的政治纲领，骚乱者们将精力挥洒在毫无意义的暴力破坏上。正当当局手足无措之际，激进派的妇女、职员、罪犯、男孩和娼妓们把女修道院里的修女吓得惊慌乱窜，同时还将她们的财物付之一炬，对她们的家畜和鸡群赶尽杀绝，甚至掘墓挖尸。在富豪马克斯·德科梅利亚斯的豪宅外面，一个油光满面的煤炭工人围绕着一具被掘出的尸体手舞足蹈，他因“做了对革命有用之事而兴高采烈”。最终，军队稳住局面，恢复了秩序。大约有120人死于这场暴乱，[1]其中包括3名神职人员——骚乱者本想摧毁的是“财产和假象”，而非无辜生命。另外，还有将近50座教堂和其他宗教建筑被焚毁。

这场令人震惊的灾难揭露了一个真相：这个国家在和平宪制的表象之下隐藏着巨大的暴力暗流。相较于激进分子和无政府主义者对于革命的蠢蠢欲动，民众热血上头后爆发出的肆意妄行更让当局惴惴不安。悲

---

① Joan Ullman, *The Tragic Week* (Cambridge, Mass., 1968), p.288f. 这些暴乱的“盲目性”以及无政府主义的成分都被夸大了：起主导作用的是激进分子。但行政长官奥索里奥-加利亚多无疑是正确的，他说：“在每条街道上，他们都抱着不同的目的高喊着各异的口号。”参见*Julio de 1909* (Madrid,1910, p.54). 随后进行的审判中处死了5个人，其中1个是煤矿工人。

惨周挫败了逐步建立议会民主制的理念设想——当时的政治阶层认为，如果民众真的像1909年显露出来的那般“凶恶”，那真正的民主终将毁于一旦。从此以后，政客们都尽可能避谈大选，他们试图在已经任职立法院的国会议员团体之间组建政治联盟。无政府主义者兼男教师费雷尔被控诉为这场暴乱的主谋，[1]该指控引发了国际社会的愤慨和抗议，但效果适得其反：在西班牙上层阶级眼中，这些抗议活动虚伪、情绪化且无知；抗议者们是一群好在国际上惹是生非的秘密团体；他们预计共济会很快将成为可悲的“反西班牙”组织，并且尽人皆知。

迫于国际舆论的压力，国王解除了毛拉的总理职务，保守党也与毛拉划清界限。毛拉认为“街道胜利”后的“议会投降”摧毁了当局
19 政权，因为这是在向混乱、煽动和罪恶低头。从此以后，19世纪70年代成长起来的保守党步了自由党的后尘，逐步走向内部分裂。毛拉发起了政治派系运动。作为这场运动的灵魂人物，他努力团结对议会制度心怀不满、渴望国家复兴的年轻人们，但始终没有获得足够的支持来组建内阁。在毛拉掌权期间，法西斯主义已经开始萌芽——1914年以前，其他国家就出现了法西斯主义的苗头（比如法国的戴鲁莱德和毛拉斯，意大利的邓南遮，甚至还有乌尔斯特志愿军）。毛拉曾许诺开展“自上而下的革命”，不怀好意者声称他不过是想要一场“没有革命实质的革命”。

摩洛哥的战火还在继续。1912年，摩洛哥北部最繁华的港口、国际大都市丹吉尔彻底脱离了西班牙的保护，因为当地部族拒绝接受西班牙的“文明化”势力。西班牙的人力、金钱、食物和情感还在源源不断地投入摩洛哥，但其实西班牙唯一能够负担得起的也就只剩下人力了。当地部落族群从未向苏丹屈服，只有西班牙给他们带来归属感。为了建立海洋帝国，马德里在当地培植西班牙民族主义。

---

① 见注释及参考文献中Ferrer, p.62。

现代西班牙的三个主要问题（工人阶级动乱、地方主义和殖民地战争）让复辟时期的国家重建毁于一旦。西班牙的政治结构大厦过于脆弱，也许并不会比它的主要设计师、保守派历史学家卡诺瓦斯以及卡诺瓦斯的自由主义论敌“老牧羊人”萨加斯塔（Sagasta）长寿多少。在现代政治中，政治家人格魅力的重要性一点也不弱于国王时代。如今，卡诺瓦斯被暗杀，萨加斯塔也继而去世。由于人格魅力的不足和计划方案的缺陷，作为最具潜力接任者的毛拉没能延续卡诺瓦斯的辉煌。萨加斯塔最终的接替者、能言善辩的记者何塞·卡纳莱哈斯（José Canalejas）倒是确实可以称得上是一位水平一流的改革家。1910年到1912年间，他的政府反对神职人员对教育的把控以及教团在组建学校时享有的不受监管的自由权。事实上，卡纳莱哈斯为了给穷人谋利而修订了税收政策，并通过授予有限自治权暂时解决了加泰罗尼亚问题。他还利用挂锁法（Ley de Candado）与教会互相达成妥协，在未经政府允许的情况下，宗教势力不得再扩张。卡纳莱哈斯还禁止富人买断服兵役的行为。也许正如一位英国历史学家对他的称赞：“他是唯一一位循名责实的自由主义者。”① 20
1912年，他被一名无政府主义者暗杀。那些继任的自由派领导人［孔德·德罗马诺内斯（Conde de Romanones）、加西亚·普列托（García Prieto）、圣地亚哥·阿尔瓦（Santiago Alba）］既没有卡纳莱哈斯的热情，也没有他的才能。

—

第一次世界大战把西班牙在复辟时期的种种矛盾推向最高潮。这场让所有中立国获利的战争，给西班牙带来财富的同时，也拉大了贫富差距。巴斯克的船，加泰罗尼亚的纺织品，阿斯图里亚斯的煤、锌、铜，

① Carr, p.495.

价格都持续攀升。对由此造成的通货膨胀感知最深的是工人阶级群体，尽管工人们的工资有所上涨，有些岗位的工资涨幅甚至超过了物价涨幅，但随后的通货膨胀给工人阶级带来了极大困扰。有大量的工人坐上穆尔西亚和阿尔梅里亚的火车前往巴塞罗那，这些人被称作“传输者”（transmiseriano）。关于西班牙在战争中应该支持哪一方，讨论始终得不到结果，这使局势更加混乱（左翼支持同盟国盟军，右翼支持德军，这样国王就可以宣称只有他和“乌合之众”才希望英国胜利）。与此同时，支持同盟国的工厂主们遭到由德国特工组织资助的恐怖袭击，孔德·德罗马诺内斯（个人倾向于协约国）政府却对此选择了睁一只眼闭一只眼。最终，德罗马诺内斯因为关于是否准许大西洋战争中的德国潜艇在西班牙基地整修的问题而辞去职务。

如今，军队重新踏入政坛。由初级步兵军官组成的职业联盟——国防军政府的崛起让军队的立场变得复杂，他们与农业工人一样，对跟不上物价上涨的低薪满腹牢骚。那些通过“战功”或因参加过摩洛哥战争而受到皇室偏袒才得以加官晋爵的军官们，被国防军政府的成员嗤之以鼻。国防军政府成立于巴塞罗那，之后扩张至整个西班牙。他们的领袖贝尼托·马克斯上校是一个愚蠢又独断专行的军官。1917年5月，他和几名同僚因违抗国王的命令而遭到逮捕，一些国防军政府的成员也自愿请求被关押。政府出面请求国王放了他们，但没能成功。政府的这一明确退让令政治家们吃惊不已。媒体也支持国防军政府的行为，并向民众
21 宣扬他们将为全国复兴运动打响第一枪。来自加泰罗尼亚地方主义联盟（成立于1901年）的领导者及金融家坎博也这么认为。

与此同时，1917年苏联革命的消息在西班牙南部引起了强烈反响，以无政府主义者为首的大规模混乱行动遍地开花，他们占领土地，威胁乡村卫兵。巴塞罗那的无政府主义者坚信，这场危机会给他们带来新契机。

面对来自多方面的挑战，由传统的保守派党人爱德华多·达托领导

的新生政府中止了宪法实施，并解散了议会。作为回应，怒不可遏的进步派政治家们在巴塞罗那召开了加泰罗尼亚民族主义者“大会”，以“恢复”西班牙宪法。政府宣称，该活动具有煽动性，因此它需要接受官方审查。要不是因为左翼行事鲁莽，“大会”运动本可以获得更多成果。1916年，深受当时革命气氛熏陶的社会主义者们摒弃渐进改良主义，意图为革命谋划大罢工。他们的目标包括：终结君主制；实现七小时工作制；废除军队及国民军替代组织，政教分离；土地国有化；关闭修道院。此外还有很重要的一项是，除非举行公民投票，政府不得擅自宣战——考虑到1917年一战尚未结束，这点尤为重要。[1]

达托的立场十分坚定。他将铁路罢工定义为对政府的威胁，并针对当下形势发展采取了相应的措施（政府鼓励铁路公司采用强硬手段）。考虑到国防军政府抵制一切有损社会稳定的行为，加之尽管加泰罗尼亚进步资产阶级好战，但他们还是希望避免革命，因此，政府决定用武力来镇压这场大罢工。

社会主义者们曾与一些中间派政治家进行过合作，他们本以为这次也可以与无政府主义势力达成互利互助的联盟，但是，他们的策略没有得到良好的协调，导致罢工最终以失败告终。不久，军队对罢工实行镇压，社会主义者向国防军政府求助，国防军政府无动于衷。此次镇压造
成70人死亡（他们中的大多数人因为顽强抵抗或者阻碍有轨电车运行在 22
巴塞罗那殒命）。部分参与动乱的加泰罗尼亚联盟成员因此次惨剧深受震动，在恐惧下同意加入由毛拉领导的联合政府。毛拉的联合政府还通过官衔贿赂的方式收买了国防军政府。随后，非官方议会大会再次在马德里召开，但大会议题风向十分谨慎——呼吁制宪议会修改宪法，之后便再未发声。入职政府的坎博担任了发展部长。对于他，这是个千载难

① 这一年所发生的事件和随后爆发的危机见Gerald Meaker, *The Revolutionary Left in Spain, 1914—1923* (Stanford, 1974), p.153f。

逢的良机——坎博不仅生财有道，在统筹规划方面同样是一把好手。遗憾的是，这届政府没过多久就倒台了。在将近5年的时间里，走马灯式的保守派政府甚至对其党内的争端都无计可施。一战后衰退的经济和摩洛哥战争的接连失利，再加上安达卢西亚和巴塞罗那爆发的工人阶级暴动，最终致政府无力回天。让人惊讶的不是政体最后被推翻，而是在一个军事干预频发的国家，其政治体制还能持续如此长久。似乎从1917年开始，西班牙的政局就一直没有消停过：在当时的数个省份内，只有依靠国民警卫队通过野蛮与暴力才能遏制住革命运动，[①]在当时最大的工业城市中，只有让警察默许工厂主资助反恐主义才能免遭内战——在这样的局面之下很难说还存在什么民主政体。

或许还有一部分原因要归于当时的全球经济形势。一战期间，西班牙雇主为了扩大产业而紧添人手，但战后又因被迫缩减规模而导致工人过剩，所以如今的雇主难免会与工人产生矛盾。1917年到1923年间，在这场工人与资本家的冲突当中，阶级斗争一触即发，而且其影响不单单在经济层面：雇主们认为，即使不爆发革命，他们也会有破产的危险；而无政府主义者相信，他们马上就将迎来理想的盛世。此后，无论中央政府采取什么样的态度，当地军方一般都站在雇主一方，并且常常羁押罢工者，这直接导致冲突的不断升级。在1920年到1922年期间担任巴塞罗那行政长官的马丁内斯·阿尼多将军（曾经以在梅利利亚的残暴统治而闻名）冷酷且残忍：武力镇压的血腥程度在西班牙历史上实属罕见。他所支持的辛迪加自由联盟虽然得到一
23 些信奉天主教的社会改革者的拥护，但这个团体越来越像打击罢工的雇主联盟。枪手们无孔不入，恐怖主义在无政府主义者当中备受追捧。西班牙的其他地区也在上演相似的悲剧：在安达卢西亚，无政府主义委员会占领了市政府以后，地主们四处奔逃，涨薪运动一时赢得

① 见原书，第75页。

了胜利，但后来被军队镇压。1921年，马德里也爆发了多起严重的罢工，社会主义者和无政府主义者之间互相残杀，彼此都指责对方背信弃义。

最终，如同那些同室操戈的人一样，无政府主义者亲手葬送了革命良机。在动乱当中有许多领导人被谋杀，其中就包括保守派的总理达托。到了1923年，全国劳工联合会已经再也掀不起任何风浪，整个西班牙也是如此。民众在生活的各个方面都涌现出反动的浪潮，仇恨被永远地蚀刻在人们的心中。当时，漏洞百出的体制本可以通过非武力的方式进行改良，但无政府主义者选择彻底摧毁已有体制，而继任者的体制又仍然不被他们认同——这并非他们最后一次这样做。

西摩战争牢牢牵制住了西班牙军队。西班牙军队起先取得了几场小规模胜利，但当遭遇由英勇的阿卜杜·克里姆（Abd-el-Krim[①]）及其兄弟率领的里夫部落以后，双方一直僵持不下，西班牙军队最后在1921年的阿努瓦勒战役中一败涂地。在这场战役中，崇尚浪漫主义、深得人心但行事鲁莽的国王好友费尔南德斯·西尔韦斯特雷（Fernández Silvestre）将军全军覆没。摩洛哥东部的西班牙军队军心大乱，堡垒接连失守，里夫军队向梅利利亚郊区逼近。至少有15,000名西班牙平民和士兵被杀。[②]一位名叫毕加索的将军对这场灾难性的战役进行了调查，结果让人震惊。根据调查结果，西班牙军在备战的时候毫无军纪可言，甚至到了令人发指的地步。阿卜杜·克里姆持续进行着反抗，同时，里夫共和国正式宣布成立（虽然西班牙有15万人的军力试图推翻它），这两点表明，正当骁勇善战的利奥泰（Lyautey）带领法国在摩洛哥节节胜利的时候，西班牙人在自己的保护区内却碌碌无为。此外，据信，西班牙国王曾通

---

① 摩洛哥里夫共和国领袖。1920年继其父为部落首领。次年领导里夫人民抵抗西班牙殖民军，建立里夫共和国，被推为“埃米尔”。——编者注

② David Woolman的*Rebels in the Rif* (London, 1969), p.96。有关恐慌的描述见Arturo Barea的*The Forging of a Rebel* (New York, 1946), p.304f。

过电报怂恿西尔韦斯特雷草率行军。①

24 预计到1923年的秋天，所有这些问题，包括西摩战场灾难性失利的“责任”问题，不出意料地都将暴露出来。整个夏天，议会都在休会，并且这样的议会形式后续再也没有出现过。到1923年，尽管被视作威胁的国防军政府于一年前已经解散，但西班牙君主立宪制已经濒临瓦解。受限于地方权贵在当地的势力，复辟时期的政党能做的也只有在咖啡馆内，围绕一个中心人物来组织半社会性质的集会。这些人中那些共和主义改革党成员等一类的政治家虽然都是民主主义者，但他们也得不到公众的支持。在政治家的眼中，军队更期望由一位德高望重的将军来实行统治。因此，当从众多重要将领中脱颖而出的加泰罗尼亚地区总司令米格尔·普里莫·德里维拉（Miguel Primo de Rivera）发出带有19世纪色彩的最后通牒时，并没有听到什么反对的声音：

> 尽管一直以来我们对武力保持节制，但我们有理由动用武力。如果有人试图让我们与违背良心的事情相妥协，我们定将严惩不贷。阿拉贡驻军刚刚通过电报表达了支持的意愿，我们同样坚定不移地拥护军事独裁。如果政客们为了维护自身利益而试图反抗，我们将以伟大的人民力量作为后盾，以其人之道，还治其人之身。虽然眼下我们决定节制武力，但绝不会在流血面前畏首畏尾。

早已心知肚明的国王阿方索十三世默许了普里莫·德里维拉将军的

---

① 据信，这封从未找到的“电报”中称：“加油干，孩子们！我正在等待着25日的来临！”无论这是否属实，国王永远不会得到人民的原谅。20世纪20年代，V.S.普里切特在西班牙旅行期间发现，每当他问起君主制是否应该存活的时候，人们都会说：“他其实万万不该发送那份电报！”

独裁统治。①国王也因此遭到了政治家和曾经拥戴他的士兵们的唾弃。独裁统治一直持续到1930年1月。在意大利国王维克托·伊曼纽尔（King Victor Emmanuel）面前，国王阿方索十三世把普里莫称作“我的墨索里尼”。但普里莫将军并不是一个法西斯主义者。1923年，头发花白、性格顽固的普里莫已经53岁了。缺乏大众支持的他并不提倡向国外扩张，如果可以的话，他宁愿放弃摩洛哥。他召集那些“拥有积极意愿的人”组成了爱国联盟②，但该组织并没有太大的影响力。然而，他利用3年时 25
间派遣官员执掌市政府，并把反对他的人都关进了监狱或者流放，同时还取缔了政党，因此在他独揽大权的6年半里，并没有发生过政治处刑。③普里莫的那份最后通牒起初还得到了何塞·奥尔特加-加塞特（José Ortega y Gasset）等一众知识分子们的支持，他们认为，“病入膏肓”的西班牙政局需要一位“铁腕外科医生”来进行救治，国防军政府的残余势力和摩洛哥的军官们也一度赞同这样的观点。从1920年到1922年，巴塞罗那的残酷统治者马丁内斯·阿尼多和阿莱吉分别担任了内务部长和安全部长（以往都是西班牙的重要官职）。这两人都将各类政党拒之门外。与此同时，野心勃勃的公共建设计划给独裁统治带来了表面上的繁荣。与20世纪20年代末期的全球经济大环境一样，西班牙进出口的比价指数显著提升，生产值和贸易值都提高了300%。④劳动者总工会寻求与政府合作，一心把瑞典官方工会的发展模式当作奋斗目标，这与他们的对手无政府主义者不同，社会主义者们选择了与政府进行合作。年轻的何塞·卡尔沃·索特洛制定的财务政策为普里莫赢得了西班牙资本

---

① 引自1931年12月，在国王阿方索被“审判”期间，议会的孔德·德罗马诺内斯所公开的一份文件。

② Unión Patriótica（UP）。

③ 不过，1924年11月，在法国边界的比达索阿的维拉所发生的一场小规模冲突中，有三名被国民警卫队激怒的无政府主义者丧生。

④ Ramón Tamames, *Estructura económica de España* (Madrid, 1969), p.203.

家们的支持。本地银行第一次涉足信贷业务（虽然毛拉[1]没有公开支持该政权，但是在间接上产生了很大影响）。与其他国家一样，这一时期的西班牙推行起众多宏伟计划：在埃布罗河谷和杜罗河谷开启了浩大的水路工程，在巴塞罗那举行了一场备受瞩目的工业展会，为了扩大足球运动和斗牛表演的影响力还建立了巨大的体育场。轻工业的发展同样迅猛。虽然在法国被卷入摩洛哥战争以前，阿卜杜·克里姆把西班牙军队杀得大败，但普里莫最终成功结束了损失惨重的摩洛哥战争，并把阿卜
26 杜·克里姆囚禁在留尼汪岛。几代人之后的第一次军事胜利，无论对过去还是现在的西班牙都意义非凡。[2]

然而，独裁的功与过只能取决于普里莫·德里维拉本人。他热爱自己的国家，宽容大度，并且富有同情心，他的健壮和英勇在古巴、菲律宾和摩洛哥都得到了最佳验证。有一次，他明知剧院里禁止吸烟，但还是把烟点了起来，当受到警告时，他拿着烟叫嚷道："今天晚上，每个人都可以抽烟！"未成家的普里莫会一连埋头工作几个月，然后失联一周，跑去跳舞、喝酒以及跟吉卜赛女郎度温柔乡。在几乎空无一人的马德里的大街上，他裹着晚礼服斗篷挨家逛咖啡馆，回家后他会发布一篇冗长但又偶尔让人兴奋的公报，里面写满了意想不到的隐喻和令人尴尬的狂妄，而到了早上他又不得不把公报撤销。为了能治理好西班牙，他一心想成为一名英明的独裁者，然而在那个时代，唯有依靠残暴才能让独裁主义稳定长久。

普里莫·德里维拉最终功败垂成，部分原因是，虽然他对自由党和好生事端的中产阶级进行了无情打压，但没有将其彻底粉碎。比如，他引起了轩然大波的"红木女郎"事件。红木女郎是安达卢西亚的一个交

---

① 他于1925年离世。

② 1963年，阿卜杜·克里姆刚刚回到摩洛哥不久便与世长辞。*African Revolution*（1963年5月）的讣告中称他是"我们的主人"，因为他第一次向有色人种表明了帝国主义并非不可战胜（这篇讣告的作者还有杜桑）。

际花，她因牵扯一桩毒品案而请求普里莫·德里维拉出面帮忙。普里莫勒令放人，但法官予以拒绝，并且法官的决议得到了最高法院院长的支持。但是最终，法官被调离岗位，院长被免职。抗议者被囚禁在炎热的加那利群岛的富埃特文图拉岛，其中包括著名的哲学家、诗人、记者、希腊语教授乌纳穆诺。普里莫肆意践踏亲自建立的法律，而这次事件就是他藐视法律的恶果。他的作风不仅摧毁了一手建立的体制，还促使20世纪30年代的西班牙右翼采取一种在整个19世纪都闻所未闻的激进态度。

普里莫还篡改了炮兵部队的晋升规则，这一敏感的举动让他得罪了军队和国王。当炮兵军官们发起抗议时，普里莫随即裁撤了部队，并且 27
取消了士兵们对军官的效忠誓言。与此同时，卡尔沃·索特洛的所得税政策和特殊预算案引起了传统银行家们的担忧：预算案的目的是通过贷款来筹集公共设施的建设资金，而银行只有在收回贷款后才能见到收益。除了食利者之外，所有人都反对垄断专营模式，包括电话（专营权利授予美国国际电报电话公司）、汽油（专营权利授予一个银行组织，石油专卖租赁有限公司[①]）和摩洛哥烟草（专营权利卖给了马略卡岛富翁胡安·马奇）实行的销售垄断，尤其是汽油垄断会导致西班牙过度依赖苏联石油。

由普里莫参与协商和任命的国民大会起草了一部新宪法，该宪法旨在将选举与结社事务相互结合。选举一事引起了右翼的不满，而结社事务受到自由派和左翼的反对。国王把这场国民大会看作墨索里尼的法西斯大委员会的西班牙翻版，但他并不希望看到自己掌握的人事任免权被该委员会瓜分。因此，该宪法并没有像普里莫设想的那样让局势“重回正轨”。在下令禁止新闻审查时，普里莫遭到了铺天盖地的批评。学生团体对他口诛笔伐。巴伦西亚和安达卢西亚爆发了两次针对他的声

---

① Compañia Arrendataria del Monopolio de Petróleo, Sociedad Anónima

讨，但都没有成功。巴伦西亚的声讨由年已七旬的保守党人拉斐尔·桑切斯·格拉（Rafael Sánchez Guerra）带头，安达卢西亚的由野心勃勃的年轻将军戈代德（Goded）领导。在摩洛哥战争中，戈代德是常胜将军、战地指挥官何塞·圣胡尔霍（José Sanjurjo）的参谋长。诸地声讨的时代似乎再次到来。比塞塔[①]大幅贬值，而1929年的下跌直接导致卡尔沃·索特洛所推行的一系列耗资巨大的财政计划落空。电影院和收音机的出现以及电话和电车的普及提高了民众期望，尤其是电影院的兴起起到了推波助澜的作用。1960年，西班牙的电影院比法国的电影院还要多。为了确保稳妥，普里莫做出了一个意想不到的举动，他向各军区总司令派发了电报，让他们弄清楚高级官员们是否还拥护他。他们回复说，官员们都表示对国王忠贞不贰，很少有人提到独裁者普里莫。国王告诉普里莫，他之所以能当上统治者并非缘于军队的支持而是国王对他的
28 “恩赐”。如今的阿方索认为自己才是西班牙的救世主，并且公开表示希望普里莫退休。普里莫照做了。普里莫在他那份著名的公报中最后说道：“就现在吧，在经过2,326天日夜持续不断的不安、肩负重任和辛勤工作后，现在就歇一歇吧。”[②]他离开了西班牙。几个月以后，在巴黎的皇家桥酒店，普里莫在孤独与忧伤中与世长辞，年仅60岁。

普里莫没有为后续的政治体制建设留下基础。一时间，国王试图通过以贝伦格尔（Berenguer）将军为首的部长理事会，来继续沿用普里莫的治理方式。虽然贝伦格尔在摩洛哥战场上曾是一位正直能干的高级指挥官，但他远非一名合格的政治家。不管怎样，国王将按照自己的意愿，起用“最公正贤明”的政治家群体来带领西班牙，希望重归1876年的宪法体制。贝伦格尔在后来回忆道，在他掌权期间，西班牙就像“一瓶将

---

① 西班牙及安道尔在2002年欧元流通前所使用的法定货币。由西班牙中央银行——西班牙银行发行。停止流通时的汇率约为180比塞塔兑换1美元。按照当时汇率，5,000比塞塔相当于222—250元人民币。——编者注

② 引自米格尔·毛拉印刷的公报，*Así cayó Alfonso XIII...* (Mexico, 1962), pp.34–35。

要冲破瓶塞的香槟”①。此时，全国掀起了一场共和主义浪潮。很多军官和普里莫的爱国者联盟残党认为，接受独裁者的辞呈让国王颜面无存。现在，有许多人都成为坚定不移的共和主义者。出于教会内一些最具影响力的人物对可能会建立民主体制这件事的关注，继承了教皇庇护十一世的威尔逊主义风格的教会立场让人捉摸不透。一些教徒更加倾向于投机主义。资产阶级和下层阶级都认为君主制已经走到了末路穷途。但国王并不打算建立巴尔干式的君主独裁，并且贝伦格尔将军对于是否要举行选举一事犹豫不决。1930年的夏天，在圣塞巴斯蒂安的夏季海滨浴场，几位共和主义政治家、知识分子以及社会主义者与加泰罗尼亚民族主义者共同签署了一份条约。前者承认加泰罗尼亚拥有自治权，作为交换，加泰罗尼亚民族主义者与他们一起支持建立共和国的计划。在马德里，三位声名显赫的知识分子——格雷戈里奥·马拉尼翁教授、奥尔特加·加塞特和小说家拉蒙·佩雷斯·德阿亚拉（Ramón Pérez de Ayala）组织了一场“效忠共和国”运动。奥尔特加（他早前为了帮助普里莫而对议会进行过言辞犀利的批评）在他的名篇中称：“西班牙人！你们的国家已经面目全非！重新改造她！君主制一定要被消灭！”②更重要的是，一些心怀不满的军官支持发动起义，甚至连潜伏中的无政府主义者都对反对国 29
王的资产阶级给予了巨大支持。12月，一场声讨蓄势待发，策划者们发表了如下声明：

> 恳求祖国的心脏涌起正义的浪潮。人民已经严阵以待，走上街头，把心中的愿望寄托给了共和国。我们曾期望通过正规的法律途径来表达人民的意愿，但遭到了横加阻拦。当我们寻求正义时，却被剥夺自由，当我们渴望自由时，我们卑劣的封建议会却

① 引自 Emilio Mola, *Obras completas* Obras completas (Valladolid, 1940), p.231。
② 引自1930年11月发行的 *El Sol*。

> 靠舞弊选举和独裁统治沦为君主践踏宪法而使用的工具。我们并不贪求在一场革命中掀起高潮，但是，西班牙人民遭受的苦难迫使我们砥砺前行。当法律和审判尚存时，革命常被看作犯罪或疯狂之举，但当专制与暴政肆意横行时，革命正逢其时，恰逢其势。

这些共和主义者反对的不仅仅是某个人，甚至哪怕这个人出自波旁家族并享有任意任命和撤换总理的权力，共和主义者还是会寻求通过废除君主制来让西班牙步入现代化。

此后的局势发展突飞猛进。起先，在西班牙其他地区的策划者们展开行动之前，两位狂热的年轻军官——费尔明·加兰（Fermín Galán）上尉和加西亚·埃尔南德斯（García Hernández）中尉在比利牛斯山麓带领阿拉贡的哈卡驻军揭竿而起。二人在向萨拉戈萨行军的过程中遭到逮捕，并以叛国罪被枪毙。此次处刑激起众怒。其他地区的起义运动也相继失败。准备向皇宫投下炸弹的年轻空军上尉拉蒙·佛朗哥（Ramón Franco，曾因驾驶“冲破天际”号飞机横跨南大西洋，飞到布宜诺斯艾利斯，而成为民族英雄）再三犹豫之后选择了投掷宣传册，之后，他逃到了葡萄牙。圣塞巴斯蒂安条约的签署者遭到逮捕，受审的时候他们辩称，国王在承认普里莫·德里维拉为独裁者的时候就已经违背了宪法。随着这些人被反复探访，共和主义的名声越来越响。为了让更多人拥护君主制，大量小规模政党建立，但他们未能成功。普里莫·德
30 里维拉的爱国联盟虽已改建为君主联盟，但他们对君主制的保护是出于对独裁者的怀念，而非考虑国王的未来。贝伦格尔将军在犹豫之下发起了选举，但民众因其不够真诚并不买账，无奈的贝伦格尔索性辞职。与政治家们的磋商不欢而散后，国王委派既没有名望又缺乏经验的海军上将阿斯纳尔为总理。为了试探民意，国王和阿斯纳尔在4月份举行了市政选举，但没有进行普选。在此期间，学生团体发起的武力暴乱迫使国民警卫队启动了戒备状态。

地方选举以全民投票的方式在热闹非凡的气氛中展开。在整个西班牙，有意进入政坛的各路人马召开数不胜数的会议。当4月12日最终公布投票结果时，所有在西班牙大城镇中拥护君主制的候选人显然已经无力回天。在马德里和巴塞罗那（人口分别为95万和100万）[①]，共和党以绝对优势取得了胜利。在农村地区，君主制所得的席位可以保证其拥护者们在全国范围内获得多数票。但众所周知，地方权贵有能力篡改投票结果。[②]部分地区直接宣布成立共和政体——最先是在巴斯克省的埃瓦尔镇。4月14日的夜晚，群众涌上了马德里的各条街道。惊慌失措的内阁建议国王接受共和党领导人的劝告——为了不发生流血事件，“日落前”逃离首都。胡安·德拉谢尔瓦（1909年悲惨周发生时的内务部长）是唯一提议进行抵抗的大臣。如果国王选择发起反抗，就算他保住了马德里，各个省会的命运也会导向战火，随后将会爆发内战。尽管国王的一个堂兄劝他挺住，但阿方索十三世发布了一份庄重的声明：

> 从周日的选举结果中，我意识到自己已经不再受人民的爱 31
> 戴。虽然可以利用皇权轻而易举地镇压起义，但是我决不会让同胞们深陷内战的泥潭，自相残杀。因此，在民众发声之前，我自愿放弃行使皇室特权。

发表完这一悲壮又隐晦的讲话以后，国王驱车从马德里飞奔向了海岸，而后流亡海外。

---

① 1931年西班牙的其他几座大城市的人口分别是：巴伦西亚，32万人；塞维利亚，22.9万人；萨拉戈萨，17.5万人；马拉加，19万人；毕尔巴鄂，16万人。

② 最终的数字从来没有被公布过，也有可能从未被计算出来。4月14日的夜晚，有29,953名君主主义者当选，8,855名共和党成员当选，还有大约4万名议员等待着选举。4月5日，在候选人没有饱受争议的地方，已经选举了29,804名议员。根据本-阿米的统计，获选的绝大多数是君主主义者，其比例达到了8:1（见Ben-Ami, *The Origins of the Second Republic*, Oxford thesis, 1974）。

1874—1923年试行的君主立宪制最后以失败告终，这是因为，它只是一个为了有效应对1868—1874年爆发的革命动乱而诞生的带有防御色彩的政治产物。一开始，推行君主立宪制的那些政治家们本可以在动乱结束后先行利用战后民众（甚至是穷人）对生存的渴望；当国家再次发生动荡，执政者本可以暂时秉持保守主义思想，循序渐进，但此时的普里莫·德里维拉一门心思地认为，只有独裁体制才能引领西班牙走向现代化。在接下来的几年中，尤其是国王逃走后，尽管最初秩序还算稳定，但不久之后，乱局重现。因此，有很多人认为，可以以更为妥善的方式继续施行普里莫·德里维拉的计划；同时有些人出于对未来局势的恐慌也在寻求获取权力的途径。不管怎样，眼下，对于那些乐于有变革发生并且能从中抓取机遇的人，西班牙的命运就掌握在他们手中。

32 3. 第二共和国的起步

1931年，共和主义者们欣喜若狂地高呼："年轻热情的西班牙终于成年了。"作为最古老的国家之一，西班牙在历经数次复兴失败以后，提出这样的口号难免有些离弦走板。新共和国亦然如此。最初，共和国对许下的承诺都一一兑现。君主制最终在兵不血刃的情况下被赶下了历史舞台。新政府在马德里轻而易举地接管了各部的办公大楼。安达卢西亚的律师尼塞托·阿尔卡拉·萨莫拉（Niceto Alcalá Zamora）担任了共和国的第一任总统，他的口才有其家乡特有的华丽风格。博学自信的阿尔卡拉·萨莫拉为人热心诚恳，但他自视过高，而且好管闲事。在马德里滞留时，他看起来爱自由胜过了爱生命。他的行事作风很像他远在安达卢西亚的故乡普列戈的老派党魁。在普里莫·德里维拉实行独裁统治之前，他曾是国王的一名大臣。在圣塞巴斯蒂安的革命委员会成立以后，他被任命为该委员会的主席。在马德里，他和内阁的其他几位成员在驱车缓慢前往内务部的途中被情绪激动的民众围困，随后，内务部长米格尔·毛拉①立即着手维护国内秩序。“唐②”尼塞托和米格尔·毛拉都是天主教徒，因此这在君主制覆灭以后被当作政党对教会的一种认可。毕竟传言不是说过，在那场著名的市政选举中“神父投票给共和国了”？（但一个小城市市长也曾在发给内务部的电报中称：“共和国已经宣布成立，我们该如何处理这些神父？”）

第二共和国第一届内阁的另外几位成员要么是无神论者，要么就是反教权主义者。其中有两名激进党成员曾于世纪之初在巴塞罗那兴风作浪。其中一名是时任共和国外交部长的激进派创始人，67岁的亚历杭德罗·勒鲁斯（Alejandro Lerroux）。他是安达卢西亚骑兵团的一位老兵之子，19世纪90年代在巴塞罗那最混乱的地区曾被人称作“平行大道的皇帝”。曾经腐朽的煽动者已经被岁月磨去了往日的激情。他通过贪污腐败的勾当大肆敛财，无论是与政府还是与潜在的行贿者打交道，他都想尽办法收受贿赂。1905年，他曾在巴塞罗那的贫民窟号召追随者们奋起反抗雇主和教会——“就在今天，意气风发的野蛮人们！攻陷这座悲哀的城市，蹂躏它那腐朽堕落的文明！摧毁它的神殿，捣毁它的神像，撕开修女们的面纱让她们都怀上孩子！战斗，杀戮还有死亡！”③如今的勒鲁斯已经判若两人，成为一位经验老到的演说家、记者和政治家。他对待朋友友善诚恳，

① Miguel Maura，安东尼奥·毛拉的儿子，同时也是毛拉公爵的兄弟，直到4月14日，他还一直是国王最后一届内阁的成员。米格尔被当作是这个声名显赫的犹太天主教家庭的“害群之马”，直到他的侄女康斯坦西亚·德拉·莫拉-毛拉嫁给了共和党的空军司令伊达尔戈·德西斯内罗斯，并成为一名西班牙共产党党员。他有关政体转变的意见见*Así cayó Alfonso XIII...*（Mexico, 1962），在该书第212页记录了他对阿尔卡拉·萨莫拉非常好的印象。

② 称呼“唐”有些像称呼“先生”，但这种称呼更加大众化。这种称呼很少用于指代40岁以下的人，并且常常用于演讲当中。这是对有名望的人的一种尊称，也可能被用来称呼国王（唐阿方索），也可以用来称呼面包师。

③ 1906年9月1日的叛乱引自*Historia de la cruzada española* (ed. Joaquín Arrarás) (Madrid, 1940—1943), vol. I, p.44。参考的是对开本，而非合订本。“意气风发的野蛮人们”是激进的青年团体的绰号。

机智灵敏，连在急着赶去剧院或者宴会的时候，都会找一个委婉的托词。他的党派已经分裂，许多在1910年追随激进党的人现在已经变成了社会主义者或无政府主义者。勒鲁斯不再是革命先锋，激进党也不再是极端派系，已经很少有人还记得曾经广为流传的那句名言：“勒鲁斯信徒要是
34 少了枪就像是丢了念珠的天主教徒。”勒鲁斯与他的助理官员，作风温和的迭戈·马丁内斯·巴里奥同时进入内阁。巴里奥是塞维利亚共济会的重要成员[①]，这两人进入内阁以后多多少少引起了西班牙统治阶层的担忧。几年以后，一名天主教代表把激进党的发展比喻成一场航行：这些成长背景千差万别，思维观念又截然不同的人聚集，仅仅是为了搭伙赶路。[②]

然而，在第二共和国的首届内阁中，有一群比这些激进人士更难对付的反教权主义政治家。这些精英继承了19世纪在西班牙盛极一时的改良主义。一百年以来，这些1812年加的斯宪法的拥护者一直追求限制宗教法令、教会土地以及争取开放贸易自由。他们的思想观念直接或间接受到自由教育学院（Institución Libre de Enseñanza）的深远影响。在复辟时期，一群大学教授为了倡导自由和思想解放，创办了后来被当作启蒙学校的自由教育学院。这些大学教授因拒绝效忠“教会、皇权和王朝”而被取消教职资格。[③]自由教育学院培养的意识形态，一部分源于对英国信奉自由的推崇，另一部分源于德语作家和哲学家卡尔·克劳斯（Karl Krause）带有唯心主义特征的泛神论。在这些持不同政见的教授中，首位领袖桑斯·德尔里奥（Sanz del Río）曾参加了卡尔·克劳斯在柏林的演讲。起初，自由教育学院是反政治的，但在西班牙历史中的任何一个时期，倡导解放思想都是一种与政治相关的行为。因此，出于对真理的热爱，这些由桑斯·德尔里奥的继任者和信徒，弗朗西斯科·希内尔·德

---

① 见1936年宫廷中的讲话，见本书第9页至第10页。

② Jesús Pabón, *Palabras en la oposición* (Seville, 1935), p.196.

③ Vicente Cacho Viu, *La Institución Libre de Enseñanza* (Madrid, 1962).

洛斯·里奥斯（Francisco Giner de los Ríos）领导的知识分子们被迫卷入了政坛。1898年的美西战争中，西班牙失去了最后一块美洲殖民地。战后的西班牙掀起了文艺复兴，这部分要归功于自由教育学院。文艺复兴的推动力主要来自人民对西班牙的落后、自满以及不求上进的悲痛。[①]后来，自由教育学院的精神驱使最杰出的知识分子们对普里莫·德里维 35
拉将军的独裁统治发起奋勇反抗。现有的教育机构和马德里的“会友之家”（这种由耶稣会的会友成立的深造委员会主要是为了帮助西班牙学生留学海外）都只能给未来的中产阶级领导者们带来影响，他们希望大学和其他“学院”能够注重师生之间的关系。

1931年新组建的内阁中出现了几位带有自由教育学院派特征的阁员。这些人包括弗朗西斯科·希内尔·德洛斯·里奥斯的侄子，司法部长费尔南多·德洛斯·里奥斯（Fernando de los Ríos），他是格拉纳达大学的一位教授。从理论上讲，他是位社会主义者，他那富有卡斯蒂利亚地区特色的演讲可谓行云流水，他是一名地地道道的人文主义者，这些对于一名马克思主义者过于温和了。海军部长由加利西亚的律师卡萨雷斯·基罗加出任，在内战爆发初期，他出任当时的总理。[②]分别出任“发展”部长和教育部长的是阿斯图里亚斯的极端激进分子阿尔瓦罗·德阿尔沃诺斯和资历深厚的加泰罗尼亚共和主义者马塞利诺·多明戈（Marcelino Domingo），他们把领导的政党命名为共和国激进社会党，该党效仿了乔治·克列孟梭（Georges Clemenceau，1841年9月28日—

① 这就是著名的“98一代”，粗略地看，与其有关的有希腊语教授米格尔·德乌纳穆诺、社会分析专家奥尔特加-加塞特、社会历史学家华金·科斯塔（Joaquín Costa）、评论家安吉尔·加尼韦特、卡斯蒂利亚诗人安东尼奥·马查多、古怪的加利西亚诗人巴列·因克兰、难以捉摸的宣传员拉米罗·德马埃斯图（Ramiro de Maeztu）、小说家皮奥·巴罗哈（Pío Baroja）、评论家阿索林、剧作家贝纳文特，可能还有印刷员苏卢阿加；1898年，这些人都是西班牙各所大学的著名的知识分子。见Aldo Garosci, *Gli intellettuali e la guerra di Spagna* (Turin, 1959), p.7. Carr (p.525f.)持怀疑态度。

② 见本书第4页。

1929年11月24日，法国激进党政府总理）和费里（Ferry）的法国政党。此外还有新任战争部长曼努埃尔·阿萨尼亚，虽然他没有在自由教育学院深造的经历，但从他的身上可以看到该学院教育的影子。

若非生于动荡年代，阿萨尼亚有可能会置身于文学创作。除了撰写一本演讲集和一本发人深省的日记，[1]他还翻译了乔治·博罗（George Borrow）、G. K.切斯特顿（G. K. Chesterton）和伏尔泰的作品，还写了一本有关于他的学生时代和许多辩论活动的自传。被国家局势卷入政坛以后，他把政治看作一种“绘画艺术”，把人民当成了“调色盘”。[2]破败的教区总教堂的所在城市是阿尔卡拉·埃纳雷斯堡，这座距离马德
36 里20英里[3]的城市是塞万提斯的故乡。1880年，阿萨尼亚出生于当地两座女修道院之间的一栋房子里。阿萨尼亚的家庭因公共事业而在当地被人熟知，母亲在他9岁那年去世。在埃斯科里亚尔修道院的奥古斯丁教义学院，为了表示对刻板教育的抵触，阿萨尼亚放弃了自己的宗教信仰。在另外一所学校取得了法学学位以后，阿萨尼亚前往巴黎留学。投身于行政部门的他成了登记处（在西班牙相当于萨默塞特府）的总办事员。在阿尔卡拉和马德里两地奔波的阿萨尼亚忙于文学创作，同时还翻译作品和进行审查工作。阿萨尼亚代表了许多同时期的中产阶级知识分子——甚至包括西班牙以外的。但阿萨尼亚与其他人相比又有一些不同之处。首先，他因面相丑陋而善于自省，因此对自我的要求十分苛刻，在写作甚至演讲中，他会不断进行自我剖析——即便会遭到同期作家的嘲笑，同时他也在逃避社交活动（尤其是与女性的交际）。最终，他积攒的才华虽然帮助他登上了西班牙领导人的宝座，但同时也使他无论在得意还是失意之时，都显得毒舌且孤傲。乌纳穆诺曾说，阿萨尼亚“能

① 值得注意的是，自1810年以来，其他西班牙政治家都没有写过日记。

② 引自*La velada en Benicarló*。

③ 1英里约等于1.6公里。——编者注

为了征服读者而发动革命”。挑剔且敏感点说，他被人指责是同性恋者，但这些人对这种说法并没有什么实证。1929年，49岁的阿萨尼亚最终与他的文学杂志合伙人西普里亚诺·里瓦斯·切丽夫的小妹妹结了婚。阿萨尼亚的口才十分了得。他最开始是在“协会”崭露头角。该协会创立于马德里的一家俱乐部，19世纪以来，这里一直都是西班牙进步人士活跃的中心。阿萨尼亚最终得到了其他一些共和主义领导者的拥护和敬重。他的演讲虽然冷酷单调，但精妙的构词非常吸引人。他成为政治期刊《西班牙》的编辑，并担任了“协会”的主席，之后他还建立了自己的共和主义政党——共和主义行动党。阿萨尼亚之所以在1931年被选中出任战争部长，是因为在缺乏军事头脑的自由主义者中，只有他能不厌其烦地处理军队事务。不久后，阿萨尼亚试图通过演讲和行动给新共和国赋予一种尊严，这种尊严必须经过时间的锤炼才可以造就，但前提是要先确保这种尊严能够顺应局势。

崇拜克伦威尔的阿萨尼亚对经济一窍不通。他所练就的一身超然脱俗使他常常忽视一些西班牙的现实。阿萨尼亚的政敌们为了扳倒他，抓住了他常常陷入自省的特点，迅速集结并对他发起人身攻击，但这
些人又无数次不得不尊称他为“共和国勇士”。了解阿萨尼亚的人对 37
他赞赏有加，而在他的对手眼中，他为人尖酸刻薄，自以为是，并且心胸狭窄。他在用人方面并不老到。阿萨尼亚认为激进主义是西班牙的唯一出路。他时刻保持头脑清醒，对自己所谈的每个话题了如指掌，但在紧要关头常显犹豫。他面对灾难时，总是会挖苦讽刺。他时而表现出独裁专断的固执，时而展现出绝望中磨砺出的乐观。他是一个典型的懦夫，尽管他一直痛苦地逃避着这个事实。在共和国的政界，阿萨尼亚的才华可谓首屈一指。但遗憾的是，他心中最强大的两股政治驱动力是对教会和军权的敌视。[①]阿萨尼亚缺少党派的支持，因此，他

① 详情见*Obras completas* (Mexico, 1966—1968) 中收录的他的日记的第三卷和第四卷。

要么选择与勒鲁斯的激进党合作，要么选择与社会主义者合作。他选择了后者。

在独裁统治的末期，阿萨尼亚、多明戈和阿尔沃诺斯所拥护的共和主义发展十分迅猛：以阿萨尼亚的观念为指导思想的共和主义俱乐部有450个，其会员有近10万人。阿萨尼亚还继承了许多老一辈自由主义者的事业，在复辟时期的政坛，这些自由主义者有着举足轻重的地位。但是，很多人对阿萨尼亚的支持只是流于表面，在1931年投票支持阿萨尼亚的工匠、教师、医生和公务人员都有心投奔更为激进或更为保守的党魁。[1]不可否认，阿萨尼亚确实是一名尽职尽责的领导人，但与其他出类拔萃的西班牙政治家一样，他发现很难稳固住立场捉摸不定的追随者们。他还称不上是一名革新者。他的许多政策，要么是在卡纳莱哈斯时期自由主义者所推行的项目中有过先例，要么是源于曾长期与他共事的改良主义者、共和主义者的想法。

在共和国的第一届内阁中，除了费尔南多·德洛斯·里奥斯，还有两名社会主义者。他们分别是因达莱西奥·普列托和劳动者总工会的秘书长弗朗西斯科·拉尔戈·卡瓦列罗（Francisco Largo Caballero）。社会党的成员有近2万人，劳动者总工会的人数不低于30万。[2]那些与无政府主义者争斗时拥护马克思主义的西班牙人在1879年创立了社会党。[3]一战爆发之前，社会党和劳动者总工会的发展开始放缓。在工业城市巴塞罗那，他们没有找到立足之地，因为那里的无政府主义者的影响力过于巨大。社会党的党员中有马德里的印刷员和建筑工人，阿斯图里亚斯

38

① Joaquín Maurín在*Revolución y contrarevolución en España* (Paris, 1966)中认为，那些在1931年投票给阿萨尼亚的人，如果足够年轻，就会在1936年到1939年之间形成对西班牙共产党“资产阶级”化的支持；如果年龄足够大，他们则会在1910年投票给自由主义者。

② 1930年这一数字是277,011。实际数字可能会更大，因为这一数字只包括那些缴纳了会员费的会员。

③ 见原书第59页。

的煤矿工人，还有来自毕尔巴鄂附近新兴工业区的人，甚至还有来自卡斯蒂利亚和加利西亚缺少一技之长的非巴斯克移民。19世纪90年代，这些移民发起了西班牙的第一次大规模的罢工。

后来，社会党在三个方面的新发展帮助其扩大了影响力。第一，效仿激进党在工会地方分会的委员会办公处内创办名叫人民之家（Casa del Pueblo）的社会主义俱乐部，人民之家里面设有自由租借图书馆和咖啡馆。与多数城市建立的国民警卫队兵营、教堂和市政厅一样，西班牙人民之家那被粉刷得雪白的四层小楼也彰显着一种集体思想，是一种马克思主义与知识教育相融合的思想。第二，社会党为了在议会中能占有一席之地而选择与中产阶级的共和主义者们达成战略同盟，从此，社会党领导人顺利地步入了议会政治。第三，一战给西班牙带来的繁荣使欧洲其他国家在各项事务中提高了对西班牙的政治意识和利益预期。从农村地区迁入城市的那些移居者们很容易被说服信奉社会主义，特别是工人们为了拒绝参加摩洛哥战争而发起的反抗运动得到了社会主义者们的支持。在一战过程中，社会主义者们始终站在反对德国的一方，他们还参与了坎博等人在1917年筹划的革新计划，但就当时来看，该计划的效果并不尽如人意。后来，曾深受苏联布尔什维克主义影响的社会主义者们与社会党分道扬镳。[①]一些出走社会党的社会主义者和心存不满的无政府主义者共同建立了西班牙共产党，但在很长的一段时间里，该党并没有形成气候。[②]

1925年，备受敬仰、热诚勤奋、正直廉洁的西班牙社会主义之父巴 39
勃罗·伊格莱西亚斯（Pablo Iglesias）与世长辞。1872年，还是一名年轻印刷工的巴勃罗帮助社会党实现了与巴枯宁的决裂，从那以后，社会

① 社会党曾有意加入共产国际。在加入之前，他们派费尔南多·德洛斯·里奥斯作为特派员前往苏联。

② 见原书第111页。

党在他的英明领导之下历经沧桑。巴勃罗在社会党和劳动者总工会的继任者是他的得力干将弗朗西斯科·拉尔戈·卡瓦列罗，粉刷工出身的拉尔戈在他的一生中一直都是工会官员和尽职尽责的马德里市政委员会成员，他成功地建立了保险体制和多家图书馆，并筹划了一系列讲座，而且还与雇主进行磋商谈判。[①]曾参与过1890年在马德里爆发的第一次建筑工人罢工的拉尔戈·卡瓦列罗，到1931年已经62岁了。对议会全无好感的他并不适合在议会内任职。他并不是一位演说家。崇信委员会的拉尔戈对理论学说不感兴趣。他从不鼓励任何人为反抗普里莫·德里维拉而“发声”，他甚至还曾以“政府顾问”的身份与普里莫·德里维拉的独裁政府进行过合作（虽然时间不长）。拉尔戈之所以这么做是源于社会主义者对君主制的轻视，以及他十分担心在工人阶层会输给对手——无政府主义者虽然组织涣散，但在人数上比社会主义者更具优势。长久以来令资产阶级感到钦佩的是，劳动者总工会在数不胜数的委员会中所保持的纪律性和高效的“运作”以及在发动罢工时，他们所做出的一些注重实际，甚至合情合理的行为（与无政府主义者形成鲜明的对比），此外他们在思想上保持统一。由拉尔戈·卡瓦列罗出任共和国第一任劳工部长可谓实至名归。拉尔戈在1931年所推行的制度源自他在普里莫统治时期为了解决薪资纠纷而建立的仲裁委员会。该委员会由雇主和工会组成，并听从政府的投票公断。拉尔戈·卡瓦列罗之所以能得到广泛的支持是因为成千上万名西班牙工人在他身上看到了自我奋斗的影子。他是人民之家中最为出色的栋梁之材，通过自身的刚毅、执着、诚信以及在革命行动中免于走向极端的自制力而龙跃云津。

---

① 见 Francisco Largo Caballero, *Mis recuerdos, cartas a un amigo* (Mexico, 1954). 1905年，伊格莱西亚斯和拉尔戈·卡瓦列罗通过效仿对手选举造假的方法第一次入选了马德里的市政委员会。伊格莱西亚斯于1910年进入议会，拉尔戈·卡瓦列罗和其他几位社会主义者随后于1917年进入议会。

与拉尔戈在共和国内阁中共事的财政部长因达莱西奥·普列托是一名与拉尔戈截然不同的社会主义者。普列托出生于奥维耶多，小时候随丧夫的母亲移居到了毕尔巴鄂以后成为一名报童。聪明的头脑让他得到 40
了巴斯克大富豪奥拉西奥·埃切瓦列塔（Horacio Echevarrieta）的赏识。奥拉西奥在一开始便把他视作心腹，后来又让他出任其旗下的《毕尔巴鄂自由主义者报》（*El Liberal de Bilbao*）的编辑。1918年，普列托以社会主义者的身份进入内阁以后，他的简洁干练的口才除了吸引到众人的目光，还招来了拉尔戈·卡瓦列罗的嫉妒。后来，二人的对立导致社会党内出现了发展走向上的分歧，这也给西班牙的社会党打上了深深的烙印。普列托的外表显得很富态，他光头、双下巴、小眼睛，脑袋下面是因患糖尿病而肥硕的身体。相比于劳工代表，他的举止更像有文化的上层阶级。米格尔曾写道：“普列托最大的优点是心地善良，在我见过的人中，像普列托这般愿意牺牲、同情他人又大公无私的人可谓凤毛麟角。”[①]普列托虽然性情多变，但他坚决奉行党内纪律。作为一名成功且经验老到的议员，他反对社会党与普里莫·德里维拉独裁政府展开合作，并且在1930年说服社会党加入推翻君主制的谋划之中。1931年，时年48岁的普列托深受中产阶级欢迎，但在工人阶层中，作风更为严厉的拉尔戈·卡瓦列罗的影响力更胜一筹。

1931年，身兼劳动者总工会和社会党掌门人的哲学教授胡利安·贝斯泰罗（Julián Besteiro）成为西班牙第三位最具影响力的社会主义者，虽然从理论上来讲他是一位马克思主义者，但他属于其中的温和派。由于反对社会主义者与政府进行合作，他很快辞去了党内和工会的主席职务。贝斯泰罗仁慈而友善，聪慧且博学，但他缄默寡言——没有人会“亲密地对待”他。[②]

---

① Maura, p.216.

② Gil Robles, p.448.

20世纪30年代，总人口2,400万的西班牙有800万人属于工人阶级。在450万名以耕地为生的农民当中，社会主义者并未获得太多支持，但这样的情况将很快得到改变。在聚集着西班牙四分之三工业产值的加泰罗尼亚，社会主义者也并没有受到追捧。在西班牙规模最大的制造业中，30万名服装制造工和纺织工里，信奉社会主义的人寥寥无几。那些支持社
41 会党的人大多来自西班牙的27万名建筑工人、20万名食品工业工人、10万名矿工、12万名冶金工人以及6万名运输工人和50万名工匠。

共和国在1931年的内阁中的最后一名成员是担任国民经济部长的加泰罗尼亚传统历史学家——尼古劳·德奥尔维尔（Nicolau d’Olwer）。虽然他曾一度活跃于20世纪20年代的加泰罗尼亚政坛，但与其他几位阁员相比，尼古劳的政治资历尚浅，他的入选被看作是对加泰罗尼亚民族主义的安抚。据说经济学家出身的尼古劳是一位“希腊文化大师”。

内阁中有5位成员具有一个共性——他们都是共济会会员，因此他们的保守派政敌怀疑他们崇尚反西班牙主义。[①]

在19世纪，西班牙的大多数自由主义者是各地共济会会所的会员。共济会于18世纪传入西班牙，并在拿破仑战争期间得到了广泛传播。20世纪的西班牙与欧洲其他国家的进步人士们一样认为，加入共济会主要是出于一种自我彰显。虽然在加入共济会时，他们签署了拥护自由、平等和博爱的法国革命准则，但他们所组成的隐秘群体并没有实质性的政治方针。即便没有公开的政治目的，西班牙共济会仍属于反宗教团体。[②]这是因为在西班牙，不信奉上帝具有政治影响。教徒和右翼人士们认为，

① Joaquín Arrarás, *Historia de la segunda república española* (Madrid, 1956–1964), vol. I, p.53. 这5个人是德洛斯·里奥斯、马丁内斯·巴里奥、阿尔瓦罗·德阿尔沃诺斯、卡萨雷斯·基罗加以及马塞利诺·多明戈。阿萨尼亚在1932年初加入了共济会。

② 19世纪80年代，英国和欧洲大陆的共济会之间似乎爆发了冲突，当时欧洲大陆的会友们决定不再容忍在他们的法令中出现“上帝”，甚至是以“最伟大的建造者”作为代指字眼也不可接受。

共济会纲领的确立是在伦敦策划的一场邪恶的国际阴谋，并且纲领还被利用于建立无神论的共产主义。在耶稣会会士眼中，共济会纲领尤为可耻，他们认为共济会的隐秘行径不过是对他们本教教义的亵渎与拙劣的模仿。[①]当然，这样的敌视可能会让共济会显得更加神秘。但不管怎样，共济会并没有加入任何一方的政治阵线。法国共济会有可能资助过其他国家的反教权运动，而过去反对普里莫·德里维拉独裁统治的那些人曾 42 经把西班牙共济会会所当作筹谋策划的据点，但后来西班牙共济会出现了分歧。以戈代德、凯波·德利亚诺和卡瓦列罗为首的一些将军从属于军事会所，军事会所中有一部分人是狂热的共和主义者。共济会纲领与马克思主义的关联也颇具争议。很少有自由教育学院的人会加入共济会。尽管某些像马丁内斯·巴里奥一样的政治家依靠其共济会的地位取得了一定的影响力，但在20世纪30年代，共济会还称不上是一股举足轻重的力量。[②]

—

共和国的首要任务是处理加泰罗尼亚问题。早在中世纪，加泰罗尼亚地区的4个省份就凭借其繁荣的经济环境让浪漫主义者们很容易地在这里安居立业。许多人认为，19世纪的工业化和文化普及给加泰罗尼亚带来了对自治的渴望，但这种渴望由于频频遭受阻挠最后演变成了民族

① 由于许多知名人士成了共济会会员而无法被指责为秘密的共产党党员，教会的宣传员们不得不对“恐怖的会友”手下被操纵的傀儡和那些知道其阴暗的目的的人加以区分。

② 详情见Gabriel Jackson, *The Spanish Republic and the Civil War 1931—1939* (Princeton, 1965), p.510. 天主教代表希尔·罗夫莱斯列举了西班牙共济会成员的具体数量，反映出他与教会对这些数字的可信度深信不疑：总数刚刚超过11,600人，其中有3,660人来自加的斯，这表明了相比于在18世纪和19世纪，这个港口在20世纪的地位更加重要。

主义运动。拥有现代化的阶级结构以及地中海文化的加泰罗尼亚是伊比利亚半岛最富裕的地区。如果西班牙实行联邦制，加泰罗尼亚将会繁荣无比，但这让波旁王朝封建集权统治无法容忍。反对自由贸易和寻求贸易保护推动了加泰罗尼亚民族主义的兴起。加泰罗尼亚人认为加泰罗尼亚是附着在卡斯蒂利亚这具“将死之躯”上“充满活力的脏器”。

加泰罗尼亚主义（Catalanism）的兴起源于加泰罗尼亚对其经济地位的优越感以及以花饰游戏为代表的文艺复兴。创建于1859年的花饰游戏是贝达格尔神父在一些诗人的帮助下筹办的加泰罗尼亚诗歌竞赛。20世纪初，随着水力发电在比利牛斯山脉东部的飞速发展，加泰罗尼亚的地位日益重要。加泰罗尼亚将电力输送到马德里，电力供应本身集中在北美的“加拿大人”公司（巴塞罗那公共交通运输公司）。与此同时，蒙特塞拉特的本笃会修道院僧侣们将《圣经》翻译成加泰罗尼亚语；加泰罗尼亚的出
43 版社发行了大量原版和译版的文学作品；加泰罗尼亚语字典编纂完成；同时还有多家报纸创刊。比以往的使用范围更加广泛的加泰罗尼亚语成了市政议会的常规语言。加泰罗尼亚民族主义在文化层面体现在：为拓展加泰罗尼亚内陆而开展远行，崇拜本民族的舞蹈（“萨尔达纳”），建立民族唱诗班，甚至信奉本民族的神灵（蒙特塞拉特山的“芦苇”）。到了1931年，虽然屡遭挫折，但加泰罗尼亚多数的中产阶级分子始终对民族主义信守奉行。加泰罗尼亚主义与所有宗教运动一样，都反对自由主义，因此教会对加泰罗尼亚的民族主义运动予以了一定的支持。但是，更容易被加泰罗尼亚主义所接受的联邦主义相对于右翼人员而言，还是更加偏左。

加泰罗尼亚的众多党派内的各位领导人或多或少地排斥卡斯蒂利亚一体制统治。事实上，在普里莫·德里维拉统治时期，无论是加泰罗尼亚还是其他地区的政党都碌碌无为，地方主义联盟曾经是加泰罗尼亚颇有前途的中产阶级党派，但其中心机构遭到取缔。在1931年4月举行的市政选举中，相较于其他地区，反君主制的人们在巴塞罗那赢得了更大的胜利。确切地说，在巴塞罗那赢得胜利的是左翼党（Esquerra），在加泰

罗尼亚语中，“Esquerra”的意思是“左”。左翼党的领袖是年迈且备受尊敬的传奇上校、“祖父”弗兰塞斯克·马西亚（Francisco Maciá），他曾在法国、拉丁美洲，甚至莫斯科谋划反对普里莫独裁统治的计划。除了领袖马西亚，左翼党由知识分子、小商户和巴塞罗那中产阶级下层组成。[1]

1930年的加泰罗尼亚工厂主们一想到从1917年到1923年间无政府主义者在工厂内的所作所为，以及那些由于同西班牙传统右翼结盟而饱尝 44
的苦果就胆战心惊。加泰罗尼亚的上层阶级曾希望通过重振加泰罗尼亚来复兴整个西班牙。他们的领袖坎博曾在20世纪初反抗长期压迫人民的地方权贵势力，[2]但现在，他开始与左翼和激进派进行斗争。在推动民族主义的过程中，加泰罗尼亚运动曾几度让左翼与右翼达成了合作，但如今，两翼共同联手的机会可以说是微乎其微。

1913年，按照当时政府首脑卡纳莱哈斯颁布的法令，加泰罗尼亚四个省的省委员会进行了合并，合并后所行使的一部分权力成了有限自治权的前身。这次合并并不会影响西班牙的主权。但普里莫后来废除了合并法令。是恢复自治，还是让左翼党走得更远？曼努埃尔·卡拉斯科·福尔米格拉（Manuel Carrasco Formiguera）呼吁加泰罗尼亚“向西班牙宣战”。1931年，当获选议员从圣诺梅广场的阳台中走出来时，响起的背

---

① 加泰罗尼亚左翼共和党（Esquerra Republicana de Catalunya，简称ERC）是由一个主要由下层中产阶级组成的老牌激进政党——加泰罗尼亚共和党（Partit Republica Catalanista，简称PRC）组合而成的；加泰罗尼亚国家党是由加西亚领导的一群分离主义者组成的团体；有一群加泰罗尼亚的社会主义者在各地办起了杂志《政见》。包括加泰罗尼亚行动党（成立于1922年，从一个青年联盟组织内分离而来）在内的其他于1931年十分活跃的加泰罗尼亚政党在选举中的表现并不亮眼。联盟和激进派在左翼党中排名第二和第三，其在宣言中表示“为了社区的利益而将财富社会化”，这吸引了一些革命左翼的支持。加泰罗尼亚左翼势力中最具名望的加西亚在1906年由于攻击司法法令而从军队中被开除（见原书p.88）。

② Tomás Pamiés在他的*Testamento de Praga*（Barcelona，1970）中回忆（p.53）称，他第一次在一群陌生人的演讲中听到了“革命”这个词，这些人是1908年来到巴拉格尔（莱里达）的；发表讲话的是坎博。

景音乐不仅有《马赛曲》和加泰罗尼亚的民族歌曲《收割者》，还有对加泰罗尼亚独立共和国的高声呐喊。马西亚的助理官，年轻的律师路易斯·孔帕尼斯（曾在20世纪20年代因几乎免费为无政府主义者辩护而声名鹊起）宣布加泰罗尼亚共和国成立。一个小时以后，在同一个阳台，马西亚提及“加泰罗尼亚政府和加泰罗尼亚共和国”。在马德里，尼古劳·德奥尔维尔、马塞利诺·多明戈和费尔南多·德洛斯·里奥斯这几位出生于加泰罗尼亚的部长匆匆赶往巴塞罗那，他们奉劝马西亚等到新任内阁（不久后将选举出）通过了加泰罗尼亚自治法案以后再行事。虽然巴塞罗那已是唾手可得，但马西亚还是同意了。他的忍耐无疑称得上是明智之举，因为巴塞罗那不只有加泰罗尼亚原住民，这座城市还有超过三分之一的人口不是加泰罗尼亚人，他们的政治立场无从揣测。[①]

新共和国的蜜月期持续了一个月。在此期间，新闻报刊以比利牛斯山脉北部快乐的玛丽安为原型，把共和国描绘成了一名美丽的漫画女郎，她代表了1812年加的斯宪法下的共和国。为了组建临时议会以便能
45 颁布宪法，政府开始筹划在6月份举行选举。同时，金、红两色的皇家旗被换成了红、黄、紫色的三色旗，国歌《皇家进行曲》改成了《列戈赞歌》（1820年立宪主义者的歌曲），许多街道以与共和国相关的名字重新命名。由孔帕尼斯出任共和国的第一任巴塞罗那行政长官，他销毁了无政府主义者和普通罪犯的警方记录。政府公布了数千所小学的建设计划，并且在5月6日宣布，以后除了父母要求，公立学校不得再强制进行宗教教育。这些举措震惊了整个西班牙。

然而，共和国的敌对势力正在暗流涌动。虽然国家领导层宣称将制止恐怖主义卷土重来，但马西亚的心慈手软以及国家为了抚平巴塞罗那的旧伤疤而选择的背离集权主义政策，导致无政府主义者有机可乘。与此同

① 引自Alberto Balcells, *Crisis económica y agitación social en Cataluña (1930—1936)* (Barcelona,1971), p.18.

时，共和国没有对国家与地方的管理部门、警察、教师和各政府机构进行清洗，对司法系统和军队也没有进行变动。这群经验不足的改良主义政治家组成的领导班底以及过于保守的政府结构给未来埋下了隐患。

虽然与更为发达的工业化国家相比，经济大萧条对西班牙的影响相对较小，但也对其造成了一定的冲击，尤其是矿业。在1931年间，加泰罗尼亚开始感受冲击的影响。同时，以在美洲的海外务工人员为首，海外民众陆续返回国内，这导致加利西亚和安达卢西亚等落后地区的失业率攀升。虽然没有得到类似对城市失业率那么高的关注，但实际上农村失业率高达城市的两倍。此时的西班牙并没有失业救济金，并且与北欧相比，社会的福利制度也不够成熟。5月初，身兼托莱多主教长和西班牙教会首席主教的红衣主教塞古拉发表了一封严肃又具有威胁性的牧函，由此，教会与政府之间展开的斗争一直持续到内战。这位意志坚定的高级教士聪明又固执。塞古拉曾在35岁时于偏远的埃斯特雷马杜拉教区得到了国王的钦点。他曾是一名吹嘘自己拥有博士学位的学者，在每年一次的社会福利活动中，他跟 46
教区牧师一样勤劳。1931年，尚不满50岁的塞古拉权力正盛。他在牧函的开篇歌颂了阿方索十三世，并于结尾处写下了下面这些带有威胁性的文字：

> 如果我们仍然“沉默着，懒散着”，如果我们放任自己，让“淡漠与胆怯”占据心头，如果我们对那些蓄意毁灭宗教的人们不闻不问，如果我们为了维护理想的果实而祈求敌人的怜悯，如果我们在胜券在握之时忘记了如何像时刻准备为光荣献身的无畏战士那样战斗，在如此残酷的现实面前，我们将没有资格去悲痛哀号。[①]

---

① 引自*El Sol*, 7 May 1931。教皇利奥十三世在一次通谕中使用了“沉默着，懒散着”以及“淡漠又怯懦”这样的词语。塞古拉痛恨法西斯主义，并在后来的第二次世界大战中拥护英国。

47 4. 冲破教权主义的开端

20世纪30年代，西班牙的教会有20,000名僧侣、60,000名修女和35,000名神父。在将近5,000个教区中，有大约1,000座男修道院，其余的都是女修道院。[1]然而，在这一时期的西班牙，有三分之二的人没有践行天主教教义——虽然，他们可能会在教堂里进行洗礼，举办婚礼和葬礼，但从不去做忏悔或弥撒。据耶稣会会士弗朗西斯科·佩罗神父称，在1931年的新卡斯蒂利亚，只有5%的农村人口会参加复活节的仪式；在安达卢西亚的一部分农村地区，去教堂做礼拜的人数只有1%。[2]还有一些村庄，只有神父一人做弥撒。富裕的圣雷蒙教区位于马德里城郊的巴列卡斯，这里曾经就读宗教学校的人有90%在离校以后都不再做忏悔和弥撒。[3]尽管各个乡村的这一比例会有不同，但这些被引用的数据为曼努埃尔·阿萨尼亚对西班牙“不再信奉天主教”的草率言论提供了支持。[4]

48 阿萨尼亚的言下之意是西班牙不再像16世纪黄金时期那样全盘天主教化了。在那个年代，教会曾是各省连接的纽带。西班牙宗教裁判所作为正统的宗教法庭，是唯一的法律机构，其令状通达全国。哈布斯堡王朝的历代君主们利用从美洲殖民地搜刮来的财富，试图在欧洲建立超越中世纪鼎盛时期的天主教文明和政治统一。强大的西班牙军队投入新一轮的收复失

---

① 引自*Anuario Estadistico de España*, 1931, pp.664–665。见José M. Sánchez, *Reform and Reaction* (Chapel Hill, 1964)。

② 相比于男性，西班牙的女性更为崇信宗教，女性在教会中所处的重要地位还体现在西班牙对圣母玛利亚极度狂热的崇拜。

③ Gerald Brenan, *The Spanish Labyrinth* (Cambridge, 1943), p.53.

④ *Obras completas*, vol. III, p.51. 描写的1931年10月13日进行的演讲。虽然，阿萨尼亚在当天的日记中提到这次演讲收获了赞许，但并没有表明他意识到演讲中说过对自己不利的话。见vol. IV, p.177，“演讲进行得十分成功，像在做梦一样，我正在一句一句地衡量它的价值……勒鲁斯……几近赞美之词”。

地运动当中——赶走欧洲的新教徒以及地中海沿岸的土耳其人。西班牙国王一时间得意地佩带起了反宗教改革的利剑，同时，由巴斯克的依纳爵创立并保存西班牙特色的耶稣会，在神学上为其保驾护航。

黄金时期的西班牙已迈入全球强国的行列，虽然这些强国在全球称霸一方的时间都不算长。西班牙成功跻身国际列强也标志着西班牙的教会力量达到了顶峰。无论是在地理位置上，还是在社会影响上，教会都将全国各个地区联系在一起。由于西班牙并没有在信奉宗教的形式问题上引发宗教改革运动，所以西班牙的神学家们没有受到像北欧的神学家们那样的困扰。进而，他们可以用近乎现代的方式来讨论公民与社会的关系，甚至能为了更平等地分封土地而进行争辩。权力如水，强国如舟，水能载舟亦能覆舟。为了满足重返中世纪辉煌的欲望，烂泥扶不上墙的哈布斯堡家族将国库挥霍一空。西班牙教会对革新心存戒备，从美洲轻易流入国内的金银让西班牙的经济活力消失殆尽。基督徒和新皈依的犹太教徒之间的紧张关系让这一时期的知识论战染上一种近乎种族主义的色彩，“黄金时代”早在结束以前就已每况愈下。过分狂热地追求荣耀让西班牙付出了惨痛的经济代价。正当这样的结果已经显出端倪之时，塞万提斯以盲目追求虚荣的游侠为原型，创造出了西班牙最经典的文学人物——堂吉诃德。作为第一个越过大西洋发现新大陆的国家的人民，堂吉诃德固守的中世纪思想观念使西班牙成为欧洲文艺复兴后新时代的标志性国家。神学家们所宣扬的社会价值体系强化了一种前商业主义的观念，这种观念既让人联想到经院哲学，又让人联想到了社会主义的前景。教会势力在一天天地衰落。18世纪的学者们在位于萨拉曼卡的西班牙最知名的大学内严肃地讨论着天使说什么语言，天空是由像酒一样的液体还是钟一样的金属构成的。[①]这些年里，西班牙几乎没有出现新教

① Antonio Ballesteros, *Historia de España*, vol. VI (Barcelona, 1919–1936), p.288, qu. Brenan, p.117.

徒，也基本上没有人会在教会掌控国民思想的问题上提出疑问。18世纪的西班牙是世界上最庞大的帝国。然而，西班牙的文化与宫廷习俗一样，过分地讲究繁文缛节，并且在1660年迭戈·委拉斯开兹（西班牙著名画家）死后走向了衰落。在哈布斯堡家族及其后续的波旁家族的官僚主义流毒腐蚀之下，西班牙曾经最具活力的各省自由协会变得堕落不堪。

18世纪，法国哲学家们的思想观念在西班牙波旁王朝的宫廷内盛行。然而，自从波旁王朝在拿破仑战争中垮台，教会就因反抗拿破仑的侵略而得到了广泛支持，并且成为反对自由思想的中坚力量。教会最残暴的拥护者们建立了灭天使协会，随后爆发了第一次卡洛斯战争。

自由主义者最成功的行动是在1837年撤销了教会的土地继承权，不过教会得到了现金补偿。中产阶级投机商们买断的土地不得再出售给教会。从此以后，教会虽然一直是自由主义思想的死敌，但对工人阶级的威慑力已经大不如前。[1]

50 自由教育学院在19世纪末期的蓬勃发展或多或少受到了教会复兴的影响。在1875年到1900年间，罗马在与法国、德国、意大利的宗教战争中均以失败告终，为了确保西班牙“免遭无神论侵袭”，罗马开始为其精心策划一场阴谋。成千上万名西班牙神职人员从刚刚失去的古巴和菲律宾殖民地返回国内。许多法国和葡萄牙的神父也一同来到西班牙。依靠着教会的资本，一座座宗教建筑随后拔地而起。人们确信耶稣会会士和巴黎圣母会神父在各行各业都有资产，无论是古董家具生意，还是后来的舞厅和电影院。教皇利奥十三世和庇护十一世在解释现代化通

---

① 根据1851年的政教协议（到了1931年仍然有效），教会接受了解除限定继承权，并同意对教会的土地进行出售（前提是将利润投入国家债券，并分发给神职人员），同时还承认了国家任命的主教。作为回报，教会拥有各种资产的权利都会得到准许，天主教被重申为西班牙“唯一的宗教”，教会有权指导公立学校的思想道德建设，国家会出资对教堂建筑进行维护，最为重要的一点是神职人员能从国家手里领取津贴。实际上，作为公务人员，其领取的数目从大主教的16万雷阿尔到农村地区神职人员的2,200雷阿尔不等。

谕的时候表示，允许神职人员囤积资本。根据1912年一个精明的加泰罗尼亚商人所作的知名统计，该谕令涉及了全国三分之一的资产。在1927年出版的著名的教理问答中，问题“为自由主义候选者投票的人有什么罪过？”引出的答案是“通常是死罪”。而问题“天主教徒看自由主义报纸也是罪过吗？”的答案是“他看的也许是证券交易新闻”。[①]但是新天主教的兴起并非一场只为少数人谋利的运动，虽然新天主教教义迎合现状，并以富人的利益为先，但它也乐善好施，广泛传播福音，同时倡导教育的推广。有些教会，尤其是耶稣会和奥古斯丁修会建立了很多优秀的传统中学（比如阿萨尼亚曾在埃斯科里亚尔修道院就读过的学校）。

政府宣布在全国范围内实行免费的初等教育，每个省会城市都有一所公立中学，但其教学质量往往不尽如人意。这些学校的校长大多是天主教徒，学生们需要花费大量时间来念诵《玫瑰经》（学校还是太少了——单单马德里就有8万名儿童处在辍学状态）。通过在公立学校和宗教学校内树立的权威，教会一直保持着对年轻人的影响力。试图改变这一局面的自由主义者们虽然成功使教会在一定程度上让步，但最后还是没能扭转局势。与20世纪之初的法国一样，教会在国内教育领域和日后在大众文化领域的地位成为敌对势力的绊脚石。工人们
认为，教会在工人阶级聚集的郊区都干些见不得人的勾当，他们不仅 51
手握国家的津贴，更可恨的是，还打着教育的幌子，向无知的人灌输邪门歪道思想。无论是像曼努埃尔·阿萨尼亚一样的作家们，还是电影制片人路易斯·布努埃尔，即便对宗教抱有异议，也都无法忘记神父的教诲。

对于教会而言，虽然红衣主教塞古拉于1931年5月向共和国宣战，但他并不能代表所有教徒的立场。许多统治集团和教团的成员们之所以

① *Nuevo Ripaldo enriquecido con varios apéndices* (14th ed., Madrid, 1927), p.117.

与大主教共同站在君主主义阵线一边，并不是因为他们仍对行将就木的王朝忠心耿耿，而是对革命可能引发的巨变心怀恐惧。然而，为马德里的《辩论报》撰稿的天主教知识分子们热衷于一种更为自由的天主教教义，该教义有可能受到了当时城市无产阶级的推崇。红衣主教塞古拉指责《辩论报》是“自由主义的烂布条”。在共和国成立的前几个星期，《辩论报》和君主主义的《阿贝赛报》在“偶然论者”的问题上展开了辩论。前者给予共和国的解释是：教会是永恒的，政府的形式是暂时的。《阿贝赛报》则斥责其为懦夫之举。

因此，教会的政治立场未能达成统一。事实上，自从19世纪教会土地被没收以后，教团都变成了资本家。然而，许多僧侣和神父（除了居住在大城市的上流地区的人）与教区居民的收入一样微薄。[1]主教团理所当然地被当成上层阶级的团体。在农村地区，甚至在大城镇的落后地区，神父常常被看作相对友善的顾问级人物，他们有时候能替受压迫者们成功地与管理机构进行交涉。但当虚伪的神父公然反对基督教教导穷人或者因自命高贵而得意扬扬的时候，工人阶级都会怒不可遏。因此，在未来，神父们注定会在劫难逃，他们的教堂也同样难逃涂炭（在1909年的悲惨周期间，在被无政府主义纵火犯们索要教堂钥匙时，帕拉莫斯的神父狡诈地回答道：“好吧，让教堂烧毁吧，但工厂也跑不了，我们都将失
52 去生计，就先拿工厂开刀。”神父跑下了山，但后来，并没有工厂建筑遭到破坏）。[2]在1909年的暴乱中，巴塞罗那的工人阶级对女修道院特意进行了挖掘，这透露出了他们的无知。人们认为这些神秘的建筑中藏有殉难女孩的尸体和股票。他们在塞科港的纯洁之胎女子学校挖掘出了一具经过防腐处理的尸体，这具尸体死于1450年以前阿拉贡的莱昂诺尔。许

---

① 当然，这有助于保持他们较低的智力水平。

② José Brissa, *La revolución de julio en Barcelona* (Barcelona, 1910), p.185, qu. Ullman, p.324.

多人还认为，虽然修女们一直在修道院生活，但她们一定都富得流油。每座女修道院因此都被当作“反抗民主的阴谋”。

即使在革命运动时期，也很少有村民会杀死自己所居住地区的神父，或焚烧这些神父的教堂，除非他们发现这些神父与资产阶级进行勾结。如果真发生了这样的暴力事件，那凶手多半是其他村的村民。很少会有西班牙人摧毁本地的圣母玛利亚肖像和教堂。巴利亚多利德的大主教曾说：“这些为了当地的圣母玛利亚肖像甘愿赴死的人稍受挑唆就能把邻村的圣母肖像烧得一干二净。”[1]在1909年的悲惨周，工人们怀揣着对宗教的怒火，把宗教画像上的人物斩首，并将画像撕得粉碎。他们掘开坟墓，将眼前的一切全部摧毁。隐秘的教团一直被指控是引发灾难的罪魁祸首，无政府主义者和共和主义反教权人员都对此深信不疑。

20世纪的西班牙教会让罗马教廷蒙羞。公众所推崇的迷信行为似乎并没有体现出真正的宗教精神。[2]至少在1931年，教皇庇护十一世起码还与马德里《辩论报》的撰稿人们有着相同的自由思想。教廷的国务大臣欧亨尼奥·帕切利已经开始琢磨基督教民主党派的理念，直到二战后的教皇（庇护十二世）时期，他已从这些想法中取得了更为丰硕的成果。1931年5月22日，政府颁布法令宣布宗教自由，红衣主教塞古拉动身前往罗马，教皇建议他最好让西班牙教会效仿教廷大使泰代斯基蒙席，采取小心谨慎的策略，但塞古拉在罗马公然向政府宣战。一个月后，他躲 53
过海关站点，秘密地翻过了比利牛斯山脉，这对塞古拉可不太体面。他在瓜达拉哈拉遭到了逮捕。政府随后将他护送出境（众所周知，为了帮助教会设立反共和国基金，塞古拉有意变卖教会资产）。塞古拉直到1936年才返回西班牙。经过某些缜密的手段，曾经的塔拉索纳主教、学者戈

① 阿尔韦托·奥南迪亚神父的回忆。

② 引自Azaña在他的*Causas de la guerra de España* (Obras, vol. III, p.464)中的评论。

马大人受命接任了首席主教和托莱多主教长的职务。①

与此同时，埃雷拉和他在《辩论报》的好友们在1931年的4月下旬建立了一个符合宪法的天主教团体——国家行动党（Acción Nacional，后改名“人民行动党”）。该团体旨在建立一个能把“教团的各个部分”聚拢在一起的选举组织。然而，在这个被认为“自由”的党派中，诸如安东尼奥·戈伊科切亚（Antonio Goicoechea）和孔德·德巴利亚诺（Conde de Vallellano）等一部分成员都是崇尚权力主义的君主主义者。曾在普里莫的爱国联盟内被誉为“思想者”，对过去的辉煌念念不忘的诗人何塞·玛利亚·佩曼也是其成员之一②。对于西班牙的首个保守派团体，虽然开局不顺，但政府和亲政府组织的反教权主义令被激怒者们心生恐惧，这最终为该团体的运动起到了推波助澜的作用。

对于20世纪30年代的西班牙而言，反教权主义的兴起可谓在情理之中。以挣脱天主教教义对文化和教育的束缚为目标的自由主义者们，正在按照19世纪的伟大传统而奋斗。但对于西班牙而言，在文化建设方面所
54 面临的真正难题是缺乏教育资源。例如，西班牙有近20个省的文盲率达到了50%，甚至更高，只有两个省（巴塞罗那和巴斯克地区的阿拉瓦）的文盲率低于25%。对于共和国而言，更明智、更有远见的做法是把精力集中在新学校建设而不是放在摧毁教会学校上，无论奥古斯丁修会学校让阿萨

① 梵蒂冈很快与共和国发生了争执，他们拒绝接受政府任命的宗座——大使路易斯·德苏卢埃塔。1934年7月23日，戈马和塞古拉两位红衣主教在法国会面，并进行了一次十分仔细的讨论，他们一致认为教皇庇护十一世是一个“没有感情、冷酷且精于算计”的人，他对加泰罗尼亚太过同情，同时还受到了塔拉戈纳主教、红衣主教比达尔-巴拉克尔（Vidal y Barraquer）和安赫尔·埃雷拉的误导。Juan de Iturralde, *El catolicismo y la cruzada de Franco*, Bayonne, France, 1955, vol. I, p.265.想了解安赫尔·埃雷拉和教廷大使泰代斯基尼蒙席鼓动驱逐塞古拉的推测，可参见《天主教与佛朗哥的十字军东征》（*Iturralde*, vol. I, p.344f）。泰代斯基尼崇尚自由，个性鲜明，1921年他到西班牙的时候，帮忙效仿意大利人民党而创建的西班牙政党胎死腹中。见Javier Tusel, *Historia de la democracia cristiana en España*（Madrid, 1974), vol. I, p.104f.

② 在地方一级的层面上，国家行动党代表的是在地方拥有土地或工业的利益集团的集合。国家行动党不久后被迫把其名字改成了人民行动党，因为政府坚称，在名称上，除了政府企业，一律不准带有“国家”一词。

尼亚有多么失望，教会学校除了会排挤教会之外的势力，一向都有利于教育。更进一步讲，无论人们喜欢与否，在西班牙人的生活中，教会体现的是一种悠久的传统。事实上，教会塑造了西班牙人的生活方式。因此，反教权主义很容易被看作带有“反西班牙”色彩：许多人都这么认为。

5. 无政府主义的发展 55

1931年5月10日，距红衣主教塞古拉公布牧函后不久，在位于马德里主干道的阿尔卡拉大街的一栋房子里，有人发现一群顽固的君主主义军官在里面结党聚群。他们建立的君主主义独立联合会在名义上只是“给想为君主政体出谋划策的团体之间提供枢纽”。此次君主主义者们所发起的右翼运动是对“自由”天主教的国家行动党作出的回应。当听到留声机里响起古老的《皇家进行曲》，人群围拢过来。在人们的簇拥之下，两位姗姗来迟的君主主义者［其中之一是君主主义日报《阿贝赛报》的编辑马克斯・卢卡・德特纳（Marqués Luca de Tena）］兴高采烈地大喊：“君主制万岁！”而他们的出租车司机大声地回复道：“共和制万岁！”君主主义者们对司机进行了打击报复，不久后有流言称司机当场毙命。怒火中烧的群众点燃了几辆正在屋内开会的君主主义者的汽车。一时间，街道上满是攒动的人头。共和国的甜蜜时光步入了终结。愤怒的民众涌向了《阿贝赛报》的办公室，并准备将其烧毁。为了试着调集起国民警卫队，内务部长米格尔・毛拉以辞职相威胁，[1]但政府仍然举棋不定。阿萨尼亚表示，把马德里所有的女修 56

---

① Maura’s account（p.241f.）. Cf. 同样见 Azaña, vol. IV, p.303. 他把自己卸职的一部分责任归咎于自由派的君主主义将军卡洛斯・布兰科，因为卡洛斯・布兰科居然担任了政府的新晋安全局局长。读者若想了解这部分故事中的君主主义者一方，可参见 Juan Ignacio Luca de Tena, *Mis amigos muertos* (Barcelona, 1971), p.97f. 此事发生的当天，从12点半到下午5点，君主主义者们一直被围困在会所里。

道院加起来也不抵共和主义者的一条性命。虽然示威人群最终散去，但隔天爆发了新一轮暴动。在马德里市中心的花卉街，一座耶稣会教堂被烧毁。愤怒的人们用粉笔在烧得焦黑的墙壁上写下“对盗贼们进行的人民审判”的字样。[1]在同一天，马德里还有其他几座教堂和修道院被焚毁。[2]几天之内，暴乱的怒火蔓延至安达卢西亚，甚至到了马拉加。毛拉受命动用军队来代替复仇心切的国民警卫队，并宣布施行戒严。整个西班牙人心惶惶。多亏几个僧侣逃跑得及时，暴乱才没有造成人员死亡。但即便如此，共和国已然落下了污点。整个西班牙有上百座教堂遭到了破坏。政府公开谴责君主主义者们扰乱治安，并且关停了《阿贝赛报》和《辩论报》。

聚集在那栋位于阿尔卡拉大街的房子里的人中有一部分人本来想发起反共和国的叛乱行动，但此举并未受到国王阿方索（当时他身在巴黎）的支持，阿方索劝告其追随者们（包括军官）要效忠共和国。[3]几天前，他在《阿贝赛报》的正式访问中称：“能听我劝的君主主义者们不仅要杜绝在政府的工作道路上设置障碍，还要对所有的爱国政策予以全力支持。凌驾于共和制和君主制之上的是西班牙。”[4]

虽然，对于唐阿方索，发动叛乱无疑是其重返西班牙王位的最佳
57 手段，但是他显然不愿触动新政府的逆鳞。最终，陆军、空军和海军的大多数军官都宣誓效忠新政权。[5]然而也有一些人并不打算投靠

---

① Lawrence Fernsworth, *Spain's Struggle for Freedom* (Boston, 1957), p.131.

② 在西班牙，所有的宗教房屋，无论是由神父还是修女居住，都被统称为“修道院”。其中一处着火的地方是位于巴伦西亚的圣托马斯·德比利亚纽瓦学院的档案馆，研究16世纪的物价上涨的历史学家汉密尔顿伯爵当时正在这里工作。在马拉加所发生的纵火事件似乎部分因为阿尔卡拉·萨莫拉的朋友、行政长官安东尼奥·哈恩的无能以及军事长官戈麦斯·卡米内罗将军的疏忽。

③ Juan Antonio Ansaldo, *¿Para qué ... ?* (Buenos Aires, 1951), p.15.

④ *ABC*, 5 May 1931.

⑤ 见原书，第89页。4月25日，阿萨尼亚颁布了一项法令，允许所有希望这样做的军官都能够以全薪退休。这一过分公平的举动只不过使一些失业的官员有足够的手段和时间来策划对新建体制的反抗。

共和国。[1]这些潜藏的密谋者以奥尔加斯（Orgaz）将军、卡瓦尔坎蒂（Cavalcanti）和米格尔·庞特（Miguel Ponte）为主导。其他几位拒绝拥护共和国的活跃分子还有视财如命的马克斯·德金塔纳尔；曾经是98一代的拉米罗·德马埃斯图——从那时起拉米罗就被无政府主义吸引，同时他还是一名大使和记者，如今的他几乎可以算得上是一名法西斯主义者；拥护卡洛斯主义的知识分子维克多·普拉德拉；此外还有体形肥硕、知识渊博又放荡不羁的佩德罗·赛恩斯·罗德里格斯（Pedro Sáinz Rodríguez）等君主主义者。这些密谋者很快决定组建一个合法的新晋君主主义党派。受法国的《法兰西运动》（*Action Française*）的启发，他们建立了名为《西班牙行动》（*Acción Española*）的评论杂志（不要与名为“国家行动”的政党混淆），并由拉米罗·德马埃斯图担任编辑。《西班牙行动》公开表示支持反共和国运动（编辑部还建立了一个研究中心，专门用来为反共和国运动的合法化收集材料）。他们试图在军队中建立能营造出“革命气氛”的组织。其他的右翼政治团体于不久之后应运而生，其中包含：卡斯特拉纳行动党，由曾经拥护卡洛斯主义的记者路易斯·卢西亚（Luis Lucía）领导的巴伦西亚地方右翼团体，以及由卡斯蒂利亚地主组成的农业政党。老派的卡洛斯团体也忙得不可开交。还有一些君主主义者正在研究如何通过鼓动资本外流来打击政府的经济政策。这些20世纪30年代的君主主义者有钱有势，比他们所拥护的国王更加崇尚专制主义，相比于保卫国王，他们更加热衷于把精力投入推翻共和国的设想当中。[2]

在1931年那些星期天早上抗议君主主义者的人中，一部分人不过是在首都大街闲逛的马德里普通市民：他们的抗议只是出于周日上午的生活习惯。而烧毁教堂（还有在《阿贝赛报》总部放火）则是无政府主义 58

① 这些于早期反对共和国的密谋者似乎都没有宣誓捍卫共和国。

② 一些人与戈伊科切亚一样，在1913年都是“年轻的毛拉主义者”。

者所为。[①]

自从1868年巴枯宁将第一个密使派入西班牙以来，西班牙的无政府主义者在目标上虽然有所更改，但其在本质上并未发生变化。在那之前，革命性的社会主义思想并没有在西班牙引起太多反响。一少部分来自工匠阶层的知识分子受到了联邦主义的吸引。第一共和国的领导人之一皮–马加将蒲鲁东的著作翻译成西班牙文。1868年，意大利代表朱塞佩·法内利来到了西班牙。法内利曾经是加里波第的战友，而如今的他疯狂地推崇巴枯宁，成为国际上的风云人物。尽管法内利对西班牙语一窍不通，而且在他为数不多的听众（多为印刷工）当中只有一个人懂法语，但他的思想引起了强烈的反响。[②]由于法内利的存在，西班牙的工人们与欧洲建立了联系。他还强调组建团体的必要性。之后，有2名西班牙人前往巴塞尔拜访了巴枯宁。到了1873年，西班牙已有5万名"巴枯宁主义者"。起初，他们被看作"国际组织"，但后来人们更准确地称其为无政府主义者。从表面上看，在这些人的心中，一种全新的意识形态已然跃上了政治舞台：一切握有权力的政府都是不可饶恕的。代替政府行使职能的应该是自治公社——各个自治城市、行业和社会群体之间签订义务协定；任何与议会、政府或宗教团体的合作行为都会遭到唾弃；应该根据民意的指责对罪犯进行惩罚。

与托尔斯泰一样，巴枯宁所推崇的这种观念的形成原因，主要是他对童年时期苏联田园时代的怀念。拥护巴枯宁的西班牙人也可被视为在表达一种对简单生活的渴望，渴望着自己在贪婪的现代社会形成之前的中世纪村落享受社会生活，这种简约朴素的生活方式曾经在西班牙及其

---

① 见Maura, p.246 and p.254。协会中一些阿萨尼亚的追随者曾计划焚烧修道院以表示对政府在处理教会问题上迟缓的抗议。这些暴力分子的头目是作风激进的机械师巴勃罗·拉达，他在第一次飞行时就和拉蒙·佛朗哥一起飞越了南大西洋。

② 1868年以前，西班牙曾出现了一些孤立无援的无政府主义者，这些人没有得到拥护。安塞尔莫·洛伦佐的*proletariado militante* (Barcelona, 1901—1923), vol. I, p.123，法内利对21名年轻的马德里印刷工进行的演讲当之无愧取得了成功。

他欧洲国家盛行。那时，在西班牙的大多数地区，金钱还被视作一种新奇之物。因此，无政府主义所倡导的反工业化运动被视作为公众谋取利益的行为。教会也许助力了无政府主义的发展，但结果使自身深受其害。无政府主义势力对有竞争力的团体怀有敌视，尤其是对西班牙的实践者们，这让法内利的理念看起来不过是一种对古老传统的恪守，甚至可以说也许算不上是一场真正的革新。这一时期的地主们（尤其是得到教会土地的新晋地主）对农民履行的义务越来越少，农民渐渐转变成既没有土地也没有权利的无产阶级。①

国际上关于马克思与巴枯宁之间的争论延伸到西班牙。西班牙的无政府主义团体继续追随巴枯宁，放眼整个欧洲，他们几乎可以说是在孤军奋战。当地那些追随马克思的为数不多的社会主义者们组建了自己的政党。最先拥护无政府主义的人——印刷工、男教师和学生——经过深思熟虑以后，开始推行一项新的教育政策，实施对象主要是安达卢西亚的劳工。革命激进分子像流浪的托钵修士一样，在村庄之间走动。在他们建立的夜校里，农民们学习读书认字以及如何戒酒、多吃素食、对妻子忠贞，有时候还会讨论烟草和咖啡的精神危害。虽然政府在1872年禁止了这些国际组织，但在那些年里，无政府主义者在行政区革命运动中占据了主导地位。同年在一场阿利坎特的罢工中，无政府主义者把当地委员会整改成了公共安全委员会，他们杀死了市长和国民警卫队队员，并把国民警卫队队员的头颅游街示众——这是许多麻烦接踵而至的迹象。

无政府主义者的活动转入地下。他们损兵折将，接着又发生了内讧——只有在无事可做的时候他们才会进行如此激烈的内部争斗，被诬陷的老一辈激进分子们发起了叛变。像来自加的斯的英勇的费尔明·萨尔沃切亚（Fermín Salvochea）等一批出身于中产阶级的激进分子，都加入了无政府主义的行列。这些宣扬自由的人都严加律己。作为传统婚姻

① 无政府主义势力取代教会势力的理论在布雷南富有启发性的作品中有很好的体现。

观念的反抗者（还支持废除中层、上层阶级的道德标准），他们受到了如圣人一般的推崇。竞相模仿的追随者们常常为了早日迎来太平盛世而
60 横行无忌，针对那些正在进行的残酷镇压又滋生出更为恐怖的暴力。在19世纪的80年代、90年代以及20世纪的头10年，无政府主义在整个西班牙南部如同宗教一般迅速扩张，虽然屡次遭到打压，但无政府主义从未被连根拔除。有越来越多的农业工作者们开始相信，也许就在下一次夺得土地的那一天，西班牙在旧时期的社会结构会与神父和地主们一同走向灭亡，随后，一个充满博爱的世界将会来临，同时大片土地都将被重新分配。19世纪40年代那帮想靠打家劫舍为生的人到了19世纪80年代都成为无政府主义者。因长期受到上层社会的忽视，安达卢西亚为了报复而提倡对上层阶级及其同伙和仆人们进行人身攻击。在无政府主义者的指导之下，许多农民开始读书识字，对巴枯宁和蒲鲁东印刷得很粗糙的小册子中的大部分内容都深信不疑。巴枯宁曾说过，只有在末代君王被最后一个神父的肠子勒死之后，新世界的大门才会打开，这些人乐于在实践当中去看看事实是否如此。手枪和无政府主义大权在手，还有什么办不到的呢？这种对太平盛世的暗中设想一直延续到自由主义时期。

面对被革命浸染的安达卢西亚所明显展露出的威胁，地主和国民警卫队不时会陷入恐慌之中，他们开始在行动上与敌人一样脱离实际，他们多多少少会认为，敌人没有把现实情况当回事。其中最著名的事件当数发生于1883年的黑手（la Mano Negra）阴谋：大片庄稼被烧毁，同时还有多名乡村警卫被枪杀。正当安达卢西亚的整个上层阶级都将大难临头之时，国民警卫队宣布局势得到了控制。经过一系列临时且敷衍的审判，14名激进分子在加的斯的主广场被处以绞刑。这一做法虽然暂时遏制住安达卢西亚的无政府主义浪潮，但许多村庄的工人仍然对无政府主义忠心耿耿。[1]9年

---

① Edward Malefakis, *Agrarian Reform and Peasant Revolution in Spain* (New Haven, 1970), p.137; José Díaz del Moral, *Historia de las agitaciones campesinas andaluzas: Córdoba* a (Madrid, 1929), p.226.

以后，4,000名手拿镰刀的农民行进到由贵族掌控的赫雷斯，大喊“无政府主义万岁！”并杀死了许多贪财的店主。这场起事最终被骑兵队镇 61
压，有4人被处死，多人被判刑，其中还有1人（萨尔沃切亚）在发生起事的时候还身处监狱之中。

“思想”（如无政府主义之于其追随者们）还传播到了巴塞罗那。传播的部分原因是安达卢西亚工人向纺织工业区的迁移。1880年，加泰罗尼亚的无政府主义者有13,000人，安达卢西亚有将近30,000人。相比于安达卢西亚，加泰罗尼亚的无政府主义者在行事作风上更具有组织性——这些工人在活跃之初就意识到，为了打败竞争团体（基于合作化思想）和工厂主，筹谋策划是一项必不可少的环节。在另一方，南方没有土地的贫苦劳工们正幻想着管理自己的村庄，能免遭地主代理人和国民警卫队的残酷欺压，能不再受唯利是图的店主的欺诈，以及在神父出面干涉的时候能不再低头俯就。于19世纪90年代举行的一系列代表大会上，同处于自由运动的这两派势力一直争论不休，前者斥责后者是罪犯，后者形容集体主义只看重更高的生活质量。然而实际上，那些刚从乡下来到巴塞罗那的缺乏技能又目不识丁的工人都被恐怖主义所吸引，就算是最高尚的人也不可否认“行为宣传”的魅力。正如意大利的无政府主义者马拉泰斯塔所说的，一些出乎意料的极端行为能让资产阶级陷入恐慌。1893年发生了一起针对总司令马丁内斯·坎波萨的蓄意谋杀事件，此事引起了轰动，计划败露的刺客在行动之前被处死。他的一个同伴为了报仇向巴塞罗那的里塞奥大剧院投掷了一枚炸弹，结果造成了21人死亡。投掷炸弹者也因遭遇报复而被射杀，其中还波及几名无辜者。之后在庆祝耶稣圣体节的行进队伍中又发生了炸弹事故，造成了10人死亡。虽然没有证据证明是无政府主义者所为，但有5位无政府主义者被处死，其他参与的无政府主义者被一同遗弃在了蒙特惠奇城堡，其中一些人被活活饿死。此举在国际上引起了激愤。复仇心切的古巴起义军雇了一名意大利无政府主义者刺杀总理卡诺瓦斯。当时，虽然西班牙的无政府主义者与比利牛斯山脉之外（包括苏联）的战友们有所联系，但如今的这场运动可以称得上是西班牙的本土运动，它主要依靠的是吸收皮-马加的中下阶级联邦主义力量，为后续许多政治投机的行动打下了
62 基础（1937年，身为无政府主义领导人的知识分子费德里卡·蒙塞尼声称，相比于巴枯宁，她更倾向于皮）。[①]

20世纪前期，为了让无政府主义趋于完善，巴塞罗那开始建造许多理性主义学校，其中最著名的当数由共济会会员弗朗西斯科·费雷尔（Francisco Ferrer）在巴塞罗那开办的现代学校。他善于搞煽动和阴谋，经常在股票市场做风险投资，并且还是一个喜欢玩弄女性的乐天派。[②]作为激进教育的实验品，这些在西班牙的天主教环境下，以托尔斯泰式的传统建立的学校注定会引发有辱宗教的行为。例如，为了藐视传统习俗，费雷尔故意带着他的学生在受难日当天去郊游野餐。企图在1906年的婚礼上刺杀国王和王后的马特奥·莫拉尔（Mateo Morral）受雇于费雷尔在巴塞罗那的出版公司，这很难说是一种巧合。另一方面，虽然几乎可以断定费雷尔本人并没有参与巴塞罗那悲惨周的策划，但几个一心要将他置于死地的激进分子制造了伪证，被诬陷成主谋的费雷尔经过审判后被判处死刑（实际上，他之所以会被处死是因为他长期从事煽动革命的运动，即使他从未带头组织过这样的运动）。费雷尔死后成为国际所熟知的无政府主义烈士，同时这也让在加泰罗尼亚的工人中发展无政府主义力量的激进派遭受到严重打击。[③]政府认为，无政府主义者在巴塞罗那建立的劳工联合会是费雷尔在法国工人帮助下进行幕后操纵的组织，国际共

---

① José Peirats, *La CNT en la revolución española* (Toulouse, 1951–1953), vol. I, p.72.

② Ullman, p.94f. 可参考 Sol Ferrer, *Francisco Ferrer* (Paris, 1962).

③ 费雷尔在1909年所扮演的角色一直都不是很清晰；他是否花钱雇了纵火犯，他是否试图在持续为战斗提供资金的同时购买国家债券，期待在革命失败的情况下债券价值飙升？见Ullman，第306页和第307页。有人断定，整场叛乱就是一次“股市操纵”。据说，已经藏匿在法国的费雷尔之所以被逮捕是因为签署了一份延长透支的票据。

济会当然更与他脱不了干系。无政府主义势力多次遭到打压，但这反而让越来越多的工人倾向于无政府主义，并且像那些激进派人士一样漠视政治纲领。后来，失势于激进派成员的温和派劳工领导们也认为，如果历史可以重演，他们会试着以浪漫主义的眼光把悲惨周看作西班牙式的“巴黎公社”所掀起的“史诗”。

悲惨周还在1910年促成了第一个全国性工人联盟的建立——全国劳 63
工联合会（Confederación Nacional de Trabajo，简称CNT）①，该组织在创立之初就由无政府主义者领导。全国劳工联合会的领导者们将巴枯宁一代的残存者们的思想和克鲁泡特金亲王、马拉特斯塔以及费雷尔的思想结合在一起，同时还借鉴了法国身处“工团主义”浪潮、口才一流的工人阶级领导者们的思想，此外还添加了消灭经济战争的理念。在巴塞罗那有组织有规模的工人团体当中，全国劳工联合会无疑在人数上还处于劣势，但他们那铆足干劲的工作态度赢得了广泛关注。他们的策略包括蓄意破坏、挑动暴乱和煽动反对议会制政府，其中的重中之重当数经过精心策划以后坚决进行到底的革命大罢工。西班牙的工人们把最大的希望寄托在革命大罢工上，并视其为实现“自由共产主义”目标的最佳办法。他们认为，想让罢工能够达到立竿见影的效果，就必须把握时机，不容有失，因此他们并没有建立罢工基金，况且多数无政府主义工人也没有能力捐款。直到1936年，工会中都没有带薪的官员。他们在召开会议期间没有待议事项，除了在报社和印刷厂活动，并未设立总部。

第一次世界大战令所有西班牙劳工把目光投放到整个欧洲。苏联革命将工人们的热情推向最高潮。活跃于加泰罗尼亚的德国特工通过收买

① National Confederation of Labour，该组织是成立于1907年的工人团结的继任者，是由加泰罗尼亚工人团体组成的联盟，并由无政府主义者进行领导，但其成员不全是无政府主义者。当这场运动发展成全国性运动时，社会党人选择退出。

匪徒和腐败的无政府主义者来打击支持盟军的商人，同时巴塞罗那的警局政治部还纵容这些行为。在无政府主义领导者们看来，君主统治无休止的政体危机意味着他们的时代即将来临。到了1918年，全国劳工联合会的会员人数达到70万人，有200多家无政府主义报纸和杂志都得到飞速发展——1900年到1923年间，仅在巴塞罗那就发行了29种刊物。[①]

一战结束后，全国劳工联合会在巴塞罗那和安达卢西亚的西班牙工
64 人阶级当中建立的权力体制暴露了其自身的弊端，这种体制引发了纯粹派与温和派之间的分歧，纯粹派只接受彻彻底底的社会革命，而温和派虽对未来怀有与纯粹派相同的理想，但他们认为首要的目标是在短期内改善现况，采取一些适当的策略来结交一部分盟友，同时加深对国际形势的了解。温和派领导人萨尔瓦多·塞吉（Salvador Seguí）是一名制糖工人，绰号“食糖男孩”（“Noi del Sucre”）。他的演说能力出众，并且他反对黑白不分的恐怖主义。政府试图彻底粉碎无政府主义运动，但无政府主义者牢牢地坚守住了他们在一战期间从工厂主手中夺得的优势。最终，全国劳工联合会的好战分子与雇主门下的武装分子在巴塞罗那陆续进行了（如先前所见）长达5年的军事冲突。冲突起始于1919年在巴塞罗那的一座名为“加拿大人”的发电厂爆发的一场罢工。当时的政府准许八小时工作制，但后来工厂实行了暴力管制，并将工人们赶出工厂。工人们随即发起大罢工。起初，只是为了发声而进行抗议的工人们并没有诉诸武力，但抗议的行动不知是因为自身在形式上出现了转变，还是受到了外界的影响，最终引发了暴力冲突。塞吉竭尽全力让无政府主义运动重新回到贴合实际原则的正轨。他甚至宣扬要学会容忍。但不久之后，包括塞吉和律师莱雷特在内的许多巴塞罗那无政府主义领

① Díaz del Moral, pp.575–577. 于1913年成立的西班牙全国农民联合会（The FNAE, Federación Nacional de Agricultores de España）是与全国劳工联合会极为相似的农业组织，在1918年与全国劳工联合会合并。

导者要么被混迹街头的刺客谋杀，要么在监禁期间，在名为法律逃亡（Ley de Fugas）[①]的“设法逃脱”过程中命丧黄泉。行政长官马丁内斯·阿尼多（Martínez Anido）将军为了对抗无政府主义势力而不择手段。他不仅选择与竞争对手——受到政府支持的辛迪加自由联盟合作，而且还借助一个特殊的武装警察组织——民防队（这种复兴的旧势力在名义上与参加拿破仑战争的加泰罗尼亚非正规军相当）镇压反抗。每天，暴行与谋杀都会轮番上演，政治犯罪频发，同时，帮派主义肆意横行，警察、普通工人和无辜者们接连死去。从1917年到1923年，巴塞罗那总共有约1,000人因政治原因而丧生。

与此同时，无政府主义者被苏联革命吸引。在受苏联革命影响最为 65
广泛的安达卢西亚，从1918年到1921年的这3年被认为是“布尔什维克的三年”[②]。全国劳工联合会于1920年举行的全国代表大会决定派遣塞吉的死敌——安赫尔·佩斯塔尼亚（Angel Pestaña）前往莫斯科对苏联革命进行调研。与社会主义一方的代表团一样，俄国革命给他也留下了糟糕的印象，尤其是苏联无政府主义者遭受的迫害令他难以忘却。因此，佩斯塔尼亚在莫斯科表示拒绝签署二十一条，该条款是加入共产党第三国际（共产国际）的前提条件。然而，当他返回西班牙以后并没有得到汇报的机会，因为他刚一回国就遭到了逮捕，随后在监狱中被囚禁了一个月。1921年，莫斯科的第二次邀请促使新任秘书长安德烈斯·尼恩（Andrés Nin）与其他几位知识分子投靠了共产国际，但这并未给无政府主义势力造成严重的人员损失。[③]不久之后，佩斯塔尼亚被释放出狱，

---

① Peirats, vol. I, p.9中列出了一份“不完整的”，在这一时期遇害的无政府主义领导者名单，名单中有106人。政府对杀害无政府主义者的杀手们的支持以及这些杀手每次行凶得手所拿到的金钱都记录在了1925年的*Tiempos nuevos*（Paris）上。*Peirats*, vol. I, pp.10–13.迄今为止，在之前所引用过的书中，米克的书对这一时期的描述最为全面。

② 这几年的具体特征见原书第21页前的内容。

③ 有关尼恩的更多讨论在本书第8章之后。

尼恩的追随者中仅剩的一名无政府主义者——加斯东·莱瓦尔指出，列宁集结警力和实行审查的速度可谓无人能及。最终，反对加入共产国际的一派取得了胜利，无政府主义者没有倒向莫斯科，而是选择加入无政府主义国际组织的后起之秀——国际工人协会。国际工人协会的规模并不算庞大，他们把总部设在柏林。[①]

在普里莫·德里维拉的独裁统治期间，无政府主义好战分子们的势力每况愈下，许多领导者不是被杀、被流放就是被关进了监狱；除了个别杂志，其余所有无政府主义报刊都遭到了取缔。一些理性主义学校尚且被允许继续办学。包括知名帮派组织——团结帮在内的不安于现状的无政府主义领导者们在法国聚集，并准备跨过边境发动闪电式突袭。在这些人中涌现出一大批富有传奇色彩的无政府主义激进分子，尤其是嗜爱暴力的两个人：一个是布埃纳文图拉·杜鲁蒂（Buenaventura Durruti），另一个是弗朗西斯科·阿斯卡索（Francisco Ascaso）。杜鲁蒂是一名来自莱昂的铁路工人，阿斯卡索曾经当过面包师和服务员。他们所犯下的最臭名昭著的罪行包括1923年刺杀萨拉戈萨的主教长，1924年蓄意谋杀阿方索国王（身在巴黎）以及在希洪谋划的著名的西班牙银行袭击事件。流亡于海外的他们长期在南美流窜，并且在巴黎开设了一家
66 无政府主义书籍的专卖店。伊利亚·爱伦堡后来表示，有4个国家判处杜鲁蒂死刑，并予以支持。[②]当然，这些人及其同伙并非只是普普通通的罪犯，他们是怀有使命感的幻想家，是陀思妥耶夫斯基的得意门徒。在一些人的眼中，杜鲁蒂是“恶棍”，是“杀手”，是“流氓”，而在另一些人眼中，他是“永不屈服的英雄”，“在人间的悲剧面前，当人们还在像孩童一样嬉笑吵闹，杜鲁蒂已经可以凛然地抬起高傲的头颅让其他

① 著名的老一辈无政府主义者埃莱乌特里奥·金塔尼利亚曾说：“苏联革命并不能代表我们的理想。它是一场富有社会主义性质的革命。苏联革命的方向和目标并不符合工人们的需要，而是为政治党派量身定做的。”

② Ilya Ehrenburg, *Ils ne passeront pas* (Paris, 1937), p.13.

人黯然失色”。①多数团结帮的成员认为，有必要与拥护独裁统治的敌对势力达成一定程度上的合作，他们中的一些流亡分子开始为真正的大罢工谋划长期的准备。他们还计划效仿深得其心的乌克兰人内斯特·马赫诺，打造一支革命部队。

1927年7月，在巴伦西亚举行的一次秘密会议上，留守于西班牙的无政府主义好战分子的领导者们为对抗修正主义而组建了新的社会组织——伊比利亚无政府主义者联盟（Federación Anarquista Ibérica，简称FAI）。在接下来的几年里，该组织成为致力于领导民众走向正确的革命道路的革命主力军。伊比利亚无政府主义者联盟并非一个集中组织，而是由许多分散并且单独行动的团体组合而成。因此，伊比利亚无政府主义者联盟的弊端暴露得非常明显。

随着独裁统治结束，共和国到来，这个势力庞大的神秘团体——其规模和人数都未知②——与如今由佩斯塔尼亚领导的改良主义者们深深地陷入斗争的泥潭中。佩斯塔尼亚希望建立一个与全国劳工联合会存在联系的工团主义政党，这种联系类似于社会党与劳动者总工会之间的关系。在另外一位温和派的领导人、玻璃厂工人胡安·佩罗的描述之中，无政府主义“宽容、高尚、崇尚反教条主义，并且具有将生产与消费相结合的领导作用”。共和国令无政府主义团体陷入了两难的境地。他们在一份文件中指出，共和国的制宪议会③是“一场革命运动的成果，我们曾经以多种不同的方式参与到这场革命运动当中，但面对制宪议会和一 67
切敌对势力，我们将一视同仁。我们会与政府进行公开战争”④。

---

① 详情见Ricardo Sanz, *El sindicalismo y la politica: los 'solidarios' y 'nosotros'* (Toulouse, 1966); J. Romero Maura 的“The Spanish Case”, David Apter 和 James Joll, *Anarchism Today* (London, 1971); Juan Llarch, *La muerte de Durruti* (Barcelona, 1973).

② Peirats, vol. II, p.347，1936年，伊比利亚无政府主义者联盟的规模有3万人。

③ 见本书第6章。

④ Peirats, vol. I, pp.42, 43.

流亡归来的团结帮成员自然而然地归顺了伊比利亚无政府主义者联盟。与佩斯塔尼亚等老一辈全国劳工联合会的领导者相比，他们可谓正值壮年，得益于西班牙年轻人中普遍存在的焦躁情绪，他们的立场稳固且坚定。

20世纪30年代，胡安·加西亚·奥利弗（Juan García Oliver）是无政府主义团体中一位精于谋略的领导者。评论家西里尔·康诺利曾记录：奥利弗的目标是“消灭人心中的野兽”①。但多年来奥利弗因谋杀罪一直被关在监狱里。

到了1931年，由于理念、地理位置和出生年代的不同，全国劳工联合会产生了分裂。以巴塞罗那为首的城市工人可以被视为工团主义者，他们仍然在谋求由19世纪末法国工会主义者提出的“纵向联合”的社会秩序。他们一直坚守的理念是：工厂推举人员组建“辛迪加”（syndicate），然后与其他工厂的辛迪加组织就住宿、食物和娱乐方面的问题进行磋商。以安达卢西亚为首的乡村无政府主义者始终在追求他们的理想化村庄，让居民们共同组建自给自足的管理体制。（为了表示反抗上层和中层阶级，乡村无政府主义者的最终理想的阐述源于单词“pueblo”的另外一层含义——“人民”。从中可以推断出这些上层和中层阶级人员并不属于其城镇。）实际结果是，在每一个特定的城镇里至少有一名与全国劳工联合会保持联系的无政府主义者，他们都保留着一面黑红两色的无政府主义旗帜，等到了非常时期就可以把旗插在国民警卫队总部的楼顶，以此来彰显其控制权，他们可以借此机会来寻求支援——这在事实上使该组织的人数估算具有很大的欺骗性。20世纪30年代的西班牙有将近150万名西班牙工人身份的无政府主义者，其中只有不超过20万名“好战分子”。②

---

① Cyril Connolly, *The Condemned Playground* (London, 1945), p.195. 他在1937年1月做司法部长时进行的著名演讲第538页。

② Brenan, p.140. 1931年6月，无政府主义者声称他们共有60万名成员，其中加泰罗尼亚有25万名成员（*Solidaridad Obrera*, 12 June 1931）。巴尔塞尔斯表示，巴塞罗那58%的工人以及加泰罗尼亚30%—35%的工人都是全国劳工联合会的成员。

许多无政府主义者坚信，全国劳工联合会不只是一个革命组织，同时还是未来理想社会的先驱。他们认为，革命成功以后，各个村庄将联合形成区域联盟，邻近的村庄互相交换货物，不同的联盟之间交流统计数据和剩余物产。相似的联盟将在各城镇建立，把各个工厂与原材料的供应商和进口商联结起来。无政府主义知识分子们在阐述自身观点时表示，除非先在少部分群体中实现公正，否则任何社会形态都无正义可言。许多无政府主义者甚至对财产所有制的观念都痛恨不已。无政府主义青年团体——伊比利亚自由主义青年联盟宣称，抵制财产所有制有如下原因： 68

> 如果一个人的财产要依靠夺取他人的劳动成果，甚至要对如生命般神圣的土地资源进行强取豪夺，那这就是泯灭人性的欺压行为。因为它那丑陋的本质是恃强凌弱，创造可恶的寄生虫，享用别人的劳作；因为它催生了资本主义和薪酬制度，把人永远变成金钱的奴隶，并且不断拉大贫富差距；因为它让女人出卖身体，这样的社会让人性遭受到最无耻、最卑劣的凌辱，对于每个人，唾弃女人为金钱而出卖肉身是最崇高纯洁的美德。我们反对政府是因为政府遏制了人民在道德、哲学和科学活动的自由伸张和正常发展，因为政府是通过武装力量、警察部门和司法系统而获取权力和财产的罪魁祸首……[①]

然而，除了这些观点，他们并没有提出孩子应当得到同等教育的观点，并且他们还鄙视自由恋爱。

无政府主义者有理由对拉尔戈·卡瓦列罗在普里莫·德里维拉统治时期和共和国时期创立的劳动交易所和仲裁委员会抱有怀疑的态度，他

---

① Peirats, vol. II, p.122.

们认为这些威胁了他们存在的理由。从他们对社会法规匮乏的谋划意识
69 中可以看出，尽管无政府主义者思维灵活，但同时也容易遭到忽视。在西班牙，除了他们以外，还有包括社会主义者和资本家在内的其他势力，这些人的想法往往很值得借鉴。事实上，在多数情况下，无政府主义者只是凭借着自由革命的“意念”来维持自身力量。他们没有想到的是，这种“意念”在工人阶级中从未形成过主流。

西班牙存在一些组织，它们既不属于社会主义也不属于无政府主义，它们的成员都是排斥激进的无神论和革命演讲的天主教徒。1919年，全国天主教土地联盟一度声称其掌握有60万家农户。但该联盟的活动范围只局限在卡斯蒂利亚和纳瓦拉，相比于何种意识形态的选择，他们更愿意把精力放在肥料交易和购买种子这样的实际问题上。政府过去在综合社会福利的法规方面也做过些许尝试。比如，在1909年推行的《工人补偿法案》，在1918年施行的八小时工作制，在20世纪20年代引入的社会保险制度。这些政策难以落实的原因除了无政府主义者不愿配合，还因政府能力的不足。同样，对于加泰罗尼亚和卡斯蒂利亚的渔业和农业社区，合作社的引进是在日趋紧张的社会环境下的反常之举。[1]

70 6. 社会与农业概况

1931年5月的暴力事件为新晋共和政府敲响了警钟，左右两翼可能都会对政府造成威胁。然而，部长们对君主主义者们的计划一无所知：除了意料之中的谣言，还有语言攻击，而且他们也并没有把本应认真对待的无政府主义者当回事。他们甚至把焚烧教堂的事件归咎于君主主义者们的挑衅。从6月8日举行的选举结果就可以看出，共和政

[1] Carr, p.463.

体深得民心。在制宪议会的组建过程中，一名成员将代表50,000张男性选票。它们是西班牙有史以来举行过的最为公正的选举。选举结果中当选者有社会主义者117人（真实地反映出了4月份以来的数周内，社会主义者人数的增长），激进派社会主义者59人，阿萨尼亚的共和国行动党党员27人，追随勒鲁斯的激进主义者89人以及追随阿尔卡拉·萨莫拉的右翼共和主义党人27人。另外，还有33名加泰罗尼亚左翼党党员和16名加利西亚民族主义者。大体上，这些当选者有望投票支持政府。[1]与此形成对比的是，尽管事实上曾经的地方权贵们仍然有能力进行暗箱操作，但反对共和国的右翼总共只集结了57名成员。君主主义政党看上去“只能为骚乱煽风点火”[2]。得益于新土地法，许多 71
一直被认为对共和政体漠不关心的农业工人转而拥护起了共和国。[3]天主教国家行动党只赢得了6个席位。君主主义的倒台让右翼手足无措。就采取何种政策的问题，老一辈领导者们无法达成共识，而那些已经投身西班牙政坛的新任右翼领导者又得不到支持。要不是政府在初夏颁布了几项反教权法令，反动势力也许在几年之内都不会再有所行动。这些法令包括禁止在教室内摆放圣徒画像，所给出的荒唐可笑的理由是亲吻这样的物品不卫生；如果教会有腐败的风险，教育部长有权将他们所拥有的艺术品没收。这些举措只伤到了皮毛，并没有动到筋骨。与此同时，新组建的制宪议会在许多方面只是汇聚了许多个人想法而非各党派的立场。只有社会主义者所组成的是有组织的团体，其他拥护共和国的团体都在招兵买马。议会中还有许多无党派人士，比如共和国的“奠基者们”——奥尔特加、乌纳穆诺和马拉尼翁博士。

无政府主义者在1931年的7月和8月策划的一系列罢工挫伤了政府

---

① 女性可以成为候选人，但直到1933年才成为选民。第二轮选举于7月12日举行。

② *El Imparcial*, qu. Ben-Ami, p.286. 共和派在许多乡村市政厅中占据了主导地位，用他们自己也有问题的选举管理模式，取代了君主制的家长作风。

③ 在第6章末及以后讨论。

的锐气。在巴塞罗那，被围困在梅卡德斯大街一栋房子里的罢工者声称要与正规军抗争到底。一支部队到达后将罢工者包围，并很快下令对其进行机枪扫射。[①]在圣塞巴斯蒂安爆发的一场罢工造成了3人死亡。在塞维利亚，政府甚至召集了炮兵部队来粉碎通过电话指挥而爆发的大罢工。包括一些持枪歹徒在内有超过30名无政府主义者被杀，受伤者达到200人。即使罢工者本打算但并未来得及焚烧修道院，但迄今为止，政府的应对措施都太过激烈了。

在那个夏天，无政府主义者的内讧使他们与社会主义者之间的仇恨得以平息。8月，反对伊比利亚无政府主义者联盟的掌权人发表了一项
72 由30位无政府主义领导者（后来被称作“三十分子”）签署的声明，该声明对伊比利亚无政府主义者联盟进行了谴责：

> 推行过度简单化的革命理念将会把我们的成果拱手让给共和国时期的法西斯主义。革命不只是稍有点胆识的少数人做出的冲动之举，革命应该是为了实现真正的自由而由整个工人阶级发起的运动，只有真正的自由才能决定革命运动的特性和时机。[②]

伊比利亚无政府主义者联盟的实力足以应付这般指责，甚至成功地将“三十分子”赶出了全国劳工联合会。正所谓长江后浪推前浪：多数伊比利亚无政府主义者联盟成员在20—30岁，而多数“三十分子”的年龄要更大。一部分“三十分子”再没能回到全国劳工联合会；安赫尔·佩斯塔尼亚分裂出一小部分人组成了新党派，但从未成气候。其他人，例如巴塞罗那的罗尔丹·科尔塔达（Roldán Cortada），则成了共产主义者。

---

① Peirats, vol. I, p.49.

② Peirats, vol. I, pp.55–57; César Lorenzo, *Les Anarchistes espagnoles et le pouvoir*（Paris, 1969）, p.69，亦参考 Abel Paz, *Durruti: le peuple en armes* (Paris, 1972).

1931年的秋天，议会委员会起草了宪法草案。政府（或者更准确地称为起草人）在这件事情上犯了一个很大的错误，他们用自身的政治观点确立新政体。宪法草案开篇宣称，“西班牙是由各个阶级的工人们组成的民主共和国，其组建的是自由和正义的政体”。政府“来自人民”，所有公民一律平等。国家将坚决反对让战争沦为政策的工具。无论男女，到23岁时都将拥有投票权。议会只设立一个议院。财产将成为“为社会公共事业而征收的对象”。草案中的一些条款可以被用来为社会主义辩护，另外一些条款则可以为社会主义提供保障。为了避免出现像国王阿方索一样好干预政府的国家元首，他们规定，总统的任期为6年，并且不准退任后参加最新举行的选举。不过，总统有权任命总理。总统提出的法令必须得到一位内阁部长的签署才有效，但总统有权否决其不赞同的议案。但总统如果两次解散议会，总统可以被免职。

宗教条款引发了恐慌，因为第26项条款规定了政教分离。两年之内， 73
国家将停止给神父发放薪水，尽管这些薪水是1837年教会土地被没收后的补偿。所有宗教团体必须在司法部登记。被查出对国家形成威胁的宗教团体将被取缔。[①]所有神父都要缴纳常规税。宣誓内容超出三大传统教规誓约的教团都必须被解散。这不过是换个方法来打击耶稣会，因为加入耶稣会通常需要向教皇进行特别的效忠宣誓。所有教会除了确保生计外不得拥有额外财产，也不准从事商业活动。所有教团都要向国家递交年度账目。同时，所有的教育都要基于“团结大众的理想”。宗教教育将被终结。包括圣周、主显节，甚至狂欢节游行在内的一切公共宗教活动都必须得到官方的批准。离婚将在双方同意下生效或者由一方提交诉状申请，并且要求递交的内容属实。民事婚姻是唯一的合法婚姻。

共和国宪法中所包含的这些强有力的反教权主义条款虽然颇具野

---

① 早期的宪法草案规定解散所有团体。

心，但是无论它们能带来多大好处，推行这些条款都非明智之举。这些条款的实施本来有可能让西班牙变成一个更公正的国家。然而，要是能等到彻底实现政教分离的时候再实施这些条款，将会是更为聪明的选择。等建立有能力顶替奥古斯丁学校和耶稣会学校的院校后再推行解散教会政策也是更加妥善的方法。无论教会中存在多少弊端，这些教会都创建了这个国家中最优质的中学——这仅有益于那些能负担得起学费的人。甚至连自由主义报纸都公开指责这些举措。然而，阿萨尼亚在议会大发雷霆，他说："不要跟我说这些法令有悖于自由主义，这关乎国家的兴衰。"不幸的是，西班牙自由主义者们已经把国家所有的问题都归咎于教会的头上，但事实上，这样简单的说辞并非发自肺腑。而且，这些法令远非什么创新举措：耶稣会也不是第一次遭到驱逐，强制性宗教教育早在1913年就被废除了，而到了普里莫·德里维拉统治时期又得以
74 恢复。糟糕的是，如果天主教徒们想对共和国的教育政策提出异议，那么他们必将反抗宪法。[①]

议会内关于宗教条款的争论引发了政府危机，这是发生在第二共和国时期多次政府危机中的首次。10月份，同为信奉天主教的"进步分子"总统阿尔卡拉·萨莫拉和内务部长米格尔·毛拉辞去了职务。沉稳的议会发言人贝斯泰罗担任西班牙的临时总统，并呼吁阿萨尼亚组建新一届政府。自从阿萨尼亚在议会内担任政府党派的领导任务以后，他就成了总理的不二人选：他是共和国培养出的杰出人才。然而，阿萨尼亚的晋升惹怒了激进派的勒鲁斯，勒鲁斯自认为是共和主义元老，他很快与90名追随者一同叛变。[②]从此以后，严格意义上的反教权主义政府成了含有阿萨尼亚个人思想和社会主义思想的共和主义联盟。阿尔卡

---

① 见Marcelino Domingo, *La experiencia del poder*（Madrid, 1934）。关于右派态度的总结，见Robinson, p.59f.

② 关于这场危机的详细情况，见Azaña, vol. IV, p.172f。

拉·萨莫拉是公认的共和国第一任总统，所以不能说天主教完全被新政权排斥在外。

1931年年底，宪法草案获得了通过。对于政府而言，为确保所有条款生效，需建立相应的法规。部长最先着手的是“共和国防护”法令。该法令规定，在特殊情况下，所有的自由保障将暂停30天。内务部长有权中止公共集会。西班牙第一次在法理依据下征收所得税。这些法令遭到了少数右翼代表的强烈反对。随后，在1931年的最后一天，发生了一场震惊全国的悲剧。

在埃斯特雷马杜拉的偏远地区，瓜达卢佩修道院附近有一个只有900名住户，名叫卡斯蒂尔夫兰科的小村庄。这里的环境与该地区的其他地方并没有什么不同。食物算不上特别紧缺，此前也从未沾染过暴力。为了对不得人心的巴达霍斯行政长官表示抗议，当地的社会主义者们联 75
合其他村庄的村民试图举行示威游行。虽然没有得到批准，但他们执意发动了游行。随后，国民警卫队前来保护当局的安全。

国民警卫队（被中产阶级称作“功勋团体”）在当时大约有30,000人。为了维护乡村治安，西班牙共和国在1844年成立了国民警卫队。后来，当地的强盗们采用曾成功抵挡住拿破仑军队的游击战术对他们进行了骚扰。国民警卫队由一名将军和现役军官领导，队伍里的许多普通成员都是前正规军的士兵。他们身穿绿色军装，头戴三角帽，佩有毛瑟步枪，常驻扎在荒凉之地，并被当作当地的驻军。国民警卫队的成员从不会在他们的出生地服役，而他们从来不会友好地对待其驻守的村庄，因此以残暴而闻名。小说家拉蒙·森德（Ramón Sender）曾写道：“国民警卫队只要多一个人，就多一个人挑起内战。”[①] 虽然此时是20世纪30年代的共和国时期，但国民警卫队与其在20世纪20年代君主制时期的野蛮程度不相上下。

卡斯蒂尔夫兰科的国民警卫队与西班牙其他地区的国民警卫队一样

---

① Ramón Sender, *Seven Red Sundays* (London, 1936), p.171.

不得民心，这注定了他们的命运将惨不忍睹。1931年，他们试图制止社会主义者们举行集会，这激起了村民的反抗。4名国民警卫队的死者被挖眼和肢解。事后发现，其中一具尸体上有多达37处刀伤。在以洛佩·德维加（Lope de Vega）的剧作命名的羊泉村，根本无法将凶手们绳之以法。村内没有一个人为其负责。[①]这场悲剧过后，紧接着在其他几座村庄又发生了数起类似的暴力事件，但没有引起太多关注。在市镇阿尔内多（洛格罗尼奥），国民警卫队施行了打击报复，杀害了7名无辜的游行示威者。卡斯蒂尔夫兰科事件发生之后，各个地方的国民警卫队都进入了警备状态。在巴塞罗那附近的略夫雷加特河谷，全国劳工联合会占领了萨连特，他们在市政厅升起了一面红色的旗帜，并明令禁止财产私有化，同时宣
76 布成立独立的社会团体。政府用了5天重新夺回了萨连特。在整个西班牙，许多无政府主义者因此被驱逐出境，其中包括团结帮的杜鲁蒂和弗朗西斯科·阿斯卡索。阿斯卡索在运囚船上写道：“可怜的资本主义为了存活而不得不依赖此等伎俩。我们之间必定水火不容，他们这些人自然是为了保全自己而对我们进行折磨、残杀和驱逐的。”[②]政府的此次打击并没有阻挡伊比利亚无政府主义者联盟在1932年的剩余时间里对共和国和农村资产阶级的公开宣战，他们担心的是社会主义农业工人组建的联盟不断发展壮大。对于这些地主代理人及其同伙，这真是一个恐怖的时期。

频繁的骚乱促使政府开始探讨西班牙工人阶级暴动核心内在的社会根本问题，尤其是在农业方面。

西班牙土地干旱贫瘠。由于树林遭到砍伐以及几个世纪以来西班牙

① 6人后来被判处终身监禁。见Luis Jiménez Asúa, *Castilblanco* (Madrid, 1933).

② Peirats, vol. I, p.51.

中部地区过度放牧，该地自然干旱愈加严重。驴子和山羊的啃食，建筑材料（房屋和船）的征用，再加上农民的乱砍滥伐让林区的破坏尤为严重。饲料的短缺使西班牙无法像欧洲其他国家那样大力发展畜牧业。同时，1930年的西班牙还很少有农业机械。西北部以外的地区降水量小，而且，无规律的降雨天气让农业的发展更加艰难。大量食物出产于地中海的“黄金边缘”以及一些地理位置优越的河谷和灌溉良好的平原。这些土地肥沃的地区与多风的中部荒原地区相比，社会发展水平的差异明显。许多农民终其一生都在贫瘠的土地上耕作。与同一时期的北欧相比，水和燃料问题长期困扰着这些农民。当时西班牙的农业产量也较低：例如，葡萄园的面积与法国相同，但产量仅为法国的三分之二。[①]村庄距耕地太远、交通落后、肥料短缺和对现代农业方式的无知，让靠土地为生的农民们的生活捉襟见肘。虽然，普里莫·德里维拉推行的铁路和 77
公路建设让食物运输得到了改善，但如果要从巴伦西亚的水浇地或者瓜达尔基维尔河谷向山村和马德里运送易腐烂的食物，运输时间还是太长了，因此只有有限品种的食物才能运送进来。

可以理解的是，几代人以来，西班牙的农业问题一直是讨论的焦点，因为农业始终都是这个国家的主要经济来源。到了20世纪30年代，西班牙的农业生产总值占国民收入的将近五分之二，但大多数劳工仍然食不果腹。尽管如此，西班牙有超过半数人口以耕地为生。从18世纪开始，探讨土地改革的声浪就从未平息过，即使查尔斯三世的“治世能臣们”陆续提出了许多其他方面的可行建议，土地改革也并没有取得什么大的进展。经济学家华金·科斯塔是著名的“98一代”中的一员，他也曾提到：扩大灌溉面积、加大内部殖民化和实行集体化政策将对农业发展产生奇效。随着由土地问题引发的骚乱日益严重，解决农业问题的政策似乎也提上了日程，但除了建立几座技术

① René Dumont, *Types of Rural Economy* (London, 1957), p.218；同样见 Carr, p.417f.

学校，并未解决太多问题。不过此时，农业问题得到了全社会的广泛讨论，至少，还推行了一部分法令来加强农业生产，并且分阶段在议会进行商议。①

20世纪30年代，西班牙的土地主要有三大问题。第一，耕地面积过小的农场或者小庄园无法保障其拥有者的正常生活水平，而且还常常被分割成若干小块。这样的农场多数存在于多雨的加利西亚，还有一部分在西班牙北部的一些地区，其中在卡斯蒂利亚的市镇索里亚，这种情况最为突出。第二，一些归于非本地地主的大庄园常常疏于耕种，有时这些大庄园可以使地主或他们的代理人主导当地的经济。大庄园的土地特色与安达卢西亚西部和埃斯特雷马杜拉的土地一样，环境优美，但多为山地，地势不平，石头较多。第三，各类不同形式的租赁所引发的问题。例如，卡斯蒂利亚大部分地区都是贫穷的佃农，因为各种各样的原因，他们的生活得不到保障。长期以来，如巴斯克地区、东部沿海地区和坎塔布连海岸等其他地方，农业发展繁荣，灌溉充分——由于主要雇用自己家族内的人，这些地方并没有表现出社会问题。

78 大庄园问题可能是西班牙面临的最棘手的问题了。与该问题有关的准确数据统计已经很难再找到。尽管自19世纪以来教会已不再占有大片土地，但贵族阶层的土地占有量仍然巨大：托莱多四分之一的土地和卡萨雷斯八分之一的土地都归贵族阶层所有，同时，总共有大概6%的可耕地在名门望族手里。那些像梅迪纳塞利公爵、佩纳兰达、比利亚-埃尔莫萨和阿尔瓦等传统家族拥有的土地都超过了75,000英亩②。但多数大型地产还是属于资产阶级，而非贵族阶层。由于土地的所有者可能不止一人，再加上各地主家族之间的联姻，所以很难确定大庄园在经济中发挥了多大影响力。同时，按照西班牙的标准，超过250英亩（约1平方

① 对共和前土地改革的有益总结，见Appendix E to Malefakis, pp.427-438.

② 约300平方公里，1英亩约为0.004平方公里。

公里）的农场就属于大型农场，这些大型农场主就掌握西班牙一半以上的可耕地。这些土地通常会被用来种植传统作物。由于缺乏资金投资，有前景的新品种（棉花、水稻、小麦）常常被忽略。肥料的使用、灌溉的普及和机械化的发展也得不到重视，并且大量的土地都荒废着（尽管其中可能很少有土质良好的土地）。诚然，许多这样的土地都被高价出租了，但所有给这些农场干活的人都住在南部和西部的白色大宿舍区，在黎明时分，由地主代理人根据情况来决定是否雇用他们。除了收割期，这些劳工只能拿到很菲薄的工资①（一般是3.5比塞塔）。劳动力达到了需求量的2倍，逐年增加的人口既不能被马德里和加泰罗尼亚的新兴工业所吸收，也不可能通过移民把剩余劳动力转移到美洲（1930年以后，这种情况已经不可能实现）。最终，失业率居高不下：安达卢西亚的年平均工作日在180—250天，而实际常常只有130天。劳工在收割期的工资与市镇的平均水平相当。但是后来本地人发现，他们要与外来移民，甚至是葡萄牙的工人竞争工作机会。新晋劳动力的不断涌入，使具有一定影响力的罢工只能在收割期发动，许多尽职尽责的工人都会对罢工这样破坏性如此之强的运动避之若浼。

不过，西班牙南部没有土地的劳工是最有可能加入城市革命团体的
人。近百年来，自从教会被剥夺了土地继承权，这些劳工的生活就越发 79
困难。他们原先还有机会从大片土地中捡些剩余的谷物，但随着现代资本主义农业的发展，现在放牧和收集木材都只能去有限的公共土地。守旧低效的“封建”制度所带来的零星好处也没有了。多数没有土地的劳工连菜园子都没有。因此，农民们愿意响应无政府主义者的号召。到1920年时，多数安达卢西亚和埃斯特雷马杜拉的农业工人或多或少都在推崇无政府主义。社会主义者也开始在这些地区崭露头角。令劳工们担心的是得不到长期雇用或者即便得到了工作，也不能充分施展自己的才

① Balcells估计平均农业工资为每天2.8比塞塔，收割期工资为5.5比塞塔。

能，他们很容易被革命宣传吸引：只要大家知道了某人成了无政府主义者，那他回去工作的概率就相对较小。

小农场主们也有烦恼。许多小农场主的土地非常小——超过四分之三的小农场（小于25英亩的农场）不足1.25英亩。他们除了种土豆以外还干别的活，比如打鱼、到外地打工和打日工。20世纪30年代，由于以往向美洲移民的出路已经行不通，这些小农场主们倍感压力，受其影响最大的地区是加利西亚和阿斯图里亚斯。对于佃农们，很少有人留有租赁协议，就算有也是短期的。佃农的儿子无权继承地产，而且，如果土地被变卖或者地主死亡，新地主可以拒绝承认已签订的租赁协议。许多佃农都背有高利贷。后来就出现了加泰罗尼亚的“一茬佃户”的问题（源于加泰罗尼亚有关枯死的葡萄藤的一茬租佃法）。这些农民在一些大型土地的边缘种植葡萄，一直到葡萄树死亡：在过去，葡萄树能存活50—60年，但随着19世纪末根瘤蚜虫的泛滥，嫁接的防蚜新品种葡萄树的寿命只有25年。一茬佃户们想方设法地保留住土地的所有权。到了共和国时期，这些一茬佃户的立场变得更为激进。除了他们，很少有佃农和私人农场主加入革命党派。所有人都认为，自己的身份不仅仅是工人。

从20世纪20年代初开始，社会主义者们一直重视农业方面的问题。
80 1927年，劳动者总工会成立了“农业秘书处”。他们的计划包括推行与墨西哥和1919年后的东欧相媲美的全面土地改革，这一改革方案经过专家和分析师的多轮磋商，当即得到了议会的批准。1931年5月，劳工部长拉尔戈·卡瓦列罗按照他们的方案推行了相应的法令。从此以后，佃农只有在拒付租金或者闲置土地时才能被驱逐出农场。自愿放弃租契的佃农将得到地主一定程度的补偿。当收成不好或者租金超过农场收入的时候，佃农可以少付租金。农民群体的集体化劳作方式将有助于他们履行租赁协议（社会主义者希望推行集体化，但不强制执行）。通常情况下，每天工作8小时，如果加班则需要额外支付加班费。由地主和农民组成的联合仲裁委员会或“陪审团”将进行工资标准的磋商：主席可以经过选举产生，但如果意见无法达成统一，也可以由劳工部长（当时是社会主义者）指认。《地方边界法》中规定：相比于外地人员，雇主要优先为本地市镇人员提供工作机会。同时，《义务劳动法》还指出，地主要以“传统”方式发展自己的农场——这么做的目的是防止地主为了剥削劳工而改投其他新行业，从而降低劳工工资。

在撤销雇主雇用员工的选择权和防止雇主为挫败当地罢工而外逃这两方面，《地方边界法》发挥了奇效，但该法令对外来打工者造成了不利的影响。《地方边界法》阻止劳动力进一步向城市流动的同时，却没有鼓励投资原本可以创造很多就业机会的农业。[①]即便如此，农业工人们仍深受吸引。他们被点燃了希望，期待土地改革最终能将真正的权利赋予穷人。土地租契的相关法令让法院忙得不可开交。工人们开始加入作为劳动者总工会农业部的全国农业工人联合会。到1932年，社会主义者达到了近45万人，其中大多数都是没有土地的农民。在农业工人中，社会主义者的人数第一次超过了无政府主义者。此外，由于这些农业工人占到了劳动者总 81
工会总人数的一半，总工会的性质也随之发生了变化：在接下来的一两年里，至少从局部范围来看，劳动者总工会务实守纪，以城市为首的传统无产阶级联盟变得不讲究规范，而且一心只追求理想化社会。新法令同时还有另一个作用，那就是有利于农民增长薪酬：在拉尔戈创立的仲裁委员会的影响下，从1931年到1933年间，农民们的收入增加了一倍。

土地改革的相关工作也随即全面展开。第一项方案是准备在一年中，把60,000—75,000名没有土地的劳工重新安置在那些从地产最雄厚的地主手中“暂时”扣押的土地上，并把这些地主的附加税当作劳工的工资。这一方案简单有效，并且具有政治可行性，但同时，对社会主义者太过保守，对激进主义者又太过极端。阿尔卡拉·萨莫拉与议会委员会分别

① Carr, p.419.

提出了各自的计划方案。这些方案均遭到驳回。最终，在1932年3月，阿萨尼亚提拔的心地善良但愚昧无知的新任农业部长——马塞利诺·多明戈提出了一个异常复杂的方案。从严格意义上来讲，西班牙有将近一半的面积都可以征用，但开始时只有一小部分土地被接管。经过市政府投票决定，农民要么当自主农场主，要么当集体农场的一员。19世纪，一些人通过取消土地赎回权建立了自己的地产，在1811年就被废除的封建协议中，本来这些人对这些土地只有管理权。除了这些地主和大公们的土地，所有被征收的土地都会予以补偿。最想去新土地安身立命的人，当数没有土地的工人，但个体农场主也可以提出申请。被安置者不能将所得到的土地进行出售、抵押和租借——土地归国家所有。新成立的土地改革协会负责管理这些事物以及帮助进行技术指导、投资和灌溉。

征用土地有以下几种情况：第一，一个人在当地拥有的土地超过了最大限度（最大限度根据作物的不同而不同：谷物，730英亩，约3平方公里；闲置撂荒耕地，1,600英亩，约6.5平方公里；葡萄园，360英亩，约1.5平方公里）。第二，一个人在市镇郊区的土地闲置，且该人在同一城镇内拥有价值高于1,000比塞塔的地产，这些郊区的土地便可被征用；“封建”土地（“Feudal” Lands，有签署管辖权）、没有得到良好耕种的
82 土地、可以灌溉但没有进行灌溉的土地，以及一直没有出租出去的土地也都可以被征用。第三，西班牙的大公是最高级别的贵族，只有他们的地产要按照全国范围，而非城镇范围来进行征收；按照规定，无论他们的土地分布在什么地方，其持有量都不得超过所规定的最大限度。

所有这些规定只有在满足征收条件下才能生效。因此，最后除了大公，大地主们只要尽量把土地分散开，就能够少受影响。这一情况遭到了强烈的质疑，难道大公和暴发户要如此区别对待吗？森林和牧场也没有被计算在内。这些法令在困扰了农场主的同时却没有撼动农业问题的根基。拉尔戈·卡瓦列罗曾把该法令比喻成“用阿司匹林去治阑尾炎”。

在议会，地权派领袖卡洛斯主义者何塞·玛利亚·拉马米耶·德克

莱拉克每天都坚定而持续地对该法令进行抨击，这导致包括阿萨尼亚在内的许多共和主义者，甚至是部长马塞利诺·多明戈都拒绝参与很多关于土地法的讨论。他们首要关心的是，如何处理教会问题和加泰罗尼亚问题，如何施行新闻自由以及如何能建立良好的教育体制。他们对经济问题所知甚少，而且也没有心思深入了解。虽然，最终该法令获准通过，但在商议过程中遭到了诸多修改，包括一些提倡者在内的许多人都对该法令抱有疑虑。直到1932年的夏天，议会才把讨论的对象转移到加泰罗尼亚自治法令上。土地法最终通过以后，并没有急于推行。马塞利诺·多明戈似乎仍然对其在教育部时期的工作抱有热忱。然而，农业工人对土地法已经寄予了厚望。如果土地法在实际推行中遭到阻挠，农业工人们的希望就会落空。西班牙的土地改革与其他国家的土地改革一样，其结果都是一个谜。就像“大罢工”“自由”和“革命”这些字眼一样，土地法似乎只是在文字上有固定描述，而事实上，大农场与小农场之间的差异如同湿地与干地之间的差别那么大。虽然可以通过制定相关法规和加大投资来减轻西班牙农业生活的负担，但由于水资源利用、排水系统、灌溉以及化学肥料的储备都要依靠投资和工业，因此唯一能够真正有效地解决土地问题的方法是加快工业的发展，让农业劳动人口向工业转移。

7. 分裂与统一 83

加泰罗尼亚举行了全民公投，赞成自治的达到592,961票，相反，反对票只有3,276票。任何地方的自由选举恐怕都没有如此巨大的票数差距。1932年夏天，加泰罗尼亚自治法令开始生效。四个省委员会重组为加泰罗尼亚自治政府，该组织的命名源自中世纪加泰罗尼亚地区统治机构的名字。加泰罗尼亚语和西班牙语都被认定为该组织的官方语言。与阿尔斯特一样，加泰罗尼亚将继续向中央议会和巴塞罗那新成立的地方议会派遣代表。但是，加泰罗尼亚自治政府无权干涉外交事务、国防安全以及边境掌控，并且要以中央政府“代理机构”的名义来进行公共秩序、司法、教育、通信和基础设施建设的相关工作。加泰罗尼亚议会的立法只能涉及地方行政、公众健康、提高人民生活水平以及完善民法这几方面。任何利益争端都要通过宪法保障法庭来解决。但即便如此，当马西亚上校和阿萨尼亚出现在圣诺梅广场的阳台上，对自治盼望已久的群众发出热烈的欢呼时，这一时刻也将载入史册。马西亚发言称：“我坚信大家对这一自治法令满怀信心。但是，这与我们所追求的自治相去甚远。”此后，加泰罗尼亚与共和国之间短暂又悲惨的对抗拉开了序幕。

84 同时在另一边，巴斯克地区的自治呼声越来越高。

巴斯克民族的人口有60万，他们最早生活在比利牛斯山脉的西端。他们的总人口中有45万人居住在西班牙，其余生活在法国。[①]他们的祖先已经无从考证。据斯特拉博观察，那些一心想缩小巴斯克人和西班牙人之间差异的人已经证实了传统的巴斯克舞蹈“佛焰包”与伊比利亚人的“雷公藤”有关。他们因此提出巴斯克人是曾一直生活在偏远山区的伊比利亚半岛居民的一支，但这一说法只能勉强说得通。巴斯克语与所谓的伊比利亚半岛语很相似。这种语言是一种古老的语言，但并没有留下什么相关文献。关于巴斯克历史，唯一可以肯定的是，在有记载以前，有一群有独立思想的巴斯克人分别生活在吉普斯夸、比斯开、阿拉瓦和纳瓦拉这几个多山的西班牙省份[②]（也有少部分人生活在法国的巴斯克地区）。

巴斯克地区历史久远，笃信宗教，政治封闭，在农业上可以自给自足。由于巴斯克地区的教堂一直与耕地相邻，教堂便成为市民生活的中心，地方会议也仍习惯于在这些低矮建筑内的阳台上举行。1936年，巴斯克神父

---

① 1930年，巴斯克3个省的人口为891,710人；与纳瓦拉一起，总数达到1,237,593人。居住在各省的人并非都是巴斯克人。

② 纳瓦拉主要由巴斯克人居住。但是，出于一些逐渐浮现的原因（见本书第97页），他们的政治历史走上了一条不同寻常的道路。

们声称，在吉普斯夸、阿拉瓦和比斯开的几乎所有农业人口以及超过半数的工业区人口（与巴斯克人有血缘关系的人）①都在信奉基督教。②

在政治上，至少从中世纪开始，每隔两年就会有由所有年满21岁的居民推选出的代表来到比斯开格尔尼卡的一棵橡树下参加会议。在那里，最高统治者或其代表将宣誓尊重巴斯克人的权益。他们通过少数服从多数的原则选出此后两年执行统治的执行委员会。橡树和格尔尼卡都为巴斯克增添了神圣色彩，这代表了对橡树的古老崇拜向政治生活的转变。在从未征 85
服过巴斯克人的摩尔人到来之前，这些开明的风俗习惯已经扎根在这片土地之上。不过，巴斯克从未独立过。③事实上，当卡斯蒂利亚从摩尔人手中被重新夺回以后，该地的大部分地区都是殖民时期的巴斯克移民。19世纪初，在对罗马天主教的崇信和地方情绪双重影响下，巴斯克人掀起了第一次维护自我主权的运动，在反抗自由主义者的卡洛斯主义军队中，他们组成了中坚力量。这也导致他们的自治权在1876年遭到了撤销。

19世纪末，因被剥夺自治权而引发的不满被工业化火上浇油。巴斯克一直以造船业而闻名。18世纪，巴斯克的船锚是有名的出口商品。19世纪末，由于周围布满适合船运的铁矿，毕尔巴鄂一跃成为大型工业城市。到了20世纪，西班牙45%的商船以及几乎所有铁制品都出产自巴斯克地区。巴斯克地区还建有炼钢厂，20世纪30年代，比斯开出产了西班牙四分之三的钢和二分之一的铁。④西班牙大约三分之一的投资都投给了巴斯克。此时的巴斯克大型银行带给了中产阶级一种舒适又开明的安全感。这打破了家庭作坊的捆绑，并在西班牙银行业中成为主流。无论从社会利益还是经济利益方面考虑，银行家们都有理由维护中央集权

---

① 在居住在巴斯克城市的非巴斯克人中，这一数字下降到15%。

② *Le Clergé Basque* (Paris, 1938), p.15. 男人和女人分开坐，就像在爱尔兰和犹太教堂里一样。

③ 除了那些生活在纳瓦拉的人，这些人在16世纪之前一直由那个小王国的君主统治。

④ 但巴斯克铁矿石的全盛期已经结束：1929年的产量是1913年的一半。Carr, p.435.

主义。但是，巴斯克其他中产阶级与加泰罗尼亚一样，对由萨比诺·德阿拉纳（一名卡洛斯主义者的儿子，他在加泰罗尼亚成为巴斯克民族主义者！）领导的浪漫主义者们给予了一定的支持，从19世纪90年代开始，他们就要求拿回被废除没多久的自治权。

20世纪30年代初，带有天主教色彩的民族主义运动常常意味着他们无法与共和主义党派达成共识。巴斯克党派的确心存偏见，他们反对与
86 非巴斯克人通婚，并且扬言要赶走卡斯蒂利亚人。巴斯克的教会为民族主义运动提供了大量帮助，他们希望巴斯克人有朝一日可以不用再学习"自由主义的语言"——西班牙语。这样看来，在议会关于宗教条款的讨论中，巴斯克代表们的愤然离席也就没什么可大惊小怪的了。1931年的巴斯克看上去更倾向于右翼。在这一年，顽固的君主主义策划者奥尔加斯将军找到巴斯克领导人何塞·安东尼奥·阿吉雷（José Antonio Aguirre），劝说他加入反对共和国的军事政变。将军表示："如果你能让前几天在德瓦河附近游行示威的5,000名年轻的巴斯克民族主义者听我差遣，我将很快把西班牙收入囊中。"几天后，国王阿方索十三世也委派使者来找阿吉雷，使者表示："国王一心想弥补曾经让巴斯克忍受欺凌的过错。恢复巴斯克古老特权的方法正在商讨当中。"俊朗的外表以及昔日作为足球运动员在毕尔巴鄂体育俱乐部的非凡表现，为年轻律师阿吉雷赢得了不少政治影响力。他拒绝了这两方的请求。①很快，巴斯克自治法令被提上日程，该法令让巴斯克享有与加泰罗尼亚同等的自治权（他们已经达成了经济协议，其中包括单独规定税收款项和一些其他行政自治条款）。

---

① PNV（Partido Nacionalista Vasco，巴斯克民族主义党）于1894年由阿兰纳（Arana）建立。关于奥尔加斯的做法，参阅José Antonio Aguirre, *De Guernica a Nueva York pasando por Berlin* (Buenos Aires,1943), pp.342–343.奥尔加斯后来否认了这一版本的采访，称联盟请求是由阿吉雷提出的，他希望军官训练他的青年运动（*Mendigoixales*）起义。君主制政治家安排采访的方式，可能让双方都觉得是对方采取了主动。（见Iturralde, vol. I, pp.36–37.）

1932年6月，4个省的代表们在潘普洛纳召开了会议。纳瓦拉以123票对109票的微弱差距，拒绝接受新的自治法令。从此以后，纳瓦拉与巴斯克的其他省份分道扬镳。与此同时，自治法令得到了另外3个省份代表们的多数通过。这一投票结果随后在这3个省份的全民公投中得到了印证。①此时巴斯克各省的各个阶级②（其中许多人是从阿斯图里亚斯、安达卢西亚和加利西亚来的移民）都认为，如果实现不了独立，那就支持有限的自治诉求。事实上，大多数人拥护的还是古老的巴斯克宣言：“为了天主，为了我们古老的金科玉律。” 87

与加泰罗尼亚相比，文化并没有给巴斯克的复兴带来那么大的影响。毕尔巴鄂连歌剧院都没有，不像加泰罗尼亚，整个巴斯克都没有像塞特和高迪这样的艺术家和建筑学家。共和国的反教权主义导致巴斯克的民族主义运动愈演愈烈。与巴塞罗那的民族主义者不同，巴斯克人的主要市场在西班牙海外。他们不太相信依靠木材和铁矿就能独立支撑起巴斯克，因此，他们对西班牙忍无可忍的态度就很好理解了。对自身与西班牙相关联的厌恶反而把他们拖入了内战的深渊，并让他们深陷水深火热之中，这为巴斯克蒙上了一层颇具讽刺意味的悲剧色彩。同样讽刺的还有，多数巴斯克中产阶级领导者都讲西班牙语，甚至他们中的一些人有时候连巴斯克语都说得磕磕巴巴。③

加泰罗尼亚与巴斯克的两大独立主义势力的崛起在其他地区引起反

① 在这3个省的489,887名选民中，411,756人投票赞成该法令，14,196人投票反对，63,935人弃权。

② 毕尔巴鄂的工人阶级既不像资产阶级那样信奉天主教，也不像资产阶级那样坚持分离主义。他们采用社会主义劳动者总工会的集权化思想，其主要中心之一是毕尔巴鄂，这也是斗争的一个原因。

③ 关于巴斯克民族主义运动可以参考以下文献：M. García Venero, *Historia del nacionalismo vasco*（Madrid, 1945）；《阿吉雷回忆录》（*Aguirre's memoirs*）；Salvador de Madariaga, Spain (London, 1946), pp.227–235（敌方）；Brenan, pp.278–80；以及Stanley Payne的*Basque Nationalism* (Reno, 1975).

响。加利西亚在普里莫·德里维拉独裁时期就曾掀起过一场独立运动。阿萨尼亚政府时期，内务部长卡萨雷斯·基罗加曾提出过加利西亚自治法案。类似的情况在巴伦西亚，甚至是安达卢西亚陆续上演。在一部分人眼中，西班牙无疑很有可能由于各地的地理差异而分崩离析。还有些人认为，他们的国家可能会毁于如此明目张胆的分裂行为。这些行为给他们增添了更多的恐慌，并让他们倾向于采取武装制裁。

宪法中的宗教条款使教会和许多中产阶级与共和国变得疏远。土地法让地主们怒不可遏。加泰罗尼亚自治法令以及西班牙向联邦制发展的势头最让军队难以忍受。

88 在过去的时代，当看到驰骋在弗兰德斯的西班牙人时，像布朗托姆一样的法国人都能感受到他们那高人一等的气势，“像王子们一样不可一世”，但这样的时代已经一去不复返，现如今的西班牙军队事实上连一点军人的样子都没有。与西班牙军队一同作战的惠灵顿将军认为，西班牙军队虽然作战勇猛，但军纪涣散。卡洛斯战争的英国观察员也曾提到过相同的观点。结束第一次卡洛斯战争的并非战场上的胜利，而是条约（因为条约是在贝尔加拉签订的，此后，贝尔加拉就成了蒙受耻辱和妥协的代名词）。条约中规定，卡洛斯主义军官可以拿着全薪加入正规军。这份条约直接导致日后西班牙军队中的军官在数量上比士兵还占优势。在君主统治的末期，军官数量达到1.7万人（包括195名将军），而士兵数量才15万人[1]——每9名士兵就有1名军官[2]。这种失衡的编制让

① *Anuario* 1931；Ramón Salas Larrazábal, *Historia del ejército popular de la república*（Madrid,1974）, vol. I, p.11.

② 19世纪的数字更为荒谬。1898年，每100人中就有1名将军。

摩洛哥军队无力负担良好的医疗条件、进行坦克作战以及实现现代化军事部署。

众所周知，这一庞大的军事力量并不是用来为西班牙抵御外敌的，而是为了加强维护国内秩序的。自从拿破仑战争以来，西班牙军队里的军官已经习惯于参与政治。1814至1868年间已经爆发了无数次或成功或失败的声讨活动。从1868年一直到1875年，军装破烂、武器简陋、军纪又松散的西班牙军队先后废黜了君主，从意大利迎来新国王，建立第一共和国，恢复国内秩序，最后使波旁王朝复辟。1875—1923年，将军们并不公然干涉政治，但身为总司令的阿方索十二世和阿方索十三世与军队一直保持着特殊的联系，他们都乐于向将军们询问意见。1905年，一家加泰罗尼亚报纸对军队的抨击遭到了出人意料的特殊回应。政府强制规定，在《管辖法》中，这一抨击应该受到军事法庭审判。[1]1917年时，虽然军队内部也有些不安分，但他们成功粉碎了大罢工。从1923年到1930年，普里莫·德里维拉一直在实行军事独裁统治，直到当他（从追随他的将军们那里）收到守备部队已经与他为敌的报告后才辞去职务。89
同时，从1909年一直持续到1927年的摩洛哥战争让人们看到了重返往日辉煌的幻影，但也给人们带来了沉重的苦难。如果军队长期缺席共和国的舞台，那很难想象会变成什么样子。

阿萨尼亚在担任战争部长期间决心削减过于强大的军队力量。他的语言攻击常常能达到置人于死地的地步，并且让人难忘。他公开表示，他将“碾碎”所有共和国的敌人。[2]为了达到目的，他撤销了管辖法。

---

① 详细研究见Joaquín Romero Maura, *The Cu-Cut Incident: Catalonia and the Spanish Army*, 1905（Reading, 1976）。

② 在巴伦西亚的一次演讲中使用了这个词，这段话的引用见Maura，第227页。对阿萨尼亚改革最具敌意的叙述，可以在共和国末期最大的敌人之一埃米利奥·莫拉的书中看到：General Mola, *El pasado, Azaña y el porvenir*, in Emilio Mola, *Obras completas* (Valladolid, 1940)。

陆军（以及海军）的最高委员会也被他废除，并将其权力转移到普通法庭。他还取消了总司令的副总督官衔。事实上，他只给所有军官两条路可选，要么宣誓效忠共和国，要么全薪退休。为了让军队的工作更加高效，阿萨尼亚还实行了裁军，虽然军队规模变小，但作战能力得到了提升。然而，他施行的一些其他方案——取消凭借在战场上的英勇表现可以得到晋升的规定——无疑让阿萨尼亚招致他人的反感。他的行事作风蛮横霸道，讲起话来常常滔滔不绝，他的顾问们都出自一个由自由主义官员组建的不得人心的“黑暗内阁”。军队对于阿萨尼亚干涉他们带有仪式感和象征性的日常活动难以忍受，比如，不准举行向国旗宣誓的活动。陆军参谋长戈代德是一名很有政治影响力的将军，他曾参与对普里莫·德里维拉的声讨，但后来又倒戈。他逮捕了一个名为胡利奥·曼加达（Julio Mangada）的共和主义上校。起因是在军人食堂吃饭的时候，戈代德将军高呼“西班牙万岁！”，曼加达则喊“共和国万岁！”。事后，阿萨尼亚出面维护戈代德，将曼加达以不服从上级的罪名关入监狱。然而，戈代德的职务后来还是被一名野心更小的军官——马斯昆雷特将军（General Masquelet）顶替了。[①]类似的事件时有发生。

在整个共和国，西班牙军官有1万人。军官下面的15万名士兵中，
90 除了外籍军团和地方的摩尔部队（这些人统称为“非洲军团”），其余都是现役应召士兵。[②]征兵期本来是1年，但只持续了不到9个月：15万只是对外宣称的数字。军队分散驻扎在各省省会的卫戍区中。然而，阿萨尼亚的改革并没有成功削减掉军事预算，军人的训练也没有得到改善，而且实战经验方面还遭到了忽视。

军队里的高级军官多数都参加过摩洛哥战争，在残酷的战火下建立

① 戈代德成了军队的总督察。见Azaña, vol. IV, pp.414–418.

② 1932年，军官的名义人数为7,660人，其中1,756人在非洲；其他军衔105,367人，其中41,774人在非洲，包括9,080名摩尔人（1932年年鉴）。

的战友情谊令他们难以忘怀。随着岁月的流逝，他们渐渐忘却鲜血，只记住了荣耀。虽然，他们的许多战友都在战争中死去，但战争也让未来晋升的道路充满机遇，并且让军队获得了前所未有的地位。许多人错误地认为，是军队在马德里缺乏政治影响力才使他们在摩洛哥战争中军备不足，得不到足够的武器和补给。普里莫·德里维拉在法国军队的帮助下打败里夫人后，便在战争中赢得了名誉。如今，非洲主义军官们瞧不起那些曾不愿参与这场帝国征战的同僚（半岛主义者）。摩洛哥战争屡次险遭失败，尤其是1921年的那次战败给西班牙军队带来了巨大损失。因此，当胜利最终到来时，老兵们都有一种深深的自豪感。由于国王一直热衷于同弱国建立保护关系，许多非洲主义者自然而然就成了君主主义者。很难称这些人“老派”，因为在19世纪，他们的前辈们占领土地以后并没有撤回本土。非洲主义者组建的一支英勇好战的精英部队曾成功闯入沙文城，从而在历史上“写下了辉煌的篇章”，这让他们深陷浪漫主义的情怀当中。他们中的许多人无疑都曾希望通过大国对小国的保护关系来改变西属摩洛哥66个部落的命运：在1921年的阿努瓦勒战役中大败的西尔韦斯特雷将军看到拉腊什的监狱后惊呼：“这真是惨无人道，我坚决不允许被我们保护的国家有这样的情况发生。”[1]在比利牛斯山脉之外，法国将军博弗尔写道：“我们打这些殖
民战争都有一个很明确的目标，那就是将我们的文明与进步带入殖民 91
地，让殖民地的人民摆脱落后与贫穷。”[2]还有一名中士在20世纪回忆道：“在本世纪的头25年，摩洛哥还曾是一个战场、一座妓院，还是一间鱼龙混杂的酒馆。”[3]

---

① Rosita Forbes, *The Sultan of the Mountains* (New York, 1924), p.72.

② General André Beaufre, *The Fall of France, 1940* (London, 1965), p.30.

③ Barea, p.251.巴雷亚在摩洛哥担任中士时，曾轻蔑地说：“让摩洛哥人文明化？……我们？……来自卡斯蒂利亚的我们……不会读也不会写。谁来教化我们？我们村甚至没有学校……”

在共和国的崩溃中，摩洛哥的这段“史诗”起到了关键作用。圣胡尔霍、戈代德、佛朗哥、米连·阿斯特赖（Millán Astray）、凯波·德利亚诺和莫拉，这些被誉为“非洲骑士”的将军们声名鹊起，此外还有像何塞·恩里克·巴雷拉·伊格莱西斯（Jose Enrique Varela Iglesias）和胡安·德亚格·布兰科（Juan de Yagüe Blanco）这样的低级军官。在他们眼中，西班牙本身存在一种新式的摩洛哥问题：受到伪装成所谓政党的反叛部落百般侵扰，并需要更加温和的铁腕统治。虽然非洲主义者们现在已经被指派回国内，但他们仍然十分怀念那两支曾帮他们赢得胜利的特殊部队。这两支部队就是外籍军团和摩尔军团。外籍军团作风独特，行事残忍。虽称外籍军团，但其主要成员都是西班牙人，其余是葡萄牙人、法国人和德国人。外籍军团是米连·阿斯特赖将军于1920年创立的精锐之师。摩尔军团由普里莫·德里维拉的最终继任者贝伦格尔将军建立，他们是从1911年起组建的本土部队，这些人既是士兵也是警察，在西班牙军官的领导下，打击强盗和土匪。

在许多西班牙军官的传统观念里，他们向往的是永恒、至高无上，像卡斯蒂利亚式王国那样的西班牙。那样的国家消除了政坛的钩心斗角，重新建立了国家秩序，并且赶走一切不属于西班牙的“东西”（他们认为这些“东西”包含独立主义、社会主义、共济会的纲领、共产主义和无政府主义）。他们可以说服自己，认为作为军人最优先的责任是保护国家统一，抵御国内外的破坏分子[①]，其次才是为共和国尽忠。与其他国家一样，这些年轻军官靠着家中长辈们的财产生活得顺风顺水。与此同时，他们也有另一个自我感觉无比优越之处，即漂亮的军装和出众的外表可以令那些与自己门当户对的适婚女孩神魂颠倒，于是他们草草订下婚约，荣升上尉，最后步入婚姻。他们挥金如土，不会有失体面，但收入低得可怜。年轻军人该有的满腔热情很快就消失得无影无踪。舞池里

---

① 《军队组织法》第2条。

活蹦乱跳的狮子变成了满腹牢骚的政府雇员：工资比省级城市的普通警察多不到哪里去。他们的妻子被入不敷出的生活搞得焦头烂额。对于那些曾经被她们的丈夫瞧不上眼的同龄老百姓，这些妻子总是百般嫉妒。西班牙的军官一般人到中年都会变得对生活不满，脾气暴躁，并且有右翼倾向。也许在任何一个国家军官的一生中，都会有这样的经历。在西班牙，有打破这一生活的办法。军官们幻想着如果发起声讨，他们就可以在那些比他们聪明的自由主义者和比他们更有经济头脑的同龄人面前高人一等了。[①]声讨完全属于西班牙政治的传统，并且也不能完全算是右翼活动。但是至少在20世纪，很少有军官会为了抱负而“站起来”或者“发声”。敢于发起声讨的反抗者们往往都是怀揣信念，拥有献身精神的人。他们之所以能够鼓足勇气发动政治运动，是因为他们的心灵感受到了那些在历史上奋勇反抗的先烈们的召唤。 92

然而，与欧洲的其他国家相比，西班牙军队在政治上的阵营划分最为明显。在复辟时期，军事学校的建立让多数军官比自由主义者更加保守，并且还形成了一种排外的风气。而且，西班牙中产阶级的内部矛盾在军队中和在其他领域一样，都有所体现。在1931年的军队中，激进派分子寥寥无几，为数不多的人坚决支持右翼，另外有一群无其他政治立场的人只效忠新共和国，剩下的近半数人员都是不问政治的机会主义者，但他们在教育上倾向于保守主义，并且对平民存在戒备之心。高级将领们常常受到平民爱慕者的狂热追捧，弄得像斗牛士一样被围观。

1932年通过的加泰罗尼亚自治法令点燃了许多军官的怒火。其原因不光是加泰罗尼亚自治权威胁到了军官们所誓死保卫的领土完整原则，在此之前，军队为了维护巴塞罗那从1917年到1923年的军法统治可谓大

---

① Antonio Ruiz Vilaplana, *Burgos Justice* (New York, 1938), pp.207–208. 大约在美西战争期间，这些军官在托莱多的步兵学院获得了晋升的机会。

费周章，但此时提出的加泰罗尼亚自治就像是对军队的蓄意挑衅。普里
93 莫·德里维拉将军对加泰罗尼亚的民族主义者的态度，难道不比对他的
反对者更强硬吗？而且，多数军官都是卡斯蒂利亚人或者安达卢西亚人，
很少有加泰罗尼亚人参军。

与此同时，反抗共和国的阴谋层出不穷。1931年5月在阿尔卡拉大街举行的集会仍在持续进行，而且形成了前所未有的规模。1931年年底，身在巴黎的阿方索国王放弃了制止一心造反的追随者们。随后议会判处他终身流放，并且通过缺席审判没收了他的财产。拥护国王阿方索十三世的传统君主主义者们与他的卡洛斯主义远亲的追随者签署了合作协议。如今，“阿方索主义者”与自称为“传统主义者”的卡洛斯主义者之间已经没有多少本质上的利益冲突。1931年9月，双方正式达成了合作关系。无疑由未来的“懒鬼”议会来决定谁是真正的国王。

卡洛斯主义团体不单单是政党，因此1931年的卡洛斯主义运动保持了其原有的身份特性，但自1876年最后一次被打压以来，这种特性很难说还存在多少。显而易见，与许多运动团体失败的原因一样，卡洛斯主义团体内部分裂严重，而且随着成员的流失，内部斗争愈演愈烈。卡洛斯主义运动的领袖唐海梅愿意对曾经的国王阿方索作出让步，以此来换取平静的生活。未成家的他唯一的男性继承人是已经80多岁的叔叔阿方索·卡洛斯。[①]虽然阿方索·卡洛斯已经结婚，但未得子嗣。谁知道如果这两位王子都死了，卡洛斯主义会变成什么样子？如果君主制愿意让达官显贵们组建委员会来行使权力，建立由社团选举而产生的议会，并将权力下放到各地方，那么在有良好前景的情况下，这样的君主制也许

① 见Jaime del Burgo, *Conspiración y guerra civil* (Madrid, 1970), p.270f。

会有一席之地。但如今，卡洛斯主义者还想推行天主教化的教育和文化，这就遭到了共和主义者的强烈抵制。实际上，共和国的崛起让纳瓦拉重新燃起了卡洛斯主义的火苗，其次还有卡斯蒂利亚、巴伦西亚和加泰罗尼亚，这样的局面令卡洛斯主义的领袖和老一辈领导者都出乎意料。各股势力再次集结。卡洛斯主义作家维克多·普拉德拉创办了在马德里广受欢迎的新刊物——日报《未来时代》。随着唐海梅在巴黎与阿方索结盟，在塞维利亚等从未盛行过卡洛斯主义的地方开始从年轻中产阶级中涌现出卡洛斯主义者。第一次在安达卢西亚组建卡洛斯主义团体的安 94
达卢西亚律师曼努埃尔·法尔·孔德专门为卡洛斯主义势力筹集资金，招兵买马。他所招募的通常都是年轻人，其中有一部分人来自工人阶级，而且，由于很少有人与19世纪70年代的卡洛斯主义者存在家族关系，按计划完成招募就显得更为重要。1931年年底唐海梅去世，其继任者阿方索·卡洛斯与拥护国王阿方索的君主主义者决裂。事实上，与其同君主立宪制相勾结，卡洛斯主义者更乐于对君主主义制度下产生的弊端进行批判。一些像孔德·德罗德斯诺（Conde de Rodezon）伯爵一样的卡洛斯主义者仍然希望能够让所有君主主义者都信奉卡洛斯主义——从1932年起担任卡洛斯主义秘书长的罗德斯诺伯爵是一名纳瓦拉贵族。然而，掀起运动的纳瓦拉年轻人们受够了！他们不希望只是在大酒店内温文尔雅地探讨计划，他们想要付诸行动，而非坐以待毙！正如他们中的一个人奇怪地说："铁石心肠的奥伯尔牌友才一直是咖啡馆的常客。"[1]在19世纪，北部地区的卡洛斯主义势力最为强大，尤其是在纳瓦拉。虽然从严格意义上来讲，纳瓦拉属于巴斯克省，许多纳瓦拉村庄里的人都讲巴斯克语，但过去的一些政治原因，再加上如今纳瓦拉的经济发展趋势，使纳瓦拉人更拥护卡洛斯主义而非巴斯克民族主义。纳瓦拉人是一群蜗居在比利牛斯山麓，对生活很满足的农场主。他们中的大多数人之所以反对巴斯克

---

① Luis Redondo and Juan de Zavala, *El requeté* (Barcelona, 1957), p.250.

自治法令，是因为纳瓦拉人不像中产阶级那样，为了实现西方化的富裕生活而渴望得到“自由”。纳瓦拉人都是狂热的天主教徒，神父无须使基督教教义变得现代化。可以说，去纳瓦拉游玩一番，犹如一场重返中世纪的冒险。可想而知，共和国的宗教改革会给纳瓦拉造成多大的不满，这些不满本身就足以重燃比利牛斯山脉地区和其他地区人民对古代传统精神的渴望。到1932年年中，多数大城镇都已设有卡洛斯主义支部，这些支部通常由一些儒雅的“贵族暴徒”来领导。

卡洛斯主义有着古老的政治理念。几年以后，一群政治家在德罗德斯诺伯爵面前讨论重回君主政体的想法，那时他是议会中传统主义政
95 党的领袖。其中一名政治家转而向德罗德斯诺询问，如果重新设立国王，那由谁来担任总理？“是选你还是你们中的其他人，那是大臣们的事。”“那你来担任什么职务呢？”“我嘛，”伯爵喊道，“我得跟国王待在一块儿，一起研究打猎。”[1]这一政治追求实际上就是卡洛斯主义社会形态的实质。拥护传统君主主义的阿方索主义者要么是腰缠万贯的地主，要么是金融家。在不太富裕的贵族、农民、工匠和店主这些人中才会出现卡洛斯主义者，而在被中央政府忽视的地区更是如此。

不可否认，卡洛斯主义者笃信宗教，对现代社会（尤其是自由主义和法国革命）怀有一种半遮半掩的敌视以及对上帝、祖国和国王（Dios, Patria, and Rey）有着狂热般的忠诚。然而，当无政府主义者相信手枪和各种无政府主义会把他们带入新世界时，卡洛斯主义者也将理想寄托在了机枪和弥撒书上。事实上，其他人正寻求给新卡洛斯主义增添更加文明化的色彩。因此，为了尝试建立极具社团主义色彩的新式乌托邦，维克多·普拉德拉编写了《新国家》（*El estado nuevo*）。但最终他承认，《新国家》中的理念不过是费迪南德和伊丽莎白时期的封建产物。[2]

---

[1] Ramón Serrano Súñer, *Entre Hendaya y Gibraltar* (Madrid, 1947), p.59.

[2] Víctor Pradera, *El estado nuevo* (Pamplona, 1934), p.271.

1932年8月，在共和国成立后不久，随着何塞·圣胡尔霍将军发起的声讨，反共和国的“号角”过早被吹响了。在当时的西班牙，圣胡尔霍将军是尽人皆知的勇士。被誉为“里夫之狮”的他曾任梅利利亚的军事长官，并成功地指导了胡塞马湾登陆。在1927年，他为西班牙赢得了战争的胜利。后来，他在摩洛哥成了首屈一指的长官。他为人勇敢，喜欢酗酒，并且好玩女人。从他的面相上既可以看到懒散的一面，又可以感受到一股震慑力。1931年，身为国民警卫队司令官的圣胡尔霍警告国王不能再单纯依靠国民警卫队来保护君主制了。1932年，他被调到一个不太重要的岗位，成了马枪骑兵（海关警卫）司令官，为此他很恼火。他很容易就听信了朋友们的劝说，认为他有义务反抗共和国。他的朋友 96
们对他说：“我的将军，只有你才能拯救西班牙。”[①]他对谋反的事情一直抱有怀疑，因此并没有把太多精力放在策划谋反的组织工作上。显然，上一个冬天在村庄发生的惨剧一直令他心有余悸。事情发生不久后，他动身前往卡斯蒂尔夫兰科，亲耳听到目击者对当时情形的描述，其中包括村庄的妇女们如何在国民警卫队的尸体周围跳舞这一残忍场景。

1932年的这场阴谋涉及德罗德斯诺和法尔·孔德在内的一些卡洛斯主义领导者。但是，很多贵族军官才是组成这场阴谋的核心力量——包括从1931年5月以来不时举行集会的那些人。[②]这次谋反是为了恢复君主政体，也是为了推翻“阿萨尼亚的反宗教专制”。巴列利亚诺伯爵、佩德罗·赛恩斯·罗德里格斯和安东尼奥·戈伊科切亚等阿方索主义者参与谋反，戈代德将军和庞特也牵涉其中。埃米利奥·巴雷拉（Emilio Barrera）将军曾经在1917年到1918年间成功镇压安达卢西亚的无政府

---

① *Cruzada*, vol. IV, p.489. 圣胡尔霍与卡洛斯党有关系，因为他的父亲曾是唐卡洛斯军队的准将，而他母亲的哥哥曾是唐卡洛斯的秘书。他本人于1872年出生于潘普洛纳，当时正值第二次卡洛斯战争开始。

② 这些策划者中既有年轻的军官，他们只是在国王离任前几年才宣誓效忠君主，也有为君主服务了很长时间的老将军。

主义者起义，并且还在普里莫·德里维拉时期担任过加泰罗尼亚的“总督”。尽管能力不足，但他成了这场阴谋的主要统筹人。[1]在反动者的计划中，这12座城市里骁勇善战的军官们要先占领当地重要的政府大楼。这场阴谋诞生在马德里喜剧剧院的一间包厢里。圣胡尔霍在塞维利亚发表的声明中，照搬两年前共和国的创建者们所说过的话：“恳求祖国的心脏涌起正义的浪潮，为了履行正义，我们将义不容辞。”[2]在起义发动前，年轻的君主主义者、飞行员安萨尔多少校被派往意大利寻求帮助。巴尔博元帅接见了安萨尔多，并许诺在胜利到来前保证提供外交援助。[3]在西班牙国内，这场阴谋在布尔戈斯还得到了一个被称为民族主义政党
97 的新兴法西斯主义团体的支持，该团体由热情高涨的不知名的律师阿尔维尼亚纳博士领导。

这场阴谋彻头彻尾地失败了。表面上，这场失败是由于一个叛变的妓女使阿萨尼亚和政府事先知道了酝酿中的政变，而事实上，数周以来，政变的事情早已成为咖啡馆里讨论的话题。曾经的“毛拉主义者”、报社老板何塞·费利克斯·德莱克里卡（José Félix de Lequerica）是同谋之一。当审判他的法官质问他如何知道起事的具体时间时，他回答说：“从我的门卫那里得知的。几周以来他每次都说起事的时间被延后，直到昨天，他一脸严肃地告诉我：‘就在今晚，何塞·费利克斯先生。’”圣胡尔霍将军在塞维利亚取得了短暂的胜利，但在马德里则一败涂地。经过在西贝莱斯广场的一场混战，多数本打算发动叛乱的人遭到了逮捕。在古老的阿尔巴斯宫的阳台上，阿萨尼亚嘴里叼着烟，得意地观看着战局。[4]

在塞维利亚，共产主义者和无政府主义者都发动了大罢工，几个上

---

① 勒鲁斯知道了这个阴谋。他是圣胡尔霍的朋友，如果阴谋成功，他可能会成为首相。关于讨论，见 Azaña, vol. IV, p.850.

② Arrarás, *Historia*, vol. I, p.464n.

③ Ansaldo, pp.18–20.

④ ‘*Memorias intimas*’ *de Azaña*, ed. Arrarás (Madrid, 1939), p.183f。

层阶级的公馆被烧毁。[①]圣胡尔霍被迫逃往葡萄牙，但在靠近边境的艾阿蒙特镇被抓获。他被带回后与另外150人一同接受审判，这150人中多数都是军官，还包括两个波旁王朝的后裔。第一次反抗共和国的运动以反抗者失败而告终，并且导致共谋者的土地被白白没收。同样不合乎情理的是西班牙大公们的土地也遭到了大肆没收，尽管没收这些土地符合《土地改革法》的要求，但被没收土地的大公们同样得不到赔偿。在关键时刻，政府和议会先后在土地政策中出台了这项毫无道理可言的特殊法令。究竟是哪些大公支援了圣胡尔霍？ 262位大公中只有两位。[②]

8. 西班牙共产党的诞生与法西斯的产生 98

1932年余下的时间，阿萨尼亚和他的政府可以说是安然度过。右翼报纸《阿贝赛报》《辩论报》和《信息报》均遭到长期停刊。为了防患于未然，有大批君主主义政治家和军官被逮捕，但并非所有被逮捕的人都遭到了审判。为了清除那些"与共和国势不两立的人"，有人提议对政府的行政部门进行清洗。整个秋天，议会都在忙于通过《会众法》。《会众法》制定了宪法里的宗教条款。虽然许多耶稣会会士已经离开了西班牙，但是为了弄清楚他们留有哪些学校和哪些企业，政府仍要大费周章：教区联合会最善于对教会财产进行伪装。准备起草的宪法中规定，从1933年11月起[③]，停发所有神职人员的薪资，废除宗教教育，并实施

---

① Peirats, vol. I, p.52.

② 事实上，这场辩论标志着《土地改革法》的最终通过（1932年9月9日）。如果不是圣胡尔霍的崛起为此提供助力，它可能不会通过。

③ 1931年，教会预算为6,600万比塞塔。1931年4月，主教的薪金被暂停发放。1932年的教会津贴被削减至2,950万比塞塔，教会预算总额为500万比塞塔。因此，教会面临着供养35,000名牧师的严重问题，其中7,000名人员超过50岁。

其他对宗教的限制：从1933年12月31日开始，教会小学全部关闭，教会的中学、大学和高等教育学院比小学提前3个月关闭。这将意味着，一个教育资源本来就十分匮乏的国家，又将增加35万名失学儿童。为
99 了实现共和国在教育上的理想目标，教育部长费尔南多·德洛斯·里奥斯和初等教育的负责人鲁道福·略皮斯（Rudolfo Llopis）已经花费了很大力气。7,000所学校很快拔地而起，教师的年收入涨到3,000比塞塔。[①] 游学制学校被迁往偏远省份。截止到1932年年底，中学生人数已达7万，而3年前这一人数只有2万。后来，由于新聘教师的教学能力遭到质疑以及后任政府想要调整教育预算，学校的建造进度因此变得缓慢。[②]

共和国开始着手审判马略卡岛的富豪胡安·马奇（Juan Maroh）。得益于普里莫·德里维拉的准许，胡安·马奇垄断了摩洛哥的烟草生意，这使他有可能成为西班牙最有钱的富豪。马奇被判有诈骗罪，但后来他通过贿赂，从阿尔卡拉监狱逃脱，这件事还引起了不小的轰动。从此以后，马奇公然动用强大的财力（价值2,000万英镑的财产）试图对共和国的货币进行打击，然而，共和国的货币在几年内始终保持稳定，基本都是55比塞塔兑1英镑。[③]

新爆发的一连串农民起事打破了冬季表面上的平静——其中一次起事发生在市镇圣地亚哥堡（雷阿尔城），当地的右翼农民用残忍的手段杀害了当地的社会主义工会领导人，而到了1933年1月，左翼又进行了丧心病狂的打击报复。萨尔达尼奥拉市镇和里波列特市镇宣布实行自由共产主义。东部沿海地区和安达卢西亚也偶尔有暴乱发生。最轰动的一场无政府主义暴动在加的斯省的卡萨斯维耶哈斯爆发。虽然市长投降了，但国民警卫队拒绝放弃抵抗，并且通过电话向附近的梅迪纳西多尼亚

---

① 1930年大约折70英镑。

② 详细总结见Jackson，pp.60–65。

③ Manuel Benavides, *El último pirata del Mediterráneo* (Madrid, 1933).

（Medina Sidonia）求援。很快，无政府主义者占领了村庄。黑红两色的旗帜随风飘荡。虽然市镇里有很多上层阶级家庭，但似乎并没有人遭遇不幸。市镇的神父也存活下来了。由突击警卫队组成的分遣队火速赶到，进行了支援。1931年5月的起事过后，为了维护国家安全，共和国新组建起突击警卫队，这样一支特殊武装部队的作战能力比之前建立的国民警卫队更强。突击警卫队的指挥官阿古斯丁·穆尼奥斯·格兰德斯上校（Colonel Agustín Muñoz Grandes）能力超群。1924年成功带领西班牙军队从摩洛哥的戈马拉 100
撤退这件事让他名声大噪，从零起步一直到突击警卫队组建完成，他只用了3个月的时间（突击警卫队由效忠新政权的军官和士兵组成）。[①]他们将无政府主义者赶出了卡萨斯维耶哈斯，并派一部分人在郊外的小山坡上安营扎寨。同时，国民警卫队与突击警卫队联合起来，挨家挨户地搜捕剩余的武装分子。一个绰号为“Seisdedos”（字面上的意思是“六根手指”）的武装分子拒绝开门，于是部队对其展开围攻。六指和他的儿媳妇何塞法伙同另外5个不愿投降的人进行了疯狂扫射。两名突击警卫队成员被击毙。接下来，部队开始使用机枪进行反击，双方一直僵持不下。当夜幕降临时，六指停止了开火。他的一个女儿利伯塔里亚（Libertaria）和一个男孩从房子里逃了出来。第二天早上，因迟迟打不开局面而恼羞成怒的军方在房子周围浇满汽油，放火把房子里面的人全部烧死。事情结束后，有14名囚犯被枪决，突击警卫队的负责人罗哈斯队长在新闻中称，他事先接到过枪决所有囚犯的命令，并且要将子弹射入这些人的“内脏中”。[②]尽管阿萨尼

---

① Maura, pp.274–275.

② Eric Hobsbawm, *Primitive Rebels* (Manchester, 1959), p.123；José Plá, *Historia de la segunda república española* (Barcelona, 1940), vol. II, p.188f；Peirats, vol. I, pp.55–58.罗哈斯被审判并判处21年监禁。他没有服刑。另见Jackson, p.513f。罗哈斯在接受阿萨尼亚采访时说：“随你怎么说，我们都是很残酷的。任何人在我们的命令下逃跑而没有举手，都会被击毙。我们会对向窗外看的人开枪。当他们从烟囱向我们开枪时，我们用机枪回应。”（Azaña, vol. IV, p.452.）利伯塔里亚于1936年在前往梅迪纳西多尼亚的路上被一伙长枪党人谋杀（Antonio Téllez, *La guerilla urbana en España*, Paris, 1972, p.7.）。

亚和内务部长卡萨雷斯·基罗加都公开表示没有下达该命令，但这场风波给他们造成了灾难性的负面影响。右翼分子假惺惺地指责他们“谋害人民”。激进党人马丁内斯·巴里奥谴责政府建立的体制“血腥、肮脏、冷酷”。奥尔特加·加塞特公开表示，共和国令他大失所望。他说：“如同让我们回到了被君主制压迫的时代。”阿萨尼亚在议会内的支持率降到了低谷。

1933年4月，部分地区举行市政选举，这些地方曾在1931年由于选出君主主义议员而被剥夺了代表权。与1931年时一样，这次市政选举和
101 全国大选同样重要，另一方面，这次比西班牙以往的其他市政选举都更加激烈。在许多的村庄里，最大的问题是宗教和阶级斗争，甚至很多时候这两个问题还纠缠在一起。出于对政府意图的揣测，当地委员会经常明令禁止在宗教节日期间举行列队游行。有时甚至市政乐团被禁止进入教堂。在被准许游行的地方，年轻的社会主义者扬言要把参与游行的彩车和马车都扔进当地的河里。在安达卢西亚，一名神父因为在一座房顶被闪电击毁的教堂里做弥撒而被一名信奉社会主义的治安官囚禁：他被指控在公共场合宣传宗教。还有一名神父被囚禁的原因是他在基督教的节日中暗指上帝是国王，因而被指控遵从君主主义。在一些教区，教会鸣钟需要缴税，还有一些教区禁止佩戴十字架。教堂还遭到了抢劫，甚至有时会被点火，但是根本没有人去缉拿逃犯。在阿拉贡一个村庄的教堂里，用肥皂擦洗门道的“左翼分子”指着跌跌撞撞的信徒们开着低俗的玩笑。在许多地方的街道和广场上，著名的圣徒和教徒的名字都被刮抹得干干净净。

之后，一场反共和国运动渐渐铺展开来。在武装分子的保护之下，西班牙的保守派进行了游行示威活动，他们高举圣母玛利亚的画像，并且在游行时可能经过的街角也安插了保护人员。虔诚的信徒们觉得有义务让所有宗教游行显得更加庄重。右翼党派天主教行动党开始组建，该团体主张用“稳扎稳打的传统行事作风”来反抗“富有攻击性的进步主

义与崇尚暴力的思潮和行为”。[1]

在1933年举行的市政选举中，政府政党选出了5,000名议员，右翼4,900人，以勒鲁斯及其激进党为首的中间反对派4,200人。亲左的共和主义者和社会主义者终于意识到，即使在民主时代，他们也有可能失势于他人。右翼在议会中取得了胜利，尤其是因为亲左的共和主义者集体缺席关于《乡村租赁法案》的辩论，右翼大获全胜。由于卡萨斯维耶哈斯事件，自由主义报纸都将矛头指向了阿萨尼亚。在9月份举行的市政官员竞选最高法院法官的选举中，反对政府的候选人得到了绝大多数的支持。议会内的反对派气焰嚣张，并威胁说，如果禁止宗教教育的法令 102
得到通过，他们就消极怠工。心力交瘁的阿萨尼亚第一次试图对内阁进行重新洗牌，然而那只是再次上演了“总理有难，主动辞职”的一幕。他是在教会学校被正式关闭之前辞职的，因此，关闭教会学校的法令也一同推迟了。在勒鲁斯试图组建内阁失败后，他的副手马丁内斯·巴里奥组建了临时政府，并宣布在11月9日举行大选。

阿萨尼亚和他的朋友们一起到投票地点为他们的成就进行宣讲：他们曾颁布很多重要的法令，其中涉及土地租赁、仲裁、教育、宗教秩序、农业、军队以及加泰罗尼亚自治权。同时，他们还新建立了更为先进的婚姻法，并且规定民事婚姻为唯一合法婚姻。他们通过立法赋予了女性应有的权利，还在行政部门建立了更加公平的招聘制度。另外他们还颁布了新的刑法典。其中最有人情味的，就是受到年迈的艺术评论家曼努埃尔·科西奥（Manuel Cossío）的启发，共和国的学生们在路易斯·圣图拉诺的带领下，开展了到西班牙最偏远地区进行文化传播的旅行活动，为贫困的农民免费表演洛佩·德维加的戏剧或者朗诵加西亚·洛尔卡的诗篇。但是即便如此，还是有很多人对共和国感到失望：

---

① 见 Sánchez, p.50，特别是 Carmelo Lisón Tolosana, *Belmonte de los Caballeros*（Oxford, 1966）的杰出研究，其中一些事例是他在阿拉贡一个村庄工作时收集的。

迄今为止，土地改革协会只安置了4,600户家庭。[①]土地征收委员会仍然对由解散耶稣会而引起的法律问题缺乏有效的处理方式，这很大程度上影响了土地改革的推行进度。与许多前辈和后来者一样，阿萨尼亚得罪了中产阶级的同时，又没有获取工人阶级的支持。由于对小麦的进口管理不当，阿萨尼亚政府的农业部长马塞利诺·多明戈的支持率出现了下滑。最为重要的是，全国各地都响起了对共和国不满的声音。即使如此，阿萨尼亚失败的惨烈程度还是令人大跌眼镜。

在1933年的大选中，左翼之所以失败有各种原因。第一，在党派联盟的形式更适合选举体制的情况下，他们却没有联合在一起——社会党得到了1,722,000张选票，但只赢得了60个席位，得到700,000张选票的激进党赢得了104个席位，并且社会主义者们表示不再与“资产阶级民主”进行合作。第二，右翼过度的宣传成功地扭曲了共和国的贡献。双
103 方都通过恐吓和威胁的手段来干扰选举结果。最终，西班牙第一次行使的女性投票权使右翼获利。支持上任政府的政党得到了99个席位，而阿萨尼亚领导的共和主义行动党仅获得了8个席位。

对于中间派而言，激进党得到了104个席位，加泰罗尼亚商人政党——地方主义联盟得到了24个席位。在另一方，右翼赢得了207个席位。由卡洛斯主义者和传统君主主义者勉强组成的联盟占据了其中35个席位，后者组成的西班牙革新党有一个容易让人误解的名字，他们的领袖安东尼奥·戈伊科切亚是一个上了年纪的花花公子，他在1913年曾是“年轻的毛拉主义者”，1919年，他又是一名作风保守的内务部长，之后又于1931年担任国家行动党的第一任主席。除此之外，在1932年，他因密谋造反而被捕入狱。1932年年底，他与前身是国家行动党的人民行动党分道扬镳，建立了由不满天主教政党“偶然主义”的天主教右翼分子组成的团体。此外还有29位代表卡斯蒂利亚小麦和橄

① Malefakis, p.280.

榄种植者的“地权派”。赢得了117个席位的新兴天主教政党——西班牙自治权利联盟无论在右翼还是在整个议会，都是规模最大的政党。[①]西班牙自治权利联盟的核心力量是人民行动党。它的先驱是《辩论报》的编辑安赫尔·埃雷拉。埃雷拉的目标之一（与教皇庇护十一世和欧亨尼奥·帕切利一样）是效仿德国、意大利和法国，在西班牙建立基督教民主政党，这3个国家在1945年以后都成功建立了类似的政党。但是，宪法的反教权特征意味着西班牙自治权利联盟在成立之初就无法接受新政体，略有涉及反教权主义的政策（比如取消教会对墓地的管制；除非死者生前有特别要求天主教葬礼的意愿，否则坚决进行非宗教葬礼；撤销军队内的礼拜游行）都会像极端法令一样，让他们怒不可遏。

正式成立于1933年3月的西班牙自治权利联盟集合了许多从1931年 104
开始兴起的小规模右翼天主教政党，并且融合了多种政治观念。据联盟内最具见识的成员曼努埃尔·希门尼斯·费尔南德斯（Manuel Giménez Fernández）表示，西班牙自治权利联盟的代表中有大约30人是社会上层的基督徒，另外30人是君主主义者和保守派人士，剩下60人是机会主义者。[②]能言善辩的年轻律师何塞·玛利亚·希尔·罗夫莱斯（José María Gil Robles）成了西班牙自治权利联盟的领袖。1931—1932年，他曾是国家行动党和人民行动党在议会内的领导人。三十出头的年纪，他就在宪法中有关教权条款的辩论会上名声大噪。他曾是安赫尔·埃雷拉手下《辩论报》的首席作家，并且还是一名为耶稣会服务的律师。他一直在阐述

① 见Robinson, p.113f.以及Gil Robles, *No fue posible la paz*。Gil Robles声称，1933年，CEDA有73万名成员；如果是真的，那将使它成为西班牙历史上最大的政党。这一庞大的成员资格，也得到了一些“大资金”的支持，使CEDA能够在这场运动中动用前所未有的资金。社会党仍然只有约7.5万名成员以及100多万名劳动者总工会成员（Robinson, p.328）。

② 见Sergio Vilar, *La oposición a la dictadura*, 1931—1969 (Paris, 1969), p.516.

自己对“偶然主义”的看法：无论西班牙是君主制还是共和制，都是一种“偶然”，但“最本质上”，法律不应该与教会为敌。[1]从此以后，他拒绝西班牙自治权利联盟接纳像戈伊科切亚一样的君主主义者。然而，希尔·罗夫莱斯仍然希望王权能够复辟，他与君主主义阴谋分子进行会晤和磋商。必要的时候，他还为他们进行辩护。拥护他的人有卡斯蒂利亚小农场主、城市中产阶级（除了加泰罗尼亚和巴斯克省）和一部分地主。他准许他的这些追随者在大型会议上称他为领袖，甚至为元首，好像他真的就是西班牙的墨索里尼。他于1933年出访德国，学习纳粹的宣传方法，并出席在纽伦堡举行的群众大会。他将一些纳粹的政治竞选方式带回西班牙——利用收音机、空投宣传手册以及在大型集会上给情绪受到充分调动的群众发表热情又令人陶醉的演讲。希尔·罗夫莱斯虽然是名在政坛有所作为的议员，但他厌恶议会，并认为议会不久后将被终结。他派代表拜访身处巴黎的国王，但他的一些演讲透露出对在奥地利的陶尔斐斯天主教政府的认同。在20世纪30年代初的那种环境之下，他对终极目标的含糊其词以及拒绝向共和国效忠只能被当成一种挑衅，因为很多其他地方的类似行为常常会引向法西斯主义。

青年运动团体人民行动青年团是一支由权贵子弟组成的狂热又鲁莽
105 的团体，他们公然鼓吹反议会制政体精神。1934年12月8日，他们在其期刊上对追随者们说：“共同利益无法由通过人为操纵的普选而产生的议会来进行整合。”人民行动青年团的成员们催促希尔·罗夫莱斯发动反革命。另一个糟糕的局面在于，从1933年到1934年的冬天，社会党在西班牙拥有的庞大影响力和纪律严明的工会让他们与立宪主义渐行渐远，这使西班牙局势持续恶化。

社会党最终对立宪主义失去信心的根本原因在于右翼成功地利用宪法阻断了改革。此外，由社会主义者帮忙建立的宪法在投票选举中对社

[1] Gil Robles, p.80.

会党十分不友好，这也让他们心灰意冷。不出所料，拉尔戈·卡瓦列罗没能成为一名很成功的议员（不像普列托）。还有一部分原因是，南方农民涌入社会主义的土地联盟——全国农业工人联合会。相较于传统马克思主义，这些新晋成员崇尚的更接近无政府主义。他们与纪律性强的毕尔巴鄂以及马德里的工厂工人和建筑工人全然不同。拉尔戈·卡瓦列罗曾借用他们的话说："如果遵纪守法不会给我们带来好处，如果法律拖了我们的后腿，那我们将越过资产阶级民主，进而通过革命来争取权力。"此外，无政府主义者在近几个月犯下的暴行让拉尔戈相信，要想与无政府主义者竞争，就必须在西班牙工人阶级中为社会主义赢得更多的支持。他认为，要想达到这个目的，只能与曾在政府一起合作过的共和主义中产阶级政党决裂，并且把社会党变成西班牙最激进的无产阶级政党。事实上，他的结论是错误的。内部斗争，也许还有暴力行径，正让人们放弃无政府主义，相比于1931年，1933年无政府主义的追随者已大幅减少。拉尔戈还听信了新任顾问、记者路易斯·阿拉基斯塔因（Luis Araquistain）和胡利奥·阿尔瓦雷斯·德尔巴约的观点，他们认为与中产阶级合作注定是个错误。[①] 与此同时，许多年轻的社会主义者渴望为革命发起实际行动。年轻的社会主义领导者曾表示："炸毁大楼让我们乐此不疲。"[②]

与此同时，在议会的诸多新晋议员里，有两名在1934年的选举中代表小规模政党的特殊议员。他们是老独裁者之子，自称法西斯主义者的律师何塞·安东尼奥·普里莫·德里维拉以及以马拉加共产主义议员的身份获选的卡耶塔诺·玻利瓦尔。 106

---

① 阿拉基斯塔因作为驻柏林大使，观察到了纳粹的成功。马达里亚加（Madariaga）将这两个有中产阶级背景的兄弟视为推动拉尔戈·卡瓦列罗这个坚挺的费边社会主义者参与革命的契机。持这一理论的人有很多，毫无疑问，他们取代了最有经验和最幻灭的人，也就是安东尼奥·法布拉·里瓦斯（Antonio Fabra Rivas）。他曾担任拉尔戈·卡瓦列罗的首席顾问，帮助了他向左翼倾斜。

② Santiago Carrillo, *Demain Espagne* (Paris, 1974), p.31.

在普里莫·德里维拉独裁统治时期，埃内斯托·希门尼斯·卡瓦列罗（Ernesto Giménez Caballero）就在西班牙开启了法西斯主义。[①]他行事鲁莽，并立志成为西班牙的邓南遮。1928年，他在意大利与库尔齐奥·马拉帕特（Curzio Malaparte）相识。早年间，身为社会主义者的希门尼斯与多数欧洲法西斯主义者一样，在马拉帕特的影响下开始崇拜墨索里尼。回到西班牙后，他开始宣传激进的"拉丁式"理念。该理念与任何有损地中海国家利益的行为为敌。当时，希门尼斯·卡瓦列罗对德国充满仇恨，并且在一段时间里，他居然把苏联当作地中海国家的盟友。但是，作为宗教和法西斯主义的首要城市，罗马才是希门尼斯·卡瓦列罗世界观的中心。自1933年希特勒在德国掌权后，他的这些观念有所改观。

甚至在此之前，法西斯分子在西班牙就已经有拥护者。贫困的拉米罗·莱德斯马·拉莫斯（Ramiro Ledesma Ramos）曾经求学于马德里大学，他的父亲是萨莫拉一所学校的校长。1931年3月，莱德斯马创办了名为《征服国家》（*La Conquista del Estado*）的期刊。他在期刊中宣扬与法西斯分子相似的理念。为了表达对希特勒的敬意，莱德斯马留了与希特勒一样的额发。除此之外，他还反对清教徒。在《征服国家》中他宣称，他所寻求的不是赢得选票，而是通过政治来调适军事情绪，让政治承担起该有的责任以及在斗争中发挥该有的作用。该运动团体的骨干成员是"用枪口也威逼不了的军事班底"[②]。这一钢铁般的纲领马上吸引了一个人的注意，这个人是与希门尼斯·卡瓦列罗和莱德斯马同属中产阶级的奥内西莫·雷东多（Onésimo Redondo），他曾在萨拉曼卡学习法律。他在曼海姆大学担任西班牙语讲师，并且赞赏"沉着冷静的纳粹

---

① 见 Stanley G. Payne, *Falange, a Study of Spanish Fascism* (Stanford, 1961). Payne 的一些观点受到了挑战，如在 Herbert R. Southworth, *Antifalange* (Paris, 1967)；还可以参考 Maximiniano García Venero, *Falange en la guerra de España*；*la unificación y Hedilla* (Paris, 1967).

② *Cruzada*, III, p.423.

队伍”[1]。1931年回到故乡巴利亚多利德以后，他曾短暂参与组织了一家种植甜菜的企业联合组织。后来，他创办了《自由》（*Libertad*）周刊，该周刊提出，需要“有条理地重新确认老卡斯蒂利亚精神”。虽然雷东多是信奉天主教的保守派，莱德斯马是下层中产阶级激进派，但他们在9月份达成了合作。10月份，他们融为一体，并自称为国家工团主义进攻委员会。该计划是1931年巴利亚多利德“十六个刺头”中的一个，计划还包括公开谴责分离主义和阶级战争，支持西班牙向直布罗陀、丹吉尔、法属摩洛哥和阿尔及利亚扩张，以及极力反对国外势力在西班牙进行“考察”[2]。与其他地区类似的党派纲领一样，计划中规定了对那些“针对人民的苦难和无知进行投机行为的人”予以惩罚，并且要求利益集团遵守“纪律”。莱德斯马和奥内西莫·雷东多给罗马天主教留了一线生机，他们认为罗马天主教体现了西班牙人的“民族”传统。天主教之于雷东多就像雅利安血统之于希特勒。但他们后续还是对西班牙的教会组织进行了抨击。比如，即便在一开始，长枪党成员的说话风格与西班牙自治权利联盟青年团体的领导人非常相似，但他们还是把西班牙自治权利联盟视为“反对力量”的坚定盟友；此外，人民行动青年团的领袖何塞·玛利亚·巴连特（José María Valiente）想要“锻造乐观向上、真诚可靠的新时代年轻人，简单点说，就是真正的西班牙人，而不像有些青年，悲观苦闷，满脑子都是苏联的文学小说，像极了无法无天的98一代”[3]。君主主义者戈伊科切亚曾说：“长枪党与君主主义者之间并没有特别大的区别，要问我的立场是崇尚传统主义，还是法西斯主义，两个都占点，何乐而不为呢？”[4]

在1931年余下的时间和整个1932年里，国家工团主义对委员会的进攻均未掀起波澜。他们受限于资金不足，并且西班牙中产阶级还未到

---

① *Cruzada*, *loc.cit.*

② *Cruzada*, Ⅲ, pp.424–425.

③ *El Debate*, 28 June 1932, qu. Robinson, p.77.

④ Robinson, p.130.

山穷水尽的地步。雷东多带领一小部分人参与了圣胡尔霍在1932年发动
108 的叛乱，然而，莱德斯马瞧不起这些被当作反动分子的军官。与此同时，何塞·安东尼奥·普里莫·德里维拉召集了一群富裕的年轻人，组建了更加激进的团体。[①]

尚未成家（有一段不愿回首的甜蜜过往）的律师何塞·安东尼奥三十岁出头，高大英俊，浑身散发着让人想亲近的气质，连他的敌人也承认他的确魅力不可挡。一名共产主义者曾表示“他的头脑中保留着一个梦想……对他和对我们的人民都很危险，但这毕竟是梦想”[②]。他的著作让人们认为他像一个才华横溢的在校大学生，已经修习完冗长的政治理论课，但没有消化。尽管他唾弃那些曾经背叛他父亲的君主主义者（如他所见），但在事业的起步阶段，他也是一个君主主义者。他一直是天主教徒。1933年3月，他在《法西斯报》（*El Fascio*，只出版一期）撰文称：“国家是历史的集合……高于我们每一个人和我们每一个团体。政府要在两项原则之上建立，因为这样可以帮助国家团结和保持各阶层和谐。”[③]一年以后，他发表意见：

> 法西斯主义是欧洲的一种不稳定因素。它是一种理解万物的方式——包括历史、国家、公众生活无产阶级化的成果，是对我们这个时代社会现象的新式解读。法西斯主义已经在一部分国家取得了辉煌成绩，例如像德国等一些国家，采用的是最无可指责的民主方式。[④]

---

① 1932年，希门尼斯·卡瓦列罗向普列托提供了法西斯的最高指挥权（*El Socialista*, 19 May 1949）。关于何塞·安东尼奥有几本传记，其中最有趣的是*Biografia apasionada of Felipe Ximénez de Sandoval*（Barcelona, 1941）。见我精选的*José Antonio Primo de Rivera*（London, 1972）。在希尔·罗夫莱斯的观点中，何塞·安东尼奥是友好的人，见*No fue posible la paz*, p.436f.

② José Antonio Balbontin, *La España de mi experiencia*（Mexico, 1952）, p.306.

③ *Cruzada*, vol. I, p.594.

④ 出处同上，II，p.21。

何塞·安东尼奥随时准备攻击那些指责他父亲的人，从某种程度上简单地说，他的事业本身就是努力为老独裁者正名。他对党派的蔑视可以说与他的父亲一脉相承，这是他父亲本身的信念在儿子身上留下的“直觉”——阅历高于智慧。何塞·安东尼奥奉行“家长主义”。他说自由主义的国家代表着“经济的奴役”，因为这对工人们是一种悲剧性的讽刺：“做什么样的工作都随你所愿——没人会强迫你接受这样或那样的工作环境。但是，只有我们富人来决定你们的工作待遇，如果你们不 109
接受，你们将在自由主义的道路上活活饿死。”[1]富有个人魅力，对金钱给予贵族般的不屑，并且拥有冒险精神，这些特质让何塞·安东尼奥成为其家乡安达卢西亚的典型公子哥。然而，在这样的出身环境下，他并没有表现出其特有的社会道德观念。何塞·安东尼奥最喜欢的诗是吉卜林（Kipling）的《如果》。他会选取一部分在周日游行或者发生街头斗殴前，用西班牙语念给追随者们听。1933年10月，他创立了自己的政党——西班牙长枪党。但他对自己的领导能力信心不足，他写道：“怀疑的态度和讽刺感永远不会离开我们这些怀有一定程度求知欲的人，而这也让我们丧失了一名‘群众领袖’所应有的坚定不移放声呐喊的能力。”[2]他告诉希梅内斯·德桑多瓦尔（Ximénez de Sandoval）：“每当看到向我敬礼而高举的手臂时，我真是备受折磨。”

国家工团主义进攻委员会成员马蒂亚斯·蒙特罗（Matías Montero）在贩卖长枪党报纸的时候，被学校大学联合会（Federación Universitaria Escolar，该联合会由左翼学生组织于1927年创立）的人杀死，[3]两天后何

---

① José Antonio在1933年10月29日的演讲（*Obras completas*, Madrid, 1942, pp.17–28）。

② Letter of 2 April 1933 to Julián Pemartín，引自Sancho Dávila和Julián Pemartín的*Hacia la historia de la Falange* (Jerez, 1938), vol. I, p.24.

③ 西班牙长枪党的反对派在一系列行动中开了第一枪，这是1933年11月加入方阵后第一名被杀的西班牙长枪党成员，但这是西班牙长枪党自己招致的，因为他们的原则已经转变成了“参与暴力”。

塞·安东尼奥和莱德斯马·拉莫斯开始商谈西班牙长枪党和国家工团主义进攻委员会的合并计划。国家工团主义进攻委员会在1933年取得过一定的成绩，包括建立由400名学生组成的西班牙大学联盟，还组织另外100名“好战分子”分成4组在街上参与斗殴。[①]新合并的政党采用了国家工团主义进攻委员会由牛轭和箭矢组成的徽章。然而，在三人领导小组中，两名是来自西班牙长枪党的何塞·安东尼奥和鲁伊斯·德阿尔达（Ruiz de Alda），只有莱德斯马一个人是国家工团主义进攻委员会的成员。新政党的宣传口号出自莱德斯马：“站起来吧！西班牙，统一，伟大，自由！”；
110 “为了祖国，为了面包，为了正义”。何塞·安东尼奥的社会威望、议员身份（曾由加的斯的保守主义利益集团选出）以及个人魅力让他鹤立鸡群。1934年春天，安东尼奥出访德国——但他并没有见到希特勒，回到西班牙后他还对纳粹进行了批评。6个月前，当他给英国的奥斯瓦尔德·莫斯利爵士留下“深刻的印象”后，[②]他曾得到墨索里尼更为友好的接待。[③]

1934年3月14日，西班牙长枪党和国家工团主义进攻委员会在巴利亚多利德举行了第一次全国会议。何塞·安东尼奥发表了既慷慨激昂又富有“诗意”的演讲。虽然会议期间门外的社会主义者引发了骚动，但会议非常成功。退役的军官们开始忙于指导军事操练。领导者们继续发表着激进言论，尽管直到1934年年中，何塞·安东尼奥才承认这些言语中的全部隐喻。即便如此，他常常被迫支持恐怖主义。[④]现在，长

---

① 见Payne, *Falange*, p.45，以及相关参考文献。莱德斯马认为，与西班牙长枪党合并将为他提供一个更大的平台；何塞·安东尼奥认为进攻委员会方阵会帮助他对抗长枪党中最资产阶级的分子。似乎只有一名进攻委员会方阵成员辞职，而不是与何塞·安东尼奥联合，他就是前共产主义者、圣地亚哥大学的圣地亚哥·蒙特罗·迪亚斯（Santiago Montero Díaz）。

② 见他回来后写的关于此事的不同寻常的文章，刊登于*Obras*, p.522f.

③ Sir Oswald Mosley, *My Life* (London, 1968), p.421.

④ Payne, pp.53–55.这种不愿意支持暴力的态度是何塞·安东尼奥和他更激进的追随者在1934年期间的一个争论焦点。

枪党党员们把自己的党派看作由年轻人组成的民族精英团体，党员们认为他们的使命是让西班牙摆脱马克思主义的“毒瘤”以及那些在他们的观念中平庸且愚蠢的，诞生于传统自由主义价值观的地方主义。

长枪党的多数成员是年轻人。莱德斯马认为，党内成员的年龄不应超过45岁，而事实上，该国家工团主义政治集团成员的年龄都还没到40岁。其中有一小部分是心怀不满的富家子弟，他们渴望此时的政治气氛至少能更贴近战争时刻。还有一些心生不满的前社会主义者和前共产主义者，以及一些老独裁者的爱国联盟的残余势力。许多人像莱德斯马一样来自失意的中产阶级，他们渴望实现那些对他们来说不切实际的丰功伟绩。虽然塞维利亚也是长枪党的征兵地，但他们中的大多数都来自西班牙中部。在马德里，出租车司机构成长枪党的一股中坚力量——也许正因为他们见识过了中产阶级最丑陋的一面。学生们似乎组建了规模最大的独立团体。[①]长枪党的资金来源于商人和君主主义者，这些人经常愿意把钱投到新兴的右派运动中。但是，长枪党的财政仍然十分困难。 111
长枪党在措辞上的一些“思想观念”属于卡洛斯主义，因此，任用退役的里卡多·拉达上校来教授长枪党人使用枪械的基本规范也就不足为奇了。他后来为卡洛斯主义者从事相同的工作。

在政治斗争中的另一方，截止到1933年，马拉加共产主义议员卡耶塔诺·玻利瓦尔的政党规模达到了将近25,000人。[②]该政党起源于苏联

① Payne给出了1936年2月马德里JONS起源团队的详细信息：劳工和服务员工431人，妇女63人，白领雇员315人，学生（不包括尚在大学的）38人，技术工人114人，小业主19人，专业人员166人，军官和飞行员17人。

② 该地共产党党员数量在一篇文章中被定为接近25,000人，见“A. Brons” in *Communist International*, 15 December 1933。

革命时期社会主义和无政府主义运动中的亲布尔什维克派。1920年4月，很多社会主义青年运动团体的执行委员会会员宣布支持苏联，不久之后，他们建立了西班牙的第一个共产主义政党——西班牙共产党。同年6月份，尽管遭到了社会党基层党员的抵制，本党多数党员依然正式提出支持加入共产国际，其投票结果是8,270票对5,016票，有1,615人弃权。同时，隶属于（社会民主党）劳工与社会主义国际的社会主义工会——劳动者总工会保持了非共产主义的立场。[1]

共产国际第二届代表大会在莫斯科如期举行。然而，西班牙并没有社会党的正式代表出席，唯一的代表是无政府主义报纸《工人团结》（*Solidaridad Obrera*）的主编安赫尔·佩斯塔尼亚，与社会主义者派遣德洛斯·里奥斯和丹尼尔·安吉亚诺·曼加多（Daniel Anguiano Mangado）的目的一样，他被派往苏联为无政府主义做相同考察。佩斯塔尼亚成为关键人物。佩斯塔尼亚回国没多久，社会主义代表就抵达了苏联。接待他们的是后来的德国特派记者胡利奥·阿尔瓦雷斯·德尔巴约。经过考察以后，德洛斯·里奥斯表示持反对态度，并提议取消临时加入共产国际的计划，而安吉亚诺支持在满足一定条件的情况下，可以加入共产国际。4月份，为了重新考虑加入共产国际的问题，社会党召开了一次临时会议。[2]紧接着，在高压的政治氛围之下（3月8日总理达托被无政府主义者谋杀），争论持续了数周。如今年迈的巴勃罗·伊格莱西亚斯发
112 起了声势浩大的抵制共产国际运动，这一举动打破了僵局。80年代的老共产党员加西亚·克希多持相反观点。经过漫长的争论后，社会党最终以8,808票对6,025票拒绝加入第三国际。[3]赞同者的领导们与社会党决裂，之后建立了西班牙第二个共产主义政党——西班牙工人共产党[4]："热情

---

① Meaker是关于这些发展研究最好的分析人员。

② 见Fernando de los Ríos, *Mi viaje a la Rusia Soviética* (2nd ed., Madrid, 1970)。

③ Comín Colomer, *Historia*, vol. II, pp.296–323.

④ Comín Colomer, *op.cit.*, pp.345–359；Julián Zugazagoitia, *Historia de la guerra en España* (Buenos Aires, 1940), p.40.

之花"，年轻的多洛雷斯·伊巴露丽是该党的党员。

接下来是对莫斯科的进一步访问：此次是去参加第一届共产主义工会联盟的代表大会，该联盟被称作赤色工会国际，实际上是共产国际的工会组织。与全国劳工联合会一样，西班牙两个小规模的共产主义政党被邀请派遣联合代表团。全国劳工联合会代表团中有新任秘书长——年轻的前社会主义记者安德烈斯·尼恩、莱里达一所学校的校长华金·毛林、巴伦西亚雕刻家伊拉里奥·阿兰迪斯（Hilario Arlandis），还有法国无政府主义者加斯东·勒瓦尔（Gaston Leval）。[①]尼恩是一名才华横溢的语言学家，由于对苏联革命过于痴迷而留在了莫斯科，而毛林和阿兰迪斯返回了西班牙，并试图说服他们的无政府主义友人支持列宁。只有勒瓦尔未动摇政治立场，他对所看到的心怀疑虑。与此同时，西班牙两个来源于社会主义者的小规模共产主义政党在共产国际多方代表的努力下合并了——从两党合并一直到1939年，在西班牙涌现的诸多国际共产主义者中他们是第一批。他们对西班牙共产主义政党进行指导，有时候也会实施惩罚。[②]第一届代表团中包括印度的罗伊、著名的革命家"伯罗丁"、意大利知识分子

① Memorandum from Maurín, 10 September 1963. 第五位代表是前社会主义木匠Jesús Ibáñez。见Meaker, pp.422–423。

② 西班牙、葡萄牙、墨西哥和南美洲的事务由共产国际执行委员会（隶属ECCI）内的第6个"国家秘书处"负责。1924年，整个秘书处共有400人，但无人知道20世纪30年代这个机构具体有多少人。见E. H. Carr, *Socialism in One Country*, vol. III, part II（London, 1964），p.909。第一批中央委员会成员是秘书长塞萨尔·冈萨雷斯（César R. González，前社会主义者）；劳工部长拉蒙·拉莫内达（Ramón Lamoneda，前社会主义者，后来重返社会主义者）；胡安·安德拉达（Juan Andrade，时而是激进派，时而是社会主义者，未来的马克思主义统一工人党领导人），新共产主义期刊《火炬》（*La Antorcha*）的主任；艾瓦里斯托·希尔（Evaristo Gil，前社会主义者）、华金·拉莫斯（Joaquín Ramos）、何塞·巴伊纳（José Baena）、路易斯·波特拉（Luis Portela）（以上人员来自社会主义青年党）；安东尼奥·加西亚·克希多（Antonio García Quejido），是继伊格莱西亚斯之后最著名的西班牙社会主义者，他是19世纪70年代创立社会主义党的印刷商之一。加西亚·克希多、拉莫内达（Lamoneda）和安吉亚诺很快回到了社会党。安德拉达以其"硬而残酷的笔"闻名。有一次，他给荷兰的一名记者写了一封动情的信，问她是否能给他寄一封荷兰情书："我喜欢和那些不像西班牙人的女人交谈，主要因为，她们非常漂亮，也非常无知。"

113 安东尼奥·格雷西亚（Antonio Graziadei）以及瑞士共产党创始人之一朱尔斯·亨伯特-德罗兹（Jules Humbert-Droz）。罗伊拒绝了伊格莱西亚斯的提议，伊格莱西亚斯同情他是“新兴狂热的牺牲品”[①]。毛林和阿兰迪斯积极投入合并后的政党工作，并把大本营设在巴塞罗那。1923年普里莫·德里维拉发起声讨后，几乎所有领导者都被抓捕。另一批人登上了历史的舞台：前炮兵部队军官、喜怒无常的奥斯卡·佩雷斯·索利斯（Oscar Pérez Solís），他曾经是一名社会主义者；[②]毕尔巴鄂的邮局职员何塞·布列霍斯（José Bullejos）；以及布列霍斯还在上学的妻弟加夫列尔·莱昂·特里利亚（Gabriel León Trilla），他的父亲是一名上校——他们活动于西班牙主要的劳工运动政党。与其说他们是政治领导者，不如说是潜藏的阴谋家。出狱后，他们都离开了西班牙。

在这些早期共产主义者中，胡利安·戈尔金［原名胡利安·戈麦斯（Julián Gómez）］无论是出身还是后来的成就，都与众不同。[③]他的父亲是一个目不识丁的木匠，并且是位坚定的共和主义者，戈尔金加入了巴伦西亚的社会主义青年团体，但又被俄国革命的消息深深吸引。1921年他成了一名共产主义者，并在年少时期就在巴伦西亚建立了政党。他来到法国后遭到了法国警察部门的驱逐，而后转入“地下”，成为共产国际的全职雇员。他负责一家法国共产主义报纸的编辑工作，并且在日后成为西班牙流亡者时，出任共产国际的代表。戈尔金之所以离开共产党，一部分缘于他在莫斯科发现了一名受雇于苏联秘密警察机构格鲁乌的第比利斯女间谍对他进行监视，一部分缘于共产国际通过其当时在巴黎的首要代表——立陶宛的奥古斯特·古拉尔斯基（August Guralsky）指使他谋划刺杀普里莫·德里维拉将军，以及他与托洛茨基在20世纪

① M. N. Roy, *Memoirs* (Bombay, 1964), p.234.

② 参考Meaker有趣的研究。

③ 见Julián Gorkin, “My Experiences of Stalinism”, *The Review*, no. 2, 出版于the Imre Nagy Institute for Political Research, October 1959。

20年代一起反对斯大林。1929年，他与共产国际彻底决裂（后来，他成了新晋反斯大林的马克思主义政党——马克思主义统一工人党的领袖，并带领众多其他西班牙早期共产主义者重返政坛）[①]。

圣塞巴斯蒂安条约和1931年的市政选举为政策问题带来了新的挑战。 114
各政党再一次针对"社会法西斯主义者"（就是社会主义者）和"无能的"无政府主义者实行了孤立方案，他们都被对方视作比更作恶多端的资产阶级团体还要险恶的人。事实上，在普里莫·德里维拉独裁统治时期，共产主义者只与西班牙其他政治反抗团体展开过一次合作，此事发生在1925年，当时的加泰罗尼亚民族主义者和无政府主义者并没有与共产主义者就可能在加泰罗尼亚发动的起义达成共识。马西亚上校和时任西班牙共产党秘书长何塞·布列霍斯一同赴莫斯科访问，但苏联缺乏急迫感，拒绝会见，这惹怒了这位"祖父"（"el avi"），毕竟当时苏联人无法相信，像马西亚这么老的人还能有什么作为。商谈结果不了了之。[②]

经过10年的争论，到1931年共和国时期，西班牙共产党普遍士气低落。他们并没有在巴塞罗那占得一席之地，在毕尔巴鄂也只有14名党员。当时西班牙共产党成员人数最多估计是3,000人，最少（共产国际统计）是120人。[③]留在苏联10年的安德烈斯·尼恩回到了西班牙，但由于斯大林和托洛茨基思想截然不同，使支持托洛茨基主义的他与共产主义分道扬镳。他建立了自己的小规模政党——共产主义左翼党（Izquierda Comunista）。他的老战友、前无政府主义者毛林（从未与中央领导层会

---

① 与Julián Gorkin的谈话。亦参见Victor Serge, *Memoirs of a Revolutionary* (London, 1963), p.158; Gunther Nollau, *International Communism and World Revolution* (London, 1961), p.69。

② 见 Jules Humbert-Droz, *Mémoires* (Neuchâtel, 1969), vol. I, p.212；José Bullejos, *Europa entre dos guerras* (Mexico, 1944) pp.111–112.

③ Bullejos给出的数字是3,000人（p.135）；共产国际在1934年3月15日给出的数字是120人。共产国际第七届代表大会说1931年有800名成员。Matorras, p.84给出1,500人。地下政党没有统计符合条件的成员数量，因此数字必然会大相径庭。

过面）也准备与共产主义一刀两断。他组建了反斯大林的马克思主义小派别团体——工农集团（Bloque Obrero y Campesino）。尼恩和毛林被当作托派分子，但实际上并非如此：他们只是不喜欢斯大林的马克思主义。并且，在挪威流亡的托洛茨基对他们还进行了谴责。他们的追随者一直不多，但他们暂时阻断了西班牙共产党在加泰罗尼亚地区的人员发展。[①]

115 依照新任共产国际代表团的指示，成立之初的西班牙共产党公然与共和国展开对抗，新任代表团的领导有朱尔斯·亨伯特-德罗兹（一个瑞士人，曾在共产国际秘书处担任过几年“拉丁裔”总书记）、高加索人“皮埃尔”、瑞士人埃德加·吴（Edgar Woog）、法国人奥克塔夫·拉巴特（Octave Rabaté）。雅克·杜克洛（Jacques Duclos）也在其中。1931年5月前往莫斯科的布列霍斯收到确切指示：“动用一切可行手段拖长西班牙的乱局，试着阻止共和政体的稳固建立，扼杀有效的社会革命，在合适的地方建立苏维埃。”亨伯特-德罗兹在马德里写给妻子的信中称，他和吴撰写了共产主义报纸的大部分文章，他们都没什么事情可做：吴经常瞎逛，拉巴特一觉睡到中午，然后到咖啡馆的露台看报纸，再喝瓶开胃酒，中午饱餐一顿，再回到咖啡馆喝咖啡，最后剩余的时间都在电影院或酒吧里消遣。他补充道：“我们的政党沉睡在深深的童年美梦当中。”[②]莫斯科另外派遣的一个由德国人沃尔特·斯托克（Walter Stoecker）领衔的调查委员会抵达西班牙后，情况依旧没有得到改变。

接下来几个月的争论并没有取得任何结果，秘书长何塞·布列霍斯后来写道，政党领导和处事强硬的共产国际代表之间自始至终都存有敌意。西班牙共产党在1931年6月举行的制宪议会选举中得到了19万张选票，但是没有拿到议员名额。圣胡尔霍的起义促使那些恰巧在马德里的

---

① 共和国时期共产主义左派的最详尽记录是Grandizo Munis, *Jalones de derrota*（Mexico, 1948），和Andrés Nin, *Los problemas de la revolución española* (Paris, 1971)，我还受益于1963年与华金·毛林的谈话和通信。

② Humbert-Droz, vol. II, p.405f.

秘书处成员——布列霍斯、阿斯迪加拉比亚（Astigarrabía，来自巴斯克省）和埃特尔维诺·维加——发起声明，这些人宣读了“保卫共和国”的宣言。后来，莫斯科在发给共产国际代表的指示中反复强调，首要敌人是拉尔戈·卡瓦列罗和阿萨尼亚的“屠夫政府”而非君主主义者及其同伙。布列霍斯和其他西班牙领导人并不同意这样的观点。[①]他们前往莫斯科就该问题进行了讨论。但是，这些领导人都在莫斯科被开除了党籍，并且滞留在苏联5个月后才获许返回西班牙。[②]西班牙共产党新任理事会的所有成员都是年轻人（1933年，年龄最大的“热情之花”37岁），他们地位的高低都基于对莫斯科在西班牙的代表团的信任程度。新任秘 116
书长，来自塞维利亚的前无政府主义者何塞·迪亚斯，以前是一个面包师。他诚实肯干，但想法不多。作为西班牙革命一派的总干事，他经常（虽然不情愿）听从莫斯科的指示。[③]拥有一半卡斯蒂利亚血统、一半巴斯克血统的冶金工人比森特·乌里韦（Vicente Uribe）曾到过莫斯科，他是共产主义的理论家以及《工人世界》（*Mundo Obrero*）的编辑。来自安达卢西亚的“工会秘书”安东尼奥·米赫（Antonio Mije）很健谈，有些煽动家的气质，性格开朗，外表女性化，他曾是一名无政府主义者。西班牙共产党的宣传员赫苏斯·埃尔南德斯（Jesús Hernández）是一名能力出众的鼓动者，他十几岁时就在街头斗殴中不知疲倦地大发言论，当时因刺杀普列托未遂而出名。

西班牙共产党承受的敌视超过了其规模应有的程度。这一部分缘于共产主义的大量宣传，另一部分缘于西班牙共产党与苏联密不可分的关系，但还有一部分原因是西班牙大部分上层阶级无法区分开各个无产阶级政党：无政府主义者还宣扬着他们正努力实现“自由的共产主义”的

① Bullejos, p.140.

② Matorras, pp.136–137；Bullejos, pp.134–143, 164–165.

③ 然而，他成为叛徒Jesús Hernández在*La Grande trahison*（Paris, 1953）书中的英雄，因为在内战期间，他显然为自己找到了“更多的指示”。

目标，而布尔戈斯的上校们与南部地区的雪利酒出口商们一样，都没有辨别不同革命意识形态之间细微差别的能力。

共产国际20世纪30年代中后期的西班牙代表是意大利裔阿根廷人维托里奥·卡德维拉（在西班牙被称为“梅迪纳”）。迄今为止，他一直都在南美组建共产主义政党。他是一名讲究谈吐和品位的胖家伙。关于卡德维拉惊人的胃口，20年代初法国共产党的领军人物雅克·多里奥（Jacques Doriot）曾说：“路易十三世喜欢一群吃货围着他团团转，在斯大林手下，卡德维拉能吃得不错。”①后来，保加利亚人斯捷潘诺夫前来协助卡德维拉。②
117 由于西班牙共产主义者年轻又缺乏经验，这两名外国人在党内的商议中起到了关键作用。例如，在1933年到1934年的冬天入党的何塞·安东尼奥·巴龙汀正是听信卡德维拉的话，才认定西班牙共产党永远不会与社会党和共和党一起对抗“君主教权的反抗”③。以上这种政策还只是在1934年3月份的时候施行。然而从1934年夏天开始，共产国际的政策变更为将所有民主政党、工人阶级和“中产阶级”集结而组建“人民阵线”来反抗“法西斯主义”。因此，从那时起，包括西班牙共产党在内的所有共产党成员都认为有必要维护“议会制资产阶级民主”，直至它可以被“无产阶级民主”取代。

这一次，战争的阴霾和日益壮大的法西斯主义让苏联得到了西班牙及其他国家左翼与进步人士的拥护。伟大的苏联共产主义实践看起来并没有背离它的初衷。铺天盖地的宣传和前所未有的保密措施掩盖了农业集体化和“排挤托洛茨基”。西班牙共产党宣布，由他们来负责组建人民阵线。人民阵线参与了1936年2月的西班牙大选。而对于社会主义者们，

---

① Julián Gorkin, *Canibales politicos* (Mexico, 1941), p.25. Manuel Tagüeña, *Testimonio de dos guerras* (Mexico, 1973), p.356，有一张珍藏的照片。

② 斯捷潘诺夫的真名是S. Mineff，他在共产国际的职业生涯中，也被称为列比捷夫（Lebedev）、查瓦罗什博士（Dr Chavaroche）和洛伦佐·瓦尼尼（Lorenzo Vanini）。他是最有经验的专业革命者之一。

③ Balbontín, p.123.

他们还需要适应握拳弯臂的敬礼（来源于德国共产党）、红色的旗帜、革命措辞以及共产国际向全世界发起的“团结起来反抗国际法西斯主义”的号召。“反法西斯主义”和“人民阵线”渐渐成了不可预知的强大力量，并极大地吸引了那些热爱和平和自由，又对昔日政党失去耐心的人。[1]对于右翼，帝国美梦与全国范围内右翼势力的复兴同等重要。1933年选出的议会中出现了法西斯主义者和共产主义者，这给未来敲响了警钟。

9. 十月的阿斯图里亚斯起义 118

1933年11月大选结束后的两年半时间里，西班牙一直处于分裂之中。有人为了阻止看上去日益严重又难以挽回的动荡局面接二连三地做着徒劳之事。他们缺少精力、运气和自信，也许还缺少成功所需的胸怀。

大选后的政府由激进分子领导的中间派联盟组建。最终，勒鲁斯得偿所愿，成了新一任总理。希尔·罗夫莱斯和西班牙自治权利联盟答应在议会支持勒鲁斯，但他们自己并不会参与行政工作。该天主教政党一直蠢蠢欲动，似乎在等待希尔·罗夫莱斯掌权的那一刻。与此同时，支持反教权主义的勒鲁斯转而拥护天主教政党，这让他的助理官员、曾短暂担任内务部长的马丁内斯·巴里奥忍无可忍。马丁内斯·巴里奥带领党派转而反对勒鲁斯，并且将党派更名为共和主义联盟党。[2]勒鲁斯并不愿投票支持上届政府的反教权法令，他已经成为右翼分子，而非中间派。他的公共工程部长拉斐尔·格拉·德尔里奥（Rafael Guerra del Río）

① 西班牙工人告诉我们的故事可能比西班牙任何传播共产主义思想的秘密特工都更重要，他们在阿斯图里亚斯之后前往莫斯科地下工作。他们认为这是一个工程奇迹。

② 阿尔卡拉·萨莫拉总统试图说服他不要离开，说激进分子是“共和国的基础”。但马丁内斯·巴里奥担心，如果勒鲁斯留下来，他将在一些不光彩的行动中妥协。该说法见Azaña, vol. IV, p.718。

曾在1909年“年轻的野蛮人”[①]掀起的运动中担任作风激进的领导者，而
119 现在他看上去不过是任人摆布的政治工具。此外，令局势更加混乱的一个原因是阿尔卡拉·萨莫拉总统对勒鲁斯和希尔·罗夫莱斯的不信任。他策划反对勒鲁斯，并且尽力阻止希尔·罗夫莱斯组建政府。阿尔卡拉之所以不信任他们是因为他认为勒鲁斯作风腐败，希尔·罗夫莱斯则是一个伪装的君主主义者。两人对比之下，他更倾向于勒鲁斯，事实上，他也确实从来都不召见希尔·罗夫莱斯：萨莫拉这位天主教领导人准备像社会主义者们那样在制宪民主中大干一场，迟滞民主的进程。

勒鲁斯的首要难题还是来自无政府主义者接连制造的麻烦。他们袭击了孤立无援的国民警卫队哨所，让一列从巴塞罗那到塞维利亚的快速列车脱轨，并造成19人死亡。马德里爆发了长时间的电话罢工。巴伦西亚和萨拉戈萨也掀起了长达数周的大罢工。持续57天的萨拉戈萨大罢工一开始就释放了政府前年抓捕的囚犯。全国劳工联合会从来不给罢工者发放薪水，但工人们的毅力让全国震惊。与往常一样，无政府主义领导者再一次相信，他们即将步入理想盛世。不过，与他们并肩行动，时而发动枪击的持枪匪徒们反而让局势的混乱更加严重。罢工者们一致决定通过铁路将他们的妻儿送往巴塞罗那。于是，国民警卫队对火车发动了攻击，试图阻止它们到达目的地。后来，逃难者用有篷卡车逃跑。这场动乱的发生某种程度上源于雇主们新兴起的“自杀式利己主义”。为庆祝右翼在大选中取得成功，雇主们试图在全国范围内削减雇工工资、抬高土地租金以及强制性驱逐雇工。[②]12月8日，萨拉戈萨成立了革命委员会，该委员会由布埃纳文图拉·杜鲁蒂领导。委员会与得到军队和坦克增援的国民警察展开了数日的殊死搏斗，杜鲁蒂成了国内传奇人物。西班牙北部和加泰罗尼亚的许多地方迅速

---

① 指共和主义青年团成员，他们常常保护激进的集会，破坏对手集会。——编者注

② 希尔·罗夫莱斯接受辩论采访时用“自杀式利己主义”一词来描述他的追随者的这些行为，采访见*El Debate*, 8 March 1936。

刮起了“自由的共产主义”风潮。多地发生的冲突使87人丧生，许多人受伤，还有700人被关进了监狱。[①]很难说在这种局面下国家还能够安宁。不出所料，好战情绪在劳动者总工会中不断蔓延，尤其是在其麾下规模最 120
大但未得到良好管理的农业组织——全国农业工人联合会中。在拉尔戈的仲裁委员会，因为激进派劳工部长何塞·埃斯塔德拉（José Estadella）任命右翼分子担任主席，工会成员工资下滑，受到重创。各地重新得势的地权派上层阶级在颇有怨气的拉尔戈·卡瓦列罗的支持下，对工人们抱有比以往更激进的态度。态度“温和”的社会主义者普列托一直后悔自己没有从中阻拦。贝斯泰罗在1934年批评他同事的“反政府主义”与他在1931年说他们“亲政府主义”一样，都无济于事。

1934年初，政府采取了一系列中止上任政府改革的措施。取代宗教学校的新校园建设被无限期延后，很快，人们就发现耶稣会会士重新开始教课。[②]通过一场巧妙的辩论演说，希尔·罗夫莱斯保证神父将得到与享受津贴的公务员同等的待遇，他们的首发薪水将是1931年时薪水的三分之二。尽管土地法已经写入了法典，但实际上，许多地方已经默认废除了土地法。后来，政府还对政治犯进行了大赦——包括圣胡尔霍将军，以及所有在1932年叛乱期间被关进监狱的人。不过这样的仁慈只能让曾经的作乱者筹划新的阴谋。

此时，许多小村落完全根据政治倾向划分阵营。在有社会主义者或左翼委员会的地方，他们大力推行文化新秩序，支持与祖先的宗教思想完全相反的无神论，而不仅仅是不可知论；传统节日被替换成革命传统庆典——五一国际劳动节、苏联革命纪念日以及加兰和加西亚·埃尔南德

---

① 短暂在无政府主义者手中的地点包括：Barbastro、Alcalá de Gurrea（韦斯卡）、Alcampel（韦斯卡）、Albalate de Cinca（韦斯卡）、Villanueva de Sigena（韦斯卡）、Valderroboll（瓜达拉哈拉）、Beceite（特鲁埃尔）、Alcorisa（特鲁埃尔）、Mas de las Matas（特鲁埃尔）和Calanda（特鲁埃尔）。

② 尽管正式禁止他们的法令仍然有效。

斯的祭日。曾被西班牙封建传统拘束在家中的女人们穿上了五颜六色的衣服，在街上自由行走，“像男人一样，三五成群，一起为庆祝自由之日的到来而放声歌唱，翩翩起舞”[1]。工作条件问题与教会问题同样引发了冲突。
121 比如，一座阿拉贡村庄里的一间咖啡馆被当成了劳动交易所，而每个找工作的人都必须在这间咖啡馆找提供就业机会的官员。没人赞同这样的规定，那些右翼人士拒绝服从，已经跟某个农场主签有工作协议的工人们也反对。左翼发起了大罢工，在上班路上的右翼分子遭到了罢工纠察队的拦截，随即爆发了冲突，并造成一人死亡。恐吓、嘲弄和游行示威变成了农村生活的主流。人们都开始拉帮结伙。中立立场的人士寻求各自的意识形态，同时两翼的领导者们计划让政治摆脱娱乐的纠葛。

右翼分子自然认为，阿萨尼亚和社会主义者的失势代表了传统西班牙的胜利。当然，无论政府是否愿意，西班牙曾经的经济巨鳄为了恢复以前的地位，都紧抓这次机遇；同时这也不可避免地让社会主义政党对共和国心生失望，甚至进行谴责。在选区格拉纳达的一次演讲中，就连费尔南多·德洛斯·里奥斯也发表了相似言论。从此以后，《社会主义者》（*El Socialista*）总习惯性表示，共和政体与君主统治一样糟糕，在这个“资产阶级共和国”里，不存在无产阶级的容身之地。阿萨尼亚试图向社会主义者明确此种观念的危险性。他说，如果社会主义者真要尝试掀起“革命”，结果注定会失败。德洛斯·里奥斯对他说：“（当下）是民众在左右领导者们。”阿萨尼亚回复道：“民众的情绪可以被改变。”阿萨尼亚指出，如果社会主义者真要发动暴动，势必会让军队重返政坛：“军队巴不得发起对工人的镇压。”德洛斯·里奥斯把阿萨尼亚的观点传达给拉尔戈，然而拉尔戈并未予以理睬。三周后，极端的“卡瓦列罗主义”观念在西班牙社会党全国委员会中大获全胜，这导致贝斯泰罗、萨沃里特和特里丰等温和派官员集体辞职。随后，他们建立了“革命前夕”委员会，

---

[1] Lisón Tolosana, p.46.

1月31日拉尔戈告诉马德里的社会党，他希望重申他在发动一场无产阶级起义时信念的必要性。[①]这是一个判断上的重大失误。

从那以后，社会主义者开始为年轻成员安排军事训练。由于反抗共和国的共同目标，他们与反动右翼以及像西班牙长枪党和西班牙共产党等处在西班牙政坛边缘的小规模团体联合在一起。他们都陶醉于革命的前景中。 122

卡洛斯主义者也以类似的方式活跃了数周，在纳瓦拉的集市上每周都能看到他们红色的贝雷帽。由于在摩洛哥战争中的英勇表现，骁勇善战的恩里克·巴雷拉（Enrique Varela）上校曾两次获得西班牙最高荣誉勋章，他受雇训练义勇军新兵——这一称呼源于卡洛斯战争时期他们最凶猛的一支部队的行军歌歌词。打扮成教父的恩里克·巴雷拉（1932年起义之后，与卡洛斯主义领导者法尔·孔德和德罗德斯诺在狱中相识）被称为“佩佩叔叔”，他游走在比利牛斯山脉的各个村庄中，像是一名战争的“牧师”。被提拔为上将以后，拉达接替了他的位置。[②]1934年年初，卡洛斯主义教会宣称他们在540个地区有不少于70万名成员，这无疑是在夸大其词。但不可否认的是，随着安达卢西亚西部、纳瓦拉、巴伦西亚和加泰罗尼亚部分地区小规模天主教资产阶级政治意识的崛起，他们掀起的运动狂潮发展得更加猛烈。[③]

1934年3月31日，议会中的君主主义领导者安东尼奥·戈伊科切亚连同两位卡洛斯主义者（拉斐尔·奥拉萨尔瓦和安东尼奥·利萨尔萨）以及

---

① 见Azaña, vol. IV, vol. IV, p.652和德洛斯显奥斯的谈话，以及马里查尔在阿萨尼亚的*Obras completas*, vol. III, pp.xiv–xv. 中的评论。

② José María Pemán, *Un soldado en la historia* (Cádiz, 1954), pp.134–135. 拉达和恩里克·巴雷拉都与卡洛斯党无关。他们都是安达卢西亚人。恩里克·巴雷拉是一名军士长的儿子，从很小的时候起就一直是一个野心勃勃的人。他在摩洛哥的勇敢已经人人传颂。见Antonio Lizarza, *Memorias de la conspiración* (Pamplona, 1954), p.33. 他对事件的描述得到了如下资料证实：Felipe Bertrán Güell, *Preparación y desarrollo del alzamiento nacional* (Valladolid, 1939).

③ 见Martin Blinkhorn, *Journal of Contemporary History*, vol. VII, nos. 3 and 4, “Carlism and the Spanish Crisis of 1934”。

恩里克·巴雷拉将军（1932年那场失败的阴谋的策划者）拜访了墨索里尼。虽然访问者们给墨索里尼留下了目标不统一的印象，但墨索里尼并没有在意，并说唯一重要的是维持运动中“君主主义和工团主义代表”的特性。他承诺援助叛军150万比塞塔、20,000把步枪、200挺机枪以及20,000颗手
123 榴弹，并且答应叛乱发起后投入更多物资。第二天，墨索里尼下发了援助资金。[1]在此之后，义勇军发展迅速，逐步发展的委员会开始发挥一些作用，比如招募军官、发起宣传运动、购买武器以及进行战略部署。[2]君主主义者和其他策划者曾几次前往意大利进行试探性考察，而如今随着曾经的国王阿方索的到达，罗马成为反抗共和国的新兴力量。另一方面，随着1934年5月精力充沛的法尔·孔德被任命为卡洛斯主义的“皇家秘书长”，这场运动与传统君主主义者的主张有了非常大的不同。他们抱怨说：“阿方索式君主主义下的乌合之众以‘西班牙革新党’命名，就好像我们并不知道用来吸引我们的‘革新’其实只是回归邪恶政权而已。”法尔·孔德的前辈、议会内叛乱的领导者德罗德斯诺坚定认为，这场运动的包容性要更强。[3]

罗马会议结束4天后，为了抗议总统阿尔卡拉·萨莫拉在特赦圣胡尔霍和1932年叛乱者问题上的犹豫不决，勒鲁斯主动辞职。好逸恶劳的新任总理、巴伦西亚律师里卡多·桑佩尔（Ricardo Samper）也是一名极端分子。他的晋升缘于他与阿尔卡拉·萨莫拉总统的私交。萨莫拉之所以选用一名能力不足的总理或许只是为了他可以理所当然地干政。公平地说，尽管桑佩尔直到1934年10月都在按照土地法进行安置建设，但除了能维护支持率外，他并没有什么作为。不过，他的内务部长萨拉

---

① Lizarza, pp.23–25. 这次会面的消息是内战期间在戈伊科切亚的家中截获的某些文件中首次披露的。戈伊科切亚本人在1937年承认了这些事。参见*Manchester Guardian*, 4 December 1937。戈伊科切亚手中的协议复印件是José Luis Alcofar Nassaes, *CTV*（Barcelona, 1972）的封面照。

② 卡洛斯党档案。从那时起，阿方索·卡洛斯的侄子弗朗索瓦–哈维尔·德波旁–帕尔梅（François-Xavier de Bourbon-Parme）与法尔·孔德共同担任“国家代表”。

③ Qu. Robinson, p.176.

萨尔·阿隆索（Salazar Alonso）对各地涌起的革命情绪有所察觉。因此他在合法权限范围内，以“维护公共秩序相关问题的信心不足”为理由，解散了很多市政委员会。事实上，他认为，如果这些委员会成员都是社会主义者，那么，就可以通过解散委员会来消灭更多全国农业工人联合会成员在其各自村庄内最后的政治同伙。

1934年初，农村收入水平不断下滑，越来越多的人食不果腹，驱逐政策再加上准许外来劳动力进入，以及基于政治原因的解雇让农村的气氛异 124
常紧张。正当右翼年轻人认为政局的天平已经更加倾斜的时候，希尔·罗夫莱斯发表了一场演讲对此煽风点火，内容是：4月份，在埃斯科里亚尔，年轻的西班牙自治权利联盟成员排成整齐的队伍高呼——“领导者们永远是正确的！”[①]紧接着在6月初的收割期，西班牙南部爆发了一场组织严密，由奉行社会主义的全国农业工人联合会策划的农民罢工。这场罢工之所以爆发，是因为政府撤销了《市政边界法》(Municipal Boundaries Act)。《市政边界法》赋予了人民之家管理劳工的权利。全国农业工人联合会就工资水平和“保证所有有劳动力的劳工都能就业”的要求得到准许。此外，他们还强烈要求在这一年的剩余时间里得到收割期工资。无政府主义领导者表示支持，但许多温和社会主义者并不赞同。内务部长萨拉萨尔·阿隆索认为他即将面临一场革命大罢工，他调遣了国民警卫队，在南部地区强制展开新闻审查，逮捕了许多社会主义领导人，但关押的时间都不长，其中包括市长，甚至有议员。罢工遭遇了彻底的失败，收割在警察的保护下进行，而劳动者总工会和温和派领导者们由于不作为而遭到全国农业工人联合会的谴责。[②]同样是在6月，加泰罗尼亚也爆发了一系列突发情况。

加泰罗尼亚自治政府（自加泰罗尼亚自治法令通过后还没有什么作

---

① 社会主义青年试图通过弯曲铁路线来阻止CEDA支持者的列车到达埃斯科里亚尔。见Santiago Carrillo, *Demain Espagne* (Paris, 1974), p.42。

② 见Paul Preston, *European Studies Review*, vol. I, no. 2。

为）通过了《农作物法》（Ley de Cultivos）。《农作物法》规定，如果耕
种葡萄的佃农（一茬佃户）拥有农场达到15年，农场将成为他们可终身
持有的不动产。地主们向共和国最高法律机构——宪法保障法庭提起了
申诉，最终以微弱的投票差距，在宪法保障法庭的判处中终止了《农作
物法》。废除的理由是，加泰罗尼亚自治政府无权决定这一事务。但是在
1933年12月，接替已故加泰罗尼亚自治政府总统马西亚上校的路易斯·孔
125 帕尼斯自行批准了该法令。这一做法对马德里政府构成了威胁，孔帕尼斯
得到了右翼新任内务顾问——何塞·丹卡斯（José Dencás）的支持。丹卡
斯的职业是一医生，他是极端分离主义团体——加泰罗尼亚国家党的领
导人。加泰罗尼亚国家党于1922年由马西亚创立，现在主要由加泰罗尼
亚好战青年分子组成。他们追求完全独立，拥有一支身着绿衬衫的民兵
队伍。这支队伍的领导人、行事鲁莽的恐怖分子米格尔·巴迪亚（Miguel
Badia）曾因蓄意刺杀阿方索十三世，而在监狱中度过其年轻时的大部分
时间。在1934年间一段很短的时间里，孔帕尼斯仍然任用巴迪亚为警察
总长。即便没有此次纠纷，中左倾向的加泰罗尼亚自治政府与中右倾向的
马德里政府之间的尴尬局面用不了多久也会滋生矛盾。阿萨尼亚将曾经劝
说警告德洛斯·里奥斯的话同样转告孔帕尼斯。孔帕尼斯起初意识到了危
险，但后来对“民众”意愿的了解让他放松了警惕。

随着巴斯克地区的独立主义趋向日渐突显，像这样激烈的制宪争端仍然在酝酿当中。1876年的经济协议规定了巴斯克与马德里中央政府的财政关系。巴斯克政府通过自主收税，单独向国家支付一定款项来行使财政自治制度。巴斯克各省的市政委员会认为，桑佩尔政府所行使的某些法令威胁到经济协议，并决定在比斯开、吉普斯夸和阿拉瓦3个省份举行市政选举，选举出的代表将公开宣布他们在协议问题中的立场。政府对选举进行了明令禁止。虽然遭到禁止，但选举仍然举行，新任的市政委员们被捕入狱。接着，这3个省份爆发了一系列支持巴斯克自治的狂热示威游行。巴斯克民族主义政党、天主教团体和中产阶级团结一心，

开始与社会主义者和左翼势力结盟，这种异乎寻常的情况产生了重大影响。由于对西班牙自治权利联盟失望透顶，他们开始寻找新的后援组织。

正当两地的独立主义在西班牙愈演愈烈之时，震惊全国的新闻突然传来，迄今为止属于“温和派”的普列托竟然为了社会党，通过“绿松 126
石”号轮船往阿斯图里亚斯运送了多箱军火。[①]政府宣布全国戒严。希尔·罗夫莱斯的青年运动团体（人民行动青年团）在科瓦东加举行了一场声势浩大的集会，而选择在科瓦东加的原因是，这里是纪念西哥特人——国王佩拉约开始发起从摩尔人手中收复西班牙失地运动的圣所。希尔·罗夫莱斯宣称：“我们将不再容忍这种局势持续。”全国劳工联合会和劳动者总工会多年以来第一次展开合作，他们宣布在阿斯图里亚斯联手发动大罢工，以此来阻挠参加会议的西班牙自治权利联盟代表们返回马德里的大本营。一周后，希尔·罗夫莱斯公然宣称，夏天过后，在10月份举行的议会会议上，他和他的政党将不再支持桑佩尔政府。其言下之意就是他将自行其是。对于此事，劳动者总工会发表了一份声明，谴责希尔·罗夫莱斯是“非承担神职的耶稣会会士”。如果西班牙自治权利联盟无须支持共和国就能进入政府，劳动者总工会“将无法保证未来会有什么样的行动”。从此事可以看出，在劳动者总工会眼里，西班牙自治权利联盟这样的行为是在为西班牙建立法西斯政权做准备。拉尔戈·卡瓦列罗试图建立能把社会主义者、共产主义者和无政府主义者团结在一起的工人联盟，他的这一做法要比普列托和其他改革派高明。普列托告诉贝斯泰罗，他“真想掐死拉尔戈”，贝斯泰罗明智地规劝道：“我们最

① 这些武器是社会主义代表阿马多尔·费尔南德斯（Amador Fernández）从加利西亚的某些葡萄牙革命者手中购买的。这艘轮船离开加的斯时，箱子上贴着目的地“吉布提”，但后来改道前往阿斯图里亚斯。见普列托发表在布宜诺斯艾利斯的文章，*España Republicana*，又再次登于*Convulsiones de España*, vol. I, p.109。之后，普列托逃到法国，在那里他一直待到1935年年底。这不是一次光荣的流亡，也不允许他忘记（他在1917年和1930年也这样做过）。

好是选择与他正面抗衡。”[1]但即便如此，普列托、德洛斯·里奥斯以及所有温和派领导人也还是立即被青年运动所主导的乐观好战浪潮深深吸引。

希尔·罗夫莱斯之所以不愿表态支持共和国，是因为他担心如果这么做的话，自己将被看作已接受还未修改的反教权条款，从而失去右翼
127 的拥护。他需要君主主义者的财政支持，而且他或许也真的发自内心地厌恶共和国。但此时已经是1934年的夏末。在刚刚过去的18个月里，劳动者总工会的西班牙社会主义者看到了德国和奥地利的社会主义者如何分别被希特勒和陶尔斐斯打败。希尔·罗夫莱斯并没有意识到自己与陶尔斐斯其实没什么不同。

随着议会重组的日子越来越近，几起政治谋杀事件让气氛更加紧张。桑佩尔辞职后，10月2日，希尔·罗夫莱斯撤除了西班牙自治权利联盟对其政府的支持。阿尔卡拉·萨莫拉还是没有允许希尔·罗夫莱斯组建内阁，而是再次把重任交给了勒鲁斯。他选出3名西班牙自治权利联盟的成员进入内阁，但希尔·罗夫莱斯本人并未入选，阿尔卡拉·萨莫拉仍然不信任他。对于勒鲁斯，他也不想让一个年轻人来与自己竞争西班牙中产阶级的领导权。[2]另一方面，正如社会主义者所料，总统在新选举面前退缩了。他其实只想要一位来自西班牙自治权利联盟的大臣协助他罢了。希尔·罗夫莱斯自己就有能力抵掉这3个席位。

---

① Azaña, vol. IV, p.904. 社会主义杂志《利维坦》（*Leviatán*，阿拉基斯塔因编辑）抨击阿萨尼亚的节制：“阿萨尼亚，我的朋友，要么放弃革命，投身文学；要么放弃法律，守法的诗人没有任何作用。”（qu. Azaña, vol. III, p.xxi）

② CEDA的3位部长是：希门尼斯·费尔南德斯（Giménez Fernández，农业部）、安吉拉·德索霍（Anguera de Sojo，劳工部）、艾兹普恩（Aizpún，司法部）。萨拉萨尔·阿隆索下台。其中，艾兹普恩是纳瓦拉CEDA的创始人和组织者；安吉拉·德索霍曾是加泰罗尼亚民族主义者，但在1931年担任巴塞罗那市民政长官时，他似乎背叛了他的同事；希门尼斯·费尔南德斯是一位开明的学者，也是共和国时期最具社会责任感的农业部长。安吉拉曾担任公共检察官，因此对没收《社会主义者》的行为负责。艾兹普恩与卡洛斯党关系密切。Gil Robles（第138页）的评论很有趣，Azaña（vol. IV, p.515）认为安吉拉是忠实的共和党主义者。总的来说，左翼对这3个人充满敌意是没有道理的。

抗议的声浪迅速掀起。阿萨尼亚的共和主义左翼党①、马丁内斯·巴里奥甚至是米格尔·毛拉都在指责总统，说他把共和国拱手让给了敌人。劳动者总工会在马德里发起了大罢工，几名社会主义激进分子在太阳门的内务部办公大楼放火。然而全国劳工联合会在这边按兵不动。人民行动青年团的年轻成员们保卫了重要公共设施的安全。②1934年初的罢工让农村筋疲力尽，再难掀起波澜。工人联盟③只在马德里集结了社会主 128
义者和一部分共产主义者。④大家对此充满疑惑。这天即将结束时，政府掌控了局势，社会主义领导者们被逮捕。

在巴塞罗那，西班牙自治权利联盟入驻政府并迫使孔帕尼斯宣布该地为“西班牙联邦共和国”的一部分，加泰罗尼亚地区变为“加泰罗尼亚州”。孔帕尼亚再次在内务顾问丹卡斯的刺激下轻率发言，因此还受到了加泰罗尼亚葡萄佃农，左翼的一茬佃户们的恐吓。他们以人身相威胁，要占有如今已被暂时废除的《农作物法》规定的属于他们的土地。即便丹卡斯的观念里含有法西斯主义色彩，但孔帕尼斯对加泰罗尼亚的呼吁还是变成了西班牙自治权利联盟的重担，并对其法西斯主义造成了一定冲击：

> 对“背叛共和国”蓄谋已久的君主主义和法西斯主义势力已经达到了他们的目的（孔帕尼斯宣称）。在这一严峻时刻，我以人民和议会的名义宣告，在我的领导下，政府会行使在加泰罗尼亚的一切权力和职能，并正式宣告加泰罗尼亚政府成为西班牙联邦制共和国下议院。政府会加强与这场大规模反法西

---

① 1934年4月，阿萨尼亚的旧共和行动党，与多明戈的激进社会党和卡萨雷斯的加勒根自治党（Gallegan Autonomy Party）联合，组成了共和主义左翼党。

② Gil Robles, p.140.

③ 共产主义者在9月11日和12日的中央委员会上同意支持这一点（Branko Lazitch, *Los partidos comunistas de Europa*, Madrid, 1958, p.338）。

④ “热情之花”（Ibarruri, p.175）称，当西班牙共产党提供帮助时，拉尔戈·卡瓦列罗正式拒绝了他们。讨论另见“Andrés Suárez”, *EL proceso contra el POUM* (Paris, 1974), p.38。

> 斯抗议运动的领导群体的联系，请他们在加泰罗尼亚建立共和国领导的临时政府。

这一呼吁既宣告了加泰罗尼亚与西班牙其他地区之间的一种新关系，又鼓励了马德里的革命党人在巴塞罗那成立政府。那个夏天，一股民族主义浪潮和对一切卡斯蒂利亚事物的敌意席卷了整个加泰罗尼亚，懦弱的孔帕尼斯感觉无从招架。此时的顾问丹卡斯也许更愿意宣布加泰罗尼亚彻底独立。

然而，与马德里的大罢工一样，加泰罗尼亚的起义很快被镇压。丹卡
129 斯的武装小队与青年队（君主制时期在加泰罗尼亚建立的安全部队）发生了数起冲突。这些冲突造成了40人丧生。一直冷眼旁观的无政府主义者表示，除非社会主义者放弃与左翼党串通一气，否则将不会与他们进行合作。丹卡斯很快逮捕了杜鲁蒂及另外几位无政府主义领导者。孔帕尼斯派人拜访了驻扎在巴塞罗那的师长巴特特（Batet）将军，请求他投靠新的联邦政府。虽然身为加泰罗尼亚人，但巴特特愿听从中央政府的指令，宣布进入战争状态。为了让更多人免于灾祸，他故意放慢了行动的脚步，并很快逮捕了孔帕尼斯及其政府成员——除了丹卡斯，他从下水道逃跑，最终逃往罗马。巴塞罗那其他地区的全部抵抗都被粉碎，孔帕尼斯通过广播，庄重地呼吁他的支持者们放下武器。一同被抓的还有阿萨尼亚，他来巴塞罗那参加财政部长海梅·卡纳（Jaime Carner）的葬礼。

于是，“十月革命”在马德里和巴塞罗那均以失败告终。另外几场起义也都遭到了镇压。唯一的例外发生在阿斯图里亚斯。[①]不出所料，这里的起义由该地区作风凶猛、待遇优厚的矿工领导。他们之所以掀起起义是为了达成他们的政治目的，而非寻求经济利益。正当西班牙

---

① 关于阿斯图里亚斯的革命现在有了大量的文献。见B. Díaz Nosty, *La Comuna Asturiana* (Madrid, 1974); J.A. Sánchez G.-Sauco, *La Revolución de 1934 en Asturias* (Madrid, 1974); Pío Moa, *Los Origenes de la Guerra Española* (Madrid, 1999)。

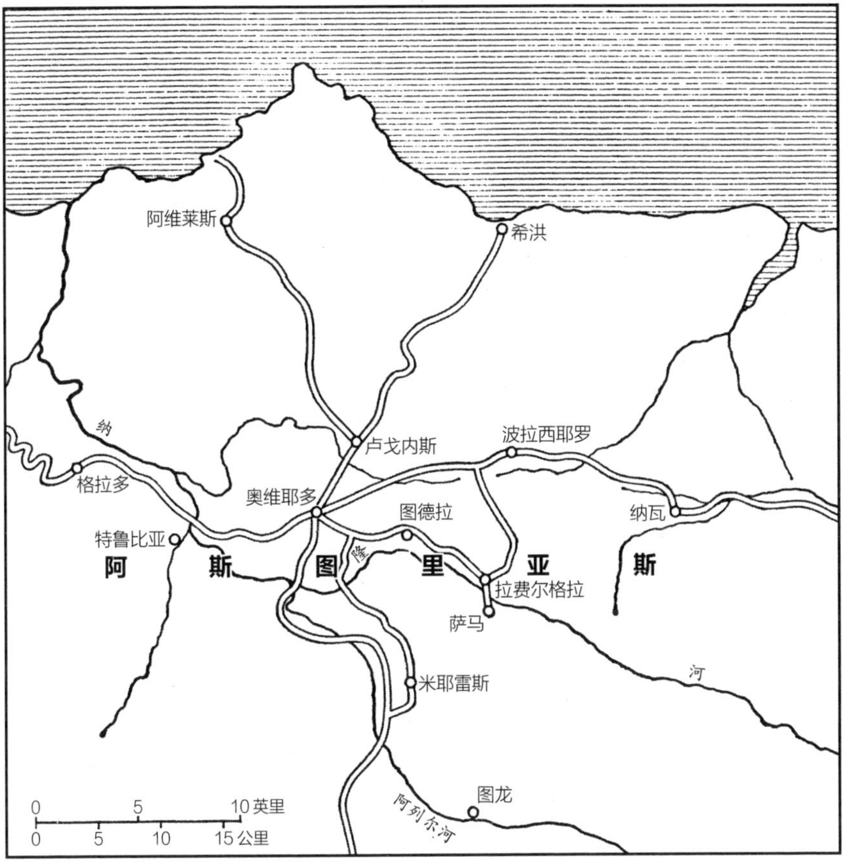

图3　阿斯图里亚斯革命，1934年

其他地区各工人阶级政党对于革命意见不合时，阿斯图里亚斯的无政府主义者、社会主义者、共产主义者、工农集团、劳动者总工会以及全国劳工联合会却在阿斯图里亚斯地区的委员会共同的口号（“团结一心，无产阶级的兄弟姐妹们！”[①]）下团结合作。1934年2月，全国劳工联

① 原书为西班牙文。希洪的全国劳工联合会码头工人热切地支持与社会主义者结盟，而其他人（如拉菲格拉的金属工人）没有那么热衷。

合会年轻的领导者巴莱里亚诺·奥罗冯·费尔南德斯（Valeriano Orobón Fernández）在《土地报》（*La Tierra*）上说明了如此合作的原因。他表示，在法西斯主义的威胁面前，西班牙需要这样一个全新的工人阶级联盟。只有阿斯图里亚斯的工人听取了他的建议，[1]以前的温和派社会主义矿工开始为了革命事业动用暴力。

130 整个阿斯图里亚斯省的起义准备得相当充分。他们把总部设在省会奥维耶多，在附近的矿业市镇米耶雷斯和萨马组织重要活动。与其他地区一样，阿斯图里亚斯起义的导火索也是西班牙自治权利联盟入驻政府，但在应对这一突发事件时，矿工们组织有序。他们有充足的武力补给，有炸药，还有指挥行动的联合工人委员会。为了制止“法西斯主义者”在马德里夺权，他们竭尽全力掀起全体工人阶级的革命：

> 大约在上午8点30分左右（10月5日），米耶雷斯有将近2,000名群众聚集在已经被起义工人们占领的市政厅的门前。我
> 131 站在阳台上，宣布社会主义共和国成立。任何词语都无法描述
> 当时群众的热情。山呼“革命万岁”之后，就是对社会主义共和国的欢呼，当群众安静下来以后，我指示大家继续行动……[2]

他们针对国民警卫队营地、教堂、女修道院、市政厅以及在农村和省内市镇的其他建筑大楼展开攻击。阿斯图里亚斯的劳工能力超群，组织性和纪律性都很强：这26,000名矿工是西班牙工资最高的工人群体，但自1931年以来，矿工的失业率一直居高不下，事故率也很高，并且安全防护也不如欧洲其他国家周全。掌控矿业的劳动者总工会依旧与全国劳工联合会开展合作。许多矿工都是年轻人，而年轻人的冲动与热情

---

① Qu. Peirats, vol. I, p.79f.

② Grossi, p.25.

让阿斯图里亚斯爆发的罢工不计其数。阿斯图里亚斯（尤其是在米耶雷斯）的共产主义组织发展得也很好，而且这些共产主义组织的领导层管理有方。

革命运动开始的头三天，阿斯图里亚斯的掌控权就掌握在矿工手中。每一个被占领的市镇和村庄都由一个革命委员会接管，革命委员会负责居民的食物供给和人身安全。为了保持士气，他们在图龙建立了一座广播站。格拉多的革命委员会庄严宣告："同志们，我们正在建立一个全新的社会……我们正在打造的新世界无疑需要我们为之付出鲜血、悲痛和眼泪。万物充满生机，为理想而战的士兵们！拿起你们的步枪！家人们，请你们尽量少吃些食物！社会革命永垂不朽！"[①] 在特鲁比亚（Trubia）和拉维加（奥维耶多），被工人们组成的委员会占领的兵工厂日夜不停地生产。其他地方的工厂和矿井都被遗弃。征兵部要求所有18—40岁之间的工人要为"红色军队"服役。10天之内有3万名工人投入战场。[②] 各党派之间的默契程度令所有人震惊。甚至连无政府主义者都认可"有临时专政的必要"。对于由各村庄组 132
成的团体，这种行动的局限性在于无法将他们与共产主义者区分开。一些村落的共产主义者更希望建立他们自己的专政，而非只是派人赶赴"前线"。但是，规定的口号（"团结一心，无产阶级的兄弟姐妹们！"）都是统一的。

在阿斯图里亚斯矿工们在全省各地成功建立革命苏维埃的同时，他们也陷入战火之中。战火最严重的地区在奥维耶多和矿山。在阿斯图里亚斯和北海岸周边，只驻扎有1,500名正规军，他们的规模只能勉强守住他们所在的奥维耶多的驻地。与此同时，革命党人对该地区进行了争

---

① Peirats, vol. I, pp.86–87.

② *La revolución de octubre*, p.40. 格罗西说，到革命结束时，50,000名矿工处于武装状态。佩拉特表示，全国劳工联合会在该地区有大约22,000名有组织的工人（vol. I, p.83）。讨论见Jackson, p.153.

夺并动用武力。当地委员会着手维持纪律，工人拯救受威胁的资产阶级分子的例子屡见不鲜。然而，怒火已经无法遏制。几座教堂和女修道院被焚毁。主教的宅邸、奥维耶多的多所大学，包括大学内的图书馆，都在试图占领由国民警卫队保护的佩拉约兵营时被破坏。被射杀的几位商人和12名神父多数来自图龙。在萨马，一场对国民警卫队和突击警卫队30个人的围困持续了36个小时。他们投降后，部分人被枪决。对于两位迄今温和的社会主义领导人拉蒙·冈萨雷斯·培尼亚（Ramón González Peña）和贝拉米诺·托马斯（Belarmino Tomás），这样的暴行让事情变得更加棘手。对于成为革命领袖，他们自己也多少有些吃惊。

政府正面临着一场内战。事实上，掌管米耶雷斯的委员会正在考虑向马德里进军。然而，他们不知道的是，勒鲁斯和他的大臣们已经实行了一些紧急措施：第一，派遣戈代德将军和弗朗西斯科·佛朗哥·巴阿蒙德（Francisco Franco Bahamomde）将军联合组成总参谋，领导镇压起义；[①]第二，他们采纳了这两位军官的建议，派遣正规军和外籍军团的成员去镇压矿工起义。众所周知，共和国初期担任总参谋长的戈代德没几个月就被阿萨尼亚罢免了。

133 42岁的弗朗西斯科·佛朗哥·巴阿蒙德得到了勒鲁斯任命的新职务。他于1892年出生在加利西亚的费罗尔海军基地，他的父亲是一个生性浪荡的海军出纳员，他祖上的所有家庭成员都是海军的管理人员，他也一直准备在海上发展。1898年美西战争，海军遭受到毁灭性打击，在海军学员学校的他也因此没了前途。1907年，佛朗哥去了托莱多的步兵学院。1912年，他被派往摩洛哥。在那里他扶摇直上，接连成为最年轻的上尉、上校和上将，他后期的军衔是在摩洛哥战争胜利后获得的。1916年，他的胃部受重伤，于是返回西班牙，在奥维耶多执行了四年的卫戍任务。他在1920年外籍军团创立之初担任其副指挥官。1923年到1927

① 阿萨尼亚于1932年任命的参谋长马斯克利特（Masquelet）将军被调任。

年，他负责指挥外籍军团，尤其是在1925年，他（在圣胡尔霍的指导下）带领陆军在阿卢塞马斯湾登陆，对战争的胜利起到关键性作用。1924年的一场晚宴上，当普里莫·德里维拉表示有意从摩洛哥撤军时，他曾当面训斥这位独裁者。实际上，那一年出于对放弃摩洛哥的想法的愤怒，他和另外几位非洲主义者甚至谋划逮捕普里莫及其随从。佛朗哥恪尽职守——他从不饮酒，从不与女人瞎逛，而且在那个时候（正如为他书写传记的虔诚作家仓促补充的那样），他从不恪守宗教教条。他的清教主义可能来源于他那海军出纳员父亲不检点的生活作风。1907年，他的父亲离开了他的母亲，此后直至1942年87岁去世，他的父亲一直与一名有夫之妇在马德里生活。他的母亲在1933年去世。为了完成母亲虔诚的遗愿，他第一次向罗马开启了朝圣之旅。佛朗哥的童年无疑是黯淡的。

佛朗哥一向以奉行严苛的纪律而闻名。战火中的勇猛和幸运让他声名鹊起：他在战场上骑的马都是白色的。外籍军团的作战效率多数归功于佛朗哥。他在1917年大罢工期间第一次成功打击了革命运动，那是他第一次来到奥维耶多。他的婚礼由于战争而推迟，他的妻子卡门·波洛来自阿斯图里亚斯当地名门。佛朗哥个子不高，即使人近中年，胃口依旧非常惊人。他的声音高亢嘹亮，以至于在下军事命令的时候让人感觉像是在祈祷。在一名英国政治家看来，他是“一位有着丰富经验，并且能以良好态
度对待病人的家庭医生”，想渗透进他那“像棉絮一样包裹”着的“惊人 134
自满”根本不可能。[1]作为一名“年轻有为的将军”，他备受瞩目，但他拒绝投靠任何政党。不过，佛朗哥曾经赞赏毛拉“自上而下的革命”的观点，并最终向普里莫·德里维拉效忠。即使共和国废除了凭军功可以晋升的制度，并且以此把他在准将的名单上从接近最高的位置贬到末尾，他也欣然接受。1931年，刊登在《阿贝赛报》上的文章说新晋政府有意任命他为摩洛哥高级专员，佛朗哥写道，他之所以拒绝这一职务是因为如果他接受的

① Sir Samuel Hoare, *Ambassador on Special Mission* (London, 1946), p.46.

话，将表现出“他为了讨好刚建立的政体而对以往心存偏见，在那些昨日还能代表国家的人面前，这是在见风使舵”[1]。他处事谨慎，为人冷静并且有耐心，但也冷酷、野心勃勃，而且意志坚定。一名在1936年采访过他的美国记者曾谈到他：“我从未见过如此坦率之人。”[2]就算是君主主义阴谋家在被问到“佛朗哥跟你们是一伙的吗？”这个问题时，他们也无法给出一个明确的答案。佛朗哥在1932年的声讨中拒绝帮助圣胡尔霍将军，但他也答应圣胡尔霍自己不从中作梗，而且他厌恶阿萨尼亚的改革，甚至关闭了在萨拉戈萨成立不久的军事学院，即使佛朗哥是军事学院的第一任校长，并为学院的建设花费了诸多心血（1928年他出访德国并借鉴德国的军事学院经验）。从他在萨拉戈萨的演说中，共和主义者知道他拥护独裁主义统治的事实。同时，他们还了解到佛朗哥一直以来都想进入政坛。早在1926年，他就要求把有关政治理论的书送往他的总部。[3]佛朗哥的弟弟拉蒙是第一个飞跃南大西洋的知名飞行员，他不仅拥护共和主义，而且还是位革命党人：在1930年那场失败的共和主义起义中，正是他驾驶飞机向王宫投掷了宣传共和主义的小册子。

政府不仅派遣对阿斯图里亚斯了如指掌的佛朗哥将军来指挥对抗矿工们的战争，而且还召集了外籍军团和摩尔部队，这本质上是因为政
135 府明显怀疑其他军队的作战实力。战争部长、激进分子迭戈·伊达尔戈（Diego Hidalgo）后来还对此解释称，他“担心”如果自己不这么做，就一定会看到在半岛应召入伍的年轻士兵们在阿斯图里亚斯因为缺乏经验而送命，毕竟他们所面对的敌人都是精通爆破的专家、善于埋伏的老手。他写道：“我决定有必要召集西班牙的防御部队，他们的精神内核是为完成职责而献身。”[4]在佛朗哥将军到达战争部的几个小时里，军团

① *ABC*, 21 April 1931.

② John Whitaker, ‘Prelude to War’, *Foreign Affairs*, October 1942.

③ Dr Gregorio Marañón 提供的信息。

④ *La revolución de octubre*, p.41.

部队在亚格上校的带领下前去支援北方的正规卫戍部队。自由主义将军洛佩斯·奥乔亚（López Ochoa）带领另一支部队一路前往奥维耶多，对市中心被围困的守备部队进行增援。

外籍军团和正规军大获全胜。在飞行部队的帮助下，他们很快解放了奥维耶多，但“高雅的国王”阿方索的避难所——美丽的“圣堂”已经几乎被矿工们摧毁。10月10日，希洪失守。在这些市镇，占领者们向镇压军投降。经过15天的激战和革命运动，在其他市镇，只有共产主义者还愿意继续战斗。冈萨雷斯·培尼亚辞去了革命领导人的职务。军团逐步占领了几个市镇。指挥军团的亚格上校为了达到惩戒目的，鼓励用公开的手段进行镇压。最终，萨马的起义军投降。领导整场运动的社会主义领导人贝拉米诺·托马斯面对聚集在中央广场的众多矿工发表了如下讲话：

> 同志们，红色战士们！在大家面前，我们确信已经履行了你们所赋予的使命，不得不承认，我们光荣的革命运动已经陷入十分困难的境地。我们不得不与敌军将领进行和平谈判。我们只是一时失势而已。我们只能说，西班牙其他省份的工人们并没有履行他们的职责，也没有向我们伸出援助之手。由于这一失败，才让政府得以平息阿斯图里亚斯的起义。此外，虽然我们有步枪，有机枪，还有大炮，但我们的弹药已经耗尽。因此，我们唯一能做的只有和平谈判。但是，这不代表我们放弃
> 阶级斗争。今天的让步只不过是在革命道路上的一次停歇，让 136
> 我们在失败中汲取教训，为下一次战斗做准备，从而在与剥削阶级的斗争中取得最终胜利……[1]

---

① Grossi, p.218. Peirats, vol. I, p.85, prints the revolutionary committee’s last communiqué.

后来，以手段凶残著称的警察长利萨尔多·多瓦尔（Lisardo Doval）进行了残忍的报复。有1,500—2,000人被杀，大约3,000人被迫害。死者中有近320人是国民警卫队员、士兵、突击警卫队员和马枪骑兵。据推测，剩余死者都是工人。很多人无疑是在战斗结束后死亡的，当时军团正将胜利“带回家”。[①]1934年的10月到11月，西班牙关押了近3万名政治犯（这一数字可能只有实际的一半）。其中，多数人来自阿斯图里亚斯。当地的人民之家被改建成特殊监狱，关押在里面的人遭受着各种各样的侮辱和折磨。[②]这场未能掀起波澜的革命运动造成近2,000人丧生，其中有镇压军200人，有军队和各治安部队230—260人，还有大约30名牧师。敢于揭露这些残酷事实的记者路易斯·德西瓦尔（Luis de Sirval）被逮捕，并且在监狱中被军团的3名军官杀害。在马德里，佛朗哥将军和戈代德将军被当作拯救国家的英雄，而同时，右翼报纸刊登了关于修女被强奸和神父被挖眼的恐怖新闻。在另一方面，对阿斯图里亚斯的审查已经结束。在阿斯图里亚斯的农村，因革命失败而兴奋的地主们打消了一切有关遵从土地改革的念头，并很快将农民赶出农场。那些免于牢狱之灾的社会主义者，在寻找工作的过程中受到冷落。因此，仇恨的土壤开始越积越深。

137 10. 选举

1934年10月份的革命运动被以如此残忍的方式镇压后，为了避免

① 1935年1月3日，西班牙内务部发表声明，列出了1934年10月全西班牙的伤亡名单，其中1,335人死亡，2,951人受伤。另有730座建筑物被摧毁或严重损坏，58座教堂被烧毁。奥维耶多变成了一座废墟，叛乱的成本估计为100万英镑。不少于90,000支步枪以及33,000支手枪、10,000箱炸药、30,000枚手榴弹、330,000发子弹被缴获。

② 关于军团在阿斯图里亚斯镇压的可信的描述，见José Martín Blázquez, *I Helped to Build an Army*（London, 1939）的第一章，以及Ricardo de la Cierva, *Historia*, vol. I, p.447。

陷入内战的旋涡，各方本应付出巨大的努力，但是这样的努力并没有见到。多数社会主义领导者被捕入狱。跟他们一同在监狱的还有加泰罗尼亚自治政府的领导人、阿萨尼亚以及其他几位左翼政治家。许多无政府主义者除了身处阿斯图里亚斯外，并没有参与多少起义，但也被关入监狱。出于对他个人的恐惧而被逮捕的阿萨尼亚在监狱中被囚禁了数月——这是毫无正当理由的侮辱。在如此情况下，阿斯图里亚斯起义还是在西班牙左翼的心中产生了不可磨灭的影响。有些人的内心反复回荡着贝拉米诺·托马斯面对绝望的人群最后说出的那几句话，这些人预言，1934年10月之于西班牙，就像1905年之于苏联。直到1935年12月，拉尔戈·卡瓦列罗还一直被关在监狱里，他为了打发被囚禁的时光，开始第一次阅读马克思和列宁的著作。这位如今已年近七旬且一直备受尊敬的温和派社会主义领导者，在接触了这些思想后，心中充满了对革命的憧憬。当时很多人把监狱看作“真正的革命学校”[①]。与此同时，罗曼·罗兰也在巴黎宣称，巴黎公社是人类有史以来最伟大的成就。对阿 138
斯图里亚斯起义的残酷镇压使人们忽略了一点，让即便是阿萨尼亚这样的温和派也会镇压这场革命运动：镇压起义的消息早已布满议会委员会和英国议会代表团的报告。与此同时，拉尔戈在许多地方的混合仲裁委员会都瓦解了，建筑工人和冶金工人被迫回到每周四十八小时工作制，很多工人因为在1934年10月之前参与过政治罢工而被解雇。雇主们任意削减工资。西班牙自治权利联盟的代表们怨声载道，但未能引起重视。在另一方面，在土地改革协会下被没收的土地并没有归还其原先所有者。以及，从此时起，“右翼还是左翼的革命思想”明显支配着所有政党。[②]

西班牙的中产阶级被阿斯图里亚斯的起义吓得胆战心惊。对他们来

① Carrillo, p.48.

② Jaime Vicens Vives, *Aproximación a la historia de España* (Barcelona, 1968), p.179.

说，似乎任何政体，哪怕是军事独裁统治都比国家分裂强。身为总参谋长的佛朗哥将军如今会掌权吗？希尔·罗夫莱斯和西班牙自治权利联盟这次能充分抓住机遇吗？

勒鲁斯仍然继续担任总理。在接下来的几个月里，“老海盗”竭尽全力让西班牙这艘船不被任何派系的风浪带偏。因此，当君主主义者以孔帕尼斯发动革命为由，要求彻底废除加泰罗尼亚自治法令时，勒鲁斯（此时得到西班牙自治权利联盟的支持）只是暂停了法令，并设立总督来管理加泰罗尼亚各省。农业部长、来自西班牙自治权利联盟的政治家希门尼斯·费尔南德斯在一段时间内继续分配土地，并且通过立法来保护小农户。譬如，他希望在1935年能安置1万名农民。然而，他频繁遭遇阻挠，其中就有卡洛斯主义者拉马米耶·德克莱拉克（Lamamié de Clairac）。在议会对第一次土地法的讨论中，他对希门尼斯·费尔南德斯进行了严厉的抨击。

然而，对于政府而言，最棘手的问题是对1934年起义军的处罚。截至1935年2月，军事法庭已经判处20人死刑。其中有两人已被执行死刑。[1]被判有罪的人有：孔帕尼斯；一些社会主义代表，如可怜的特奥
139 多米罗·梅内德斯（Teodomiro Menéndez），在羁押期间，他因听到严刑拷打的声音而被吓得魂飞魄散；拉蒙·冈萨雷斯·培尼亚；贝拉米诺·托马斯；还有一些在马德里和加泰罗尼亚站在起义军一方的军官。与此同时，许多由社会主义者领导的市政委员会由于他们的委员与1934年的起义军属同一政党而被连续取消。勒鲁斯希望对其他死刑犯从轻发落，他认为如果将这些人处以死刑会引起巨大骚动，比如贝拉米诺·托马斯和冈萨雷斯·培尼亚（两位都是阿斯图里亚斯的代表），更不用提孔帕尼斯了。西班牙自治权利联盟的部长们支持执行死刑。希尔·罗夫

---

① 这两人是：阿奎莱斯（Argüelles），一名犯罪矿工，他指挥着一个处决行刑队，对一名国民警卫队成员的死亡负责；中士巴斯克斯（Vázquez），他从阿斯图里亚斯的部队叛逃并加入了矿工队伍。

莱斯竭力为其进行辩论。勒鲁斯得到了总统阿尔卡拉·萨莫拉的支持，因为阿尔卡拉回想起1933年圣胡尔霍将军及其同谋者被执行缓刑的过往。减轻刑罚以后，西班牙自治权利联盟的部长们集体辞职。经过一段长时间的政府危机后，勒鲁斯对内阁实行了重组，有5名西班牙自治权利联盟成员被选为议员，其中包括被任命为战争部长的希尔·罗夫莱斯。

希尔·罗夫莱斯任命佛朗哥为总参谋长，并命令他从摩洛哥的指挥部回到马德里——佛朗哥曾在去年冬天被指派到摩洛哥。后来，有几名右翼军官得到晋升，其他被认定为自由主义者或社会主义者的人被免了职位。阿斯图里亚斯的革命运动过后，在右翼看来，军队自然比以往任何时候都更维护传统西班牙。此外，希尔·罗夫莱斯还开始着手从德国购买武器的谈判。不过，没有人再被处死。孔帕尼斯以及其他几位因叛乱而获刑的领导者们被判处终身监禁——没人相信这一判决会被执行。拉尔戈·卡瓦列罗和另外几个人一直被扣押了好几个月也没有进行审判。由于对阿萨尼亚的指控在议会没有达到三分之二的人支持，阿萨尼亚被释放。然而，从右翼政治家发表的演讲里可以清楚地看到，许多人希望彻底解决掉他和左翼共和主义分子。①

如今，两大政党派系互相之间存在的仇恨已很难化解。在这样的情况下，中间派的总统和总理本有机会解决矛盾，但他们没有把握住机会。对宪法中某些条款的修订提上日程，这件事有可能会更改地区自治 140
的形式，如建立参议院、修改离婚法和结婚法。作风传统的无党派财政家华金·查帕普列塔（Joaquín Chapaprieta）起草了一项自1932以来从未在共和国出现过的预算案。他希望减少腐败现象和官僚主义造成的铺张浪费。这些绝好的措施本来可以削减政府在教育方面的开支——包括

① 议会必须决定他是否应该接受法院的审判。然而，反对阿萨尼亚的投票以189票对68票通过。为了取悦富有的君主主义者，CEDA也投票反对阿萨尼亚。他在巴塞罗那郊外的一艘监狱船上被拘禁了两个月。不公正的羞辱——他试图限制社会主义者和加泰罗尼亚人不受起义的影响——对他影响很大。

削减那些资质仍然不足的教师的薪资。但是，预算案和宪法修订都没有通过。①（从1932年开始，一年一度的预算案是共和国唯一的财政法案）1935年5月，农业部长希门尼斯·费尔南德斯因提议修改土地法而被解职——在君主主义者的圈子里，他因人道主义精神而被称为“白色布尔什维克”，并且他用教皇通谕为自己的草案进行辩护的习惯让其他人愤怒。他的失势意味着西班牙自治权利联盟有关修改而非搁置《土地改革法》的任何想法都将落空。查帕普列塔组建了新一届政府，由勒鲁斯出任外交部长。然而，激进党正深陷丑闻风波。

荷兰的金融投机商丹尼尔·施特劳斯（Daniel Strauss）说服某些官员沉溺于一种新型轮盘赌——斯特拉佩洛。如果准许引进这种轮盘，他将确保给予一定的好处。丑闻曝光后，勒鲁斯的养子被发现与施特劳斯来往密切。勒鲁斯本人也牵涉其中，他的财务情况本来就一直遮遮掩掩，此外还有前内务部长萨拉萨尔·阿隆索和马德里市长、巴塞罗那的行政长官等人。激进党人士在一片谩骂声中辞职，“斯特拉佩洛”一词在西班牙语中变成了公共丑闻的代名词。与此同时，激进党开始四分五裂，虽然他们的政策没有起到太大作用，但激进党在共和国时期扮演了重要角色。勒鲁斯与希尔·罗夫莱斯建立的联盟也随之土崩瓦解——该联盟有效地统治了西班牙
141 有一年。②查帕普列塔想对大农场主征收土地税以及把不动产税从1%提高到3.5%，总理与希尔·罗夫莱斯就查帕普列塔的提议进行了数周争论。但希尔·罗夫莱斯之所以挑起这次争端，最终目的只是争取总理的职务。

在过去的一年里一直对政府的日常运转有所干预的总统阿尔卡拉·萨莫拉仍然持续干扰让西班牙自治权利联盟的领袖组建政府。1935年年底，希尔·罗夫莱斯似乎已经从两年前那个带有实验性质的天主教

---

① Chapaprieta的回忆录揭示了勒鲁斯政府的日常工作（*La paz fue posible: memorias de un politico*, Barcelona, 1971）。

② 另一个丑闻，即所谓的诺贝拉（Nombela）案，在下个月进一步削弱了激进分子。

社团主义者成熟了，[1]但他的一些追随者，尤其是人民行动青年团的成员们，似乎已经按捺不住拿起武器了：他们使用了与法西斯主义相似的标志和措辞。他们戴着一个黑色的十字架，十字架上挂着A和O两个带红框的白色字母——他们希望以此来象征收复失地运动的第一位国王佩拉约。希尔·罗夫莱斯还制定了一套令阿尔卡拉·萨莫拉厌恶的宪法改革方案。[2]因此在匆忙之中，总统采取了一项权宜之计：他请他的朋友、君主制时期的加利西亚政治家曼努埃尔·波特拉·巴利亚达雷斯（Manuel Portela Valladares）组建临时政府，并筹备新一届选举。[3]波特拉是共济会会员，他是一位不知疲倦地研究普里西利安教派的历史学家。1934年的夏天，在西班牙北部的一个海滩上，身为政治家的波特拉被勒鲁斯重新“挖掘”。1935年初，时任内务部长的波特拉是阿尔卡拉·萨莫拉的情报员，他负责汇报内阁发生的状况。总统现在希望波特拉能够重组“中间势力”来取代已经垮台的激进党。

阿尔卡拉·萨莫拉采取的行动让希尔·罗夫莱斯愤怒不已。战争部副部长凡胡尔（Fanjul）和他说：“只要你下命令，今晚我就带领首都驻守部队占领马德里街道。恩里克·巴雷拉将军和我想的一样。”希尔·罗夫莱斯的答复有些模棱两可：“如果军队能在合理的指挥下行动，并且坚信是为了实现拯救宪法精神的目标才不得不暂时夺取权力，我将不会设置任何阻拦。”他告诉凡胡尔将军去找其他几位将军商量，但总参谋长佛朗哥将军表示，不要指望军队发动政变。因此所有起义计划都没有实 142
施。[4]当希尔·罗夫莱斯离开战争部的时候，佛朗哥将军流下了眼泪。[5]波特拉建立的临时政府由议会外议员和次等中间派政治家组成。正当右

---

① Gil Robles, p.364.

② 总结见Robinson, p.207。

③ 米格尔·毛拉也曾尝试组建政府，但失败了。

④ Gil Robles, pp.366–367.

⑤ 关于这个令人吃惊的事实，见Gil Robles, p.376。

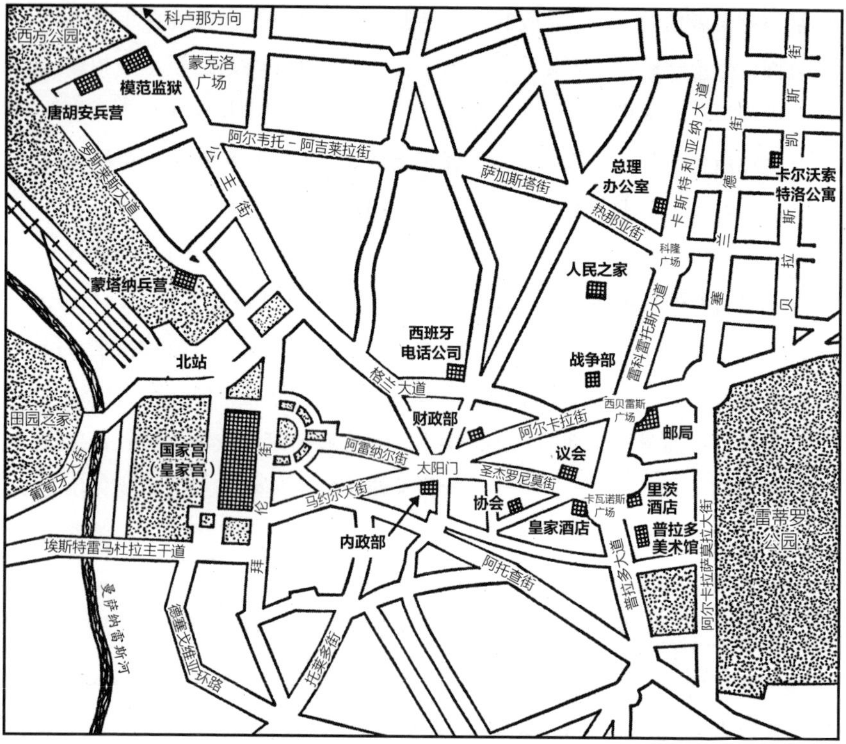

图4　第二共和国时期的马德里

翼指责希尔·罗夫莱斯过于软弱时，新闻审查放宽了。阿萨尼亚已经开始准备让共和党左翼重回正轨。秋天，他离开了马德里，在科米利亚斯的一片原野上进行了一场成功的演说表演，现场观众有将近10万人：演讲中“喧嚷的欢呼”得到了全国的响应。[①]接着，人民之家重新开放，并且左翼势力被重新唤醒：“十月”和“阿斯图里亚斯”变成了神圣的字眼，代表了革命英雄们在拼死的斗争中反抗外籍军团——“摩尔军

① Speech in Azaña, vol. III, pp.269–293。Henry Buckley, *Life and Death of the Spanish Republic* (London, 1940), p.123，其中有详细的现场记录。

团”，那群“十月刽子手”。

1月4日议会解散，选举的日期被定在2月16日。波特拉试图以违 143
反宪法的手段推迟选举，但并未成功。在开展竞选运动的这段时间里，希尔·罗夫莱斯在一开始就取得了决定性优势。把他当作领袖的照片被贴在太阳门广场的广告架上。他在照片中怒目而视，而照片下面也为他写着：“给予他最多的选票，还给你们一个繁荣昌盛的西班牙。”然而，随着选举的进行，西班牙自治权利联盟的领导者也逐渐意识到他们的竞选之路好像并非一帆风顺。因此，他们开始与其他右翼政党进行联手。在“国民阵线”内，拥护阿方索的君主主义者和卡洛斯主义者，连同“土地派”和“独立派”，在多数地区都与西班牙自治权利联盟组建联盟。

刚刚过去的一年对两大君主主义党派都是忙碌的一年。200名卡洛斯主义者伪装成秘鲁军官，在罗马附近的机场进行了军事训练。[①]在君主主义者内部关于意识形态的讨论中，他们对奉行“法西斯主义”还是“传统主义”仍然摇摆不定。普里莫时期的财政部长卡尔沃·索特洛加入了西班牙革新党，但他正试图培植联合所有专制君主主义者的联盟势力：在流亡法国期间，他的观念已经向法西斯主义转变，这是因为他与莫拉斯的“法兰西行动”（Action Française）的联系。从他和拉米罗·德马埃斯图（也是《西班牙行动》的编辑）、普拉德拉（“新国家”的卡洛斯主义理论家）以及重要的阿方索主义“理论家”赛恩斯·罗德里格斯的著作中确实可以看出，各独裁主义右翼团体们似乎正在走向联合。

在长枪党一方，何塞·安东尼奥与国家工团主义进攻委员会年迈的领导人莱德斯马·拉莫斯陷入了长时间的斗争。在莱德斯马的眼里，何塞·安东尼奥只不过是一个公子哥，并且莱德斯马还指责他与教会和上

① 其中一人是Jaime del Burgo，卡洛斯党的历史学家。

144 层阶级有所勾结。[①]莱德斯马创建了一个工人组织——工会工人联合会（Confederación de Obreros Sindicalistas），但追随他的人并不多。在与采用暴力的长枪党极端分子的对抗中，何塞·安东尼奥成功获得了优势，但是他未能成功制定出像能让更多君主主义财政赞助人支持莱德斯马一样支持他的政策。1934年10月，何塞·安东尼奥以17比16的一票优势被确立为政党领袖。[②]莱德斯马试着将国家工团主义进攻委员会从长枪党分离出来，从而确保他的国家工团主义政党身份，不过做此事的初衷只是他与何塞·安东尼奥的私人关系一直很糟。莱德斯马写文章指责何塞·安东尼奥是“反动势力的工具”，之后他被驱逐出党。人们本以为阿斯图里亚斯革命运动结束后，这些年轻的西班牙法西斯主义者可能会扩大势力，但一系列事件的发生和财政的困难限制了他们的发展规模（尤其是与君主主义富豪马克斯·德艾利萨达决裂以后）。于是，他们继续在周日穿着蓝色衬衫组织游行。在竞选大战中，长枪党一直被右翼联盟拒之门外，希尔·罗夫莱斯无法接受何塞·安东尼奥所要求分摊的席位。加的斯的老选民对何塞·安东尼奥无所助益，并且，西班牙自治权利联盟与卡洛斯主义者一样，对何塞·安东尼奥的“经济社团主义”横加指责，他们认为这是危险的社会主义者们搞的那一套。即便如此，长

---

① 何塞·安东尼奥与“旧西班牙”的军队和其他势力的关系受到了莱德斯马的谴责，其中部分因为经济上的需求，部分在于他对社会关系的痴迷——毕竟作为独裁者的儿子，他从小就与社会关系密切——但也有部分原因是他认为自己政党的发展速度不足以击败社会主义者。至少在1934年9月24日阿斯图里亚斯起义之前，他在写给佛朗哥的一封奇怪的信中表达过这一点。在这封信里，他暗示自己愿意支持军事政变，以恢复“国家失去的历史命运”。佛朗哥显然对此毫不在意（这一信息于首次发表在1938年10月的*Y*, the review of the Sección Femenina of the Falange上。又被全文引用在Ximénez de Sandoval, p.224，以及他的*Obras*, p.709）。

② Payne, pp.66–67. 1934年秋季，在长枪党内也发生了一场关于卡尔沃·索特洛定位的争论：卡尔沃正在竞争西班牙法西斯党的领导权，但何塞·安东尼奥不准备接受这一点。此外，他认为卡尔沃·索特洛是他父亲的叛徒，是一个“只懂数字，不懂诗歌”的人。莱德斯马也反对卡尔沃成为保守派。

枪党还是推选了几位候选人，他们抨击西班牙自治权利联盟“在掌权的两年间既无能又愚蠢”。然而，他们中许多热情高涨的法西斯主义者都还没到投票年龄。①

右翼联盟所面对的左倾势力中，包含有中间派的各个党派。其中包括勒鲁斯和激进党、地方主义联盟（加泰罗尼亚商人组织）、进步派——阿尔卡拉·萨莫拉的拥护者们，以及由总理波特拉·巴利亚达雷斯创办并特殊命名的“中间党”。巴斯克民族主义团体也被归入中间党派内。145
尽管自1934年以来，他们与其天然的盟友西班牙自治权利联盟的关系一直不合，但在是否与左翼达成共识的问题上，他们仍然十分犹豫。②波特拉试图任命他的亲信来担任民事行政长官，从而达到亲自发展中间派势力的目的，但这一策略并没有成功。

在1936年2月的选举中，左翼在人民阵线的盟约下团结在一起。“人民阵线”这个名字是由共产国际提出的。1935年7月，在莫斯科举行了第七届共产国际代表大会。时任共产国际总书记（被指控纵火焚烧德国国会大厦时，他表现得相当强硬，因此得以担任此职）、保加利亚共产党人季米特洛夫明确了在崛起的希特勒面前全世界共产主义的政治目标：

> 共同组建人民阵线。如今，让社会民主政党联合的行动已经势在必行。难道我们不能试着将共产主义者、社会民主主义者、天主教教徒和其他工人们集结吗？你们一定记得攻占特洛伊城的古老传说。攻方无法攻占城池，直到有了特洛伊木马的

---

① 1936年初，除了学生身份的党员，长枪党可能还有5,000人（Gil Robles, p.444, fn. 60, reporting Fernández Cuesta）；Payne认为是10,000人，数据来自当时的财务主管玛丽亚诺·加西亚（Mariano García）。

② 或者与右翼达成共识。一群巴斯克代表因没有与CEDA联手而受到教皇助理国务卿皮萨多蒙席（Monsignor Pizzardo）的谴责（来自当时参与者的一份日记，qu. Iturralde, vol. I, p.394.）。

帮助，他们才直插敌军军营的心脏。作为革命工人的我们，不应当羞于使用相同的计策。[1]

这些话正式明确了人民阵线的整体国际战略。在过去，曾有人指责共产国际把所有立宪党都看作法西斯主义政党。如今，共产国际将指导思想加以完善，认为可以存在“资产阶级和议会民主”，直到可以被“无产阶级民主”取代。人民阵线的这一政策要比20世纪20年代联合阵线的政策思虑更周全，想得更长远。那时，共产国际只能与其他工人阶级党派结盟。到了人民阵线阶段，他们必须与中产阶级也建立合作关系。

146 共产国际很难保证让拉尔戈·卡瓦列罗认同这一联盟——法国共产党领导人杜克洛特欲前往西班牙来游说他。[2]不管怎样，1934年后的政治迫害以及试图起诉阿萨尼亚的阴谋让左翼各势力的领导人之间建立了短暂的友好关系。阿萨尼亚和普列托成功组建了联盟，1935年间，阿萨尼亚的威望有所提高，他的书《我在巴塞罗那的反抗》已经售出了25,000册。书中他带有调侃意味地描述了1934年在监狱中的生活。（共和党已经在11月组建了一个“共和阵线”）阿萨尼亚与拉尔戈不欢而散。即便拉尔戈认为“一个阶级必须消失”，但是与这个阶级联盟对他们还是有利。[3]社会党继续分裂，在年轻党员的压力下，普列托和贝斯泰罗都在努力让多数党员倾向支持“布尔什维克化”。（1935年12月，拉尔戈·卡瓦列罗出狱一个星期后，普列托从巴黎回到西班牙。）

无政府主义者被排除在现行秩序之外。然而，在最后时刻，他们鼓

---

① *Speech of Dimitrov at the seventh meeting of the Comintern on 2 August 1935* (London, 1935), p.43. 参加会议的西班牙共产党员包括“热情之花”和何塞·迪亚斯。

② Jacques Duclos, *Mémoires* 1935—1939 (Paris, 1969), pp.107−110.

③ 对人民阵线起源的思考，见 *El Socialista*, 28 January 1936, qu. Robinson, p.246；见 De la Cierva, *Historia*, vol. I, p.579f。

励他们的成员在投票箱前再次回想阿斯图里亚斯曾表现的团结精神。这样做的原因是，人民阵线策略中的首要任务是让政治犯先得到特赦。[①]

人民阵线策略中的一些其他计划又将视线转向阿斯图里亚斯问题。所有纯粹由于政治因素而失业的人都将复职：这为雇主们带来了问题。为了顶替被关进监狱和1934年10月以后被他们解雇的人，雇主早已引进了新的劳动力。但是，政府将要对1934年的受害者予以赔偿，加泰罗尼亚自治法令将得到恢复，此外政府还将对其他地区的自治法令进行磋商。土地法及1933年的其他改革方案将迎来新的开始。[②]

竞选大战的斗争异常激烈。政府发动阿斯图里亚斯起义之后许多地区都进入“戒备状态”。集会现场人山人海。但目前为止只出现了语言上的攻击。有一张竞选传单上宣称：“罗马教廷的法西斯主义给你工作的同时又让你挨饿；给你和平的同时又挖掘5,000座坟墓；给你秩序的 147
同时又升起绞刑台。人民阵线将给我们带来的不会多，也不会少：面包、和平和自由！”[③]主教明确劝诫天主教教徒别为人民阵线投票。拉尔戈·卡瓦列罗公然宣称，如果右翼取得胜利，他将“准备发动内战”，而普里莫·德里维拉及其追随者们漠视这个“与西班牙永恒的命运殊死抗衡”的结果[④]。勒鲁斯和激进派集中火力击垮了波特拉创立的中间党。卡尔沃·索特洛首次以全国性人物的身份登场。他所表现的明显是反共和主义和反民主主义的立场。他提出，宪法已经被其制定者亲手毁灭，下一届议会将会是一个全新的“制宪议会”[⑤]。他还用慷慨激昂的语气来迷惑富有爱国精神的西班牙人，如果他们不为国民阵线投票，西班牙将很快飘荡起一面红色的旗帜：“这面旗帜是西班牙的过去和理想被毁灭

---

① Diego Abad de Santillán, *Por qué perdimos la guerra* (Buenos Aires, 1940)，p.37.

② Ricardo de la Cierva, *Los documentos de la primavera trágica* (Madrid, 1967), p.66f.

③ 来自作者收藏的传单。5,000指的是据称在阿斯图里亚斯镇压中被杀害的工人人数。

④ Qu. Robinson, p.243 and p.246.

⑤ Speech of 13 January 1936（De la Cierva, *Los documentos*, p.92）.

的标志。”

西班牙在2月16日星期日，也就是大斋节之前的狂欢节举行了投票。有34,000名国民警卫队员和17,000名突击警卫队员维护秩序。在格拉纳达发生了几起骚乱，当一些人把选票塞进投票箱中时，投票站被人通过武力强行关闭。但这样的事情并不多见。据《泰晤士报》的记者欧内斯特·德考克斯报道，投票“总体上易有代表性”[①]。

2月20日第一轮选举结果出来了，全国票数总计为：

> 人民阵线获得4,654,116票（34.3%）；
>
> 国民阵线获得4,503,505票（33.2%）；
>
> 中间党获得526,615票（5.4%），其中巴斯克民族主义团体有125,714票。[②]

人民阵线得到了263个席位，国民阵线得到133个席位，中间党得
148 到77个席位。其中有20个席位（没有一方得到超过40%的选票）要由两周后的第二轮选举产生。然而，这明显反映出，即使在票数上只有微弱的领先优势，但左翼赢得了多数席位。

选民是给联盟而非单独政党投票，因此单个政党无法得到选票。但主要政党获得的席位有：社会党得到88个席位；共和主义左翼党（阿萨尼亚的政党）得到79个席位；共和主义联盟党（马丁内斯·巴里奥的政党）得到34个席位；西班牙共产党得到14个席位；左翼党得到22个席位；西班牙自治权利联盟得到101个席位；地权派得到11个席位；君主主义者（包括卡尔沃·索特洛）得到13个席位；卡洛斯主义者得到15个席位；波

---

① *The Times*, 17 February 1936. De Caux的消息非常灵通。

② 这些数字改编自Javier Tusell, *Las elecciones del Frente Popular* (Madrid, 1971), vol. II, p.13. 我的“改编”包括在“人民阵线”和“右翼阵线”中分别添加Tusell所描述的“偏中间的人民阵线和中右翼”，以区别人民阵线和右翼。

特拉·巴利亚达雷斯新组建的中间派政党得到21个席位；地方主义联盟得到12个席位；激进党得到9个席位；巴斯克政党得到5个席位。长枪党一个席位都没有得到。[①]多数老领导人都回归了，但勒鲁斯和何塞·安东尼奥都没有得到席位。

后来对选举结果的分析得出了各种各样的结论。这些分析往往都忽略了选举制度（在一个特定省份，给予赢得超过50%选票的政党80%的席位）在特意鼓励党派结盟的特性。右翼和左翼之所以都能赢得更多的选票，一个原因是与1933年相比，多出了一小部分为他们投票的选民，另一原因是中间派的糟糕表现。在乡村，地方权贵统治起到了一定作用，因此人民阵线实际上取得的成绩也许比选票结果更好；但也有人指责社会党在一些城市拥有自己的地方权贵势力。不管怎样，左翼取得了意想不到的成功；而右翼，尤其是西班牙自治权利联盟的选举结果让人大跌眼镜。中间派的失势着实反映出在西班牙，像这样人为维持的中立立场缺少支持。

大约有28%的人选择了弃权（相比之下，1933年是32.5%）。总共1,350万名选民投了将近987万张选票。弃权者大多来自阿拉贡、加利西亚和安达卢西亚。[②]

从选举结果不难看出，选民倾向于两党制；[③]阿萨尼亚和希尔·罗夫莱斯都是势头正盛的优胜者，一些少数团体、军国主义者、无政府主义者、社会主义农场工人、年轻的社会主义者和法西斯主义者并不愿接受一个十分完善的议会制度，这个后来被掩盖的事实可以从只有70%的选民 149

---

① Tusell, pp.82–83；同时见José Venegas, *Las elecciones del Frente Popular*，第47页。这些数字一直存在争议，但上述数字似乎是最可靠的。CEDA的批评和解释总结见Gil Robles, p.509f。实际上，当时没有任何一家报纸，后续也没有任何一名作家，就这些选举的数字给予肯定。

② Tusell, *Las elecciones*, p.13 and p.24.

③ 见Jackson, pp.523–524.

投票这一情况中得出。这一事实与其他很多真相一样，都被无数像谎言一样的宣传口号淹没：勒鲁斯不是西班牙的墨索里尼，阿萨尼亚不是克伦斯基，拉尔戈也不是列宁（即使他想成为列宁）。无论是议会右翼还是社会党（当然还有军队）既不明确支持宪法也不坚决抵制宪法：事实上，西班牙自治权利联盟和社会党都是“偶然论者”，社会党与民主政府的蜜月期大概只从1930年持续到1933年。这两大政党的损失都很严重，而社会党几乎可以谈得上是个糟糕的胜利者。拉尔戈·卡瓦列罗在1933年甚至对他的支持者们说：“今天的我坚信，在资产阶级民主下根本不可能开展社会主义工作。”①但是，在接下来的几个月里，持两股不同顽固极权主义观念的势力发生了武装冲突：一部分由年轻的社会主义者、社会党左翼分子等，可能还有部分无政府主义者组成；另一部分由法西斯主义者、君主专制主义者和天主教年轻教徒组成。在这种局势下，与往常一样，无论失败与否，好像几乎所有人拥护的都叫作“资产阶级民主”。

150 ## 11. 阴谋

随着选举结果的陆续揭晓，与选举结果相关的阴谋也渐渐浮现。何塞·安东尼奥准许长枪党为波特拉提供支持，特别是提供武装支持。君主主义者想让希尔·罗夫莱斯发动政变。虽然他予以拒绝，但他曾在早上4点找过波特拉，请求波特拉立即宣布进入“战争状态”②，并把他临时调进政府部门，以此来缓解右翼的不满情绪，授予他“无论是部长、

① Robinson, p.138.

② 这是1933年《公共秩序法》所预设的最后一种紧急情况，另外两种情况是“预防状态”和“戒备状态”。在第一种情况下，可以进行预防性逮捕。在第二种情况下，可能会出现审查和关闭“威胁公共秩序”的组织。西班牙在1935年的大部分时间里都处于“戒备状态”。

秘书还是打字员或是随便什么职位”[1]。波特拉当下表示会对此进行考虑，但最后他打电话给总统，让总统宣布进入“戒备状态”。总统照做了。随后，总参谋长佛朗哥劝说波特拉宣布进入“战争状态”，正如他之前督促他的部长莫莱罗将军和国民警卫队总指挥官波萨斯将军（General Pozas）一样[2]。“战争状态”无疑会让国家进入军法管制，并带来一场真 151
正意义上的政变。据佛朗哥所说，波特拉询问过他军队为什么不自行行动，佛朗哥回答说如果得不到政府的支持，他将缺少国民警卫队这不可或缺的助力。2月18日的早晨，波特拉试图将权力移交给阿萨尼亚，但阿萨尼亚认为应该等到议会会议召开再进行权力的移交。渴望甩掉责任的波特拉寻求其他门路。面对波特拉移交权力的行为，佛朗哥再次出面阻止。卡尔沃·索特洛会见了总理，但也没能改变波特拉的想法。与此同时，社会党正在酝酿一场大罢工。筋疲力尽的波特拉几近发疯，他不顾任何劝阻执意辞职。[3]卡尔沃·索特洛认为一切已经无法挽回。于是总统请求阿萨尼亚组建政府。虽然这样的做法不符合常规，但鉴于波特拉急于推脱责任的行径，他并没有什么别的办法。[4]由于波特拉的行政长官们和他一起脱逃，还造成了急需填补的职位空缺。

佛朗哥将军和凡胡尔将军（不久前在希尔·罗夫莱斯管理下的陆军部担任次长）、恩里克·巴雷拉（以前卡洛斯主义者的训练官）、莫拉（曾在摩洛哥听命于希尔·罗夫莱斯）、奥尔加斯和庞特决定不立即采取

① Gil Robles, pp.491–492.

② 马拉尼翁（Marañón）博士于1月在西班牙驻巴黎大使馆的晚宴上与佛朗哥见过面。佛朗哥代表西班牙在伦敦参加了国王乔治五世的葬礼，并在游行时走在了代表苏联的不幸的图哈切夫斯基元帅身后。这位智力超凡的医生和军团将军沿着塞纳河岸散步，佛朗哥说，几周内西班牙的一切都会平静下来（马拉尼翁博士的追忆）。

③ 关于波特拉，见Azaña, vol. IV, p.718；关于佛朗哥，见George Hills, *franco* (London, 1967), p.212。

④ Robinson（pp.249–252以及注释）很好地解决了这一系列复杂的事件。亦参考Azaña, vol. IV, pp.563–572。

反革命策略，但凡胡尔和戈代德希望借机发动反革命行动。

与此同时，人民阵线支持者们正为所欲为。聚集在马德里内务部大楼前的人群大喊："大赦！"在奥维耶多，人民阵线的激进分子预料到了选举结果，并且打开了牢房——牢房里大多是阿斯图里亚斯革命运动中被关押的犯人。当然，普通罪犯也跑了出来。总理阿萨尼亚的第一项举措是签署保护政治犯的特赦法令。参与1934年起义的社会主义者和加泰罗尼亚领导人得到释放。走出监狱的孔帕尼斯和他的顾问被冠以"人们热爱的城市领导者"名号，并得到了人们的欢呼。这样的迎接盛况即便
152 在巴塞罗那纵横交错的街道上也很难见到。宪法保障法庭后来宣布中止加泰罗尼亚自治的法令不具有法律效力。孔帕尼斯恢复了1934年组建的自治政府，但这些政府人员中不包括丹卡斯博士——他明智地选择了留在海外。阿萨尼亚也组建了他的政府，该政府中的一些人员来自他自己组建的共和主义左翼党、马丁内斯·巴里奥的共和主义联盟党（马丁内斯·巴里奥成了议会发言人）以及孔帕尼斯的左翼党。阿萨尼亚的老朋友阿莫斯·萨尔瓦多（Amos Salvador）出任内务部长，他曾资助阿萨尼亚在1920年担任编辑的文学杂志《文笔》(*La Pluma*)。还有几张1931年到1933年之间熟悉的面孔，其中包括公共工程部的卡萨雷斯·基罗加、教育部的马塞利诺·多明戈以及海军部的何塞·希拉尔（José Giral）。1934年被免职的总参谋长马斯克利特将军出任战争部长。普列托本来也同意进入政府，但拉尔戈·卡瓦列罗不准许他如此深度地参与。

在新政权的背景下，阿萨尼亚的心情异常沉重："一直以来我都担心我们会在乱世当中掌握大权。局势已经糟糕到了极点。我们必须在小麦还未成熟之时再一次进行收割。"[①]政府为了自身稳定而不得不再次依靠选举时期的盟友——社会党。新政府成立后，阿萨尼亚和他的部长们的首要工作就是维护局势稳定。他们保持国家的"戒备状态"，并且采

---

① Azaña, vol. IV, p.564.

取新闻审查制度。同时，他们还在全国范围内新任命了国民警卫队——大部分都是阿萨尼亚自己政党的成员。左翼人士或者至少是共和党的官员会被指派到国家警力机构的重要位置任职。佛朗哥将军和戈代德将军这两位危险人物被分别派往加那利群岛和巴利阿里群岛任闲职。土地改革协会再次运转。伴随特赦法令，其他措施也得以实施。然而，这意味着，雇主们不仅必须召回他们在1934年罢工后解雇的工人，而且还要给工人赔偿工资的损失。同时，如果他们不愿保留被雇用的工人，那他们必须为其支付赔偿。因此，新的仇恨被激发。教育部长重新采用1931年到1932年的旧政策，用国民教育代替宗教教育。这导致比塞塔贬值，资本家们转移他们的资产，甚至直接逃离到海外。[1]在阿斯图里亚斯等地，153
煤矿老板停止了煤矿生产；政府以一种临时国有化的名义接管了这些煤矿，并准备在几个月内移交给工人合作社。[2]与此同时，第二轮选举如期举行，国民阵线一盘散沙，人民阵线最终以绝对优势取得了胜利。在众多有争议的选举结果中，宪法保障法庭也支持人民阵线。西班牙自治权利联盟对这些判决提出异议，于是部分法令得到修订，有4场选举被放到5月举行。这些宪法争议进一步恶化了胜利者与失败者的关系。[3]

然而，与其他关乎西班牙法律和秩序的威胁相比，这些难题都算不上什么。从竞选开始的那一刻，全国就发生了一连串谋杀与纵火。这是因为出狱后的社会主义者和无政府主义者过于兴奋，或者此类事件至少与西班牙自治权利联盟和激进党的管控有关。当然也有长枪党故意所

---

① 胡安·马奇于2月16日离开。

② Tamames, p.226.

③ 见Robinson，第256页至第257页。主要政党人数的最后数字是：共和主义左翼党，80人；共和主义联盟党，37人；社会党，90人；西班牙共产党，16人；左翼党，38人；中间派，14人；激进派，1人（！）；巴斯克民族主义者，9人；CEDA，86人；地权派，13人；联盟派（Lliga），13人；君主主义者，11人；卡洛斯党，8人（Tusell, *Las elecciones*, vol. II, p.187）。本处与前文给出的数字不一致，应为该数据本身尚有争议，且会议期间的席位数有所更改。

为，他们想借此证明有必要建立“秩序”体制。卡尔沃·索特洛和戈伊科切亚把他们的失败归咎于西班牙自治权利联盟和1935年“愚蠢的姑息政策”。在动用武力的问题上，何塞·安东尼奥·普里莫·德里维拉仍然态度暧昧。2月21日，他提醒西班牙各地方长官：“地方长官们将要确保没人对新任政府存在敌视态度或者与被打败的右翼相关联……我们当中的激进分子绝不能听信一切有关参与各类阴谋、有意发动政变以及与教团势力相勾结的哄骗。”[1]在选举结束后的一段时间里，他似乎渴望与普列托达成合作，也许普列托将成为一个团结的“社会主义长枪党”的领袖？虽然普列托被他自己的政党孤立，但是他拒绝谈判[2]——即使他与很多人
154 一样，发现何塞·安东尼奥对自己尚怀有同情。此事之后，何塞·安东尼奥已经无法管控住他的追随者们，因为这些追随者认为政党的机遇正在临近：职业杀手被召集，其中包括一些从前在摩洛哥的士兵。[3]遭受左翼更严重的人身伤害后，虽然明显不情愿，但何塞·安东尼奥也开始认为，只有一场武装起义才能拯救西班牙。到1936年2月底，长枪党人也许还不足25,000人，但这并不影响他们煽动的能力。[4]带着机枪，骑摩托车遛来遛去，长枪党的权贵子弟们频繁扰乱治安。何塞·安东尼奥轻率地和他们说：“天堂不是休息的地方，天堂抵制安逸……在天堂里，我们必须像天使一样，扬起头颅。”他们却认为，好极了，我们要试试看。很快，大量的人民行动青年团的成员和其他年轻右翼人士开始转投长枪党，这让何塞·安东尼奥开始担心他的政党会失去原有的立场。[5]

在左翼这一方，于1933年或1934年成立然后随着1934年成员入狱又

---

① José Antonio, *Obras*, p.1103.

② Zugazagoitia, pp.7–8；Rudolfo Llopis in *Ibérica*, no. 7（New York, 1957）, pp.4–6.

③ Payne, p.99 and references.

④ 根据与前省级负责人的对话和其他数据，Stanley Payne认为，对于“一线”民兵，8,700的人数更接近。

⑤ 到了6月，15,000名JAP分子已经转投长枪党。见Gil Robles, p.573。

被取缔的民兵组织和其他准军事组织也回到了街头。他们并没有像大多数人一样去威胁雇主，而是在全国各地发动罢工，并在革命运动中愈发团结。伊比利亚无政府主义者联盟和全国劳工联合会对于这些骚动基本上置之不理。他们坚定相信，只要“无政府主义大全”和“手枪”在手，就能很快脱离各个政党的束缚。与长枪党一样，共和国的衰落让他们沉浸在愉悦和满足之中。人们认为这两伙人中的一些杀手相互勾结——尤其是对抗社会主义者时。据说，社会主义者把长枪党戏称为“FAI-lange”[①]。与此同时，随着日子一天天过去，知名的政治家们在斗牛场或公共广场的集会上不断进行演讲，从集会难以想象的规模上不难看出全国对政治的关注度有多高。拉尔戈·卡瓦列罗的一些活动尤其具有煽动性。

事实上，在2月份选举后的几周内，拉尔戈·卡瓦列罗比以往任何时 155
刻都更陶醉于对革命的憧憬。这种状况的一部分原因是他受到了可望又可即的权力的诱惑，另一部分原因是他本人行事鲁莽。他最终还是受到了在青年运动团体里朋友们的蛊惑，因为他们称他为“西班牙的列宁”[②]。这位经验丰富的工会谈判专家被这个不相称的名头弄得飘飘然。虽然他的政党稳固了阿萨尼亚政府的统治，但是，拉尔戈·卡瓦列罗在西班牙四处向热情高涨的群众发表慷慨激昂的演讲，预言说革命时刻即将到来。其实拉尔戈·卡瓦列罗的真正计划也许并没有这些极端演说中提到的那么激进。事实上，当权力最终来到他的手中时，在他实际处理各种事务上，拉尔戈·卡瓦列罗还是保持着聪明善良、注重实际、处事刻板的品质与风格。最终，出人意料，从1936年3月开始，社会党内关系一直不合的卡瓦列罗

---

① 1934年，何塞·安东尼奥说服了工团主义者佩斯塔尼亚的一些追随者，如尼古拉斯·阿尔瓦雷斯·德索托马约尔（Nicolás Alvarez de Sotomayor，一名内心不坚定的前无政府主义学生）加入长枪党。有一个故事说，何塞·安东尼奥有时会被全国劳工联合会手枪队护送前往巴塞罗那（José del Castillo and Santiago Alvarez, *Barcelona, objetivo cubierto*, Barcelona, 1958, p.133）。工团主义者与长枪党之间从未进行过谈判。

② 根据Stanley Payne, *The Spanish Revolution*（New York, 1970）, p.108, 1933年夏天，社会主义青年运动开始使用拉尔戈的这个绰号。

派和普列托派公然进行对抗。此时，普列托控制了社会党的执行委员会和社会党报纸《社会主义者》。而拉尔戈掌管劳动者总工会，新创办了《光明报》(*Claridad*)，并且领导着年轻的社会党党员和马德里的社会党。尽管普列托派的领导者发表了许多精彩的演讲，但他们并不会主动发起攻击。拉尔戈一派依稀察觉出胜利即将到来的苗头，期望“在街道上”赢得胜利。年轻的社会党党员使用严厉的措辞，指责普列托的改良主义以及他在阿斯图里亚斯起义期间为了人身安全而出逃法国一事，他们坚信未来是属于他们的。1936年初，“卡瓦列罗主义”的革命浪潮势头正劲，这让身处城市的年轻社会主义者们认为，“革命”是帮助农业工人的唯一途径。[①]

1936年春天，正当左翼被浮夸与混乱的思想包围时，右翼与中间派的残余势力联合在一起。出于对左倾思潮的崛起将会颠覆西班牙社会的共同恐惧，西班牙自治权利联盟成员、军队官员、卡洛斯主义者、君主
156 主义者、小规模很有权势的资产阶级，甚至还有勒鲁斯的追随者们，都把阿萨尼亚的政府当作1917年在俄国布尔什维克出现之前的克伦斯基政府。西班牙被境外势力的阴云笼罩。由于选举成功无望，反对势力继续保持团结。人民阵线掌权之后，许多曾经在1931年、1933年是激进党党员或者支持激进党的人为右翼提供了战略上的支持。在议会中，西班牙自治权利联盟仍然是规模最大的独立党派，但也确实没有占到绝对优势，对于从前投支持票的人，这表明基督教民主实验的失败。希尔·罗夫莱斯在西班牙中产阶级中首领的位置被更加肆无忌惮的卡尔沃·索特洛抢占，当议会再次举行会议时，索特洛自认为是反对派的首席发言人。希尔·罗夫莱斯对此十分谨慎。3月，他对他的全国委员会说：“我不相信政府会允许自身遭受肆意妄为的侵害，我们都已做好帮助政府摆脱这种困境的

① 劳动者总工会此时有150万名会员，其中一半是农村工人。剩下的人中，一半以上是工厂工人或矿工。其余的是店员、“知识分子”或店主。后来马达里亚加（Madariaga）在一篇著名的文章（*Spain*, p.223）中说，正是社会主义政党两翼之间的争吵，才使内战不可避免。

准备。”西班牙自治权利联盟所谓的与政府“合作”体现在：解散所有民兵队伍；右翼可以支持经济重建计划；不再开展针对天主教学校的活动。希尔·罗夫莱斯和他的追随者们自然将继续留在议会。[①]但是后来，留在议会的希望变得渺茫。组成西班牙自治权利联盟的重要团体巴伦西亚地方权利党（Derecho Regional Valenciano）在其反复无常的副主席路易斯·卢西亚的带领下，公然支持武装起义。

由来已久的半君主主义、半军事主义的反共和国阴谋再次被谋划。自从希尔·罗夫莱斯离开战争部后，凡胡尔、庞特、奥尔加斯、埃米利奥·巴雷拉和冈萨雷斯·卡拉斯科（González Carrasco）等将军们定期进行会面。从1936年1月开始，这些军官与名为“西班牙军事联盟”的右翼军事组织保持联系。该组织在1933年由一个低级军官军政府组建，目的是在军队中保持“严格意义上的爱国主义”。相比于士兵，该组织的领导者们更适合充当阴谋家。1934年，他们的活动促使团体——共和国反法西斯军事联盟组织成立。[②]把佛朗哥将军和戈代德分别“流 157

① *El Debate*, 6 March 1936. 见Robinson, pp.253–254.

② 即西班牙军事联盟（UME），第一任主席是巴托洛梅·巴尔巴（Bartolomé Barba）少校，他是阿萨尼亚的前员工，并且阿萨尼亚也对他产生了强烈的仇恨：他显然是通过卡萨斯·维耶哈斯（Casas Viejas）传播谣言，造谣在1933年阿萨尼亚命令卫兵向无政府主义者的“内脏”射击。UME的副主席是参与1932年密谋的罗德里格斯·塔杜希（Rodríguez Tarduchy）上校。不过，UME国家领导人的地位从来都不重要：它是分散的。从1934年起，UME就与长枪党以及中间派和君主主义阴谋家有过接触，只是UME国家领导人的重要性被夸大了。反法西斯共和党（UMRA）由埃内斯托·卡拉塔拉（Ernesto Carratalá）上校、何塞·玛丽亚·恩赫索（José María Enciso）少校、海军机械师罗德里格斯·西艾拉（Rodríguez Sierra）和帕拉西奥（Palacio）船长联合创建，但这些都不是很重要的人。后来该组织有两名将军（努涅斯·德普拉多和戈麦斯·卡米内罗）和几名上校加入。迪亚斯·滕德罗（Díaz Tendero）是该组织的神经，他是一名从军阶中崛起的军官，因为不能升到比上尉更高的位置（根据规则）而感到沮丧。共产主义者莫德斯托（Modesto）表示，马德里有200多名属于UMRA的军官（Modesto, p.13）。它实际上是UMR和UMA（共和国军事联盟和反法西斯军事联盟，*Unión Militar Republicana*和*Unión Militar Antifascista*）的合并，可能与1931年之前成立的类似协会有一些联系。

放”到加那利群岛和巴利阿里群岛的目的是将这些可能会背叛共和国的人放逐到没有威胁的地方；然而，与此同时，曾经在摩洛哥担任指挥官的莫拉将军被调往纳瓦拉的首府潘普洛纳，该城市也是卡洛斯主义势力的中心。

这几位将军到达新岗位前，于3月8日在天主教商人何塞·德尔加多的家中进行了最后会面。[①]他们就可能在圣胡尔霍的领导下发动武装起义的问题达成共识：要么总统将大权交给拉尔戈·卡瓦列罗，要么国民警卫队被解散，要么国家彻底陷入混战。恩里克·巴雷拉和奥尔加斯将军显然都希望尽快发动起义，而莫拉更加谨慎。[②]留守马德里的将军们自己建立了有组织的委员会。

佛朗哥在去加那利群岛之前会见了阿萨尼亚，并且提醒这位总理要小心共产主义带来的威胁，但阿萨尼亚并未予以理睬。[③]3月13日，佛朗哥在他的连襟、萨拉戈萨的西班牙自治权利联盟代表拉蒙·塞拉诺·苏尼尔家中会见了何塞·安东尼奥，但是谈此次话并未达成共识。[④]佛朗
158 哥建议何塞·安东尼奥应该与外籍军团的亚格上校保持联系。但是，何塞·安东尼奥似乎想通过此次会面寻找能团结西班牙的中心人物，而非自己参与阴谋。与此同时，卡洛斯主义者正忙于拉拢圣胡尔霍将军。圣胡尔霍曾在2月访问过德国——名义上是出席冬季奥林匹克运动会，实际是想独享武器的来源，但是德国方面不愿作保证，德方仍然希望主要

---

① 对于到底谁在那里或者到底说了什么众说纷纭。佛朗哥、奥尔加斯、比列加斯（Villegas）、巴雷拉、凡胡尔、罗德里格斯·德尔巴里奥（Rodríguez del Barrio）、庞特、安德烈斯·萨利克特（Andrés Saliquet）、加西亚·德拉·埃兰（García de la Herrán）、恩里克·巴雷拉和冈萨雷斯·卡拉斯科将军以及戈代德和莫拉将军都被提及出席了会议。

② B. Félix Maiz, *Alzamiento en España*（Pamplona, 1952）, p.50；José María Iribarren, *Mola*（Saragossa, 1938）, p.44.

③ 这段对话很含蓄。佛朗哥说：“你把我送走是不对的。在马德里，我会对军队和西班牙的和平更有帮助。”阿萨尼亚回答道：“我并不害怕事态发展。我知道圣胡尔霍的起义，并且本可以阻止它，但我宁愿让它失败。”（*Cruzada*, IX, p.468.）

④ Joaquín Arrarás, *Franco*（Buenos Aires, 1937）, pp.186–187；Serrano Súñer, p.8.

把武器出售给西班牙政府。[①]经过这次短暂的失败，圣胡尔霍越来越坚定了卡洛斯主义：这让他想起了他的父亲——“卡洛斯七世”军队里的一名陆军上尉，在战斗中死去——他的遗体被葬在纳瓦拉。他还想起了自己的祖父，同样是卡洛斯战争中的战士——萨卡内利将军。圣胡尔霍十分多愁善感，这几个月卡洛斯长官们的接连拜访让他的心情平复了下来。一日，卡洛斯主义领导人法尔·孔德带着他扮着一副义勇军模样的儿子佩皮托前来拜访，这竟然使这位老将军流下了眼泪！他由内而外地感受到了卡洛斯主义对他的影响。[②]

然而，将军们在马德里组建的委员会在罗德里格斯·德尔巴里奥将军的指导下，展开了分头行动。他们谋划在4月17日发动政变。罗德里格斯·德尔巴里奥、奥尔加斯和恩里克·巴雷拉在马德里发动政变；比列加斯在萨拉戈萨发动政变；凡胡尔在布尔戈斯发动政变；庞特和萨利克特在巴利亚多利德发动政变；冈萨雷斯·卡拉斯科在巴塞罗那发动政变。这几场政变只是“为了西班牙”，并没有特别的政治目的。只有当胜利结束后，将军们才会考虑政体结构、徽章等。[③]谋划者们有些拿不定主意：在潘普洛纳的莫拉、马略卡岛帕尔马的戈代德和拉斯帕尔马斯的佛朗哥这些人的帮助下，究竟是从各省向马德里进军，还是在马德里集结后，再征服各个省？圣胡尔霍将成为名义上的最高统帅。 159

① 关于圣胡尔霍访问的新照片，参阅这本详尽的著作：Angel Viñas, *La Alemania Nazi y el 18 de julio*（Madrid, 1974）。在圣让德卢兹，年迈的卡洛斯党摄政唐阿方索·卡洛斯未来的继承人弗朗索瓦·哈维尔·德波旁·帕尔梅亲王主持了一个战争委员会的工作。他们购买了6,000支步枪、150支重机枪、300支轻机枪、500万发子弹和10,000枚手榴弹。然而，其中只有少数从德国购买的机枪是在1936年7月前抵达西班牙的。其余的机枪在安特卫普被没收，即使在弗朗索瓦·哈维尔亲王和他的堂兄比利时国王的干预下，也无法解除对机枪的扣押（*Cruzada*, XIII, p.447）。

② Lizarza, p.59.

③ 冈萨雷斯·卡拉斯科将军1946年的证词，引自De la Cierva, *Historia ilustrada*，第225页至第230页。

随着军官们的反叛准备就绪，政府似乎越来越稳不住局势。而且，因为需要社会党的支持来保住地位，政府不能随意行使权力。因此，政府人员虽然可以在2月27日关闭长枪党在马德里的总部，但不能把社会主义青年团体怎么样。实际上，也没有几位大臣想这么做。面对中央政府的一些主张，阿萨尼亚也许不会认真对待。但是，他所领导的人民阵线在马德里和其他省会似乎已逐渐成为革命社会主义左翼的工具。日子一天天过去，在各种新闻的包围下，紧张的气氛一直未能消散，在某个省会，这儿发生一起谋杀案，那儿又发生一起蓄意私刑案，不是教堂和女修道院就是报社被烧毁。3月15日（当天，一个长枪党人先是袭击了希门尼斯·德阿苏亚，随后向拉尔戈·卡瓦列罗的家中投掷了炸弹），何塞·安东尼奥因在未经许可的情况下私藏军火而遭到逮捕。[1]这导致他的组织群龙无首，并且打断了以他为首的温和派作风。在逮捕何塞·安东尼奥之前，阿萨尼亚显然想放走他，并提醒他逃离海外。何塞·安东尼奥称："我的母亲重病在身，我不能一走了之。"阿萨尼亚说："可是你的母亲已经在多年前去世了。"据说何塞·安东尼奥回复道："我的母亲是西班牙，我不能离她而去。"普里莫时期的劳工部长爱德华多·奥诺斯（Eduardo Aunós）也建议他应该离开西班牙。何塞·安东尼奥说："我当然不可能出逃，长枪党可不是由阴谋分子组建的把领导者们安于海外的老派政党。"

长枪党总干事雷蒙多·费尔南德斯·奎斯塔（Raimundo Fernández Cuesta）是何塞·安东尼奥的儿时好友和私人律师，当长枪党的领袖入狱后，他并没有足够的能力填补领袖位置。

一周后，左翼势力以卡萨斯·维耶哈斯的方式攻击了共和国。尽管土地改革加大了执行力度，但很多投票支持人民阵线，没有土地的农民认为改革的速度太慢了。冲突发生在埃斯特雷马杜拉的大庄园地区，自

① Ximénez de Sandoval, p.520.

1931年以来，这里就是政治斗争的频发区域。冬季的暴雨推迟了耕种时间，让紧张的局势雪上加霜。农业失业率再次攀升。3月初，农民们 160
开始在一两个大庄园内游荡，他们期待着土地改革的到来，但是土地改革协会的方案迟迟落实不到村庄。新任农业部长——法学教授马里亚诺·鲁伊斯·富内斯（Mariano Ruiz Funes）察觉到了民怨，为了加快埃斯特雷马杜拉的安置工作，他启用了最后一次修订的土地法中的“社会公用”条款，不过这一条款并非为应对这一情况而产生。但是，这一让步未能挽回局面。3月25日，大约6万名有准备的社会主义工会的农民在省全国农业工人联合会的指示下，于早上5点抢占了将近3,000个农场，他们高呼“共和国万岁！”，并开始耕种。这次一天内被安置的农民数量是自《土地改革法》实行以来安置数量的数倍，这次被占的土地并不会归还。军队发生调动，但如今已不再是1917年那个时候了，最终，军队又被撤回。接着在同一地区，又有数量不明的农民安置下来，同样没有受到法律的制裁。春耕时期结束后，大范围的抢占才停止，然而整个省的经济活力被击垮。在巴达霍斯，起码自由已经到来！土地一部分是集体耕地，另一部分归新持有土地的农民。[1]

伴随着这场土地抢占运动，其他省份的农村地区爆发了一系列由薪资引起的严重罢工。许多气势汹汹的劳工来到大农场，用威胁的手段要求得到工作。地主们向城市逃跑。为了避难，小农场主也是如此。一些村庄里胆怯的人甚至惧怕去教堂，因为当时会把常去教堂的人与封建时期的西班牙相联系。与此同时，土地改革协会的常规安置工作陆续展开：3月份，官方确定有将近70,000人得到安置，其中包括那些在巴达霍斯掀起运动的农民们；4月份安置20,000人；此后直到7月份为止，每个月安置5,000人。也许土地改革协会所公布的2月份到7月份之间安置人数过于保守，农业部长鲁伊斯·富内斯公布的数字

---

① 唯一比较准确的记录是Malefakis，第370页。

更加准确，他统计的安置人数总计是19万人。[①]当时在耶斯特（穆尔西亚）发生了一起恶性事件，有几个农民被意外残忍地杀害。除了这
161 些问题外还有农业本身的衰落：土地歉收，得不到农业贷款，并且农场管理者也在考虑是否有继续开工的必要。1936年初，农村很多地区都人心惶惶。为了保证土地抢占运动的进行，全国农业工人联合会召集其成员在各个村庄组建民兵组织，这使气氛更加紧张；事实上，从1934年开始，以体育协会作为伪装来建立民兵组织的情况一直存在。[②]闪电罢工常常发生，人们没有任何征兆就突然展开罢工，他们要求提高工资和减少工作时间，并且在为了保护自身利益而发起抵抗的地主和管理员们身上得到了这两项权益。一名在安达卢西亚的英国人回忆称："工人们脸上胜利的表情有时非常引人注目。"[③]

两翼的青年团体都对各自领袖的"因循守旧"嗤之以鼻：社会主义青年团体把普列托看作叛徒，人民行动青年团的成员们则认为希尔·罗夫莱斯（还未到40岁）太老了。几名3月份出访莫斯科的年轻社会主义领导者回国后加入了西班牙共产党。[④]报童们为了一捆捆左翼或者右翼的报纸打得不可开交。两翼的青年团体走上街头，无论走到哪里似乎都得把国家挂在嘴边。人民行动青年团的机动中队与意大利的早期法西斯主义者一样冲进工人阶级地区并射杀他们的敌人，他们的敌人也以同样的方式回击。阿萨尼亚所做的一切都反映出，西班牙的工人阶级已成为"艺术家手中的原材料"。4月4日，美国记者路易斯·费舍尔（Louis Fischer）对阿萨尼亚进行了采访。费舍尔问："您为什么没有对军队进行清洗？"阿萨尼亚反问道："为什么要这么做？""因为几周前坦克开进了街道，您在内务部待到了凌晨2点。您一定是在担心爆发起义。"

---

① 关于讨论见Malefakis, p.378。

② De la Cierva, *Los documentos*, p.199.

③ Gerald Brenan, *Personal Record*（London, 1974）, p.277.

④ Carrillo, p.43.

阿萨尼亚回复道："一定是你从咖啡馆里听来的闲言碎语。"费舍尔说："我在议会听到的。"阿萨尼亚回道："好吧，那确实是一间很大的'咖啡馆'。"（实际上，许多咖啡馆里的消息都是从议会流出来的）他又补充道："西班牙唯一永远正确的人只有阿萨尼亚，如果所有西班牙人都追随阿萨尼亚，一切都会很美好。"①但是，面对另外一名记者的采访他更明确地承认："光明与黑暗同在！这才是西班牙。"②

4月初，一场与总统有关的宪法危机爆发了。根据宪法规定，由 162
于阿尔卡拉·萨莫拉两次解散议会，议会可以投票解除他的总统职务。左翼最终还是准备着手启动该法令，即便第二次解散议会让他们获益。新任政府也发觉这位总统是一个"暴躁，且易被触怒的敌人"，他看上去像是"反对共和主义的反对派领袖"。有些人认为，阿尔卡拉·萨莫拉也许会通过解散议会来发动政变，并且组建不受议会管制的政府。③拉尔戈·卡瓦列罗和他的朋友们认为阿尔卡拉·萨莫拉带有"东方宫里残留下来的波旁王朝精神"④。他们希望废除阿尔卡拉·萨莫拉的总统资格，然后推举阿萨尼亚成为总统候选人，让他能有力地管理政府⑤。事实上，阿萨尼亚的确可以让普列托来组建政府，但是普列托可能将遵照社会党的态度否决这一决定。阿萨尼亚和普列托都将被"中立化"，而且成立一个弱势的政府，既应付不了左翼，也应付不了右翼。这将真正打开"革命的大门"。最终，一直担心在社会党失去立足之地的普列托遵从指示，他甚至被说服成为"弹劾"总统的带头人。当考验来临，阿尔卡拉·萨莫拉的朋友们都离他而去。由于阿尔卡拉一直

---

① Louis Fischer, *Men and Politics*（New York, 1941）, p.307.

② Fernsworth, p.176.

③ Azaña's recollections, in *Obras*, vol. IV, p.719.

④ Gil Robles, p.578.

⑤ 参阅马里查尔（Marichal）与阿拉基斯塔因就此事进行的对话，以及普列托的尖刻评论，见Azaña, vol. III, p.xxxii。

致力于不让希尔·罗夫莱斯和西班牙自治权利联盟夺取权力，因此他们不会投票给阿尔卡拉。君主主义者们痛恨他背叛了国王，因此他离开的时候，没有人惋惜。这个心灰意冷的阴谋家痛恨所有他曾经的同伴，同时也永远得不到这些同伴的原谅。①

阿萨尼亚真的成了唯一得到左翼支持且有潜力的总统候选人。事态似乎正沿着拉尔戈·卡瓦列罗、阿拉基斯塔因和阿尔瓦雷斯·德尔巴约所预想的方向发展。如今，他们和他们年轻的支持者们“对于能够强势占据政权中心信心十足”②。

4月15日，卡斯特亚纳大道上正在举行庆祝共和国成立五周年的游
163 行活动，一枚炸弹被扔到了总统讲台。国民警卫队的中尉阿纳斯塔西奥·德洛斯·雷耶斯（Anastasio de los Reyes）被突击警卫队射杀，原因是他被认为用他的左轮手枪瞄准了阿萨尼亚。这位军官的葬礼引发了一场示威游行。大多数马德里的长枪党人陪同灵车一同前往东墓园，他们声势浩大，一起高喊：“西班牙！统一，伟大，自由！”社会党青年团体中激动不已的成员们高唱着《国际歌》，握拳敬礼，并向送葬队伍扫射。在墓园，长枪党与突击警卫队之间发生了持续战斗。这一天中有12人丧生——其中包括何塞·安东尼奥的堂兄安德烈斯·萨恩斯·德埃雷迪亚（Andrés Sáenz de Heredia）。这场小规模的冲突预示着内战的爆发。谣言已经无法控制。右翼声称，被整个西方世界认为在思想上将罗伯斯庇尔和列宁相结合的匈牙利共产党员——贝拉·库恩已经来到塞维利亚开展革命运动。但来西班牙策划革命的人，实际可能是记者伊利亚·爱伦堡（Ilya Ehrenburg）。

尽管局势似乎正在向内战发展，但在4月份，武装起义的计划失败

① 阿尔卡拉·萨莫拉在西班牙逗留了一两个月，并于7月初前往南美洲，在那里，他一直生活在贫困中，直到1949年去世。见Gil Robles's account, pp.582–595。马丁内斯·巴里奥是临时总统。

② Marichal, in Azaña, vol. III, p.xxxiii.

了。起义的决定权掌握在罗德里格斯·德尔巴里奥的手中。他是军队的监察长。他的任务是让马德里守备部队发动起义。恩里克·巴雷拉将军准备逮捕战争部长马斯克利特将军，然后接管军队。然而，罗德里格斯·德尔巴里奥因胃癌而病危。在最后时刻，一部分缘于他的健康问题，另一部分缘于巴塞罗那军官们的临阵退缩，他延迟发动起义。滞留在愿提供支持的意大利大使馆的奥尔加斯将军没有等到起义的号角。如果起义在4月份发动，结果很可能会失败，因为无论是长枪党还是卡洛斯主义者，都没做好准备工作。这次谋划的失败让反对派的军官们一致认为应该让潘普洛纳的莫拉将军出任整个策划的“负责人”。[①]

埃米利奥·莫拉是一位有胆识、有新思想、为人狡诈且很有文学头脑的军官，他那张像苦行僧一样戴着眼镜的脸，让人觉得他更像是一名“教皇的秘书而不像一名将军”[②]。然而，他来自曾在19世纪献身于自由主义的军人世家。出生在古巴且曾活跃于摩洛哥正规军的他曾在保卫 164
达·阿蔻巴时表现英勇。君主政权倒台时，莫拉是安全总干事，并因此遭到共和主义知识分子的异常痛恨——“枪决莫拉”曾是1930—1931年间叛乱者之中广为流传的口号。最终，在离开政坛时，他没有在阿萨尼亚的第一届政府中得到任何职位，但他的自传大获成功。1936年以前，他并没有参与过反抗共和国的阴谋，但要阴谋诡计显然是他最拿手的。

他很快就明确了战略部署，计划在西班牙重要城市以及巴利阿里群岛、加那利群岛和西属摩洛哥各地都建立两个分部：一个是民用，另一个是军用。与一些人不同，莫拉认为老派的声讨时代已经过去：平民的支持至关重要。莫拉宣称，运动的目标是建立“秩序、和平和正义”。然而，后续政府将要面临的困难显然比普里莫·德里维拉统治时期要更加难对付，更加顽固：莫拉预想的第一次声讨并非像普里莫时期那样仅

---

① *Cruzada*, IX, p.510. 另一个计划是与即将离任的总统建立一个军事内阁。

② Sefton Delmer, *Trail Sinister*（London, 1961）, p.299.

仅成为西班牙宪法时代一段“短暂的插曲”。除了受国外思潮影响的人、社会主义者、共济会会员、无政府主义者、共产主义者，所有人都可以参与起义。省代表们受命研究攻占当地公共大楼的详细计划，尤其是通信线路，并且做好宣布进入战争状态的准备。圣胡尔霍将军将坐飞机从葡萄牙返回国内出任军政府的首脑，“他将很快设立当地的法律”。在塞维利亚等地的起义运动中，长枪党被赋予重要地位，但在其他政治目标上，他们没有提及任何计划。莫拉的第一步计划包括以下内容：

> 需要时刻谨记，为了尽快击败实力强大且组织性强的敌人，这场运动绝对不能手下留情。因此，不承诺支持运动的所有政党、社会团体和工会的领导者都将被关入监狱：对这些人必须严刑拷打，这样，反抗运动和罢工才会被扼杀在摇篮里。[①]

这份文件的署名是“领袖”——这说的是莫拉。这场阴谋由一小撮
165 军官组织。他们依靠时机的把握，促使其他爱国分子加入：参战的军官大多不是长枪党人，甚至有少部分人还是君主主义者。然而，很多退役的军官都乐于参加起义。也许他们只是受到了妻子的怂恿：“你能忍受这样的局面吗？军队是干什么用的？军队什么时候参加起义？”[②]在整个春季，持续混乱的局势让越来越多的军官开始躁动不安。与此同时，罗德里格斯·德尔巴里奥将军在马德里病逝。恩里克·巴雷拉将军被关进加的斯监狱，奥尔加斯将军被流放到加那利群岛。他们在4月份的行动都已被政府提前发觉。

卡洛斯主义者正在里斯本忙着与圣胡尔霍研究“革命结束后，未来

---

① Qu. Bertrán Güell, p.123.

② 这是律师马伦（Marón）在与阿萨尼亚对话中表达的观点，见Azaña的对话，*La velada en Benicarló*, *Obras*, vol. III, p.405。

西班牙的政治体制”问题。法尔·孔德想解散所有政党，并建立只有3个人的内阁——圣胡尔霍出任总统，掌管国防；一位教育部长以及一位“工业”部长分别负责教育和工业领域。同时在春季期间，阴谋家们与巴斯克民族主义者展开了谈判：莫拉和君主主义者们试图游说后者与左翼脱离干系，甚至还以为他们提供部分武器装备作为条件。[①]对有可能加入起义的领导者的思想工作持续展开。莫拉的通信员中，有的是来自上层阶级的女孩，有的是衣着平民装束的军官。从西班牙军队在半岛上8个军区的司令部，到巴利阿里群岛和加那利群岛的小规模指挥部，再到山区的3个旅和3个检查团，这些通信员坚韧而隐蔽地在铁路和公路上长途跋涉：包含名字、日期、任务的信息被委派了一遍又一遍。

在当时西班牙八大军区中，每个军区在理论上都有一个师，每个师都有两个旅。通常来讲，第二旅的人手一般不足，因为有人员返乡，还有许多入伍士兵的兵役会被买断而提前结束。因此，在每个师中，第一旅指挥官的位置很重要。第一旅指挥官的指挥部与当地师级指挥官的指挥部在同一座城市：其他旅设立在较小型的城市，比如莫拉在潘普洛纳的旅（归属于第六师的第二旅，其指挥部设立在布尔戈斯）。每个旅有两个团，其中第一旅的第一团驻扎在当地指挥部。另外3个团分别驻扎 166
在其他市镇，其部队单位规模有时只有1个排。

按照计划，阿萨尼亚政府必须保证各位师长都是共和主义者；但是，只有在萨拉戈萨指挥第五师的瓦尔德斯·卡瓦内利亚斯（Valdés Cabanellas）将军投靠了莫拉，其他几位师长都对莫拉怀有敌意。莫拉计划让那些在当地城市服役或者特意被指派到其他地区的将领来控制那些有敌意的师及其下属部队。

莫拉当然也派代表去了非洲军团的总部，不过，莫拉这个名字并不是每次都灵。许多指挥官不愿表态。他们总在问：“戈代德的计划是什么？

① Gil Robles, p.729.

佛朗哥打算怎么做？”马德里的将军们与卡洛斯主义者的意见似乎依旧无法达成一致。一名莫拉的代表在4月份从安达卢西亚发往潘普洛纳的电报中称：“没有不好的孩子，只有差劲的保姆。”他以此来暗示，年轻士兵们已经蓄势待发，但长官们还在拖拖拉拉。①长枪党一方又怎么样了呢？在狱中的何塞·安东尼奥警告称：“我们不是先锋军，不是突击队，也不是任何混乱的反动团体的忠实盟友。”②这话说得很有胆量，但这也许充分表达出这群自从1931年莱德斯马创办《征服国家》以来就总是在大街上打架斗殴的“反动团体”——老派长枪党人的真实想法。但这一次，拉弓没有回头箭，面对武装起义，长枪党明显不会袖手旁观。

5月1日，西班牙各地举行了传统的工人阶级游行。伴随游行的还有全国劳工联合会在多座城市号召的大罢工。如今，几乎被布尔什维克化的社会主义青年团体沿着大城市的街道举行游行，他们那副英勇无畏又奋勇向前的样子，就像红军的队伍一般。4月25日，《光明报》呼吁各个村庄组建百人规模的民兵组织，握紧拳头向《国际歌》的歌声敬礼，向在阿斯
168 图里亚斯的战斗中谱写的歌曲敬礼，或是向“五月一日”，向“青年近卫军”敬礼。沿着马德里的卡斯特亚纳大道，拉尔戈·卡瓦列罗、斯大林和列宁的巨幅画像如旗帜一般被扛起，代表着西班牙阿方索国王的贵族们在华丽的阳台上被眼前的一幕幕吓得惊慌失措。这当然不能再进行下去！普列托利用在昆卡举行的补缺选举的机会发表了重要讲话，他表示：“国家不堪忍受的是没完没了的杀戮和社会骚乱，而革命又迟迟不能结束。”他措辞巧妙地表示，当今局势已不仅是在为法西斯主义的崛起推波助澜，而

① 加西亚·埃斯卡梅斯上校准确的话是：“当个姑娘还行，当个负责人就糟糕了（*Las niñas, regular, las encargadas, pésimas*）。”

② Francisco Bravo, *Historia de la Falange de las Jons*（Madrid, 1940）. 1936年2月至7月，长枪党的人数与共产主义者的人数一样大幅增加，可能达到75,000人。除了奥内西莫·雷东多供职于巴利亚多利德的组织（该组织在塞维利亚的工人中也获得过一些追随者），这些人都是年轻的中产阶级男子或大学生，他们的职业尚未明确，以及还有比人们想象中更多的军官。

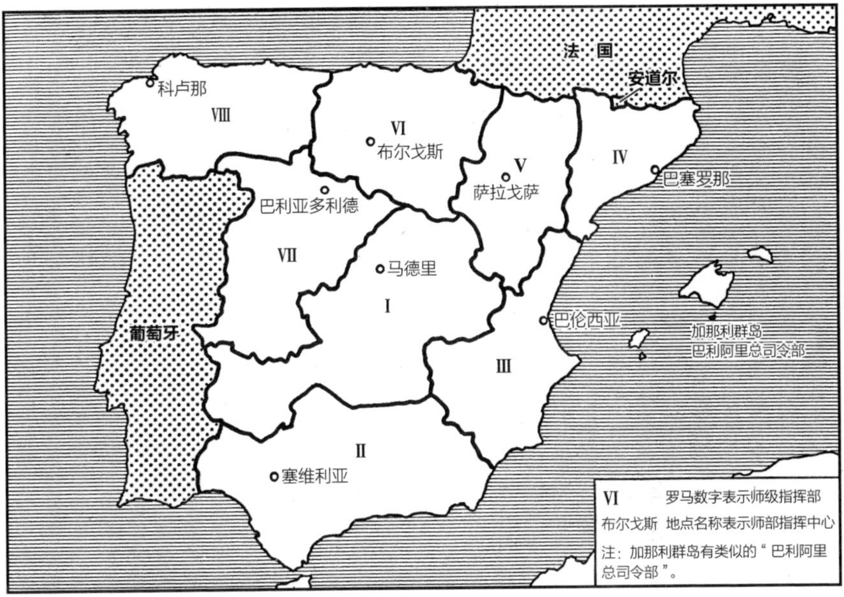

图5 西班牙的军事部署，1936年

他认为佛朗哥将军有足够的能力和精力来领导一场武装起义。[①]但是，他的听众想听到的并不是警告。在埃西哈的一场喧闹的集会上，普列托遭到了年轻的社会主义者和卡瓦列罗主义者的人身威胁。[②]

选举最终在两个有争议的省份（昆卡和格拉纳达）举行。在格拉纳达，人民阵线的13位候选人全部当选；在昆卡当选的有3名人民阵线成员——1名中间派成员，1名西班牙自治权利联盟成员，还有1名地权派成员。何塞·安东尼奥的候选资格以不明原因被取消，佛朗哥将军的提名资格也被撤销。这两次选举中，左翼分子的恐吓行为很可能影响了选举结果。[③]4天后，何塞·安东尼奥在狱中给西班牙士兵们写了一封公开

① De la Cierva, *Los documentos*, p.235f. 演讲确实也有含糊不清之处。
② Prieto, *Convulsiones*, vol. III, pp.160–167. 他从后门逃走了。
③ 关于右翼的观点，见Gil Robles，pp.558–565。

信，呼吁他们结束所有针对“西班牙不可侵犯的国家身份”的攻击。他补充道：“在最后，就像斯宾格勒所说的那样，拯救文明的往往源于一排士兵。”①如果换作以前，何塞·安东尼奥一定会说现役士兵们都是些胆小怕事的无用之徒，最懦弱的当数佛朗哥。②

5月10日，阿萨尼亚以238票对5票的绝对优势，顶替阿尔卡拉·萨莫拉出任总统。这一时刻被仍然支持拉尔戈·卡瓦列罗的阿拉基斯塔因和拥护普列托的《社会主义者》编辑胡利安·苏加萨戈伊蒂亚（Julián Zugazagoitia）在走廊里爆发的冲突给搅乱了。西班牙自治权利联盟和右
169 翼各政党没有派任何候选人出席，并且在投票中选择弃权。几天后，卡萨雷斯·基罗加成为总理，并且组建与阿萨尼亚担任总理时期相似的内阁。③尖酸刻薄的卡萨雷斯以过人的精力著称，但这说的是1933年他

① Ximénez de Sandoval, p.551.

② Ansaldo, p.125.

③ 这一不幸政府的成员，除了卡萨雷斯（他自封为战争部长），还有：胡安·莫莱斯（Juan Moles），一名年迈的加泰罗尼亚民族主义者，尽管华金·毛林认为他是“木乃伊”，但他还是受到CEDA的信任，担任内务部长；恩里克·拉莫斯（Enrique Ramos），阿萨尼亚的副秘书兼1931—1933年的亲密助手，担任财政部长；著名共济会成员、共和党律师奥古斯托·巴西亚（Augusto Barcia）担任外交部长；马里亚诺·鲁伊斯·富内斯，法学教授，担任农业部长；1931年至1933年的铁路总监安东尼奥·维劳（Antonio Velao）担任公共工程部长；弗朗西斯科·巴恩斯（Francisco Barnés）是自由学院的典型产物，担任教育部长；何塞·希拉尔，化学教授，自20世纪20年代以来一直是阿萨尼亚的助手之一，他从1931年至1933年担任海军部长，现在重新担任这个职务；曼努埃尔·布拉斯科·加尔松（Manuel Blasco Garzón），前激进分子和律师，曾跟随马丁内斯·巴里奥加入共和联盟党，担任司法部长；普拉西多·阿尔瓦雷斯·布伊拉（Plácido Alvarez Buylla），来自一个与自由学院有着密切联系的家庭，担任工业部长；贝尔纳多·吉纳·德洛斯·里奥斯（Bernardo Giner de los Rios），与自由研究所创始人有类似关系，通信部长；胡安·卢希（Juan Lluhí），最近担任自治政府议员，被任命为劳工部长。尽管米格尔（Miguel）和何塞·巴迪亚（José Badia）两位极端分离主义兄弟被杀，但加泰罗尼亚最近一直很安静（“加泰罗尼亚绿洲”），人们认为卢希可能因此在西班牙产生了一种平静的效果。内阁才智出众、诚实，但里面有太多律师，没有人有行业，哪怕是工会的经验。

担任内务部长的时候，而且多少有些缺乏根据：阿萨尼亚召见他时，卡萨雷斯·维耶哈斯正不安地守坐在自己的床前，他连穿衣服的力气都没有——此时，卡萨雷斯身患肺结核。在他得到总理的职务之前，普列托曾是阿萨尼亚中意的人选，但是不出所料，由于他的社会主义议会团体投票反对加入这届政府（49比19票），他不得不拒绝接受总理的职务。阿萨尼亚希望能建立由中间派人士组成的大型联盟，如果成功的话，也许能让国家免于战火。然而，他并没有如人们想象的那样执着于这个理念，而且这个计划似乎更像是历史学家的后见之明，而非他本人在实践中的记录。希门尼斯·费尔南德斯为了西班牙自治权利联盟仍然与普列托保持联系。与5月初时一样，这些计划常常缘于同一原因受阻：拉尔戈·卡瓦列罗的敌意及其在党内的统治地位。

5月21日，马德里的社会主义者们就以下目标达成了共识："第一，尽可能用一切手段，通过工人阶级来夺取权力。第二，将个人财产转变为社会集体财产和共有财产。在过渡期间，政体的形式将是无产阶级专政。"5月24日，拉尔戈·卡瓦列罗在加的斯发表了重要讲话，"当人民 170
阵线瓦解的时候，"他宣称，"一切终将瓦解，之后无产阶级的伟大胜利将会到来。到了那时，我们将大力宣扬无产阶级专政，这并非意味着压制无产阶级，而是压制资本家和中产阶级！"[①]贝斯泰罗对一家法国报纸开诚布公地说，西班牙当前局势与1917年的苏联大相径庭，因此西班牙不会一头栽进共产主义。共产主义报纸《工人世界》(*Mundo Obrero*)嘲笑他是半吊子马克思主义。[②]然而，目前为止已经发生了很多真正意义上的过激行为。在这几个月中，双方互相滥用语言暴力，这表明局势在不断恶化。难道拉尔戈真的像他在演讲中说的那样，刻意激起右翼发动起义，借此打败右翼从而夺取权力？事实上，很难相信他真正了解自

---

① *El Socialista*, 26 May 1936.

② *Mundo Obrero*, 15 May 1936, quoted De la Cierva, *Los documentos*, p.456.

己的一番说辞会将他引向哪一方。会是西班牙共产党一方吗？①西班牙共产党领导层的作风仍然很谨慎，共产国际的“指令员”意大利裔阿根廷人维托里奥·卡德维拉无疑比以往任何时候都更遵守莫斯科的指示。如今，斯大林正渴望与民主人士达成最大程度的合作，此时的局势对于维托里奥来说，很难在西班牙找到真正开展革命的机会。

1936年5月，无政府主义者在萨拉戈萨举行了一年一度的代表大会，他们就西班牙未来局势进行了讨论。“三十分子”与伊比利亚无政府主义者联盟之间长达5年的争斗得以平息，前者被重新归入运动中，但伊比利亚无政府主义者联盟的政策仍然是最受推崇的方针。在各个村庄，热情投入的无政府主义者发动的闪电罢工使他们尝到了“自由共产主义”的甜头。此届代表大会要求继续采取闪电罢工，同时也提议，为了与劳动者总工会结盟要做出一些新尝试，例如要求一周工作36个小时的工作制度、一个月的带薪休假以及提高工资。另一方面，没有任何迹象表明有人意识到了法西斯主义的危险性，因此，没有人会同意武装民
171 兵组织，更不用说胡安·加西亚·奥利弗提议的组建革命军队的计划了。杜鲁蒂之所以反对这一提议是因为他认为革命军队将会扼杀革命。②全国劳工联合会的干事奥拉西奥·普列托（Horacio Prieto）主动辞职，在他看来，盛行的理想主义在可能的军事行动面前显得如此盲目。

伊比利亚无政府主义者联盟中来自里奥哈的伊萨克·普恩特（Isaac Puente）博士是知名论文《自由共产主义》的作者，他在一份会议文件中清楚地陈述了无政府主义者的目标：

---

① 后来（让我和其他人）广为传播并普遍相信的故事是：一个共产主义政变计划是由 Herbert Southworth 在 *Le Mythe de la croisade de Franco* (Paris, 1964), p.170f. 的“政变”（*coup d'état*）中记录的。该文件实际在1936年5月30日的 *Claridad* 上发表；Southworth 还头版刊登了讽刺新闻（p.185），“我们将如何在6月29日前实现革命？”标题如此写道！事实上，这种阴谋论并没有必要。

② Paz, p.266. 这本书对议会有着详细的记录。

残酷的革命斗争落下帷幕时，以下这些将会被宣布废除：个人财产，政府，权力观念，把人民区分为剥削和被剥削、压迫和被压迫的阶级成分。一旦财产被社会共有化，已经自由的生产者将负责直接管理生产和消费。在每个地区都建立自由公社（la comuna libertaria）后，我们将落实推进新的社会机制。生产者们将自行决定他们的组织形式。自由公社将接管之前资产阶级的财产，比如食物、衣物、工具、原材料等。这些东西将会转交给生产者们，以便他们能为社区权益直接进行资源的管理分配。公社将会最大限度地为每位居民提供生活用品，确保对病人提供帮助，对年轻人进行教育，所有有行动能力的人将根据自身能力和技能为社区履行义务。所有程序在执行过程中都不含行政或官僚主义特征。除了那些负责技术性工作的人，其余人将履行生产者的义务，他们在当天劳作结束后，将举行会议来讨论无须通过公共会议批准的细节问题。

自治公社将构成社会的基础，而且“自治权中将包含履行集体便利的协议”。几座小村庄可能组合成单独一个公社。每个公社的工农业生产者社团将在全国范围内组建联盟，互相交换物品。对于个人家庭而言，革命在原则上不会对其造成冲击。但是，对女性在社会上和职业上的 172
区别对待将消失：“自由共产主义宣扬以男女双方意愿为主的自由恋爱，由社区为儿童提供养育及保护。”同时，在学校开展良好的性教育，反复灌输优生优育的理念，以鼓励人们为了孩子健康漂亮，能用心养育。（无政府主义者计划中的这一方面可能已经被忽略）无政府主义者还有一套与爱情相关的方案：

由于爱情可能会给自由共产主义社会带来道德层面上的问题，在社区和自由的原则下，人们也只有两条路可选。如果疾

> 病缠身，建议换换空气环境。如果被爱折磨，建议调换社区。完全作为个人特性的宗教将被视作个人意愿的信仰，并且将严厉禁止宗教进行公共传播以及对人的精神和心智进行控制（因此，所有教会将被取缔）。

大力解决文盲问题。文化要重新归还到“那些曾经被剥夺的人手中”（从资本主义的角度讲：“剥夺”一词背后的含义清楚地表现出，在过去遥远的“黄金年代”，文化状况比1936年时要好）。全国教育联盟将被建立——其特有的使命是教育人要自由、科学和主张人人平等。此外还有：

> 一切关于奖惩的问题都不再存在……电影院、电台和教学任务将十分有效地让当今一代快速提高知识和文化水平，加速思想转变……从事艺术和科学的门槛将被放开。

每个人都既是知识分子又是体力劳动者，因此这两者之间就不再有区别了。

> 进化的轨迹不会间断（自由共产主义如此推断），甚至某
> 173 些时候，进化常常不会径直向前发展，但人总会有想超越父母
> 和同龄人的抱负；所有对艺术、科学和文学的创作渴望会在崇
> 奉这些的自由社会中受到充分重视……普天同乐的日子将会来
> 临，每天都有数个小时在展览馆、剧院和电影院中消遣。①

对于这些美好愿景，西班牙共产党、社会党和左翼共和党都表现出

① Qu. Peirats, vol. I, pp.111-131. “这个天堂有中央供暖系统吗？”费德里科·乌拉尔斯的一个学生曾经问道。

了惯有的不屑一顾：与无政府主义者联手的价值体现在扫清障碍的过程中，而非在委员会的会桌上。但是很快，这些理念将在成千上万个村庄和市镇里付诸实践。

同时，莫拉将军在5月25日发布了一项详细的战略计划。[1]何塞·安东尼奥开始与莫拉展开联手，他委托自己的律师顾问拉斐尔·加尔塞兰（Rafael Garcerán）向潘普洛纳送去一封信。在信中，他并没有承诺要进行全力支持，但经过深思熟虑后，他保证在起义初期会投入4,000名长枪党人进行援助。[2]5月30日，圣胡尔霍感谢莫拉让他担任起义计划的统筹人，他想着如果自己作为胜利的象征能在即将建立的新政府中呼风唤雨，卡洛斯主义者自然也能够取得立足之地。[3]6月3日，莫拉与卡洛斯主义的一位领导者何塞·路易斯·奥里奥尔（josé Luis Oriol）展开第一轮会谈。[4]就在当天，事先已有预谋的马德里安全部长阿隆索·马洛（Alonso Mallol）驱车前往潘普洛纳，试图将莫拉当场抓获，但由于莫拉的朋友、首都警察局局长圣地亚哥·马丁·巴格纳斯（Santiago Martín Bagüeñas）的通风报信，莫拉得以将所有密谋起义的证据隐藏。[5]6月5日，当何塞·安东尼奥从马德里被转移到阿利坎特的监狱时，莫拉发布了一份政治文件，其中描述了起义成功后，如何构建“领导组织”——组织中包括1位总统和其他4位成员。这些领导者都必须是军人出身，他们将有权颁布法令。这些法令日后将由制宪议会进行批准，而制宪议会将以“最恰当的选举方式产生”。议会和1931年宪法将被取缔，不符合“新机制”的法令都将被废除，接受“国外思想”的人将被剥夺公民权利。 174
尽管莫拉和法尔·孔德在6月16日于纳瓦拉的伊拉切修道院进行了长达6

① Iribarren, p.57f.

② *Cruzada*, IX, p.511. 加尔塞兰–莫拉会议是在6月1日。

③ Maiz, pp.103–104；Iribarren, p.54.

④ *Cruzada*, XIII, p.447.

⑤ Jorge Vigón, *General Mola, el conspirador*（Barcelona, 1957）, p.93.

个小时的洽谈，但卡洛斯主义者并未赞同此项计划。[①]

与此同时，意识形态甚至影响到斗牛比赛。在阿兰胡埃斯，两名前导举着握紧的拳头，骑马围着场地狂奔，此举引起了一阵骚动。为了表示抗议，所有能移动的东西——坐垫、帽子和瓶子都被扔进了斗牛场。为了清理场地，第一场斗牛被推迟了45分钟。[②]在马拉加，全国劳工联合会与劳动者总工会之间爆发了冲突，并造成多人死亡。在巴塞罗那，一名在花边厂担任经理的英国人离奇死亡。此时的何塞·安东尼奥显然已坚信武装起义在所难免，而且长枪党势必将参与其中。但他的这一想法并非源于信念，而是他认为，如果不积极站在莫拉组织一边，长枪党将被消灭：在遭到取缔的长枪党党刊《无关紧要》（*No Importa*）的最后一期中，他写道："小心右翼。提醒狂热者们：长枪党不是保守派势力。"不久后，他对"西班牙的病症源于内部秩序的简单重排，并且当把权力移交给毫无历史观念、毫无真才实学的江湖庸医的手中，病症就会消失"的说法表示反对。[③]卡尔沃·索特洛感到自己一派的储备力量在减少。尽管，莫拉的计划并未对君主主义作出妥协，但他对莫拉将军说，为了在军队指挥中也能充当"一名战士"，他只希望知道起义的具体时间。[④]希尔·罗夫莱斯并未参与起义谋划，但他知道这件事正在酝酿当中，因为后来西班牙自治权利联盟用一部分资金资助了谋划者们。[⑤]到了此时，

---

① *Cruzada*, XIII, p.449. 当地市长告知了卡萨雷斯这次会议（A. de Lizarra, *Los vascos y la república española*, Buenos Aires, 1944, p.33.）。除了莫拉与卡洛斯党当前的困境，他还没有完全与军事联盟结盟。见卡斯蒂略和阿尔瓦雷斯的信。信中表明，UME希望以叛国罪指控所有1931年后的部长。

② Desmond Flower给本书作者的信。.

③ *Obras completas*, pp.1110–1111. "Madrugadores" 指的是那些在黎明时行动的人，"madrugada"，也就是那些反叛者。

④ Maiz, p.168.

⑤ 见Payne, *Politics and the Military in Modern Spain*（Stanford, 1967），p.330，以及Gil Robles, p.730 and p.798, fn.50，这里记载，CEDA的领导人表示，他在"7月的头几天"从党内资金中拿出了50万比塞塔，以"防止注定的失败"或者在必要时帮助莫拉逃跑。

他已确信，谋划者们为了师出有名会持续地制造社会动乱来搞垮经济。175
希尔·罗夫莱斯的家人已经被安置在法国的圣让德卢兹，并且他感觉他的“时机”已经错失。一些证据表明，要不是将军们不同意，他更希望自己能够加入起义的策划当中，[①]这是因为，不仅他的追随者们会转而投靠长枪党，一部分追随者也会投靠卡尔沃·索特洛。

12. 第二共和国的失败 176

从1929年到1932年，全球遭遇了经济大萧条。在这一时期，世界各国政府都面临着诸多困难。诚然，对于西班牙而言，若非大萧条的到来，普里莫·德里维拉政府也许未必会倒台，然而，多少靠着经济危机的机遇而上台的后续政府并不了解经济危机的本质。从行动上看，阿萨尼亚及其部长们认为，他们的首要任务是解决宪法和文化方面的问题。似乎连社会党的部长们（从1931年到1933年间，普列托和拉尔戈·卡瓦列罗分别担任财政部长和劳工部长）也没有意识到，在全球经济危机的大背景之下，国家经济究竟有多重要。这样的状况一部分是由于部长们缺乏经验，一部分则由于他们的政策存有争议，还有一部分是因为没有人敢拿资本去冒险，毕竟在第二共和国成立之初，西班牙的富人们和国际财团就对这个政府抱有敌意。普列托接任财政部长以后，首件事就是准备撤回前任财政部长胡安·本托萨（Juan Ventosa）通过谈判从J.P.摩根获得的贷款。由于1931年5月发生了教会焚毁事件，针对贷款进行的新谈判被迫推迟。整个1931年，比塞塔汇率持续下跌。之后，普列托全

① 人们也调查了希尔·罗夫莱斯在阴谋中扮演的角色，见De la Cierva, *Historia*, vol. I, p.735f。显然，他拒绝了在布尔戈斯召集右翼人士议会的要求。更多说明见Manuel Fal Conde in *ABC*, 2 and 3 May 1968, 以及Ignacio Luca de Tena, *ABC*, 2, 3, 5, 6 and 9 April 1968。希尔·罗夫莱斯对后者的回答，见*Ya*, 10 April 1968。

力施行货币保护政策，经过谈判，他从苏联购买的石油比英美公司的价格低了18%，并严令要求国外设备要带有许可证。①

177 然而，整个1931年期间，在全世界看来，普列托就像一名传统的英国银行行长一样集中精力试图稳住比塞塔。接替他财政部长职务的海梅·卡纳作风更加传统，并且采取了相同政策。在他们的管控之下，原本比塞塔的国际报价从1929年到1931年下跌了25%，而到了1932年，比塞塔的下跌幅度只刚刚超过了10%，其后直至1936年，比塞塔汇率一直保持稳定。有争议的地方在于，若不是政局持续不稳，经常爆发罢工以及左翼和右翼的革命威胁，比塞塔在1934年就会升值。无论在何种情况下，不管胡安·马奇用他的资金一直在施加什么样的影响，把共和国的垮台都归咎于右翼或国际金融的阴谋都是不合适的。

导致工业衰落的因素在这些年里大大超出了西班牙的掌控范围。从数据上来看，情况不容乐观：如果把1929年的工业生产作为基数100，1935的工业生产指数低于100，1936年大选后，工业生产指数下降到77。股票价格指数则更加让人触目惊心。再次以1929年作为标准，1935年股票价格指数下降到63。②西班牙最不景气的行业当数矿业开采：煤炭的产量比其他矿物产量都要低。虽然幅度不大，但煤炭产量的确有所下滑，1931年的煤炭产量是700万吨，1934年的产量是将近600万吨，到了1935年，产量又恢复到700万吨。然而，相比于英国煤炭的价格，西班牙煤炭并不具备竞争优势，而且，如果柑橘类水果出口未受影响，通常会进口一些英国煤炭来平衡贸易。在其他方面，1935年锰矿的开采量几乎为零；从1930年到1935年，黄铁矿、钾碱和生铁的产量下降了三分之一以上；铅、锌、银、钨和铜的产量下降超过了一半；铁矿的产

---

① 内阁中关于石油供应的一些讨论是由阿萨尼亚在他的日记中记录的。

② 诚然，股价下跌伴随着储蓄升高，其幅度几乎与股票投资下降的程度相同：1928年邮政储蓄为2.39亿比塞塔，1935年为3.7亿比塞塔，1934年达到27.78亿。

量下降了四分之一。从1929年到1935年，钢铁产量从100万吨逐步下滑到58万吨，除了与世界经济形势有关之外，还与共和国时期的钢铁需求量与普里莫时期相比有所减少有关：与20世纪30年代的各届政府一样， 178
相比于铁路，没有摩洛哥战争困扰的共和国更加相信公路建设的未来发展潜力。不管怎样，部分领域在共和国时期发展得十分出色：从1926年到1936年，由于水力发电厂的良好发展，电力供应量增长了将近一半；建筑业也保持相似的发展势头。事实上，在经济大萧条时期，许多国家（美国、英国、法国和德国）的问题都比西班牙严重。1932年，正当西班牙的工业生产指数下跌超过10%的时候，德国和美国的工业生产指数下跌了将近50%。

面对这些困难，普列托展现出十分积极的一面，从财政部调到公共工程部以后，他把大量时间和精力投入水坝建设、绘制灌溉方案、重新造林以及促进农业和水力发电的发展中。在他的领导下，政府建起了一部分电气化铁路，在巴塞罗那和马德里建立了地下中央车站，并完成了普里莫在瓜达拉玛的一项火车隧道建设计划，同时还铺设了许多公路。不难想象，对于任何一届中央政府，他所负责的此等级别的建设计划都十分重要。

共和国建立初期的农业发展更加引人注目。小麦、玉米和水稻的产量要么维持往年水平，要么比往年更高。西班牙沿海地区的捕鱼量增长了三分之一。[①]从1931年到1935年，柑橘的栽种面积几乎只有1926年时的一半，而在共和国期间，柑橘的出口量还创下了历史新高——占西班牙出口（主要面向英国）的20%以上[②]（其占有率的增加主要源于其他出口产品占有率的下滑，比如葡萄酒和橄榄油）。不过，不出所料，

① 从1927年的230,646吨到1931—1934年的平均每年340,917吨。

② 数字见Tamames, pp.86–91。1926年至1930年间，西班牙柑橘占出口的百分比为11.7%，1959年（考虑到同期相比）为12.67%。

30年代中期的出口总值只有1930年时的四分之一。

这些数据会让人想到持续增长的人口——每年以大约1%的速度增长，这使情况变得更加糟糕。[1]20世纪30年代，10万名外籍劳工从古巴
179 和南美返回国内，大范围内移民的时代已经一去不复返。[2]

因此，可以把西班牙经济状况总结为：工业生产小幅度下滑，煤炭业衰落严重，农业生产平稳或小幅度增长，人口持续上升。物价保持得非常平稳：食物和衣物要比住宿更便宜，但这一结果多半是受到了政治的影响。比如，1931—1933年间，工人的工资之所以上涨与拉尔戈·卡瓦列罗所实行的政策密切相关。同时，出于政治原因，雇主们为了平息罢工潮而不得不上调工人们的薪资。[3]1933年以后，裁员、解雇和工厂倒闭的情况时有发生，失业率居高不下——实际上，共和国时期的失业率一直在持续上升。很难确定具体的失业人数，但如果概括地说，在1931年12月，也就是共和国成立9个月以后，失业人数达到40万；到1933年12月，这一数字大概上升到60万。[4]

在政府由激进党、中间派和西班牙自治权利联盟进行掌控的“黑暗的两年”（bienio negro）里，局势发生了变化。在处理工人薪资的问题上，这一时期的雇主们已经没有了政治方面的顾虑。他们有警察、国民警卫队和军队做后盾，并且工人们也有自知之明。因此，工资不仅没有上涨，反而在许多地方出现了下滑，而物价没有相应地下降。结果不出所料，这样的情况引起了后来一系列的问题。1934年初爆发了农业罢

---

① 人口从1930年的2,360万增加到1940年的2,588万，即使考虑到内战，每年的增长率也普遍接近1%。

② 1931、1932和1933年的人数分别是39,582、37,376和24,927（Ramón Tamames, *La república*, la era de franco, Madrid, 1973, p.58）。

③ 1933年发生了1,000多起罢工，损失了1,400万个工作日：也许与以前相比，这些数字才有意义。1929年至1935年间的罢工次数分别为96、402、734、681、1,127、594和164（Balcells, p.175）。

④ Balcells, p.53.

工，接着在1934年10月同时爆发革命运动和大罢工。此时，政治矛盾已经形成剑拔弩张之势，尤其是当众多工人阶级的领导者们被关进监狱以后，形势变得更加紧张。但至少，失业率有所下降。1936年2月以后，股票市场衰退，生产力下滑。此次危机也对农业造成了影响。地主和雇主们发现，他们不仅要提高工资和减少工人的工作时长，还要在雇用劳动力的时候作出妥协，尤其是在农村，他们要雇用的不光有曾在1933— 180
1936年间进行过打砸劫掠的工人和有犯罪前科的人，甚至还包括没有任何工作经验的人。即便如此也仍然没有控制住失业率的上升——1936年6月的失业人数达到了80万。不难想象，这些待业人员中有多少人不光是为了填饱肚子，更是在寻求加入一个又一个的准军事组织以过活。事实上，关于1936年2至7月之间发生的各种“小规模内战”，相关的描述有失公正。也许这些“内战”可以理解为许多来自两翼的无业游民进行的大劫掠，他们在夺取有薪酬的人的生命和财产。

自1934年以来，生产力的衰退、工资的提升（以胁迫的手段取得）、商业信心的丧失以及失业率的攀升带来了仇恨，这使这个国家只有三条路可走：革命、反革命或者内战。如今希尔·罗夫莱斯和阿萨尼亚似乎都已经置身事外。在1936年的上半年，只有卡尔沃·索特洛和拉尔戈·卡瓦列罗还在想办法应对：两人都曾与民主政党合作，都曾在普里莫·德里维拉手下当差，而如今都奉行专制主义政策。不同政治势力往各自方向的拉扯使中间派不堪重负。

——

不可否认，20世纪见证了西班牙精神的伟大复兴：从1898年到1936年，西班牙的政坛可谓风云变幻，尤其是在1931年到1936年这几年间，政局更是变幻莫测，这反而使国民生活的方方面面都显露出活力。20世纪上半叶比17世纪以来任何时期的艺术成就都要高。最著名的有毕加索、达利和米罗；加西亚·洛尔卡、胡安·拉蒙·希梅内斯（Juan Ramón Jiménez）、安东尼奥·马查多；皮奥·巴罗哈、布努埃尔、德法利亚、卡萨尔斯、乌纳穆诺和奥尔特加——这些人还仅仅是一个辉煌时期的少数顶尖人物。20世纪之初的西班牙无疑正在从长久的衰落中日渐兴起。无论是在左翼还是右翼掌权期间，教育和艺术领域都得到了复兴。已然复兴的天主教给自由教育学院的和谐理性主义做了补充。政治上，加泰罗尼亚和巴斯克的民族主义代表了其经济和文化的双双崛起。直到20世纪30年代，无政府主义运动的规模一直在发展壮大，这说明工人
181 阶级也被唤醒。报业的兴盛反映出知识界的复兴：不单单是各个政党，持有各种政治立场的团体都有自己旗下的报纸，很多时候还有一到两种杂志。但是，各个派系之间的冲突以及一些其他因素使传统体制之下的复兴之梦已经破灭。因此，在1936年的仲夏，西班牙不仅诞生了洛尔卡的杰作《贝尔纳达·阿尔瓦的家》（*The House of Bernarda Alba*），还爆发了150年以来最激烈的斗争。

1808年，传统的君主制土崩瓦解。从1834年开始，自由主义宪法的问题引发了长达5年的战争。1868年，腐朽堕落的君主制被军队废除，国家同时陷入了宗教和地方的战争，同时，巴枯宁的代表们建立了新的工人阶级组织。1898年，西班牙在美西战争中战败，数量庞大的军队从最后一块殖民地退回西班牙本土，这些军人与失业者一同陷入了沮丧当中，无数人都在缅怀过去的荣耀。此时，一群勇敢的中产阶级青年正试图通过“在熙德的坟墓安上挂锁”[1]来为文化复兴做准备。1909年，加泰罗尼亚民族主义和反军事主义激化了阶级矛盾，巴塞罗那因此爆发了持续7天的血腥暴乱，这场暴乱尤其把矛头指向教会。1917年，一场革命大罢工被一支带有叛乱倾向的军队镇压，在长达5年的时间里，巴塞罗

---

① 这句话是经济学家华金·科斯塔的灵感来源；乌纳穆诺（Unamuno）的“让我们杀了塞万提斯”这句话让洛尔卡非常震惊。

那一直处在半内战的局势当中。1923年，普里莫·德里维拉建立了军事独裁。在这个充斥着政治谋杀、罢工和阴谋诡计的国家，普里莫时期的政府带来了最长久的稳定。奋起反抗的“自由主义者们”分别在1930年和1931年赶走了独裁者和国王，事实证明，他们所创建的政权既没能满足工人阶层的诉求，也没能满足旧管理阶层的诉求；对于新晋统治者而言，对后者存在强烈不满的同时，也没能在实力和激进程度上得到前者的认可。1932年，一群右翼人士试图通过发起传统的声讨来扭转选举中的失利。到了1934年，面对横行于欧洲的法西斯主义，选举失败的一部分左翼人士在冲动之下也发起了一场起义，这场起义使阿斯图里亚斯 182
建立了短暂的工人阶级政权。1936年2月，当时已站稳脚跟的两翼力量都在名义上采用了一个语意模糊，并且带有军事色彩的词——“阵线”，他们把争斗再次延伸到选投民众。以微弱优势战胜国民阵线的人民阵线组建了既进步又脆弱的内阁，此届内阁被社会主义和共产主义的拥护者们尊称为“深化社会变革的先驱”。多数1936年的西班牙领导者都曾活跃在这个动荡时代，大致上，他们中的许多人，像拉尔戈·卡瓦列罗、卡尔沃·索特洛和圣胡尔霍自始至终都扮演着重要角色（拉尔戈曾在普里莫·德里维拉手下任职，圣胡尔霍曾把国王赶下台）。如今，听从军队，常得到教会支持的那些代表着西班牙过去辉煌的金融大鳄认为未来局势对他们十分不利。反对他们的是那些“教授”——有知识文化的中产阶级——以及国内的大部分劳工势力。经过长年的欺压、苦难和被忽视，劳工们更加不能忍受现状，在了解到法国和英国的同阶级同志过上了更为优渥的生活，并认定了工人阶级在苏联所取得的成就以后，他们深陷对未来的憧憬当中。法西斯主义令左翼惊恐万分，共产主义让右翼心神不定。右翼也认为，如果他们不发动反革命，他们将被革命摧毁。与此同时，无政府主义者在社会中一直保持着战时状态。政府的反应是孤注一掷，施行战时管制，而非和平解决。几周后，法国军事专员莫雷尔对局势作出了既尖锐又傲慢的概括：

一个如寄生虫般的贵族阶层，一个不顾公民利益的中产阶级，一群缺少引导的人民——神职人员的威望已经荡然无存，地方权贵统治无能，老百姓沦为煽动者和政客们的工具，饱受革命威胁的资产阶级出于信念，抑或是经过算计，高举起了反抗的旗帜[①]。

对于西班牙国内的长期斗争，另一种解释是，西班牙是一个保守的国
183 家，固化的社会结构让未被充分开发的经济难以增长，矫揉造作的政治教育和人口压力使旧体制很难奏效。要想充分利用国家资源，就必须在政治上做出改变。然而，激进派为了确保改革的实施准备推翻原有的社会结构，保守派准备动用武力来捍卫他们在过往时代所认可的东西。一部分左翼人士过于急躁，而中间派政党无力稳住局面。

西班牙第二共和国之所以失败是因为共和国受到了规模庞大的左右两翼势力的双重夹击。面对无政府主义者，第一届阿萨尼亚政府和社会党似乎都“应对缓慢并且墨守成规”[②]。到了1936年，许多社会主义者选择支持无政府主义者。然而，为了解决西班牙面临的当务之急（令上一个政体瓦解），共和国疏远了起初不情愿但后来有意合作的多方势力。从1931年4月到1936年7月这5年零3个月期间，为了等到时机来临之际能够抓住主动权，两翼势力一直在招兵买马。自1808年君主政体瓦解，西班牙有三大主要矛盾：教会与自由主义者之间的矛盾；地主一方面与后来的中产阶级，另一方面与工人阶级之间的矛盾；要求享有地方自治权的团体与倡导由卡斯蒂利亚集中领导的团体之间的矛盾。三种矛盾两两之间互相加剧，刺激恶化[③]，以至于当一方提出疑问时，如果对其进行

---

① *Documents diplomatiques français*, 1932—1939, 2e Série, Tome IV, p.171.

② 这句话出现在“三十分子”的宣言中，qu. Peirats, vol. I, p.45.

③ 虽然程序与过去不同。例如，在第一次卡洛斯战争中，自由主义者主张由卡斯蒂利亚控制那些巴斯克和加泰罗尼亚人声索的地区，而在1936年，自由主义的继承人主张实行联邦制。

安抚就会激发另一方的不满情绪。

西班牙面临的问题还有，究竟是民主人士、社会主义革命党人还是权力主义的右翼来给国家带来现代化和工业化？对法国大革命、俄国大革命的接纳和敌视都处在关键时刻。各地都显露出对国家复兴的渴望，都流传着实现复兴大业的机遇已经到来的消息：我们向黑暗的资本主义宣战，向剥削穷人的人宣战……多些宗教信仰，少些伪善；多些正义，184
少些礼拜仪式——西班牙自治权利联盟的一位奠基人如此说道。[①]

尽管实行了诸多完善的法令，并开启了很多切合实际的计划，但共和国并未取得成功（例如，巴达霍斯计划中的灌溉和重新安置方案，多年以后在完全不同的政治管控下才得以施行）。一位自由主义历史学家试图把责任归咎于个人：阿萨尼亚，过度自负，偶尔好抓细枝末节；希尔·罗夫莱斯，优柔寡断，喜欢夸大其词，不够坦诚；拉尔戈·卡瓦列罗和卡尔沃·索特洛，演说过于煽动，并且容易轻敌；勒鲁斯的作风慵懒腐败；阿尔卡拉·萨莫拉好管闲事，爱慕虚荣。抛开像米格尔·毛拉和希门尼斯·费尔南德斯这类次要人物不谈，普列托是一个能够看清局势、具有先见之明的人，但他因不够坚定没能把握住机会。为了融入社会党与日俱增的革命主流，就连他都不得不投身到激进的计划当中，例如，1934年偷运军火和1936年赶阿尔卡拉·萨莫拉下台。他的言语不够坚定，并且着实是一名悲观主义者。他曾写道：“我是一个软弱的人……我不相信西班牙还有谁能够愚蠢到在此等局势之下还希望能够行使公民权利。”[②]1933年，阿萨尼亚在一次带有悲观色彩的评论中称，共和国的问题更多来自体制内部——怨恨、野心和嫉妒，而不单单来自外部敌人。[③]然而，对个人进行批判的错误之处在于忽略了政治家所代表

① Qu. Robinson, p.115.

② Prieto in *El Liberal*, 26 June 1936.

③ Azaña, vol. IV, p.559.

的公共立场是民众的集体意愿。共和国之所以倒台与独裁统治和复辟的君主制被推翻的原因如出一辙：当时的政治家们无力在一个普遍接受的构架内解决国家问题，一些得到传统势力支持的人希望通过武力来解决问题。6月6日，长枪党期刊《无关紧要》中的一文称“已经没有和平解决问题的余地了”。4月16日，《工人团结》称：“政府必须消失”，恐惧引发战争，之后由“幽灵”掌管国家。

国家这座“大厦”上似乎垒着刻满斗争的砖石。如今，没有任何组织的作风、妥协态度或是声明能够得到所有人的尊重，甚至没人尝试着
185 去尊重。就西班牙人的共同传统这一点都是有一定争议的。西班牙人心涣散。随着时间的流逝，这些矛盾同时蒙上了宗教、阶级和地方主义的色彩。西班牙自治权利联盟和社会党的青年团体都各自沉浸在对未来的纯粹想象当中，他们放任那些互相攻击的人，借此来推翻政府。在整个共和国时期，国家已经完全浸染在政治的浪潮当中。[①]而与此同时，很多人正寻求一个能够配得上西班牙过去的辉煌，且能够延续其优秀民族品质的“新西班牙”（可能包含着上百种截然不同的解读）。许多长枪党的权贵子弟或多或少地受到了这些动力的驱使，他们高唱长枪党的党歌《面向太阳》（*Cara al Sol*）：

> 穿着你昨日缝制的短上衣，面向太阳，
> 如果死亡召唤我，我将无所遁形，
> 我再也见不到你了……
> 起兵作战——
> 因为西班牙已经开始觉醒。

---

① 见 Raymond Carr, *The Republic and the Civil War in Spain*（London, 1971）, p.14：“共和国代表了一个全面的政治化进程：5年来，无论好坏，它都将大量西班牙人纳入了政治生活。”因此，共和国的崩溃可以从通信革命的角度来诠释。

西班牙——团结一心！
西班牙——坚不可摧！
西班牙——崇尚自由！
西班牙——走向崛起！①

革命的思想也激励着那些满腔热情、高唱无政府主义之歌《人民之子》的革命勇士：

人民之子，你的锁链压迫着你。
正义不能再被束缚！
如果你的生活被痛苦填满，与其甘做奴隶，不如以命相搏！
工人们， 186
你们不能再忍受了！
压迫者
必须屈服！
站起来，
忠实的人民，
在社会革命中放声呐喊！②

---

① 《面向太阳》由奥古斯汀·德福克西亚（Agustín de Foxá）、迪奥尼西奥·里德鲁埃霍和何塞·马利亚·阿尔法罗（José María Alfaro）创作，得到了何塞·安东尼奥的帮助，并于1936年2月第一次在公众场合演唱。军乐由胡安·特列里亚（Juan Tellería）谱写。“面向太阳的垂死的脸”这种意象直接抄袭自（大概是故意的）古巴自由“使徒”何塞·马蒂（José Martí）的诗歌《白玫瑰》。这首天主教青年的圣歌开头这样写道：“前进，带着胜利的信念，为了国家和上帝，要么征服，要么死亡；荣耀的桂冠等待着我们，因为历史与我们同在，未来与我们同在。”

② 《人民之子》（*Hijos del pueblo*）是一首带着康康舞曲韵律的歌，不管它的歌词如何，在1890年巴塞罗那的美术宫（*Palacio de Bellas Artes*）举行的第二届文学比赛中，它被选为无政府主义运动的主题曲。比这些歌曲中的任何一首质量都更高的歌曲是卡洛斯党的《上帝，祖国，国王》（*Por Dios, Patria, Rey*），创作于19世纪30年代。

第二部
叛乱与革命

（关于）7月19日的气氛，有一个小故事描述了这一天。在巴塞罗那一名同志的家中，控制巡逻队经过例行检查打开了一只鸟笼，释放了一只金丝雀：今天是自由的日子！

——曼努埃尔·卡萨诺瓦（MANUEL CASANOVA）

13. 战争的酝酿 189

1936年6月23日，流放于加那利群岛的弗朗西斯科·佛朗哥将军给总理卡萨雷斯·基罗加写了一封信。信的字里行间透露出军官内部存在的分歧，显示出国家已处在分裂的边缘。佛朗哥反对撤除他们部队中右翼军官的职务。他表示，这些事情正引发军队中的不满情绪，事关重大，他觉得自己不得不去提醒总理（同时也是战争部长）有关“涉及军纪”的危险。[1]这封信是佛朗哥在“历史剧变前”的最后声明，他表示为保和平他已竭尽所能，尽管他事先一定清楚，在最后的时刻，一切行动都无济于事。然而，总理并未予以回复。一直到1936年的夏天（尽管在选举结束后他立即采取了行动），佛朗哥似乎仍在犹豫不决。在里斯本的圣胡尔霍劝告称：“无论是否得到佛朗哥的支持，我们都要拯救西班牙。”[2]6月底，万事俱备，就剩下起义的日期等这位卡洛斯主义者点头了。6月29日，何塞·安东尼奥给各地方长枪党的头目们下达了行动部署：长枪党要维持自身的身份立场；任何一个特定地区的长枪党，只能有三分之一的党员听从军事派遣。[3]

然而事情急转而下，7月1日，莫拉被迫发布了一份公文，以此来 190
劝说他的同谋们先不要擅自行动。军队力量远未凝聚，他不得不用带有

① *Cruzada*, IX, p.523.

② Ansaldo, p.42.

③ José Antonio, *Obras*, pp.1113–1114.

威胁的口吻表示："他（佛朗哥）不仅不与我们共进退，甚至还要与我们为敌——不过即便是理应共患难的同伴熟视无睹，也阻挡不了（我们）胜利的步伐。"如果说过去佛朗哥确实还在犹豫之中煎熬，那此刻的他也许已经忍无可忍了。卡洛斯主义者和长枪党提出了各种各样的要求：卡洛斯主义者执着于叛军行军时高举的旗帜的颜色，而长枪党还存留有权限上的界定问题。莫拉曾考虑向他的出生地——古巴撤军，他甚至还想过一死了之或者杀了卡洛斯领袖曼努埃尔·法尔·孔德，但他还是硬撑了下来。

在摩洛哥，非洲军团开始了夏季演练。整座城市陷入了建筑罢工的浪潮当中：承包商和无政府主义工人们拒绝接受劳动者总工会认可的仲裁。[①]拉尔戈实现工人联盟的梦想破灭了。发起罢工的还有左翼工人、服务业人员和斗牛士——前两者是响应劳动者总工会左翼激进分子的号召（而斗牛士罢工源于当年夏天两位墨西哥斗牛士成功进行的一场决斗，新闻称墨西哥人比西班牙人勇敢）。与此同时，社会党仍然无休止地进行内部斗争，尤其在社会党主席选举结果的问题上。虽然身为阿斯图里亚斯矿工的领袖，普列托的好友冈萨雷斯·培尼亚在选举中获得的票数并不尽如人意，但卡瓦列罗派还是指责普列托派投机取巧，认为他们明显是有目的地排挤那些在1934年消极对待起义的人。[②]

6月底，在万众期待之下，社会主义青年团体和共产主义青年团体联合组成了统一社会主义青年团（Juventudes Socialistas Unificadas）。虽然该团体任用的领导者多数都是社会主义者，比如圣地亚哥·卡里略，但他们采取的是共产主义政策，甚至连拉尔戈的随从也牵扯其中，这引起了一些人的警觉。拉尔戈掌管的报纸《光明报》的编辑阿拉基斯塔因高调地诘问

① C. Lorenzo, p.209 fn. 49. Azaña, vol. III, p.499，其中记录，1937年举行了一次庆祝建筑罢工周年的公众集会，"在其支持者的心目中，这次罢工的好处之一是它加速了起义"。

② 冈萨雷斯·培尼亚以10,993票对2,876票人局。第二次民调显示，他以微弱优势当选。

（令人颇感意外的是此前他一直是一名亲共产主义分子）：“我们已经失去了年轻力量的支持。西班牙社会党未来的路到底会变成什么样子？”① 普列
托再难压制心中的怒火，但拉尔戈·卡瓦列罗似乎对此不以为然。马德里 191
的社会主义者甚至在考虑将社会党和西班牙共产党合并。社会主义青年团体与其他团体一样，持续进行着军事训练，负责军事训练的组织人是来自都灵的意大利社会主义者费尔南多·德罗萨（Fernando de Rosa），他曾因1929年在布鲁塞尔刺杀萨伏依的翁贝托王子而被人熟知。②

中间派并没有完全失去支持。1931年，共和国创始人之一米格尔·毛拉呼吁通过“全国实行共和主义专制”来救西班牙于水火。6月底，他在《太阳报》（*El Sol*）中称：“如今，爱好和平的公民们认为法律条文已经名存实亡。”无论是普列托还是毛拉都不再有组建联盟的机会了。各地传闻四起，“一群修女在工人的孩子们所吃的巧克力中下毒”的老旧谣言反复传播，使恐慌肆意蔓延。每天都有关于政治谋杀的报道。例如，7月2日，在马德里的一间咖啡馆，两名长枪党人被停在附近的一辆汽车里的人射杀在咖啡桌前。同一天的晚些时候，又有两名男子在离开马德里人民之家的路上被一个配有冲锋枪的团伙杀害。自2月份选举以来，像这样的小规模冲突一直未曾间断。然而，被缉拿归案的凶手少

---

① 这句话是对当时在马德里的《泰晤士报》记者亨利·巴克利说的。后来成为狂热反共分子的阿拉基斯塔因声称，他经常在这个时候看到共产国际特工卡德维拉前来拜访阿尔瓦雷斯·德尔巴约（他住在阿尔瓦雷斯家楼上的一套公寓里）。圣地亚哥·卡里略（Santiago Carrillo, *Demain Espagne*, p.43）证实，卡德维拉在一定程度上促使他成为共产主义者。他甚至在1935年到监狱去拜访卡德维拉。卡里略说，他从1936年3月起就参加了西班牙共产党中央委员会的会议，尽管他还不是共产党人。卡里略也去了苏联，很高兴地回来了。阿拉基斯塔因在20世纪30年代的政治轨迹很难追踪：起初，他是一名强大的社会民主党人，1934年，他成为一名革命者。1936年后，他再次成了右翼社会主义者。然而，他的期刊《利维坦》7月号表现得非常亲苏联。

② Tagüeña, p.92. 德罗萨在比利时被判处5年徒刑，服刑两年。他去了西班牙，参加了1934年的革命，被监禁，是社会主义青年的英雄。

之又少。7月8日，有70名长枪党人在马德里被逮捕，各省被抓的长枪
党人达数百人，他们被控犯有煽动叛乱罪，这些人中包括长枪党秘书长
费尔南德斯·奎斯塔。（6月份，何塞·安东尼奥声称长枪党人有15万人，
其中有前人民行动青年团成员将近1.5万人，还有2,000党员在狱中。）
与此同时，在战争部，忠于共和国的军官们对那些他们认为会对共和
192 国不利的人进行的会谈有所警觉。曾经在阿斯图里亚斯领导过镇压军、
为人狡诈、富有人格魅力的安达卢西亚人加西亚·埃斯卡梅斯（García
Escámez）脱颖而出，此时的他在潘普洛纳担任莫拉的助理官。[1]在农村，
越来越多的土地被抢占，地主们丢下地产逃往外地，那些没逃走的就被
迫雇用远超需求的工人。牛群遭到屠杀，各工会鼓励抢占土地的行为，
收割庄稼的工作被搁置。同时，自治问题上还出现了诸多麻烦：阿拉贡
地区各省的代表在卡斯佩召开了会议，布尔戈斯市长提出了老卡斯蒂利
亚法令，韦尔瓦的地方政府提议让该城市脱离安达卢西亚，加入享有自
治权的埃斯特雷马杜拉。另一方面，西班牙中上层阶级曾有带着家人前
往北海岸度假的习惯，因为留在马德里消夏这件事曾经被当作一种社会
阶级上的耻辱。而在1936年，这样的行为似乎会面临风险。

7月7日，莫拉在给法尔·孔德（以及其他在圣让德卢兹的卡洛斯主义领导者）的信中承诺起事后会解决旗帜的问题，并且申明他与任何政治党派都没有干系。他补充说："你必须意识到，正是由于你的态度，所有的事情都处在瘫痪之中。某些事情已经是箭在弦上，没有回头的余地。为了西班牙，我恳求你尽快回复。"[2]7月7日，卡洛斯主义者方面回信称，他们要求保证未来的政体将反对民主，并坚持旗帜问题要立即解决。始终反对共和国土地政策的拉马米耶·德克莱拉克强烈要求：如果得不到

① Martín Blázquez, p.72.

② Carlist Archives, Seville。"某些事情"是指对长枪党人的保证，即起义将在7月15日发生，并租用飞机将佛朗哥带到摩洛哥。

恢复君主制的承诺，卡洛斯主义者就坚决不与莫拉展开合作。怒火中烧的莫拉拒绝了这一条件。他写道："传统主义团体对待西班牙就像人民阵线一样固执。"[①]莫拉所面临的问题就像他给温顺的孔德·德罗德斯诺（在纳瓦拉也是一名卡洛斯主义者）的信中所说的那样，由于潘普洛纳驻军主要都是阿斯图里亚斯人，不能指望他们加入叛军，因此需要一部分卡洛斯主义武装力量的支持。[②]7月9日，圣胡尔霍将军在里斯本写了一封安抚信，信中表示，就算莫拉使用共和主义旗帜，卡洛斯主义者也还是可以用君主主义旗帜：圣胡尔霍将军会保证未来政体符合卡洛斯主义的原则。虽然问题并未得到彻底解决，但大概就在此时，身在特内里费岛的佛朗哥终于同意加入叛军，并肩负起所有摩洛哥军队的指挥权——这是西班牙军队中最可靠的武装力量。[③]恩里克·巴雷拉将军问退役的空军高级军官金德兰（Kindelán）："你认为佛朗哥会来吗？"他回答说："莫拉认为会的。"[④]事情看上去仍然悬而未决。与此同时，潘普洛纳的街道上正准备庆祝圣费尔明节。[⑤]与往年一样，街上的青壮公牛在去往斗牛场的路上被松开绳索，并受到年轻男人们的随意追逐。与此同时，在各个阳台上，身穿狂欢节服饰的女人们欣赏着这一幕。一周之内，这些男人中的大多数都被卡洛斯主义军事力量招入麾下。观众中出现了戴着眼镜的莫拉， 193

---

① Carlist Archives.

② Lizarza, p.97.

③ 见Payne, *Politics and the Military*, p.335以及相关参考文献。佛朗哥可能是在7月10日至13日的某个时候才决定采取行动的，当时他被告知，即使他不加入，其他人也会继续行动。参见，e.g., Robinson, p.288.他人认为佛朗哥和莫拉自1935年末以来就已达成谅解。

④ Robinson, p.288.尽管西班牙空军在摩洛哥战争中表现无能，但金德兰在那里有着出色的战斗记录，并享有有史以来第一个将飞机用于军事目的对抗摩洛哥部落这个令人怀疑的荣誉。他的原姓是奥金德兰（O'Kindelan），他的祖先在克伦威尔时代离开了爱尔兰。

⑤ 又名"奔牛节"，是与西班牙斗牛相关的一个传统庆祝活动，目的是将斗牛从城外赶到城内，以进行斗牛活动。节庆活动在每年的7月6日至7月14日举行。在节日期间，每天都会有6头公牛追逐着上百名壮汉奔赴斗牛场。——编者注

陪同他的还有在马德里策划阴谋的领头人，留有胡须的凡胡尔将军以及将领导圣塞巴斯蒂安起义的莱昂·卡拉斯科上校。[1]

在伦敦，君主主义日报《阿贝赛报》的新闻记者路易斯·博林包下了克罗伊登奥利航空公司的一架迅龙飞机，并准备借此机会把加那利群岛的佛朗哥送往摩洛哥。佛朗哥此行的目的是统领非洲军团。之所以选用一架外国飞机是因为西班牙没有能保证万无一失的国产飞机。博林收到的指令来自他的策划马克斯·卢卡·德特纳，自1931年起，德特纳就在做阴谋策划，他准备前往拉斯帕尔马斯，但如果到7月31日还得不到
194 进一步的消息，他将返回英国。[2]7月11日，这架英国包机从克罗伊登起飞，驾驶飞机的贝布机长完全不知道自己已经卷入了一场阴谋当中。[3]一同在飞机上的还有博林、一名退役少校、休·波利亚德和两位聪明的年轻女士，这两位女士中一位是波利亚德的女儿，另一位是波利亚德的朋友。天主教报刊发行人道格拉斯·杰罗尔德告诉这些同样对行程目的一无所知的乘客，这只是一次普普通通的飞行，毕竟，他不可能向这些人透露这是一场惊天阴谋。[4]

一天夜晚，巴伦西亚的广播站被一群躁动的长枪党人抢占，他们奇怪地声称“全国工团主义革命”将要打响，并在警察赶来之前逃跑

---

① Iribarren, p.70. Maiz曾记录过一次会议，会议过程表明至少一些当时的共谋者认为战争很有可能失败。“谁的头会第一个掉下来？”凡胡尔问道。“你的，华金。”卡洛斯党人的卢修斯·阿里塔（Lucius Arrieta）回答道（Maiz, p.247）。他的头果然掉了，虽然并不是第一个。

② 卢卡·德特纳已接受金德兰将军下达的命令，金德兰现在是该阴谋的沟通渠道之一。博林的回忆录已出版为*Spain, the Vital Years*（London, 1967）。胡安·马奇付的钱（Gil Robles, p.780）。关于马奇的帮助，亦见the testimony of Tomás Peire，引自De la Cierva, *Historia*, vol. II, p.148.

③ *News Chronicle*（7 November 1936）发布了飞行员贝布上尉（Captain Bebb）对这次事件的描述，我也与他讨论过此事。贝布坚称他被要求携带一名“里夫酋长参加革命”。

④ *Cruzada*, XIII, pp.62–63. 正如杰罗尔德所说，波拉德有“革命的经历”（Douglas Jerrold, *Georgian Adventure*, London, 1937, p.371）。Eyre and Spottiswoode的主席杰罗尔德一直在积极反对共和国。

了。同日，在马德里，总理再次收到了关于事态发展的警告。他带着易被曲解的愉悦态度询问道："这么看来要爆发起义了吗？""好吧，就我而言，我应该就地'卧倒（投降）'！"①不久前，他曾以同样的方式嘲弄了一份关于卡洛斯主义者在纳瓦拉活动的报告。来向他汇报的是由"热情之花"陪同的潘普洛纳的共产主义领导者赫苏斯·蒙松（Jesús Monzón）。②然而，海军部长希拉尔更有远见：海军演练被限制在摩洛哥和加那利群岛；忠诚的报务员被安插在马德里线型之城地区的海军电台总部和重要的船上。③

7月12日，莫拉和卡洛斯主义者似乎仍然未能达成共识。然而，莫拉试图在避免过多让步的前提之下，确保目的达成。首先，他瞄准了好战情绪高涨的纳瓦拉卡洛斯主义青年团体，这些青年对于加入起义的条件越来越不在乎。其次，是利用孔德·德罗德斯诺的可变通性。一直希望与西班牙其他右翼势力（尤其是阿方索主义的君主主义者）结盟的德罗德斯诺痛恨法尔·孔德。如今，作为卡洛斯主义在潘普洛纳的领导者，如果起义爆发，德罗德斯诺有能力确保身在圣让德卢兹的波旁王子哈维尔在有效询问他在维也纳的叔叔阿方索·卡洛斯并收到答复以前，同意支持起义。于是，无论战争结果怎样，莫拉与卡洛斯主义者都站在了同一战线，而卡洛斯主义者加入起义所要求的条件比法尔·孔德、哈维尔和阿方索·卡洛斯认为的更加不确定。④ 195

在摩洛哥，外籍军团和摩尔部队的军事演练以罗梅拉莱斯将军（Generals Romerales）和戈麦斯·莫拉托将军（Gómez Morato）组织的阅

---

① Peirats, vol. I, p.136. '*¿Ellos se levantan? Yo me voy a acostar.*'

② Ibarruri, p.244.

③ 弗朗西斯科·希拉尔（Francisco Giral）的证词，他是希拉尔的儿子。

④ Payne, *Politics*, p.337；Blinkhorn, op.cit。亦参见 accounts in Robinson, p.300 和 Burgo, p.123。弗朗索瓦·哈维尔·德波旁·帕尔梅是西班牙皇室的远亲，这年早些时候被阿方索·卡洛斯收养，并定为摄政王和继承人。

兵式结束，他们分别担任摩洛哥东部的指挥官和非洲军团的指挥官。无论是组织阅兵的两位将军还是临时的高级长官阿尔瓦雷斯·布耶拉（Álvarez Buylla），都对酝酿当中的起义毫不知情，但许多参加阅兵的军官都参与了军事政变的策划。戈麦斯·莫拉托在传统军人圈子内并不受待见，因为他主持了由阿萨尼亚下令的部队重组计划，此举是为了把忠于共和国的军官安插在重要岗位上。在举行阅兵的当晚，组织阅兵的两位将军在发给马德里的电报中称非洲军团一切正常。然而，在军事演练期间，策划起义的人就已进行了秘密会谈。在一场由年轻军官参加的会议中，外籍军团的高级指挥官亚格甚至用“十字军”（crusade，后来在国家主义演讲中被经常使用）来描述发动起义的团体。生性顽固的亚格很有政治野心，之前的共和国工作让他的事业受挫，因为他支持长枪党。阅兵结束后，军人晚宴上有人高喊：“咖啡（*CAFE*）[①]！”这句话的意思是“同志们！跟上西班牙的长枪党！”阿尔瓦雷斯·布耶拉询问，为何餐桌上还有鱼的时候有人要咖啡。他得到的回复是，喊声来自一群年轻士兵，恐怕是这群士兵有些醉了。[②]与此同时，那架迅龙飞机在同天抵达了里斯本，博林会见了圣胡尔霍。圣胡尔霍让博林相信佛朗哥是让起义成功的“那个人”[③]；之后，飞机途经卡萨布兰卡、尤比角，最终抵达了拉斯帕尔马斯。

196 当晚9点钟，在马德里市中心，突击警卫队的副官何塞·卡斯蒂略（José Castillo）正离开位于奥古斯托菲格罗纳大街的家，前去执行任务。同年4月份，他曾负责指挥镇压由国民警卫队中尉德洛斯·雷耶斯（de los Reyes）的葬礼所引发的骚乱，而德洛斯·雷耶斯在共和国成立五周年纪念日的当天被枪杀。后来，卡斯蒂略还帮助社会主义者训练民兵组织。从那以后，卡斯蒂略成了长枪党重点报复的对象。他在6月份举办

① 这个词是“¡Camaradas！ ¡Arriba Falange Española！ ”的简称。

② *Cruzada*, IX, p.557.

③ 路易斯·博林、道格拉斯·杰罗尔德和贝布上尉（Captain Bebb）的证词。

了婚礼，而他的新娘在新婚之夜收到了一封匿名信，信中责问她为什么要嫁给一个“将要变成一具尸体”的人。7月12日，在马德里夏季的一个炎热的星期天，卡斯蒂略离开家后不久即被4名带有左轮手枪的男子枪杀，凶手们迅速逃窜，消失在拥挤的街道上。[①]

这是近几个月以来第二起针对社会主义军官的谋杀案。之前，工程兵卡洛斯·法劳多长官积极地帮助训练社会主义民兵组织，5月份，他与妻子在马德里散步的时候被长枪党人杀害。卡斯蒂略的死讯在突击警卫队总部引起了众怒。突击警卫队总部位于太阳门广场的内务部附近的庞特霍斯（Pontejos）兵营。卡斯蒂略的遗体被安放在安全总局。他的同事们聚集在政府大楼里，但政府并未出面进行制止。他们要求政府采取措施打击长枪党。一群人向年迈的内务部长胡安·莫莱斯进行抗议，要他批准逮捕那些逍遥法外的长枪党人。莫莱斯同意了，并同时要求他们以军官的名义保证只扣押名单上的人，并把这些人转交给有关当局。他们对此作出承诺。这些抗议的人中包括卡斯蒂略的挚友、国民警卫队副官费尔南多·孔德斯（Fernando Condés）。卡斯蒂略的死给孔德斯带来了沉重的打击。在几位身穿便衣的突击警卫队成员的陪同下，孔德斯坐着一辆公务汽车，漫无目的地游荡。司机鲁莽地把孔德斯带到了一名长枪党人的家。不知道是谁提议说：“我们去希尔·罗夫莱斯家吧。”仍然恍惚的孔德斯并未表态，于是这些人又决定去希尔·罗夫莱斯家，但当天希尔·罗夫莱斯恰好去了比里茨。之后又有人提议去找卡尔沃·索特洛。 197

卡尔沃·索特洛也察觉到自己面临的险境。7月11日，有消息称“热

---

① *Tagüeña*, p.99; *El Sol*, July 14, 1936.暗杀卡斯蒂略的凶手显然是长枪党人。其中一个似乎是安赫尔·阿尔卡萨尔·德贝拉斯科（Angel Alcázar de Velasco），他后来是长枪党一名桀骜不驯的成员，因在这场“胜利”中所扮演的角色而获得了长枪党勇士银章（Iturralde, vol. II, p.107以及一些私人渠道的信息）。Eduardo Alvarez Puga, *Historia de la Falange*（Barcelona, 1972）, p.30，说刺客是UME的人。

情之花”曾公开表示要索取他的性命。[①]作为议会成员，卡尔沃·索特洛有两名贴身警察，其中一名告诉卡尔沃·索特洛的朋友议员华金·鲍（Joaquín Bau），他的上级曾指使他不要阻止任何针对卡尔沃·索特洛的攻击，如果在郊外真的有人置其于死地，他要帮助行凶者。随后，那名护卫被换成了卡尔沃·索特洛的心腹——尽管内务部就此事明显没有更进一步的行动。必须强调的是，那个夏天，很难有什么人值得信任。

7月13日，在这个星期一的将近凌晨3点，在卡尔沃·索特洛位于马德里富人区贝拉斯盖斯大街的家中，看门人放孔德斯和几位突击警卫队成员上了楼，他们直奔那头待宰的“羔羊”。闯入者们说服从床上起来的卡尔沃·索特洛跟随他们前往警察局总部，尽管他的议员身份本可以让他不受逮捕令的约束。孔德斯副官出示证明，表示自己是国民警卫队成员，而卡尔沃·索特洛欣然地给予配合。事后，一名社会主义者表示，卡尔沃·索特洛当时认为他并不是被带往安全局局长处，而是要去见莫拉，毕竟在起事的计划中，莫拉的行动代号是“局长”[②]。不管怎样，卡尔沃·索特洛当时坚持要尽快给他的家人打电话，他还补充说：“除非这些先生把我的脑袋打开花。”车很快启动了，车内所有人都闷不作声。在行驶了400米后，坐在这位政治家旁边的年轻的加利西亚社会主义者路易斯·昆卡向他的后颈开了枪。无论是孔德斯还是其他人都未曾料到这样的结局，他一开始想到的是让卡尔沃·索特洛自杀，毕竟卡尔沃·索特洛已经向他屈服，但孔德斯最终没有这么做。卡尔沃·索特洛死后，他掉头去了东墓园，把尸体移交给了工作人员，没有透露死者的身份。昆卡驱车前往《社会主义者》的办公室，把事情的原委告诉了普列托。第二天中午，尸体的身份被确认。之后，昆卡、孔德斯和其他几位在车上的人被迅速逮捕，但他们本就无意

---

① 据说在卡尔沃·索特洛又一次激烈的演讲后，“热情之花”在议会大喊：“这是你最后一次演讲。”但会议杂志（*Diario de Sesiones*）中，没有关于这一言论的记录，当时在场的两位可靠证人（如亨利·巴克利和米格尔·毛拉）也没有听到这一言论。

② Juan Simeón Vidarte, *Todos fuimos culpables*（Mexico, 1973）, p.215.

逃跑。谣言四处传播，新闻消息中充斥着各路阴谋诡计，而总理的名字被用来代指同谋。指责的声音不绝于耳。[①]

议会反对派领袖被正规警察部门的成员杀害，这件事吓坏了西班牙的中产阶级。不难想象，如今政府即便想管住自己的执法人员，也是心有余而力不足。像勒鲁斯、坎博甚至是希尔·罗夫莱斯等共和主义右翼和中间派人员都认为，从此以后，他们再也不愿为一个无法保证他们生命安全的政府效忠。[②]曾经支持采取和平方针的天主教学生联盟主席华金·鲁伊斯·希门尼斯（Joaquín Ruiz Jiménez）决定，圣托马斯学派将认定这场反抗为正义行为。[③]与此同时，7月13日，议会不间断地举行了多场会议。议会下令关闭君主主义者、卡洛斯主义者和无政府主义者在马德里的总部。但前两个组织和许多其他相关者都在卡尔沃·索特洛家忙于悼念。当日午夜，普列托（他在当天的期刊《社会主义者》中宣称战争将更有效地解决这一系列让人无法忍受的凶杀案）带领由社会主义者、共产主义者和劳动者总工会组成的代表团，向卡萨雷斯·基罗加要求为工人组织发放武器。卡萨雷斯予以拒绝，并且刻薄地告诉普列托如果再这样频繁地来找他，那西班牙就由他自己来管理。[④]又经过一个 199

① 上述资料来源于庞特霍斯第六连突击队中尉阿尔弗莱多·莱昂-卢平（Alfredo León-Lupin，加拉加斯）的个人陈述以及已故的曼努埃尔·塔维尼亚的个人陈述。莱昂-卢平当时是一名社会主义学生领袖，卡斯蒂略的遗体抵达时，他在内务部。另见Tagüeña's memoirs, pp.99–100；Zugazagoitia, p.30；以及Prieto, Convulsiones, vol. III, p.133。不能完全排除蓄意谋杀的可能性，但政府肯定没有参与。其他版本将这个昆卡称为维托里亚诺·昆卡（Vitoriano Cuenca），“古巴前独裁者杰拉尔多·马查多（Gerardo Machado）的保镖”。曼努埃尔·乌里瓦里少校（Manuel Uribarri, *La quinta columna española*, Havana, 1943, p.171f.）对这起谋杀案给出了一个非常不同的解释，他认为是他的朋友孔德斯故意“处决了”卡尔沃·索特洛，以使共和国摆脱危险的敌人。

② 内战开始后，孔德斯和昆卡都在瓜达拉马被杀。内务部与调查有关的文件于7月25日被一群民兵没收，据推测已被销毁。

③ Sergio Vilar, p.636.

④ Zugazagoitia, p.22.

炎热的夜晚，马德里当局还是没有做出指示。左翼党派的民兵组织随时待命，如果斗争开始，左翼党派将依靠那些人的力量，而民兵组织的军火库内为数不多的武器已经发放至那些人手中。右翼党派人士则揣测死神下一次会敲响谁家的房门。

最终莫拉给出了确定的叛乱时间。他的电报中写道："最终时刻定格在15日的凌晨4点，海伦生下了一个漂亮的孩子。"破译后的电报内容显示，叛乱将于7月18日早上5点在摩洛哥发动。西班牙卫戍部队将在7月19日加入武装叛乱。何塞·安东尼奥委托他的律师助理拉斐尔·加尔塞兰发布信息称，如果莫拉在72个小时之内不采取实际行动，他自己将率领长枪党在阿利坎特发动叛乱。策划者们已然接受了在马德里和塞维利亚难以取胜的事实（但明显没有把巴塞罗那计算在内）。在这些地方，卫戍部队、长枪党以及其他叛乱团体坚守在其所在兵营等待救援。莫拉、戈代德和佛朗哥分别从北方、东北方和南方起兵，向首都进军。圣胡尔霍将从葡萄牙飞回国内统领布尔戈斯。曾经摩洛哥战争的出征者们在"里夫之狮的带领下"在他们自己的国家发号施令。在最后时刻，戈代德与另一个才能稍逊一筹的非洲主义者冈萨雷斯·卡拉斯科调换了位置，戈代德执意要求去巴塞罗那，因为他认为巴塞罗那更具战略价值。[①]尽管叛乱计划预谋已久，但最终还是卡尔沃·索特洛的死亡促使密谋者们发动叛乱；另外，他们也不能在紧要关头挫败自己的锐气。如今，如果不采取行动，他们也许会被追随者们抛弃。

第二天，即7月14日，马德里的东墓园举行了两场葬礼。在第一

---

① Iribarren, pp.63, 91n.；Maiz, *op.cit.*戈代德要求这一改变的动机并不十分清楚。Iturralde（vol. I, p.86）声称，戈代德认为巴塞罗那是一个合适的地方，如果武装叛乱失败，可以在那里协商妥协方案。Payne（*Politics*, p.509）and Prieto, *Palabras al viento*（Mexico, 1942），第280页，讨论了戈代德怀疑莫拉可能会与意大利达成协议，希望退出阴谋的可能性：戈代德是个民族主义者，而不是法西斯主义者。

场副官卡斯蒂略的葬礼上，一群由社会主义者、共产主义者和突击警卫队组成的队伍面向被红色旗帜盖住的棺木握紧拳头敬礼。几个小 200
时以后，卡尔沃·索特洛被嘉布遣会修士兜帽和长袍包裹住的遗体在另一处坟地下葬，周围密集的人群都伸出手以法西斯主义特有的方式敬礼。卡尔沃·索特洛在西班牙革新党的代理官员——戈伊科切亚代表所有在场人员用上帝和西班牙的名义发誓向凶手复仇。当时在场的副总统和议会常任秘书长遭到一群衣着华贵的女人攻击，她们大喊着“让议会见鬼去吧”。长枪党与突击警卫队之间发生了暴力冲突，在几位受难者中有4人死亡。这两场葬礼是西班牙爆发内战以前所进行的最后的政治集会。[1]

马德里每天都处在不稳定的气氛之中。政府中止了《终将》（*Ya*）和《时代》（*época*）两家右翼报纸，起因是这两家报纸在没有事先递交审查的情况下，发表了与卡尔沃·索特洛凶杀案有关的敏感报道。政府还让议会休会，试图以此来缓解紧张的气氛。右翼党派的领导者们发起了抗议，并威胁要集体撤出议会。出访伦敦参加共产国际会议的拉尔戈·卡瓦列罗在返回时于政府的要求下在埃斯科里亚尔附近下了火车，之后坐车回到马德里。他以此方式来躲避专门为他的到来而在北方车站举行的游行。然而，卡萨雷斯·基罗加向马德里的议会公共工程委员会保证，莫拉已经被逮捕的谣言纯属子虚乌有，他还说莫拉“是一位忠于共和国的将军，散布此等谣言的行为是在扰乱政治体制”[2]。西班牙劳动者总工会与全国劳工联合会之间常年的斗争仍然在继续，在南部的郊区，两大联盟时不时会发生摩擦。

7月15日，议会常驻委员会（由议会内主要党派的代表组成，代表

---

[1] 关于7月份的马德里印象，见小说*Visperas de San Camilo 1936*, by Camilo José Cela（Madrid, 1969）。

[2] Lizarra, p.31.

人数根据其党派规模而定）在马德里举行会议。起初，君主主义代表孔德·德巴利亚诺就卡尔沃·索特洛的死发出正式抗议，并宣称由于国家已经陷入无政府状态，他的政党将不会再与议会开展进一步合作。在几个小时之内，戈伊科切亚和许多右翼重要人物都已经清楚地知道，如果他们都逃往更加安全的城市而使首都陷入战火，那么他们的处境将变得十分危险。从比里茨回来的希尔·罗夫莱斯（数月以来，他自己的生命
201 安全一直受到威胁）对卡尔沃·索特洛进行了悼念，对于一个几乎有着相同命运的人，他来得太迟了。他坚定地称内阁已经变成了沾满鲜血、污垢和耻辱的统治机构。他公开表示自己无法成功地带领西班牙自治权利联盟融入议会政府的民主进程当中，他将与议会一刀两断。后来，他再次动身前往比里茨。与此同时，议会委员会同意在下一个星期二，也就是7月21日召集议会。各党派领导者们要求所有议员要把随身携带的枪支存放在议院休息室。这场将要举行（事实上从未举行过）的会议被冠以了"解除武装会议"的名号。

第二天早上，即7月16日，莫拉前往洛格罗尼奥会见了指挥部设立在布尔戈斯的第六师的师长巴特特将军。从理论上来讲，巴特特将军是莫拉的上级。众所周知，巴特特对政府忠心耿耿，尽管在掌管巴塞罗那期间，他残酷地镇压了1934年巴塞罗那爆发的那场暴乱。莫拉担心自己有遭暗杀的危险，因此让陪同他的军官们都带了武器。然而，巴特特告诉莫拉，他已经听说的确有从巴塞罗那来的刺客前来行刺他，并建议他应该离开纳瓦拉，莫拉对此一笑置之。巴特特［没有觉察到他身边的总参谋长莫雷诺·卡尔德龙（Moreno Calderón）是叛乱分子］还让莫拉发表声明，保证自己不再试图与政府为敌。莫拉回复说："我向你保证，我不会以身犯险。"事后他炫耀道，这一回复相当机智。[1]

在马德里，日子在平静中掠过。劳工部公布了对建筑罢工的裁决结

---

① Iribarren, p.89；Maiz, p.251.

果，但雇主们拒绝接受。虽然如此，他们还是重新开工，等待上诉。一些劳动者总工会的工人重新开始工作，但全国劳工联合会并没有复工。政府正采取措施来遏制可能爆发的起义。驱逐舰“丘鲁卡”号从卡塔赫纳被派往阿尔赫西拉斯，炮舰“达托”号得令在休达起锚。这些措施是为了防止所有外籍军团和摩尔部队的作战部队向本土转移。但由于不清楚这些战舰的指挥官们是否有叛变的可能，政党采取了相应的预防措施，并因此而耽误了战机。事实上，政府无须为此担心：莫拉及其同伙 203
们并没有为反叛计划认真筹备海军方面的支持。[1]

在加那利群岛，迅龙飞机的机长成功地蒙骗了拉斯帕尔马斯当局关于缺少相关文件就在机场着陆的审问。[2]贝布已经到达的消息由外交官何塞·安东尼奥·桑格罗尼斯（José Antonio Sangróniz）报告给了正准备离开特内里费岛的佛朗哥。之后，拉斯帕尔马斯的军事长官阿马德奥·巴尔梅斯（Amadeo Balmes）将军在射击训练时中弹身亡。这场不幸的事故（在紧张的气氛之下，有传言称他因为拒绝加入叛军而遭到暗杀）给群岛指挥官佛朗哥提供了去拉斯帕尔马斯参加葬礼的借口。另外，佛朗哥还准备以有义务对事件进行调查，作为他离开群岛的原因。战争部副部长克鲁斯·博略萨（Cruz Boullosa）通过电话批准佛朗哥离开特内里费岛。7月17日0点30分，佛朗哥将军坐着小小的岛间渡船，在妻子和女儿的陪同下，踏上了将他引向西班牙权力顶峰征程的第一步。他随身带着的不仅有桑格罗尼斯的外交护照，还有一封写有他希望前往马德里帮助击溃叛军的信件。莫拉的弟弟拉蒙从巴塞罗那赶到潘普洛纳，他满心担忧，唯恐起义在加泰罗尼亚省会遭遇失败。莫拉安抚了弟弟，并补充说：“我心里非常清

---

① 但是，君主主义的辩论家维加斯·拉塔佩（Vegas Latapié）已经与海军有了接触。见Gil Robles, p.726 fn. 68。

② 贝布的旅程充满了意外：在卡萨布兰卡，他失去了他的无线电接线员，后者在卡萨巴（Casbah）烂醉如泥；其间在尤比角举行过一场宴会，贝布的乘客们在宴会上肆意庆祝。贝布于7月14日才抵达拉斯帕尔马斯。

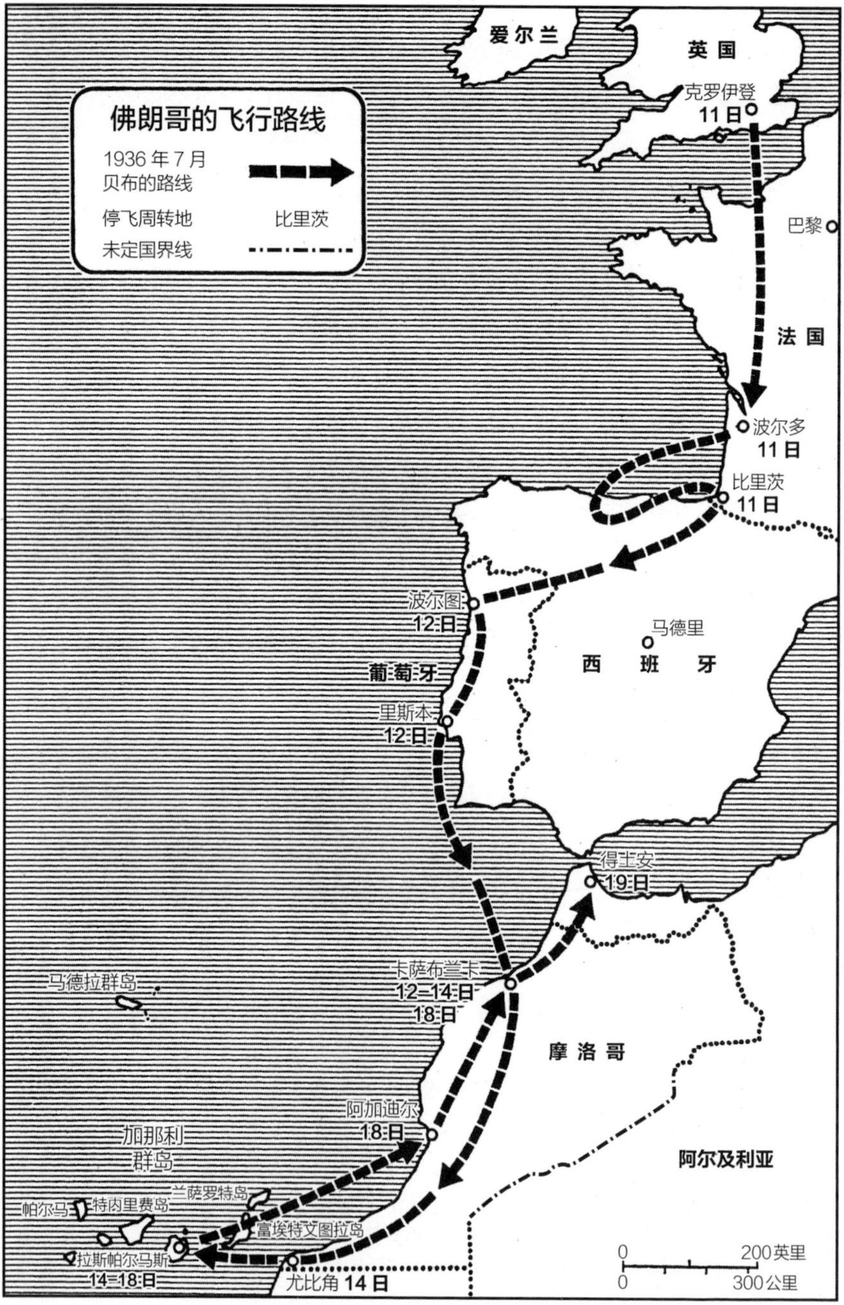

图6　贝布上尉的飞行路线，1936年7月

楚你知道如何像绅士一样死去。”于是，拉蒙连夜赶回巴塞罗那，结果却为志同道合的兄弟像绅士一样死去。[①]诗人洛尔卡也从马德里连夜赶往位于格拉纳达的家中。[②]与此同时，勒鲁斯正驱车前往里斯本。[③]

14. 战争爆发

204

战斗率先在西属摩洛哥最东端的城市梅利利亚爆发。7月16日到17日的夜晚，当地指挥官罗梅拉莱斯针对可疑行动进行了调查。他在人民之家与社会主义领导者们开玩笑说：“据我所知，群众都在夜间祷告。”[④]确认一切无异常后，他返回家中。在西班牙的400位将军当中，他是最懒最蠢的那一个。第二天早上，在梅利利亚密谋造反的军官们在指挥部的地图绘制部举行了会议。胡安·塞吉（Juan Seguí）上校把起事的具体时间告诉给了他的同伙们——第二天早上5点。攻占公共大楼的计划已经安排妥当。这些计划传到了当地长枪党领导者之一、已经叛变的阿尔瓦罗·冈萨雷斯的耳朵里。他向共和主义联盟党通风报信后，消息经由共和主义联盟党又通过人民之家的领导传到了罗梅拉莱斯的耳中。正当密谋者们吃完午饭返回地图绘制部，并分发完武器时，陆军中尉胡安·萨罗（Juan Zaro）带领军队和警察包围了大楼。之后，中尉遇到了参与叛乱的上级长官达里奥·加萨波（Dario Gazapo）。达里奥·加萨波一脸笑容地询问道：“中尉，是什么风把你吹来了？”萨罗回复说：“我必须搜查大楼里的军火。”加萨波给罗梅拉莱斯打电话问：“我的将军，真是您下令搜查地图绘制部的吗？这里除了地图什么也没

---

① Maiz, p.232.

② Gibson, p.51.

③ Lerroux, p.581.

④ *Cruzada*, X, p.17.

205 有。”罗梅拉莱斯回复说：“我知道，但搜查必须进行。”[①]抉择的时刻已经来临，虽然时机尚未成熟，但已不容犹豫。身为长枪党一员的军官加萨波[②]通过电话向外籍军团的一支部队求救。面对当下的情形，萨罗中尉犹豫了，他同意不对投降的士兵开火。塞吉上校去了罗梅拉莱斯的办公室，进门的时候他拔出了左轮手枪。办公室内正爆发一场争吵，一方坚持认为将军应该顺从，而另一方想要抵抗。身处马德里的卡萨雷斯·基罗加在电话中得知地图绘制部内正在进行一场具有威胁性的会议，于是他命令罗梅拉莱斯逮捕塞吉和加萨波。但罗梅拉莱斯并没有决定由谁来执行这一命令。正当此时，塞吉冲进办公室，用枪口对准将军，迫使其投降。叛军军官们宣布进入战争状态，以摩洛哥总司令佛朗哥将军的名义，占领了梅利利亚所有的公共大楼（包括机场），关闭人民之家和左翼活动中心，并且逮捕了共和主义团体和左翼团体的领导者们。人民之家周围和底层阶级地区发生了数起冲突，此事令这些地区的工人们猝不及防，他们都没有装备武器。所有反抗叛军的俘虏都被射杀，其中包括政府代表罗梅拉莱斯和市长。到了夜晚，叛军得到了各工会成员的名单。名单上的人也全部被逮捕。[③]任何人，只要被发现曾在2月份的选举中投票支持人民阵线，都会陷入危险。此后，梅利利亚进入军事管制状态。随后，类似的反叛在摩洛哥和西班牙的其他地区接连爆发。

塞吉上校通过电话把另外两个西属摩洛哥的重要城市得土安和休达
206 委托给爱德华多·萨恩斯·德布鲁亚加（Eduardo Sáenz de Buruaga）上

① Salvador Fernández Álvarez, *Melilla, la primera en el alzamiento* (Melilla, 1939), and Fernández de Castro, *El alzamiento nacional en Melilla* (Melilla, 1940).

② Maximiniano García Venero, *Falange*, p.185. 据一些人说，1936年7月，长枪党的军事人员占总人数的30%。这一定是夸大其词。

③ *Documents on German Foreign Policy*, 1918—1945, Series D, vol. III（“Germany and the Spanish Civil War 1936—1939”）, p.9. 本卷德国外交部文件以下简称GD。

校和亚格上校。他还给佛朗哥（此时正在拉斯帕尔马斯参加巴尔梅斯将军的葬礼）发了电报，解释梅利利亚不得不早于约定日期起事的原因。萨恩斯·德布鲁亚加和亚格在比原计划时间18日要早12个小时的情况下，临时展开了行动。[①]在马德里，卡萨雷斯·基罗加通过电话找到非洲总司令戈麦斯·莫拉托。[②]他发现莫拉托正在拉腊什的卡西诺："将军，梅利利亚发生了什么？""梅利利亚？一切正常。为什么这么问？""因为有一支卫戍部队起兵造反了。"戈麦斯·莫拉托立刻离开卡西诺，乘飞机飞向梅利利亚，他在梅利利亚遭到逮捕。[③]此时在得土安（Tetuán），阿森西奥·托拉多（Asensio Torrado）上校、贝格韦德尔上校（共和国调用的驻柏林军事参赞）以及萨恩斯·德布鲁亚加也发动了叛乱。萨恩斯·德布鲁亚加给在官邸的临时长官阿尔瓦雷斯·布耶拉打电话劝其投降，并得意地称呼自己为炮兵上尉——在军事演练最后进行的阅兵式上，军装上的勋章让他得意扬扬。阿尔瓦雷斯接到了卡萨雷斯·基罗加的电话，卡萨雷斯命令他要不惜一切手段坚决顶住，并告诉他，隔天海军和空军将会来前来援救。但是，这位高级长官连同少数保持忠诚的军官都被封锁在自己家中。安东尼奥·卡斯特洪（Antonio Castejón）少校和外籍军团的第五步兵连[④]正在广场挖战壕。不久后，佛朗哥的堂兄里卡多·德拉·普恩特·巴阿蒙德（Ricardo de la Puente Bahamonde）少校在萨尼亚·拉梅尔机场打电话告诉阿尔瓦雷斯，说他和他的空军中队将站在共和国一方。阿尔瓦雷斯·布耶拉像卡萨雷斯·基罗加激励自己那样激励大家说："顶住，顶住。"但此时，夜幕笼罩，在得土安，官邸和机

---

① 摩洛哥叛乱的消息在半岛策划者中引起了困惑：他们应该按照计划的日期行事，还是应该提前行动？

② De la Cierva, *Historia ilustrada*, vol. I, p.252.

③ *Cruzada*, X, p.44.

④ 步兵连（原书为班德拉，*bandera*）是一个由600人组成的自给自足的营，包括维修部队和机动炮兵。

场已是唯一还未落入叛军司令们手中的地方了。这些反叛的司令与他们在梅利利亚的同伙们一样，已经扫清了所有工会成员、左翼团体和共和主义团体这些阻碍。贝格韦德尔把眼下的情况通报给了哈里发、穆莱·哈桑（Mulay Hassan）和得土安的大维齐尔（Grand Vizier），并得到了他们

207 的支持。自1925年开始，穆莱·哈桑就一直是西班牙的傀儡。很快，他以摩洛哥志愿者的形式，派遣了人员。贝格韦德尔还接管了这座城市的海军事务部门。他自阿尔瓦雷斯·布耶拉时期所做出的所有变动，公务人员们都闷声接受。[①]贝格韦德尔是一位出色的阿拉伯专家，他在摩洛哥颇有名气，这可能得益于他具备熟练使用电话、广播和说流畅的阿拉伯语的能力，因此得土安的叛乱十分顺利。

夜晚11点，在休达的亚格率领外籍军团的第二步兵连不费吹灰之力就占领了这座城市。[②]在大西洋海岸，西属摩洛哥最后一个重要市镇拉腊什于7月18日凌晨2点迎来了战火。战况可以用惨烈来形容。叛军中有2位军官阵亡，在战斗的另一方，有5位突击警卫队成员牺牲。然而到了黎明时分，市镇还是落入了叛军手中，所有政府军不是潜逃就是被逮捕，被枪杀。[③]与此同时，佛朗哥同奥尔加斯将军占领了拉斯帕尔马斯，奥尔加斯在4月份的起事失败后被发派到加那利群岛。佛朗哥宣布对整个群岛实行戒严。正准备发表声明之时，他接到了卡萨雷斯·基罗加意料之中的电话——这位总理先前被告知，当前佛朗哥正在探访卫戍部队。7月18日，早上5点15分，佛朗哥发布声明。声明中提到，西班牙军官们应该对国家本身保持特有的情感，而非对任何特定的政府。声明中还斥责了外国思想的影响，并以动人的词句来保证胜利以后会迎来

---

① *Cruzada*, X, pp.34–40. 1936年8月25日，安东尼奥·马塔·洛雷特（Antonio Mata Lloret）在《战斗报》（*La batalla*）发表了一篇关于得土安起义的左翼报道，并在《太阳报》转载。马塔是一个电报官员，声称被拘禁者被迫喝了半升蓖麻油。

② 出处同上，p.44。

③ 出处同上，pp.44–45。

新的秩序。这份声明没有提到共和国对教会的打击：叛军并没有在形式上成为“十字军”。[①]声明的结尾处意外地提到了“在重要的秩序中会恢复”博爱、自由和平等，最后以对“光荣的西班牙人民”的“呐喊”作为结束语。这一声明在加那利群岛和西属摩洛哥所有的广播站进行广 208
播。[②]之后，当炎热的黎明到来之际，叛乱在西班牙本土爆发了。

起初，卡萨雷斯·基罗加及西班牙政府试图通过宪法手段来消灭叛军。在指导阿尔瓦雷斯·布耶拉和其他在摩洛哥忠于共和国的人进行反抗的同时，总理卡萨雷斯下令再让数艘军舰离开费罗尔和卡塔赫纳的基地，前往摩洛哥海域。他一直持有乐观态度，在长达3个小时的内阁会议期间，直到最后他才告诉他的同僚们事发前他已经得到了消息。[③]这惹怒了忠诚的军官和左翼领导者们，他们之前曾预计到本土会爆发叛乱，并建议政府所拥有的所有武器都应该移交给联盟，但这一打破常规的想法遭到了卡萨雷斯的拒绝，卡萨雷斯宣布在任何不经他允许的情况下把武器发给工人的人都将被枪毙。[④]结果，马德里的街道和咖啡馆都挤满了吵吵嚷嚷的人，但他们中没有人知道正在发生什么。所有左翼组织都高举着“把武器交给人民”的旗帜。在战争部，一群左翼军官取得了控制权。国民警卫队指挥官波萨斯将军和统领马德里第一步兵旅的何塞·米亚哈·梅南特（José Miaja Menant）将军似乎都忠于共和国。与此同时，坚定的共和主义者空军指挥官努涅斯·德普拉多（Núñez de prado）给各个机场打电话，以确保空军时刻处在警备状态。只有梅利利

① Text in Fernando Díaz-Plaja, *La historia de España en sus documentos, el siglo XX: la Guerra 1936—1939*（Madrid, 1963）, p.150f. 佛朗哥也没有提到圣胡尔霍是这场运动的名义领袖。这份宣言显然是由“军队司法团的审计员”洛伦佐·马丁内斯·福塞特撰写的，他是佛朗哥的法律顾问，在佛朗哥独裁制度化过程中发挥了关键作用——他陪同佛朗哥踏上了这段旅程。奇怪的是，他年轻时曾是诗人洛尔卡的亲密朋友。

② *Cruzada*, X, pp.67–71.

③ Ignacio Hidalgo de Cisneros, *Memorias*（Paris, 1964）, vol. II, p.267.

④ Zugazagoitia, p.41.

亚的机场指挥官贝穆德斯·雷纳上尉已经遇害，因此无人应答，而莱昂的指挥官已经投靠了叛军。马德里出现了诸多人事变动，资深的军官们被派往危机四伏的地区。

马德里驻军有近7,000人，国民警卫队、突击警卫队和马枪骑兵共有近6,000人。因此，检验并确保这些人的忠诚是必不可少的。①同时，在马德里，焦躁不安的密谋者们在他们自己的家中举行会议。士气低落的他们与莫拉的通信并不通畅。

209 政府通过马德里电台发布了第一条有关叛乱的消息，消息称："在西班牙本土，没有人参与这场荒谬可笑的阴谋，一个人也没有。"②消息中还承诺摩洛哥叛乱将很快被平息。在这些缺乏可信度的文字传播开的同时，整个安达卢西亚爆发了叛乱。在安达卢西亚地区，有8座城市有营级或以上级别的驻军。其他市镇也爆发了叛乱，这些发动叛乱的领导者要么是当地的长枪党人，要么是国民警卫队成员。几乎全国各地的行政长官都效仿起了马德里政府的做法，并拒绝与叫嚷着索要武器装备的工人阶级组织进行合作。大多数情况下，这样的做法将行政长官和地方工人阶级领导者一同逼上了绝路。要是叛军于7月18日在西班牙各省发动叛乱，那他们在7月22日将可能取得全面胜利。但如果政府提前抓住时机，分发武器装备，并命令行政长官也这么做，从而利用工人阶级来保护共和国，那么叛乱也许已经被镇压。③

对于共和国，7月18日发生的种种事故差不多已经算是糟糕透了。从天一亮开始一直到下午3点左右，市镇的卫戍部队在长枪党人的帮助下发

---

① R. Salas Larrazábal, vol. I, p.128.

② *The Times*, 20 July 1936.

③ 不知疲倦的德国无政府主义运动历史学家马克斯·内特劳（Max Nettlau）在起义不久前抵达巴塞罗那，他试图将起义合理化，但未成功。他在7月25日的CNT–FAI公报中写道："如果存在某种程度的自治，人民确实能够在正确的时间获得武器。但在没有自治权的地方，他们几乎什么也做不到，敌人因此，也只有如此，才获得了暂时的优势。"

动了叛乱，并且在多数情况下，国民警卫队的人员应该会参与其中。在那些没有卫戍部队的市镇中，国民警卫队、长枪党人和当地右翼人士也许会独立展开行动。由叛军指认的领导者会宣布进入战争状态，并实行戒严，这一声明会传到中央广场市政厅的阳台上。这一权力的争夺将会引起社会主义、共产主义和无政府主义民兵队伍的殊死抵抗。同时，行政长官在办公室内犹豫不决，然后试图拨通打往马德里的电话。忠于共和国的军官们，还有多数情况下的突击警卫队成员们会对叛乱发起反抗，并试图让人民政府组织和工人阶级组织联手。劳动者总工会和全国劳工联合会会发动一场 210
地方大罢工，路障、铺路的石头、木头、石料、沙袋以及所有能拿在手里的东西都将被举起。随后冲突爆发，冲突双方进行殊死战斗。[①]

在塞维利亚，马枪骑兵指挥官凯波·德利亚诺将军出人意料地叛变了。当时，身为非洲主义者的他，在1926年和1930年还曾是一名共和主义策划者。虽然他起初得到了共和国的大力提拔，但提拔的力度并没有达到他的预期，并且撤除阿尔卡拉·萨莫拉的总统职务这件事让他愤怒不已，因为阿尔卡拉的女儿嫁给了他的儿子。起义爆发前，凯波与塞维利亚并没有联系，事实上，他是在7月17日才坐着他的丝帕诺佐加（他的公务用车）到的那儿，他后来在车里吹嘘说他先前以检查海关哨所为幌子进行了“长达20,000英里的阴谋”。7月18日，仅仅在副官和另外3名军官的陪同下，他用了一个上午的时间就在师指挥部一间因炎热而遭搁置的办公室内建立了自己的据点。之后，他沿着走廊去见安达卢西亚的第二师师长费尔南德斯·比利亚-阿夫里耶（Fernández Villa-Abrille）。凯波说：“我必须告诉你，抉择的时刻到了，你要么与我和我的战友们一起并肩作战，要么与正将西班牙引向毁灭的政府同流合污。”身为共和主义者的比利亚-阿夫里耶曾在1930年与凯波一同阴谋叛变；如今他和他的参谋举棋不定，这也许是因为他们担心起事将会与1932年时一

① 这篇生动和充满细节的报道来自Luis Romero, *Tres dias de julio*（Barcelona, 1967）。

样以失败告终，然后他们都会被送往一所炎热的殖民地监狱。凯波因此逮捕了他们，并勒令他们所有人去隔壁房间。由于没有钥匙，他命令一名下士站在门前，射杀所有跑出来的人。接下来，在副官的陪同下，他去了步兵营。到达步兵营以后，他惊讶地发现士兵们在操练场上已经全副武装地集结在一起。凯波找到一名他从未谋面的上校，并说："我要
211 与您握手，我亲爱的上校，恭喜您在这样一个能决定西班牙命运的关头选择与您的战友站在同一阵线。"上校回复道："我选择的是政府一方。"面露惊慌的凯波说："让我们在您的办公室里接着谈好吗？"于是两人回到办公室，上校依旧坚持他的立场，于是凯波撤除了他团长的职务。但是其他军官都不愿接替团长的职务。凯波随后命令他的副官把从开始就陪同他的那3名军官中的1名带来。副官离开，他孤身一人面对这些反对他的军官，便开始与这些人谈笑。对方告诉他，他们对1932年圣胡尔霍起义之后发生的事情心有余悸。最后，凯波找到一名陆军上尉接替了团长的职务。他随即走到屋子的后面并向其他军官大声喊道："你们都是我的囚犯。"军官们都乖乖地默不作声。随后，凯波清点人数，才发现团内只有130人。此时，有15名长枪党人来投靠凯波，他们打算占领一座有25万人口的大城市，但当下这等规模的军事力量还太小。凯波十分幸运，炮兵营指挥官及其下属军官们同意加入这次叛乱。重型火炮被带到圣费尔南多广场上具有文艺复兴时期建筑风格的市政厅前，在英国大酒店后方的人民政府就处在火炮攻击范围之内。炮弹开始砸向一些突击警卫队成员聚集的酒店。一颗炮弹打中了人民政府后，行政长官通过电话以保住自身性命为条件向凯波投降（然而，行政长官恩里克·巴雷拉余生中的很多年一直在监狱中度过）。之后，塞维利亚的国民警卫队集体加入叛乱。到上午结束时，城市的中心地区已经落入了凯波的手中。与此同时，当前势态使工人阶级团体清醒过来。塞维利亚广播站呼吁进行大罢工，并让附近村庄的农民们来城市拿取武器。然而，城市内的武器补给并不充裕。工人们利用一个下午的时间在整个郊区设置路障。有

11座教堂被点燃，遭到纵火的还有叛乱的主谋马克斯·卢卡·德特纳的丝绸厂。之后，凯波占领了广播站。夜晚8点，他通过广播进行了一系列臭名昭著的演说。他用一种常年被曼柴尼拉酒灌出的嗓音公然宣称西班牙会得到拯救，反抗的乌合之众将死得很惨。[①]随着夜幕的降临，两 212
方敌对势力已将塞维利亚瓜分。凯波言辞激烈的演说极大地鼓舞了安达卢西亚的叛乱。右翼叛军的成功最初有很大一部分原因是他们有机会通过广播粉碎叛乱已被镇压的相关虚假报道。尽管除了塞维利亚广播站，多数大型广播站都在政府的掌控之中。

同样在7月18日，恩里克·巴雷拉将军（从4月份出狱他一直被忽视）和洛佩斯·平托（López Pinto）将军在加的斯发动叛乱。与塞维利亚一样，加的斯叛乱也并非一帆风顺。[②]在科尔多瓦，尽管马德里内务部在电话中慌忙保证援军将在数小时之内赶到，但军事长官西里亚科·卡斯卡霍上校还是带领炮兵部队连续猛击他在政府部门内的同事、悲观主义者罗德里格斯·德莱昂一方，并促使其投降。叛军未费一兵一卒便攻下了阿尔赫西拉斯和赫雷斯。格拉纳达出现了僵局：军事长官米格尔·坎平斯（Miguel Campins）给他的军官们讲述了叛军在摩洛哥的罪行。在街道上，人民阵线的支持者们与无政府主义者一同开展了一整天的示威游行。尽管听凯波·德利亚诺的演说让人热血沸腾，但在格拉纳达密谋叛乱的人们按兵不动。在哈恩，由于统领国民警卫队的巴勃罗·伊格莱西亚斯上校坚持忠于共和国，因此当地长枪党和义勇军没有等到起事的信号。韦尔瓦靠近与葡萄牙的边境线，尽管塞维利亚起义让韦尔瓦与西班牙共和国其他地区孤

---

① 在整个战争期间，“*Canalla*”“*canaille*”或乌合之众，一直是凯波最喜欢的词。关于凯波·德利亚诺的研究，参阅他孙女Ana Quevedo（Madrid, 2001）的回忆录。关于塞维利亚，亦可参考*Cruzada*, XI, pp.154-202；*ABC de Sevilla*, 18 July 1937；Antonio Bahamonde, *Un año con Queipo de Llano*（Barcelona, 1938）, p.26f。

② 关于加的斯（由于社会主义控制的程度，右翼称之为苏联女郎，*Rusia Chica*）的叛乱见Antonio Garrachón Cuesta的 *De Africa a Cádiz y de Cádiz a la España Imperial*（Cádiz, 1938）。

立，但韦尔瓦还在人民阵线的掌控之中。身在马德里内务部的波萨斯将军通过电话下令让国民警卫队指挥官派遣一队人马反击塞维利亚的凯波。随后，格雷戈里奥·德阿罗少校（Major Gregorio de Haro）带领一支由国民警卫队组成的小规模部队一同出发，但到达塞维利亚后，他就投靠了凯波。

在马拉加，巴克斯考特（Paxtot）将军举棋不定，他在电话中被告知
213 会遭到舰队的炮击，在此威胁之下，巴克斯考特最终放弃了宣布进入战争状态的想法。突击警卫队保持了忠诚，并向试图占领重要大楼的一个连队展开攻击。工人们从后路展开进攻。许多征召的步兵弃营而逃，工人们从逃兵遗留的兵营中得到了武器。连长被群众用私刑处死。[1]但这是政府这一天的最后一场胜利。到了晚上，在得土安，共和国在非洲所做的最后抵抗结束了。[2]非洲的战况十分惨烈，军队和普通百姓都遭受了重创。总指挥戈麦斯·莫拉托被关入监狱，东部指挥官罗梅拉莱斯被枪毙（曾于1926年征服过沙文城的能力卓越的西部指挥官卡帕斯将军由于厌恶反抗而动身前往马德里[3]）。在外籍军团一方，督察员路易斯·莫利纳上校和第一步兵连指挥官布兰科·诺沃（Blanco Novo）上校被撤去职务，同时，第二步兵连指挥官亚格拿到了整个部队的指挥权。5位地方部队指挥官中有3位［阿森西奥上校、巴龙（Barrón）上校和德尔加多·塞拉诺（Delgado Serrano）上校］参加了反叛；在休达，第4位指挥官卡瓦列罗（Caballero）上校由于拒绝加入叛军而遇害，在拉腊什反抗叛军的第5位指挥官罗梅罗·巴萨特（Romero Bassart）上校逃到法属摩洛哥，从那里回到了西班牙本土。[4]

---

① Ronald Fraser, *In Hiding, The Life of Manuel Cortes* (London, 1972), p.131.关于马拉加的一篇有趣的印象，见Brenan, *Personal Record*, p.285。

② 左翼在圣克鲁斯德拉帕尔马（Santa Cruz de la Palma）的抵抗持续到7月28日。除此之外，加那利群岛也在7月20日前被叛乱者征服（*Cruzada*, X, p.76.）。

③ 在那里他被他的敌人谋杀。

④ 随后，他因太倾向革命而被共和军开除，并成为全国劳工联合会的军事顾问。见R. Salas Larrazábal, vol. I, p.88。戈麦斯·莫拉托因反对叛乱而被判处30年监禁。

马德里政府在电话中觉察到自身的失利，就像在摩洛哥一样。接到命令时，一名叛军指挥官会代替行政长官或军事长官气焰嚣张地喊话道："西班牙，向前冲！"消息还以这种形式传到了工会和政党。他们给在其他市镇的同志打过电话才得知，同志们的所在地，比如火车站或邮政局，已经被叛军占领。安德烈·马尔罗在他的著作《海边的祈祷》中详细描述了这些情形。马德里一方说道："喂，你好，阿维拉[①]。""你那里情况怎么样？这里是火车站。""去你妈的，滚蛋！基督万岁！""再见，蠢驴！"[②]一整天的时间里，卡萨雷斯做出的行为就好像国家还在他的 214
掌控之中一样，似乎依旧没有采取紧急措施的必要。他与他所认为的忠于共和国的将军们进行了商议，然而，这些军官及其下属，尤其是由那些激进军官组成的反法西斯共和党，正在与工人阶级民兵组织的领导者们建立联系。一个由出租车司机组成的代表团，呼吁总理给他们3,000台出租车来对抗叛军。劳动者总工会所藏的少数步枪已经分发给了共产主义和社会主义的青年团体。于是，这些人丢下他们的工作，在街道上就像是国家警察一样行事。虽然右翼兵营都还没有任何活动的迹象，但是那些步枪似乎不足以对抗马德里驻军和支持他们的长枪党。《光明报》和《社会主义者》特别期的头版都呼吁"把武器分发给人民"[③]。在人民之家附近的街道，在战争部周围，在太阳门广场上，成群结队的年轻社会主义者和年轻共产主义者整日高呼："武器，武器，武器！"但卡萨雷斯仍然持反对态度。他派空军指挥官努涅斯·德普拉多（Núñez de Prado）将军前往萨拉戈萨试图与第五师师长、共济会会员卡瓦内利亚斯

---

① 西班牙古城名。——编者注

② André Malraux, *L'Espoir*（Paris, 1937）, p.8. 阿维拉直到7月19日才叛乱。电话交换机本身在整个内战期间一直为双方提供公正的服务，美国管理层对此感到自豪。见Luis Romero在*Tres dias de julio*中的评论。（此处对话均为西班牙语。——编者按）

③ 马德里的无政府主义者似乎对所有这些事件无动于衷，他们仍然被建筑罢工所困扰（Zugazagoitia, p.57）。

达成和解。努涅斯·德普拉多告诉卡瓦内利亚斯："未来的内阁将按照将军们的意愿组建，并将取消起事的必要性。"然而，他遭到了逮捕（他和他的副官后来一同被枪决）。

回到马德里，内阁在王宫内的战争部里忙着到处开会，之后在太阳门广场的内务部也是如此。夜晚，马德里电台宣布包括塞维利亚在内所有地方的暴动已经被消灭。这是官方首次承认西班牙本土发生了棘手事件。随后的一系列消息中撤除了佛朗哥、卡瓦内利亚斯、凯波·德利亚诺和冈萨雷斯·德拉腊（González de Lara）几位将军的职
215 务。之后，首都无线电播送了刺耳的音乐，一部分出于安抚，一部分出于激励满怀期待的民众。①喇叭一次又一次地播报："西班牙人民，要时刻收听广播！不要关闭广播。'叛徒们'正在散播谣言。要时刻收听广播。"②然而，在阿萨尼亚的支持下，卡萨雷斯一直拒绝把武器交到民众手上。这位总理在右翼眼中是一名革命党人，而在痛恨他的左翼眼中开始变成一名潜藏的反动分子。他的外号"平民"来自一头因拒绝保护自己而出名的公牛，这个名头在各地以鄙视的口吻反复流传。自由主义的西班牙正处在濒临死亡的痛苦之中。然而，火炮场的长官、支持社会主义的罗德里戈·希尔中校将5,000支步枪交给了劳动者总工会。③在马德里，预谋叛乱的人们仍然没有拿定主意。

7月18日这一天，政府已经竭尽全力地对摩洛哥掀起的叛乱进行镇压。他们甚至还动用了轰炸机轰炸得土安和休达。但这一做法反而使苏丹和维齐尔更容易接受贝格韦德尔上校强行让他们执行的变动。轰炸机

---

① 在这些炎热的夜晚，最受欢迎的歌曲是《音乐婉转从这里传出》（*The Music Goes Round and Round and It Comes Out Here*）。

② Constancia de la Mora, *In Place of Splendor*（New York, 1939）, p.227.

③ 玛格丽塔·内尔肯（Margarita Nelken，曾陪同马德里市议会代表团前去拜访罗德里戈·希尔）向伯内特·博洛滕（Burnett Bolloten）提供的证据，见 *The Grand Camouflage*（London, 1961）, p.29。

没有进行任何军事打击。7月18日早上，卡萨雷斯·基罗加还从卡塔赫纳向梅利利亚派了3艘驱逐舰。在行进过程中，军官们听到了佛朗哥在拉斯帕尔马斯发布的广播。他们决心加入国家主义群体。在邻近梅利利亚的时候，他们接到了炮击该市镇的命令。“桑切斯·巴凯斯特古”号的船长向他的船员们描述了反叛的目标，然后要求他们支持叛乱。他迎来的是一阵长久的沉默。一声“为了卡塔赫纳！”的呐喊打破了沉默，这声呐喊得到了船上全体人员的响应。军官们被制服，“桑切斯·巴凯斯特古”号起锚离开叛军驻扎的市镇，转而驶向公海。在离开北非海岸之前，他们炮轰了梅利利亚和休达。“巴尔德斯海军上将”号上的情况类似。两艘驱逐舰都组建了由船员组成的委员会，来代替军官们行事。在一段时间内，第三艘驱逐舰“丘鲁卡”号并没有确定立场。

在几乎所有西班牙海军的重要战舰上，军官们都在忙于拒绝海军部 216
长希拉尔发布的命令。希拉尔通过电报撤除了这些军官的职务，把权力移交给总工程师们，并下令发放武器。希拉尔因此背上了谋杀海军军官的罪名，但其实“他只是在史无前例的状况中履行规定”[①]。不过，他的行为并没有让海军高效和忠诚，相反，舰队上发生的动荡打击了他的所有行为。

由于执行法律和维护秩序的力量——军队和国民警卫队站在叛军一方，并宣称即便不符合法律规定他们也要自己建立秩序，因此通过宪法手段平息叛乱遭遇失败。唯一能与叛军相抗衡的力量就是工会和左翼政党。然而，对于政府，利用工会和左翼政党对抗叛军将意味着政府接受了革命。不难看出，这样的办法会让卡萨雷斯心存顾忌。但是，当西班牙的局势发展到7月18日夜晚时，这一办法已经势在必行。在摩洛哥和安达卢西亚已经爆发叛乱的市镇，左翼革命党派已经发起了对叛乱的镇压。事实上，在许多没有军队驻扎的小市镇，当摩洛哥和塞维利亚爆发

① Francisco Giral的证词。

叛乱的消息传到时，革命党派已经预计会爆发叛乱，因为左翼的做法无疑是只要一受到攻击便会立即对此展开行动。

因此，如今的西班牙被暴力团团包围，并将成为几代人争斗的发泄口。由于通信手段的受阻或丧失，明显处在隔绝状态的各个村庄都将独据一方，实施独立的计划。很快，西班牙将分裂成不是2块，而是2,000块。整个国家在社会上的崩溃主要因为西班牙各地的地理差异。地方情绪吹起的风如今可谓白浪掀天。在国家主权丧失的情况下，个人和市镇可以无法无天，好像他们游走在社会和历史之外。一个月之内可能就有数千人①未经审判就被随意处死。主教们也可能被杀害，教堂将遭践踏。
217 受过教育的基督徒将在夜晚谋杀没有文化的农民和敏锐的职业工人。这些事情发生的结果必然导向仇恨，当秩序最终建立，其作用不过是把仇恨换作战争合理化这一名头。

卡萨雷斯清楚地意识到局势的惨烈，他在位于卡斯特亚纳大道刚装潢过的办公室里，心急火燎地踱来踱去。他的乐观态度最终被证明不过是一厢情愿。筋疲力尽的卡萨雷斯决定辞职。总统阿萨尼亚也清晰地意识到未来可能发生的灾难，因此召见了擅长谈判的马丁内斯·巴里奥，并让他来组建政府，以对抗叛军。整个7月18日到19日的夜晚召集来担任部长的人都属于温和派，其中包括温和的职业律师桑切斯·罗曼（Sánchez Román）——小规模政党国民共和党的领袖，以及他的两位朋友。2月份大选以前，桑切斯·罗曼没有签署人民阵线协议；他代表政府同意在政治上作出妥协，而这是他本人强烈支持的观点。马丁内斯·巴里奥希望他的出现能规劝叛军取消他们的计划。不过最终，当街道上的群众从马德里广播台听到消息后，“背叛”的怒吼此起彼伏。另一个成员，自由教育学院知名教授的侄子、出任外交部长的胡斯蒂诺·德阿斯卡拉特（Justino de Azcárate）更得民心。但德阿斯卡拉特人

---

① 具体计算见原书第253页和第259页。

在莱昂，而非马德里，而且很快成为叛军的俘虏。数千名工人从人民之家涌向太阳门广场。人群中先是高喊："太阳，太阳，太阳！"然后变成了"武器，武器，武器！"

试图妥协的方案得以实施。马丁内斯·巴里奥指认的战争部长米亚哈将军是一位以作风温和知名的共和主义军官，他给在潘普洛纳的莫拉打了电话。接通莫拉的电话一定十分困难，为了确保叛军的军官们都能按照他的计划行事，莫拉几乎那一整晚都在打电话。经过一阵寒暄之后，莫拉直接表示他将反抗政府。阿萨尼亚给在拉格兰哈的米格尔·毛拉打电话让他参与组建临时联盟。毛拉表示拒绝，并表示这样做为时已晚。拉尔戈·卡瓦列罗已经拒绝再支持一个中间派政府，他表示，如果组建中间派政府，他将"发动社会革命"[①]。不久后，马丁内斯·巴里奥亲自 218
拨通了莫拉的电话，告诉他将在政府中为他提供职位。莫拉回复道："人民阵线维持不住秩序，你有你的支持者，我有我的支持者。如果我们做交易，那我们就背叛了各自的理想和支持者。我们都应被私刑处死。"[②]进一步交涉后，莫拉表示："如今你的提议完全行不通。潘普洛纳到处都是卡洛斯主义者。我在阳台上只能看见红色的贝雷帽，每一个人都已整装待发。如果我告诉这些人我现在已经与你签订了协议，那第一个人头落地的人将会是我。在马德里，同样的事情也将发生在你的身上。你我都已无法控制我们的队伍。"双方的电话撂下以后，战争打响了。莫拉因此成为一系列事件的源头。但是事已至此，如何能让他就此收手？就算他真的收手，卡洛斯主义者们难道不会抛弃他吗？莫拉和佛朗哥将

---

① *Azaña*, vol. IV, p.714；cf. Jackson, p.243；关于桑切斯·罗曼提给政府的计划，见 Maximiniano García Venero, *El General Fanjul*（Madrid, 1967）, p.287。

② Bertrán Güell, p.76；Iribarren, pp.101–102；Maiz, p.304. *Diario de Navarra* 在7月19日报道了会议的新闻。亦可参考这个政府的农业部长拉蒙·费塞德（Ramón Feced）对加西亚·贝内罗（García Venero）的说法，见 García Venero, *El General Fanjul*，第287页。希尔·罗夫莱斯说莫拉是正确的，但他的言论并没有被认真对待，因为一切已经太晚了。

军似乎已意识到，即便叛乱以失败收场，内战也势必会爆发。他的言谈中所夹带的气势正是一种身处暴风眼之中的智者所爆发出的能量，而这场风暴由他一手创造。马丁内斯·巴里奥以类似请求的态度给身处萨拉戈萨的卡瓦内利亚斯打了电话，结局同样是失败。①

7月18日到19日的这个不眠之夜，一直到黎明时分，阿萨尼亚、马丁内斯·巴里奥以及社会党领导人普列托和拉尔戈·卡瓦列罗都在举行新一轮的磋商会议。工会广播中很快宣布，正在组建的新一届政府将承认“法西斯主义向西班牙人民宣战”。然而，该届政府并非来自新的班底。海军部长何塞·希拉尔教授被提拔为总理，国民警卫队指挥官波萨斯晋升为内务部长，巴达霍斯军事长官卡斯特略将军出任战争部长。除此之外，7月19日与7月18日之前相比，内阁成员并没有什么变化。但是，社会主义者、共产主义者，甚至还有无政府主义者都表示成为部长们的后盾，并且
219 正式撂下彼此的成见。②显然，希拉尔与卡萨雷斯和马丁内斯·巴里奥不同，他已经意识到解决问题的唯一方法就是将武器发放给工会。③不管最终如何，新任政府采取的政策都可谓孤注一掷，这些做法卡萨雷斯自始至终都未敢尝试。“武装人民！”第一旅的旅长米亚哈（很快将出任战争部长）不愿执行该项命令，但政府执意要求他这么做。④7月19日，伴随着太阳升起，运送步枪的卡车沿着马德里的街道快速驶向劳动者总工会和全国劳工联合会的总部，等待接收武器的人们（尤其是配有卡车和摩托车的社会党青年

① 据说，卡瓦内利亚斯最终被一名年轻军官“说服”加入了叛乱。这名军官用左轮手枪指着卡瓦内利亚斯的头，告诉卡瓦内利亚斯只有一分钟时间来决定。卡瓦内利亚斯的儿子否认了这一点。

② 令人惊讶的是，波萨斯是一名非洲主义者，他曾在1925年带领军队重新占领了安奴阿尔（Annual），并与莫拉一起帮助平息了1926年的里夫起事。

③ Francisco Giral的证词。

④ Francisco Giral的证词。然而，几天后，桑切斯·罗曼在与普列托和拉尔戈·卡瓦列罗共同出席的内阁会议上提出了进一步的妥协尝试。桑切斯·罗曼的计划是全面撤退到7月19日的位置，大赦、解除武装、禁止罢工、组建由所有政党组成的全国政府、解散议会等。（García Venero, *Historia de las Internacionales*, vol. III, pp.102–105.）

武装组织机动部队）欣喜若狂。但是，现场出现了一系列的问题。运送的65,000把步枪中只有5,000把有枪栓。其余60,000个枪栓存放在蒙塔纳的兵营里。战争部长命令塞拉上校进行发放，但他拒绝执行该项命令，这一事件成为马德里叛乱的开端。

分发武器的相似命令通过电话传达到了各省的人民政府，然而，在多数情况下，这些命令已为时过晚：正值夏日的7月19日，天刚刚亮，随着各省的人民政府陆续接到分发武器的命令，整个西班牙即将爆发第二波叛乱。正在此时，乘坐迅龙飞机的佛朗哥踏上了非洲的土地，在得土安的萨尼亚·拉梅尔机场，他受到了萨恩斯·德布鲁亚加上校的欢迎，而此前一天，正是在这个机场，由佛朗哥的表兄里卡多·德拉·普恩特领导的最后一伙共和党人被歼灭[1]；“丘鲁卡”号在加的斯登陆，非洲军 220
团的第一分队和200名摩尔军团成员到达西班牙本土；向南驶向阿尔赫西拉斯的主力舰队上的船员们正打算制服他们的长官。一场变革竟可以如此剧烈，西班牙共产党员“农民”（El Campesino）后来惊叹，仅仅在一天之内，西班牙就能发生如此多的“杀戮和战斗”[2]。

15. 7月19日至7月末的战况 221

近期以来一直风平浪静的巴塞罗那，在7月19日打响了最激烈的一

---

① Fernando de Valdesoto, *Francisco franco*（Madrid, 1943）, p.123.佛朗哥于7月18日上午乘坐迅龙飞机离开拉斯帕尔马斯。Luis Bolín（*Spain, the Vital Years*, p.48）记录了7月18日至19日夜晚自己在飞机上与佛朗哥的对话，将军在飞机上说：“时间可能比大多数人想象的要长，但我们肯定会赢。”飞机在阿加迪尔和卡萨布兰卡停下来，然后抵达得土安。这位谨慎的将军可能延迟抵达摩洛哥，直到确定他的朋友们在那里获胜。他把妻子和女儿放在一艘名为埃尔瓦迪（*El Wadi*）的德国客船上，前往勒阿弗尔（Luis de Galinsoga, *Centinela de occidente*, Barcelona, 1956, p.226）。

② El Campesino, p.5.

场战斗的第一枪。前一晚，这座宏伟的城市到处充斥着谣言。从加泰罗
尼亚中央广场，到遍地酒吧和鲜花、绿树成荫的兰布拉大道，再到和平
之门广场的海港边，到处都站满了人。和平之门广场上，哥伦布的雕
像矗立在高高的圆柱之上，俯瞰着地中海。机敏的孔帕尼斯掌握了洛佩
斯·巴雷拉（López Varela）上尉有意谋反的证据，他派议会内左翼党
的代表拉蒙·卡萨内利亚斯（Ramón Casanellas）把证据护送到了马德
里。驻扎在巴塞罗那的第四师总指挥利亚诺·德拉·恩科米恩达（Llano
de la Encomienda）提醒他的军官们，尽管他本人拥护共和主义联盟党，
但如果事态的发展迫使他在两大极端团体面前必须做出选择，他将毫不
犹豫地投入共产主义的怀抱，反抗法西斯主义。准备在隔天发动叛乱的
领导者都得知了这一消息，其中就包括装甲部队的费尔南德斯·布列尔
（Fernández Burriel）将军，在戈代德将军从马略卡岛赶来之前，他掌握
着指挥权。他们的计划是让大约5,000名分别驻扎在城市周边兵营的士
兵向中心方向进军，然后在加泰罗尼亚广场集结。在他们心中，此时的
巴塞罗那唾手可得。但密谋者们失策的地方在于，他们并没有充分地意
识到国民警卫队和突击警卫队内缺乏反叛的热情，也没有意识到无政府
222 主义者在城市内的数量和作战实力。在7月18日的后半夜，孔帕尼斯还
在拒绝“把武器分发给人民”。但是，全国劳工联合会通过武力夺取了
数座武器仓库，其中包括停靠在港口的老旧运囚船“乌拉圭”号。第二
天他们发起大罢工，并做好了战斗的准备。不过，此时无政府主义的领
导者们会从被通缉的罪犯转变成什么身份呢？当然是“反法西斯主义革
223 命联盟的领导者”。孔帕尼斯从利亚诺·德拉·恩科米恩达处得到的消
息是各卫戍部队一切正常，但他仍没能睡着觉。凌晨2点，他和他的文
化参谋、诗人本图拉·加索尔来到了兰布拉大道。孔帕尼斯戴着一顶柔
软的帽子，并把帽子盖过眼睛，本图拉·加索尔习惯性地戴上大帽檐的
帽子，看上去像是一位19世纪的小提琴家。那个巴塞罗那的夏天，周六
夜晚的狂欢渐渐被另一氛围取代：一场革命运动前的“黎明”。在突然

出现的人群中，很少有人来度假，他们中的大多数都是武装的工人。喇叭里，舞曲变成了提醒人们展开行动的鼓动人心的呼吁。凌晨4点，孔帕尼斯得到消息：洛佩斯-阿莫尔少校领军从城市西面的佩德拉贝斯兵营出发，向加泰罗尼亚广场方向行进。

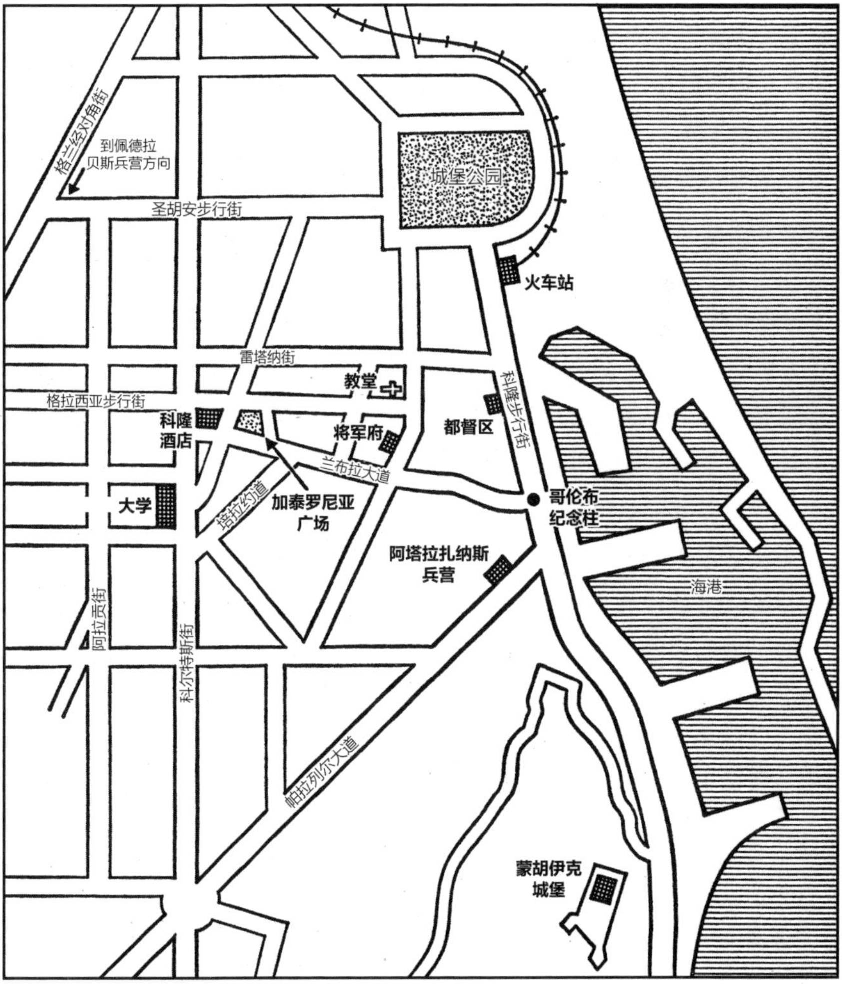

图7　巴塞罗那，1936年7月

兵营里的士兵们一大早被召集，并得到了大量的白兰地酒，他们以各种各样的方式被告知，将被派遣去消灭一场无政府主义的起义或是以“人民的奥林匹克运动会”的名义围绕市镇行军。“人民的奥林匹克运动会”是左翼为了反对将在柏林举办的官方奥林匹克运动会而举行的活动。[1]尽管数以千计的外国游客已经来到了西班牙，但“人民的奥林匹克运动会”仍不出意外地遭到了取消。为了迷惑敌人，军营士兵们得令要举起握紧的拳头。关于“如何与叛军保持联系”“如何对待俘虏”以及“如何传达抵达目的地的消息”都做好了周密的计划。[2]但是，由于各路叛军都遭受无政府主义者、突击警卫队和国民警卫队的抵抗，因此军营的士兵和叛军之间并未达成联手。[3]坚持效忠共和国的警察们被弗雷德里克·埃斯科费特（Frederic Escofet）上校斩首——他曾在1934年与佩雷斯·法拉斯少校一同率领青年队保卫加泰罗尼亚自治政府。一些军官自行准许无政府主义者进入军火库。此时还发生了戏剧性的一幕。在无政府主义者的请求下，一大批突击警卫队成员将武器交到他们的手
224 上。[4]洛佩斯-阿莫尔带领一队步兵成功抵达加泰罗尼亚广场。他们这队人通过欺骗的方式占领了一个电话局，但并未获得其他进展。统领叛军的军官们应付不了作战风格完全不走传统路线的对手们。比如，被一队武装工人打垮的第二炮兵支队：武装工人们在行进过程中一边用步枪向空中开枪，一边高喊“激情四溢的词语”，请叛军不要开火。之后，他们催促军队把枪口瞄准军队的军官们。

在巴塞罗那爆发的多场战斗都十分激烈。一天之内，加泰罗尼

① 见Jaume Miravitlles, *Episodis de la guerra civil espanyola*（Barcelona, 1972）, p.35。

② 我在比森特·瓜内尔上校发给我的一份备忘录中查看了这些命令的复印件。

③ 当一队骑马的国民警卫队缓慢地沿着兰布拉大道向人们致以红色敬礼时，巴塞罗那报以无止境的热情。关于巴塞罗那共和国命令的更多详情，参见Jesús Pérez Salas, *Guerra en España* (Mexico, 1947), pp.83−100。

④ Paz, p.282.从国民警卫队的角度对巴塞罗那战斗进行详细的描写，见Frederic Escofet的*Al servei de Catalunya i de la república*（Paris, 1973）, vol. II。

亚联合社会主义青年组织的弗朗西斯科·格赖利、马克思主义统一工人党的青年组织的干事以及巴塞罗那的无政府主义干事恩里克·奥夫雷贡（Enrique Obregón）全部阵亡。临近中午，戈代德从马略卡岛（他不费吹灰之力就占领了）乘坐水上飞机来到了巴塞罗那。他既没能为他的手下鼓舞军心，也没能让国民警卫队加入叛乱——国民警卫队指挥官阿朗古伦（Aranguren）将军坚持表示，他只听令于加泰罗尼亚自治政府。哈科沃·罗尔丹（Jacobo Roldán）上校告诉戈代德，士兵们在战斗中的表现十分出色，但是，“天晓得当士兵们发现我们正在反抗共和国会发生什么”[①]。与从前一样，士兵们的大炮依旧派不上用场。战斗持续了一整天，加泰罗尼亚广场上堆满了人和马的尸体。在指挥官迪亚斯·桑迪诺（Díaz Sandino）上校的带领下，巴塞罗那机场始终忠于共和国。临近傍晚，戈代德设立的总部所在地——港口附近的老总督区发生了动荡。戈代德（显然之前被巴塞罗那知名的共产主义者卡里达德·梅卡德尔从愤怒的人群中救了出来）[②]被抓，叛军迫使他通过电台以一种庄严却又挫败的语气来呼吁他的追随者们放下武器，就像孔帕尼斯在1934年的革命运动中所宣布的那样：“天命不可违，我已经沦为阶下囚，因此，我解除那些追随我的人对我的义务。”[③]戈代德早前曾向他在马略卡岛的追随者们求援，他同意这么说也为了避免他们派送援兵。将军的声明传遍了整个西班牙，同时，共和主义人士深受鼓舞。到了夜晚，巴塞罗那只有在港口附近的阿塔拉扎纳斯兵营、位于城市数英里外的圣安德烈斯兵营及其军火库还在坚持抵 225

① Francisco Lacruz, *El alzamiento, la revolución y el terror en Barcelona*（Barcelona, 1943）, p.202.

② *Dépêche de Toulouse*, 26 July, 1936, quoted Pierre Broué and Émile Témime, *La Révolution et la guerre d'Espagne*（Paris, 1961）, p.96.

③ Manuel Goded, *Un 'faccioso' cien por cien*（Saragossa, 1939）, p.58. 这本书是戈代德的儿子写的，他为父亲辩护，对抗诽谤，说父亲正在成为一名民主人士。

抗[1]。在这几场战斗中，无政府主义者和加泰罗尼亚安防部队（突击警卫队和国民警卫队）之间因荣誉问题而产生争执。

7月19日对于其他地区可谓混乱的一天。许多战斗仍在继续。在阿斯图里亚斯的西曼卡斯兵营，希洪地雷工兵团在军事长官安东尼奥·皮尼尤上校的带领下持续进行抵抗。奥维耶多是1934年革命运动的中心，自1936年2月以来，奥维耶多就始终处在革命的狂欢当中，如今这里发生了令人意想不到的一幕。没人想到奥维耶多会爆发叛乱。然而，曾在摩洛哥赢得“军队中最出色的战略家之一”称号的卫戍部队指挥官安东尼奥·阿兰达（Antonio Aranda）上校在最开始以“共和国的利剑”的姿态面对国民警卫队和各工会。他表示事态还没有恶化到必须武装工人的程度。曾经在1934年领导阿斯图里亚斯起义的冈萨雷斯·培尼亚和另外一名省内社会主义领导者贝拉米诺·托马斯同时支持阿兰达，因此没人知道阿兰达的政治立场更倾向于哪个党派。以为奥维耶多得到了有效保护的4,000名矿工因此乘坐火车前往马德里。之后，在下午5点钟，与莫拉通完电话的阿兰达宣布：他支持叛军。当下他得到了突击警卫队以及当地长枪党人和国民警卫队的拥护，但同时也遭到了阿斯图里亚斯剩余势力的反对。7月20日那天，他差点被新组织的矿工们围困。[2]对于矿工们而言，作为1934年革命的中心，奥维耶多没能响应左翼的号召而加入1936年这场轰轰烈烈的战争当中，似乎是不可饶恕的。

226 在沿岸地区，共和国管辖之下的桑坦德并未燃起战火。[3]在巴斯克地区，安赫尔·加西亚·贝尼特斯（Angel García Benítez）将军在佛朗哥的

---

① 这场关于巴塞罗那战役的叙述是基于Cruzada的叙述，*The Times*, del Castillo and Alvarez, Pérez Salas, Escofet, Jellinek, Lacruz, Abad de Santillán, *Por qué*, and Franz Borkenau, *The Spanish Cockpit*（London, 1937）。

② Zugazagoitia, p.33f.; Peirats, vol. I, pp.148–149.

③ 佩雷斯·加西亚·阿尔古勒斯（Pérez García Argüelles）上校拒绝加入叛乱。他什么也没做。他被共和国判处死刑，但被赦免。1937年当桑坦德落入佛朗哥手中时，他被枪决（García Venero, *Falange*, p.157）。

老朋友卡米洛·阿隆索·维加的帮助下带领叛军轻松占领了省会维多利亚所在的南方第3个省阿拉瓦。[①]但巴斯克地区另外两个省——比斯开和吉普斯夸都在政府的稳固掌握之中。毕尔巴鄂没有爆发叛乱。军事长官皮涅罗拉上校在电话中拒绝了莫拉支持起义的请求，社会主义领导者保利诺·戈麦斯（Paulino Gómez）成功控制了局面。当地的军官们只被解除了职务，并没有遭到杀害。[②]在圣塞巴斯蒂安，军事长官卡拉斯科上校在早上被抓捕。刚刚参与叛乱阴谋的卡拉斯科上校虽然是一名君主主义者，但他并没有得到莫拉的信任。与此同时，身处马德里的普列托不断拨打电话来试着确认尚未出现动荡的巴斯克民族主义政党是否还拥护政府。然而，他的担心是多余的。到了正午时分，毕尔巴鄂和圣塞巴斯蒂安连同这两个省内所有的山村和渔村统一自发行动起来。两座城市都建立了军政府，知名的右翼人士遭到逮捕，他们的汽车被征用。由曼努埃尔·德伊鲁霍领导的巴斯克民族主义党派一手策划了这些行动。密谋进行军事叛乱的人们犹豫不决。最后，莫拉在电话中敦促圣塞巴斯蒂安城洛约拉兵营的巴列斯平上校必须果断地展开行动。兵营的两门大炮对准了人民政府大楼，大楼内所有工作人员撤离，这给了被扣押的卡拉斯科以逃跑的可乘之机。逃跑后的卡拉斯科在玛丽亚·克里斯蒂娜酒店连同另一伙右翼分子拧成了一股势力。叛变的国民警卫队还挺进了格兰·卡西诺公馆。此时，恢宏富丽的西班牙夏都也许已经落入了叛军的手中。整个西班牙人心惶惶。当一声枪 227
响出现在圣塞巴斯蒂安广播中时，播音员不得不掩饰称：“你之所以听到枪响声是因为一名同志摔倒的时候没拿住他的枪。没有人因此而受伤。”[③]巴列斯平上校推迟宣布行动计划，但卡拉斯科上校立即宣布进入战争状态。夜晚，伊巴军工厂附近的一支共和主义队伍开始向圣塞瓦斯蒂安挺

---

① 阿拉瓦的人口部分是巴斯克人，部分是纳瓦拉人。阿隆索·维加是佛朗哥的童年朋友，与他一起加入了军团，被他带到萨拉戈萨，后来担任了多年的内务部长。

② Iturralde, vol. II, pp.208–211.

③ *The Times*, 30 July 1936.

进。[1]加利西亚直到7月20日都没有什么动静：预谋起事的人们对摩洛哥提前发动起事一事感到困惑，于是他们按兵不动，而共和主义代表此时也屏住了呼吸。因为，位于费罗尔的海军基地以及科卢那和比戈的两个港口，使加利西亚的立场尤为重要。

叛军在7月19日取得的主要胜利集中在西班牙的中部和北部。在布尔戈斯这个庄严、保守又传统的卡斯蒂利亚老省会，叛军几乎兵不血刃地轻松赢得了胜利。8月，德巴利亚诺伯爵夫人对红十字会的朱诺德得意扬扬地说："这儿的石头都在为国家主义道路铺路。"[2]马塞利诺·加维兰（Marcelino Gavilán）上校成了叛军的精神领袖［军事长官贡萨洛·冈萨雷斯·德拉腊（Gonzalo González de Lara）将军已被逮捕，并于前一日被押往瓜达拉哈拉的监狱］。加维兰逮捕了64岁的巴特特将军（第六师师长）以及同样效忠共和国的胡利奥·梅纳（Julio Mena）将军。曾出任战争部副部长的胡利奥·梅纳是被派去接任冈萨雷斯·德拉腊的人。之前国民警卫队成员的妻子们曾阻止行政长官向平民发放武器，因为她们认为这些武器将会用于杀死她们的丈夫。在布尔戈斯，有许多像赛恩斯·罗德里格斯和戈伊科切亚一样庆祝这场胜利的知名右翼人士等待着圣胡尔霍建立政府，并猜想他们也许能加入其中。[3]在萨拉戈萨，军队在天亮以前入驻街道，并在各个工会组织起任何抵抗力量之前占领市镇的重要位置。[4]有权势的全
228 国劳工联合会领导者们"浪费了太多时间来与国民警卫队谈判"[5]。在阿拉

① *Cruzada*, XXVI, p.242f.；Lizarra, pp.20f., 40；Iturralde, vol. II, p.202f.

② Marcel Junod, *Warrior without Weapons*（London, 1951）, p.98.

③ *Cruzada*, XII, pp.401–411；Ruiz Vilaplana, p.30f.；Iturralde, pp.31–32. See also Romero, p.189.

④ *Cruzada*, XV, p.196f.

⑤ Peirats, vol. I, p.149. 萨拉戈萨无政府主义者的失败引发了激烈的讨论。见Gaston Leval, *L'Espagne libertaire*（Paris, 1971）, p.139f。其间发生过一次总罢工，虽然没有暴力战斗，但这并没有阻止那些可怕的镇压。叛乱的中心人物是莫拉斯代里奥（Monasterio）上校，他在1935年曾是希尔·罗夫莱斯的助手之一。

贡的其余地区，维斯卡和哈卡都已被轻易占领。然而，地处加泰罗尼亚边境线附近的巴尔巴斯特罗，在最开始表示将支持叛乱的卫戍部队指挥官何塞·比利亚尔瓦（José Villalba）上校最终决定拥护共和国。（莫拉后来在布尔戈斯电台中解释称，比利亚尔瓦表示如果想让巴尔巴斯特罗加入叛军，就必须支付10万比塞塔作为贿赂。）[①]在阿拉贡地区最南端的省会特鲁埃尔，叛乱领导者在区区7名士兵面前宣布进入战争状态。行政长官宣告这一声明无效，但随后国民警卫队和突击警卫队加入反叛行列。接下来发起的大罢工没能阻止叛军未费一兵一卒取得胜利。[②]

在纳瓦拉，国家主义运动的胜利可谓在意料之中。莫拉在已经投靠他的6,000名义勇军的热烈支持下宣布潘普洛纳进入战争状态，并且整个省很快就落入他的手中。一股股宗教般的热情掺杂着对战争的狂热，像19世纪“拥护卡洛斯主义者（Carlist）争取西班牙王位者”的战争一样点燃了纳瓦拉。在红色的贝雷帽海洋中，有附近村庄向潘普洛纳涌来的老年人和年轻人，他们高唱着古老的卡洛斯歌曲《奥里蒙迪》，并索要武器。没有人知道也没有人在意觊觎王位者唐阿方索·卡洛斯不准他的拥护者们参与起义这件事，除非他们能够得到比莫拉所给的更明确的政治保障。莫拉能发放的只有目前来自潘普洛纳军火库中仅存的1,200支步枪。但很快，从萨拉戈萨运来了另外10,000支步枪，用以完善卡洛斯主义者们的装备。潘普洛纳的国民警卫队指挥官罗德里格斯·梅德尔少校（Major Rodríguez Medel）曾支持人民阵线，但他于前一晚被他的手下杀害。[③]对战争的火热情绪使潘普洛纳报纸《纳瓦拉报》（*Diario de*

① 另一种说法是，比利亚尔瓦等着看佛朗哥站在哪一边，然后选择另一边。

② *Cruzada*, VI, p.237.

③ *Cruzada*, XIII, pp.460–483.

Navarra）连续两天使用了相同的头条。[1]炮兵部队的马丁内斯·德坎波斯（Martínez de Campos）少校记得此时各地方市长雇用的卡车是如何开始从周边及偏远地区的村庄赶来的。随着号角声响起，人们出现在挂
229 有旗帜的阳台上，面对每一辆围绕潘普洛纳主广场行驶的车辆，他们尽情鼓掌。[2]

在卡斯蒂利亚平原上另一座教区总教堂所在城市巴利亚多利德，曾经顶撞过阿萨尼亚的留有八字须的保守派军官安德烈斯·萨利克特将军和坚定的君主主义阴谋家米格尔·庞特将军，突然出现在师长尼古拉斯·莫莱罗（Nicolás Molero）的办公室里。莫莱罗是共济会会员，曾在倒霉的波特拉掌权期间出任战争部长。他们要求他加入叛乱。造反者们给他们这位情同手足的军官一刻钟考虑的时间，他们则退到外面的一间房间。时间一分一秒地过去，外面传来了长枪党和工人们开始在街头斗殴的吵闹声。突然之间，莫莱罗将军猛地把门踹开，并大喊："共和国万岁！"他的一个副官开始开火。接着发生了一场时间不长的战斗，双方各损失了一名下级军官。然而，叛军最终还是取得了胜利。被押走的莫莱罗以"叛乱"的罪名被判处死刑，但他后来只是在监狱里坐了多年的牢。在巴利亚多利德，铁路工人们整日英勇对抗着装备齐全的敌人们。他们面对的有国民警卫队、突击警卫队、平民以及长枪党。始终都在抵抗的人民之家遭到摧毁。到了夜晚，巴利亚多利德还是沦陷了。曾被卡萨雷斯·基罗加指派去巴利亚多利德控制法西斯主义的行政长官路易斯·拉温（Luis Lavín）发现自己已经被他的同事孤立。他试图开车逃往马德里，但被抓，并被关押在自己的家中。此时，庞特将军已经把他

---

① *Diario de Navarra*, 20 and 21 July.之后，它使用"*Camino de la Victoria*"即《胜利之路》，作为它永久性副标题。

② Martínez de Campos in St Antony's papers, qu. Carr, p.652.亦可参考Martínez de Campos's memoir, *Ayer 1931—1953*（Madrid, 1970）, ch. II, and del Burgo, p.13f.

的家当作大本营。[①]

在老卡斯蒂利亚的其他市镇，叛军没费吹灰之力就将塞哥维亚、阿维拉和萨拉曼卡占领，包括奥内西莫·雷东多在内的很多长枪党人从监狱中被释放。萨莫拉和帕伦西亚（Palencia，无线电传输学校人员）很快被抓。然而，有传言称一列坐满矿工的火车可能不日会抵达，这让留在阿维拉和萨拉曼卡的军官、国民警卫队和右翼政治家有几天可谓如坐针毡，但实际上这些矿工是为了回去骚扰奥维耶多的阿兰达上校。2,000 230 名矿工抵达莱昂，并索要武器。军事长官何塞·博什（José Bosch）将军同意给他们想要的武器，但条件是他们要离开市镇。最终，这些矿工得到了200支步枪、4挺机枪。直到第二天，矿工们满意地离开莱昂并前往马德里，莱昂才保持了平静。[②]在埃斯特雷马杜拉地区，卡塞雷斯省被叛军占领，但叛军并没有得到巴达霍斯，这主要是因为：在坚持效忠共和国的路易斯·卡斯特略（Luis Castelló）将军（新任战争部长）的影响下，卫戍部队没有发生叛变。在新卡斯蒂利亚和拉曼恰，叛军只在一个地方取得了胜利——被国民警卫队拿下的阿尔瓦塞特。像7月19日对待安达卢西亚自治区一样，凯波·德利亚诺紧抓塞维利亚不放，但塞维利亚的郊区始终保持在工人阶级的手里。在那些叛军已于7月18日取得大面积胜利的安达卢西亚市镇中，冲突一直时有发生。随着非洲军团中摩尔部队的到来，加的斯和阿尔赫西拉斯的国家主义运动拥护者得到了助力，这些部队在黑暗中乘坐“丘鲁卡”号驱逐舰在共和国舰队的眼皮底下渡过海峡。格拉纳达的僵局持续了一整天。卡斯特略在战争部打电话给军事长官坎平斯将军，命令他装备好一支队伍向科尔多瓦进发。然而，卫戍部队中的两名大校回复说，自己并不能保证军官们会遵守这道命令。一名上校

① 关于巴利亚多利德，见Iturralde, vol. II, p.107f。以及一部发人深省的小说*Capital del dolor*，作者是Francisco Umbral（Madrid, 1996）。

② *Cruzada*, XV, pp.134–137.

宣称格拉纳达已经落入马克思主义者手中，此举在暗指当时刚爆发的大罢工。坎平斯建议人民阵线的民兵组织应当按照马德里的要求承担起远征的责任。他先是去了炮兵营，在召集的军官面前宣布："先生们，军事叛乱已经失败。我相信你们一直对共和国忠心耿耿。我已经从战争部得到命令来接管这支驻军的武器装备。"他说完后迎来的是一阵沉默，他把这当作了默许，但直到午夜，民兵组织成员都没有得到任何装备。[①]

在巴伦西亚也出现了类似的僵局。上午10点左右，叛乱的一切都已准备就绪，并已确定数千名支持叛乱的平民将参与其中，而就在这时，从巴塞罗那传来了一个坏消息。从马德里赶来统领叛军的冈萨雷斯·卡拉斯科将军出现了动摇，而这触怒了叛乱阴谋的主要策划人巴尔瓦少校（Major Barba，他是西班牙军事联盟在全国范围内的主席）。几个月
231 以来，一直试图在对抗双方之间进行周旋的军事长官马丁内斯·蒙赫（Martínez Monje）也同样举棋不定。行政长官辞去了职务。西班牙自治权利联盟在巴伦西亚的领导者、当地叛乱运动的副指挥路易斯·卢西亚对叛乱进行了谴责。由拥护地方分权主义猛而转投叛乱的路易斯·卢西亚持有的立场一直摇摆不定，他之所以这么做是为了避免大量中产阶级人士加入叛乱，从而导致其他地区发动叛乱。[②]由无政府主义码头工人领导的巴伦西亚工人们遍布各个街道。比利亚努埃瓦的圣托马斯大学以及圣约翰双子教堂遭到劫掠和纵火。正当将军们还在犹豫之时，国民警卫队中的左翼军官们在曼努埃尔·乌里瓦里的领导下开始发放武器。因此，到了夜晚，局势变得充满未知。[③]这种不稳定的情况还发生在阿利

① *Cruzada*, XI, pp.275–289.

② 卢西亚在一个农场躲避无政府主义暴徒，被逮捕并以右翼副手的身份投入监狱。尽管如此，内战结束后，他还是被胜利的国家主义一派监禁，并于1942年英年早逝。见《普列托的致敬》*Convulsiones*, vol. II, p.251。关于卢西亚支持共和国的电报是不是伪造的问题，见del Burgo, p.207f。

③ Peirats, vol. I, pp.145–146.

坎特的沿海地区、阿尔梅里亚和甘迪亚。但毫无疑问，人民阵线在更加靠南的地区和安达卢西亚所有在7月18日没爆发叛乱的地区都取得了胜利。傍晚，西班牙这块备受贫穷困扰的地区被变革运动点燃了战火。

巴利阿里群岛地区，在马略卡岛已经被叛军戈代德占领的情况下，梅诺卡岛的军官和士兵们为了防止何塞·博什在那里革命成功而发动叛乱。[1]到了傍晚，何塞·博什在马翁港宣布进入战争状态，但遭到了围困。伊比沙岛等巴利阿里群岛的小型岛屿成功发动反叛。对于这片群岛政治活动的讨论声让人不由得思考军舰的下落。

在7月19日那个糟糕的黎明，“自由”号和“米格尔·德塞万提斯”号巡洋舰从费罗尔出发向南航行。在政府的指派下，他们试图去阻止非洲军团渡过直布罗陀海峡。之后，西班牙唯一的一艘经得起风浪的战舰——“海梅一世”号也离开了比戈向南方驶去（“西班牙”号正在费罗尔进行维修）。在这些南行的船、已经往加的斯运送了一批摩尔部队的“丘鲁卡”号驱逐舰以及所有停靠在卡塔赫纳的战舰上，同样发生了之前被派往梅利利亚的那3艘驱逐舰上的变故：马德里海军部通过电台 232
向士兵们专门发送无线电信息，在此激励下的士兵们对于有叛变嫌疑的军官发动了攻击，并把他们投入监狱，不过多数情况下是直接把他们击毙。[2]最激烈的战斗发生在身处大洋中部的“米格尔·德塞万提斯”号上，军官们抵抗船上的其他船员，直到剩下最后1个人。由船员们组成的委员会得到了行船的控制权，他们向海军部简明地询问要如何处理尸体，海军部回复说：“举办庄重的仪式把遗体投入海中。”[3]在“海梅一世”号（Jaime I）上也发生了小规模冲突，但船继续由船长指挥。因此7月19日晚，一支由船员自行组建的委员会率领的特别舰队在直布罗陀海域

---

① 不要与莱昂的卡洛斯·博什（Carlos Bosch）将军混淆。

② 那些仅仅被监禁的军官大多在8月份在卡塔赫纳被枪杀。R. Salas Larrazábal（vol. I, p.163）估计，675名现役海军军官中有230名被杀，占总数的34.2%。

③ *El Socialista*, 21 July 1936.

集结，他们的目的是阻止佛朗哥通过直布罗陀海峡到达西班牙南部。然而，仍然处在军官掌控之中的炮舰“达托”号在7月19日的夜晚载着第二批义勇军渡过了海峡。同时，外籍军团的第五步兵连搭乘恰巧停在摩洛哥的3架宝玑飞机来到了塞维利亚。

马德里的密谋者们仍然处在疑惑之中。莫拉还没有协调好凡胡尔周围的军官、西班牙军事联盟以及长枪党等各种反对共和国的势力。步兵旅旅长米亚哈将军（曾在非常短的时间内出任战争部长）是否会加入叛军还是个未知数。有些人说他是西班牙军事联盟中的一员，同时人们也想起他曾是莫拉在摩洛哥的第一个陆军上尉。最后时刻，将由谁在马德里领导起事这件事，还是一个未知数：是活跃于政治的凡胡尔，还是掌管卡拉班切尔区的团长加西亚·德拉·埃兰？[1]同样没有准备好的还有叛乱阴谋的“神经系统”、阴谋的“技术专家”和统筹者——加拉尔萨（Galarza），他已经遭到逮捕。在马德里叛乱中名义上的统领比列加斯将军忍受不了被指派的任务，因此曾在希尔·罗夫莱斯掌权时期出任战争
233 部副部长的凡胡尔接替了他的位置。他于中午抵达了蒙塔纳兵营。在那栋地处马德里西部的过于庞大的大楼里，可以俯瞰整个曼萨纳雷斯河缓慢流过的河谷。那天，除了指挥官弗朗西斯科·塞拉（Francisco Serra），到场的还有马德里其他兵营的军官以及一些长枪党人。凡胡尔将军在他的演讲中阐述了叛乱的政治目的及其法律义务。之后，叛军准备向首都的街道进发。但在此时，一群由劳动者总工会、全国劳工联合会和其他政治党派组成的群体集结在大门之外，他们中多数人的装备就是劳动者总工会的步枪或政府分发的带有枪栓的那5,000支步枪。闯入者人多势众，这使叛军举步维艰，他们因此采用机枪来进行攻击，闯入者发动了反击，然而直到天亮，战斗也没能分出胜负。与此同时，在那天夜晚，

① 关于这个问题有大量文献；特别见García Venero, *El general Fanjul*, p.255f，以及同一作者的*Madrid, julio 1936*（Madrid, 1973）, p.317f。

“热情之花”多洛雷斯·伊巴露丽通过电台开启了她众多富有鼓舞性演讲的首篇，她呼吁“工人们、农民们、反法西斯主义者以及西班牙的爱国主义分子们”不要让“阿斯图里亚斯的刽子手们”取得胜利：不能让他们得逞（*no pasarán*），他们也不会得逞——被称为“凡尔登的回响”的这句口号在接下来的几个月里经常反复被听到。

7月19—20日的那天夜晚，马德里有50座教堂遭到纵火。在以反法西斯工农民兵组织（共产主义民兵组织）为核心的准军事队伍的领导下，工人阶级团体在街道掌握了有效的控制权。同时，忠诚的共和主义者们加强了各个部的防御，尤其是战争部。7月20日，一群比前天还要庞大的队伍聚集在西班牙广场。所有人都齐声激动地高喊“消灭法西斯主义”和“帮助共和国”。狂热的人群把在广场中央的堂吉诃德雕像手中的长矛解释为指向蒙塔纳兵营。①随后蒙塔纳兵营遭到了长达5个小时的狂轰滥炸。飞机和3门大炮（由运啤酒的卡车运来）都投入战斗当中。从冲进兵营的战士中传出了鼓舞人们对抗叛乱的喇叭声。在兵营里，尽管自信满满的凡胡尔掌有2,000名士兵以及500名君主主义者和长枪党人，但他并没有与马德里其他兵营相协调的办法。各方唯一的通信方式就是在房顶释放信号。凡胡尔仍用这种方式请求在城郊卡拉班切尔的加西亚·德拉·埃兰进行支援，但已经没有任何营救方案可行。事后看来，他以此种方式留在蒙塔纳兵营可以说犯了一个致命错误。凡胡尔没有等到救援，等到的只有灾难。10点半，兵营统领凡胡尔和塞拉上校都受了伤。共和国一架来自赫塔菲空军基地的宝玑十九式战斗机投下了一枚炸弹，炸弹击中了院子，这使叛军军心大乱。大炮也进行了有效打击。半个小时以后，堡垒的一面窗户上挂起了一面白色的旗。进攻者们本来前去接受意料之中的投降，但迎接他

234

① 民族主义者后来指出，这座堂吉诃德雕像的手臂是法西斯式的敬礼，并不是紧握拳头弯曲着的共产主义式敬礼。

们的是机枪的火力。叛军一再出尔反尔惹怒了进攻者们，但这种犹豫不决的原因是叛乱者们自身立场的混乱，而非他们存心欺骗。一部分普通士兵想要投降并因此背叛他们的军官。最终，在正午到来的前几分钟，在多轮进攻之下，兵营的大门被冲破。进攻者拥进了院子，一时间到处充满了咆哮和杀戮。突然有一名民兵出现在大楼外围的窗户，并开始把步枪扔向街道上的群众。一名体格强壮的变节者认为他有义务将一个接一个被去除武装又大喊大叫的军官从最高处的走廊扔向院子下面残酷的人群。接下来发生的事情难以用语言来形容，包括塞拉在内的数百名叛乱者遭到消灭。那些存留一命的人被扔进了模范监狱，其中很多人的伤口都没有包扎。不肯投降的凡胡尔将军以叛乱罪被押去送审。珍贵的枪栓（以及弹药）并没有被全部胡乱发放，而是在马德里被里卡多·布里略少校（Major Ricardo Burillo）所领导的由突击警卫队成员组成的部队护送至战争部。这支部队完全忠于共和国（另外两支部队的立场并不确定）[①]。

赢得胜利的进攻者向太阳门广场进军。然而在那里，他们庆祝胜利的游行被四面八方的枪声打断。一支由突击警卫队组成的部队“清扫”了
235 广场周围的房屋，而里面的人们趴在地上。在马德里的其他驻军方面，帕尔多区的工兵们驱车向北前往塞哥维亚，军官们告诉他们的手下：他们是去与莫拉将军战斗。在那些被蒙骗的人中有拉尔戈·卡瓦列罗的儿子，直到战争结束，他一直被关在监狱里。在郊区赫塔菲，忠于政府的空军军官们在空军基地挫败了一场试图发起的叛乱，这一过程至少造成了一名忠于共和国的军官死亡；在卡拉班切尔区，炮兵兵营也被忠于共和国的军官和民兵队伍占领。此前，共和主义军人团体反法西斯共和党的创始人之一埃

① 布里略是一名左翼贵族、清教徒、反神职人员和浪漫主义者，但他很快成为一名共产主义者。1937年，他告诉阿萨尼亚，他有3种忠诚：军队、共产主义和共济会（Azaña, vol. IV, p.638）。

内斯托·卡拉塔拉由于试图把武器交给民兵组织而被他的部属枪杀。加西亚·德拉·埃兰则由于另一个原因同样被自己的部属杀害。其他兵营一个接着一个地失守。[①]“热情之花”和利斯特两位共产主义者来到了一号步兵营，并用口才说服了那些相当不愿意响应政府的士兵。

不久后，匆忙中武装的民兵力量，连同由士气涣散的国民警卫队、突击警卫队以及军队中残余力量所组成的队伍，通过乘坐出租车、卡车和被征用的私家车被派往南方的托莱多和东北方的瓜达拉哈拉。几乎同一时间，叛乱在这两座相邻的市镇都取得了成功。在托莱多，里克尔梅将军依靠着正规军与民兵组织加在一起的人数优势，让身兼军事长官和军队体操中心学校校长的何塞·莫斯卡多（José Moscardó）上校率领一支叛军退守至阿卡萨城堡。建立于高处的半要塞化加半宫殿化的阿卡萨城堡能俯瞰整座城市和塔霍河，自19世纪以来，这里就一直是西班牙步兵军官学校的所在地。战争部办公室和政府试图劝降莫斯卡多，但遭到了他的抵制。结果，他与大约1,300人一同被包围，这1,300人中有800名国民警卫队成员、100名军官、200名长枪党人以及其他右翼激进分子和6名学院的学员（当时正值暑假）。上校还带有550名妇女和50名儿童，这些人多数是其手下赡养的家小。最后，他还把行政长官曼努埃尔·冈 236
萨雷斯·洛佩斯（Manuel González López）及其全部家人和许多（大约有100人）左翼政治家当作人质放在身边。[②]由于附近有兵工厂，叛军的弹药补给十分充足，但食物已所剩无几。

---

① 关于马德里战斗记录的主要资料是 *Cruzada, XVII*, pp.386–481；Enrique Castro Delgado, *Hombres made in Moscú*（Barcelona, 1965）, p.270f.；*The Times*, 5 August 1936；*El Socialista*, 21–22 July 1936。

② *The General Cause*（Madrid, 1943）, pp.320–321. 战争结束后，莫斯卡多的声明使阿卡萨是否有人质的问题得以解决。见 Herbert Southworth, *El mito de la cruzada de Franco*（Paris, 1963, also Fr. edition）, p.54. Cf. Cecil Eby, *The Siege of the Alcázar*（London, 1966）, p.16，他说所有的学员都在休假，但这6名学员是由阿卡萨的骑兵教练维拉·伊达尔戈（Vela Hidalgo）上尉召集的。民事总督是自愿去的，他属于右翼。

随着民兵队伍向着瓜达拉哈拉进发，瓜达拉哈拉和途中经过的阿尔卡拉德埃纳雷斯（Alcalá de Henares）很快被抢夺回来，但瓜达拉哈拉的军官们在埃米利奥·巴雷拉和冈萨雷斯·德拉腊（González de Lara）两位将军的带领下做出了顽强抵抗。[①]在所有类似战斗中，涌现出了一批新的领导者，比如西普里亚诺·梅拉（Cipriano Mera）、戴维·安东纳（David Antona）和特奥多罗·莫罗（Teodoro Moro）这3位无政府主义者。这3个人的职业都是建筑工人，也时常喜欢在适当情况下在街上打架斗殴。共产主义者中有恩里克·利斯特（Enrique Lister）、胡安·莫德斯托（Juan Modesto）和埃尔·坎佩西诺（El Campesino）。还有些领导者来自学生团体，例如曼努埃尔·塔维尼亚。此外还有已经日薄西山的老战士们，比如浮夸的文人曼加达上校和另外一名60多岁忠诚的军官阿图罗·梅纳（Arturo Mena）上校。

反抗叛军的胜利意味着在马德里及其周边开启了一场革命。如今，在太阳门广场的广告架上，列宁的巨大画像被放在了拉尔戈·卡瓦列罗画像的旁边。王宫内的曼努埃尔·阿萨尼亚也许仍然在惊愕和沮丧之中徘徊。他的朋友们也许还在政府内任职，但在街道上，已是由“群众”说了算。在首都内，由社会主义者领导的劳动者总工会成了真正有行政能力的势力。劳动者总工会通过让共产主义-社会主义青年团担当其代理人，而稳住了地位。因此，一场声势浩大的反工团主义起义反而使马德里兴起了工团主义。对于工人们，7月20日这一天意味着胜利。然而到了夜晚，嗜好杀戮的民兵进行了多起暗杀。为了审判在叛军兵营抓获的俘虏，曼加达上校和路易斯·巴尔塞洛（Luis Barceló）少校这两位共和主义军官在田园之家举行了即决审判——在多数情况下，两位军官对
237 待俘虏总是了如指掌且毫不手软。从傍晚到深夜，在这种极其不祥的授

① 他们后来大多被谋杀。那些没有当场被杀的人后来被审判和处决。然而，老阴谋家埃米利奥·巴雷拉将军穿着便衣成功逃脱，并前往布尔戈斯。冈萨雷斯·德拉腊刚刚被叛军从监狱释放。

权下，第一批处决行动开始了。接着，各个地区都发生了命案，富人们的家被点燃，同时在会馆、酒店和公共大楼内，革命人士蜂拥而至。

7月20日夜晚，巴塞罗那爆发的起义有所控制。在那天夜晚，无政府主义者占领了巴塞罗那的重要兵工厂圣安德烈斯兵营，并缴获了大约3,000支步枪（他们的步枪前天还只有200支）。紧接着经过一场长时间的战斗，无政府主义者又拿下了阿塔拉扎纳斯兵营。在进攻的过程中，无政府主义者弗朗西斯科·阿斯卡索牺牲。莫拉的弟弟拉蒙·莫拉（Ramón Mola）上尉于那晚自杀身亡。在持续了两天的战斗中，包括大约200名“反法西斯主义者”在内的500多人死亡，约有3,000人受伤。[①]很快，以加西亚·奥利弗、阿瓦德·德桑蒂连（Abad de Santillán）和杜鲁蒂为首的无政府主义领导者前去觐见主席孔帕尼斯。这群杀气腾腾的人把步枪放在两膝之间，坐在孔帕尼斯的对面，他们的衣服上还带有战场上的泥土，阿斯卡索的死让他们的心情变得更加沉重了。

随后孔帕尼斯说出了下面这些话：

> 首先，我不得不向你们承认，全国劳工联合会和伊比利亚无政府主义者联盟从未得到过应有的待遇。一直以来，你们经常遭受残忍的迫害，而过去与你们站在同一阵线的我[②]后来出于政治所迫不得不与你们为敌。今天你们都是这座城市的主人。

稍作停歇之后，他对于自己在对抗叛乱过程中的所作所为表示了歉意：

> 如果你们不需要我或是不希望我继续担任加泰罗尼亚主

① CNT-FAI的公报，22 July 1936。

② 这是孔帕尼斯对自己之前担任过律师的一种暗示，当时他经常在法庭上为无政府主义者辩护，收取象征性的费用。

> 席，那现在就告诉我，我将成为反法西斯斗争中的一名战士。
> 从另一个方面讲，如果你们肯相信我，就算法西斯主义者们最
> 终得逞，我也死都不会放弃我的职责，如果你们认为我、我的
> 238 政党、我的名望和威望有利用的价值，那你们可以相信我和我
> 的忠诚，把我当作一个坚信过去所有的耻辱已经不复存在的
> 人，一个强烈渴望加泰罗尼亚从此以后要步入世界上最进步地
> 区的人。①

当然，叛军还是发起了对自治政府的攻击。在巴塞罗那，正规安全部队参与了对叛军的反抗。②然而，国民警卫队和突击警卫队的人数加在一起可能与叛军人数相差无几，都只有5,000人，而如今无政府主义者的人数是这一武装人数的6倍。正规安全部队的忠诚也并非能令人完全放心。因此，孔帕尼斯处在一个进退两难的境地，但他那出色的演讲能力又让无政府主义者很是头疼。无政府主义者是否会进而建立“自由共产主义”？也许至少在巴塞罗那他们会这么做；又或者他们会与加泰罗尼亚自治政府展开合作，直面共和主义者、加泰罗尼亚民族主义者、社会主义者和共产主义者？如果选择前一条道路，他们也许就不得不与这些群体中的多数人展开进一步的较量或者说至少也要打压这些人的观点了，并且会让在西班牙其他地区全国劳工联合会势力较弱的地方的无政府主义者有生命危险。选择后一条道路就是向政府妥协，从所有过去的经验来看，这样的行为绝对被禁止。他们在迟疑之中选择了后者，③因为此时，战争的需求已经威胁到了那些能够废除

---

① Juan García Oliver, *De julio a julio*（Barcelona, 1937）, p.193.

② 见加泰罗尼亚政治家胡安·卡萨诺瓦斯（随后任总理）对阿萨尼亚的评价，Azaña, vol. IV, p.702。

③ 关于这个决定的讨论，见C. Lorenzo, p.102；Abad de Santillán, p.59；Vernon Richards, *Lessons of the Spanish Revolution*（London, 1953）, pp.33–39。

政府体制的准则。

然而，孔帕尼斯真的有必要说得如此谦卑吗？难道他就不能靠利亚诺·德拉·恩科米恩达和阿朗古伦两位将军妥善部署忠诚的治安力量，来重建加泰罗尼亚自治政府和西班牙政府的权威吗？或者是他希望从混乱中获利，从而在无政府主义者的帮助下确保加泰罗尼亚彻底脱离西班牙？看上去似乎第二种选择在他的计划之中。与此同时，为了协调好该城市其他组织与无政府主义力量间的支配关系，巴塞罗那的所有政党组建了被称为“反法西斯民兵组织委员会”的组织。谈话刚结束，孔帕尼斯就在自治政府召见了各个团体代表。这场在夜间举行的会议参会者有： 239
劳动者总工会、全国劳工联合会和左翼党各自派出的3名代表，伊比利亚无政府主义者联盟派出的2名代表[1]以及加泰罗尼亚行动党、马克思主义统一工人党和葡萄种植者们（一茬佃户）分别派出的1名代表。[2]这个起初由无政府主义成员领导的组织团体，是镇压叛乱以后巴塞罗那的实际掌管者。[3]虽然在个别的情况下，有伪装的叛乱支持者向民兵开火，

---

① 新的加泰罗尼亚社会主义统一党（加泰罗尼亚统一社会党）由4个左翼团体组成，如今在社会主义和共产主义的领导下团结在一起，由西班牙共产党主导。这4个团体是旧的加泰罗尼亚社会党（Partido Comunista de Cataluña）、社会党联盟（Unió-Socialista）、加泰罗尼亚无产阶级党（Partit Catala Proletari）和西班牙社会党的加泰罗尼亚部分，西班牙社会党控制着当地的劳动者总工会。

② 全国劳工联合会由胡安·加西亚·奥利弗、杜鲁蒂和何塞·阿森斯代表；伊比利亚无政府主义者由奥雷利奥·费尔南德斯（Aurelio Fernández）和阿瓦德·德桑蒂连（Abad de Santillan）代表；劳动者总工会由何塞·德尔·巴里奥、萨尔瓦多·冈萨雷斯（Salvador González）和安东尼奥·洛佩斯代表；加泰罗尼亚统一社会党由何塞·米雷特（José Miret）代表；马克思主义统一工人党由何塞·罗维拉（José Rovira）代表；左翼党由华梅·米拉维特莱斯（Jaume Miravitlles）、阿特米奥·艾瓜德（Artemio Ayguadé）和胡安·彭斯（Juan Pons）代表；拉巴塞雷协会（rabassaires）由何塞·托伦茨·罗塞尔（José Torrents Rosell）代表；加泰罗尼亚行动党由托马斯·法布雷加斯（Tomás Fábregas）代表。全国劳工联合会和伊比利亚无政府主义者代表是可互换的，因为伊比利亚无政府主义者是全国劳工联合会的成员，反之亦然。

③ 无政府主义者接受了与其他各方在该委员会中的平等地位，因为（据阿瓦德·德桑蒂连称）他们希望在其他自身势力较弱的地区得到同等待遇。

但后续委员会的主要工作还是准备好民兵力量向萨拉戈萨进军以及在巴塞罗那组织革命运动。所有这些事情，孔帕尼斯既没有询问中央政府的意见，也没有与反法西斯民兵组织委员会进行商谈。

7月20日，格拉纳达的僵持局面被打破。马德里的波萨斯将军通过电话催促格拉纳达的行政长官要“拼命且残忍地反击”军事叛乱的苗头。正在酝酿这一计划的是穆尼奥斯和莱昂两位将军。贸然前去炮兵营进行深入访问的坎平斯将军被他手下的一名上尉谴责为叛徒，此时他才惊讶地得知驻军中所有的军官、国民警卫队和突击警卫队都站在了叛军的一方。想转头离开时，坎平斯发现道路已经被封锁。他的副官建议他公开表示有宣布进入战争状态的意愿，随后，来到步兵营的坎平斯发现步兵营的军官们也投靠了叛军，他因此采纳了副官的建议。格拉纳达驻军的士兵们很快接到了向城市街道进军的命令，但他们的指挥官并非坎平斯将军，而是穆尼奥斯将军，此时的坎平斯已被关入监狱。之后格拉纳达被叛军占领。当军队来到市政厅前，
240 没有武器的群众四散开来，行政长官及其同事在被逮捕的过程中没有做出任何反抗。在占领市镇中心的过程中，只有1名国家主义士兵被杀。到了夜晚，只有工人阶级占领的地区阿尔巴辛在阿兰布拉的带领下做出了顽强抵抗。这场战斗持续了好几天，在战斗中，工人阶级死伤无数。①

几天以来巴伦西亚的局势始终僵持不下，然而，到了7月20日，局势迅速地向有利于共和国一方发展。地方代表卡洛斯·埃斯普拉连同地方治安长官马里亚诺·戈麦斯成功说服了第三师的师长马丁内斯·蒙赫及其城市内的各指挥部继续站在共和国一方。然而，在这一两天里，马丁内斯·蒙赫还没有想好自己要站在哪一方，连密谋叛乱者都还没有与他解除联系。与此同时，城市内的驻区被规模巨大的工

① *Cruzada*, XI, pp.281–288. 最简要的叙述可以在Gibson的作品中找到，p.52f。

人们团团围住。公认的叛乱总策划人冈萨雷斯·卡拉斯科将军狼狈地在各避难所之间逃窜。用尽一切办法也无济于事的卡拉斯科试图直接逃跑。最后他同巴尔瓦少校一起通过海路，取道非洲北部。他那还在驻区的战友们继续处在围困之中，同时，有11座教堂被焚烧，大主教的宫殿被摧毁。[①]在阿利坎特，另一个态度不明的人最终确定了立场——一直都摇摆不定的军事长官加西亚·阿尔达韦被说服要继续效忠共和国。[②]（与此同时，在阿利坎特，何塞·安东尼奥·普里莫·德里维拉及其兄弟米格尔·普里莫·德里维拉继续在监狱中受苦，他们没有任何被释放的希望。）在阿尔梅里亚，骑兵部队的长官克雷斯波·普埃尔塔于7月20日发动了叛乱并占领了公共大楼，但随着格拉纳达共和国士兵们的到来，再加上共和国驱逐舰"莱潘托"号以炮轰相威胁，普埃尔塔被迫投降。

7月20日，凯波·德利亚诺在塞维利亚取得了绝对的胜利。他所占领的机场虽然占地不大，但对于西班牙南部至关重要——这给叛军帮了很大的忙。外籍军团的一支由卡斯特洪少校领导的小规模部队在摩洛哥乘坐一架福克飞机抵达了塞维利亚。卡斯特洪少校领导他的下属们 241
投入瓜达尔基维尔河对面、由工人阶级控制的特里亚纳地区最后的进攻当中。所有反抗地区几乎都没有武器装备。在一个叫圣胡利安的地方，发生了惨无人道的屠杀。外籍军团的士兵们强行将那些存留的当地人赶到大街上去，并用刀将其虐杀。特里亚纳的贫民区被大炮夷为了平地。[③]

同样在7月20日这一天，加利西亚燃起了战火。在科卢那有两位将

---

① *Cruzada*, XXIII, pp.460–502；Borkenau, pp.114–115.

② *Cruzada*, XXIII, pp.533–548. 这两位将军的命运不同。马丁内斯·蒙赫仍然是军事长官，而加西亚·阿尔达韦则被枪杀。

③ 参阅Bertrand de Jouvenel对这些事件的报道，他是《巴黎之夜》（*Paris-Soir*）的特约记者。

军，第八师的上将，上了年纪的恩里克·萨尔塞多（Enrique Salcedo），和身兼军事长官和第五步兵旅的旅长罗赫略·卡里达·皮塔（Rogelio Caridad Pita）。前者曾在摩洛哥以及古巴参加过战争，体形肥胖，作风谨慎，且常常显得无精打采；后者是人民阵线拥护者中的一员，然而正是在他的组织下，1934年在希洪爆发的革命运动被镇压。在科卢那，策划叛乱的主导人是马丁·阿隆索少校（Major Martín Alonso），他曾因参与1932年的起义而被囚禁于西斯内罗斯庄园，后来在机缘巧合之下又从那里逃了出来。两位将军和市政当局都在犹豫是否要将武器分发给各工会。正当他们犹豫时，当地的全国劳工联合会连同劳动者总工会在斗牛场举行了联合集会。一个自发的演讲人宣称圣佩德罗·德梅宗佐教堂藏有武器，随后一批群众离开场地前去洗劫教堂。最后，在7月20日的中午，卡里达·皮塔为拥上街头的人民阵线拥护者带来了从巴塞罗那和马德里传来的好消息，并说服萨尔塞多宣布支持政府。他们逮捕了马丁·阿隆索少校。地方工兵指挥官卡诺瓦斯·拉克鲁斯上校宣布进入战争状态，并派他的手下占据市镇，试图反抗的工人们却没有武器装备的支持。当地的长枪党迅速武装，并在恰巧出现在科卢那的桑坦德长枪党领导者曼努埃尔·埃迪利亚（Manuel Hedilla）的指挥下强有力地援助了军队。在几个小时之内，叛军清洗了市镇中心，同时抓获了27岁的行政长官华金·佩雷斯·卡瓦略及其妻子，并将二人枪毙。两位将军被他们的参谋长逮捕，数月后与其他军官一同被枪
242 毙。[1]数日以来，战斗一直断断续续，一群来自附近的诺雅的矿工支援

① Letter, 4 April 1962, of Domingo Quiroga（现在厄瓜多尔）。亦参见García Venero, *Falange*（p.141f.），关于埃迪利亚以及索斯沃斯（Southworth）、反长枪党内容，在p.109。关于行政长官妻子的死亡方式有很多谣言。她是一名孕妇，当听到丈夫被处决时她流产了。她试图自杀，后来被长枪党人逮捕并枪杀。（另一个不同的版本出现在Arthur Koestler, *Spanish Testament*, London, 1937, p.300，这显然是一个真实的而不是虚构的恐怖故事。）

了工人。[1]最终，叛军依靠先进的武器赢得了战局。科卢那的最后一场冲突发生在一个浪漫的公园，公园里还纪念着被葬在这里的半岛战争的英雄约翰·摩尔爵士。[2]加利西亚的其他地区也在进行战斗：在比戈，士兵们遭遇了一群没有武装的悍民，冲突持续了数日之久，其中最激烈的战斗发生在港口地区。在斗争情绪高涨的城市庞特韦德拉，城市周围村庄里的人们像参加宗教节日一样，手里拿着棍棒、镰刀、刀具和已经失效的炸药前来与士兵战斗。加利西亚很快陷落。加利西亚被占领的过程中，被谋杀的人比在战斗中死的人还要多。

7月20日，在海军基地费罗尔，战舰上的海员们与在陆地上已赢得胜利的叛军之间也发生了战斗。行事拖沓再加上内部意见的不统一导致了巡洋舰“塞韦拉海军上将”号（Almirante Cervera）向敌军投降。接着“西班牙”号（España）战舰上升起了白旗。之后，许多已发生革命的鱼雷艇和海岸警卫队的单桅帆船同样放弃了抵抗。有30名军官被刺杀，也有相近数量的革命船员被枪杀。前海军部长、海军基地的指挥官安东尼奥·阿绍拉海军上将宣布支持政府，但很快被逮捕。国家主义者占领了海军造船厂，这对处在长久战争状态下的政府来说是一个重大打击。

莱昂的叛乱爆发于7月20日下午2点。矿工们于前天动身前往马德里，这让行政长官追悔莫及。炎炎烈日之下，工人们顽强抵抗由何塞·博什带领的军队。但与该省其他地区一样，叛军最终取得了 243
胜利。唯一值得一提的战斗发生在通信系统的中心庞费拉达。有一群徘徊的奥维耶多矿工收集了一些武器装备，他们之所以来到这里是因为他们觉得阿兰达本人非常可靠，但最终这些矿工在市集广场

① Peirats, vol. I, p.151.

② Cruzada, XIV, pp.14–28. 同样见Iturralde, vol. II, pp.114–115；Jean Flory, *La Galice sous la botte de Franco* (Paris, 1938); Alfonso Camín, *España a hierro y fuego* (Mexico, 1938), p.88.

被屠杀。[1]在梅诺卡岛，另一个名叫博什的将军被一支由人民阵线和他自己驻区内的一部分士兵组成的联合部队打败。因此，马翁港的潜艇基地以及西班牙多数在一战中投入使用的潜艇都掌握在共和国的手里。

7月20日这一天还发生了一件大事。莫拉派一名年轻的君主主义飞行员安萨尔多驾驶一架“天社蛾”飞机前往里斯本，去把起义总司令圣胡尔霍将军从里斯本接到布尔戈斯。安萨尔多抵达圣胡尔霍的别墅以后发现，那里有40个人正手舞足蹈地围绕着“里夫之狮”，他们通过无线电听着似是而非的新闻报道，接听让人一头雾水的电话，并且像宗座权威发布宣言似的说着与实际毫不相符的预言。安萨尔多郑重地告诉他们，他“听令于西班牙国家元首”！在场的所有人齐声唱起了卡洛斯主义赞歌，许多人激动地流下了泪水，一些人高呼：“圣胡尔霍寿与天齐！西班牙千秋万代！”马德里政府对允许叛军的飞行员使用葡萄牙的军事机场这件事表示了抗议。葡萄牙当局虽然支持圣胡尔霍，但要求安萨尔多把飞机开到一个更远的机场。安萨尔多最终选择在马林哈海滩的一个周围布满松树的小空地起飞。圣胡尔霍将军坚持要带上一个沉重的衣箱，衣箱里面装满了用于新任西班牙国家元首的制服，这引起了飞行员的担心。也许正是因为超载的行李，飞机在起飞的过程中出了问题，飞机的螺旋桨刮到树梢，机身燃起了火焰。安萨尔多弹出了飞机并受了伤，而他的乘客则被活活烧死——圣胡尔霍死于自己下的命令而非他人谋害。[2]这次事故损失了一名叛军首领，对于卡洛斯主义者，是一次沉重打击。随着卡尔沃·索特洛遇刺、何塞·安东尼奥持续被关押以及戈代德于同
244 一日被抓获，佛朗哥、凯波和莫拉成为国家主义一方的领军人物。而此

① *Cruzada*, XV, pp.134–147.

② Ansaldo, p.51.圣胡尔霍拒绝乘坐莫拉送往里斯本的“华丽的双引擎”。对坠机原因的探讨，见 José Luis Vila San Juan, *¿Así fue? Enigmas de la guerra civil española* (Barcelona, 1972) , p.31f。

时，莫拉正在应付远未全面赢得胜利的西班牙北部的局面，佛朗哥已经掌控了摩洛哥和非洲军团，凯波的聪明才智让他更适合当一名煽动者，而非政治领袖。要是圣胡尔霍还在的话，他会再次拥立阿方索十三世为王。如今，未来的局势发展充满变数。

到了7月21日，大概可以粗略地画一条线划分出哪一部分是叛乱赢得大面积胜利的地区，哪一部分是多数叛乱失败的地区。这条线从葡萄牙和西班牙的边境线的中间位置开始一路向东北方向，在马德里附近的瓜达拉马山脉转向东南方向，之后到达特鲁埃尔（距离阿拉贡地区的地中海有将近100英里），再向北方一直到比利牛斯山脉，最后截止到西班牙与法国的边境线大概中间的位置。除了包括阿斯图里亚斯、桑坦德和两个巴斯克的沿海省份在内的海岸线的长条状地区，所有这条线的北方和西方都是叛军的地盘（其中还包括有摩洛哥、加那利群岛和巴利阿里群岛，梅诺卡岛除外）。这条线的南方和东方，除了塞维利亚、格拉纳达、科尔多瓦、加的斯和阿尔赫西拉斯（这些城市中，除了最后两座城市，其余都处在彼此孤立的状态）这几座安达卢西亚地区的主要城市，其余大部分地区都属于共和国管辖的范畴。政府掌管区域内的托莱多、圣塞巴斯蒂安、巴伦西亚、希洪、阿尔瓦塞特和奥维耶多这几个地方还有一些大楼掌握在叛军的手中。在许多国家主义市镇，工人阶级所在的郊区发生的冲突大多持续了几日。还有许多地方，例如处在叛军掌控的阿拉贡地区和革命党人掌控的卡斯蒂利亚地区交界的阿尔瓦拉辛山脉地带，没有当权机构，没有通信系统，就像是秘密间谍、亡命者或土匪常会通过的荒漠地带一样。

在安达卢西亚的农村地区，局势的发展异常混乱。其中的典型当数古老的羊毛业市镇波索夫兰科。7月18日当天，有大约120名国民警卫队成员成功发动了叛乱。之后，来自利纳斯的矿工连同大约150名忠于共和国的国民警卫队成员包围了市镇。在围困的过程中，由于粮食不足，敌方被迫投降。被围困的警卫队成员同他们的家人（总计300人）被赶

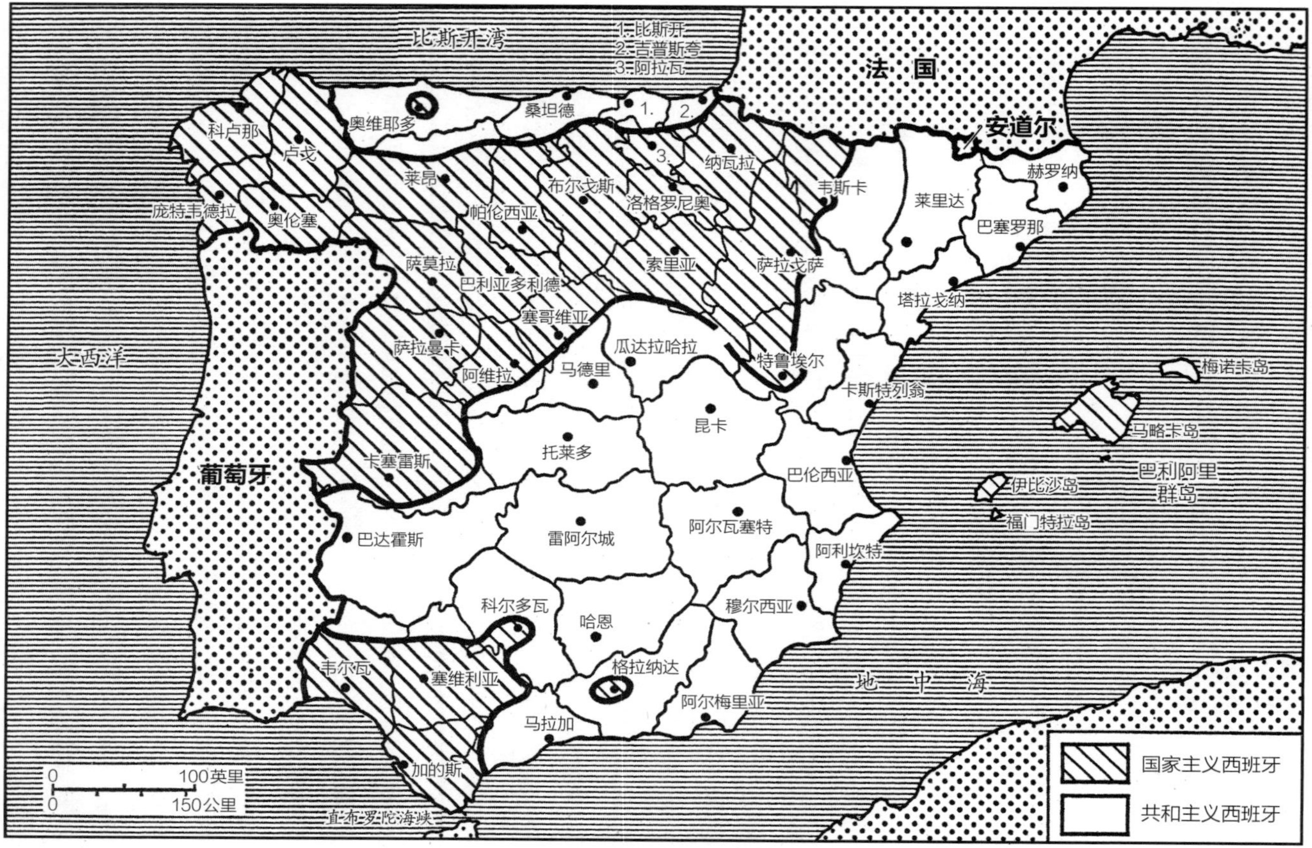

图8　西班牙局势图，1936年7月末

上一列开往巴伦西亚的火车。到达目的地后，他们被囚禁于“莱加斯皮”号上，后来有24个人被枪杀。64个曾被围困的国民警卫队成员也同时 246
被枪毙。[①]事实上，这些日子见证了持续100年的阶级战争酝酿出的高潮：武力激起新的暴行，一座村庄内的凶讯在另一座村庄引发一场新的罪行。例如，逃难者将从凯波·德利亚诺掌控的塞维利亚逃往塞维利亚与科尔多瓦之间的某个村庄，由于关于他们的传闻太过可怕，以至于任何有可能是这批逃难者中的人都会遭到报复。在之后的斗争中，军队也许会赶到，但随之而来的镇压也只会更加残忍。[②]例如在巴埃纳，革命党人在科尔多瓦附近杀死了92名右翼人士，而右翼在重新占领该市镇后又进行了一轮新的镇压活动，杀害了将近700人。[③]

16. 血腥 247

分割线背后的上百个西班牙城镇只属于两大阵营。反政府西班牙是反叛敌对势力，国外广播评论员称其为“白色西班牙”“反叛西班牙”或“法西斯主义西班牙”，有时候甚至还称其为“基督教西班牙”。但最为贴切的要数一个更加中性的称呼——“国家主义”。反叛者们把他们自己叫作“国民”，并把反叛称为“运动”。相比于法西斯主义社会，这看上去更像是军事统治的社会，因为长枪党人看上去有着军人的作风，他们身穿军装，配备武器并且喜欢战斗。他们总是乐此不疲地嘲笑他人，“那些不穿军装的人应该穿裙子”。军事管制顶替了司法。行政部门

---

① 我十分感谢Ronald Fraser纠正了这个故事早期的版本。亦可参考Moreno, p.329。

② 至于剩下的少数西班牙殖民地，镇压行动被推迟了，但几内亚、费尔南多波岛、伊夫尼和西斯内罗斯庄园最终都宣布投向国家主义，尽管几内亚最初宣布投靠政府军。见Cabanellas, vol. I, pp.512–514。

③ Francisco Moreno Gómez, *La Guerra Civil en Córdoba*（Córdoba, 1985）, p.239.

和司法部门的官员都被“调查”，此举是为了确保其在新的环境下不会别有二心。被选为法官的人必须是右翼的拥护者，并且遵从军事意愿。所有曾经支持过人民阵线的政治党派都被取缔，政治生活也就此停止，甚至连老派的右翼和中间派政党都被解散，其中包括西班牙自治权利联盟。唯一活跃在政治舞台的组织只有长枪党和卡洛斯主义者，并且他们是“运动团体”而非党派。人民之家和左翼报纸的办公室都被关闭。罢工者可依法被判处死刑。私人通行的铁路和公路被禁止使用。在国家主义下的西班牙，共济会会员、人民阵线党派的成员、工会成员以及某些地区所有在2月的选举中给人民阵线投票的人通通遭到逮捕，其中很多
248 人被枪决。8月，君主主义者孔德·德巴利亚诺对表情吃惊的瑞士红十字会代表朱诺德说：“这就是红色阿兰达，恐怕我们不得不把整个市镇里的人都关进监狱，并处死相当多的人。”当时他们正沿着马德里到巴黎的铁路干线开车经过该市镇。[①]这一言论引出了一个不可避免的问题：镇压的本质和范围。

各地方指挥官或地方当局会随意执行死刑，因此不同地区被处死的人数不尽相同。对于行政长官、军事长官和地方政府的官员们，如果曾接受过人民阵线掌控的政府指派，那常常会被枪毙。同一下场的还有那些试图维持暴动初期发动的罢工的人。军事法庭对于将军或行政长官等知名人士常常会进行一次走过场的审判，审判大概就进行2—3分钟。处决罢工者、工会成员和无政府主义者这样的平民百姓在多数情况下则会直接跳过审判。如果军队射杀过很多人，那长枪党和卡洛斯主义者中的武装团体也会反过来这么做。“来自赫雷斯的几位权贵子弟”来到杰出的农业部长——西班牙自治权利联盟的希门尼斯·费尔南德斯在奇皮奥纳的家中，希门尼斯在艰难的逃跑过程中险些被这些人枪杀。他的妻子神志失常。他在场的儿子认为要不是那些权贵子弟已经喝得烂醉如泥，

---

① Junod, p.89.

自己也在劫难逃。[①]那些偶然被处死的男人的妻子、姐妹和女儿落得了与他们同样的下场。

这些暴行都有一个特殊的目的。尽管叛军士气正盛，装备精良，但他们在人数上并不占优势。例如在塞维利亚和格拉纳达这样的地方，必须先震慑住人数众多的工人阶级，好在国家主义指挥官们能睡上个安稳觉以前，让他们默许新的政权。从此，叛军们不仅以残忍的手段来对抗他们的敌人，还公然在众目睽睽之下，将他们杀害的人暴尸街头。教会内唯一以官方立场所坚持的是无论以何种罪名被宣判死刑的人都应该有忏悔的机会。[②]据马略卡岛内一些值得尊敬的教会弟兄记载："这些亲爱的孩子中，只有十分之一的人被我们友好的军官押赴刑场前拒绝了圣餐。"然而，哀悼通常遭到禁止，即便是对那些因此而黯然离世的死者 249
的亲属也是如此。[③]这类枪决持续了数月之久。

一群人坚决把镇压当作一种策略，即使他们知道自己原本的计划已经出了差错，然而，自4月以来，莫拉的指示就已经在酝酿这一结果了。7月19日，在潘普洛纳附近城市的市长举行的会议上，莫拉重申了那些明确且严厉的命令："扩散一种恐怖气氛是十分必要的，我们不得不以此突显掌权者的姿态……任何公然或是背地里支持人民阵线的

---

① Recollection in Sergio Vilar, p.637.

② 有一份关于凯波在塞维利亚大开杀戒的记录来自安东尼奥·巴哈蒙德（Antonio Bahamonde），他为凯波担任宣传代表，工作了几个月：见Antonio Bahamonde, *Un año con Queipo*。巴哈蒙德后来逃跑了。然而，允许残杀作为宣传的一部分，这算是一个可怕的迹象。还有Flory, *La Galice sous la botte de Franco*，关于布尔戈斯，有Antonio Ruiz Vilaplana, *Burgos Justice*。这些书中的一些细节可能是错误的，但总体上它们还是真实描绘了那些日子里的欲盖弥彰。

③ Georges Bernanos, *Les Grands cimetières sous la lune*（Paris, 1938）p.68. 马略卡的真正恐怖直到8月至9月共和国袭击该岛后才开始。西班牙国家主义监狱的首席检察官马丁·托伦特（Martin Torrent）神父后来增加了一个新的神学观点，他说："被定罪的人很高兴，因为他是唯一知道何时必须死亡的人。因此，在他死前，他有最好的机会让自己的灵魂井然有序。"（Fr Martin Torrent, *¿Qué me dice usted de los presos?*, Alcalá, 1942, p.68）

人都必须被枪毙。”[1]即使在叛军轻易取胜的纳瓦拉也是如此。如果禁令是由最高级别的人物决定，那显然在逮捕、仓促地审判和执行死刑的过程中，无论被执行人是军官、士兵、警察、长枪党人还是卡洛斯主义者都要执行就不足为奇。为什么会这样？当下狂热的情绪还不足以回答这个问题。在叛乱失败的西班牙其他地区，很快传来了相似情况发生的消息。这些情形通常会被夸大，但也不足以解释这些暴行在国家主义地区的发生。产生暴行的原因并非简简单单就能解释清楚，右翼被点燃的怒火十分可怕，许多人都是血脉偾张的状态。在国家主义下的西班牙，新晋军事政权发现，控制“自发性”活动的难度几乎与前任政府一样，因此很多人在没有得到军队的同意或许可的情况下被施以私刑。

自叛乱成功以后，每日都有逮捕活动。没有人知道那些被抓的人会被判处什么罪名或者他们能否活着回来。当时身处马略卡岛的法国天主教作家乔治·贝尔纳诺斯描述了国家主义武装团体是如何抓人的：

> 250 每一天，在死气沉沉的村庄，当他们忙完一整天的劳作，从田地里回来，桌子上的汤还没等喝一口便踏上了不归路。一个姗姗来迟的女人，气喘吁吁地站在花园的墙边，随手拿着一小捆东西急匆匆拧成一条崭新的餐巾，并匆匆道别。[2]

然而多数情况下，逮捕都在夜间进行，随后执行的枪决也是在夜里

① Iturralde, vol. II, pp.88–89. On this see also De la Cierva, in Carr, *The Republic and the Civil War*, p.202.

② Bernanos, pp.72–73. 贝尔纳诺斯当时住在长枪党人德萨亚斯家的房子里。内战爆发后，马克斯·德萨亚斯（当时是马约卡长枪党的负责人）和他的兄弟讨论了与贝尔纳诺斯的关系。他们决定不枪杀他，贝尔纳诺斯后来离开了。德萨亚斯兄弟从未读过《大墓地》（*Les Grands cimetières*），马克斯的儿子在战后娶了贝尔纳诺斯的女儿（Carlos de Zayas给出的证据）。

完成。有时候是单个人接受处决，有时候是集体接受处决。犯人在被处死以前偶尔也会遭受严重虐待。还有一些时候，行刑官员出于同情会在犯人们手边安排好一席美酒，为了让面临死刑的犯人们在走向绝望时可借助酒劲儿减轻痛苦。尸体会在第二天早上被发现。遭到这般对待的人常常会是左翼政党中的知名成员或者是忠于共和国的官员。不过，没有人敢去指认这些尸体。例如，忠于共和国的骑兵上校鲁维奥·萨拉西瓦尔和其他几位巴利亚多利德的知名人士，就被判处其遗体被永远地安息在标有“七具无名尸”的坟墓下，而此墓碑是在距巴利亚多利德102公里的山坡上发现的。[①]据一名住在附近的目击者称，一个由长枪党人组成的“黎明巡逻队”在战争初期每天都射杀40个人，而刚从监狱被释放的卡斯蒂利亚国家工团主义进攻委员会的缔造者奥内西莫·雷东多亲自主导这一清洗活动。牢房中的犯人被带上卡车运往城郊的指定地点接受枪决——这样的事情频繁发生，甚至促使人们为满足驱车前来观看的人群建立了一个贩卖西班牙油条的摊子。[②]一名嘉布遣会的神父曾回忆了他是如何在半夜被带往位于埃斯特利亚（纳瓦拉）附近的公共墓地，前去听一群罪犯的集体忏悔，忏悔完之后所有罪犯都被枪决的事。[③]一天，一个名为卡斯铁利亚的义勇军成员被埋葬在塔法利亚（潘普洛纳以南20英里处）。他是在战场上死亡的。一群愤怒的民众为了报复，要求将市镇监狱内的50名囚犯处死。市长表示反对，说并非所有囚犯都应当被处死。但由于民众的坚持，市长向潘普洛纳的军政府询问了该问题的处理意见，军政府拒绝了民众的要求。然而，民众执意冲进监狱，并强行带走了监狱里面所有的囚犯，并用公共汽车把囚犯们带到15英里外的蒙雷亚尔。在蒙雷亚尔寂静的夜晚，他们枪杀了所有的囚犯，其中还包括一 251

① Ruiz Vilaplana, p.65.

② 巴利亚多利德事件的描写见Iturralde, vol. II, pp.107-120。这些信息来源于参与其中的长枪党人，后来这些长枪党人在埃迪利亚事件中被监禁。

③ Testimony reported Iturralde, vol. II, p.74.

群不知所措的妇女。[1]

过了一段时间（至少在北方），在莫拉将军的要求下新政权中止了在民众面前暴尸的行为。他宣称路边的尸体挡了他的路。从此以后，行刑会在一座偏僻的修道院的果园或某个不起眼的山坡的圆石间小心进行，而许多地方为图省事直接在墓地执行死刑。

这些天所发生的细节一直不为人所知。以宣传为目的被制造出来的传言有时候是经共和主义西班牙人一手策划的，有时候是从国外流传进来的。当时在巴黎共产国际宣传部工作的阿瑟·库斯勒描述了他的上司、宣传部的组织者、捷克人奥托·卡茨有意篡改他的著作《流血的西班牙》（*L'Espagne ensanglantée*）的过程。[2]然而，马德里的律师委员会还是准备了一部分对暴行最严厉的指控：在那几年里，恐怖的流言肆意蔓延；长枪党人如何为逼韦斯卡的一名校长承认参与“革命阴谋”，将其打得奄奄一息；为了自杀他用牙齿咬断了血管。[3]在纳瓦拉和阿拉瓦，巴斯克的民族主义者在被枪决前连忏悔的机会都没有。一名男子明显是听了某位义勇军成员的话，他在他的四肢被切除的时候伸开双臂，摆出了一个十字架的模样，并大喊：“我主基督万岁！”他的妻子被逼迫观看他最后被刺
252 刀刺死的过程，并且被吓得精神失常。[4]几位试图阻止的神父被枪杀。[5]
无论这些极其残忍的暴行是否真的与谣传的一样，不可否认，许多类似的事件或多或少地发生在国家主义西班牙。这样的事情甚至还发生在像

① 出处同前，p.93。纳瓦拉其他的杀戮报告见*No me avergoncé del Evangelio* by Marino Ayerra（Buenos Aires, 1958）和*Siete meses y siete días en la España de Franco* by Father Ignacio de Azpiazu（Caracas, 1964）。

② Arthur Koestler, *The Invisible Writing*（London, 1954）, pp.333–335.

③ Fernsworth, p.205.

④ Azpiazu, p.115.

⑤ 给出的名字是：卡尔莫纳（Carmona）牧师（安达卢西亚），分别在布尔戈斯和里奥哈（Rioja）被杀的方济各会的里维拉神父和安东尼奥·邦宾（Antonio Bombín）神父。（Iturralde, vol. II, pp.427–428；see also Bahamonde.）

科尔多瓦和格拉纳达这样叛乱在极短时间内就取得胜利的地方。①

这些暴行的始作俑者多数来自军队或老派右翼政党，其中也有公务员或国民警卫队的军官。不可否认，长枪党射杀了许多人，但他们并没有指挥权，有时候如果他们身处行刑队，也会有像长枪党临时全国领导人埃迪利亚那样的人试图（在某些情况下会成功）通过抗议或行使其影响力来阻止暴行浪潮的发展。②潘普洛纳的主教马塞利诺·奥莱切亚（Marcelino Olaecha）在纳瓦拉呼吁中止杀戮的行为，因为在个别地方，实行处决的是一些“不受管控的分子”，他们会反抗当局的明确指示。然而，许多大城市沉浸在嗜血如命的疯狂中，特别是喜好虐杀的新任警察局局长和军事长官也在干扰对暴行的抗议，如塞维利亚的迪亚斯·克里亚多上尉、萨拉曼卡的多瓦尔少校（Major Doval，阿斯图里亚斯已经尽人皆知）、科尔多瓦的卡斯卡霍上校和布鲁尼奥·伊瓦涅斯少校、格拉纳达的罗哈斯上尉和瓦尔德斯·古斯曼上尉以及布尔戈斯的前共和党人华金·德尔莫拉尔。作为屠杀自己同胞的刽子手，他们注定遗臭万年。萨拉戈萨长枪党的领导者赫苏斯·穆罗（Jesús Muro）、安达卢西亚的长枪党人和巴利亚多利德的安德烈斯和奥内西莫·雷东多也脱不了干系。③

面对怜悯的请求，领导者并没有表现出友好的态度。当红十字会的代表朱诺德医生提议交战双方互换人质的时候，莫拉回复说：“你怎么能期望我们让西班牙绅士与红色走狗做交换？如果我答应了这样的要求，那我的人民将会视我为叛徒……先生，你来得太晚了，这些走狗已经将我们国家最光荣的精神价值消灭殆尽。”④令莫拉感到苦恼的确实是害怕被 253

① 最好的分析见Gibson, p.68f。

② 见García Venero, *Falange*, pp.234–235, 242, 365；关于埃迪利亚，见p.516。

③ 关于Díaz Criado，见Juan Ortiz Villalba, *Sevilla 1936*（Córdoba, 1997）, p.158ff；关于Ibañez，见Moreno Gómez, p.285。

④ Junod, p.98.然而，朱诺德的工作做得很出色，在几天后，他就用毕尔巴鄂社会主义市长埃尔科雷卡（Ercoreca）交换了卡洛斯党议员埃斯特班·毕尔巴鄂（Esteban Bilbao）。

当作叛徒，但这一声明反而反映出许多已经无路可退的叛军的想法，他们从反叛失败的城市里每天传来的消息中坚信，他们的敌人一无是处。

或许一直都难以确定那些在内战初期被叛军和反叛的支持者们消灭的人数。除非军事法庭要求，否则不会存留相关记载。这仅仅是清洗过程中的一部分，对于右翼势力来说，西班牙需要扫清“有害”的共济会、马克思主义和犹太人这三大仍然对西班牙右翼存在威胁的势力，尽管共济会相对没有什么害处，而犹太人在16世纪已经被消灭。但是，如果针对整个西班牙的丧葬统计数据作一次耐心调查，可能会在某天挖掘出更多内容，但也可能无法了解全部的真相。

尽管已经公布死亡人数，但这个数字更多被当作宣传手段而非一种可靠的证据。在无意隐瞒的环境条件下，这些数字也可能被夸大。比如说，在夜间行刑频发的监狱里，幸存者在回忆的时候很容易通过想象而夸大死亡人数。对格拉纳达的独立调查最具有说服力的数据是：根据该城市的丧葬和墓地的记录，从1936年7月26日到1939年3月1日，格拉纳达共有2,137人被枪决。[①]其中单月里死亡人数最多的是1936年的8月份：有572人被杀。因此，历史学家也许可以更准确地推断在格拉纳达及其邻近地区被枪决的人数大概有4,000人，而整个省份的死亡人数可能是这一数字的约两倍。[②]

无论是起义初期还是后期，格拉纳达所发生的一切也许在国家主义下的西班牙都具有普遍的代表性。事实上，格拉纳达的政治意识本身高

---

① 研究见Ian Gibson, p.77 and pp.167–169。死亡原因被描述为“火器引起”，然后是“军事法庭命令”。

② 格拉纳达的死者包括诗人洛尔卡、左翼《格拉纳达国防报》（*El Defensor de Granada*）编辑Constantino Ruíz Carnero、格拉纳达大学的儿科教授Rafael García Duarte、设计通往西班牙内华达山脉山顶道路的工程师Juan José de Santa Cruz、大学校长Salvador Vila、政治法学教授Joaquín García Labella、药学教授Jesús Yoldi、历史学教授José Palanco Romero、该市最著名的医生Saturnino Reyes、市长Manuel Fernández Montesinos和23名议员，有些是社会主义者，有些是左翼共和党人。当然，2,137名受害者中的大多数都是普通人，名字很难确认。

度敏感，而且右翼认为6月份举行的补缺选举会在这里受挫，因此右翼对格拉纳达极为不满。在格拉纳达酝酿出的仇恨同样出现在塞维利亚、科尔多瓦、巴利亚多利德、萨拉戈萨、潘普洛纳以及科卢那，而这几座城市仅仅是叛军所占领中的重要的几个。其中，每座城市的死亡人数如下：内战的前几周，在科尔多瓦被枪决的大约有2,000人[①]，塞维利亚大约有3,000人[②]，萨拉戈萨及其周边地区有5,000人[③]，纳瓦拉有2,000人[④]，加那利群岛有2,000人[⑤]。巴利亚多利德的死亡人数似乎没有被统计出来，但在萨莫拉、加利西亚、莱昂和卡斯蒂利亚等其他地区，都确定有数千人被处死。整个西班牙被处死的人不计其数：内战的前6个月大概有50,000人被处死，接下来的数月里又有近25,000人被处死，并且我们要考虑到这些镇压都发生在叛军占领的地方。[⑥] 254

---

① 见Moreno Gómez, p.705. 在整个内战期间，整个省份被处决的人口数应为约9,600人。

② Francisco Espinosa Maestre, in A. Braojos, L. Álvarez and F. Espinosa, *Sevilla 36, sublevación fascista y represión*（Sevilla, 1990）, p.257; and Juan Ortiz Villalba, *Sevilla, del golpe militar a la guerra civil*（Córdoba, 1998）, p.323. 整个内战和整个省份的合理死亡人数估计是8,000人。

③ J. Cifuentes Chueca and p.Maluenda Pons, *El asalto a la República, Los origenes del franquismo en Zaragoza, 1936—1939*（Saragossa, 1995）. 该省整个战争期间被处决者为6,000人。

④ Altaffayala Kultur Taldea, *Navarre 1936, De la esperanza al terror*（Tafalla, 1986）. 整个战争期间被处决者为2,800人。

⑤ J. L. Morales and M. Torres, cited in Santos Juliá, et al., *Las Victimas de la Guerra Civil*（Madrid, 1999）, p.411.

⑥ 50,000是马德里律师协会在战争期间做出的估计（*franco's Rule*, published by United Editorial, London, 1938, p.223f.）。尽管他们的报告是在当时编写的，但似乎编写得很认真。在本书的早期版本中，我给出了所有国家主义西班牙处决的数字为40,000。大多数人认为它太低了：例如，Jackson（*loc.cit.*）认为整场战争是20万人，Gibson（p.167）同意他的看法。Cabanellas（vol. II, p.866）避免给出具体数据；Payne, *Politics*（p.415），也回避判断。Jesús Salas（*La guerra de España desde el aire*, Barcelona, 1969）, p.491，谈到我提出的40,000人，称之为“可能夸大了”。De la Cierva（in Carr, *The Republic*, p.202）认为，双方的镇压是对等的，尽管“我们甚至无法猜测数字”。Santos Juliá, et al., p.410，认为在14个省处决了72,000人，并认为在整个战争期间和之后，整个西班牙的死刑人数还应该增加1倍。

在被处决的人当中有几位效忠共和国的军官，最终被处决的人包括6位将军和1位海军上将：空军指挥官努涅斯·德普拉多，驻扎在布尔戈
255 斯的第六师的师长巴特特，科卢那的萨尔塞多和卡里达·皮塔两位将军，梅利利亚的罗梅拉莱斯，格拉纳达的坎平斯（尽管佛朗哥请求放坎平斯一马，但凯波还是下令枪毙了他），费罗尔军火库的指挥官阿萨罗拉海军上将。[①]在其他被处决的人里，除了华金·毛林，几乎都是在国家主义势力范围内抓捕的人民阵线代表。在数个月里，华金·毛林奇迹般地隐藏了身份，熬到最坏的时期过去。[②]1936年，议会内的34名人民阵线的成员被枪毙，[③]其中包括社会主义代表总人数的四分之一（25人）。其他被害的人还包括卡萨斯维耶哈斯的安全局局长阿图罗·梅嫩德斯（在卡拉塔尤德他从一列往返于萨拉戈萨和马德里之间的火车上被带走）、奥维耶多大学的前神学院院长莱奥波尔多·阿拉斯·阿圭列斯、罪犯路易斯·鲁得兰查斯以及萨拉戈萨活动的发起人伊萨克·普恩特。然而，少有单独处决的事例，这意味着自1936年7月开始一直持续到1941年或1942年的处决浪潮并没有遇到太多抵抗。各市镇被逮捕的很多医生、教师和行政长官都在遇害者的行列中。在8月、9月和10月这3个月里，上到议员下到书商，科尔多瓦的共和主义上层人士几乎全部遭到处决，那些负责行刑的士兵竞相成为处死人数最多的人。[④]

这些死者中令人印象最深刻的是当时西班牙最伟大的诗人费德里科·加西亚·洛尔卡。他从未加入任何党派，但他的姐夫，不久前被发现死亡的社会主义者费尔南德斯·蒙特西诺斯（Fernández Montesinos）是格拉纳达的市长，洛尔卡自然而然地就与西班牙的左翼文学有着联系。叛军在他的家乡格拉纳达取得胜利以后（他正在那里游历），洛尔

---

① 特别见Hilari Raguer的*El General Batet*（Barcelona, 1994）。

② Evidence of Joaquín Maurín, New York, 1962.

③ 名单见*franco's Rule*, pp.209–211。

④ Moreno, p.322.

卡在他的多年好友罗萨莱斯的家族中避难，尽管罗萨莱斯家族里也有长枪党人（何塞·安东尼奥也是他的朋友）。尽管身处保护之下，但他还是被发现并且被枪决。捉拿他的是格拉纳达的西班牙自治权利联盟前代表拉蒙·鲁伊斯·阿隆索（Ramón Ruiz Alonso），但下令枪毙他的是当时格拉纳达新任行政长官——疯狂的何塞·瓦尔德斯·古斯曼，他也是
当地长枪党民兵组织的头目以及卫戍部队的上校。对洛尔卡的处决可能 256
是到8月才进行，据说是8月18日。如今，他的遗体安葬的位置就在格拉纳达省的一个偏远地区。[1]

所有这些即时处决的法律依据是，反叛发动时国家正处于战争状态。共和国政府被当作叛军，国家主义团体被认定为是合法势力。在内战初期，没有任何形式的审判会被采用。行刑人的枪被视作法官手里的法槌。不管怎样，众多应急用的军事法庭在短时间内设立。组建法庭的人员既有征召的律师也有退伍军官。前者具备法律地位，后者具备军事地位，因此两者都对该制度很满意。[2]似是而非的法律立场给“所有没有成为盲目宗派主义的人造成了困扰”[3]。然而，人们已经被一腔热血冲昏了头脑，并且短时间内不会有所改变。一名在1935年为了一个人的死刑判决还会犹豫一周的将军，到了1936年8月就能在一天之内轻率地判处20个人死刑。从莫拉到巴利亚多利德最年轻的法西斯主义者，这些叛军的指挥官已被鲜血和杀戮联系在了一起，这就是他们偏执于法西斯思想的原因之一。枪决在那个夏天持续进行着——战场上被捕获的俘虏要么在水沟里，要么在监狱的院子里，或在十字路口被处以极刑。8月和9月每月的处决的人数可能比7月还多。经过这场大屠杀，叛军平稳地迈向权力的宝座。有些人由

① 对洛尔卡的死进行了最全面调查的是Ian Gibson的*The Death of Lorca*（London, 1973），在同一作者写的诗人传记中保留了更多细节。另见Brenan, *The Face of Spain*（London, 1950），pp.127–147, 以及Marcelle Auclair, *Enfance et mort de García Lorca*（Paris, 1968）。

② Ruiz Vilaplana, p.159.

③ Ansaldo, p.83.

于曾被迫杀害他们的老友或亲人从而变得对残忍更加麻木不仁：比如佛朗哥，他准许对抵达得土安的堂兄里卡多·德拉·普恩特处以死刑。对于其他人来讲，由于他们的同志、兄弟或儿子在共和国死去，他们更加坚定了法西斯立场。一些团伙的领袖也都不过是些嗜好杀戮的毛头小子。有些人坚信他们有责任将自由主义、社会主义、共产主义、无政府主义和共济会纲领这些“肮脏的异端邪说”连根拔除；对他们而言，战争持续的时间越长，这些“毒瘤”的危害就越大。

257 ——

与此同时，革命席卷了那些国家主义叛乱失败或者没有发动的市镇。各地建立的指挥委员会在名义上是按照人民阵线的党派和无政府主义者党派的比例设置的。它们反映出在现实中当地的政治势力情况。[①] 各地的市政委员会都解散了。警察和国民警卫队也消失了，甚至在一些叛乱初期这两大势力都支持共和国的地方也常常如此。如果市长是左翼人士，他将成为革命委员会的主席，那么警察偶尔会以安全官员的身份重新登上政治舞台。之后，委员会将寻求领导市镇及其周边地区的社会群体的支持，使之与最强有力的政党的思维观念相一致。对于整个共和主义西班牙，第一步最常见的做法是解散右翼政党，并征用酒店、右翼报刊的办公室、工厂和有钱人的豪宅。在进行征用的过程中，革命政党和联盟将会找到富丽堂皇的新总部。道路将由民兵组成的巡逻队把守。接下来将设立委员会来处理所有与人民生活相关的事务。共和主义西班牙与拿破仑战争时期以及第一共和国末期的西班牙一样，相比于单一政体，更像是各个共和政体组成的集合。

---

① 这些委员会可以在任何地方成立，除了马德里。虽然权力已经移交给了劳动者总工会和拉尔戈·卡瓦列罗，但名义上仍由希拉尔政府控制。

与反革命一样，革命的开始伴随着一股暗杀、破坏和抢夺的浪潮。
来自政党和工会的民兵部队自己组建团体，团体的命名与那些足球队的
名字相似，比如“共和国猞猁”“红色狮子”“狂怒”“斯巴达克斯”以
及“力量与自由”，其他团体则以国内外左翼的政治领袖来命名。他们
把第一个目标瞄准了教会。纵观整个共和主义西班牙，尤其是在安达卢
西亚、阿拉贡、马德里和加泰罗尼亚，教堂和女修道院都遭到了肆意焚
烧和掠夺，但实际上，各地的教会都没有参与起义。几乎所有“关于叛
军中有教会骨干成员进行纵火”的传闻都是子虚乌有，[1]最多在某些时 258
候，神父允许君主主义者将武器存放在他们不起眼的法衣室。教会之所
以遭到攻击是因为：第一，自1931年以来，宗教就是敏感的政治问题；
第二，神父被认为听命于上层阶级；第三，许多教会财富外露，且民众
对教会和女修道院秘密的猜疑由来已久。起义爆发以后出现了一些“挑
衅行为”，尽管这可能是意料之中的事。例如全国劳工联合会-伊比利
亚无政府主义者联盟于7月25日在巴塞罗那发布的信息公告中称：“周
六，在圣巴勃罗医院里，一名与医生发生激烈争吵的神父掏出左轮手
枪并打光了所有的子弹，但他没有向医生开火，对准的是他周围的伤
员。恼羞成怒的旁观者们从教友中挑出4个最像神职人员、最像法西斯
主义者的人，并将他们当场击毙。”运动的目的是蓄意破坏而非趁火打
劫。无政府主义者费德里卡·蒙塞尼得意扬扬地拿着一张烧焦的比塞塔
千元大钞。[2]据说，马德里的无政府主义者教导孩子可以破坏教堂中的
椅子，但不能偷窃椅子。[3]事实上，某些处在马德里中心区域的教堂和

① 然而，巴塞罗那劳里亚（Lauria）街的加尔默罗会（Carmelite）教堂曾是叛军的据点。

② *De julio a julio*, p.22.

③ Buckley, p.123.新教教堂没有受到袭击，仍然开放。然而，当时整个西班牙只有大约6,000名新教信徒（Arnold Toynbee, *Survey of International Affairs 1937*, *The International Repercussions of the War in Spain*, London, 1938, vol. I, p.286n）。

女修道院是在政府的保护下才免遭袭击的。但在巴塞罗那，只有教区总教堂和佩德拉贝斯修道院得到了保护。不过，其他教堂和修道院中最伟大的艺术品已得到专门看护，因为加泰罗尼亚自治政府出动了城内守卫部队来保护里面的艺术收藏品和图书馆。尽管有许多不知名的艺术品遗失，但在肆意破坏文物的过程中，唯一遭到毁灭性打击的是藏有上万种书籍的昆卡大教堂，教堂中藏有著名的《印度教义问答》（*Catecismo de Indias*）。戈雅[①]的出生地——丰德托多斯的教区教堂也遭到了破坏，教堂里面一个存放圣骨盒的柜子的一扇木门上，画有已知戈雅最早的画作。在比克，烧毁大教堂的火焰在约束下没有蔓延到博物馆和主教的宅邸。赫罗纳和塔拉戈纳的大教堂以及蒙特塞拉特、波夫莱特和圣克雷乌斯的修道院都安然无事。教堂燃火的原因通常是看管不慎，而非破坏者们的肆意妄为，但毁坏画像和圣物以及民兵们穿上教会的长袍常常引来
259 阵阵嘲笑声，就无疑是一种针对性的行为了。从此以后，在共和主义西班牙，教堂无论是内部遭到了严重的破坏还是仍然可以被用作储藏室或收容所，一律与右翼政党的办公室一样被严令关闭。[②]

这些攻击伴随着对教会成员和资产阶级生命的巨大威胁。国家主义者在战后给出了一个数字。在内战期间的共和主义西班牙，有大约55,000名非战斗人员被认定遭到谋杀或处决。[③]针对过去曾提出的内战

① 弗朗西斯科·何塞·德戈雅-卢西恩特斯，出生于西班牙萨拉戈萨，是一位西班牙浪漫主义画派画家。——编者注

② 女修道院里的所有居民都被清空了。当然，对于一些人，这是一种自由行为的表现。

③ 巴利亚多利德国家纪念馆给出的数字为54,594人。可以将此数字与*The General Cause*, p.402的数字（85,940）比较。Gabriel Jackson（*op.cit.*, p.533）认为，在内战的前3个月，有17,000人被杀，而之后只有几千人被杀（同前，p.533）。看过安达卢西亚村庄的遇难者名单（the first to the fifth ‘*Avances*’ of the *Informe Oficial sobre los Asesinatos, etc.*, published 1936—1937）后，我认为他过于乐观了。不仅是国民警卫队、牧师或商人，还有无数反社会主义工人、店主、店员等（也不是所有国民警卫队都反对共和国）被杀。一些妇女（据说有4,000名）被杀，可能还有数百名儿童。Jesús Salas在最近的一篇文章中估计死亡人数有65,000—70,000人。

期间相关人员高达30万到40万的伤亡数而言，这一计算结果还算可以接受。[1]据信有6,844个人是宗教人士：12名主教、283名修女、4,184名神父以及2,365名修道士。[2]因此，被谋杀的牧师的形象可以与保罗·克洛岱尔（Paul Claudel）在他的诗《致西班牙烈士》（*Aux Martyrs Espagnols*）中的赞美相提并论[3]：

> 他们把天堂和地狱放在我们手中，我们有
> 40秒去选择。
> 40秒啊，实在太多！西班牙姐妹，西班牙
> 圣徒，你做出了选择！
> 11名主教、16,000名牧师被屠杀，没有一名 260
> 选择背叛！
> 啊！我可以像你一样大声做证
> 在南方的辉煌中！[4]

但或许以下这种说法容易引起怨恨：那些数字之大就像国家主义者的仇恨一样排山倒海。多数罪行都伴随着毫无意义但极其残忍的暴行。

① Diego Abad de Santillán（*La revolución y la guerra en España*, Buenos Aires, 1937, p.176）认为可能有5,000人在加泰罗尼亚被杀。

② 主教级的包括：哈恩、莱里达、塞戈尔韦、昆卡、巴塞罗那、阿尔梅里亚、瓜迪克斯、雷阿尔城和塔拉戈纳（副主教）的主教，巴尔巴斯特罗的宗座署理（Barbastro），是伊庇鲁斯的无定座主教（titular bishop）以及奥里韦拉的宗座署理，他也是主教级的。1939年，特鲁埃尔主教在加泰罗尼亚被谋杀。这些数字来源于安东尼奥·蒙特罗（Antonio Montero）神父里程碑式的研究*La persecución religiosa en España 1936—1939*（Madrid, 1961），p.762。这些数字表明，大约12%的西班牙僧侣、13%的神父和20%的主教死亡；6万名修女中有283名死亡，是比例最小的。

③ 这首诗是胡安·埃斯特里奇（Juan Estelrich）关于教堂屠杀的宣传书籍《西班牙的宗教迫害》（*La Persécution réligieuse en Espagne*, Paris, 1937）的序言。

④ 原书为法语。——译者注

比如，据说托里霍斯的教区神父利韦里奥·冈萨雷斯·蒙维拉（Liberio González Nonvela）对关押他的民兵们说："我想为基督受苦。"他们回答说："噢，真的吗？那你得像基督那样去死。"他们扒光了神父的衣服，残忍地用鞭子抽打他。随后，他们把他的后背固定在一条木板上，还拿醋给他喝，并把荆棘头冠戴在他的头上。民兵的头目说："如果你可以离弃上帝，我们将给予你宽恕。"神父回复道："应该是我宽恕你们。"民兵们探讨应该如何杀了他。有些人希望把他钉在十字架上，但最后他们选择了枪毙他。神父最后的请求是能面向折磨他的人死去，以便在死后为他们祈祷。[①]在马德里附近一片被称作"雷蒙德叔叔的池塘"的沼泽地，在2,000名喧闹的群众面前，哈恩的主教连同他的妹妹被一个绰号为"雀斑"的女民兵杀害。瓜迪克斯和阿尔梅里亚的主教在被送去马拉加处决前被迫强行擦洗囚船"阿斯托·门迪"号的甲板。雷阿尔城的主教在进行托莱多历史研究工作时被杀害。他死后，他的1,200张卡片索引全部被销毁。一群民兵在马德里附近的安帕罗圣母修道院打砸劫掠，一名修女由于拒绝了一个民兵的求婚而遭到杀害。处在马德里郊区的帕尔多的"血色委员会"（Blood Committee）在其成员审判教区神父的时候就开始逐渐痴迷于圣餐酒。有个民兵在把圣杯当酒杯用后又自己剃光了胡子。有时，甚至修女们在被处决之前会遭到虐待。[②]一座被
261 摧毁的耶稣雕像倒在马德里玛利亚·德莫利纳大街上，雕像的脖子上套着一个写有"我是耶稣"的标语牌。在塞韦拉（位于莱里达省），念珠被强行灌入僧侣的耳朵里，直至他们的鼓膜被击穿。在巴塞罗那，一场

① Manuel Sánchez del Arco, *El sur de España en la reconquista de Madrid*（Seville, 1937）, pp.66–67；Luis Carreras, *The Glory of Martyred Spain*（London, 1939）, p.104.

② 在西班牙人民阵线，对妇女的袭击是罕见的。塞维利亚《阿贝赛报》记者桑切斯·德尔阿科（Sánchez del Arco）曾与西班牙南部的国家主义者随军前进。他指出，在他访问的村庄里，根本没有发生过任何类似事件（Sánchez del Arco, p.55）。

对被挖掘出的19具撒肋爵会修女尸体的展示吸引了大众的目光。先波苏埃洛斯的安东尼奥·迪亚兹·德尔莫拉尔（Antonio Díaz del Moral）被带进关满斗牛的畜栏，他在里面被牛顶得不省人事。因为斗牛士为了彰显荣誉会在成功完成引逗动作以后割下公牛的耳朵，后来出于模仿这种行为，他的耳朵也同样被割了下来。神父的耳朵常常像这样被一个接着一个地割下来。有的人被活活烧死，有的人被活埋——被活埋的人生前会被强迫挖掘自己的坟墓。在阿尔卡萨尔德圣胡安，一名因虔诚而知名的青年男子被挖去了双眼。在雷阿尔城省，恶行十分猖獗。两位耶稣会会士的母亲被强迫吞下一个耶稣受难像。数百人被丢进矿井。死亡的一瞬间常常会引起掌声，就好像真的在进行斗牛一样。之后，会听到“自由！让法西斯主义下地狱”这样的呐喊。不止一个神父被这些事情吓得精神失常。一个巴塞罗那教区的神父疯疯癫癫地流浪好些天以后被询查工会会员证，他愚蠢地回复说：“我是圣胡斯特的神父，我要会员证有什么用？”[①]加泰罗尼亚地区和阿拉贡地区的教堂所遭受的肆意践踏使多数生活在那两个地区的人吃惊不已。一小部分人已认识到反教权主义的强大。毕竟，自1931年以来，那里的教堂从没有遭到焚烧。

在整个西班牙，人们不再说“再见”，而是说“祝你健康”。一个名叫费尔南德斯·德迪奥斯的男子写信给司法部长，询问“为了不再与上帝保持任何联系”，他能否把他的姓氏改为巴枯宁（Bakunin）。[②]“难道你还在相信从未张口说话，甚至在他的画像和神殿被焚烧的时候也未曾出面阻挡的上帝吗？承认吧，上帝根本不存在，你们神父都是些欺骗民众的伪君子”[③]：在共和主义西班牙，无数个市镇和村庄都提出了类似问

---

① Juan Estelrich, *La Persécution réligieuse*, p.96.

② 该部副部长回信说：“如果一个人因其臭名昭著而有必要改名，那么缩短冗长而复杂的程序似乎是明智的。”（*General Cause*, pp.196–197.）“战争暴行”的说法在国家主义西班牙有大量的文献，几乎每个省份都有细致的报道。

③ Estelrich, p.115.

262 题。在欧洲历史上，甚至可能在整个世界的历史上都从来没有出现过对宗教如此强烈的憎恶和如此的践踏。然而，在造成僧侣、修女和神父总共1,215人丧生的巴塞罗那省，一个在主席孔帕尼斯的帮助下逃往法国的神父也宽厚地承认道："在红色势力摧毁我们的教堂以前，是我们先让教会劣迹斑斑的。"[1]

没有被处死或者是逃往国外的神父可以被简单地认定为已经选择了从事某种其他"职业"（métier），并且处境会与牙科医生或律师没有区别——除了他们被禁止开业和穿着长袍制服。如果他们玷污了他们的行业，那他们有可能会被处死。例如，在之前，他们出席穷人葬礼的时候衣领都是脏兮兮的，而参加富人葬礼的时候衣领是干干净净的。[2]在疯狂打击的过程中也有些例外情况，例如梅诺卡岛的主教直至战争结束一直都住在他的宅邸里，塔拉戈纳的代理主教在整个内战期间一直在监狱里处理教职工作。[3]

当然，从数据上看，针对非教徒的残忍攻击要比对教徒的更加严重。所有有理由被怀疑同情国家主义叛乱的人都会陷入险境。与国家主义者们常有的情况相同，在内战缺少理性思考的背景下，人们无法规定究竟怎么样才算叛国。有名气的人死去，没有名气的人常常可以活下来。在安达卢西亚的东部，全国劳工联合会派人开卡车前往乡村，并命令市长交出他们的法西斯主义者。市长们常常会回答说他们已经逃跑了，但激进分子们总会从报信人那里打听到那些还留在村里比较富裕的人，他们抓捕了这样的人，并在附近找一个山谷枪毙。有时，农场主之所以被杀是因为欠他们钱的人告发他们。在西切斯（位于巴塞罗那），拥护西

① Madariaga, p.377.

② 我受益于与Bosch Gimpera教授的讨论，对这一段进行了核实复写。对医生也是如此。那些众所周知为贫困病人服务的医生被给予了自由。

③ Broué and Témime cite *ABC* of 4 September，它实际是说其中一个牧师在阿利坎特结婚，另一个加入了共产党。

班牙自治权利联盟的人和马丁内斯·阿尼多时期的老加泰罗尼亚警察机构——民防队的成员都有足够理由被枪决。[①]来自马德里的一伙人驱车刺杀在奥罗佩萨镇附近的佩纳兰达公爵。几乎各地的长枪党人都面临灭 263
顶之灾，虽然有时会由于抓捕人的疏忽或怜悯而逃过一劫。对于一部分被处死的人也许是罪有应得。被立即处决的人包括刺客在内，例如巴塞罗那的拉蒙·萨莱斯（Ramón Sales）和阿利坎特的伊诺森西奥·法西德（Inocesncio Faced）这两个人，就是公认的在1919年到1923年之间杀害塞吉、博阿尔、莱雷特及其他几位无政府主义领导者的凶手。[②]在农村地区，革命运动的主体主要由杀害过上层阶级或资产阶级的人组成。欧内斯特·海明威的著作《丧钟为谁而鸣》（*For Whom the Bell Tolls*）中曾描写过一个小村庄的居民们是如何先殴打男性中产阶级人员，之后再把他们扔下悬崖的。这一描写很接近于安达卢西亚知名的市镇隆达所发生的真实情况（尽管隆达发生的暴行是一伙来自马拉加的人干的）。在隆达，有512人在内战爆发后的第一个月被杀。[③]在瓜迪克斯，一群或多或少具有无政府主义者倾向的青年恐怖分子占领了该市镇，并进行了长达5个月的肆意杀戮。[④]

更大型的市镇意味着有数量更多的敌人，因此会采取更加复杂的手段。左翼政党建立的调查机构效仿了苏联，并骄傲地把自己称作“契卡”[⑤]（checa）。单在马德里就设有几十个契卡组织。内战初期的共和主义城市的显著特点是，完全由各个契卡组织共同筑造起权力迷宫，每个契卡组织都掌握生死大权，每个契卡组织都听命于一个党派或者一个政府部门，甚

① Simone Weil's letter to Bernanos, *op.cit.*

② Peirats, vol. I, p.182.

③ Pemán, *Un soldado en la historia*, p.300; letter from Gerald Brenan, 22 June 1961. Julián Pitt-Rivers 向我保证，处决指的是在山谷中枪杀。

④ Gerald Brenan, *South from Granada*（London, 1957）, p.169.

⑤ 为苏联情报组织。——编者注

至是一个人。有时候，在带受害者出去“散步”（受刑）以前，不同契卡组织之间将进行商议（这一措辞来源于好莱坞——从中可以反映出普里莫统治时期已经建立了大量电影院），但在实际过程中并不会经常采用这样的做法。在对嫌犯审讯的过程中，他们经常会对其进行侮辱和恐吓。有时候，契卡组织的头目会在远处向被告出示一张卡片，用以向对方表明这是他自己的一张反对人民阵线的政党会员卡。这些“法庭”判处的死刑要在相关文件上标上字母“L”以示自由，但也仅此而已。这是立即处决犯人
264 的指示。通常这一任务由有犯罪前科的人所组成的特殊部队执行。[①]

在马德里，最令人闻风丧胆的契卡组织可能要数“黎明巡逻队”了，他们因在黎明时分展开行动而得名。另外一个有过之而无不及的契卡组织是由曾经当过印刷工的前共产主义青年领导人阿加皮托·加西亚·阿塔德尔领导的“犯罪调查队”[②]。在当局的批准下，他在林孔伯爵的宅邸建立了他的“反法西斯主义契卡组织”。这两个组织都在内务部调取档案资料，用以帮助他们完成追查右翼党派成员的任务。（长枪党已经销毁了他们的成员名单，但卡洛斯主义者和西班牙军事联盟还没有这么做[③]。）

在绝大多数情况下，被害人都是右翼的普通成员。常常有工人阶级成员被他们的熟人杀害，这有时是因为他们的虚伪，有时是因为他们对社会地位比他们高的人总是更加卑躬屈膝这一“习惯”，甚至有时候只单单因为他们不够诚实。例如，在阿利坎特附近的阿尔特亚，一名咖啡店的老板被一名无政府主义者用一把短柄斧头砍死，其原因是咖啡店的

---

① 关于契卡的名单和地点，见Jaime Cervera, *Madrid en Guerra*（Madrid, 1998）。

② 加西亚·阿塔德尔（García Atadell）在20年代末组织了共产主义青年。后来，他带着大量的掠夺品逃离共和国，但当载着他前往南美的阿根廷船“五月一日”号（Primero de Mayo）停靠在圣克鲁斯德拉帕尔马（Santa Cruz de la Palma）时，他被国民军抓获。1937年初，阿瑟·库斯勒在塞维利亚监狱遇见了他，不久之后他就被绞死了。他在狱中成了天主教徒。见José Ignacio Escobar, *Así empezó...*（Madrid, 1974），和Arthur Koestler, *The Invisible Writing*, p.347。

③ Iturralde, p.124.

老板对顾客在购买邮票和因买邮票被迫等待时喝的那杯酒要价过高。[①]大多数右翼政治领导者和曾参与起义的将军以及其他相关人都被关入监狱。他们中的一部分人，像洛佩斯·奥乔亚一样从监禁室，甚至从医院里被抓出来枪毙。那些被送往马德里模范监狱的其他人都暂时得到了较为妥善的对待。7月24日，有4名来自纳粹党的德国人在巴塞罗那被枪毙，他们之前抢劫了德国劳工阵线的地方总部。

许多人记录了这段混乱不堪的时期。阿萨尼亚在他写于1937年的 265
著作《在贝尼卡洛的夜晚》(*La velada en Benicarló*)中生动描写了一名医生只是因为一台手术的失败而被患者举报，进而受到死亡威胁并被关入监狱的事。[②]一名被释放的罪犯闯入了曾在几个月前判他有罪的法官的家中，当着法官家人们的面将法官杀害，并且在逃跑时带走了用床单包裹的银器。[③]错误也接二连三地出现，例如在一段时间内，知名的大提琴演奏家卡萨尔斯[④]的名字出现在了巴塞罗那郊区本德雷利的死亡名单中。[⑤]

在整个动荡时期，像总统阿萨尼亚这等头号人物都难以在夜里睡得安稳。尽管他们控制不了杀戮，但他们作为政府的代表要为杀戮负责。由于他们没有辞职，所以他们几乎不可能逃脱追责。似乎是一些社会主义者，甚至是左翼共和主义者连同无政府主义者等发起了大多数的逮捕和“调查”，对于赢得战争而言，这些行为几乎可以说毫无必要。等到秩序恢复，

---

① 在西班牙的小村庄里，购买邮票是一件复杂的事情。每张邮票都用纸巾包裹，整齐地折叠起来。阿尔特亚事件是居住在阿尔特亚的弗兰克·耶利内克告诉我的。这位无政府主义者后来被一名共产主义者杀害。

② Azaña, vol. III, p.393.

③ Madariaga, p.378.

④ 帕布罗·卡萨尔斯，Pablo Casals，1876—1793年，西班牙大提琴家、指挥家。——编者注

⑤ H. L. Kirk, *Pablo Casals*(New York, 1974), p.401.卡萨尔斯居住的城市郊区的无政府主义者曾多次拜访他的家，寻找躲在那里的卡萨尔斯的一个政治上偏右翼的朋友。

这些契卡组织的一部分组织者还将继续留在共和国的警察机构内任职。①但大多数人出于个人情绪而非政治目的，竭尽全力地保护可能的暴力受害者。当无政府主义民兵组织在波夫莱特修道院逮捕了塔拉戈纳的大主教后，孔帕尼斯将其解救，同时赫罗纳的主教和许多神父以及加泰罗尼亚联盟的成员都被本图拉·加索尔（加泰罗尼亚的文化委员）保护。阿萨尼亚解救了他在埃斯科里亚尔奥古斯丁修道院的老学校的一部分僧侣；“热情之花”在马德里从伊比利亚无政府主义者联盟的手中救出修女；加拉尔萨作为一名内务部长，虽然性格软弱，但也解救了天主教学生协会的主席华金·鲁
266 伊斯·希门尼斯。②社会主义代表哲学教授胡安·内格林在马德里进行了很多援助工作。无政府主义的领导层也对暴力进行了谴责，并试图在几日之内将其控制。从7月25日开始，全国劳工联合会和伊比利亚无政府主义者联盟发起了一连串反对非法行为的抗议活动。7月30日，无政府主义领导者费德里卡·蒙塞尼悲伤地写道：

> 我们已证实一些我们只在理论中了解到的东西，而无法控制和掌控的势力在所谓的革命中肆意妄为。这场革命进行得十分盲目，具有破坏性，不贴合实际，并且手段残忍……斗争的热浪和盲目泄愤的风暴造成了相当大的损失……人性就像我们常常了解的那样，不会变好也不会变坏……恶棍的心中涌起了不易察觉的真诚，诚实的人的心中浮现出一股凶残的欲望——对根除的渴求，对鲜血的痴迷。③

---

① 例如，胡里奥·德莫拉（Julio de Mora），他在埃莱塔宫（Conde de Eleta）领导了一支契卡，并以上校军衔成为特别信息部（DEDIDE）的负责人；以及安赫尔·佩德雷罗（Angel Pedrero），他是加西亚·阿塔德尔的助手和继任者，后来于1937年成为马德里的军事情报局局长。

② 见Sergio Vilar, p.450。加拉尔萨于9月成为内务部长。

③ Federica Montseny in *La Revista Blanca*, 30 July, qu. Bolloten, p.41.

全国劳工联合会的长期成员胡安·佩罗发表了更加激烈的言辞：

> 向那些纯粹为了杀戮而杀人的人攻击，是因为他们可以不受惩罚地肆意杀戮……许多人的死只是因为个人的恩怨……一个处在反叛环境中的人常常深受毫无道德约束的观念影响，以抢劫和谋杀为生……多数执行征收政策的人，其唯一的目的是占有他人的财物。①

没有人承认为加泰罗尼亚的治安长官弗雷德里克·埃斯科费特提供了保护。他被解雇的原因是他帮助几位天主教亲戚逃往法国。②政府惩罚了许多人民阵线委员会的犯罪行为：民兵组织的一个头目路易斯·博尼利亚（Luis Bonilla）、无政府主义在瓦尔迪维德拉的领导者以及莫林斯·德洛伯雷加特（Molins de Llobregat）后来都因犯罪而被处死。其中还包括在马德里的卡门教堂盗取遗体的何塞·奥尔梅达·梅迪纳（José Olmeda Medina）。坦诚地讲，办事效率低下的内务部长波萨斯、心狠手辣的安全部长阿隆索·马洛和能力不足的司法部长曼努埃尔·布拉斯科·加尔松这3个人不得不承担重责。这几位当权者手下的代理人为了逃避责任而谎称没有发生犯罪行为，他们把那些凶杀案归结为法西斯主义者作案，那些随后被提拔的直接责任人默许了后续一些相关行为的发生。 267

谁是拿起屠刀的人？无疑有很多人是意外从监狱中被释放的罪犯，一些人是没有是非观念、不懂世事的贫穷毛头小子，他们中的大多数还是青少年，还有很多人是专门在各种革命运动中趁火打劫的屠夫——比如，在1936年热衷于屠杀神父的前教堂司事，等到1939年，他便转头谴责曾经一同实施杀戮的行凶者们，并且完全投入杀害共和主义者的

---

① Juan Peiró, *Perull a la reraguarda*（Mataró, 1936）, p.91.

② Payne, *The Spanish Revolution*, p.226. 埃斯科费特救了许多人。

行为当中。[1]然而，社会主义–共产主义青年团也参与其中。[2]另一方面，同一个长枪党成员供认他和为数不多的其他几位意气相投的朋友在桑坦德执行了许多“红色枪杀”[3]。在安达卢西亚，于农村作案的杀人团伙经常来自村外。这些武装着半自动步枪的杀人团伙乘坐卡车来到农村“强迫村民交出反动分子”[4]。在哈恩，无政府主义者制止了肆意的杀戮，而那些相关作案
268 团伙通常由毫无实际政治意图的人组成。[5]然而，无政府主义者也常常像神秘主义者一样实施杀戮，他们决心要永远摧毁物质世界以及表面上能显示出资本主义腐朽且伪善的一切事物。当他们高呼“自由永存”“让法西斯主义下地狱”的同时，某些不公正的干事正陷入垂死挣扎，他们发出的声音充满深沉而又令人恐惧的真诚。那些在巴塞罗那被逮捕的人中，有一部分被带往30英里外的海岸执行枪决，在那里可以俯瞰极其美丽的锡切斯湾。那些将被杀死的人会在神奇的地中海黎明中面向大海，度过人生的最后一刻。那些刺客可能会说：“看，生活竟可以如此美丽，你要不是资产阶级该多好，早点起床，多看看日出——就像工人们一样。”

马克思主义统一工人党的一名年轻成员维克托·阿尔瓦多年后回忆：“无论是我，还是我所知道的人以及领导者们，大家对于烧杀抢掠都在袖手旁观。人们普遍的态度是沉默、谨慎和冷漠，尤其是那些后来大声嚷嚷着‘要不是全国劳工联合会犯下了种种罪行’我们就是赢得战争胜利的人。谈起镇压，我们必须用第一人称单数，而非第三人称[6]。沉默一

① 他后来于1939年在奥卡尼亚（Ocaña）监狱被枪杀。见Sergio Vilar, p.227。

② Maximiniano García Venero, *Falange*, p.159；亦见Jackson, p.308。

③ 这位名叫何塞·安东尼奥·巴鲁埃拉（José Antonio Baruela）的人后来加入了共和国空军，他在桑坦德被发现并被枪杀之前轰炸了许多民兵。其他像他这样的人已越过边境线逃跑了。

④ Letter from Gerald Brenan, 22 June 1961.

⑤ Letter from Melcor Ferrer, 7 August 1961.

⑥ 此处是指西班牙马克思主义工人党也是第一参与者，而非能客观看待当时革命的人。——编者注

直是一种反抗方式，而每个人也确实是在保持沉默，但我认为集体沉默并非源于恐惧，而是出于一种冷漠。集体之所以如此认为，是深信就当时总体情况而言，受害者们必将难逃这样的结果，或者至少是因为他们认为如果那些受害者赢得胜利，那这些受害者也将做出与这些‘不稳定因素’一样的事情。而事实上，等到这些受害者可以如此做的时候，他们也确实这么做了，尽管受到了一定管控。”①

尽管，在反叛的西班牙有许多肆意杀戮的情况发生，但把国家从罪恶当中“清洗干净”是新晋当局的一项纪律严明的政策，同时也是他们复兴计划中的一部分。在共和主义西班牙，虽然部分城市的一些政党还在给暴行煽风点火，且一部分责任人最后升至大权在握的位置，但多数杀戮的发生还是局势混乱的结果，是全国范围内的政治崩溃造成的，而非政府所为。空袭也引发了诸多仇恨，其报复行为也造
成了多人死亡。此外，由于凯波·德利亚诺的发声引发了恐慌，造成 269
了许多在共和主义地盘上与他同党派的人的死亡。在交战双方，多数的杀戮都是不满24岁的人干的。

在内战初期，“共和主义”阵线和“国家主义”阵线背后的暴行是在同一现象下的不同部分，自1931年以来，西班牙政坛已经激烈得容不下妥协的余地。在1936年7月以前，这种政治极端主义已经演变为暴力、非法行为以及独断专行。军事叛乱的发起方式以及政府在第一时间所采取的应对态度使遏制变得无从谈起。一方，教师被枪决，人民之家被烧毁；另一方，神父和教堂也落得同样的下场。这一崩溃的局面在心理上所造成的影响让每一个身处争斗中的团体都被仇恨和恐惧支配。“多年

① Victor Alba, *Sísifo y su tiempo* (Barcelona, 1996), p.127.

以来，仇恨在无处安放的心中生根发芽，傲慢滋生仇恨，几乎没有人愿意去接纳穷人的‘蛮横’，无法容忍与自己不同的思想观念，人们利用神学来为自己的不容忍和狂热充当挡箭牌。内战的双方彼此之间既互相仇视又互相恐惧。”①从此以后，以停战达成妥协已变得全无可能，除了悲观者（比如阿萨尼亚）以及少数既不悲观也不乐观的人（比如马达里亚加），没人能与敌人达成共识。英勇事迹与残忍暴行的例子一样数不胜数，交战双方似乎谁也不甘示弱。驻扎在布尔戈斯的第六师师长巴特特将军的事例尤其能说明问题：他曾在1934年以叛乱的罪名逮捕了孔帕尼斯，到了1936年，他由于拒绝加入叛乱而被自己的军队逮捕。1937年，时年64岁的巴特特经过7个月的牢狱之灾后连同与他同样无辜的副官一起被枪决。凯波·德利亚诺和卡瓦内利亚斯请求佛朗哥放过巴特特，但无果而终。巴特特对行刑中队说了以下这番话：“士兵们，履行你们的职责，不要因为职责而让明天的你们悔恨。作为一项纪律，你必须听从长官的命令开火。全身心地去做。你的将军之所以请求你开枪是因为执行上级的命令是理所应当的。”②巴特特“知道如何死得”像一个西班牙人。当时的很多人都如同他一样。

270 ## 17. 蓝色时代

从7月24日起，国家主义者的领导权被授予一个在布尔戈斯建立的军政府，该军政府由萨拉戈萨的指挥官、大胡子将军卡瓦内利亚斯出任军政府首脑。莫拉是出于安抚，而非敬重才将这个职务交给他。他是一

---

① Azaña, *La revolución abortada, in Obras*, vol. III, p.500.

② 见Raguer, *El General Batet*, p.285。阿利坎特军事长官加西亚·阿尔达韦将军也因中立而被处决，尽管这次是由左翼处决纠察队处决的。

名德高望重的将军，也是唯一投靠叛军的师长：从理论上讲，莫拉只是一名准将。莫拉在建立该军政府以前与戈伊科切亚和孔德·德巴利亚诺两位君主主义者进行商议，但他并没有询问佛朗哥[1]、卡洛斯主义领导层以及长枪党。莫拉希望有平民加入，但没有能被将军们接受的人选。戈伊科切亚曾催促莫拉要不惜一切代价成立军政府：“即便是由上校组成的军政府，也要尽快组建，我的将军。”[2]起初，军政府成员只有在伊比利亚半岛发动起义的将军们——莫拉、萨利克特、庞特和达维拉以及达维拉的两位副官，即蒙塔内尔和莫雷诺·卡尔德龙两位上校。佛朗哥在8月初加入了该军政府。但在一段时间内，佛朗哥的行踪一直保持着神秘。他无数次被提及，但似乎没人知道他在哪里。[3]人们都说，他正在不断完善组织工作，以免出现任何闪失。[4]事实上，莫拉唯一一次与 271
佛朗哥取得联系是在7月21日，他派使者安赫尔·萨拉斯·拉腊萨瓦尔（Angel Salas Larrazábal）上尉乘飞机前往摩洛哥联络。[5]

莫拉为军政府举行了成立仪式。在布尔戈斯所有钟的彻响声中，在震耳欲聋的萨拉班德舞曲当中，这位狡猾的将军在主广场的一个阳台上声嘶力竭地喊道：

> 西班牙人民！布尔戈斯的市民们！政府作为自由主义者与社会主义者私通产下的卑劣的私生子，已经被我们英勇的士兵们“杀死”。西班牙，真正的西班牙，已经将这条“龙”击倒了。如今，它躺在地上，蠕动着肚皮，撕咬着尘土。现在，我

---

① Ruiz Vilaplana, p.225.

② Gil Robles, p.729, fn. 74.

③ Ruiz Vilaplana, p.45.

④ Lawrence Dundas, *Behind the Spanish Mask*（London, 1943）, p.56.

⑤ J. Salas, p.73. 见 Rafael Abella, *La vida cotidiana durante la guerra civil, I, La España nacional*（Barcelona, 1973）, p.27f.，包含了在战争的第一周，报纸刊登的阿萨尼亚在桑坦德被捕、马德里陷落等消息的照片。

> 将要担负起领导军队的责任。在不久的将来，两面旗帜——彰显神圣的“十字架”以及我们的“荣耀之旗”——会一同在马德里飘扬。[①]

之后，军政府举行了第一次会议，对反叛西班牙的两支军队的存在给予认可。这两支军队一支是由莫拉率领的北方军，另一支是由佛朗哥率领的南方军（包括摩洛哥）。休会期间，他们在卡西诺赌场一张不起眼的桌上吃了午饭。后来，为了在必要的时候给国家主义西班牙下达行政指示，卡瓦内利亚斯和两位上校组建了秘书处。缺少公务人员和各类档案使政府工作变得困难，但公务人员的空缺被自愿提供服务的中产阶级成员填补，而简单地奉行经得起推敲的军事法规弥补了档案的缺失。此外，大多数法官、律师和警察在反叛下的西班牙都是按照常规进行工作，必要时，他们会收回在共和国期间为改变作出的所有让步。因此，事实上，卡瓦内利亚斯以及军政府与希拉尔、阿萨尼亚和孔帕尼斯一样，都是懒惰的统治者。莫拉统治的地带是从费罗尔到萨拉戈萨以及从比利牛斯山到阿维亚的西班牙北部地区。佛朗哥掌控摩洛哥和加那利群岛。凯波·德利亚诺握有被国家主义者占领的安达卢西亚地区。他
272 的夜间广播中充斥着不切题的低俗玩笑、对共和国舰队上“红色分子们”家人的人身威胁、对摩尔部队超强性能力的吹嘘以及叛军每死一个人，就杀掉“十个马克思主义愚民”的承诺，这让他在整个西班牙名声大噪。在他自己身边聚拢的小圈子中有长枪党人、塞维利亚的卡洛斯主义者、公牛饲养员、雪利酒生产商，以及他的副官、时尚的斗牛士“阿尔加瓦人”（他曾处死了几位自己的老朋友）。在北方，莫拉偶尔会出现在纳瓦拉电台、卡斯蒂利亚电台或者萨拉戈萨电台。他一直对阿萨尼亚存有特别的憎恨，他说：“阿萨尼亚并不是女人的爱之果实，而更像是

① Ruiz Vilaplana, p.219.

一个极度疯狂的人形怪物创造的荒唐的发明物。只有把阿萨尼亚关起来，专门的脑科医生也许才能对人类有史以来最有趣的脑力衰退病例进行研究。”[①]所有工人组织宣布发起的大罢工通常都与在萨拉戈萨发生的一样，由于罢工领头人以及劳动者总工会和全国劳工联合会的领导者被枪杀，而最终被挫败。[②]如果是在1936年2月份以前实行了共和国土地改革政策，那该政策将会暂时维持不变；但除了埃斯特雷马杜拉，人民阵线实行的所有法令全部废除。在埃斯特雷马杜拉，于1936年春天得到土地的靠一对牲口耕地的人们，准许在未来的一到两年内继续拥有土地的使用权，但最终都要强制把土地交还回去。[③]

在军政府之下的长枪党组织涣散。何塞·安东尼奥、莱德斯马、鲁伊斯·德阿尔达以及其他大多数知名领导者都远在共和国的监狱之中。雷东多已经命丧于瓜达拉马山脉附近的一场埋伏袭击当中。在监狱中度过共和国岁月最后几周并幸存下来的地方领导者们，几乎得不到国家主义的支持。在接下来的一个月里，他们的老派成员们的行为与其说像政治团体倒不如说像警察。事实上，长枪党的一部分成员组建了由志愿军组成的纵队，但他们比卡洛斯主义者还要缺乏纪律性，而且他们发现自己除了要战斗，还要忙于与官僚作风的组织打交道、保护医院以及执行逮捕和处决的工作——他们几乎没有时间跟随将军们在新秩序下巩固立足之地。[④]一部分长枪党人带着他们的追随者在农村四处闲逛，遇到 273
不顺眼的人就动枪，之后，他们会挑选脚跟站得更稳的纵队中的一个，志愿加入。这些行为备受谴责，他们有时做得比想象中的还要过分，但他们还是得到了原谅。8月份来到国家主义西班牙的一名德国代表埃伯哈德·梅瑟施密特抱怨长枪党，说他们一点实际的目标和想法都没

① *Diario de Navarra*, 16 August 1936.

② Broué and Témime, p.90–91.

③ Malefakis, p.386 fn. 76. 甚至1932年至1936年的法律最终也在1941年被废除。

④ García Venero, *Falange*, p.172–173.

有。他们看上去“不过是一群把玩弄武器和围堵共产主义者与社会主义者当作有趣游戏的年轻小子”[1]。由长枪党组成的巡逻队在国家主义西班牙的大街上巡行时，一定会抓住任何一个机会，张开手臂，做出法西斯主义敬礼，拦下可疑人士，要求查看证件，并大喊“西班牙向前冲”！但过了一段时间情绪就有所改变。所有老牌政党都遭到怀疑。卡洛斯主义者只提倡极度的保守主义。许多在7月18日参与斗殴的人民行动青年团的年轻成员如今都兴奋地把绿色衬衫换成蓝色，并大规模加入长枪党。希尔·罗夫莱斯尽管接到了莫拉请求他返回西班牙的邀请，但他把职务委托给一个民兵指挥委员会，并退出政坛。他“准许”他的追随者以正规新兵的身份加入军队，并告诉他们要避开镇压势力。总体上追随者听从了他的指示；但他们先前已经做到了这点。希尔·罗夫莱斯留在了葡萄牙。[2]从马德里逃到葡萄牙的勒鲁斯表明了他支持起义的立场，但也退出了当时的政坛。大多数非军事中产阶级开始把长枪党身份视为他们将自身认作（精神上的）“十字军”的标志。这些新兵很快在人数上远远超过了老幸存者们。他们中几乎所有人都对意识形态没有丝毫了解。他们只知道长枪党反抗“红色分子们”，剩下还有什么是重要的？7月，塞维利亚每24小时就有2,000人签署加入长枪党。[3]

在塞维利亚，凯波神气十足的画被贴满了整座城市。几天后，在其他地区，佛朗哥的相片也随处可见。商店开始出售爱国勋章。建筑物临街的正面贴上了长枪党的海报。这些海报上写着：“长枪党在呼唤你，要么现在响应，要么永不接受。没有中间路可以选。与我们并肩作战还是与我们为敌？”不只是在纳瓦拉，其他地方也贴上了卡洛

---

① GD, p.88.

② 他在8月访问了西班牙并见到了莫拉。

③ Payne, *Falange*, p.121n.

斯主义的大幅海报。他们宣称："我们的旗帜是独一无二的旗帜，是西班牙的旗帜！永远都是如此！"实际上，叛军应该选用哪面旗帜的问 274
题还没有得到解决。这似乎仍然是一个十分重要的问题。当莫拉7月21日来到布尔戈斯的时候，这里的阳台上挂着的全部是代表君主主义的红黄两色旗帜——这是欧亨尼奥·维加斯·拉塔皮耶（Eugenio Vegas Latapié）造成的结果。然而，当莫拉离开布尔戈斯时，他坚持要把所有的旗帜都拿掉。[①]

国家主义西班牙以合理的手段对工人阶级进行了威胁。比如，在7月23日颁布的一项法令中，凯波将消极怠工规定为一种严重的违法行为。许多曾与一些工人阶级团体有干系的人为求自保而集体穿上了"救生衣"，"救生衣"是凯波称呼长枪党蓝衬衫的名字。有时，这些隐秘的政治伪装者们会被发现，他们随后还是会遭到惩罚，有些时候等待他们的甚至是死刑。[②]其他人同先锋营一同被送往前线。在这种处境下的一些安达卢西亚人加入外籍军团。

为了建立新社会，国家主义者们需要得到教会的支持。实际上除了巴斯克地区，他们都得到了教会的拥护。佛朗哥开始用恭敬的口吻来谈及上帝和教会，在此之前，他只在军团和兵营面前这样讲话。[③]然而，有一些神父和僧侣，即便他们有相当多的兄弟正遭残害，仍然拥护共和国，这是因为，有的教徒对于国家主义西班牙以基督的名义进行的残忍谋杀心怀愧疚。例如，在塞维利亚，玛利亚之心教堂的两位神父指责凯波·德利亚诺滥杀无辜。在安达卢西亚地区的城市卡尔莫纳，一名神父由于抗议长枪党执行死刑而被他们杀害。[④]布尔戈斯和拉里奥哈还有两位方济各会修士被

---

① Gil Robles, p.734, fn. 79.

② Bahamonde, pp.20–21.

③ 见Iturralde, vol. II, pp.55–70.

④ 巴阿蒙德说他被枪杀了。我没有找到这方面的证据。据葡萄牙报纸《赛库罗报》（*O Seculo*）报道，8月份，卡尔莫纳有700人被处决。

枪杀。后来，当莫拉的军队进入奥亚苏（吉普斯夸）的时候，助理神父欧斯塔基奥·德乌里亚特（Eustaquio de Uriarte）因被怀疑先前对待起事的态度不够热情而被强行罚写“西班牙万岁”1,000遍[1]。

在教会统治集团当中，只有塔拉戈纳的大主教比达尔-巴拉克尔博士以及（相比之下没那么坚定的）维多利亚的主教马特奥·穆希卡博
275 士（Dr Mateo Múgica；他的主教辖区在最南端的巴斯克省）不愿对“运动”予以全力支持。比达尔-巴拉克尔从革命的加泰罗尼亚逃到了国外。维多利亚的主教起初拥护起事，但发生在纳瓦拉的枪杀事件让他改变了主意。最终，他彻底离开了西班牙，为了让自己不受长枪党的伤害，因为国家主义区域容不下他。[2]尽管在战争爆发之际，首席主教、托莱多大主教兼红衣主教戈马身处潘普洛纳，但他迟迟没有对反叛进行全力配合，直到托莱多完成反叛（在9月末）他才对反叛予以全身心的支持。[3]8月25日，潘普洛纳的主教马塞利诺·奥莱切亚在一场于潘普洛纳举行的仪式上发表了慷慨激昂的演说，他呼吁道：“我们的孩子们，不要再流血，不要再杀戮，流淌在战场上的鲜血已经够多了！”[4]有一次，他还拒绝为一队将赶赴前线的长枪党人进行祈福，理由是他们将去杀死的是他们的工人同胞。[5]与此同时，长枪党开始表现出一种对宗教的重视，

---

① Iturralde, p.71.

② Iturralde, vol. II, p.279.穆希卡是一名君主主义者和保守主义者，他几乎和红衣主教塞古拉一样，是共和国的眼中钉。他于10月14日离开维多利亚。在此之前，他曾被一个由当地国家主义当局支持的长枪党团体列入一个待处决名单。见他的回忆录，*Imperativos de mi conciencia*（Buenos Aires，无具体日期），对此事的批评见del Burgo, pp.88–89。

③ Iturralde, vol. II, pp.261–265.

④ 文本见Iturralde, vol. II, pp.454–456。与此同时，在10英里外的比利牛斯山山坡上，56名男子被枪杀，死前以7人为1组进行忏悔——除了最后7人：“科诺（Coño），”负责行刑的长枪党中队队长说，“不要让他们忏悔，直接杀！我还没吃饭呢！”（*op. cit.*, vol. I, p.74.）

⑤ *Op.cit.*, vol. II, p.299.奥莱切亚蒙席承认他“不是烈士的料子”，并且只肯给这个“十字军”以最基础的支持。

这在他们之前的政策中是从未有过的。他们开始参加弥撒、忏悔和领圣餐。宣传员们把理想的长枪党人塑造得一半像修道士，一半像战士。理想的女长枪党人被描绘成圣女特蕾莎[1]和天主教君主伊莎贝拉[2]的结合体。[3]同时，主教、大教堂教士和神父每天都向圣母玛利亚祈求保护，好保佑他们的军队尽快攻占马德里。[4]国家主义西班牙像是一座巨大的
教堂，其中到处都是奇特的景象和激情、被毁坏的旗帜、圣物以及中 276
产阶级的领受圣餐者。有些神父与国家主义军队并肩作战。扎弗拉（埃斯特雷马杜拉）的神父以作风残忍而闻名。[5]其他的神父都是各自为战，比如像1934年加入长枪党、来自潘普洛纳的狂热神父费尔明·伊祖迪亚加（Fermín Yzurdiaga）。伊祖迪亚加曾一度在国家主义总部担任宣传领头人。

金钱对于叛军而言如同教会一样重要。他们的领导者们通过广播、公共演讲和新闻报纸来争取金钱上的支持。胡安·马奇已经通过他在国外的利益集团使贷款成为可能，这对从国外购买武器有所助益，但所需要的资金还远远不够。珠宝首饰、珍贵的宝石，以及或多或少的财物捐赠流向国家主义总部。对更多东西的不断需求体现在演讲和宣传的狂热上：即使有人不愿意帮助莫拉将军，但他们也许愿意把财物用于赞赏英雄，用于纪念费迪南德和伊莎贝拉或者用于捐赠给圣母柱。于是，潘普洛纳迎来了20,000罐橘子酱、1,000件羊毛披风、数以千计的靴子和头

---

① 特蕾莎修女（1910—1997年），是世界著名的天主教慈善工作者，主要替印度和加尔各答的穷人服务，于1979年获得诺贝尔和平奖。——编者注

② 应指卡斯蒂利亚女王伊莎贝拉一世（1451—1504年），1474年至1504年在位。在位期间为西班牙奠定了政治统一的基础，并努力在思想上统一西班牙，使西班牙成为世界的“中心”。——编者注

③ Dundas, p.48.

④ 见7月末到8月几乎所有国家主义西班牙的报纸——特别是那些涵盖了圣詹姆斯节（7月25日）和圣母升天节（8月15日）的报道。

⑤ Bahamonde, p.77.

盔。上百辆汽车和卡车一辆接着一辆地驶来。[①]这些捐赠者当中毫无疑问有拥护救世主运动的中产阶级。随着战争的临近，国家主义西班牙重新焕发出了活力：乐队、鼓、旗帜、会议和广播演说都为叛军加油鼓劲，战争似乎像是一场持续的宗教节日，在节日中要“消灭的”不是公牛，而是马克思主义者。喇叭里播放着像《死亡新郎》或《志愿军们》这样的血腥歌曲。同时，地方军政府有权对公共汽车、出租车、私人汽车，甚至是个人房屋进行征用。多数公共建筑都被征用，其中包括左翼党派的所有总部。有些地方强制要求对“运动”进行捐赠，还有些地方要求审查银行账户。工资和物价得到了管控，基本上维持在1936年2月份的水平（相比于7月份对雇主们更加有利）。凯波颁布的第一批法令中有一项是把力拓河铜矿的每周工作时长延长至48个小时。对战争的捐助得到全面开放。凯波·德利亚诺还确保酒、橄榄和
277 水果的持续出口，以此来讨好重要的盎格鲁–安达卢西亚人团体，并还能与葡萄牙商业建立良好的合作关系。莫拉掌管的地区没有出现凯波管理的地区那么多的严格调控政策，但在8月份，北方成立了一系列专门委员会，来调查经济情况。这些委员会后来组成了一个公共国家机构（工商委员会）。这就是“新生西班牙”在新时期刚来时的特征。有的人受长枪党所用颜色的影响把这段时期称作蓝色时代，有的人则称其为运动的年份。

278

18. 左翼的对抗

战胜叛军的首次狂喜结束后，马德里的好战情绪如革命情势一样猛烈。大街上到处都是身穿蓝色锅炉服（monos）的民兵，在马德里前线

① Del Burgo, p.34.

的革命军队中，这身装扮成为一种统一着装。步枪被端起（并没有用处），用以彰显革命。很多人认为这鼓舞了人心，而阿萨尼亚本人不这么想。在他的眼中，这种“轻浮与英勇行为，真刀真枪与不具杀伤性的游行”的结合体是在进行一种“威胁”。“人民穿上了一款随意、肮脏且破烂的新制服，”他接着说道，“年轻的勇士们让自己胡子拉碴，并时常留着一把黑色胡须，他们的脸也在太阳下变黑了，因此这个民族看上去更加阴暗了。”①在过去不系领带、不穿短上衣就出门溜达被当作一种失礼行为的城市里，中产阶级为了看起来贴近无产阶级而丢掉了帽子、领带和项饰。到处都能看到数百名工人阶级女孩在街道上进行募捐，尤其是为了共产国际捐助的国际红色援助组织。喇叭里始终都在热情洋溢地播报着各线战事的大捷；“英勇”的上校和“战无不胜”的指挥官在共和主义新闻媒体中简短地表示屈服后便消失得无影无踪。咖啡馆、电影院和剧院里都挤满了人；本地很少举行斗牛表演，前导敬礼的时候会握 279
紧拳头，斗牛士会把三角帽替换成贝雷帽。②

在马德里，劳动者总工会真正掌握了大权，也在负责任地进行食物供应和基础服务。很多时候，公务员们因意识到自己工作的原因以及自身地位如希拉尔政府时期那样每况愈下的现状而倍感郁闷。内阁进行了清洗，但许多可能有二心的人仍被留了下来。劳动者总工会与老对手全国劳工联合会合作得还算相对合拍，尽管它们之间最近一次因建筑罢工而引起的矛盾直到8月初才得以解决，并且还发生了几起暴力冲突——7月份，一名年轻的西班牙共产党党员巴尔索那被全国劳工联合会谋杀。③而且，一张知名的海报描绘了两位死去的全国劳工联合会和劳动者总工

① 事实上来自虚构的人物“Lluch”，见*La velada en Benicarló*，是阿萨尼亚在战争过程中写下的苏格拉底式对话：见Obras, vol. III, p.394，以及他的文章*La revolución abortada*, in vol. III, p.500.

② Mikhail Koltsov, *Diario de la guerra de España*（Paris, 1963）, p.51.

③ Tagüeña, p.122.

会的民兵，他们的血在他们的身下混作一摊。到目前为止，1936年年初在马德里大举扩张的全国劳工联合会在革命前期的这些天里收获了许多新晋拥护者。他们的日报，像《自由的卡斯蒂利亚》（*Castilla Libre*）、《全国劳工联合会》（*CNT*）和《自由主义者阵线》（*Frente Libertario*）的发行量都得到了提升。[①]

在劳动者总工会的背后，隐藏着西班牙共产党。西班牙共产党的成功主要源于宣传及其领导者们的谋略，但社会党内拉尔戈·卡瓦列罗派和普列托派之间的内斗也起到了一定的推动作用。[②]由赫苏斯·埃尔南德斯和安东尼奥·米赫领导的对西班牙共产党的宣传集中在两方面——适度且不会引起大动荡的社会政策和把对反叛的抵抗比作1808年西班牙人民对拿破仑的抵抗。共产主义报纸《工人世界》（*Mundo Obrero*）称抗争的全部动力来自对保护民主共和国的渴望。社会主义报纸《光明》（*Claridad*）的论调则大有不同，该报纸几乎在同一时间宣称"人民不再为7月16日的西班牙而战"[③]。然而，如今由圣地亚哥·卡里略领导的社会主义–共产主义青年团信奉共产主义。[④]社会党党内的分歧以及无政府主
280 义者在理智上所面临的困难为首都提升共产主义的影响力铺平了道路。

由劳动者总工会领导的革命起初的影响并不深远。那些拥护国家主义的人所拥有的豪宅或企业被没收。然而，这意味着要强行打开几千个银行账户以及征收数不尽的包括住宅、珠宝和其他贵重物品在内的个人财产。[⑤]

社会主义–共产主义青年团把自己安排在格兰大道著名的保守主义

---

① 1936年，三者一天的发行量分别是4万份、4万份和3.5万份。

② 共产党人也从他们所谓的第五军团（Fifth Regiment）的有效组织中获得了极大的声望。

③ *Mundo Obrero*, 9 August; *Claridad*, 22 August; both quoted Payne, *Spanish Revolution*, p.232.

④ 见Ibarruri, p.283。

⑤ 根据The General Cause, p.390，在整个战争期间，西班牙没收的货币和证券达3.3亿比塞塔（800万英镑），黄金和珠宝达1亿比塞塔（250万英镑）。

会馆大石城居住，里茨酒店成为军用医院，皇家酒店变成了孤儿之家。右翼报纸办公室被他们的左翼竞争者接管。[①]所有与战争材料的供应有关的工厂在名义上全被战争部征收，而实际上进行征收的是工人委员会。后来，其他公司的主管要求组建相似的委员会，用以分担责任，同时也可能是为了避免面临更坏的结果。然而，直到8月份，即便行使如此手段，马德里也只有三分之一的工厂在政府的手中。银行没有被征用，但要在财政部的监管之下进行运转。债务被延期偿付，活期账户的提款受到限制，而银行的其他业务则照常进行。最后一项财政政策是所有地租减免50%。[②]除了夜晚发生的刺杀案和持续有尸体躺在田园之家，从表面上看，在马德里进行的革命最明显的特征就是设置了由工会组织的集体食堂。工会掌控了由西班牙东部沿海地区的农产地运来的食物，并通过集体食堂将这些食物分发出去。在这些集体食堂，一盘廉价但分量很足的米饭和土豆炖肉可以无限量地吃。[③]面包的量很少，这反映出卡斯蒂利亚北部的小麦生产地由叛军把持。在集体食堂以及越来越多的百货商店和其他商铺，由工会分发的票券被用来兑换商品。经过了一段时 281
间后，在马德里，工资开始越来越多地以这些票券来支付。货币开始消失，商人们只进他们有把握能出售的商品。马德里市政当局通过控制票券的发放，为共和国防御军队民兵的家人们和没有工作的人以及马德里的乞丐们提供生计，最终制止了当地的经济乱象。然而，很多商人由于接受了像这样永远不会被支付的本票而流失了金钱。很快，民兵的日薪达到了10个比塞塔（有时候由他们曾受雇的工厂支付，其他情况下由政府或工会支付）[④]，他们死后，一部分会继续支付给他们的家属。这些薪水

① 君主主义的《阿贝赛报》被共和联盟改成了《马德里阿贝赛报》（*ABC de Madrid*）卡洛斯党的《未来时代报》（*Siglo Futuro*）被全国劳工联合会拿走，等等。

② *The Times*, 21 July 1936.

③ Barea, p.124.

④ 国民军像往常一样，每天向士兵支付3比塞塔。

是内战爆发前士兵得到的3倍，这让他们成了欧洲最富有的士兵，但这也破坏了经济。与此同时，难民挤满了马德里的外国大使馆，尤其是拉美的大使馆，在多数情况下，这些外交使团会将他们的客人临时安置在房子里。甚至有时候，那些寻求庇护的难民会为他们自己建造大使馆。比如，一名富有的工程师阿方索·培尼亚·布夫（Alfonso Peña Boeuf）在一处空地上建造了一个巴拉圭大使馆，并盖起了3栋共容纳300名难民的大楼。[①]

新卡斯蒂利亚、埃斯特雷马杜拉和拉曼恰的市镇和乡村与首都一样都被劳动者总工会和社会主义-共产主义青年团掌控。无政府主义的势力日渐庞大，整个新卡斯蒂利亚都进行了令人瞩目的集体化计划。多数情况下，曾经的市政当局继续拥护人民阵线委员会，对企业和小型个人生意的征用很特别。例如，在塔霍河谷的塔拉韦拉德拉雷纳市镇，商店和商铺可能会被贴上“这里进行的是集体化的劳作”的布告。但布告的意思是指同意雇主和工人之间分摊利益，而店铺不归工人掌管。在农村地区，拉曼恰与新卡斯蒂利亚一样，大型地产被没
282 收，并由劳动者总工会的当地机构掌管。为了落实无政府主义者在5月举行的代表大会作出的决议，他们建立了不计其数的合作社，但不是每个地方都会建立合作社，合作社也不会马上设立。即便在设有合作社的村庄里，合作社通常也不会成为经济支柱。允许个体（主要源于劳动者总工会或共产国际的支持）继续经营农场和做生意，以及至少在理论上，任何加入合作社的人如果有意愿，均可以带走与他入社时相等价值的物品撤出合作社。然而，劳动者总工会和全国劳工联合会同意，无论在经济层面还是社会层面上，相比于分发土地，要优先进行集体化。[②]

---

① Alfonso Peña Boeuf, *Memorias de un ingeniero político*（Madrid, 1954）, p.166f. 1938年，佩尼亚·布夫与国民军手中的一名共和主义者进行了俘虏交换，他成为佛朗哥领导下的公共工程部长。

② 关于集体化研究，见下册32章及以后。

在拉曼恰的首要市镇，南方的雷阿尔城，只有1家企业、1个发电厂被征用。集市、商店和咖啡馆都照常营业。8月份，奥地利的社会学家弗兰斯·博尔克璐对该地进行了考察，他注意到在一家集体农场，牲口看起来很健康，小麦收割得很及时并被储藏在附属教堂中。在进行集体化以前，劳工们曾住在雷阿尔城，并要出城进行收割。如今，他们就安顿在曾经的农场房屋里。据称，食物虽然谈不上丰富，但与过去比已经有所改善。内战爆发之前，同样是这群劳工毁坏了地主买来的机器，因为他们认为地主是在试图降低工资。现在，一个从毕尔巴鄂运来的打谷机深受欢迎。[1]集体化通常规定所持有的土地不得超过在不雇用劳工的情况下能耕种得过来的最大面积。分发食物只能通过地方委员会来进行。有时候一周免费提供3升的酒，在其他地方，酒可能是其两倍。[2]在部分地区，集体主义和个人主义可以很好地共存：某个村镇里可能会有两座咖啡馆，一个接待个体农场主，另一个接待集体农场的工人。[3]教堂可能会变成仓库，偶尔也会作为静思冥想的地方。[4]

与西班牙中心地区不同，巴塞罗那在1936年7月进行的革命主要 283
由无政府主义者领导。随着1座广播站、8家日报、无数家周报和期刊报道着社会的各个层面以及持续进行的公众集会，无政府主义运动团体真正掌握住了权力。单在这一个省会，就有35万名无政府主义者。巴塞罗那最重要的行政机构是反法西斯民兵组织委员会，该委员会也因此成为加泰罗尼亚重要的行政机构。反法西斯民兵组织委员会成立于7月21日，在其上，伊比利亚无政府主义者联盟和全国劳工联

---

① Borkenau, p.149.

② 阿尔巴拉德辛卡（Albalate de Cinca）为3升，卡兰达（Calanda，属于特鲁埃尔）为5夸脱（约4.7升）。

③ 这也是卡兰达（特鲁埃尔）。

④ 前者是常见的，后者在马萨莱昂（Mazaleón，属于阿拉贡）（Agustín Souchy, *Colectivizaciones*, Barcelona, 1937, p.87）。（这里给出了从7月开始发生的情况，但这一过程直到当年晚些时候才完成。）

合会被视为对它最有影响力的势力。加泰罗尼亚自治政府的几位代表通常会出席这一团体的会议。[①]他们寻求重新建立公共秩序，组织好生产和食物供应，同时组建一支军队来保卫巴塞罗那和“解放”萨拉戈萨。委员会的会议通常在夜间举行，这是由于成员们在白天都要忙于其他事务。

与此同时，巴塞罗那所有的大型工业工厂都落入了全国劳工联合会的手中：石油专卖租赁有限公司、福特伊比利亚汽车公司和知名的公共建设公司工程和建筑建设，以及重要的服务性产业——水、煤气和电——都归无政府主义者掌控。因此，巴塞罗那以一种不同于马德里的方式成为一座无产阶级城市。征收是根本——酒店、商店、银行和工厂要么被征用，要么关门。由技术员和工人组成的委员会负责那些被征收的地方的运作。[②]食物的分发，牛奶的加热杀菌，甚至是手工艺品全部被集体化。新晋主管一头埋进账本的查阅当中，浪费多少，盈利多少，贪污多少都一目了然！后来（正如一个巴塞罗那地下铁路的工人委员会
284 所说的那样），“我们开启了伟大的征程”！[③]自从伊比利亚无政府主义者联盟和全国劳工联合会将国家劳动发展大楼征作总部，一切似乎都在计

① 不过，如前所述，巴塞罗那的所有政党都有代表参加，且人员数量与实力成比例，就像他们在经济委员会（8月10日组成）和教育委员会中一样。在负责公共秩序和拘留的“巡逻控制”中，无政府主义者有指挥官何塞·阿森斯（José Asens），且700名士兵中无政府主义者占了325人：其他人来自加泰罗尼亚的政党、马克思主义统一工人党和社会主义者或共产主义者。

② 巴塞罗那的大多数工厂主要么被枪杀，要么逃跑了。留下的人主要是那些在劳资关系方面名声很好的人。8月初，福特和通用汽车的工厂在巴塞罗那被查封。在美国政府抗议后，西班牙政府进行了赔偿。总体上，共和国一直在试图避免因为征用外国公司而冒犯其他国家。全国劳工联合会发布了一份包含87家英国公司的名单，这些公司没有被征收（Peirats, vol. I, p.177）。

③ CNT-FAI bulletin no. 3 of 10 August, p.iv.亦可参考Frank Mintz, *L'Autogestion dans l'Espagne révolutionnaire*（Paris, 1970）；Josep María Bricall, *Historia económica de la Generalitat*, vol. I（Barcelona, 1970）；Albert Pérez Baro, *Trenta mesos de collectivisme a Catalunya*（Barcelona, 1970）.

划好的轨道上运行。

多数工厂在起义爆发的10天以后复工。公共事业由无政府主义者的联盟组织维护，电厂工人们通过把守水坝和位于比利牛斯山下游、为巴塞罗那提供电力的水力发电厂，来确保电力的持续输送。巴塞罗那的60个有轨电车线路很快像叛乱爆发前一样恢复运行。即便如此，人们还是施行了各种不同寻常的解决方案。一些地方曾经工资级差很大的情况仍然存在，而在其他地方，已经建立了统一的工资体系。巴塞罗那的有轨电车工人们寻求能把不同工资数差降到4的折中方案。然而，对于技术员和特殊工种，工资级差仍然存在。与此同时，在效益好的工厂里，工人们也许能够得到比以往更丰厚的报酬，而在运营不善的工厂里，工人们拿到的薪水往往与过去一样少得可怜。一个工厂在革命时期如果手里握有充足的现金，那它将有能力维持运转；如果没有，那工厂将迅速衰落。如果工厂需要在无政府主义者势力范围之外获取原材料，并以无政府主义者的方式运作工厂，这似乎比人们预想的更为困难。如果原材料需要进口（巴塞罗那各工厂用的棉花主要从埃及进口），工厂就必须与社会主义码头工人，甚至与商人进行谈判。这样的妥协甚至是集权化，在革命初期就开始了。原材料和资金的低储备也为政府的介入提供了方便。加泰罗尼亚政府为了使事务规范化，首先要认可每座大型工厂内的工人管理委员会，然后再任命官方代表在这样的机构内担任职务。然而，所任命的代表在一开始通常是没多少工作的工人。无政府主义者本就打算在部分而非全部的工厂取得控制权。战争的需要也起到了一定作用：7月19日，加西亚·奥利弗命令他的一名无政府主义同事欧亨尼奥·巴列霍（Eugenio Vallejo）在一座城市建座军工厂，而该城市此前从未有工厂生产武器。显然，计划从一开始就需要无政府主义者与其他政治团体进行配合，即便用于制造武器的化工厂和冶金厂都掌握在无政府主义 285
者的手里。在这件事上，加泰罗尼亚政府也出面进行了介入（到1936年10月为止，加泰罗尼亚自治政府在巴塞罗那控制了50个这样的工厂以及75个巴塞罗那以外的工厂）。还有无数个问题不得不通过技术手段来解决，例如：一家口红制造厂可以被改建为生产硬箱吗？另外，无政府主义者还不得不与由劳动者总工会控制的各银行展开合作[①]——在实际过程中，这意味着与共产主义者打交道。因此，自内战爆发以来，政府观念的拥护者——从加泰罗尼亚的左翼党到共和党、社会党和西班牙共产党——都还保留着一定的声望，即便是在无政府主义者的根据地巴塞罗那也是如此。由于这些难题，巴塞罗那的纺织厂不久就一周只能运作3天。要想挺过这次危机，就需要一个强有力的政府在全国范围内组织生产。如此看来，面对从未有过的局面，临时在工厂内掌权的加泰罗尼亚无政府主义者突然之间成了主人，他们的一些风格各异的政策尽管有一些作用，但那些失败的政策并没有弥补无政府主义者"思想"中一些意料之外的缺陷。

革命运动中具有代表性的例子是对巴塞罗那电影院的集体化：观众席都并入一家公司，公司由一个17人组成的委员会领导，委员会成员中有两个人由工人的全体大会选出，其他成员则由来自工厂内不同专业协会的工人们选出。委员会的成员领取正常工资，但他们要放下日常工作，专心投入管理。解雇委员会成员需要在工人的全体大会确保得到四分之三票数的支持。每年包括冬天的两周在内的一个半月假期开始实施。在伤病期间，工人将拿到全薪，永久性伤残的工人可以拿到以前薪水的75%。利润将投入一所学校和一间医务室的建设当中。[②]

巴塞罗那的革命运动还有其他形式。与马德里的情形一样，哪里都看不到穿中产阶级服饰的人，系领带会有被拘留的风险。《工人团结》

---

① 劳动者总工会银行职员（事实上是对马克思主义统一工人党）说："你乐意的话可以枪毙我，可我们不会给你钥匙。"（Manuel Benavides, *Guerra y revolución en Cataluña*, Mexico, 1946, p.211.）

② Peirats, vol. I, pp.364–369，提供了集体化法令。在短暂的间隙之后，电影院和剧院都在8月初开放，都是集体化的。

（*Solidaridad Obrera*）甚至因为苏联外交人民委员利特维诺夫戴帽子而对其进行强烈的谴责（无政府主义者的帽商联盟发起了抗议）。除了教区总教堂（被加泰罗尼亚自治政府下令保护），巴塞罗那的58座教堂几乎全部遭到焚烧。一部分教堂被摧毁，其他教堂，例如美丽的圣玛利亚德尔玛教堂也都有损坏。许多珍贵的汽油都被浪费于试图烧毁高迪未完成的“圣家族大教堂”，而该教堂是用水泥建造的。无论破坏者先前在这样的情景下有多么兴奋，到了8月初一切都消失了，破坏的行为被消防队有效地限制住。教堂学校关门——“民众们的革命意愿已经压制住了学校的忏悔倾向。如今以劳动和团结友爱的理性原则为基础的新式学校登场了。”① 286

劳动者总工会的码头工人主管德西德里奥·特里利亚斯（Desiderio Trillas）被谋杀以后（据推测是无政府主义者所为），伊比利亚无政府主义者联盟与全国劳工联合会联合其他党派，共同声讨罪行。他们共同对所有进行肆意射杀和劫掠的人发出死亡威胁：“巴塞罗那的下层社会正在让革命蒙羞。”伊比利亚无政府主义者联盟命令其成员们要警惕，为了“消灭流氓！如果我们不这样做的话，革命将会因为这些耻辱的行为而被这群无赖断送”。②几位知名的无政府主义者甚至被枪毙，比如巴塞罗那的建筑工人何塞·卡德纳斯和食品企业联合组织的主席费尔南德斯，他们被判处的罪名是：“在克服混乱和衰弱的时期失职”以及谋杀了曾在数年前向警察控告他们的一男一女。③但是，夜晚巴塞罗那城外通往蒂比达博山的道路上仍然能听到枪响，“法西斯分子们”继续被逮捕。在革命初期，一名尽人皆知的左翼独立代表安赫尔·桑布兰卡特（Angel Samblancat）率领全国劳工联合会与伊比利亚无政府主义者联盟的民兵组织打头阵冲进法院，把法律文件、契约书、租契和耶稣受难像都扔出了窗口，还杀

---

① Peirats, vol. I, p.200.

② CNT-FAI公报，25 July。同样见*Solidaridad Obrera*, 30 July and 31 July, qu. Payne, *The Spanish Revolution*, p.227。

③ Peirats, vol. I, p.182.

害了许多律师和法官。然而，不久之后，桑布兰卡特建立了一个司法革命委员会，其第一步就是召回法院内曾经的官员和干事。

287

——

无政府主义者在加泰罗尼亚的统治地位使他们与加泰罗尼亚政府的合作并不稳固，阿萨尼亚将其描述为“摧毁西班牙政府的阴谋诡计”。以无政府主义者为首的巴塞罗那民兵队伍出征阿拉贡，这一行动或被看作是保卫中央政府的行为，但这些进攻行为在实施前没有与马德里的战争部进行磋商。其他方面也发生了变化：在软弱的马德里政府背景下，加泰罗尼亚自治政府能够不遭阻挠地接管海关、边防、铁路、码头、水力发电厂的安全机构、蒙特惠奇山的要塞以及西班牙银行，甚至有发放货币和准许赦免的权力。根据加泰罗尼亚自治法令，这些权力都属于西班牙政府。如今，借着“有被伊比利亚无政府主义者联盟篡权的危险”的借口，加泰罗尼亚自治政府接管了这些权力。巴塞罗那大学重新改名为加泰罗尼亚大学。用阿萨尼亚的话来说，加泰罗尼亚自治政府“在军事起义中获益，而且以此来解决与政府在加泰罗尼亚的权力问题，并在之后试图通过以政府不存在为由来解释一切”①。一名左翼党的政治家何塞·塔拉德利亚斯认为自加泰罗尼亚反抗军事暴动成功后，加泰罗尼亚就可以从西班牙的束缚中解脱出来。②

8月9日，在巴塞罗那的奥林匹亚剧院举行了一场无政府主义者会议。会议的目的是反对马德里政府征召1933级和1934级预备役加入正规军：“我们不能变成步调一致的士兵。我们要成为自由的民兵。冲上

① 见 Azaña’s conversation in September 1937 with Carlos Pi y Súñer on this matter in Azaña, vol. IV, p.796；和Comorera in October 1937, *op.cit.*, p.821。

② Azaña, vol. IV, p.707.

前线之时，固然如此。但当士兵没有遵从人民力量的时候，加入兵营则绝对禁止！”[①]然而，由于担心合法化政治军队引起的后果以及可能陷入无休止的冲突与争斗当中，加泰罗尼亚自治政府还是支持维护正规军的观念。而同时，从上至下各个级别的官员的政治信念并不明确。关于这件事情，孔帕尼斯得到了加泰罗尼亚新晋联合社会党派（加泰罗尼亚统一社会党）的支持。尽管社会主义者胡安·科摩拉成了该党总干事，但西班牙共产党通过高人一筹的行事效率、冷酷和计谋，在加泰罗尼亚统一社会党内占据了领导地位。加泰罗尼亚统一社会党甚至还加入了共产国际。科摩拉的父亲是一名铁匠，他曾在20年代移民阿根廷，然后在30年代返回国内。1934年，科摩拉在加泰罗尼亚自治政府内出任农业顾问，并于同年帮助左翼拉拢了一茬佃户。他很快成了一名共产党员，甚至在几个月以内和另外一名加泰罗尼亚统一社会党领导人、前社会主义者拉斐尔·比迭利亚一同成了西班牙共产党中央委员会的成员。[②]劳动者总工会在巴塞罗那的势力也在西班牙共产党的影响下不断增长，其成员人数从7月19日的12,000人到7月底增加到35,000人。增长的原因一部分是可以通过政党或工会的票券来换取食物，另一部分原因是革命氛围下人们更倾向于加入联盟。 288

自从将组织追随者以及扩大影响力的希望寄托于渗入官方认可的统治势力之后，加泰罗尼亚统一社会党更倾向于寻求一种“军队体制”的道路，而非民兵组织。然而在形式上，西班牙共产党在巴塞罗那的政策与在马德里一样，不得做任何有碍赢得战争的事情，“同志间的政治调解”应该等到胜利之后再进行。因此，加泰罗尼亚统一社会党全力支持加泰罗尼亚自治政府的一些改革政策——工资上涨15%，当铺退还所有

---

① CNT-FAI bulletin, 10 August. 文件中回顾了法国大革命中人民雄视世界，但拿破仑穿着军装的军队遭遇滑铁卢结局的事实。

② Bolloten, p.113. 比迭利亚曾是一名无政府主义者，他在1925年成为全国劳工联合会的代表，并参与了共产主义-无政府主义-左翼党的讨论。

价值低于200比塞塔的抵押品以及每周40小时的工作制（马尔罗在他的小说《海边的祈祷》中生动地描述了巴塞罗那的一个场景，即许多曾被放在当铺里的缝纫机被退回并突然投入使用所引起的轰动）。加泰罗尼亚统一社会党还对那些丈夫战死的妻子们进行经济补偿。他们的态度都是倡导改良主义、安抚与调解，这主要是由于他们希望在现有的社会条件下能够改善环境——新的世界可以日后再做定论。

7月31日，孔帕尼斯把自己的称谓从官方的“加泰罗尼亚自治政府主席”提升为“加泰罗尼亚主席”。此举向加泰罗尼亚主权独立更迈进了一步，并且再一次没有与马德里政府进行商议。加泰罗尼亚统一社会党的3位成员——科摩拉、比迭利亚和鲁伊斯——被邀请加入由前加泰
289 罗尼亚议会主席胡安·卡萨诺瓦斯领导并重新组建的加泰罗尼亚自治政府。无政府主义者威胁称，如果加泰罗尼亚统一社会党入驻政府，那他们将退出反法西斯民兵组织委员会。孔帕尼斯庄重地对卡萨诺瓦斯说：“我把政府交给你了。”卡萨诺瓦斯回复道：“你交给我的不过是形同虚设的政府。”[①]政府试图在“巡逻管制”中解除无政府主义民兵组织的武装，此举遭到了全国劳工联合会的强烈反抗。与此同时，伊比利亚无政府主义者联盟在8月5日向加泰罗尼亚统一社会党大声呼吁道：“同志们，我们已经共同打倒了法西斯军国主义的嗜血猛兽。让我们保持住团结共行，直至最后的胜利，以此来装点我们胜利的价值。反法西斯主义革命联盟永垂不朽。”在接下来的几周里，无能为力的加泰罗尼亚政府由于认可反法西斯民兵组织委员会而再一次侵占了马德里政府的权力。几周后，当普列托（时为一名部长）走访巴塞罗那的时候，加泰罗尼亚防御顾问迪亚斯·桑迪诺上校把他当作一名国外政治家来进行接待。[②]

在加泰罗尼亚，与无政府主义者、左翼党和加泰罗尼亚统一社会党

---

① Azaña, vol. IV, p.702.

② Azaña, vol. IV, p.704.

的立场不相一致的，是由加泰罗尼亚前共产党党员们领导的反斯大林革命队伍——马克思主义统一工人党。他们的人员规模也大幅度提升。一部分加入马克思主义统一工人党的人认为该党派不像无政府主义者那么不讲纪律，也不像加泰罗尼亚统一社会党那么严格。巴塞罗那的外国人之所以加入马克思主义统一工人党是因为他们认为该党提出了一个理想社会的构想。弗兰斯·博尔克瑙强调了这些流亡分子怀揣的热情，认为他们陶醉于战争的征途，并对"全面胜利"存在执念。把兰布拉大道的猎鹰酒店作为新总部的马克思主义统一工人党，致力于在公众面前提高自己相对不够响亮的名声，他们把马克思主义统一工人党的首字母大写印刷在轿车和公交车上，并鼓动建立"一个只由工人来做主的政府"。虽然创始人之一毛林被认定为（实际并非如此）死于国家主义西班牙，但其他几位出生于20年代的领导者——尼恩、戈尔金、安德拉达、希罗内利亚——常常公开发表讲话。马克思主义统一工人党的青年组织伊比利亚共产主义青年似乎是所有左翼民间组织中最为激进的团体，他们持 290
续呼吁"组建苏维埃"，并同时残忍地杀害"人民的敌人"。

作为一个整体的加泰罗尼亚和共和主义阿拉贡共同反映了巴塞罗那的处境。所有村庄都组建了一个政治委员会。与其他地方一样，权力无论以什么样的形式出现，都掌握在最有势力的党派手中。因此，莱里达省主要由马克思主义统一工人党主导，其他地区则落入全国劳工联合会的手中。[①]通常情况下，一面印有锤子和镰刀的红色旗帜将安插在市政厅外，以突显苏俄对所有无产阶级党派的持续吸引力，而非只面向共产党。铁路和公共服务设施由劳动者总工会和全国劳工联合会的委员会掌控。大多数地区，所有职业人员和技术人员都必须听命于委员会。多数

---

① 有时，就像在卢斯皮塔莱特（L'Hospitalet）村一样，全国劳工联合会会把他们对民族主义政党的敌意表露到张贴告示禁止加泰罗尼亚语的地步（Jaume Miravitlles, *La Flèche*, 24 February 1939）。

教堂被焚烧。在一些地区，痛惜的情绪成了风潮，尤其是那些到8月才被纵火的地方以及布拉瓦海岸上中产阶级常去的地方。博尔克瑙发现悲伤的妇女们把祈愿书、画像、雕像和其他护身符带往柴堆，这些东西并非具有什么宗教价值，它们也只是生活的一部分。只有孩子们看起来特别高兴，把雕像扔进火堆前，他们会割下雕像的鼻子。那些已经被谋杀或逃亡的资产阶级分子的房屋和地产将被市政当局没收。在一些地方，通过些许宽大行为，革命党人的残忍行径有所收敛。例如，时任《不妥协》新闻记者的法国诗人和飞行员安托万·德·圣埃克苏佩里（《小王子》的作者），成功说服了一个村庄革命委员会饶过一名在树林中被追赶的修道士的性命。这使无政府主义者互相握手，也和修道士热情握手，共同对修道士的成功逃脱表示祝贺。①

加泰罗尼亚的大型地产不多，就连无政府主义者都不确定应该如何处理被接管的土地。最终的解决方案规定，被征收土地的一半应归市政当局管理（加泰罗尼亚大多数地区直到秋天才施行），而另外一半分给贫困的
291 农民们。村庄的人民阵线委员将会收取前一半的地租，另一半则减免。加泰罗尼亚革命运动并不彻底，因为左翼党和劳动者总工会可以为小农场主撑腰。农民们处理资产阶级的财产也有欠考虑。在地处莱里达和萨拉戈萨之间的萨里涅纳，一部分中产阶级成员（包括退役军人在内）已经被饶恕，弗兰斯·博尔克瑙眼看着所有与农村资产有关的文件全部被销毁殆尽。主广场上燃起篝火，火苗烧得比教堂的屋顶还要高，年轻的无政府主义者以胜利的姿态向火堆里扔进新的物品。②

加泰罗尼亚和阿拉贡的农村地区与卡斯蒂利亚一样，实施了一系列惊人的社会和经济测试。例如，在许多地方，货币不再流通。一个敏锐的德国观察者汉斯·埃里奇·卡明斯基（Hans Erich Kaminski）详细地

① Richard Rumbold, *The Winged Life*（London, 1953）, p.146.

② Borkenau, pp.93–94.

描述了在阿尔科拉（卡斯特列翁）发生的情况：

> 每个人都能各得所需。通过谁？当然是通过委员会。但单独一个分发站点不可能供应5,000人。因此，同以前一样，在商店人们可以满足他们的需要，但这些商店不过是分发中心。它们归属于整个村庄，而且其先前的所有者不能再从中获利。支付手段从货币变成了票券，就连理发也要用委员会分发的票券来兑换。为居民们提供所需品的原则并不完善，因为那里认为每个人的需求都相同……每个家庭和每个独居的人都会得到一张卡。大家每天都要在工作地点打卡，这是由于要根据这些卡来分发票券，因此所有人都要进行劳作。但这一体制最大的弊端在于，由于缺少其他衡量价值的标准，因此需要重新依靠货币来对劳动表现进行评定。每个人——工人、医生和商人——每个工作日获得价值5比塞塔的票券。一部分标有“面包”的票券每张可以兑换1千克；另外一部分票券会标有金钱的数目。然而，这些票券不可以充当银行票据，因为票券只能用来兑换物品，并且只能在有限的领域之内使用……阿尔科拉所有货币——将近10万比塞塔，都落入了委员会的“手”中。社区用社区的产品来交换其 292
> 他缺乏的物资，而对于兑换不到的物品则进行购买。然而，货币只是被当成一种过渡品被保留……

虽然如此，委员会还是会把货币分发给农民用于出行，比如拜访一个邻村的女孩或者去看一个专科医生。[①]在所有这样的类似方面，“司法

① Hans Erich Kaminski, *Ceux de Barcelone*（Paris, 1937）, pp.118-122. Cf. also *Colectividades de Castilla*（Madrid, 1937）; Agustín Souchy, *Entre los campesinos de Aragón*（Valencia, 1937）, p.92.

委员会”都扮演了举足轻重的角色。一个典型案例是，在莱里达，“司法委员会”平均由三股势力组成，他们分别为：马克思主义统一工人党，加泰罗尼亚统一社会党与劳动者总工会，全国劳工联合会与伊比利亚无政府主义者联盟。马克思主义统一工人党在该城市的影响力由来已久，因此他们发挥着显著作用。主席和检察官都是烟囱清洁工出身——这导致他们草率判处了大量的死刑。[①]

在巴伦西亚的沿海地区，7月18日到19日，在马德里组建政府失败的议会发言人迭戈·马丁内斯·巴里奥逃往该地，并组织了控制西班牙东部沿海地区5个省份的军政府。地方委员会之下的该军政府，比在反法西斯民兵组织委员会下的加泰罗尼亚自治政府更加无能。7月31日，兵营内的叛军军官投降以后，马丁内斯·巴里奥甚至被迫居住到巴伦西亚以外的地方。这次成功地使当地的全国劳工联合会与劳动者总工会委员会掌握了权力，该委员会的领导者是从属于老派的反法西斯共和党的左翼军官埃内斯托·阿林（Ernesto Arín）上校，其实际权力则掌握在一名革命中尉何塞·贝内迪托手中。贝内迪托是巴伦西亚自治左翼党的成员，同时也是当地防御委员会的主席。可是，尽管全国劳工联合会的势力庞大，掌有码头、交通运输和建筑工人，但巴伦西亚中产阶级的保守特性要比巴塞罗那强，征收的土地也要少得多。巴伦西亚的无政府主义者多数曾是“三十分子”（treintistas），而且乡村地区曾在2月投票支持西班牙自治权利联盟。劳动者总工会在白领工人之中颇具影响力。受到中下阶级和巴伦西亚大庄园更为富裕的农民所拥护的共和主义者出现了分歧：一方认为当今形势是进行巴伦西亚独立运动的大好时机；
293 另一方主张维护阿萨尼亚和希拉尔。只有巴伦西亚规模不大的当地共产党组织对马丁内斯·巴里奥领导的政府代表团给予了一定支持。后

① Broué and Témime, p.123n. Manuel Buenacasa（*L'Espagne livrée*, reprinted Paris, 1971）记录了一段令人毛骨悚然的描述。

来，他们成功地将征收的土地分发给个体农民，避免了实行集体化的无政府主义观念，从而赢得了富裕的巴伦西亚农民的支持。在西班牙东部沿海地区的其他地方，无政府主义者与社会主义者在各个村庄进行权力的争夺。一直以来作为自由主义桥头堡的阿尔科伊落入了无政府主义者的手中，此外还有哈蒂瓦、埃莱和萨贡托。社会主义者则占领了阿尔西拉和埃尔达。在卡斯特列翁、阿利坎特和甘迪亚，这两派划分了势力范围。

受无政府主义影响而进行革命运动的安达卢西亚没有出现像巴塞罗那之于加泰罗尼亚那样的革命焦点。[①]在大多数村庄里，以前的市政委员会与新晋委员会合并。对道路和公共设施的掌控由委员会指定的官员和民兵来负责。每一座市镇都独立自主。但是在像马拉加这样的城市，无政府主义领导者与那些小村镇之间仍然矛盾重重。前者希望插手村镇事务，但遭到当地领导者的抵抗，因为他们认为此举是对他们自身权利的侵犯。[②]社会主义农业联盟全国农业工人联合会尽管成员众多，但被极端主义者们排挤："在社会党内我们遭到了打压。我们应当怎么办？那些掌有权力的人都一心崇尚暴力。我们是这里势力最大的团体，然而我们得不到拥护。我们几乎未曾得到过吐露事实的机会。当权者因为政治上的无知而去抢夺小农场主们本就少得可怜的财产。"[③]在许多地方，私有财产被禁止，一同废除的还有需要向店主支付的债务。在科尔多瓦（多年以来一直是无政府主义中心之一）[④]附近的卡斯特罗德尔里奥，采用了一个与1530年明斯克的再洗礼派教徒所建立的相似的体制，所有私人交换物品的行为一律被禁止，村庄的酒吧不准开放，居民们实

---

① 见Ronald Fraser, *In Hiding*, pp.133–134；同样见Ronald Fraser, *The Pueblo*（London, 1973）。

② Julian Pitt-Rivers, *People of the Sierra*（London, 1954）, pp.18–19.

③ Fraser, *The Pueblo*, p.56.

④ 见Díaz del Moral, p.252ff。

现了长久以来想关闭咖啡馆的期望。据博尔克瑙记载：“他们不仅不想过着和那些被他们没收财产的人们一样的享乐生活，而且还要丢掉享乐者的骄奢淫逸。”①在该地区的很多地方，无政府主义者主动与当局
294 进行对抗。之后当讨论到他们的这段抵抗叛乱时期时，他们却称其为“人民奋起反抗权贵子弟们的时刻”②。这一地区的大型地产常常由其之前的劳工们继续工作，他们虽然不会得到任何薪水，但村庄的商店会根据他们的需求来供养他们（后来，有些人抱怨新成立的村庄委员会常常与曾经的当权者一样——“他们吃火腿”）③。各村庄之间，一种难以掌控的情况猖獗。各地到处都有弃营而逃的国民警卫队叛军退守山顶、修道院和其他易守的据点，他们就像是在附近地区拦路抢劫的路匪。以这种方式“存活”得最久的营地，是由国民警卫队的科尔特斯上尉建立在科尔多瓦群山内的圣玛利亚德拉卡韦萨修道院。在叛军占领的安达卢西亚地区，由无政府主义“逃犯”组成的类似营地在当地进行抢劫活动，他们恢复了无政府主义下曾经带有部分政治色彩的抢夺行为。

在安达卢西亚，对于多年来深受劳动者总工会影响的哈恩以及在码头工人中拥有众多共产主义拥护者的阿尔梅里亚来说，革命运动中展现出的无政府主义特色各有不同。在哈恩，并没有发生多少社会变革。国民警卫队被赶走，但是地方委员会组建的民兵组织在农村地区结伴巡逻的作风与国民警卫队如出一辙。委员会通常会接替地主的位置，继续像从前一样不知满足地收取曾经地主从佃农那里收取的一半份额。例如，在落后且发展缓慢的市镇安度哈，尽管5名中产阶级人士已经被杀，但他们的土地仍然没有得到征用。劳动者总工会把附近的大型地产留给市

① Borkenau, p.167.

② Juan Martínez Alier, *La estabilidad del latifundismo*（Paris, 1968）, p.139.

③ Martínez Alier, p.140.

政当局来管理，结果导致劳工们为了同样食不果腹的工资而干着与以往相同的工时。管理这些村庄的委员会有时候由人民大会选举产生，有时候由人民阵线指定。

由全国劳工联合会和劳动者总工会掌控的马拉加的革命运动，其特征是随意且低效。该运动几乎与共和主义西班牙的其他地区断了联系（由于国家主义者在东北方占据着格拉纳达）。马拉加每天都生活在空袭的恐惧 295
之下，同时不断有传言说该地将要遭到陆地进攻。那里的气氛十分紧张，一名在村外注视着正燃烧着的教堂的无政府主义者说道："他们将会把你毁灭掉，马拉加。你的堕落让你付出了代价。"[①]行政长官安东尼奥·费尔南德斯·维加在胜利的工人们面前"只是一台签字机器"，就像是"在雅各宾派面前瑟瑟发抖的一名面色苍白的吉伦特派成员，而与之相比较的我们［语出法国记者路易斯·德拉普雷（Louis Delaprée）］不过是一群孩童"。[②]最终，公共安全委员会得到了马德里的官方承认。其主席，社会主义校长弗朗西斯科·罗德里格斯被任命为行政长官。该委员会没有强行接管省份，莫特里尔、贝莱斯马拉加和隆达在无政府主义者的领导下各自掌管着自己的事务，曾经的市政委员会被冷落在了一边。无政府主义民兵组织占领了科尔多瓦省的蓬特赫尼尔，之后他们却宣称，战争结束后这里将归属马拉加，所以地方忠诚一直保留着。在隆达，"没有集体化，没有分发，一切都被社会主义化"[③]。与此同时，在马拉加，一群声称自己是上校的中士建立了一个军事指挥部，后来从摩洛哥逃亡出来的一名真正的上校——摩尔部队的罗梅罗·巴萨特成了他们的领袖。[④]

在莫拉将军领导的军队的影响下，西班牙北部沿岸的共和主义领土被切断了与马德里和巴塞罗那的联系。这里形成了三种社会形态：第一

---

① Brenan, *Personal Record*, p.289.

② Louis Delaprée, *Mort en Espagne*（Paris, 1937）, p.70.

③ *España Libre*, 19 July 1947, qu. Lorenzo, p.198.

④ R. Salas Larrazábal, vol. I, p.288.

种集中在毕尔巴鄂和圣塞巴斯蒂安；第二种在桑坦德；第三种在希洪。在上述几座市镇和整个比斯开省以及吉普斯夸省，巴斯克民族主义者持续维护着中产阶级秩序。毕尔巴鄂和圣塞巴斯蒂安以及它们的周边地区都由防御委员会来管控，但委员会成员多数都是巴斯克民族主义者。只有无政府主义者（凭借在渔民和建筑工人中的影响力）试图对抗对工人阶级持怀疑态度的各巴斯克地区。因此，即便有些人可能更倾向于叛军一方，新成立的巴斯克机动化警察部队也不会接收左翼革命党派的成
296 员。在巴斯克地区，除了卡拉斯科上校、一些参与起义的军官和长枪党人，有将近500人遭到了谋杀，这多数都是无政府主义者干的。多日以来，巴斯克领导人德伊鲁霍指出，他和他的同僚们，作为在实际革命过程中反抗起义的先锋，几乎被全国劳工联合会当作囚犯一样对待。[①]但是，从8月份开始，很少有上层或中层阶级遭到迫害。[②]神父被释放，教堂提供的服务照常进行。只有在圣塞巴斯蒂安的两座教堂被烧毁，也只有曾参与过起义的资本家的财产才会被征收。被征收的财产会交给由雇工代表的政府委员会，但委员会没有处置权。

在巴斯克地区，能引起社会变革的法令有：任何人所掌管的公司不得超过一家（这项措施重创了巴斯克的富豪，但对资产阶级没有造成太大冲击）；与共和主义西班牙的其他地区一样，地租减半以及为那些需要帮助的人成立一个新的公共援助组织。比斯开的兵工厂——伊巴的枪械制造厂、在格尔尼卡和杜兰戈的小型兵工厂以及在毕尔巴鄂制造手榴弹和迫击炮的各个工厂——自然被毕尔巴鄂防御委员会接管。巴斯克民族主义者还得到了各省经济建设的控制权。为了掌管银行部门，他们成立了新的委员会。

尽管采取了如此温和的政策，但巴斯克还是陷入了与教会的斗争

---

① Lizarra, p.62.

② 尽管有3,000名政治犯被关押在监狱船和堡垒中，且其中有许多妇女和儿童。

当中。[①]维多利亚和潘普洛纳的主教在8月6日发表的牧函中痛斥巴斯克民族主义者拥护共和主义一方。[②]巴斯克的神父在教区主教代理人的领导下，经过商议以后，向政治领导人提议继续对共和主义一方进行支持。他们提出这一建议的原因有：没有证据证明牧函是真的，因为他们没有收到过牧函的复件；牧函在发布的时候没有通过正当形式进行传播；维多利亚的主教可能在受人摆布；主教们无法得知在吉普斯夸和比斯开发生的真实情况；最后还有，如果巴斯克民族主义者改变立场，那将会给许多人和教会带来无数灾难。此后，巴斯克的神父们在继续进行抵抗的同时，还维持着为教徒们提供精神上需要的“工作”。他们还为那些受到左翼暴力威胁的人们出面进行干预。巴斯克天主教政治领导者们继续支持共和国，并在后来加入了政府。他们与马德里的关系始终不太好，距离使意识形态问题变得混乱。为了阐明自己的立场，他们提出，用于准许向政府发动叛乱且以圣托马斯·阿奎纳之名的4项条款纯属子虚乌有，而最新下发的教皇通谕表明叛乱一直都是非法行为。[③]

之前因为皮尼尤上校在希洪的西曼卡斯兵营带领国民警卫队进行抵抗，以及阿兰达上校保卫奥维耶多的各种行动，阿斯图里亚斯沿岸的局势变得更加复杂。然而，在围攻期间，希洪的劳动者总工会、全国劳工联合会以及西班牙共产党之间的关系甚至比1934年的时候更为融洽。起初，权力在相互竞争的势力之间被瓜分：希洪的战争委员会由全国劳工联合会的

---

① *Le Clergé basque*, p.25f.

② Text in Montero, pp.682–687. 这封信的背景讨论见Iturralde, vol. II, pp.302–328。穆希卡后来证实，他在信上随意地签了名（见his letter to the *Gaceta del Norte*, of 25 July 1937, qu. Iturralde, vol. II, pp.326–328）。后来他还是原谅了自己，因为他不知道事实（*Imperativos de mi conciencia*）。

③ 见后来加入共和政府的巴斯克人曼努埃尔·德伊鲁霍，与休伯图斯·冯·洛文斯坦亲王（Prince Hubertus von Loewenstein）的访谈（Hubertus von Loewenstein, *A Catholic in Republican Spain*, London, 1937, pp.90–104）。

塞贡多·布兰科掌管；萨马的人民阵线委员会起初由曾在1934年领导阿斯图里亚斯起义的老社会主义者冈萨雷斯·培尼亚掌控，之后改为由另一名社会主义者阿马多尔·费尔南德斯掌权。最终，这些组织都联合在一起。社会主义代表贝拉米诺·托马斯成了阿斯图里亚斯省的省长，他得到的行政权力与巴伦西亚的马丁内斯·巴里奥得到的一样，少有实际效用。珍贵的阿斯图里亚斯煤矿由委员会来掌管，委员会的成员有：1名代表政府的
298 会长、几名技术人员、1名由阿斯图里亚斯矿业委员会推选的副会长、1名秘书以及3名工人。会长不准许在未经工人们同意的情况下行使权力。[1]

对奥维耶多的阿兰达的围困行动仍然交由政治领导人指挥。希洪始终处在国家主义者的巡洋舰“塞韦拉海军上将”号的保护之下。城内人们贫穷且奉行清教主义，但对未来充满信心。在广告架上的巨幅海报展现了一个红色的西班牙，并且在海报中央，一个灯塔的光芒照满整个欧洲。海报上写着：“西班牙将会点亮整个世界。阿斯图里亚斯的人民阵线万岁！”到了夜晚，在空荡荡的街道上，喇叭里会大声播报捏造的来自远方战场上的“好消息”。地处大西洋边缘的希洪就像是一名孤军奋战的苏维埃战士。[2]至于桑坦德，它之所以可以成为劳动者总工会的远方前哨站，也许是因为它自古以来就是卡斯蒂利亚唯一的港口。桑坦德的防御委员会由立场坚定的胡安·鲁伊斯（Juan Ruiz）掌控，此外，其行动几乎独立于马德里的中央政府。

内战爆发以来，这些对共和国保留忠诚的北部地区由于政治方向上的分歧而耽搁了它们在军事策略上的研究精进。它们唯一的共同点是：当地经过几个星期的战争以后食物匮乏。这里有啤酒、香烟、奶酪和几种鱼类，

---

① 见Jellinek（p.300）and Koltsov（p.127），记录了对希洪的访问；参见C. Lorenzo, p.172；以及Fernando Solano Palacio, *La tragedia del norte*（Barcelona, 1938）。

② Jellinek, p.415.从马克思主义的观点出发，左翼书社的这本书是无价的，里面对共和国生活进行了详细的社会分析和经济分析。耶利内克（Jellinek）是《曼彻斯特卫报》驻西班牙记者。

但少有别的可以食用的东西。1936年年末，西班牙北方具有代表性的地区当数希洪，当地人被称为“猫的天敌”，因为他们能在20码（约18米）以外猛冲向一只猫。当晚，晚餐的餐桌上将会出现“鸡肉”（猫肉）。①

许多马枪骑兵的逃亡或被谋杀使共和主义西班牙传统的边境线掌管权落入了地方委员会的手中。部分海关由委员会控制下的旧官员进行管理。因此，尽管加泰罗尼亚政府正式提出要求，但加泰罗尼亚与法国边境线上的3个重要据点都掌握在全国劳工联合会的手中——尤其是普伊格塞尔达的镇长、“马拉加的老古董”安东尼奥·马丁，他在边 299
境线进行地方扩张，把那里当作自家领土，直到1937年4月被西班牙共产党所杀。②

——

7月23日，总统阿萨尼亚通过国家广播电台公开向西班牙人民呼吁：为共和国，而不是为革命而团结。之后，他通过“加尔塞斯”（Garcés），这一出自他富有想象力的知名作品《在贝尼卡洛的夜晚》中的人物来痛斥“革革革命党人们”（rrrevolutionaries）：“民族团结哪儿去了？我看压根儿就不存在。已经火烧房梁了，邻居们不但不帮忙灭火，反而还在屋子里尽情地搜刮，偷走一切能被拿走的东西。这些事情中最为让人痛心的是全方位的混乱，这是在侵犯一个国家。”③问题是，虽然“房屋”正在倒塌，作为“守护者”，阿萨尼亚和卡萨雷斯·基罗加在数周前对局势的态度依然

① Thus Jellinek, in conversation, Geneva, 1960.

② “马拉加的老古董”值得仔细研究。同样独立的还有布港（Port Bou）的鲁卡（Ruca），勒珀斯（Le Perthus）的安德烈·勒哈夫（André Lerghaf）和萨加罗（Sagaró）。

③ *La velada en Benicarló*, p.426（in Obras, vol. III）；7月24日的演讲在同一本书pp.607–609。

过分乐观。在战争的余下时间里，即便仍然身居总统职务，但阿萨尼亚表现得像一个态度消极的文人，喜欢教育人，时常态度咄咄逼人。当农村地区战火四起时，他还在府邸里悠然地看着蒙田的作品——全然不是1931年时，那个高傲、多疑、干劲十足的演说家。[①]

300 19. 7月底到8月的战况以及阵营的分化

与此同时，到了7月22日，与其说西班牙当时进行的是一场叛乱或抵抗，不如说是一场战争。在全国各地，原本因叛乱被挫败而引发的狂欢，迅速转变为对军队可能向左翼或右翼革命庆典（fête révolutionnaire）发起进攻的恐惧。工会和政党的民兵组织甚至在最小规模的市镇内，都开始认定自己是除了街头打手之外与警察、突击警卫队、国民警卫队或正规军一起并肩战斗的士兵。同样，将军们正如他们希望的那样，为了粉碎革命，根据他们曾在摩洛哥战争中使用过的“样板”来组建“纵队”。因此，早在7月19日，莫拉派他的副官，安达卢西亚的加西亚·埃斯卡梅斯上校，率领1,000人马向南进军，去解救瓜达拉哈拉，这1,000人中多数是志愿兵，再加上2个连的义勇军和1个连的长枪党。要不是因为洛格罗尼奥的军事长官为了确保该地起事胜利拒绝作出表态而耽误了埃斯卡梅斯的行程，埃斯卡梅斯应该早就赢得这场战斗的胜利了。莫拉手下有车辆、汽油和人手，但弹药十分匮乏，他若想取得胜利，就必须加快战斗的步伐。这一战斗先锋部队到达了距瓜达拉哈拉20英里的据点后发现，瓜达拉哈拉已经落入民兵队伍和马德里正规军的手中。因此，加西亚·埃

① 阿萨尼亚1936年的军事秘书长卡萨多少校（Major Casado）将在内战的最后几周发挥决定性作用。他十分认同阿萨尼亚对政治的看法，但后来谴责阿萨尼亚直接导致了内战的爆发：“为了赢得群众的掌声而谴责、冒犯和贬低军队”是疯狂而冒犯的（见Casado, *Así cayó Madrid*, Madrid, 1968, p.157）。

斯卡梅斯撤向了北部的索莫谢拉关口。越过瓜达拉马山脉，该关口是马德里北方门户的最东侧。自7月19日以来，这里的铁路隧道被国家主义者们占领，他们是一群由米拉列斯兄弟领导的年轻的马德里君主主义者。① 302
为了对抗他们，之前控制瓜达拉哈拉的共和主义势力正向该地进发。

7月21日的午夜，在马德里的西北方，一个由正规军和长枪党组成、有二三百人规模的联合纵队在塞拉多尔（曾在1932年策划起义）的率领下，热情高涨地从巴利亚多利德出发，同时取道瓜达拉马山脉向马德里进军。他们的路线需要经过被称作阿尔托德莱昂的关口。跟随这支部队的有刚从阿维拉的监狱中释放出来的巴利亚多利德国家工团主义进攻委员会的创建者——奥内西莫·雷东多以及另外一名后来有所成就的年轻的长枪党领导者何塞·安东尼奥·希隆（José Antonio Girón）。阿尔托德莱昂关口已经被一支来自马德里的民兵队伍占领。叛军意识到了关口对于抑制敌人的重要性。这两个对马德里的防御至关重要的关口（见图9）分别在7月22日和7月25日被叛军攻占。之后，由于缺少弹药补给，莫拉暂停了行程。在接下来的几天里，缺少弹药的情况越来越严重。然而，与此同时，从潘普洛纳派遣的贝奥莱吉、拉托雷和卡尤埃拉3位上校率领由义勇军、长枪党和正规军组成的军团（志愿兵占大多数），向巴斯克地区进发。这一军团的人数多达3,430人，②却给人留下了像是“去庆祝宗教节日而不是去打仗”的印象。

---

① Manuel Aznar, *Historia militar de la guerra de España*（Madrid, 1940）, pp.113–114. 这些年轻的君主主义者包括后来的立宪主义领导人华金·萨特鲁斯特吉（Joaquín Satrústegui）.

② Aznar, p.128: *Cruzada*, XIII, pp.529–530. 贝奥莱吉纵队的2,000人是：美洲团的3个（常规）连、突击队的一部分、两个“百人队（centuria）”的义勇军、4个连的义勇军、两个长枪党分队（tercios）、机炮部队（常规）、迫击炮部队，还有1个105毫米炮兵连。卡尤埃拉有830人，拉托雷有600人。在战斗的第一周，潘普洛纳组织了11个纵队，每支规模在200至2,000人。7个留给吉普斯夸，4个给马德里（De la Cierva, in Carr, *The Republic*, p.196）。这些西班牙革命的参与者是谁？他们是纳瓦拉的经营自己土地的农民，潘普洛纳和埃斯特利亚资产阶级的儿子，毫无疑问，还有该地区的工人阶级。亦可参考del Burgo, p.23, and Luis Redondo and Juan de Zavala, p.417。

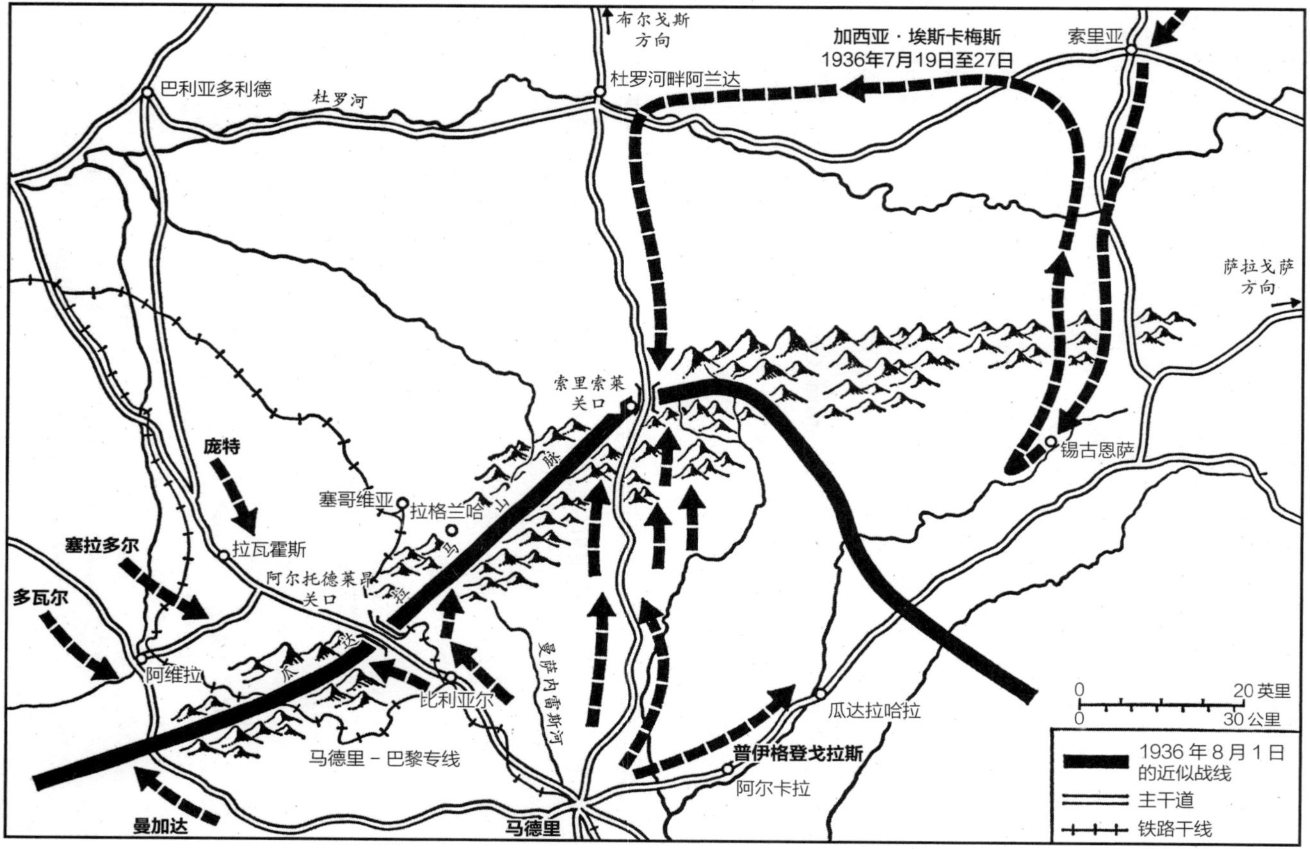

图9　瓜达拉马山脉的战役，1936 年 7—8 月

1,200名卡洛斯主义者也从潘普洛纳向位于其南部的萨拉戈萨进发。他们的出现让国家主义者们对阿拉贡市镇的周边地区进行了几次惩罚性的扫荡，但没有大举进攻巴塞罗那。然而，在另一方，两支纵队从巴塞罗那出发去“解放”萨拉戈萨，其他人跟随着他们的步伐。在内战初期，有大约2万人离开巴塞罗那前往“前线”，由于在工人们的掌控下运行良好，303
他们中的一部人选择乘火车赶赴“前线”[①]。由2,500名无政府主义者组成的第一支纵队由杜鲁蒂率领。革命运动的成功使杜鲁蒂自信满满，梦想完成丰功伟绩。这支于7月24日出发的纵队由于过于兴奋而在离开巴塞罗那2个小时之后才发现他们忘记带补给。而这样的兴奋是因为，这（正如一本宣传小册子形容的那样）是“‘自由人’出发前去与萨拉戈萨的法西斯鬣狗进行斗争”。杜鲁蒂的身边有军事顾问，是1934年起义的英雄人物佩雷斯·法拉斯少校（Major Pérez Farras）以及曾经的军士何塞·曼萨纳。[②]

每支从巴塞罗那出发的英勇的纵队都有自己的政治成分：无政府主义者，加泰罗尼亚人或左翼党，马克思主义统一工人党，社会党和西班牙国际纵队——他们常常混合在一起。多年来，因惊天罪行而被人熟知的无政府主义者如今来到前线成了指挥官。例如，杜鲁蒂和他在团结帮的老战友——多明戈·阿斯卡索（Domingo Ascaso，刚刚过世的弗朗西斯科·阿斯卡索的兄弟）、格雷戈里奥·霍韦尔、加西亚·比万科斯以及安东尼奥·奥尔蒂斯；同时，留守在巴塞罗那的加西亚·奥利弗担任所有纵队的策划人。另外一名团结帮的成员里卡多·桑斯（Ricardo Sanz）在佩德拉贝斯兵营为无政府主义民兵组织安排训练。[③]这些纵队也包含一些常规

---

① Peirats说有150,000名志愿者（vol. II, p.135），当然是夸大的。Sanz说是20,000（p.83），亦参考Colonel Martínez Bande, *La invasión de Aragón* (Madrid, 1970), p.276。他们都是谁？首先是无政府主义者，然后是来自其他政党的人。可能有很多人报了名，但真去的人很少，留下参战的更少。

② Paz, pp.331和pp.340。其中描述了该纵队的组织机制。基本单位是百人队。

③ 关于Ricardo Sanz，见他的*Los que fuimos a Madrid*（Toulouse, 1969）。

士兵：在这样全民兴奋的时刻，从加泰罗尼亚前往阿拉贡地区的2万人中大约有2,000人是正规军。

8月初，共和军行进的据点延伸到塔尔迪恩塔（一个由1,500人组成的加泰罗尼亚统一社会党纵队的指挥部）和被忠诚的巴尔巴斯特罗驻军占领的谢塔莫，两地都在韦斯卡附近。由2,000名马克思主义统一工人党人组成的规模最大的纵队把指挥部设在了雷西涅那。那里位于阿尔库维耶雷山脉，在萨拉戈萨的东北方。无政府主义者在杜鲁蒂的带领下，沿着埃布罗河在奥塞拉和皮那站稳了脚跟。在南方的蒙塔尔万，木工奥尔蒂斯指挥着一支以无政府主义者为主的杂牌军。人数涨至近
304 6,000人的杜鲁蒂纵队是这些军事力量中实力最为强大的。他们通过卡斯佩、弗拉加和佩尼亚尔瓦到达布哈拉洛斯，并处在了萨拉戈萨的攻击范围之内。此时，巴尔巴斯特罗驻军的指挥官、如今代表官方指挥整个前线作战的比利亚尔瓦上校劝说杜鲁蒂停止前进，以免被切断后路。纵队停留在了距萨拉戈萨不远处。正如乔治·奥威尔在18个月后描述的那样：在夜晚，城市里如挑逗般闪烁着的灯光“像是一艘豪华客轮的舷窗”[1]。比利亚尔瓦的提议也许是错误的，守卫国家主义界线的人最多不超过10,000人，而无政府主义者和共和主义者加起来的人数是这个数字的两倍。更进一步来说，革命力量的武器一定更加先进，在巴塞罗那，至少存有10万支步枪以及将近150门大炮。[2]不过，驻扎在萨拉戈萨的第五师正规军仍然是一支有组织的作战力量，而巴塞罗那内驻守的曾经的第四师已经土崩瓦解。

---

① George Orwell, *Homage to Catalonia*（London, 1938）, p.38.

② 见Sanz, p.123和R. Salas, vol. I, p.329。8月，阿拉贡约有18,000名民兵。但其中许多人可能是士兵或老兵。萨拉戈萨的国民军可能在第一周有4,000人参军，此外有约18个国民警卫连和边防警察连，约1,500名卡洛斯党人，约2,000名长枪党人，也许还有1,000名其他志愿者。截至8月22日，从比利牛斯山脉到特鲁埃尔的前线，国民军一方约有14,000人（Martínez Bande, p.98）。

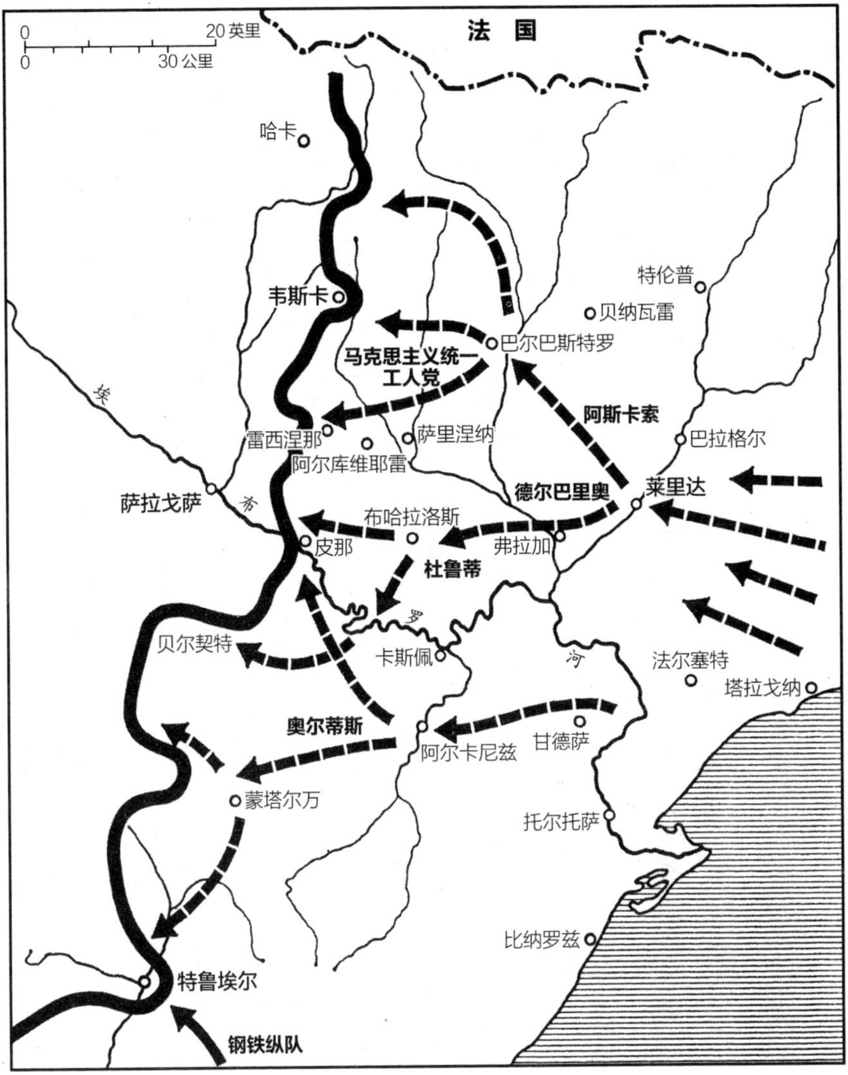

图10　阿拉贡的加泰罗尼亚前线战况图，1936年7—8月

前线由一个在高处部分设防的前沿阵地和其后将近300人驻守的村庄组成。像这样一个有大概6门轻型野战炮和2门榴弹炮的队伍，几乎

不曾与以下一个村庄或者山头为据点的纵队保持联系。对战争、纪律甚至地理的无知，使无政府主义者不愿承认战斗缺乏组织性。因此，混乱盛行。不过所有巴塞罗那民兵组织经过的村庄都向革命伸出了援助之手。由此，莱里达的人民也决定免去大教堂的焚烧之灾。然而，杜鲁蒂很快觉察到了这种毫无热情的行为，大教堂在他的煽动下还是被点燃了。他的暴行引起皮那农民们的厌恶。[1]但在一些其他地方，甚至还有君主主义者愿意证明这位无政府主义领导者的宽容。[2]战斗异常激烈的地方似乎只有卡斯佩，这里的国民警卫队指挥官内格雷特上尉进行了持续数小时的
305 殊死抵抗。[3]杜鲁蒂对于他的革命意图并未遮掩：

> 杜鲁蒂把一栋位于布哈拉洛斯和皮那之间的废弃的乡间别墅当作指挥部。在指挥部他告诉苏联记者科尔佐夫，我们之中
> 306 将只有100人得以幸存。但就是靠这100个人，我们将进入萨拉戈萨，打倒法西斯主义并建立自由共产主义……我将带头第一个闯进萨拉戈萨，我将在萨拉戈萨宣布成立自由公社。我们将既不归属于马德里，也不归属于巴塞罗那，不会听从阿萨尼亚，也不会听从孔帕尼斯。如果他们愿意，他们可以与我们和平共处；如果不愿意，我们将向马德里出发……我们会让你们看看，布尔什维克们，如何掀动革命。[4]

指挥体系出现了混乱：理论上来讲，队伍要听命于加泰罗尼亚政府的

---

① Borkenau, p.109.

② 这个问题的讨论见 Jackson, p.292；Paz, p.337；C. Lorenzo, pp.146-147，我在萨拉戈萨收到了相反的意见。

③ 有关该事件的一幅杰出的全景见 Sebastián Cirac Estopañán, *Héroes y mártires de Caspe*（Saragossa, 1939）。

④ Koltsov, p.29. 这个访谈的讨论见 Paz, pp.362-363。

防御市政委员迪亚斯·桑迪诺上校，但巴塞罗那的实际组织者是加西亚·奥利弗。比利亚尔瓦的权力延伸不到太远。各纵队的指挥官亲自或派代表与一些正规军军官共同参与“阿拉贡阵线代表团”，但这一做法并没有奏效。马德里没有接到任何报告，队伍整体全无战略方向。

在战争的另一方，尽管军官们军纪严明，但国家主义者们也陷入了相似的境地。地方统领赫苏斯·穆罗统领的义勇军和长枪党怀揣着与他们的敌人同样难以压制的愤怒。在萨拉戈萨，一架孤独的共和主义轰炸机投掷的炸弹击中了柱形纪念碑上圣母玛利亚的画像，虽然炸弹并没有爆炸，但这进一步激起了他们的怒火。[①]这不单单是由于宗教问题而引起的愤怒：庄严的圣母玛利亚是这座城市的守护神象征。在这些小规模的军事冲突上，空军并没有扮演重要角色，偶尔会有一架共和主义福克、纽波特或者宝玑飞机与相同规格的国家主义飞机发生冲突，这对战局几乎没有构成影响，但起到了警示的作用。

在西班牙的中心地区，另一出戏剧正在展开。面对莫拉越过瓜达拉马山脉的进攻，保卫共和国和革命运动的，是由正规军的剩余势力和民兵队伍草率组成的联合力量。同样草率的还有领导他们的战争部，战争部内充满了激进的军官，而协助这些军官的人都是一些中间派，甚至是暗地里的叛徒。有相当多的军官仍然保持着对共和国的忠诚，其中包括不计其数的将军以及两名师长（另外一名在共和主义地区的师长被解除了职务）。在忠于共和国的军官当中，大约有一半人认为，在战乱时期， 307
共和主义地区内正在发生的这些事故仍是忠于政府的。其余人成了左翼、社会主义者、共和主义者甚至是共产主义者。只有一小部分人支持无政府主义者。因此，西班牙的政治局势影响了军队。那些随意地支持政府而非出于信念的人包括了马德里步兵旅旅长和温和的米亚哈将军。其他人则出于誓约而觉得有义务拥护共和国，例如文森特·罗霍少校（Major

① 1960年，我在塞维利亚法尔·孔德图书馆的栅栏上看到了这枚尚未爆炸的炸弹。

Vincente Rojo）；曾经于1932年在阿萨尼亚的军人家族组织中充当头目的共和党人——埃尔南德斯·萨拉维亚（Hernández Sarabia）上校担任战争部长。萨拉维亚是卡斯特略的总协调员，梅内德斯少校（Major Menéndez）担任他的副官。由于在事故的旋涡中，卡斯特略一直郁郁寡欢，[1]埃尔南德斯·萨拉维亚实际起到了战争部长的作用（8月初，他接到了正式任命）。曾在1926年参与著名的反抗普里莫·德里维拉统治策划行动的里克尔梅将军，被任命为马德里战地总指挥。他试图派遣忠诚的正规军军官担任领导职务或至少为领导者当参谋，而完成对民兵力量的政府管制。加兰家的两个兄弟弗朗西斯科和何塞·玛利亚分别在国民警卫队和马枪骑兵队中担任中尉，他们都是西班牙共产党党员。1931年的“哈卡英雄”（hero of Jaca）兄弟领导民兵队伍向北前往位于索莫谢拉的关口，一同前往的还有由西普里亚诺·梅拉和特奥多罗·莫拉等马德里知名全国劳工联合会成员领导的无政府主义纵队。

另外一支队伍向阿维拉方向挺进，去切断阿尔托德莱昂关口通向那里的路。领导这支队伍的是曼加达上校——一名古怪、有诗才的军官（素食主义者、裸体主义者以及神智学者），他在军中以激进主义而闻名。虽然他攻取了几个由投靠国家主义者的国民警卫队占领的村庄，但曼加达止步在了距离其目的地12英里的纳瓦尔佩拉尔。尽管士气正盛，但他担心会与马德里失去联系。在国家主义者们看来，曼加达之所以放弃进攻防御薄弱的圣女特蕾莎的出生地——阿维拉，是因为据传言（但肯定并不常见）圣女显灵后误导曼加达说阿维拉有“重兵把守”。即便
308 如此，曼加达的进程足以让他的士兵们“载着”他胜利到达马德里的太阳门广场，并荣升至将军。曼加达遭到了一支由利萨尔多·多瓦尔少校率领的部队的反击，这支部队虽然作风残忍，但实力不足，多瓦尔的战

① 他很快就放弃了，埃尔南德斯·萨拉维亚（8月6日）接替了他。他的兄弟何塞在埃斯特雷马杜拉被无政府主义者杀害，这加剧了他的忧郁（Sánchez del Arco, p.65）。

败给予了曼加达几乎可以说是过誉的名声。[1]

与此同时，在阿尔托德莱昂关口和索莫谢拉，内战中第一次真正意义上的激烈战斗打响了。共和国可以说占尽了上风。虽然双方的人数相当，但共和国一方拥有马德里的3个炮兵团，而且距离首都不远的地理位置也在后勤上突显了优势。他们大概持有10万支步枪，并且在空军上也算得上占有优势。政府已经通过颁布法令解除了所有士兵必须听命于他们长官的义务（有助于他们的部队脱离叛军军官们的指挥），并在正规军军官们的领导下召集并组建了由20个志愿军兵营组成的编队。这支包括退役士兵在内的志愿兵队伍将与民兵队伍并肩作战。然而，军事指挥官和政治领导者之间的利益冲突不断发生，这导致无政府主义者为了与共和国的指示达成一致而放弃了控制马德里水库和供水的据点。[2]

在交战的两方，囚犯都被枪毙。[3]与阿拉贡地区一样，空战进行得就像是小打小闹，事实上，由于很少有敌军飞机可以攻击，并且很少有飞行员能够在地面的作战中发挥显著的作用，共和国拥有的众多轰炸机似乎只是摆设。[4]国家主义者的飞机在数量上的劣势无疑拉低了士气。

这些天总共死了多少人将永远成为一个谜，因为没有人知道有多少人或都有谁参与作战，不过基本上不会超过5,000人。依据共和国一方正规军军官、国民警卫队队长和突击警卫队队长庞大的死亡人数推算，民兵队伍的损失一定很大。一是因为民兵团体与正规军的混淆，二是因为民兵们勇于向前的本性（在马德里公路上，一座位于拉瓦霍斯的村庄里，309
潜入边境线后方的民兵队伍组织了一次埋伏，他们杀死了长枪党人奥内

---

① Antonio Cordón, *Trayectoria*（Paris, 1971）, p.242. 曼加达著名纵队的虚张声势以及来自马德里咖啡馆的大批追随者（包括妓女），让这支队伍看起来更像是中世纪的一股力量，而非20世纪的产物。他的妻子不断向马德里的外交部索要钢笔、防水剂，甚至口哨。

② Azaña, vol. III, p.489.

③ Tagüeña, p.128. 双方的医生都很难防止伤员在担架上被枪杀。

④ 见Hidalgo de Cisneros, p.299。

西莫·雷东多）。共和国一方，在阿尔托德莱昂关口指挥战斗的卡斯特略在儿子于行动中阵亡以后，不是死在自己部下的手里，就是自杀而亡。对于一名军官，领导一个在进攻之前坚持要进行举手表决的团体绝非易事。与卡尔沃·索特洛的死有关的两个人——孔德斯副将和路易斯·昆卡都死在了这里，同时死的还有许多在突击警卫队和社会主义青年团体中与他们同辈的人。

与从巴塞罗那出发的军队一样，马德里的民兵队伍（到8月份，一共有大概40,000人）也被编成各路纵队，每支纵队有将近300人。这些纵队采用了独具特色的名字，其中许多名字让人想起曾经的革命运动和遥远的街头战斗，比如："巴黎公社"和"十月第一部队"。其他纵队使用了当代政治领导者们的名字，比如，"热情之花"。有的部队被称作"钢铁纵队"，之所以这么叫是因为它被认定为组建它的政党联盟精心挑选出来的队伍。战争部组建的纵队由正规军军官带领，但民兵队伍不是。在山脉地区，最知名的共和国民兵组织就是由共产国际组建的"第五军团"①。

这支军事力量以共产主义民兵组织，即反法西斯工农民兵组织为主，其他人则响应了由"热情之花"领导的征兵号召而加入。该组织的第一指挥部设立在马德里的弗兰科斯罗德里格斯撒肋爵会修道院。②截至7月底，已经有1,000名"第五军团"的成员赶赴前线。③他们有自己的储备、补给体系和大炮，还采用了苏俄内战中红军使用的政治委员制度——这

---

① 关于此，见the books by Castro Delgado；Lister, *Nuestra guerra*（Paris, 1966）；Modesto。第五军团的研究也见E. Comín Colomer, *El quinto regimiento*（Madrid, 1973）；以及Martínez Bande, *La ofensiva sobre Segovia*（Madrid, 1972）, p.18f。

② Ibarruri, p.285；Castro Delgado, p.275.

③ Martínez Bande（*loc.cit.*, p.19, fn. 5）预测第五军团人数最终达到了22,250人。*International Press Correspondence*（Inpreccor）, vol. XVII, No. 6, 6 February 1937. 但R. Salas在Carr, *The Republic*, p.187，提到第五军团训练的总数是15,000人。其他来源见Modesto，第25页至第26页和Lister，第40页。Salas（vol. I, pp.222–223）认为（10到11月）第五军团最多有3,500人。

么做的目的是让士兵们明白他们在为何而战。从理论上讲，第五军团与红军一样，对各级指挥官从上到下直到连长级别都安排了政治委员。同 310
样，在理论上，任何一项命令都需要政治委员的联名签署。但这些规定都没有被遵守。

第一指挥官是一个名叫恩里克·卡斯特罗·德尔加多的年轻共产主义者，[①]但其精神领袖是加的斯共产主义代表丹尼尔·奥尔特加以及意大利共产主义者维托里奥·维达利（Vittorio Vidali，"卡洛斯·孔特雷拉斯"）。后者是一名不屈不挠、意志坚定且想象力丰富的老革命。他起先是以枪毙懦夫而闻名，他还通过作曲家奥罗佩萨指挥的马德里劳动者总工会乐团，来保持第五军团的步调一致。[②]在卡洛斯的带领下，涌现出了一批优秀的军事领导者——曾经的凿石匠、著名的恩里克·利斯特和过去是伐木工的胡安·莫德斯托（自1933年以来，莫德斯托一直是反法西斯工农民兵组织的组织者），此外还有一个摩洛哥地方军队的下士。利斯特在孩童时期离开加利西亚去了古巴。在马查多[③]统治期间，他在哈瓦那的建筑工地上确立了政治信仰。1931年，他在阿斯图里亚斯的一座监狱里加入了共产党。利斯特听从党内

---

① 关于这个组织的一份浪漫主义描写，见Castro Delgado, p.275f。

② Lister, p.67.维达利是的里雅斯特附近蒙法尔科内（Monfalcone）一名工人的儿子，在意大利内战爆发的几年里，他一直是的里雅斯特"焦红色"（Arditi rossi）的动画片绘制师之一。他移民到美国，然后移民到墨西哥，去了莫斯科的一所党校，在德国执行了一项任务，显然自1934年以来一直在西班牙担任"国际红色援助"的组织者。Castro Delgado（p.293）将"卡洛斯"描述为一个怪物，但他的能力毋庸置疑。他与妻子蒂娜·莫多蒂（Tina Modotti）同行。蒂娜是一个美丽的意大利共产主义者，与他一起卷入了1929年古巴共产党人胡利奥·安东尼奥·梅拉（Julio Antonio Mella）被谋杀的神秘事件。见P.Spriano, *Storia del partito comunista italiano*（Turin, 1970）, vol. III, p.86。后来，他为1956年的苏联共产党第二十次代表大会记录了一本有趣的日记。

③ 格拉多·马查多，是古巴独立战争（1895—1898年）中的英雄，后来成为独裁者和古巴共和国的第五任总统（1925—1933年），被称为加勒比海地区的墨索里尼，被推翻后流亡美国而死。——编者注

指示，曾有3年在莫斯科从事地下工作，他于1935年9月份回到国内。真正培养出第五军团的人也许是葡萄牙的流亡者奥利韦拉上尉以及“贝尼托上尉”桑切斯，桑切斯是1934年事变之后被指控犯有叛国罪的将军之一。

另外一名在山脉地区的作战中产生的共产主义领导者是巴伦廷·冈萨雷斯（绰号“农民”），他以他的胡子、巧言善辩和健壮的身体而闻名。他的敌人们都说，西班牙共产党是为了吸引农民们加入而给他取了
311 这个绰号的，并且让他留着大胡子。他自己则表示打从16岁那年起，别人就叫他这个绰号了。他曾在埃斯特雷马杜拉一个偏僻的哨所炸死了4个国民警卫队成员，之后，把尸体扔进山里。后来，他参加了摩洛哥战争——据他所言，两方他都有参与。即便他后来没能胜任一个师或一个旅的指挥角色，但率队打游击，他的确是一把好手。

在西班牙内战的这一时期，最知名的事件发生在托莱多。在马德里，从教育部长、战争部长，再到里克尔梅将军，都不断把电话打给在阿卡萨城堡坚持抵抗的国家主义驻军指挥官，58岁的步兵上校莫斯卡多。他们试图劝说莫斯卡多投降。最终，托莱多的一名共和主义专业律师坎迪多·卡韦略在7月23日打电话告诉莫斯卡多，如果他不在10分钟之内放弃阿卡萨城堡，就枪毙他那在当天早上被逮捕的24岁的儿子路易斯·莫斯卡多。卡韦略补充说：“为了让你相信这个事实，他本人将亲自接听电话。”上校问道：“我的孩子，到底是怎么回事？”他的儿子答道：“没什么，他们说如果阿卡萨城堡不投降，他们就枪毙我。”莫斯卡多回复说：“如果真的是这样的话，让你的灵魂听从上帝的旨意，高呼‘西班牙万岁’，并像英雄一样死去。再见了，我的孩子，最后的道别。”路易斯说：“再见了，父亲，珍重。”卡韦略接过了电话，莫斯卡多宣称没有必要装腔作势。他说：“阿卡萨城堡将血拼到底。”随后，他挂断了电话。然而，路易斯·莫斯卡多并没有立即被枪毙，而是于8月23日，在一场对空袭的报复行动中，与其他囚犯在圣母升天犹太教堂（Tránsito synagogue）前一同被处死。[①]这一英雄事迹在国家主义西班牙传为佳话。后来，有质疑声称电话线路在7月23日前就已经被切断，并且当时没有人记录谈话内容。然而，两方无疑都会发生类似事件。

阿卡萨城堡持续遭到围攻。尽管那里食物短缺，但水和弹药尚且足以维持。通过在附近的一个粮仓劫掠的2,000袋小麦，补给得到了充分补充。马肉（在被围困的初期，阿卡萨城堡有177匹马）和面包是被围困时期的日常食物。随着日子一天天过去，地方国民警卫队的上校佩德罗·罗梅罗·巴萨特顶替莫斯卡多，成了围困期的实际领导者。进攻者的人数从1,000到5,000不等，这些人多数都是战争的"游客"，从马德里带着妻子或女朋友出来，只为一场"下午的狙击"。[②]至于那些与守护者们待在一起的俘虏，他们的下落无人得知，他们这50人一定是落得与路易斯·莫斯卡多一模一样的下场，只不过是在对方的势力范围内。 312

正当托莱多的阿卡萨城堡持续抵抗时，在圣塞巴斯蒂安的洛约拉兵

① 莫斯卡多直到9月底才知道这一点。尽管一些说法与此相反，但这通电话似乎真的发生过。他的儿子又多活了几个星期，这一事实使故事显得不那么戏剧化。关于电话和阿卡萨整体情况，有大量的文献记录。一个有趣的调查见Herbert Southworth, *El mito*, p.53f.，以及Antonio Vilanova, *La defensa del Alcázar de Toledo*（Mexico, 1963）；Luis Quintanilla, *Los rehenes del Alcázar de Toledo*（Paris, 1967）；以及Cecil Eby, *The Siege of the Alcázar*. Cf. too Vila San Juan, p.83f。De la Cierva, *Historia ilustrada*, I, p.455，记载了一个听到了这通电话的人。莫斯卡多父子之间的这次通话是内战中最著名的事件之一。同样可悲的还有5月14日至7月22日担任战争部副部长的克鲁斯·博略萨将军的儿子的命运。7月19日，克鲁斯·博略萨发现他的儿子，一名来自阿卡萨的军校学员，已前往托莱多加入反叛。父亲希望确保儿子能够返回马德里，但后者在蒙塔纳兵营中加入了叛军。将军给兵营里的塞拉上校打电话，恳求他放儿子走。上校说，这取决于他儿子的意见，而他的儿子决定留在兵营里和他的战友们在一起，之后他儿子在袭击中丧生（Cf. García Venero, *Madrid, julio 1936*, p.383）。克鲁斯·博略萨的哥哥是巴利亚多利德国民警卫队的一名将军，1938年他本人因不忠而被解雇。当然，这两个故事中最有趣的"角色"是电话。

② 例如见Lister, *Nuestra guerra*, p.58。

营于7月27日向巴斯克投降，7月25日，阿尔瓦塞特的国民警卫队被击溃。7月31日，巴伦西亚的军官们在他们的兵营中也遭到了大举侵袭，奋起反抗他们的是军士和士兵。那些在进攻当中没有被杀死的人都受到了审判，多数人被处以死刑。因此，在共和主义地区所剩下的国家主义反抗势力的根据地只有奥维耶多、希洪的西曼卡斯兵营、阿卡萨城堡以及一两个在安达卢西亚的孤立据点。

与此同时，西班牙国内的势力分界线在南方、北方和东北方都发生了变化。到此为止，已有为数不多且由外籍军团和摩尔军团组成的非洲军团穿过直布罗陀海峡，他们足以让塞维利亚的凯波·德利亚诺将军极大地扩张其统治范围。经过摩洛哥战争磨炼的军官和士兵们展开了一连串的突袭进攻：港口城市韦尔瓦以及从该地到葡萄牙边境线
313 的全部南海岸线，塞维利亚、加的斯和阿尔赫西拉斯之间曾经富庶但如今被忽略的地区，还有塞维利亚和科尔多瓦之间的地区，全部落入国家主义者的手中。[①]国家主义者们不仅仅在安达卢西亚控制了少数几个成功发动叛乱的城市，他们还对革命的南方腹地进行了集中性区域打击。到此时为止，格拉纳达以及通向格拉纳达道路沿线的几个小镇仍然处于围困中，但守护者们的意志非常坚定。为了弥补前些天惨烈战斗带来的损失，所有这些市镇及村庄在被攻破以后都遭到了残酷的报复。

在巴塞罗那到马德里这两个重要的共和主义中心和阵线之间，战线并不稳定。占领了瓜达拉哈拉和阿尔卡拉的纵队进军攻打教区总教堂所在的城市——锡古恩萨，但由于弹药补给不足，无法再向国家主义一方推进。一支民兵纵队从巴伦西亚出发，向西北方的特鲁埃尔进发，特鲁埃尔是阿拉贡地区最靠南的叛军市镇。组成这支队伍部分力量的国

① 国民警卫队的军官最初拒绝领导对塞维利亚的远征。起义延迟后，韦尔瓦陷入国民军之手。

民警卫队一到前线就投奔了国家主义一方。尽管特鲁埃尔三面受困，且那里的国家主义指挥官阿瓜多少校（Major Aguado）已经阵亡，但围困并没有取得任何进展。这里与其他地方一样，革命和战争都占据了民兵们的内心。随着圣米格尔德洛斯雷耶斯的巴伦西亚监狱的普通罪犯被释放，该地区变得更为混乱。这些人大多都加入了全国劳工联合会的钢铁纵队。一名被释放的罪犯（他入狱11年，被释放的时候是34岁）描述了他和他的同伴们如何“通过消灭残忍的政治大佬们来改变农村的生活。这些大佬抢夺和迫害农民，并把他们的财产专门交给那些精通生财之道的人手中……”。他还说资产阶级（在他看来，仍然在掌握权力）是如何策划以后摧毁钢铁纵队的，因为“他们绝对可以被打垮……只要我们内心怀揣着不被束缚的强烈渴望，渴望像老鹰一样，自由地在最高的山巅展翅翱翔”。[1]

如今，当华丽的辞藻在人们心中激起战斗的波澜时，从城市到前线，从一座城市到另一座城市，铁路也在不断发挥着运送士兵和物资的重要作用。在共和主义界线的后方，全国劳工联合会试图保留与战争前同样规模的火车数量——由于需求各式各样，这是一种资源的浪费。 314

两大战场之间，分界线区域很快就成了“前线”，在将近2,000英里的长度中，有许多防御的空隙，通过这些空隙，作战双方都可以轻而易举地到达另一方西班牙阵营。在最早的几周里，许多避难者秘密越过这些防御的空隙，从一个“地区”到达另一个“地区”。许多“忠诚”的国民警卫队成员因此去追随他们的朋友，其他人通过水路乘船逃脱。

因此，渐渐地，西班牙的热情或起或落，演化出一场常规战争。

---

① *Nosotros*（*Journal of the Iron Column*, 12–13, 15–17 March 1937）; qu. Bolloten, p.264.

一

如今爆发的战争从多方面来看就是一场阶级斗争。然而，这样的局面通常意味着中产阶级会出现分化，有无数个父子或兄弟在不同阵营各为其主的例子。国民警卫队总干事、共和主义的内务部长波萨斯将军有一个兄弟成了莫拉将军的副官；马拉加民兵组织的军事顾问罗梅罗·巴萨特上校的兄弟在托莱多带头保卫阿卡萨城堡；共和主义战舰“布伊扎海军上将”号指挥官的兄弟，不久前在安达卢西亚的战斗中为了外籍军团而牺牲；即将出任共和国空军司令官的伊达尔戈·德西斯内罗斯（Hidalgo de Cisneros）还有一个兄弟是佛朗哥的手下。1936年，佩雷斯·萨拉斯家有4个兄弟在共和国军队中服役，而同时，他们家的老五在贝奥莱吉的纵队中与卡洛斯主义者们一起战斗。据说，佛朗哥本人判处过一个堂兄弟死刑；他的另一个堂兄，同时也是他的副官、海军上校埃梅内希尔多·佛朗哥·萨尔加多是“自由”号的舰长，在费罗尔被他手下的海员杀死。《光明报》的编辑拉尔戈·卡瓦列罗的军事顾问卡洛斯·巴拉伊巴尔有个兄弟在佛朗哥的工程师队伍中担任官员。知名的无政府主义者杜鲁蒂的兄弟佩德罗是一名长枪党人。这样的例子数不胜数。

心爱的儿子在国家主义一方被枪毙的消息（不实）给拉尔戈·卡瓦列罗造成了沉重的打击，这影响了他的判断。一个最终选择为右翼而战的曾经的西班牙自治权利联盟拥护者表示：“几乎每个人都有认识的
315 人在为敌方效力。”他还冷冷地说道：“绝大多数人都不想为任意一方而战。”但这一说法不一定准确。①

从某种程度上，右翼叛军可以说是一支年轻的军队。在塞维利亚，一个名叫圣地亚哥·马特奥的上校以反抗叛军的罪名被判处死刑。在作出判决的国防军政府，他的儿子、一名凯波身边的军官为他提供了

---

① Fraser, *The Pueblo*, p.41.

辩护。

从书面记录上看，在1936年的武装总人数中，伊比利亚半岛的军队超过了10万人，在摩洛哥有3万人以及3.2万名国民警卫队成员、1.4万名马枪骑兵和1.8万名突击警卫队成员。但在西班牙，书面上的士兵人数从来不能作为最终的参考依据，因为通常都会有大约三分之一的应征士兵在休假。每年的2月，士兵们被召集，经过3个月的训练，之后度过假期最短的一个夏天，也可能当年兵役的剩余时间都会放假。因此，西班牙军队的总人数大约是6.6万人，其中有3.4万人在共和主义阵营（包含"放假的"将近1.2万人），有3.2万人在国家主义阵营（包含"放假的"将近13,200人）。另外，将近有3万人的非洲军团全部在叛军一方。大概有1.8万名国民警卫队成员为政府军效力，有1.4万名国民警卫队为叛军效力；突击警卫队中，有1.2万人在政府一方，有5,000人在叛军一方；政府军有4,000名马枪骑兵，叛军有1万名马枪骑兵。在空军力量里，政府军有大概3,000名空军，叛军有将近2,000名空军；而在海军方面，有1.3万名海军忠于共和国，有7,000名海军忠于叛军。①

这一估算忽略了一个问题，即交战双方中会有一个数量庞大的群体，这些人是"效忠"还是"反叛"仅取决于他们碰巧所在的地理位置。在现代战争中，如果不考虑武器、组织性、领导能力和军事训练，那再多的人数也无法构成优势。比如，外籍军团和摩尔部队加在一起的3万人，只要能运送到本土，就能成为精锐之师。伊比利亚半岛应征的士兵多数都是文盲，他们像无政府主义者一样无视纪律。另外，共和国 316
的许多正规军军官和军士都不是非洲老兵出身，因此他们并没有多少作战经验。在1.2万名现役或退役的军官当中，有将近4,000人归属或听令

① 感谢Michael Alpert帮助我分析这些数字。对比数字参见R. Salas, vol. I, p.185；Hills, p.240；Payne, *Politics*, p.346。

于叛军（包括国民警卫队内的军官和在非洲的大约2,750名军官）。在战争刚爆发的时候，大约有5,000名军官在共和国领地。这些人中有1,500人被枪毙，另外有1,500人被开除军籍。有将近1,000人要么躲在大使馆内或其他地方，要么逃到了国家主义西班牙。还有许多退役的军官被强迫再次在军队中服役，尽管他们中的一部分人并不忠诚。①

武器方面，共和国在西班牙和摩洛哥总共有将近50万支步枪或便携武器：巴斯克地区和加泰罗尼亚的国民警卫队、突击警卫队和地方警察组织共有将近10万支步枪，军队有将近40万支。海军有大约3万支，空军有近6,000支。这些步枪多数是1893年产的毛瑟步枪。还有3,000支西班牙产的特拉波特型机枪②以及1,650支从法国购买的哈奇开斯机枪。与叛军相比，这些武器中，大约有过半数的步枪（大概是27.5万支）和近三分之一的自动化武器归政府军所有。没人知道在内战爆发以前，个人或政党还藏有多少军用武器。在西班牙的1,000门大炮中，有将近400门保留在政府军手中。政府还占据着阿斯图里亚斯的特鲁比亚、桑坦德的雷诺萨和巴斯克地区的索拉卢塞这些地方的兵工厂。所有大炮的款式都很老旧，多数都出产自施耐德军工，但不容易调试：榴弹炮的口径都在105到155毫米之间，加农炮的口径在70到150毫米之间，海岸炮的口径要更大一些。但在兵工厂、弹药和炸药工厂（位于托莱多、穆尔西亚、加尔达考、格尔尼卡、伊巴和曼乔亚）方面，有可能进行重置或再生产。1936年的西班牙总共只有20辆坦克：叛军拥有其中的8辆，共和国拥有12辆。总体上来说，政府的武器装备在1936年比较充足。他们所缺少的是军事领导能力、组织性、工艺和纪律。

---

① 对于各种各样的估计，见R. Salas, vol. I, p.185；Hills, p.240；De la Cierva, *Historia ilustrada*, pp.201–202；以及Azaña, vol. III, p.487。

② 特拉波特（Trapote）M1933，7毫米机枪，西班牙国产机枪。——编者注

西班牙有将近400架飞机：其中民用飞机、私人飞机和用于邮政的飞机大约有100架。①海军有近100架飞机，其中绝大多数都是水上飞机，②空军基地（军队中的一个师，并由正规军的军官指挥）有50架战斗机、100架侦察机以及30架轻型轰炸机。③许多（大概有总数的三分之一）军用飞机要么由于疏于修理或者缺少武装，要么由于某些其他原因而不能飞行。这导致了直到1936年7月，还有将近200架可用飞机掌握在政府的手中，而叛军只有不到100架。④政府掌有西班牙在赫塔菲和巴塞罗那空军基地的4个空军中队以及1个空军巡逻中队；⑤叛军没有完整的空军巡逻中队，他们只有大约10架战斗机，而这些战斗机又恰巧停在为数不多的落入叛军之手的一座机场中。90架宝玑十九式侦察机，交战双方几乎各占一半。共和国的5架福克轰炸机⑥对叛军的3架（其中包括把第一个外籍军团运往塞维利亚的那架），4架德哈维兰巨龙轰炸机（De Havilland Dragon， 317

① 有18架邮政飞机，都是大型道格拉斯型，属于西班牙航空邮政公司（LAPE，Línea Aero Postal Española）。

② 1个中队的道尼尔瓦尔水上轰炸机（Dornier Wal bombers），在加的斯制造；3个中队的鱼雷机（威格士战斗机，由CASA在赫塔菲制造）；1个训练中队（伊斯帕诺-西扎E.30炮，由瓜达拉哈拉制造）；1个“老马丁赛德斯”飞机中队；来自意大利的萨伏亚62（Savoia 62）侦察机舰队；在巴塞罗那的海军航空学校，还有1个Macchis M.18飞机中队，并有多架马丁赛德斯轰炸机。

③ 战斗机有：纽波特52型，由西班牙-瑞士公司在瓜达拉哈拉在法国的授权下制造；3架霍克西班牙狂暴战斗机（Hawker Spanish Fury，在西班牙塔布拉达重建）；6架老式海军马丁赛德斯飞机。大约有90架宝玑十九式侦察机，所有这些都是由普里莫·德里维拉安排从法国购买的。轰炸机有几架福克VII（Fokker VII）、一些德哈维兰巨龙（De Havilland Dragon）和一些道格拉斯DC2s型。

④ De la Cierva（*op.cit.*, vol. I, p.298）说政府军有207架，叛军有96架。分析见Jesús Salas, pp.56–63；cf. also R. Salas, vol. I, pp.194–195；Hidalgo de Cisneros, vol. II, p.286；Miguel Sanchís, *Alas rojas sobre España*（Madrid, 1956）, p.8。

⑤ 有50架纽波特52、3架霍克“西班牙狂暴”和1架“老马丁赛德斯”。

⑥ 可能是“XHB-2”，也就是“Fokker-Atlantic Experimental heavy bomber”的代称，意思是“福克-大西洋实验重型轰炸机”。——编者注

DH-84型飞机）[①]对叛军的1架（该架飞机曾将时运不济的努涅斯·德普拉多将军送往巴塞罗那）。共和国拥有4架道格拉斯DC2s型[②]以及军队在去年购买的几架道尼尔瓦尔轰炸机和大量海军用飞机。政府虽然还拥有邮政飞机和近50架轻型飞机，但叛军还握有安达卢西亚航空俱乐部的12架运动飞机。交战双方拥有的炸弹和军需品储备量可略而
318 不计。在空军飞行员方面，共和主义一方大约有150人，国家主义一方只有近90人，但叛军可以召集一些个人或退役的飞行员，比如，阿方索国王那位优秀的堂兄弟因方特·安东尼奥·德奥尔良（Álvaro de Orléans）在1914年前曾在摩洛哥担任轰炸机飞行员。[③]

在海军方面，从表面看，共和政府的海军实力远比对方强大，因为他们拥有“海梅一世”号（Jaime I）战舰，3艘巡洋舰（“自由”号、“米格尔·德塞万提斯”号和“门德斯·努涅斯”号），20艘现代化驱逐舰以及12艘潜艇。叛军一方只有停泊在干船坞的“海梅一世”号的兄弟战舰“西班牙”号（España），“共和”号[④]（República，一艘老旧的船）和“塞韦拉海军上将”号两艘巡洋舰，1艘驱逐舰“贝拉斯科”号（El Velasco），5艘炮舰，2艘潜艇和几艘海岸警卫船。

---

① DH-84型飞机，英文全称“de Havilland Dragon”，应是英国德哈维兰公司设计的一种双发运输机，原书上为“bomber”，但应该不是轰炸机。——编者注

② 即DC2，是美国道格拉斯飞机公司生产的载客和军事运输飞机，前3期为军用，后期转为民用，此处应是一种运输型机型。——编者注

③ 见José Larios的*Combat over Spain*（London, 1966）。De la Cierva（*op.cit.*, p.300）暗示共和军空军由“一小撮贵族”领导，这些人的敌人则是国内最进步的军官，这种说法似乎有些过头了。事实上，拉蒙·佛朗哥一直是将空军推向左翼的强大力量。

④ 很快就改名为“纳瓦拉”号。“西班牙”号和“海梅一世”号战舰的载重量均为15,500吨，于1914年前下水，载人700—850。在巡洋舰中，“自由”号、“米格尔·德塞万提斯”号和“塞韦拉海军上将”号是20世纪20年代末下水的7,500吨级舰艇。4,500吨的“门德斯·努涅斯”号于1923年下水，4,800吨的“共和”号（曾是“维多利亚女王”号）于1920年下水。两艘新的巡洋舰，“巴利阿里群岛”号和“加那利群岛”号，都是10,000吨级的舰艇，载人765。西班牙海军由21艘驱逐舰、11艘鱼雷艇、12艘潜艇、9艘海岸警卫队单桅帆船和8艘警卫船组成。

政府军的优势只存在于表面。叛军拥有最重要的费罗尔海军造船厂，在这里，新建造的2艘巡洋舰“加那利群岛”号（Canarias）和“巴利阿里群岛”号（Baleares）已接近完工。同时，这里还有西班牙仅有的2艘布雷艇。他们还在加的斯和阿尔赫西拉斯分别设有一个小规模的海军基地和一个港口。与之相对的是，共和国只有一个位于卡塔赫纳的小型海军船坞，并且他们没有适用于巡洋舰停泊的干船坞：梅诺卡岛的马翁港拥有的浮船坞可用于驱逐舰和潜艇的停泊，但不适用于更大型的船。更重要的是，舰队中进行的革命运动使共和国能调遣的人员非常有限，19名海军上将只能调遣其中的2名，31名航运船长也只能调遣其中的2名，65名护卫舰舰长只能调遣其中的7名，128名轻型巡洋舰舰长只能调遣其中的13名。许多同事的死亡和自己地位的摇摇欲坠也让这些为数不多的军官意志消沉。但是，在其他方面，共和国的海上作战是处在有利地位的。巴塞罗那和毕尔巴鄂的港口足以供一支海军舰队使用，而且他们还拥有超过三分之二的西班牙商船队（大约有1,000艘，其中多数都可以通过改装投入战争）。

如果要打持久战，从经济层面考虑，共和国可能占据非常有利的 319
地位：他们占有加泰罗尼亚和巴斯克（这两个地区是多数西班牙工业和西班牙服装制造业所在地），享有这两个地区的钢铁资源。在阿斯图里亚斯，他们掌控了国有煤矿以及化工厂和炸药厂。他们还握有西班牙银行的黄金储备，占有西班牙2座人口超过100万的城市（马德里和巴塞罗那）以及另外9座人口超过10万的城市中的5座。[①]相较于叛军拥有的1,000万人口，他们掌握的人口将近1,400万。并且，虽然在布尔戈斯、潘普洛纳和北方的其他一些城市可能起事的热情高涨，但

① 巴伦西亚、马拉加、穆尔西亚、毕尔巴鄂和卡塔赫纳。萨拉戈萨、塞维利亚、格拉纳达和科尔多瓦被叛军占领。

在萨拉戈萨、塞维利亚、格拉纳达和科尔多瓦，情况并非如此。政府大概持有当时西班牙总数为20万辆轿车中的三分之二，6万辆公交车和卡车中的大多数以及4,000台铁路机车和10万台铁路车辆中的多数。另一方面，西班牙的谷物生产区基本上被交战双方对半而分，不过开战几周后，国家主义者出征，为叛军赢得了三分之二的小麦生产区。叛军拥有卡斯蒂利亚和埃斯特雷马杜拉蓄养的羊，加利西亚和埃斯特雷马杜拉蓄养的猪以及加利西亚和卡斯蒂利亚蓄养的肉牛。此外，叛军还占有多数的奶酪和黄油的生产地，棉花、糖和土豆的产地以及亚麻业和渔业。在另外一方，政府拥有拉曼恰和加泰罗尼亚（虽然不包括里奥哈）最好的橄榄和葡萄酒生产区以及地中海沿岸的水果、水稻和蔬菜生产区。国家主义者掌有许多林业，其中包括埃斯特雷马杜拉的软木和加利西亚树木繁茂的山丘；他们还占有锡、铜和锰资源，这一部分抵消了共和国控有铁资源的优势。但共和国掌有拥有水银资源的阿尔马登。政府掌控的土地面积达24万平方英里（约621,597平方公里），而叛军掌控的只有11万平方英里（约284,899平方公里）。但叛军占有摩洛哥、加那利和巴利阿里两个群岛（梅诺卡岛除外）以及绝大多数与葡萄牙十分靠近的地区，这给予他们战略上的优势。在政府一方，除了占有北海岸，还有两个分别通过铁路和公路通向法国的主要入境点。

320 在这种势均力敌，而且极易发展成悲剧的局面下，交战双方都各自开始考虑从国外获得一些决定性的援助，并且双方还同时认为最好通过获得空中火力支持来提升军事力量（虽然莫拉无法在7月底继续向前推进战线的主要原因是弹药补给不足）。飞机是一种不确定因素，它特别像是未来战争中的武器。因此，激战正酣的战争逐渐演变成了第一次惨烈的空中战争。

20. 成为国际危机 321

长久以来，西班牙在国际争端中一直充当着微不足道的角色，而在国内政治当中，外交事务所占的比重也不大。在共和国成立后的前几年，虽然希尔·罗夫莱斯曾批评国际联盟对墨索里尼的谴责，但西班牙依旧是国际联盟内一位尽职尽责的成员。如今，当西班牙内战演变成一场国际危机，当交战双方都指责是对方挑起的外国侵略，当“我们不想要外国人出现在这里”的呼喊被当作战斗口号响彻阿拉贡地区偏僻的山谷，当几乎所有身居国外曾为某一方某位西班牙人记录战争经历的人都提到那些西班牙人希望“外国人”让西班牙人自己解决内部斗争，那就表示，西班牙人希望自己掌握寻求国外援助的主动权，而不希望欧洲其他势力强行介入。①

这些诉求是几代西班牙人因为对外部世界的态度无法达成共识而最终累积的结果。对于欧洲，是要效仿还是要保持距离？如果选择前者，是要向军事化的德国看齐，还是向和平的英国看齐？乌纳穆诺②认为“日本化”西班牙将会毁掉所有国家复兴的机会。如此的“非洲主义”③使乌纳穆诺深受右翼人士的喜爱，自1808年以来，右翼把所有革新者都看作法国化分子（亲法分子，afrancesado）。然而，并非所有人 322
的立场始终如一。那些谴责社会主义者是“反西班牙”的人也会在比里茨（法国）消夏。如果天主教徒在共济会的纲领中看到了国际阴谋，那共济会成员也同样有理由认为，那些对罗马教会忠诚的信徒参与了教皇导演的一场巨大阴谋。当然，西班牙的中产阶级与其他国家一直存在商

---

① 如Azaña在*El eje Roma–Berlín y la política de No–Intervención*中承认的，in Azaña, vol. III, p.469。

② 乌纳穆诺，1864—1936年，西班牙作家、哲学家，生于毕尔巴鄂，卒于萨拉曼卡，是“98一代”的代表作家，20世纪西班牙文学重要人物之一。——编者注

③ 兴起于美西战争结束，西班牙接连失去古巴、菲律宾等殖民地以后，持该主义的人希望加强西班牙在非洲殖民地的影响力，来弥补其损失。——译者注

业上的来往。知名的国际电报电话公司掌管着西班牙的电话系统。[①]美国利益集团持有西班牙境内的其他总价值8,000万美金的通用汽车公司、福特公司、凡士通橡胶公司以及一些棉花储备。[②]

英国的力拓河公司占有大量的铜矿和黄铁矿，同时，格拉斯哥[③]的塔尔西斯公司也占有大量的西班牙铜矿。英国阿姆斯特朗公司占有西班牙三分之一的软木资源。塞维利亚的城市供水系统也由英国掌控。西班牙的国外投资资本总共有2亿英镑（约9.7亿美金）。其中，作为最大的国外投资国，英国持有的对西班牙的投资有将近4,000万英镑（约1.94亿美金）。[④]

法国控有佩尼亚罗亚和圣普拉托的铅矿，并建造了铁路。他们的总投资将近2,800万英镑（约1.35亿美金）。比利时在西班牙的林业、电车系统、铁路系统以及阿斯图里亚斯的煤矿掌握大量资产。一家加拿大公司在加泰罗尼亚建立了电力分布系统。在西班牙这样一个落后国家，这些国外投资最为看重的是在这些领域能获得相当大的投资利益。

美国、德国、英国和法国在西班牙的进口中分别占有34%、28%、22%和12%，英国、德国、法国和美国在其出口中分别占有43%、26%、12%和10%。多年以来，西班牙铁矿石一直是英国钢铁工厂认可的产品：西班牙1935年出产的铁矿石有57%运往英国，并且大多数西班牙商船都用于为英国运送矿石。尽管长枪党倡导国家主义，但与其他人，比如无
323 政府主义者相比，他们无疑并不能更好地代表西班牙的传统。内战爆发前，西班牙出现越来越多的苏联宣传，与此同时也会流传很多关于纳粹

---

① 20世纪20年代，这家公司的一个美国官员菲利普·邦萨尔（Philip Bonsal，后来是美国驻古巴大使）表示，他与之打交道的安达卢西亚地主对这项发明感到震惊，因为他们认为这项发明会产生“让革命者在不同城市间展开对话”的效果。

② Qu. Richard Traina, *American Diplomacy and the Spanish Civil War*（Bloomington, 1968）, p.62.

③ 英格兰城市。——编者注

④ *Survey of International Affairs 1937*, vol. II, p.170。参见Robert Whealey, in Carr, *The Republic*, p.213 and note on p.235。

德国的信息。在西班牙近13,000个德国侨民中，有大约600人追随纳粹党。[①]德国劳工阵线[②]在西班牙国内有超过50个支部。在西班牙内战爆发前的几个月里，当地的德国旅游办事处和书店的发展十分迅速——这些纳粹组织的主要活动目的是勘察监视德国官员和外交官们的言行。对于西班牙的乱局，当时已有很多“解决方案”可供选择，例如作为颓废法国的劲敌——“纪律严明”的纳粹德国，在年轻的西班牙中产阶级的想象中具有强大的影响力；并且，一部分君主主义军官也在怀念20世纪20年代时，西班牙与德国之间的良好关系。

从广义上讲，西班牙内战是欧洲的普遍思想作用于西班牙的结果。自16世纪以来，欧洲的每一种主流政治观念都会在西班牙得到一方的大力支持，同时，又受到另一方的极力反对，并且双方都没有表现出任何妥协的意思，例如：在哈布斯堡王朝时期作为普遍主义的罗马天主教教义、波旁王朝的专制主义、法国革命的自由主义、分离主义、社会主义、无政府主义、共产主义以及法西斯主义。因此，1936年爆发的西班牙内战不可避免地会演变成一场欧洲危机。与西班牙王位继承战争、独立战争和第一次卡洛斯战争[③]一样，1936年，欧洲其他国家的影响力、财富和某些状况下的人民都与西班牙的国内冲突紧密相连。欧洲的普遍观念已经将西班牙人推向战争的高潮。在西班牙人的请求下，欧洲势力卷入了这场战争。这些相同规模的大国势力在这场战争的大部分时间里

---

① *GD*, p.483。关于德国的经济利益，参见Buckley, p.203，深入分析亦见Viñas, *passim*。一些亲纳粹的西班牙人，如比森特·加伊（Vicente Gay）教授，得到了德国的帮助，借以出版他们诸如关于“民族工人革命”主题的书（Viñas, p.16）。右翼媒体也获得了补贴。例如，胡安·普约尔（Juan Pujol）接受了3,000—4,000比塞塔，用来将纳粹事例列入3月份的《信息报》(*Informaciones*)。

② 官方也叫作“德意志劳工阵线”，德意志劳工阵线（德语：Deutsche Arbeits Front；缩写：DAF）是德意志第三帝国时期纳粹政权在粉碎自由公会后创立的官方公会组织。它是一个雇工和工人的统一联盟，也是纳粹的统一工会组织。领导者为罗伯特·莱伊。——译者注

③ 1833—1840年西班牙波旁家族间争夺王位的战争。——编者注

发挥了推动作用，尤其是当某一方似乎正处于劣势之时，他们会对其进
324 行援助。纵观整场内战，其国际影响反映出欧洲其他国家与西班牙互相之间轮番产生的厌恶和吸引。[1]

—

7月19日的夜晚，共和国的新任总理何塞·希拉尔给法国总理发了一封没有加密的电报：“（目前西班牙）因一场颇具威胁的军事叛乱而措手不及。恳求您尽快援助我们武器和飞机。您的兄弟希拉尔。”[2]希拉尔试图直接与他的“法国伙伴”建立联系的事实可以通过他署名“战友”来解释。因为，似乎可以肯定，拥护社会主义的法国新晋总理莱昂·布鲁姆与西班牙驻巴黎的大使、老派的外交官胡安·德卡德纳斯相比，更愿意回应这样的请求[3]（后者的位置已经宣布由左翼共和党的政治家阿尔瓦罗·德阿尔沃诺斯接替）。

富有激情、性格敏感的法国人莱昂·布鲁姆于6月5日刚刚出任总理，他领导的内阁成员都是乐于拥护共产主义的社会主义者和激进分子。与西班牙政府一样，法国内阁的组建也是人民阵线选举联盟的结果。尽管，布鲁姆及其同僚们倾向于和平主义，并且希望着手解决国内的社会问题，但

① 外国干预内战的总体效果，详见p.913ff. and in Appendix Three。对这一主题研究的一个详尽的总结，见Robert H. Wheale, “Foreign Intervention in the Spanish Civil War”, in Carr, *The Republic*。

② *Les événements survenus en France 1936—1945, Rapport fait au nom de la Commission de l'Assemblée Nationale*（Paris, 1955）, Témoignages I, p.215.这是1946年时30年代的政治家们向议会调查委员会讲述他们在法国任职的记录。

③ 这一起事给许多西班牙驻外使领馆带来了半内战（Semi-civil War）。在罗马，大使祖鲁埃塔（Zulueta）的办事处因叛乱被叛军包围。然而最终，所有国家都尊重外交惯例，将外交馆所交给了共和国，除非他们承认新政府。但可能只有10%的西班牙外交使团支持当时的政府（Julio Álvarez del Vayo, *Freedom's Battle*, New York, 1940, p.261）。

他们知道，西班牙共和国的困境对法国同样重要。因为，此时在巴黎、里昂等法国所有城市中，左翼与右翼之间，社会主义者或共产主义者与火焰十字团和法兰西行动党等法西斯团体之间已经爆发了多次街头斗殴。一个国家主义西班牙可能对法国不利，因此布鲁姆对共和国的支持只是出于战略上的考虑。于是，7月20日的早上接收到希拉尔的电报后，布鲁姆召见了外交部长伊冯·德尔博斯和战争部长爱德华·达拉第。这两位都是激进分子。虽然，他们可能没有像内阁中的社会主义成员那样支持西班牙共和国，但他们还是立即同意支援希拉尔。 325

与此同时，在7月19日晚些时候，路易斯·博林作为佛朗哥的代言人（他本人还在由英国机长贝布驾驶的迅龙飞机上）飞往比里茨，然后再到罗马。他的目的是正式向意大利政府请求12架轰炸机、3架战斗机以及一定数量炸弹的援助。佛朗哥的这一请求得到了在里斯本的圣胡尔霍的会签。[①]与此同时，一份国家主义公报骄傲地宣称："随着我们的号角声越过直布罗陀海峡，处在危机之中的不仅仅是西班牙。"[②]另一方面，直布罗陀的英国当局在支持叛军的最高空军军官金德兰将军的安排下设立了电话线，使金德兰和他的朋友们可以在随后的几周内直接与柏林和罗马进行通话。[③]

7月21日，对于西班牙的危机，莫斯科也第一次明显地作出反应。赤色工会国际（该组织的建立是为了协调西方工会的共产主义活动）的书记处举办了联合会议。会议支持援助共和国的想法，并安排在7月26日进行第二次会议。[④]

---

① Luis Bolín的证词，见Bolín’s memoirs, p.165。

② *New York Times*, 21 July 1936.

③ Kindelán to Jackson, in Jackson, p.248.

④ 此处来源于国家主义者的资料，来自战后在马德里发现的文件。参见*Cruzada*, XXVIII, p.99。这些信息出现在1937年的《我指控法国》中，由*The Catholic Herald*转载，这是一本由"一名大律师"在伦敦出版的小册子。Albert Vassart向Julián Gorkin证实了这次会议，后者是一名金属工人，曾是法国ECCI（共产国际执行委员会）的代表。可参见Radosh et al., 7–14。

对于如何应对西班牙爆发的内战（无论西班牙的共产党曾经扮演什么样的角色），斯大林主要考虑的问题是内战本身对苏联外交政策的当前需要将产生何种影响。如果像1926年在中国发生的那样，共产主义的机遇将不得不被牺牲的话，那就牺牲掉吧：共产主义的目标必须与苏联保持一致。出于对战争的顾虑，斯大林放弃了20世纪
326 20年代末的孤立政策，转而在1934年加入了国际联盟，并在1935年与法国签署了《法苏互助条约》。苏联的外交人民委员利特维诺夫在国际联盟上针对集体安全政策发表了精彩讲话。[①]如果国家主义者在西班牙内战中取得了胜利，那就意味着法国将被潜在的三方敌国包围。对于德国而言，由于无须担心法国从后路攻击，他们就可以更容易地入侵苏联。单凭这一个原因，斯大林绝对有意阻止国家主义者赢得胜利。

对于有着严明的纪律、善于宣传以及由于与苏联的联系存在影响力的西班牙共产党而言，西班牙内战为他们提供了绝佳机遇，只不过一时还没有人能够预见西班牙共产党未来会变得有多强大。但是，过于张扬的共产主义行动将会引起英国和法国的警觉。出于这一原因，斯大林没有向西班牙共产党发布命令，而是让他在西班牙的两位主要代表科多维拉和斯捷潘诺夫先充分利用一切机会来获得对西班牙共和国的控制权。他也一直犹豫是否要向西班牙运送武器。[②]此时的他正准备对老布尔什维克进行新一轮的清洗，而这一行动也许会逼迫此时的斯大林特意去听取其他共产国际领导者们的意见。对于共产国际应当如何应对西班牙

---

① 如果利特维诺夫未能与英国和法国建立有效的联盟，斯大林可能会心存与德国达成协议的想法。

② 有人认为，7月份有少量红色空军飞机从敖德萨飞往西班牙。这一传言来源于飞行员之一的艾哈迈德·安巴（Achmed Amba），*I Was Stalin's Bodyguard*（London, 1952），p.27；亦见Clara Cam-poamor, p.174。然而，从来没有人在天上见过这些飞机，甚至后续我认为它们根本不可能在10月之前到达。但是，安巴在其他方面得到的消息似乎都很准确。

的战争，作为当时在莫斯科仅有的3位最重要的国际共产主义者——季米特洛夫、陶里亚蒂（Togliatti）和马蒂，他们一定有自己的想法。当斯大林举棋不定时，他们本可以告诉他，托洛茨基已经称他为“西班牙革命的清算人和叛徒，希特勒和墨索里尼的教唆犯”，但他们并未表态。因此，在谨慎之下，斯大林似乎就如何对待西班牙的问题已做出决定：即使没有必要确保共和国一派赢，也决不能让他们失败。战争的持续让他可以随意采取任何行动，这甚至有可能会引发一次世界大战，届时法国、英国、德国和意大利将引火烧身，而充当仲裁国的苏联不会受到牵连。[①]因此，苏联政府将暂时只通过食物和原材料来对西班牙进行 327
支持援助，并确保苏联的工厂也会做出“贡献”，共产国际在西班牙的代表将得到增援。于是，有能力、有学识、懂殷勤又心狠手辣的意大利共产党领导者，流亡中的陶里亚蒂立即动身赶往西班牙，取了假名“阿尔弗雷多”，领导西班牙共产党的战略部署。他曾有段时间在共产国际负责西班牙和意大利的事务。[②]里窝那的共产主义者埃托雷·夸格里里尼（Ettore Quaglierini）投身于共产党的出版工作，并帮助他们的同胞维达利（又称“卡洛斯·孔特雷拉斯”），一起计划将第五军团设立为军事效率的楷模。还有一名共产主义国际领导者是匈牙利人埃尔诺·格勒，被称作

---

① 这里可以解释为什么苏联和法国共产党会如此担心法国被卷入共和国一边的战争。利特维诺夫回答了法国政府提出的一个问题，即苏联对法国干预引发的全面战争会有什么反应，这为斯大林政策的解释提供了一些支持。虽然他承认，如果法国受到第三国的攻击，《法苏互助条约》将迫使苏联向法国提供帮助，但“如果我们其中一个国家干涉第三国的事务，触发了战争，这将是一个完全不同的问题”。（Statement made by Jules Moch, then sub-secretary of state, to Julián Gorkin.）

② 陶里亚蒂本人（*Rinascita*, 19 May 1962）和意大利共产党的“官方”历史学家曾有记录（见参考书P.Spriano, vol. III, p.215fn）。内容显示，陶里亚蒂直到1937年6月才抵达西班牙。另一方面，埃尔南德斯谈到他在1936年8月建立了良好的声誉，Justo Martínez Amutio, *Chantaje a un pueblo*（Madrid, 1974），p.236，提到他1936—1937年冬天还留在西班牙。正如后文所言，陶里亚蒂有充足的理由试图证明他在那之前没有离开西班牙。也许他只是在1936年短暂访问了西班牙。

“佩德罗”或“格雷”，他负责指导加泰罗尼亚的共产党。[①]已在西班牙多年的两位共产国际代表，保加利亚人斯捷潘诺夫和科多维拉继续留在西班牙。[②]本国内刚迅速发展的党派以及缺乏经验的领导层使这些国际官员
328 具有特殊重要性。像斯捷潘诺夫一样的人们“如上帝一般”，在西班牙革命的历史舞台上昂首阔步，同时对西班牙人不屑一顾，吞吐着神秘和权力，但实际上，他们命运多舛。他们惧怕斯大林，并且信奉官僚主义。斯捷潘诺夫的安全由一群干事保护，例如有“小天使”这样“一个外表美丽但内心冷酷且毒辣的真正恶魔”，以及“胖卡门”这个成为联合青年团体中骨干队伍的头目并在党内的中央委员会建立了真正独裁的苏联人[③]。

共产国际在西欧的宣传部由杰出的德国共产党领袖维利·明岑贝格（Willi Muenzenberg）带领，其巴黎总部也热衷于将西班牙共和国与全民反法西斯运动相联系。[④]西班牙内战对于人民阵线和反法西斯团体，也就是日后的亲苏派们可谓天赐良机。罗曼·罗兰提出，“援助我们就是援助你们”。这位法国作家的言行体现了西班牙相关组织与“救助西班牙”的苏联之间在文学、和平主义以及友好关系上短暂的联合。[⑤]

---

① 见José Esteban Vilaró, *El ocaso de los dioses rojos*（Barcelona, 1939）；以及Martínez Amutio, p.317f。他的真名是“辛格尔（Singer）”。格勒在20世纪20年代末和30年代初曾是法国共产党的“教官”。报道见Radosh et al., 414。

② 见Hernández, *Yo, ministro de Stalín en España*, p.33ff。这份来自西班牙首要共产主义叛徒的令人不快的作品，成为西班牙共产主义政策最隐秘但也是最具争议的来源。这一时期西班牙的其他意大利共产主义者包括比埃拉（Biella）的皮埃特罗·拉维托（Pietro Ravetto），根据Spriano（p.215fn.）的说法，拉维托是科多维拉（Codovilla）的内务人民委员部（NKVD）的影子，他的代号称为“科德维拉”（Codevilla）！

③ Martínez Amutio, p.269f.

④ Koestler, *The Invisible Writing*, pp.198, 313.明岑贝格，以前被称为德国的“红心”，是一个新闻天才。他有能力聚集公爵夫人、银行家、将军以及知识分子来支持他的事业，真正开创了“同路人”这一群体。他在巴黎的助手是奥托·卡茨（Otto Katz），化名西蒙，捷克人，也是他的警卫。到1936年7月，明岑贝格已经开始与莫斯科的老板有了龃龉，因为他们认为明岑贝格不接受领导。

⑤ Qu. David Caute, *The Fellow Travellers*（London, 1973）, p.170.

正当这些事务在莫斯科和巴黎迟迟讨论不出结果时，佛朗哥的代理人和记者博林于7月21日抵达罗马。隔日，他和君主主义者马克斯·德比亚尼亚（身在维也纳的前国王阿方索派他来的）一同会见了意大利外交部长齐亚诺伯爵。几年之后，齐亚诺告诉希特勒，这两个西班牙人当时表示12架运输机就能让佛朗哥在数日之内赢得战争。[1]

面对佛朗哥第一次派出的使者，齐亚诺热情满满，但最终还是必须征求墨索里尼的意见。这位元首此时并不清楚佛朗哥和他曾在1934年承诺援助的君主主义谋划者们到底存在什么样的关系。[2]显然，佛朗哥并不知道这一约定。直到7月24日，莫拉派1934年君主主义运动的领头人、 329
君主主义者戈伊科切亚前往罗马时，意大利人才答应认真考虑叛军的请求。[3]7月22日，佛朗哥第一次试图获得德国的支援。代表佛朗哥的是投身于得土安当地事务部门的前驻柏林军事专员贝格韦德尔上校，他向巴黎和马德里的德国军事专员库伦塔尔发送了“十万火急的请求”，请求内容是通过德国私人企业购买“10架拥有最大运载能力的运输机”。并由德国飞行员驾驶购买的飞机前往西属摩洛哥。[4]佛朗哥需要这些飞机来补充老式宝玑飞机，从而让非洲军团越过直布罗陀海峡。（贝格韦德尔考虑了过去德国与西班牙在军火供应方面的关系。他和库伦塔尔曾在1935年到访摩洛哥，并且自阿斯图里亚斯革命运动时期起，库伦塔尔就已经熟识佛朗哥。）

在同一天，一名国家主义空军军官弗朗西斯科·阿兰斯上尉，在得土安的纳粹党领导人阿道夫·朗根海姆和普鲁士出生的纳粹商人约翰内斯·伯恩哈特的陪同下，会见了佛朗哥，并于次日带着佛朗哥将军的私

---

① Hitler's interview with Ciano at Brenner, 28 September 1940. *Documents on German Foreign Policy*, 1918—1945, Series D（London, 1961）, XI, p.214.

② Bolín, p.168f.

③ Evidence of Luis Bolín. See also *Cruzada*, X, p.126.

④ *GD*, p.4.

人信件（据伯恩哈特表示，其文笔风格带有“孩子气”）出发去拜见希特勒，说服他答应贝格韦德尔的请求。他们乘坐的容克飞机征用于拉斯帕尔马斯的汉莎航空。[1]来自汉堡的伯恩哈特以前做糖的生意，1929年破产以后，来到摩洛哥寻找新机遇。在得土安，他的第一份工作是为一家向西班牙驻防地出售厨房炉灶和其他用具的公司工作。得此机会，他在军官食堂拥有了人脉。他和朗根海姆早已认识到自己在向叛军出售战争物资过程中的个人优势和德国影响力的潜在价值。[2]伯恩哈特，一个
330 曾在第一次世界大战的东线战场上战斗过的极富浪漫情怀的德国人，正眺望新的“出口”；几个月以前，他还曾计划在阿根廷落脚。

在巴黎，虽心存怀疑但仍然忠诚的西班牙大使卡德纳斯，在拜访布鲁姆的同时，代表希拉尔请求得到20架波泰兹轰炸机、50支轻型哈奇开斯自动机枪、8门施耐德军工的155毫米口径榴弹炮，此外还有其他军需品，其中包括1,000支勒贝尔步枪、25万颗自动机枪子弹、100万颗普通子弹以及2万枚炸弹。因为法国的兵工厂已经收归国有，所以购买军火需要得到法国内阁的同意。令卡德纳斯感到意外的是，布鲁姆批准了这一请求。[3]几乎是在同一时间，位于奥赛码头的法国外交部接到了来自驻伦敦的法国大使科尔宾打来的电话。身为右翼分子的科尔宾是英

---

① Viñas, p.394f., and *Cruzada*, X, p.127；cf. footnote to GD, p.1. 这封信没有出现在德国外交部的档案中，也没有发表。1971年，伯恩哈特在布宜诺斯艾利斯向我描述了这件事。莫拉还把马里斯玛斯侯爵和波尔塔戈侯爵（Marqués de las Marismas和Marqués de Portago）送到了柏林。这几个德国人不敢相信佛朗哥和莫拉的使者彼此不认识，后来他们指示阿兰斯去一家咖啡馆，莫拉的手下也坐在那里。只有亲眼看到这两个西班牙人没有相认的迹象时，他们才相信西班牙南北之间缺乏信息沟通。这次旅程见José Escobar的*Así empezó...*（Madrid, 1974）, pp.110–111。

② Testimony of Bernhardt. 朗根海姆是一个矿业工程师。亦参见Herbert Feis, *The Spanish Story*（New York, 1948）, p.280f., 和Viñas, p.364。

③ Evidence of Señor de Cárdenas. Cf. too *French Foreign Policy Documents, 1936—1939*（见辅文FD）, vol. III, p.52，其中提到7月24日要求20架飞机。其他请求在后面的列表中列出。见FD, p.61。

方授意的可靠通事官。他说法国对于西班牙危机的反应让英国政府产生了警觉。先前安排于7月23—24日在伦敦举行的一次会议，就是为了让英国、法国和比利时的外交部长讨论出一个能让希特勒和墨索里尼接受新集体安全的五方协议的可行办法。鲍德温如今想让布鲁姆带着他的外交部长德尔博斯来英国探讨西班牙问题。在外交部的秘书长、马提尼克岛人亚历克西·莱热（Alexis Léger，后来以诺贝尔奖得主圣-琼·佩斯的名字闻名于世，他是《流亡》一书的作者）的建议下，布鲁姆答应了这一请求。[1]莱热最大的噩梦，便是鲍德温领导的英国放弃拥护左翼的法国，转而投向德国。[2]与此同时，西班牙驻巴黎大使卡德纳斯辞去了职务（因为他拥护国家主义者），伊斯梅尔·瓦雷塔和胡安·阿沃阿尔两位空军军官留下来处理武器交易的具体事务，直到社会主义教授、前部长费尔南多·德洛斯·里奥斯从日内瓦赶来接替他们的工作。[3]

7月23日上午，会议在伦敦召开。布鲁姆在午餐时间赶到。在克拉里奇酒店的大厅，艾登[4]问他："你是要把武器运往西班牙共和国吗？" 331
布鲁姆说："是的。"艾登评论道："这是你的事情，但我要你记住一点。处事要谨慎。"[5]

艾登如今提出的这一建议表明当下英国渴望着和平。只有反对派的

---

① United States Foreign Policy（*State Department Papers*, henceforward referred to as *USD*）, 1936, vol. II, pp.447–9.

② 关于莱热，见*The Diplomats, 1919—1939*（Princeton, 1953）, a symposium edited by Gordon Craig and Felix Gilbert。

③ Sanchís, p.11.卡德纳斯召见了大使克里斯托巴尔·德卡斯蒂略（Cristóbal de Castillo），为给他留下这样的问题道歉。德卡斯蒂略表示，他自己也将在短时间内辞职，尽管他会推迟一两天，这使相关共和国的事务变得难以处理。卡德纳斯在巴黎又逗留了一周，以尽其所能阻止向共和国发送战争物资，他将自己的朋友私下送到英国大使馆。

④ 罗伯特·安东尼·艾登（Robert Anthony Eden，1897—1977年），英国政治家、外交家，第二次世界大战时期曾任英国国防委员会委员、陆军大臣、外交大臣，战后分别任过副首相、首相等职。——编者注

⑤ *Les événements survenus*, pp.216–217.艾登说，他记得没有讨论过西班牙事务（Anthony Eden, Facing the Dictators, London, 1962, p.406）。

领导人克莱门特·艾德礼也许曾表示工党对其西班牙同伴们的支持。在7月20日，他曾承诺给予“一切可行的支持”；在另一方，英国的中层和上层阶级可能会在态度上更倾向于国家主义者。但英国的政治家们都不认为本国有卷入斗争中任何一方的必要，问题在于，他们应该采取什么样的中立立场。起初，工党认为的采取中立态度代表西班牙共和国在英国与在其他国家一样，应当允许采购武器。对于此事，他们与政府内保守党的批评家们发生了分歧，比如温斯顿·丘吉尔，虽然他与反对派一样反对德国和意大利，但他并没有立即预见到西班牙内战对英国有什么重要性。西班牙共和国的革命运动色彩使丘吉尔本人震惊不已，丘吉尔写信给科尔宾，让他抵制法国对共和国的援助，并竭力主张采取“绝对坚定的中立立场”①。艾登在外交部办公室试图确保让英国和法国实施这一政策，尽管他本人厌恶独裁政府。英方推测，德国在2月份让莱茵兰重新军事化以及意大利征服阿比西尼亚两件事已经填饱了独裁者们的胃口，如今，他们更倾向于协助建立欧洲新秩序。在如此设想下，“西班牙
332 危机”的爆发是一次尤为不受欢迎的干扰。鲍德温对艾登的指示是：“无论如何，不管是法国还是别的国家，绝不能让他们把我们拉去与苏联人一同作战。”②事实上，艾登唯一的行动是下令让英国军舰开往西班牙港口来保护英国国民的安全。③艾登还接见了西班牙大使洛佩斯·奥利万，并告诉他民用飞机向西班牙的出口将不会受限，此外，尽管对于军事物资

① Winston Churchill, *The Gathering Storm*（London, 1948）, p.168. 10月，丘吉尔向当时新任命的共和国驻伦敦大使巴勃罗·德阿斯卡拉特表达了他的态度。当罗伯特·塞西尔勋爵把丘吉尔介绍给德阿斯卡拉特时，丘吉尔气得脸通红，嘟囔着“鲜血，鲜血，鲜血”，并拒绝了西班牙人伸出的手（MS memoirs of Pablo de Azcárate, made available to the author, Geneva, 1960）。德阿斯卡拉特于8月接替了洛佩斯·奥利万（López Oliván）。

② Thomas Jones, *Diary with Letters*（London, 1954）, p.231.

③ Eden, p.401. 到7月24日，有19艘船只分布在西班牙海岸，部分来自英国国内舰队，部分来自地中海舰队。

的请求必须实行特殊申请，但该申请“必定会得到考虑”①。7月28日这一天，艾登告诉英国内阁，如果西班牙政府或叛军的任意一方想要购买武器，就必须按照“常规程序”，“当然，不会有任何干预的问题”②。当时，第一架飞机通过英国航空公司私人出售给佛朗哥的一个代表——休达的伊瓦罗拉石油公司的德尔加多先生，他抢占先机，用38,000英镑购入4架福克客机。但这几架飞机停在波尔多加油时，遭到了法国的扣押。③7月31日，英国政府施行了单方面禁止向西班牙装运武器的政策。

此时，英国驻西班牙大使亨利·奇尔顿爵士在国际大桥法国一侧的昂代伊的一家杂货店设立了英国大使馆。④亨利·奇尔顿是一个刻板的老派外交官。之所以如此说是因为他在奇尔顿有一名拥护共和主义的美国同事——学院派历史学家克劳德·鲍尔斯。鲍尔斯在给华盛顿的报告中称奇尔顿做的一切都是“为了搞垮西班牙政府，为叛军效力”。⑤奇尔顿确信佛朗哥要是赢得胜利，将会为英国带来好处。⑥

西班牙内战与法国大革命一样，很快激化了英国的态度。成立于5 333
月份的出版商维克多·戈兰茨左翼书友会，靠每个月出版一本书来反抗“法西斯主义和战争”。右翼书友会也随之建立。文学世界的政治化是极为严重的社会问题的投射，再加上苏联的引导、宗教的衰落、“规则的崩溃”和希特勒的崛起，这一切引起了西班牙全国的警觉。工党官方对鲍德温政府的反对似乎并不奏效。如丘吉尔、劳合·乔治等有能力的领

---

① Eden, p.400; also *FO*/371/215/24/224-225.

② *CAB* 23/85/130.

③ *FO* 371/205/24/243.

④ 发起叛乱前，外交使团已离开马德里前往夏季首都。到了7月22日，他们（经过几次冒险）都安全地在法国边境另一边的圣让德卢兹建立大使馆。在马德里的大使馆由外交人员或领事的初级成员管理。当时没有德国驻西班牙大使——自冯·韦尔奇克伯爵于4月前往巴黎以来，就没有人被任命。

⑤ *USD*, 1937, vol. I, p.224.

⑥ Qu. Dante Puzzo, *Spain and the Great Powers*（New York, 1962）, p.100.

导人在混乱的政坛当中虎视眈眈。威斯坦·休·斯彭德在他的诗《西班牙1937》中很好地表现出了这一时期的局势：

明天，对于年轻人来说，
诗歌像炸弹一样炸裂，
湖边漫步，数周完美的交流；
明天的自行车竞赛，
将穿过夏季夜晚的郊外。
但今天仍是战斗。

如今，同一首诗的另一段似乎更加适合描述当下：

你的提议是什么？建造一座正义之城？我会的。
我同意，或者这是自杀协议，还是浪漫的死亡？
好吧，我接受，因为我是你的选择，你的决定。
是的，我是西班牙。[①]

对于左翼知识分子，西班牙很快成了生活、工作和艺术灵感的源泉。斯蒂芬·斯彭德认为，西班牙"让人回到了1848年后的20世纪"。[②]一名追随西班牙共产党的大学生菲利普·汤因比回忆起，当得知西班牙爆发内战，他认为终于"反击法西斯主义的拳套已被扔掉"[③]。[④]另一名共和国支持者雷克斯·华尔纳写道："西班牙已经撕开了欧洲的遮羞布。"在大多数知识分子的眼中，他们并不会对战争的哪一方是"正义的"有太多

① 奥登（Auden）在随后的版本中更改了这首杰出诗歌的诗句内容，以削弱其好战意图。
② Stephen Spender, *World within World*（London, 1951）, p.187.
③ 指反法西斯的态度终于强硬起来。——编者注
④ Philip Toynbee, *Friends Apart*（London, 1954）, p.85.

思考。当时，才华足以获诺贝尔奖的诗人塞西尔·戴·刘易斯认为，西班牙内战是一场“光明对抗黑暗”的战争。西班牙给英国知识分子们带来一种自由感，让他们觉得自己与一群处在战火之中的半发展中国家的难民们并肩前行，尤其是他们幻想着他们的“行为举动”能够（对这个国 334
家的发展走向）产生影响。[1]西班牙似乎很真实，而英格兰则处于幻想中，几乎只有经历过“炮弹的轰鸣”才能让这些英国人从骄傲自满中惊醒。[2]

---

① 南希·卡纳德（Nancy Cunard）和期刊《左翼评论》（*Left Review*）对英国作家进行了民意调查，并问他们“支持”哪一方。其中只有伊夫林·沃（Evelyn Waugh）、埃莉诺·史密斯（Eleanor Smith）和埃德蒙·布伦登（Edmund Blunden）等5人支持国家主义一方。鲁比·艾尔斯（Ruby Ayres）、诺曼·道格拉斯（Norman Douglas）、T.S.艾略特（T.S.Eliot，“我仍然认为，最好是至少有几个文人保持孤立，不参与这些集体活动”）、查尔斯·摩根（Charles Morgan）、埃兹拉·庞德（Ezra Pound）、亚历克·沃（Alec Waugh）、肖恩·奥莱恩（Sean O’Faolain）、H.G.威尔斯（H.G. Wells）和维塔·萨克维尔-威斯特（Vita Sackville-West）等16位作家宣布中立。剩下的100位作家中，许多是用激情的语言支持共和国。这些人包括奥登（“西班牙的斗争已经揭开了我们文明赖以建立的谎言”）、乔治·巴克（George Barker）、塞缪尔·贝克特［Samuel Beckett，他用大写字母以广受欢迎的戈多风格简单地评论道：“UPTHEREPUBLIC！”（“共和国站起来了！”）］、诺曼·柯林斯（Norman Collins）、西里尔·康诺利、阿列斯泰尔·克劳利（Alesteir Crowley）、哈夫洛克·埃利斯（Havelock Ellis）、福特·马多克斯·福特（Ford Madox Ford）、戴维·加内特（David Garnett）、路易斯·戈尔丁（Louis Golding）、兰斯洛特·霍格本（Lancelot Hogben）、劳伦斯·豪斯曼（Laurence Housman）、布莱恩·霍华德（Brian Howard）、奥尔多斯·赫胥黎（Aldous Huxley）、斯托姆·詹姆森（Storm Jameson）、约德博士（Dr Joad）、哈罗德·拉斯基（Harold Laski）、约翰和罗萨蒙德·莱曼（John and Rosamond Lehman）、埃里克·林克莱特（Eric Linklater）、F.L.卢卡斯（F.L. Lucas）、罗斯·麦考利（Rose Macaulay）、A.G.麦克唐纳（A. G. Macdonnell）、路易斯·麦克内斯（Louis MacNeice）、弗朗西斯·梅内尔（Francis Meynell）、内奥米·米奇森（Naomi Mitchison）、雷蒙德·莫蒂默（Raymond Mortimer）、约翰·米德尔顿·默里（John Middleton Murry）、肖恩·奥凯西（Sean O’Casey）、V.S.普里切特（V. S. Pritchett）、赫伯特·里德（Herbert Read）、爱德华·萨克维尔-韦斯特（Edward Sackville-West）、斯蒂芬·斯彭德、詹姆斯·斯蒂芬斯（James Stephens）、西尔维娅·汤森德·华纳（Sylvia Townsend Warner）、丽贝卡·韦斯特（Rebecca West）和安东尼娅·怀特（Antonia White）。

② Orwell, p.248.

然而，英国社会在整体上还是出现了分歧：《晨间邮报》(*Morning Post*)、《每日邮报》、《每日快讯》(*Daily Mail*)和《观察家报》都支持国家主义者，而《新闻纪事》(*News Chronicle*)、《每日预告》(*Daily Herald*)、《曼彻斯特卫报》、《每日快报》(*Daily Express*)和《每日镜报》(*Daily Mirror*)通常支持共和主义者，《泰晤士报》和《每日电讯》试图保持中立。7月29日，风格幽默的《笨拙周报》(*Punch*)通过一张伯纳德·帕特里奇爵士的知名漫画向西班牙内战致敬：在一条有着塞维利亚风格的街道上，一个名为“革命”的吉他演奏家出现在一名悲伤的女子的窗前。她说：“天啊，怎么又是你？”这明显在隐喻是左翼挑起了这场战争。8月12日，伯纳德爵士所表达的政治态度似乎更加中立。他将燃烧着的城市作为背景，少女西班牙被两个人争抢，一个是共产主义，另一个是法西斯主义。前者的头上用方头巾包住，后者戴着一顶黑色的帽子。洛(Low)于7月29日在《标准晚报》(*Evening Standard*)上发表的漫画中表达了一个更加迫切或者说更符合当下情势的信息。在标题“土耳其浴场的革命：飞船升起”之下，描绘了左翼最喜爱的“跟屁虫飞船”上校在浴场热蒸室里发布公告的场景。

在法国，舆论甚至要比在英国更加热烈。法国的多数知名作家迅速表明了立场，但和弗朗索瓦·莫里亚克一样，他们后来的立场都有所改
335 变。[1]毕竟，相比于英国，法国离西班牙更近，而且法国共产党的势力更庞大，更有地位。世界大战的“伤口”进一步恶化。西班牙在法国左翼的眼中，用安德烈·尚松(André Chamson)的话来说就是：“象征着危难之中的自由”和“预示着我们的未来”。相比于其他所有一息尚存的民主团体，更加有远见卓识、更加不按照宪法行事、意志也更加顽固的法国右翼认为，西班牙是一个正在对抗共产主义的国家。出售保王党报纸的人与菲利普·汤因比的想象类似，他们扔下“拳套”，“反击革命”。但左翼的观念在舆论中仍占有主导地位。

---

① 一份杰出的分析：D. W. Pike's *Conjecture, Propaganda and Deceit*(Stanford, 1970)。

21. 国际援助与欧洲秩序的崩溃 336

正当艾登和布鲁姆在伦敦进行商讨之时，共和国驻巴黎的新任临时代表、人文主义的社会主义者费尔南多·德洛斯·里奥斯会见了法国战争部长达拉第、空军部长皮埃尔·科特以及布鲁姆的私人顾问团副团长朱尔·莫克。法国同意派飞行员驾驶西班牙人想要的波泰兹轰炸机飞往西班牙。几乎是同一时间，“一名法国内阁的成员”还秘密告诉德国驻巴黎的大使冯·韦尔奇克伯爵[1]，法国正准备为西班牙共和国提供武器和轰炸机。[2]德国外交部代理部长、作风严谨的职业外交官汉斯·海因里希·迪克霍夫博士通知驻伦敦的德国大使馆，与艾登就此事进行磋商。[3]尽管如此，迪克霍夫在给德国战争部的报告中称，他认为援助佛朗哥的想法“完全没有必要（此时贝格韦德尔从得土安发来的请示电报已经到了）”。[4]因此，在对待西班牙危机的问题上，德国外交部的态度几乎与英国如出一辙。援助任何一方都将有引发全面战争的危险。与此同时，佛朗哥派向希特勒的使
者停在了塞维利亚，由于飞机引擎故障，他们在那儿耽误了行程。[5] 337

7月24日的夜晚，莱昂·布鲁姆和德尔博斯回到了巴黎。在勒尔布热等着会见他们的是圆滑又激进的部长卡米耶·肖当。肖当表示法国政府决定援助西班牙共和国的消息已经泄露给了右翼政论家亨利·德凯里利斯（有可能是通过韦尔奇克而得知）。凯里利斯已经在《巴黎回声报》（*L' Echode Paris*）的专栏中对这一决定进行了抨击。肖当说：“没有人能够理解，当我们置莱茵兰于不顾的时候，却为了援助西班牙而不惜冒着引发战

① 韦尔奇克一直担任驻马德里大使，直到战争爆发前一年的4月。他曾是阿方索国王的朋友，一个反纳粹者，一个著名的猎人，一个不知疲倦的世界公民。

② *GD*, p.4.

③ *Loc.cit.*, n.

④ *Op.cit.*, p.7.

⑤ Viñas, p.395.

争的危险。”[1]一场极力反对援助西班牙的抗议运动拉开了帷幕。对于布鲁姆，这些反对的声音掺杂着艾登先前给出的警告不绝于耳，当天深夜，他会见了德洛斯·里奥斯以及达拉第、科特、樊尚·奥里奥尔（Vincent Auriol；财政部长）和德尔博斯。[2]德洛斯·里奥斯向布鲁姆指出，由于西班牙与意大利和摩洛哥在战略上的联系，内战“不能被看作是严格意义上的国内战争”。布鲁姆依然希望可以援助共和国。支援飞机的各项契约已经准备完毕，但他不想在艾登的警告面前做出行动。于是，他提出，是否可以由西班牙的飞行员将飞机开到西班牙。德洛斯·里奥斯表示，由于飞行员的短缺，这一做法无法实现。不管怎样，他的政府一直希望能留住法国飞行员，为西班牙效力。对于这一情况，达拉第回想起法国与西班牙在1935年签署的一份条约。该条约中的一项秘密条款规定，西班牙将从法国购买价值2,000万法郎的战争物资。对于条款中规定的飞机和其他物资应进行海运这一项，德洛斯·里奥斯和布鲁姆达成了共识。之后，还是在当天夜晚，德洛斯·里奥斯被皮埃尔·科特的电话惊醒。皮埃尔·科特是一名激进的国际法专家，然而反法西斯主义让他变成了极左分子。他在电话中让德洛斯·里奥斯赶快来他家见他。德洛斯·里奥斯到达后，科特告诉他，德尔博斯不同意法
338 国飞行员将飞机开往西班牙，因此建议他们可以让飞机在法国南部降落，之后由西班牙人开回去。这看起来是一个不错的解决办法。

7月25日早上，德洛斯·里奥斯拜访了法国的空军部长。对于运送工作，一切似乎已准备就绪，但与此同时，西班牙大使馆参赞兼代办克里斯托巴尔·德尔卡斯蒂略拒绝签署相关文件。军事专员巴罗佐

---

① *Les événements survenus*, p.217.

② 以下内容基于德洛斯·里奥斯给希拉尔的一封信，信的副本从西班牙驻日内瓦总领事西普里亚诺·里瓦斯·谢里夫（Cipriano Rivas Cherif）的家中被盗，并于1936年底轰动一时。见*Il Messaggero*, 10 December 1936. 这封信可以在Francesco Belforte的传真中看到，*La guerra civile in Spagna* (Milan, 1938—1939), vol. I, p.192。德洛斯·里奥斯认为它很真实。

（Colonel Barroso）也拒绝签署用于购买军备的支票。如今，这两人同时辞职，理由是他们不能参与购买用于杀害自己同胞的武器。他们把他们正在推行的事务透露给了媒体。①此举立即引起了骚动。法国所有的晚报，尤其是《巴黎回声报》，都发表了关于“武器交易”的轰动性报道。总统勒布伦警告布鲁姆，称他正在将法国引向战争。前总理、众议院发言人赫里欧同样呼吁：“哦，求你了，孩子，求你了，别把自己卷进里面。”②总理遭到各方声讨。下午，法国内阁举行了会议。达拉第和德尔博斯声明反对援助西班牙，科特表示支持援助西班牙。最终，法国政府在一份公报中宣布将拒绝西班牙政府对武器援助的请求。但在飞机没有武器装备的前提下，私人交易飞机的方式将不会受到阻碍。因此，法国无法出售轰炸机。

没有人遵守这些规定，法国暗中准备了一大批军用飞机。西班牙黄金储蓄中价值14万英镑的黄金被当作保证金运到了勒布尔热。空军部长皮埃尔·科特组织了所有相关的交易，他的办公室主任让·穆兰（未来法国抵抗运动中的英雄）受命建立了一个飞行专家小组来执行此次运输任务。年轻的体育部长里奥·拉格朗日也给予了帮助。有“时代的拜伦”之称的安德烈·马尔罗当时与共产主义者亲近，他曾代表西班牙政府充当临时中间人，③运用“一个伟大小说家的创造力来购买武器和走私军火”④。这位小说家曾于7月20日到访西班牙，他坚信共和国的命运要 339

① 巴罗佐是佛朗哥的朋友，他以副官（ADC）身份陪同佛朗哥前往伦敦参加乔治五世的葬礼，随后加入了佛朗哥的团队。

② *Les événements survenus*, p.217.

③ 1934年，随着《人类的命运》的出版，马尔罗成为举世闻名的人物。他可能从来都不是一个共产主义者，但他为成千上万的年轻人提供了成为共产主义者的动机。1972年，我在维尔里埃（Verrières）与马尔罗讨论了这个阶段的话题。

④ Fischer, p.334. 马尔罗当时认为，马克思主义是“唯一能够用武力反对法西斯主义的有机体”。见 Walter G. Langlois, “Aux Sources de l’Espoir”, *La Revue des Lettres Modernes*, 1973, 5。

依靠空军的力量。[1]此后，巴黎的西班牙大使馆成了“名副其实的客店”，在整个白天和夜晚大部分的时间里，各个国家的人为了以各种各样的价格推销各式武器、军需品和飞机在这里进进出出——负责购买军火的德洛斯·里奥斯是一个容易上当受骗的人。[2]

7月25日，在法西斯主义氛围更加浓厚的罗马，戈伊科切亚在君主主义理论家赛恩斯·罗德里格斯的陪同下，对提出武器援助请求的博林予以支持。他们对于1934年的密谋者们与1936年的叛军之间关联的解释，令齐亚诺伯爵感到十分满意。[3]墨索里尼受到了法国援助共和国消息的影响。齐亚诺仍然热衷于援助佛朗哥，并且他的观点得到了许多人的支持。意大利计划在未来的几天内向摩洛哥派出12架萨伏亚81轰炸机[4]。身在捷克斯洛伐克并与梅特涅王妃在一起的前国王阿方索在电话中让墨
340 索里尼赶快运送武器。[5]就在这时，大资本家胡安·马奇也来到了罗马，

---

① Jean Lacouture, *André Malraux*（Paris, 1973）, p.227. 7月25日，作为法国政府的非正式观察员，同时也是世界反法西斯和战争委员会主席，马尔罗乘坐属于巴黎航空部的洛克希德猎户座飞机返回西班牙。他乘坐的飞机是由著名的法国飞行员爱德华·科尼利昂-莫利尼尔（Edouard Corniglion-Molinier）驾驶的。

② Azcárate, MS, p.20. 法国官方不干涉政策实施的影响在第二届国际会议上引起了深刻分歧（法国社会党是其中的主席团成员）。例如，比利时社会党（当时该党在比利时政府中占有一定份额）的分裂一直持续到1940年。

③ Pedro Sainz Rodríguez, *Testimonio y Recuerdos*（Madrid, 1978）, p.232；Bolín, pp.170, 171. Attilio Tamaro（*Venti anni di storia*, Rome, 1952—1953, vol. III, p.200）说，墨索里尼在佛朗哥两次提出请求时拒绝提供援助，直到听说布鲁姆在帮助共和国时才同意。这可能是一个因素，但不是决定性因素。

④ 萨伏亚-马切蒂，Savoia-Marchetti S.81轰炸机。——编者注

⑤ Luca de Tena, p.251. 曾经有一次我问唐胡安，他和他的家人对起义有多担忧。“到这里了”，他说着，把手放在脖子上。其中两架飞机后来坠毁。调查此次坠机事件的法国官员声称，其中一名死亡的意大利飞行员收到的最后的飞行命令是7月15日的。除了1934年墨索里尼的援助外，没有证据表明意大利在他们叛乱之前提供了帮助。已死亡的飞行员的证件要么有印刷错误，也许印着7月25日，要么是故意伪造，或者飞行员只是7月15日休假归来。由于这些飞机直到7月30日才离开撒丁岛前往摩洛哥，而且佛朗哥从7月19日起就需要这些飞机，因此难以想象，他们在叛乱前就得到了所谓的飞行命令。这里提到的7月15日的文件从未发表过，它也可能从未存在过。

他正安排为第一批意大利援助提供贷款以及为叛军协调其他财政政策。[①]

墨索里尼这么做是从多方面考虑过的。他为自己的高明沾沾自喜。他认为西班牙成立右翼政府将有助于实现他统治地中海这一野心。这样的“新西班牙”将帮助意大利在边境线赶走法国军队。而且，如果法国与意大利开战，西班牙还能有效阻止北非的法国军队赶回法国。在4月成功征服阿比西尼亚以后，墨索里尼一直想寻求一种新途径来展现他的个人魅力，但一直没有合适的机会让他大显身手。他认为，意大利人必须靠“踢他们的小腿来保持水准”[②]。他后来表示，“等西班牙的战争结束后，我必将找到其他（引起战争的）机会：意大利人的意志一定要在战斗中磨炼造就。”[③]1936年正是墨索里尼得意之时，10月24日，他宣布：“在14年（法西斯主义年份）的年关之际，我举起了一根硕大的橄榄枝。这根橄榄枝升起于一片广阔无垠的森林当中，而这是一片由800万把锋利无比的刺刀组成的森林。”[④]意大利干涉西班牙内战所打出的旗号是：意大利“不准备见到一个由共产主义领导的政府出现在”西班牙。这也是他给他的夫人拉凯莱解释的理由。[⑤]1936年7月以前，相比于抵制共产主义，他的宣传更加针对“衰落的”民主主义，而一个温和的左翼西班牙政府将会妨碍他的布局。可从国际局势的角度上讲，与德国相比，这位元首也许更加亲近他所藐视的那群资产阶级。他与希特勒的往来还处在摸索当中。正当他对共产主义进行攻击之时，西班牙危机发生了变化。西班牙内战或许促使希特勒和墨索里尼站在了同一阵线。后来，齐亚诺告诉他在国家主义西班牙的第一位大使坎塔卢波，元首曾只是“十

---

① 据说，他购买了萨伏亚飞机厂的多数股权，以便能够控制佛朗哥的轰炸机供应。见 Fernando Schwartz, *La internacionalización de la guerra civil española* (Barcelona, 1971), p.74。可以肯定的是，无论马奇做了什么，他都是为了营利。

② 表示采取激烈或强硬的手段来保持竞争力或优势。——编者注

③ Paolo Monelli, *Mussolini*（London, 1953）, p.141.

④ Eden, p.424.

⑤ Rachele Mussolini, *My Life with Mussolini*（London, 1959）, p.91；Bolín’s evidence.

341 分勉强地同意为佛朗哥提供武力支持”[1]。维托里奥·埃马努埃莱国王[2]曾反对援助佛朗哥的做法，但国王没有话语权[3]。

齐亚诺在接下来的事件中扮演了重要角色，他所实行的反对英国的外交政策中没有掺杂如同里宾特洛甫，甚至是墨索里尼的那种对英国的混合着仇恨的狂热。后来，3名长枪党人向他描述了自腓力二世统治以来，西班牙的所有苦难是如何由英国引起的，齐亚诺鼓励他们“走一条明智的道路”，警惕“政治舞台上经验老到的英国狂”[4]。由于英国政府本就希望与意大利达成联盟，因此齐亚诺在西班牙内战期间的工作十分轻松，而这使他更加藐视英国，尽管他本人与驻罗马大使、皈依罗马天主教的珀斯勋爵关系融洽。珀斯曾担任国际联盟的秘书长，迄今为止，他在齐亚诺面前更像一名“愿意了解，甚至喜爱法西斯主义的人”，这远超其政府所授予他的职能。[5]

同样是在7月25日这一天，佛朗哥派往希特勒的大使团——阿兰斯上尉、伯恩哈特以及朗根海姆抵达柏林。在马赛机场，他们遇到了莫拉派往墨索里尼的使团。佛朗哥的信通过纳粹党的外交部递交希特勒。在外交部，代理常任秘书迪克霍夫和部长诺拉特不断重申他们自己的主张：运送武器援助西班牙的国家主义者是不可能的，因为这一行为会被公之于众，而且“会给西班牙的德国侨民带来非常严重的后果”[6]。纳粹党和反间谍机关（该组织属于军事情报机构）的领导海军上将卡纳里斯都持

---

① Roberto Cantalupo, *Fu la Spagna*（Milan, 1948）, p.62.

② 意大利萨伏依王朝第三位国王（1900—1946年在位）兼阿尔巴尼亚国王（1939—1943年在位）。——编者注

③ Attilio Tamaro, vol. II, p.200.

④ Galeazzo Ciano, *Diaries 1939—1943*（London, 1947）, p.48.

⑤ Ciano, p.206. 在这段时间里，珀斯的家政服务中潜藏的一名意大利间谍在这位大使的私人保险箱里装了一个可拆卸的假背板，从而获得了意大利官方和英国之间的电报。因此，齐亚诺能够在与英国的关系中异乎寻常地游刃有余。

⑥ *GD*, pp.10–11.

有其他看法。卡纳里斯向他的上级称赞道，佛朗哥是一个“经得住考验的人”，并应得到“全部的信赖和支持”，他显然曾在访问西班牙时接触过佛朗哥。[①]

纳粹德国空军总司令、德国五年计划的掌舵人戈林（Göring）在 342
1946年接受审判时对当时的局势发展评论道：

> （这位德国元帅公开承认）当西班牙爆发内战后，佛朗哥向德方打电话请求援助，尤其是寻求空军方面的支援。佛朗哥和他的军队被困在非洲……由于舰队掌握在共产主义者的手中，他没法让他的军队越过海洋……对于这件事情，元首（希特勒）进行了反复斟酌。我力劝他无条件地给予援助：第一，这能阻止共产主义进一步蔓延；第二，这能在各种技术层面上对我们年轻的纳粹德国空军进行检验。[②]

事实上，西班牙为纳粹德国空军提供了第一次战时行动的机会。

同样是在7月25日这天夜晚，希特勒同意在《齐格弗里德》的公演结束后于拜罗伊特（在西德巴伐利亚州，每年在此举行瓦格纳歌剧节）

---

① 维尼亚斯（Viñas）淡化了卡纳里斯的角色，他这样做可能是对的。尽管如此，卡纳里斯还是负责西班牙在1926年向一家荷兰公司订购潜艇，该公司由德国海军部秘密资助。参见F. Carsten, *The Reichswehr and Politics 1918—1933*（Oxford, 1966）, p.243。1944年卡纳里斯去世后，佛朗哥向卡纳里斯夫人提供了庇护和养老金。根据伊恩·科尔文（Ian Colvin）的说法，卡纳里斯给佛朗哥如何抵制“希特勒要西班牙参加世界大战”的要求提出了建议（Ian Colvin, *Hitler's Secret Enemy*, London, 1957, p.130）。另见Karl Abshagen, *Canaris*（London, 1956）, p.112。卡纳里斯于1916年首次到西班牙摩洛哥，在那里他为德国潜艇建立了一个补给基地，设立了地中海盟军船只的观察系统，甚至据称还指挥了针对法国的起义。

② International Military Tribunal, *The Trial of the Major War Criminals*, Nuremberg, 1947—1949, ix, pp.280–281.

的万弗里德别墅接见朗根海姆和伯恩哈特。[1]佛朗哥在给希特勒的信中只请求对方给予10门高射炮、5架战斗机和一些其他装备。歌剧结束以后，希特勒询问佛朗哥是谁，他的立场是什么。先不说德国，如果希特勒答应帮助他，他将如何把非洲的军队运过直布罗陀海峡以及他如何支付军队的开销。此次谈话一直持续到7月26日的凌晨2点。只由纳粹党外交部的法律部门领导克拉内克博士陪同的希特勒，最终为了“避免直布罗陀海峡落入共产主义者的手中”而答应援助佛朗哥。在7月26日或是27日，他决定向佛朗哥派送佛朗哥没有特意要求（但贝格韦德尔有要
343 求）的运输机。他还添加了条件：为了避免在不同将军之间引发冲突，德国的援助应只针对佛朗哥一个人以及德国的援助只能用于他们战争的防御，而不可用于进攻。[2]在讨论的后期，战争部长戈林、冯·勃洛姆堡将军和一名高级海军军官也加入了进来。

之后，希特勒解释，他之所以援助佛朗哥，是为了“把西方势力的注意力转移到西班牙，从而让德国能够在暗中继续重整军备”[3]。然而，到了1941年，希特勒又说：“倘若不是有红色危机侵吞整个欧洲的危险，我不会插手西班牙的国内动荡。”他还意味深长地补充道：“要不教堂已经在欢呼之中被摧毁殆尽了。”[4]7月27日，他让里宾特洛甫把这一解释作为官方军事干涉的理由。[5]希特勒还认为，如果国家主义在西班牙取得胜利，就意味着“横跨英法的海上交通”将建立一支法西斯主义势力——因此，从战略上考虑，德国有理由介入西班牙内战。[6]1937年，希特勒还给出了另一个解释：对于进口西班牙四分之三矿石产量的

---

① Bernhardt致作者，1971年于布宜诺斯艾利斯。

② 与约翰内斯·伯恩哈特的对话，详情可参见Viñas, p.350。

③ Basil Liddell Hart, *The Other Side of the Hill*（London, 1948）, p.34.

④ *Hitler's Table Talk*, ed. 由Hugh Trevor-Roper创作（London, 1953）, p.320。

⑤ Joachim von Ribbentrop, *Memoirs*（London, 1954）, p.59.

⑥ Liddell Hart, *loc.cit.*

德国，需要西班牙出口铁和其他矿产，一个国家主义政府将会保持或者加大向德国的出口，而一个左翼政府可能不会。伯恩哈特似乎没有特意强调最后这一点，即使这一点完全可以说是最显著的原因，因为西班牙已经向德国出口铁矿石很多年了，而且，自1900年以来，德国人就深知摩洛哥的潜力。很快接到询问意见的卡纳里斯无疑想起他在第一次世界大战的经历，他确信，在战争中，如果西班牙的基地在共和主义一方手中，那德国的潜艇就无法补充燃料。与墨索里尼一样，希特勒也乐意接到佛朗哥的援助请求，而且这是他自3年前上台以来，首次被另一个国家承认自己是一名不可或缺的人物。这次的援助中，伯恩哈特起到了至关重要的作用，朗根海姆也产生了一定影响，这表明德国接下来实行的政策源于纳粹党，而非德国外交部。这一模式体现了纳粹党许多前期决策的特点：职业外交官和军队内部（对纳粹）抱有怀疑态度；纳粹党可以实行国内德国人拥护的独立行动；希特勒单独决策。这一模式在前期取得的胜利让外交官和将军们的小心谨慎看 344
起来很愚蠢。[①]

在拜罗伊特会议结束后，在威尔伯将军的指导下，由空军部国务秘书艾尔哈德·米尔希在德国空军部建立了一个名为“W”小队的特种部队（Sonderstab），该小队负责监督“志愿兵”的招募以及物资的派发。[②]此外，他们还成立了两家控股公司，德国运往西班牙的其他物资、西班牙所支付的全部报酬和用作交换的原材料都通过这两家公司进行。这两家公司分别是由精明的伯恩哈特掌控的HISMA（Compañia Hispano-Marroquí de Transportes，西班牙裔摩洛哥人运输公司）和ROWAK（Rohstoff-und Waren-Einkaufsgesellschaft，原料和货物采购

① 见Karl Bracher, *The German Dictatorship*（London, 1970）, p.323。

② Milch’s diary for 26 July in David Irving, *The Rise and Fall of the Luftwaffe*（London, 1974）, p.48.

公司）。[1]如果一个德国商人想向西班牙出售商品，那他必须先把商品卖给ROWAK，而HISMA将会对其进行出售。德国集结起一支船队，并由海军保护。20架容克52s式飞机（坚固实用的运输机或轰炸机）和6架海因克尔51s式飞机（一种不算十分可靠的战斗机）被运往摩洛哥，86名随行人员中多数是纳粹德国空军的后备役军人：第一批容克飞机于7月29日抵达目的地。一部分飞机的发动机经过特殊改装，以便能让飞机抵达西班牙。即便只有一半数量的飞机飞到西班牙，另外一半也可通过水路来运输。[2]与此同时，一个面向西班牙，由德国人组成的“游客团体”（旅行团联盟）由第一次世界大战的老兵亚历山大·冯·舍勒少校组建。舍勒曾移居查科，于不久前刚返回德国。7月29日，这些人乘坐装有海因克尔飞机和一半数量容克飞机的“乌萨莫罗”号商船从汉堡出发前往加的斯。米尔希以个人名义为他们送行。他们于8月1日抵达了目的地。[3]在他们之后运送的还有工程师、其他技术人员和另外几
345 架战斗机。[4]舍勒后来成了HISMA的军事首领，伯恩哈特变成塞维利亚的总指挥，冯·托马上校担任了指挥官，这些部队在一个月内陆续抵达目的地。冯·托马及其手下的军官们前去训练西班牙人，当然部分原因也是为了积累自身经验。据他所说，他发现西班牙人学得很快——但忘得也快。[5]

在此后两年多，每周都有4架运输机从德国运往西班牙。平均每5

---

① 卡兰萨（Carranza）上尉是一名退休军官，他被任命为伯恩哈特的正式合伙人。Viñas刊登了公司的原始合同。ROWAK直到后来才成立。

② 见Whealey, *loc.cit.*, p.215和相关参考书；关于容克飞机，见José Larios, *Combat over Spain* (London, 1966), p.27；cf. evidence of General Warlimont, submitted to US Army Intelligence, 1945（*UN Security Council Report on Spain*, 1946）。

③ Viñas提出的日期。

④ 同时，德国还向西班牙运送了20门20毫米高射炮、两个短波站、一些机枪、炸弹、反气体设备、航空发动机储备和医疗设备。

⑤ Liddell Hart, *op.cit.*, p.98.

天就有1艘货船派往西班牙。[①]7月28日，伯恩哈特乘坐首架容克飞机回到西班牙。国家主义空军指挥官金德兰将军对他说："你只是一个想赚钱的小丑。"伯恩哈特极力奉劝他去把他的怀疑讲给佛朗哥听。容克飞机很快投入空运行动。当其余的飞机大约在第二天抵达后，伯恩哈特前去告诉凯波·德利亚诺和莫拉，德国的援助将只流向佛朗哥。对于这一消息凯波一笑置之，而莫拉的脸色沉了下来，因为他知道这条消息对他来说意味着什么。[②]

在佛朗哥通过伯恩哈特向希特勒提出请求的一周内，这些安排就已做好了。这让德国外交部大吃一惊。7月28日，坐在驻柏林的西班牙办事处中的杜蒙还在整理部长们反对干预的会议记录。[③]担任战争部长的陆军元帅冯·勃洛姆堡和担任参谋长的冯·弗里奇将军也同样反对干涉西班牙内战。他们认为，据对西班牙投机行为的了解，这场"火焰魔法行动"是一种军事力量的浪费。希特勒的外交顾问对此也存有疑虑。[④]因此，直到10月中旬，他们一直隐瞒着德国外交部和经济部这些有关HISMA以及ROWAK的事情——不过经济部从一开始就知道，毕竟他们曾给ROWAK批复了300万马克的贷款。[⑤]尽管如此，外交部默许了这一违背他们建议的决定。[⑥]当西班牙大使馆向马德里的德国参赞抱怨德国飞机被曝光出现在得土安时，被送往外交部的抗议书的复印件上只潦草且简单地写着"不予回复"[⑦]。一切都在秘密进行。据王牌飞行员阿道夫·加兰德（Adolf Galland）描述："我们的战友（在纳粹德国空军）突 346

① 这些数字来源于研究空中战争的民族主义历史学家José Gomá, *La guerra en el aire*（Barcelona, 1958）, p.66。在整个战争期间，有170艘运输船前往西班牙，主要从汉堡出发。

② Johannes Bernhardt的回忆。

③ *GD*, p.14.

④ Ribbentrop, p.60.

⑤ *GD*, p.114.

⑥ Ernst von Weizsäcker, *Memoirs*（New York, 1951）, p.112.

⑦ *GD*, p.16.

然一个接一个消失得无影无踪……大概6个月以后，（当他们）回来的时候，皮肤都被晒得黝黑，精神异常亢奋。”①

几乎所有去过西班牙战场的德国人，尤其是飞行员，都是年轻的纳粹党党员，他们对一句传唱度极高的歌曲的歌词深信不疑：“当别人都在我们的面前脚步迷乱，我们将迈开前进的步伐。我们的敌人代表的是红色，整个世界的布尔什维克们。”②他们中的多数人都是狂热的志愿兵。

很多德国援助通过葡萄牙来安排。在西班牙内战中，葡萄牙扮演的角色很简单。西班牙国家主义者不像葡萄牙社团主义政权（Portuguese corporative régime）那样充满宗教色彩，他们的立场与南非诗人罗伊·坎贝尔（Roy Campbell）在诗中所指的里斯本独裁者——“亲切的萨拉萨尔”（gracious Salazar）几乎相同。③葡萄牙政府担心，如果西班牙左翼侥幸胜利，葡萄牙本土可能遭到入侵。④他们的动机并非出于通过分裂西班牙，让西班牙变成诸多小伊斯兰国家这一表面上很有吸引力的想法。⑤萨拉萨尔能给予国家主义者的军事援助没有多少，但他为他们提供了其他有价值的便利：一个可以筹谋划策的地方；一个庇护所；一种他们的两大区域在内战初期可以互相通信的手段。佛朗哥的长兄尼古拉斯·佛朗哥（Vicolás Franco）被批准建立他的总办事处，并以此用于在里斯本购买武器。驻里斯本的共和国大使、知名历史学家、前外交部长克劳迪

---

① Adolf Galland, *The First and the Last*（London, 1957）, p.23.

② ‘*Wir werden weitermarschieren, wenn alles in Scherben fällt, Unsere Feinde sind die Roten, die Bolschewisten der Welt*’.

③ 取自他的诗《盛开的步枪》。坎贝尔在该市爆发革命时被困在托莱多的家中。他和他的家人差一点逃脱。后来他成了国家主义者最热心的支持者之一，但实际上他并没有为国家主义者而战。Southworth, *El mito*, p.116f，对1939年出版的《盛开的步枪》和1957年出版的版本进行了严格的比较。

④ Eden, p.400.因此，葡萄牙外交部长蒙泰罗在7月30日告诉艾登该担忧，并补充说，他担心西班牙与德国关系过于密切。

⑤ 该计划被审查并被否决。见Hugh Kay, *Salazar and Modern Portugal* (London, 1957), p.86f。

奥·桑切斯·阿尔沃诺斯被他的手下背叛后，很快被囚禁在他自己国家 347
的大使馆中。萨拉萨尔在8月1日表示，他打算“以一切可行的手段”来帮助叛军——其中包括，在必要时刻，动用葡萄牙武装力量进行介入。[①]这导致逃亡到葡萄牙的西班牙共和主义者常常被移交给国家主义者——比如共和国律师安德烈斯·德卡斯特罗和24名来自比戈的逃亡者，他们在图伊的国际大桥上被枪杀。[②]葡萄牙媒体从一开始就支持国家主义者。8月20日，里斯本的德国代办报告称，“威格伯特”号和“喀麦隆”号轮船从德国带来的战争物资已被极为顺利地运至西班牙。代办称，是萨拉萨尔“出于个人意愿，通过处理各项事务而排除了一切困难”[③]。

在希特勒同意援助佛朗哥的同一天，法国共产主义铁路工人领袖、共产主义工会组织——赤色工会国际的欧洲办事处主任加斯顿·蒙穆索主持了一项由赤色工会国际和共产国际执行委员会参与的联合会议。[④]会议决定向西班牙共和政府提供10亿法郎的援助，其中的十分之九将由苏联的工会来承担。这笔资金的支配由一个特别委员会执行，该委员会的成员有法国共产党领袖多列士、陶里亚蒂、“热情之花”、拉尔戈·卡瓦列罗以及何塞·迪亚斯等。[⑤]为了援助共和国，一场声势浩大的宣传运动将在整个欧洲和美洲掀起。许多援助组织以倡导人道主义和拥护独立自主的名义建立，实际上，这些组织都由共产国际主导。巴黎和维利·明 348

① 最终，“数千名”葡萄牙志愿者为国家主义的军队而战（Salazar, 1939年5月的演讲，qu. Kay, p.92）。

② Iturralde, vol. II, p.113.

③ *GD*, p.53. 国际左翼对葡萄牙的反感情绪很快就变得和对佛朗哥的反感一样强烈。小说家路易斯·戈尔丁甚至在英国煽动抵制港口行动。

④ 声明来源同fn. 4, p.325。

⑤ Nollau（p.139）表示，共产国际执行委员会（隶属ECCI）成立了一个西班牙问题特别委员会，成员包括“热情之花”、安德烈·马蒂、陶里亚蒂、安德烈·比埃洛夫（André Bielov）和斯特拉·布拉戈耶娃（Stella Blagoyeva）等。最后两位是共产国际的官员，可能是内务人民委员会任命的官员。1945年后，保加利亚人斯特拉·布拉戈耶娃以保加利亚驻莫斯科大使的身份结束了她的任职生涯。

岑贝格一直是此次运动的中心。其中最重要的组织是自1934年起就在左翼革命运动中活跃的国际红色援助（International Red Help）。7月30日，一场大型会议在巴黎的瓦格拉姆大厅举行。在会上，从西班牙回来的马尔罗通过一系列精彩绝伦的演讲，成了备受瞩目的发言人。在不时被《马赛曲》、《卡马尼奥拉歌》（*La Carmagnole*）和《年轻的卫兵》（*La Jeune Garde*）打断的演讲中，他呼吁“召集志愿兵，并且援助为自由而战的西班牙”。之后，援助西班牙人民国际委员会成立，该委员会由慈善家维克多·巴施（Victor Basch）[①]出任主席。不久之后，该组织的分部几乎遍布各个国家。到此为止，这些组织所涉及的只有金钱、食物和医药补给，并不包括军事援助。各委员会名义上的领导者通常都是不谙世故的名人，但他们的身边都有共产主义书记的身影。不过迄今为止，苏联还没有进行过军事援助。当西班牙共产党对此抱怨时，陶里亚蒂严厉地说道：“保护政策对苏联可谓重中之重。在保护问题上，一步走错就能打破权力的平衡，进而导致东欧爆发战争。”[②]同时，国际工会联合会（不含共产党）和劳工与社会主义国际也于7月28日在布鲁塞尔举行了会议，会议为了给西班牙筹集资金还决定向全世界呼吁——但此次会议算不上很成功，到9月份，只筹集到45,000英镑。[③]

—

大西洋彼岸很快就涌现出第一波对西班牙内战的反应。[④]智利、墨西哥、阿根廷、乌拉圭、巴拉圭和古巴都在欢迎近来成批的西班牙移民，由

---

① 匈牙利血统的犹太学者。1944年，他和他的妻子都被盖世太保杀害，当时他们已经80多岁了。关于会议，见Langlois, *loc.cit*。

② Hernández, p.36.

③ Report of 1936 TUC, quoted K. W. Watkins, *Britain Divided*（London, 1963）, p.153.

④ F. J. Taylor, *The United States and the Spanish Civil War*（New York, 1956）, p.39f.

于这是在“祖国”（la madre patria）发生的事件，拉丁美洲和南美洲的所有国家都受到了影响。巴西强烈支持西班牙的国家主义者。加拿大省份魁北克与巴西类似，存在着有相同天主教背景的法西斯主义组织。智利政府坚决拥护国家主义者。墨西哥作为一个在自身体制上就反对教权主义、贵 349
族阶级特权的国家，自然从一开始就支持西班牙共和国政府。在委内瑞拉，罗慕洛·贝当古领导的非法的改革主义党派——民主行动党（Partido de Acción Democrática）支持西班牙共和国。古巴左翼也对西班牙的“这出戏”深受触动，就像他们对本国自1933年以来的革命活动中的每个事件一样：毕竟在哈瓦那的商业生活中，西班牙人扮演着重要角色。

在美国，罗斯福正准备开启第一任期，他希望自己在1936年总统选举中获选。因此，对于大部分美国人，一些国际事务看起来还很遥远。对于欧洲的一切“冒险”，美国的共和党和民主党都采取了中立态度。在1935年5月的阿比西尼亚危机期间，美国国会通过了一项中立法案，该法案规定，一旦总统宣布某地进入了战争状态，任何美国公民向该地的交战团体出售或运输武器的行为都被视作非法。尽管该法案并非特意针对西班牙内战，且罗斯福总统对共和国深表同情，但从西班牙冲突开始，美国政府就按照该法令行事——这一方针在美国驻西班牙大使克劳德·鲍尔斯身上体现得淋漓尽致，他是一名专业的报纸撰稿人和（杰斐逊的）传记作家。埃莉诺·罗斯福夫人、财政部长亨利·摩根索、农业部长亨利·华莱士、内务部长哈罗德·伊克斯和助理国务卿萨姆纳·韦尔斯也都是共和主义的捍卫者。国务卿科德尔·赫尔只会对“公正的事业”表达同情心，并且，通常他有自己的判断标准。在其他方面，正如不久之后我们看到的，类似得克萨斯石油公司（Texas Oil Company）等一些公司可以自由地对佛朗哥进行援助。[1]

---

① 罗斯福对西班牙政治一无所知。“我希望，如果佛朗哥获胜，他将建立一个自由的政体。”他在1936年夏天的第一次采访中对后来的共和党大使德洛斯·里奥斯这样说（Azaña, vol. IV, p.630）。

不过，西班牙内战对美国舆论界产生的震动与在欧洲差不多。同在纽约的西班牙政府新闻办事处和国家主义总办事处“半岛新闻社”都掀起了山呼海啸般的宣传活动。美国报纸对战争的立场声明与英国报纸和法国报纸同样激烈。美国天主教徒袭击拥护共和国的记者，自由主义者攻击那些通过文字为国家主义者辩护的人。对于《纽约时报》，这种观念上的分歧影响了其内部的两位新闻人——为国家主义者
350 撰稿的W. P.卡尼和为共和主义者撰稿的赫伯特·马修斯。[1]从未经受过国外事务影响的美国社会主义和自由主义的知识分子把共和主义西班牙的事业牢牢记在心中，那些已经成立的反法西斯主义（亲苏联）组织日益发展壮大。[2]

7月29日，墨索里尼委托鲁杰罗·博诺米上校（Colonel Ruggero Bonomi）从埃尔马斯（卡利亚里）运送的，用于援助国家主义者的第一批12架萨伏亚81轰炸机中，[3]有1架在法属摩洛哥的贝尔卡内强行着陆，1架在阿尔及利亚的萨达坠毁，还有1架在离岸30英里的海上坠毁。法国前空军部长德南将军在一次调查中发现，身穿平民服装的意大利空军驾驶着涂有意大利色彩，并配有4挺自动机枪的飞机，在黎明时分起飞离开撒丁岛。一名生还者后来承认此次飞行是为了援助西班牙叛军。[4]此时，博诺米和墨索里尼的私人好友、飞行员埃托雷·穆蒂，带领其余的萨伏亚轰炸机抵达了佛朗哥的指挥部。

7月29日上午，法国外交部否认法国政府曾向西班牙共和国运送过任何战争物资。布鲁姆和德尔博斯于7月30日向参议院的外交事务委员会重申了这一否认。法国内阁于8月2日举行了一场会议，相关讨论异

---

① 见Allen Guttmann, *The Wound in the Heart*（New York, 1962）。

② 见Caute, p.139。

③ 萨伏亚-马切蒂81。

④ *L'Echo de Paris*,1 August 1936. Cf. Bolín, p.172. 博诺米在书中说，他收到了7月28日前往摩洛哥的命令。

常激烈。科特提出，意大利援助叛军的证据代表了不干涉政策已然失败。接替莱热职务，并“考虑英国立场”的德尔博斯表示，资助西班牙内战任意一方的所有国家，都应该着手对不干涉政策达成共识。法国内阁宣布，他们已经决定为“不干涉条约”向“有利益关系的政府”提出诉请——先从英国和意大利开始。该计划得到了英国的支持，他们把确保此项计划的成功实施作为当下本国的目标。[1]然而，尽管有这些官方的否认表态，但或许一些法国内阁成员并不知道，皮埃尔·科特、让·穆兰、马尔罗和他们的朋友们正向西班牙运送一批最新式的军用飞机—— 351
包括1935年建造的马塞尔·布洛克轰炸机（达索公司生产），刚进行服役的波泰兹54轰炸机以及德瓦蒂纳371战斗机。这些飞机飞到了蒙都达洪（图卢兹）和玉巴耶尔（佩皮尼昂）等法国南部的机场后，由西班牙飞行员或法国预备役飞行员驾驶飞往西班牙。[2]在巴塞罗那国际机场，科特委任法国飞行员阿贝尔·基德（Abel Guides）与他们进行对接。到8月8日为止，总共有将近70架飞机被派出，其中有40—50架由政府派出，有20—30架通过私人武器商人或马尔罗等经理人派出。[3]第一架飞机大约在7月31日出发。重要的是，说服宝玑和波泰兹

① 8月4日与巴黎的通话记录（FO 371/205/26/23）以及与已故弗朗西斯·海明的对话。

② 关于飞往蒙都达洪的17架德瓦蒂纳飞机的遭遇，见Jean Gisclon, *Des avions et des hommes*（Paris, 1969）。

③ 确切的数字及其构成很难确定。70这个数字来自Pierre Cot, *The Triumph of Treason*（Chicago, 1944）, p.343。参考Lacouture, p.229；Salas Larrazábal, vol. I, p.436；Sanchis, p.11；以及*Les événements survenus*, p.219。可能的出货量大约是：5架布洛克210式轰炸机，20架波泰兹54系轰炸机（有些是540式，有些是543式），10架宝玑十九式侦察机，17架德瓦蒂纳371战斗机，1架德瓦蒂纳500和1架德瓦蒂510战斗机，5架阿米奥轰炸机，5架波泰兹25-A-2轰炸机。Pike, pp.44-46，记录了8月2日至9日从弗朗卡扎（图卢兹）飞往巴塞罗那的38架飞机，以及8月9日至10月14日从法国航空公司所有的蒙都达洪机场起飞的56架飞机。后者包括6架卢瓦46（Loire 46）战斗机和1架布莱里奥·斯帕德510（Blériot Spad 510）战斗机。后者可能更多。Jules Moch, *Rencontres avec Léon Blum*（Paris, 1969）, p.146，谈到另外13架德瓦蒂纳战斗机在8月8日前往西班牙。

公司的董事们援助西班牙人并没有那么容易，只有德瓦蒂纳公司和哈奇开斯机枪公司的董事们略带热情地派送了物资。[①]这次援助的价值多少有一些争议，因为波泰兹轰炸机虽然可以携带2,000磅[②]的炸弹，但其飞行速度缓慢：飞行速度只能达到时速100英里（约161千米/时），并且需要由7个人来同时进行操纵；它也因此被称作“会飞的集体棺材”[③]。德瓦蒂纳飞机（时速180英里，约290千米/时）的速度要比纽波特飞机快，但它们到达战场时并没有装载武器装备，要投入战场并不容易。

对法国技术人员和飞行员的招募开始了。在法国雇用的特种工人被
352 派往卡塔赫纳和巴伦西亚的海军修理车间工作。法国激进派政治家、议员布苏特罗组织了招募飞行员的工作（有些飞行员以月薪5万比塞塔的天价被雇用）。这些人都被上了价值50万比塞塔的人身保险，担保公司是由布苏特罗主管的保险公司。[④]与此同时，由佛朗哥在英国购买的且被扣押在波尔多的4架福克飞机返回了出发地。很快，富有想象力的安德烈·马尔罗受命建立和指挥一个由外国人组成的飞行中队。他集结了大概20架飞机，大部分是波泰兹54轰炸机，也有阿比西尼亚的皇帝海尔·塞拉西曾经的1架私人飞机，还有几名机械工、1名翻译、1名运输经理和12名飞行员。这些人中的一部分是理想主义者，比如共产主义代表朱利安·塞格纳瓦；还有一部分人是雇佣兵。他们中大部分是法国人，

---

① Jesús Salas, p.83.

② 1磅约为0.45千克。——编者注

③ A. García Lacalle, *Mitos y verdades: la aviación de caza en la guerra española*（Mexico, 1974）, pp.134-135.

④ Jesús Salas, p.64刊登了一份飞行员合同。西班牙低级军官的平均月薪为333比塞塔。后来，外国飞行员的巨额奖金减少了一半，到了冬天，志愿飞行员每击落一架敌机，就能得到1,000比塞塔的报酬。前13名飞行员都是法国人（如达里、巴尔伯特、伯奈、托马斯、海尔曼），但很快英国人出现了（如史密斯-皮戈特、多尔蒂、卡特赖特、克利福德、柯林斯），后来又加入了一些美国人（如达尔、坦克尔、莱德、艾莉森等）。所有人都是雇佣兵，尽管大多数人有一些不同的政治观点。

但也有一小部分是意大利人，后来还有几个美国人、德国人和一个英国人。马尔罗把他的中队称作“西班牙飞行小队”。“西班牙飞行小队”的基地起初是在巴塞罗那，之后迁移到马德里郊外的巴拉哈斯机场。8月份，“西班牙飞行小队”活跃在埃斯特雷马杜拉的前线，他们的飞行员居住在马德里。法国财政部长（樊尚·奥里奥尔）顾问团的一名工会成员加斯顿·居赞在8月份组建了一个法国政府的秘密部门，其目标是援助西班牙共和国。[1]

到了8月，陆军革命纵队中出现了许多外国人，尤其是为了“人民的奥林匹克运动会”（People’s Olympiad）而来到巴塞罗那的德国人和意大利移民，共产主义者和社会主义者。意大利的无政府主义者常年居住在巴塞罗那，他们中的一些人曾参加保卫电话局的战斗。一名奥地 353
利的无政府主义者在阿塔拉扎纳斯兵营的战斗中牺牲，大概总共有200名外国人在7月份参加了加泰罗尼亚的战斗。意大利人很快组建成歌斯东尼-索齐（Gastone-Sozzi）[2]部队，德国人在德国国会大厦的前共产主义代表汉斯·贝姆勒（Hans Beimler）的带领下，组建了台尔曼“百人队”[3]。许多法国人和比利时人组建了“巴黎部队”。这些人（包括一部分女人）所组成的团体并没有特定的政治意图，只不过其中共产主义者占绝大多数。8月末，另外一个意大利团体——正义与自由纵队，在意大利社会民主派团体领袖卡洛·罗塞利的带领下，于韦斯卡附近展开战斗。

---

① Pierre Péan, *Vies et morts de Jean Moulin*（Paris, 1998）, p.141ff. 马尔罗也执行飞行任务，尽管他没有飞行员执照。他的目的是刺激和鼓励他人。他在马德里佛罗里达酒店的众多手下给人留下了糟糕的印象。见Lacouture, p.230；Paul Nothomb（Julien Segnaire）, *La Rançon*（Paris, 1952）, whose author appears in *L’Espoir* as ‘Attignies’；Koltsov, p.93；Pietro Nenni, Spagna（Milan, 1958）, p.196。Hidalgo de Cisneros, vol. II, p.323f. 提供了一个负面评价。

② 歌斯东尼-索齐是一名被黑衫军杀害的意大利社会主义者。

③ 台尔曼曾是一名汉堡港口工人，他是个半文盲，性格热情、散漫，曾作为德国共产党的领导人而被推荐给斯大林。他此时被关入集中营，直到1944年在那里被谋杀。贝姆勒曾被关押在达豪，他勒死了看守他的党卫军卫兵，穿着卫兵的衣服逃了出来。

从法西斯主义监牢中逃脱以后，卡洛·罗塞利一直活跃在巴黎的意大利流亡分子当中。西班牙最先出现的英国志愿兵是来自伦敦东部的共产主义“服装工人”——山姆·马斯特斯和纳特·科恩，内战爆发时，他们在法国骑行示威。在巴塞罗那，他们组建了一支以英国共产主义者汤姆·曼恩（Tom Mann）命名的“百人队”。第一个冲上前线的英国人据说是20岁在剑桥三一学院念研究生的共产主义者约翰·康福德，康福德的曾祖父是查尔斯·罗伯特·达尔文[1]，他的父亲是一位古典哲学教授。[2]出人意料的是，8月13日，身为共产主义者的康福德于雷西涅那加入了一支在阿拉贡前线战斗的马克思主义统一工人党纵队——这是因为他没有随身携带任何能证明他“反法西斯主义身份”的证件，因此遭到加泰罗尼亚统一社会党纵队的拒绝。[3]第一名战死的英国志愿兵是一个名叫费利恰·布朗的共产主义女印刷工，8月25日，她在阿拉贡中
354 弹身亡。曾经居住在布拉瓦海岸的费利恰为了参加人民的奥林匹克运动会来到巴塞罗那，并在巴塞罗那参与了街头战斗。这些早期在阿拉贡和加泰罗尼亚“为自由而战的志愿兵”加起来共有1,000人至1,500人。[4]

与此同时，深刻影响内战外交背景的国际棋局上出现了一些新动作。英国工党的外交事务发言人菲利普·诺埃尔-贝克抵达巴黎。布鲁姆告诉他，一个国家主义的西班牙对英国与法国有同样的军事威胁。诺

---

① 进化论的奠基人。——编者注

② 康福德由同样来自剑桥三一学院的理查德·本内特陪同（在同一个阿拉贡前线的不同部门），在前线工作了一段时间后，本内特加入了巴塞罗那广播服务公司，并以“西班牙之声”的身份进行广播。

③ *John Cornford, A Memoir*, edited by Pat Sloan（London, 1938）, p.199. 另见 p.Stansky and W. Abrahams, *Journey to the Frontier*（London, 1966），康福德和另一名去过西班牙的英国人朱利安·贝尔的回忆录。康福德的决心，也许如他那张著名的照片显示出来的一样坚定，这也使他成为英国最著名的“西班牙志愿者”。他前去参战的决定做得相当随意（Stansky and Abrahams, p.314）。他还是一位难得有前途的诗人。

④ Martínez Bande, *La invasión de Aragón*, p.70.

埃尔-贝克提出法国应当联系英国内阁。因此，布鲁姆派海军参谋长达尔朗海军上将以个人名义与鲍德温政府进行联络。事实上，鲍德温政府需要得到准确的信息。[①]马德里的英国大使馆认为，叛军攻陷首都是迟早的事，因此英国政府不打算把太多注意力放在外国人民的痛苦遭遇上。巴塞罗那的领事诺曼·金预测经济会出现崩溃，与此同时，驻圣让德卢兹的大使认为这场对决是“叛军对乌合之众”。他还说：“局势开始向法国大革命的方向发展，只不过步枪和左轮手枪代替了‘断头台’。（此时）急需红花侠的出现……”[②]同时，共和主义的西班牙，尤其是加泰罗尼亚每天都会发出援助请求：

> 各个国家的工人和反法西斯主义者！我们作为西班牙的工人阶级虽然贫穷，但正在追求一个伟大的理想。你我同处战斗当中。我们的胜利代表着自由的胜利。我们是反抗法西斯主义的国际无产阶级急先锋。各个国家的男人们和女人们！来帮助我们吧！把武器送往西班牙！[③]

然而，马德里政府的一系列动作表明，情绪不会影响他们寻求武器的行动。8月2日，共和国外交部长巴尔西亚向柏林独立飞机协会的斯特姆先生提出请求，问德国是否可以向他们出售歼击机和能携带100磅到200磅炸弹的轻型轰炸机，德国可以要求用任何一种货币进行支付，甚至是黄金。[④]从这一请求可以明显看出，此时的共和国政府对德国的态度仍十分友好（审查中甚至禁止在漫画中丑化德国纳粹党党徽），即使 355

① *Les événements survenus*, p.219.

② 红花侠很快出现了。见FO, 371/205/26/83；96；and 120；also 28/177。

③ CNT-FAI bulletin, 28 July.

④ *GD*, p.20.

他们已经知道德国人同时也向他们的敌人派送了战争物资。[1]收到这一请求的德国军官施文德曼极力主张对其进行拖延处理，而非直接拒绝。与此同时，8月2日，一批从意大利出发装有飞机零部件和发动机润滑油的海运货物抵达了摩洛哥。[2]8月4日，海军上将卡纳里斯秘密来到罗马，他此行的目的是试图协调德国和意大利对佛朗哥的援助。他和在意大利军事情报部门与他同级别的马里奥·罗阿塔上校进行了一次长时间的谈话。这次谈话标志着引领未来轴心的军事合作正式开始。[3]意大利同意提供汽油，并允许德国飞机在德国与西班牙之间的航线区域降落。[4]

关于国际化背景下的西班牙内战还有一个方面值得注意。20世纪30年代是国外新闻记者活跃的时代。从1936年7月末开始，两年半里，新闻界中最响当当的名字都出现在比利牛斯山脉的南部。新闻机构聘请知名作家来代表他们“参加”西班牙内战。新闻工作者们本身对西班牙的描述既有很多失实的地方，也有不少精彩之处。但很多新闻工作者写文章不只是为了评论，而是把报道当作维护一方或另一方的宣传册。在共和国一方，这种情况尤其如此，因为相比之下，国家主义的新闻部门要想激发民众热情更加困难。在拥护共和政体的人当中，新闻工作者赶赴前线，帮助训练西班牙人使用
356 机枪以及组织武器补给。一名《泰晤士报》的新闻记者最早向反法西斯军事委员会指出，只有找到能为巴塞罗那提供足够食物的方法，他们才能赢得战争的胜利。

---

① 共和国还试图从臭名昭著的西班牙殖民地伊夫尼（Ifni）招募本土军队，直到8月初西班牙陷落。

② R. Salas, vol. I, p.441.

③ Whealey, in Carr, *The Republic*, p.217, quoting German naval documents.

④ Viñas, p.429.

—

没有任何行动导致了内战，即便有争议认为，要不是左翼受迫于对法西斯主义的恐惧，右翼受制于对共产主义的畏惧，内战就不会发生。没有任何外国势力主动援助哪一方。但如今，那些无论以何种形式被牵扯进去的国家发现，再想脱身已是难如登天。与拿破仑时期一样，他们深深陷入西班牙政局的流沙当中。因此，欧洲秩序最后的崩溃起始于1936年7月的西班牙。

22. 右翼搅动局势 357

有两方面的军事动向迅速改变了西班牙的局势：佛朗哥率领非洲军团从塞维利亚出兵北上；莫拉率领北方军进军巴斯克的吉普斯夸。

从7月29日到8月5日，在空军上尉冯·莫罗的领导下，德国人提供的运输机将1,500名非洲军团成员运送到塞维利亚。此后，每天运送的人数达500人。这是历史上首次对部队进行的大规模“空运”①。希特勒后来表示：“佛朗哥应该为容克52式飞机的功绩而建立一座纪念碑。西班牙大变革的胜利，这架飞机可谓功不可没。”②在8月5日的
“非洲圣母节”，5架意大利的萨伏亚81轰炸机、一些其他型号的飞机 358
和水面舰艇护送了载有3,000名武装士兵的商船队从摩洛哥抵达西班

---

① 8月和9月约有677架次，有12,000人从非洲飞往西班牙。到9月底，随着佛朗哥获得海上控制权，对此类空运的需求终止了（Kindelán, *Guerra de liberación*, Saragossa, 1961, p.365）。

② *Hitler's Table Talk*, p.687. 西班牙内战中的第一次空运是7月20—29日由西班牙飞行员操作的。由福克和道尼尔飞机从得土安到塞维利亚进行小规模飞行，每次飞行携带10名士兵，7月20—31日共空运837人，参见J. Martínez Bande, *La campaña de Andalucía*（Madrid, 1969）, p.36。

牙。[1]共和国舰队远比叛军能集结的舰队强大，但因为缺少优秀的指挥人员，这些共和国战舰都停放在卡塔赫纳和马拉加的港口。在港口区域出现的三大德国战舰中的“德国”号和“舍尔海军上将”号，令共和国的海员们惊愕不已。在调兵上的成功意味着此后佛朗哥可以在塞维利亚集结一支强大的队伍，向北切断共和军与葡萄牙的联系，然后与北方军会合。

这支被称为“非洲”的军队由佛朗哥亲自率领。佛朗哥于8月6日乘飞机前往塞维利亚，他命令奥尔加斯留守摩洛哥。亚格领导这支军队阵地作战，他手下的阿森西奥、德尔加多·塞拉诺、巴龙和特利亚这几位上校全部是经历过摩洛哥战争的老兵。这些军官中的每个人都负责指挥外籍军团的1个步兵连[2]、摩尔部队的1个营[3]以及1—2个炮兵连。整个军队（指几乎所有通过空运越过直布罗陀海峡的士兵，大概有8,000人）划分成以100人为单位的独立小分队，乘坐由凯波·德利亚诺在塞维利亚征用的卡车，向前推进。由意大利人和德国人分别驾驶的8架意大利萨伏亚81s式飞机和9架德国容克52s式飞机让国家主义者掌控了当地制空权。同时，来自塞维利亚飞行俱乐部的志愿兵们活跃于侦察和通信任务（两名飞行俱乐部成员通过从空中投西瓜，让一群民兵落荒而逃）。[4]每到一个市镇，卡车就会停下来，然后炮兵和飞机对市镇进行长达半个小时的轰炸。之后，军队再继续前进。如果

---

① 关于这一天，有记录显示佛朗哥在休达附近的斧头山（El Hacho）上观看乐队演出，以及欣赏歌唱的战士们的到来，见Larios, p.32, Bolín, p.173和Martínez Bande, *op.cit.*, p.40f。当天活跃的飞机有5架萨伏亚、3架福克引擎、1架在塞维利亚捕获的DC2、2架水上飞机、2架纽波特战斗机和1支宝玑十九式中队（R. Salas Larrazábal, vol. I, p.295）。参见意大利上校博诺米关于意大利人战争角色的回忆录。

② 见原书p.206, fn. 4。

③ 一个“tabor”（营）是一个225人的作战单位。

④ Larios, p.44.共和国空军司令部更关注其在马德里北部的塞拉山（Sierras）的优势部队。见Jesús Salas, p.64。

遭到抵抗，该部队将以对抗正规军的标准对其进行打击。弹药充足的时候，民兵组织也许能英勇战斗，但当他们陷入恐慌时，就会因为缺少纪律而难逃崩溃的命运：没有人告诉他们要分散开来保卫一个村庄。随后，当发现那些在革命中被杀的队友尸体后，为了报复，外籍军团会对存活下来的左翼党派领导者进行四处追捕和枪杀。所有手里拿着 360
武器或肩上有步枪后坐力撞出的青肿的人都有可能被枪毙。很少有人被关入监狱。外籍军团和摩尔部队的残忍程度超出了人们的想象。在西班牙当地的传说中，摩尔人常常是反面人物：如今，他们令整个西班牙的西南部闻风丧胆。据葡萄牙媒体报道，仅在小城阿尔门德拉莱霍，就有大约1,000人死亡。[①]亚格的军队向北移动以前，有大批难民逃亡。在对“红色”进行虐杀的地方，教堂被重新开放，这些教堂对上个月出生的婴儿举行弥撒和洗礼。亚格带领军队，用上述方式，以古罗马人为榜样，在一周内行进200英里。8月10日，他和他的军队抵达了梅里达。天生就有雇佣兵特质的亚格十分热衷于这样的征途，他的热血风格深受部下欢迎，但他完全不是上司佛朗哥欣赏的那种与德国人一样作风冷酷的现代型将军。在梅里达以南4英里处，民兵队伍让亚格第一次真正体验到了战争的残酷。战斗在市镇前的瓜迪亚纳河展开。阿森西奥通过一场突袭占领了大桥。城内的防御委员会成员被处死。他们的领袖是无政府主义反抗势力的灵魂人物——阿尼塔·洛佩斯。此后，亚格与北线的叛军建立了联系——尽管在当时，他还没有与任何一个和军事力量相关的人员、组织取得过联系。他还切断了巴达霍斯城

---

① *O Seculo*, 11 August 1936. 在最初的几个月里，葡萄牙媒体对国家主义大屠杀行径的评论是公允的。见 Brenan, *The Spanish Labyrinth*, p.225，评论见 Southworth, *El mito*, p.215。关于这次战役，参考 Aznar, p.102f.；Lojendio, p.138f.；Sánchez del Arco；and Harold Cardozo, *The March of a Nation*（New York, 1937）；Cecil Gerahty, *The Road to Madrid*（London, 1937）；以及 H. R. Knickerbocker, *The Siege of the Alcázar*（Philadelphia, 1936）。

市下属的边界市镇线路。他带领阿森西奥和卡斯特洪朝着这一方向继续前进，并让特利亚带领一支小规模队伍留守梅里达。此时，从梅里达逃走的民兵组织得到了2,000名来自马德里的突击警卫队和国民警卫队的士兵增援，他们于8月11日发起了反击。特利亚挡住了这次反攻，从而使亚格能带领卡斯特洪和阿森西奥以及3,000名士兵集中进攻巴达霍斯，虽然从战略上讲，这次进攻可能是一个错误：向马德里逼近可能是一个更好的选择。镇守该城市的是伊尔德丰索·普伊格登戈拉斯（他之前
361 指挥共和国的纵队攻占了瓜达拉哈拉）和8,000名缺乏战斗经验的民兵。就在进攻开始前，普伊格登戈拉斯被迫把物资、精力和信任用于对付国民警卫队的一场叛变。

炎热的巴达霍斯在各个方向都筑有围墙，在亚格正行进的城东方向，更有宽阔的瓜迪亚纳河作为屏障。8月14日，经过一上午的炮击后，大约在下午3点，他们吹响了进攻的号角。外籍军团第四步兵连的第十六分队围攻了三一门（Puerta de la Trinidad），在进攻的时刻，他们整齐地唱起了歌曲，歌中赞美他们的“新娘”是“死亡”。在第一轮进攻中，他们被民兵的机枪击退。到了第二轮进攻，外籍军团进行了强攻，他们用刀刺向了敌人。

三一门得手后，进攻部队中幸存下来的只有1名上尉、1名下士和14名外籍军团成员。与此同时，另一支外籍军团的纵队在石柱门附近的城墙展开了进攻。在攻进城内的过程中，他们没有遇到太多抵抗。随后，双方打起了巷战。在大教堂的阴影之下，交战双方于共和国广场展开了交锋，后来，城市失去了控制。肉搏战一直持续到8月14日的夜晚。巴达霍斯城内尸横遍野。自从城市被攻破，对抗和压制乱作一团，因为没人下令是继续战斗还是停火。普伊格登戈拉斯坐飞机逃到葡萄牙。外籍军团杀了所有携带武器的人，其中包括大教堂内通往祭坛的阶梯上的民兵。斗牛场变成了集中营。在亚格的命令下，有大量的民兵，甚至比民兵数量更多的马枪骑兵被

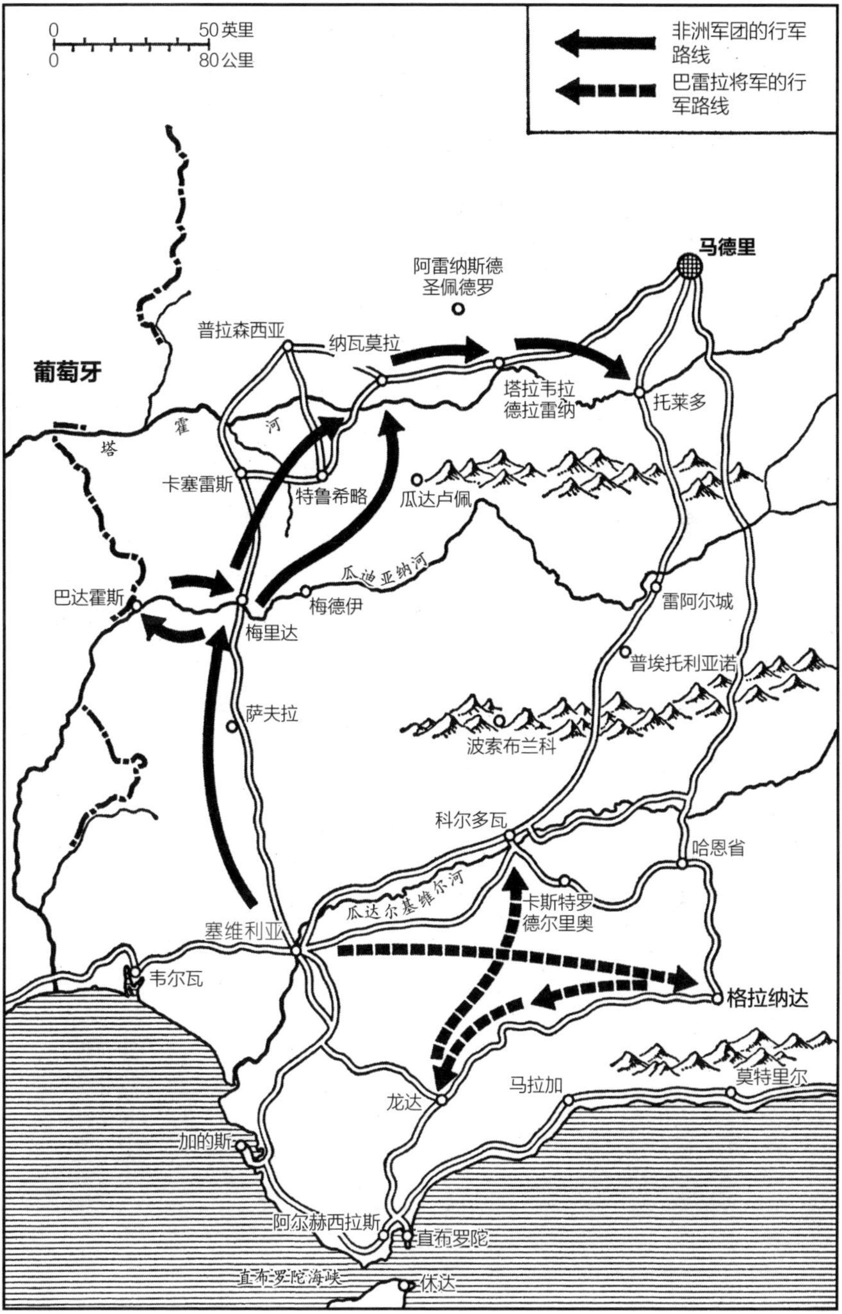

图11　非洲军团的战线概况，1936年8—10月

362 枪毙。[1]处决持续到8月15日，之后的一段时间里，处决的力度不断减小。[2]萨拉萨尔交出越过边境线的难民们以后，又进行了一轮大规模的镇压运动。这次的胜利切断了葡萄牙边境与共和国政府的联系。

8月20日，亚格再次展开了行动，向东进发直奔马德里。特利亚取道特鲁希略，前往纳瓦莫拉德拉马塔，并于8月23日攻占该地。在向东方向上，绵延不绝的塔霍河谷没有任何明显的自然屏障。3月份以来共和国占领农场后进行的所有革命集体化全部作废——虽然在这一过程中并没有发生太多冲突，但过后还是杀了很多人。阿森西奥和卡斯特洪越过瓜达卢佩山向塔霍河谷进发。由里克尔梅将军率领的埃斯特雷马杜拉军队和来自马德里的部队在这里与他们展开了战斗。在第一轮激烈的交战中，市镇梅德伊的阿森西奥纵队的一个小队几乎被马尔罗的飞行中队歼灭[3]：这支飞行中队集结了2—3架波泰兹轰炸机、1—2架宝玑飞机以

---

① “巴达霍斯大屠杀”的消息首先由两名法国记者马塞尔·丹尼（Marcel Dany）和雅克·贝谢（Jacques Berthet）以及葡萄牙记者马里奥·内维斯（Mario Neves）向世界公布。他们的报道随后被麦克尼尔·莫斯（McNeil Moss）少校在*The Legend of Badajoz*（London, 1937）中否认，后者又遭到了Koestler在*Spanish Testament*, pp.143–145.中的驳斥。麦克尼尔·莫斯的故事是从两名佛朗哥的英国志愿者（Fitzpatrick上尉和Nangle上尉）处得到的，然而，他们在9月9日才加入国民军。1959年，作者在巴达霍斯的调查使他确信上述故事的真实性。死亡人数的确切数字可能永远不得而知。这一数字可能没有《芝加哥论坛报》（*Chicago Tribune*）的杰伊·艾伦（Jay Allen）说的1,800人那么多。Southworth的*El mito*（p.123）包含了关于这些事件的新证据。正如目击者分别向作者证实的那样，大教堂内肯定发生了战斗，就像国家主义（e.g., Sánchez del Arco, op.cit., p.9）暗示的那样。见杰伊·艾伦当时发表在《芝加哥论坛报》（30 August 1936）上的报告，转载于Robert Payne, *The Civil War in Spain, 1936–1939*（New York, 1962）, pp.89–91 和 J. T. Whitaker, ‘Prelude to War’（*Foreign Affairs*, October 1942）, p.104f。1936年10月27日，马德里《声音报》（*La Voz*）刊登了一篇关于这场屠杀的虚假报道，其中亚格被指控举办了一场狂欢节，在这场狂欢节上，囚犯们被枪杀。这篇报道带来了灾难性的结果，引发了马德里方面的报复行动。

② 亚格没有干预阻止流血事件。但是，在佛朗哥的命令下，他通常会阻止摩尔人阉割受害者的尸体——这是一个公认的摩尔人的战斗仪式。

③ Malraux, pp.99–105；Lacouture, p.233.

及1架道格拉斯飞机。但在地面作战中，民兵队伍并不是战斗能力更强的外籍军团成员和摩洛哥人的对手，他们被迫匆忙撤离阵地，否则会有被包围的危险。实际上，在现代战争中，飞机的功能还有很多不完善的地方（早期的飞机炸弹要从战斗机的机舱扔出去）。有9,000人进行了撤退，其中包括拒绝听从里克尔梅作战命令的2,000名无政府主义者，他们在圣文森特山发动了数次无意义的进攻。

后来，阿森西奥和卡斯特洪在纳瓦莫拉与特利亚会合。经过了几天的休整，8月28日，两支军队沿着塔霍河谷北侧继续行进。在奥罗佩萨，军团发现该市镇的资产阶级曾被集中在斗牛场，让斗牛杀死，于是，他们进行了残酷的报复。报复过程中他们没有遇到多少抵抗。非洲军团继续沿着路向前推进。由于共和军不习惯在塔霍河谷空旷的环境下进行作战，擅离职守的情况时有发生。民兵队伍拒绝挖战壕，理由是这是一种懦夫的行为。政府不能冒险在一场会战中失去全部兵力，因此他们一而再，再而三地撤退。而且，大概就在此时，由意大利菲亚特飞机组成、号称“蟑螂团”的飞行队伍出现，加强了叛军在当地的制空权。菲亚特飞机的飞行速度比所有共和国飞机都快。[①]9月2日，非洲军团的纵队抵达塔拉韦拉德拉雷纳，那里还驻扎着1万名民兵，他们把所有还能使用的大炮（和1辆装甲车）都拿了出来。民兵们所处的市镇前的坡地是一个不错的防御位置。9月3日，天刚亮，阿森西奥和卡斯特洪的军队开始向前推进。离市中心有些距离的机场和火车站都被占领。到了中午，他们发动了对市镇本体的进攻，此时，市镇的防御者们已经完全进入警备状态。临近下午，经过不痛不痒的巷战以后，亚格占领了塔拉韦拉。夜晚，马德里的战争部副部长埃尔南德斯·萨拉维亚向塔拉韦拉打电话 363

① Hidalgo de Cisneros, vol. II, p.299. 这些菲亚特–安萨尔多战斗机，即CR 32，是内战中国家主义阵营中最常用的意大利战斗机。他们于8月14日从海上抵达，并于8月底停在卡塞雷斯的基地中。

的时候，接听者已是一名摩洛哥人。[1]现在，佛朗哥与马德里之间最后一座重要市镇已经失守。

这段在一个月内完成的300英里的征途对佛朗哥而言是一次巨大的成功。虽然有些人曾指责他在塞维利亚到马德里的路线选择上没有选择向东出发。若是途经科尔多瓦、拉曼恰和阿兰胡埃斯一线，这样的行程更短，也更容易。但他反而向西出发，选择了一条距离更长的路线。这次的成功最终巩固了佛朗哥在与莫拉和凯波·德利亚诺比拼中的地位。

8月里的第二个重要军事动向发生在北方。7月底，似乎是因为缺少弹药，莫拉已濒临崩溃；7月29日，他甚至对他的秘书说他想要自杀。此时，他的子弹只剩下26,000发。佛朗哥通过电报告诉他，德国和意大利的飞机即将抵达，并给他带来了60万发子弹。[2]8月13日，莫拉与佛朗哥在塞维利亚进行了会面，莫拉现在的计划是与佛朗哥协作，攻占圣塞巴斯蒂安和伊伦，从而切断巴斯克地区与比利牛斯山脉
364 最西端的法国边界的联系。在那里作战的纵队主要由纳瓦拉的士兵组成，其总指挥是他们的同乡——何塞·索尔查加上校。8月11日，拉托雷少校攻占了托洛萨。市镇内一名曾阻止当地无政府主义者和共产主义者摧毁电力中心的社会主义者被痛苦地刮掉了胡子，在被剪成光头以后，他被强迫在市镇内一边跑一边喊："基督国王万岁！"[3]在同一天，贝奥莱吉攻占了皮科奎塔，这里是通向伊伦的重要门户。巴斯克知名的民族主义政治家特莱斯福罗·蒙松匆忙赶往巴塞罗那请求援助，但加泰罗尼亚自治政府只能拿出1,000支步枪。因此，巴斯克没收了西班牙银行地方支行和其他在毕尔巴鄂的银行的黄金，并将这些黄金通过海路运

① Aznar, p.174. 这是埃尔南德斯·萨拉维亚担任战争部长期间的最后一次行动。

② Iribarren, pp.132, 135.

③ Iturralde, vol. II, p.72.

往巴黎，将其作为抵押来购买武器。吉普斯夸的共和国军队第一指挥官佩雷斯·加门迪亚落入贝奥莱吉的手中，贝奥莱吉轻松地告诉他的老朋友——身负重伤的加门迪亚，他能因伤而死算是一种幸运，否则他将作为叛徒被枪毙。[1]

叛军把他们一部分为数不多的海军舰队开向圣塞巴斯蒂安和伊伦。驻守圣塞巴斯蒂安的军事长官安东尼奥·奥尔特加上尉威胁称，海上炮击每造成1个人死亡，就枪毙5名囚犯。圣塞巴斯蒂安是西班牙国内的消夏胜地，因此这里扣押了许多知名人士。但是，8月17日，“西班牙”号、“塞韦拉海军上将”号和“贝拉斯科”号3艘叛军战舰发起了攻击。尽管城内居民都躲了起来，但还是造成了4人死亡，38人受伤。奥尔特加处死了8名平民囚犯以及5名叛军军官。接连数日的海上炮击并没有引起恐慌。每天，伊伦和圣塞巴斯蒂安都会遭到轰炸，其中当数容克52式飞机轰炸得最为凶猛。8月26日，叛军针对伊伦发起了地面进攻。参战的规模并不大：3,000名巴斯克和共和国士兵以及将近2,000名叛军。365
然而，莫拉手里几乎所有的大炮都用来支援贝奥莱吉。同时，贝奥莱吉还拥有一些配有机枪的德国轻型马克I坦克和装甲车。在另一方，巴斯克军队得到了由法国共产党[2]派来的大批法国和比利时技术人员以及一些来自巴塞罗那的无政府主义者的支持——这些无政府主义者掌握着一个炮兵团。

---

① *Op.cit.*, p.141.勇敢、无情、朴素的巨人贝奥莱吉是一个有个性的人。莫拉不停地给他打电话，但贝奥莱吉上校讨厌电话，于是说服马丁内斯·德坎波斯少校充当中间人。“你必须拿下圣塞巴斯蒂安！”莫拉喊道。“让他先拿下马德里吧。”贝奥莱吉回敬道。见Martínez de Campos, p.45。贝奥莱吉在奥亚苏撑起保护伞，保护自己免受炸弹袭击（del Burgo, p.206）。Martínez Bande's official history, *La guerra en el norte*（Madrid, 1969）, pp.37–99.

② 1939年3月16日，法国共产主义领导人、共产国际执行委员会、ECCI的成员，也是正规组织的国际旅的未来领导人安德烈·马蒂，正在执行他前往众议院（Chambre des Députés）的任务，当时他恰好在伊伦。

随后的战斗在烈日下展开，由于阵地离法国边境线过于接近，贝奥莱吉不得不制止他的手下向东开火。数日来，巴斯克防线随着后撤而显露，叛军先是加大炮兵部队的轰击，随后再发动进攻。这时，防御者又返回阵地，通过肉搏战夺回防线，拖延一段时间后，炮兵部队再次展开轰击。例如，蓬扎山脉在最终9月2日被攻占以前，像这样击溃、撤退和反扑的过程发生了4次。在同一天，纳瓦拉军队还攻占了修整过的圣马西亚女修道院，站在修道院所在的多风的山坡上，可以直接俯视伊伦以及贝霍比亚的海关站点。贝霍比亚被包围，城内士兵血拼到只剩下最后一人，那些已经跳入比达索阿河的人游向了法国和“自由”。交战双方都彻底将个人的生命安危置之度外，下午午休期间以及在夜晚停火的时候，两边都大骂对方是懦夫。

伊伦的居民们开始越过国际大桥，逃往昂代伊。难民们步行、坐着轮椅、开着车、乘着长途公共汽车、骑着马，带上家禽，带上婴儿，带上几件家具或几张照片，在惊恐的驱使之下逃向边境线。他们中的很多人都是含着泪在逃难，而且身无分文。在当时，民兵们都由他们的妻子和家人供养和激励。因而，此时孤军奋战的他们成了没有什么可以保护的后卫部队。9月1日，贝奥莱吉接到已经落伍的希尔·罗夫莱斯的拜访，两天后，他只带着1,500名士兵就对伊伦发起了进攻。这
366 场战斗引来了比达索阿河对面法国一方的关注。这次进攻没有立即取得胜利，但在凌晨2点，贝霍比亚的边境村庄被攻陷。伊伦的多数防御者，包括负责防御工作的委员会都在天亮以前逃往法国。一个由阿斯图里亚斯无政府主义者组成的分遣队，同一些当地的共产主义者和法国人、比利时人一起坚持到最后。无政府主义者还点燃了伊伦的部分地区。他们枪毙了许多在富恩特拉比亚的瓜达卢佩要塞内的右翼囚犯，这些人逃走以后，剩下的囚犯就有机会迎接隔天占领这座死城的贝奥莱吉。在国际大桥上进行的最后一场战斗中，贝奥莱吉的腿受了重伤，打伤他的显然是一群拿着机枪的法国共产党人。在逃难者一方，那些

想继续战斗的人——包括法国人和比利时人，总共有560人——乘火车前往巴塞罗那，在那儿，他们加入了阿拉贡的纵队。其余的人被派往法国的军营。

这场战役为国家主义者们赢得了将近1,000平方英里（约2,590平方公里）的农耕地，这些地区土地肥沃，人口密集，并有许多重要的工厂；这次战役还在战略上取得了无可比拟的胜利，因为战役结束以后，巴斯克民族主义者、桑坦德里诺斯和阿斯图里亚斯的那些曾与法国来往密切的人如今已被切断联系。如今，国家主义者们还可以通过铁路，从昂代 367

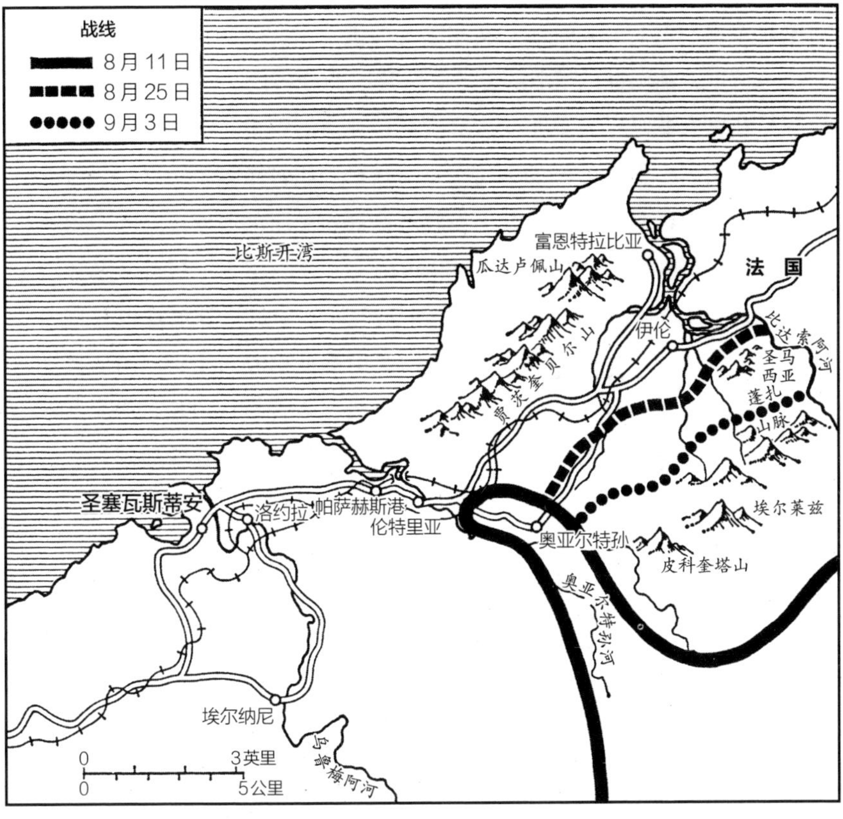

图12　吉普斯夸的运动，1936年8—9月

伊到达加的斯。[1]

除了他们在西班牙南部进行的重要的战略冒险行动，国家主义者们还在8月份发动了几次突袭，在塞维利亚、科尔多瓦、格拉纳达、加的斯和阿尔赫西拉斯之间建立了联系。英勇的前卡洛斯主义者兼指挥官恩里克·巴雷拉将军是一名军士长的儿子，他带领一个营的摩洛哥士兵越过安达卢西亚，夺回了格拉纳达。[2]短暂经历过自由共产主义的市镇被夺回，接着就是大量的杀戮。巴尔纳的大屠杀尤为惨烈。马拉加省虽然有群山作为屏障，但叛军也因此可以从西和北两个方向向这里进军。8月20日，曾在7月18—19日夜晚短暂担任战争部长的米亚哈将军率领共和军发起了对科尔多瓦的进攻，此时的他正领导着一支由马德里共和国部队组成的分遣队以及近3,000名安达卢西亚民兵。科尔多瓦已兵临城下，要不是意大利萨伏亚轰炸机发挥了奇效，驻守的国家主义者、作风残酷的卡斯卡霍上校已经丢掉了城池。之后，米亚哈被击退，民兵组织中的很多人只有在逃跑受阻的时候才拿起手里的步枪。[3]米亚哈的失败使他对共和国的忠心受到了怀疑。也许，米亚哈之所以没有向科尔多瓦推进，是因为卡斯卡霍威胁要报复他在城内的亲人，[4]但更可能的原因是，他已经指挥不动他的士兵们向前推进了。此后，马德里常常质疑，还有前正规军指挥官可以信任吗？[5]不
368 可否认，战争部内部很大范围内都存在间谍活动。米亚哈的副官费尔南德斯·卡斯塔涅达正谋划着叛变，并正在以全力让国民警卫队叛离

---

① Martínez Bande, *op.cit.*, pp.91–92.

② Luis María de Lojendio, *Operaciones militares de la guerra de España*（Barcelona, 1940）, p.108；Martínez Bande, *La campaña en Andalucía*, p.73f.

③ Borkenau, p.158；Martínez Bande, *op.cit.*, p.61.其他人英勇战斗着，但其中一名幸存者回忆说，阿尔科伊整个营的志愿者都被藏在沟里的摩尔人砍倒了（José Cirre Jiménez, *De espejo a Madrid*, Granada, 1937, p.20）。

④ Francisco Giral的证词。

⑤ Zugazagoitia, p.110.

共和国（他本人于1937年2月叛变）。[①]叛变或至少见风使舵的现象在安达卢西亚确实十分严重。据一个男学生回忆——“一个负责挖战壕的人从马拉加被派来，为村庄进行防御工作，并成了一个青年领导者。但令人难以置信的是，当国家主义者入侵的时候，他变成了一个法西斯主义引路人。”[②]对那些共和国曾短暂获取胜利的市镇的镇压触目惊心：8月27日，帕尔马德尔里奥的一个地主费利克斯·莫雷尼奥为报公牛被杀之仇，杀害了300人。

8月份，共和国主动发起了一些其他行动。阿拉贡前线很平静，唯一称得上掀起波澜的只有卡洛·罗塞利领导的意大利无政府主义者和正义与自由纵队的社会民主主义者对韦斯卡发动的进攻。8月28日，他们在加洛切山脉的蒙特贝拉托经历了战火的考验——在一次小规模冲突中，他们的指挥官、律师马里奥·安赫洛尼被杀。[③]更重要的是，8月9日，空军上尉阿尔韦托·巴约（Alberto Bayo）和来自巴伦西亚的一名国民警卫队长官曼努埃尔·乌里瓦里，率领一支加泰罗尼亚和巴伦西亚的远征军，带着1艘被征用的客轮（“马克斯·德科梅利亚斯”号）、2艘驱逐舰、1艘潜艇和6架飞机来到了伊比沙岛。工人们起身反抗兵营内的50名士兵，该岛又回到了共和国的控制范围之内。拉尔戈·卡瓦列罗的糟糕顾问路易斯·阿拉基斯塔因和共产主义诗人拉斐尔·阿尔贝蒂借此机会逃离了监狱。几天以后，经过一次与乌里瓦里的争执，巴约来到了马略卡岛的南岸。此次远征是在加泰罗尼亚自治政府的授权下进行的，马德里的战争部似乎对这次远征并不十分了解。

8月16日，天刚亮，巴约带领大约8,000名士兵登上了小市镇克里

---

① 和他秘密在一起的是拉蒙·塞拉诺·苏尼尔。费尔南德斯·卡斯塔涅达最终成为西班牙国民军的将军。

② Fraser, *The Pueblo*, p.74.

③ Charles Delzell, *Mussolini's Enemies* (Princeton, 1961), p.181.亦参考José Luis Alcofar Nassaes, *Spansky*, vol. I (Barcelona, 1973), p.23。

斯托港，并迅速占领了这里。但成功登陆以后，他们在犹豫之中浪费了
369 一个上午。到了晚上，6门75毫米大炮和4门105毫米的大炮以及巴塞罗那的水上飞机也成功抵岸。[1]他们在岛内陆地的8英里范围内建立了根据地。此时，他们还处在成功登陆后的迷茫当中，这使国家主义者们有机会集结力量进行反击。骄傲地自称为“死亡群龙”，且由3架萨伏亚81式轰炸机组成的一支小规模意大利飞行中队，以及人称“孔特·罗西”、拥有一绺红色胡子的博洛尼亚法西斯主义狂热分子阿康诺瓦多·博纳科西，
370 率领着一群意大利黑衫军，前来支援国家主义者。[2]与此同时，还有3架菲亚特（CR-32）战斗机以及一些其他型号的飞机也前来支援。由意大利飞行员（其中包括一名名叫西莱斯蒂阿图的传奇飞行员）驾驶的菲亚特飞机轻而易举地击败了它的共和国对手。自此，共和国的轰炸机无法再对帕尔马进行轰炸。9月3日，加西亚·鲁伊斯（García Ruiz）上校率领国家主义者发动了一次反攻。一开始，马克斯·德萨亚斯统领的卫戍部队只有1,200名士兵、300名马枪骑兵、国民警卫队以及一些法西斯主义者。这次反击将他们的总兵力增加到3,500人。没有医疗服务、野外医院和相应补给的加泰罗尼亚远征军撤退到他们的船上。虽然他们被国家主义空军挫败了士气，但撤向桥头堡并不明智。安置在克里斯托港港外的“海梅一世”号战舰和一些其他的共和国舰队，为这次撤退提供了一定程度上的掩护。海滩上布满了尸体，许多民兵在设法逃跑的过程中可谓丢盔卸甲。部分伤员在

---

① 数字见Guarner memorandum, p.4。最初可能只有2,000人下船，但后续总数可能上升到8,000人左右（Martínez Bande, *La invasión de Aragón*, p.141）。共和军还试图攻占马略卡岛：一艘停泊在波连斯萨湾的驱逐舰，船长独自一人登陆，要求驾驶一辆汽车，并驱车50英里前往帕尔马，在那里他全身穿着军装，呼吁军事总督投降。这个大胆的要求被拒绝了，船长被拘留了（De la Cierva, *Historia ilustrada*, II, p.40）。

② Lojendio, p.150；亦见Elliot Paul, *The Life and Death of a Spanish Town*（New York, 1937）；Jesús Salas, p.98. Martínez Bande, *La invasión de Aragón*，有一个相关章节。意大利第一次向马略卡岛的运输得到了胡安·马奇的资助。还有马略卡岛的长枪党人，如德萨亚斯，努力在罗马直接为他们的岛屿购买武器，Martínez Bande, *La invasión de Aragón*, documento No. 3, p.268f的报道。

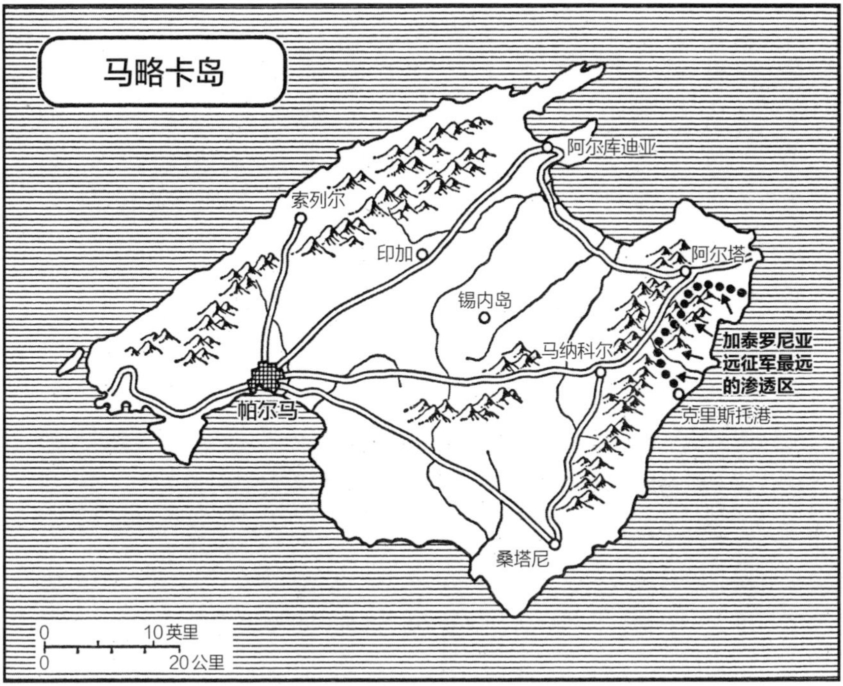

图13　对马略卡岛的侵袭，1936年8月

女修道院临时搭建了营地，然而女修道院院长亲眼看到这群伤员最终都被枪杀。[①]很少有俘虏能逃过死亡。

因此，远征军的失败最终留下了耻辱的一笔。然而，巴塞罗那广播电台宣称："经历过一次伟大的征程后，英勇无比的加泰罗尼亚纵队从马略卡岛凯旋。战术素养超群的巴约上尉顺利地完成了登陆任务，没有一名士兵在登陆的过程中遭遇艰险，这都多亏了我们民兵们无坚不摧的意志和纪律。"[②]之后的几个月里，马略卡岛几乎成了"孔特·罗

① Bernanos, pp.111-112.

② Qu. Jellinek, p.405.

西”的私人宅院，他身穿黑色的法西斯制服，用脖子上的白色十字架以表宽慰，和一名武装的长枪党牧师一起，开着一辆红色赛车，在岛上呼啸狂奔。现在，屠杀马略卡岛工人阶级的凶手们的兴奋已达到高
371 潮。[①]此时，伊比沙岛和福门特拉岛被弃守（美丽的伊比沙岛的命运惨不忍睹：叛军起初通过空袭杀死了55人，随后，伊比利亚无政府主义者联盟枪毙了239名囚犯，当叛军最后夺回该岛时，他们又枪决了400人）[②]。

与此同时，在阿斯图里亚斯，对战希洪的西曼卡斯兵营和对战奥维耶多的两场战斗也持续到8月份。只有当西曼卡斯兵营的战况有所缓解，阿斯图里亚斯的矿工们才能集中火力攻打奥维耶多，靠欺诈占领城池的阿兰达上校没法从城内进行突围。1934年阿斯图里亚斯起义后，奥维耶多大大加强了军事装备，尤其是在机枪方面，因此阿兰达的防御变得轻松许多。阿兰达手下有大约2,300人，其中包括近860名志愿兵，这些志愿兵绝大多数都是长枪党人。在停靠岸边的国家主义巡洋舰“塞韦拉海军上将”号的炮轰下，矿工们对希洪兵营的围攻变得更加艰难。另一方面，180名国家主义守卫者一直听从来自里斯本广播俱乐部、科卢那和塞维利亚的广播的哄骗，他们错误地相信援军即将到达。守卫者的水资源已经枯竭，而且每晚的塞维利亚广播中凯波·德利亚诺叽叽喳喳的声音搞得一些受困者几近发疯。即便如此，他们也没有放弃。这里与托莱多一样，也出现了多少有些戏剧性的场面，统领上校——狂热的安东尼奥·皮尼尤的几个儿子和他的副指挥官苏亚雷斯·帕拉西奥斯（Suárez

---

① Dundas, p.69ff. Georges Oudard（*Chemises noires*, *brunes*, *vertes en Espagne*, Paris, 1938, p.196f.），一个支持右翼的作家写道：“如果佛朗哥保住了马略卡，那是因为意大利飞机。” Azaña, vol. IV, pp.776 and 629，特别是为了一个“更大的加泰罗尼亚”而进行的这次探险，他对此一无所知。De la Cierva, *Historia ilustrada*, vol. II, p.83，说在马略卡几乎没有镇压；贝尔纳诺斯可能夸大了这一点。但后来一个线人告诉阿萨尼亚，那里的一切都指向“大量处决”（*op.cit.*, p.737）。

② 这些细节在前引的Elliot Paul的书中。

Palacios）被民兵队伍拿来当作人质，并以此来要求兵营投降。皮尼尤予以拒绝。矿工们最终以炸弹作为主要进攻手段，血洗了兵营。皮尼尤下令，直到战斗至最后一刻也绝不投降。最后，在8月16日，这位指挥官通过无线电向城外战舰上的国家主义者发送了一条带有古罗马特色的信息："已经抵挡不住敌兵的攻击了。兵营在燃烧，敌人正开始涌进城内。向我们开炮！"这一请求得到了批准，西曼卡斯兵营最后的守卫者在战火中死亡。

此后，矿工们便可以推进对奥维耶多的包围。他们的军事首领分别是一名社会主义矿工奥特罗和一名全国劳工联合会的炼钢工人伊希尼奥·卡罗塞拉。阿兰达的补给不足，但围攻者除了他们那恐怖的炸药，基本上所有物资都处在告急的状态。因此，双方都按兵不动。阿兰达必须用不到3,000人的兵力守住一个处在内忧外患中的城市。他那冷酷却又乐观的性格是防御战士们的精神支柱，[①]并且，在他的统领下，又有一名工兵长官脱颖而出——奥斯卡·佩雷斯·索利斯。虽然，索利斯如今是一名长枪党人，但他曾短暂出任过共产党第一任总书记，他之所以迫不及待地想要投入战斗也许是因为他想洗清自己干出的鲁莽之事——10年前，他曾抢劫过银行和杀过人。 372

托莱多的战斗时断时续。阿卡萨城堡的抵抗惹怒了包围它的民兵们，但他们的无能只能让他们自己的指挥官们手足无措：这些指挥官包括正规军将军，例如里克尔梅，以及社会主义油漆工路易斯·金塔尼利亚。整个8月，双方都一直在用步枪进行对射。经历过良好军事训练的国家主义守军常常弹无虚发，而民兵们无法取得进一步胜利。对战双方的喇叭筒交替着发出谩骂和吹嘘。对于在世纪初就从里到外进行了加固的古代堡垒来说，偶尔的轰炸对其防御造成的影响几乎可以忽略不计。托莱

① 见Oscar Pérez Solís, *Sitio y defensa de Oviedo*（Valladolid, 1938）, passim；一个有用的研究见Oscar Muñiz Martín, *El verano de la dinamita*（Madrid, 1974）。

多城内信奉天主教的民众让围攻者们感觉自己被背叛包围。与此同时，民政当局在保护托莱多教堂以及埃尔·格列柯博物馆内那些举世无双的画作的问题上发生了争执。尽管阿卡萨城堡内的防御者们弹药充足，但他们被解救的希望微乎其微，他们已被切断与西班牙其他地区的联系。城堡内的电力系统瘫痪，从墙上刮下来的硝酸盐被当作食用盐来用。尽管如此，叛军仍然临危不乱。他们从容举行阅兵式，并且像在种马场一样照看着城堡内的纯种马。为了庆祝圣母升天节①，他们还在阿卡萨城堡的地下室里举办了伴有弗拉门戈舞蹈和响板的宴会。8月17日，一架国家主义的飞机飞过他们的头顶，投下了佛朗哥和莫拉鼓励他们的信件，更为重要的是带来了消息。9月4日，国家主义一方已攻破塔霍河下游仅40英里处的塔拉韦拉德拉雷纳。②阿卡萨城堡收到了来自“布尔戈斯年轻女人们”的消息：“你们那保卫上帝和西班牙时的英勇，为光辉灿烂的阿卡萨城堡所书写下的英雄史诗，将永远成为西班牙骑士精神的骄傲。绅士般的军校学生们，我们是浑身绽放着喜悦与希望的女人，与你们一样，我们代表了在闪耀的黎明中，新生的西班牙。”（多数人一直认为是军校的学生在驻守阿卡萨城堡）

373 国家主义者对马德里的逼近很快在各个方面表现出来。8月23日，赫塔菲的机场遭到轰炸，8月25日，离马德里更近的四风机场遭到轰炸。8月27日和28日，马德里本土遭到空袭。据主管德国领事馆的汉斯·沃克斯描述，发生在8月27日的空袭来自3架容克52s式飞机。他向柏林请求道：“只要西班牙与汉莎航空还有往来，请不要安排容克飞机来轰炸马德里。”但到了8月29日，他不得不再次对轰炸提出抗议。容克52s式飞机在战争部投下了4枚炸弹，这次的爆炸造成了极大损失，并致使

① 天主教、东正教的节日。为纪念传说中的圣母玛利亚在结束在世生命之后灵魂、肉身一齐被接入天堂，称“圣母荣召升天”。天主教在公历8月15日举行，东正教由于历法不同，在公历8月27日或28日举行。

② Borkenau, p.147；*General Cause*, pp.317-341.

多人死亡。[1]马德里燃起了反德情绪。沃克斯竭力主张德国大使馆和聚居的侨民进行撤离。

因为空袭，马德里在各个街区都建立了房屋委员会，以此来组织起群众收听警报。警报响起意味着要躲到地下室避难。这些委员会还负责调查政府的房屋法令中那些含糊不清的文本，以及争取对非法逮捕进行抵抗。事实上，他们是由社会主义者和共产主义者领导的特殊警察机构。共产主义地方支部还组织人把街灯粉刷成蓝色，并确保实行灯火管制。然而在当年，灯火管制并不容易实施，因为关紧百叶窗后，屋内的高温会让人难以忍受。人们被告知要避开面向街道的房间，并待在点上蜡烛的里屋。在第二次世界大战期间，这样的经历对于欧洲其他国家的居民可谓家常便饭。然而，除了1914年到1918年间那些尚可忍受的警报声，这次对马德里的空袭是第一次敲响的如同日后二战期间类似恐怖事件的警钟。

23. 不干涉计划 374

正当共和国在军事上节节败退，8月份的外交事务也显露出失败的迹象。8月3日，法国驻罗马大使查尔斯·德尚布伦伯爵代表法国政府向齐亚诺伯爵提出了不干涉计划，齐亚诺爽快地答应说，自己会对此进行认真考虑。[2]在另一方，英国同意在原则上接受不干涉计划表达的理念，在约克郡度假的艾登对此予以肯定。[3]同一天，德国袖珍战舰“德国”号抵达了休达，战舰指挥官罗尔夫·卡尔斯海军上将与佛朗

① *GD*, p.61.

② Count Ciano, *Diplomatic Papers*（London, 1948）, pp.25–26.

③ Eden, p.402.

哥、朗根海姆、伯恩哈特和贝格韦德尔共进了午餐。一支由长枪党组成的护航部队高喊道："希特勒万岁！"[1]这艘战舰和"舍尔海军上将"号于7月24日同时从威廉港被派往西班牙海域。8月4日，法国驻柏林大使安德烈·弗朗索瓦-庞赛向德国外交部长冯·诺拉特男爵提出了不干涉计划，诺拉特回复称，德国没有必要做出这样的声明。他还说他知道法国已经将飞机移交给共和军。弗朗索瓦-庞赛在回应中表示德国也同样援助了国家主义者。[2]在莫斯科，法国大使用类似方式询问了
375 苏联政府。此时，刚抵达巴黎的共和国大使阿尔瓦罗·德阿尔沃诺斯再次请求武器援助，这份请求中包含勒贝尔步枪、哈奇开斯机枪、数百万发子弹、炸弹、大炮、大量的波泰兹飞机以及更多的德瓦蒂纳轰炸机。[3]

8月6日，齐亚诺在与德国驻罗马大使乌尔里希·冯·哈塞尔磋商后表示，意大利同意法国的计划，但他要"检查所有对资金的筹措"，确保所有国家都执行这一计划，并建立一个国际管制系统。[4]当天的《真理报》宣称，苏联工人们为援助西班牙已经筹集了12,145,000卢布，但苏联政府与意大利政府一样，同意"在原则上"支持法国的不干涉计划，他们表示，葡萄牙应被征求加入签署协议的国家行列当中，并要求"某些国家"——德国和意大利——立即停止援助。[5]然而，8月7日，回到威廉大街的弗朗索瓦-庞赛［以及基吉宫（Palazzo Chigi）的尚布伦］直接宣布英国、比利时、荷兰、波兰、捷克斯洛伐克和苏联已经接受了不干涉计划，这些国家将中止一切运送战争物资或飞机的行为。诺拉特表示在没有封锁的情况下，这一政策难以实施。而且，要如何理解

① *GD*, p.27.
② *GD*. p.30.
③ *FD*, p.120.
④ *GD*, p.27.
⑤ *The Times*, 7 August 1936.

共产国际当下的行为呢？[1]同一天，在里斯本的英国和法国公使请求葡萄牙外交部长蒙泰罗加入不干涉计划。蒙泰罗与齐亚诺一样，没有轻易答应。[2]

一直以来，法国边境都处在开放状态，新型轰炸机和战斗机以及更重要的飞行员，都在向西班牙输送。然而，到8月8日，法国内阁改变了他们的政策。法国在一份公报中宣布：从8月9日起，中止一切向西班牙出口战争物资的行为。这一举动被看作是政府为其不干涉理念作出的“几近不负众望的”回应。事实上，在前一天，英国使者乔治·克拉克爵士已经私下严厉地质问了德尔博斯，问他要如何解释在波尔多扣留英国派往叛军的4架福克飞机的同时，有法国飞机飞向西 376
班牙。如果法国自己不禁止向西班牙出口战争物资，那么他们想与英国在不干涉计划上完全达成共识将难上加难。[3]此外，在这个非常时期，达尔朗海军上将也从伦敦回到了法国。与他会面的查特菲尔德勋爵告诉他，在西班牙问题上，法方没有必要与英国进行任何沟通，而且法方认为佛朗哥是一个“出色的西班牙爱国主义者”。英国海军部听说西班牙海军军官们遭遇谋杀后，对此表达了“强烈的不满”，他们认为不应让任何导致共产主义的因素流向西班牙，甚至是流向葡萄牙。因此，达尔朗在报告中称，英国绝对不能支持法国援助共和国。[4]法国内阁在

① *GD*, p.323.

② *USD*, 1936, vol. II, p.485.

③ Alvarez del Vayo（*Freedom's Battle*, p.70）更全面地记录了英国大使的话，在乔治爵士的记录（Paris telegram No. 252 of 7 August）和法国文件（*FD*, vol. III, pp.158–9）中并没有上述以外的证据，但有可能他确实说得特别有力：英国驻巴黎大使休·劳埃德·托马斯私下写信给外交部副部长亚历山大·卡多根爵士（Alexander Cadogan），大使与德尔博斯的对话“很可能是决定（法国）政府宣布不干涉政策的因素”（*FO*, 371/205/31/27）。法国外交部副部长皮埃尔·维诺后来告诉托马斯，大使“及时的话语”最有用（*loc.cit.*, 29/215），德尔博斯后来说，他“听取”了大使的申诉。传统的观点是，“背信弃义的阿尔比恩”从一开始就选择了不干涉。

④ *Les événements survenus*, p.219；*FD*, p.130f, and *FO*, 371/205/27.

8月8日出台的政策之所以否定8月2日的决定，主要是由于担心激怒英国。①

布鲁姆对自己的决定懊悔不已。他差点就辞职了，但他的同僚奥里奥尔（支持西班牙共和国）以及费尔南多·德洛斯·里奥斯劝说他不要这么做，毕竟，一个由布鲁姆主持的政府要比其他人主持的政府对共和国更为有利。②8月9日，在一场于圣克卢举行的会议上，布鲁姆受到了一大群高喊“为西班牙援助武器”的人追捧，同日，一架飞机在夏日湛蓝的天空上留下了“PAIX”几个字母的尾迹。如今，法国社会主义和共产主义工会的领导者们都坚决拥护群众主张的政策。社会主义工会领
377 导者莱昂·儒奥和共产主义总书记多列士共同表示：“勤勤恳恳的工人们”不会袖手旁观。自从运送武器被禁止以后，他们改为在衣物、食物和药品补给方面为共和国筹集资金。事实上，在皮埃尔·科特任职空军部长期间（直到1937年6月），法国机场一直要为共和国飞机提供帮助。对于这些违反不干涉协议的行为，官方解释称，这只是因为“航向错误”。③于是，仍然有部分飞机继续从法国派出。据信，从8月9日到10月14日，蒙都达洪的法航机场有56架飞机抵达西班牙。④加泰罗尼亚政府在建造军工厂方面还成功得到了来自法国和比利时在人员以及物资方面的援助。⑤

正当布鲁姆在圣克卢发表讲话之际，德国驻伦敦大使馆的参赞平静地向英国外交部保证“德国没有派发战争物资，将来也不会”⑥。然而，那些容克飞机、海因克尔飞机及其驾驶员和技术人员们已经渗入西班牙

---

① Pierre Cot, *op.cit.*, pp.345–346.

② 德洛斯·里奥斯用极富渲染力的描述说服了布鲁姆，告诉他年轻的民兵在锯齿状的山峰处如何与法西斯作战。布鲁姆感动哭了（Azcárate, p.257）。

③ Cot, pp.353–354.

④ Pike, pp.44–46, 48.

⑤ 见Companys's letter to Prieto, 13 December 1937, qu. Peirats, vol. I, p.136。

⑥ *GD*, p.36.

南部的战局。驻塞维利亚的德国领事呼吁“威廉大街”（德国行政中心）不要让这些德国人穿德军制服出现在街上，因为如果这样的话，他们将被认出来，并会得到“热烈的欢呼”[①]。与此同时，一架容克飞机被迫在共和国领域着陆，飞机和机组成员当场被扣留。第二天，德国驻马德里的参赞施文德曼听从柏林的指示，要求共和国中止扣押行为，但西班牙政府予以拒绝。8月12日，诺拉特告诉弗朗索瓦-庞赛，在西班牙归还飞机（仅仅是一架运输机）以前，德国无法认同不干涉协议。[②]8月13日，葡萄牙在原则上已接受不干涉协议，同时保留了在其边境受到战争威胁时，可以自由行动的权利。几天前，西班牙政府曾宣布，加那利群岛和加利西亚各省成为“战争区域”，因此要对这些地方实行封锁。英国外交部对此表示，他们认为这一声明体现出西班牙的真实意图：在得到国际普遍认可前，西班牙有必要确认此项封锁的真实性。

如今，美国也被迫表明对西班牙内战的立场。8月5日，经过一次在国务院的共同会议以后，国务卿科德尔·赫尔准许向公众公开（尽管没有正式宣布）其政府支持不干涉计划的决议。[③]8月10日，美国飞机业巨头格伦·马丁公司咨询政府向共和国出售8架轰炸机这一交易的合法性。代理国务卿回复称，这样一笔交易“没有遵循本届政府在向西班牙运送武器的问题上实行的‘道德禁运’政策的精神”[④]。随后，国务院命令美国驻西班牙大使鲍尔斯全然拒绝加入阿根廷大使向圣让德卢兹外交使团提出的调解计划。[⑤]美国自由主义舆论界一片哗然：“让我们问问杰斐逊他将如何对待这一问题！”——发出这些呼号的人很可能是美国共产主 378

① *GD*, p.38.

② *GD*, p.37.

③ Traina, p.50.

④ *USD*, 1936, vol. II, p.474.

⑤ 出处同上, p.488。内战在美国引发的第一个“事件”是美国驱逐舰“凯恩”号在从直布罗陀前往毕尔巴鄂疏散美国公民的途中被国民军意外轰炸。由于没有造成任何损害，佛朗哥只进行了推诿式的道歉（Taylor, pp.61–62）。

义者厄尔·白劳德，他的态度代表了许多民主人士的看法。尽管如此，大多数美国人坚决支持禁运政策。与此同时，墨西哥是各国中唯一一个公开向共和国运送少量武器的国家。卡德纳斯总统也在9月宣布，他已向西班牙政府运送了2万支步枪和2,000万发子弹。

英法两国继续幻想着实现不干涉计划。自从接到了有飞机从克罗伊登飞向国家主义西班牙的消息，英国便在8月15日下令禁止向西班牙出口战争物资。①诺拉特在8月17日与弗朗索瓦-庞赛的照会中表示，他们同意在拥有军工厂的国家履行返还容克飞机等相似义务以前，禁止向西班牙运送武器，并且提议这一禁止政策应该推广到自愿捐赠当中。②齐亚诺与法国驻罗马大使也提到了最后这一点，但他承诺，在这一问题和相关资金问题得到解决前，意大利不会进行武器出口。③这一转变令法
379 国大吃一惊，这是因为他们意识到一种情况可能发生，用德国驻罗马代办的话来说就是“绝不按声明行事”④。8月24日，在被扣留于马德里的容克飞机的后续安排还未明朗的情况下，德国签署了法国要求的声明。⑤同一天，英国参谋长提交了一份重要文件。按常规，该文件会交由英国政府内部处理。文件表示，出于战略考虑，无论哪一方在内战中获胜，英国都必须与其建立良好关系。⑥这可能是这一时期对西班牙影响最大的一份英国文件。

正如德国外交部希望的那样，苏联并不打算被排除在这些协商之外。在期望与法国和英国达成联盟的想法下，斯大林想参与所有这些讨

---

① 这一禁令首先取决于意大利、德国、苏联和葡萄牙的类似行动，但在19日它是有条件地实施的（Eden, p.403）。

② *GD*, p.45.

③ Ciano, *Diplomatic Papers*, pp.31–32.

④ *GD*, p.60.

⑤ 容克飞机的机组人员已经获释。飞机则在一次国民军空袭中被摧毁。

⑥ C.O.S. 509 1936年8月24日称：“敌对的西班牙或敌对势力占领西班牙领土将使我们难以控制海峡，并难以将直布罗陀用作海军和空军基地。”

论。8月23日，苏联接受了不干涉协议，8月28日，斯大林颁布了一项禁止向西班牙出口战争物资的法令。在进行协商期间，苏联官员们表现得比以往更加谨慎。面对政府必须听从斯大林指示的整体方针，利特维诺夫甚至不得不请示一些无关紧要的细枝末节。[1]《消息报》(*Izvestia*)在谴责中立的“根本不是我们的理念”“是在法西斯政府面前的大退缩”的说法时，出现了多次逻辑上的大转变，但他们解释称，苏联之所以接受中立“是因为法国声明的目的是中止法西斯主义者对叛军的援助”。[2]苏联政策的困境在于，想要讨好法国的同时又不能看起来放弃了世界革命，他们对这种两难形势的掌控当属首次。然而，还有一种解释称，斯大林之所以政策实行得拖泥带水，是因为当时他正忙于从8月19日开始的对第一批老布尔什维克的审判：8月23日，加米涅夫被判处死刑，几天后，季诺维也夫也被判处同样的结果。因此，相比于西班牙，斯大林把更多的精力放到了别处。

此外，在苏联签署不干涉协议之际，苏联与西班牙政府正式建立 380
了外交关系。[3]8月25日，老革命党人弗拉基米尔·安东诺夫–奥弗申柯作为总领事来到巴塞罗那，他曾在1917年带领赤卫军强击圣彼得堡的冬宫，之后，他成了第一届布尔什维克政府的一员。20世纪20年代末，他加入了托洛茨基反对派，但在1928年又投靠了斯大林。后来，他成了驻布拉格和华沙的外交官。任命一个有如此经验的革命党人前往巴塞罗那，是一项新奇的尝试，但实际上这一举动也包含有讽刺意味。[4]8月27日，国际联盟前任副秘书长、能力出众的外交官马塞尔·罗森博格以大

---

① *USD*, 1936, vol. II, p.515.

② *Izvestia*, 26 August 1936.

③ 共和国于1933年承认了苏联，但阿斯图里亚斯的起事阻止了大使交换。两方政府自1936年2月以来，就一直计划进行大使交换，但直到此时才实现。

④ 关于弗拉基米尔·安东诺夫–奥弗申柯（Vladimir Antonov-Ovsëenko），见Isaac Deutscher, *The Prophet Armed*（London, 1954）, p.221；以及*The Prophet Unarmed*（London, 1959）, pp.116–117, 160–161, 406。

使的身份来到了马德里。罗森博格带来了一支庞大的外交队伍，其中包括海军专员库兹涅佐夫上尉、空军专员鲍里斯·斯维什尼科夫上校以及军事专员戈列夫将军。①苏联在西班牙的总军事顾问是之前苏联军事情报机构的一把手，出生于拉脱维亚的杨·别尔津将军。杨·别尔津生性勇猛，他青年时在拉脱维亚致力于与沙皇的警察部门作斗争，他也曾在苏俄内战中扮演了十分重要的角色。他那高大的体形和灰色的头发让一些人误以为他是一名英国人。②安东诺夫-奥弗申柯还有一名顾问——阿瑟·斯塔舍夫斯基，阿瑟·斯塔舍夫斯基实际上是苏联在西班牙的经济专员。出生于波兰的他矮小健壮，娶了一个法国姑娘，斯塔舍夫斯基看上去就像是一个普普通通的商人，他曾担任过别尔津的助理。其他来到西班牙的苏联人还有以《消息报》记者的身份在8月末抵达西班牙的作家伊里亚·爱伦堡，他投身于宣传工作，除了作报道，他甚至还参与了军事活动。③另外一名苏联知名作家——《真理报》记者米哈伊尔·科
381 尔佐夫先一步于8月8日抵达了西班牙。④从这些外交人员抵达西班牙的日期中可以看出，《消息报》表达的双重态度体现了一种双重政策，这表明斯大林准备如往常一样，对全部进程保持公开。苏联派往马德里的外交团总部设立在普拉多美术馆和丽池公园之间的盖洛德酒店。⑤在当时，

① 关于库兹涅佐夫（Kuznetzov，后来的海军上将和苏联海军最高指挥官）的到来，参阅他的回忆录*Bajo la bandera de la España republicana*，这是一个1967年发表在莫斯科的有关苏联的回忆录合辑。关于所有这些的报道，参阅Radosh et al., 22 and passim。

② Walter Krivitsky, *I Was Stalin's Agent* (London, 1963), p.98. 亦参见 Elizabeth Poretsky, *Our Own People*（London, 1969）, pp.211–212。别尔津出生时叫伊恩·巴甫洛维奇·库齐斯（Ian Pavlovich Kuzis）。

③ Ilya Ehrenburg, *Men, Years and Life*（London, 1963）, vol. IV, p.110. 这一年年初他在西班牙。

④ Koltsov, pp.9, 59. 科尔佐夫在这一天谈到了“墨西哥共产主义者米格尔·马丁内斯”的到来，这是科尔佐夫本人的化名。科尔佐夫可能是斯大林在西班牙的私人代理人，有时与克里姆林宫有直接联系。

⑤ 关于这个酒店的生活，见the brilliant Ch. 18 of Hemingway's *For Whom the Bell Tolls*。

西班牙国内并没有发现苏联生产的军事武器，然而当苏联正式“禁止出口战争物资”的时候，斯大林批准了。

德国与苏联的两面派做法不相上下。德国在签署完不干涉协议以后，战争部长冯·勃洛姆堡陆军元帅于8月25日召见了有前途又具野心的瓦尔利蒙特上校。勃洛姆堡表示，希特勒正准备公开反对苏联。迄今为止，希特勒的反共产主义只限于德国国内，而现在已波及共产国际及其所有活动机构。在纽伦堡举行的纳粹党年度代表大会上，他的演讲中透露出这一态度。勃洛姆堡后续提到，希特勒因此而决定全力支持佛朗哥，瓦尔利蒙特将领导德国代表团。8月26日，瓦尔利蒙特和卡纳里斯拜访了意大利军事情报机构的一把手——罗阿塔上校，之后，罗阿塔同瓦尔利蒙特一起乘坐一艘意大利巡洋舰前往得土安。在得土安，一架德国飞机将他们两位带到了塞维利亚与凯波进行了会晤，之后，他们又来到卡塞雷斯会见了佛朗哥。没过多久，瓦尔利蒙特履职，[1]罗阿塔则返回意大利。在之后的一个月里，墨索里尼向西班牙运送了将近20辆部分配有火焰喷射器的轻型安萨尔多–菲亚特坦克以及大批曾在一战战场上得到广泛应用的65毫米/17意大利大炮[2]，同时还派出使用这些物资的“专家”与已经身在西班牙的萨伏亚和菲亚特战斗机飞行员们共同作战。

当其他国家忙于计划打破他们的承诺的时候，艾登采纳了意大利的一项建议——成立固定小组来监督不干涉协议的落实。经过关于监督 382
小组权力问题的一番争论后，他们开始筹划委员会。这一做法源自巴尔干战争时期成功举办的大使会谈，筹划会议将在伦敦的外交部举行。第一次会议被安排在9月9日举行。于是，不干涉委员会成立，委员会的态度从一开始的模棱两可到最后转变成伪善，该委员会一

---

① General Warlimont's affidavit to US military intelligence in 1946（*UN Security Council Report on Spain*, p.76）.

② 应为Cannone da 65/17 modello 13型山炮，又称“M13山炮”。——编者注

直存续到内战结束。[①]艾登于8月16日返回伦敦；然而，出于健康原因，鲍德温[②]获准在南威尔士休养3个月。艾登后来在报告中称："从7月底到9月初，议会一直没有举行会议，英国的所有政策都由外交部决定"。[③]

9月9日，不干涉委员会在伦敦举行了第一次会议。由领导英国代表团的财政部财务秘书W. S.莫里森来主持会议。[④]除了瑞士，欧洲所有国家都以其驻伦敦的大使为代表，参加了本次会议。瑞士也禁止了武器的出口，但瑞士的中立法令不准其介入，即便是介入不干涉委员会也不行。[⑤]

用《真理报》极为精准的话来说，委员会举行的第一次会议进行得"暗流涌动"。与会代表们同意将各自国家通过的禁止武器出口的法律原文交给委员会秘书弗朗西斯·海明。弗朗西斯·海明是英国内阁办事处的一个文职人员，他对于西班牙的了解仅限于比利牛斯山脉的蝴蝶。委
383 员会的领导层中，除了英国代表以外还有：法国大使科尔宾；意大利前任外交大臣、法西斯主义者格兰迪（Grandi）——墨索里尼嫌格兰迪的法西斯主义精神不够彻底，因而把他调到驻伦敦的大使馆；此外，还有

---

① 尽管实行不干预政策，但从那时起，英国外交部为来自"红色恐怖"的西班牙难民提供了庇护；在几周内，驻马德里大使馆［乔治·奥吉尔维·福布斯（George Ogilvie Forbes）领导下］建设了7座建筑。英国难民政策的改变是因为拒绝向巴尔博亚侯爵夫人（Marquesa de Balboa）及其12岁的儿子（后来被枪杀）提供庇护。在战争余下的时间里，西班牙首都的大使馆仍然是数千名中上层西班牙人的家园，其中一些人是第五纵队的活跃成员，其他人则因饥饿、寒冷而面色苍白，因缺乏新鲜空气而惊慌失措。后来，这些难民与国民军手中的共和国人士实行了交换。

② 斯坦利·鲍德温爵士（Sir Stanley Baldwin，1867—1947年），英国首相。——编者注

③ Eden, p.122.

④ 众所周知，"奶昔"（Shakes）莫里森是一名保守派政治家，自8月初以来一直担任内阁委员会主席，负责协调不干涉计划。

⑤ 公共记录办公室收藏的不干涉委员会第一次会议纪要，简称NIC。外交部始终为不干涉委员会提供服务。文件、纪要等由英国秘书处编写。

苏联大使麦斯基（Maisky）。里宾特洛甫（在10月30日成为德国大使）和他的副手、铁血宰相的孙子俾斯麦亲王所扮演的角色并没有格兰迪那般耀眼，实际上，他们是受命让位于格兰迪。里宾特洛甫后来曾提到过与格兰迪共事有多困难——格兰迪是“一个十足的阴谋分子”[1]。苏联坚持要求葡萄牙方出席，但葡萄牙方没有立即派出代表。驻柏林的葡萄牙公使于9月7日表示，（当时，里斯本拒绝了德国轮船“乌萨莫罗”号本应卸下的一批援助国家主义者的货物，柏林方面认为，这是因为葡萄牙受到了英国的影响）在禁止自愿捐助以前，葡萄牙不会派出代表。[2]很明显，萨拉萨尔认为，从某种程度上说，加入委员会将意味着放弃权力。[3]然而，葡萄牙没有必要为此而担心，齐亚诺已经下令让格兰迪“尽全力让委员会的所有行动完全变成纸上谈兵”[4]。里宾特洛甫后来戏称，不干涉委员会不如叫“干涉委员会”[5]。德国对待不干涉委员会的态度比意大利还要暧昧，这是因为，德国外交部并不十分清楚战争部和纳粹党在做什么。实际上，德国外交官们无法断定真正的不干涉行动是否会对佛朗哥有利。至于法国和英国，俾斯麦在报告中称，在委员会举行的第一次会议中，这两个国家给人留下的印象是：“与其说是直接采取实际行动，不如说是通过建立这样一个委员会来平息左翼 384
党派涌起的情绪”[6]。相比于不干涉计划对各方产生的影响，从一开始，英国和法国便更专注于促成这样一种表面假象。这样一来，战争物资向西班牙内战双方的流动也许不会停止，但至少有可能阻止西班牙战

① Ribbentrop, p.71.

② *GD*, p.77.

③ Kay, p.95. 9月初，2艘葡萄牙军舰的船员制服了军官，准备启航加入共和国。萨拉萨尔用炮火摧毁了他们。

④ 出处同上，p.75。

⑤ Ribbentrop, *loc.cit.* 在这封纽伦堡审判和判决发生间写的道歉信中，他补充道：“我时常希望这场悲惨的西班牙内战会走向灭亡，因为它经常让我卷入与英国政府的纠纷中”。

⑥ *GD*, p.84.

争的蔓延。

英国指责意大利，称有他们的飞机于9月7日在马略卡岛降落。[①]9月12日，英国驻罗马代办英格拉姆告诉齐亚诺，地中海地区局势的变化将“大大关系到英国政府”。齐亚诺回复说，意大利方既没有发生过这样的变动，也没有酝酿过该变动。[②]在整个西班牙内战期间，马略卡岛一直是意大利的据点。帕尔马的主干道——兰布拉大道甚至被改叫罗马大街，而且这条道路的入口处还有两座身穿宽松长袍、肩膀上站有老鹰的罗马青年的雕像。波连斯萨湾变成了一座意大利海军基地，战争物资不断向该岛流入。意大利人在岛上进行着布雷和加固防御的工事。此事表明，英国只会在觉得西班牙战争威胁到自身利益的时候，才有可能进行抗议，至于单单只是违背协议，英国就睁一只眼闭一只眼。但是，鲍德温和布鲁姆的内阁都认为，让他们的国家和整个欧洲保持和平的最好办法就是制止针对西班牙的军事援助。即便在法国，持续援助战争也会给布鲁姆带来麻烦。英、法政府都竭尽所能地维持协议效力。此时两国多数民众的意愿也都是支持这一协议。英国工党甚至谴责不干涉计划实行得不够及时。在共产主义者一方，多列士于9月7日试图说服布鲁姆让他改变关于西班牙援助的政策。[③]虽然布鲁姆没有成功被说服，但他承
385 诺共产主义者不会在国民议会给政府投反对票。共产国际在伦敦发起了一个“调查在西班牙有违背不干涉协议的可疑行为的委员会”。一些知

---

① Lord Plymouth at meeting of the committee, 23 October 1936.

② Eden in the House of Commons, 16 December 1936.

③ D. Cattell, *Soviet Diplomacy and the Spanish Civil War*（Berkeley, 1957）, p.24. 这一次“热情之花”、马塞利诺·多明戈和希门尼斯·德阿苏亚都未能当着群众的面说服布鲁姆（Ibarruri, p.305），但众人都被说服了。例如，伊迪丝·托马斯（Edith Thomas）写道：

热情之花，热情之花，
现在是男人爱你的时候了。
他们乐意听你的话，
就像听到风声在唱歌……

名人士加入了该委员会，其中包括菲利普·诺埃尔-贝克、法林登勋爵（Lord Faringdon）、剑桥大学教授特伦德以及埃莉诺·拉思伯恩（Eleanor Rathbone）小姐。两位秘书分别是年轻律师杰弗里·宾（Geoffrey Bing）和记者约翰·兰登-戴维斯（John Langdon-Davies），其中杰弗里是一名共产党员，[①]兰登-戴维斯还是一个极左人士。这是那段时期共产主义者常用的策略，对于善用计谋的维利·明岑贝格来说，他似乎对这招乐此不疲。

9月14日，不干涉委员会举行了第二次会议，并且成立了由比利时、英国、捷克斯洛伐克、法国、德国、意大利、苏联和瑞典组成的小组委员会，来处理每天的不干涉事务。[②]小组委员会内相对较弱的国家特别愿意顺从强国的领导，真正有意义的讨论仅限在法国、英国、德国和意大利四国内。某种程度上，出于对希特勒和所有国际义务的胆怯，斯堪的纳维亚半岛国家和（如今被称作）比荷卢经济联盟组织最不满意那段时期的外交进程。但是，如果英国继续采取“绥靖政策”，他们还能怎么办呢？对于一个已经开始没落的帝国来说，“绥靖政策”是唯一安全的策略，虽然，英国特别不愿意承认这一点。

会议进行的同时，教宗庇护十一世第一次向公众对西班牙内战表态。他在9月14日表示，在甘多尔福堡，面对600名西班牙难民，共和国真正表现出“撒旦对上帝的仇恨”[③]。同一天，在马德里，一名拥护共和国的神父加西亚·莫拉莱斯要求教皇声讨叛军。几天后，《就此为止》（*Cruz y Raya*）的编辑，天主教辨惑学专家何塞·贝尔加明描述道，与共和国战斗的将军、主教、摩尔人和卡洛斯主义者都被卷入了某场“奇

---

① Koestler, *Invisible Writing*, p.323. 宾后来成了工党议员和加纳恩克鲁玛总统的总检察长。西班牙共和国表示，他们将接受“真正的不干涉”。因此，这意味着任何国家都没有立法阻止他们购买武器。这与工党的不干涉观点不同，即双方都不能从国外获得武器。

② *NIC*，第二次会议。

③ Iturralde, vol. II, pp.224–225.

386 异的死亡哑剧”。西班牙内战在整个欧洲和世界范围内，引发了天主教教会内部的斗争。宗教策略与外交策略不相上下，国际舆论界内也宣布开战。因此，这场战争持续到1936年9月以后，就已不再像是19世纪卡洛斯战争那样的国内战争了。

387 24. 共和主义的战争挫折与政府的革新

1936年9月初，身处塔拉韦拉的佛朗哥和身处伊伦的莫拉对圣塞巴斯蒂安构成了威胁。共和国的马略卡远征军以失败告终。萨拉戈萨、韦斯卡、奥维耶多，甚至是托莱多的阿卡萨城堡都依旧掌握在叛军手中。在南方，共和国失去了安达卢西亚的大部分地区以及几乎整个埃斯特雷马杜拉地区。国家主义者的成功主要归功于装备精良的非洲军团。勇敢的人也许可以在街头斗殴中取得胜利，但却不是外籍军团和摩尔部队的对手。民兵队伍中只有第五军团懂得些许纪律，但从表面上看，在正规军的剩余部队以及仍然为政府而战的国民警卫队和突击警卫队中，士气普遍很低落。最初，共和国也许会依靠他们从法国购买的飞机在数量上的优势而经常占有制空权；但是，雇佣而来的法国飞行员们的能力并不算十分出色，而且国家主义者在埃斯特雷马杜拉和塔霍河的阵线上集结了刚从德国和意大利飞来的飞机。这些飞机虽然数量不多，但战斗能力超群，并为他们赢得了主导权。在被称为“佩德罗斯和帕布鲁斯”（Pedros and Pablos）的空军中队中，驾驶这些容克飞机和海因克尔飞机、与西班牙人并肩作战的德国年轻飞行员们，要比他们的法国对手们技高一筹。政治偏好也影响了战略部署。比如，在塔拉韦拉阵线上，共和军曾对一辆装甲列车寄予很高的期望，这种装甲列车曾在苏俄内战中备受青睐。托洛
388 茨基曾夸赞他的装甲列车“关键的一铲煤可以达到起死回生的效果”，但事实证明，这在西班牙根本行不通。即便如此，共和国的西班牙军官们

为了能解决他们自己的问题，还在不停地查阅与苏俄内战相关的参考信息。[①]他们的困扰不只是出现在战争前线。战争部没有真正的中央参谋部，而且民兵队伍在不同地区间的转移被无数次延误。加泰罗尼亚和无政府主义军队仍然没有与马德里政府建立联系。步枪训练的机会少得可怜，而且训练用的步枪也不多，因此，大多数一直扛着这些武器的工人们只是把枪看作对自由的彰显。还有一个原因是，各政党都保留了一部分武器来对付有可能成为敌人的战友。比如，据说马德里的全国劳工联合会在他们的总部存有5,000支步枪。食物短缺的情况也变得更加严重——导致这一结果的除了老卡斯蒂利亚的失守，还有在前线发生的食物浪费现象以及许多农业合作社的过度屠杀牧群行为。[②]共产主义者和无政府主义者之间由于深深的不信任而无法互相理解；参加向法国寻求武器和支持的代表团的“热情之花”和前任部长马塞利诺·多明戈，一同被患有残疾的伊比利亚无政府主义者联盟领导人曼努埃尔·埃斯科尔萨（Manuel Escorza）和“巴塞罗那调查委员会”首要领导人奥雷利奥·费尔南德斯长时间扣留在巴塞罗那。[③]英法政府对不干涉计划的支持挫败了共和军的士气。这倒不是由于缺少武器，而是因为不干涉计划让共和国看起来遭到了孤立。

在首都，随后黑暗的形势使拉尔戈·卡瓦列罗东山再起。如今，他成了马德里真正的主人。他和他的外交事务顾问阿尔瓦雷斯·德尔巴约几乎每天都前往山区去呐喊鼓劲，并受到了民兵们的欢迎。然而，他们

---

① 他们的追随者也受到了一部描述游击队领袖恰巴耶夫（夏伯阳）功绩的苏联革命电影的影响。与战前一样，电影给西班牙工人阶级留下了深刻的印象，甚至包括《小上校》中的秀兰·邓波儿。该电影也在当时的马德里上映。格劳乔·马克思因为在电影《鸭羹》中饰演“自由多尼亚”（Freedonia）的总统大获成功。他看起来像所有西班牙政治家一样，手里拿着的一份报告评论道：“一个4岁的孩子都可以理解这份报告。去给我找一个4岁的孩子来。”

② 关于此时的马德里，见Barea，pp.569–570。

③ Ibarruri, p.297.

想要的是掌控政府，而非仅仅入职政府。他们和他们的追随者们还在追390 求真正的无产阶级统治。甚至连普列托都曾向《信息报》抱怨，在作风依旧老派的内务部，连读社会主义报纸都会遭到抵制。与6月份一样，普列托本人在8月份也可能成为总理候选人。意大利社会主义者彼得罗·南尼描述他穿着衬衫，投入工作当中："他什么都不是：他不是一名部长，他只是一名议会在休会期间的代表。然而，他代表着一切——政府行动的绘制者和统筹人。"[①]长期以来，普列托一直反对他的政党接管政府，他始终认为，如果能维持一个中产阶级组成的政府，英国和法国就有可能会因此为共和国提供援助。然而，对拉尔戈·卡瓦列罗存在敌意的普列托意识到，拉尔戈·卡瓦列罗可能是希拉尔唯一的继任者。[②]因此，他建议社会主义阵营的部长们应该像他一样，只去"引导"希拉尔政府。共产主义者们对这一政策表示支持。[③]拉尔戈·卡瓦列罗认为，这么做将损害社会主义者们的利益，正如他们在1931年与阿萨尼亚政府共同合作时那样，还帮了无政府主义者的忙。事实上，他想让政府掌握在自己的手中。

在这一时期，许多死在政府手上的政治犯明显改变了共和国的整体氛围。8月初，戈代德将军和费尔南德斯·布列尔将军在巴塞罗那遭到审判。一名退休军官出任了尚且保有尊严的两位将军的辩护律师。利亚诺·德拉·恩科米恩达将军和国民警卫队指挥官阿朗古伦对其进行指控。这两位被指控的将军因叛乱罪而在蒙特惠奇被枪决。共和政府内的自由主义人士是在不情愿的情况下才同意判处他们死刑的：他们中的很多人都是戈代德的好友。几天后，在首都策划叛乱的头目——凡胡尔将军和费尔南德斯·金塔纳上校经过一场军事法庭的审判也被执行了枪毙，凡

① Nenni, p.146.

② 看看他8月25日与科尔佐夫的谈话："他（拉尔戈·卡瓦列罗）是一个笨蛋，一个杂乱无章的人……有能力把所有人都毁了。但他仍然是唯一有能力领导新政府的人。"

③ Ibarruri, p.285.

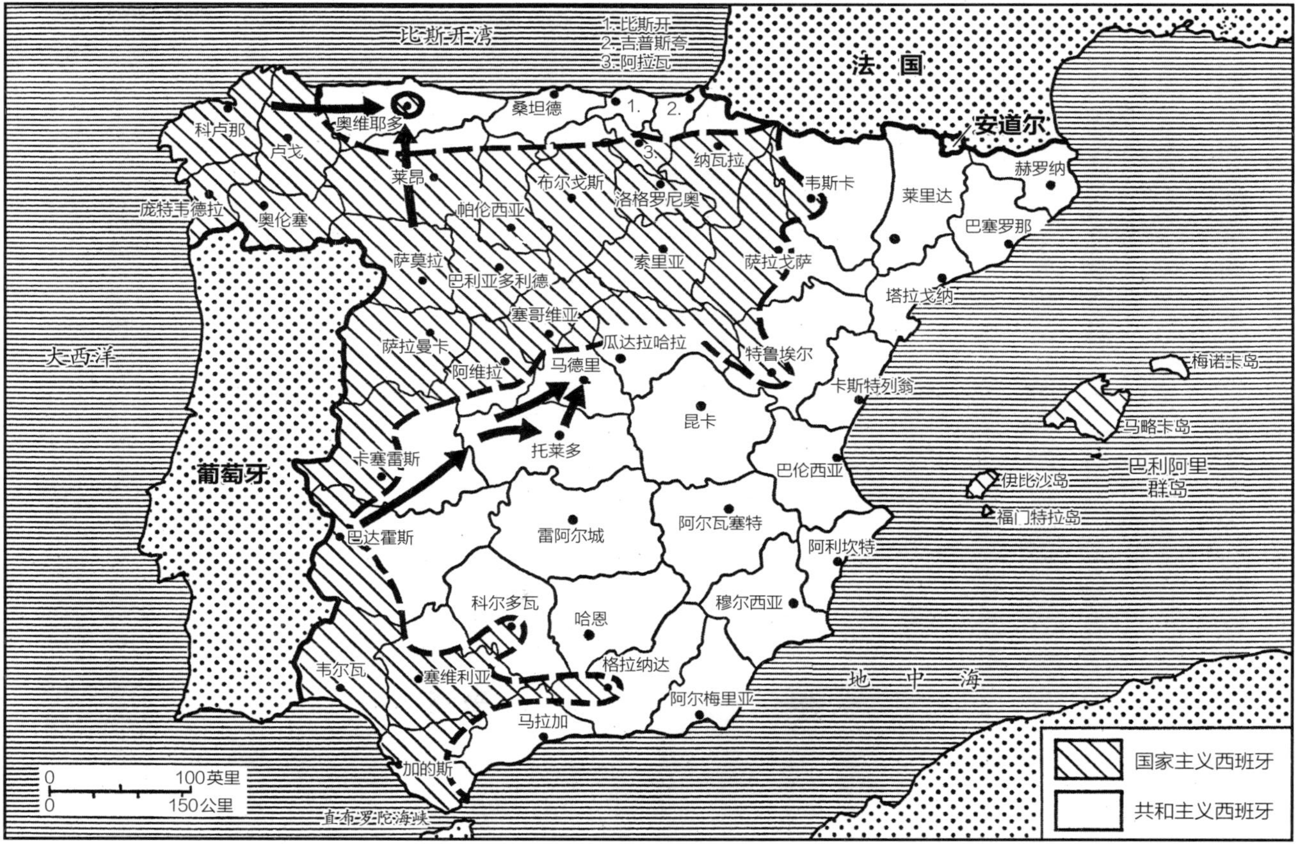

图14　西班牙局势图，1936年8月

胡尔在被枪毙前的最后时刻迎娶了一个寡妇，他的妻子曾是叛乱谋划期
391 间的通信员。[①]在他们死后，他们在马德里的狱友们遭遇了可怕的命运，模范监狱燃起了一场大火。[②]

这场大火是因为模范监狱里被关押的3,000名政治犯为了越狱，而把已经点燃了的床垫砸向警卫而引起的呢？还是搜查武器的全国劳工联合会民兵们，迫使监狱内的普通罪犯造成的呢？不久之后调来的法官马里亚诺·戈麦斯认为是政治犯们所为。但不管怎样，政治犯已经发起叛乱的消息在城市内蔓延开来，与此同时，“巴达霍斯大屠杀”也被谈及。正在休假的民兵们召集起一伙人。为了血洗政治犯，他们要对那栋建筑展开强攻。赶来的社会主义政治家们极力主张要缓和对待，但民兵们拒绝听从他们的意见。监狱内的所有工作人员都逃跑了。有40名罪犯被射杀在院子里。另外有30个人在第二天上午被射杀。死者中包括几位知名的前任部长，像曼努埃尔·里科·阿韦略；1912年改革派创始人梅尔奎德斯·阿尔瓦雷斯，许多共和主义领导者是在他的引领下第一次涉足政坛的；地权派领导人马丁内斯·德贝拉斯科。此外，还有著名的长枪党人，比如何塞·安东尼奥的兄弟费尔南多·普里莫·德里维拉（Fernando Primo de Rivera）和鲁伊斯·德阿尔达。同样死在模范监狱的还有国家主义党派的领导者阿尔维尼亚纳博士，反叛爆发前的马德里警察局局长圣地亚哥·马丁·巴格纳斯、卡帕斯将军以及蒙塔纳兵营起义的领头人比列加斯将军。遭到“共和主义者”射杀的鲁伊斯·德阿尔达娶了在费罗尔被“法西斯主义者”枪毙的海军上将阿萨罗拉的女儿。摩洛哥西部的指挥官、“里夫英雄”卡帕斯将军

① 她和她上一段婚姻所生的儿子与凡胡尔的遗嘱执行人一同前往阿尔穆德纳（Almudena）公墓埋葬将军。儿子和遗嘱执行人都在那里被杀了（García Venero, *Madrid, julio 1936*, p.364）。

② 关于两个相对立的记录，见 *The General Cause* and Borkenau（p.127）；关于塞拉诺·苏尼尔对事件的记录，参见“Juan de Córdoba”, *Estampas y reportajes*（Seville, 1939）, p.105。

在7月份才来到马德里，准确地说，他来这里就是为了避免被迫对起事进行表态。这些谋杀让阿萨尼亚和希拉尔沮丧不已，前者希望自己不如也死了才好，后者也是痛哭流涕。[①]“秩序的惯有力量”哪儿去了？内务部长波萨斯将军为恢复秩序而倾尽了全力，其他被众人期望出面的人（比如，新任安全局局长曼努埃尔·穆尼奥斯）都刻意对此进行了回避。 392

这些事情结束后，司法部为了填补正规司法机构内由于人员的辞职、逃亡或者被谋杀而造成的管理空缺而成立了人民法庭。每个人民法庭都有14名来自人民阵线和全国劳工联合会的成员以及3名曾经在司法系统工作过的人。在法庭上，被告人可以作一些形式简单的辩护——尽管，大多数长枪党被告都被判处死刑，此外被判死刑的还有西班牙自治权利联盟成员以及那些为他们捐过钱的人。司法不公正的现象始终存在：一个病人指控一名医生，因为病人欠医生钱，所以医生就能对指控举出反证，并确保起诉该病人，但一个普普通通的商人在最后关头才能脱离一个债权人对他从事间谍活动的指控。伴随着有所收敛的残酷刑罚，“未经授权的”处决仍然在继续。哥伦布的后人——杜克斯·德贝拉瓜和德拉·维加两兄弟被民兵枪杀，只因这伙民兵担心人民法庭会将两人无罪释放。8月末，政府通知所有居民要在夜晚11点前锁好房门，禁止夜间巡视人员（守夜人）在街上，并且他们还命令看门人不准让任何人进入房屋，如果听到“像是民兵们想要强行进入而发出的巨大声响”就报警。

9月4日，在不可避免的事态面前，阿萨尼亚低下了头，他接受了希拉尔辞去总理的职务，并请求拉尔戈·卡瓦列罗组建新一届政府。第

---

① 关于阿萨尼亚的反应，见他的日记，*Obras*, vol. IV, pp.850–851, and Rivas-Cherif, *Retrato de un desconocido*（Mexico, 1961）, p.159。阿萨尼亚从未从这些谋杀案中恢复过来。他也没有原谅“没有国王的老君主主义者”奥索里奥-加利亚多，后者似乎从容地接受了这样的暴行：“我没有任何托词。这是历史的逻辑！”（Azaña, vol. IV, p.625）。然而，正是奥索里奥说服阿萨尼亚不要辞职：“在另一方面，人们死前嘴上还挂着你的名字。”此后，阿萨尼亚与其说是总统，不如说是“作为共和国象征的囚徒”。（Azaña, vol. III, p.xxxviii.）

一候选人拉尔戈·卡瓦列罗表示，除非西班牙共产党支持这么做，否则他将拒绝就职。阿萨尼亚对无政府主义者发出了邀请，但他们也予以拒绝。无政府主义者不准备放下他们在理论上对政府集团的鄙视；作为替代，他们想要一个只由劳动者总工会和全国劳工联合会成员组成的国防委员会——权力直接下放给合作社和地方——也就是彻底实现工团主义国家。很多人无法接受该主张。全国劳工联合会内部对这些事情应该持
393 有何种立场一直在持续地进行讨论。8月末，在加泰罗尼亚自由主义团体联盟举行的会议上，对讨论已经不耐烦的加西亚·奥利弗强调："我们要么合作，要么实行独裁统治。就这两条路可选！"[①]残疾的曼努埃尔·埃斯科尔萨是反对政府权威的核心人物，他唯一的职位是伊比利亚无政府主义者联盟半岛委员会成员。埃斯科尔萨诚实、倔强，不易接近，尖酸刻薄，爱挖苦别人。他之所以能在无政府主义团体的内部主导舆论，是因为他强大的意志力以及像共产主义者们所说的，依靠他的私人警察军队。他的私人军队全力执行他"不饶恕法西斯主义者和中间派"的命令。当一位大审判官的这种影响力持续存在，那么关于现实主义的争论（即与其他党派的联手）将会难以实现。

另一方面，共产主义者加入了中央政府。虽然他们的中央委员会反对这么做，但莫斯科下令让他们必须加入。[②]共产主义者对此的解释是，内战要求他们抛却成见、团结一心共抗法西斯主义，而且资产阶级革命的重要任务已经完成。《工人世界》的编辑埃尔南德斯成了教育部长，马克思主义理论家乌里韦（Uribe）担任农业部长。新任内阁成员中有6名社会主义者，其中包括海军和空军部长普列托以及外交部长阿尔瓦雷斯·德尔巴约。其实普列托出任战争部长会更为合适，但拉尔戈想要由自己来掌控地位更加重要的战争部。把在阻止谋杀方面有着至关重要

① C. Lorenzo, p.122.

② Hernández, p.139；Azaña, vol. IV, p.821.

作用的内务部长职位，交给无能的安赫尔·加拉尔萨（Angel Galarza），也是他作的一个愚蠢的决定，尽管加拉尔萨在共和国初期担任过安全局局长。普列托派的社会主义者胡安·内格林担任财政部长——他曾是马德里大学的生理学教授，虽然是位副教授，但因为在马德里郊外组织建设新大学而闻名。路易斯·阿拉基斯塔因接受的职务是驻巴黎大使，这一职务同时也是共和国驻巴黎的军购委员会会长。[①]驻伦敦大使、君主主义者洛佩斯·奥利万放弃职务后投靠了国家主义者。接替他的是国际联盟副秘书长、高尚的自由主义者巴勃罗·德阿斯卡拉特，在极为重要的伦敦大使馆，他大概是能代表共和国利益的最佳人选。 394

组建完的共和国内阁有2位左翼共和党成员（包括没有职务的部长、前总理希拉尔）以及1名共和主义联盟党成员、1名左翼党成员。[②]

在战争部，拉尔戈·卡瓦列罗得到了由埃斯特拉达少校组建的正规中央参谋部的支持。1名明显持有左翼思想的老派炮兵军官成了副官。由于埃斯特拉达有意加入西班牙共产党，同时掌管补给的技术秘书处主任安东尼奥·科登（Antonio Cordón）如今已经成为共产党员，共产主义在战争部的影响力得到了提升。[③]还有另外一名新晋西班牙共产党员、战前反法西斯共和党的精神领袖迪亚斯·滕德罗少校成了一名“分类委员会”的会长，他负责将共和国区域内的所有官员，依据其政治可靠度，进行分类：代表法西斯主义者的“F”、代表中立人士的“I”以

---

① Azcárate, MS., pp.6–9. 阿拉基斯塔因是拉尔戈在战前左倾思想的主要来源，但现在的他也步入右倾。

② 另一个左翼共和党部长（司法部长）是马里亚诺·鲁伊斯·富内斯，他曾是卡萨雷斯·基罗加和希拉尔领导下的农业部长。出自共和主义联盟党的是通信部长贝尔纳多·吉纳尔·德洛斯·里奥斯。出自左翼党的是劳工和卫生部长何塞·托马斯–皮耶拉（José Tomás y Piera）。9月16日，巴伦西亚人胡里奥·胡斯特（共和主义联盟党成员，前激进派）成为公共工程部长，9月25日，曼努埃尔·德伊鲁霍（巴斯克民族主义者）成为不管部长。

③ 见Castro Delgado（p.545）。关于科登引人入胜的描述，见Martín Blázquez, p.279。科登曾是一名正规陆军上尉，根据1932年阿萨尼亚制定的法律辞职。见Cordón, p.257。

及代表拥护共和国的人的“R”被添加在近1万个人名之上；名字被贴上“R”的那些人很快被传唤进行任职。空军内部也进行了类似的改组，虽然是在相对较小的范围之内，普列托在正规空军军官伊格纳西奥·伊达尔戈·德西斯内罗斯少校（Major Ignacio Hidalgo de Cisneros）的帮助下新建了一个总参谋部。德西斯内罗斯身为普列托的老搭档，自7月份以来一直掌管着马德里的空军。

这个所谓的“胜利的政府”是西方世界第一次将共产党员纳入政府内部的新尝试。[1]这次政府机构改革的目的是在共和国的法律框架下创建强力政府。因此，经过战争爆发后的6周调整，拉尔戈·卡瓦列罗以及拥护
395 他的社会主义派系都大大转变了他们的政治立场。此后，在拉尔戈的圈子里很少有人谈及革命的需要。标语内容转而变成了和解和动员的口号，动员各个阶级，共同对抗敌人，如果可以的话，资产阶级也包括在内。拉尔戈·卡瓦列罗在追寻权力时对当局的态度，与他在战前反复灌输给他的追随者们的态度完全不同。

拉尔戈·卡瓦列罗的首要任务就是避免战败。面对塔霍河附近令人担忧的战局，阿森西奥·托拉多少校（如今是上校）受命去对付亚格和与他同名的外籍军团的阿森西奥。阿森西奥·托拉多是少数保持效忠政府的非洲主义者之一。由意大利志愿兵组成的歌斯东尼-索齐营从阿拉贡被调往塔霍河，一同被调派的还有一个由法国志愿兵组成的新晋军团——“巴黎公社”纵队（Commune de Paris）。不久后，阿森西奥·托拉多对塔拉韦拉发起进攻。他本人藐视政治，在言行上气派十足，完全是一名职业军官，他为前线带来了秩序和纪律，但他没能控制住战局。尽管他的士兵们作战勇猛，并进行了顽强抵抗，但他还是招架不住国家

① Alvarez del Vayo, p.203；Hernández, p.47；Inprecorr, qu. Cattell, *Communism and the Spanish Civil War*（Berkeley, 1955）, p.56；Borkenau, p.32；Martín Blázquez, p.189. 共产主义者还获得了教育部（温斯劳·罗切斯，Wenceslao Roces）和卫生部（胡安·普莱内斯，Juan Planelles）的副部长职位。

主义者的快速进攻。与其他共和国指挥官们必须面对的一样，他被迫在撤退和被包围中做出选择。他的士兵们替他做了决定，他们向阿森西奥·托拉多指挥部的后方大举撤退，并留下了诸多物资。看到共和国新一轮的撤退，国家主义者们并没有立刻乘胜追击，毕竟从塞维利亚就开始的征程已经让非洲军团疲惫不堪。国家主义总参谋部预料，敌人越是靠近马德里，反抗就会进行得越激烈。

正当主力进攻的纵队停下来进行重整军备，并将塔拉韦拉设定为进攻马德里的据点时，德尔加多·塞拉诺带领一支新晋武装力量快速向北方移动，他们首次与莫拉北方军中最南端的队伍取得了战斗联系，这支来自阿维拉的队伍正是莫拉斯代里奥上校率领的骑兵部队。9月8日，两军会合于格雷多斯山的阿雷纳斯德圣佩德罗。这次会军切断了向西延伸的大部分共和国区域。接着叛军以惯有的残酷手段对这一地区进行了清洗。[①]

9月9日，在托莱多，阿卡萨城堡的守卫者们接到了街道对面一栋 396
房子内的民兵据点通过喇叭筒传达的信息，步兵学院的前战术教授罗霍少校试图代表政府劝他们投降。莫斯卡多和其他几位守卫军官都认识罗霍，因此在停火期间罗霍得到了接待。他提出，如果阿卡萨城堡投降，作为回报，城堡内所有女人和孩子的安全都将得到保证。守卫者们将移交给军事法庭。莫斯卡多拒绝了这些条件。反过来，他请求罗霍让政府在下次停火的时候，派一名神父到阿卡萨城堡来。与城堡内的军官们闲谈过后，罗霍回绝了军官们让他留下来的请求，他承诺

---

① 正在此时，2名英国前正规军军官——南格尔（Nangle）中尉和菲茨帕特里克中尉加入了非洲陆军。南格尔曾在印度陆军服役，是一名做事效率很高的军官。菲茨帕特里克是一名浪漫的爱尔兰幸运战士，他解释说，在看到一张民兵穿着牧师的法衣坐在祭坛上的照片后，他就被说服为西班牙志愿服务了。两人都在军团中获得了佣金。这是第一批获得佣金的外国人，但他们都没有获得晋升。菲茨帕特里克友好地允许我阅读他未发表的有关他的西班牙经历的回忆录。

会传达派遣神父的请求，然后转身离开。[1]后来，在9月11日一次长达3个小时的休战期间，一名温文尔雅的神父巴斯克斯·卡马拉萨来到阿卡萨城堡。这位神父曾在马德里因崇尚自由主义而从民兵队伍的手中死里逃生。由于不可能倾听每个人的忏悔，神父对莫斯卡多和守卫者们进行了集体赦罪。在一次阴郁的布道中，神父说，要塞驻军将在另一个世界取得荣耀。守卫者们因此获得了一种极大的心理安慰。同时，有些守卫阿卡萨城堡的国民警卫队与围困他们的民兵们交谈。民兵给守卫者递去了香烟，并答应会给他们的家人捎口信。巴斯克斯·卡马拉萨离开后，围攻继续进行。[2]共和军试图通过从墙外挖地道以及在离城最近的两座塔下埋雷的方式来突破抵抗。为了给爆破后计划发起的强攻做准备，平民从城市中被疏散。战地记者受邀来到托莱多观看阿卡萨城堡的陷落，就像这一时刻注定会成为一场节日庆典一般。[3]拉尔戈·卡瓦列罗（阿卡萨城堡已经成为他的心头大患）拒绝了何塞·迪
397 亚斯的请求以及西班牙共产党领导人恩里克·利斯特提出的派第五军团进军托莱多的提议——他可能认为自己可以不经过共产国际的帮助就拿下这场战斗。共产国际也许会认为，“西班牙列宁”与曾经的“温和派”一样难对付。[4]9月18日，东南方的塔被炸毁，但埋在东北方塔下的地雷没有爆炸。

如今，决战在即，在决定性时刻来临之前，叛军在托莱多以外的其他地区已经取得了几场胜利。9月13日，为了让美丽的街道免遭破坏，巴斯克在交出圣塞巴斯蒂安时并未向莫拉做出任何抵抗。在敌人入城以前，他们还枪毙了一些试图在城内纵火的无政府主义者。政治犯们（包

---

① Aznar, p.202.

② 巴斯克斯·卡马拉萨很快离开马德里前往巴黎，幻想破灭。关于他未来的麻烦，见Quintanilla, *Los rehenes del Alcázar*。他于1946年死在波尔多。

③ Henry Buckley和Lord St Oswald的回忆。

④ Ibarruri, p.310.

括国家主义者索尔查加上校的妻子）都被护送离开——这一仁慈之举与国家主义者在被征服的城市的所作所为形成了鲜明的对比。随后一份黑名单出现了，名单内记录了那些潜在的巴斯克民族主义者。这些人或他们的亲属（如果抓不到他们本人的话）被抓到潘普洛纳以后，要么被关进监狱，要么被枪毙。[①]国家主义者，尤其是卡洛斯主义者的怒火已经被点燃。他们发现，省内已有许多知名人士被杀害，比如维克多·普拉德拉（Víctor Pradera）和奥诺里奥·毛拉。他们因此而大开杀戒。

这次失败导致整个吉普斯夸地区都落入了叛军的手中，还迫使新任海军部长普列托在9月22日调派卡塔赫纳和其他地中海港口的共和国重要舰队开往北部水域。这一行动确实阻止了叛军封锁北部海岸，但并未对战局的其他方面造成影响。与此同时，恩里克·巴雷拉将军在南方开启了新一轮的安达卢西亚征程，直指马拉加绵长的沿海平原周边的北部群山。在向隆达进军的过程中，恩里克·巴雷拉不费吹灰之力地占领了一座又一座村庄。9月16日，隆达被攻陷。凯波·德利亚诺占领了佩尼亚罗亚重要的煤矿，并在每场胜利过后都进行了残酷的镇压。

在塔霍河谷，战斗很快再次打响。民兵队伍再一次坚定且勇敢地迎敌战斗，他们甚至被说服深挖战壕。然而如今，也正是因为战壕的缘故，即便亚格派兵从两侧包抄，他们也拒绝移动。经过一场长达7个小时的 398
战斗，民兵队伍再次被迫在撤退和被包围中做出选择。他们又一次选择了撤退，放弃了他们在圣奥拉利亚的防御据点以及附近更大的市镇——马克达。亚格于9月21日占领了马克达。过去一个月战斗决策的制定人之一、共产主义“10月11日”部队的意大利流亡领导人费尔南多·德罗萨被杀害，战前他曾是社会主义民兵队伍的组织者之一。[②]在奥罗佩萨，共产主义者安德烈斯·马丁带领一群联合社会主义青年在教堂内进行了

① Iturralde, vol. II, p.224.

② Tagüeña, p.134.

殊死抵抗。[1]在所有这些战斗中，外籍军团虽然在人数上未占优势，而且装备也不比他们的敌人强多少，但他们依靠其专业素养以及著名的残忍赢得了胜利。

如今，下一步棋对国家主义者至关重要：他们是应该解救现在离他们只有25英里的托莱多，还是应该继续向马德里推进？阿卡萨城堡现在的处境令人担忧。守卫者们完全生活在地窖当中。他们的水所剩无几，他们被迫吃掉了他们的骡子，连马也吃得只剩下1匹。9月20日，5台装满汽油的消防车被放在了圣克鲁斯医院，易燃液体喷向了阿卡萨城堡的围墙。民兵们为了点燃汽油而投掷手榴弹。一个跳出阿卡萨城堡的守卫者在民兵队伍中刺坏了水龙带。这名守卫者被杀后，水龙带又再次对准了阿卡萨城堡。到了下午，汽油被点燃，但并没有造成太大的破坏。当日夜晚，来到托莱多的拉尔戈·卡瓦列罗坚决要求在24小时之内攻破阿卡萨城堡。最后，他准许巴尔塞洛少校带领共产主义部队参与到托莱多的战斗中，但为时已晚。第二天，佛朗哥决意解救这座城市。金德兰将军询问他是否清楚如果部队转向可能会让他丢掉马德里。佛朗哥承认这种情况确实有可能发生，但他认为，解救莫斯卡多的精神（或宣传）效应将更为重要。[2]他的选择是正确的：虽然佛朗哥不易感情用事，但他清楚在西班牙树立榜样的重要性。9月23日，
399 由于亚格拒绝转向托莱多，佛朗哥从安达卢西亚调来的恩里克·巴雷拉来进行指挥。恩里克·巴雷拉率领阿森西奥和巴龙两位上校及其纵队从北方向托莱多进发。与此同时，围攻者们再次在东北方的塔下埋置了地雷。突击警卫队从马德里涌入托莱多，他们坚信这将是最后的强攻。埋置的地雷在9月25日爆炸，塔倒进了塔霍河，但堡垒本身的岩石地基无法被穿透。正当政府发出公报宣布阿卡萨城堡陷落的时候，

---

① Ibarruri, p.309.

② Kindelán, p.123.

恩里克·巴雷拉的队伍已逼近至仅10英里之外。

9月26日，非洲军团切断了托莱多与马德里的道路联系。共和军此时若兵败只能往南方逃跑。9月27日的上午，守卫者们终于看到了驻扎在北方绵长荒山上亲切的恩里克·巴雷拉军队。中午，城外对托莱多发起了一场进攻。尽管托莱多易守难攻，但训练有素的非洲军团很快发挥了作用。溃逃的民兵队伍带走了兵工厂内的多数物资。夜晚，阿卡萨城堡的守卫者们已经可以听到下面街道上有阿拉伯语传来。援兵已经赶到。此时，城内只剩叛军在攻占每一座城市后的例行大屠杀。与外籍军团一起行军的菲茨帕特里克上尉在报告中称，为了给在城外发现的两具残缺不全的国家主义飞行员尸体复仇，叛军在进入托莱多前，已将俘虏全部杀死，主街道上的血沿着山坡一直流到了城门。①摩洛哥人还在圣胡安医院屠杀了医生和许多病床上受伤的民兵。40名被困在神学院的无政府主义者喝下了大量的茴香酒，并放火点燃了他们所隐藏的神学院，一同葬身火海。②9月28日，恩里克·巴雷拉进入了城内。莫斯卡多在他的士兵面前列好队，一边敬礼一边用叛军在7月17日到18日所用的口令“sin novedad”（与往常一样）对巴雷拉说，军队没有什么要报告的。被 400
围困的人两个月以来第一次走出城堡。戈马大主教在摩尔部队的护送下，回到了他的大主教教区。“地下的阿卡萨圣母”听到了祈祷。③

然而，正如亚格担心的那样，解救阿卡萨城堡对战局造成了很大影响。共和国趁机在马德里保卫战前进行了军备上的重整，并能够像后来看到的那样，组织了大量的外部援助。毕竟，佛朗哥是经过深思熟虑以后才决定转向托莱多的，不难想象，如果他扔下莫斯卡多，让莫斯卡多

---

① Fitzpatrick MSS.

② Geoffrey Cox, *Defence of Madrid*（London, 1937）, p.54. 这位记者（后来是独立电视台的杰弗里·考克斯爵士）当时在马德里。其他人也谈到了这家医院的杀戮事件。一些未受伤的民兵在医院避难，因此将摩尔人的火力引向了那个方向。

③ John Langdon-Davies, *Behind the Spanish Barricades*（New York, 1936）, p.257.

去受死，那他得承受多少指责。[①]此后的宣传中对阿卡萨“史诗”的着重强调，无疑是为了想让人们一直认为这个决定是正确的。

401

25. 国家主义西班牙的发展

为了能够师出有名，叛军（佛朗哥一方）从9月份开始为他们的运动反复渲染一种史诗色彩。鉴于他们在7月份发表的第一份公报中表示需要秩序来控制住混乱的局势，如今，人们称他们为“自由十字军”。为了维持住战争成果，为了确保工厂继续工作，为了稳住士气，为了让处决名正言顺，叛军时时刻刻都在追溯与过去的精神连接以及通过爱国宣传来激发人民的热情。一切与共和国相关的事物都被贬称为“红色们”。7月份以前空无一人的教堂如今每到周日都坐满了人，同时，关于旗帜与口号的争论——“共和国万岁”还是“西班牙万岁”——以传统的方式得到解决（不过，在内战爆发的前几周，左翼和右翼使用着相同的口号——“西班牙万岁，共和国万岁”，抵达马略卡岛的巴约上尉与7月份的佛朗哥同样喊了这个口号[②]）。

在8月15日的圣母升天节，君主主义旗帜正式替换了共和国旗帜。对于卡洛斯主义者而言，这一行为的重要性不言而喻，这是向西班牙君主制让步的结果，莫拉的军队则继续使用了一段时间的共和国旗帜。然而，在一场塞维利亚举行的庄重典礼上，从市政厅的阳台上走出来的佛
402 朗哥多次亲吻了红黄色的旗帜，并向站满人群的广场上大喊：“旗帜在这儿！这是你们的旗帜！他们想要从我们的手中夺走它！”塞维利亚的红衣主教伊隆达因也亲吻了这面旗帜。接着，佛朗哥说：“这是我们的

① Kindelán, p.23.

② Martínez Bande, *La invasión de Aragón*, p.267；Franco, qu. Cabanellas, vol. I, p.621.

旗帜，是我们所有人都曾宣过誓的旗帜，是我们无数的先辈们都为之光荣牺牲的旗帜。”当演讲结束时，他的眼睛被泪水打湿。下一个发表演讲的是凯波·德利亚诺，他用不连贯的措辞论述了西班牙在不同时期所采用的不同旗帜。最后，他把君主主义颜色比作“我们战士滚滚流淌的鲜血以及在丰收时节安达卢西亚金黄的泥土”[①]。与以往一样，他在结尾处又提到了“马克思主义暴民”。在本次演讲期间，站在一旁的佛朗哥和外籍军团的创始人米连·阿斯特赖（刚从阿根廷回来）始终无法抑制住笑声。很久之后，凯波回忆说由于自己很紧张，演讲并没有发挥得像原本准备的那样精彩。下一个讲话的是身体已经残缺不堪的米连·阿斯特赖将军。现在的他只剩下一只眼睛、一条胳膊，在他仅有的一只手上也只留有不多的几根手指。他大声喊道：“我们不怕他们，让他们来看看，在这面旗帜下，我们能做出什么。”当听到有人大喊“米连·阿斯特赖万岁”时，这位将军大声地说：“喊那些干什么？不要为我欢呼！大家跟我一起呼喊‘死者永存！’（¡Viva la muerte！）”人群中不断回响这句著名的口号。他还说：“现在，让‘红色们’来吧！我们要让他们全部都死无葬身之地！”他说着，把帽子扔向情绪异常激动的人群。

米连·阿斯特赖是一个浑身充满荣誉感、作风严厉且富有奉献精神的斗士。他曾在菲律宾战斗过，并通过与法国的接触而受启发，从而提议建立外籍军团。在成为外籍军团的第一任指挥官后，这位“光荣的伤残之人”却鲁莽到了愚蠢的地步。在摩洛哥战争激战正酣之际，为了抗议不服从命令的委员会，他辞去了指挥官的职务，但在胜利在望的时刻，他又重新掌控了指挥权。1936年7月，身处阿根廷的米连·阿斯特赖还没有受到莫拉的青睐，当内战打响时，他就支持哪一方这件事显然还拿不定主意。然而，佛朗哥抛出来的橄榄枝让他下定了决心，在整个

① 在《丧钟为谁而鸣》（*For Whom the Bell Tolls*）中，比拉尔（Pilar）将共和国国旗称为“血、脓和石榴”，而将君主主义国旗称为简单的“血和脓”。

403 内战期间，佛朗哥一直都受到他的影响，并听取他的判断，但佛朗哥并未效仿过他的鲁莽。

在米连·阿斯特赖之后发表讲话的是君主主义诗人和作家、普里莫·德里维拉的旧时同伴——何塞·玛利亚·佩曼，他同时也是“运动”的辩护者之一。佩曼把这场战争比作“一场全新的独立战争，一场全新的收复失地运动，一场全新的驱逐摩尔人的运动！”最后一点声明听起来很别扭，因为就在前几天，正是在这座城市，由摩尔士兵组成的远征军向北进发征战马德里，而且那时，他们的公共大楼以及统帅甚至由摩尔人来保护。佩曼继续说道：“20世纪的基督文明是我们的后盾，我们为了爱和荣誉而战，为了委拉斯开兹的画作而战，为了洛佩·德维加的剧作而战，为了堂吉诃德而战，为了埃斯科里亚尔修道院而战。”当群众对他的欢呼不绝于耳时，他又说道：“我们还为万神殿而战，为罗马、为整个欧洲以及全世界而战。”在这次成功的演讲的结尾处，他把凯波·德利亚诺称作“新的希拉尔达”。[①]即便对为演讲者欢呼喝彩的民众而言，这种把言语粗俗的将军比作迷人的摩尔塔楼的比喻未免有些言过其实，但在西班牙内战中，这样的比喻令国家主义者的狂热支持者们信服，这足以说明，让人们相信他们自己的宣传并非难事。在今天，这样的表述也许会让我们发笑，但是那时它们表现出一种对复苏与重生的真切渴望。一周以后，在潘普洛纳，米连·阿斯特赖面向更多的人群宣扬着：“纳瓦拉！潘普洛纳！我带着深深的敬意，向您敬礼！您将是西班牙新收复失地运动的科瓦东加！您将会成为国家英雄主义的摇篮！您定将如此——纳瓦拉！”[②]事实上，在一段时间里，对于国家主义者们而言，以振奋人心的方式喊出的中世纪名字代

---

① Bahamonde, pp.36–38. 佩曼的演讲见 *Enciclopedia Universal Ilustrada*, 1936—1939 年增刊（vol. II, p.1404）。

② Del Burgo, pp.158–159.

表了一种意识形态。就像米连·阿斯特赖在另外一次演讲中喊出的那样："卡斯蒂利亚！请允许我在结束时说一句'纳瓦拉万岁！'这就相当于在呼喊'西班牙万岁！'"

—

战争爆发一周以后，随着一批军事物资援助得到了德国和意大利批准，叛军把重心放在了如何确保石油等原料的供应上，毕竟加那利群岛 404
本地提供的原料完全不够用。他们还临时创建了一套新的国家结构，西班牙"反动"银行家们以制度改革者的热情完成了这一任务。

共和国持有西班牙货币性黄金意味着国家主义者们发起战争时既没有货币的支持，也没有从国外得到贷款。专门应对这一情况的方法有：新的当局通过将利息划入国债而进行赊账；缩减政府的所有多余开支；用新税法获得更高的收入——例如，征收公务员的工资税（他们必须一周有一天免费进行工作）；征收遗产税。战争的其余收入来源要靠国内财政制度（贷款、捐赠以及其他税务）和外国援助。[①]为了确保比塞塔能维持在战前的价值水平，政府采取严格措施禁止出口国内货币。把比塞塔维持在这一价值的唯一后盾就是对国家主义胜利的期望。不管怎样，德国代理机构——西班牙裔摩洛哥人运输公司在伯恩哈特的引领下协助稳定了国家主义者一方的货币。同时，安达卢西亚和摩洛哥的矿产以及加那利群岛的农产品的出口也对稳定货币有所帮助。另外，欧洲和美国的金融家们十分渴望国家主义者赢得胜利，毕竟之前对苏联投资的惨痛经历仍然历历在目。得克萨斯石油公司同意在不经担保的情况下提供一大笔长期贷款，因此石油问题得到了解决。在起义刚爆发的时候，得克萨斯石油公司的5艘油船就已经在前往西班牙的路上了。他们接到公司

① Tamames, *Estructura*, p.558.

董事长、坚决拥护法西斯主义的索基尔德·里贝尔上尉的命令（他在8月份访问国家主义西班牙时，与佛朗哥和莫拉进行了会谈），要把他们的货物运送给国家主义者们。这些货运持续进行。①

405 西班牙人与他们的德国同盟者们之间的关系并不十分明确。比如，8月底，主管军事援助的冯·谢勒少校与国家主义的空军指挥官金德兰将军发生过争吵。冯·谢勒提出在阿拉贡地区，共和国敏捷的宝玑飞机也许会碾轧德国人，所以金德兰说应该由西班牙人来驾驶海因克尔飞机。冯·谢勒回复称，西班牙人不具备驾驶海因克尔飞机的能力。佛朗哥被迫牵扯进这次争论当中。纳粹党党员伯恩哈特与军人冯·谢勒之间也有不愉快，在伯恩哈特的眼里，冯·谢勒不过是他的一个雇工，他要让人知道，在佛朗哥面前，他伯恩哈特才能代表希特勒。纳粹党和德国军队在暗地里的争吵在西班牙也有苗头。德国军官埃伯哈德·梅瑟施密特代表战争物资企业联盟出访完国家主义西班牙后，在返回德国的同时催促外交部，称让佛朗哥在德国的“未来经济，甚至是政治影响力”方面作出承诺的时机已经成熟。他提议签署一项常年向德国运送原材料的协议。渴望巴结佛朗哥的伯恩哈特对这项提议表示反对。但佛朗哥没有听从伯恩哈特的劝阻，他被说服后开始将名义

---

① 根据1935年《美国中立法案》的规定，这些运输是合法的。在《美国禁运法案》实施之后，一些运输是打着运往法国的名号而实行的。得克萨斯州石油公司被罚款22,000美元。但这算不了什么，他们在1936年交付了344,000吨石油，1937年交付了420,000吨，1938年交付了478,000吨，1939年交付了624,000吨。国家主义西班牙共支付了600万美元的账单，并续签了信用证（Feis, p.269）。另见Joseph L. Thorndike Jr, *Life*, 1 July 1940。显然，得克萨斯石油公司的决定源自石油专卖租赁有限公司（CAMPSA）的一名员工胡安·安东尼奥·阿尔瓦雷斯·阿隆索（Juan Antonio Álvarez Alonso）的行动，他从巴塞罗那逃到马赛，在那里找到了得克萨斯石油（法国）的W.M.布鲁斯特（W. M. Brewster），后者让他与里贝尔联系，然后在巴黎建立联系。1935年，CEDA政府将其石油供应商由苏联改为得克萨斯石油。（见Bolín，第221页至第225页，以及Ramón Garriga, *Las relaciones secretas entre Franco y Hitler*, Buenos Aires, 1965，第164页。）

上出产自英国力拓河公司的铜作为战争物资的部分报酬运往德国。[1]德国人在意识形态上也没有与佛朗哥达成一致。一个德国记者兼情报机构军官罗纳德·斯特伦克后来说，他认为阿萨尼亚的“中路”政策要优于佛朗哥所谓的“救世主大军”，因为后者预示着回到以地主和教会为主的旧秩序中。[2]

眼下，意大利提供的援助局限在由意大利飞行员驾驶的萨伏亚和菲亚特飞机、一些菲亚特-安萨尔多坦克以及其他少量物资。这些被国家 406
主义军队专门接收的物资和人员都归到了外籍军团的范围内。到此，关于被合并的这一部分并没有发生激烈的争端。

8月，佛朗哥在国家主义一方的地位得到了巩固。这主要因为非洲军团的胜利以及抢占先机的莫拉没有取得突出的战绩。还有一部分原因是佛朗哥与德国和意大利建立的联系。“年轻将军”给这两个国家，尤其是德国留下的印象是他有能力的同时也易于受他们影响。胡安·马奇也对佛朗哥赞赏有加，并因此而提供了帮助。卡纳里斯说佛朗哥像约翰内斯·伯恩哈特一样勇敢。

然而，到目前为止，国家主义西班牙还没有一个绝对的指挥，而这引起了越来越多的不便。8月底，几位将军——特别是空军指挥官金德兰——开始酝酿如何能解决这一难题。[3]在国家主义西班牙，“州郡行政制”的独立管理几乎已经达到与共和国政府一样的程度：例如，在巴达

① *GD*, pp.84-89.

② *USD*, 1936, vol. II, p.611. 截至9月底，德国人已用容克飞机（由海因克尔战斗机护送）从摩洛哥向安达卢西亚运送了25万千克战争物资和13,500名士兵；大约有550名德国士兵在西班牙，作为对比的是那里有400名意大利人。见Whealey, in Carr, *The Republic*, p.218，基于德国空军的文件。9月29日，一场名为“奥托行动”的从汉堡到西班牙的大规模新武器运输行动开始。

③ 佛朗哥于8月26日在卡塞雷斯的一座宫殿中设立了自己的总部。在炎热的埃斯特雷马杜拉市的一间凉爽的客厅里，他与助手一起工作，他的兄弟尼古拉斯担任政治顾问。有两次当他在前线访问非洲陆军时，他不得不离开汽车，躲避一架共和国飞机。

霍斯，身穿长枪党蓝色标志衫的新任军事长官卡尼伊萨尔斯上校拒绝与凯波·德利亚诺进行协作，他以几乎算得上独立的姿态已统治他的封地达数月。[1]长枪党会抓住这次难得的机遇吗？他们不会，因为他们还没有从7月份遭受到的打击中恢复过来。被卷入多次起义运动，他们的许多领导者都失去了人民的拥护。现在，这些领导者中的大部分人都被遗落在共和主义西班牙中——可能已经死了。一支由新成员组成的军队穿着蓝色标志衫进行列队游行——这些男人和女人都不太了解何塞·安东尼奥的政治观念。一部分人是投机者，多数人是机会主义者。还有一些人曾经是左翼分子。据塞哥维亚的地方长官迪奥尼西奥·里德鲁埃霍统
407 计，左翼分子占新晋成员的20%。萨拉戈萨的地方长官赫苏斯·穆罗曾经有一支由前全国劳工联合会成员组成的警卫队。[2]此外，长枪党内还有曾经的激进分子、前西班牙自治权利联盟成员以及许多曾经没有任何政治立场的人。

8月29日，塞维利亚的“地方长官”、斗牛士华金·米兰达组织了一场由7月份事故中幸存下来的长枪党领导人参加的会议，曾经拥护米格尔·毛拉的华金·米兰达接管了几乎所有安达卢西亚的政党。[3]出席此次会议的有马德里民兵组织头目、24岁的阿古斯丁·阿斯纳尔（Agustín Aznar）——就在战争爆发的前夕，他在马德里策划了恶性的街头斗殴；奥内西莫的兄弟安德烈斯·雷东多——尽管战前他并没有加入长枪党，但他在巴利亚多利德继承了他兄弟的衣钵——如今，他称呼自己为老卡斯蒂利亚的“地方领袖”。接着在9月2日，长枪党在巴利亚多利德举行了一场全国会议。会议上，阿斯纳尔、拉斐尔·加尔塞兰（从

---

① Bahamonde, pp.48–49. 早先是凯波·德利亚诺的朋友，受凯波任命。两人就允许民事长官自由行动的问题发生了争吵；直到1938年，他才被调离。随后，他被凯波判处死刑，而佛朗哥救了他，佛朗哥在摩洛哥与他一起服役。

② García Venero, *Falange*, p.182.

③ 8月2日，幸存的“省级负责人”早些时候举行了一场会议。

蒙塔纳兵营逃出来的加尔塞兰是何塞·安东尼奥的法律事务员）以及其他几位曾经的马德里长枪党人，成功地争取到桑坦德的地方长官曼努埃尔·埃迪利亚，由他出任一个由7人组成的“临时”军政府的首脑。

诚实、缺乏想象力的埃迪利亚似乎并不具备独立领导才能。出身技工的他从未受到过正规教育。他怀揣着一些新颖的想法，并在后来公然与那些为解决个人恩怨而拿起屠刀的同僚们唱反调。在叛乱期间，他在加利西亚的决绝受到了莫拉的赞赏。在一些人眼中，他也许会成为一名将法西斯主义推向高潮的无产阶级领袖；在阿斯纳尔和加尔塞兰看来，在何塞·安东尼奥获得自由以前（他们最为关心的事情），埃迪利亚还算是一个可靠的临时首领。为何塞·安东尼奥保留位置的这一想法是长枪党无法掌控局势的主要原因。①

希尔·罗夫莱斯短暂访问了国家主义西班牙和前线。在布尔戈斯勉强逃过长枪党逮捕的他撤回到里斯本。在里斯本，希尔·罗夫莱斯在流放中度过了余下的战争岁月。他意识到自己的时代已经一去不复返了，408
就算他真的留在西班牙，甚至还能扮演一定的角色，但他在君主主义者和长枪党人中永远存在着敌人。②在阿利坎特，何塞·安东尼奥在狱中告诉美国记者杰伊·艾伦：“一切都是希尔·罗夫莱斯的错”，而且其他人同样这么认为。

在其他几位权力的竞夺者当中，前国王阿方索留在了中欧，并犹豫是否要在这次战乱当中公开支持他的朋友们。没有人邀请他回到西班牙。他的儿子、继位者唐胡安试图回到国内并参加战斗。但唐胡安一到潘普

---

① García Venero, p.190f. 军政府包括阿斯纳尔、何塞·萨因斯（新卡斯蒂利亚）、赫苏斯·穆罗（萨拉戈萨）、安德烈斯·雷东多（老卡斯蒂利亚）和何塞·莫雷诺（纳瓦拉）以及秘书弗朗西斯科·布拉沃（萨拉曼卡）。何塞·萨因斯，在场的资深长枪党人，从未接受埃迪利亚的提名。见Gumersindo Montes Agudo, *Pepe Sáinz*, qu. Southworth, *Antifalange*, p.140。

② Gil Robles, p.756. 事实上是莫拉让他离开。

洛纳，就被莫拉逮捕，之后，他被护送着越过边境，其理由是他的生命太过珍贵，不能以身犯险。阿方索在志愿充当飞行员的问题上遇到了类似的难题，但在1937年，他成功成为一名飞行员。显然，在新生西班牙，君主主义道路与民主主义道路一样布满艰险。虽然如此，到了9月份，地方卡洛斯主义者们以半独立的形式控制了纳瓦拉省，并忙于重新将宗教引入当地教育。

到此时，佛朗哥和国家主义海军指挥官莫雷尼奥·埃尔南德斯上尉已经加入莫拉在7月份建立的军政府。该军政府于9月21日在临时改建的机场举行了一次会议，该机场占用的土地归属于萨拉曼卡附近圣费尔南多的一个公牛饲养员——安东尼奥·佩雷斯·塔韦内罗。奥尔加斯和金德兰两位将军提议采取总指挥的方案。从莫拉支持这一提议的热情上看，他的真诚值得怀疑。卡瓦内利亚斯将军是唯一不赞同该计划的将军。金德兰在莫拉的支持下提出应该由佛朗哥出任总指挥。尽管卡瓦内利亚斯没有投票，但这一提议最终得到通过。之后，将军们内部出现了分裂，不过，在近10天的时间里没有任何事情发生。[①]身为君主主义者的金德兰是国王的好友。他相信佛朗哥在最后会支持复辟。在佛朗哥位于卡塞雷斯的总部，不断逼迫佛朗哥及其一党的人有：他45岁的兄弟尼古拉斯；
409 尽管在埃斯特雷马杜拉赢得了胜利，但因一时未受到任用而放弃了解救托莱多的指挥权的亚格；还有佛朗哥在外籍军团的老指挥官米连·阿斯特赖。在君主主义教授赛恩斯·罗德里格斯的印象里，8月初的佛朗哥并未想过要成为政府的领袖。[②]

卡瓦内利亚斯继续担任了一段时间的军政府首脑。与所有人一样，

---

① Kindelán, pp.50–53；Iribarren, p.216.正如有时人们会认为，这次会议没有在9月12日举行可能因为这是金德兰书中的一个校对错误。出席会议的将军有卡瓦内利亚斯、佛朗哥、凯波、萨利克特、莫拉、达维拉、奥尔加斯、希尔·尤斯特（Gil Yuste）、金德兰、蒙塔内尔上校和莫雷诺·卡尔德龙上校。

② Sainz Rodríguez, p.327.

他知道他的将军与同僚之间不和，并且看出他们迟早会对战争产生负面影响。而且，他更希望成立一个由3位将军组成的军政府，以此来避免独裁专制的威胁。尽管他曾在非洲领略过佛朗哥的指挥能力，且对其军事才能予以了肯定，但他怀疑佛朗哥一旦取得权力就绝不会松手。[1]因此，卡瓦内利亚斯试图避免牵扯进9月21日进行的投票当中。然而，事到如今，如果有人停下来冷静思考就会发现，作为南部地区（即使不是）的常胜将军，如今的佛朗哥是这个满目疮痍的国家中所有中产阶级和右翼的希望。卡尔沃·索特洛、圣胡尔霍、何塞·安东尼奥和戈代德这些人不是已经离世就是没有影响力。莫拉由于阴谋未能得逞而名誉受损，他一直是鄙视他的共和国的死敌，与此同时，君主主义者也把他作为一个共和主义者来看待。凯波和卡瓦内利亚斯曾起兵反抗过普里莫·德里维拉。总结之前的表现，只有佛朗哥保持了政治上的中立。忠于国王阿方索的佛朗哥曾为共和国效力，此外，在1936年9月中旬，军队在他的指挥下赢得了胜利。莫拉则完全不支持长枪党及其倡导的理念，尽管他干劲十足，但无论对长枪党的新生代还是旧元老，他都不会是一名合适的领袖，多数人也认为他还是太像一名警官。凭借着优秀的口才、个性化的处事方式、那些斗牛士朋友以及自带的19世纪风格，凯波看上去完全像一名安达卢西亚领导者，在布尔戈斯和萨拉曼卡，他算得上是一个有趣的人，但这同样让佛朗哥周围那些像金德兰一样讲究礼仪、作风传统的君主主义军官们鄙视他粗俗的语言和共和主义背景。

在接下来的两周里，金德兰与佛朗哥的兄弟尼古拉斯·佛朗哥以及 410
最知名的战斗指挥官亚格上校共同推进了他们的计划。9月27日，在卡

---

① 就像他在9月28日告诉金德兰的（Cabanellas, vol. I, p.652 fn.）。塞恩斯·罗德里格斯回忆道，佛朗哥经常说，普里莫·德里维拉的错误是他认为自己的政权是暂时的（p.333）。

塞雷斯，群众为了庆祝阿卡萨城堡获救的消息而欢呼聚集，从阳台走出的亚格面对群众发表了讲话。上校对群众说，外籍军团需要一个他们可以信任的人来担任最高统帅。[1]佛朗哥当数最佳人选，托莱多的大捷足以扫平质疑的声音。一些对此不满的人说，佛朗哥会为了他自己的政治计划在前往马德里进军的路上转向托莱多。尽管佛朗哥无疑有能力这么做或者说他能确定这么做会对他有利，但恐怕他没有必要这么做。不管怎样，在托莱多陷落的第二天，也就是9月28日，军政府的将军们及其相关人员乘坐飞机前往萨拉曼卡。在到达目的地后，一个由长枪党人和卡洛斯主义者组成的护卫队在尼古拉斯·佛朗哥的指示下呼喊佛朗哥为“大元帅”。人员聚集以后，金德兰宣读了他和尼古拉斯·佛朗哥之前准备好的一项法令。该法令规定所有武装力量都只能听命于一位大元帅，并且这位大元帅还将在战争期间担任国家元首。此时，聚集的将军们对这一提案并不热情。为何要在掌管军事的大元帅的头上扣上政治家的帽子？卡瓦内利亚斯说他希望能有时间再斟酌一下这项法令。午餐时间，会议暂停，经过一连串不言明的恐吓和奉承——细节不清楚——金德兰如愿以偿成功推举了佛朗哥。亚格也在场，并暗示外籍军团支持佛朗哥。午餐结束后，凯波和莫拉没有回去继续参加会议。9月28日，在将军们的同意下，法令的草案中称佛朗哥为“西班牙政府的首脑”，并且没有时间限制。在公布的法令中，佛朗哥被准许行使“西班牙的一切权力”，并且实际从他第一次下达政府指令开始，佛朗哥就在他的法令中称自己为国家元首。[2]君主主义者维加斯·拉塔皮耶有次问凯波·德利亚诺：“为
411 什么你要投票支持佛朗哥？”凯波回答说：“除了他，我们还能指望谁？卡瓦内利亚斯是不可能的。他是一名顽固的共和主义者，而且大家都知

① 见S. Payne, *Politics*, pp.371-372。

② 详尽记录见Cabanellas, vol. I, pp.654-655。参见Kindelán（p.54）和Dávila, *La Voz de España*, 1 October 1961。

道他是共济会成员。如果我们推选莫拉的话，我们将在战争中失败。而我——我的影响力已经大不如前了。”[①]

卡瓦内利亚斯不得不签署提名佛朗哥为大元帅的法令，但在离开萨拉曼卡前，他没有这么做。他只身回到了布尔戈斯，并决定在夜晚给莫拉和凯波通过电话后再签署该法令。莫拉十分谨慎，但表示如果要面对现实，就必须提名佛朗哥。凯波对此出言不逊，并透露出强烈的敌意。莫拉则认为，佛朗哥没有政治野心，并且当战争胜利以后，他就会卸下他的权力。卡瓦内利亚斯考虑到要赢得战争，就必须签署该法令，因此他在午夜就完成了该法令的签署。[②]

10月1日，佛朗哥被安顿在了布尔戈斯。卡瓦内利亚斯将军政府的所有权力都移交给了他，并再次宣读了一份与公布的法令略有不同的文件。[③]在布尔戈斯市政厅的阳台上，佛朗哥就西班牙的未来发表了他第一次公众演讲：为了能“更好地表达人民意愿”，投票箱将被取消；劳工将不受资本的支配；教会将得到推崇；重新修订税收法案；鼓励农民独立自主。就此次演讲所包含的任何理论基础而言，其实是建立在长枪党计划中更加柔和无恶意的方面。更为重要的是，他对国家主义的追求虽然完全不具备理论性，但其中隐含着高涨的热情。将军下方广场上的群众激烈地回应着“佛朗——哥，佛朗——哥，佛朗——哥”，正如在一年前向希尔·罗夫莱斯高呼“领——袖，领——袖，领——袖”时一般。此后，遍布国家主义西班牙的布告都在倡导“一个政府，一个国家，一个首领”。佛朗哥被形容为“首领”（Caudillo）——在西班牙语中称为“领导者”或者可以说是元首（Führer）或领袖（Duce）。在国家主

---

① Gil Robles, p.776, fn. 2.

② Cabanellas, p.655.关于该法令，见Díaz Plaja, pp.249–250。关于莫拉，见Sainz Rodríguez, p.248。一名君主主义律师、普里莫·德里维拉领导下的外交部长扬古亚斯·梅西亚（Yanguas Messía）最终起草了这项法令。

③ Cabanellas, p.658.

义西班牙，墙上到处涂写着“恺撒们常常都是常胜将军”这样的字眼。[1]
412 在“是政府首脑还是国家元首”以及在任期多久的问题上，佛朗哥一直立场模糊，以便君主主义者能继续支持他。

一时间，接受这一变动的长枪党没有表示任何异议。但实际是没有人询问他们的意见，那些醉心于何塞·安东尼奥时代记忆的将军——比如，阿古斯丁·阿斯纳尔——对此颇感愤怒。此时，卡洛斯主义者们正将注意力放在9月28日死于维也纳的曾经的王位觊觎者唐阿方索·卡洛斯身上。唐阿方索·卡洛斯是唐卡洛斯正统血脉中的最后一人，在可以找到一名真正忠于“上帝，祖国，国王”以及反民主传统主义不可撼动的原则的新晋波旁王朝成员以前，唐阿方索·卡洛斯的远亲哈维尔将出任摄政王。当佛朗哥在布尔戈斯戴上“皇冠”之际，法尔·孔德和其他几位卡洛斯主义领导者们正在为参加唐阿方索·卡洛斯的葬礼赶往维也纳。[2]一个西班牙专制统治时代落幕的同时，另一个时代正开始上演。

10月2日，在布尔戈斯，一个新的技术军政府或称临时政府，以实行国家主义管制的名义成立了。该军政府的领导人是莫拉的伙伴达维拉将军，他曾全力支持在布尔戈斯发动叛乱。据德国外交官迪穆兰报告称[3]：“德国的亲密好友”尼古拉斯·佛朗哥以“秘书长”的身份留在了他兄弟的身边。“坚决且暴躁”的奥尔加斯将军[4]担任摩洛哥的高级长官，同时阿拉伯文化专家贝格韦德尔上校担任他的秘书长，这个重要职位既要让当地人满意，又要确保持续有志愿军接应。佛朗哥昔日在摩洛哥的另外一个好友何塞·安东尼奥·桑格罗尼斯以“内阁之首”的名义担任

---

① Ansaldo, p.78.

② 见del Burgo, p.267。奇怪的是，最后一名保守派卡洛斯党摄政在一场车祸中被一辆奥地利军用卡车撞死。

③ *GD*, p.107.

④ Hoare, p.145.

外交部长，同时，曾在1932年的塞维利亚为圣胡尔霍撰写宣言的君主主义记者胡安·普霍尔成为掌管宣传和新闻的主管。不过，他上任后不久就被米连·阿斯特赖取代。[1]作为安抚，卡瓦内利亚斯被授予军队督察长的头衔。随着佛朗哥被任命为“大元帅”（他的总部设立在萨拉曼 413
卡），已经集结的北方军和南方军这两支重要军队以莫拉和凯波·德利亚诺的名义确立。然而，后者在其势力极其庞大的塞维利亚继续给佛朗哥下绊儿。他每晚持续广播，只不过在广播结束的时候不再高呼“共和国万岁！（¡Viva la República！）”了。

10月6日，佛朗哥接待了代表希特勒前来祝贺他成为国家元首的驻里斯本的德国顾问——迪穆兰伯爵。佛朗哥表示他“全心钦佩”希特勒和新生德国。他希望能够在希特勒已经升起的文明之旗旁升起他自己的旗帜，并感谢希特勒“为他所提供的珍贵物资和道德援助”。随后进行了晚宴，赴宴的有萨拉曼卡最高级别的德国飞行员、尼古拉斯·佛朗哥以及金德兰。迪穆兰在报告中称佛朗哥“极度展现对我们的真诚态度，他不准许其中有片刻的迟疑。关于战争局势，他表现得非常乐观，并打算在不远的将来攻占马德里”。关于西班牙未来的政治体制，佛朗哥表示现在还不是谈论复辟君主制的时候，然而有必要（但也要进行得小心

① 军政府的正式名称是Dávila（“总统”）；总督弗朗西斯科·费莫索·布兰科（Francisco Fermoso Blanco）；战争部长希尔·尤斯特（Gil Yuste）将军；各委员会主席分别是安德烈斯·阿马多（负责金融）、何塞·洛佩斯（负责司法）、华金·鲍（负责商业）、胡安·安东尼奥·苏恩斯（Juan Antonio Suances，负责工业）、亚历杭德罗·加略（Alejandro Gallo，负责农业）、罗穆阿尔多·德特略多（Romualdo de Toledo，负责教育）、何塞·玛丽亚·佩曼（负责文化）、毛罗·西雷特（Mauro Serret，负责公共工程）、尼古拉斯·佛朗哥（秘书长）、弗朗西斯科·塞拉（对外关系秘书长）。桑格罗尼斯在20世纪20年代曾是摩洛哥总司令部的一名官员。

谨慎）“在同为自由而战的战士中创建一个新的意识形态”，面向的人群包括军队、长枪党、卡洛斯主义者、传统君主主义者以及西班牙自治权利联盟[1]。这一意识形态如今正在形成中。

关乎国家主义士气的另一个重要因素是：新巡洋舰“加那利群岛”号（Canarias）在费罗尔完工，并投入行动当中。9月29日，在直布罗陀海峡附近爆发的一场海战中，单这一艘船就已经表现出能够改变海上局势的能力了：共和国的驱逐舰“费尔南德斯海军上将”号被击沉，其他的共和国舰队撤离，这导致共和国无法对直布罗陀海峡形成封锁。[2]
414 从此以后，海上主导权落入了叛军的手里，尤其是当叛军另外一艘新晋巡洋舰“巴利阿里群岛”号也开始服役，叛军的海上主导权就变得更加稳固。鉴于国家主义一方在空军上的显著优势，无论是好是坏，战争似乎已成定局。然而，国际上正涌起的暗流打破了叛军的美梦。

415 26. 政变的萌芽

叛军中的这些变动催化了一场由佛朗哥发起的真正政变，即便在阿卡萨城堡被解救成功以后激动的情绪横扫国家主义西班牙也很少有人注意到这一点。无论是交战当中的叛乱一方，还是共和主义一方，出乎意料、复杂多变但不具备决定性的变动持续在发生。无疑，一个新政权正在其中萌芽，但它尚在旧体制的废墟下等待破土而出，还需要再过数月才能被普遍接受。

9月27日，自叛乱爆发以来一直在实质上掌控巴塞罗那的无政府主

---

① *GD*, p.105.

② 见“加那利群岛”号船长Francisco Bastarreche的记录，*La guerra de liberación nacional*（Saragossa, 1961）, p.393f。

义者，以入驻加泰罗尼亚自治政府的方式正式接受了当局。他们中的一些知识分子——加西亚·比尔兰负责卫生工作；胡安·多梅内奇负责补给工作；胡安·法夫雷加斯主管经济工作。无政府主义者为了避免让已经引起警觉的追随者们认为他们已加入一个真正的政府，更愿意强调加泰罗尼亚政府是“地方防御委员会”。但他们入驻这一官方组织就意味着他们先前为了让国家防御委员会取代马德里政府而付出的所有努力都失败了。极其讽刺的是，无政府主义团体第一次入驻政治当局就代表了无政府主义作为一股政治势力开始走向衰亡。清教主义的残疾者埃斯科尔萨目睹了自己影响力的一落千丈，而更注重实际且备受瞩目的加西亚·奥利弗异军突起。

马克思主义统一工人党也加入了加泰罗尼亚自治政府，其经验丰富、富有争议的领导者安德烈斯·尼恩担任司法顾问。加泰罗尼亚统一社会党的领导者胡安·科摩拉掌管公共工程部。但加泰罗尼亚统一社会党的脚跟仍然没有站稳。3名左翼党党员（主席塔拉德利亚斯、管理教育的本图拉·加索尔、管理内务的阿特米奥·艾瓜德）得到了更为重要的岗位。另外一名“加泰罗尼亚主义者”迪亚斯·桑迪诺出任防御顾问。然而，挫败叛乱后作为前几周主力军的反法西斯民兵组织委员会于10月1日解散，其小组委员会与相应的加泰罗尼亚政府部门合并。伊比利亚无政府主义者联盟的领导者阿瓦德·德桑蒂连后来写道：“我们一次又一次地被告知——要想得到武器，就必须放弃反法西斯民兵组织委员会，并入职政府。”[①]即使加西亚·奥利弗作为防御工事秘书长掌管了阿拉贡地区的军队，无政府主义者奥雷利奥·费尔南德斯的权力也要大于他的部长艾瓜德，这一决定依旧进一步扰乱了无政府主义团体。另外一名无政府主义者迪奥尼西奥·埃罗莱斯（Dionisio Eroles）继续负责领导“巡查指挥部”。在此次变更中幸存下来的该组织在数月中一直是独立的 416

① Abad de Santillán, p.116.

无政府主义势力的来源。[①]这些行事鲁莽的半理想半恐怖主义者们仍然让巴塞罗那陷入惊恐之中，逼得中产阶级——店主、个体商人，甚至是有野心的工人们越来越多地加入他们眼中唯一的安全之所——加泰罗尼亚统一社会党的共产主义者中。

如果无政府主义者、共产主义者、加泰罗尼亚民族主义者以及马克思主义统一工人党之间的关系不和，那么巴塞罗那和马德里之间很难存在相关联系。然而，有人指责马德里正在拖垮加泰罗尼亚：加泰罗尼亚经济委员会向马德里派送了一个使团，该使团要求得到8亿比塞塔的贷款，此外还要有3,000万比塞塔用于购买战争物资，另外再追加1.5亿比塞塔用于购买原材料——该请求遭到拒绝。[②]马德里指责加泰罗尼亚在莫名其妙地不作为。不管怎样，大名鼎鼎的杜鲁蒂在前线坚持着他的理想主义。他告诉记者皮尔·凡·派森："我并不期待从世界上任何一个政府得到任何帮助。"这位加拿大人回复称："那么如果你胜利了，你将
417 会坐在一片废墟之上。"杜鲁蒂回复道："生活在贫民窟和壁穴当中对我而言不过是家常便饭——我们应该学会如何在短时间内让自己适应环境……我们甚至还可以建造。正是我们这些人在西班牙、美洲以及世界其他各地建造出了那些宫殿和城市。身为工人的我们能在他们的地方建起城市，更好的城市！因此面对废墟，我们毫无畏惧。我们将接管土地。资产阶级在逃离历史舞台以前或许会将他们的世界摧毁殆尽，但在我们心中始终存有一个新的世界。"[③]

杜鲁蒂以及其他无政府主义纵队在阿拉贡的出现，使该地区建立纯

---

① Leval, p.126.关于一次袭击的描述，参见Benavides, *Guerra y revolución*（p.132）。

② Peirats, vol. I, p.216. Peirats，当时莱里达的《尖刻》（*Acracia*）的编辑，是该主张的批评者之一。

③ *Toronto Star*, 18 August 1936.尽管这位记者谈到他们听到了"前线隆隆的炮声"，但这次采访似乎是之前在巴塞罗那举行的。见Paz, p.446。杜鲁蒂很快转变为"无纪律的纪律"。

粹自由主义社会成为可能。以中央政府、加泰罗尼亚政府、西班牙共产党以及所有从全国劳工联合会和伊比利亚无政府主义者联盟中脱离的人的角度来看，这样做会引起不安，但对于此事他们也无能为力。阿拉贡地区建立的合作社（全国劳工联合会后来宣称有450个合作社）于9月底，在布哈拉洛斯，即杜鲁蒂总部附近举行了一场会议。他们成立了一个由全国劳工联合会成员组成的地方性“防御委员会”，该组织由7月份被杀的那位知名的无政府主义者（弗朗西斯科·阿斯卡索）的表亲华金·阿斯卡索（Joaquín Ascaso）来领导。该组织在弗拉加占得了一席之地后，便从此在所有已彻底革命的阿拉贡地区都行使着至高无上的权力。[①]其组织者宣布，阿拉贡的农村地区已经变成“西班牙式乌克兰”，并且永远不会像1921年的苏联无政府主义一样，被马克思军事理论打败[②]。

在那年秋天，共和国一方出现了另一次分裂。议会召开的一次小型会议通过了巴斯克自治的法令。何塞·安东尼奥·阿吉雷宣誓效忠将由他出任主席的巴斯克共和国（被称作“尤兹卡迪”），在“法西斯主义被推翻以前”，他会一直支持马德里政府。[③]10月7日，巴斯克3个省所有 418
可以出席的市政委员全都来到圣村格尔尼卡，来为在内战期间实行统治的“尤兹卡迪临时政府”的主席职位进行投票。阿吉雷成功当选。随后，他任命了政府人员，该政府人员在那棵著名的橡树下进行了宣誓。毕尔巴鄂的行政长官以及自7月份以来一直掌管比斯开和吉普斯夸国防军政府的负责人将权力移交给阿吉雷。在他的“内阁”中，有4名巴斯克民族主义者，他们分别掌管内务、教育、防御和农业。第一届巴斯克政府包含3名社会主义者、1名共产主义者（巴斯克省共产党总书记，公共

① 大约在此时，杜鲁蒂访问了马德里（一次奇妙的任务），并告诉记者：“我反对兵营的纪律，但我也反对被误解的自由，这对懦夫有帮助……在战争中，代表们的命令必须被服从。”（Peirats, vol. I, p.221）。

② Peirats, vol. I, p.227；C. Lorenzo, p.147. 随后将审查该组织的性质。

③ 巴斯克民族主义者德伊鲁霍于9月25日加入共和主义内阁（Lizarra, p.99）。

工程部长阿斯迪加拉比亚）以及2名分别来自2个共和主义党派的成员。内阁中没有出现无政府主义者。新晋政府的第一项举措充满了人道主义精神。他们通过国际红十字会的朱诺德医生用2艘英国船——“埃斯克”号和“埃克斯矛斯”号将130名女性政治犯转移到法国。[①]巴斯克的国民警卫队和突击警卫队也进行了重组，前者改为由路易斯·德奥图萨尔领导的人民警卫队。所有这些军事力量的成员都是身高超过6英尺（约182厘米）的巴斯克民族主义者。[②]

经过多次复杂的协商，巴斯克政府才得以成立。在协商期间，一方面，阿吉雷不得不警告拉尔戈·卡瓦列罗，称这一妥协是让巴斯克地区奋起反抗的最佳方法；而另一方面，一些巴斯克民族主义者琢磨着通过联系他们在阿拉瓦支持叛乱的一部分成员拥护国家主义，来以此换取自治权。[③]

10月7日，在巴斯克实现他们野心的同一天，叛军重新对马德里展
419 开了攻势。得到赦免的亚格回到了陆地指挥的职位，但被安排在恩里克·巴雷拉之下。如今达1万人规模并仍然以纵队来划分（分别由阿森西奥、特利亚、德尔加多·塞拉诺、卡斯特洪和巴龙来指挥）的非洲军团对马德里发动了最后的猛攻，莫拉派瓦尔德斯·卡瓦内利亚斯统领1万由长枪党、义勇军和正规军组成的军队与非洲军团一同发起进攻（莫拉握有这支军队的最高指挥权，但恩里克·巴雷拉协同佛朗哥和亚格在

---

① 这是由一个令人痛心的事件引起的。毕尔巴鄂于9月29日遭到轰炸。城市居民的愤怒导致关押在毕尔巴鄂港3艘小型货船上的一些政治犯被杀害。随后，巴斯克政府释放了130名女性，作为此前通过朱诺德医生达成的交换协议的一部分。但当朱诺德医生第一次回到毕尔巴鄂时，他没有带着那些他承诺要带回来的在布尔戈斯附近度假的孩子，因为国家主义一方违背了他们的诺言。毕尔巴鄂的教堂钟声响起，孩子们的家人挤满了码头，皇家海军“埃克斯矛斯”号空驶而来。失望导致朱诺德医生差点被私刑处死。后来也有40名儿童被送回，但完整的人员交换从未实现。

② Aguirre, p.29；有关Luis Ortúzar的证据。

③ C. Lorenzo, p.162；Iturralde, vol. II, p.228.

进行每日决策)。此外，还有由莫拉斯代里奥统领的一支骑兵纵队。军队士兵们，尤其是外籍军团的士兵，都是吃饱喝足后重装上阵的。

亚格也许一直渴望获得指挥权，但由于他与莫拉的关系太过恶劣，因此根本不可能得手。恩里克·巴雷拉却拿到了这个千载难逢的机会，他的着装总是无可挑剔，常常戴着的白手套，传言说他在睡觉时都会把勋章戴上，实际上是一名英国记者目睹他把勋章挂在一件丝制晨袍上。莫拉故作风趣地扬言称，到了10月12日，他将在首都内的格兰大道喝咖啡。非洲军团很快攻占了圣马丁–德巴尔代格莱西亚斯，并在埃尔蒂恩夫洛与瓦尔德斯·卡瓦内利亚斯合兵一处。民兵队伍常常通过公路逃向马德里，这让他们成为国家主义飞机机枪下的活靶子。不幸的马略卡远征军的指挥官巴约尝试利用一套游击战术对国家主义军队进行牵制，但失败了。[①]

莫拉并没有如约来到格兰大道(研磨咖啡馆因此挖苦似的为他预订了一个桌位，并在上面放上了巨大的名牌)。10月10日左右，共和国再一次面临全线溃败，然而，拉尔戈·卡瓦列罗拒绝动用马德里大量的建筑行业者来挖壕沟，其理由是他那里没有铁锹和铁丝网。他还坚持认为，西班牙人也许可以在树后作战，但永远不能靠壕沟战斗。[②]法国记者西蒙·特里记述了他的顽固："什么，你认为西班牙人能像地下的老鼠一样战斗？"[③]此外，他在马德里建筑工人联盟中的老朋友们也不愿催
促他们的成员下班后去挖战壕。[④]他在9月30日召集了1932级和1933级 420
的预备役成员，但令西班牙共产党愤怒的是，他准许这些应召士兵中的无政府主义者加入全国劳工联合会的民兵队伍。如今，共产主义领导者们对总理心怀强烈不满，认为他迂腐、贪慕虚荣，并且这位总理对老派

① Gregorio López Muñiz, *La batalla de Madrid* (Madrid, 1943), p.5.

② Fischer, p.353.

③ Simone Téry, *Front de la liberté* (Paris, 1938).

④ Jackson, p.312.

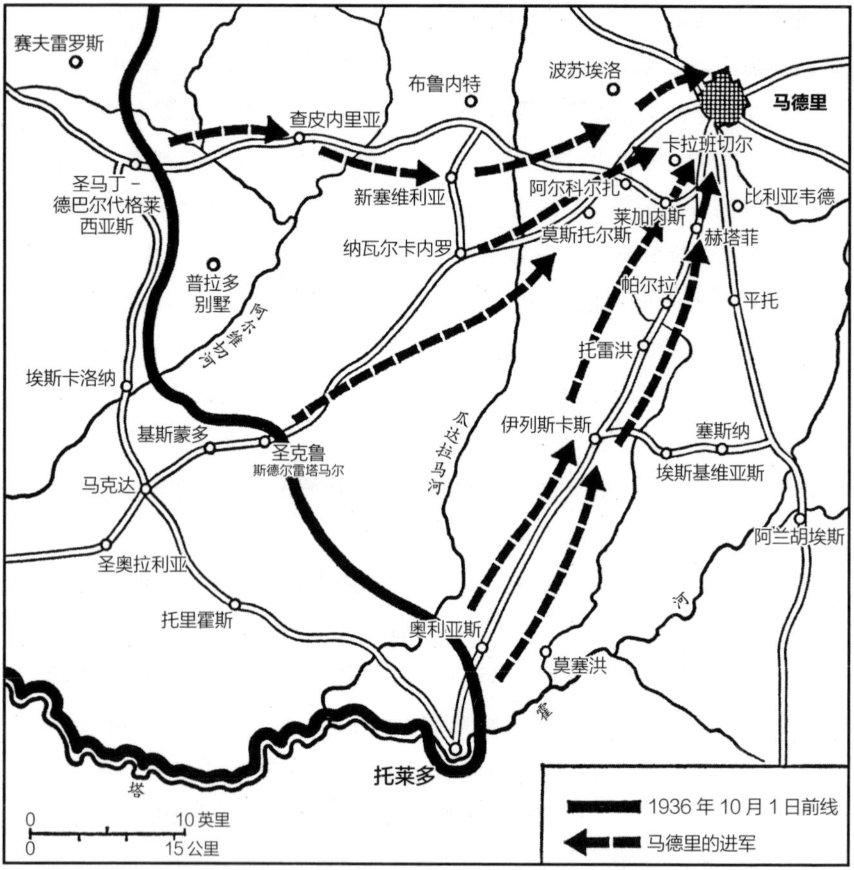

图15　马德里前线战况，1936年9—11月

守旧的将军们的依赖让他们感到莫名其妙。[①]到目前为止，自从成为总理以来，拉尔戈·卡瓦列罗还没有专门向人民进行过演讲。大家都承认他品格高尚、诚实守信，但他似乎并不是一块战争领袖的料。苏联武器
421 还没有安排妥当，而从法国和其他渠道得到的补给与从西班牙工厂里生产出来的一样不可靠。10月10日，新上任的共和国驻华盛顿大使德

① Koltsov, p.293.

洛斯·里奥斯请求科德尔·赫尔准许共和国从美国购买武器。他表示，如果共和国战败，布鲁姆会垮台，而这将成为民主梦破灭的预兆。赫尔表示美国并没有法律规定禁止对西班牙进行援助——只有一项“道德冷漠”的政策。[①]

拉尔戈·卡瓦列罗仍然在努力使出浑身解数让共和国达到最强状态。为了提高军队效率，政府下令禁止所有民兵组织单独行动，而必须听令于中央总参谋部。因此，军队的基本作战单位将是自给自足的“混成旅”，这种作战单位通常由3个民兵营和1个由传统军队构建的营组成，每个作战单位都包含3个连的配有步枪的步兵和1个连的配有机枪的步兵。这次重组始于10月16日，但经历了漫长重组后才彻底完成。机智的法国军事专员莫雷尔上校在递向巴黎的报告中称：“无法通过法令来打造一支军队。”他还写道：

> 军队的素质持续下降。与最初一个月激情四溢的马德里青年不同，食不果腹的农民从农村地区撤离后被紧急派往马德里。他们勉强穿上军装，配上武器；没有经验的他们奔赴战场，抵达前线以后才发现战争的残酷，然而为时已晚。[②]

为了避免这种愚蠢的情况发生，政府明显是采纳了意大利人“卡洛斯”（维达利）的意见，[③]在所有作战单位内也设立了政治委员制度，而这一制度已经在西班牙共产党的第五军团得以实施。这些举措能够让民

---

① *USD*, 1936, vol. II, p.536.此时，前驻巴黎大使卡德纳斯（Cárdenas）在华盛顿代表了国家主义西班牙。卡德纳斯于8月底抵达美国，每周在国务院与副国务卿詹姆斯·邓恩（James Dunn）进行会谈。邓恩是一名职业外交家，后来在佛朗哥西班牙担任了7年外交官，最终达成了美西基础协议（卡德纳斯的证言）。

② *FD*, vol. III, p.526.

③ Spriano, p.87.

兵们即使在所属的党派消失后，也能在事业中保持住政治信念，同时打
422 消他们对正规军军官的疑虑。这一理念往近了说来源于红军的政治委员制度，往远了说是受到了1794年卡诺军团的启发。很难给政治委员的角色下定义：这一职务可以掌控一切，也可以形同虚设。涌现出的这些“红军的空谈理论家”和“红色施赈人员”（国家主义者们这样称呼他们）证明了共产国际的又一次胜利。从表面上看，该组织对所有政党都是公平的：比如，社会主义者阿尔瓦雷斯·德尔巴约出任政治委员，而出任副政治委员的有克雷森西亚奥·毕尔巴鄂（一名普列托派的社会主义者）、安东尼奥·米赫（共产主义者）、安赫尔·佩斯塔尼亚（曾经是无政府主义者，如今是一名“工团主义者”）、希尔·罗尔丹（无政府主义者）以及费利佩·普雷特尔（另外一名社会主义者，同时，也是劳动者总工会的二把手）。事实上，米赫在组织方面发挥着主导作用，同时，前社会主义青年领导人、现在的共产主义者何塞·莱因·恩特拉戈成了巴伦西亚附近政治委员培训学校的校长，这所学校被他打造成了共产主义堡垒。阿尔瓦雷斯·德尔巴约和普雷特尔是政治上的同路人，佩斯塔尼亚不久后（由于健康原因）被另外一名亲近共产主义的社会主义者加西亚·马罗托接替。此时的佩斯塔尼亚并没有得到支持。身为外交部长而忙于外交事务的阿尔瓦雷斯·德尔巴约没有把太多的精力放在政治委员的职务上，米赫和毕尔巴鄂才是真正的管理者。[1]

几个月以后，似乎只有政治委员们对参谋长最有用：政党会定期派他们去传达一些政治思想，这个时候，政治委员单单是一群被派去总部抱怨有关补给等事务的中间人而已。[2]

与此同时，在北方战场上，来自加利西亚的一支纵队解救了国家主

---

① 关于这个部门的研究，见Eduardo Comín Colomer: *El comisariado politico*（Madrid, 1973）。

② George Orwell, ‘Notes on the Spanish Militias’, in *Collected Essays*, *Journalism and Letters*, ed. by Sonia Orwell and Ian Angus（London, 1968）, vol. I, p.320.

义者在奥维耶多的驻军，他们经历了多次几乎弹尽粮绝的时刻——事实上，刚好及时阻止其落入阿斯图里亚斯矿工们的手中，此时的矿工们甚至已经攻入市内。[①]之后，矿工们持续对奥维耶多进行了长达6个月的施压，虽然收效甚微，但这些国家主义驻军与外界几乎断绝了联系。 423

恩里克·巴雷拉将军很快发动了对马德里下一阶段的进攻。10月15日，总共20英里的战线向前推进了10英里。10月17日，托莱多与马德里的中间点——伊列斯卡斯的道口陷落。拉尔戈·卡瓦列罗给市镇内的指挥军官打电话，令他惊讶的是，接电话的是恩里克·巴雷拉。第二天，疲倦的共和国民兵队伍遭到了摩洛哥人和外籍军团的蹂躏，尽管只有部分人相信他们的政治委员关于苏联援军正在路上的保证，他们还是在查皮内里亚对卡斯特洪发动反击。6,000名民兵冲破了卡斯特洪的防线，并于10月19日上午包围了城市。随后，卡斯特洪率兵穿过墓地进行突围，并再次击退了共和军的进攻。10月20日，在阿森西奥·托拉多（如今已是一名将军）[②]的指挥下，拉米罗·奥塔尔上校率领共和军再次发起反击，同时，罗霍、梅纳和莫德斯托3位少校率领15,000人对由巴龙率领的摩洛哥人和外籍军团驻扎的伊列斯卡斯发动了进攻。共和国军队乘坐双层公共汽车赶往前线。从巴龙所在的据点观察，平原上的马德里公交车清晰可见。共和军的大炮对伊列斯卡斯进行了狂轰滥炸，并对市镇实施包围。随后，来自托莱多的莫拉斯代里奥的骑兵部队和特利亚的纵队也被迫投入战斗。国家主义者们从侧翼包抄了民兵队伍。到了10月23日，民兵队伍与往常一样被击退到撤离点之后。

如今，在马德里市内的人甚至可以听到战斗的声音。政府决定搬迁到一座安全的城市。他们的首选是巴塞罗那，总统阿萨尼亚先行出发，

---

① 10月15日，加西亚·埃斯卡梅斯（García Escámez）在马德里东北部的一次突袭中也进入了锡古恩萨。民兵躲在大教堂里，国民军的大炮在他们投降前摧毁了这座伟大建筑的一部分。

② 他在塔拉维拉战役之后被提升为将军。

在加泰罗尼亚首府的议会大楼安顿好自己。之后，政府打消了离开马德里的主意，但阿萨尼亚维持原地不动，议会于是紧急宣布他已经奔向前线进行长期巡视。[①]此后，任何人要想联系阿萨尼亚只能通过电话，这让他的部长们越来越怒不可遏。阿萨尼亚拒绝听信被他称作“低劣的侦探故事”（并非不准确）的情报报告。他的“坦诚”让他不断透露机密，
424 即便是在打可以被轻易窃听的国际长途电话时也是如此。当他的内阁成员进行劝阻时，他会回答：“我并不该为自己具有分析判断的精神而感到歉意，而你们没有这种精神。”[②]当下以共和国的名义进行的谋杀和司法暗杀让人们惊骇不已，并进一步让共和国走向战败，也让人进一步藐视拉尔戈·卡瓦列罗，如今的阿萨尼亚与其说是一名领袖不如说更像一个累赘。

在局势如此紧张的情况下，为了加大对暗中支持国家主义者的人的审查力度，人民阵线和全国劳工联合会在马德里组建了一个专门委员会。已经差不多停止的非法谋杀再次猖獗。曾经被算作“98一代”、后来成为西班牙君主主义理论家的拉米罗·德马埃斯图出人意料地在这次风波中被杀。之前他被逮捕的原因是，他有着“一副神父的面孔”。另外一个被波及的人是西班牙法西斯的联合奠基人拉米罗·莱德斯马。所有人的忠诚都遭到了怀疑。阿森西奥·托拉多由于在伊列斯卡斯战败而遭受指责，尤其是遭到西班牙共产党的怀疑，但拉尔戈·卡瓦列罗对他表示赞赏，并在10月24日坚持将战争部副部长的职位交给他，同时由波萨斯将军掌管中央军。[③]与许多其他未涉足政治的高级军官一样，波萨斯正不断受到西班牙共产党的影响。在同一天，进攻科尔多瓦的老替罪羊米亚哈将军从巴伦西亚被召回，并受命接管精神恍

---

① Azaña, vol. IV, p.818. 不同的记述见 Largo Caballero, p.187。

② Álvarez del Vayo, *The Last Optimist*（London, 1950）, p.173.

③ Largo Caballero, p.186.

惚的前战争部长卡斯特略的马德里指挥官的位置。米亚哈刚刚谴责了在巴伦西亚爆发的一连串的处决事件，显然，指派他回到马德里是为了让他摆脱这一投诉的后果。

向马德里逼近的战斗使加泰罗尼亚的无政府主义者和社会主义者们在一定程度上更加团结。至少，在巴塞罗那，他们于10月22日宣读了拥有共同目标的宣言，这消除了他们之间的分歧。两天后，加泰罗尼亚自治政府颁布该宣言生效的法令。而大型公司（那些有超过100名员工的公司）和归“法西斯主义者们”拥有的公司都被无偿集体化，对于员工在50到100人的工厂（实际上占巴塞罗那工厂中的大多数），只有在四分之三的员工提出要求的情况下才可以被集体化，除非工厂与战争物资的生产有关。加泰罗尼亚自治政府在每个工厂委员会将设立一名代表，并赋予大型集体化企业任命委员长的权力：每一个集体化工厂都由工人 425
选出的委员会进行管理，委员会的任期为两年。生产同一产品的所有集体化企业可以由14个工业委员会中的1个来进行协调，为了“和谐生产”，工业委员会还可以把私人企业协调引进至有需要的地方。事实上，该法令是其他上百个关于集体化立法行为的顶峰。这对于无政府主义者，与其说是放开手脚，不如说是政府在试图设立规范，然后掌控集体化的进程。该法令的一些规定已经实施，并且主要由经济顾问，同时也是仍由无政府主义者掌控的加泰罗尼亚经济委员会（理论上来讲，由加泰罗尼亚自治领导）的委员长、新转变为无政府主义者的胡安·法夫雷加斯来负责。然而，落实到实际上的协调工作一直都不够具体：没有统计数据，也没有价格记录。原材料和市场被切断的加泰罗尼亚纺织厂正在走下坡路。[①]虽然生产战争物资的工厂在照常运转，但改变和平时期的运作体系并非易事。

---

① 一名无政府主义者带有敌意的批评，Carlos Semprún Maura, *Révolution et contre-révolution en Catalogne*（Tours, 1974）, p.110f。

战争持续了3个月，此时，国家主义西班牙在一个新政体下不断趋向于集权化、一致化，也在战场上变得更高效。在共和主义西班牙内，旧政体下的制度正在艰难地恢复，而这些引进的革新制度不断造成了资源的浪费。在国家主义西班牙，一群四十几岁、有能力的将军们正在用冷酷的手段开辟新世界；而在共和主义西班牙，一帮上了年纪的政治家们在试图保住一艘已经被“凿穿”了的“沉船”。尽管在军队、西班牙共产党、社会党和无政府主义团体中有相当多的年轻人在不断涌现，但旁观者们不能因此而相信共和国为年轻人提供了更多的机会。革命运动确实为年轻人创造了机遇，但领导共和国和革命运动是两种不同的事业。

426

27. 援助与利益

与战争同时期，国际联盟在日内瓦举行了年度大会。该组织正走向土崩瓦解，因为它具有显而易见的缺陷。尽管直到1936年，国际联盟成立也还不足20年，其装饰有加泰罗尼亚画家塞特创作的倡导乐观主义的巨幅壁画的永久总部还没有开放，但该联盟看上去已经像另一个时代的产物了。国际联盟一直都由1919年的胜利者来掌控，即便在辉煌时期（比如1925年德国加入后）也是如此。1935年以前，国际联盟在表达世界渴望和平方面，还算比较成功。它在1925年促进了希腊人和保加利亚人之间的和平，在1934年终止了哥伦比亚与秘鲁之间的战争。然而，在1935年，联盟并没有有效阻止墨索里尼侵略阿比西尼亚[①]。联盟通过投票决定实行国际制裁，但没有起到任何作用。到了1936年7月，就连这些举动也彻底消失。墨索里尼的非洲征途得到了默许。

在万国宫，说一不二的英法政府要为这些步步忍让后退的行为负主

① 今埃塞俄比亚。——编者注

要责任。1936年举行的全体大会提出，必须重新审视阿比西尼亚的灾难。然而如今，西班牙又出现了争端。在9月24日举行的大会上，艾登说服 427
蒙泰罗博士让葡萄牙加入不干涉委员会，但是在大会最开始，艾登在一片热议声中进行的演讲完全没有提到西班牙。一般性辩论通常被认为允许讨论任何问题，但大会负责人、阿根廷人卡洛斯·萨维德拉·拉马斯在其他几位拉美国家代表的支持下，试图以未列入待议事项为由阻止共和国外交部长阿尔瓦雷斯·德尔巴约进行关于内战的相关发言（萨维德拉是亲叛军分子）。在听了艾登含蓄的建议后，阿尔瓦雷斯·德尔巴约仍然坚持发言。他指责不干涉协议事实上让他的政府和叛军处在了同等的境遇下——根据国际法的规定，政府有权向国外购买武器，而叛军势力没有。共和国将接受真正的不干涉协议，但意味着他们必须拥有购买武器的自由。

西班牙共和国对于这次在日内瓦举行的会议并不满意。看上去英法政府的策略显然要让他们的全欧洲政策优先于西班牙问题。阿萨尼亚、希拉尔、阿斯卡拉特以及共和国政府的所有“自由主义者”都对此大失所望。只有利特维诺夫为西班牙讲话。此时，无论利特维诺夫是否提前知晓，苏联都已决定通过武器和舆论来帮助西班牙。事实上，从10月中旬开始，武器已陆续抵达西班牙，这说明，这一援助计划早在8月份的某个时候就决定好了。

在希拉尔仍担任总理期间，共和国政府就曾请求苏联政府把武器出售给他们。8月底，一支来自马德里的使团抵达敖德萨。[①]到那时，人们将会永远铭记，一名经验丰富的大使（罗森博格）和一位影响力十足的军事代表团领头人（别尔津）在马德里和巴塞罗那为苏联塑造的一个

① Krivitsky（p.110）提到“三位共和国高官”在8月底抵达苏联。令人惊讶的是，目前还没有其他证据能证明这次访问，但我倾向于相信克里维茨基（Krivitsky）的证词，即使他的细节有时是错误的。

强大的形象。[1]几天后，几位苏联飞行员尝试驾驶一部分共和国刚从法国购买的飞机，“对我们来讲，档次不够”的评价给他们的西班牙战友们留下了深刻印象，加西亚·拉卡列上尉认为他们是“真正的王牌飞行员”[2]。一部分战争物资可能在8月底抵达，但并不是重要的战争物资——10月份以前，并没有任何苏联飞机或坦克运抵西班牙。[3]即便是在英法两国支持不干涉计划的情况下，除了苏联，也有美国或南美洲的供应商为共和国提供武器。然而，在佛朗哥得到了德国和意大利政府的支持后，共和国明显还是需要一个政府来充当后盾，而非仅仅需要一些武器生产商，而且从质量上看，除了英国和美国，苏联的装备在当时是最好的。事实上，苏联生产的坦克和飞机虽说称不上世界第一，但也足以与其他任何国家生产的武器相媲美[4]——无论是拉尔戈·卡瓦列罗的内阁还是希拉尔的内阁对此都不甚了解。

428

根据海牙的苏联军事情报“居民”沃尔特·克里维茨基提供的信息，在8月31日莫斯科举行的一次政治局会议上，斯大林已下令援助西班牙共和国，[5]此后，苏联政府和共产国际以及他们的各种秘密从事半间

---

① 为了谁，见Radosh，120–21 and 315。

② 给本书作者的信，July 1964。见G. Prokofiev in *Bajo la bandera*, p.373.这些飞行员在西班牙飞了“9月的大部分”架次。

③ 9月份，3艘苏联船只通过达达尼尔海峡，携带了500吨战争物资和1,000吨弹药。见德国驻安卡拉武官的档案（annex to Report No. 4238 of the German military attaché, Ankara, 7 February 1938, and Annex 2 to Report No. 7238 of 4 April 1938），据称是一名德国特工的陈述，该特工有权查阅土耳其关于苏联通过达达尼尔海峡提供的援助数额的记录（D. C. Watt发现了这些文件，见*The Slavonic and East European Review*, June 1960, pp.536–541）。9月16日，德国驻巴塞罗那总领事报告称，一个来源可靠的消息称，一周前有37架飞机被苏联人用船运到了西班牙（*GD*, p.89），但直到10月才有人在空中看到它们。明显的证实见Gisclon, p.123，土耳其的法国武官报告说，从8月15日至9月15日，“只看到4艘苏联或西班牙船只向西班牙运送了30,000吨石油”（*FD*, p.567）。

④ 见Howson, p.137–139。

⑤ 然而，其他证据表明，斯大林当天并不在莫斯科。

谍活动的特工人员和组织开始谋划一场大型的军事援助。执行这一决定的原因之一是：共和国的利益在巴黎没有得到妥当处理——大使阿尔沃诺斯、德洛斯·里奥斯以及格拉纳达的社会主义代表亚历杭德罗·奥特罗都是有识之士，但走私军火并非他们的拿手好戏。“热情之花”在8月底访问巴黎时发现，巴黎大使馆的电话接线员（也是奉行君主主义的基尼奥内斯·德莱昂担任大使期间的电话接线员）把共和国所有的秘密都告诉了国家主义驻巴黎的代表。[①]不管怎样，身处海牙的克里维茨基接 429
到命令（据他自己表示，是在9月2日），要求他动用一切可行手段将武器从欧洲运到西班牙。[②]大概12天后，也就是9月14日，为了筹划从苏联直接向西班牙运送救助物资这件事，莫斯科举行了一场会议。此次会议在一片阴云笼罩的氛围之下于卢比扬卡大楼举行，出席会议的大概有：约一周后将成为秘密警察组织（NKVD，内务人民委员部）首脑的雅戈达、当时“内务人民委员部军事力量的指挥官”弗里诺夫斯基、接替别尔津在西班牙军事代表团领头人职务的军事情报部门首领S.P.乌里茨基将军以及“友善、勇敢、仁慈”的内务人民委员部外交部门的首领A.A.斯勒茨基。此次会议赋予了内务人民委员部在接下来对西班牙进行武器和人员的输送过程中十分重要的监督角色，并同意（或是进一步确定）应该由亚历山大·奥洛夫（他的真名叫尼科尔斯基）担任监督工作的主管人。身为内务人民委员部“老辣官员”的奥洛夫曾在英国从事过招募间谍的工作。[③]运送武器的工作交给了乌里茨基，他将在敖德萨

① Ibarruri, p.301.

② Krivitsky, p.111.

③ 关于这次会议见Krivitsky, pp.110–113。奥洛夫随后叛逃到美国，在那里他一直躲到斯大林去世，然后在20世纪50年代的各种间谍审判中做证，并告诉参议院内部安全小组委员会，他在西班牙的角色是就“情报、反情报和游击战”提供建议（Hearings, part 51, 1957, p.3422）。他告诉斯坦利·佩恩（Stanley Payne），他于8月26日被派遣到西班牙，并于9月9日抵达那里。但关于奥洛夫，参阅Poretsky，第259页，以及John Costello and Oleg Tsarev, *Deadly Illusions*（New York, 1993）。

建立一个由乌曼斯基领导的特殊部门——这项工作很快就完成了。[①]然而，除了与该计划有重大关系的人，没人知道这项计划：对于这些行动，外交部长利特维诺夫以及像罗森博格和科尔佐夫这样留在西班牙的苏联人一直被蒙在鼓里，共产国际的领导者们（身处莫斯科或者巴黎）也是如此。从9月份一直到10月初，这些共产国际领导者一直在抱怨斯大林。用身处挪威的托洛茨基的话说就是：持续地“背叛西班
430 牙革命”[②]。运送物资的船启程后不久，西班牙政府才知道苏联将要援助他们。

苏联此前从未有过这样的行程安排，他们连一支地中海舰队都没有，因此必须在这样的情况下保证补给线不被泄露。鉴于地理上的难题以及斯大林面对的国内矛盾（如果对于正在拿老布尔什维克的高级将领开刀的肃反运动来讲，这么形容还不至于太过温和的话），援助西班牙的计划无论在什么时候做决定都是一种危险的举动。

第一批从敖德萨运往西班牙的货物必须在9月底装箱。德国驻莫斯科的专员蒂佩尔斯基希在一份耐人寻味的公文快件中表示：一名专家已经注意到“在诺沃罗西斯克的黑海海港，自入夏以来，入港口区域得到更加严格的把控……”同时，这位观察员（有可能是驻敖德萨的德国领事手下的一名特工人员）还感受到：“……在自敖德萨开往西班牙的‘尼瓦河’号上运载的货物中，那些沉重的柳条箱内应该不只装有食物……但到目前为止，并没有收到苏联政府违反武器禁令的可靠报告。”[③]此次

① 乌里茨基是1918年被谋杀的契卡创始人的36岁的儿子。乌曼斯基（克里维茨基错误地称之为乌兰斯基）是来自波罗茨克（Polotsisk，曾经是奥地利属加利西亚）的犹太共产主义者之一，在苏联秘密外交中扮演了非常有趣的角色。关于他，一名特工波雷茨基（Ignace Reiss-Poretsky）的遗孀写了一本非常感人的书（Elizabeth Poretsky，*Our Own People*，London，1969）。克里维茨基是另一个参加该任务的人。乌曼斯基（“米沙”）多次出现在波雷茨基夫人的研究里。

② 见Hernández, p.42；Fischer, p.350。

③ *GD*, p.100.

运送的是石油。共和国政府恢复了与苏联曾经签订的石油协议（右翼政府没有在1935年续签该协议），从8月15日到9月15日，苏联向西班牙运送了至少3万吨石油，后来到10月12日又运送了4.4万吨石油。①

不过，援助西班牙共和国一直让斯大林惴惴不安。他叮嘱那些被派往西班牙的技术人员“远离大炮的射程”②。苏联补给船最迟要在大约10月4日从敖德萨出发。即使真的到了那天，这个决定也未必坚定。法国无政府主义者皮埃尔·贝斯纳德在回忆录中提到，10月2日，他在一家（匿名的）国际武器贸易联合企业的两位代表陪同下来到马德里。贝斯纳德、杜鲁蒂和拉尔戈·卡瓦列罗会见了这两位代表，并认真听取了他们传达的重要意见。之后，拉尔戈承诺会在当天下午把在这家联合企业购买武器的想法传达给议会。议会予以批准，10月3日，杜鲁蒂再次参 431
与了细节上的拟定。10月4日，杜鲁蒂接到苏联大使罗森博格的电话，罗森博格邀请他前去拜访，但由于杜鲁蒂必须赶回前线，因此他没能去找罗森博格。几天以后，贝斯纳德被告知西班牙共和政府没能通过他发起的行动，因为苏联人进行了阻挠。③

针对这次重要的新举措，相应的外交体制很快搭建。在伦敦，苏联专员卡甘几乎是以最后通牒的形式给英国在不干涉委员会的新任代表普利茅斯勋爵（Lord Plymouth）发去了一份照会，其中断言意大利飞机曾在9月20日载着外籍军团成员到达西班牙本土。10月7日，卡甘表示，如果这种违反不干涉协议的行为继续发生，苏联将考虑放弃对该协议所承担的义务。卡甘写道：“既然有这样一份协议，我们希望它能得到履行。如果委员会能确保这样做……固然很好。如果不能的话，那就让

---

① *FD*, vol. III, p.567.

② Krivitsky, p.100.

③ Pierre Besnard在1937年巴黎第七届国际工人协会（AIT）大会上的演讲，qu. ‘Andrés Suárez’, *El proceso contra el POUM*（Paris, 1974）, p.22fn。

委员会试试看吧。"[1]10月8日，莫斯科的一名苏联外交官告诉美国专员，除非不干涉委员会实际展现出尽快阻止违背行为的决心，否则苏联将退出委员会，并考虑通过武器装备来援助西班牙。这次开门见山的政策变动惹怒了外交部。他们质问道："苏联想在这个时候通过丢掉中立立场而得到什么？"不过，苏联的这一举动在10月9日的英国工党会议上得到了支持。会议上，一项全体通过的决议宣称德国和意大利已经破坏了他们的中立立场，并要求不干涉委员会对此展开调查。同一天，不干涉委员会进行了一场长达7个小时的会议。会议上，卡甘和格兰迪之间的互相指责令其他几位外交官颇感意外。普利茅斯勋爵向德国、意大利和葡萄牙挑明了西班牙政府在日内瓦所做的援助指控。卡甘指责葡萄牙允许其领土被用于国家主义行动，并要求成立一个专门巡查西班牙和葡萄牙边境线的委员会。该提议展开讨论期间，葡萄牙大使实行回避，他认为此项提议是一种侮辱。[2]

432 如今，苏联认为自己在法律上的立场是明确的。10月初，至少有16艘为西班牙运送武器的苏联及其他国家的船穿过了博斯普鲁斯海峡。[3]第一艘抵达卡塔赫纳的是苏联的"共青团"号，上面运有坦克、装甲车、大炮以及一群由S.克里沃申领导的坦克专家。[4]在这些天总共有大概100辆坦克和100架飞机抵达，此外还有大量的卡车、高射炮、装甲车以及其他类型的装备，其中多数都是新生产的。运往西班牙的飞机中有在西班牙被称作"平头"或"塌鼻子"的双翼飞机伊-15和新研制的、在西班牙被称作"苍蝇"（国家主义者称其为"老鼠"）的伊-16单翼飞机，这两种型号的苏联战斗机是欧洲速度最快的飞机，它们实际上是苏联版的美国柯蒂斯

① Cattell, *Soviet Diplomacy*, p.44.

② *NIS*，第五次会议。

③ （如数字的大致确认）参见 *GD*, p.126；*New York Times*, 24 October 1936。

④ Kuznetzov in *Bajo la bandera*, p.179；also Krivoshein in the same, p.319. 只有一些船是苏联的，大部分是西班牙的。

和波音战斗机。[①]“塌鼻子”的最高时速达220英里（约354千米/时），同时配有4架机枪，并且可以投下25磅（约11.3千克）的炸弹。[②]“苍蝇”虽然只配有2架机枪，但速度更快，其最高时速可以达到将近300英里（约483千米/时）。[③]它还具备可迅速爬升高度的新式设备、一个可收起的飞机脚架和一个充电引擎。31架飞机分成两组，这些战斗机在西班牙都迅速投入使用，它们中的绝大多数在最开始都由苏联飞行员驾驶。不久后，另外3种型号的飞机也抵达了战场：研制于1933年，被称作“喀秋莎”的SB-2双引擎轰炸机，由于是被当作“截击机”设计的，并且时速可以达到250英里（约402千米/时），因此它并不需要护航飞机。[④]另外还有一架快速轰炸机“娜塔莎”[⑤]以及用于机枪扫射的低空飞行飞机“掠地”[⑥]。

这些飞机与他们的德国和意大利对手相比速度更快，技术上更先进。但坚固的菲亚特战斗机偶尔还是能战胜“塌鼻子”的；容克52式飞机一直在运输中成功地扮演着驮马的角色，因此后续携带的炸弹会变少；此后，海因克尔飞机也很少出现在战场上了。 433

一时间，从苏联运到西班牙的上百架新飞机让共和国夺得战场的主动权，同时还有那些向西班牙运送的苏联坦克的加持。这些拥有重型装甲和加农炮的10吨级T-26型坦克，对于与它们对抗的无加农炮，只配

---

① “I（伊）”是苏联空军中表示“快速战斗机”的字母，因此这两种战斗机分别是系列中的第15型和第16型。“SB”的意思是轰炸机，“R”的意思是侦察。“塌鼻子”（Chatos）和“苍蝇”（Moscas）都是由波利卡波夫设计的。

② 见 García Lacalle, p.561（the improved model I-15B came in reduced numbers, in 1938）；Sanchís, p.30f。

③ 见García Lacalle, p.565；Sanchís, *loc.cit*。

④ “喀秋莎”的飞行半径为900英里（约1,448.4公里），炸弹容量为1,700磅（约771千克），爬升速度与“苍蝇”相同。见Sanchís, *loc.cit*。这架轰炸机机组有3人，2挺移动机枪，1挺固定机枪，全部7.62毫米。它的炸弹载荷是6枚70千克和4枚10千克的苏联炸弹。它的灵感来自美国的“马丁139”，在国家主义地区它也被称为“马丁139”。

⑤ 娜塔莎是两翼飞机，750 cv。

⑥ 掠地飞机是500 cv。

有机枪的3吨级菲亚特–安萨尔多坦克和6吨级马克Is式坦克来说，是难以对付的对手。[1]苏联的反坦克炮（45毫米口径，以维克斯2磅反坦克炮为设计原型）也要比德国当时在用的任何型号的反坦克炮先进。[2]

截至11月1日，苏联在西班牙的人员有500人。他们中有战地指挥官、飞行员、坦克专家、飞行指导员以及一部分翻译。代表团一直由看似于9月份才抵达马德里的别尔津（“格里申”）来领导。[3]空军力量的首领是雅各布·斯马什凯维奇上校（“道格拉斯将军”）。拉尔戈·卡瓦列罗后来指责他在洛斯亚诺斯空军基地不听从共和国国防部的调遣，而且对非共产党出身的西班牙人万般鄙视。[4]他的飞行员们（包括普罗科菲耶夫、科佩特斯和沙赫特）整个9月份都在西班牙，其他一些第一次来到西班牙的人很快就对西班牙的领空把持得游刃有余。[5]罗迪恩·马林诺夫斯基（Rodion Malinovsky，“马林诺”）、罗科索夫斯基和科涅夫这3位未来的元帅也很快抵达西班牙，此外还有苏俄内战中的“察里津胜利者”——库利克将军，他担任掌管西班牙中心地区的波萨斯将军的顾问。[6]在共
434 和国指挥官们的指挥部内，这些苏联人大多担任了“顾问”的角色，其他人则操控技术性武器随军或待在苏联代表团的总部。马德里的顾问本来应该是曾在8月份就到达马德里的军事专员戈里耶夫将军，爱伦堡曾描述他“聪明、缄默，同时富有热情——我甚至可以称他为理想的化

---

① 苏联T–26坦克重10.5吨，有1门45毫米炮和2门双机枪；TB–5（仅从1937年末开始使用）有1门45毫米炮和4门双机枪。它重20吨。装甲车重6吨，配备2挺机枪，而菲亚特–安萨尔多则重3.3吨，配备1挺机枪。见*inter alia* R. Salas in Carr, *The Republic*, p.187；also Modesto, p.235。

② 佛朗哥的军械厂复制了它们，而不是德国的同类型产品。

③ 见Radosh et al., 148ff。别尔津在这里被称为“Donizetti”。

④ 见Martínez Amutio, p.85。

⑤ Largo Caballero, p.206；Prokofiev, in *Bajo la bandera*, p.380f.

⑥ 在西班牙以“库珀”（Kupper）知名（Castro Delgado, pp.457–458；Hernández, pp.80–81）。

身……所有人都相信他是幸运之星"[1]。苏联的坦克基地位于卡塔赫纳向内陆20英里处一个离穆尔西亚不远的、被橄榄树环绕的海滨胜地——阿尔切纳，这里的西班牙地方组织者桑切斯·萨帕德斯上校专门从马德里和巴塞罗那的出租车和公交车司机中征选坦克驾驶员。[2]他们在阿尔坎塔利亚为苏联人建立了一个战斗机基地和一个轰炸机基地。而后来组建的其他空军基地分别设立在卡莫利、马德里附近的阿尔赫特以及阿尔卡拉德埃纳雷斯的郊区，在这些参与组建的人中有一部分通过海路而来，其余人通过陆路——有些人甚至跨越了中欧。[3]

苏联输送这些人力和物力给西班牙共和国并非出于对革命事业的友善馈赠。这些都必须用金钱来交换。苏联之所以这么做是有原因的。作为西班牙最为宝贵的财富以及迄今为止稳住了西班牙货币价值的储备黄金，有很大一部分被运送至苏联。西班牙当时的黄金储备位居世界第四。为了确保战前的物资输送，在7月份的某一天，这些货币黄金中的一部分被运到

---

① Ehrenburg, *Eve of War*, pp.146–147.参见Modesto, p.237；Ibarruri, p.346；Lister, p.76；and José Luis Alcofar Nassaes, *Los asesores soviéticos en la guerra civil española*（Barcelona, 1971）, passim；and the Soviet history of the Second World War（*Istoriya Velikoy Otechestvennoy voyny Sovetskogo Soyuza 1941—1945*）, vol. I, pp.112–113.据"热情之花"称，罗科索夫斯基被控在国家主义西班牙从事间谍活动，据称是为了帮斯大林探寻某些德国武器的特征。"热情之花"还称，科涅夫化名"保利托"（Paulito）在西班牙训练恐怖分子。另一个在国家主义领土上指挥破坏和游击战争的苏联人（根据奥洛夫在1957年国会小组委员会之前的说法，归奥洛夫指挥）是埃廷贡（Etingon，也被称为科托夫）。正是他成了巴塞罗那共产主义者卡里达德·梅卡德尔·德尔里奥（Caridad Mercader del Río）的情人，并挑选了她的儿子拉蒙作为一名有用的特工，后来被用来谋杀托洛茨基。埃伦堡说，科托夫"以某种不信任感刺激了我"（*op.cit.*, p.231）。克里维茨基谈到一名被称为"阿库洛夫将军"的人，他在加泰罗尼亚组织军事情报（*op.cit.*, p.117）。我认为科托夫和阿库洛夫是同一个人。

② R. Salas, vol. I, p.533. De la Cierva, *Historia ilustrada*, vol. I, p.399，有一个苏联上校的故事（克里沃申？），他因帮助限制当地镇压而在阿尔切纳名垂青史。

③ 见the memoir *Master of Spies*（London, 1975）, p.107，这本书由捷克斯洛伐克军事情报局局长莫拉维克上校讲述，记载了捷克斯洛伐克如何通过给120名苏联军官护照，帮助他们前往西班牙的故事。

435 巴黎，但大多数黄金依然存放在马德里的西班牙银行的保险库内。[①]这些黄金多数是以货币的形式存放的——金路易、金镑（旧时价值为1镑的英国金币）、美金以及黄金比塞塔。9月，共和国似乎曾打算把这笔财富转移到“一个安全的地方”。9月13日，议会向新任总理和财政部长——拉尔戈·卡瓦列罗和内格林授权去监督安排此事。他们的预想中，显然是要把黄金存放在西班牙国内的某个地方：通过火车把黄金运到卡塔赫纳附近的一个大型山洞中，并安排重兵把守。但拉尔戈·卡瓦列罗和内格林以及行政部副秘书长门德斯·阿斯佩很快就做出决定，他认为苏联就是那个最为安全的存放地。苏联迅速对这一想法作出回应，斯大林安排在西班牙秘密警察组织担任首领的奥洛夫负责将黄金运往苏联。英国和法国虽然是存放黄金最理想的地方，但鉴于他们是不干涉计划最忠实的拥护者，因此把黄金放在这两个地方可能会有风险。[②]拉尔戈·卡瓦列罗担心的不只是“法西斯主义者”：杜鲁蒂曾计划在10月初突袭西班牙银行，但被阿瓦德·德桑蒂连说服放弃了这个计划。[③]然而此次，拉尔戈·卡瓦列罗和内格林显然既没有将他们的新计划告知总统阿萨尼亚，也没有告知其他几位部长。不出所料，当阿萨尼亚得知黄金已经被运出西班牙时，他勃然大怒；普列托希望以辞职来表示抗议，对于这一行为，阿萨尼亚本人内心虽赞成，但也只能劝阻他。[④]

---

① 西班牙货币黄金总额为2,367,000,000比塞塔（约7.88亿美元）。运往苏联的数量为1,581,642,000黄金比塞塔（5亿美元）。7月份送往法国的数量为4.7亿比塞塔（1.55亿美元），那里之前已存有2.57亿比塞塔（8,500万美元）。见附录三。

② Largo Caballero, pp.203–4. 关于细节见Martínez Amutio, p.52f。

③ Paz, pp.386ff. 以及Azaña, vol. IV, p.705. 迪亚斯·桑迪诺和阿巴德·德桑蒂连9月访问了阿萨尼亚，告诉他无政府主义者想要巴塞罗那的黄金；迪亚斯·桑迪诺还建议阿萨尼亚让他自己成为独裁者。

④ 这是普列托的故事，收在后来文章集Convulsiones, vol. II, pp.132–141；这似乎比不在场的阿拉基斯塔因或阿尔瓦雷斯·德尔巴约发表的版本更可靠，后者的记忆有时会欺骗他（Alvarez del Vayo, *Freedom's Battle*, pp.286–287，Alexander Orlov in *Readers' Digest*, January 1967, 以及他向参议院内部安全小组委员会提供的证据）。见Jackson, p.318, fn. 8，提出普列托一定知道这件事以及当时的西班牙驻苏联大使马塞利诺·帕斯夸（Marcelino Pascua）发表的一篇文章，见*Cuadernos para el diálogo*, June–July 1968。

10月25日，内格林将黄金运送到苏联。用拉尔戈的话说，这些黄金变成了一种“活期账户”，它们用来支付那些从苏联和其他国家购置的武器费用以及应对包括石油在内的其他物资的购买。西班牙的酒、糖和水果以及其他一些商品也有助于共和国在苏联支付差额。内 436
格林和苏联经济专员斯塔舍夫斯基就细节问题进行了商定。①

后来得知，这批黄金被装入巨大的箱子里，由60名水手历经3个夜晚才将这些箱子全部搬上4艘苏联汽船，水手们白天就睡在装满黄金的箱子上。这些水手由卡塔赫纳基地的指挥官拉米雷斯·德托戈雷斯雇佣，他们并没有被告知搬运的是什么东西。装载完成以后，副秘书长门德斯·阿斯佩与奥洛夫清点了箱子的数量。奥洛夫清点出的数量是7,900箱，门德斯·阿斯佩清点出的是7,800箱。问题出在2辆货运卡车上，因为每辆可以装载100个箱子的卡车上只装有50个箱子。奥洛夫并没有把这一偏差告诉门德斯·阿斯佩，因为如果他数的数目真的正确，那他就必须为丢失的箱子负责。②苏联船只由共和国舰队一路护送至阿尔及尔。③运送的黄金或者说是黄金的一部分被敖德萨的德国领事发现，11月6日，他注意到有一艘来路不明的4,000吨级船只停靠在敖德萨的近岸锚地，这艘船的名字模糊不清，船上没有插国籍旗，并且在夜间进行卸货。④黄金抵达莫斯科后，清点工作一直没做完——因此，随行的4位西班牙官员尽可能地留在了苏联。⑤当他们在西班牙的亲人们开始心有挂念时，(保险起见)这些亲人也一并被送到苏联。直到1938年他们才获准回到家乡。对于这几位倒霉的官员，西班牙驻莫斯科大使马塞利诺·帕斯夸也无能为力。追随社会

① Martínez Amutio, pp.58–59.

② 奥洛夫给出的细节。“热情之花”后来表示，是他护送黄金前往卡塔赫纳的。1956年，苏联给西班牙的、由内格林的继任者交给国家主义政府的黄金收据提到了7,800箱；要么门德斯·阿斯佩是对的，要么苏联政府接受了他的数字，将额外的箱子自己占用了。

③ Kuznetzov, in *Bajo la bandera*, p.182f. 库兹涅佐夫常驻卡塔赫纳。

④ *GD*, p.128.

⑤ Prieto, *Convulsiones*, vol. II, pp.131–133.

主义的帕斯夸是一名职业医生，同时也是现如今的卫生部副秘书长。[1]他们最幸运的无疑是“没有像多数进入巨人国的人类那样变成石头”[2]。最终，他们返回家乡——其中一名被送到斯德哥尔摩，一名被送到华盛顿，还有
437 一名被送到布宜诺斯艾利斯。据奥洛夫表示，为了庆祝黄金成功送到，斯大林举办了一次盛大的宴会。正式收据上显示的是西班牙的共和国政府可以随时对这些黄金进行转口贸易。[3]

与此同时，9月21日，苏联对西班牙其他方面的援助展开。此时，一个名叫齐敏的内务人民委员部特工人员拜访了身在海牙的克里维茨基，并与这位官员在伦敦、斯德哥尔摩和瑞士工作的同僚们在巴黎举办了一场会议。齐敏认为，避免苏联的名号与共产国际的军火交易产生联系至关重要。他表示，第一步是成立一个在整个欧洲购买武器的组织。此时正在犹豫是否要摆脱苏联职务的克里维茨基，正在筹划金融资本和成立办事处，并确保相关利益实现。[4]他和与他共同处理此事的内务人民委员部在瑞士的领导伊格纳斯·波雷茨基（伊格纳斯·赖斯）都隐约希望“西班牙革命运动的胜利将有助于推翻苏联的斯大林”。只要肯出钱，特工很容易找到——这些人总让人联想到间谍小说中的角色，例如一个定居在格丁尼亚的名为迈拉诺斯的希腊博士；一个名叫富特·巴班的人，也出生于希腊，是斯柯达、施耐德军工和哈奇开斯3家公司在土耳其的代理商，后因兜售毒品而在巴黎被捕；以及出生于君士坦丁堡、拥有犹太人血统的文图拉——他在奥地利被判有诈骗罪，使用的是假护照，并与一名女子生活在希腊，还曾住在巴黎弗里德兰大道的一家旅馆。[5]正是这些只能用语言大致描绘的人，在

---

① Martínez Amutio, p.58.

② 指永远留在苏联。——编者注

③ *New York Times*, 10 January 1957.

④ Krivitsky, pp.103–105；Poretsky, p.150. 无法进一步确认齐敏的身份。

⑤ 这些信息源于1938年10月8日德国外交部给国家主义西班牙政府外交部的照会，引用于*The International Brigades*（20世纪50年代国家主义一方的宣传册）, p.43。

西班牙内战的剩余时间里，在不干涉委员会上风度翩翩的绅士们的背后进行着他们价格不菲的勾当，并且把价格高昂，甚至是废弃了的武器出售给总部设立在巴黎的共和国政府军购委员会。这些交易也许通过法国共产党、西班牙驻巴黎大使馆或者其他代理人完成。[①]

共和国的军购委员会周围聚集了一群唯利是图的投机商。无论参与 438
其中的人是否真的在为共产国际效劳，都在以各种各样的方式变得腐朽堕落。无论不干涉计划会产生何种影响，只要购买武器的计划得以体面地进行，就会有更多的武器抵达西班牙。但是私人军火交易不可避免地滋生了腐败。巴黎、伦敦、布拉格、苏黎世、华沙、哥本哈根和布鲁塞尔建立了一连串的进出口公司，并由一位内务人民委员部成员以匿名股东的方式来掌控资金。那些武器出产自捷克斯洛伐克、法国、波兰、荷兰，甚至是德国——对于德国而言，一向精明的卡纳里斯海军上将甚至通过西班牙共产党的双手将有问题的战争物资运送到共和国。[②]在法国边界线已经关闭的情况下，海路是运送武器的最佳途径，从英国、希腊、拉丁美洲各国等一些国家得到的虚假领事文件却证明这些货物是运向以上这几个国家的。[③]

与此同时，共产国际开启了对共和国在第三方的支持。这一方面

① Fischer, p.371. 阿拉基斯塔因一直担任主席，直到12月，他的位置被亚历杭德罗·奥特罗取代。1937年12月，奥特罗被普列托辞退，他以个人的名义在巴黎出售武器。1938年4月，他被任命为国防部副部长，Peirats将这一任命与任命阿尔·卡彭为西班牙银行主席相比较（*op.cit.*, vol. II, p.147）。无政府主义者将格拉纳达的社会主义代表、妇科教授奥特罗视为纯粹的牟利者。另一方面，在掌管武器工厂时，他坚定拒绝军事情报处（战争后期引入共和国的政治警察）进入这些工厂（Martínez Amutio, p.327）。

② 尽管一些德国物资运到共和国一方，并引起了驻柏林国家主义大使的抱怨，但这直到1938年才发生。

③ Krivitsky, p.103.

的援助具体是因何而起还不十分明确。掌管共产国际在西欧宣传工作的维利·明岑贝格于9月来到莫斯科。[①]他支持法国共产党总书记多列士提出的一项建议。该提议称，对共和国的部分援助还可以通过其他国家的共产党（尽管他们更欢迎非共产党人士）在全世界范围内招募志愿者的方式，为那些已在西班牙为“自由事业”而战的人们提供
439 支援。9月底，意大利共产党的中央委员会在巴黎召开了会议，参加此次会议的既有法国共产党领导者，也有西班牙共产党在共产国际的资深代表科多维拉。他们同意由意大利反法西斯主义者组建一支“比罗塞利纵队规模更加庞大的纵队”前往西班牙。[②]共产国际的行政部门决定在他们授权后两天内将所有那些有意愿的、可以被说服的，或者听从调遣的人组成一批国际纵队，为共和国而战。这几年里，意大利共产党青年领导者路易吉·隆戈会在一年中8月和9月的大部分时间滞留在西班牙，他被委托与西班牙政府共同进行一些工作安排。[③]据说，共产国际总书记、保加利亚人季米特洛夫也对这项计划赞不绝口。

不过，苏联国防部无疑很早就着手于该项计划了。直接证据就是，之前在苏俄内战时期红军中有过相似的先例，当时甚至使用了“国际旅”的称号。此外这支队伍还使用过其他名字，例如“第一革命国际分遣队”“国际红军”以及“红军第一国际军团”。在苏联，为支持革命而加入这些军队的人中有应召的志愿军以及来自奥匈帝国、德国或保加利

---

① 见Jurgen Schleimann，“New Light on Münzenberg”，*Survey*, April 1965。穆恩森伯格只有在陶里亚蒂的亲自干预下才得以返回巴黎。1937年，他与干部们发生了争吵，并离开了党，1940年在法国南部被秘密谋杀。他在巴黎的工作由捷克人博胡米尔·斯梅尔（Bohumil Smeral，1920年代早期捷克共产党的第一位领导人）接替，后者没有任何能与他匹敌的才能。

② Spriano, vol. III, p.94.

③ Spriano, p.130.

亚军队的前战争犯。这些人中有很多在乌克兰活动，他们的地位不亚于1936年苏联驻巴塞罗那的总领事安东诺夫-奥弗申柯，甚至他们中的一部分人还在苏联军方的机构内任职。对于斯大林而言，他认为，在一场内战中曾有过的尝试如果在另外一场内战中故技重施，可能会更加得心应手。①毕竟，共产国际曾在20世纪20年代就牵扯进武装起义中。如今，在西班牙事件中涉入极深的陶里亚蒂就曾撰写过共产国际关于这方面的一些技术手册。②

另外，许多从法西斯主义或右翼独裁政权下逃脱的流亡者和仍然留 440
在这些国家的一些人渴望发动一场真正的反法西斯主义战争③：意大利流亡者埃米利奥·卢苏（Emilio Lussu）写道："我们投身于西班牙的决心要胜于西班牙共和国对我们的渴望。"④在当时的人民中回响着罗塞利的经典口号："西班牙的今天就是意大利的明天。"9月初，一名意大利自由主义共和国移民伦道夫·帕恰尔迪曾与西班牙政府取得联系，试图说服政府能在西班牙组建一个独立于各个政党，并且可以在巴黎进行招募的意大利军团。然而，拉尔戈·卡瓦列罗拒绝了这一提议。⑤如今，经历过战线上新一轮的溃败，他改变了之前的想法。10月22日，著名的意大利青年路易吉·隆戈、波兰共产党党员斯蒂芬·维斯尼夫斯基以及法国的皮埃尔·雷比埃代表共产国际在马德里进行了洽谈。⑥这3个人拜

---

① 见John Erickson, *The Origins of the Red Army*, in *Revolutionary Russia*, ed. R. Pipes（Harvard, 1968）, p.251f。我特别感谢埃里克森教授帮助我跟进这一资料。1919年，铁托活跃于南斯拉夫国际集团。

② 见"A. Neuberg", *Armed Insurrection*（London, 1970）, p.90。

③ Jacques Delperrie de Bayac, *Les Brigades Internationales*（Paris, 1968）, p.76.

④ Emilio Lussu, '*La Legione italiana in Spagna*', *Giustizia e Libertà*, 28 August 1969, qu. Spriano, vol. III, p.90.

⑤ Randolfo Pacciardi, *Il battaglione Garibaldi*（Lugano, 1948）, pp.17–19.关于帕恰尔迪见Radosh, p.253。

⑥ Luigi Longo, *Le Brigate Internazionale in Spagna*（Rome, 1956）, p.44. Cf. also pp.18 and 27.

访了已将责任移交马丁内斯·巴里奥（当时掌管一个重整军队的委员会）的阿萨尼亚和拉尔戈·卡瓦列罗。很难看出这3位共和国政治家中是否有人对这个想法深感兴趣，但他们认为这一宣传多少有些好处。

随后，共产国际担负起国际旅的组建工作。每个共产主义政党都受命招募一定数量的志愿兵。多数情况下，规定的人数要高于地方政党能够招募到的人数。当时许多还没有卷入西班牙争端的共产国际的能人志士都通过这种方式响应了号召。例如，未来的铁托元帅——约瑟普·布罗兹，在巴黎左岸地区的一家小旅馆内，正通过他所谓的“秘密铁道部门”为东欧的志愿兵提供护照，从而组织新兵的流动。经验丰富的朱尔斯·亨伯特-德罗兹在瑞士也做着同样的事。①在出现非共产主义者志愿
441 兵的地方，这些志愿兵将受到一名来自内务人民委员部的代表以及一名共产主义医生的检查——后者的工作地点会安排在法国与西班牙的边界线处。②不过，确实也有很多人逃过了安全检查，尤其是那些在西班牙或在半途中加入志愿兵的人。有些冒险者是为了寻求刺激才成为志愿兵的，例如比利时人尼克·吉兰，他后来解释自己之所以加入志愿兵是出于“冒险精神、无所事事以及1936年秋天的多雨”③。有将近60%的人在成为志愿兵以前是共产主义者，另外有20%的人大概是在西班牙谋事期间成为共产党党员的。在由各个国家（包括英国）人员组成的国际旅中，

---

① 见Tito’s declarations, *Life*, 28 May 1952, 以及Humbert-Droz的回忆录, vol. II, p.182。1936年，戈尔基奇和其他主要的南斯拉夫共产主义者被秘密暗杀后，铁托成为南斯拉夫共产党的党魁，他监督南斯拉夫军队的派遣。铁托否认曾去过西班牙，但鉴于声称在那里见过他的人数量惊人，他确实可能出于某种原因访问了纵队（旅）总部。毫无疑问，戈尔基奇谋杀案的某些方面可以解释他为什么不愿承认这一点。戈尔基奇本人也曾有一段时间组织从巴黎向纵队派遣志愿者。在离开达尔马提亚海岸之前，一组志愿者被出卖给南斯拉夫警方：戈尔基奇对此负有责任。

② 事实上，西班牙共和政府对共产党和志愿者之间的联系没有任何幻想，这一点可以从西班牙领事建议潜在的志愿者与共产党接触得到证明。

③ Nick Gillain, *Le Mercenaire*（Paris, 1938）, p.7.

有80%的人来自工人阶级。[1]这些人中大多数都是年轻人，但一些逃离法西斯政权的好战的德国和意大利难民都是第一次世界大战的老兵。他们中的大多数人，尤其是法国人，在当时都没有工作，[2]不少人都曾在柏林、巴黎甚至伦敦的街道上与“法西斯主义者们”有过冲突。不过他们很快就发现，这次战斗与同摩尔人或外籍军团的战斗完全是两回事。

有500—600名流亡于苏联的共产主义者被送到西班牙。[3]这些人中有像斯特恩（“克莱贝尔”）、扎伊瑟（戈麦斯）、查尔卡（“卢卡奇”）以及加利茨（“加尔”）这些参加过一战，也有可能加入过苏联军队国际旅的人。在那些来到西班牙的共产主义流亡者中，他们扮演了领导者的角色。[4]

一名英国共产主义志愿兵贴切地概括出他的同胞们加入志愿兵的原因，他说：“毫无疑问，绝大多数人来到这里都是出于一个理想，不管是什么样的动机促使他们去追寻这样一个理想。”[5]许多志愿兵把他们在西班牙进行的斗争当作是反抗祖国敌人的第一步——尤其是意大利人， 442
他们可以利用西班牙的广播站在意大利播报反对墨索里尼的广播：就像“卡洛斯”所言，这是“由喇叭组成的炮兵部队”[6]。西班牙内战重新唤醒了意大利的反法西斯斗争。类似还有捷克斯洛伐克的共产主义者阿图尔·伦敦（Artur London），他把他在国际旅的贡献当作是中欧反纳粹斗争中的一部分。[7]

---

① 经过对幸存者的询问，得出了大概的数字。

② 许多来自里昂的失业法国人被派往国际纵队。

③ Krivitsky, p.112.

④ 例如见Elorza and Bizcarrando, pp.136–137。

⑤ Miles Tomalin MS.（未发表的日记），p.7。

⑥ 巴伦西亚的意大利语广播由共产主义者维利奥·斯帕诺（Velio Spano）指挥。

⑦ 捷克人阿图尔·伦敦在成为1949年“斯兰斯基审判”（Slansky trials）的3名受害者之一之前，曾担任外交部副部长。见阿图尔·伦敦的*L'Aveu*（Paris, 1969），该作品的同名改编电影由科斯塔·加夫拉斯（Costa Gavras）制作，此外还可见科斯塔·加夫拉斯的作品*Espagne...*（Paris, 1966）。

国际旅的中央招募处设立在巴黎的拉斐特大街。在苏联政府部门任职且被称作“沃尔特”的波兰上校卡罗尔·什夫泽夫斯基担任军事顾问，他是附近沙布罗尔大街技术处的处长。什夫泽夫斯基曾在一战中为苏联战斗，他还参与了俄国革命和苏俄内战，后来成了莫斯科军事学校的一名教授。[1]招募宣传的主题口号是：西班牙应该成为“欧洲法西斯主义的坟墓”。受雇的志愿兵没有签署合同，也并不知道他们将要战斗多久——这些含糊不清的承诺后来引起了一些麻烦。身处法国的志愿兵通过火车或船被送往西班牙。之后，他们或自行或被集中送往在阿尔瓦塞特新建立的基地——该基地位于马德里与巴伦西亚之间的地区，其四周被拉曼哈阴暗的废物包围，几百年来，这里以生产刀具闻名。[2]

由500名志愿兵组成的第一支分遣队在巴黎的奥斯特里茨火车站乘坐77号列车（“志愿兵的火车”），途经佩皮尼昂和巴塞罗那，于10月14日抵达阿尔瓦塞特，他们到达后才发现，这里基本没有准备接待工作。他们被安置在国民警卫队曾经的兵营中，然而这里一楼的房间里还残留着7月25日被杀之人的血迹。因此，对此感到恶心的国际旅成员们睡觉的时候都更希望挤在楼上的房间。[3]第一批赶来的国际旅成员几乎都是法国人，其中还有一部分从巴黎来的波兰和德国的流亡者。此外，
443 还有一些白俄罗斯人。不久之后加入这些刚来的新兵中的，还有曾在阿拉贡地区和塔霍河谷战斗过的外国志愿兵、台尔曼百人队的残余部队、来自意大利歌斯东尼-索齐营的一部分成员以及法国的“巴黎公社”纵队。年轻的英国诗人约翰·康福德也在那批志愿兵们当中（虽然他在参加完8月份的战斗后请病假回到了英国）。抵达阿尔瓦塞特的当天，所有志愿兵都被登记在案。一名文书员会询问在场的人员是否有官员、未

① 在《丧钟为谁而鸣》中，他化身为戈尔茨将军。

② 见Longo, pp.42–49；Max Wullschleger, *Schweizer Kämpfen in Spanien*（Zurich, 1939），pp.21ff。阿尔瓦塞特距离苏联坦克基地阿尔切纳（Archena）不到2小时车程。

③ Gillain, p.18.

授军衔的军官、厨师、打字员、炮兵、骑手或者机枪手。之后，志愿兵们按语言分队，并以合适的名字为这些队伍冠名。由于当时的英国志愿兵人数过少，无法组成单独的一队，他们中有一部分被分到德国人的那支队伍中，另一部分被分到法国人的那支中。①

在掌管基地的最高“三人领导小组”中，安德烈·马蒂担任指挥官，路易吉·隆戈（Luigi Longo，“加略”）担任督察长，朱塞佩·迪维托里奥（Giuseppe di Vittorio，“尼可利提”）担任政治委员长。②其中两名意大利人都是有能力又仁慈的人。③这两点品质都是马蒂缺少的。出生于佩皮尼昂、拥有加泰罗尼亚人血统的马蒂是一名工人的儿子，在他外出忙于“巴黎公社”纵队事务期间，他的父亲被判处死刑。马蒂第一次崭露头角是在1919年。当时，身为海员机械师的他带领法国黑海舰队反抗接收到的支援白俄罗斯军队的命令。他后来成了一名共产主义者。随后几年，他在法国共产党中崛起，这是由于他当过“黑海叛变者”的经历。他之所以能在阿尔瓦塞特得到重用是因为 444
他所谓的军事学识以及深得斯大林信任——他曾在17年前拒绝拿起武器对抗挣扎中的苏联。他是共产国际执行委员会（ECCI）七人理事会（书

① Gillain, p.18.这些志愿兵很快得到了包括医生和护士在内的英国医疗援助组织的支持。这源于如下事实：伊索贝尔·布朗（Isobel Brown），隶属于英国法西斯主义受害者救济委员会（明岑贝格创建）背后的“共产主义运动精神”组织，曾收到许多标有“西班牙”的捐款。她倡议并成立了一个英国医疗援助委员会，由非共产主义但是左翼的医生担任名义负责人。在一名社会主义者肯尼思·辛克莱尔·洛蒂特的领导下，该委员会将医疗援助人员派往西班牙。这些人员和其他相关医疗人员弥足珍贵，因为几乎所有西班牙军医都站在了叛军一方（至于平民医生，在共和军和叛军之间的分野似乎差不多）。参见*All My Sins Remembered* by Viscount Churchill（London, 1964），这位作者带领英国医疗人员前往西班牙。

② Fischer, p.367；Longo, p.44.隆戈后续担任了意大利共产党秘书长，1964年至1969年担任该党主席。

③ 朱塞佩·迪维托里奥是一名来自阿普利亚的劳工组织者，早前在意大利积极反抗墨索里尼，1945年至1958年担任意大利劳工总联合会（General Confederation of Italian Labour）秘书长。隆戈的战时代号取自一位著名而优雅的斗牛士El Gallo。

记处）中的一员——鉴于西班牙行动的重要性，国际旅的首长必然是该机构中的一员。他不幸陷入对法西斯主义和托洛茨基派间谍的恐惧之中。[1]他的妻子波琳一路跟随他来到了西班牙——有的时候，他似乎也会对他的妻子进行试探和躲避。即便这件事无足轻重，委任他依然是斯大林犯下的许多错误中的一个。只不过斯大林本人的性格比安德烈·马蒂还要多疑。

基地的参谋长是马蒂的密友、巴黎的市政委员维塔尔·盖曼，他化名“维达尔”来到西班牙。[2]来自里昂的一名意大利裁缝阿洛卡（Alloca）上尉在附近一个名为罗达的市镇掌管骑兵基地，同时能力出众的技术员、未来的作家米克切上尉在钦奇利亚德蒙特阿拉贡建立了一座炮兵学校。[3]阿尔瓦塞特的第一名步兵训练指挥官是德国记者厄恩斯特·亚当——他并不是共产主义者，后来他去了前线。接替他的是一名能力不足的保加利亚人，这名保加利亚人之所以能接手厄恩斯特的职务得益于他曾在1923年参与过圣索菲亚大教堂爆炸案——这起爆炸案很难算得上是一场军事行动。[4]很快，阿尔瓦塞特已经容纳不下所有新兵，因此他们征用了附近的村镇——意大利人安置在马德里古埃拉斯，斯拉夫人安置在塔拉索纳德拉曼查，法国人安置在罗达，德国人安置在马奥拉。另一名保加利亚共产主义者、曾长期居住在苏联的茨维坦·安杰洛夫·克里斯塔诺夫，与手下许多不同国籍的人一同处理国际旅的医疗事务。他在国际旅内有一个动人的斯堪的纳维亚的化名——奥斯卡·特尔格[5]，而马蒂的妻

---

① Ehrenburg, *Eve of War*, p.167.

② 马蒂的保镖是皮埃尔·乔治（Pierre George），他在第二次世界大战中以“法比恩上校”（Colonel Fabien）闻名。见Fischer, p.366，以及*The International Brigades*, pamphlet issued by the Spanish foreign ministry, 1953.

③ Fischer, p.379.

④ Ernst Adam（London）的评价。

⑤ 克里斯塔诺夫的身份是维克托·伯克（Victor Berck）为我证实的，我也感谢他提供的其他帮助。

子波琳成为医院的护工。在西班牙名义上代表国家的美国记者路易斯·费舍尔在与马蒂发生争执之前一直担任首席军需主任，后来另外一名保加利亚人卢布米尔·卡尔博夫顶替了他的职务。[①]德国人沃尔特·乌布利希在国际旅内组建了一个从属于内务人民委员部的部门，该部门用于调查来自德国、瑞士和奥地利的“托洛茨基分子”。[②]法国共产党为国际旅提供了军装，其中包括一种羊毛圆形登山帽。纪律是用铁腕强压出来的。 445

> “西班牙人民和西班牙人民的军队还没有战胜过法西斯主义。”马蒂对国际旅说，“为什么？是因为他们缺少热情吗？绝对不是。他们的不足有三点，这三点我们必须具备——政治统一、杰出的军事领袖以及纪律严明。”[③]

他提到的军事领袖指的是一个外套的纽扣常扣到脖子、头发花白、身材矮小的人——“埃米利奥·克莱伯（Emilio Kléber）将军”。41岁的克莱伯出生于当时还归属于罗马尼亚的布柯维纳。他的真名不是“拉萨尔”就是“曼弗雷德·斯特恩”，他的化名取自最具实力的法国革命将军中的一位。在一战中，他在奥地利军队中担任一名上尉。被俄国人抓获以后，他被囚禁在西伯利亚。革命爆发时，他逃脱并加入了布尔什维克团体，参加了苏俄内战。在他成为活跃于内战的国际旅中的一分子后，他加入了共产国际的军事部门。他被派往中国参与战争以及可能在德国执行秘密任务。[④]另外也会有传言把克莱伯塑造成革命战争中现实

---

① Fischer, p.366.

② Ruth Fischer, *Stalin and German Communism*（Oxford, 1949）, p.500n. 确认见 Branko Lazitch's *Biographical Directory of the Comintern*（Stanford, 1973）.

③ Esmond Romilly, *Boadilla*（London, 1971）, pp.72–73.

④ Krivitsky, p.116. See also Andreu Castells, *Las Brigadas Internacionales*（Barcelona, 1974）, p.73f. 根据Castells的说法，“克莱伯”于1924年首次来到西班牙！

版的“飞翔的荷兰人”[1]。如今，他理所应当地以第一国际旅最高领导人的身份来到西班牙。通过宣传，他已成功成为一名“加入加拿大国籍的幸运军人”。马蒂将他领到未来归他指挥的部队前，他迈步向前，在一片山呼海啸般的掌声中握拳敬礼。马蒂继续说道：“有些人已经迫不及待地想立刻冲上前线，但这些人是罪犯。只有当扛起火力十足的步枪，成为
446 训练有素的士兵之时，他们才是第一国际旅展开行动的时候。”因此，阿尔瓦塞特的训练继续进行。他们克服了语言上的障碍，不同国家的人在训练中以不同的方式进行左右转的情况进行了协调。然而，只有德国人在认真对待训练或者说是善于接受训练。爱尔兰人用忧郁的歌声让阴暗的兵营焕发出生气。墙上涂写着各种语言的口号：“¡Proletarios de Todos Países! ¡Uníos!”“Proletarier aller Länder, vereinigt euch!”“Prolétaires de Tous Pays, Unissez-vous!”“Pracownic świata, lacžüe sie!”“Proletari di tutti i Paesi, Unitevi!”“Workers of the World, Unite!”[2]

接下来的几个月里，不断有志愿兵继续涌进阿尔瓦塞特。诗人奥登[3]用仍然气势磅礴的语言描绘出西班牙迫切的诉求：

许多人在遥远的半岛听到呼唤；
在卧榻酣睡的平原听到呼唤；
在离群索居的渔民小岛听到呼唤；
或者在腐坏不堪的城市心脏听到呼唤。
他们迁徙的时候像海鸥群，又像花的种子。

他们像牛蒡一样簇拥在一起形成一列长长的特快列车，

① Flying Dutchman，应是传说中一艘无法返航的幽灵船。——编者注
② 这些口号是用各种语言写的同一句话：“全世界无产阶级（或工人），联合起来！”——译者注
③ 1937年，他本人曾在一个救护队工作过一段时间，只是尚不清楚他做了什么。

摇摇晃晃地穿过不讲公道的地方，穿过夜晚，穿过阿尔卑斯山的隧道；

他们漂荡在大海之上；

他们穿过山峦之间。

他们将生命全部奉献。

在那干燥的广场上，

从炎热的非洲掐下的碎片如此野蛮地焊合在文明进步的欧洲；

在被河水刻下痕迹的高原上，我们的思想幻化成形；

我们的狂热显现出盛气凌人的形状，不仅清晰而且富有活力。

恐惧让我们对医药广告有了应激。

冬季游轮手册已变成入侵的军营；

我们的脸，机构的门面，连锁店和废墟，

正映射出他们像行刑队和炸弹一样的贪欲。

马德里是心脏，

我们的柔情

如同流动的野战医院和沙袋含苞待放；

就像我们把友谊的时光

铸进人民军队的刚强。[①]

一些志愿兵从马赛坐船赶来，一些志愿兵通过法国警察（这些警察 447

① 如前所述，奥登在后来的版本中修改了这首诗其中的一些句子。

受到他们的拥护不干涉计划的政府之命进行巡查）没有觉察的密道越过了比利牛斯山脉。那些越过比利牛斯山脉的志愿兵可能会在菲格拉斯古堡停留一个晚上。通过这两条路线，几乎所有人在途经巴塞罗那和阿利坎特的时候都受到了群众热情的欢呼，群众向他们大喊："祝你健康！""请留下来！""团结起来，无产阶级兄弟！"大街上到处都有西班牙人在唱《国际歌》《年轻的卫士》《红色旗帜》和《自由进行曲》。向前行驶的火车会在小车站停下来，送来美酒和葡萄的农民们蜂拥而至，他们握拳敬礼，大声呼喊："苏联万岁！"当地共产主义团体和其他人民阵线团体会高举印有他们村庄名字的旗帜聚集在站台。通常情况下，抵达目的地的新兵都是醉醺醺的。一名来自利物浦的爱尔兰新兵后来对他的经历进行了像小说《赣第德》(*Candide*)一样的创作。这是一个主人公从抵达阿尔瓦塞特的首晚开始，在6个月期间经历的一连串关于生病、酒宴和探访国际旅监狱的长篇故事。

并非每一个人都热情满满。无政府主义者不信任国际旅，并且下令让他们掌控法国边境通道的民兵们制止国际旅进入西班牙。一名无政府主义领导者写道："在收到国际名人们的请求后，我们停止了阻拦，但我们仍然认为这些人不该来。我们需要的是武器不是人。"[①]

随着国际旅的核心力量抵达阿尔瓦塞特，10月17日，《工人世界》刊登了一封斯大林发送给西班牙共产党领导人何塞·迪亚斯的公开信，斯大林在信中表示"将西班牙从法西斯主义反动势力的枷锁当中解救出来不只是西班牙人自己的事情，而且是人类进步的共同事业"。到了10月底，世界上几乎所有国家都突然涌现出各种援助西班牙共和国的组织。各地建立了资助西班牙的机构，包括西班牙医疗援助委员会以及救助西班牙的各类其他委员会。他们的背后全都映照着共产党的光芒。在牛津的一名共产党员菲利普·汤因比把斯大林的命令比喻为："通过大

---

① Abad de Santillán, p.175.

学在西班牙防御委员会中扩散，就像一只衣蛾在橱柜里的一件衣服上产卵。”[①]西班牙还成为另一方势力的目标——印度国民大会党领导人贾瓦哈拉尔·尼赫鲁向印度委员会提议对西班牙进行食物上的支持。他指出："通过向中国派遣医疗代表团以及向西班牙人民送去食物，我们强行让世界的注意力转移到我们的立场。[②]借此，我们开始在国际领域发挥作用，各国的会议上将开始听到印度的声音。”[③] 448

与此同时，身在柏林的戈林抱怨道，他没有足够人手来处理往返西班牙的运送工作。随后，赫斯（Hess）将由埃伯哈德·冯·贾维茨（Eberhard Von Jagwitz）领导的外交机构交由他，以帮助他处理此项事务。此后，贾维茨直接服务于戈林，纳粹党办公室为他提供了专门办公的房间。事实上，一直到10月16日，德国的外交部和经济部才听到原料和货物采购公司以及西班牙裔摩洛哥人运输公司的存在。[④]他们将吃惊暗暗压下。伯恩哈特已经准备将一艘装满铜的船开向汉堡，这些从加的斯搜刮来的铜归属于力拓河公司。若是10月的某天戈林问起伯恩哈特如何支付德国的援助时，伯恩哈特便可回答："有一整船的铜正恭候着你。”[⑤]

不干涉委员会仍然存在。但是，10月23日，麦斯基突然宣布，苏联将不再履行比委员会“任何其他成员国”更加严苛的不干涉计划制约。[⑥]该事件导致葡萄牙撕毁了与西班牙共和国的外交协议，理由正是苏联从

---

① Philip Toynbee, p.87.

② 然而，早已有一般救济基金向这两个国家提供了援助。英国对西班牙的一般救济基金得到了坎特伯雷和威斯敏斯特大主教、首席拉比、苏格兰教会和自由教会的支持。它成立于1936年12月。

③ *Spain! Why?*（尼赫鲁的宣传册，London, 1937），p.4. 尼赫鲁在战争期间访问了共和主义西班牙。

④ *GD*, pp.113–114.

⑤ Evidence of Johannes Bernhardt, Buenos Aires, 1971.

⑥ *NIS*，第七次会议。一些细节见Ivan Maisky, *Spanish Notebooks*（London, 1966），pp.45–57。

中作梗。正如苏联媒体透露的那样，苏联如今还没有脱离委员会，很可能是因为从日内瓦归来的利特维诺夫明确表示过，抛弃不干涉委员会将
449 意味着苏联与英法为敌，而这会对多方安全政策造成巨大冲击。普利茅斯勋爵随后提出需要调整向西班牙运送战争物资的办法，例如在西班牙港口建立观察员组织，将他们所见到的报告给不干涉委员会。①然而遗憾的是，这种高瞻远瞩的理性声音似乎并不适合当下。

在这些变故发生期间，意大利外交部长齐亚诺伯爵去柏林进行了一次重要的访问。他与诺拉特和希特勒共同讨论了西班牙问题。这几个人同意，在马德里陷落以后，德国和意大利将承认国家主义一方的正式外交身份。当时，诺拉特预计该项事务会在一周内完成。德国和意大利都强烈地向对方否认自己有侵占西班牙土地的想法。他们还彼此"通了气"：齐亚诺表示，他在德国报告中没有听到有40万苏联人正赶往西班牙一事，不过，他依然在西西里岛和非洲之间建立了一个观察机构。另外，意大利为国家主义者建造了2艘潜艇。这2艘完工的潜艇无疑会在守卫地中海中发挥作用。这次会议让德国和意大利在一切事务上都联系得更加紧密。不到一周，墨索里尼就首次使用了"柏林–罗马轴心"来形容意大利与德国之间注定的友谊。②

此后的西班牙内战在多个方面都比欧洲内战更加激烈：它将会成为一次世界大战的缩影。因为，正如人们所见，在极端关键的时刻爆发的斗争不只存在于外交方面，还会出现在军备发展方面。截止到1936年10月，在西班牙领空出现容克52飞机和海因克尔51飞机已是常态，此外还有菲亚特战斗机CR–32、法国的"飞行棺木"、德瓦蒂纳飞机与布洛克飞机。随后不久，苏联以先前美国飞机为雏形最新研制的飞机将同样经常出现在西班牙的领空之上。已经试飞成功的著名的梅塞施密特战

① *NIS*（c），第八次会议。

② Ciano, *Diplomatic Papers*, pp.60–61；*GD*, pp.117, 122.

斗机以及速度更快、采用应力蒙皮结构的海因克尔111飞机也很快出现在西班牙领空。在地面战斗中，德国和苏联生产的装甲坦克和T-26s式坦克将投入被德国坦克指挥官冯·托马称为“一个欧洲的奥尔德肖特”的练兵场中服役。[①]同样，在1936年投入使用的德国新式机枪“MG34”也很快在西班牙的战斗中得以应用，同时还有稍早生产的苏联捷格加廖 450
夫轻机枪（DP）。德国新式88毫米高射炮——在二战中以反坦克而出名的“八十八式”——在10月底已经出现在西班牙，同时还有依旧可以使用的意大利在一战中使用过的大炮。于是，在一个直到1936年7月还处在技术落后的国度，其最重要的工厂中最为先进的技术却被设计用于杀戮。1936年7月的那场叛乱将西班牙推入了20世纪，更准确地讲，西班牙面临的是一场复仇。

---

① B. H. Liddell Hart, *The Other Side of the Hill.*

从声音到文字，分享人类智慧

天喜文化

THE SPANISH CIVIL WAR

Hugh Thomas

西班牙内战

秩序崩溃
与激荡的世界格局，
1936—1939

下

[英] 休·托马斯→著

郭建龙 李相程 朱莹琳→译

天地出版社 | TIANDI PRESS

目　录

上　册

下　册

第三部
微型世界大战

我不知道这种表述是不是亵渎，但我相信不是。无论如何，我坚信，如果从今天起，纳瓦拉这个受祝福地区的某个孩子出现在天堂的大门前并说他来自这里，圣彼得一定会热情地说：“太棒了！请继续前进！”

——米连·阿斯特赖将军于潘普洛纳

昨天，成千上万的男女游行到战壕边唱歌。《国际歌》的歌声直达敌军防线，迫使雇佣军们逃窜。马德里人民在城市周围设置了警戒线。同志们，这个时刻很艰难，但我们仍将获胜。我们将为自己、为我们的国家和整个反法西斯世界取得胜利。

马德里的战士和斗士万岁！我们的民兵和第五军团万岁！世界反法西斯斗争万岁！新西班牙，人民的西班牙万岁！

——卡洛斯司令（维托里奥·维达利）

28. 1936年冬天的战斗 453

10月28日，在伦敦的外交总部内，外交官们于金碧辉煌的洛迦诺会议厅再次会晤。麦斯基不厌其烦地反复强调，那些认为应当资助西班牙政府的国家（指苏联）有权像德国、意大利和葡萄牙那样，不再受不干涉协议的约束。①同一天，当第二国际和共产国际的代表们于10月26日在巴黎举行完会议后，英国工会联盟和工党通过放弃对不干涉计划的支持来响应苏联。从此以后，在英国及一些其他国家，“为西班牙援助武器”成了团结左翼②的呐喊。与此同时，拉尔戈·卡瓦列罗正在马德里电台中进行广播：

> 致命一击的时刻已然来到。我们进行进攻的态势正在展开。 454

---

① *USD*, 1936, vol. II, p.546；*NIS*，第八次会议。麦斯基对这次会议有一个有趣的演绎，他特别擅长刻画小国外交官对法西斯势力的恐惧。Ivan Maisky, pp.58–63.

② 当年在爱丁堡举行的工党大会上，对工党支持的不干涉路线投了435,000张反对票（对1,728,000张，用工党特有的方法，即卡片投票）。反对者包括查尔斯·特雷维利安爵士（Charles Trevelyan）、克里斯托弗·艾迪森（Christopher Addison）、菲利普·诺埃尔–贝克和阿内林·贝万（Aneurin Bevan）。吉梅内斯·德阿苏阿（Jiménez de Asúa）和伊莎贝尔·德帕伦西亚（Isobel de Palencia）在会议上雄辩致辞（Hugh Dalton在他的回忆录*The Fateful Years: Memoirs*, vol. I, 1931—1945, London, 1957, p.99中，错记成了“热情之花”）。驻斯德哥尔摩共和国大使伊莎贝尔·德帕伦西亚也写了份记录，收录在*I Must Have Liberty*（New York, 1940）, p.246。然而，全国执委会通过派遣艾德礼和格林伍德（Greenwood）与张伯伦（代理首相）协商，并敦促对不干涉的违规行为进行详细调查，压制了会议的普遍热情。

我们手中握有一支无坚不摧的机械化军事力量。我们有坦克，我们有战斗力超群的飞机。听着，同志们！当黎明到来之际，我们的大炮和装甲列车将发动进攻。很快，我们的飞机将展开攻击。坦克将向敌人最薄弱的位置开进。①

从前，马德里的人们就常听到像这样富有乐观主义的预告，然而这一次，拉尔戈·卡瓦列罗讲的是实话：苏联的坦克和飞机已经抵达。

10月29日，战斗在黎明之时打响。苏军的立陶宛坦克专家保罗·阿尔曼（被称为“格里瑟”）上尉率领15辆由苏联人驾驶的T-26俄式坦克猛冲进国家主义一方的骑兵部队。②这些坦克采用了新式闪电战的作战风格，新式闪电战由古德里安上校在德国推广，并在苏联受到欢迎：集中起来发动一场强力的进攻，而不是像法国惯用的那样，分散开来为步兵进行掩护。③接着在狭窄的塞塞尼亚街道，坦克部队与骑兵部队之间发生了一场奇怪又不切实际的战斗。由于战前受命在坦克后方保障主要进攻的利斯特的新晋第一混成旅没能跟上，战场上的“新生怪兽们”被迫撤退。不管怎样，这些装配有重型装甲和重型机枪的坦克展现出了它们的实力。据说有一辆苏联坦克摧毁过11辆意大利坦克。另外，到目前为止，非洲军团只拥有为数不多且效用不大的意大利反坦克炮。同一天，一支由苏联喀秋莎轰炸机组成的飞行中队轰炸了塞

---

① *Solidaridad Obrera*, 30 October 1936.

② 阿尔曼在第二次世界大战中作为将军阵亡。后来的P.巴托夫（P.Batov）将军和N.沃罗诺夫（N. Voronov）将军也参加了这一天的战斗，巴托夫是利斯特的军事顾问（他和莫德斯托一样，懂一点俄语），沃罗诺夫是炮兵顾问。似乎正是在塞塞尼亚，所谓的“莫洛托夫鸡尾酒”首次被军团用来对抗坦克（De la Cierva, *Historia ilustrada*, vol. I, p.480）。利斯特告诉我们，作家拉蒙·森德曾在这场战斗中担任过一段时间的参谋长，但后来突然放弃了前线工作（Lister, p.82）。见Batov’s account in *Bajo la bandera*, p.223f。

③ GD, pp.123–125.

维利亚。①

第二天——虽然事先没有得到苏联坦克进攻的消息——德国外交部长诺拉特对当时以“吉列尔莫”的化名身处于西班牙的海军上将卡纳里斯发出了指示。此时，他正狂奔在荒无人烟的公路上尽情享受。诺拉特说：“考虑到‘红色们’得到的援助可能会日益增加，德国政府认为无论是陆地还是空中，白色西班牙所采取的战斗策略都无法确保赢得胜利。”因此，他命令卡纳里斯向佛朗哥提议，建议德国应当输送强大的增援部队。如果想得到增援部队的支持，佛朗哥必须答应增援部队由一个只对他负责的德国指挥官来进行指挥，并保证将对战争进行更为系统化的部署。②佛朗哥接受了这些相当无理的条件。11月6日，担任指挥官的德国“面相最凶狠的将军”（希特勒本人如此描述）冯·施佩勒（von Sperrle）少将和担任参谋长的冯·里希特霍芬上校（与第一次世界大战那位著名的“王牌飞行员”是堂兄弟）率领所谓的“秃鹰军团”（Condor Legion）以“吕根岛冬季”演练为代号开始从德国赶往塞维利亚。③这支军队包含有将近100架飞机：一个由4个轰炸机中队组成的战斗群，每个轰炸机中队中包含12架轰炸机、1个拥有相同兵力的战斗机群、1架水上飞机、1架侦察机以及1个实验中队。为其进行支援的有对空部队和反坦克部队以及2个装甲部队，每个装甲部队由4个坦克连组成，每个坦克连包含有4辆坦克。开始时，这支军队有将近3,800人，后来增至5,000人。④里希特霍芬是纳粹德国空 455

---

① Jesús Salas, p.126. 在这些苏联飞机上，飞行员是苏联人，但投弹手和机枪手是西班牙人。这次突袭的指挥官是一名俄裔德国人E. 沙赫特（E.Schacht）。记录见G. Prokofiev, *Bajo la bandera*, p.378f。

② *GD*, pp.123–125.

③ 国务卿米尔希于11月6日送走了首批部队（Irving, p.50）。就像20世纪20年代的冯·塞克特（von Seeckt）那样，施佩勒负责所有空中行动。

④ 坦克由冯·托马（Von Thoma）上校指挥，他在西班牙训练了西班牙人3个月。最初，战斗机是由冯·梅哈德少校（Major von Merhard）指挥的。此时，德国空军已经送来了超过1,200架战斗机（见Irving, p.52 fn）。

军技术部门首脑的两个助手之一，同时也是成长当中的德国空军的设计者之一。他是“一位有远见卓识且意志坚定的人”。

尽管“秃鹰军团”在某些方面称得上是一支革命性的军队，但其武器装备仍然很落后。一开始，大部分飞机在飞行过程中都没有配备无线电通信设备。机枪必须靠手动来重装弹药。轰炸机用的是容克52s。战斗机还在用海因克尔51s。这些笨重的飞机的飞行速度都要落后于对手苏联。

456 后来，一个由枪炮、地雷和信号专家组成的“北海团体”加入“秃鹰军团”。这些人在“舍尔海军上将”号和“德国”号两艘袖珍战舰上执行任务。[①]自从战争爆发，佛朗哥一直只有5名信号军官，因此这一援助的战略价值不言而喻。利用海因克尔70飞机在共和国领域内执行拍摄任务也是一次革新。在希特勒掌权的前几年，苏联和德国的军官们曾一同在白俄罗斯的平原上进行过秘密训练，如今，他们可以在西班牙内战中规模更为庞大的战局里实行不同的战地实验。

如今的国家主义将军们看上去充满了无与伦比的自信，无疑是得到这一新近援助的缘故。为了对马德里发动最后的进攻，莫拉在阿维拉建立了指挥部。当一群国外记者询问他的四路纵队中的哪一路将攻占马德里的时候，他回复称将是马德里城内潜藏的国家主义支持者组成的“第五纵队”。[②]这一草率的回答解释了首都内横行的谋杀行为。从10月29

---

① *Völkischer Beobachter*, May 1939, qu. Toynbee, *Survey 1938*, vol. I, p.358；Jesús Salas, p.136.

② 已故的《每日快报》的诺埃尔·蒙克斯（Noel Monks）向作者描述了这次会议。Dr L. de Jong在*The German Fifth Column in the Second World War*（London, 1958）中，将“第五纵队”这个词的来源追溯到1936年10月3日的《工人世界》。见Cervera, p.139。但圣奥斯瓦尔德勋爵（Lord St Oswald，当时是共和国一方的一名记者）的声明将这个词向前推了几个星期，当时非洲军团仍在塔霍河谷，他在《每日电讯报》（*Daily Telegraph*）的一份快报（未追踪到）中提到这个词，并在《每日电讯报》的一份快报（未追踪到）中提到这一点。他说，这句话是他在马德里的西班牙电话大楼的记者同事们开始使用的，随后从那里传到莫拉耳中。另一方面，这个词也被用来描述1790年苏沃洛夫（Suvarov）围攻的伊斯梅尔（Ismail）要塞内的苏联的支持者。

日开始，国家主义一方在马德里发动了一轮激烈的轰炸行动，这有部分原因是为了满足德国顾问们的好奇心，他们想见识一下民众的反应。30日对赫塔菲的攻击尤其惨烈。从此以后，直到11月6日马德里城郊的战斗开始打响以前，就像记者们描述的那样，一个又一个村镇像是一把把通向马德里的“钥匙”，接连被非洲军团打开。11月4日，赫塔菲的机场被攻陷。同一天，新式的苏联战斗机（在3日进行的实战中的首次飞行）在驱赶一个护送几架容克52s飞机的菲亚特战斗机中队时显露出了它们的优势。①

佛朗哥宣布，解放首都的时刻即将来临，并告诫马德里的人们好好待 457
在家里，“我们道德高尚、纪律严明的军队会尊重他们的”。这些话语蕴含着一种威胁，即“我们知道谁有罪，并只会对他们依法处理”②。要逮捕的人员名单已经列出，攻陷后的城市要建立的市政管理方案也拟好了。为居民们运送食物的卡车就聚集在距离炮兵部队后方的不远处。里斯本广播电台甚至播送了一条描述佛朗哥骑着一匹白马进入马德里的音频。

在共和国一方，尽管苏联的飞机发挥了效用，并且坦克进攻的那天让人充满希望，但战争前景再次变得暗淡。11月的3、4、5日接连动用的坦克并没有取得什么效果，这主要因为西班牙人被坦克的复杂操作搞得一头雾水。首都的街道上到处都是难民、牲口和家禽。

在这场危机当中，政府进行了重组，就像一个月前加泰罗尼亚自治政府重组那样，将无政府主义者招入麾下。加泰罗尼亚杰出的无政府主义组织者加西亚·奥利弗成了司法部长；曾在7月份强烈抵制战争初期的恐怖活动的胡安·佩罗成了工业部长；来自巴伦西亚的胡安·洛佩

① 马德里附近建立了两个苏联战斗机机场：一个在里查戈夫少校（Major Richagov）领导下，位于阿尔赫特附近的埃尔索托庄园；另一个在阿尔卡拉德埃纳雷斯。尽管有一些西班牙飞行员，例如加西亚·拉卡列（García Lacalle），但大多由苏联人驾驶（*op.cit.*, pp.174–175）。

② Valdesoto, p.183.

斯·桑切斯（Juan López Sánchez）成了商业部长；来自巴塞罗那的知识分子费德里卡·蒙塞尼成了卫生部长。这些工人阶级领导者入职政府并没有掀起什么波澜。自打9月中旬开始，全国劳工联合会的秘书长奥拉西奥·普列托就一直在催促施行这一政府重组，他是一名坚定不移的“现实主义者”，并提倡与政府进行合作。[①]这4名无政府主义者先前已经在运动的“全体大会”中被推选为代表他们组织加入政府的人选。部长总人数从13名增加到18名，其余部长基本上维持原状。曾活跃于抵
458 制巴伦西亚起义的左翼共和主义者卡洛斯·埃斯普拉成了西班牙的第一任宣传部长。[②]阿萨尼亚反对让无政府主义者入职政府，但他没有能力阻止这件事。[③]实际上，因为工业部和商业部先前已经合并为一个部门，而卫生部长以前也只是一个总理事的职位，因此无政府主义部长人数并没有看上去的那么多。全世界唯一担任司法部长的无政府主义者——加西亚·奥利弗以他出色的办事效率甚至让共和主义者们都另眼相看。[④]然而，在任职初期，销毁囚犯的档案这件事依旧给他造成了困扰。据说那些不宜泄露的文件后来在空袭中被烧毁了。[⑤]《工人团结》表示，11月4日是“国家的政治历史当中最非凡的一天”，并宣称政府已“不再是工人阶级的压迫者”。费德里卡·蒙塞尼还是西班牙历史上首位女性部长。同时，在巴黎，身处大使馆内的社会主义者阿拉基斯塔因表示，劳动者总工会已经转变成革命社会主义，并且如今的全国劳工联合会把政府当

---

① C. Lorenzo, p.224（Lorenzo是奥拉西奥·普列托的儿子）.4名无政府主义者抵达马德里后拜访了奥拉西奥·普列托，并要求指示。普列托说，全国劳工联合会不是共产党，不会要求约束部长们的行动自由（*op.cit.*, p.254）。奥拉西奥·普列托在5月萨拉戈萨会议后辞职，但在战争前不久重新担任秘书长。

② 马德里新大学城的建筑师曼努埃尔·桑切斯·阿科斯（Manuel Sánchez Arcos）担任副秘书长。

③ Carlos Pi Sunyer, *La republica y la guerra*（Mexico, 1975）, p.419.

④ 例如，Martin Blázquez, p.298。

⑤ *General Cause*, p.371，引自直接的证词。

作了“一件斗争工具”[①]。

几周前，佩罗曾谈到内战胜利以后政府应当如何变成联邦制的社会主义共和国——由于已经接纳了其他工人阶级政党的合作，如果通过武力把无政府主义观念试图强加给未来社会，那这样的做法既不公正也不高尚。[②]然而，费德里卡·蒙塞尼的父亲（老无政府主义宣传员：费德里科·乌拉尔斯）告诉她这一步意味着“对无政府主义进行清算。一旦你掌握了权力，便将深陷其中，不能自拔”[③]。她后来说：

> 在接受这一职务的过程中，我到底要经受住多少沉默、怀疑和内心的挣扎！对于别人，一个政府职务可以成为一个目标，可以满足巨大的野心。对于我，这简直就是在亲手葬送父母一生的心血。[④]

459

同时，随着无政府主义者入职政府，无政府主义者的阿拉贡政务委员会搬到卡斯佩，并且敞开大门招揽其他党派的代表。拉尔戈·卡瓦列罗和孔帕尼斯接受了华金·阿斯卡索，政府在极不情愿的情况下批准了委员会的各项职权。在可以预见的未来，共和国管辖的阿拉贡地区将一直握在无政府主义者的手中；然而，最终毁灭的种子已然撒下，这是因为，如今参与商议的有2名共产主义者、2名劳动者总工会成员以及1名共和主义者——这位共和主义者是亲共产主义的伊格纳西奥·曼特孔，不久后，他将出任司法委员。[⑤]然而，实际上，现阶段的阿拉贡是一个

---

① *Socialist Review*（May–June 1938）, vol. VI, no. 6, p.17, qu. Cattell, *Communism*, p.66.

② Peirats, p.233.

③ 费德里卡·蒙塞尼在图卢兹的演讲（*International Bulletin of the MLE–CNT in France*, September–October 1945）；qu. Richards, p.59。

④ Speech, 27 May 1937, qu. Peirats, vol. II, pp.270–272.

⑤ Peirats, vol. I, pp.228–229；C. Lorenzo, p.151.

独立的政治集团，这里甚至还与外部世界保持着商业往来。他们有自己的警察部队、生产纲领和法庭——但致命的是他们没有军队。

与此同时，既自负又谨慎的莫拉、恩里克·巴雷拉和亚格将他们对马德里的进攻推迟至11月8日的黎明时分。

此次进攻计划是向坐落于大学城和西班牙广场中间、靠近曼萨纳雷斯山谷高地的城市中产阶级聚集地区发动一场闪电式进攻。这次进攻需要艰难地爬上西方公园所在的山丘，越过曼萨纳雷斯河和田园之家。在亚格率领的纵队一方，最先由阿森西奥率军从散布在西方公园尽头，长长的、像梯田一样的街道——罗萨莱斯大道径直向下，越过曼萨纳雷斯河，经过攀爬后攻占模范监狱和唐胡安兵营。卡斯特洪领兵抄向左路，并在大学城面向马德里的方向上被称作“大师基地”的学生宿舍内安营扎寨。出兵右路的德尔加多·塞拉诺将攻取蒙塔纳军营，并在王宫和格兰大道挑起战斗。巴龙和特利亚将带兵向卡拉班切尔郊区行进，试图让
460 人们以为主要的攻击来自南方。[①]这些纵队多数由摩洛哥人和外籍军团成员组成，领导他们的指挥官们都是年轻时期曾在里夫打过仗的人。许多意大利坦克——大概有20辆——在奥雷斯特·福尔图纳的带领下，也参与到战斗当中。从严格意义上讲，福尔图纳和他的下属们属于外籍军团的一部分。此外，还有由冯·托马率领的一部分德国坦克——两个连的“重型”坦克以及一个连的轻型坦克。

拉尔戈·卡瓦列罗的政府最终决定离开马德里，前往巴伦西亚。他们对外宣称在战争领域内无法履行行政职责。推迟到现在才做出这一决定使政府的撤退看上去像是在落荒而逃。另外，普列托曾考虑过，像阿萨尼亚一样跑去巴塞罗那才是更为符合常理的选择。[②]然而，在11月6日的下午，拉尔戈·卡瓦列罗突然将行动计划告诉了马德里地区的指

---

① López Muñiz, p.25f.

② Prieto, *Convulsiones*, vol. II, p.316.

挥官米亚哈将军，让他从今以后全权负责政治和军事方面的事务。重要的部长、公务人员以及各个党派的政治家们随即带上包括战争部的资料在内的一切政府文件弃守马德里。[①]反对这一举动的新晋无政府主义部长们认为之前让他们进入政府的决定纯属虚情假意，但他们对此无能为力；他们悄悄地离开，甚至没与追随者们联系。[②]数不清的护送车队布满了通向巴伦西亚的公路，它们上面装载着政府的公文、档案以及其他材料。[③]苏联大使馆人员与其他国家的外交官一同离开——唯一留下来的苏联官员是内务人民委员部的奥洛夫。奥洛夫对路易斯·费舍尔说："尽快离开。没有所谓的前方阵地。马德里就是前线。"[④]战争部副部长阿森西奥将军交给米亚哈和中央军指挥官波萨斯将军一人一封信，信上注明："绝密，早上6点钟以前不要打开。"[⑤]随后，阿森西奥也去了巴伦西亚。米亚哈坚持要立即打开信件，取得指示。没多久，两位将军就发现 461
这两项命令被放错了信封：波萨斯受命在塔兰孔建立一个新的指挥部。米亚哈受命建立一个由人民阵线的代表们组成、负责守护马德里的军政府，并竭尽一切所能来保卫马德里。[⑥]如果米亚哈被迫撤离，他必须与剩余的军队仍然按照命令行事，并在昆卡附近，于波萨斯认为的最佳地点开辟一条新的防线。

计划中的军政府已成立，其中几乎全部是年轻人。虽然按照规定， 462
他们的权力应与各政府政党相均衡，但如同在战争初期的各市镇一样，权力仍然掌握在最有势力的团体手中——当下的环境便是社会主义–共

① 留在马德里的副部长只有交通部副部长费尔南多·瓦莱拉和内务部副部长文塞斯劳·卡里略（Lázaro Somoza Silva, *El general Miaja*, Mexico, 1944, p.148）。

② Federica Montseny, speech 27 May 1937, qu. Peirats, vol. II, p.272. 评论见Prieto, *Palabras*, pp.324–325。

③ Vicente Rojo, *España heroica*（Buenos Aires, 1942）, p.38.

④ L. Fischer, p.369.

⑤ Koltsov, p.189；Azaña（vol. IV, p.860）记录了米亚哈对他的说明。

⑥ Somoza Silva, p.139；Largo Caballero, p.235.

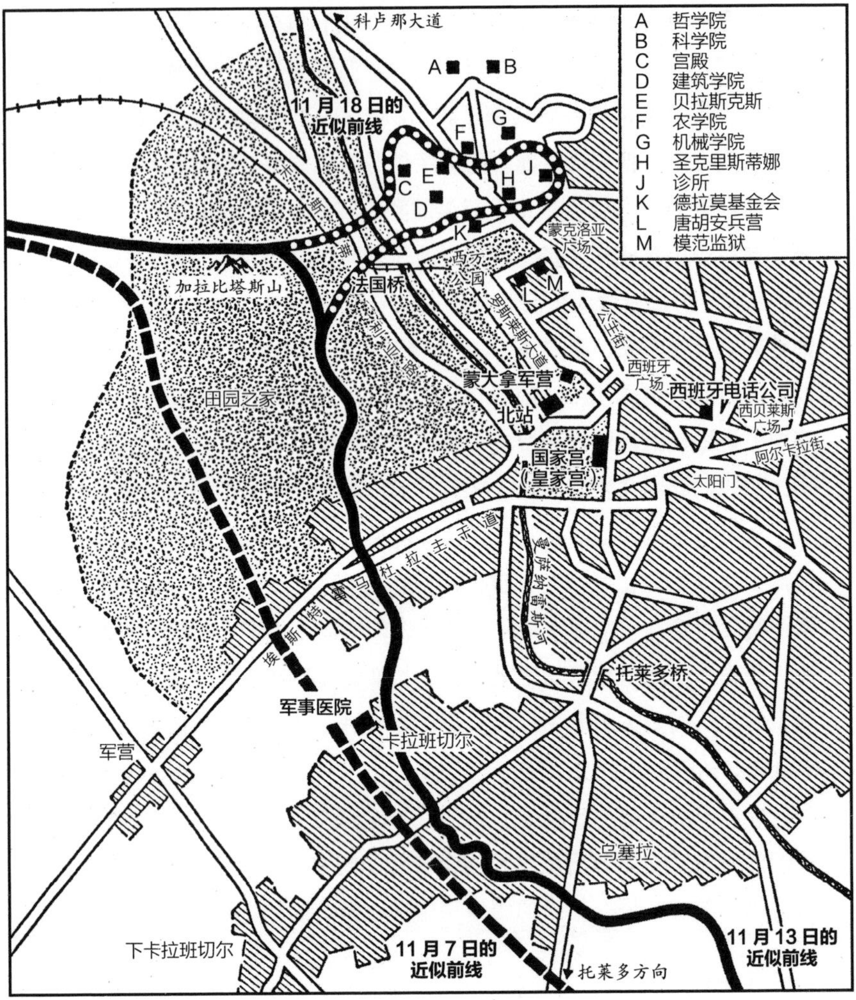

图16　马德里战役，1936年11月

产主义青年团和西班牙共产党。《真理报》的记者科尔佐夫忙于组织和挑选政治委员来推动战争部发展，并出席西班牙共产党中央委员会的会议。戈里耶夫将军和另外几位苏联顾问在他们的行动任务的首领别尔津将军前往巴伦西亚之时牢牢地站稳了脚跟。一股苏联式腔调席卷了共和国的宣传，就像《工人世界》告诉它的读者们那样："努力赶上彼得格勒。"[①]

马德里还成立了一个新的参谋部。由有能力、有学识、有修养，但为人悲观，没有得到广泛拥护的罗霍出任参谋长。他曾参与过阿卡萨城堡被围困期的探访活动。其他许多年轻的参谋（像马塔利亚纳、埃斯特拉达和塞吉斯蒙多·卡萨多·洛佩斯）同样渴望能抓住这次绝佳机遇，从而让自己功成名就。[②]所有指挥官以及当时身处马德里的工会领导人都被召集到战争部。米亚哈对他们以英雄般的口吻发表了讲话。他没有隐瞒局势凶险的事实，并要求另外增加5万名工会成员调往前线。与此同时，参谋长得到幸运之神的眷顾：一辆意大利坦克被摧毁；在这辆坦克内，他们从一名死去的西班牙军官的口袋里找到了恩里克·巴雷拉第二天的战略部署。[③]回到军队当中的指挥官们振奋起来，他们知道，马德里将至少不会在未加抵抗的情况下被攻陷。马德里军政府在战争部举行了第一次会议：一群热情勃发的年轻人像军官们一样，渴望赢得荣誉。然而，在领导他们的位置上是米亚哈坐卧不安的身影，他无疑在感叹自己与他们为伍。[④]（米亚哈）"过于健谈，喜欢涉及奇闻轶事，从一个话题转向另一个话题"，[⑤]很难对他做出客观评价。他富有同情心，沉 463
着冷静，性格温和，并且运气不错；但他缺乏能力，爱慕虚荣。他身材

---

① Barea, p.174；Koltsov, pp.184ff.；Ehrenburg, *Eve of War*, pp.146–147.

② Rojo, p.41. 一份详细的记录见Rojo的*Así fue la defensa de Madrid*（Mexico, 1967）。

③ Rojo, *España heroica*, p.44；Somoza Silva, p.142. "救了马德里的文件"的文本，见Somoza Silva, p.316。

④ Somoza Silva, p.316，记载了这次会议的过程。共产党对马克思主义统一工人党加入军政府使用了否决权，巴伦西亚的马克思主义统一工人党领导人无论做什么都无法改变这一点。社会党领袖曼努埃尔·阿尔巴（Manuel Albar）告诉马德里的马克思主义统一工人党负责人恩里克·罗德里格斯（Enrique Rodriguez）：社会党人对此抱怨过，但"因为苏联援助的重要性"，决定接受此事。胡利安·戈尔金来自巴塞罗那，为马克思主义统一工人党的案子辩解，但毫无结果。

⑤ Azaña的观点（*op.cit.*, p.732）。

矮小，看上去像是一名温文尔雅的方济各会神父。他于7月份在马德里立场上的模糊不清与他在8月份科尔多瓦的表现同样失败。

科尔佐夫显然还是担负了将模范监狱中更为重要的政治罪犯（总人数超过1,000人）运送出马德里的任务。这些政治罪犯几乎全部遭到守卫的屠杀，但官方给出的信息是他们被转移至巴拉哈斯机场几英里外，离村庄哈拉马帕拉库埃略斯不远的“一座新的监狱”。在之后的几天里，在同样荒凉的地方——圣费尔南多德埃纳雷斯（San Fernando de Henares）附近和托雷洪德阿尔多斯（Torrejón de Ardoz），又有许多人遭到处决。这些行为似乎与马德里的共产主义者们有关，其主谋是公共秩序代表塞贡多·塞拉诺·庞塞拉（不是圣地亚哥·卡里略），可能还包括科尔佐夫。苏联的别尔津将军似乎也参与其中。①随后无政府主义者梅尔乔·罗德里格斯（Melchor Rodríguez）受命担任监狱长，试图阻止这种可耻的行为。十分仁慈的罗德里格斯被监狱犯人们称作“红色天使”（Ángel Rojo）。

内阁勉强逃脱了相似的命运。在通往巴伦西亚的公路上，有几位部长被地方无政府主义委员会拦截在了塔兰孔。地方负责人、无政府主义者比利亚努埃瓦之前得到他在马德里的同伴们的指令，要求阻止一切出
464 逃首都的行为。他骂道：“你们这些个懦夫，滚回马德里去算了，最起码把武器留下来。”他们只允许带着来自首都全国劳工联合会的书面指

① Jaime Cervera, *Madrid en Guerra*, p.89，认为从1936年11月7日开始到12月4日之间，处决总数为2,000人。他的分析最准确。他给出了（p.97）在4所有关监狱工作的4名警察的名字，他们都是共产主义者。Jesús Suárez Galíndez, *Los vascos en el Madrid sitiado*（Buenos Aires, 1945）, p.66；*General Cause*, p.236；Koltsov, p.192. G. Izaga, *Los presos de Madrid*（Madrid, 1940）, p.336，书中以一个可怕的民族主义视角进行描述。科尔佐夫将这一命令归咎于“米格尔·马丁内斯”，也就是他本人。佩拉特指责何塞·卡佐拉（vol. II, p.96）。克里斯托弗·兰斯（Christopher Lance）是英国的“西班牙红花侠”，他已经大胆地成功逃脱了几次，并利用苏格兰慈善家资助的救护车作为从马德里到海岸的秘密交通工具，拯救了100多人。兰斯最终被抓获，并被关在不舒服的监狱里数月。他的“故事”见Cecil Phillips, *The Spanish Pimpernel*（London, 1960）；以及Delmer, p.345。

令的人通过。[①]这就是当非洲军团在马德里兵临城下之际，政府部门的腐败堕落。

回到首都，志愿兵对喇叭内传出的激励之语做出响应，集结起来，共同抗敌。他们中的大多数都是来自西班牙其他地区的难民。小册子、演讲和诗中到处都在宣扬：那些不相信会胜利的人们全是懦夫。这更加点燃了骑兵、正规军和民兵队伍的热情。他们严格执行着接到的命令，毫不退缩。水手安东尼奥·科利，因在乌塞拉的郊外单枪匹马摧毁了两辆坦克而声名大噪。[②]在田园之家，本来计划抵达蒙塔纳军营的国家主义者只推进到被称作加拉比塔斯山的高地——那里有绝佳的视野，越过河谷可以俯瞰马德里，同时也是一个大炮的发射点。一直以来，共和国的指挥官们传回来的要么是对更多弹药的请求，要么是他们的兵力已经损失过半的消息。米亚哈不断地回复说援兵已经在路上了，但他的财政部地下指挥部的多数抵抗组织大部分从属于与其办公室相隔不远的苏联将军戈里耶夫。数字究竟多少是一个值得思考的问题：每位将军在历史学家中都有不少朋友，就像在当时他们的同辈人中一样。[③]另一方面，在炮兵指挥部，另一个苏联人沃罗诺夫少校似乎比他的西班牙上司、督 465

① Alvarez del Vayo, *Freedom's Battle*, p.208；Borkenau, p.196；Eduardo de Guzmán, *Madrid rojo y negro*（Buenos Aires, 1939）, p.300.受欢迎的马德里市长佩德罗·里科（Pedro Rico）也被拒绝了。回到马德里后，他在墨西哥大使馆避难。他没有受到那里右翼难民的欢迎，但他现在已无法回到市政厅。他害怕回家。尽管他的腰围很大，但他还是被塞进了胡安·贝尔蒙特的助手“尼罗河（El Nili）”的汽车后备厢，并被送往巴伦西亚。普列托后来获得了担保，他可以逃到法国（*De mi vida*, vol. II, pp.324-326）。普列托本人飞往巴伦西亚。

② Ibarruri, p.334.

③ 戈里耶夫的肖像见Castro Delgado, pp.452-453。Louis Fischer（p.377）书中将他描述为“比任何一个人都更像……马德里的救世主”。参见Ehrenburg（*Eve of War*, pp.146-147）和Barea（pp.289-290）。De la Cierva, *Historia ilustrada*, vol. I, p.492，书中给出了另一个观点，那就是作家们通常会根据自己的喜好在米亚哈和戈里耶夫之间“分配桂冠”。

察长何塞·路易斯·富恩特斯更能聚集人心。①

在这个关键的时刻，国际旅的先头部队沿着格兰大道奔向了前线。其中打头阵的是一支由德国人和包括诗人约翰·康福德在内的一队英国机枪手组成的队伍。这支队伍起初以其领导者——前普鲁士军官、如今的共产主义者汉斯·卡勒的名字命名，但后来又改称为埃德加·安德烈营，这个名字是为了纪念于比利时出生的一名德国共产主义者，他在11月4日被纳粹处决。

其次是由法国人和比利时人组成的巴黎公社营，领导他们的是法国前正规军军官朱尔斯·杜蒙。一直以来信奉共产主义的他曾身处阿比西尼亚，并因关于该主题的演讲而被人熟知。②皮埃尔·雷比埃担当了政治委员的角色。第三支部队主要由近期生活在法国或比利时的社会主义者和信奉共产主义的波兰矿工组成的东布罗夫斯基营，领导他们的是波兰人博莱斯拉夫·乌兰诺夫斯基。这三支队伍中都包含有在阿拉贡地区和塔霍河谷的战斗中幸存下来的部分德国人、法国人和波兰人。整个旅（之所以被称作“第十一旅”是因为共和军内当时已经建立了另外十个新晋“混成旅”）由匈牙利人“克莱贝尔来进行指挥”。在抵达马德里之前经过拉曼恰的时候，农民们对他们大喊“留下来”和“你好”，他们则大声回复道“红色前线”和“到处都是苏联人”。如今，这些看上去纪律严明的人，身着灯芯绒军装，头戴铁制头盔，后面跟着两支法国骑兵中队，给本以为首都会失守的马德里当地人留下了极为深刻的印象。许多人认为苏联终于出手了。随后格兰大道的各家阳台上响起了

---

① 富恩特斯一开始拒绝见沃罗诺夫，说他不懂西班牙语，所以不能参加。拉尔戈·卡瓦列罗后来给沃罗诺夫留下了同样糟糕的印象，因为卡瓦列罗说共和制的西班牙不需要外国武器（*Bajo la bandera*, p.67）。沃罗诺夫表示，正是他坚持将共和国炮兵总部迁至西班牙电话大楼（pp.80–81），并抗议炮兵在阵地上总是花两个小时的时间吃午饭。

② 他被称为“柯达”上校，因为他喜欢拍照。20年前，杜蒙和“汉斯”在西线的德法军队相互对峙。

“苏联万岁”的呼喊声。

11月8日夜晚，第十一旅准备就绪。[①]埃德加·安德烈营和巴黎公社营两支部队被派往田园之家。东布罗夫斯基营前往比利亚韦德与利斯特和第五军团会合。 466

有一种说法是国际旅拯救了马德里。英国大使亨利·奇尔顿爵士甚至向他的美国同僚保证“守卫马德里的军队中根本没有西班牙人”[②]。然而，第十一国际旅只有将近1,900人。[③]于11月13日抵达马德里前线的第十二国际旅有大概1,550人。[④]单从人员数量上来看，这些部队的规模无法扭转局势。此外，在国际旅到达前的11月7日，共和军挫败了恩里克·巴雷拉的进攻。加兰和罗梅罗两位上校率领第三和第四混成旅阻止了叛军渡过曼萨纳雷斯河（先前的骑兵部队在第三旅中扮演了重要的角色）。然而，国际旅的勇敢和丰富经验在之后的几场战斗中发挥了至关重要的作用。国际旅作为榜样点燃了首都民众的热情，让他们感受到自己没有被抛弃。11月8日夜晚，共和国代表、通信部副部长费尔南多·巴莱拉发表了具有一定实际意义的讲话，他在马德里电台中宣称：

> 马德里是区分自由和奴役的边界。在马德里，两个不相融合的文明进行着他们伟大的斗争：爱对抗着仇恨，和平对抗着战火，基督的博爱对抗着教会的独裁……这就是马德里。它在

---

① “11月8日黎明时分，我前往塞拉，在费拉兹街看到第一国际纵队的一个营”（Tagüeña, p.140）。罗霍将军的声明如此奇怪（*Así fue*, p.69），这些部队直到11月12日才参加战斗。这种扭曲的讨论，见R. Salas, vol. I, p.584。另见聂鲁达的诗开端“*Una mañana de un mes frío*”, in *Tercera Residencia*（Buenos Aires, 1961）。

② *USD*, 1936, vol. II, p.603.

③ Cox, p.144；Fischer, p.373. Cf. Castells, p.100f.

④ Fischer, *loc.cit*. For Fischer, see Radosh, pp.107–120.

为西班牙而战，为人类而战，为公平而战，它用由鲜血组成的披风保护着全人类！马德里！马德里！[1]

467 然而，许多国家从派驻在格兰大道或佛罗里达酒店的知名记者，如塞夫顿·德尔默、亨利·巴克利以及文森特·希恩那里得知，马德里即将沦陷。

11月9日，兵败田园之家的恩里克·巴雷拉在卡拉班切尔防御地区发起了新一轮进攻，这次他没有进行佯攻，但摩洛哥人被巷战搞得晕头转向，无法前进。在荒凉地区或在开放的郊区，他们是优秀的战士，但在陌生的城市内，他们随机应变的能力还不够。对于对战方也是如此：事实上，照目前看来，共和国很可能因为在城市内居住的民兵对于农村地区太不熟悉而失败。此外，共和军在马德里拥有60门大炮，并且对于亚历杭德罗·萨马罗少校和他的苏联顾问沃罗诺夫少校，电话大楼是绝佳的观测地点，因此大炮的射击非常精准。[2]在田园之家，克莱贝尔召集国际旅，在雾气蒙蒙的夜晚，发动了一次进攻。“为了革命和自由——向前冲！”[3]在冬青树树林中，战斗彻夜进行，一直持续到11月10日的上午。当日，国家主义者只攻下了田园之家中的加拉比塔斯山，但第一国际旅的兵力损失了三分之一。恩里克·巴雷拉放弃了穿过田园之家向马德里发动正面进攻的计划，然而在卡拉班切尔，惨烈的战斗还在持续，老旧的军事医院内上演着肉搏战。从战斗开始，对首都轰炸的频率不时有所上升。由于纵火被当作营造恐慌的最佳手段，因此飞机在轰炸中特别投掷了燃烧弹。与此同时，政府的轰炸机于11日在阿维拉机场成功摧毁了一部分停在地面上的容克飞机和海因克尔飞机，这些飞机隶属于埃

① Somoza Silva, p.183. 这位巴伦西亚人将在20世纪70年代成为流亡巴黎的西班牙共和国总理。

② Voronov, in *Bajo la bandera*, p.256.

③ Malraux, p.322.

伯哈德上尉率领的飞行中队。①

11月12日，敌军在卡拉班切尔的久攻不退，使戈里耶夫、罗霍和米亚哈确信下一轮进攻将会针对马德里通向巴伦西亚的公路。他们向该前线防御地区派出了新组建的第十二国际旅，其中包括分别由德国人、“法国-比利时人”和意大利人组成的台尔曼营、安德烈·马蒂营以及加里波第营。指挥这个旅的是卢卡奇将军（化名），他实际上是匈牙利小说家马塔·扎尔卡。与克莱贝尔相似，他曾在一战中为奥地利军队效力，被苏联俘虏以后加入红军，如今的他参与革命的时间比曾经写作的时间还长。巴托夫上校担任了他的苏联军事顾问。与齐格弗里德（又称“齐格飞”，《尼伯龙根之歌》中的屠龙者）的外表一样出众、才华横溢的德国共产主义作家古斯塔夫·雷格勒成了该旅的政治委员，而最开始担任这一职务的是意大利共产主义者隆戈。卢卡奇还有两名来自保加利亚的参谋，他们分别是卢卡诺夫（“贝洛夫”）和科佐夫斯基（“彼得罗夫”）。②在第十二国际旅中，由德国人组成的台尔曼营由小说家路德维希·雷恩指挥，他根据自己在第一次世界大战中的亲身经历写成的反战小说《战争》让他声名大噪。曾经当过议员的巴伐利亚共产主义者汉斯·贝姆勒担任雷恩的政治委员。有18名英国人从属于这支队伍，其中包括温斯顿·丘吉尔的一个信奉无政府主义的侄子埃斯蒙德·罗米利（Esmond Romilly）。由意大利人组成的加里波第营由共和主义者伦道夫·帕恰尔迪指挥。③曾经与墨索里 468

---

① Jesús Salas, p.133. 卡夫特·埃伯哈德（Kraft Eberhard）中尉是第一个在西班牙战死的德国军官。

② 卡洛·卢卡诺夫参加了第一次世界大战，1919年加入共产党，1923年逃到奥地利，在保加利亚待了一段时间后回到苏联。1945年后，他担任保加利亚副总理（1952—1953年），后来担任外交部长。关于这个旅，参见Batov in *Bajo la bandera*, p.228。

③ 帕恰尔迪是意大利共和党的一名成员，来自托斯卡纳的马雷玛，是参加过第一次世界大战和1920—1922年间几次反法西斯战斗的老兵。自1926年以来，他一直流亡在法国和瑞士。在他被提名为加里波第营指挥官之前，他与共产主义者进行了长时间的讨论，并于10月27日签署了最终协议，帕恰尔迪同意让来自比埃拉（Biella）的共产主义者安东尼奥·罗西奥（Antonio Roasio）担任政委。

尼共事的社会主义者彼得罗·南尼担任过一段时间的连长。当时总共有17个不同国家的代表。

这支武装力量尽管人才济济，但与第十一国际旅相比，战争准备还不够。杀进战场后，语言问题阻碍了发号施令，这个旅的指挥陷入了一片混乱。（卢卡奇在对外国语言的了解和领导能力上比不上克莱贝尔。）这支旅在战斗的时候意志消沉。炮兵的支援未见成效，有的连队无所适从，苏联坦克部队再一次失去了与步兵保持充分协调的机会。战斗持续了一整天，但被当作进攻目标的天使之山久久未能攻破，这座山在地理位置上位于西
469 班牙的中心。反攻失败了。苏联在11月13日发动的大规模空袭同样没有成功地将飞行速度更慢的叛军飞机驱逐出去。[①]

此时，杜鲁蒂率领着由4,000名无政府主义志愿兵组成的第十二国际旅赶到马德里，费德里卡·蒙塞尼说服他们离开了阿拉贡。[②]费德里卡·蒙塞尼和司法部长加西亚·奥利弗都希望在前线建立一个可以独立操控的防御地区，并同时希望得到更多武器。这两项要求得到勉强答应，但费德里卡·蒙塞尼得到的步枪还是苏联在自由军火市场上购买的瑞士1886式步枪。米亚哈同意派这群无政府主义者赶往田园之家进行火力支援。于是，杜鲁蒂受命于11月15日发起进攻，并得到了共和国所有大炮和飞机的支援。发给他的命令含糊不清，但表明了要对敌人发动正面进攻。另一名无政府主义领导者认为“这样做是愚蠢的，他们是想用一场失败来让我们蒙羞……共产主义者不可能让杜鲁蒂成为首都的救星”[③]。不管怎

① 这是一场著名的战斗，是1936年最激烈的一场空战，14架菲亚特飞机与13架“塌鼻子”飞机在罗萨莱斯大道上空交战，并击落了几架敌机。一名苏联飞行员在跳伞到马德里时被错误地当成了德国人以私刑处死。

② 杜鲁蒂一直不愿意走。见Paz, pp.418, 422, for numbers。

③ 见Cipriano Mera, *Guerra, exilio y cárcel de un anarcosindicalista*（Paris, 1976）, p.86。杜鲁蒂被分配了一名苏联“顾问”，被称为“桑蒂”，他的真名是Mamsurov Jadji-Umar，一个“高加索人”、未来的苏联将军。他们之间关系紧张。鉴于随后共产党对前线无政府主义者的行为，Mera的评论很可能是正确的。关于桑蒂角色的推测，见Eduardo Comin Colomer, *El comisariado politico*（Madrid, 1937）, p.96。

样，当战斗打响时，摩洛哥人的机枪——当然，他们从未见识到过——吓得无政府主义者不敢应战。暴跳如雷的杜鲁蒂下令必须在第二天发动新一轮进攻。恩里克·巴雷拉在德国“秃鹰军团”的第一次掩护下，抓住这个时机再次向前推进。[1]阿森西奥纵队的先锋部队三次冲向曼萨纳雷斯河，三次全被击退。最终，阿森西奥在位于蒙克洛亚宫下方的河边得到一处落脚点。经过一轮疯狂的大炮轰击和空中轰炸后，两个摩洛哥营和外籍军团的一个步兵连强行渡河。他们发现前方的纵队（由加泰罗尼亚社会主义者组成的自由纵队）已经撤退，而且没有人顶替他们的位置。国家主义者通 470
向大学城的道路几乎畅通无阻。他们很快翻过了山。建筑学院和其他邻近建筑被攻占。第十一国际旅从田园之家被派去保护哲学与文学馆。但有越来越多非洲军团的士兵以及来自德尔加多·塞拉诺和巴龙纵队的士兵越过曼萨纳雷斯河。[2]

在大学城爆发了一场激烈的战斗。可怕的乱局当中夹杂着各种语言的嘈杂声，频频响起用多种语言唱出的《国际歌》以及国民军与共和军相互的对骂。德国共产主义者高唱的进行曲为实验室和文学馆正在倒塌的砖墙带来了一种德意志民族特有的悲壮。无政府主义者与国际旅的士兵情同手足。黑暗中低沉的指令声发向前来保卫一座未曾见过的城市的士兵们：“台尔曼营，做好准备！”“安德烈·马蒂营，快撤退！”“加里波第营，向前进！”[3]在数小时的炮轰和飞机轰炸中，双方都没有退让，之后，他们在分割的房间里或楼层里展开了肉搏战。在仍未建成的临床医院，台尔曼营放进电梯里的炸弹在隔层的摩洛哥人面前爆炸；在这栋大楼里，摩洛哥人由于吃了出于实验目的而被注射了预防针剂的动物而元气大伤。交战双方都表现出十足的勇气。东布罗夫斯基营中一个由波兰人组成的连队在法国学

① “秃鹰军团”也在这一天轰炸了卡塔赫纳，这是苏联补给通常进出的港口。

② Koltsov, p.233.

③ Gustav Regler, *The Great Crusade*, translated by Whittaker Chambers（!）（New York,1940）, p.4.

院的委拉斯开兹的故居内血拼到最后一人。一个由摩洛哥人组成的前进护卫队再次在蒙克洛亚广场击退了杜鲁蒂领导的无政府主义者，这里是马德里区域内最靠外的一个广场，这支部队开始沿着公主街一路杀向前方。一部分人甚至径直通过罗萨莱斯大道抵达西班牙广场。所有人最终都被杀。然而，谣言“摩尔人在西班牙广场”并不十分可靠。米亚哈为了重振民兵们的士气冲到战斗前线。“懦夫！”他大喊，“死在你们的战壕里吧！与你们的米亚哈将军死在一起！”①

11月19日，战斗正酣之际，在模范监狱的战线上，杜鲁蒂受了重
471 伤。第二天他死在了为加泰罗尼亚民兵队伍改造成医院的里茨酒店。据说他的死因是中了一枚来自大学城的流弹，也可能是他在下车时被自己的步枪误伤。还有传言说他死于他自己的一个“不听管”的手下，这个人对入驻政府的无政府主义新政（自8月起，杜鲁蒂一直在提倡“无纪律的纪律”）怀恨在心，但没有证据证明其真实性。②巴塞罗那为杜鲁蒂举行了盛大的葬礼。8—100人宽的游行队伍在巴塞罗那最宽广的街道对角大道上行进了一整天。到了夜晚，有20万人发誓要坚守这位死去的人的信念。然而，时年40岁的杜鲁蒂的死标志着西班牙无政府主义时期的终结。一名无政府主义诗人声称，活着的杜鲁蒂会用他的崇高造就“一大批杜鲁蒂”来追随他。他的想法是错误的。

与此同时，佛朗哥尝试通过轰炸来迫使马德里投降，他似乎曾在葡萄牙记者面前表示过，即便是摧毁马德里，也不能把马德里留给“马克思主义者们”。刚投入战斗的“秃鹰军团”的德国军官们想要见识一下，面对

① Antonio López Fernández, *Defensa de Madrid*（Mexico, 1945）, p.175.

② Peirats, vol. I, pp.245–246. 多重可能性被总结于 Juan Llarch, *La muerte de Durruti*（Barcelona, 1973）。对于多种版本的冷静总结，见 Jaume Miravitlles, *Episodis de la guerra civil espanyola*（Barcelona, 1972）；以及 in Paz, p.497, where the anonymous reviewer of James Joll's *The Anarchists* in *The Times Literary Supplement*, 24 December 1964, is taken to task。亦可参考 Angel Maroto, *Actualidad Española*（December, 1971）。

试图让城市内挨个地区都燃起火焰的周密的进攻部署，平民们会有什么样的反应。轰炸目标还包括像电话大楼和战争部这样在倒塌后会造成巨大破坏的建筑。空袭的同时，还伴随着从加拉比塔斯山发起的燃烧弹的炮击。从11月19日起，一直到11月22日，尤其是在夜间，萨伏亚81s和容克52s轰炸机持续进行轰炸，有将近150人丧生。[1]当时，历史上还没有哪座城市经受过如此的考验——但几年以后，伦敦、汉堡、东京和列宁格勒（圣彼得堡）都遭到类似的轰炸——就像当时马德里的广播评论员们不加掩饰预示的那样。苏联战斗机无法在夜间维持有效反击。然而，空袭并没有在战略和心理上产生什么作用，这是因为，就像后来被人熟知的“航空心理战” 472
那样，相比于恐惧，轰炸更容易激发出仇恨。只有近百座房屋被摧毁，电话大楼并未遭到破坏。阿尔瓦公爵的城市住宅——百合宫被炸弹击中，但民兵们成功地转移了里面多数的艺术佳作。[2]《巴黎之夜》的记者路易斯·德拉普雷在他的日记中像末世预言般地写道：“噢，古老的欧洲，总是布满着你可恶的争斗和置于死地的阴谋，愿上帝保佑你不会被鲜血呛死。”[3]（在一次空袭中，他身负重伤。几天后，在乘坐回国的飞机时，他抱怨他的编辑没有把他最能引起轰动的新闻报道发布出来。[4]）

在大学城进行的战斗一直持续到11月23日。此时，这一地区已有四分之三落入了莫拉的手中。临床医院、圣克里斯蒂娜医院和卫生与癌症研究所是他深入得最远的地方。他在向蒙克洛亚广场行进的过程中遭到哲学与文学馆防御部队的持续抵抗。如今，两支几乎精疲力竭的军队都开始深挖战壕和建造防御工事。国家主义者已经意识到往马德里再前

---

① J. Salas, *op.cit.*

② 1937年，大英博物馆前馆长凯尼恩（F.Kenyon）爵士和华莱士收藏馆馆长詹姆斯·曼恩（James Mann）访问了共和主义西班牙地区，报告说普拉多的艺术珍品保存得很好。

③ Delaprée, p.14.

④ 德拉普雷的飞机可能遭到共和国飞机的袭击。几天后，德拉普雷在瓜达拉哈拉医院去世。德尔默表示，这架飞机是被共和军击落的，因为他们的反间谍行动希望杀死一名有嫌疑的叛军特工，红十字会的亨利博士也在飞机上。

进一步将遭受巨大损失。共和军也清楚要击退他们的敌人同样十分困难。小心且适当进行远距离轰炸袭击的苏联飞机，有效地为共和国一方提供了全方位的保护。11月23日，佛朗哥在莱加内斯主持了一场由国家主义指挥官参加的会议。此次会议气氛凝重。叛军的将军们商定他们应该撤回对马德里的正面攻击。下一轮进攻将试着采取包围策略，因此，莫拉在格兰大道的研磨咖啡馆享用咖啡的美梦要落空了。①

473 在马德里的这些著名战斗中，死亡人数一直富有争议。尽管死亡人数可能比推测出的要少，但鉴于双方参战的人数是3万—4万人，双方总共的伤亡人数大概是1万人。②

虽然只有部分城区被包围，但如今的马德里陷入了所谓的被围困的状态。莫拉所称的“第五纵队”持续遭到各种打击，尤其是针对那些被怀疑在夜晚乘坐“来路不明的汽车”进行纵火的人——这一破坏计划出自医学院的长枪党头目伊格纳西奥·阿雷瓦洛（Ignacio Arevalo），他于不久后被杀。一天夜晚，在位于费尔南多·埃尔桑托大街的芬兰大使馆内，敲门的警察被拒之门外。有个人从门里开了枪（有一名警察被打中）。最终，安全局局长、年轻的共产主义者塞拉诺·庞塞拉和哪里有事到哪里的科尔佐夫带领警察破门而入，他们在里面发现了525名西班牙资产阶级分子。除了一名西班牙雇工，大使馆的官员们已全部离开，前往巴伦西亚。③另外一起在入冬时发生的标志性事件是比利时专员德博什格拉夫男爵遇刺案。他曾说服他的几名在国际旅的同胞逃离战争。一天晚上，他和另外两个人的尸体在马德里城外被发现。④当时，马德里几乎所有大使馆的人员都被转移

---

① “咖啡凉了，他还没有进入马德里。”

② R. Salas Larrazábal, vol. I, p.625，给出了266人死亡、6,029人受伤的非常低的数字。他可能没有找到更多死亡的书面证据，但这个数字可能更高。

③ Koltsov, pp.261–262. 此后，在暹罗国旗下开设了一个假大使馆，目的是吸引秘密的民族主义者。一些人（显然只有6个人）来寻求庇护。他们的谈话被监听，后来被谋杀。

④ 他似乎因间谍活动而被战争部的特别服务旅的无政府主义成员谋杀，当时特别服务旅由无政府主义者曼努埃尔·萨尔加多（Manuel Salgado）管理（Cervera, p.230; *General Cause*, pp.162–163）。

去了巴伦西亚，美国大使馆的一名人员是他们当中最后一个离开的。然而，外交形势一直很微妙，正当逗留在圣让德卢兹的大使们觉得这个夏季无限漫长时，一少部分官员却在马德里一直照管着右翼难民。

12月13日，国家主义者们试图继续推进于10天前展开的试探式进攻，其目的是阻断位于瓜达拉马山脉的共和军，并最终从北方包围马德里。[①]在战斗的过程中，为了到达距埃斯科里亚尔不远的马德里-科卢那 474
公路，国家主义者们进行了激烈战斗。这次战斗由奥尔加斯指挥，他刚刚受命顶替了莫拉的位置，成了马德里战线的最高指挥官。恩里克·巴雷拉负责指挥阵地作战。他手下集结了18,000名步兵和骑兵，这些士兵分别组成了由加西亚·埃斯卡梅斯、巴龙、萨恩斯·德布鲁亚加和莫拉斯代里奥带领的4个机动旅。[②]与往常一样，战斗开始时，国家主义者率先实行疯狂炮轰。12月14日，国家主义者从位于卡斯蒂利亚平原上的一个孤独的市镇开始推进，这里由一个小修道院控制。当日夜晚，该市镇被攻破。这里的共和国防御部队由许多不同种类的部队组成， 475
他们的领导者是共和国军官巴尔塞洛少校。与许多其他正规军士兵一样，巴尔塞洛由于被共产党的纪律折服而加入了共产党。帕夫洛夫将军率领一支苏联坦克部队投入战场，他刚受命从克里沃申手中接过由苏联运到西班牙的坦克以及两个国际旅的指挥权（从属于台尔曼营、巴黎公社营以及康福德和罗米利部队的两个英国志愿军团体在通往博

---

① 在这场交战开始时，德国政委汉斯·贝姆勒被杀，尽管有时也有人声称，他可能并没有被战友清算。见Gustav Regler, *Owl of Minerva*（London, 1959）, p.286，其中详细描述了他的死亡。谋杀理论在Martínez Amutio, p.240f中重新提出。有人直言不讳地说，贝姆勒因与莫斯科的分歧而被杀，国际纵队的9名成员在阿尔瓦塞特附近被杀，以掩盖他的死亡。1928年，贝姆勒被弗兰茨·达勒姆（Franz Dahlem）取代，后者是德国国会的一名共产主义代表，也是台尔曼被捕后的德国共产主义领导人，维克托·谢尔盖（Victor Serge）将其描述为“没有个性的劳动者，毫无疑问的激进分子……共产主义军士”（Serge, *Memoirs*, p.162）。

② López Muñiz, p.56.

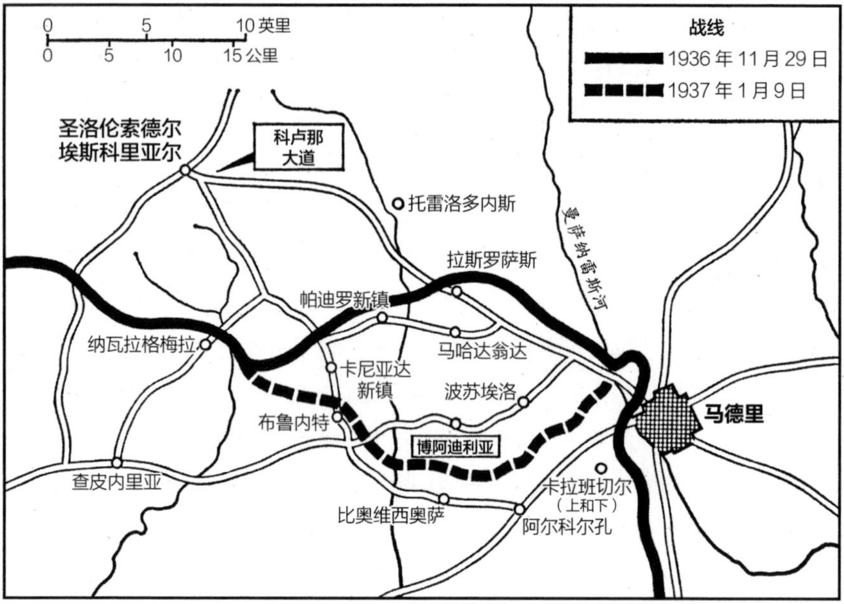

图17　博阿迪利亚和科卢那路的战役，1936年11月

阿迪利亚的公路上的冬青树下进行了首次会面）。东布罗夫斯基营和台尔曼营挺进了国家主义者撤出的博阿迪利亚。之后，国家主义者包围了他们。一场恶斗接踵而至，双方损失惨重。东布罗夫斯基营和台尔曼营共有78人死在了这座城镇。台尔曼营第一连中10名英国成员只活下来2个人。[①]另一场激烈的肉搏战发生在附近的苏卡公爵城堡，守卫城堡的共和国国民警卫队最终留下100具尸体后撤离。这场战斗过后，只攻取博阿迪利亚和向北5英里外的卡尼亚达新镇的国家主义者们收回了他们的攻势。

① 在之前的两次行动中，在马德里东南部和大学城，有8人（最初的18人中）被杀。其中一名幸存者是埃斯蒙德·罗米利，他很快回到了英国，却在不列颠战役中作为轰炸机飞行员阵亡。罗米利的*Boadilla*（reprinted London, 1971）是对这场战斗的一个启发性描述。

没等这几场战斗结束，共和国在科尔多瓦战线发动的进攻就以失败而告终。马丁内斯·蒙赫将军刚刚组建了一支南方共和国军，由苏联人梅列茨科夫担任顾问，指挥的纵队转变为混成旅。国家主义者的小幅度推进已经开始，共和军判断予以有力反击是明智的。这场战斗诞生了那份著名的公报：“一天中，（我们）继续前进的同时没有丢掉任何一寸领土。”此时，国际旅中英国志愿兵的人数已经足以组成一个纯粹的英国“第一连”，这 476
145名士兵如今从属于由波兰人“沃尔特”（什夫泽夫斯基）将军指挥的第十四国际旅中的法国马赛曲营。①统领这些英国撒克逊人的正是曾在卫兵旅中短暂担任过军官的乔治·内森上尉，他曾在一战期间荣升为连队军士长。他在西班牙担任领导者的职务可谓名副其实——足智多谋，像狮子一样勇敢，并且广受爱戴。②这支英国连中有一个小队由爱尔兰人组成，据说这些爱尔兰人全部曾“在爱尔兰参与过军事行动”。他们英勇的领导者弗兰克·瑞安（Frank Ryan）自1918年以来一直是爱尔兰共和军中的极端分子。③这个连于平安夜乘火车赶往安度哈前线。在12月28日和29日，同旅的剩余部队在战斗中没能攻占小村庄洛佩拉。连政治委员、共产主义诗人拉尔夫·福克斯也在这场战斗中死去。④另外一位著名的英国诗人约

---

① 第十三国际旅也已组建，并在特鲁埃尔之前成立。它主要由东欧人组成。它的指挥官是一名德国共产主义者威廉·扎伊瑟（Wilhelm Zaisser），被称为“戈麦斯将军”（General Gómez），它的政治委员是一个波兰人（费利，Ferry），另一名德国人阿尔伯特·辛德勒（Albert Schindler）担任参谋长。

② 内森20年代初曾在爱尔兰居住。他似乎是黑与棕组织的成员，也是所谓的都柏林城堡谋杀团伙的成员。因此，他后来被认定是1921年3月杀害利默里克市市长和前市长（乔治·克兰西和乔治·奥卡拉汉）的凶手（见Richard Bennett's article in the *New Statesman*, 24 March 1961）。

③ Marcel Acier（ed.）, *From Spanish Trenches*（New York, 1937）, p.113.关于瑞安，见J. Bowyer Bell, *The Secret Army*（London, 1970）, p.189。

④ 福克斯去世时36岁。他出版了一本回忆录，哈里·波利特（Harry Pollitt）在导言中声称，拜伦是福克斯为外国事业而死的先导者（见Fox, p.6）。此刻，拜伦似乎才是波利特的心中偶像。在敦促另一名诗人斯蒂芬·斯彭德为了能够帮助西班牙而要加入共产党这件事上，他建议斯蒂芬，表示能帮助该党的最好方式是“去死吧，同志，运动中我们需要一个拜伦”。

翰·康福德在他21岁生日的前一天也牺牲了。①同样死于这场战斗中的还有凯波·德利亚诺的副官、斗牛士出身的长枪党人，如今的纵队指挥官“阿尔加瓦人”佩佩。他死得和生前一样，充满暴力。他曾坦诚地说：“我们杀害了许多人，这不假，但最后他们还有可以坦白的机会，只是他们没有坦白。你可以看出差别所在。”②这场战斗结束后，叛军占领了将近1,000平方英里（约2,590平方公里）肥沃的土地，包括
477 几座市镇以及位于卡皮奥的水电站。与往常一样，共和军在撤退时枪毙了所有他们认为支持右翼的囚犯，尤其是在蒙托罗。

这次战斗失败后，安德烈·马蒂出现在沃尔特将军的指挥部，马赛曲营的指挥官加斯东·德拉萨勒少校被指控为从事间谍工作的国家主义者，经过审判后被执行枪决。这位少校在临死之前大喊冤枉，并诅咒马蒂，他还乞求控告他的战争委员会主席阿尔萨斯人普茨上校出面干涉。其实，即使德拉萨勒有可能为某人担任间谍，那大概也是为法国政府效力，而非为佛朗哥。③

---

① 关于他死亡的记录，见Stansky and Abrahams, p.384f。

② Moreno, p.303.

③ 见Tom Wintringham, *English Captain*（London, 1939）, pp.83-86。然而，根据不那么可靠的José Esteban Vilaró（*op.cit.*, p.123）透露，1919年德拉萨勒曾是敖德萨第二局的一名成员，并在那里的第一次革命策划中欺骗了马蒂。马蒂的评论见the French Senate in March 1939, quoted by Pike, pp.197-199。德拉萨勒受到政委、共产党人安德烈·赫斯勒（André Heussler）的谴责，赫斯勒本人在抵抗运动期间被自己的同志以叛国罪处决。见Delperrie and Castells, pp.132, 163f，其中有这个事件的详细记录。马蒂对间谍有执念，但确实有一些这样的人。例如，亨利·杜普雷（Henri Dupré）讲述他如何欺骗马蒂，让马蒂给了他一个信任的职位，而事实上，杜普雷是一个西班牙三色军团（“Légion Tricolore” en Espagne）的蒙面党徒（Cagoulard）（Paris, 1942）。1951年，杜普雷作为通敌者在法国被枪杀。此外还有其他间谍：列昂·纳维奇（Leon Narvich）在国际纵队中自称是苏联人，是斯大林和苏联清洗运动的对手，是内务人民委员部的挑衅者。他于1939年被他在巴塞罗那背叛的人的朋友谋杀。

一

圣诞节过后，国家主义者们为了切断马德里-科卢那公路发起了新一轮攻势。在博阿迪利亚进行战斗的纵队得到了应征部队和长枪党的支援，这些支援部队曾在卡塞雷斯接受过德国军官的训练。他们面对的是一个由共和军在马德里阵线重组的军团（由米亚哈指挥），其下属有5支部队，分别由尼诺·纳内蒂（来到巴塞罗那的一名意大利共产主义者，他曾于8月份在韦斯卡统领过由加泰罗尼亚青年组成的一个营）、莫德斯托（非洲的西班牙共产主义前战士以及第五军团的组织者）、佩雷亚和普拉达两位正规军上校以及何塞·玛利亚·加兰指挥。国家主义者面临的主要进攻压力来自莫德斯托的部队，这支部队包括由埃尔·坎佩西诺、路易斯·巴尔塞洛、西普里亚诺·梅拉和古斯塔沃·杜兰领导的新混成旅。梅拉是从战争当中成长起来的一名著名无政府主义指挥官，杜兰曾经是一名作曲家——多数是为电影谱曲——他成为一名指挥官，并在圣 478
诞节前担任了克莱贝尔的参谋长。[1]战斗于1月3日正式打响。巴龙率军从卡尼亚达新镇出发，沿着公路向前推进，并于1月4日抵达了位于马德里-埃斯科里亚尔铁路上拉斯罗萨斯的第一批住宅。在右路，加西亚·埃斯卡梅斯和萨恩斯·德布鲁亚加在波苏埃洛遭遇顽强抵抗。由于这一地区为数众多的夏日别墅为守军提供了良好的掩护，因此战线推进

① 毛里西奥·阿姆斯特（Mauricio Amster）是一名波兰志愿者，当时是一名共产主义者，他告诉我（1971年在智利），克莱贝尔派人来找他，告诉他需要一名幕僚长，并问他3个问题：你的父亲来自中产阶级吗？你曾经是个社会民主党人吗？年轻时想当牧师吗？对于前两个问题，阿姆斯特的回答是肯定的。最后一个，他不得不回答“不”。他没有得到这份工作。几年后，在当时流亡的智利圣地亚哥，他与当时的联合国官员杜兰（Durán）交谈，并向他讲述了这个故事。杜兰告诉他，他也曾与克莱贝尔进行过对话，但他对所有问题都回答了“是”。这便是“贝尔”的人生中职业生涯的开端。内战前几周，杜兰曾是“机动队”（“la Motorizada”）（与普列托有关的社会主义青年运动的机动化部分）的领军人物。

缓慢。为了增援，克莱贝尔将巴黎公社营派往波苏埃洛，将埃德加·安德烈营和台尔曼营派往拉斯罗萨斯。1月5日，由于浓雾天气而停战一天后，国家主义者发起了新一轮攻势。坦克和移动火炮在向前推进前先进行轰炸，之后先掀起两波步兵攻势，然后出动更多的坦克。共和军战线四处溃败。国家主义一方的那些德国军官们对这种闪电式打法偏爱有加，他们以无情的客观态度，继续把西班牙当作“欧洲的奥尔德肖特”。

不久前，在波苏埃洛，6辆装有以德国莱茵金属公司的设计为原型的37毫米火炮的苏联装甲车致使25辆德国梅赛德斯轻型坦克报废——这导致德国的武装制造进行了大量修改。①现在，巴尔塞洛、埃尔·坎佩西诺和西普里亚诺·梅拉率领的旅互相之间失去了联系，并且弹药也已耗尽。总指挥米亚哈被迫向前线发射空包弹，因为他推测听到枪
479 响的人将会继续防守。为了防止士兵躲在战壕里停止不前，他甚至还上演了一场假装处决逃兵的戏码。灾难逼近的意味使利斯特带领的旅从马德里调出，并让拉尔戈·卡瓦列罗同意从科尔多瓦派出第十四国际旅。

然而，国家主义军队并没有停止向前推进的步伐。奥尔加斯率领他的纵队抵达了拉斯罗萨斯的主干道，并穿过了波苏埃洛（尽管该市镇没有被攻破）。但是，国际旅的机枪让奥尔加斯的纵队遭受重创。1月6日，台尔曼营被派往拉斯罗萨斯进行全力抵抗，并且不准其后退半步。之后该命令得以修正，但由于当时整个营被包围，因此信息无法传达。面对坦克、飞机和步兵的攻击，台尔曼营一整天都在坚守阵地。摩尔人——在国家主义进攻大军中可能还有许多摩洛哥人——攻击了他们的几个战

① Tagüeña, p.142. 苏联的成功是由穿甲弹取得的，德国也很快采用了穿甲弹。在1月5日被杀的人中，吉多·皮切利（Guido Picelli）是一名意大利社会主义者，在1922年曾是帕尔马日（giornata di Parma）的英雄，他是两家公司的负责人。见Spriano, p.135，他也被共产党警察杀死，见Paz, p.520，以及Julián Gorkin, *El proceso de Moscú en Barcelona*（Barcelona, 1974）, p.54。

壕，并将留在战壕里的伤员用刺刀刺死。然而，德国人并没有就此罢休。第二天，克莱贝尔向队伍下达了向前挺进的新令。幸存者们不情愿地回复："不可能了。台尔曼营已经被消灭。"[1]台尔曼营第一连的连长沃尔特[2]在这场战斗中遭遇了一次恐怖的经历，他曾偶然碰到一具"秃鹰军团"飞行员的尸体，这个飞行员曾与他在同一个飞行中队中服役。[3]

1月9日，国家主义者们以惨痛的代价攻占了从位于铁门的马德里最后一批住宅到拉斯罗萨斯之间长达7英里的改建公路。1月10日，第十四和第十二国际旅抵达了马德里，其中包含有英国第一连。当时，英国第一连的连长是共产主义者乔克·坎宁安（Jock Cunningham），1920年，他曾因在牙买加领导阿盖尔与萨瑟兰高地战士发动叛变而被捕入狱。[4]内森接替了倒霉的德拉萨勒成了马赛曲营的营长。第十四国际旅 480
中的一支德国部队在科尔多瓦完成战斗后接着又行军了48个小时，他们要求得到12个小时来补充睡眠，但他们的波兰指挥官大声呼喊道："政府需要的是最出色的军队，你们就是这支军队，或者你们觉得第十四旅不配这个称呼吗？"心怀不满的军队继续赶往前线，这也许是历史上第一次由一名波兰指挥官呵斥一支德国军队。第二天，在浓雾（在马德里

---

① Lise Lindbaeck, *Internationella Brigaden*（Stockholm, 1939）, pp.87–90.

② 不要与波兰将军沃尔特混淆。[1937年，沃尔特·乌布利希（Walter Ulbricht）也在西班牙待了一段时间，令人困惑的是，他也被称为"沃尔特"] 另一次在拉斯罗萨斯举行的国际会议是在苏联上校罗迪恩·马林诺夫斯基与一名白俄卡切夫斯基上尉（Captain Karchevski）之间进行的，后者在第十四国际旅担任"志愿军"领导者（*Bajo la bandera*, p.15）。（卡切夫斯基于1937年在莱里达被杀）其他白俄成员，如博尔顿上校，在他的"教皇"和拉切夫斯基上尉的陪同下，为佛朗哥而战。

③ Acier, p.82.

④ 坎宁安是一个体力很强的人，在指挥水平很低的情况下，他具有明显的领导才能。有一段时间，他被亲昵地称为"英国的恰巴耶夫"，是以苏联内战的游击队领袖的名字命名的，多亏了当时在马德里上演的苏联电影，当时再也没有比这更高的赞美了。

很少见）和严寒中，共和国发动了反击。第十二国际旅到达马哈达翁达，第十四国际旅到达拉斯罗萨斯——第十四国际旅的一个营迷失在大雾中，并从此失去了联系。帕夫洛夫率领的苏联坦克部队出击并碾压敌兵，但没能向敌方逼近。战斗持续到1月15日，交战双方开始筑建防御工事。在10天的时间里，双方损失了15,000人。奥尔加斯保住了7英里长的主干道，米亚哈阻止了山区被孤立。这样便出现了难以打破的军事僵局。[①]叛军已经注意到他们对手的反抗能力已经提升，并将其归因于“国外高水平指挥官”[②]的参与、纪律的增强和新式武器的装备。

与此同时，1,300英里长的战线中未燃战火的地方并没有出现任何军事动向，因为此时的交战双方都没有足够的现代武器来再多打一场战争。共和军的士兵数量充足，但在总参谋部看来，这些士兵中的多数人都太靠不住（像在阿拉贡时一样），训练得太不到位（像在南方一样），配备的武器又太落后（像沿着坎塔布连海岸地带一样）。许多所谓的前线仅仅是“在一条条从岩石中开辟出来的狭窄的战壕并带有石灰岩堆成
481 的原始孔洞”。12名哨兵可能会出现在“战壕的各个地方，战壕前面有带刺的铁丝网，山坡向下是一个似乎无底的沟壑，对面是光秃秃的山丘”[③]。比如，在阿拉贡，每一座山的山顶上都可能有一群衣衫褴褛、肮脏不堪的人，他们可能是国家主义者，也可能是共和国的人，当子弹偶尔经过他们的时候，他们就“包裹在他们的旗帜中瑟瑟发抖”——有时，

---

① Regler, *Great Crusade*, pp.219–241；Koltsov, p.303. 在这场战斗中，科尔佐夫自己在坦克中扮演的角色似乎相当重要。在这场战斗中，古巴共产主义作家巴勃罗·德拉托里安特·布劳（Pablo de la Torriente Brau）阵亡，他曾在自己的国家参加过反对马查多的斗争。见 Teresa Casuso, *Cuba and Castro*（New York, 1960）, p.81。

② López Muñiz, p.64. Martínez Bande, *La lucha en torno a Madrid*（Madrid, 1968），估计，在这些战斗中，共有6,000名共和军（死亡500人）和1,500名国家主义人员伤亡。

③ Orwell, *Homage to Catalonia*, pp.20–23. 奥威尔于12月底抵达巴塞罗那，加入了阿拉贡前线的马克思主义统一工人党纵队，并与该纵队一起待到4月。一个月后，他又回到前线，但最终于6月回到英国。

也会响起怂恿叛逃的声音，内容充斥着在敌方所享有的美好画面以及大声谩骂。实际上，在单独一个连的防御地段前，有时候国家主义者一晚上会叛逃5个人。共和国给每一个从敌营叛逃的士兵50比塞塔，如果逃兵身上带有武器则给100比塞塔——并不是一个很有吸引力的回报——在战争的这一阶段，共和军也出现了士兵叛逃的情况。从双方逃兵的人数看，共和军大概占少数。不过，在多数情况下，叛逃的士兵都是战争初期在他们心存敌意的地方被抓来当兵的，他们假装为其效力不光是为了保全性命，同时也在一直等待叛逃的机会。

红十字会不屈不挠的人道主义者朱诺德博士为了能试着让交战双方互换囚犯而选择在圣让德卢兹落脚，这些人大多数是在战争初期被逮捕的囚犯，而非被俘虏的士兵。红十字会在萨拉曼卡和巴伦西亚建立了分支机构，由日内瓦负责沟通工作。囚犯名单被编撰成册，有时，红十字会代理人会将某些人与某个战俘营的囚犯及其家属进行对换。负责可接受的囚犯交换行为的共和国部长希拉尔提出一项交换10,000人的计划——但国家主义者一方并不愿意，最终只有100多人被交换。[①]在红十字会办事处，敌对双方的人员擦肩而过，即便是悲伤也掩盖不住他们对彼此的仇恨。朱诺德后来讲述了伊莎贝拉的故事。身为狂热君主主义者的她为了她的兄弟已经与共和国当局纠缠了好几个月。最终消息传来："她的兄弟与另外10人一同被处决，并且已经下葬。"伊莎贝拉没有流下泪水，但脸色惨白，而她回去时碰到的卡洛塔则失去了未婚夫。每个人都知道这些故事。她们见到彼此立即就能体会到对方的感受。在相同的蔑视和仇恨气氛中，她们在 482
路过的时候避开了对方。但卡洛塔后来说道："她至少还可以去他们的坟墓看看。但我将永远也不知道我的未婚夫死在了哪里，永远也不知道。"[②]

不管怎样，西班牙1936年冬天的特别之处在于，国家主义者用长

---

① Francisco Giral的证词。

② Junod, p.114.

长的卡车车队装满了食物，他们准备一攻破马德里，就立即为这座城市提供食物。他们的食物在雨雪中渐渐腐烂。1英里之外，在共和军后方，马德里的人民克制地食用着大米和面包，饥饿的现象愈加严重。这一状况源于革命运动初期乱杀牧群和资源的直接浪费。经济整体处于混乱中。眼下，在共和国地区还有100万名难民，秋季期间，这些难民在一个又一个省份之间到处逃窜。

483 ## 29. 何塞·安东尼奥的死亡和佛朗哥的崛起

有一件事对战线上的双方都产生过强烈的影响，这件事就是对何塞·安东尼奥的审判。此次之所以要对长枪党领袖（从7月份至今一直被关押在阿利坎特监狱，他显然是被一个敬仰他的监狱长细心照料）进行审判，不过是因为如果“军事反抗”失败，他们的头号敌人将毫发无伤。

交换何塞·安东尼奥的计划落了空——政府没能接受这一计划的原因似乎是惧怕失去拥护者们的支持。虽然在“斯佩伯爵”号上的德国名誉领事冯·克诺布洛赫和卡尔斯海军上将已经做好了接应的准备，但在阿利坎特，为了营救何塞·安东尼奥而发动突袭的危险之举没能取得成功。长枪党民兵组织领导人阿古斯丁·阿斯纳尔乘坐德国鱼雷艇——“伊尔迪斯”号乔装来到阿利坎特，他本想对当地的全国劳工联合会组织实施贿赂，然而，即便以800万比塞塔作为酬劳，最终也没能在阿利坎特
484 找到帮助他的人。[①]后来，何塞·安东尼奥提出乘飞机到萨拉曼卡尝试进行内战期间的和平磋商，同时，为保证他不会逃跑，他会把他在狱中

① 对这些措施的讨论，见García Venero, p.197f，见Southworth, *Antifalange*, p.145f，这里发表了何塞·安东尼奥最后一次接受外国记者（Jay Allen）的采访（reprinted from the *Chicago Tribune*, 9 October 1936）。也可参考Jackson, p.339，似乎是更早时另一次拯救何塞·安东尼奥的努力。

的亲人留作人质。政府予以了拒绝。①

何塞·安东尼奥在一个地方法官面前得到了正规审判，他通过阅读《前进报》的社论为自己进行辩护，并以此表示他的立场与佛朗哥和君主主义者们并不相同。在审判期间，曾有一名民兵作为控方证人被传唤出庭。何塞·安东尼奥在为自己进行辩护时，法官询问这位民兵，道："你痛恨被告吗？"证人回复说："我恨之入骨。"最终，这位自始至终都保持尊严的长枪党缔造者被判处死刑。有人要求对他的兄弟米格尔和他兄弟的妻子进行同样的审判，何塞·安东尼奥以他那从未被敌人否认过的骑士精神为他们辩解。他在结束时表示："生命不是游园会结束时绽放的一场烟火。"最终，他的亲人只受到监禁的惩处。何塞·安东尼奥本人则不可能得到如此宽厚的对待。居住在马德里的前任罗马尼亚外长的妻子、与阿萨尼亚私交甚好的比贝斯科公主，打电话恳求总统免除何塞·安东尼奥的死刑。阿萨尼亚沮丧地回复称，他对此无能为力，因为他也是一名囚犯，②尽管他已经两次通过干预阿利坎特的行政长官赫苏斯·蒙松的判决救过何塞·安东尼奥的性命。③据拉尔戈·卡瓦列罗的记录，议会于11月20日批准死刑，然而，就在讨论进行过程中，传出有人在法律上反对执行死刑的消息，阿利坎特的地方大佬们担心判刑会从轻发落。④无政府主义者一直反对执行死刑，因为他们认为何塞·安东尼奥是"一位为他的祖国寻求解决方法的爱国主义者"⑤。所有部长似乎

① Letter to Martínez Barrio, quoted in F. Bravo Morata, *Historia de Madrid*（Madrid, 1968）, vol. III, p.208.

② Ximénez de Sandoval, p.617.

③ 蒙松是来自纳瓦拉的一名有着良好出身的共产主义者，在战争早期，他至少使一名老朋友但又是意识形态上的敌人免除死刑，其中有卡洛斯党的共谋者利萨尔萨（Lizarza）。

④ Largo Caballero, p.21.

⑤ Abad de Santillán, p.21，写道："这种地位的西班牙人，像他这样的爱国者，并不危险，也不会出现在敌人的队伍中……如果我们之间达成协议……可能，正如里维拉总理希望的那样，西班牙的命运会发生很大变化。"

485 都在投票支持减轻刑罚。实际上，从长远来看，处死何塞·安东尼奥对佛朗哥大有裨益，因为他是7月大屠杀幸存下来的右翼分子中另外一位领导人物。然而，阿利坎特当局并没有遭到任何阻拦；事实上，很多判决的执行并不会询问政府的意见。[①]

11月20日，何塞·安东尼奥在阿利坎特监狱的院子里被枪毙，与他一同被执行枪决的还有另外两名长枪党人和两名卡洛斯主义者。他最后的请求是希望死后他被枪决的内院可以被清理干净，"这样我的兄弟米格尔将不会踏入我的鲜血中"[②]。在何塞·安东尼奥被枪毙当天的几乎同一时刻，与他属于同一时代的杜鲁蒂在马德里的里茨酒店因重伤而死。两位西班牙"他们时代的英雄"死去，将道路留给了不及他们"宽厚"的继承者们。何塞·安东尼奥留下的意志中充满了对构建未来西班牙的建设性观念——这得到了普列托的支持，不过并没有发挥什么作用。

很长一段时间，国家主义一方的媒体并没有提及这一处决。他被当作"不在场的一个人"。自1933年以来，出于对法西斯主义者的效仿，当在仪式中念起长枪党烈士名字的时候，长枪党人都会高呼"在场"。他们听到何塞·安东尼奥的名字也会继续大喊"在场"。那些知道领袖已经去世的人的行为总是就像他们认为领袖还在世一样。

另外一件涵盖整个战线且值得注意的事情是，许多战前西班牙知名的知识分子在立场上发生了转变。在叛乱爆发时，他们中的大多数身处共和主义西班牙。他们签署了一份表示拥护共和国的声明，签字的人包括医生和历史学家马拉尼翁博士、前大使和小说家佩雷斯·德阿亚拉、

---

① 两个月前，激进的前部长萨拉萨尔·阿隆索被一个革命法庭不公正地判处死刑，内阁表现得同样无能。内阁暂缓死刑，但由于法官的干预，随后又恢复了法庭的决定。

② 大众法庭的法官是职业法官费德里科·恩朱塔·费兰（Federico Enjuta Ferrán）。几年后，他成为波多黎各的一名教授，被他的学生从一个演讲厅的窗户扔出去而死。这起谋杀案至今案情不明。

历史学家梅内德斯·皮达尔以及作品繁多的哲学家何塞·奥尔特加-加塞特——一个1931年共和国的朋友，甚至可以说是缔造者。然而，频频发生的暴行和共产主义者与日俱增的影响力使这些人都尽可能地抓住机 486
遇逃往国外。在这一点上，他们放弃了对共和国的支持。[1]

巴斯克地区的哲学家，98一代中的大学者米格尔·德乌纳穆诺选择了另外一条路。作为萨拉曼卡大学神学院的院长，内战爆发时，他站在国家主义者一方。共和国令他大失所望，他曾对一些年轻的长枪党人钦佩不已，并为他们的叛乱捐款。他最晚是从9月15日开始支持国家主义运动的。[2]但等到10月份，他的立场发生了转变。正如他后来说的那样，“这场内战扮演的角色令他感到恐惧，这样真正的恐怖来自一种集体性的精神失常，一种让人发疯的传染病，其本源是病态的”[3]。在哥伦布发现美洲大陆纪念日的那一天，人们在萨拉曼卡大学宏伟的礼堂内为庆祝“人类日”而举行了庆典。出席庆典的有：萨拉曼卡的主教普拉-丹尼尔博士；[4]外籍军团的创始人米连·阿斯特赖，此时他是佛朗哥的一名重要的非正式顾问，他那黑色的眼罩、剩下的独臂以及残缺不全的手指让他成为当时的一名英雄；坐在椅子上的，是大学神学院的院长乌纳穆诺。此次庆典的举办地距离佛朗哥的指挥部不足100码（约91米）。由于高级教士的邀请，这个指挥部就建立在主教位于萨拉曼卡的宅邸之内。开场仪式结束后，多明我会的神父比森特·贝尔特兰·德埃雷迪亚（Vicente

---

① 小说家皮奥·巴罗亚（Pío Baroja）被马丁内斯·坎波萨上校领导的卡洛斯党人救下而未被处决，从共和主义一方逃到国家主义一方，他也放弃支持共和主义。

② 据报道，他在当天的《巴黎男孩》（*Le Petit Parisien*）采访中这样说的。8月12日，马德里政府以“不忠”为由剥夺了乌纳穆诺的院长职位，9月1日，布尔戈斯军政府证实了这一点。

③ Quoted Aurelio Núñez Morgado, *Los sucesos de España vistos por un diplomático*（Buenos Aires, 1941）, p.169f.

④ 这位主教似乎已经在9月30日的一封主教教书《两个西班牙》（*Las dos Españas*）中用“十字军”这个词来描述民族主义运动（见Abella, p.177）。

Beltrán de Heredia）与君主主义作家何塞·玛利亚·佩曼发表了讲话。两人各自进行了一场暴躁的演讲。弗朗西斯科·马尔多纳诺教授也是如此，他对加泰罗尼亚和巴斯克的民族主义进行了强烈抨击，把它们描述为：“国家躯体内的恶性肿瘤”；西班牙的救星——法西斯主义知道如何根除它们，“像一名不被无谓的情绪所困、意志坚定的外科医生切进有感知又健康的皮肉”。礼堂后面的一个人高声喊起了外籍军团的座右铭：“死者永存！”随后，米连·阿斯特赖发出了如今通常被用来煽动人心的
487 口号。他高呼：“西班牙！”许多人习惯性地大喊：“统一！”米连·阿斯特赖再次高喊：“西班牙！”听众们回复道：“伟大！”当米连·阿斯特赖最后一次高呼“西班牙！”后，他的护卫回应道：“自由！”几名身着蓝色衬衫的长枪党人面对讲台上方挂在墙上的那张深褐色的佛朗哥照片做出了法西斯式的敬礼。所有人的目光都转向了乌纳穆诺，人们知道他不喜欢米连·阿斯特赖，他起身走近与会者们并说道[1]：

> 你们所有人都在等着我发话。你们都了解我并且意识到我无法保持沉默。有时沉默等同于撒谎。因为沉默可以被视作默许。我想针对马尔多纳诺教授的演讲说几句。让我们忽略对巴斯克人和加泰罗尼亚人的突然辱骂所暗示的个人侮辱。当然，我本人出生于毕尔巴鄂。这位主教（乌纳穆诺所指的是坐在他旁边的一名浑身颤抖着的高级教士）不管他喜欢与否，他是一名来自巴塞罗那的加泰罗尼亚人。

他停了下来，现场沉默的气氛令人窒息，在国家主义西班牙还从未出现过像这样的演讲。这位神学院院长接下来会说什么？

---

① 乌纳穆诺此时72岁。第二天，萨拉曼卡报纸发表了佩曼、埃雷迪亚、弗朗西斯科·马尔多纳诺和何塞·玛丽亚·拉莫斯的演讲，但没有提到乌纳穆诺已经发表过的讲话。

刚才（乌纳穆诺继续说道）我听到了一声富有恋尸意味又毫无人性的呐喊：“死者永存！”我用一生的时间来编制曾激起他人心中不明之火的佯谬，作为一名权威，我不得不告诉你们的是，这样古怪的佯谬让我作呕。米连·阿斯特赖将军是一个不健全的人。丝毫不加修饰地说，他是一个因战争而致残的人，就像塞万提斯一样。不幸的是，如今的西班牙有太多不健全的人。而且，如果上帝不向我们伸出援助之手，这样的人很快会越来越多。一想到米连·阿斯特赖将军将支配群众的心理我就很心痛。一个缺少塞万提斯那伟大精神的伤残人士习惯于通过致残他周围的人来从中获取不祥的慰藉。

面对这样的场面，米连·阿斯特赖再也按捺不住自己。他大喊道：“知识分子们都去死吧！死者永存！”长枪党为支持这一言辞发起了一阵喧闹，而事实上，思想简单、军人做派的米连·阿斯特赖与他们并非同 488
道中人。何塞·玛利亚·佩曼大喊道：“虚伪的知识分子们下地狱去吧！全是叛徒！”他试图盖过国家主义阵线中的分歧之声，然而，乌纳穆诺并没有中止演讲：

这里是知识的圣殿。我是这里地位最高的神父。是你玷污了圣殿的四周。你将赢得胜利，因为你拥有太多作风残忍的军队。但是，你将不会使人信服。要想得到他人的信服，你需要去劝说。而在进行劝说上，你需要的正是你的不足之处：斗争中的理智和公正。我认为奉劝你好好为西班牙着想一举纯属无用。我的话讲完了。

一阵长久的停顿后，一些米连·阿斯特赖周围的外籍军团成员开始气冲冲地向讲台靠拢。米连·阿斯特赖的护卫用机枪对准了乌纳穆诺。

佛朗哥的妻子多纳·卡门来到乌纳穆诺和米连·阿斯特赖的身旁，并坚决要求这位神学院院长乌纳穆诺交出武器。他照做后，两人一同缓慢离开。然而，这是乌纳穆诺的最后一次公共演讲。当天夜晚，乌纳穆诺来到由他出任主席的萨拉曼卡的一家会所。当会所成员见到这位神学院院长令人肃然起敬的身影正走上楼梯时，一些人大声喊道："把他赶出去！他是一个红色分子，不属于西班牙人！红色，叛徒！"之所以如此激动是因为这些会所成员多少受到过共产主义的威胁。乌纳穆诺继续走上楼梯，并坐了下来，一个名叫托马斯·马斯科·埃斯克里瓦诺的人对他说："你不该来这儿，唐米格尔，对于今天在萨拉曼卡大学礼堂内发生的事情，我们深表遗憾，但你仍然不该出现在这里。"乌纳穆诺在他儿子的陪同下离开了会所，同时伴随他离去身影的还有一句句"叛徒"的谩骂声。有一个名叫马里亚诺·德圣地亚哥的不出名的作家独自跟随他一同离去。从此以后，这位神学院院长鲜少出门，并且他需要武装护卫来贴身保护他的安全。大学的理事会"要求"并对他的神学院院长职务进行
489 了免职。他于1936年的最后一天因心力衰竭而死。[①]他临死前几个月遭遇的悲惨境况很好地表现了西班牙的这场悲剧。在西班牙，文明、雄辩和创造力正在被军事主义、宣传运动和死亡取代。不久之后，西班牙甚至出现了一个专门关押共和国囚犯、名叫"乌纳穆诺"的集中营。[②]

---

① 见 *Unamuno's Last Lecture* by Luis Portillo, whose version of Unamuno's remarks this is. Published in Horizon, and reprinted in Cyril Connolly, *The Golden Horizon*（London, 1953）, pp.397–409。另一个记录见Emilio Salcedo's recent *Vida de don Miguel*（Madrid, 1964）, p.409f。我（作者）感谢罗纳德·弗雷泽对细节的补充建议。人们永远不会对所说的话和所说的语气达成意见上的完全一致。我与路易斯·波蒂略和伊尔斯·巴雷亚（Ilse Barea）讨论了这个版本，后者翻译了它。但参见Pemán的评论"*La Verdad de aquel dia*", *ABC*, 12 October 1965。人们可能很想知道为什么长枪党如此强大。

② Miguel García, *franco's Prisoner*（London, 1972）, p.25.

一

如今的萨拉曼卡成为国家主义西班牙权力的中心。佛朗哥在主教宅邸的一楼睡觉、接待和用餐，他与他的参谋人员在二楼进行工作。何塞·安东尼奥·桑格罗尼斯领导的外交秘书处，以及已经先由胡安·普霍尔领导、后改由米连·阿斯特赖掌管的新闻与宣传部都在一楼办公，[①]同时顶楼设立了一个无线电电报部门。这一组织结构简单高效。除佛朗哥本人以外的重要人物有：他的参谋长马丁·莫雷尼奥；他的兄弟、充当政治秘书的尼古拉斯；法律顾问马丁内斯·福塞特；1—2名参谋，比如，倾向德国的君主主义者胡安·比贡（Juan Vigón）上校和前驻巴黎军事专员安东尼奥·巴罗佐。颇具影响力的还有空军指挥官金德兰以及有着66年海上军事经验的海军参谋长胡安·塞韦拉海军上将。所有这些军官每天都会会见佛朗哥——甚至是在夜晚，因为佛朗哥经常在夜晚举办聚谈会，用以讨论战争局势。聚谈会通常是他与一同在场的一名来自前线的将军进行商讨——巴雷拉、亚格或者一些其他非洲主义者。[②]在萨拉曼卡还驻有德国和意大利的外交代表、长枪党总部以及一部分政府办事处；而财政部、新西班牙银行以及司法部和劳工部位于布尔戈斯。因此，萨拉曼卡成为国家主义叛军的神经中枢：流向这座城市的秘密情报有来自国家主义西班牙目前为止仅有的几位官方名义上的外交官（只有驻柏林的马克斯·德马加斯和驻罗马的加西亚·孔德）、私人代理人 490

① 《阿贝赛报》记者路易斯·博林、阿奎莱拉（Aguilera）上尉和罗萨莱斯上尉一起负责外国媒体。3人都被指控为间谍，并受到处决威胁。在这一领域工作的其他人包括默默无闻的作家比森特·加伊，他接手了米连·阿斯特赖的工作；奥古斯丁·德福克萨（Agustin de Foxá），一名聪明的长枪党作家；何塞·伊格纳西奥·埃斯科瓦尔（José Ignacio Escobar）和欧亨尼奥·维加斯·拉塔皮耶。后两人都是君主主义作家。

② 见Admiral Juan Cervera's *Memorias de guerra*（Madrid, 1968）, pp.33–34，以及Bolin, p.219。

以及前君主主义驻巴黎大使——基尼奥内斯·德莱昂（尤其是关于船运和共和国武器采购方面的信息）。除了这样的信息还有隐藏在“红色领域”的间谍提供的信息。[1]在国家主义领域内部分歧严重的局面下，国家主义者指挥权的集中化以及权力的集中化在处事决断的佛朗哥手中变得日益明显。像奥尔加斯和达维拉这样不太引人注目的将军发挥的作用，至少也不输于像恩里克·巴雷拉这样更加耀眼、知名度更高的军官。同时，塞韦拉海军上将扮演的角色具有十分重要的影响。身为美西战争中丢掉了西班牙舰队的那位时运不济的海军上将的侄子，他比佛朗哥其他几位密友的年纪都要大。他个性强硬，并一直坚持海上作战的重要性，因此能确保像水雷（从德国购买）或者汽艇（从意大利购买）等海军补给的采购，以及为海军技术人员投资建立新式学校。

1937年春天，国家主义者掌控了海上，这主要是因为对手对这方面事务的忽视——这一点与军事统筹一样，是至关重要的一个因素。9月末，停靠在卡塔赫纳的共和国舰队再也没能驶进大西洋，这导致坎塔布连沿岸地区无法得到充分的保护。对于国家主义一方，虽然不如非洲军团向马德里推进那般耀眼，但这也是与其同样重要的一

① 见 José Bertrán y Musitu, *Experiencias de los servicios de información del nordeste de Espana*（*SIFNE*）*durante la guerra*（Madrid, 1940）。SIFNE（西班牙东北部情报服务）于1936年8月由莫拉在比里茨建立，其主要组织者有基尼奥内斯·德莱昂、伯特兰-穆西图（Bertrán y Musitu）上校以及安德斯伯爵（Conde de los Andes）。到1936年年底，它在加泰罗尼亚建立了一个严密的组织，其成员部分来自普里莫·德里维拉的加泰罗尼亚老国民警卫队。其他间谍组织包括在法国的几个团体，如尼古拉斯·佛朗哥领导的“马佩巴（Mapeba）”组织、马德里的几个私人和活跃的组织，如安东尼奥·罗德里格斯·阿瓜多（Antonio Rodriguez Aguado）中尉领导的“安东尼奥组织”以及米亚哈总部、军事医院和后来巴拉哈斯军官学校的几个人（ 见 Vicente Palacio Atard, *La quinta columna*, in his *Aproximación histórica a la guerra civil española*, Madrid, 1970, p.241f）。参见 Angel Bahamonde 和 Jaime Cervera 的最新研究。

次胜利。

然而，其他技术因素对国家主义一方造成了不利影响：整个战争期间，国际电话线都被共和国掌控。起初，西班牙的3个电缆分线盒他们只占其中一个，位于比戈；另外两个，一个在马拉加，一个在毕尔巴鄂，都在共和国的手中。萨拉曼卡与比戈的通信效果并不好，这意味着 491
国家主义一方与外部世界的联系不会像共和国那样通畅。因此，共和国新闻界的记者通常能够最先进行报道。[①]

如今的佛朗哥在同辈将军中已经没有敌手，而且，在位的无论是长枪党人还是卡洛斯主义者都对他构不成任何威胁，更不用说那些老派政党了。长枪党中为数不多的“老衬衫们”以及数量庞大的新晋成员们仍然在试着寻找方向。毕竟很少有政治党派能像他们一样发展如此迅速——即便是在共和国一方的西班牙共产党也无法达到。到7月，长枪党的成员人数最多时达到75,000人，到了年底，各地的成员人数加在一起将近100万人。新发行的长枪党报纸遍布各地。虽然是临时出任，但新晋国家领袖埃迪利亚努力让极度扩张起来的团体成为一个真正的政党，然而，战争的需求让他没能取得太大的成功。新成立的长枪党军政府在萨拉曼卡和塞维利亚建立了两所针对民兵军官的小规模“军事学校”，但这两所学校举办得并不成功。他们中最优秀的民兵部队完全被军队取代。1936年年底，该团体宣称已经将5万人送往前线，同时有3万人被送至后方——不过，这些数字可能有夸大的成分。[②]事实上，长枪党的内部问题比他们与佛朗哥之间的问题更为严重。一部分长枪党人希望把佛朗哥看作法西斯主义西班牙的一名潜在领导者，还有一部分人把希望更多地寄托在了埃迪利亚的身上。剩下的人与德国人和意大利人进行串通。与此同时，奥内西莫·雷东多的妻子，充满活力和精力的

① Bolin, p.223.

② Payne, pp.145-147.

梅赛德斯·桑斯·巴奇列尔在巴利亚多利德建立了最知名的长枪党组织——“冬季救济局”。10月份创建于巴利亚多利德一个单间内的“冬季救济局”是一个收养孤儿的中心机构。没过几个月，该组织的分支机构遍布国家主义西班牙，与奠基者的妹妹皮拉尔·普里莫·德里维拉（Pilar Primo de Rivera）相媲美的梅赛德斯·桑斯·巴奇列尔（Mercedes Sanz Bachiller）成为重要的女性领导者。[①]由于“冬季救济局”的名头与
492 一个德国的类似组织过于相似，因此它被改称为“社会援助”。该组织的一部分成员在德国接受训练。训练中的一项严格的任务是照看死去的共和主义者或“马克思主义者”留下的孩子（“先杀掉父亲们，再救济他们的孩子”是一句充满讽刺的评论）。然而，这些临时搭建起来的中心机构在有钱人的妻子和女儿们的运作下成了活跃场所，如此的付出要是投入战争爆发之前的社会中，也许战争就不会发生了。[②]从“社会援助”中发展出一些其他组织。这些组织包括专门为穷人和留产院制作衣服的组织——“兄弟会厨房”。卡洛斯主义妇女组织“雏菊”也做了许多与社会有关的工作。

1936年到1937年的冬天，唯一令佛朗哥将军异常头疼的难题就是卡洛斯主义者。12月8日，卡洛斯主义者的高级指挥部建立了一家“皇家军事学院”，以此来对年轻军官们在军事和思想上进行训练。莫拉同意了此事。毕竟长枪党拥有两个相似的军事战术中心。但是，发起人并没有就此询问佛朗哥的意见，因此佛朗哥让达维拉将军告知，孔德·德罗德斯诺军事学院的建立只能被当作在为发动政变做准备。达维拉下令让该计划的谋划者——卡洛斯主义最高领袖法尔·孔德在48小时内离开西班牙，否则将对他施行军事审判。12月20日，卡洛斯主义军政府对

---

① 到1937年10月，它有711个分支机构；1938年10月有1,265个；1939年10月有2,847个。这是一个“志愿组织”，也得到了当局的支持。

② 对一次拜访的描述，见Julian Amery, *Approach March*（London, 1973）, p.99。

这个态度强硬的命令进行了一番考量。为了表明他们没有任何想要发动政变的意向，他们选择在抗议声中接受了这一命令；法尔·孔德选择去西班牙右翼流亡分子最常去的里斯本。紧接着佛朗哥颁布了有关整合民兵队伍的一项法令：把卡洛斯主义者、长枪党和西班牙自治权利联盟全部置于传统的军事管制中。[①]佛朗哥后来告诉德国大使，要不是担心前线的卡洛斯主义者的士气会受到影响，他本想枪毙法尔·孔德。[②]卡洛斯主义者们的战斗精神确实不容置辩。一名义勇军成员在被问到如果他死了应该把死讯通知给谁时，他答道："我的父亲，蒙特胡拉民兵队伍中的何塞·玛利亚·德埃尔南多雷纳，他65岁。""而如果他也被杀了呢？""我的儿子，蒙特胡拉民兵队伍中的何塞·玛利亚·德埃尔南多雷纳，他15岁。"[③]同时，卡洛斯主义团体扩张的规模与长枪党几乎不相 493
上下，并且自10月份以来，他们已经为影响国家主义政府的发展而主动采取了行动。

截至1月份，由半岛志愿兵组成的营已经达到100个。许多年轻的中产阶级西班牙人和退役的士兵在有22位军官的学校内训练，他们都在18到30岁之间，都有中学毕业文凭和两个月的战争经验，并且都在德国教官的帮助下由奥尔加斯将军进行指导。这些经历了24天训练的"临时军官"将成为未来国家主义军队的核心，尽管他们有着极高的死亡率：在布尔戈斯流行着一个令人毛骨悚然的笑话——"流动的军官，固定的尸体"。截止到1936年至1937年的那个冬天，奥尔加斯为3,000—4,000名军官训练过。[④]

---

① 以上来自Fal Conde's Archives, Seville，感谢已故的迈尔科·费勒（Melchor Ferrer），让我可以参考这些文献。参见del Burgo, p.692。

② *GD*, p.189.

③ 这个故事可能是虚构的，但即便如此，它也表达了卡洛斯党人在这场"第四次卡洛斯战争"中的情绪，正如他们所想的那样。

④ De la Cierva, *Historia ilustrada*, vol. I, p.440.

与战争初期一样，指挥官们为了保持比共和军更加老派的作风，更愿意把他们的新兵编制成纵队而不是旅。然而，到了春季，国家主义军队开始组建将重型武器、机枪以及技术性武装相结合的第一混成旅。此时，在国家主义西班牙配备有武器的人员达到20多万人：非洲军团有6万人，义勇军和长枪党加起来有12万人，还有骑兵、炮兵、工程师以及其他兵种共计25,000人。军队很快以地区的名字被编制成各个师。

不同方向上的差异体现出的某种思想价值体系可能源于当时各类意识形态的诉求。尼古拉斯·佛朗哥想创建像普里莫·德里维拉爱国联盟那样一个“爱国政党”。他征求到的意见不计其数：佛朗哥主义的长枪党？“复辟”？——这些字眼背后的含义要远超过一个国家、一届政府、一位领袖。然而，这样的政党在战争期间能够走多远呢？2月27日，《皇家进行曲》成了佛朗哥统治下的西班牙国歌。但在为纪念牺牲者而起立的时候，人们也必须听《奥里亚门迪》《面向太阳》以及外籍军团的军
494 歌。即便如此，在红黄色旗帜飘荡之下，变革似乎更倾向于走向君主主义一方。但是什么样的君主主义呢？一定不是1931年时的君主主义，更不用说也不是1923年的。在“新国家”里，可以随处看到费迪南德和伊莎贝拉时代由牛轭和箭头组成的徽章吗？另一方面，佛朗哥指挥部外面的摩尔护卫衍生出一种西班牙数代君主都未曾达到的独裁统治。这种政治理念持续存在，虽然看上去可能不够进步：抹杀19世纪的“自由、颓废、与共济会有关的事物、唯物主义和法国化”，并“让自己充满16世纪的精神，忠君爱国，富有英雄主义，深感骄傲自豪，以卡斯蒂利亚为荣，笃信宗教，信奉神话，崇尚骑士精神”。[1]这一新式英雄主义观念一方面体现在街道名字的变动上：像“卡斯特拉尔”和“萨尔梅龙”这样的19世纪政治家的名字消失了，不出意外地，还有城市内的“4月17日”，这些名字被“柏林”“工党”或“圣何塞”取代。在

① Federico de Urrutia的话，引自Abella, p.109。

无人区，宣传活动、意识形态的灌输和战斗的呐喊都混为一谈，有时甚至难以分清这些观念究竟是革命还是反革命。比如，街头出现了一场支持“简洁，快速，中止拖延精神”的新闻宣传运动。宣传者们的脑中不断地琢磨着关于风俗习惯的重新西班牙化。酒店甚至是食物的名字——他们试图坚持一切听起来有国外意味的东西应该全部从词汇中消失：“俄式”色拉变成了“国家”色拉，炖肉从菜单中消失，甚至连法式蛋饼都取消了“法式”两个字（那应该叫什么？就叫蛋饼[①]）。这就是与“皇权的口吻”进行对话的方式。布鲁尼奥少校在科尔多瓦烧毁了5,000本书。相似的趋势也出现了在禁止“自由式”行为方式上：两岁的小孩穿全身的泳衣才合乎礼节；对于大众，身穿低领服装或短袖衬衫会惹来大麻烦；袖子必须到手腕，严格禁止一切在态度和风格上带有平均主义的演讲；任何以共和国方式来进行问好的人都有被警察问话的危险。

此时还出现了许多类似于在意大利和德国反复上演的法西斯主义反复兴运动的实例。[②]国家主义西班牙正处于一场“文化革命”的早期。三种成分——保守主义、反对改革的怀旧主义和法西斯主义以同样程度 495
出现在国家主义团体当中。此外，还有米连·阿斯特赖的中世纪福音派以及他所提倡的回归到富有骑士精神的基督教教义中的思潮。他以由战争伤员组成的协会的主席身份对伤员们大吼道：“来我这里吧，残疾者们！”口气就像他曾经对外籍军团呼唤的“我的军团”一样。坐着轮椅或拄着拐杖的人们费尽全力地来投奔他。宣传确实起了作用。“为了古老的西班牙而战，反抗苏联、‘马克思主义’和共济会”，许多上层和中层阶级的西班牙人在“运动”中发现这些各种各样的“主义”几乎把

---

① 其他有趣的例子见Abella, p.119。

② 亨德尔（Handel）的清唱剧《以色列人在埃及》（*Israel in Egypt*）在柏林被改编成《蒙古狂飙》（*Mongol Fury*）。

他们带回到“十字军”的岁月。比如，11月战死于马德里前线的青年杜克·德费尔南·努涅斯，在给其妻子写的一封富有传统色彩的遗书中从情感上表现出了一名骑士的高尚品德：事已至此，我要走了，安安静静地走向永恒，我唯一后悔的就是让你受苦……我希望（孩子们）可以生活在一个比现在更加平静、更加有秩序的世界中，在那里，马诺洛（Manolo）一家将延续家族的传统，培养美德、责任和工作态度，并知道如何挑选我们的朋友。[1]然而，也许这位年轻的马诺洛和他的朋友们早已加入国家主义西班牙与墨索里尼的巴利拉组织，或与青年团体相似组织的行列当中：在当时，萨拉曼卡、塞维利亚和布尔戈斯的小孩子们都以“佩莱奥斯”“军校学员”和“箭矢”为名，身穿长枪党或卡洛斯主义者的制服，扛着木制步枪列队游行。

教会一直是新政府的狂热拥护者，因此政府的宣传员们进行宣传的特点是：几乎把所有邮票上共和主义和社会主义领导人的头像都替换成了大教堂的绘图；共和国受理的离异和民事婚姻无效；布道常常是关于政治的长篇阔论。神父在布道结束的时候通常会说“西班牙万岁！”或者对大元帅高呼万岁。在一个周日，当布尔戈斯的圣恩修道院在进行大弥撒时，神父突然主动停止正在主持的圣典，说道：

> 听我讲话！（他说）你们这些自称为基督徒的人，要对发生的很多事情负责！因为你们当中一些人的容忍，企业甚至雇
> 496 佣那些有组织地抱团在一起，与我们的天主和我们的国家为敌的工人。你们忽视了我们给出的警告，并与犹太人、共济会、无神论者和叛教者相勾结，以此来扩大那些共济会地方分会的势力，帮助他们实现将我们推入混乱的目标。我们要对今天的

---

① A. de Castro Albarrán, *Este es el cortejo*（Salamanca, 1941）, pp.101–103. 参见 J. Luca de Tena, *Mis amigos muertos*（Barcelona, 1971）。

> 悲剧警觉起来！我们与这些人必须水火不容……不要对他们手下留情……不要宽恕那些摧毁教会的罪犯以及杀害神圣的神父和教区长们的行凶者。让他们断子绝孙——那些是邪恶的种子，魔王的种子。别西卜的子孙一定也是天主的敌人！[①]

天主教徒们坚信数百名神父是在共和主义西班牙被杀害，甚至认为死去的教会人员数量甚至要比他们知道的更多。到目前为止，几乎每个家庭中都有某位亲属或好友在另一方的战线前被杀。从虎口中脱险的人以及报纸中充斥的这类人物故事使国家主义地界内的这种情况日趋严重。科尔多瓦的行政长官马林·阿尔卡萨尔在电台里发表的狂热演讲中会以“圣主保佑”和“西班牙团结一心”这样富有中世纪色彩的呐喊作为结尾。[②]

事实上，在9月份的时候，庇护十一世曾从共和国接收了600个西班牙难民，他曾表示西班牙发生的是“撒旦”亵渎神灵的行为。[③]然而，12月底，佛朗哥却向意大利大使坎塔卢波抱怨教皇对国家主义一方的态度。他在梵蒂冈的代表曾向教皇提出应该公开对巴斯克地区进行谴责。但也许是顾及维多利亚主教穆希卡大人的影响力，教皇并没有答应。教皇最大限度上做的，也只是对天主教与共产主义者的“勾结”进行谴责。他还对国家主义军方杀害巴斯克地区的神父进行了抱怨，对佛朗哥的未来深表沮丧。[④]教皇在这一方面的态度可能源于佛朗哥与墨索里尼、希特勒 497
的关系，但西班牙的神父和天主教徒几乎没有感觉到罗马方面的这些迟疑。对于他们而言，“十字军”在参与一场神圣战争；萨拉曼卡的主教曾把共产主义者和无政府主义者描述为该隐的儿子，而首席主教表示战争

---

① Ruiz Vilaplana, p.191.

② Montero, p.287.

③ 1936年9月14日演讲。

④ *GD*, p.267.

是政治领导者们把世俗权力和贪污腐败强加给西班牙人民的惩罚："犹太人和共济会利用荒唐可笑的教条毒害了国家的灵魂，暴躁的掌权者和先天白痴的谎言已经纳入了一个政治系统。"[①] 教会的出席人数稳步上涨：例如，在阿拉贡地区的村庄里，1,200个已到受领圣餐年龄的人中，只有58个人没有在复活节进行忏悔；而在1936年，这一人数曾是302。[②]

但是教会内也出现了分歧。潘普洛纳和维多利亚的主教之间的对立已经显现。如今已经在罗马停留了几个月的维多利亚的主教穆希卡，在听闻一些曾对巴斯克民族主义团体提供过帮助或为其主持过宗教仪式的神父们已经遭到枪决的消息后，为教皇写了一份内容丰富、有理有据而且很有说服力的报告。[③] 他在11月24日拜见了庇护十一世，而教皇随后派向佛朗哥的代表成了巴斯克地区的神父被枪击的原因之一——他们中已经有14人死亡。[④]

这些神父都是在未经审判的情况下匆匆被枪决的，被埋葬时他们连棺材都没有，没有葬礼，也没有官方记录。这些被枪决的人中只有一个是加尔默罗会修士，其余都是教区神父。在这些人中有一个名叫何塞·阿里斯蒂穆尼奥的神父，他是一名活跃的巴斯克民族主义作家（但他公开反对巴斯克民族主义与左翼联盟），还有一个是来自钢铁炼造的市镇蒙德拉贡的大祭司华金·阿林（Joaquín Arín）神父，他因虔诚而在当地被人熟知。[⑤] 后来，红衣主教戈马试图解释，称这些神父的死是他们自找的：这一观点

---

① Cardinal Gomá, *El caso de España*（Pamplona, 1936）, p.12.

② Lisón Tolosana, p.232. 当然，正如他谨慎地补充道，那时许多没有领圣餐的人可能已经逃跑或被枪杀。

③ 信件公布于 *El clero vasco*, p.365f。

④ 见 Monsignor Múgica's apologia, *Imperativos de mi conciencia*（Buenos Aires, 1945）。

⑤ 见 Iturralde, vol. II, pp.384f, 414。1961年，蒙特罗神父在国家主义西班牙首次公布了14人的名字（*op.cit.*, pp.70, 77），随后又发生了两起枪击事件［伊图里卡斯蒂略（Ituricastillo）神父和罗曼·德圣何塞（Román de San José）神父被杀］。

写在一封交给主席阿吉雷的公开信当中，同时还遭到穆希卡在教皇面前的再一次指责。（他曾当面告诉戈马，佛朗哥和他的士兵们最好是亲吻尊敬的阿林神父的双脚，而不是开枪打死他[①]。）3月，红衣主教帕切利收到第三封信。当时布尔戈斯的大主教试图把那些坚持忠于巴斯克民族主义运动的巴斯克地区神父驱逐出教会。心理越来越有偏私的穆希卡阻止了这一惩罚，并继续在罗马给予巴斯克民族主义以支持。 498

同样地，塔拉戈纳的大主教、红衣主教比达尔-巴拉克尔在孔帕尼斯的帮助下幸免于难，并选择在沉默之中流亡至瑞士，大家都知晓他这么做的原因是为了向战争双方的暴行表达不满。[②]最终，这些"十字军们"与像贝尔纳诺斯、莫里亚克和马里坦（在国家主义一方的宣传中，错误地把他叫作"犹太人马里坦"）等国外知名天主教教徒，和与法国南部达克斯的主教一样试图进行调解或安排互换囚犯的那些人，发生了争端。（最后提到的那位主教为了试着对右翼囚犯进行安抚于9月份到达毕尔巴鄂，这些囚犯被当作人质关押在一艘环境恶劣的监狱船上。随后，他试着安排囚犯交换。然而，萨拉曼卡当局不能接受教会的任何掌权组织与"红色们"有联系。）

国家主义领导者们担心后方局势不稳，但同时仍然要把枪毙政府的敌人当作"清理"从国外流入的西班牙"病症"的一部分。这种"清理"对象偶尔也包含一些囚犯。当然，一些游击行动随之出现。比如，一些革命党人或共和国政府的拥护者在加利西亚或格雷多斯的山区里发动游击战，之后，这些人曾在国家主义者攻占的相关地区藏匿。意大利派

① 穆希卡蒙席给教皇的第二封信见*El clero vasco*, vol. II. p.389。
② 据说，圣地亚哥·德孔波斯特拉大主教谴责了加利西亚长枪党的罪行。

向国家主义西班牙的第一位大使坎塔卢波忙于交涉，中止了对囚犯的屠杀，佛朗哥告诉他枪决囚犯的情况已经停止，[①]但事实并非如此。人本主
499 义民主在西班牙的失败使权力落入了心肠最冷酷的人手中，这个人容不下人的缺点，他缺少人情味儿但能力超群，沉着冷静，并且意志坚定。那年冬天的一天，伯恩哈特在与佛朗哥共进午餐的时候询问要如何处理4个配有步枪的女民兵俘虏。佛朗哥认为所有配有武器的女俘虏都应该被枪决。“没有什么别的可说的，枪毙她们”，他说出这些话的腔调如同在讨论天气。[②]法尔代拉上校是意大利军队的参谋长，这支部队在冬季抵达西班牙。佛朗哥对他明确表示，他的策略不是要击败敌人，而是要攻占土地，同时“伴随必要的清洗”[③]。

国家主义一方的处决在特点上可以追溯到两个阶段。一开始，在进行枪毙之前不会有任何形式的审判。一段时间后，这些可怕的、非正式的镇压活动被军事法庭审判所取代。然而受害者们并没有得到更好的保障，因为主持审判的法官常常是年纪轻轻的代理官员。用不了多久，这些人就会认为判处死刑还没有“枪决兔子”困难[④]。犯下“罪行”被枪毙的一些人有时确实让人痛恨；而还有一些人，像共和国的军官们，尤其是国民警卫队，他们知道如果自己曾对叛乱发起反抗，也同样会被处

---

① Cantalupo, p.130.

② Johannes Bernhardt的证词。佛朗哥唯一怜悯的人是他的兄弟、飞行员拉蒙，他曾是反对国王的共和国共谋者，1936年在华盛顿担任武官，他在加入叛军前拖延了两个月；还有曼努埃尔·阿兹纳尔（Manuel Aznar），他是马德里《太阳报》的编辑，在1931年至1932年帮助阿萨尼亚做了很多工作，在战争早期曾穿着民兵制服，后来逃到萨拉戈萨，在那里被捕。拉蒙·佛朗哥成为帕尔马空军基地的指挥官，阿兹纳尔逃脱了枪毙的命运，在报道多次战争新闻后，最终成为西班牙大使。见García Venero, p.243f。这部军事史，虽然是佛朗哥角度的，却是同类中最好的。为了树立良好的权威，Hills（p.254）认为佛朗哥倾向于枪杀领导人，赦免追随者，理由是领导人应该知道他们在做什么。

③ O. Conforti, *Guadalajara*（Milan, 1967）, p.32.

④ 如General Burguete在1917年相似的环境中所说。对比Dionisio Ridruejo, in Sergio Vilar, pp.482–483。

死。任何像这样的战争时期，间谍和参与过焚烧教堂的人以及在共和国领域的杀人犯一样会被处死。在萨拉戈萨的看守人监狱里，举行临终圣礼的人员名单令人吃惊：那些被枪毙的人中不仅有曾积极为共和国而战的人（例如，共和国的军官组织——反法西斯共和党的创始人之一恩西 500
斯科上校和冈萨雷斯·塔夫拉斯上校，这两人都是在前线被俘虏），还有一个小村庄（特鲁埃尔的布莱萨）的盗墓者海梅·佩雷斯，他的“罪行”不过是曾掩埋了知名的右翼分子。还有一个人被枪决是因为当村庄布莱萨的法律档案在街道中央被点燃时，他用一根木棍搅动了火焰。难以言表的仇恨和冲突的痕迹都摆在了明面上，并被肆意地处置。发生指控的可以是某人（一个酒店的一名女服务员、一名公交车司机或者一名士兵）曾背叛过某位右翼人士。还有一次，在特鲁埃尔阵线被俘虏的一个政治委员受到他的战友——另一名同被俘虏的共和国军官的指控，告他杀死了一名曾想逃跑的民兵。这位委员说他曾告发那名中尉盗窃，但不管怎样，他还是被判处死刑，他告诉为他做终傅圣事的神父，对于死他并不怪罪任何人：社会本身就是邪恶的。[①]在科尔多瓦，死在卡斯卡霍上校和布鲁尼奥少校手里的人可能被送去“参与土地革命”：这意味着他们将被埋葬在6英尺（约1.82米）深的地下。那些无论以何种方式被判有罪或被枪毙的人数一直难以估算，但他们每个月不会低于1,000人，有时，当一座城市被攻占后，这一人数还会更多。

数不清的共和主义者、革命党人、战争罪犯、巴斯克地区的神父以及各种各样的分离主义者都被关入国家主义者后卫部队拥挤的监狱，任由常常呆板轻浮、手段残忍的监狱长和看守们处置。囚犯们如果被发现在为共和国进行祝福，就有可能会被枪毙，这些人遭受的惩罚也许是撕

---

① 这些例子和其他例子，见Father Gumersindo de Estella的日记，*El clero vasco*, vol. II, p.289f。

毁妻子写给他们的信件或者是禁止其与未婚夫进行书信来往。一个妻子给她的丈夫写道：“当彼此的心灵相通之时，一切阻挡都会灰飞烟灭。”狱官反问这位丈夫是否相信每一个贤妻都会写出这样的文字。[①]在科尔多瓦，卡斯卡霍上校禁止哀悼。

对于那些躲过死刑或囚禁的人而言，任何人员无论以何种方式曾倾
501 向于左翼，都会有失业的危险。公务人员的日子也不好过，即便他们仅仅在1936年的2—7月的短短几个月时间里为政府效力，除非他们在叛乱爆发时就明确了立场。地方法官、学校校长、市镇职员，甚至是邮局雇员——在7月后继续在共和主义领地从事这些职业的人，在被“解放”后，都很难维持生计。[②]

零星出现了少数提议宽容处理的声音：其中之一是长枪党领导者埃迪利亚在1936年圣诞节发表的演讲。面对负责调查工作的长枪党人，他说：“全力制止一切进行私人报复的行为，确保不会对曾出于饥饿或绝望而投票支持左翼的那些人施以严厉惩罚或羞辱。我们心里都清楚，无论是过去还是现在，许多地方都存在比‘红色们’更加糟糕的右翼分子……”在演讲结尾时他张开双臂“面向工人和农民们喊道：让计划中工人们得到的一切社会福利都发挥效用，都转变成现实”[③]。然而，埃迪利亚所处的位置并不能把这些美妙的想法变为现实。而且，即便他和另外像巴利亚多利德长枪党新晋领袖迪奥尼西奥·里德鲁埃霍等一些也许有类似想法的人有能力这么做，他们在长枪党内的多数同事也只会更加关心他们征用的汽车、他们的护卫队（武装到牙齿）以及他们自己的政治前景。

---

① 见*El clero vasco*, vol. II, p.144f。

② Abella, p.128.

③ Hedilla, in García Venero, *Falange*.

一

国家主义西班牙的经济局势正处在良好的势头上。他们的比塞塔的国际报价是共和国的两倍。他们的食物储备可谓充足，并且还得到大多数老派西班牙金融家和银行家的支持。他们的信贷一直很好地为其提供包括石油在内的必需品。在1936年到1937年的那个冬天，在约翰内斯·伯恩哈特的提议下，莱比锡的吉塞尔克公司发行了新货币，并渐渐取代了旧货币。该项举措得到的支持仅仅是源于对国家主义一方胜利的信念，而与金钱毫无关系。[①]从10月13日开始，政府正式对物价展开调控。为确保此项措施的实行，行政长官连同长枪党和军队的代表建立了 502
地方委员会。西班牙国家银行在布尔戈斯和塞维利亚的分行被指定为国家的中央银行。叛军当局在银行中可以动用的资金（5亿比塞塔）补充来源于烟酒的10%的高昂税收以及对所有收入超过6万比塞塔的人的征税。所属人民阵线的党派的账户被没收，一部分外国公司的资产被接管，即便只是暂时性的。在共和国领域的人所欠下的所有债务都被判无效。从外部来看，国家主义一方的比塞塔是1英镑对42.50比塞塔。这些调节措施与共和国实行的相似措施相比更加有效。但即便如此，还是出现了持续的轻微通货膨胀。[②]

1936年8月份就已经由叛军掌控的西班牙区域只产出了整个西班牙税收的大概三分之一。到了12月，占领圣塞瓦斯蒂安和塔霍河谷更是一举“解放”了这些区域，但其产出的税收仍然不足战前国家税收的五分之二。同时，新政权的开销速度要比处于和平时期的常规西班牙政府在全国的开销速度快。这些钱要从哪儿来？第一，对德国和意大利武器的

① Johannes Bernhardt的证词。英国公司布拉德伯里和威尔金森（Bradbury and Wilkinson）通常负责印制西班牙货币，但他们这次表示拒绝。此后，共和国区域内的所有货币都被视为无效，必要时加盖印花。

② 在这个问题上，我感谢Mr Norman Cooper的帮助。

依赖意味着确保单一花费最大的一项支出与石油一样要通过贷款来完成（这还促使德国、意大利以及得克萨斯非常想让佛朗哥赢得胜利）。第二，捐赠策略发挥了相当重要的作用，即便有时他们会假借这些机会进行恐吓。人们不断呼吁着捐赠珠宝、黄金或者现金：事实上，在1936年的11月份，当局坚持要将个人手里所有的黄金都兑换成现金。[①]然而，得到的钱似乎还不够。不过同样地，个人和企业手里握有的所有外国货币从理论上讲都要上交。这一规定也影响了除德国和意大利以外其他国家的公司。在内战爆发的前几个月，以这种方式聚集起来的金钱几乎全部落入了伯恩哈特的西班牙裔摩洛哥人运输公司的手中。普通公民禁止
503 将金钱带到国外，国债的债权被中止，同时实行了凯波·德利亚诺效仿德国提出的一项被称作“独有的菜肴”（Plato Unico）的政策。该政策规定在饭店用餐的顾客为1道菜要支付3道菜的费用，多余的部分要上交给当局政府（然而，该政策最后变成了只对食物进行收税）。尽管这一政策也许并没有起到什么作用，但在没有甜点和烟草的岁月里增加了政府的收入。

一部分捐赠政策含有某种不合常理的“色彩”。例如，呼吁为卡斯卡霍上校的小别墅筹集资金，卡斯卡霍就是那位作风残酷的科尔多瓦长官！当然，一定还有些别的计划为其他军官带来了直接利益。

内战期间没有推行过债券政策。这只是使很少做投资的富人们增加了他们在银行的存款。私人贸易自然继续进行着，不过，由于店主团体已经根据政治主张而被划分，许多小买卖遭到波及。书商受到的影响尤为严重，因为只要是略微涉及违禁题材的书籍都会被禁止出售。这次文学清洗波及公共图书馆和学校。违禁的书籍被烧毁。与往常一

---

① 为了防止这个话题被忘掉，一张海报上写着：“西班牙人！不要和一个男人或女人握手，如果这个男人或女人在10个月的战争之后，仍然不顾国家的需要戴着黄金结婚戒指，那个人就绝对不是西班牙人！”

样，在这样疯狂的场合，上演了许多负有罪过的行径和不计其数的肆意践踏。同时也滋生了一些敲诈勒索和恶意收取保护费的现象。酒吧和咖啡馆以及其他人常去的场所都得早早关门，以西班牙人的活动习性来看，可谓相当早。相比于安达卢西亚，北方更容易强力推行这些严厉的规定。在那里，由于凯波捉摸不定的总督职权，更加随意的风气流行开来。国家主义领域继续进行对外贸易，但在1月份，每位行政长官都受命成立一个进出口调控委员会，以此对他们掌控下的所有出口商品出产地进行监督。1月22日颁布的另一项法令规定，禁止出口一切重要物资（橄榄油、葡萄酒、皮革、羊毛、铁矿石、硫化铁矿、水银、锌和铜），除非得到新成立的国家对外贸易委员会的批准。这一举动使国家主义当局在出口管控上的权力比以往任何一届西班牙政府都要大，但由于凯波的存在，塞维利亚的进出口委员会基本上独立于布尔戈斯的运作。

除了德国，共和国与英国的贸易也一直十分重要。雪利酒和其他酒类以及硫化铁矿在1937年的出口量甚至要高于1935年。1936年12月，504
一项为巩固“曾经的连接”的贸易协议以最为“偶然的”方式进行了签署。从此以后，由英国大使馆的贸易顾问阿瑟·派克主导的一股英国贸易势力长期存在于布尔戈斯。对于西班牙裔摩洛哥人运输公司而言，这是一个有力的竞争对手，而且比意大利人效仿西班牙裔摩洛哥人运输公司建立的意大利国家金融公司更受欢迎（SAFNI）。这家公司的管理人员一心试图在国家主义者解放阿尔马登的汞矿时可以分一杯羹。但不管怎样，德国与西班牙的关系主导了国家主义一方的经济。比如，英国的力拓河公司持有的铜矿于8月份被国家主义军队占领；在1月中旬时，他们抱怨称属于他们的铜资源被征用，并被送到德国。格拉斯哥在塔尔西斯的硫黄和铜矿开采部门与在摩洛哥的铁和锰矿的经营者们同样进行了抱怨，因为英国在这些地方拥有巨大的利益。英国政府随后向德国政府提出了抗议，但限于伯恩哈特和西班牙裔摩洛哥人运输公司的影响力，柏林的外交部对此不仅无能为力，甚至一无所知。1937年的1月，西班牙裔摩洛哥人运输公司-原料和货物采购公司与外交部发生了一些争端，不过伯恩哈特最终代表他们成了西班牙贸易的掌舵人，纳粹党在外交部面前再一次取得了胜利。[①]

佛朗哥从德国得到的一项援助持续被人关注着：1936年12月，一个巨大的洛伦兹无线电发射装置从汉堡运到比戈，其体积比西班牙最大的无线电发射装置还要大3倍。从此以后，从萨拉曼卡和布尔戈斯发出的声音无论是在国家主义西班牙还是在共和主义西班牙都可以被清楚地听到，尤其是从此可以听到凯波·德利亚诺的声音："今晚我将喝下一杯雪利酒，而明天我将攻占马拉加。"[②]

505 ## 30. 内部争端

在1936年到1937年的那个冬天，共和国似乎只有在国外报刊中才是一个联合政体。每一个组织内部都有着严重的分歧，同时各个党派和地区看上去都冲突不断，多数党派还有内部争端。在共和国联盟的各股势力当中，后来居上的西班牙共产党作为掌控法律和秩序的新晋政党，看上去是最有自信的。他们对未来胜券在握的党内氛围、他们的活力、他们务实的政治态度以及苏联武器的威力（就像阿斯图里亚斯社会主义者冈萨雷斯·培尼亚说的那样，"肉眼可见的宣传"的影响力）让他们成为抱有雄心的人加入的首选。除了重型坦克、快速战斗机和轰炸机，很快还增添了战斗力超群的新式机枪。许多之前持中立立场的军官要么

---

① 关于讨论，见Glenn T. Harper, *German Economic Policy in Spain*（The Hague,1967），pp.32–59。

② 见*Cambio 16*, 15 September 1975中的文章。

加入了西班牙共产党，要么其行动深受影响。中央军指挥官波萨斯将军不断亲近西班牙共产党，[①]而先前连社会主义的形态选择都没有考虑过的共和国空军司令伊达尔戈·德西斯内罗斯也成为一名西班牙共产党员，其原因是他“认为西班牙共产党会为斗争带来最为卓越的贡献”。[②]社会党的软弱、持续的内部斗争以及意识形态的模糊不清是西班牙共产党崛起的另一个原因。曾经投票支持社会党的人们大批改投西班牙共产党。 506
拉尔戈·卡瓦列罗也许仍然是一名社会主义者，但在战前，也就是几个月以前，他不正是那个社会党中最亲近西班牙共产党的西班牙人吗?

与此同时，无政府主义者正进行着内部斗争。许多人批评4位领导者入职政府的行为。还有些人痛斥政府逃离马德里的举动，并且指责他们的秘书长奥拉西奥·普列托是懦夫，因为是他放任部长们去逃命。这其实是一项无理的指控，因为没有人询问过他的意见。最终他辞职了。严厉傲慢、态度冷淡、不愿妥协的奥拉西奥·普列托被马里亚诺·罗德里格斯·巴斯克斯取代。巴斯克斯是一名活力四射、体格健壮的年轻建筑工人，拥有一副大嗓门，他是加西亚·奥利弗的拥护者。[③]有些人产生了疑问：或许马克思是对的？或许实践中的无政府主义会堕落成小资产阶级行为?

在加泰罗尼亚统一社会党中，加泰罗尼亚的社会主义者和共产主义者的区别已经接近于零。其他地方有许多没有正式加入西班牙共产党的人实际上成了西班牙共产党内的一分子。这些人中有：玛加丽塔·内尔肯、弗朗西斯科·蒙铁尔（劳动者总工会的财务主管）两位代表，费利佩·普雷特尔（还是一名副政委），以及身兼马德里人民之家主席和建

---

① Zugazagoitia, p.406.

② Hidalgo de Cisneros, vol. II, pp.317, 361中写道：“各部委的年轻官员……雄心勃勃的中上阶层年轻人现在宣布自己是共产主义者……因为这意味着加入最强大的群体，并分享其纪律严明的权力。”

③ C. Lorenzo, p.155.

筑工人们的秘书的埃德蒙多·多明格斯。在此时西班牙共产党正如日中天的首都，马德里社会党的许多其他成员也接受了共产主义的言辞特点和处事风格，即便他们的认同只是流于表面。[①]截止到1936年年底，西班牙的共产党人数正式增加到25万人。[②]他们对农民所有权的拥护和对革命的反抗在各地都为他们赢得了一席之地。加泰罗尼亚作家何塞·阿古斯丁·戈伊蒂索洛的父亲身为一名右翼分子却加入了加泰罗尼亚统一社会党，他后来解释称，他的父亲希望可以抵御无政府主义者的威胁，因为无政府主义者想占领他任工程师的工厂。[③]3月份，何
507 塞·迪亚斯告诉共产主义中央委员会有不低于76,000名（接近于总人数的三分之一）党内成员是自耕农，有15,485名成员属于城市中产阶级。因此，自耕农的人数超过了农业工人的人数：这是一个非同寻常的局面。到了6月，西班牙的共产党人数增长到将近40万人，其中比斯开有22,000人，加泰罗尼亚有64,000人。联合青年团体的发展也十分迅速。此外还有共产主义阵线组织的联盟，比如“女子联合会”“文化民兵队”，最重要的是“国际红色援助”。与规模扩张迅速的西班牙共产党形成对比的是，如今的社会党只有16万人，伊比利亚无政府主义者联盟也差不多是这个规模，无政府主义青年团体的人数有将近10万人。马克思主义统一工人党大概有6万人。[④]无政府主义者和左翼社会主义者们都指责西班牙共产党拥护巴伦西亚的小农场主，他们中的很多人在过去曾投票支持巴伦西亚的自治运动，并且他们中有

---

① Castro Delgado, p.475.

② José Díaz, *Tres años de lucha*（reprinted Paris, 1970）, pp.289–290. Díaz给出的数字是249,140人，其中87,660人（37.5%）是工业工人，62,250人（25%）是农业工人，7,045人（2.9%）是知识分子和专业人员。

③ 见 Sergio Vilar, *Protagonistas de la España democrática, la oposición a la Dictadura*（Paris, 1968）。

④ Federación Catalana de Gremios y Entidades de Pequeños Comerciantes e Industriales. 数字在*Frente Rojo*, 21 October 1937, qu. Bolloten, p.83。

一部分人还曾加入过西班牙自治权利联盟。[1]共产主义者们宣称他们中有超过一半的成员正在军队中服役：如果此言属实，那就意味着，截止到1937年的3月底，共和国军队的36万人中有13万人是共产主义者。[2]

共产国际对其势力的培养方式便是让自己扎根，深入共和国的行政部门，通过由经验丰富的特殊代理人奥洛夫领导的代理机构，对此进行安排，内务人民委员部的触手会排挤掉所有独立的契卡组织，甚至社会主义-共产主义青年团和其他组织都包括在内。共产国际这样做的动机多少值得注意，因为马克思主义统一工人党并不是托洛茨基派，尼恩在入职加泰罗尼亚政府的问题上已经与托洛茨基决裂，而且托洛茨基曾出言谴责过马克思主义统一工人党。实际上真正令共产国际感到不安的是，作为一个有威胁的西班牙马克思主义的革命团体，马克思主义统一工人党的领导者们管理有方，并且不受莫斯科的控制。马克思主义统一工人党的领导层都是前共产主义者，因此他们可以被当作“叛徒”。在整个西班牙，只有马克思主义统一工人党的报纸《战斗 508
报》和全国劳工联合会的《晚报》提到了莫斯科的肃反运动，《晚报》是由无政府主义极端团体的成员主编，这些人都是杜鲁蒂的好友。但全国劳工联合会最终否认了《晚报》中刊登的文章。对于大多数拥护共和国的人，苏联发生的肃反运动似乎被当作是法西斯宣传运动的凭空捏造。[3]

西班牙肃反运动的第一步是发起一场共产主义运动，以“政府应当是联合会之一而非政治党派”这样一个似是而非的理由，把马克思主义

---

① 见Bolloten, pp.192–193。

② José Díaz, *Por la unidad, hacia la victoria*, speech of March 1937（Barcelona, 1937）, pp.50–51.

③ *La Batalla*, 27 January 1937, qu. Bolloten in Carr, *The Republic*; and *La Noche*, qu. Payne, *The Spanish Revolution*, p.289.

统一工人党赶出加泰罗尼亚自治政府。不管怎样，在司法职位上，尼恩的任期一直存在争议，他于12月16日离职。[①]加泰罗尼亚政府实行重组，其中全国劳工联合会得到了4个席位（埃雷拉、多梅内奇、伊格雷亚斯和阿瓦德·德桑蒂连），劳动者总工会得到3个席位（科摩拉、比迭利亚和米格尔·瓦尔德斯——全部都是加泰罗尼亚统一社会党成员），左翼党得到3个席位（塔拉德利亚斯、艾瓜德和斯伯特），一茬佃户得到1个席位（卡尔韦特）。然而，在这些人当中，内务委员艾瓜德与西班牙共产党来往密切。颇具影响力的加泰罗尼亚统一社会党秘书长科摩拉越来越有掌控政府的势头。被提名为防御委员的无政府主义者伊格雷亚斯基本上碌碌无为。

无政府主义者并没有维护马克思主义统一工人党，因为他们不过是把这场斗争当成了马克思主义者内部掀起的一次争端。尼恩虽然是一名前共产党党员，但全国劳工联合会还是把他记作叛徒。众所周知，左翼党对于马克思主义统一工人党没什么兴趣。同时，如今的西班牙共产党成了孔帕尼斯的密友——不只反抗革命（马克思主义统一工人党、全国劳工联合会和伊比利亚无政府主义者联盟），还对抗反动行为，毕竟反动与革命同样需要防范。1936年的秋天，一些加泰罗尼亚民族主义者试图发动政变。加泰罗尼亚州的领导者们（大多数在巴黎）一直期望佛朗哥在马德里赢得胜利。他们显然是在考虑是否不应该把承认佛朗哥在西班牙其他地区取得的全面胜利作为筹码，来换取尝试通过磋商让加泰罗尼亚获得自治权。谋划者们还试图在某些心存不满的无政府主义者当
509 中捞得好处。由于计划败露，加泰罗尼亚自治政府的警察局局长安德鲁·雷韦特尔被牵涉其中，一同获罪的还有加泰罗尼亚自治政府的主席

---

① 例如，尼恩任命一个名叫巴拉达（Balada）的不太专业的手枪手为加泰罗尼亚州检察官，“他进行审判时就像是一名屠夫”。见Benavides, *Guerra y revolución en Cataluña*, p.226。

胡安·卡萨诺瓦斯。事情并没有张扬出去：雷韦特尔被以腐败的罪名逮捕，而卡萨诺瓦斯如果够快的话，还是可以悄悄逃往巴黎的。雷韦特尔还被秘密释放，并且从此杳无音信——实际他被秘密执行了枪决。接替他位置的是孔帕尼斯的一名好友——马蒂·罗雷特，他很快又把位子让给了共产主义者罗德里格斯·萨拉斯。①

此次危机表现出了中央政府和巴塞罗那之间的不和。正如所看到的那样，得益于1936年7月爆发的军事起义，加泰罗尼亚在实际行动上已经发动了针对马德里的政变。此时出现了一个与加泰罗尼亚工厂的立场相关，尤其是关于军工厂，但未得到解决的难题：加泰罗尼亚政府坚持共和国中央政府应当只与他们进行沟通，而非直接与相关工厂打交道。但加泰罗尼亚自治政府的办事效率极其低下，对战争物资的需求却又十分紧迫。②

加泰罗尼亚的局势无比复杂：孔帕尼斯及其在左翼党的好友们与中央政府和西班牙共产党在如何对待无政府主义者和马克思主义统一工人党、解决后卫部队的恐慌以及确保政府可以干涉工业而不是由工人们掌控的问题上看法一致。他们反对中央政府（和西班牙共产党）将战争力量集中化的主张。同时，在孔帕尼斯充满担忧的眼中，无政府主义者和共产主义者每天都在新闻中舌战。比如，12月19日，《工人团结》吟咏道："（共产主义者）带有谴责意味的叠句——'赢得战争优先'让我们心痛。这是一句干瘪的口号，没有任何实质内容，不含勇气和成果。赢得战争与发动革命应该是同步的，因为战争和革命互相依存，就像太阳和光。"

西班牙共产党的计划是先让加泰罗尼亚自治政府恢复实力，以对抗

---

① 1936年11月的加泰罗尼亚国家党阴谋仍然是一个模糊的问题。见Benavides, *Guerra*, p.244，据说雷韦特尔是因枪杀岳母而被处决的。见Payne, *The Spanish Revolution*和Martínez Bande, *La invasión de Aragón*, p.296。

② 见Azaña, *Obras*, vol. III, *Artículos sobre la guerra de España*, p.508。

无政府主义者和马克思主义统一工人党，然后再帮助中央政府接管加泰
510 罗尼亚自治政府。1936年的冬天，他们鼓动解散革命委员会，并以此让政府的所有行政机构由加泰罗尼亚自治政府管控——尤其是由像迪奥尼西奥·埃罗莱斯、何塞·阿森斯和奥雷利奥·费尔南德斯等清白的无政府主义领导者掌管的控制巡查队管控，这可以同时使巴塞罗那惶恐不安。1月初，在巴塞罗那，西班牙共产党成功说服孔帕尼斯委托他们的秘书长科摩拉出任食品部长，这使无政府主义者与共产主义者之间的猜疑变得更加严重。科摩拉废除了由无政府主义领导的食品委员会，该委员会迄今一直在负责监管巴塞罗那的食品供应。有一段时间，政府无法干预加泰罗尼亚的食品供应，甚至连定量配给都延迟执行。这造成了许多困境，因为食物的价格已经远远超过了工资水平。随后爆发了食物短缺。这样的结果部分是因为上一年度的歉收，但无政府主义者把其归咎于科摩拉的无能和失职，不过科摩拉宣称是由于上一任者——全国劳工联合会的多梅内奇太过无能[1]（从6月开始，一般物价指数已经升高了40%，并且每个月都在持续上涨：1937年在当时是通货膨胀异常严重的一年[2]）。接着又爆发了一场布告大战，无政府主义者张贴布告，要求科摩拉辞职，同时加泰罗尼亚统一社会党的布告呼吁："少说话！少点委员会！更多的食物！"甚至还有"把所有权力交给加泰罗尼亚自治政府"。与此同时，每天都可以在还未营业的面包店外看到三四百人排队买面包。有时面包卖光了，突击警卫队不得不用枪托将长队驱散开。[3]包括在中央政府和加泰罗尼亚政府的部长在内的所有无政府主义领导者都对西班牙共产党控制下的资本主义经济嗤之以鼻，但他们并没有提出任何抗议。[4]

---

① Peirats, vol. II, p.163.

② 见附录三。

③ Borkenau, p.185.

④ 见Juan López's speech on 27 May 1937（qu. Peirats, vol. II, pp.248–252）。

巴塞罗那的“规范化”生活（由西班牙共产党和孔帕尼斯进行支持）对于工人阶级甚至是一种安慰。司法部副部长克罗·莫拉莱斯从嗜好杀戮的律师桑布兰卡特领导的革命法庭手中重新夺回了法院，加泰罗尼亚自治政府的教育委员斯伯特开始以传统原则为基础重新组建小学。在巴塞罗那大学的博什·金佩拉的努力下，中等教育和更高层 511
次的教育同样避开了进一步的改革。此外还渐渐恢复了市政生活，革命委员会被新任命的理事会取代，而其中成员的构成比例大概是：3名无政府主义者的代表、3名非革命左翼的代表、2名加泰罗尼亚统一社会党的代表（共产主义者），偶尔会有1名马克思主义统一工人党的代表。[①]

与此同时，拉尔戈·卡瓦列罗说服新晋工业部长——无政府主义者佩罗停止在全国范围内催逼工业的进一步集体化，他的理由是这将吓退国外资本。其实截止到1936年的那个冬天，加泰罗尼亚的经济大部分已经被集体化了，并且于10月份建立的委员会一直在监管工厂运转。[②]为了方便合理化改革，许多小商铺也被禁止营业。但是，现行的经济体制并没有像十月法令规定的那样奏效。非法集体化的情况时常发生，许多赔偿协议都成了一纸空文。许多小企业请求政府帮助他们渡过经济上的难关。自6月份以来，工业产值已经下降了三分之一，并且在持续下滑，但总体而言，这一情况还算在意料之中。[③]造成这一结果的原因并不是起初管理上的不当或缺乏经验，而是缺少原材料和市场。无政府主义者也得承认，革命已经带来了完全超乎他们想象的难题。伊比利亚无政府

---

① Bosch Gimpera, *Memorandum No. 1*, sent to the author, 1962.

② Peirats, vol. II, pp.262–263.

③ Bricall, *Generalitat*, p.48. Bricall的表格显示，加泰罗尼亚的工业用电量从6月的4,000万千瓦时下降到12月的3,300万千瓦时（3月为3,000万千瓦时），尽管与1936年相比，1937年1月的家庭用电量下降幅度较小（1936年1月为1,070万千瓦时，1937年1月为970万千瓦时）。

主义者联盟的领导人阿瓦德·德桑蒂连（在加泰罗尼亚自治政府出任经济委员）直白地写道：

> 生产渠道、工厂、运输工具的私有化和资本主义体系下的物资分发，是我们所见到的痛苦和不公的主要来源。我希望一切财富都得到社会主义化，这样这场生命的盛宴就不会落下任何一个人。如今我们已经有了一些成就，但我们做得还不够好。我们用6个新人顶替了老物主，这些人把工厂和运输工具视作
> 512 自己的财产，他们经常因不懂管理而不知所措……与老物主一模一样。[①]

然而，在社会保障方面，新推行的一些政策发挥了作用（包括意外和伤病保险、更加合理化的退休金以及家庭补助）。与农村地区的无政府主义者不同，巴塞罗那在工业上的工团主义维持着个人工资的发放，并没有尝试以家庭为单位进行发放。事实上，人们的薪资或有提高，因为1936年年底的工资比7月份上涨了近三分之一。但通货膨胀毁掉了生活水平的提升。[②]无政府主义的部长们强烈地抱怨他们的观念遭到议会的抵制。佩罗在工业部表示共产主义者们拒绝为他出资，抵制他为集体化推行的法令，处处对他进行阻挠。另一方面，他们确实阻止了许多已经被集体化的企业回归到私有制。[③]

战争时期的无政府主义问题并没有事先被预测到。具体想想能源问题就可以明白：在战前，巴塞罗那的煤主要来自阿斯图里亚斯，而如今与阿斯图里亚斯的联系被切断；英国是主要的煤输出国，但自从国家主

---

① Diego Abad de Santillán, *After the Revolution*（New York, 1937）, p.121.

② 见Bricall, pp.116–117内的表格。这一年来的螺旋式增长令人震惊。

③ 关于这场辩论，见C. Lorenzo, pp.257–258。

义者的新巡洋舰“加那利群岛”号于9月份出航以后，共和国就不再握有海上控制权。因此，由于煤的短缺，共和国不得不对运输和其他工业政策重新调整。需要启动与战前一样多的火车吗？全国劳工联合会认为有必要这样做。但在11月，他们又被迫大幅修改这项计划。[1]加泰罗尼亚的纺织业也出现了类似的问题。在战争爆发以前，加泰罗尼亚从埃及、美国和巴西进口棉花。他们的羊毛有一部分来自卡斯蒂利亚地区。如今，他们再也没办法接触到直布罗陀海峡另一侧的美国和巴西，而卡斯蒂利亚的大多数地区又落入了佛朗哥的手中。货船方面，尤其是英国的船，仍然能从埃及行驶过来，但对于共和国的商人们，连地中海也正在变得越来越不安全。

如今的加泰罗尼亚在工业上主要有三种管理方式：第一种，企业所 513
有者在理论上保持位置不变，但由工人推选出的委员会来进行业务的掌控，这类公司多数都是外国企业；第二种，企业曾经的所有者直接由工人推选出的委员会取代；第三种是被“社会主义化”的企业，这种“社会主义化”就是对企业生产的相关产业进行了重新调配。这类企业的一个例子是加泰罗尼亚的木材工业。在由林木工人组成的无政府主义企业联合组织的支持下，企业所有的活动都被统一化。但这种做法给人留下了简单粗暴的印象。在所有大型企业和与战争密切相关的企业中，委员会内部都会有一名政府代表。他负责控制贷款，有时候是把控原材料。他所扮演的角色越来越重要，因此，对于一部分企业（尤其是军工企业）来讲，与国有化相关的一些事情会很快完成。随后，于10月24日颁布的法令批准了那些雇佣不超过100人的私人企业的合法经营权。该法令涵盖绝大多数的加泰罗尼亚企业。无政府主义者胡安·法夫雷加斯表示，实施该法令的事实结果是确立了商业上的小资产阶级，并且更为重要的

① 见Leval, pp.277ff。

是，使政府对工作负有越来越大的责任。[①]

加泰罗尼亚最重要的产业当数纺织业（雇佣着18万名工人，是其他任何单一产业人数的2倍多）。企业以小规模为主。政府试图对企业进行“社会主义化”，让其单由理事会进行管理，但有很多个人公司以及一些被集体化的工厂幸存，这些被集体化的工厂拒绝与国家或者地方的计划合作。与此同时，原材料和市场的短缺导致有时会采取每周3天，甚至2天的工作制（如果出现这种情况，工人们拿到的工资将按照每周工作4天来算）。政府试图让普通工人和技术人员的工资标准化，从而全面削减工资，但全国劳工联合会解释称，新实行的每周40小时工作
514 制、稳定长期的薪酬体系的确立和按件计酬的工作的禁止会抵消这一做法。[②]政府没有对男女工资平等对待。工业似乎一直依靠着由委员会举办的一场正儿八经的宗教节日来维持运转，全国劳工联合会对这些以金字塔结构而组建的委员会钟爱有加：车间委员会、地方区域委员会和市场委员会全部由全体工人大会选举产生。这类企业起初没有政府代表，也不愿有政府代表进入。加泰罗尼亚自治政府接到的解释是，为了给他们新组建的军队制作军装，这些企业正很奇怪地从大老远的法国进口材料。[③]不出意外，1937年1月份，革命纺织工业的产出比去年同月份少了一半。[④]

就购物公司而言，规模相对更大的企业（跨大西洋公司、地中海公司）如今由全国劳工联合会和劳动者总工会的委员会来掌控。跨大西洋公司的委员会除了有这两大组织各派出的三名成员，还有加泰罗尼亚自治政府和中央政府各派出的一名成员。无政府主义运输工人负责火车、

---

① Bricall表示，与木材贸易相关的建筑业指数在1937年1月跌至32点，而1936年1月的指数为100点，6月为69点。

② 见*L'Oeuvre constructive de la révolution espagnole*（November 1936）。

③ Semprún-Maura, p.94.

④ Bricall's figure（*op.cit.*, p.79）.

地铁和公共汽车服务的运作，而劳动者总工会在加泰罗尼亚两大铁路网的委员会派有代表。另一方面，银行在经过一段时间社会主义银行职员的管理后被加泰罗尼亚自治政府接管，同时电话公司被各电话局工人组成的委员会控制。

在加泰罗尼亚，另外还有一类很重要的企业——冶金厂。有一部分冶金厂属于外国企业，因此这些由工人委员会负责运转的冶金厂不会出现任何长期的集体化。其他的冶金厂都被集体化，但并没有被社会主义化，也就是他们的企业还保持着独立。除非是那些公认与战争相关的企业，这些企业会接连遭受民兵委员会、加泰罗尼亚自治政府以及中央政府的干预。所以，政府代表在希斯巴-诺苏莎工厂有着举足轻重的作用。这家工厂生产装甲车、救护车、手榴弹以及机枪枪托等各种物品。[①]这是整个工业当中唯一一家在1936年冬天的总产量比去年增长了的公司。[②] 515
机械制造量表现出最为明显的提升。

在加泰罗尼亚以外的地区，中央政府也试图对所有重要工厂实行政府监管，无论是进行国有化还是个人管理。为了达到这个目的，政府加大了无政府主义工厂拿到贷款的难度，还针对他们设置了许多其他障碍。因此，一些研磨场在棉花用尽以后不得不停止生产。这样的事情发生在无政府主义者佩罗还在工业部的情况下。佩罗的集体化计划遭到拉尔戈·卡瓦列罗的驳回，在整个1936年的冬天，工业一直没有设立标准。有些工厂被国有化，有些被社会主义化和合理化改革，有些在个人的手中，还有些在工人委员会的手中：后两类工厂内都有政府代表。所有的工厂都缺少原材料和零部件。除了军工厂以外，工厂都缺少市场。当佩罗接受职务时，他发现尚有11,000份递交的贷款

---

① Souchy, *Colectivizaciones*, p.71.

② 见Bricall（p.79）。与1935—1936年相比，1936—1937年冬季的化学品产量下降了近50%。

申请。[1]

在巴伦西亚，对工业的安排更加简单。几乎所有的工厂和商铺都由它们的工人管理。然而，政府搬到巴伦西亚的结果让它们在政治上得到对西班牙东部沿海地区更强的控制力。11月份以前，这一地区几乎一直都处于独立的状态。曾在1934年领导社会主义土地工会（全国农业工人联合会）的里卡多·萨瓦尔萨接任行政长官，并展露出他是一名坚定的中央集权主义者。半独立的巴伦西亚委员会被中央政府取缔。1937年1月以后，该委员会及其最著名的成员——革命上尉贝内迪托便消失在历史的洪流当中。新市长这一职位与过去一样都是由行政长官进行任命。

在马德里，共产主义者和无政府主义者之间的敌意造成了多重影响。这一方面体现在马德里与巴伦西亚的争端上，另一方面体现在共产主义者与拉尔戈·卡瓦列罗之间的不和上。科卢那公路的战
516 斗结束后，克莱贝尔将军提出共和国应该以国际旅为主导发起攻势。但在这一点上，克莱贝尔面对的是米亚哈和其他西班牙指挥官对他的不信任。对“热情之花”以及其他在战斗时留守马德里的共产主义者的名声心存嫉妒的拉尔戈·卡瓦列罗据说已经在怀疑克莱贝尔，认为他希望利用国际旅在首都发动一场共产主义政变。马德里的无政府主义者支持米亚哈，并首次间接地支持拉尔戈·卡瓦列罗。即便如此，要不是克莱贝尔招致安德烈·马蒂的怀疑，他的战略思想很可能已经成功。最终，克莱贝尔只能离开他的指挥岗位，暂时居住在巴伦西亚的一个小酒店里。从此以后，无论米亚哈在战斗中真正发挥了多大作用，他的名气都在与日俱增。他正受到马德里的异常欢迎，并且深知这一点。他告诉苏加萨戈伊蒂亚：“当我坐在车里的时候，女人们向我大喊‘米亚哈！米亚哈！米亚哈来啦！’我们互

① Peirats, vol. II, p.261.

相问候对方。她们很快乐，而我也是。”[①]米亚哈不是一名参与政治的将军。他确实曾对彼得罗·南尼说过，相比于社会主义者，他更喜欢共产主义者，因为他们意志坚定：“社会主义者是先说后做。如果换作共产主义者，则是把事情做完以后再去谈论。从军事层面上讲，这是一种优势。”[②]后来，有人说他加入了政党。事实上，米亚哈手里握有所有留在马德里的政党的会员卡，包括联合青年团体，即便他当时已经60岁了。[③]阿萨尼亚回想起他时说，尽管他的的确确是一名共和主义者，但他没法与社会主义者一起共事，他说：“我认为他们都应该被枪毙。”[④]

与此同时，“西班牙列宁”（拉尔戈·卡瓦列罗）改变了他的政治观念。出任总理的拉尔戈·卡瓦列罗恢复了政府的权力，并且在作风传统的战争部副部长阿森尼奥的帮助下开始重整军队。共产主义者以及由其掌控的联合青年团体帮他登上了权力的宝座，并且西班牙共产党的组织技巧让他受益匪浅，但他仍然大失所望。这可能缘于像米亚哈一样的共产主义者因保卫马德里而声名大噪这一现实。12月21日，斯大林给他写了一封信，信中满是屈尊俯就的建议，这当然也于事无补——相比于在苏联，议会制在西班牙也许更能发挥革 517
命性作用。即便如此，苏联的经验也可能有用，因此，苏联派遣了某位“军事同志”，让他受令紧跟西班牙的指示，并担任顾问。斯大林“像一位朋友一样”请求拉尔戈·卡瓦列罗汇报顾问们已经取得的极大成就，甚至询问大使罗森博格：卡瓦列罗对此是否满意？信的结尾处，斯大林留下的建议是应该尊重农民和外国人的资产，民族主义路线的后方要有党派的势力，小资产阶级不应被攻击，阿萨

① Zugazagoitia, p.197.

② Nenni, p.171.

③ Malinovski, in *Bajo la bandera*, p.21.

④ Azaña, vol. IV, p.589.

尼亚和共和主义者不该被冷落。[①]然而，拉尔戈·卡瓦列罗对苏联的不满还是在1月份达到顶峰，当时苏联大使罗森博格试图怂恿他撤去阿森西奥将军的职务，并安排一些这位共产主义者想要的其他职位。在外交部长阿尔瓦雷斯·德尔巴约也在场的情况下，经过了两个小时的讨论后，拉尔戈奉劝道：

> 你们都出去，出去！大使先生，你必须记住，西班牙人也许正深陷贫困，并需要外国伸出援助之手，但我们还没卑微到去接受一个外国大使试着把他的意愿强加给西班牙政府。而至于你，巴约，别忘了你是西班牙人，是共和国的外交部长，你不应该站在这里伙同他国的外交官，试图对你的总理进行施压。[②]

一名资深的工会主义者，让自己的政治生涯急转直下仅仅是因为给一名有能力但也是很顽固的保守派进行辩护，这是一件多么讽刺的事情啊！拉尔戈与议会内的两位共产主义者之间也出现了类似的一幕。[③]

罗森博格因此很快离开了西班牙，后在苏联被杀害。接替他的是他
518 的代办，性格温顺的盖金斯。1937年年初，西班牙共产党明显对这位先前曾全力相助的总理有诸多不满。同年冬天，在社会主义与共产主义的青年团体已经联手的情况下，共产国际一直在请求让社会党和西班牙共

---

① 这封信于1939年6月4日由1936—1937年担任驻巴黎大使，但后来已经反共的阿拉基斯塔因首次在《纽约时报》上发表。当这封信到达拉尔戈·卡瓦列罗的办公室时，没有人能读出难以辨认的签名。共产国际特工科多维拉被招来，但他也看不懂。罗森博格的一名苏联大使馆工作人员破译了斯大林、莫洛托夫和伏罗希洛夫的名字（Gorkin, *Caníbales politicos*, p.85）。

② 拉尔戈的工作人员在门外清楚地听到了这段对话。见Ginés Ganga, in *Hoy*, 5 December 1942, qu. Bolloten, p.273。参见Largo Caballero, p.195。

③ Prieto speech in Mexico, 1946, qu. Bolloten, p.223.

产党合并，但拉尔戈·卡瓦列罗并没有答应。斯大林甚至让西班牙驻莫斯科大使马塞利诺·帕斯夸返回西班牙，专门送去他敦促两党合并的口信。尽管拉尔戈被告知斯大林想让他继续担任联合团体的领导人，但他仍然予以拒绝。这样，在1936年的冬天，拉尔戈与西班牙共产党之间开始互相排挤。拉尔戈考虑以心怀不臣之心为理由而罢免阿尔瓦雷斯·德尔巴约的职务，阿萨尼亚对此表示支持，但拉尔戈在最后时刻反悔了，尽管他在与阿萨尼亚的交谈当中透露出的态度十分坚决：“我的一名部长背叛了我。他是一名社会主义者。他担任的是外交部长。”①

让阿萨尼亚心神不宁的是，西班牙共产党在西班牙采取的温和政治策略已经让他们与自由共和主义者们达成了战略上的同盟。比如，在军事战略和经济上，除了赢得战争这一共同目标，阿萨尼亚和希拉尔还有一项计划几乎与西班牙共产党的如出一辙。1月21日，在公众面前鲜少露面的阿萨尼亚在巴伦西亚发表了一次演讲，此次演讲的内容在措辞上与“热情之花”的演讲差不多完全相同，他要求“一项战争方针——在措辞上只有一种——保持纪律和服从可靠的共和国政府”。包括普列托本人在内的普列托派和财政部长内格林同样把西班牙共产党视作有价值的盟友，不仅能一同联手对抗他们一直以来鄙夷不屑的拉尔戈·卡瓦列罗，还可以共同抵制令他们深恶痛绝的一整套越来越极端的革命政策。他们与西班牙共产党一样厌恶马克思主义统一工人党和无政府主义者。而且，苏联的军事援助和国际旅无可匹敌的军事头脑让他们一直拥护的“人民阵线主义”长期保持神话般的地位。阿萨尼亚、普列托和西班牙共产党组成的行动联盟也许并不牢固，而且可能难以维持长久，但正 519
如在未来会见到的那样，这一联盟足以毁掉拉尔戈·卡瓦列罗。此时的普列托陷入困境，他甚至表示支持社会党和西班牙共产党的合并。②

---

① Prieto, *loc.cit.*

② Largo Caballero, p.225.

如今的阿萨尼亚和西班牙共产党同意等到战争胜利以后再进行社会等其他方面的改革。正是这项政策的采纳，大大提升了西班牙共产党的吸引力。1月份，在巴伦西亚举行的一场全国青年代表大会上，社会主义–共产主义青年团的秘书长圣地亚哥·卡里略（他的敌人们称呼他为“丑态百出的蝶蛹”，而他才不过20岁）说：“我们不是马克思主义青年团体。我们只是在为一个议会制的民主共和国而战。”《工人团结》把这段话称作“改良主义的骗人之举”：“如果社会主义联合青年团既不是社会主义者、共产主义者，也不是马克思主义者，那他们还会是什么？”事实上，联合青年团体没有意识到他们的领导者们实质上已全身心地投入共产主义事业当中，且这些领导者这么做的时候还会招致不满——巴伦西亚和阿斯图里亚斯的部长们因此下调了该团体在全国委员会中的席位数量。[1]

不过，当所有这些争端凸显时，考虑到国内外共产党的持续干预，可以说拉尔戈·卡瓦列罗这届政府为改善西班牙摸索了各种各样的方法。战争也许占用了共和国的大部分资源，但教育受到前所未有的重视。在1937年新开设的学校达1,000所，其中多数是在富人们被没收的房子里，教会学校已经被转换成政府或国家学校（“新联盟学校”）。到了1937年，军事学校已达2,000所，有将近10万名先前不识字的民兵会在这些军事学校中学习认字。[2]农村地区的集体农场通常会比1936年7月份之前多几名教师。各个方面的教育持续受到极大的重视。很多观察家注意到，与
520 从前相比，不再有那么多小孩犹豫地在家附近徘徊。一些技工学校和职业学校拔地而起，比如与农业相关的蒙卡达大学（巴伦西亚），有将近300名学生在这所学校里学习先进的农业技术。[3]据一名无政府主义者统

① 信件引用自Bolloten, *op.cit.*, p.118。阿斯图里亚联合青年团体后来与无政府主义青年团体建立了工作联盟。

② 数字见*Education in Republican Spain*, 1938。

③ Leval, p.169.

计，在巴塞罗那，1937年7月在学校里念书的孩子有116,846人，而在去年同期，这一人数只有34,431人。①

在卫生方面，针对医药品社会所有化的前期工作同步展开。在巴塞罗那，信奉无政府主义的卫生委员加西亚·比尔兰及其任命的卫生部门主任费利克斯·马蒂·伊瓦涅斯博士工作突出。巴塞罗那的1,000名医生、3,200名护士、330名接生员和600名牙科医生工作的时候都积极认真，并富有开拓精神。②另外，包括手术在内的各种卫生服务都是免费提供。与1936年相比，在前线需要医疗服务的情况下，共和国仍然为肺结核患者提供了超过1,000张病床。在1937年中后期，国家还组织了对天花、白喉和伤寒热疫苗的强制接种。到同年年底，共和主义西班牙拥有的儿童福利中心与战争爆发前整个西班牙相比，在数量上持平。③国外医疗援助组织还在整个共和主义西班牙传达了积极热情的工作态度，把卫生工作水平提升至新的标准。虽然，加西亚·比尔兰不久后离开了加泰罗尼亚自治政府，但另外一名见闻广博并富有献身精神的无政府主义者费德里卡·蒙塞尼直到1937年还一直担任着卫生部长。一项在1月31日推行的新法令规定，堕胎属于合法行为——但怀胎3个月之后的孕妇仍然禁止堕胎——进行这样的手术时会得到相应的医疗援助。④

1936年12月29日，《工人团结》发表了以下这段话：

> 星期天的早上，在无数位同志的见证之下，运输工会发生了纯真又催人泪下的一幕。这件事与在社会层面上相比，更能

---

① *Libro de Oro de la Revolución Española*, qu. C. Lorenzo, p.115.

② Leval, p.296.

③ Peirats, vol. III, p.187.

④ 见the editorial of *Solidaridad Obrera* on 13 January 1937（qu. Peirats, vol. II, pp.116–117）。

> 在自由主义上体现出深刻的意义。两位年轻人由衷地决定一同
> 521 步入婚姻的殿堂……胡安·弗雷克萨斯和托马萨·科斯塔……工会会长利韦里奥·卡列哈斯在主持这场婚礼的时候对他们说：“以自由之名，永结同心！”

在另一方面，共和主义中心地区的监狱生活与佛朗哥一方的基本上相差无几。位于巴塞罗那蒙特惠奇的老旧监狱和停靠在港口的运囚船都是人满为患，不仅食物匮乏（午餐和晚餐是米饭和一片面包，天亮的时候给一杯带有几滴咖啡的热水和一片面包），而且洗漱条件十分恶劣。共和主义者和革命党人被关押进佛朗哥一方的监狱中，许多囚犯为发挥模范作用而表现出大无畏精神；在佛朗哥一方，看守们常常都是一些心胸狭窄、手段残忍，并且肆意妄为之徒。与佛朗哥一方的军事法庭相比，此时的人民法庭也公正不到哪儿去：只给罪犯非常短的时间为自己的辩护进行准备，他们常常被迫接受一位在审判前素未相识的律师提供的辩护。多数情况下，审判员席中都包含有心存偏见的人，乐于起哄的听审群众会左右这些人的决定，每次一有死刑被宣判，听审席上都会爆发出掌声。事实上，政府在12月份下令宣布，在4名审判员都宣判死刑以前，不准处死被告人，后来则需要议会的批准，渐渐地，这项法令开始施行起来。不过，在1936年的冬季，尽管私人团伙的影响力大不如前，法院和政府的地位愈加突显，但共和主义西班牙到处都有“右翼分子”、军官、投票支持西班牙自治权利联盟的人、神父、密谋者和无辜的老百姓被枪决。西班牙两大阵营之间在这方面的不同之处在于，共和国对待囚犯的态度渐渐有所改善，政府希望能推行纪律严明，并带有人道主义色彩的政策，而在佛朗哥管制下的西班牙地区，察觉不到任何想要推行此类政策的迹象。在布尔戈斯和萨拉曼卡，绝不会有像由加西亚·奥利弗任命的梅尔桥·罗德里格斯这般仁慈的监狱总长。勇敢无畏、绝不向任何恐怖主义低头的罗德里格斯是一位自学成才的哲学家，在道

德层面上，他有着十分巨大的影响力。但他的任命随后导致了共产主义者在何塞·卡索拉的庇护下不经授权和监督而将他们自己的监狱开放的行为——当时，身为共产主义青年团体领袖的何塞·卡索拉负责马德里的公共秩序。

担任司法部长的无政府主义者加西亚·奥利弗背地里支持许多像这 522
样为了让法律走向更好的方向而进行的变革。1937年1月31日，他发表了有史以来历届司法部长中最为引人注目的一次演讲：

> 正义（他宣称）必须在烈火之中熊熊燃烧，正义必须充满活力，正义不能被限制在一个职业的边界之内。我们绝非是在贬低书籍和律师的价值。但律师过剩的事实确实摆在眼前。当人与人之间的关系变得恰如其分，便不会再有偷盗和杀人的必要了。让我们破天荒地承认，在西班牙，普通罪犯不是社会的敌人，他们倒更像是社会的牺牲品。如果自己和自己的孩子已经饿得饥肠辘辘，谁敢说他不会为了偷盗而以身犯险呢？不要认为我是在为盗窃开脱。毕竟作为一个人，就算不是出身于上帝的造化，但也是从洞穴中走出来的，从野兽里演化出来的。我坚信唯有用心才能洞悉公正这一难以捉摸的事物。[①]

他后来说，他刚上任时，没有一家能主持正义的机构。“每个人都在秉承自己认为的正义，这就是所谓的滥杀无辜。我把这称为传统司法机关完全缺席的情况下，由陪审团直接执行的审判。”尽管，起初的状况异常恶劣，但他坚持制定一部新的法典。从12月4日罗德里格斯当选的那天起，监狱里的条件就得到了改善，而且自12月12日起，在黑市进行交易行为的人会被判坐牢。22日下达的一项法令规定，7月15日以

---

① Qu. ‘Berryer’, *Red Justice*（London, 1937）.

前进行的犯罪处罚全部无效。

12月28日，他们为国家主义罪犯建造了大量的劳改营——“把工作干起来，不要陷入绝望”被当作箴言贴在了劳改营的大门上。这个新的举动对监狱而言可谓一种改善。但对于死去的那些自由主义者、无政府主义者，这会让他们在九泉之下不得安宁，尤其是那句听上去带有纳粹色彩的箴言。包括专门律师费在内的诉讼费被取消。2月4日，首次颁布法令给予了女性法律身份，另外一项颁布的法令规定，在前线阵亡的
523 民兵的“自由婚姻”属于合法婚姻。[1]无政府主义者一直支持“自由婚姻”，反对在贫穷地区贩卖新娘的传统婚姻。比如，费德里卡·蒙塞尼不反对家庭，她认为孩子在家庭受到的教育要比在学校好。她非常支持计划生育，但她知道这会引起大多数女人的抵制。[2]

在共和主义西班牙，相对孤立的北方一直与同室操戈的南方大不相同。他们的各地区之间仍然保持着为数不多的联系。三大地区（阿斯图里亚斯、桑坦德、比斯开）各自拥有属于自己的货币，逾越地区之间的边界甚至比跨国还要难。有一次，北方总司令利亚诺·德拉·恩科米恩达想要越过阿斯图里亚斯前往桑坦德，尽管这两个地区都归他负责，但他的车在温克拉还是接受了检查，并被没收了一块奶酪。[3]

在阿斯图里亚斯，煤矿由矿区推选出的地方委员会管理，从属于省军政府的劳动委员会负责对地方委员会实行监督。希洪的渔民被组

① García Oliver’s speech, 27 May 1937（Peirats, vol. II, pp.252–258）; see Cabanellas, vol. II, p.1118.

② Interview with Kaminski, *Ceux de Barcelone*, p.68, p.74.

③ 1937年11月21日，北方军第二参谋长布松·利亚内斯（Buzón Llanes）上校的报告，qu. Martínez Bande, *La guerra en el norte*, p.247。奶酪无疑来自卡夫拉莱斯（Cabrales）。

织成一个无政府主义合作社。桑坦德的港口由社会主义者们进行运作。在巴斯克地区，工业运转正常，然而，这些地区都有各自的难题。1月份，劳动者总工会和全国劳工联合会在莱昂、阿斯图里亚斯和帕伦西亚的省秘书处发布了一份强烈抨击“官僚主义”的公告，其语气中透露出，即便在像阿斯图里亚斯这样的社会主义小省份，也存在着这样的威胁。同时，该地区还深陷于对仍然由阿兰达驻守的省会奥维耶多的拉锯战当中。

巴斯克民族主义者正试图在共和主义西班牙采取的极端政策下，保住他们为数不多的领土。但这变得愈发困难。1月4日，德国“秃鹰军团”的容克52s飞机对毕尔巴鄂实施了轰炸，随后爆发了一连串的骚乱。进行轰炸的飞机中有两架被苏联战斗机击落。两名德国人用降落伞着陆。被这次恶意袭击点燃怒火的一群人杀死了其中的一名德国人。另外一名德国人在同样的死亡时刻被一名苏联飞行员所救。与此同时，毕尔巴鄂 524
因愤怒陷入疯狂。由于国家主义一方实行的封锁日见成效，因此近期很少有运送食物的船能够成功抵达。对于怒火中烧的老百姓，饥饿无异于火上浇油。一个愤怒的人走向了毕尔巴鄂关押政治罪犯的大楼，随后他得到来自劳动者总工会民兵队伍中一个营的响应。在3个不同的监狱总共有208名囚犯被杀。[①]同样的原因致使停靠在桑坦德的监狱船“阿方索·佩雷斯”号上也发生了相似的一幕：总共有200名长枪党人、卡洛斯主义者和右翼的支持者在船上死去。[②]

巴斯克地区与中央政府之间的关系十分疏远。要不是共和国政府接受了巴斯克地区对自治的要求，他们很可能会通过投降来换取有利条件。然而，共和国舰队9月在巴斯克水域的巡视不仅提高了士气，还带

---

① Del Burgo, p.700.

② García Venero, *Falange*, p.151n.; see Southworth, *Antifalange*, p.124, and Steer, p.110.

来了武器。后来，虽然苏联和更远的地方给予了一些武器上的支持，但这一支持并不稳定。[1]阿吉雷自诩为“尤兹卡迪”（巴斯克共和国）的陆军司令官（统领将近3万人），但在外界眼中，他像是一个独立国家的独立军首领。但拉尔戈·卡瓦列罗认为这支军事力量属于北方共和军的一部分，并且还包括阿斯图里亚斯和桑坦德的巴斯克人。在“尤兹卡迪”，巴斯克语和西班牙语都是官方语言。只有在归属于共和主义西班牙的巴斯克地区，教堂才会开放。“尤兹卡迪”一直由一个崇尚天主教的传统民族主义团体把控，这个团体在机缘巧合下与革命的左翼共和国结盟。许多巴斯克人——有时包括一些民族主义者——都在为佛朗哥效力。如今的“尤兹卡迪”只包含比斯开。在阿拉瓦和吉普斯夸，绝大多数人都是佛朗哥主义者。但“尤兹卡迪”的士气并不低。当地的共产党没有任何问题，地方共产党领导者阿斯蒂加里比亚实际上是一名巴斯克民族主义者。巴斯克的一名部长——共和主义联盟党的埃斯皮诺萨通过一名不忠诚的飞行员叛逃至国家主义一方，并在冬季被处死。除了食
525 物短缺，有时候很难看出巴斯克地区正处在战时状态。[2]但事实不久就会证明，巴斯克军工厂在生产效率上的低下很快就会对这个“小型共和国”造成不利影响。

—

在共和国的宣传中，有两种互成对照的局面总是让人觉得内战当中潜藏着另外一场内战：一种局面是外国人描绘的制宪民主对抗着国际法西斯主义；另外一种是国内人都熟知的，西班牙人民总表现出离一个新的世界

① R. Salas, vol. I, pp.369–370.

② 这一评论忽略了利亚诺·德拉·恩科米恩达将军12月在阿拉瓦发动的巴斯克攻势，该攻势被伊格莱西亚斯上校和阿隆索·维加上校阻止。巴斯克实验见Stanley Payne, *Basque Nationalism*（Reno, 1975）。

只有一步之遥的状态：胜利将导向新的生活。[1]冲突并不会轻易得到解决。

31. 军队与后勤 526

1936年12月，旧军队的剩余部队成功与民兵队伍混合成了自给自足的混成旅，2—3个混成旅会组建成一个师。[2]战争部副部长阿森西奥为此立下了汗马功劳。有数千名正规军军官已经或于不久后将被归入新成立的军队。他们中有的人是退役军人，有的人是1936年的在役军人。[3]

据说，在1936年的冬天，旧军队的人数达到35万人：其中在中部地区有8.5万人，在阿拉贡地区有4万人，在南部地区有3万人，在东部沿海地区有4万人，在巴斯克地区、桑坦德和阿斯图里亚斯分别有4万人、1.6万人和4.5万人，还有大概8万名预备役人员。[4]但这些数字被人为地夸大了，因为各个师的出纳员有时候捞到的油水比实际人数应有的情况多得多。[5]政府为在阿拉贡地区的2万名民兵支付了9万人的薪水， 527
并提供了8万人的口粮。在前线马德里，政府每天都为3.5万人送去12

---

① 例如见“Auca de la Lluita i del Milicia”, No. 1, Edició del Comissariat de Propaganda de la Generalitat de Catalunya。

② 关于混成旅的创建，见Michael Alpert, *El Ejercito republicano en la guerra civil*（Barcelona, 1977）。混成旅的编号不一定是按创建完成时的顺序，而是按组织开始的顺序排列的，因此，在1936年12月底，共有16个旅全面服役：第一、第二、第四、第五、第六、第十一（国际）、第十二（国际）、第三十五、第三十七、第三十九、第四十、第四十一、第四十三、第四十四、第五十和一个未编号的旅（E）。其中，4个旅由民兵领导人指挥，其余的（国际士兵除外）由正规军官指挥。缺失的数字只是在考虑之中。但很快，民兵指挥官脱颖而出。

③ 最多4,000人。

④ R. Salas Larrazábal, vol. I, pp.528–530.

⑤ Martínez Bande, *La invasion de Aragón*, p.274，他发表了一份加泰罗尼亚前线未经签署的报告；1936年12月12日，马德里国防军政府收到伊西德罗·迪盖兹（Isidro Diéguez）一份关于此事的报告（见阿尔伯特的主题）。

万人的口粮。食物问题非常重要：持续有人自愿加入军队很有可能是因为大家都知道，在前线能领取到不错的食物，而在城市里，连残羹剩饭都很难搞到手。指挥官们并不会积极地向上级汇报士兵出逃或不出勤的情况。渴望保持住人数的他们会以各种手段避免出现人员伤亡。“有5%到10%的人属于一无是处的乌合之众，军队中的各个角落都可以发现他们的身影，这些害群之马一直都没有被铲除掉。”乔治·奥威尔是一位富有洞察力的观察者。事实上，奥威尔就被安排在沉寂的阿拉贡战线的那片“安静”的区域里（约翰·康福德的著名诗篇《抵达韦斯卡前的最后一英里》就是对此的纪念）。他的言辞既没有引起如同利斯特带领的部队那样的注意，也没有在国际旅引起反响。但共和国有一大部分军队所处的状况正如奥威尔所说。[①]他说：“虽然多少有些违背了我的意愿，但我得出来的结论是，从长期上看，‘善于聚会的人’可以成为最优秀的士兵，如果是出自工人阶级，那就更是如此了。”他还说道：“在马克思主义统一工人党的民兵队伍中，有一种轻微，但可以被察觉的趋势是拥有资产阶级背景出身的人会被选作军官。”在年龄方面，奥威尔注意到“只有14岁的男孩们常常十分勇猛，而且非常可靠，他们仅仅需要充足的睡眠”。从这些评论中可以看出共和国的许多士兵都很年轻（佛朗哥的军队无疑也是如此）。[②]

西班牙内战中的长战线多数都很平静。另一方面，多数共和党人相信，如果他们被抓，就会遭到枪毙，如果他们是志愿兵或者是军官，就更容易落得如此下场，毕竟双方都很少会枪毙受征的士兵。然而，被恐惧支配的大脑常常会发出谨慎的信号。到目前为止，共和军的所有成员
528 全都参与到这场战争中。国际旅的志愿兵无权选择撤退的时机，而有的

① Orwell, *Selected Writings*, vol. I, p.325. 奥威尔在巴塞罗那加入了军队。鲍勃·爱德华兹（Bob Edwards）在英国组建了一个小型的马克思主义统一工人党志愿者分队，主要是ILP成员。其中25人于1月12日抵达巴塞罗那。

② 1936年，应征入伍的士兵年龄在20到25岁之间，志愿者通常更年轻。

人会利用假期的机会拜访他们的大使馆（前提是，他们来自反法西斯国家或民主国家），有时会借此找到逃跑的办法。

士兵们长期驻守在前线——阿拉贡地区的5个月中，一直憋屈地睡在战壕里。军队中的生活远比想象中的无聊："为数不多的在前线或前线附近的女人会成为竞相争抢的对象。在年轻的西班牙人中，鸡奸的情况时有发生。"奥威尔冷漠地回忆起这些事情。①

形成新式常规军的变革导向让无政府主义者惊骇不已。人民军事学校、马德里的第五军团学校甚至无政府主义者在巴塞罗那的"巴枯宁"学校都代表了一个时代的结束。一名无政府主义者有可能会在部队中充当一名共产主义者或一名资产阶级成员吗？穿上军装，然后对中央政府唯命是从？自由主义青年们宣扬，军队可能与7月的那个反叛力量面临几乎相同的风险："一支惊人的军队，对炮灰之下为自由、面包和公正的呐喊一无所知。"《无政府主义》（*Acracia*）的一位编辑说："我们不是在制造战争，而是在革命。"②伊比利亚无政府主义者联盟提出要废除敬礼，对军队的所有人员、前线的报纸以及士兵委员会一律实行同工同酬。"命令的困惑""新生军事主义"和"共同的精神疾病"让《工人团结》（*Solidaridad Obrera*）满腹牢骚。特鲁埃尔的3,000名钢铁纵队（其中大概有400名刑满释放人员）的成员向针对民兵下达的法令发起了反抗，③迄今为止，该纵队的薪水都是按整体支付的。如今，工资将由战争部的一名出纳员下发到每个个体；他们眼中的未来要被迫遵从命令，称呼军官为"您"，而不是常说的"你"；要面对曾经厌恶的下士和中士的谩骂——这些都让他们深感绝望。部队中的很多成员都为了放弃成为

① Orwell, *Collected Essays*, vol. I, p.523. 阿尔伯特（Alpert）评论道："也许一次快速城市之旅的尘土、疥疮或者淋病，比鸡奸更具特色。"

② Peirats, vol. I, p.283.《无政府主义》是佩拉特的报纸。

③ Martín Blázquez, p.296. 1937年，一名普通士兵的工资是每天10比塞塔，少尉25比塞塔，上尉50比塞塔，中校100比塞塔。

“机器士兵”而选择了当逃兵，并且人数可能达数千人——3月21日，剩529 余将近4,000人经过投票后决定为了避免解散而接受军事化管理，对此他们极为不满。①

钢铁纵队中的一名释囚写了一篇名为《一天》（*One day*）的文章，在内战爆发前，他被判处11年有期徒刑（罪名是谋杀一名地方权贵）：

> 一天——忧伤又幽暗的一天——强行对我们实行军事化管理的消息就像一阵冰冷的寒风吹向了山顶……在军营中生活过的我在那里学会了憎恨。我在监狱中也生活过，但颇为奇怪的是，在眼泪和痛苦之中，我学会了爱，真真切切的爱。在军营的时候，我差一点就丢失掉了自我，他们对我的所作所为以及试图强加于我的愚蠢的命令都是危险至极的行径。在监狱中，经过一番挣扎，我重新恢复了自我……当在远处听到实行军事化的只言片语，我感觉自己的身体已变得麻木，因为，我可以清楚地看到革命赋予我的游击队员般的勇敢将荡然无存。②

无政府主义者意识到西班牙共产党想要连同前正规军军官一起牢牢地掌控住新组军队，例如共产主义第五军团的领导者恩里克·利斯特受命指挥第一混成旅。③他们也许是在杞人忧天。战争部副部长阿森西奥、

---

① C. Lorenzo, p.188.

② *Nosotros*, qu. Bolloten, p.268. 参见 Fernando Claudín, ‘Spain, The Untimely Revolution’ in *New Left Review*, No. 74。共产党的地位见 *Guerra y revolución en España 1936—1939*（Moscow, 1966）, 3 vols。无政府主义者的事例见弗农·理查德(Vernon Richards), *Lessons of the Spanish Revolution*，其中将无政府主义的悖论总结为：“武装人民”赢得了革命，但“人民军队”输掉了战争。

③ 利斯特于10月10日被任命，并由莫德斯托接任第五军团领导。该军团于1937年1月21日解散。

总参谋长马丁内斯·卡夫雷拉（Martínez Cabrera）、北方的利亚诺·德拉·恩科米恩达以及南方的马丁内斯·蒙赫都不是共产党党员，负责守卫马德里的米亚哈和罗霍也不是。然而，前线作战的失败以及讨论进攻中的政治投机行为造成的延误使无政府主义者的地位下滑。无论是正规军军官还是共产主义者都让无政府主义者心生厌恶，而这两股势力串通一气更会引起无政府主义者的怀疑。

有那么几个月，民兵队伍得以保留，尤其是在南部和东部沿海地区，这些地方让共和国任命的新组军队的指挥官们感到非常棘手。但 530
总的来说，之前的编组已经消失；营长变成了少校；“百人代表”变成了上尉。到了春天，1—40营改建完毕，101—115营正在接受训练，41—100营正处在组建过程中的不同阶段。[①]各个营很快被编入了师级部队。

在军事化重组的过程中，一些无政府主义者十分活跃。政府指派加西亚·奥利弗本人来指导军官学校，同时，他还是最高战争委员会的无政府主义代表。该委员会成立于11月9日，由拉尔戈出任主席［其他几位成员是普列托、胡利奥·胡斯特（Julio Just）和阿尔瓦雷斯·德尔巴约[②]］。费德里卡·蒙塞尼也对这些变革给予了支持，她曾对前线因讨论而错失战机一事发出谴责，但其他无政府主义者对他们的领导接受“反动”的样子感到失望，尤其是当电台在谈到加西亚·奥利弗的时候说：“司法部长阁下，加西亚·奥利弗同志。”

在加泰罗尼亚一方，加泰罗尼亚自治政府于12月份在阿拉贡成功建立了属于自己的一支独立军队。通过征兵，他们组建了3个师，曾经的纵队被改编成团，因为加泰罗尼亚人更喜欢把旅作为基础单位。官方称

---

① 每个旅的兵力满员为3,800人，包括3个营。每个营约500人，4个炮兵排，每个排3门或4门大炮、120门机枪、104门迫击炮、2,200支步枪以及1个通信和工程分队。事实上，这种设计很少实现：大多数混合旅只有1个机枪连。

② Martín Blázquez（p.299）对加西亚·奥利弗组织军官学校的能力留下了深刻印象。

其军队人员的总数达到4万人，而实际的人数可能没有这么多（如之前所提到的）；但可以肯定的是，有大约2万名国家主义者将与他们展开对抗，如果加泰罗尼亚人万众一心，发起进攻，国家主义者必定会陷入苦战。加泰罗尼亚的各个师在另一个主导下保留了原有的政治色彩。无政府主义民兵队伍被编入3个师，并最终由奥尔蒂斯、桑斯和霍韦尔3位新晋少校负责指挥——他们都是预备役的游击队队员。[①]马克思主义统一工人党的民兵队伍变成了第二十九师，由罗维拉少校负责指挥；加泰罗尼亚统一社会党的民兵队伍变成了第二十七师，由共产主义民兵领导者何塞·德尔·巴里奥“少校”负责指挥；而“马西亚-孔帕尼斯”纵队或称加泰罗尼亚纵队变成了第三十师，由正规军的赫苏斯·佩雷
531 斯·萨拉斯（Jesús Pérez Salas）少校负责指挥。大多数指挥官自7月份以来一直在指挥那些纵队。总指挥官是比森特·瓜内尔，在内战爆发以前，他曾是一名正规军的少校。[②]尽管所有队伍都实行“军事化”管理，但不同部队各自的政治色彩并没有消失。同时，政府一直没能让自己指派的人来指挥无政府主义部队，全国劳工联合会的地方军政府会把被推选为指挥官者的名单交给政府。

军队仍然没有统一的军装，但大多数士兵都穿着长及膝盖的灯芯绒短裤和一件带有拉锁的夹克。他们的训练设施十分简陋，枪法也很糟糕，对步枪的训练基本上是一窍不通。投向敌人的手榴弹还有在投掷者手上爆炸的危险。许多地方都没有地图、炮兵部队的测距仪、野外望远镜或清洁用品。曾经在伊顿学院军官训练团接受过训练的奥威尔发现一个令他毛骨悚然的事实——在他从属的马克思主义统一工人党的纵队中，没有一个人听说过用来清理步枪的枪筒清扫绳。[③]

---

① 理论上，民兵指挥官的军衔不能超过少校。

② Guarner Memorandum, p.5.

③ Orwell, *loc.cit.*

由政治家塔拉德利亚斯（1934年时奥维耶多兵器工厂的主管）负责掌管、希门尼斯·德拉·贝拉萨[1]负责组织的加泰罗尼亚军工委员会，正井然有序地将加泰罗尼亚的各项工业与军事物资的生产相联系。例如在1937年的2月末，加泰罗尼亚的这些工业部门（1936年7月的时候还不存在）每天可以产出50万颗步枪子弹。[2]在拥有最先进设备的工厂内实现集中化生产方面，该委员会也取得了一定成果，并且他们还对某些工业部门进行了重组。然而，异常重要的巴斯克军工业远没有达到战前生产的要求，这是因为原材料匮乏以及管理不尽如人意。

共和国军队配备的步枪一直来自多个不同的产地，其中有将近三分之一是毛瑟枪（这是为旧军队配备的武器），三分之一出产自苏联（“莫辛”型号），而另外三分之一出产自以墨西哥为主的多个不同国家。[3]各种不同口径的枪引起了许多问题。共和军拥有数百门反坦克炮，但他们没能很好地利用起来。此时，他们在7月份所拥有的大炮已经损失大 532
半——就是因为民兵队伍的无知而使用不当以及在撤退期间大炮被遗留在战场上。虽然如此，在1936年的整个冬天，钦奇利亚和阿尔曼萨开设了炮兵学校——非常有必要这么做，因为在1936年7月的时候，绝大多数的炮兵军官都站在了国家主义一方。[4]

由于在训练和物资方面与苏联存在的密不可分的联系，共和国的空军力量要比陆军更加倾向于共产主义：其指挥官，出身贵族的普列托派分子——伊达尔戈·德西斯内罗斯已经像科登和其他先前无政治立场的

---

① 他因未能保卫工厂而被判处终身监禁。

② Peirats, vol. II, p.215.

③ 这是敏锐的法国武官的估计，*FD*, vol. V, p.597。

④ Voronov（*Bajo la bandera*, p.71）表示这个数字是90%。我认为这个数字应该低一些，尽管1938年只有14%的炮兵军官属于共和国。到1936年冬天，那些1936年7月的旧火炮被法国、英国、德国、一些苏联火炮以及苏联防空炮取代。随后，洛尔卡和巴塞罗那也开设了炮兵学校。巴塞罗那的学校后来与洛尔卡的学校合并，这激怒了加泰罗尼亚人。

军官一样，成为一名共产主义者（伊达尔戈·德西斯内罗斯把他已经加入西班牙共产党的秘密告诉了他的妻子——保守派政治家安东尼奥·毛拉的孙女康斯坦西亚·德拉·莫拉。他的妻子回复说，就在几周前，她也加入了西班牙共产党[1]）。大多数在苏联进行了为期6个月训练的西班牙飞行员在回国时都已练就了非常优秀的驾驶技术，他们中有很多人都成为共产主义者。由斯马什凯维奇领导的苏联飞行员本身就发挥出了极佳的宣传效果，尽管他们与西班牙飞行员和阿斯图里亚斯的政治委员长贝拉米诺·托马斯之间一直存在摩擦。

在海军方面，共产主义取得的成功就要略逊一筹。指挥官布伊扎（Buiza）海军上将、其继任者冈萨雷斯·乌维塔海军上校以及驱逐舰舰队的指挥官比森特·拉米雷斯（Vicente Ramírez）都是职业海军军官，他们从未尝试过对共产主义的信条抱有好感。作风粗鲁，但拥有一副热心肠的舰队政治委员长布鲁尼奥·阿隆索是一名普列托派分子，他对海军作战一窍不通。负责指挥两艘共和国潜艇的两位苏联军官和其他一些苏联军官被任命为海军顾问，苏联的海军专员库兹涅佐夫则经常为普列
533 托出谋划策。其他方面并没有显露出苏联的影响力。面对苏联或者称之为共产主义的影响力，相对自由的海军并没有因此而变得行事高效。实际上，在内战中，共和国的舰队不过是华而不实的摆设，无所事事的海军长期遭到忽视。这多数要归咎于负责海军的部长普列托，他与布鲁尼奥·阿隆索一样，都对海上战事所知甚少，同时，他在海军事务上还盲目相信一名私人秘书——爱德华多·梅林（黑色教皇）。看上去侃侃而谈、无所不知的梅林实际上怠惰因循，甚至有可能会背叛共和国。[2]有许多在严格意义上忠于共和国的海军军官对革命并不感冒，而多数普通士兵

---

① Hidalgo de Cisneros, vol. II, p.123. Constancia de la Mora在审查部门工作，见她的*Doble esplendor*（Mexico, 1944）。

② Manuel Benavides, *La escuadra la mandan los cabos*（Mexico, 1944）, p.376.

又都是无政府主义者。库兹涅佐夫上尉描述了他参观“海梅一世”号的一次经历，他发现有至少3场政治会议正在举行。这位未来的苏联海军总司令无奈地评论道：“争执和讨论的声音从未停歇，随处都能听见‘不成功便成仁’这句话，但无政府主义者既没有成功，也没有成仁。”[①]共和国舰队之所以会失败，一是因为士兵中不讲究纪律的风气，二是因为那些被提拔为战舰指挥官的人愚昧无知，三是因为最高指挥官们的钩心斗角。不善言辞的布伊扎内心勇敢，但防备心又很强；冈萨雷斯·乌维塔毫无斗志；能言快语的安达卢西亚人比森特·拉米雷斯的讲话风格带有强烈的海员风范，这使他颇受欢迎，但他不能建立纪律；工作最为出色的是作风保守的潜艇舰队指挥官雷米希奥·贝尔迪亚。[②]

不可否认，共和国舰队的首要任务不是对抗佛朗哥，而是确保通向苏联的海路通畅。在这一点上共和国取得了更大的成功：在1936年10月到1937年9月期间，有超过20艘大型运输船安然无事地从黑海来到西班牙，其中大多数都是西班牙的船。

除了军队，留存下来的还有4支武装警察力量：改名叫共和国国家警卫队的曾经的国民警卫队、突击警卫队，由财政部长负责指导、在边境线确保关税缴纳的马枪骑兵以及“调查与警戒”部队。自从内战爆发以 534
来，这4支力量当中前2支的作用可以说是微不足道。他们比地方的“民兵后卫队伍”还要逊色，这些民兵之所以能一直存活下来仅仅是因为心慈手软的内务部长、社会主义者安赫尔·加拉尔萨的软弱。由内格林于1936年到1937年的冬天一手打造的马枪骑兵工作起来积极有序，被誉为

---

① *Bajo la bandera*, p.142.

② 曾在共和国舰队服役的苏联军官包括S.拉米什维利（S.Ramishvili，卡塔赫纳海军基地）；V.德罗兹德（V. Drozd，驱逐舰舰队）；两艘潜艇的指挥官尼古拉·埃吉普科和伯米斯托夫（Nikolai Eguipko和Burmistrov）；V.阿拉福佐夫（V. Alafuzov），在“自由”号巡洋舰上服役；N.奥斯特里亚科夫（N. Ostriakov，在塞瓦斯托波尔被杀）和I.普罗斯基诺夫（I. Proskinov），都是小舰队的空军军官。

“内格林的10万之子”，但实际上，他们只有4万人。可以确定的是，他们几乎都是社会主义者，而非共产主义者。然而，警察和“调查与警戒”部队确实有潜在的共产主义成分，尽管新上任的安全局局长——接替穆尼奥斯的文塞斯劳·卡里略是拉尔戈·卡瓦列罗的拥护者。马德里各个警察局的局长要么是共产主义者，要么对共产主义颇具好感，内务部情报部门的两位主任——胡安·加兰和胡斯蒂尼亚诺·加西亚都是西班牙共产党党员。

1936年的冬天，共和国军队的一系列革新最终影响到世界的其他地方，这些革新的地方都在处理战争伤员方面。这种革新最先在加泰罗尼亚由巴塞罗那总医院的军医主任何塞普·特鲁埃塔提出。特鲁埃塔在对伤口的处理和对骨折的即刻手术上采取了全新的处置方法：用缝线缝合伤口的边缘，大量利用熟石膏来对受伤部位进行保护以及给予伤者足够的休息。这些改变意味着外科医生需要守护在伤员的身边，而不用像在第一次世界大战经常发生的那样，把伤员长途跋涉运到医院。这种改变本身拯救了众多生命。前线对藏血库的使用使外科医生们可以立即进行手术。加泰罗尼亚输血中心的主管——杜兰-霍尔达医生与他的助理、历经传奇的加拿大人诺尔曼·白求恩一同负责开展此项事务。1936年12月23日，白求恩医生的西班牙-加拿大流动血站第一次在前线进行了输血：在战争史上，该事件的地位堪比同期发生的德国的新型战斗机梅塞施米特109式（Messerschmitt 109）首次飞过马德里。

535 特鲁埃塔的另一项革新是放弃每日更换衣服和抗菌剂的习惯，伤员们长期以来都因此而心生畏惧。这项措施使共和主义西班牙的伤亡人数与第一次世界大战期间法国的伤亡人数相比大幅减少。即使在一开始没有完全组织起医疗服务，卫生环境也没有得到很好的保障，但也很少从通信战壕（带回伤员）。[①]

面对传统的共和军，特鲁埃塔为了能让自己的理念被接受而遇到诸多困难，但他成功地说服了军队外科服务主任医师哈考特上校。[②]战争中的致命疾病——“气性坏疽”的发生率尤其得到极大改善，甚至让1938年出访巴塞罗那的外科医生们都认为西班牙（或至少在加泰罗尼亚）不存在该疾病的病源厌氧菌，但那些对此事记忆更长久的人并不这样认为。

32. 集体农场 536

无政府主义者与共产主义者之间不仅在军队上存在利益纠纷，在土地上也出现了更为棘手的难题。如今的共产主义者公开支持小农场主，与许多无政府主义者展开合作的社会主义者则在争取实现土地的集体化。这些集体农场是西班牙革命浪漫主义的新生产物。在此之后的岁月里，集体农场的观念占据了许多人的想象：它们会是什么样的？它们有着怎样的工作机制？它们能长久地存在吗？它们讲究公平公正吗？

共和主义西班牙大概有2,500个集体农场——有数百个在安达卢西

---

① 见 J. Trueta, *Treatment of War Wounds and Fractures*（London, 1939）；*The Principles and Practice of War Surgery*（London, 1943）；*The Atlas of Traumatic Surgery*（Oxford, 1947）；and the life of Bethune by Ted Allan and Sydney Gordon, *The Scalpel, Not the Sword*（London, 1954）, p.102f. 1949年，白求恩在与中国共产党一起建立一个移动手术部门时去世。抗生素青霉素于1943年才正式投产。另见 Orwell, *Collected Essays*, vol. I, p.323。马德里的曼努埃尔·巴斯托斯博士于1934年在阿斯图里亚斯引入石膏夹板和“开窗”技术。

② 在这方面，政府于1937年年底迁往加泰罗尼亚的好处相当可观。特鲁埃塔的工作来源于温尼特·奥尔（Winnett Orr）。内战中的其他重要工作是由德哈科特（d'Harcourt）和博菲尔（Bofill）完成的，内容是有关冻伤和磺胺类药物的治疗以及冈萨雷斯·阿吉拉尔（González Aguilar）在神经外科方法方面的创新。

亚，大约有450个在阿拉贡，大约有350个在东部的沿海地区，大约有300个在卡斯蒂利亚。在加泰罗尼亚的大约只有80个集体农场，埃斯特雷马杜拉仅存的一小块共和国领土有大约40个集体农场。[1]这些土地改革并不是完全由无政府主义者掌控。社会主义者手下有将近800个集体农场，还有将近1,100个集体农场的委员会中至少有1—2名社会主义者。将近有
537 50万个家庭在农业集体农场工作，实行了集体化管理的土地接近于900万英亩（约36,421平方公里）。伴随着集体化的改革，土地改革协会让差不多30万名农民拥有了土地，从1932年至此时，交到农民手中的土地大约有150万英亩（约6,070平方公里）。此外还保留了许多渴望维持原状的个人农场主，尤其是在加泰罗尼亚，甚至是阿拉贡地区。有些地方被全盘集体化，但多数地区在集体化的同时还保留了私有的成分。[2]某些地方甚至还进行了两种集体化：一种由无政府主义者推行，另一种由社会主义者推行。在部分地区，大多数的小镇经过投票决定，当他们接管了附近的大片地产以后，他们将以小型农场的方式在其中进行劳作。在阿拉贡，集体农场往往就是村庄本身。在西班牙东部的沿海地区，更为常见的是把集体农场当作部分企业，只有40%的农业人口组织进行了集体化。[3]在安达卢西亚，集体农场也许会建立在被没收的私人地产之上，这些被没收的私人地产的面积和历史引发了不同于阿拉贡地区的问题。实际上，先前多数集体农场的土地面积都属于中等大小，因为埃斯特雷马杜拉和安达卢西亚传统地区的大型地产已经迅速成了国家主义者的囊中之物。

在加泰罗尼亚的农村地区，由葡萄种植者们（一茬佃户）组成的联

---

① 数字见1938年5月土地改革研究所的报告，qu. Payne, *The Spanish Revolution*, p.241；参见Leval, p.80；这些数字主要来自无政府主义者，因此可能对他们比较有利。其他资料包括A. Pérez Baró, *Trenta mesos de collectivisme a Catalunya*（Barcelona, 1970）。战争期间，安达卢西亚肯定有1,000个集体农场，但很快，共和派的安达卢西亚就被限制在哈恩和阿尔梅里亚。埃斯特雷马杜拉也有更多的集体农场。

② 见Peirats, vol. I, pp.317–319。

③ Leval, p.183.

合组织将吸收进来的所有独立的农民团体并入了一个单独的联盟中，并因此而扩大了势力范围。这些农民全都有加入该联盟的需要。所有土地，不论是以什么样的方式进行租赁，都由耕种者接管。在内战爆发的前几个月，工业的集体化在巴塞罗那取得了相当大的成功；在加泰罗尼亚的农村地区，随处都可以见到小型农场。①

在内战刚刚打响的前6个月，全国约有二分之一到三分之二的土地被征用。②不幸的是，如同以前一样，革命者只考虑到土地面积的数目，而忽略了土地种植的作物种类。这是一种缺陷，因为无论革命或反叛的运动成功与否，拉曼恰的葡萄园、巴伦西亚大果园地区的橘子农场以及卡斯蒂利亚的贫穷的混合农场都是截然不同的产业。

各个集体农场的规模大小不一：大的有5,000名成员，位于堂吉诃 538
德故乡中心地区的托梅略索（雷阿尔城），那里掌控的葡萄酒容量足以超过400万加仑；小的由2个农场组成，位于比拉斯维耶阿斯（阿尔瓦塞特），共有将近20个家庭（92个人）在那里劳作。一开始，每个集体农场都制定了各自独立的规章制度，各个地方的规定都不相同。后来，一次地方无政府主义会议通过了一套所有集体农场都要采用的通用章程，同时还批准实行一项总体的统计制度，并建立国家统计局。然而，各集体农场仍然存在不同的特色和管理方式。如之前所述，在阿拉贡地区，由华金·阿斯卡索领导的一个地方委员会在集体农场的一次代表大会的推动下正式成立。但在其他地区，组建委员会都是出于其他目的（生产和分发），别的地方不会允许有一个由无政府主义主导的强而有力，并且拒绝接受一切外部政治势力的独立团体。

小市镇或村庄内的大多数集体农场都由劳动者总工会和全国劳工联合会组建的联盟来掌控。就全国层面而言，不论这两大组织或其领导层

---

① 除了埃布罗和略布雷加特（Llobregat）平原市场花园区的一些集体农场。

② Malefakis's figure, p.386.

之间有什么样的分歧，在小地区，他们的关系在整个内战期间都维持得很友好。劳动者总工会的成员们大多数来自那些曾在1931年或1932年间加入社会主义运动当中的人。在内战爆发以前，社会主义运动曾在农业政治当中具有举足轻重的作用。与在市镇内的社会主义者不同，这些农村地区的社会主义者在一定程度上一直远离西班牙共产党的影响。在内战爆发的前夕，他们无疑属于卡瓦列罗派。

地方工会的领导层会宣布集体农场的成立，并任命“代表”来负责各项不同的工作——牲口、酒类和油类等，其中包括数据统计、运输、经营管理以及资源交换。这些人一同参与的会议将设立集体农场的管理部门，其包括1名主管人、1名秘书、1名副秘书、1名财务主管，也可能会有其他4名成员。在一些地区，该委员会由集体农场的“全体代表大会”投票进行决定。同一名“代表”可能从事多项工作，常常会需要本人可以在田地里履职，因此这些人首先不能是职业的政治家或职员，人们也无法通过当选代表来捞取好处。管理部门成员的薪酬常常比普通工人的要低：例如，托梅略索的管理人员的周工资要比其他人少11
539 比塞塔[1]（在不同情况下，该做法有可能会被竞相效仿）。管理部门的代表会在年底将集体农场的进出口差额告诉地区的会计。如果有剩余，会将剩余部分放进当地的存储账户里面，以此来帮助那些入不敷出的集体农场。这笔钱也可能用在购买地方必需品上。所有加入集体农场的人都要带着他们的土地和农具一同加入。不是所有的集体主义者都是没有土地并希望在当地的地主地产中分一杯羹的人——小农场主也会加入集体农场。例如，阿尔科里萨（特鲁埃尔）的一名年轻律师海梅·塞戈维亚（Jaime Segovia）。尽管他有一定的财产，但他帮忙组建了当地的集体农场；[2]阿尔卡萨尔德塞万提斯委员会的主席——农场主比达尔·克鲁斯

① *Campo Libre*, 11 September 1937.

② Leval, p.88.

就带着他自己的4英亩土地以及他租来的另外2英亩土地加入了集体农场。[①]所有的集体农场都有一个自己的财务部门，但即便是在一个产出充沛的集体农场，其每个成员的手中都不太可能会有超过7比塞塔的现金。

很难估算要等多久会对所有人强制实行集体化。共产主义媒体宣扬着各地弥漫着的恐怖气氛：“众所周知，长枪党人打着无政府主义者的幌子到处结党营私。”这些集体农场中的大多数在成立之前都会即刻处决一些右翼人士。1937年年初，许多地方都不会干扰小业主们的正常生活，但禁止他们雇佣员工。在阿拉贡地区，甚至不允许地籍调查登记他们的财产——“为了打消利己主义的所有制精神”[②]。在整个1937年，自耕农和集体农场之间的关系一直有所改善。

集体化在社会层面取得了多大的成功，以及集体化堕落到什么程度会像他们赶走和杀死的那些人一样，变成地方权贵们的独裁统治，这些问题一时都难以下定论。[③]西班牙共产党党员利斯特在他的回忆录中对阿拉贡议会痛加指责。在他的描述中，阿斯卡索亲临巴塞罗那的时 540
候，大型车队相伴随行，并且享受了奢侈的款待，在他的属地内，普通工人们生活在“比无政府主义革命之前恶劣百倍的惨无人道的暴政之下”。地方委员会若谴责一个家庭，这个家庭可能会被谋杀，而那些询问相关人士下落的人们会被告知，他们已经“被移交敌方”。在“自由共产主义”（communismo libertario）时代，他总结说：“阿拉贡人知道恐怖是权威和有组织犯罪的工具……那些所谓独裁政权的敌人所建立的统治，就其恐怖主义手段而言，根本无法与此时最激进的政府相提并论。”无政府主义者自己也承认集体化的缺陷，比如，在伊涅斯塔（昆

---

① *Campo Libre*, 29 January 1938.阿尔卡萨尔德塞万提斯（地点名）是阿尔卡萨尔德圣胡安（Alcázar de San Juan）的新名字。

② Leval, p.134.

③ Lister, p.157.

卡），个人主义似乎已经风行。这些人并不是共产主义者，而是有意于分发土地的无政府主义者。集体化面向的主要是大型资产，但个人主义者们强制占有了五分之三的土地以及将近一半的储备物和农具。后来，只有80个家庭留在了集体农场，但显然，他们富裕了——从当地总办事处借了13,000比塞塔。到1937年年底，互相合作的家庭数量增加到200个。[1]在佩尼亚尔瓦（韦斯卡），集体化的结果更加不尽如人意。一开始，即1936年8月，总共有1,500人成了集体化的一部分。然而，集体化并没有广泛推广，因为他们的首要任务是为驻扎在附近的杜鲁蒂纵队提供食物。结果，要么是源于十足的勇气，要么是意识到会有西班牙共产党来撑腰，大多数人宣称打算重新夺回他们的财产。一个委员会受命负责指导撤销行动，并取得了令人满意的效果，留下了500人继续在集体农场劳作。即便如此，仍然有人进一步提及“恶意的集体主义者”，认为当一切都免费提供的时候，他们试图在积攒物资，然后打算把物资卖掉或者任其腐烂。[2]这些人的下场我们不甚清楚，在圣马特里奥（卡斯特列翁）和塞罗斯（韦斯卡），集体农场的全体大会有权以道德败坏的名义驱逐会员[3]——然而，这一权力并没有被使用过。许多地方的个人农场主和集体主义者之间关系冷淡且流于形式，但在表面上还说得过去。例如，在布
541 努埃尔的出生地卡兰达（特鲁埃尔），他们各自有属于自己的咖啡馆。[4]在法塔雷拉村（塔拉戈纳），小业主们最终与试图对他们的财产进行集体化的全国劳工联合会之间爆发了武装冲突；多人丧生以后，情况才重新稳定了下来。[5]但对于利斯特，除了考虑他本人存有的偏见，在这场集体化的实验过程中，他的做法就都是对的吗？

---

① *Campo Libre*, 18 December 1937.

② Peirats, vol. I, pp.321–322.

③ Peirats, vol. I, pp.334–335.

④ Souchy, p.30.

⑤ 例子引用自 Broué and Témime, *op.cit*。

各个集体农场的“全体大会”扮演的角色各不相同。在一些地方，“全体大会”是一个十分活跃的组织，这里的居民能够在一定时间内影响集体化政策。比如，在一个位于山坡之上的美丽市镇阿德穆斯（巴伦西亚），他们每周六都会举行全体大会，以此来讨论“未来的方向”①。在阿尔科莱亚德辛卡（韦斯卡），“只要有需要”就会举行全体大会。②在阿尔卡萨尔德塞万提斯和拉格拉纳德利亚（莱里达），全体大会要负责推选出管理委员会，但除此之外，并没有什么作为。③塞尔韦拉德尔迈斯特雷集体化政策的确立经过了“在市政广场上公开进行的会议的同意”④。法国无政府主义者加斯顿·勒瓦尔对这些在阿拉贡地区举行的全体大会的见闻进行了记录，这些地方采取的政策：

> 准许居民知晓社会，了解社会，并在精神上融入社会，共同参与到公共事务和公共责任的指导当中，以此来避免出现互相指责的情况和剑拔弩张的气氛。在不容辩驳的情况下，当决定权完全掌握在某些人的手中时，即便这些人以民主的名义而被推选出来，但这些矛盾仍然会常常发生。⑤

集体农场的秘书负有相当大的责任，相比于政治上的献身精神，他们被选中的原因更多是出于他们的读写能力。在阿拉贡地区北部的一个集体农场，这一职务有一段时间是由当地的权贵子弟、大学生比森特·德皮内
斯（Vicente de Piniés）来担任，他曾在君主时期出任过部长（他后来加入 542

① Peirats, vol. I, p.336.

② Peirats, vol. I, pp.311–313, 320.

③ *Campo Libre*, 29 January 1937.

④ Peirats, vol. I, pp.333–334.

⑤ Leval, p.220. 一些城市或工业集体对其理事会的任期设定了6个月的限制。勒瓦尔介绍了在韦斯卡的塔马里特–德利特拉举行的一次大会（pp.221–222）。会议于晚10点在电影院举行，共有600人参加，其中约有100名女性。

了军队，在战斗过程中叛逃至敌方，并成了佛朗哥手下的一名特使[①]）。

农业有着众多不同的情况。比如，在一些村庄，农民家庭星期一早上离家以后，一整周的时间都会在山里放羊，只有到星期六的夜晚才回家。现有的数据统计显示，在集体化的中心领域——阿拉贡地区和西班牙中部地区，小麦产量有所上升，而在自耕农的重地——加泰罗尼亚和西班牙东部沿海地区，小麦产量则出现了下滑。无政府主义者抓住了这一事实。某位名叫N.冈萨雷斯的人写道："卡斯蒂利亚的农民们，现在你们已经拥有了足够的证据证明农民的集体化不是一种疯狂之举：它是能让生产达到最大化的体制。亲爱的同志们，这正是值得我们追寻的道路……"

表一　集体农场产量表，1937年10月9日

单位：吨

	1936	1937	差值
加泰罗尼亚	1,968,228	1,550,600	−417,628
阿拉贡	1,349,999	1,620,000	+270,001
中央区（如卡斯蒂尔）	5,236,721	6,090,238	+853,517
莱万特	1,293,942	1,197,216	−97,726
	9,848,890	10,458,054	+608,164

数字来自the ministry of agriculture's publication *Economia Politica*, Publication 60, series C, No. 33。1936年的数字只考虑了共和国地区的产量。这些数字说明加泰罗尼亚和莱万特地区的产量在下降，可以说这是值得信任的一组数字，因为一个共产主义农业部很难造出这些如此低的数据，该部在这些地区的共产主义力量比中部和阿拉贡还要强。

但问题是，即便如这些数据表明的那样，小麦的产量的的确确出现了上涨，但出产地区消耗量的上升、运输体系的腐败、难民数量的增加以及国家主义者们的封锁导致的对食物的需求量的上升，同样致使共和国除了巴伦西亚以外的所有地区都陷入了食物短缺中。

拉曼恰的市镇阿尔马格罗的一些表格资料反映出一些当地情况，该

① Jaime de Piniés的证词，1973年2月，伦敦。

市镇约有8,000名居民，离葡萄酒工业中心雷阿尔城不远。[1]

表中的数字说明，阿尔马格罗几乎跟不上通货膨胀的速度，在上 543
述日期之间，即便是在农村地区，通货膨胀也达到接近30%。受雇于周报《自由之地》对该市镇进行走访的一名无政府主义记者也发表意见称，虽然集体化政策无疑正在发挥着良好的作用，但也应当试着有所节制——不是为了自己，而是为了该地区其他并不富裕的地方。阿尔马格罗的集体农场似乎已经忘记了自己是一个联盟的一部分。在阿尔马格罗组建管理委员会的那些同志太过于自满。在该市镇，有一种反常现象：由工人们负责运作的一个无政府主义面粉厂却不属于集体农场的一部分。其产品按照品种可描述为3种质量，分别以“伊比利亚无政府主义者联盟”“全国劳工联合会”和“国际工人联盟”命名。[2]该集体农场由300个家庭组成，1936年9月1日到1937年8月31日间，每个家庭消费了40加仑橄榄油、200磅土豆以及将近800磅面包。这一年中，每个家庭喝掉了大概400升的酒——在革命自由的初年，人们认为，这些消费还算不上奢侈。教堂被改建成一个木匠的商店。该市镇因缺少“无法无天的共产主义者”而闻名遐迩。曾经的市政委员会保留下来，其15个席位中的6个由无政府主义者占据。[3]

各个集体农场发放的工资都不相同，基本上是越富有的集体农场给工人们发放的工资越丰厚。对于自由论者的美好愿望，这样的局面充满了讽刺。另一方面，在许多地方，少量的油、酒，甚至还有肉类都是免费的，此外还包括租金、电力（在已经通电的地方）、理发、医疗咨询和药品。工资通常会根据家庭的大小和需求而有所不同。正如看到的那样，有许多地方完全取消了货币，但其中的多数地区在取消货币以后仅几个

---

① *Campo Libre*, 2 October 1937. 右上一栏中的加法错误也出现在原始资料中。1法内加（fanega）相当于1.6蒲式耳，1阿罗瓦（arrobas）相当于11.5千克或4加仑。

② Alianza internacional de trabajadores.

③ *Campo Libre*, 2 October 1937.

月，要么是以发行票券的方式来替代货币的流通，要么是与其他地方一样，以一种“通常工资”的形式重新出现。例如，在格劳斯（韦斯卡），工资起初是以票券来支付，到当月月底，票券改为不同点数的票据。没过多久，由于该市镇位于一个交通要道的十字路口处，在当地有十分重要的作用，因此又重新发行了比塞塔。最后，委员会发行了仅限在村庄流通的一种当地特有的货币，并根据需要对应多种不同的支付方式。

545 **表二　部分集体农场工资发放表**

（单位：比塞塔）

	劳动者家庭，夫妇	加上参加工作的儿子	加上与家庭同住的劳动者	加上未成年人	单身汉	寡妇	退休夫妇
阿尔卡尼兹	10	—	—	—	—	—	—
阿尔卡萨尔德塞万提斯	8	0.5	—	—	—	—	—
阿尔甘达	45pw	—	—	7pw	35pw	25pw	45pw
贝尔韦斯德哈拉马	8（加上农产品；收获期，加上农产品后额外加10）	—	—	—	—	—	—
布利胡维加	（将工资平均分配至125个家庭内：45pw）				—	—	—
卡巴尼亚斯德耶佩斯	45pw	15pw	12pw	7pw	32pw	25pw	—
塞尔韦拉德尔马埃斯特雷	6	3.5	—	1.5	—	—	—
多斯巴里奥斯	45pw	15pw	12pw	7pw	32pw	25pw（如果工作，32pw）	—
奥斯皮塔雷特德里奥布雷加特	（平均45pw）		—	—	—	—	—
胡韦特	6（工厂工人12）			—	—	—	—

续表

	劳动者家庭，夫妇	加上参加工作的儿子	加上与家庭同住的劳动者	加上未成年人	单身汉	寡妇	退休夫妇
伊涅斯塔	4	1	—	0.5	—	—	—
莱里达	60pw	10pw	—	—	40pw	—	—
里奥姆巴依	5	—	—	—	—	—	—
马德里	12（每天还有价值2比塞塔的蔬菜补贴）	12	—	10.2（16—18岁的孩子） 7.2（14—16岁的孩子）			
梅科	7.5	—	—	—	—	—	—
蒙松	9	4	—	3.5	—	—	—
奥利奥斯	8	8	—	3（12—15岁的孩子） 1（8—12岁的孩子） 3（15岁以上的女孩）			
佩拉莱斯德塔胡尼亚	5	2	—	1	4	2.75（给老年未婚女性）	
皮埃德拉斯梅纳雷斯	8.5—9.5（根据家庭的大小；工作可以逐级增长0.25）						
普拉德卡布拉	5	2（每个家庭成员，不考虑年龄）					
圣马蒂奥	5	—	—	1.5	3	—	—
托米罗索	6.5	6（第一个） 4.5（后面每一个儿子）	3	—	—	—	—
比拉维尔德	12（每天还有价值3比塞塔的蔬菜补贴）	—	—	—	—	7.2	7.2

（除了特殊说明，工资都是以比塞塔计值按天发放，pw表示按周发放）

表三　共和主义西班牙在1936年9月与1937年10月的部分物价对比

明　　细	1936年9月1日物价	1937年10月2日物价
商品		
骡子	68,080比塞塔（pesetas）	91,150比塞塔
猪	19,750比塞塔	26,700比塞塔
绵羊	70,000比塞塔	74,000比塞塔
农具	140,500比塞塔	150,405比塞塔
筑路工具	—	4,969比塞塔
木工	—	5,125比塞塔
现金	—	4,336.74比塞塔
商品价值	298,330比塞塔	356,685.74比塞塔
产品		
大麦	3,400法内加	5,955法内加
酒	500阿罗瓦	2,050阿罗瓦
油	600阿罗瓦	1,700阿罗瓦
黑麦	80法内加	139法内加
豌豆	60法内加	310法内加
小麦	1,700法内加	900法内加
玉米	35法内加	—
角豆	160法内加	335法内加
鹰嘴豆	4法内加	20法内加
野豌豆	70法内加	30法内加
蚕豆	20法内加	160法内加
产品价值	100,953比塞塔	158,726比塞塔
商品和产品总价值	399,283比塞塔	515,411.74比塞塔
1936—1937年集体进口	375,577.84比塞塔	

续表

明　　细	1936年9月1日物价	1937年10月2日物价
1936—1937年集体出口	371,242.10比塞塔	
差值	4,335.74比塞塔	
1936和1937年间的价值差	116,129比塞塔	

注：

1. 法内加，西班牙重量单位，1法内加合55.5千克。

2. 阿罗瓦，西班牙旧重量单位，1阿罗瓦约等于11千克。

在少部分地区，尤其是偏远地区，恶劣的天气导致冬天会出现食物短缺的情况，集体主义者可以为他们自己存有少量的家禽。比如，在皮埃德拉斯梅纳雷斯（瓜达拉哈拉），他们个人可以存有18只鸡和3只羊；① 546 其他地方建立的公共用餐大厅，单身汉可以免费用餐，路人只需支付1比塞塔。

表四　米拉坎波集体农场的产量和价值

明　　细	1935—1936年	1936—1937年
小麦	3,000法内加	7,000法内加
大麦	500法内加	2,000法内加
葡萄酒	3,000阿罗瓦	高于4,500阿罗瓦
瓜类	价值196,000比塞塔	价值300,000比塞塔
苜蓿	价值80,000比塞塔	价值300,000比塞塔

统计的数据有时会显示产量在上升，比如像位于瓜达拉哈拉附近的米拉坎波的集体农场，该地曾经归孔德·德罗马诺内斯所有。②或是出

① *Campo Libre*, 11 June 1938.

② 表四出处同前，30 July 1937。1935年数字的依据不得而知：这些数字是真实的还是出于税收目的而保留的？在这种情况下，很可能是前者，因为孔德的老经理和代理人加入了新的行政委员会。

于战争的需求，抑或出于集体主义者们渴望证明他们的体制要优于他人，集体农场还出现了一些根本性的进步。关于新建模范养猪场、面粉厂和新道路的报道数不胜数。与战前相比，土地常常为了得到合理耕种，扩大灌溉面积，而对生产实行技术化改革，改善卫生环境，建立工作棚。许多集体农场购入了新型农业机器。学校增多了，在改建过的修道院和宫殿里，新教师们让年轻人和成年人对教育的渴望得到一定程度上的满足，他们发现了学习的困难之处。

对于无数工人而言，高级讲习班、神父、传统生活的整体构成以及女性地位低下等与传统相关的习俗消失形成了一种持续兴奋，这转移了他们对由战争引起的物资短缺的注意力。在卡斯蒂利亚和阿拉贡地区的小市镇，曾经的生活非常单调。如今“窗户似乎打开了”。工人们当家做主以后虽然产生了一些问题，但在鼓励努力工作的此起彼伏的口号声中，在以现代词汇重新改写的革命歌曲和经典歌曲声中，在广播电台的
547 广播声中，老旧生活的乏味消失得无影无踪。不管怎样，各委员会举行的会议制造出了所有人都有机会参与政治的表象。

从政府的角度讲，集体农场的弊端在于他们不纳税。虽然无政府主义者声称他们“把食物直接运往前线当作铁一般的纪律”[1]，但事实上，食物只会不定期地抵达前线。因此前线指望不上无政府主义者提供的食物，并且食物还常常被浪费。尽管在许多管理委员会中都有社会主义者的身影，但也不能指望集体农场能听命于政府。

到1936年12月，从部长往下，农业部的所有高级官员都是共产主义者（卡斯特罗·德尔加多从第五军团离开以后，成了土地改革的总策划人，而担任秘书长一职的是另外一名共产主义者——莫拉塔·努涅斯[2]）。这

---

① Peirats, vol. I, p.320.

② Castro Delgado（pp.379–382）回顾他接管土地改革研究所的3个优先事项是：摧毁由社会主义者组成的土地改革团队；迫使雇主接受战争时期的节奏不同于和平时期的节奏；让尽可能多的人加入共产党。

使很多农村地区的工人们认为，虽然高级讲习班焕然一新，但事实上，在各个十分重要的方面，它与以往并没有不同。

如果国家一直处于和平之中，很难说集体农场的未来会变成什么样子。由于战争和其他革命党派的存在——尽管两者看上去都把无政府主义者搞得焦头烂额——集体化取得了一定程度上的某些成功。战争使公共服务的意识得以延续。与此同时，自1936年的秋天起，政府与西班牙共产党对小农场主的支持意味着这些人常常被迫组成联盟——地方的管理委员会不能强迫个人加入或顺从（身为西班牙共产党党员的农业部长在为数众多的演讲中向个人农场主承诺，他们的利益会得到西班牙共产党的支持与保护，并会向民众传达这一信息）。

唯一有可能确定的是，集体化的成败取决于管理者们是否能够在和平之中长久地接受政府和个人业主的存在并与之进行合作，以及政府和个人业主能否一直接受这些集体农场和传统企业共同组成的企业。548 奥拉西奥·普列托等一些无政府主义者开始意识到，像偶尔把25—50个食杂店合并为一个大型的集体化百货公司的这种行为并没有必要的社会价值。私人锁匠、鞋匠、家具维修工和橱柜制造工的废除往往导致了这些手艺也一同消失。对于农村地区的管理部门，怎样才能确保让富裕的集体农场把多余的农产品移交给贫穷的集体农场；无论是在谁的领导之下，要如何得到西班牙农业需要的肥料、机械、信贷以及技术支持……因为有太多的问题悬而未决，因此很难说这些土地企业是成功的。但不可否认的是，政策明确有力地表达了许多贫穷但富有献身精神的男男女女们的满腔热忱。他们既不应该受到西班牙共产党的嘲笑，也不该遭到国家主义者的残酷对待。不过，一些对像华金·阿斯卡索等无政府主义领导者们的揣测，削弱了人们对在该体系中工作的理想主义者的同情。

549 33. 1936年冬的国际援助

1936年到1937年的冬天，在马德里附近进行的战斗不仅在西班牙引起了广泛关注，同时在国际上也引起了轰动。然而，在外交家们的口中，似乎不干涉协议可以有用武之地。11月12日，苏联驻伦敦大使麦斯基（从某种意义上，他是伦敦的第二位亲共和国的大使[①]）曾满心欢喜地说道："经过了长达数周漫无目的的徘徊，我们的委员会……为了能有效掌控不干涉协议已经精心策划出一套卓有成效的方案。"[②]在同一天，普利茅斯勋爵提议，为了能对违背不干涉协议的行为有所察觉而需要在西班牙的边境线和港口安插观测员。该计划获得批准。葡萄牙、德国和意大利提出，此项计划在西班牙内战对战双方落实以前，空中管制也应当囊括在计划当中。之所以会出现这种近乎天方夜谭式的提案是因为这些国家在有意拖延谈判时间，而非争取达成共识。在此期间，德国驻敖德萨的领事和驻伊斯坦布尔的新闻记者正在对从苏联装运的武器进行报告和报道。

当然，不只德国注意到了苏联进行的军事援助。11月15日，艾登
550 在下议院直言不讳地宣称：有些国家"相比德国更应当受到践踏不干涉计划的谴责"。11月17日，艾登又面临着一个新的难题。国家主义者宣布，为了阻止战争物资抵达共和国，他们将拦停并搜查在公海上航行的船只。如今，按照国际法的规定，英国的船只可以从外国港口把武器带入西班牙；同时，如果运送遭到干预，可以向海军寻求帮助，但如果在西班牙海域内被干预，海军就无权为其提供保护。英国政府认为这种商船的行为有违不干涉协议的精神（如果不是协议条文的话）。海军不想

---

① L. Fischer, p.443.

② *NIS*，第十一次会议。1936年11月12日是鲍德温著名的进入下议院的日子，他承认自己在重整军备问题上对选民"不够坦诚"，因为担心会输掉选举。

为承担此类交易的船只提供保护。[1]如果确认佛朗哥在内战中拥有交战权，出面干涉将是合法行为。虽然英国政府本想认定佛朗哥持有交战权（他们认为，这将更加有利于英国免遭冲突），但法国对此表示反对。艾登既不想帮助佛朗哥，也不想冒犯法国，他本来只想“在地中海发发威风”。11月22日，内阁的多位部长提出了交战权一事，但艾登表示反对并最终获得了支持。内阁决定让海军为运送普通货物的英国船只提供保护，但禁止英国船只运送武器。[2]事实上，海军部已经在11月20日通知英国战舰：两大西班牙海军会拦停并搜查商船是否运有武器。艾登直到11月25日才取消这一命令。对于英国政府而言，值得庆幸的是这件事在当时并没有泄露给新闻媒体。[3]

一波未平一波又起，德国和意大利宣布，他们承认国家主义者一方是西班牙政府。接到消息的佛朗哥把德国和意大利以及葡萄牙和国家主义西班牙描述成欧洲的文化、文明和基督教的坚固堡垒。用他在随后补充的非比寻常的溢美之词来说：“此时此刻标志着整个世界的生命之巅。”[4]

然而，局势还是陷入了危机之中。11月21日，已经投入战斗的一艘意大利潜艇用鱼雷袭击了停靠在卡塔赫纳的巡洋舰“米格尔·德塞万提斯”号。[5]11月27日，意大利驻巴黎的大使告诉他捉摸不透的美国同 551

---

① 11月21日艾登对内阁的说明（in CAB 24/265）。

② Eden, p.413.

③ 1936年11月20日，外交部长致地中海总司令的说明。

④ 此时是11月18日。11月17日，德国和日本在《反共产国际协定》中确认了他们的联盟，这是一个表面上反对共产主义、实质上具有进攻性的军事联盟。意大利在一年后加入。11月24日，（与贝尔纳诺斯一样）曾居住在马略卡岛的诗人罗伯特·格雷夫斯（Robert Graves）呼吁丘吉尔谴责德国和意大利在地中海西部的政策。丘吉尔回应：“双方的双手都沾满了鲜血。你想介入吗？这个国家受不了的。”格雷夫斯道：“（我这样做）不是出于偏袒……而是为了维护英国在地中海的利益。”（Robert Graves and Alan Hodge, *The Long Weekend*, London, 1940, p.411）

⑤ 它没有沉没，但由于共和国缺乏良好的干船坞，直到1938年它才被修复。

僚比尔·布利特，即使苏联选择放弃共和国，意大利也不会停止对佛朗哥的援助——“佛朗哥的军事力量还不足以为他赢得整个西班牙”①。墨索里尼正在把全部的赌注押在佛朗哥身上。他已经于不久前将齐亚诺的首席大臣菲利波·安福索和军事情报部门的首领马里奥·罗阿塔上校派给佛朗哥，并提出意大利会派遣一个师的黑衫军到西班牙参加战斗。作为回报，他希望佛朗哥能支持意大利在地中海的计划。他将尽可能地建立良好的贸易联系。②11月28日，佛朗哥同意了这一计划，同时，黑衫军们整装待发。迄今为止，意大利已经向佛朗哥总共送去大约50辆轻型安萨尔多-菲亚特坦克、50门大炮、将近24架菲亚特战斗机、19架萨伏亚81式轰炸机以及一些罗密欧37式轻型轰炸机。③从10月21日到11月26日，为军团而战的坦克专家基本上已陆续撤退，留下的由法尼亚尼领导的一群士气低落的意大利飞行员事实上是唯一在为佛朗哥战斗的意大利人。此外，剩下的物资仍然保留在那儿。④

552 与此同时，首位派往国家主义政府的德国专员抵达了布尔戈斯。这位便是在第一次世界大战之中担任军长，后来参与自由军团组织工作的冯·福佩尔。20世纪20年代的大部分时间里，他都在从事帮助阿根廷和秘鲁重整军队的工作。福佩尔是一个顽固的纳粹党员，操着一口流利的西班牙语，自1934年起，他一直是德国伊比利亚-美洲协会的主席，并令其外交部门十分厌恶。希特勒曾嘱咐他不要让自己卷入

① *USD*, 1936, vol. II, p.576.

② *GD*, p.139；Ciano, *Diplomatic Papers*, pp.75-77.

③ 它的全称是IMAM Ro. 37 bis，是一种多功能飞机，最高时速200英里（约321.9千米/时），飞行高度20,000英尺（约6公里）。它被用于观察、轻型轰炸、低空机枪射击以及航空摄影。

④ 法尼亚尼甚至下令逮捕国民军王牌飞行员安赫尔·萨拉斯·拉腊萨瓦尔，因为他拒绝驾驶菲亚特飞机飞越敌方领土。萨拉斯并没有因此而受苦，但到这时，许多意大利飞行员已经死亡，他们的飞机被苏联人摧毁。见*inter alia*, Emilio Faldella, *Venti mesi di guerra in Spagna*（Florence, 1939）, p.80。其他装备更为精良的意大利人，包括38辆坦克，被并入军团（Belforte, vol. I, p.51）。

军事争端。他在自己身边安放了两个人，一个主管宣传工作，另一个主管“长枪党的组织工作”。打从一开始，他和他那油腻、聪明且像母亲般的妻子就没有受到西班牙领导者的欢迎。[1]在另一方面，福佩尔发现佛朗哥“值得尊敬”，但“能力没有达到局势的要求”[2]。他反对崇信宗教，并痛恨西班牙的上层阶级——认为只有出身贫寒的人才能掀起法西斯主义革命。因此，他的部下结交和拥护长枪党的激进分子，尤其是曼努埃尔·埃迪利亚。[3]福佩尔希望希特勒能在西班牙及其他国家发起一场反布尔什维克运动，但希特勒说西班牙进行的是“一场适合吸引强国目光的助兴表演，德国可以借此毫无顾忌地追寻它在东方的目标”[4]。

福佩尔向柏林发送的第一份报告是催促德国现在要么置佛朗哥于不顾，要么派遣更多的兵力（“秃鹰军团”的指挥官冯·施佩勒也这么认为）。现在唯一需要的，就是德国和意大利各派出一个精锐师。[5]他表示，规模达15,000—30,000人的一支集中作战力量将碾压共和国战线，并赢得战争的胜利。在外交部的迪克霍夫对此表示反对，他提出，如果有超过德国一个师的兵力被派遣出去，那德国和意大利将重蹈1808年法国在西班牙的覆辙，并引起公愤。同样在不久之后，德国和国家主义西班牙将不得不考虑报酬的问题。一项协议将现有的贸易契约延长至1937年3月31日，并承诺在截止日期之前开展新的谈判。 553
事实上，这份协议是福佩尔与国家主义外交办公室的一名官员于1936年的最后一天签订的。

---

① Serrano Súñer, pp.44–47.

② *GD*, p.159.

③ 见原书p.618。福佩尔在柏林的对手将是马克斯·德马加斯（Marqués de Magaz），他曾是普里莫·德里维拉军事委员会副主席，在模范监狱失去了一个儿子。

④ Whealey, in Carr, *The Republic*, p.219，引用瓦尔利蒙特将军的审讯。

⑤ *GD*, pp.159–160.

在此之前，身处法国的德尔博斯担心意大利将对巴塞罗那发起攻击并意识到，对于德国的援助，佛朗哥可能会以矿产资源来作为酬谢。[①]他向艾登提议应当请求德国、意大利和苏联达成“绅士协议”，以此来停止向西班牙贩卖武器，随后再从中调停。德尔博斯还向罗斯福寻求帮助。接收到请求的美国大使布利特借机警告德尔博斯“不要依靠他的外交政策……指望美国会再向欧洲投入军队和战舰，抑或大量的弹药和金钱”[②]。与此同时，不干涉委员会于12月2日批准了普利茅斯勋爵提出的针对西班牙两大党派的管制计划（在葡萄牙弃权的情况下）。[③]

12月4日，法国和英国就调停问题主动向德国、意大利、葡萄牙和苏联接触。艾登提议“最为密切相关的六方势力”也许可以发出停战的呼吁，向西班牙派出一个委员会，并通过投票的方式建立一届政府，该政府以一名一直没有参与到内战当中的人为首，比如萨尔瓦多·德马达里亚加，他曾在日内瓦令艾登刮目相看。在共和国的最后几年中，马达里亚加一直是西班牙的代表，并且还是国际联盟的常任官员。[④]

迄今为止，在改善内战局势的问题上，英法两国提出了3种解决方案：管制计划、调停方案以及普利茅斯勋爵在不干涉委员会提出的中止志愿兵流入西班牙的策略。12月6日，正当他们或多或少开始考虑这些富有可行性的计划时，墨索里尼、齐亚诺和意大利的总参谋长们开始开会商讨意大利在下一阶段对西班牙的援助。[⑤]在会议上，频频出
554 现的卡纳里斯也在场，他告诉意大利人，德国政府希望削减在西班牙

① *FD*, vol. IV, p.89.

② 出处同上, p.97；also *USD*, 1936, vol. II, pp.578–581。

③ *NIS*，第十二次会议。

④ *GD*, pp.158–159；Eden, p.416. Cf. Salvador de Madariaga, *Memorias*（*1921—1936*）, Madrid, 1974, p.374.

⑤ *GD*, p.165. 在共和国的强烈反对者加尔文的领导下，（伦敦的）《观察报》在这一天发表了一篇足够愚蠢的报道，称马德里有21,000名苏联人。因此，谣言来源于谣言，而真相似乎是相对的。

的人员，直到与意大利人员相当。德国战争部已经决定拒绝福佩尔提出的向西班牙投入正式作战部队的计划。由于意大利坚持在外交上赚得利益，因此，不出意料，墨索里尼会向佛朗哥提供比德国更多的援助。第二天，也就是12月7日，罗阿塔上校被授予对所有在西班牙的意大利人的最高指挥权。同时，为了筹划此次新任务，他们还在意大利外交部建立了一个“西班牙办公室”。[①]两大独裁政府的海军参谋12月还进行了会面，并同意意大利将在地中海为佛朗哥展开活动，德国则把注意力集中在大西洋。

12月10日，由于苏联外交人民委员利特维诺夫（反对将西班牙问题带到国际联盟）和法国外交部长（没有被询问意见）的抱怨，共和国的同等级官员阿尔瓦雷斯·德尔巴约在日内瓦把共和国的问题提交到联盟理事会。在集体行动上经历了如此多的失败，他并不指望国际联盟能在西班牙问题上发挥出决定性的作用，但至少西班牙的问题被提上了日程。阿尔瓦雷斯·德尔巴约请求国际联盟对德国和意大利认可叛军的行为进行谴责。他指出，外国战舰正在地中海攻击商船，有数不清的摩尔军队已经投入战争当中，西班牙爆发的战争对和平造成了广泛的威胁，而且不干涉协议并没有达到行之有效的作用。最终，理事会催促在伦敦的不干涉委员会的国际联盟成员竭尽全力确保不干涉协议的实行，并对调停方案表示赞许。虽然苏联和葡萄牙宣称愿意积极支持合乎情理的调停方案，但德国和意大利在提供援助的同时表示，他们认为内战双方都不太可能会接受调停方案。他们说的没有错：西班牙的国家主义和共和主义报纸都在社论当中表示反对调停。调停计划泡汤了，艾登和德尔博斯还是改换了较为和缓的方案。12月16日，共和国在原则上接受了管控计划，同时，在不干涉问题上发表了常见的看法，并保留进一步观察和拒绝实行计划的权利。12月19日，国家主义者一方对提出的问题予 555

① 墨索里尼任命罗阿塔的传真信，收录于Alcofar Nassaes, *CTV*, facing p.32。

以回应。12月22日，在有可能全面爆发战争的恐怖气氛下，不干涉主席小组委员会对此进行了认真考量。①

这种惊恐源于第一批总人数3,000名的黑衫军抵达加的斯的消息，也源于西班牙共和国截获了驶往国家主义西班牙的德国的“帕洛斯”号以及国家主义者一方击沉了一艘苏联的补给船“共青团”号这两个事实。德尔博斯在巴黎与韦尔奇克进行了一次严肃的谈话。他表示，法国人民希望能与德国达成共识，②实现这一目标的方法就是在西班牙展开合作。1936年的圣诞夜，英法两国驻柏林、罗马、莫斯科和里斯本的大使优先于不干涉委员会的首脑们，坚持催促要从1月初开始中止志愿兵进入西班牙。在柏林的弗朗索瓦-庞赛表示，之前对于法国而言，这一问题还没有严重到在个人自由上进行如此干涉。③然而，当时身处巴黎的意大利部长让布鲁姆确信，意大利和法国之间短暂的友谊就只能建立在他承认佛朗哥在西班牙取得胜利的基础之上，这些措施在各个方面的前景都很黯淡。但墨索里尼对外交官也许吐露了真言，他说他痛恨希特勒，并且一直在寻找机会与他决裂。1937年1月，英国和意大利之间的“绅士协议”成为这一“积极的姑息政策”的一种延伸。协议确认了西班牙的独立自主以及地中海上的自由交通。④可惜的是，有消息称意大利加

---

① *NIS*（c），第十七次会议。在12月21日的一次重要会议上，希特勒、戈林、瓦尔利蒙特、布隆伯格和弗里奇拒绝了福佩尔亲自提出的派遣3个德国师结束战争的额外要求。见Gerhard Weinberg, *The Foreign Policy of Hitler's Germany*（Chicago, 1970）, p.297，基于战后瓦尔利蒙特的证词。

② *GD*, p.180.

③ *GD*, p.186. 德国人认为英国人主要是想维护他们在西班牙的商业利益。为此，福佩尔报告说，不仅英国大使馆的商务顾问帕克经常访问布尔戈斯，而且奇尔顿还让国家主义西班牙当局了解到发生了什么，甚至艾登将于下午3点在下议院发表的声明文本在当天上午10点前就传达给了佛朗哥（*GD*, p.181）。奇尔顿仍然非常支持民族主义。“我希望，”他没过多久告诉美国大使鲍尔斯，“他们派出足够的德国人来结束战争。”（*USD*, 1937, vol. I, p.225.）

④ 该协议本该引发详细的谈判，但谈判直到1938年才开始（这造成了艾登的倒台）。

大了对佛朗哥的援助，这使达成该协议可能会大有作为的一切幻想都化为泡影。艾登后来表示："事实看上去似乎只有一种可能，墨索里尼利 556
用与我们的谈判为他实行进一步的介入打掩护。"①

毫无疑问，被温斯顿·丘吉尔称作"武装起来的旅行者们"如今正在大批涌入西班牙，法国驻马德里的军事专员莫雷尔上校把这些人叫作"意识形态的旅行者"。②1月15日，由3,000名意大利黑衫军和1,500名技术专家组成的第二远征军到达加的斯。墨索里尼希望身处西班牙的意大利士兵是为了意大利的荣耀而战，因此他不希望像佛朗哥那样把他们混编进西班牙的部队。一时间，佛朗哥在不情愿的情况下妥协了。截止到1月中旬，在西班牙的意大利士兵总共达到17,000人。③这些士兵收到两份工资：一份是佛朗哥每天支付的2比塞塔，另一份是墨索里尼每天支付的20里拉。然而，在罗马，工资被当成参加志愿兵的诱饵——每天25比塞塔以及价值2万里拉的保险。④与此同时，在意大利的大型省会城市，尤其是在巴里、卡利亚里和那不勒斯等贫穷的地方，西班牙志愿兵建立了招募中心（意大利还出现了为国际旅招募特工人员的共产主义地下组织）。不仅如此，意大利的铁路官员们被带到西班牙帮忙重整被佛朗哥占领的铁路。

在西班牙的德国士兵累计达到7,000人。只有柏林在为这些德国士兵发放薪水。

---

① Eden, p.432.

② *FD*, vol. IV, p.71.

③ 意大利航空部于1月23日表示，"截至1月，意大利共有211名飞行员、238名'专家'、777名地面军官、995名军士和14,752名士兵"。（Qu. Cattell, *Soviet Diplomacy*, p.4.）

④ *FD*, vol. IV, pp.71 and 451. pp.451–454的文章很有帮助。参见出处同上，p.563。因此，一周的工资超过175里拉，而罗马的一个砖匠的工资约为150里拉。意大利农业的小时工资是每小时1里拉。见Coverdale, *Journal of Contemporary History*, January 1974, p.74。

在1936年的最后一天，据美国驻巴塞罗那的总领事估计，自10月份以来，有2万名外国志愿兵通过铁路从法国来到西班牙共和国。在圣诞节和新年夜期间，有4,000人穿过了巴塞罗那和阿尔瓦塞特。[1]而在1937年1月1日，莫斯科有17名苏联飞行员为了“艰巨的政府任务”，
557 以“苏联英雄团”的名义为共和主义西班牙提供援助。[2]至此，战争让越来越多的士兵从四面八方赶到西班牙。

自愿为共和主义西班牙而战的是由96名美国人组成的第一批队伍，他们于12月26日离开纽约。[3]根据美国法律规定，加入其他国家军队是一种违法行为，但这并不适用于自愿前往国外的美国人，只适用于那些在美国本土应征入伍的人。从1月11日开始，美国护照上通常会标注“对西班牙无效”。[4]此举并没有什么作用，从巴黎开始，国际旅会设立组织对志愿兵进行专门照看。事实上，自愿投身于共和国的美国公民从未遭到起诉。

---

① *USD*, 1936, vol. II, p.625.

② L. Fischer, p.387.

③ Edwin Rolfe, *The Lincoln Battalion*（New York, 1939）, p.18.这群人于1月6日抵达位于拉曼查平原阿尔巴塞特附近的维拉努埃瓦·德拉贾拉（Villanueva de la Jara）的基地，那里的荒凉让其中两个来自威斯康星州的人极度思乡。由于有一些古巴人陪同，他们很快与村民建立了和谐的关系。古巴人由鲁道夫·德阿玛斯（Rudolfo de Armas）领导，并由经验丰富的共产主义领导人华金·奥尔多基（Joaquín Ordóqui）陪同，后者后来在菲德尔·卡斯特罗的领导下经历了一段不凡的历史。其中有一名年轻的共产主义者，罗兰多·马斯费勒（Rolando Masferrer)，后来以政治黑帮和参议员的身份出名。其他古巴人还包括被谋杀的劳工领袖安东尼奥·吉特拉斯（Antonio Guiteras）的准军事组织——青年古巴的大约60名成员。在西班牙作战的古巴人名单还包括1933年至1959年间统治该岛黑帮政治的其他人。

④ 这些人的护照在历史上可能和他们本人一样重要。因为内务人民委员部获得了国际纵队许多已故（和一些活着的）成员的护照，他们被送往莫斯科——克里维茨基观察到这里有近百本“主要是美国人”的护照（Krivitsky, *op.cit.*, p.114）。之后，新的持有者与他们一起派出，并作为焕然一新的公民进入美国。其中一人可能是被指控谋杀托洛茨基的加泰罗尼亚人梅尔卡德（Mercader）。美国回收这些护照的外交行为，见Robert Murphy, *Diplomat among Warriors*（London, 1964）, p.50。

在向西班牙出售战争物资这一问题上，美国的“道德禁运”一直广有成效，但美国的一些物资还是经由墨西哥流入了西班牙。12月28日，泽西市维姆勒特公司的一名拉脱维亚人罗伯特·库斯（有可能是苏联政府的一个雇员）为向西班牙政府运送总价值277.5万美金的飞机、飞机引擎和其他零部件提出一份海运申请。[①]国务院批准了这一申请，但遗憾的是，一家美国公司曾坚持利用其合法权益来反对政府的政策。库斯有理 558
由担心美国海关有可能很快会全面阻止武器运输，他迅速把货物装载在西班牙的商船“坎塔布里亚海”号上。与此同时，美国总统安排参议院议员皮特曼和众议院议员麦克雷诺兹在1月6日的国会两院集会时提出一项禁止武器被运往西班牙的决议。[②]

同一天，在参议院，只有参议院议员——奈伊（Nye）反对这项议案。他提出，禁运政策有失公平，因为相比于国家主义者，此举对共和主义一方的损害更为严重。众议院的一部分成员也对此抱有异议。然而，参议院还是以81比0的票数通过了新法案，众议院的投票结果为406比1。持不同意见的众议院议员伯纳德宣称，通过这项决议是冒充中立立场的行为，因为这件事造成的后果是：“当一个民主的西班牙正遭受法西斯主义势力的侵袭之时，美国在其拥有的合理的国际权益上，对民主的西班牙进行了扼杀。”[③]然而，由于技术性错误，该项议案直到8号才成为法令，而在7号那天，尽管只装载了库斯的一部分货物，“坎塔布里亚海”号就已匆匆离开了纽约。

“冒险”并未到此结束。两位美国飞行员——伯特·阿科斯塔和戈

---

① 1930年，维姆勒特公司向苏联出售了飞机发动机（Traina, p.80）。

② 这一决议显然是在美国内阁未经讨论的情况下做出的。内务部长表示：“我确信，如果这个问题被提交内阁进行严肃辩论，就会有人反对。”（*The Secret Diary of Harold Ickes*, London, 1955, p.569）

③ 伯纳德议员后来提出了一项决议，要求支持共和国，建议对德国和意大利政府实行至少同等的限制。

登·贝瑞曾在秋天以极高的薪水为西班牙共和国效力，并宣称共和国拖欠了他们1,200美金。他们说服海岸警卫队将传票递交给长岛海峡的“坎塔布里亚海”号，[①]但传票结果只作用于普列托的财产。在3英里的有限范围内，伴随着一艘海岸警卫队的巡逻快艇和一架飞机（为了让武器禁运政策能比预期更快地变成法令），“坎塔布里亚海”号向墨西哥的韦拉克鲁斯驶去，在那里装上更多的货物，然后驶向西班牙。尽管，“坎塔布里亚海”号假扮成一艘英国船，但还是在比斯开湾被国家
559 主义者的巡洋舰“加那利群岛”号截获，并且被没收了货物。船员中的西班牙人和5名墨西哥乘客被枪决[②]。

佛朗哥宣称，在禁运法案一事上，罗斯福的行为可称得上是一个“真正的绅士”。德国也对该法案的实施赞赏有加。美国的共产主义者和许多自由主义知识分子在国内发起了抗议。禁运法案并没有涉及原油。自由主义者们恳求总统宣布进入战争状态，理由是西班牙出现了诸多国外军队。因此，自由主义者们催促要实行1935年的中立法案——以此来防止任何战争物资流向德国和意大利。科德尔·赫尔说服了罗斯福，称这样的声明有可能会增加爆发全面战争的危险，所以罗斯福没有下出这步险棋。[③]然而，通过德国和苏联，仍然有一些美国生产的武器装备流入西班牙。例如T-26坦克上所配备的40毫米大炮，起初就是美国出口到苏联的武器。[④]库斯对于美国政府的公然挑战致使其他在北美更加隐蔽的人（比如，共和国驻墨西哥大使费利克斯·戈登·奥尔达斯）在美

① 西班牙驻纽约总领事后来否认这些人有任何欠款。阿科斯塔是著名的飞行员，1927年与伯德海军上将驾驶“美国”号横渡大西洋。

② Cervera, pp.87–88；见Gerald Howson, *Arms for Spain*（London, 1998）p.182；参议员奈伊后来指控纽约一家轮船公司的老板为佛朗哥从事间谍活动，导致“坎塔布里亚海”号被扣押。

③ Taylor, pp.75–95. 还有天主教的选票，罗斯福依赖于此。诺曼·托马斯告诉本书作者，他认为这是罗斯福心目中禁运的最重要原因。

④ Cervera, pp.29–30；*FD*, vol. IV, p.405.

国寻求武器渠道的问题上变得愈加困难。①

葡萄牙及德、意两国分别于1月5日和1月7日对英国和法国就志愿者问题提出的计划作出回应（苏联已于12月27日在回复中对此表示赞成）。德方的照会很明显是由希特勒亲自起草的。绕过不干涉委员会能有什么意义？在面对国外志愿兵大批涌进共和国一方的情况下，进行这样的计划不是很不公平吗？但德国将会继续保持合作，保证计划在有效的控制下实施。②艾登因此向英国提议，认为他们应当下令让海军巡视西班牙沿海地区的各个港口，并赋予他们搜查的权利。在展开讨论之前 560
赞成艾登观点的鲍德温并没有表示支持。第一海军大臣霍尔指责艾登说：“作为一个国家，我们正在达成的共同目标是让佛朗哥将军战败。”他想尽一切“技术性论点”来破坏艾登的计划：西班牙的海岸线过长；船的需求量过大；不得不召集海军的退役军人；等等。其他几位部长也持有相同立场，议会授权给艾登的只是让他去筹划一个国际化而非英国化的不干涉计划。1月10日，这份被艾登描述为“一份被删减的协议”和这行文字一同被发送出去。③一个实施真正的不干涉管控计划的良机因此而错失。根据1月8日在内阁传阅的一份文件，显而易见，艾登已经意识到：“如今，对于欧洲的和平，西班牙未来政府的特质已经不如独裁者们不应赢得胜利那样重要。”④

正在把西班牙的事务留给意大利来处理的德国似乎突然发起了挑衅行为。12月27日，共和国的海军释放了被他们扣押的德国战舰“帕洛斯”号，但船上的一名西班牙人被继续扣留，同时扣押的还有由赛璐珞和电

---

① 见Gordón Ordás, *Mi politica fuera de España*（Mexico, 1965）, vol. I。

② *GD*, pp.210–212.

③ Eden, pp.434–436.

④ Memorandum, 8 January, *CAB/266*. *CAB/80*（*37*）显示艾登受到塔尔西斯铜硫公司（Tharsis Copper and Sulphur Co.）和里奥·廷托公司（Río Tinto Co.）被征用以及将黄铁矿和铜运往德国的影响，而自7月以来，里奥·廷多在塔尔博特港（Port Talbot）的炼油厂没有收到任何铜。

话机组成的一批货物，其理由是这些货物属于战争物资。共和国拒绝了德国索回这名西班牙人和货物的要求。诺拉特决定，如果共和国不立即对该要求进行部署，他将威胁采取“更加严厉的办法”。协商失败后，共和国有3艘商船被截获，其中有2艘移交给了国家主义者一方。德国未来会考虑对某一港口施行轰炸。

另外一场危机接踵而至。1月7日，法国政府听说有300名德国人已经在西属摩洛哥登陆。法国外交部首脑亚历克西·莱热提醒德国驻巴黎大使韦尔奇克要注意根据1912年法西摩洛哥协议，禁止西属和法属摩洛哥为了对抗对方而筑防工事。韦尔奇克矢口否认西属摩洛哥有德国军队驻扎。与此同时，法国的新闻媒体炸开了锅。伦敦外交部的首脑范西塔
561 特保证，如果报道属实，英国会站在法国一方。法国军队于隔日沿着西属摩洛哥的边境线集结。福佩尔在向诺拉特的报告中称：梅利利亚有一支德国部队，摩洛哥协议在这块西班牙属地无效，但该协议可以作用于其他任何地方。与此同时，希特勒召见了弗朗索瓦-庞赛，并告诉他德国没有对西班牙的领土心存觊觎之心。该声明被移交给新闻媒体后，危机随即散去。如今在摩洛哥担任高级指挥官的贝格韦德尔上校（在奥尔加斯不在的情况之下）告诉法国驻得土安的领事：实际上是意大利人，而非德国人“正在以各种托词在西属摩洛哥打造己方势力——意大利人曾提出了一个满足他所有欲望的价码……但他已经回绝了”。他还说，零星有一些德国人会穿过摩洛哥，但没有人会一直留在那儿，以后也不会有。[①]贝格韦德尔是一个表里如一的人，法国选择相信他。此次事件随即流入了历史的长河之中，像在一连串的忧虑中不断出现，既容易“滋生”又容易变质的对战争的恐惧，这种忧虑在1918年至1939年摧毁了法国的神经。[②]

---

① *FD*, vol. IV, pp.457–459.

② *USD*, 1937, vol. III, pp.217ff.; *GD*, pp.215ff.

摩洛哥在此次内战当中扮演了一种非比寻常的角色。摩洛哥军队为佛朗哥将军充当了护卫，贝格韦德尔通过煽动和劝诱为起义召集了将近5万名志愿兵。然而，共和国为了能让摩洛哥民族主义领导者们撤销对佛朗哥的援助，与他们在保护关系的独立问题上展开谈判。1936年7月18日之前，一个名叫“摩洛哥民族主义行动委员会”的组织曾向马德里派出了一支代表团，让马德里警惕非洲军团的军官们正在谋划的事务。但卡萨雷斯·基罗加的政府并没有予以重视，所有其他类似的提醒也得到相同的对待。[1]叛乱爆发以后，这个组织表示他们将援助“拯救西班牙的民主”，但前提是共和国公开表示会支持摩洛哥在法、西两国之间的独立政策。其他要求还包括：西班牙将为摩洛哥民族主义者提供武器以及要求法国在苏丹统治领土上着手实行一切必要的改革措施。改良主义政党的领导者阿卜杜勒·克雅拉克·托雷斯曾于1936年秋天来到巴塞罗那以确立合作关系。虽然加泰罗尼亚一方对此表示出兴趣，但拉尔戈·卡瓦列罗拒绝了此项计划，因为他担心这会给布鲁姆带来麻烦。[2] 562
对于法国殖民地的大臣赫里欧来说，“如果共和国要对这样一项计划予以支持，那他就会以恐怖行动相威胁，在他眼中，此计划实属疯狂之举”。拉尔戈·卡瓦列罗随后仅为阿卜杜勒·克雅拉克·托雷斯的委员会提供了4,000万比塞塔的资金来为西班牙的民主进行宣传工作，并承诺当他们赢取胜利之时，会“善待”摩洛哥。摩洛哥方面拒绝了这一提议，但维持了与加泰罗尼亚一方的关系。

不管怎样，共和国政府后来确实着手于尝试并怂恿摩洛哥反对佛朗哥。例如，1937年2月19日，共和国提出，如果英法两国可以在不干涉计划中改变立场，那么在摩洛哥的利益问题上，他们可以做出让步（有

---

① Al-Lal el Fasi, *Los movimientos de independencia en el Magreb árabe*（Cairo, 1948）, p.198.

② Miravitlles, p.119.

可能是将西属摩洛哥全部划归法国所有）。[1]拉尔戈·卡瓦列罗当时的国家战争事务次官——卡洛斯·巴拉伊巴尔后来只在对反抗佛朗哥的事情上提供金钱支持，所以他们予以了拒绝。[2]

1月14日，德国外交部首脑魏茨泽克告诉里宾特洛甫私人情报机构的一名成员说："我们在西班牙的冒险将要结束，问题只剩下了如何让德国体面地从中脱身。"[3]不过戈林在同一天确认过，德国将永远不会容忍"一个红色西班牙"的存在。[4]

在针锋相对的氛围下，戈林、墨索里尼和齐亚诺于1月20日在罗马举行了会议。他们提出，如今的佛朗哥得到了"十分充足的供应"，德国和意大利可以支持英法提出的阻止志愿兵进入西班牙的计划。1月31日派发的军事援助应当是最后一批军事援助。他们还提出，这场内战不能存在任何触发世界大战的风险。在此次会议中，戈林的口译员施密特察觉到，在德国和意大利的口中，他们在西班牙的军队都像是货真价实的志愿兵——甚至是在面对对方的时候。[5]魏茨泽克强调：德国和意大
563 利的首要态度都是一致的，那就是持否定态度。我们不希望看到一个共产主义的西班牙。[6]

苏联实行的援助政策也在致力于避免共和国战败。1937年，干涉势力对交战双方的援助都强大到可以左右战局的地步，这会有引发一场波及整个欧洲的战争的危险。没有人希望看到西班牙内战最终演变为这样一场全面战争。

实际上，不干涉委员会很快就实现了第一场真正的胜利。1月28日，

---

① 见Hernández, p.75；Alvarez del Vayo, *Freedom's Battle*, p.238。

② Azaña, vol. IV, p.66.

③ *GD*, p.225.

④ *GD*, p.226.

⑤ Paul Schmidt, *Hitler's Interpreter*（London, 1951）, p.62；Ciano, Diplomatic Papers, pp.85–86.

⑥ Weizsäcker, p.113.

德国外交部告诉身在萨拉曼卡的福佩尔将军，德国希望“在实行管控计划以后，尽可能有效地控制并切断西班牙的供应”①。该提议很快获得了通过。国际观察员将被安插在西班牙边境线的邻国一方以及不干涉国家驶向西班牙的船上。此外，还将会有战舰在西班牙水域巡逻。作为接受管控计划的条件之一，里宾特洛甫受命停止进行空中管制——出于担心会毁了不干涉协议的考虑。②自从意大利停止向西班牙货运，齐亚诺便告诉格兰迪要“积极应对”③。葡萄牙却成了管控计划的绊脚石，它以“主权”原因为理由，拒绝接受在它一方的葡西边境线上出现国际观察员。苏联随后表示希望能参与海军的巡逻，最终，西班牙北岸水域的巡逻任务交给了苏联。麦斯基提出的本是想负责东部水域，但该提议受到德国和意大利的反对（他们已经被布置在这一地区），他们并不希望看到苏联海军出现在地中海。葡萄牙同意接受在它的国内安插一部分隶属于里斯本英国大使馆的英国观察员，但这些人不能被当作“国际管控者”。在船只储备上捉襟见肘的苏联最终同意不再坚持介入海军管控。苏联之所以会进行这样的妥协有可能是由于从敖德萨启航，曾经横渡大西洋的客轮“马克斯·德科梅利亚斯”号上的一大批货物，在距巴塞罗那不远的海域被国家主义者截获。他们截取的战利品价值不菲。

实行不干涉计划一年的预算是89.8万英镑。英国、法国、德国、意大利和苏联将各自支付16%（14.368万英镑），其余22个国家分担剩下 564
的20%。④海军巡逻的经费将由4个参与国负责承担。该计划最终在3月

① *GD*, p.237.

② *GD*, p.243.

③ *GD*, pp.241–242.

④ 英国的16%份额中被削减了64,000英镑，这是葡萄牙边境控制的估计成本。计划的背景描述见：Maisky's chapter “Words, words—and mountains of paper”, *Notebooks*, p.94f。

8日获得通过。以英国、法国、意大利、德国和苏联（后来还有波兰、希腊和挪威）为代表组建了一个负责不干涉计划实施的国际委员会，并由海军中将——荷兰人范德姆出任国际委员会的主席。葡萄牙与西班牙的边境将由英国来负责。150名观察员在1位总领头人（来自丹麦的伦恩上校）的带领下被安插在法国的边境线上。在驶向西班牙港口的船上，550名观察员在奥利弗少将的带领下负责监督所有卸下来的货物。英国将负责掌控从法国边境线到阿斯图里亚斯的布斯托角以及从阿尔加维的葡萄牙边境线到加塔角的海军巡逻。法国负责巡逻的区域是从布斯托角到葡萄牙边境线、西属摩洛哥的沿岸、伊比沙岛以及马略卡岛。德国负责的西班牙东岸是从加塔角到奥罗佩萨角，意大利负责的是从奥罗佩萨角到法国的边境线。梅诺卡岛也由意大利负责。直到4月20日，不干涉计划才得以确立。同时，各国为了确保他们的国民能遵从该计划而制定了相应的法律。此时，观察员和不干涉计划安排的巡逻船已经准备就绪。从此以后，在西班牙港口的不远处，两个黑色的圆球涂在一片白色的背景上——代表了不干涉计划的旗帜在希望之中随风飘荡。[①]

565 34. 1937年春的三场战役

1937年春天，西班牙爆发了3场战役，分别发生在马拉加、同马德里近在咫尺的哈拉马河以及同样离首都不远的瓜达拉哈拉的城郊。只能算得上是一次小规模冲突的第一场战役以佛朗哥的胜利而告终，第二场战役双方难分胜负，第三场战役让共和国在道义上取得了胜利。

拥有10万人口的马拉加是大海与内华达山脉之间一条狭窄的平原区域中的首要城市。3000年来，得益于绝佳的气候条件和自然港湾，这里

① 见*NIS*（c），第二十二到四十次会议；*NIS*，第十五和十六次会议。

的商业一直十分发达。1937年年初，战线从距离直布罗陀海峡20英里的一处海岸起，向内陆至隆达，并一直沿着山脉到格拉纳达。因此，共和国保卫的是以马拉加为中心、宽约20英里的一条沿海带状区域。发生在莫特里尔的一场洪水阻断了该地区与北部共和主义西班牙的其他地区的连接。马拉加曾遭受轰炸，而且在不久前富丽堂皇的拉卡莱塔大街已经被工人们搞得满目疮痍。因此，这里从表面上看像是一座荒无人烟的空城。当局表现得好像他们是独立于西班牙其他地区的一个共和国地区，但他们的理由并不充分——据说从此以后，中央政府希望“不再听到有关马拉加的任何消息”。然而，在形式上，马拉加的防御工作由马丁内斯·蒙赫将军领导的南方军负责。他的顾问是苏联人梅列茨科夫少校（未来的一位元帅）。他的部队已经开始以混成旅来组建，但其过程 566
并不顺利。

1月17日，凯波·德利亚诺率领同样被称作南方军的军事力量代表国家主义者对该地区发起进攻。出身于波旁家族的上校塞维利亚公爵担任战地指挥官，他与前国王是表兄弟关系。在战局展开的前3天，塞维利亚公爵尽可能切断了共和国的西部地区，其中包括马贝拉。接着，穆尼奥斯上校率领格拉纳达的驻军在推进的过程中攻占了阿哈马以及马拉加北部的大片地区。国家主义一方不费吹灰之力就拿下了这两场预备战的胜利。

虽然有大批难民从刚刚沦陷的地区涌入马拉加，并且还栖身于大教堂的石地板上，但马拉加的共和国指挥官显然没有意识到一场全面战役即将打响。巴伦西亚也没有对马拉加进行任何形式的援助。由于通往莫特里尔的公路被封堵，炮兵部队无法抵达。此时的拉尔戈·卡瓦列罗正在考虑从马德里到巴伦西亚的公路上对驻扎在马德里南部地区的国家主义者们发动一次进攻。

此时，在罗阿塔上校（“曼奇尼”）的带领下，由意大利黑衫军组成的机械化部队在马拉加北部的不远处集结。这支武装力量总共有9个营，其兵力超过了1万人，[①]由埃米利奥·法尔代拉（Emilio Faldella）和罗西（Rossi）两位上校分别出任参谋长和战地指挥官（罗阿塔上校在西班牙期间一直是意大利情报机构的头目，他自认为不会长期留在西班牙）。埃米利奥的军队中一部分人是曾在1922年进军罗马的前法西斯主义者，剩下大多数人是刚刚自愿参战的士兵，然而就像他们中的一人后来所写，从法律上讲所有人都是志愿兵，但实际上真正自愿出战的人寥寥无几——他们是“并非出于自愿的志愿兵”[②]。由100架飞机组成的意大利“传奇”空中部队为这支军队提供掩护。与1936年7月到8月参战的那批飞行员不同（他们身穿外籍军团的军服），这些意大利人拥有他们自己的军服，并且在行动上能够完全独立，因此他们有机会实现墨索里尼梦寐以求的象征性胜利。罗阿塔在塞维利亚的基地收集武器装备，其中包括许多像菲亚特、蓝旗亚和艾索塔·法斯切尼这些意大利品牌中性能优秀的货运汽车。他的士兵们拥有与西班牙军队一样的毛瑟步枪，同
567 时还配有曾在一战中应用过的机枪、大炮和迫击炮。罗阿塔起初想从特鲁埃尔向海上发动一场进攻，但在佛朗哥的劝说之下，他放弃了这一想法，佛朗哥说服他参与凯波·德利亚诺窥探已久的马拉加的战役当中。[③]就在战役打响之前，墨索里尼告诉佛朗哥，由于不干涉计划即将落实，他无法再继续提供援助。1月25日，佛朗哥回复称，由于不干涉管控计划无法应用于像墨西哥这样反对该计划的国家，因此这些国家应当受到抵制。他还列出了一份战争需求物资清单。福佩尔和罗阿塔给佛朗哥打电话询问这些物资哪些是最急需的。佛朗哥说：“所有。”为了确保能获得这些物资，大元帅表示，他将同意建立一个由5名德国军官和5名意大利军官组成的德意联合总参谋部。两大联盟国共同对该提议进行了磋

① 他的战争代号取自他妻子的姓氏。罗阿塔是巴多利奥（Badoglio）元帅身边的年轻军官之一，曾任驻法国武官。

② 一名炮兵军官写给Alcofar Nassaes的信，见*CTV*, p.58。

③ Kindelán, p.63；Alcofar Nassaes, p.64.

商。与此同时，对马拉加的进攻正在展开。[①]

在马拉加的共和国指挥官是巴尔巴斯特罗的叛徒比利亚尔瓦上校，他刚刚从加泰罗尼亚调遣过来。化名为“克雷曼”的一名苏联上校此时正坐在比利亚尔瓦的办公室试图给他出谋划策，但引起比利亚尔瓦的反感，而且两人几乎难以进行沟通。比利亚尔瓦与他的顶头上司马丁内斯·蒙赫和巴伦西亚的总参谋长马丁内斯·卡夫雷拉的关系都不怎么样。比利亚尔瓦的军队有将近12,000人，但他的手上只有将近8,000支步枪和不过16门大炮。[②]弹药也十分短缺。然而，民兵队伍信心十足，并得到当地农民的热烈支持。例如，在马拉加郊外的一个村子，这里因贫穷并没有大型地产，有人曾向博尔克瑙博士保证他是在为“自由”而战。在马拉加城内，士气低下，纪律混乱，而且暴行频发。囚禁于监狱的政治犯遭受了惨无人道的对待。1月底，西班牙共产党代表兼政治委员卡耶塔诺·玻利瓦尔前往巴伦西亚向拉尔戈·卡瓦列罗说明了防御者们在组织上杂乱无章的情况，但拉尔戈·卡瓦列罗不愿出手相助，并斩钉截铁地说：“不要再向马拉加输送一支步枪或一颗子弹。”[③]

2月3日，针对马拉加的进攻正式打响。[④]塞维利亚率领3个营从隆达地区出发，并遭到顽强抵抗。在2月5日的上午，意大利的黑衫军开始了他们的征程。马拉加城内人心惶惶，部分原因是人们担心通向外部地区的路线被切断。比利亚尔瓦并没有表现出什么战斗精神，而他那偏向保守的性格使他认为居民们不会殊死战斗。在此等情况下，初步取得了突破性胜利之后，国家主义者一方持续以稳定有序的步伐沿着道路向前推进。2月6日，抵达了本塔斯德萨法拉亚高地的意大利人控制住了向阿尔梅里亚的逃生之路。在各个零星的反抗当中，罗阿塔受了枪伤， 568

① *GD*, pp.231, 236.

② Martínez Bande, *La campaña de Andalucia*, p.146.

③ Ibarruri, pp.359–360.

④ 最谨慎的记录来自Martínez Bande, *La campaña de Andalucía*，p.139f。

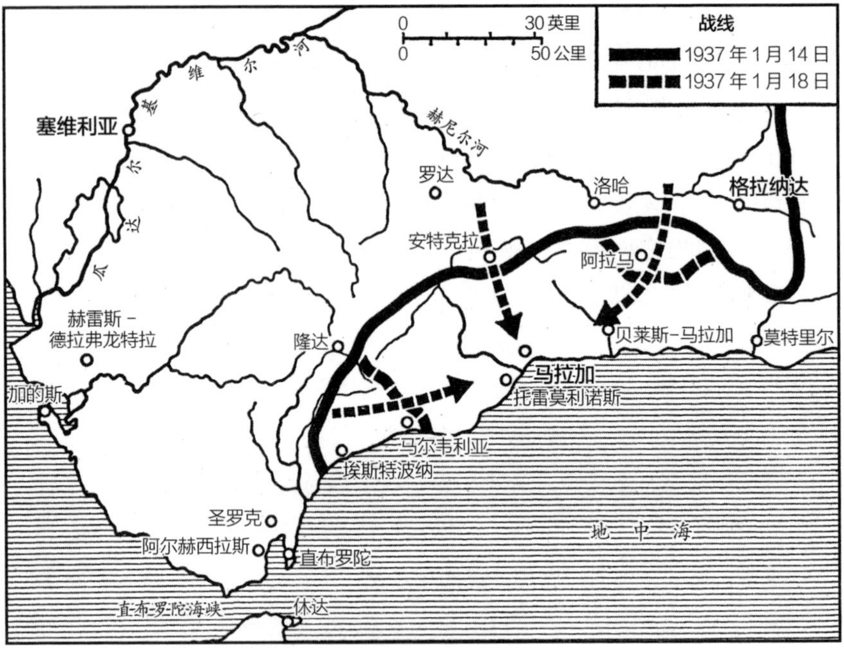

图18　马拉加战役，1937年2月

但伤势不重的他没有放下指挥权。比利亚尔瓦下令全面撤离，他认为最后的时刻已然来到。实际上，国家主义者并没有切断撤退的道路。他们很明智地避免了一场被围困的城市必定会发起的背水一战。一想到国家主义者占领城市后会做出的行为，共和国的高级指挥官以及政治和工会
569 的领导者们就心惊胆战。他们争先恐后地沿着海岸线逃跑，完全不顾莫特里尔暴发的洪水，那里的道路布满艰难险阻。幸运的人乘坐为数不多但还可以启动的汽车逃亡，其他人则只能徒步。“加那利群岛”号和“巴利阿里群岛”号对城市进行了轰炸，然而共和国的舰队继续无动于衷。[1]2月7日夜晚，意大利军队抵达了马拉加城郊。隔日，意大利军队

① Cervera, p.73.

与塞维利亚公爵率领的西班牙士兵们一同挺进了这座被遗弃的城市。意大利军队有130人战死（包括4名军官），424人负伤。

紧接着发生了自巴达霍斯沦陷以来最为残酷的清算。国家主义者之所以这么做，是因为他们回想起在马拉加的革命运动中惨遭杀害的那2,500人、被摧毁的教堂以及对私人房屋的强取豪夺。数以千计的共和国的拥护者遭到遗弃，他们中的一部分人被立即枪毙，剩下的人被关入监狱。一名目击者断言，在城市沦陷后的第一周，有4,000人被杀害。这有些夸大其词了。但确实有很多人不经审判便在海滩上被枪决，还有些人在被枪决以前经过了新成立的战争委员会的短暂审判。[①]留下来的唯一一位共和国记者，即当时受雇于《新闻纪事报》的西班牙共产党员阿瑟·库斯勒，在塞维利亚被囚禁了数月。这段时间他以间谍罪而被判处死刑——该指控有据可证。[②]在佛朗哥的宅邸，意大利大使坎塔卢波抱怨称，在马拉加发生的屠杀使意大利军队名誉扫地。齐亚诺命令他去马拉加看一看到底在发生什么。他发现富有的女人们正在亵渎共和国的墓地。他在后来向上司的报告中写道，他已经以个人名义解救了19名共济会成员，并解雇了2名惨无人道的法官。[③]被说成是阿维拉的圣特蕾莎的手臂出现在了战利品当中。在隆达的一座修道院中，人们发现了比 570
利亚尔瓦上校的手提箱。它被送至佛朗哥的总部，从此以后，佛朗哥就

---

① Bahamonde, p.117. Santos Julia, et al.估计，1937年至1940年间，该市的死亡人数为2,537人（p.411）。

② 8月，他曾在西班牙逗留，并装扮成国家主义一派的人，直到被一名为佛朗哥而战的德国人认出。后来，通过朱诺德博士的斡旋，他与国民军飞行员拉哈亚（la Haya）少校的美丽妻子进行了俘虏交换。1937年，因为库斯勒与《新闻纪事报》的关系，英国政府介入帮助库斯勒，尽管艾登曾和下议院说他并不知道库斯勒是什么国籍。当然，他其实是匈牙利人，自1934年以来一直在巴黎为共产国际工作。关于国家主义对库斯勒案件的记载，见Bolín, p.248f；关于红十字会的人质交换，见Junod, p.124。我与库斯勒本人讨论了这些事件，时间约为1965年。

③ Cantalupo, p.137.此时马拉加市的检察官是年轻的律师阿里亚斯·纳瓦罗（Arias Navarro）。他被监禁了6个月，之后便开始了他的职业生涯，并于1973年成为西班牙总理。

把它放在了自己的床边。[1]

在通向阿尔梅里亚的绵长沿海公路上，国家主义者的坦克和飞机对逃亡者进行了攻击。许多人饮弹而亡。那些侥幸逃脱的人大部分都处在筋疲力尽、饥肠辘辘之中。[2]这场试图从空中为这次悲剧性的撤离提供保护的行动，是马尔罗的飞行中队参与的最后一场战斗。迄今为止，很多机器已经损坏，飞行员多数伤亡。此后，马尔罗献身于共和国的宣传活动，没有参与到战斗当中。西班牙飞行小队的剩余部队并入了共和国的空军力量。[3]

这场失败还导致了拉尔戈·卡瓦列罗最为得力的干将——战争部副部长阿森西奥·托拉多的陨落。西班牙共产党指责他在马拉加正将陷落之时还在巴伦西亚的午夜俱乐部里寻欢作乐。政府内的两位共产主义部长还抱怨称，在军事危机的重要关头，议会花费了4个小时来谈论玻璃厂的问题。[4]拉尔戈·卡瓦列罗曾在10月份帮助阿森西奥摆脱了备受唾弃的境地，那时的阿森西奥已经被钉在了"常败将军"的耻辱柱上；他不能再重蹈覆辙，因为整个议会都想通过解雇他把他当作替罪羊，就算其他人的罪责比他大多了。[5]接替阿森西奥战争部副部长一职的是《光明报》的编辑，同时也是拉尔戈的好友巴拉伊巴尔，他对西班牙共产党的好感并没有比阿森西奥更多。此次事件再次为他们与"西班牙列宁"提供了一个争议点，并最终引发拉尔戈·卡瓦列罗与他的老朋友阿尔瓦

---

① Galinsoga, p.285. 1975年后，这只手提箱被归还隆达。

② 关于马拉加战役，见Borkenau, p.211f.；Aznar, p.339f.；Koestler, *Invisible Writing*, p.338f.；T. C. Worsley, *Behind the Battle*, *passim*；Dr Bethune's diary in Ted Allan and Sydney Gordon, *The Scalpel, Not the Sword*（London, 1954）；R. Salas, vol. I, p.803；Fraser, *In Hiding*, especially p.149f。

③ Lacouture, pp.247–248.

④ Ibarruri, p.360.

⑤ 无政府主义者不喜欢阿森西奥，是因为他是战场上自由主义活动的对立面——总是一副纪律严明的样子。普列托和左翼共和党人不喜欢他，是因为拉尔戈·卡瓦列罗总是倾向于他。

雷斯·德尔巴约的争吵。在当前的情况下，德尔巴约与往常一样站在了西班牙共产党一方。

与此同时，佛朗哥下令让凯波·德利亚诺在马拉加按兵不动，这令 571
凯波·德利亚诺很恼火。该决策是一次失误，因为包括阿尔梅里亚在内的安达卢西亚东部其余地区有可能唾手可得。不管怎样，成功拿下马拉加为国家主义者们夺得了一个地中海港口，借此他们能够扩大封锁的范围。这场战役还缩短了战线的长度。

马拉加战役打响的同时，国家主义一方向马德里的东南方发起了新一轮进攻。在恩里克·巴雷拉的指挥下，加西亚·埃斯卡梅斯、萨恩斯·德布鲁亚加、巴龙、阿森西奥·卡瓦尼利亚斯和拉达各自率领一支机动纵队（如今被称为旅）向哈拉马河谷发起了攻势。每支纵队内都包含由摩洛哥士兵和外籍军团成员组成的一个团，并有6组155毫米排炮和“秃鹰军团”的一支配有尚未投入过战斗的88毫米大炮的炮兵部队的支持。这场攻击的目标在于切断马德里通往巴伦西亚的公路。此次战线从距马德里通向安达卢西亚的公路数百码的一处线路开始，由北向南延伸10英里。共和军曾策划在同一地区发动攻击，但最终没有实施，这是因为米亚哈一直不愿让任何一支军队离开马德里。

2月6日打响的这场战役打了共和国一个措手不及。来势汹汹的加西亚·埃斯卡梅斯驱兵来到由刚组建不久的共和国第十五旅把守的小市镇——先波苏埃洛斯。第十五旅的先头部队被打得落花流水。向北部推进的拉达目标直指海拔达2,000英尺（约600米）的马拉诺萨，他们在这里遭遇了共和军两个营的殊死抵抗。2月7日，巴龙带兵抵达了哈拉马河和曼萨纳雷斯河的交汇口，这里距巴西亚马德里德的交通枢纽非常近，马德里通向巴伦西亚的高速公路因此燃起了战火。一批新组建的旅拖慢了共和国的防御工事的建造，这些人本打算参与计划好的进攻，如今却已开始撤退。2月8日，米亚哈派遣训练有素并重组完毕的第十一师增援中央军指挥官波萨斯将军，负责领导第十一师的是共产主义者利斯特（利斯特在他的回忆录中称，在这段时期，苏联将军帕夫洛夫是“共
572 和国反抗的灵魂人物”①）。共和国的两个防御指挥部在匆忙中合并：第一个指挥部隶属于米亚哈的军队，由共产主义者莫德斯托负责；第二个指挥部隶属于波萨斯的中央军，由布里略负责。2月9日，共和国的防御部队沿着哈拉马河东岸的高地设下防线。然而，2月11日的黎明时分，国家主义者成功地在哈拉马河展开强攻。由摩洛哥士兵组成的一个营在黑夜的掩护之下悄然来到位于先波苏埃洛斯和圣马丁德拉韦加之间的平多克铁路大桥。在这个位于山脚之下的白色村庄，他们用刀一个接一个地刺死了安德烈·马蒂营（如今的第十四旅）的哨兵。②不久之后，巴龙手下的剩余部队渡过了哈拉马河。当地的共和军指挥部下令用炸药炸毁平多克大桥，然而没有被炸多高的残骸又落回了原先的地方，因此仍然可以越过去。由意大利人组成的加里波第营在高处集中火力向桥头发起了攻击，并阻止了敌方继续向前推进。然而，在更远的南部地区，阿森西奥已经在拂晓时对圣马丁德拉韦加展开了猛攻。一整天的时间里，机枪的扫射令他在桥上止步不前，但当夜幕降临时，他采用了摩洛哥士兵于黎明之时在平多克大桥使出的相似策略穿过了大桥。由摩洛哥士兵组成的一支分遣队杀死了值班站岗的西班牙人。阿森西奥用了一晚上的时间在原地进行整顿，第二天，也就是2月12日，他率军对河对岸的平

① Lister, p.100. 帕夫洛夫的助手克拉夫琴科（Kravchenko，“安东尼奥”）曾与利斯特一起在莫斯科的列宁学校学习。利斯特让马林诺夫斯基在这场战斗中担任自己的顾问。马林诺夫斯基说，他必须非常机智地给出建议，这样利斯特就永远不会真正感觉到自己是在听命于人（*Bajo la bandera*, p.28）。波萨斯的苏联顾问库利克（Kulik，另一名未来命运不佳的元帅，在西班牙被称为“库珀”）似乎也扮演了重要角色。无政府主义者第七十旅由彼得罗夫（Petrov）少校担任顾问（有时担任指挥官），而未来的苏联元帅罗特米斯特罗夫（Rodimstev，“帕布利托”）则是第九旅的机枪专家。

② 见 Martínez Bande, *La lucha*, p.91；General Batov, in *Bajo la bandera*, p.242。

加隆高地发起猛攻。萨恩斯·德布鲁亚加的部队也越过了圣马丁，并在前线中心与阿森西奥会合。然而，在接下来的两天时间里，进攻者们的攻势几乎没有取得进展，在2月14日这天，苦战一天的国家主义一方并没有收获什么战果。

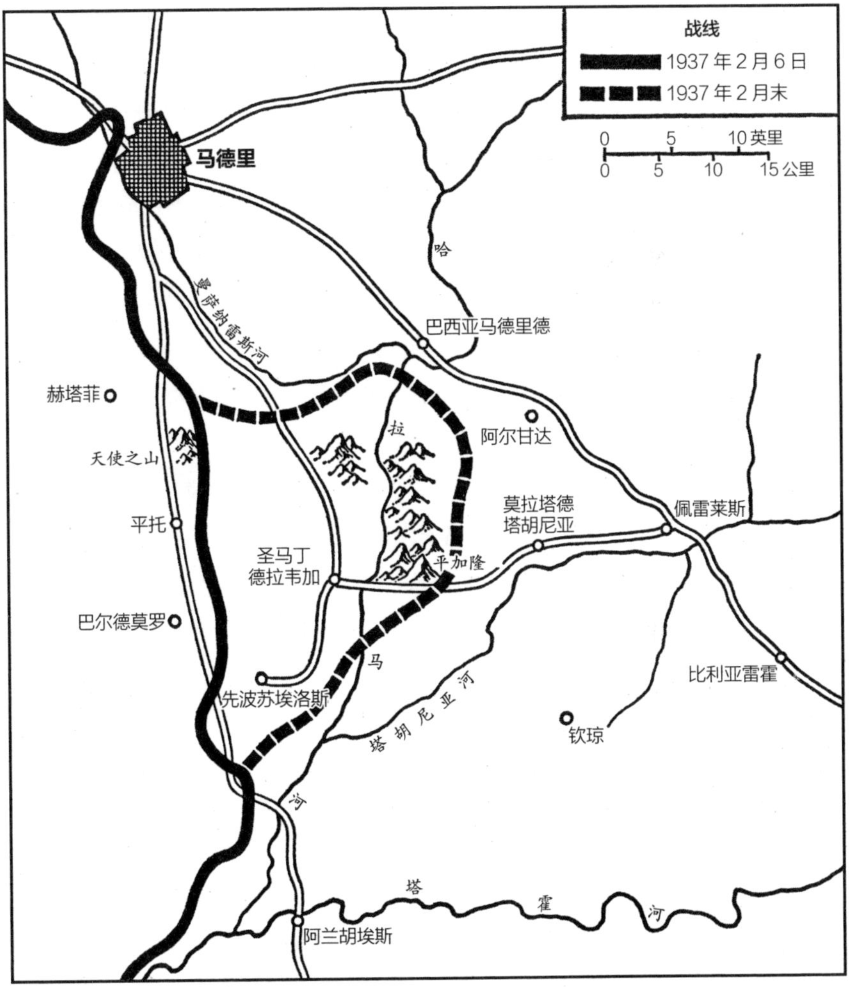

图19 哈拉马河流域的战役，1937年2月

与此同时，共和国在战场上维持了制空权，虽然受到“秃鹰军团”的88毫米对空炮组的影响，但制空权并没有为进攻产生实质性的帮助。[1]
573 苏联的“塌鼻子”成功驱赶了旧型的德国容克式飞机，而且在战线的北部，苏联坦克部队正于市镇阿尔甘达集结。

这次战斗是“加尔”（亚诺斯·加利茨）领导的第十五国际旅的首秀。与克莱贝尔和“卢卡奇”一样，“加尔”是在奥匈帝国出生的一名苏联籍人（似乎在1919年到1920年间活跃于红军的国际旅）。加尔为人脾气暴躁，愤世嫉俗，但能力不足。然而，负责组建第十五国际旅的首要人物是英国的总参谋长内森上尉。担任政治委员一职的是法国的共产
574 主义者让·尚特龙（“巴塞尔”）。第十五国际旅中包含了来自26个国家的志愿兵。其中第一营是由600名英国人组成的萨克拉特瓦拉营——这个名字源于一名印度的共产主义者，20世纪他曾是议会中的一员。萨克拉特瓦拉营通常被称为英国营。英国营由出身于中产阶级的共产主义者“英国上尉”汤姆·温特林厄姆（Tom Wintringham）负责指挥，他是《左派评论》的编辑，同时也是《工人日报》的战地记者，虽然“实战经验少得可怜”，但温特林厄姆是一名“不折不扣的军事理论家”[2]。政治委员起初由共产主义者大卫·斯普林霍尔担任，但后来他因被控从事间谍活动而锒铛入狱。接替他的是经验丰富、很有主见的苏格兰共产主义者乔治·艾特肯。担任连长和政治委员的人大多是共产主义者。第十五国际旅的其他营包括：由800名来自巴尔干地区多个国家的人（包含160名希腊人）混合组成的季米特洛夫营，由800名法国人和比利时人组成的

① 加西亚·拉卡莱（Garcia Lacalle）将这些高射炮的精确性称为“战争的启示”（p.483）。

② Jason Gurney, *Crusade in Spain*（London, 1974）, p.63；Wintringham, p.16. 训练中的英国营营长是威尔弗雷德·马卡特尼（Wilfred Macartney），他是一名浮夸的左翼记者，虽然曾因向苏联泄露军事机密而在英国入狱，但他并不是一名共产党人。他不得不放弃对该营的指挥，因为他的腿部中了英国驻西班牙政委彼得·克里根的枪，当时他显然正在洗枪。

二月六日营（也称法国-比利时营）[1]，以及由550名美国人组成的亚伯拉罕·林肯营，其中包含仍然在训练当中的黑人。爱尔兰人被有计划地分散在亚伯拉罕·林肯营和英国营。[2]

最后提到的这两个营中的一部分成员与弗兰克·瑞安一样都是爱尔兰共和军的成员。对于那些深知令人啼笑皆非的爱尔兰政坛的人，在这个时候看到另外一支爱尔兰志愿军奔赴国家主义者一方的阵线并不是什么稀奇的事情。他们的指挥官伊恩·奥达菲（Eoin O'Duffy）领导着爱尔兰的一个法西斯主义团体——蓝衫军。他一定希望通过他手下这600人在西班牙取得的战绩能让他在自己的祖国获得政治上的影响力。此时的他们已经完成了在卡塞雷斯的训练，并得令向哈拉马河进军。[3]因此，从某种意义上，西班牙内战必定会引发爱尔兰共和军的内部斗争。 575

阿森西奥和萨恩斯·德布鲁亚加于2月12日率军发起攻势，英国营承担了其正面的冲击。在"完全缺少地图"以及营中大概有四分之三的人从未握过上了膛的枪的情况下，面对在平加隆居高临下的敌人们用大炮和机枪发射出的炮火，他们在被称作自杀岭的地方抵抗了7个小时。他们真是英勇无畏。[4]国民军几乎全部的预备部队都投入这场战斗当中，同时，利斯特带领着他身经百战的第一旅赶到英国营的左翼。英国志愿兵约翰·莱珀对这一场景描述道：

---

① 以1934年2月6日巴黎骚乱命名，但实际上是在1936年2月26日的巧合下命名的。

② Fred Copeman, *Reason in Revolt*（London, 1948）, p.83.

③ Eoin O'Duffy, *Crusade in Spain*（London, 1938）, p.135. 奥达菲曾担任爱尔兰公民卫队的特派员，直到1932年被德瓦莱拉（De Valera）解除该职位。1932年，前总统科斯格雷夫（Cosgrave）被德瓦莱拉击败后，成立了"蓝衫军"。奥达菲在西班牙的团队中，大约一半的士兵和几乎所有的军官都是蓝衫军。那些非蓝衫军的人主要是失业的冒险家（见Seumas McKee的小册子，*I Was a Franco Soldier*，London, 1938）。关于IRA的成员资格，见奥达菲的书。当时至少有一个在场的人，迪亚米德·奥沙利文（Diarmid O'Sullivan）上尉，他曾参与了1916年的起义。

④ 见Gurney, p.73。

死神悄然地来到橄榄树林之中，
挑选他的猎物，
用死沉沉的手指进行召唤，
一次又一次。[①]

这场战斗在2月12日持续进行了一整天。国际旅遭受重创，包括多名军官死亡。英国营原本的600名成员在这天结束后只剩下了250人。[②]英国营的指挥官温特林厄姆身受重伤，前途无限的作家克里斯托弗·考德威尔战死沙场。[③]一群在行进的过程中高唱《国际歌》的摩洛哥士兵骗过了英国营的一个连，越过了他们的战壕，并将一个连的人俘虏。

要想深究国际旅成员在这场及其他场战斗当中的英勇表现可谓易如反掌，因为他们的事迹得到大量记载，并且他们的表现如此非比寻常。
576 但在哈拉马河战役中，取得军事上更为关键胜利的是分别掌控地面和天空的苏联坦克和飞机。苏联对共和国炮兵部队的指挥也起到至关重要的作用。一些混乱的局面要归咎于米亚哈和波萨斯之间的分歧，而只有米亚哈受命担任一支军队的指挥官这一与波萨斯同一级别职务的时候，他的预备部队才全力投入战斗当中。[④]与此同时，尽管外籍军团和摩洛哥士兵握有主动权，并具备良好的领导力，但在攻占完哈拉马河前方高地以后，他们于2月16日转而采取了守势。

---

① Stephen Spender and John Lehmann, *Poems for Spain* (London, 1939) , pp.33–34.

② Wintringham, p.151f.

③ 他的真名是克里斯托弗·圣约翰·斯普里格（Christopher St John Sprigg）。他写了7部侦探小说、5部关于航空的书，还有3部关于哲学和经济学的著作，其中包括著名的《幻觉与现实》，它简明扼要地提出了马克思主义的美学观点。

④ 与此同时，受人憎恶的“加尔”上校被晋升为将军，指挥一个师。弗拉基米尔·科皮克（Vladimir Čopić）是一名克罗地亚象棋迷和音乐家，曾短暂担任过南斯拉夫的共产党员代表，后来以“先科”（Senko）的名字成为南斯拉夫共产党在莫斯科的主要成员之一。

2月16日，奥达菲率领爱尔兰的国家主义者抵达了位于先波苏埃洛斯的哈拉马河阵地。他们刚到就察觉到有一支军队正在向他们靠近。爱尔兰军官们断定这些人是友军，并前去接见。离前行部队的长官还有八步远的时候，西班牙联络员一边行爱尔兰式的敬礼一边喊道：“第三爱尔兰步兵连！”这位长官趋身向前拔出他的左轮手枪就开了火，在很短的时间内双方展开了激烈的交火。爱尔兰人中包括西班牙联络员在内有4人被杀。随后，他们发现与他们进行枪战的一伙人确实是国家主义者，他们来自加那利群岛。此事经调查，最终判定爱尔兰人一方无罪，而来自加那利群岛的那群人负全责。然而，当爱尔兰人在先波苏埃洛斯驻扎后，他们基本上没有再接到进一步行动的命令。[①]

还有一名盟友令佛朗哥有些头疼——意大利。2月12日，从安达卢西亚赶来的罗阿塔总参谋长法尔代拉上校提议，为了让他们在马拉加取得的辉煌战绩更加璀璨，意大利军队应当再一次发起猛攻。在2月初，贝尔贡索利将军已经带领一支由意大利正规军新组建的分遣队抵达了西班牙。如今从特鲁埃尔向海上发动强攻如何？法尔代拉在佛朗哥的参谋部会见了贝尔贡索利，并于隔日觐见了佛朗哥。佛朗哥满腹牢骚地抱怨道：

> 一开始，我被告知由志愿兵组成的连将要被编入西班牙的营中。我同意了。之后我接到组建意大利营的请求，我同意了。接着，一群高级军官和一名将军前来负责指挥他们，而且最终已经组建完毕的部队开始登陆西班牙。现在你却企图让这些军队在罗阿塔将军的带领下聚集一处共同作战，而且与我此时的计划背道而驰。[②]

① O'Duffy, p.157.

② Conforti, p.29. 罗阿塔在马拉加战役之后被提升为将军。

佛朗哥确实想把意大利军队在整个西班牙分散开来。但他不希望与墨索里尼反目成仇，因此他再次答应了请求。意大利人、志愿兵和正规军将受命组建成一支名为志愿军作战部队的独立军队参加前线作战，但它会被投入马德里东北部的战线，而非罗阿塔想要瞄准的作战目标。佛朗哥仍然希望通过占领首都来结束当年冬天的战争。

同时在2月17日，重整完军备的共和军发动了一次反击。一个师将试图越过巴伦西亚的巴龙成功击退。共和军另外一次试图越过曼萨纳雷斯河也没有成功。然而，在18日发生的一场空战中，国家主义一方声名显赫的王牌飞行员华金·加西亚·莫拉托（Joaquín García Morato）凭借个人能力发挥了决定性的作用。这次战斗让国家主义一方获得了短暂的制空权。在加西亚·莫拉托的带领下，意大利的菲亚特战斗机正表现得如“塌鼻子”一样出色，这证明他们是在利用勇气和想象力飞行，并且最终击落了至少8架苏联战斗机。①与此同时，负责掌管国际旅的新任师长“加尔”将军分别在23日和27日对位于平加隆和圣马丁之间的国家主义者阵线发起进攻，但结果都以失败告终。

此时，拥有450人的亚伯拉罕·林肯营进行了他们的首秀。他们的指挥官是28岁的伐木工人之子罗伯特·梅里曼，从内华达大学毕业的他在加利福尼亚大学担任讲师。为了调查农业问题，他来到欧洲游学。单就国际旅来说，多数美国人都是学生。海员是第二大团体。②与国际旅
578 的其他成员相比，美国人似乎显得不谙世故。与他们的同伴们不同，他们并非出生于独裁统治下饱受战争摧残的城市。他们中只有很少一部分

---

① 见 Jesús Salas, p.123, and Joaquin García Morato, *Guerra en el aire*（Madrid, 1940），p.101。苏联指挥官的谨慎（如果所有这些飞机都损失了，斯大林会怎么说）导致他们在这场战斗的余下时间里把飞机都留在了地面上，此举大大提高了国民军的士气。

② *Life*（iv, 28 March 1938, qu. Guttman, p.98）估计，10%的美国志愿者是犹太人。“我知道希特勒对我的人民做了什么”是对他们加入志愿者队伍的正常解释。我和他同时代人的J. K. Galbraith讨论了梅里曼。

人曾在美国军队中服役。他们要比那些其他国际旅中的人年轻。然而，在缺少大炮的掩护以及如一周前的英国人一样准备不足的情况下，他们仍然在战斗中表现得非常英勇。他们中有120人战死，有175人受伤。死者中有著名的爱尔兰青年诗人查尔斯·康纳利。[①]那些幸存者们有时会随着《红河谷》的曲调纪念这段时光，轻轻哼唱：

在西班牙有个河谷叫哈拉马，
我们对这个地方再熟悉不过，
我们在这里耗尽了勇气。
还有我们逝去的年华。[②]

从此以后，与在科卢那公路发生的战斗一样，双方攻而难破。为了挫伤共和军的锐气，佛朗哥现在试图加紧让意大利人尽快对马德里的东北部发起进攻。但意大利人并不会为此而快马加鞭，也或许是因为他们不能够这样做。因此，双方都开始布设防御工事。哈拉马河战役最终陷入了僵局。在此次战役中，共和军失去了长达近15英里、深达10英里的战线，但保住了通往巴伦西亚的公路。交战双方都各自宣称取得了胜利，但双方的折损都非常严重。共和军的伤亡人员已经超过了1万人（将近有1,000人死亡，大概有7,000人受伤，还有近3,500人患病），国家主义者一方的伤亡人数达到6,000人。[③]共和国军官之间的分歧以及战斗中的困难都很明显地表现出，即便得到苏联的大力援助（在一段时间里，

---

① Rolfe, pp.57–71；Wintringham, p.259.

② Rolfe, p.71. 对林肯营最好的记载是Cecil Eby's *Between the Bullet and the Lie*（New York, 1969）。

③ 关于这次战斗的资料包括Rojo, *España heroica*, pp.54–69；Longo, pp.208–238；Lister, p.97f.；Wintringham, p.151f.；R. Salas, vol. I, pp.740–780；J. Salas, p.160f.；以及Martínez Bande, *La lucha*, p.73f。

苏联所投入的援助在技术上要超过国家主义者一方），战争仍然不能很快结束。全国各地因此人心惶惶。

此时，佛朗哥的意大利盟军正按计划准备从东北方向对马德里发起
579 进攻。他们的目标是拿下距马德里30英里，与省的名称相同的省会瓜达拉哈拉。他们希望奥尔加斯能够延续在哈拉马河的攻势，如果有可能的话，从东北方向的阿尔卡拉德埃纳雷斯与前方部队会合，最终对马德里展开包围。阿卡萨城堡战役的英雄莫斯卡多率领由15,000名摩洛哥新兵和一部分卡洛斯主义者组成的索里亚师从右路对瓜达拉哈拉发起了进攻。罗阿塔率领35,000名意大利士兵从左路发动进攻。[①]法西斯主义的黑衫军共有3个师：罗西将军带领的“神的意志”师；乔万尼·科皮（Giovanni Coppi）将军带领的“黑色火焰”；努沃罗尼带领的“黑箭”。此外还有由贝尔贡索利带领的意大利正规军“利多里奥”师。这些军队的支援有80辆坦克、200门移动火炮以及1个生化连、1个配有火焰发射器的连、8辆装甲车、16台高射炮和2,000辆卡车。与这群武装力量一同作战的还有50架战斗机和12架侦察机。在墨索里尼看来，此次作战计划的重点是要让所有意大利士兵一起展开行动，如此取得的胜利将能扩大意大利的影响力。

在进攻的起始阶段，墨索里尼经由法西斯主义政党的秘书向佛朗哥提出了一个奇怪的提议。他提出，等战争取得胜利后，若想解决西班牙的问题就一定推举阿比西尼亚总督阿奥斯塔公爵登上西班牙王位。阿奥斯塔公爵是意大利国王的表兄弟，同时他还是命运多舛的阿玛迪奥一世

---

① 感谢时任牛津圣安东尼学院院长F.W.迪肯（Mr F. W. Deakin）的好意，让我（作者）得以在圣安东尼图书馆看到意大利指挥官罗阿塔将军发给罗马的关于瓜达拉哈拉的报告。另一个对这场战役进行的深层次研究，见John Coverdale, *Journal of Contemporary History*, January 1974（“The Battle of Guadalajara”）。参见Lojendio, pp.212ff；Aznar, pp.380ff；Regler, *The Owl of Minerva*；Koltsov, pp.350–353；Rojo, pp.72–86；Longo, pp.291–318；以及Martinez Bande, *La lucha*, vol. III。两名苏联军官罗特米斯特罗夫和巴托夫的描述可以在*Bajo la bandera*中看到。意大利方面包括了法尔代拉的记录。

的孙子。[①]

战场之外的“利多里奥”师虽然是隶属于意大利军队的一支正规部队，但其成员都是那些渴望前往阿比西尼亚的应征士兵和劳工，他们中的大多数都已30多岁或更老，其中一部分人根本不知道他们要去哪里——也许会是加入放映的电影《非洲的西庇阿》场景中的人群里。在 580
正规军军官的领导下，所有人都聚集在利多里奥新镇。[②]虽然他们作为一支作战部队经验尚有不足，但他们配备的武器十分精良。

和平时期的瓜达拉哈拉是一个发展迟缓的省会，控制着顺着瓜达拉马山脉飞流直下的埃纳雷斯河经过的咽喉要道。当时在此地负责镇守前线的是共和国新组建的第十二师。科皮率领“黑色火焰”发动的首次进攻就突破了第十二师的防线。“黑色火焰”是一支由卡车和装甲车组成的部队，他们采取的是后来被广泛称作“闪电战”的策略。与此同时，莫斯卡多率军攻破了共和国位于索里亚的防线。然而，在上午10点左右，气温骤降，并下起了雨，随后转成雨夹雪，地面开始结冰，雾气也开始升腾。许多意大利士兵穿的是专为热带气候准备的殖民地军服。他们的飞机无法在临时搭建的跑道上起飞。另一方面，在阿尔卡拉德埃纳雷斯附近的斯马什凯维奇将军的指挥部，掌握制空权的共和国空军一出手就差点让意大利军队的士气丧失殆尽。这场战斗确实让“共和军组建的行动上最为迅速、最为有效的军事力量”大显身手。[③]恶劣的天气，再加上士兵们的疲劳，奥尔加斯无法在哈拉马河发动进攻。到9日这天，意大利军队不顾糟糕的天气条件，再一次开始向前推进。科皮的“黑色火焰”进入了阿尔马德罗内斯，随后移向左路去撕扯共和军的防线，并借

---

① Cantalupo, pp.85–86, 147ff.法里纳奇没有试图让坎塔卢波大使参与这些讨论，二人只是在斗牛时偶然相遇。在1922年罗马大游行之前，法里纳奇就被称为克雷莫纳特别残暴的法西斯暴徒。

② 墨索里尼建立了3个同名城镇。

③ Rojo, *Así fue la defensa de Madrid*, p.176；前引García Lacalle的信。

此攻占了马塞加索。努沃罗尼率领“黑箭”占据了中路，但这位指挥官在夜间下令停止推进——这个决定随后由于对战局产生了至关重要的影响而备受指责。他手下的许多士兵不是年龄偏大就是缺乏战争经验，寒冷更是让他们雪上加霜。与所有的意大利军队一样，他们所接受过的训练非常不正规。然而，莫斯卡多坚持向前推进，并占领了科戈柳多。一时间，共和国局势的发展看上去进入了关键时刻。西班牙共产党借机坚持要求解雇他们的另外一个眼中钉——共和国的总参谋长马丁内斯·卡夫雷拉。接替他的是马德里的总参谋长罗霍上校。罗霍是一名十分出色的技术专家，虽然从未加入西班牙共产党，但他能够充分地意识到与西班牙共产党合作带来的军事利益。当日夜晚，共和军中最为出类拔萃的团紧急组建成了第四军团，并由能力超群的正规军炮兵军官胡
581 拉多上校出任总指挥。由利斯特负责指挥的第十一师和埃尔·坎佩西诺旅沿着从特里胡埃克通往托里哈的公路，在树林中埋伏。德国的第十一国际旅也隶属于第十一师。无政府主义者西普里亚诺·梅拉带领第十四师沿着布里韦加通向托里哈的公路搭建据点，第十四师中还包括卢卡奇带领的由加里波第营发挥带头作用的第十二国际旅。拉卡列上校率领共和国的第三师、第十二师占据后方——工程师出身的拉卡列是一名正规军的军官。看上去年代久远、一部分用围墙围住的市镇布里韦加坐落在两军中间——1710年，在西班牙王位继承战的最后一战中，法国将军旺多姆曾在这里打败了斯坦霍普勋爵。如今，这里再次爆发国际斗争。

在3月10日的黎明时分，向前推进的“黑色火焰”和由恩里科·弗兰奇希率领的“黑箭”攻陷了布里韦加。贝尔贡索利负责指挥的隶属于正规军的“利多里奥”师在后方充当了预备部队。与此同时，顺着埃纳雷斯河沿岸推进的莫斯卡多已经抵达了哈德拉克。罗阿塔活跃了起来。在中午的时候，由维达利（卡洛斯·孔特雷拉）、路易吉·隆戈（加略）和南尼组成的铁三角伴随着加里波第营从托里哈沿着公路向布里韦加行

进，维达利是整个战线的督察长，隆戈在国际旅负责与维达利相同的职务，南尼在营中担任连长。他们万万没有想到的是，科皮和努沃罗尼已经拿下了这座市镇。到达被称作“唐路易斯宫殿”的地点后，他们开始在一支摩托车巡逻队的陪同下徒步前进，在距离布里韦加3英里的地方，这支巡逻队遇到一个来自科皮的“黑色火焰”的骑摩托车的士兵，这名士兵听出了加里波第营传出的意大利口音，便询问他预想行进的道路是否通向托里哈。加里波第营的摩托车巡逻兵们告诉他没有走错。两方人马返回了各自的指挥部。科皮把加里波第营的巡逻队误认成了努沃罗尼的人马。他带兵继续向前推进。身兼加里波第营的政治委员和行动指挥官的一名出生在里窝那的共产主义者伊利奥·巴伦蒂尼也带兵继续前进，[1]他下令让他的士兵们在公路左侧的葡萄园安营扎寨，并在这里与同样率兵深入的第十一国际旅取得了联系。此时，科皮的坦克部队暴露了行踪。加里波第营用机枪对他们展开扫射。“黑色火焰”的步兵投入战 582
斗当中。意大利两支敌对势力的巡逻队展开了较量。“黑色火焰”的指挥官询问为何会有其他意大利人向他开火，有人回答称他们是加里波第营的意大利人。“黑色火焰”的巡逻队随后弃甲投戈。于是，在这天的余下时间里，意大利人围着被称作伊巴拉宫的乡村豪宅打了一场只有他们本国人参加的西班牙内战。战斗中，维达利、隆戈和南尼安排了一场心理战。树林中传来喇叭的声响：“同胞们，你们为什么来到异国他乡去屠杀工人们？”在共和国飞机投下的小册子中，共和国承诺对于叛离国家主义者一方的人们不仅妥善对待，还会给予50比塞塔作为报酬，并确保如果携带武器叛逃将得到100比塞塔的回报。此时，齐亚诺伯爵正在罗马向德国大使冯·哈塞尔保证瓜达拉哈拉的局势进展得十分顺利。他补充说：“我们的对手主要是苏联人。”[2]

---

① 帕恰尔迪在哈拉马受伤了。

② *GD*, p.251.

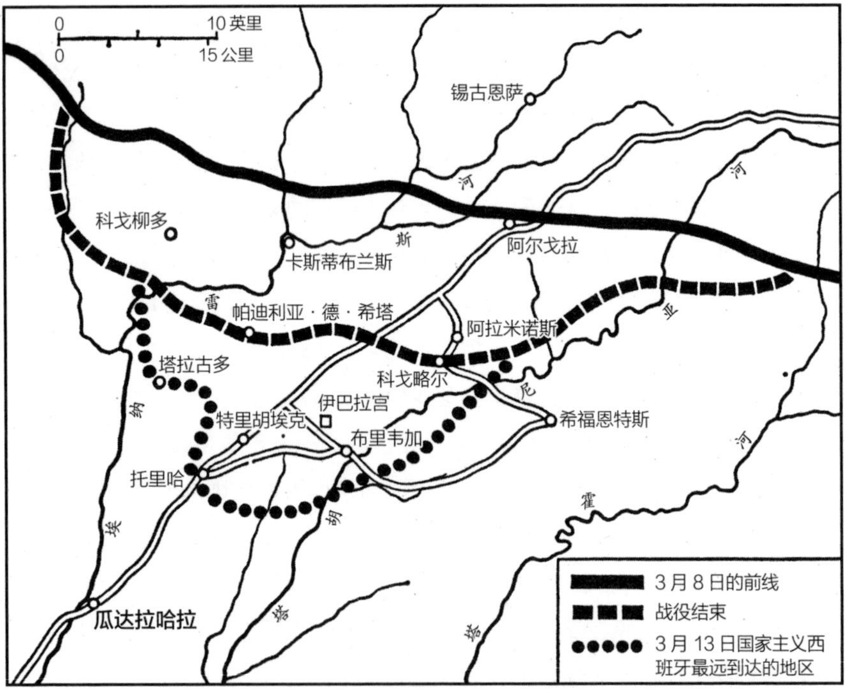

图20　瓜达拉哈拉战役，1937年3月

583 第二天，3月11日，战斗再次打响。罗阿塔下令让墨索里尼的指挥官们保持住士兵至高的士气。罗阿塔表示："这件事情易如反掌，只要反复对他们灌输政治典故，并习惯性地让他们想起对这场战斗满怀期待的领袖。"[①]"黑箭"冲破利斯特率领的第十一师的防线，拿下了特里胡埃克，随后乘坐装甲车迅速地沿着公路向托里哈进发。台尔曼营遭到毁灭性打击，若非受到他们的总参谋长路德维希 · 雷恩的精神鼓舞，台尔曼营的士气已经几近崩溃。重新集结起来的他们在布里韦加通向特里胡埃克的公路布设了防线。加里波第营对这条从布里韦加通向特里胡埃克的

① *Spanish White Book*（Geneva, 1937）, p.275.

公路也进行了一整天的防御工作。罗阿塔下令休战一天。3月12日，一场暴风雨使能从常用跑道上起飞的共和国轰炸机可以肆无忌惮地对无法移动的意大利部队进行持续轰击。黑衫军遭受来自空中的扫射和轰炸。随后，利斯特向部队下达了反击命令，苏联军官“帕布力图”上尉在利斯特的指挥部内十分活跃，他就是后来的罗特米斯特罗夫元帅。[①]帕夫洛夫将军的坦克部队最先发起了进攻，该部队的坦克型号有T-26和TB5——后一型号的每辆坦克重达20吨，远远要比意大利人的重达3吨的安萨尔多坦克更加坚固。台尔曼营和埃尔·坎佩西诺旅强行夺回了特里胡埃克。有许多意大利士兵束戈卷甲。共和军沿着通往布里韦加的公路继续进攻。加里波第营对他们在伊巴拉宫的同胞们进行猛攻，并于傍晚攻占了该地。紧接着，3月13日，共和国政府以电报的形式向国际联盟发送的有关意大利战犯的材料和报告证实，“在西班牙出现的意大利军队的正规军事部队”违反了国际联盟盟约的第十条。[②]在这场战斗当中，罗阿塔将军派出了他的另外两个师，分别是罗西率领的黑衫军和贝尔贡索利率领的利多里奥师。在最初的突袭中，这些人曾 584
是紧随后方的后备力量。如今，动用他们意味着针对瓜达拉哈拉实行的原计划已经失败，两项进攻均被击退。3月14日，帕夫洛夫的坦克

---

① Lister, p.110. 见Rodimstev's account in *Bajo la bandera*, p.280f。在这一天被杀的人中，包括“总领事”（法西斯民兵中的一个军衔）、前乌迪内黑衫军首领路易齐（Luizzi）。他是努沃罗尼手下的一名营长。

② 在瓜达拉哈拉缴获的文件包括了许多意大利妻子和母亲写给在职的丈夫或儿子的辛酸信件。一名妻子写道：“我的蜜月真是太美了！两天的婚姻和25个月无休止的等待。我知道，首先是国家，然后才是爱情，但我是一个利己主义者，而且有我的理由，因为你是首批前往非洲的志愿者之一，也是最后返回的志愿者之一。我祈祷上帝，有一天他会让你同时能为国家服务，也能为家人提供面包。”（Document No. 267 in the folio presented to the League of Nations）一个母亲写道：“亲爱的阿曼多，我只能祈祷上帝和圣徒保佑你，如果你健康归来，我们可以回到罗马开店。”其他文件列出了那些被枪杀的懦夫的名单，因为他们自残受伤或者在并没有任何伤残的情况下将自己包扎起来。

部队行驶于经过特里胡埃克的公路上，并缴获了大量物资。3月15日、16日和17日这3天，战场上风平浪静。然而，在未多加准备的情况下，罗阿塔在发布的当日命令中更多的，是在抱怨奥尔加斯在哈拉马河一直以来的碌碌无为。[①]

3月18日，在瓜达拉哈拉战线的共和军展开了攻势。主要的突击力量由帕夫洛夫负责指挥，他曾试图回避米亚哈坚持实行的指派任务。[②]这段时期对于意大利人并不好过——罗阿塔于当天上午来到萨拉曼卡请求佛朗哥准许他撤回对瓜达拉哈拉的进攻。佛朗哥拒绝了这一请求并坚称，如今，这场进攻既然已经打响，就应当进行到底。他向罗阿塔提到的各项计划全都是为了将进攻持续进行下去。当罗阿塔的指挥部在电话中表示共和国正在发动反扑的时候，他只认同了这些计划中的一项。深夜1点30分，超过100架的共和国飞机（“塌鼻子”“苍蝇”“喀秋莎”和“娜塔莎”）来到布里韦加的上空。紧接着共和军展开了猛烈的炮火攻击。等到2点，利斯特和西普里亚诺·梅拉的两个师，带着帕夫洛夫的70辆坦克分别在东西两个方向发起了进攻，试图包围这座市镇。当意大利士兵接令撤退的时候，他们已经基本上将布里韦加收入囊中。面对共和军的侵袭，意大利士兵们溃不成军。追击持续了好几英里。莫斯卡多也受命撤向哈德拉克。[③]

在这场饱受诟病的“瓜达拉哈拉战役”中，墨索里尼的意大利军队报告称，他们只失去了400名士兵，但他们并没有吐露实情，实际数字
585 有可能更高。他们大概损失了3,000名士兵、800名战犯，并有4,000人

① 事实上，奥尔加斯所在的区域曾多次尝试进攻，但均未成功。奥达菲的爱尔兰人于3月13日开始行动：遇难者包括都柏林的盖斯利（Gaselee）中士和来自克里（Kerry）的两名军团士兵。

② 导致这一提名的3月17日会议报告见Martínez Bande, *La lucha en torno*, pp.154–173。

③ Regler, *The Great Crusade*, pp.315ff. See Rodimstev, p.306, Aznar, p.113, and Conforti, p.297.

受伤。[①]莫斯卡多的部队没有受到太多损失。战役结束后，为共和国进行辩护的人们宣称这是一场完胜墨索里尼的伟大战役。3月16日抵达西班牙的小说家欧内斯特·海明威在一份发向北美报纸联盟的新闻报道中写道："我已经用了4天的时间研究这场战役，负责指挥的指挥官到哪儿我就跟到哪儿，我可以负责任地说，在战争史上，布里韦加战役（瓜达拉哈拉战役）将与世界上其他的关键性战役齐名。"[②]来自《纽约时报》的赫伯特·马修斯报道称，布里韦加之于法西斯主义就像是令拿破仑折戟沉沙的拜伦。[③]从战争角度讲，把这场战役与在哈拉马河和科卢那公路发生的战役相提并论更为恰当。共和国以12英里战线的代价粉碎了国家主义试图彻底包围马德里的计划。但对于共和国而言，意大利军队的撤退以及国家主义者一方动用了有组织的意大利军队的证据则有非常重要的宣传价值。墨索里尼本想通过这次战役来展现他的意大利军队是如何施展现代化战争技巧的，然而事实上却成为机械化战斗的反面教材。多辆坦克由于缺少燃料而停滞数个小时。意大利军队没有狠掐住敌人不放，并试图在没有空中掩护和防空保护的情况下行动。[④]各个营的指挥官连地

---

① 讨论见Coverdale, *op.cit.*, p.67f。对于共和军的损失，我同意Conforti的分析，p.376；对于意大利人的损失，我同意Martínez Bande的分析；对于伤亡和俘虏，我同意Ufficio Spagna的分析。共和军还缴获了大量意大利设备。利斯特说，这里面包括65门大炮、13门迫击炮、500支机枪、3,000多支步枪和10辆坦克。"加里波第营"对他们的意大利战俘态度恶劣，他们把战俘都杀了吗？很有可能（见Junod, p.119）。见 the inventory of the republican army published by Martínez Bande in *La lucha*, p.227f。

② Ernest Hemingway, 'The Spanish War', in Fact, June 1937. 见 Carlos Baker, *Ernest Hemingway*（London, 1969）, p.360f。《午后之死》的作者（即海明威）在共和军方面积极参加了战争，他负担了远超一名记者的职责，例如指导年轻的西班牙人使用步枪。海明威第一次访问第十二国际旅时是一个很好的机会，匈牙利卢卡奇将军向附近的村庄发去信息，让女孩们参加他举行的宴会（Regler, *Owl of Minerva*, p.298）。

③ Herbert Matthews, *Two Wars and More to Come*（New York, 1938）, p.264.

④ García Lacalle, p.239.

图都没有，即便是罗阿塔也只有一张米奇林公路的地图（1比400,000的
586 比例）。缺少细节描述和地形地貌信息的这张地图并没有太大用处。①

苏联顾问在这场战役中扮演了至关重要的角色。这里面有空军的斯马什凯维奇（“道格拉斯”）、率领坦克部队的帕夫洛夫、伴随利斯特的罗特米斯特罗夫以及马林诺夫斯基、巴托夫和梅列茨科夫——苏联未来的一群“英雄”，甚至是元帅。

瓜达拉哈拉的失利还使墨索里尼一怒之下宣布：意大利士兵们如果不取得胜利就休想活着回来。冯·哈塞尔谴责他的西班牙盟友称：“在关键时期，几乎一枪未发。”②普列托的一个朋友安赫尔·迪亚斯·巴萨（Angel Diaz Baza）受命前往监狱，与还活着的老长枪党人费尔南德斯·奎斯塔为停战商谈和解计划。奎斯塔告诉他，瓜达拉哈拉一战的失败是“战争期间唯一令他心满意足的事情”③。先前不可一世且嚣张跋扈的意大利盟友的溃败让佛朗哥和他的最高指挥部窃喜。郁闷至极的意大利驻萨拉曼卡大使坎塔卢波被迅速召回国内，即使他的任职期还未满6个月。同他一起回国的还有罗西、科皮和努沃罗尼这几位将军以及总参谋长法尔代拉上校。而应负主要责任的罗阿塔同贝尔贡索利一起留在了西班牙，但利比亚和阿比西尼亚战场以及第一次世界大战的老兵埃托雷·巴斯蒂科后来取代了罗阿塔，成为战地最高指挥官，于20世纪20年代叱咤风云的法西斯主义领导者阿蒂利奥·泰鲁齐来到西班牙对“志愿者们”进行重新整顿。

这场战役还让欧洲的各个总参谋部（尤其是法国）断定，机动化军队没有之前预想的那样高效。德国之所以没有妄下如此定论是因为他们认为意大利人压根算不上是士兵。④

关于有组织的意大利师出现在瓜达拉哈拉战役一事引起了不干涉委

① Coverdale, *op.cit.*, p.72.
② *GD*, pp.258–260.
③ Zugazagoitia, p.241.
④ F. Miksche, *Blitzkrieg*（Harmondsworth, 1944）, p.37.

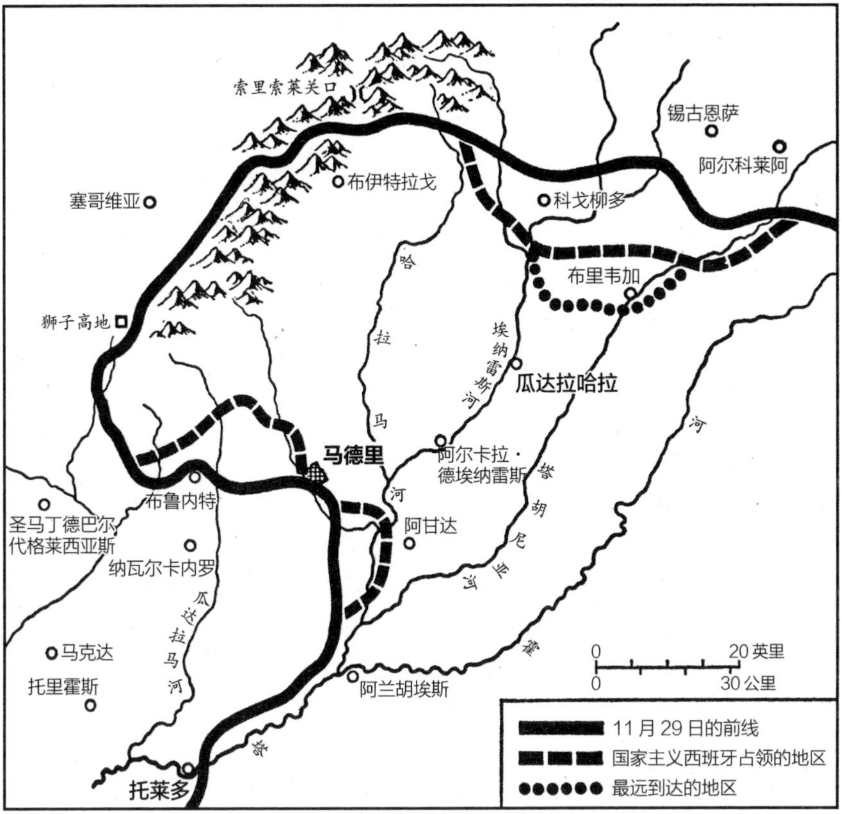

图21　马德里周边的战斗，1936年11月至1937年3月

员会的热议。3月23日，最新报道显示，有意大利军队已经离开撒丁区前往加的斯，这使声讨意大利的氛围变得愈加浓厚。格兰迪表示，他无法就这一问题进行讨论，并怒气冲冲地补充说他希望战争结束以前不要有意大利志愿兵离开西班牙。[1]这一坦率的说辞引起了一片哗然。第二 587
天，指责意大利“一直在增添军事干涉”的麦斯基宣称，在2月中旬，西班牙有6万名意大利士兵（实际上有将近4万），并表示应当派出一

① Cattell, *Soviet Diplomacy*, p.73.

个委员会对此事展开调查。①同时，格兰迪的讲话在大使馆引起了讨论。德国的外交官们展现出了机智的一面：他们在表面上支持管控协议生效。意大利驻巴黎大使切鲁蒂向德尔博斯保证意大利绝对无意破坏不干涉计划。该委员会虽然直到4月初仍保留着，但是一直未被启用。

588 ——

瓜达拉哈拉一战结束了马德里周边地区的战斗。几个月以来，除了偶尔进行的轰炸，前线并未出现波澜。然而，笼罩于内战之上的国际阴影所覆盖的范围变得愈加宽广，有越来越多的人和利益集团正卷入一个对他们而言几乎完全陌生的国家的情感当中。著名的生物学家J. B. S.霍尔丹专程来到马德里指导如何掌控卵形手榴弹和如何采取毒气攻击。②

如今，国际旅在行动当中第一次停歇下来。志愿兵已经在战斗当中意识到“一场信念上的战争”与其他战斗基本上别无二致。在西班牙与在其他地方一样，也会出现秩序上的混乱：在关键时刻，步枪也会哑火，摸不着敌军指挥部位置，渴望得到香烟（或尝起来发甜的东西），身心疲惫以及偶尔也会歇斯底里。英国营的一个不知名的士兵曾写道：

> 士兵们奔跑、跌落、大叫时的眼神，
> 士兵们呼喊、流汗、流血时的眼神，

---

① *NIS*，第十九次会议。

② 霍尔丹对西班牙共和国进行了3次访问，因此在英国是“援助西班牙”运动的坚定支持者，当时是共产党的“公开支持者”，尽管他那时还没有加入共产党，但后来还是成了党员（Ronald Clark, *JBS*, London, 1968, p.115f.）。关于这位科学家带着“极度焦虑”进行服务的照片，见Gurney, p.77。霍尔丹以及他的妻子夏洛特对西班牙的担忧，始于他们16岁的儿子加入国际旅。霍尔丹夫人还访问了西班牙，但她的主要工作是在巴黎的舞台上充当“接力棒”，接待英国国际旅志愿者。

惊恐万分的眼神，悲伤至极的眼神，
疲惫不堪的眼神，陷入癫狂的眼神。

士兵们思考、祈祷、等待中的眼神，
士兵们去爱、诅咒、痛恨时的眼神，
浸染在鲜血当中的负伤者们的眼神，
正在垂死挣扎和已然离去的人们的眼神。

打从一开始，不愿听从管束的志愿兵一喝醉就会跟西班牙共产党当局发生不愉快。麻烦事件频发。[①]那些希望回国的人并没有被准许回国。一些人抱怨称，他们是在3个月内可以选择回国的前提之下才自愿参军 589 的。然而，对此，他们拿不出相关文件出示证明。在这一点上，为理想而战的志愿军在原则与军事需要间产生了冲突。试图当逃兵的人最轻也会被关进“再教育军营”以示惩罚，其苛刻程度让那些来自盎格鲁-撒克逊和斯堪的纳维亚国家的易产生抵触情绪的年轻理想主义者感到猝不及防。然而，仍然有人当逃兵。伦敦的外交部磋商出一项协议，根据该协议，英国志愿兵如果被发现在试图逃跑，那人将免于受到死刑的处罚，但有几次的判罚中还是处死了将近50个人。[②]这些旅的共产主义领导层对人道主义的需求表现得很苛刻，但组织者们的生活过得非常滋润，尤其是马蒂。[③]由于军服紧缺，英国营的着装几乎可以用衣衫褴褛

① 性病在法国志愿者中发病率很高，主要是因为没有人对其传播采取预防措施。英国的指挥在他们的部队举办了关于避孕的讲座。

② Geoffrey Thompson, *Front Line Diplomat*（London, 1959）, p.118.科普曼回忆说，两名英国志愿者后来在战争中被处决。例如，见Eby, *Between the Bullet and the Lie*，书中记录了在前线（也在战争中）处决美国人的事。马蒂命令射杀的法国人的数量一直是个谜。关于这个问题的证据概述，见Delperrie, p.778。

③ 然而，为了充分执行人民阵线的政策，国际纵队内的共产党小组会议大约到此时已停了9个月。

来形容。[①]

正当一些盎格鲁-撒克逊人开始大失所望之时，东欧的志愿兵持续涌入西班牙，他们中的大部分人是通过铁托的“秘密铁路”抵达。他们中也有一些人在途中遭到逮捕，这是因为在签署了不干涉协议的国家，自愿参加西班牙战争属于违法行为。[②]巴尔干和东欧地区的各右翼政府都使出浑身解数来强行制止这样的情况发生。不管怎样，征召士兵的步伐一直没有停歇。对于中欧和巴尔干国家，无论是在大学，还是在贫民窟，西班牙似乎都是关乎世界自由的外国角斗场。因此，当铁托在巴黎持续运作的同时，共产主义作家吉拉斯正负责从南斯拉夫涌入贝尔格莱德的志愿兵管理工作。[③]不出所料，多数志愿兵从国际旅内发行的报纸
590 和其他的刊物中接收到的主要是，由西班牙共产党对战争的解读以及共和国遇到的麻烦——如果有的话，这些刊物对马克思主义统一工人党的描述比法西斯主义团体也好不到哪儿去。

此时，一直热衷于为共和国辩护的诗人斯蒂芬·斯彭德为了寻找先前的一名秘书而来到西班牙。这位秘书曾志愿加入国际旅，深感失望之后试图逃跑。一时间，这个人似乎可能难逃一死，但像卡夫卡的一部小说描述的那样，斯彭德宴请了英国营的政治委员们（这些人同时也负责对这位逃兵进行审判），并说服他们从宽处理。[④]发生在年轻的库普身上的、容易让人联想到《赣第德》的故事也很快引起了英国的注意。库普是一名18岁的男孩，在听完工党政治家埃伦·威尔金森的一番演讲后，

① 纵队内的国际关系也并不总是愉快的。例如，此时是将军的“加尔”为第十五旅举办了一晚的宴会。餐桌上他的右边坐着新的旅政委乔治·艾特肯，他的左边坐着新指挥官科皮克。参谋长克劳斯上校是普鲁士人，在第一次世界大战中以军官的身份参战，他被放在科皮克的下一位。克劳斯对此非常生气，他径直离席，又不得不在武装警卫的控制下被带回来（George Aitken的回忆）。

② 这些法律是作为不干涉控制协议的一部分通过的。

③ Vladimir Dedijer, *Tito Speaks*（London, 1953）, pp.106–108.

④ Spender, p.212.

主动投身于国际旅的队伍当中。但后来，他通过一艘船从国际旅中跑了出来，这艘船把他带到希腊。男孩的父亲为找到他而到达西班牙，并为了调查线索不得不加入国际旅。

国际旅中的美国连队也迎来了来自祖国的密友们的探望。[①]在一座由美国的赞助者出资筹建的医院里，欧内斯特·海明威在病榻前通过阅读文学作品来慰藉一名伤员。[②]一名立志成为作家的美国伤员说：“他们告诉我，多斯·帕索斯（Dos Passos）和辛克莱·刘易斯也将赶来。”海明威回道：“是的，当他们到达时，我会带他们来见你。”躺在床上的那位伤员说：“好样的，欧内斯特。如果我称呼你为欧内斯特你不会介意吧？”海明威回复道：“见鬼，当然不会了。”[③]在国际纵队的世界里，这 591
是一种令人耳目一新的真诚，在那里，似乎没有一个人会给你他的真实名字——人们也不清楚这是为了欺骗谁，除非是本国的西班牙人。对他们来说，这些用斯拉夫口音说话的戈麦斯、巴勃罗、马丁内斯们似乎在玩一场游戏，而不是一种战争诡计。

外国投资组建的医疗机构以及他们经验丰富、富有奉献精神的医生、护士和救护车司机们发挥的作用也不比国际旅差到哪儿去。美国通

① 此时有两个美国营，一个是由宾夕法尼亚州的马丁·胡里汉指挥的亚伯拉罕·林肯营，另一个是由南斯拉夫裔美国人米尔科·马尔科维奇领导的乔治·华盛顿营，实际上里面的南斯拉夫人比美国人多。

② 由哈佛医学院卡农（Cannon）博士领导的美国援助西班牙民主医疗局（The American Medical Bureau to Aid Spanish Democracy）筹集了10万美元。有一段时间，根据《禁运法》，国务院甚至拒绝医生和护士前往西班牙，但后来，他们妥协了。另一个美国基金是由麦康奈尔主教（Bishop McConnell）领导的“北美援助西班牙民主委员会”（The North American Committee to Aid Spanish Democracy）。这两个委员会于1938年合并。

③ Hemingway, *The Spanish War.* 海明威很快就忙于协助荷兰共产党人乔里斯·艾文斯（Joris Ivens）宣传电影《西班牙大地》。诗人阿奇博尔德·麦克利什（Archibald MacLeish）、多斯·帕索斯和莉莲·赫尔曼（Lillian Hellman）都参与了这件事［这部电影是《火焰中的西班牙》的续集，后者海明威也参与了，与在纽约的西班牙小说家普律当丝·佩雷达（Prudencia Pereda）合作］。虽然有这些才华横溢之人参与，但令人惊讶的是，这部电影表现不算太好（同一时间，多斯·帕索斯的小说《美国》取得了巨大的成功）。

过施行医疗援助在西班牙建立了6所医院，英国建立了5所。在这些医疗队中，道德品质良好的和平主义者都可以为之工作，例如未受过军事训练的诗人。正是在一个这样的医疗队当中，当时最举世闻名的英国诗人W.H.奥登担任一名担架员。但他“经历过这段他从未张口提及的非常短暂的访问后”便回国了。[①]后来，英国在6月份成立了一个“受赡养者”委员会，该委员会旨在为已赴西班牙的英国志愿兵的家属提供帮助。夏洛特·霍尔丹是该委员会的组织人。她的秘书人员全部是共产主义者，但对该组织进行资助的都是未发表立场的人，比如有60岁的阿索尔红色公爵夫人（当时是保守党的一名议员，后来的政治生涯因其拥护共和国而改变）[②]、诺曼·安吉尔爵士（Sir Norman Angell）、维克托·戈兰茨（Victor Gollancz）、哈罗德·拉斯基教授、肖恩·奥凯西、H.G.威尔斯和西碧尔·索恩迪克（Sybil Thorndike）；还有像艾德礼和伊曼纽尔·欣韦尔（Emmanuel Shinwell）等一些社会民主工党内的政治家。[③]与此同时，寻求实现绝对中立立场的美国政府颁布了各项防止资金流入西班牙交战双方任何一方的法令，除非是出于真正的慈善事业需求。然而，签署这
593 些协议的26家机构都得到了许可，并筹集了大量的资金。

西班牙内战为何对这么多在1936年对西班牙所知甚少的人具有如此大的吸引力？当弗吉尼亚·伍尔夫的侄子朱利安·贝尔前往西班牙时，她写道：

---

① Spender, *World within World*, p.247.见Auden在the *New Statesman*上的文章，发表于1937年1月20日。奥登在西班牙的经历与西蒙妮·韦尔（Simone Weil）相似。两人（与其他所有到访西班牙的人不同）在家时都很少谈及这段经历。西蒙妮·韦尔于1936年8月至10月在加泰罗尼亚度过了一段时间，由于这段经历，她改变了信仰。她对共和阵线的一些行为感到震惊。

② 她的企鹅特辑*Searchlight on Spain*（Harmondsworth, 1938）是所有关于西班牙战争的宣传书籍中最成功的。1938年，她辞去保守党席位，以独立保守党的身份站出来抗议不干涉计划。尽管有杰拉尔德·布雷南的帮助，她还是在随后的补选中失利。杰拉尔德·布雷南的个人记录第23章生动地描述了这场竞选。

③ Charlotte Haldane, *Truth Will Out*（London, 1949）, p.106.戈兰茨和拉斯基与约翰·斯特拉奇（John Strachey）一起，担任著名的左翼图书俱乐部的董事，该俱乐部的5万名成员是人民阵线在英国的影子政治运动成员。

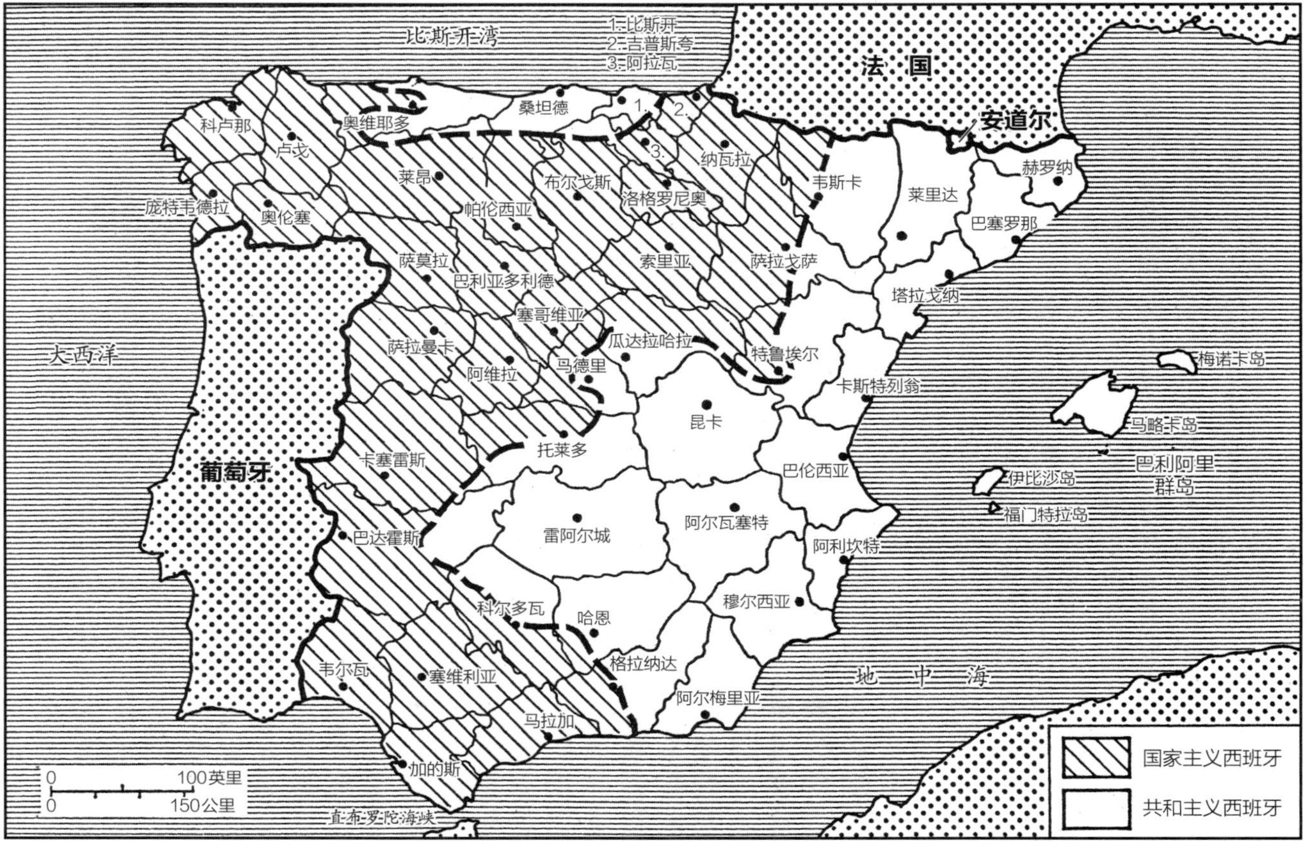

图22　西班牙局势图，1937年3月

> 西班牙对于他到底意味着什么？我这样不断地追问自己，但没有找到答案。是什么让他感到自己有必要这么做？他知道这必定会把奈莎（他的母亲）投入深渊……我想是因为年轻一代的血液中燃烧着的一种热情，这种热情不能被我们理解。我从未见过我们这一代中的任何一个人曾对一场战争抱有这样的感觉……尽管，我知道这是一项“事业”，可以被称为自由的事业或别的什么，对此我本能上的反应就是靠智力去战斗。如果我能派得上用场的话，我将通过写作去反抗……也许是出于不安、好奇、一种从未在个人生活中使用过的能力以及对西班牙情感上的信念……我有时会生他的气，但我觉得这种热情很好，就像所有强烈的感情一样。然而，从某种程度上说他们也有错，人必须用理智去控制情感。[①]

回答弗吉尼亚·伍尔夫问题的就是一群像贝尔一样的人，他们把西班牙内战看作对欧洲环境不满的缩影，与法西斯主义做斗争的一种方式，而无论这种暗云是否笼罩在他们的故土上。西班牙也缓和了年轻人普遍对行动的渴望。内战对他们似乎意味着正义，而不像1914—1918年爆发的那场世界大战那样。

594
35. 马德里战线重组和格尔尼卡轰炸

1937年3月22日，佛朗哥向他的空军司令金德兰将军提出了新计划。马德里的战线将进行防守性重组。莫拉将发动一场针对巴斯克的战役，

① Qu. Stansky and Abrahams, pp.398-399.

并将接收大部分国民军航空兵和可以腾挪出来的大炮。[1]这一计划表明了一个严峻的现实，即马德里不可能立即被攻占，战争也不可能很快获胜，尽管由于大规模的征兵活动，武装下的国民军即将接近30万人。[2]共和国的北部领土是一个诱人的奖品：它们不仅在政治上分裂，获得的供应不如中央，而且那里还有巴斯克地区的铁矿、阿斯图里亚斯的煤炭，以及钢铁和化工厂。[3]

在莫拉的军队中，新组建的纳瓦拉师发挥了重要作用，该师的士兵
在前一年一直活跃在吉普斯夸。该师由18,000人组成，分为4个旅，由
拉斐尔·加西亚·巴利尼奥（Rafael García Valiño）、阿隆索·维加、卡
尤埃拉和拉托雷上校率领。到那时为止，他们已经可以与“外籍”军团 595
的其他老牌突击部队相媲美（其中有一些前无政府主义者和左翼分子，
他们通过危险的考验证明了自己的忠诚）。[4]许多人认为毕尔巴鄂可以在行动开始后3周内被占领，这是因为莫拉知道了敌人的部署——巴斯克军官亚历杭德罗·戈伊科埃恰（Alejandro Goicoecha）少校的背叛导致计划泄露。戈伊科埃恰曾参与毕尔巴鄂防御工事的建设，也就是所谓的“铁围”（ring of iron），他于3月初驾驶汽车逃往国家主义西班牙一方。[5]毫无疑问，他知道巴斯克人和中央的共和政府之间缺乏接触和理解。巴

---

① Kindelán, p.76.

② 大约在1937年3月，理论上共和军和国民军在北部和中部的人数约为110,000对80,000人，在阿拉贡约为80,000对30,000人，在安达卢西亚和埃斯特雷马杜拉约为60,000对50,000人（F. Ciutat, qu. Payne, *The Spanish Revolution*, p.330）。对这些数字的评估见原书第526页。

③ 见Martínez Bande, *Vizcaya*（Madrid, 1971）, p.223f.中的报告。

④ 显然，在1937年年初，军团中的一个全国劳工联合会小组试图反抗并释放萨拉戈萨的囚犯。计划流产，所有人都被枪杀（见Payne, *Politics*, p.390）。

⑤ 见他的报告，Martinez Bande, *op.cit.*, pp.229–238。他后来在佛朗哥的西班牙以另一种工程师的身份出名：他设计了塔尔戈（Talgo），这是一辆低椅座的马德里–伊伦快车。他比他的助手巴勃罗·穆尔加（Pablo Murga）上尉更幸运，后者于1936年11月作为间谍被枪杀（见Martínez Bande, *La guerra en el norte*, pp.161–162）。

斯克人毕竟是在为独立而战，而不是为革命或西班牙民主而战。此外，铁围由两条相距约200—300码（约200多米）的防线组成，两侧缺乏纵深和掩护，耸立在山顶上，没有伪装。

巴斯克战争开始前几天，毕尔巴鄂郊外发生了一场海战，这是对随后发生之事的预演。一艘前往毕尔巴鄂，载有战争物资的商船在离海岸5英里处被国民军的巡洋舰“加那利群岛”号拦截。3艘小型巴斯克拖网渔船与巡洋舰展开战斗，直到他们失去了三分之二的船员，并且几乎被击得粉碎。在这场斗争中，当时是共产主义者的英国诗人塞西尔·戴·刘

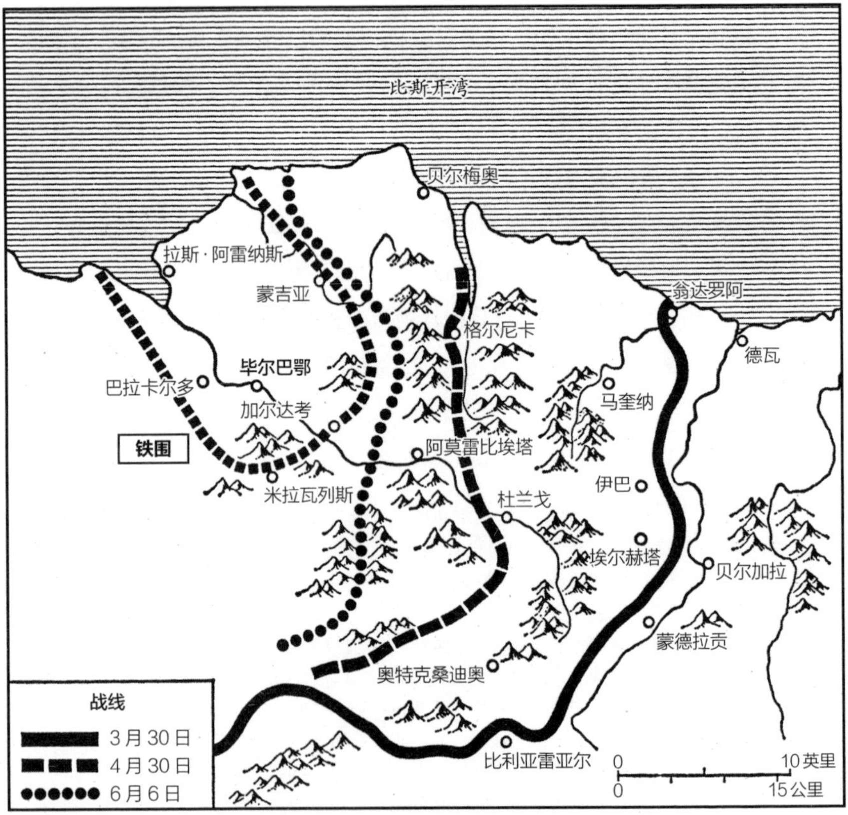

图23　比斯开战役，1937年3—6月

易斯写了一首著名的叙事诗《纳巴拉》（*Nabarra*），诗的开头写道：

> 自由不只是一个词，也不只是
> 政客口中的钱币，暴君不兑现的支票或梦想家疯狂通胀的票子。
> 我们知道，她是个凡人，呈现出
> 一个不喜欢大屠杀的普通人的形象，
> 但很快杀戮就来到，在被背叛之前已被杀死。

莫拉的进攻于3月31日开始。这次攻击是由索尔查加（Solchaga）将
军指挥的。德国人、君主制的朋友比贡（Vigón）将军是莫拉的参谋长， 596
受过良好教育的马丁内斯·德坎波斯上校是炮兵指挥官，拥有200门大炮。

纳瓦拉旅被部署在维加拉和比利亚雷亚尔之间，位于巴斯克两个省
份比斯开和阿拉瓦的边界上。他们全副武装。与他们在一起的是那支新
成立的部队——“黑箭”，这支部队有8,000名西班牙人，配有意大利军
官，由桑德罗·皮亚佐尼（Sandro Piazzoni）上校指挥。作为支持，80架
德国飞机在维多利亚集结，另外70架意大利和西班牙飞机在其他北方国
民军机场集结。[1]国民军的舰队，包括老战列舰“海梅一世”号、巡洋舰
“加那利群岛”号和“塞韦拉海军上将”号，以及驱逐舰“贝拉斯科”号， 597
与许多较小的船只一起，可以建立有效的封锁。

---

① Aznar, p.397，此时的“秃鹰军团”包括：（1）一个战斗群，由两个中队的海因克尔51和一个中队的新型快速梅赛施密特109，以及一个或两个中队的战斗机群组成，这个小组的指挥官是冯·默哈德（von Merhard）；（2）一个由两个中队组成的轰炸机小组，由容克52s和海因克尔111s组成，由富克斯少校（Major Fuchs）指挥；（3）由凯塞尔少校（Major Kessel）指挥的侦察机中队；（4）轻型轰炸机中队（亨舍尔123s）；（5）一支由海因克尔59式水上飞机组成的中队；（6）容克52s中队，用于运输；（7）防空排炮。军团还拥有总共100架飞机。斯佩勒仍然是指挥官（Jesús Salas, pp.212–213）。

1936年7月，北方共和军仍由巴塞罗那军队的忠实指挥官利亚诺·德拉·恩科米恩达将军指挥。他对胜利持悲观态度，因为尽管他的指挥权涵盖了坎塔布里亚海岸的共和军，但巴斯克人、阿斯图里亚斯人和桑坦德人之间从来不曾团结一致，甚至对对方的敌视没有任何掩饰。军队的总政委是阿斯图里亚斯社会主义者冈萨雷斯·培尼亚，他的几个副手是巴斯克地区的政委，共产主义者赫苏斯·拉腊尼亚加（Jesús Larrañaga）；阿斯图里亚斯政委是无政府主义者弗朗西斯科·马丁内斯（Francisco Martínez）；桑坦德政委是社会主义者安东尼奥·索马里巴（Antonio Somarriba）。这个联盟形同虚设。即使是共产主义者拉兰尼亚加也受到相互矛盾的意见的摆布，因为巴斯克人不信任他这个共产主义者，而共产主义者又不信任他这个巴斯克人，他在家里说的是巴斯克语，这点不如阿吉雷。北方军总督察马丁内斯·卡夫雷拉将军，是被西班牙中央军撤职的参谋长，名声不佳。拉尔戈·卡瓦列罗私下向巴斯克人保证，北方军并不算真正存在，他承认巴斯克军队，即名义上属于恩科米恩达指挥部的“尤兹卡迪军”（Army of Euzkadi，祖国军）才是西班牙北部的主要军事组织。[1]利亚诺·德拉·恩科米恩达被迫屈辱地发了一封电报，询问总理是否确实如此。当年2月，他将总部迁至桑坦德，此后与战役的日常事务几乎没有任何关系。理论上，他的军队总共有15万人，也有250多门大炮，但这些炮是分开布置的：比斯开有75门，阿斯图里亚斯有130门，桑坦德有50门。他有几辆T-26俄式坦克和几辆来自法国的
598 雷诺坦克，但数量比他的对手少。面对强大的国家主义西班牙海军，共和军在北方只能召唤2艘海岸驱逐舰和3艘潜艇。巴斯克人只有25—30架飞机。西班牙中部的共和军轰炸机射程太近，无法帮助北部战场，大

---

① 利亚诺·德拉·恩科米恩达于1月9日向阿吉雷提出的12个问题发表在R. Salas, vol. III, p.2840。第7个问题是典型的：“服装和装备属于尤兹卡迪军还是属于北方军？”如果是后者，中央工作人员能否干预其分配？这年3月，这支军队的巴斯克分队人数为36,000人，最终在6月增加到100,000人（Martínez Bande, *Vizcaya*, p.36）。

多数轰炸机并没有开动（反而是一些战斗机很快就被派遣了过来）。总之，北方军的装备不如预期，这已经考虑到共和军控制的特鲁比亚、埃巴尔（Eibar）和雷诺萨军工厂，加尔达考、格尔尼卡和拉马诺亚的军火和炸药厂，以及在比斯开的几家钢铁厂。但在战争中，这些工厂的生产力都下降了。

巴斯克人组建了46个步兵营，共约30,000人。其中27个属于巴斯克民族主义者（称为古达里，gudaris），8个是社会主义者的，其余的混合着共产主义者、社会主义–共产主义青年、左翼共和党人和无政府主义者。这支军队包含了1个社工部队，由82名牧师组成，他们的职责在共和军中独一无二，包括庆祝弥撒，观察古达里士兵的道德，在临终的最后时刻在场，并“在应征入伍者的思想中形成基督教传统”。还有大约10个营的阿斯图里亚斯人，他们并不受巴斯克人的欢迎，因为他们偷窃牲畜，引诱当地女孩，甚至偶尔还有谋杀行为。所以，阿巴迪亚诺的牧师显然是在阿斯图里亚斯人经过时被射杀的。[①]

莫拉率先发布了一份最后通牒，这份通牒让人想起雅典人对米洛斯人的威胁：“我已经决定迅速结束北方的战争。那些没有犯杀人罪的人，只要交出武器，就将免于生命和财产损失。但是，如果你们不立刻投降，我将把比斯开所有地区夷为平地，从战争工业区开始。”[②]

3月31日，这一旨在心理震慑的威胁开始付诸实施。“秃鹰军团”
的容克52s轰炸机炸毁了乡村小镇杜兰戈（Durango），这座小镇位于
毕尔巴鄂和前线之间的通道和铁路交叉口上。一枚炸弹炸死了圣苏珊
娜教堂的14名修女。耶稣会教堂在牧师交流圣体时被炸毁。在圣玛丽 599
亚教堂，牧师在举行圣礼时被杀。镇上其他地方都被机枪扫射。当天
有127名平民被杀，其中包括2名牧师和13名修女，还有121人随后在

① Martínez Bande, *Vizcaya*, p.135.

② Qu. Aznar, vol. II, p.133.

医院死亡。[1]

杜兰戈以前因为唐卡洛斯于1834年在这座小镇颁布的一条敕令而闻名。这条敕令规定所有携带武器反对他的外国人，都应在不经审判的情况下被处决。从1937年起，它又享有同样残酷的名声，成为欧洲第一个遭到无情轰炸的毫无防御能力的城镇。

同一天，在进行了猛烈而有着良好配合的空袭和炮击之后，国民军上校阿隆索·维加向前线右侧挺进，攻占了马罗托（Maroto）、阿尔伯提亚（Albertia）和贾林多（Jarindo）3座山。在比利亚雷亚尔北部的前线中心地区，奥坎迪亚诺（Ochandiano）郊区发生了激烈战斗。这场战斗一直持续到4月4日。每天有四五十架飞机轰炸该镇。纳瓦拉人几乎包围了它。巴斯克人害怕被切断，被敌人生擒，于是撤退，留下的人中有600人已死亡，此外还有400人被俘。4月4日后，由于大雨，进攻暂停。莫拉为下一阶段的战役重新组织了他的部队，这一阶段的时间似乎比他最初预测的要长。冯·施佩勒将军因而抱怨不止。[2]

巴斯克人加固了他们的新阵地，并进一步调整了铁围政策。空中轰炸的战术，无论多么不精准，都会引起极大恐慌，并增加人们对德国的仇恨。更多的人被动员，更多的战争物资也已到达。到4月10日，巴斯克人已经拥有140门大炮。[3]身在西班牙的杰出苏联军官戈里耶夫将军作为军事顾问率领其他一些苏联人员来到前线，尽管这位军人在马德里享有很高声誉，但这似乎并没有改善局势。[4]

---

① Steer, p.162.

② Alcofar Nassaes, p.112；亦可参考Sancho Piazzoni, *Las tropas Flechas Negras*（Barcelona, 1942）. *GD*, p.269。

③ Martínez Bande, *Vizcaya*, p.35.

④ Koltsov, p.397；Castro Delgado, p.517f. 巴斯克共产党内部也存在争议：阿斯迪加拉比亚和乌隆多（Urondo，公共工程总监）与巴斯克政府的关系比其他外部人如奥马萨巴尔（Ormazábal）、拉腊尼亚加和蒙松更密切（Ibarruri, p.388；Castro Delgado, p.525）。

4月6日，国民军宣布，他们将阻止食品进入西班牙北部的共和国 600
港口。[1]英国轮船“索普霍尔”号（Thorpehall）从桑坦德向毕尔巴鄂运送一批粮食，因此在离海岸5英里处被国民军巡洋舰“塞韦拉海军上将”号和武装拖网渔船“加雷纳”号（Galena）拦截。最终，“索普霍尔”号被允许通过，因为国民军船只不愿意与赶赴现场的两艘英国皇家海军驱逐舰“布兰奇”号（Blanche）和“布拉森”号（Brazen）发生冲突。

这一事件以尖锐的形式突出了整个封锁的问题。战争初期，共和政府宣布封锁某些国民军港口。英国人认为，该声明强调的封锁领土过于庞大，“为了让声明产生效果，‘封锁’必须是切实可行的”[2]。因此，如果西班牙军舰在公海拦截了任何商船，英国就会认为这一行动是非法的。英国船只必须受到保护，不受此类干扰。此外，英国只承认离海岸3英里的限制，而西班牙则坚持6英里。局势的复杂性使海军命令经常被修改，给下级军官带来了难以忍受的困扰。

新的国民军行动加剧了英国政府立场的复杂性。根据国际法，被承认的交战方可以实施封锁（包括在公海进行搜索的权利）。但由于他们不想让英国商船接受西班牙海军舰艇的搜查，鲍德温和他的部长们拒绝承认西班牙的交战双方为正式的交战方。由于许多外国船只悬挂英国国旗，试图规避留置和获得保护，情况进一步复杂化。正如英国内阁所
知，许多商人“实际上是为了追求高额回报而甘冒风险的逃避封锁者”[3]。 601

---

① 英国船只往来于西班牙，承担了大部分贸易。1937年，英国对西班牙的出口下降。煤炭出口下降了37%，机械出口下降了90%，汽车出口下降了95%，餐具出口下降了90%。（这是所有西班牙区域的总数字，贸易委员会没有对这两个地区进行单独统计。）然而，除坚果和土豆外，英国进口有所增加。对于那些担心自己在西班牙的投资的英国人，那个时代的天才人物布莱恩·霍华德（Brian Howard）写了一首诗，敦促他们：想想吧，想想所有这些西班牙坟墓，对于一个处于危险中、在破烂的房间里悲伤的人；对于一个处于危险中、在倒塌的房屋中的射击者。

② *FO*, 371/205/33.

③ *CAB*, 23/88, 4月7日会议，贸易委员会主席伦西曼（Runciman）的发言。

但国民军掌握了海洋的控制权。因此，如果授予他们交战权，则主要由国民军海军舰艇进行拦截，主要受影响的是英国商船；如果不授予他们交战权，则当英国船只受到干涉（在巴斯克领海之外）时，它们将有权请求皇家海军的援助。因此，如果没有英国商船前往巴斯克港口，麻烦就少多了！

这最后一次反思，也许是潜意识中做出的。它可能让皇家海军“布兰奇”号的舰长和地中海舰队总司令得出结论，即国民军的封锁有效。亨利·奇尔顿爵士也从昂代伊报告了同样的情况。还有类似的报道：不仅毕尔巴鄂以外的国民军海军能够阻止所有商船进入，他们还在巴斯克领水布置了水雷。因此（据奇尔顿和海军报道），英国商船若是试图进入毕尔巴鄂将非常危险。当然，在3英里范围内，皇家海军本来就无权保护商船。因此，海军部指示所有在毕尔巴鄂100英里范围内的英国商船，前往法国渔港圣让德鲁兹，并等待进一步的命令。第二天，伊伦的国民军军事总督胡利安·特隆科索（Julián Troncoso）少校根据布尔戈斯的指示，告诉奇尔顿，佛朗哥决心使封锁生效。特别是目前在圣让德卢兹有4艘装载着食品货物的英国商船，它们将被武力阻止行进。与此同时，毕尔巴鄂港还将布置更多水雷。[①]这一坚定的声明于4月10日星期六上午抵达伦敦。这导致鲍德温在周日召集内阁。阁员们在周末假期中返回了伦敦，其中包括陆军大臣达夫·库珀（Duff Cooper）、海军大臣塞缪尔·霍尔爵士、内务大臣约翰·西蒙爵士和外交大臣艾登。商议的结果是，贸易委员会“警告”英国船只不要前往毕尔巴鄂，并暗示如果他们试图这样做，海军将无法提供帮助。海军部还将舰队的骄傲——
602 “胡德”号（Hood）战列舰派往“毕尔巴鄂附近的某个地方，以便该地区英国军队的实力不会弱于佛朗哥将军的军队”。紧接着的周一，鲍德温

① 4月9日国民军的照会，4月19日艾登在下议院提到（*Hansard*, House of Commons, vol. 322, col. 1404）。

向愤怒的下议院解释说，存在无法保护英国航运的风险。[①]政府关心的不是抽象的海洋自由原则，而是英国常规从巴斯克港口进口6万吨铁矿石这件事。[②]事实上，西班牙北部的港口本身没有水雷，因此有理由认为它们会继续保持现状，因为水雷会阻碍国民军在胜利时使用港口，但通往港口的通道已经被布雷了。

接下来的一周，威斯敏斯特发生骚动。整个春天，西班牙问题一直占据了外交事务最长的提问时间，并且是辩论的主题。艾登和他的副手克兰伯恩受到工党、自由派的共和国同情者以及少数支持国民军的保守派人士的压力：政府有没有听说新的意大利师抵达了加的斯？马德里有多少苏联人？有多少英国志愿者被杀？对于这些问题，政府声称对确切信息一无所知。他们还一直与民族主义者进行秘密谈判，以确保英国在叛乱地区拥有的矿藏维持生产。[③]此时英国人对西班牙的兴趣达到顶峰。艾登在利物浦的一次演讲中为不干预辩护：

> 我们仍然有广泛的收益。不干预政策限制并逐步减少了外国通过运送武器和人员对西班牙的干预。更重要的是，虽然国际社会普遍感到沮丧，但这项政策的存在让这些国家仍在为之努力，并大大降低了全面战争的风险。[④]

私下里，艾登“当然希望共和国获得胜利”。[⑤]4月14日，艾德礼动

---

① Eden, p.462；*CAB*,15/37, 11 April 1937（*Hansard*, House of Commons, vol. 322, col. 597）.

② *CAB*, 16（37）：1937年4月14日会议。

③ *CAB*, 23/87.

④ Anthony Eden, *Foreign Affairs*（Speeches）（London, 1938）, pp.189–190（speech of 12April）.

⑤ 所以他向私人秘书奥利弗·哈维（Oliver Harvey）吐露了心声（John Harvey, *The Diplomatic Diaries of Oliver Harvey*, 1937—1900, London, 1970, p.34）。

603 议进行谴责投票。英国政府，世界上最大的海上强国，已经放弃了保护英国航运的努力。然而，巴斯克人表示，毕尔巴鄂港的水雷已被清除，夜间巴斯克武装拖网渔船（在探照灯的帮助下）保护着港口。那么，政府是从哪里获得的有关危险的信息？是不是从“那些好奇的人，我们的领事代理人那里获得的？他们在意大利军队登陆的问题上曾显得相当沉默”。内务大臣约翰·西蒙爵士接着辩称，如果英国船只被允许前往毕尔巴鄂，就必须先扫雷，这将构成“全面的战争行动”。自由派领袖阿奇博尔德·辛克莱尔爵士（Sir Archibald Sinclair）认为，政府接受国民军封锁才意味着干预。他回忆起冬天发生的事情时说，毕竟德国人一直在照顾他们的船只。丘吉尔接着发言，重申了他对战争中任意一方的奥林匹克式的超脱，并沉溺于“通过召开罗斯伯里勋爵（Lord Rosebery）曾称之为‘路边客栈（wayside inn）’的会议进行调解”的白日梦中——这将给西班牙带来“和平、法律、面包和遗忘的机会”。随后，这些“紧握的拳头可能会放松，变成了慷慨合作的双手”。工党的哈罗德·尼科尔森（Harold Nicolson）表示，拒绝让英国船只在巴斯克水域冒险是一种“苦药”，它让人不愉快，并且还是一种几乎让人恶心的“药水”，但他们必须接受它。工党党员菲利普·诺埃尔-贝克表示，这是自1588年以来英国人第一次害怕西班牙舰队。艾登在辩论结束时说，如果英国商船违反贸易委员会的规定，离开圣让德鲁兹，那么他们将获得直到距离海岸3英里范围的海军保护：“我们希望他们不要去那里，因为鉴于有关情况的报道，我们认为他们在那里不安全。”①

圣让德卢兹的商船商人们越来越不耐烦了。他们的货物（他们已经

① 所有这场辩论都被程序问题、“撤退”的呼声和其他麻烦打断，可见*Hansard*, House of Commons, vol. 322, cols. 1029–1142。见Harvey, p.39。艾登的私人秘书补充道：“从海军部获得事实是非常困难的。”

预收了丰厚的运费[①])正在腐烂。有三艘船，恰好都是由名叫琼斯的威尔士人担任船长（因此，我们用他们的货物将他们区别为“土豆琼斯”“玉米饼琼斯”和“火腿鸡蛋琼斯”），因总是假装从港口出发而臭名昭著。土豆琼斯的货物中隐藏着武器，其动机纯粹是物质性的，他在轻松回答《晚间新闻》（*Evening News*）记者的一系列提问中声名大噪（也许他并不配），他只是领略了康拉德式（Conradian）叙事传统方式的皮毛，但并不是他（他最终在巴伦西亚交付了货物）打破了毕尔巴鄂的封锁。第一个穿越的人是坎特伯雷的“红色教长”（Red Dean）休利特·约翰逊博士（Dr Hewlett Johnson）。他是一个极力为苏联辩护的人，现在又在为共和国努力。他乘坐一艘法国鱼雷艇从毕尔巴鄂附近的贝尔梅奥驶向圣让德卢兹，且没有发生意外——他将这个经历告诉了《曼彻斯特卫报》。4月19日晚上10点，一艘载有来自巴伦西亚粮食的商船“七海浪花”号（*Seven Seas Spray*）无视岸边发来的信息驶离圣让德卢兹。它的主人罗伯茨（Roberts）船长对巴斯克海岸10英里外一艘英国驱逐舰的警告视而不见。驱逐舰的船长告诉罗伯茨，他必须自行承担风险，然后祝他好运。早上，“七海浪花”号抵达毕尔巴鄂，且没有看到水雷或者国民军战舰。当这艘船缓缓驶向河岸靠岸时，船长和他的女儿站在舰桥上，来自毕尔巴鄂饥饿的人们聚集在码头上喊道：“英国水手万岁！自由万岁！”

604

英国海军部此时承认了以前的错误，因为毕尔巴鄂的真相正如艾德礼在辩论中所描述的那样：封锁实际无效。

因此，停泊在圣让德卢兹的其他船只出发前往巴斯克地区。其中一艘是“麦克格雷戈”号（MacGregor），在10英里外，它被国民军巡洋舰“塞韦拉海军上将”号命令停泊。“麦克格雷戈”号向皇家海军“胡德”号发送了求救信号。后者的指挥官布雷克海军中将（Vice-

① 英国船东冒着帮助共和国供应的风险，赚取了特别利润（比平时高出100%）。

Admiral Blake，他不相信有关水雷的事）要求“塞韦拉海军上将”号不要干涉领海外的英国船只。“塞韦拉海军上将”号回答说，西班牙领海是从陆地延伸6英里。布雷克中将表示，英国并不承认这一主张，并告诉“麦克格雷戈”号，如果它愿意的话，可以继续行驶。“麦克格雷戈”号确实这样做了。进入3英里的限制只有几码远，武装拖网渔船“加勒纳”号（Galerna）向“麦克格雷戈”号开了一炮，炮弹越过了船头。“皇家海军火龙”号（Firedrake）命令“加勒纳”号不要
605 攻击英国船只。巴斯克海岸炮兵队从海岸发出齐射，“加勒纳”号撤退。尽管封锁仍在继续，但国民军没有进一步阻止英国船只抵达毕尔巴鄂。

那么怎么解释航运史上这一奇怪的事件呢？4月20日，艾登顺便告诉下议院：“如果我必须在西班牙做出选择，我相信巴斯克政府会比佛朗哥或共和国更符合我们自己的制度。”这无疑是他的真心话。（艾登后来在他的回忆录中写道：“1937年年初，如果我必须做出选择，我会更希望政府获胜。”）[①]但海军部和塞缪尔·霍尔爵士希望避免与佛朗哥发生任何冲突，他们向内阁提供了错误的信息。至少海军部的一些信息并非来自对事实的仔细审查，而是来自国民军战舰本身。4月20日，《每日电讯报》发表了一篇对国民军卡维达船长（Captain Caveda）的采访，卡维达表示，“在解决因封锁毕尔巴鄂而产生的问题上”，与英国舰队的合作十分愉快。塞缪尔·霍尔爵士似乎乐于接受虚假信息，并据此迅速采取行动。

—

4月20日，新一轮国民军攻势在比斯开展开了。当炮击和空中轰炸

① Eden, *Facing the Dictators*, p.441.

停止，巴斯克人从他们藏身的浅壕沟中走出时，他们听到纳瓦拉人的机枪声从后方传来。再一次，就像在奥坎迪亚诺一样，人们叫喊着“我们被切断了”。许多防卫者趁着还可以撤退的时候撤走了。然而，在埃尔赫塔（Elgeta）村之前，在因科尔塔（Inchorta）的狮子形山丘中，人们已经挖了很深的壕沟。在民兵巴勃罗·贝尔德拉因少校（Major Pablo Belderraín）的带领下，这里的巴斯克人阻止了敌人的进攻，但两个全国劳工联合会营已撤退。这次叛逃封印了这场崩溃。巴斯克指挥官此刻渴望撤退到已经准备好的“铁围”战壕。不间断的轰炸堵塞了道路，也阻止了军队的行动。毕尔巴鄂的总参谋部表现出一种懈怠，这引发了对他背叛的指控。4月24日，所有位于为进攻而选择的战线部分的高地都已经落在第一纳瓦拉旅指挥官拉斐尔·加西亚·巴利尼奥的手中。贝尔德拉因不得不从埃尔赫塔撤退。恐慌的气氛持续着。炮兵不知道向哪里开火。战壕里的人员被疏散。因此，在莫拉重新发起进攻6天后，巴斯 606
克人的全面失败似乎近在眼前。然而，一场新的危机接踵而至——格尔尼卡。

格尔尼卡是比斯开的巴斯克省的一个小镇，位于一个距海6英里、距毕尔巴鄂12英里的山谷中，人口有7,000人。乍一看，它似乎显得平淡无奇，充满友好气氛的村庄和与世隔绝的农舍，与丘陵乡村的身份相得益彰，但它在半岛战争中被法国人严重破坏。尽管如此，自有记录以来，它一直被当作巴斯克自由之家。因为“巴斯克议会”（parliament of Basque senators）过去是在格尔尼卡著名的橡树前举行的，而在圣玛丽亚教堂，西班牙君主或他们的代表曾宣誓遵守巴斯克的地方权利。（在过去，橡树也是巴斯克债务人的避难所。）1937年4月26日，在距离前线10英里的格尔尼卡，那里挤满了难民和撤退的士兵。

下午4点30分，一阵教堂的钟声宣布了空袭的开始。此前该地区曾发生过一些空袭，但格尔尼卡并没有遭到轰炸。这里也没有任何形式的防空设施。5点20分，冯·莫劳少校（Major von Moreau）驾驶的单独一架海因克尔111轰炸机（一架新型快速德国轰炸机，配有金属框架，可携带3,000磅炸弹）轰炸了该镇，随后消失，并与其他3架类似飞机一起返回。[1]这些海因克尔战机随后成为西班牙战争中3个飞行中队的老伙计，这些飞行中队还配备了23架容克52s飞机、一些新的梅塞施米特BF-109战斗机和一些海因克尔51s老战斗机。战斗机护送着轰炸机，并在低空用机枪扫射他们看到的所有人。几拨飞机共投下重达10万磅的燃烧弹、高爆弹和榴弹。共有43架飞机参与了空袭，容克飞机由冯·克瑙尔（von Knauer）、冯·贝斯特（von Beust）和冯·克拉夫特（von Krafft）中尉率领。

城镇中心被烧毁，然而巴斯克议会大厦（casa de juntas）和远离城
607 镇中心的著名橡树残骸未被触及。[2]镇外的军工厂也未被摧毁。许多人，或许多达1,000人被杀，不过随后的事件让我们无法确定具体有多少人死亡。[3]还有许多人以其他方式致残或受伤。可能有一些意大利飞机参与了轰炸的最后阶段。

这个故事得到所有目击者的证实，包括镇长和英国领事以及当时在

---

① 这些海因克尔飞机已于2月初抵达西班牙。它们在3月9日对巴拉哈斯（Barajas）和阿尔卡拉德埃纳雷斯的空袭中首次使用。冯·莫劳是一名“王牌”飞行员，他于1936年9月成功将补给投到托莱多的阿尔卡萨尔（Alcázar）。

② 关于细节，见Gordon Thomas and Max Morgan Witts, *Guernica*（New York, 1975），pp.206–213。作者查阅了“秃鹰军团”参谋长冯·里希特霍芬的日记和其他“秃鹰军团”成员的回忆录。这棵橡树在拿破仑战争中被摧毁，但此后树桩又长出了新芽。

③ 见*Le Clergé basque*, pp.151–153，以及Vicente Talón的*Arde Guernica*，第一版（Madrid, 1970）是西班牙当代史写作的一个重要突破。Talón的说法在R. Salas, vol. II, p.1386 and p.2864f（vol. III）中被普遍接受。有关格尔尼卡影响的一般研究，参见Herbert Southworth的*La Destruction de Guernica*（Paris, 1975）。一个未经修饰的记录见Martínez Bande, *Vizcaya*, p.106f。死亡人数极难确定。估计人数从100到1,600不等。Talón讨论了这些数字（p.91f.），并提出了200这个数字。但就连国民军调查委员会也表示，70%的房屋被完全摧毁，20%严重受损，只有10%的房屋还算完整。

巴斯克地区的外国记者，主要是英国人。[①]但仍有萨拉曼卡外国媒体负责人路易斯·博林在4月27日表示，是巴斯克人炸毁了自己的城镇。

杜兰戈和格尔尼卡，分别于4月28日、29日相继落入国民军手中，且没有遭到太多抵抗。索尔查加将军在简易军事法庭上处决了被俘虏的巴斯克指挥官利亚尔奇上校（Colonel Llarch）和他的3名幕僚。与国民军在一起的外国记者被告知，虽然在格尔尼卡发现了“一些炸弹碎片”，但破坏主要是巴斯克煽动者造成的，目的是激起人们的愤怒。[②]5月4日，一份新的国民军报告称，在“一周的炮火和飞机轰炸”之后，格尔尼卡出现了自然着火的迹象。这份报告也与格尔尼卡在3个小时内被间歇性轰炸的事实相符。10天后，在被巴斯克人击落的一名德国飞行员的日记中，在对应“4月26日”那天人们发现了“加尼卡”（Garnika）一词。飞行员荒诞地解释说，这是指他在汉堡认识的一个女孩的名字。几个月后，另一份国民军报告承认该镇遭到轰炸，但声称飞机是共和国的。据说，炸弹是在巴斯克地区制造的，爆炸是由下水道中的炸药引起的。但8月，一名国民军官员向《星期日泰晤士报》（*The Sunday Times*）的一名记者承认，格尔尼卡被他身边的人轰炸了[③]：“当然是我们一遍又一遍地轰炸了它，好吧，为什么不呢？”几年后，德国空军王牌阿道夫·加兰德（他曾在轰炸不久后短暂加入过“秃鹰军团”）承认德国人对此负有责任。[④]然而，他辩称，这次袭击是一个错误，是由错误的轰炸目标和缺乏经验造成的。加兰德说，德国人 608

① 见英国调查报告的附录8。1959年夏天，我在格尔尼卡和当时在场的阿尔贝托·奥纳迪亚（Alberto Onaindía）神父的谈话证实了巴斯克人的说法。我还与《每日邮报》（*Daily Mail*）的诺埃尔·蒙克斯和赫苏斯·马里亚·德雷佐拉讨论了格尔尼卡。1945年，流亡的巴斯克政府试图在纽伦堡战争罪法庭起诉德国，但这一尝试没有成功，因为纽伦堡没有考虑到1939年之前发生的任何事件。

② 关于4月29日至5月3日外国记者的访问，见Southworth, p.90。

③ Virginia Cowles, *Looking for Trouble*（London, 1941）, p.71.

④ Galland, p.26.

试图轰炸河上的桥，但彻底失败，只是错误地摧毁了这座城市。这个说法得到了其他德国人的支持，包括一些参与空袭的人。[1]他们说，风向导致炸弹向西方飘移了。

事实上，格尔尼卡就是一个军事目标，是靠近战线的一个通信中心，几乎就在距离南部几英里的国民军纵队的视线之内。撤退的共和军官兵可以轻松地且只能通过格尔尼卡向西逃跑，因为在城外欧卡河（Oca）上的那座桥是通往海边的最后一座桥。但是，如果“秃鹰军团”的目标主要是摧毁这座桥，为什么冯·里希特霍芬没有使用他的精确的斯图卡俯冲轰炸机（Stuka dive bombers）呢？并且他在布尔戈斯就有一小部分这种飞机，为什么还要安排这样一次特别破坏性的行动？他心中的目标（即使没有记在日记中）至少有一部分是为了在平民和士兵中引起恐慌。燃烧弹的使用证明，除了桥梁，对建筑物或人员的一些破坏和伤害肯定是有意的，尽管冯·里希特霍芬可能不知道火灾会在格尔尼卡狭窄的街道上迅速蔓延，以及海因克尔飞机轰炸产生的灰尘和烟雾甚至可以使容克飞机的飞行员看不清桥梁。对逃离城镇的人进行的机枪扫射也几乎不可能是摧毁桥梁计划的一部分。

609 冯·里希特霍芬的日记也清楚地表明，莫拉的参谋长胡安·比贡上校事先就知道了这次空袭——据说两人在4月25日和26日“未经上级授权”进行了磋商。[2]

然而，与此同时，我们可以公平地认识到，这次空袭是与正在进行的战役相关的。没有直接证据能够证明德国人知道格尔尼卡在巴斯克人心目中的重要性，也没有任何国民军的西班牙军官（他们当然知道这个地方在巴斯克人心目中的地位）意识到这次空袭会如此恐怖。甚至没有证据表明比贡知道这次空袭会造成如此严重的破坏，也没有证据表明佛

---

① Thomas and Witts, p.212.

② Thomas and Witts, pp.197-198.

朗哥、莫拉甚至施佩勒事先讨论过计划中的空袭——正如我们将看到的那样，当时佛朗哥正全神贯注于长枪党和埃迪利亚的问题。据说莫拉在4月29日来到格尔尼卡后也震惊了。[①]也有人说过，佛朗哥得知空袭的后果后，对德国人感到愤怒。[②]这可能是真的，因为后来在巴斯克再没有发生过类似的格尔尼卡式空袭，“秃鹰军团”也再未尝试过对毫无防御能力的城镇进行“区域轰炸”[③]。

一场关于格尔尼卡的国际争论很快就爆发了。这一年年初，画家毕加索被委托在巴黎世界博览会上为西班牙政府大楼绘制壁画。[④]现在，他开始着手描绘格尔尼卡的毁灭表现的战争恐怖。[⑤]这幅画1937年在巴黎首次展出，后来被纽约大都会博物馆收藏。与此同时，由于对他们自己的所作所为感到震惊，以及对后果的焦虑，国民军指挥部和德国人精 610
心策划展开了掩盖行动。毕竟，以前从未发生过如此密集的空袭。双方的宣传人员都坚持他们从未变更过的立场。假如《泰晤士报》的一名记者乔治·斯蒂尔（George Steer）准备相当明确地站在巴斯克人的立场上叙述故事，那么同一家英国报纸的国民军立场的记者詹姆斯·霍尔伯恩（James Holburn）在乘坐索尔查加的行李列车进入该市后，就会发出这样的电报：“我检查的几个弹坑，都是由爆炸的地雷造成的。”[⑥]20名巴斯克神父，其中1人是轰炸事件的目击者，此外还有教区的总教区牧师，他们一同写信给教皇，告诉教皇是谁摧毁了格尔尼卡。其中两位，

---

① Martínez Bande, p.110.

② 见Hills, p.281。

③ 1938年意大利对巴塞罗那的袭击是针对一座有一些防空设施的城市。

④ 尽管毕加索自1903年以来一直没有在西班牙生活，但他于1936年接受了普拉多美术馆馆长的（荣誉）职位，并报告了从马德里转移到巴伦西亚的画作状况。该年1月，他以哈利路亚（*Aleluyas*）风格蚀刻了一系列讽刺漫画《佛朗哥将军的梦想和谎言》，自18世纪以来，西班牙政治一直以哈利路亚风格闻名，并在内战期间复兴。

⑤ 格尔尼卡空袭是内战中的一个国际新闻分水岭。此后，例如，《时代》杂志、《生活》以及一段时间后的《新闻周刊》，都站在了共和国一边（Guttman, pp.61–62）。

⑥ *The Times*, 5 May 1937.

佩德罗·门查卡（Pedro Menchaca）神父和阿古斯丁·伊苏西（Agustín Isusi）神父，分别委托维托利亚教士和圣托斯·胡安内斯神父（Santos Juanes，位于毕尔巴鄂），带着这封信去了梵蒂冈。这封信已送达，但只有教皇国务秘书帕切利红衣主教（Cardinal Pacelli）接见他们，条件是他们不能提及将他们带到罗马的这个主题。但两个巴斯克人忍不住谈到格尔尼卡，帕切利冷冷地说："迫害教会的人在巴塞罗那。"随后端茶送客。[1]

这一事件的国家主义版本持续了一代人。当时讲故事的人，如路易斯·博林上尉，都活了下来。[2]但直到他们去世，或不再有影响力，政府文件才逐步公开，直到1970年才承认格尔尼卡遭遇过空中轰炸。[3]即便如此，人们还经常认为德国人只不过起了个头，是巴斯克人完成了剩下的部分。[4]

4月30日，在国际不干预控制开始10天后，当英国外交大臣因此认为他可以暂时不考虑他所称的"西班牙战争困境"时，艾登告诉下议
611 院，内阁正在考虑采取一些措施来防止另一场格尔尼卡空袭。在"秃鹰军团"内部，空袭过后也有着"巨大的消沉"。[5] 5月4日，普利茅斯勋爵建议不干涉委员会呼吁西班牙双方不要轰炸开放的城镇。里宾特洛甫和格兰迪虚伪地辩称，除了考虑战争的一般人道主义方面，不应该单独讨论这个问题。麦斯基抗议将辩论扩大到如此范围。[6]包括约克大主教威廉·坦普尔（William Temple）在内的英国教会领袖会议向艾登正式

---

① Father Alberto Onaindía的证词。收集签名的神父福图纳托·德恩祖埃塔（Fortunato de Unzueta）写了一篇证词，讲述信是如何准备的，见*El clero vasco*, p.244f。

② 然而，他似乎很快被调离职位。博林的回忆录于1967年才出版。他的附录III和第33章恐怕是不真实的。

③ 见Talón的*Arde Guernica*。

④ 见De la Cierva, *Historia ilustrada*, vol. II, p.158。

⑤ Galland, *loc.cit*.

⑥ *NIS*（c），第49次会议。

抗议轰炸非军事目标。这场危机转移了人们对从苏联向共和国运送大量军事装备的注意力。[①]同样，4月29日，佛朗哥签署了一项协议，从意大利购买2艘旧潜艇——“阿基米德”号（Archimedes）和“托里切利”号（Torricelli），以补充他的舰队。这件事也没有引起人们的注意。

与此同时，在被摧毁的城市背后，巴斯克人的崩溃已经停止了，尽管4月30日，贝尔梅奥渔港被“黑箭”部队夺走，他们出动了4,000人。这一天，巴斯克人的士气受到对方战列舰“西班牙”号沉没的鼓舞，这主要是由叛军自己在桑坦德附近的一枚水雷造成的，但船员都已获救。5月1日，莫拉对整个前线发动了攻击。贝尔梅奥的意大利人被包围，于是被迫乞求解围。轰炸此时已经无法对巴斯克民兵产生一丝震撼，因为他们观察到，爆炸的效果反而没有它制造的噪声更严重。

——

虽然格尔尼卡占据了新闻头条，但另一个几乎同样引人注目的事件发生在莫雷纳山脉，这条壮丽的山脉将卡斯蒂利亚高原与安达卢西亚分开。在圣玛利亚德拉卡韦萨修道院周围的两座山顶上，250名来自哈恩（Jaén）的民兵、他们的大部分家庭成员、100名长枪党人和大约1,000名安度哈（Andújar）的资产阶级成员，已经在起事后坚持了9个月。在战争早期的大部分时间里，没有人对这个位于共和主义西班牙中心的国家主义西班牙飞地发动过攻击。事实上，有一段时间，安度哈人民阵线委员会一直不确定避难所中的民兵是朋友还是敌人。在这种模棱两可的 612
安全环境中生活了一段时间后，当获得了充足的食物供应，叛军就决定要让“红色分子”知道他们在道义上的立场。于是他们亲手寄了一封信进行宣战。尽管诺富恩特斯少校的生命和其他一些支持共和国的军官的

① R. Salas Larrazábal, vol. II, p.1561.

生命得以保全，但想投降的诺富恩特斯少校在避难所还是被免职。围攻随即开始。民兵队长圣地亚哥·科尔特斯领导着卫队，他的妻子和家人都是哈恩的政治犯。信鸽向塞维利亚的国民军传递军事消息和令人欢欣鼓舞的信息。国民军飞行员，如才华横溢的卡洛斯·德阿亚（Carlos de Haya）少校，经过专门训练，将补给投入正在防御中的小区域，他们发现这一技术类似于俯冲轰炸。塞维利亚向他们运送了总计16万磅（约72.6吨）的食物，科尔多瓦向那里运送了14万磅（约63.5吨）的食物。更精致的用品（如医疗器械）则用一种飞行沉重、壮观、垂直起降的鸟来投递。在避难所内，学校和医院都是临时搭建的。虽然凯波·德利亚诺的一支在波尔库纳（1937年1月1日攻克）的部队仅在20英里外，但国民军并没有真正努力解救那里的驻军。

4月初，共和国决定粉碎这座抵抗之岛，并派遣了一支庞大的部队，由西班牙共产党副手、现任中校的马丁内斯·卡顿（Martínez Cartón）率领。经过激烈的战斗，守军的小营地被分成了两个。较小的营地卢加·努埃沃营的最后一只信鸽飞往科尔特斯队长那里，告诉他们这里再也撑不住了。暴雨接踵而至，在夜间，卢加·努埃沃营毫发无伤地被疏散，包括200名妇女和儿童在内的所有守卫者都被带往避难所。接下来，佛朗哥允许科尔特斯在无法抵抗的情况下投降。他还下令最后抵达的红十字会官员保证疏散妇女和儿童。但是，科尔特斯和守卫者被激情煽动，这种激情又为了继续抵抗而被激起，他们甚至怀疑红十字会完成这项任务的意图。不出所料，守卫者仍被20,000名共和军包围，这更让守卫者心生疑虑，进攻又开始了。科尔特斯于4月30日受伤，并用信鸽发送了最后一条信息，5月1日，共和军闯入了避难所。科尔特斯对手下的最
613 后命令是："民兵和长枪党人可以死，但不能屈服。"[①]避难所被烧毁，火

① 关于这个事件最好的书是Julio de Urrutia的*El cerro de los héroes*（Madrid, 1965），这是一本充满激情的调查著作。在国家主义西班牙，英雄们没有获得应有的奖励。

焰吞没了山脉。最后，大多数妇女和儿童被卡车带走，其余的保卫者被俘。科尔特斯在医院因伤死亡。被科尔特斯带进坟墓的，还有拉卡韦萨圣母肖像埋藏地点（为了安全起见将它藏起）的秘密。

36. 国家主义内部政权的确立 614

1937年春天，战争中的两个西班牙政权都获得了巩固。从此，这个国家看上去更像是有两个政权，而不再是一个按阶级划分的国家。一方面，在叛军内部，佛朗哥取得了压倒性的胜利，斗败了长枪党人和卡洛斯党人，但这两个团体也都得以幸存。1937年4月的危机巩固了国家主义西班牙的事业，尽管存在像塞维利亚的凯波、巴达霍斯的卡尼伊萨尔斯这样的人继续拥有很大的行动自由，但萨拉曼卡当局在任何地方都得到了尊重。而在西班牙共和国区域，权力的巩固更是一件旷日持久的事情，尽管共和国政权最后取得了胜利，但胜利也带来了士气的低落，共和国也因此代价惨重。

国家主义西班牙阵线背后的危机可以追溯到前一年的冬天，当时卡洛斯党的“总代表”法尔·孔德被佛朗哥流放到葡萄牙。卡洛斯党人对这一严厉措施感到愤怒。抛开对佛朗哥将军的同情，卡洛斯党的这种不满在某些长枪党人的心中激起了反应。在里斯本的法尔·孔德收到长枪党人的邀请，讨论双方统一的想法。这个邀请被接受。[①]毕竟，双方就西 615

---

① 以上和以下内容均来自塞维利亚的卡洛斯党档案馆。参加讨论的长枪党人包括桑乔·达维拉（Sancho Dávilla）、佩德罗·加梅罗·德尔卡斯蒂洛（Pedro Gamero del Castillo，塞维利亚“新衬衫”的领导人）和何塞·路易斯·埃斯卡里奥（José Luis Escario）。卡洛斯党人有法尔·孔德、孔德·德罗德斯诺和何塞·玛丽亚·阿劳斯·德罗布莱斯（José María Arauz de Robles）。长枪党临时领导人埃迪利亚知道谈判，但不赞成谈判（*GD*, p.268）。他不知道达维拉扮演的角色（García Venero, *Falange*, p.324）。另一个扮演角色的人是何塞·玛利亚·巴连特，他曾是人民行动青年团的领袖，后来成为一名卡洛斯党人。

班牙问题的讨论达成了一致，尽管他们在解决方法上存在分歧。

这些谈判持续了3周，但没有产生任何结果。①卡洛斯党人得出结论，长枪党人的目标是吞噬整个民族主义运动。因此，双方于2月底友好地“分手”。和蔼可亲的孔德·德罗德斯诺将继续为恢复讨论打开大门，但统一的想法是由佛朗哥将军自己提出的，他大概是通过罗德斯诺听说了事态发展。罗德斯诺对旧事业原则性的支持一直受到他对法尔·孔德的厌恶的干扰，正如战前与莫拉的会谈展示的那样。自从他掌权以来，佛朗哥成功操纵了那些全国运动中不同派别的支持者，就好像早年时他操纵摩洛哥里夫山区的敌对酋长那样。从更高层面来看，一个简单的统一难道不会导致意识形态的融合吗？这种层面的融合他已经在5个月前与德国外交官迪穆兰（Dumoulin）谈过。

另一位有影响力的人士支持这一计划——拉蒙·塞拉诺·苏尼尔，大元帅的这位36岁的妹夫（连襟）战前曾担任萨拉戈萨的CEDA（西班牙自治权利联盟）代表和该团体的副主席。这位雄心勃勃的律师从共和主义西班牙逃走了。尽管他是佛朗哥在政界最亲密的伙伴，但佛朗哥在马德里听闻他的崛起后，依然感到惊讶。他被囚禁在模范监狱，在那
616 里他目睹了他的朋友费尔南多·普里莫·德里维拉和鲁伊斯·德阿尔达被枪杀。他对共和国的仇恨也因他自己的两个兄弟在共和派手中的死亡而不断加剧。由于这两个兄弟的死亡有在法国大使馆被拒绝庇护的因素，因此他对法国也怀有特别的仇恨，这助长了他对民主的日益蔑视。这些可怕的经历使他终生难忘。如今，他最初加入时CEDA中的那些政治人物几乎都没有了。1934年4月，他在埃斯科里亚尔著名的JAP（人民行动青年团）的集会中，站在雨雪中发表了演讲，里面的每句话无论

① 谈判中最重要的文件是两个团体的一系列“联盟基础”，包括在2月1日的一份长枪党笔记。通过这一点，长枪党人将“同意在适当时机建立一个新的君主制，作为民族工团主义国家延续性的保证，并作为其统治权的基础。新君主制将打破与自由君主制的所有联系”。

作何解释都是对民主堕落的严厉谴责。从他们大学时起，他就一直是何塞·安东尼奥的朋友。[①]从此以后，这位拥有早生的白发和蓝眼睛的花花公子成了佛朗哥的主要影响者。随和的尼古拉斯·佛朗哥带着他的不守时的特点和奇怪的工作时间，变得越来越透明，直到他被悄悄调往葡萄牙担任大使。塞拉诺·苏尼尔将他的政治成功归功于他的聪明才智、决策能力、无情和魅力，但他取悦一个小圈子时，却疏远了大众。他似乎敏感、爱报复、傲慢、善变。“言行敏捷”，他的一名英国对手这样说他。这些品质使他与保守的佛朗哥，以及宽厚的老好人尼古拉斯·佛朗哥都形成了鲜明对比。[②]佛朗哥和塞拉诺之间的亲密关系由他们两位的妻子维系——西塔（Zita）和卡门（Carmen）经常见面。因此，在西班牙开始了被称为“连襟统治”的时代。

首先，这位最高连襟没有正式职位。然而，从2月20日抵达萨拉曼卡的那一刻起，佛朗哥就把他当作政治向导。塞拉诺致力于为新的民族主义国家找到一个理论基础，如果可能的话，也要找到一个法律基础。他想挽救他的姐夫，使其不至于以普里莫·德里维拉将军的风格建立军事和个人政权；同样，他也不想要一个政党国家。他与君主主义者、长枪党人、教士和将军交谈。他还拜访了红衣主教戈马、孔德·德罗德斯诺和莫拉将军。后来的某天，他和佛朗哥在萨拉曼卡主教宫殿的花园里 617
散步。他告诉大元帅，他的意见是民族主义的西班牙现有政党中没有一个符合当前的需要，但即便如此，还是必须做点什么。军队是现有权力的基础，但他表示，“纯武力状态”不可能无限期延长。国民运动一开始就对共和政府的“犯罪弱点”和共产主义革命的威胁做出了消极反

① 1936年之前，塞拉诺·苏尼尔不是长枪党成员。他之所以能从共和国地区逃走，得益于他搬到一家诊所居住，不久后他与米亚哈的前参谋长一起从科尔多瓦前线逃走。共和国不管部长德伊鲁霍在格雷戈里奥·马拉尼翁博士的倡议下，负责将他转移到诊所（见Lizarra, p.125）。

② Hoare, p.56. 霍尔将他比作司汤达的莫斯卡伯爵（Count Mosca）（p.167）。

应。重返议会政府是不可能的。“在其他地方，由于一系列明智的约定，民主可能会产生有效结果。但是在西班牙，有充分的证据表明，只有在原始或冲动状态下才有可能出现民主，这种形式必将导致自取灭亡。”在塞拉诺看来，这无疑是一个创造没有任何承诺、先例和负担的国家的机会，是诞生唯一一种类型的全新国家的机会。西班牙在1937年的地位，难道不是与天主教国王统治开始时的15世纪很相似吗（正如已被谋杀的卡洛斯党人普拉德拉所说的那样）？[1]

所有西班牙右翼的新想法似乎都要追溯到费迪南德和伊莎贝拉身上。因此，1937年春天的一个下午，塞拉诺以这个内容作为引子与佛朗哥交谈，这对于佛朗哥并不意外。佛朗哥忙于研究长枪党的法规，当然，他不是长枪党成员，他只是读了何塞·安东尼奥和普拉德拉的相关书籍。但是，即使在“白色西班牙”的军国主义社会，政治生活也没有完全死亡。有许多失业的长枪党人渴望得到提升。6个月的武装护送游行已经足够了，他们想要权力。3月，那些在与卡洛斯党的失败的谈判中带头的长枪党人正在阴谋推翻长枪党临时领导人埃迪利亚。这就是所谓的马德里小组（Madrid group）——都是普里莫·德里维拉的朋友或亲戚，其中最著名的成员是阿古斯丁·阿斯纳尔以及何塞·安东尼奥的法律助理拉斐尔·加尔塞兰——他成功地让自己担任长枪党军政府的秘书，潘普洛纳省领导人何塞·莫雷尼奥，以及何塞·安东尼奥的堂兄桑乔·达维拉——他从共和国监狱逃脱，领导了安达卢西亚的长枪党。这些人都是何塞·安东尼奥的崇拜者。和许多人一样，他们一直处在幻想
618 中，拒绝接受他已死的事实（有传闻说他还活着，正身处英国。在阿利坎特，他已经被国家主义西班牙秘密藏匿。他的死还没有公布，因此一些人认为他确实还活着）。他们不喜欢埃迪利亚，因为他们认为埃迪利亚正试图把自己包装成一个新的拥有极端无产阶级风格的领导人。这些

---

① Serrano Súñer, pp.29–31.

人没有多少追随者，但他们在萨拉曼卡很有影响力。

埃迪利亚还不到35岁，自10月以来一直住在萨拉曼卡，并试图组织这场还在不断壮大的运动。大多数“老衬衫”都支持埃迪利亚，北方各省的头目以及运动中的知识分子也是如此。不断扩张的长枪党媒体也唯埃迪利亚马首是瞻——尽管塞维利亚的长枪党组织FE更喜欢桑乔·达维拉。埃迪利亚对试图使他成为国家领导人的压力给予了富有同情的回应，但他并没有制造这种压力。他和他的支持者都在向德国而不是意大利寻求发展灵感，德国大使福佩尔已经开始在他们中间培养纳粹精神。埃迪利亚具有一些政治天赋：例如，当布尔戈斯的长枪党领袖何塞·安迪诺在卡斯蒂利亚电台（Castile Radio）上散布了何塞·安东尼奥的演讲，反对大元帅新闻部负责人比森特·加伊的命令，并被逮捕时，埃迪利亚耐心地协商并让他得到自由。[①]另一方面，埃迪利亚又很没策略：他允许记者维克托·德拉·塞尔纳（Victor de la Serna）发表一篇关于吹捧他的文章。有一次，他让塞拉诺·苏尼尔在自己的前厅一直等候。他还因支持宽恕本应被枪杀的人而冒犯到一些人；[②]意大利大使罗伯托·坎塔卢波（Roberto Cantalupo）曾试图利用他作为中间人来限制镇压。[③]与此同时，埃迪利亚试图将长枪党建成“一个独立于军队的严
肃运动组织”，但该努力遭到挫败。一个原因是许多人认为他应与佛朗 619
哥的总部保持友好关系，另一个原因是军方拥有所有资源。此时的困境是，电话线由军队控制，从巴利亚多利德到萨拉曼卡的电话若接通可能

---

① 关于此事，见García Venero, *Falange*, p.317。事件发生在2月2日。演讲中包含了“我们不想要马克思主义革命，但我们知道西班牙确实需要革命”这样的措辞。在1936年的选举中，这篇演讲是同时对左翼和右翼的攻击。

② 他的这些例子记录在García Venero, *Falange*, p.237f，看上去是有一定说服力的，虽然Southworth（*Antifalange*, p.159）表示令他苦恼的是那些未经审判的枪决案，而不是那些普通枪决案。

③ Cantalupo, pp.117-118；García Venero, *Falange*, p.249；以及Southworth, *Antifalange*, p.160。意大利法西斯分子经常被西班牙保守派的暴行震惊。

需要等待10小时。

如果对埃迪利亚的反对来自“马德里小组”，那就不算太严重。但运动中对他的反对被一些专业人士——如工程师、律师和“技术官僚”强化，他们希望将长枪党转变为新威权国家的单一务实政党。他们也支持与卡洛斯党谈判的想法（该组织的一个典型成员——工程师何塞·路易斯·埃斯卡里奥，曾是前往里斯本的长枪党代表团成员）。塞拉诺·苏尼尔支持这些人——他和佛朗哥都不希望有另一个权力中心，无论是由埃迪利亚还是其他人统率。

随着这些事态的发展，埃迪利亚失去了人们的同情。4月初，他前往维多利亚，拜访了法尔·孔德任命的义勇军全国代表的临时继任者——何塞·路易斯·萨马尼略（José Luis Zamanillo）。二人同意，如果长枪党和卡洛斯党有任何统一，他们都与之无关，并会坚持这样说。然而，几乎在同一时间，佛朗哥与罗德斯诺讨论了正式统一西班牙所有党派、运动和子集团的想法。这是一个非常军事化的建议：除了将军本人，还有谁会考虑将这些不同的人统一到一个单一的运动中？就好像他们真的像他们的敌人坚信的那样，只是一些武装人员组成的掠夺团伙。尽管如此，罗德斯诺还是向他的追随者推荐了这个计划。这一消息传到埃迪利亚耳中，当时他还在北方。他宣布，他将于4月25日召开长枪党全国委员会。他在长枪党内的对手达维拉、阿斯纳尔和加尔塞兰随后谴责他“为自己做丑陋的宣传……把他的活动导向了创造个人追随者……他表现出明显的无能，这种无能又由于文盲被加剧……”[①]他们宣布，根据该党的章程，何塞·安东尼奥的持续缺席需要该党由一个三人小组统
620 治。因此，在萨拉曼卡城市其他长枪党人的纵容下，可能还有佛朗哥和塞拉诺·苏尼尔的默许，这三人从物理上接管了该运动在萨拉曼卡的办公室。埃迪利亚无奈接受了这一既成事实，并且当他去找佛朗哥抱怨

① Angel Alcázar de Velasco, *Serrano Súñer en la Falange*（Madrid, 1940）, pp.64–66.

时，他只见到佛朗哥的参谋巴罗佐上校，但“反叛者”受到了佛朗哥的欢迎。埃迪利亚随后命令萨拉曼卡的当地长枪党人［由拉蒙·拉波尔塔（Ramón Laporea）率领］重新占领该运动的办公室，并要求附近佩德罗·列恩长枪党军官学校的指挥官、芬兰法西斯少校冯·哈特曼（von Haartman）派遣一支学员部队协助。冯·哈特曼（前一年10月他到达那里并与当地共产主义人员对抗，他在佩德罗·列恩学校得到的职位应归功于德国大使）坚持要一份书面命令，但当他收到命令时，他的学员们已经出发了，并在深夜将长枪党的办公室归还埃迪利亚，且并没有发生流血事件。[①]大楼里很快挤满了埃迪利亚的朋友，其中包括福佩尔手下的纳粹党代表汉斯·克罗格。

接下来到底发生了什么，谁也不清楚。冯·哈特曼回忆说，埃迪利亚命令他拘留反叛的长枪党领导人，而埃迪利亚本人表示，他只想把三人小组找来，与他们谈谈，并出于这个目的派出了使者。证据似乎表明，这次任务是一次进攻性任务。[②]无论如何，桑坦德的长枪党民兵头目何塞·玛丽亚·阿隆索·戈雅（José María Alonso Goya，埃迪利亚的朋友）和一群武装人员前往桑乔·达维拉在市长广场居住的小旅馆。戈雅和桑乔·达维拉一起在马德里的模范监狱待过。但当他到达后者的住处时，一场争吵早已开始。戈雅和桑乔·达维拉的一个朋友（来自塞维利亚的保镖佩拉尔）被杀。国民警卫队逮捕了所有其他涉案人员，包括达维拉。几小时内，加尔塞兰也被捕了，当时另一个埃迪利亚派的团伙正在搜索他的房子。国民警卫队密切关注所有这些事件。冯·哈特曼也被逮捕了。[③]

---

① Haartman's memoir, qu. Southworth, *Antifalange*, p.197.

② 证据的冲突概述见 Southworth, *op.cit.*, p.198 以及 pp.219–224。

③ 见 *Cartas entrecruzadas entre el Sr D. Manuel Hedilla Larrey y el Sr D. Ramón Serrano Súñer*（Madrid, 1947）。亦可参考 L. Pagés Guix（possibly a pseudonym for Garcerán），*La Traición de los Franco*（Madrid, 1938）；Payne, *Politics and the Military*, pp.166–167；以及 García Venero, *Falange*, p.372f。关于佩拉尔（Peral），见 Ortiz Villalba, p.242。

埃迪利亚于4月18日召集了一次长枪党全国委员会会议。当时在场
621 的是该运动的所有幸存领导人，除了被监禁的达维拉。埃迪利亚发表了演讲，证明他担任临时领导人的时间是合理的，并要求就今后谁将成为最高领导人的问题进行新的投票。在投票中，埃迪利亚以22票中的10票对4票当选——其余都是空白票。埃迪利亚找到佛朗哥，告诉他自己的地位已经得到巩固。佛朗哥表示他很高兴，这是他希望发生的事情。他说服埃迪利亚和他一起出现在阳台上，人们对着他们二人欢呼。第二天，佛朗哥的讲话依旧被《阿贝赛报》称为“一场精彩的演讲，灵感来自西班牙传统中最纯粹的思想和情感”。佛朗哥解释说，新西班牙的3个预备阶段，分别是天主教国王的西班牙、查理五世的西班牙和菲利普二世的西班牙，然而，自1598年以来，它一直在走下坡路。4月19日，埃迪利亚将反叛者“三人小组”中唯一没有进监狱的成员阿斯纳尔从民兵领导层中解职。这一行为似乎得到了佛朗哥的支持，因为阿斯纳尔和他的所有追随者，包括保镖，都被派往前线。埃迪利亚似乎赢得了这场战斗。但在当天晚上8点，他在家里收到一份法令文本，佛朗哥提议该文本要在当晚晚些时候在国家广播电台发布。该法令强制性地将长枪党与卡洛斯党合并。午夜，该法令如期发布。所有支持民族主义的团体，包括君主主义者都被统一为一个政党。佛朗哥成为该政党的领导人，并且这个头衔将加到国家元首和总司令的头衔之上。新的政党将有一个组合式的名字：西班牙传统主义者-国家工团主义者进军洪达长枪党，又称“国民运动”（Falange Española Tradicionalista y de las JONS）。[1]除了埃迪利亚被他的计划蒙在鼓里，佛朗哥既没有咨询过法尔·孔德，也没有咨询过卡洛斯党摄政者哈维尔·德波旁-帕姆。4月23日，老唐阿方索·卡

① García Venero, *Falange*, p.394。文本记录于Díaz Plaja, pp.398-401。作家兼证人奥古斯汀·德福克西亚将这个拥有着怪兽般头衔的政党称为“欧洲大型卧铺快车国际公司”（Compañia Internacional de Coches Camas y de los Grandes Expresos Europeos）。这一定是在4月16日之前的数天写的（见Escobar, p.178）。

洛斯的年迈的寡妇（葡萄牙公主玛利亚·德拉斯·涅韦斯，María de las Nieves，她本人是19世纪70年代第二次卡洛斯战争的老兵）写信给法尔·孔德：“这是我们的奇耻大辱。他有什么权利……”直到4月30日，佛朗哥才正式告知卡洛斯党战争委员会发生了什么。[①]佛朗哥提议成立该运动的新的政治秘书处，成员提名包括了4名卡洛斯党人——罗德斯 622
诺、多尔斯·德埃斯佩霍（Dolz de Espejo）、阿雷利亚诺（Arellano）和马松（Mazón），他们都以与军队的妥协态度而闻名。许多卡洛斯党人从新的“运动”中获得的收益远远低于他们应得的回报，他们怒火中烧，但当时只是缄口不语，压抑了自己的抗议。

但是，人们会问，潘普洛纳的老阴谋家、北方军队的指挥官莫拉将军怎么了？他于4月18日出现在萨拉曼卡佛朗哥总部的阳台上，但他只是对法令中使用的一个未经西班牙学院（Spanish Academy）注册的动词表达了轻微的反对。[②]凯波·德利亚诺也从塞维利亚被传唤，并勉强表示他对现状的附和。与此同时，来自西班牙各地的人通过电报向佛朗哥表示热烈祝贺——他发动了第二次政变。

埃迪利亚被分配到这个新的政治秘书处，但他拒绝了这个职位。那些接受的人都是在运动中无足轻重的人。[③]佛朗哥试图通过派遣使者说

---

① 卡洛斯党档案。从此以后，党的正式制服由长枪党的蓝色衬衫和卡洛斯党的红色贝雷帽组成。两派都不喜欢这一妥协，而长枪党尽可能地把卡洛斯党贝雷帽放进口袋。在一个著名的场合，一群不戴帽子的长枪党被穿着便装的卡洛斯党人罗德斯诺迎接。当被问及他为什么这么穿时，这位愤世嫉俗的老人回答说：“这是因为我无法把我的蓝色衬衫放进口袋……”（Ansaldo, p.78）

② Serrano Súñer, p.42.

③ 他们是“技术官僚”何塞·路易斯·埃斯卡里奥；加萨波上校（Colonel Gazapo），战争开始时梅利利亚的叛军军官，一直活跃在萨拉戈萨，自1936年5月以来是一名长枪党人；塞维利亚领导人米兰达；希门尼斯·卡瓦列罗，早期西班牙法西斯分子，被何塞·安东尼奥驱逐，最近重新加入；洛佩斯·巴萨（López Bassa），一个来自马略卡岛的移民；还有佩德罗·冈萨雷斯·布埃诺（Pedro González Bueno），另一个（非常新的）“新衬衫”。

服他。虽然经过了皮拉尔·普里莫·德里维拉、阿斯纳尔（动机复杂）、里德鲁埃霍（这个年轻诗人是巴利亚多利德省头目）和德国大使的建议，埃迪利亚还是予以拒绝，所有人都希望成立一个独立的“老衬衫”团体来控制长枪党。这时有一封电报发给了国家主义西班牙所有省的长枪党头目，电报（显然是由何塞·塞恩斯写的）告诉他们，为了避免对统一法令产生偏差性理解，他们只需服从长枪党最高指挥部直接下达的命令即可。这一举措后来被认为是对佛朗哥的蔑视，但显然，埃迪利亚并不知道这封电报已经寄出。当下的情势相当不明朗，误解几乎不可避免。在接下来的一两天里，埃迪利亚找了一个又一个人来寻求建议——这使
623 他的所作所为看起来像是在对大元帅和他的顾问要阴谋诡计。纳粹领导人克罗格向埃迪利亚保证，可以安排他安全前往德国，而意大利法西斯分子古列尔莫·丹齐也提出了类似的安全前往意大利的提案。[①]埃迪利亚都拒绝了。几乎同一时刻，阿斯纳尔因与4月16日夜间事件有关的指控被捕。

4月25日，埃迪利亚也被拘留并关押在萨拉曼卡监狱。[②]在那里，他被指控的罪行有：非法拘禁达维拉；非法使用政府卡车将佩德罗·列恩的学员运送到萨拉曼卡；为了他的个人利益，萨拉曼卡大学科学学院（Faculty of Science at the University of Salamanca）对实验室进行了改造，以制造一种气体，而这种气体能够攻击大元帅的总部。[③]这些奇怪的指控使政府有借口将他关入监狱，而其他著名的长枪党人也随之被逮捕，并被指控一项又一项的颠覆罪名。5月1日，长枪党各省的领导机构（*jefaturas*）都被废除。6月，虽然一些长枪党人被释放，但埃迪利亚又受到新的指控，指控他谋杀了达维拉的保镖佩拉尔，并试图推翻老独

① 见Southworth, *Antifalange*, p.213。

② Cardozo, p.308讲述的故事。由于当时佛朗哥本人的地位受到埃迪利亚的挑战，这个故事似乎没有任何真实性。

③ García Venero, *Falange*, p.406.这正是4月26日格尔尼卡空袭构思和实施的时候。

裁者。佛朗哥的法律顾问马丁内斯·福塞特上校和萨拉曼卡国民警卫队新任指挥官利萨尔多·多瓦尔少校（阿斯图里亚斯的邪恶记忆）在所有这些指控中都扮演了重要角色，他们都将长枪党人视作危险的“红色分子”。埃迪利亚被判死刑，但他随后被减刑。有一些支持埃迪利亚的公众进行了示威活动，但那些参与示威的人作为“红色分子”被逮捕，消失在监狱中。其他几名著名的长枪党人也受到类似指控，他们被判很长的刑期，最终又全部减刑，但他们中很少有人在随后的西班牙政治中继续担任重要角色。[①]其他更为宽容的长枪党人乐意为佛朗哥服务，并且通常热情高涨。

在法西斯主义和威权保守主义之间的冲突中，后者赢得了胜利，因为佛朗哥藐视思想。老实说，他粉碎过的许多“思想”都是未经深思熟虑的、二流的、二手的，就像在这个世纪里流行在西班牙和其他地方的许多大众文化那样。 624

所谓的“埃迪利亚阴谋”就这样结束了。在这场阴谋中，埃迪利亚几乎是唯一没有要阴谋的人，但他将在接下来的4年里被拘禁，忍受着饥饿和不适。[②]佛朗哥对埃迪利亚的态度，是他性格冷酷的另一例佐证，要知道这是在针对一名在战争的头几个月里为这一事业做出很大贡献的人。这是一个奇怪的时刻，对埃迪利亚也是一个悲惨的时刻，因为就在他被捕的当天，新的敬礼方法被采纳，也就是手臂伸出，手掌朝外的方式。它成为正式场合的国家敬礼形式。用何塞·安东尼奥的话来说，这是一场“拳头和手枪的辩证法”，而最终是那些大部分拥有手枪的人赢得了胜利。

塞拉诺·苏尼尔成为新运动的秘书长。他缓和了政治右翼不同派

① 一个例外是何塞·路易斯·阿雷斯（José Luis Arrese），他因帮助埃迪利亚而在塞维利亚被判死刑，但在1941年成为该运动的秘书长。

② 他的狱友们是“红色分子”，他们恨他，这使他更加恼火。

别之间的关系，特别是那些聚集在皮拉尔·普里莫·德里维拉位于萨拉曼卡的客厅里的长枪党人。[①]皮拉尔·普里莫·德里维拉在1937年春天一直焦躁不安，直到从1937年10月起担任了社会援助组织（Auxilio Social）的主席。莫拉斯代里奥将军是一名骑兵军官，也是希尔·罗夫莱斯的一名助手，担任战争部长。他接任了国民卫队指挥官的职位——这是一个荣誉性职位，因为卡洛斯党和长枪党的武装人员都已被纳入军队中。

佛朗哥认为塞拉诺是一个没有追随者的人，一切都只能亲力亲为，所以他很容易控制塞拉诺。事实上，在内战结束之前，两人之间似乎并没有发生任何争端。塞拉诺仍然是孤立的，不信任别人，带着恐惧感的。尽管德国大使不喜欢塞拉诺，但塞拉诺还是强烈甚至热情地支持德国。作为CEDA（西班牙自治权利联盟）曾经的一名成员，塞拉诺与西班牙政界的许多右翼人士有着深厚的友谊。他为创建一个“新国家”做好了充分准备：

625 这个国家当下被命名为威权国家只是一种权宜之计。这是一个独具表现权宜性的现代国家。它采取了唯一能够对西班牙政治生活开展必需的再教育和重组的政治形式。也许在其外在形式上，这个国家与某些其他民族已经采用的制度有一些相似之处，但民族之间真正不同的，应是超越形式的规范以及遵守这种形式的内在精神。在一些地方，政府和被治理者之间可能存在巨大的分歧。在一些地方，统治形式也可能存在不道德的一面。但我们与这些理论观点无关。我们的立场源于我们的民

① CEDA前领导人希尔·罗夫莱斯宣布支持佛朗哥，但他同时与（正统）君主主义者结盟，破坏了这种效果。他一直流亡在外，没有参与政治活动（尽管他偶尔帮助贩卖武器），直到1957年才返回西班牙。

> 族传统和我们的宗教信仰。我们反对政治相对主义和政治不可知论。在留给讨论和怀疑的广阔领域之外，存在永恒的真理和确定性，而我们的政治生活就是由这些真理和确定性组成的，它们会限制政府的行动，是影响国家和整个文明社会“生存与否”的伟大而不变的原则。①

塞拉诺在寻求一种意识形态——“将红色西班牙吸收进来，这是我们的伟大抱负和我们的伟大责任”。他认为在这方面，长枪党能比传统主义做的更多。四月法令做到的，并不是给新政府一个框架，而是至少在战争胜利之前消除政治投机的必然性。

佛朗哥的盟友福佩尔将军和罗阿塔将军会面讨论了事态的发展。后者此时认为，除非德国和意大利进行干预会对军事行动和西班牙社会的发展产生决定性的影响，否则这场战争是不可能获胜的。福佩尔给了佛朗哥一份纳粹劳动法的西班牙文译本。他建议佛朗哥应该着手制定类似的社会立法，并提出可以提供适当的“专家”任其支配。意大利法西斯代表丹齐向佛朗哥提交了一份意大利模式的西班牙宪法草案。但是，这位大元帅既不理睬丹齐，也不理睬福佩尔。②塞拉诺·苏尼尔表示，如果计划的推动者可以不辞辛劳地把他们要说的话翻译成西班牙语，那么这些计划和推动者都会更受欢迎。③

—— 626

如此一来，君主制又将何去何从呢？佛朗哥在这年年末告诉《阿贝

① Serrano Súñer, p.38. 文章写于1947年，提到德国实践中“不道德”的一面，是1945年后的反思。

② *GD*, p.274.

③ Serrano Súñer, p.49.

赛报》（君主主义报纸），他自己认为，“如果复辟的时刻终将到来”，那么新的君主政体必须“与4月14日的情况大不相同……解读它的人必须充当一个调解者”。但这意味着君主制的回归将被推迟——推迟很长一段时间。[①]西班牙唯一的君主将是佛朗哥。在摩洛哥人的护卫下，所有遇见他的人都恭敬地迎接他，如果这个头衔没有向现代人暗示他对生活乐趣有某种偏好的话，苏丹的头衔对这位新征服者确实更合适，也许1937年民族主义宣传中经常使用的“恺撒”一词也是合适的。

1937年，佛朗哥的地位得到进一步巩固。8月4日的一项法令规定，所有在职军官必须隶属于方阵（FET de las JONS），并规定独裁者将指定自己的继任者。佛朗哥开始穿着海军上将或者将军的军装出场。与此同时，国家主义西班牙的墙壁上贴满了海报，上面写着“佛朗哥，上帝和祖国的守护者（Franco, Caudillo de Dios y de la Patria）”，还有“微笑的将军”的照片，[②]而新书也经常虔诚地题献给佛朗哥，比如：“西方基督教文明穿越现在和未来的新史诗的圣骑士”。[③]佛朗哥时代新西班牙的宣传者有来自纳瓦拉的好战的神父——伊祖迪亚加；“原始法西斯主义者”希门尼斯·卡瓦列罗；欧亨尼奥·道尔斯，此人曾是激进的加泰罗尼亚共和派，自由学院（Free Institute）的学生，狂热的长枪党人。（他曾说过：“西班牙人喜欢制服，只要它是多种款式的。”）1937年年初，大元帅的新闻部继续由来自巴利亚多利德的酗酒的、反犹太主义的教授比森特·加伊领导。新的“佛朗哥主义者”（Franquistas，这个词现在开始被使用）包括君主主义记者华金·阿拉拉斯（Joaquín

---

① *ABC de Sevilla*, 19 July 1937.

② 至少有一个人，来自埃斯特雷马杜拉的糕点厨师费尔南多·戈迪洛·贝利多（Fernando Gordillo Bellido）不明智地将其中一张海报的背面用于另一个目的——写信去续订一份杂志。他被逮捕、审判和监禁了六年零一天，并在拉斯帕尔马斯的监狱里遇到另一个无辜的人——埃迪利亚（García Venero, *Falange*, p.444）.

③ W. González Oliveros, in *Falange y Requeté orgánicamente solidarios*（Valladolid, 1937）, as qu. Cabanellas, vol. II, p.939. González Oliveros战后成了巴塞罗那民事总督。

Arrarás），他很快将出版佛朗哥的第一本传记；警察作家毛里西奥·卡拉维利亚，他是研究“反西班牙”与同性恋之间关系的专家； 627
以及“埃尔·泰比卜·阿鲁米”（El Tebib Arrumi），一名医生出身的记者，佛朗哥在摩洛哥时认识了他，他是总部的官方记者；[①]加伊的助手是拉蒙·鲁伊斯·阿隆索，他是格拉纳达前CEDA的副领导人，与洛尔卡之死有着千丝万缕的联系。[②]其他右翼知识分子也都纷纷出动，担任大学校长、新学院和报纸的董事。对于那些不满现状或不成功的作家，这是一个美好的时代。他们曾在共和国时期失败，但他们深信自己的失败完全是因为：在大学里和艺术口味上，“犹太马克思主义共济会阴谋夺取了赞助权”。

37. 共和国政府的变局和“五月事件” 628

佛朗哥领导下的西班牙，虽然政治危机导致许多人被监禁，但只有两人死亡，而且它并没有影响战争的走向。与此同时，发生在共和主义西班牙的危机却更为复杂，对西班牙和欧洲社会主义运动更为重要。它导致数百人死亡，士气受损，并阻碍了共和国在敌人被北方牵扯住精力的时候在其他地方发动任何攻势。

共和国的危机是由自1936年7月以来西班牙政治中出现的一股新力量——共产主义带来的。这是一场由苏联外交和军事援助支持的运动，由一群经验丰富的国际代理人领导，并得到许多中产阶级成员的支持。这不是一个普通的共产党组织。如果追溯到苏联革命时代，那么这个组

---

① “埃尔·泰比卜·阿鲁米”即维克多·鲁伊斯·阿尔贝尼兹（Víctor Ruiz Albéniz），他在威克山（Monte Uixan）矿上当了8年医生。关于萨拉曼卡媒体关系的整体图景，见Southworth, *La Destruction*, p.63f。

② 加伊很快被工兵部队的阿里亚斯·帕斯（Arias Paz）少校取代。

织的做法完全符合并反映了1936年7—12月加入它的小店主、农民、出租车司机、小职员和初级官员的愿景，他们没有读过多少马克思主义书籍，也不太了解苏联，他们只是希望能找到保护他们、防止他们生活在无政府主义和法律真空的办法。在他们眼里，共产主义代表着一个纪律严明、中间偏左的“资产阶级制度”，有能力赢得战争，私有工业受到一些国有化的限制，但不受集体化或工人控制的限制。普列托反对革命，反对右翼社会主义者，但他仍然支持与西班牙共产主义者合作。尽管孔
629 帕尼斯知道此时的共产主义意味着中央集权，但他还是倾向于利用由前社会主义者胡安·科摩拉精心组织的加泰罗尼亚共产主义者，以对抗过去曾帮助过加泰罗尼亚分裂主义的无政府主义者，而这些无政府主义者曾是孔帕尼斯经常为之辩护的。此前种种状况已经表明，许多陆军和空军军官出于技术原因更倾向于西班牙共产党，而不是其他政党。尽管一些人明确加入了该党，但更多人只是对西班牙共产党表达善意。自1936年7月以来，自信的西班牙共产党人取得了惊人的胜利，这似乎是他们能够持续成功的确凿证据。

反对这个新党的阵营各不相同，是一个五花八门的大集合，这也就意味着不可能存在一种固定的对抗形式。这里面有左翼社会党人，由时任总理的拉尔戈·卡瓦列罗领导，他们对共产主义渗透到国家机关的现状和共产主义者的傲慢感到不满；有一些军官和官员，比如阿森西奥将军，他们一直保持冷静，没有受到群众情绪的影响，也一直对西班牙共产党的行为感到震惊；有马克思主义统一工人党的革命共产主义者——乔治·奥威尔（当时他在阿拉贡为马克思主义统一工人党民兵服务）就很详细地记录了他们的情绪；有无政府主义运动，尽管这个运动的组织形态较为分裂——从全国有影响力的无政府主义者，如全国劳工联合会秘书长马里亚诺·巴斯克斯（Mariano Vázquez），以及那些已经相信战争持续期间需要某种权威的无政府主义部长，再到那些仍然独立地控制加泰罗尼亚公共秩序力量的人，他们之间思想上的统一还有很长的路要

走。此外，反对新党的人里还有那些把半个阿拉贡变成了“西班牙的乌克兰”的无政府主义者。巴塞罗那的工厂里也有许多人，他们憎恶政府通过操纵信贷、原材料和坚持战时生产的优先权，悄悄地控制了革命。

在这场正在上演的“大戏”中，普通人、非政治工作者或者民族主义者的秘密同情者，都处于弱势地位。在“战争需要”的借口下，善良的共和国人民对正在发生的事情越来越迷惘，他们对外部世界的了解，几乎和佛朗哥控制的地区一样狭窄。与此同时，经济形势正在恶化：1937年5月，巴塞罗那的食品价格几乎是1936年7月的两倍。[①]大多数 630
工厂都已倒闭，只有集中生产战争物资的冶金工业比1936年7月有所增长。[②] 1937年4月的工业用电量比1936年同月下降了27%。[③]与此同时，工资比1936年7月仅上涨了15%[④]——之所以在经济的某些方面表现出了一定的稳定性，只是因为罢工是不可想象的（劳动者总工会和全国劳工联合会曾经都是罢工的行家里手）。

共和国的政治危机在1937年5月达到顶峰，但其根源需要从前一个冬天的事件中寻找。在2月21日举行的年度会议上，伊比利亚无政府主义者联盟威胁称，除非阿拉贡前线（主要由无政府主义者控制）获得武器，否则他们的部长将撤出政府。[⑤]春天，伊比利亚无政府主义者联盟在巴塞罗那港口扣押了一船武器。拉尔戈·卡瓦列罗在内阁中提出此事，并要求无政府主义部长交出这些资源。加西亚·奥利弗表示，如果政府可以给无政府主义者一些飞机，他将放弃武器。拉尔戈毫无异议地接受了这一要求。

西班牙共产党于3月5日至3月8日在巴伦西亚举办了一次会议。[⑥]除

---

① Bricall, p.137.

② 令人惊讶的是，1937年4月是冶金行业几个月来最好的月份。

③ 29,228,088千瓦时，作为对比1937年是40,265,603千瓦时（Bricall, p.55）.

④ 我引用了Jackson的数字（*op.cit.*, p.365）。

⑤ FAI minutes, published Barcelona 1937. Qu. Cattell, *Communism*, p.110.（La Pasionaria to Azaña, in Azaña, vol. IV, p.820.）

⑥ 一份富有想象力的描述，见Castro Delgado, pp.475–480。

了马克思主义统一工人党的主题，演讲人的语气都很温和。何塞·迪亚斯称赞阿萨尼亚的共和派参与了“与无产阶级携手开展的反法西斯运动”。他否认共和国支持反对宗教的斗争，并且他没有回答被没收的财产是集体管理还是单独管理的问题，但他和所有发言者都在敦促加快统一军队一事和组织工业以应对战争。“否则，”他补充道，“政府将不再是政府”①。利斯特在宣传中越来越被吹捧为最受欢迎的指挥官，他的政委圣地亚哥·阿尔
631 瓦雷斯（Santiago Alvarez）成了中央委员会委员。②至于马克思主义统一工人党，他们的领导人遭到诽谤，即使如此，他们还坚称他们是在为社会主义而战，反对资本主义。“这个国家的资产阶级民主”已经过时了——这是对西班牙共产党捍卫的“民主共和国”的危险攻击。③马克思主义统一工人党甚至建议邀请托洛茨基在加泰罗尼亚安家。何塞·迪亚斯谴责该党是“法西斯主义的代理人，他们隐藏在革命者的伪装口号后面，作为我们国内的敌人代理人来执行他们的主要使命”。加泰罗尼亚以外的几家马克思主义统一工人党报纸和广播电台被查封，因为它们对当下推行的战争措施有碍。春天，马克思主义统一工人党的领导人更加忧心忡忡。他们大多是20世纪20年代熟悉莫斯科的前共产主义者。尼恩认识苏联驻巴塞罗那总领事——安东诺夫-奥弗申柯，当时他也是托洛茨基的追随者。毫无疑问，从斯大林的角度来看，此人知道得太多了。负责新闻和宣传的部长卡洛斯·埃斯普拉向巴伦西亚的马克思主义统一工人党成员戈尔金解释道：“目前我们还不能与苏联人发生争执。”他的副手警告马克思主义统一工人党，他认为共产主义者正在准备对他们实行排挤。④

与此同时，共产主义者和社会主义者之间建立了一个联络委员会。拉尔戈·卡瓦列罗认为，这一可能引发风险的举措，被他将一些共产

① Díaz, *Por la unidad*, pp.13–15.

② Lister, p.106.

③ *The Spanish Revolution*（马克思主义统一工人党的党报），1937年2月3日。

④ Gorkin, El proceso de Moscú, p.45.

主义“军官”（他们的敌人称他们为“communistoids”）调到边远前线抵消。这项计划包括向北部派遣迪亚斯·滕德罗少校担任人事局局长[①]——他曾在一份军事杂志上匿名攻击拉尔戈·卡瓦列罗，称他已年老，无法指挥战争。1937年3月，在瓜达拉哈拉胜利后，也就是苏联军事顾问和高级共产主义官员最具影响力时，共产国际派往西班牙共产党的指导员显然决心一劳永逸地摧毁拉尔戈·卡瓦列罗。

当时，共产主义者也可能通过阿尔瓦雷斯·德尔巴约得知了拉尔戈·卡 632
瓦列罗的一项计划：这场战争必须在国际上寻求解决方式并获得国际认可，未来，西班牙会将基地交给意大利，将矿产交给德国，以完全排除苏联的影响——这个主意显然是由驻巴黎大使阿拉基斯塔因向法国提出的，他完全赞同拉尔戈·卡瓦列罗关于共产主义会对西班牙产生深刻影响这一观点。这项计划无疾而终，就像在摩洛哥发起独立运动，为国家主义西班牙制造麻烦的计划一样。无论如何，拉尔戈·卡瓦列罗似乎在国际舞台上忙得不可开交，[②]这一事实可能对苏联不利，毕竟拉尔戈·卡瓦列罗曾攻击过共产主义，并公开表示自己的脚被“叛国、不忠和间谍的毒蛇”包围。

不久，西班牙共产党领导层举行了一场令人难以置信的会议，出席会议的有马蒂、卡德维拉、斯捷潘诺夫、格勒、盖金斯（苏联武官）以及必然会出席的内务人民委员部的奥洛夫。其中一个人，不确定是谁，[③]宣布将免去拉尔戈·卡瓦列罗的总理职务。何塞·迪亚斯和埃尔南德

---

① Martín Blázquez, p.320.

② 上文首次讨论了这个主意，以及Payne, *Spanish Revolution*, pp.271–272。

③ 我们对于此次会议的了解来自埃尔南德斯，他说（p.66），是陶里亚蒂提议干掉拉尔戈·卡瓦列罗的。陶里亚蒂本人（Rinascita, December 1962）否认说，他在1937年7月之前还在西班牙。人们普遍认为他之后一直在莫斯科（见Spriano, *op.cit.*, p.215, fn. 1），因此我们必须承认埃尔南德斯的信息一定是错的。但这个说法又被斯普里亚诺（Spriano）在Palmiro Togliatti的*Escritos sobre la Guerra de España*（Barcelona, 1980），p.9的前言中重复了一遍。可能陶里亚蒂会像之前所说的那样来西班牙执行特别任务（见上文）。更多讨论见Giorgio Bocca, *Palmiro Togliatti*（Rome, 1973），p.285f。

斯提出抗议。迪亚斯补充说，西班牙共产党不应该总是追随莫斯科的领导。恐惧或野心阻止了其他西班牙人的表态。斯捷潘诺夫表示，谴责总理失败主义和他个人失败的，不是莫斯科，而是“历史”。马蒂表示同意这个说法。之后迪亚斯称马蒂为“官僚”，马蒂咆哮着说：“我是革命者！”“这里都是革命者！”迪亚斯说。“那还有待观察。”马蒂道。迪亚斯告诉马蒂，马蒂是西班牙共产党会议的客人，“如果我们的程序不能让你满意，”迪亚斯故意说，“那边就是门。”接着是一阵骚动，大家纷纷站了起来。“热情之花”尖叫道：“同志们！同志们！”格勒惊讶地张着嘴坐着。只有奥洛夫看起来很平静。卡德维拉试图让马蒂冷静下来。
633 这种场面在这样的会议上闻所未闻。最终，迪亚斯被迫表态，如果多数人投票赞成，他就接受这项提案。结果只有迪亚斯和埃尔南德斯投了反对票。一名共产国际代表接着表示，摧毁拉尔戈·卡瓦列罗的运动应该从巴伦西亚的一次会议上开始，并温和地建议埃尔南德斯应发表主旨演讲。至于下一任总理，财政部长胡安·内格林将是最佳人选。他不像阿尔瓦雷斯·德尔巴约那样明显地亲共产主义（他也是一个蠢人），也不像普列托那样潜在地反共产主义。埃尔南德斯很快在巴伦西亚的泰利斯电影院（Cinema Tyris）发表了演讲。拉尔戈·卡瓦列罗要求他辞职。埃尔南德斯表示，他以共产主义代表的身份加入政府，如果他离开，共产主义者将全部退出。拉尔戈·卡瓦列罗犹豫不决。他本来想要求共产主义者再找一个人来代替埃尔南德斯，但最终他什么也没做。

如今，巴塞罗那街头的无政府主义者和马克思主义统一工人党之间以及政府和加泰罗尼亚统一社会党之间的关系正变得越来越紧张。孔帕尼斯的副官塔拉德利亚斯希望将所有加泰罗尼亚警察合并为一个机构，从而解散仍然由全国劳工联合会指挥的控制巡逻队。在这件事上，就像在许多其他事情上一样，共产主义者的目标，与那些把有效进行战争置于一切之上的共和派或加泰罗尼亚人的目标，再次统一。自1月份以来，这种对立关系带来的问题一直存在。巴塞罗那和马德里都发生了多起谋杀案：无政府主义者杀害共产主义者，反之亦有。在委员会的控制权上，双方也发生了争执；在工业领域，共产主义者试图通过恐吓达成目标。3月，一个共产主义团体伪造了无政府主义政委的命令，从一个无政府主义者的仓库里偷了12辆粗制滥造的坦克。[①] 3月26日，塔拉德利亚斯禁止警察加入政治派别，并命令所有政党交出武器，无政府主义者从自治政府（Generalidad）辞职。随后的政府危机持续了很长时间，以至于共和广场（Plaza de la República）有了“永久危机广场”的诨名。[②]与此同时，无政府主义青年受到不愿妥协的下肢残疾的埃斯科尔萨的鼓舞——他解释说：他们不能也不会为过去曾驱逐过我们的“（1931年）动听的四月民主而死……这场悲剧的选择就像第一国际时代一样：要么是国家，要么是革命”[③]。但事实上，控制巡逻队的无政府主义首领何 634
塞·阿森斯无缘无故地逮捕并杀害了无数人，至今仍令巴塞罗那感到恐惧。其他无政府主义巡逻队也进行了一系列私人“征用”，这与偷窃无异。[④]

最终，在4月16日，机灵的孔帕尼斯组建了一任新政府，其整体构架与以前差不多。主要的区别在于，重要的共产主义供应部长科摩雷拉转而担任了司法部长。[⑤]各方都保留了武器，对巡逻队的控制也照

① Peirats, vol. II, p.172.

② 现在的圣海梅广场（Plaza San Jaime）。

③ *Ruta*, journal of JLC（Catalan anarchist youth）, 25 March 1937.

④ 全国劳工联合会命令下的“不受控制者”抢走了自治政府18,000磅（约8165公斤）面粉、5卡车小麦和40个土豆，《工人团结报》（*Solidaridad Obrera*）为他们辩护。报告见Martínez Bande, *La invasión*, p.278。

⑤ 新政府的人员构成有：塔拉德利亚斯（总理）、斯伯特（Sbert，负责文化）和艾瓜德（负责内部安全），他们都是左翼党；伊格雷亚斯（Isgleas）、卡普德维拉（Capdevila）、多梅内奇（Domenech）和奥雷利奥·费尔南德斯（以上来自全国劳工联合会，负责国防、经济、公共服务和卫生）；米雷特（Miret）、比迭利亚（Vidiella）和科摩雷拉（Comorela，以上来自加泰罗尼亚统一社会党，负责食品、劳工和司法）；卡尔维特（Calvet，来自拉巴塞雷协会，负责农业）。任命奥雷利奥·费尔南德斯这样一位曾经的手枪英雄几乎无法激励人心。

旧，但巴塞罗那的紧张情绪仍在持续。巴伦西亚政府中的无政府主义部长们尽了最大的努力来约束他们的巴塞罗那同志，但这只是让他们失去了对自己追随者的影响力，不过，他们对追随者的权威本来就微乎其微。

4月25日，无政府主义报纸《工人团结报》刊登了对马德里负责公共秩序的共产主义政委何塞·卡索拉的攻击文章。他关闭了那里的无政府主义报纸，只是因为它刊登了无政府主义监狱长梅尔乔·罗德里格斯的一篇谴责西班牙共产党保留私人监狱和审讯室的文章。随后的丑闻导致了共产主义的倒退——拉尔戈·卡瓦列罗解散了整个马德里防卫军政府，不出所料，这个军政府是由西班牙共产党控制的。拉尔戈·卡瓦列罗把首都的管理权交给代表所有党派的市议会。同样在4月25日，巴塞罗那著名的共产主义者罗尔丹·科尔塔达身亡，他可能是被无政府主义者枪杀的。同一天，在比利牛斯山脉东部边境城镇普伊格塞尔达，边防警察和地方集体农庄的无政府主义者之间发生了冲突。财政部长内格林已决定结束该过境点由全国劳工联合会控制的不正常情况。普伊格塞尔达集体农庄已经成为间谍、假护照和秘密越狱的中心，跛脚的市长安东尼奥·马丁被认为在坚持其他人集体化的同时，自己却在私自养牛。他
635 和走私犯一样古怪，与其说是无政府主义者，不如说是一个实干家。然而，在一场暴力冲突之后，他和他的几个追随者被杀害，这场冲突显然是由边防警察挑起的。[①]内格林在恢复政府对其他海关哨所的控制方面难度较小。

在巴塞罗那，无政府主义者和马克思主义统一工人党，与政府和共

---

① 我感谢玛丽亚诺·普恩特（Mariano Puente）帮忙澄清了这场晦涩的争吵。另见Benavides, *Guerra y revolución en Cataluña*, p.405f。这里指控马丁和他的手下试图将他们的控制范围扩大到通往塞欧（Seo）路上的贝尔维尔（Bellver）村。该集体农庄有170名成员，工资为每名男子50比塞塔，每名妇女35比塞塔。见*La Révolution prolétarienne*, 25 June 1937。马丁也有他的辩护者。

产主义者之间的公开战斗引起了人们的担忧。[①]据说共产主义者设计了一个新的口号："在我们占领萨拉戈萨之前，我们必须占领巴塞罗那。"武器开始集中，建筑物也在秘密加固，双方都担心对方会先发制人。伏罗希洛夫（前阿塔拉扎纳斯）和佩德雷拉兵营是西班牙共产党的堡垒。马克思兵营是马克思主义统一工人党的要塞。全国劳工联合会占据了商会大厦。一周过去，人们到处传说对罗尔丹·科尔塔达的谋杀是一次共产党的挑战，目的是证明警察在巴塞罗那无政府主义地区的行动具有正当性。传言一直流传到今天，因为死者曾是拉尔戈·卡瓦列罗的朋友，众所周知，死者也反对加泰罗尼亚统一社会党日益增长的激进思想。[②]5月1日传统上是一个欢庆的日子，但这次人们选择了静默，因为劳动者总工会和全国劳工联合会一致认为游行肯定会带来麻烦。5月2日，普列托从巴伦西亚给加泰罗尼亚自治政府打电话。无政府主义的接线员回答说，巴塞罗那没有政府，只有"一个国防委员会"。政府和共产主义者有段时间一直认为全国劳工联合会监听了他们的电话，毕竟这是他们能做出的事，也许他们也只是听了，但谁喜欢被窃听呢？5月2日，阿萨尼亚打给孔帕尼斯的电话被一名电话员打断，他说，电话线应该用于比两位总统之间的谈话更重要的 636
目的。[③]因此，5月3日下午，巴塞罗那的警察局局长尤塞比奥·罗德里格斯·萨拉斯前往西班牙电话公司（*Telefónica*），拜访了一楼的审查部门，

---

① 这是乔治·奥威尔的印象，他于4月26日从前线返回巴塞罗那，当时他一直在为马克思主义统一工人党写专栏文章（*Homage to Catalonia*, pp.169ff.）。他对接下来的骚乱的描述虽然写得很精彩，但它是一篇关于战争本身的文章，而不是关于西班牙战争的文章。但Cruells, *Mayo sangriento*（Barcelona, 1970）, pp.41, 52。Auden在'Spilling the Spanish Beans'（*New English Weekly*, 29 July 1937, qu. Orwell, *Collected Essays*, vol. I, p.269）中评论道："西班牙政府（包括半自治的加泰罗尼亚政府）比法西斯更害怕革命"。

② José Peirats, *Los anarquistas en la crisis política española*（Buenos Aires, 1964）, pp.241–243；Felix Morrow, *Revolution and Counter-revolution in Spain*（New York, 1938）, p.87.

③ Miravitlles, p.141.

并打算接管大楼。这似乎是一种挑衅，因为根据自治政府自己的集体化法令，无政府主义委员会对西班牙电话公司的控制是“合法的”。无政府主义工人从二楼的楼梯向楼下的检查员办公室开火。罗德里格斯·萨拉斯打电话寻求援助。国民警卫队出现，两名FAI警察领导人迪奥尼西奥·埃罗莱斯（后任无政府主义委员会主席）和何塞·阿森斯（控制巡逻队队长）也现身了。埃罗莱斯说服全国劳工联合会工作人员不要再开枪。他们放弃了武器，但朝着窗户发射了其余的子弹。此时，人群已经聚集在加泰罗尼亚广场（Plaza de Cataluña）上。起初人们认为无政府主义者抓获了警察局局长。马克思主义统一工人党的成员、杜鲁蒂的那些朋友、布尔什维克-列宁主义者（由天才记者格兰迪佐·穆尼斯领导的一小群真正的托洛茨基主义者）、无政府主义青年，这些人占据了广场上的重要位置。几个小时内，所有政治组织都拿起了武器，开始修建路障。店主匆忙关上了窗户。[1]

在此之前，巴塞罗那的共产主义者主要通过恐吓与非暴力手段的结
637 合来达到目的。他们的政治策略得到了加泰罗尼亚自治政府和巴伦西亚共和政府的支持。加泰罗尼亚公共秩序委员（实际上是内务部长）艾瓜

① 一些人一直认为该阴谋是精心策划过的。支持这一阴谋论的看法载于Krivitsky（p.128），里面写道，5月2日，克里维茨基（大概在荷兰）遇到一名重要的西班牙共产主义者，他是一名“加西亚”，是“忠诚派特务局”的头子，奥洛夫曾派他去莫斯科度假，希望他“别挡道”。但这个“加西亚”是谁？ Victor Serge（*op.cit.*, p.335）谈到3月份在布鲁塞尔与一名“有名的西班牙共产主义者”进行的一次对话，他被告知，在巴塞罗那，“他们准备清理数千名无政府主义者和马克思主义统一工人党激进分子”。 Radosh et al., 173-174页对这一问题进行了有效讨论。作者引用了一份共产国际代表的报告，称危机必须加快，必要时也必须引发。阿巴德·德桑蒂连（Abad de Santillán）也在布鲁塞尔谈到西班牙大使奥索里奥-加利亚多的预测，即CNT和FAI将很快被解决。Gorkin（*The Review* of the Imre Nagy Institute for Political Research, October 1959）声称，共产国际在加泰罗尼亚的人埃尔诺·格勒（Ernö Gerö）“在1937年挑起了著名的巴塞罗那五月事件……1956年布达佩斯大煽动事件（因此）举行了彩排”。阿萨尼亚谴责艾瓜德“在没有准备的情况下贸然战斗”（vol. IV, p.577），并在他的*La insurrección libertaria y el ‘eje’ Barcelona-Bilbao*（vol. III, p.514）中指出，“巴塞罗那发生的冲突中，所有因素都存在，没有‘外国力量’卷入的‘虚构性’解释”。

德十分钦佩科摩拉，因此与共产主义者关系密切。这些人可能认为西班牙电话公司很容易被夺取。在巴塞罗那，与全国劳工联合会的公开冲突是共产主义者无法确定能否会赢的一场赌注。西班牙共产党开始攻击拉尔戈·卡瓦列罗，毕竟他在西班牙工人阶级中享有声望，而这项任务需要西班牙共产党全神贯注。另一方面，拉尔戈·卡瓦列罗曾在反西班牙共产党的斗争中取得了一些成果。4月17日的一项法令限制了政委的权力，并要求所有政委的任命必须得到拉尔戈·卡瓦列罗本人的批准，这与马德里军政府的解散一样激怒了西班牙共产党。如果共产主义者计划在巴塞罗那发动政变，他们本会遇到更多麻烦，从前线调走更多的人。可一旦枪战开始，他们就会从该事件中获得最大好处，尤其是让马克思主义统一工人党名誉扫地，他们终有一天会摧毁这个组织。马克思主义统一工人党，特别是马克思主义统一工人党的青年团体（伊比利亚共产主义青年，Juventud Comunista Ibérica—JCI）和“布尔什维克-列宁主义者”在4月期间发出了众多呼吁，要求继续支持革命，立刻解散议会，并建立一个以集体主义委员会为基础的制宪会议。无政府主义青年和一个自称为“杜鲁蒂之友”的极端无政府主义“分支”认为这些想法可以接受。①

西班牙共产党后来称，这场危机是由佛朗哥在全国劳工联合会和马克思主义统一工人党内的特工煽动的，尤其可能是在马克思主义统一工人党潜伏的特工。据说在巴塞罗那的酒店里发现的文件证明了这一点。众所周

① 谁是“杜鲁蒂之友”？年轻的FAI分子如巴勃罗·鲁伊斯（Pablo Ruiz）、卡雷尼奥（Careño）、埃莱特里奥·罗伊格（Eleuterio Roig），尤其是海梅·巴利乌斯（Jaime Balius），他们一直不喜欢自前一年11月以来与全国劳工联合会的合作政治。然而，杜鲁蒂真正的老朋友——团结帮（solidarios）和《我们》（*Nosotros*）杂志那些人，对“杜鲁蒂之友”并不友好。后者的想法可以在《人民之友》（*El Amigo del Pueblo*）杂志上看到。正如Lorenzo所说（p.269），他们是布尔什维克无政府主义者，因为他们想要夺取权力，而不是解散国家。如果可能的话，他们也可以是列宁主义者，而不是马克思主义者。另一个持不同政见的团体围绕着何塞·佩拉特在莱里达编辑的《无政府主义》杂志成立。

638 知，5月7日，佛朗哥告诉德国驻萨拉曼卡大使福佩尔，他在巴塞罗那有13名特工。其中一人报告说："共产主义者和无政府主义者之间的关系十分紧张，他可以保证在那里挑起战斗。"佛朗哥"本来打算在加泰罗尼亚发动攻势之前不使用这个计划，但由于共和军为缓解巴斯克人的压力攻击了特鲁埃尔①，他认为现在是引发巴塞罗那骚乱的时候了。在接到这些指示后的几天内，特工成功让三四个人开始了街头巷斗"②。但或许这次事件不过是间谍们在自吹自擂，甚至有人可能把这场自发性的战斗归功于自己的阴谋。佛朗哥也一定想利用此事向德国人展示他的情报机构的有效性。

与此同时，全国劳工联合会代表拜访了塔拉德利亚斯和艾瓜德。两位委员承诺，警方将很快离开西班牙电话公司。无政府主义者继续要求罗德里格斯·萨拉斯和艾瓜德辞职，但这个要求被拒绝。因此，到了傍晚，巴塞罗那已经是一座处于战斗中的城市了。加泰罗尼亚统一社会党和政府控制了兰布拉以东的巴塞罗那。无政府主义者则控制了西部地区。郊区都属于全国劳工联合会。在市中心，各种联盟和政治总部在被征用的建筑物和酒店中相距不远。人们在屋顶上架上机枪，从上面开火。所有汽车遭到双方的射击。然而，在西班牙电话公司，双方达成了休战协议，而电话交换机本身（从最初到最后都是内战的神经系统）一直在正常工作着。一楼的警察甚至把三明治送到上面的全国劳工联合会控制区。然而，有几辆警车被屋顶上扔下的手榴弹炸毁。任何搭乘汽车的旅行都是危险的。③使情况更

---

① 没有造成后果的轻微攻击。

② *GD*, p.286. Cruells, p.47，认为佛朗哥的特工除了向国民军提供信息，几乎没有做什么。

③ 里查德·本内特（在巴塞罗那广播电台）向我描述了当时他在巴塞罗那的门是如何被两名携带炸弹的男子打开的。他们直截了当地问他："你站在哪一边？""你的那边。"他明智地回答。威利·布兰特是此次事件的另一名目击者，他于1937年2月至5月代表挪威报纸在西班牙报道。尽管他对马克思主义统一工人党持同情态度，但也批评了他们的过度行为。回到挪威后他表达了对共产主义者的痛恨。（见Terence Prittie, *Willy Brandt*, London, 1974, p.34）

加恶化的是，全国劳工联合会和FAI不再是局面的掌控者，“革命火炬”被他们的极端主义追随者或无政府主义青年团体夺走了。[①]傍晚，马克思主义统一工人党领导人向巴塞罗那的无政府主义领导人提议，建立一个反对共产主义和政府的联盟，但被无政府主义者拒绝。[②] 639

5月4日，除了机枪和步枪射击声，巴塞罗那始终笼罩在死寂中。商店和房屋都设置了路障。一群武装无政府主义者袭击了突击队、共和国卫队或政府大楼。随后是西班牙共产党或政府的反击。当时的气氛与1936年7月19日别无二致。炮火的角度几乎和那个史诗般的一天一模一样。警察再次向他们曾经的战友开火——7月时还是向士兵们开火，现在却向无政府主义者开火。与此同时，无政府主义者的政治领袖加西亚·奥利弗和费德里卡·蒙塞尼在广播中呼吁他们的追随者放下武器，重返工作岗位。《工人团结报》的编辑哈辛托·托里霍也发出了同样的呼吁。随后，两位无政府主义部长前往巴塞罗那，与他们一同的还有全国劳工联合会全国委员会秘书马里亚诺·巴斯克斯（Mariano Vázquez），以及劳动者总工会执行委员会的帕斯夸尔·托马斯（Pascual Tomás）和卡洛斯·埃尔南德斯·桑卡霍（Carlos Hernández Zancajo）。所有人都希望能避免与共产主义者作战。费德里卡·蒙塞尼后来解释说，骚乱的消息让她和其他无政府主义部长们完全感到意外。[③]拉尔戈·卡瓦列罗也不想对无政府主义者使用武力。格雷戈里奥·霍韦尔领导的无政府主义者第二十六师（前杜鲁蒂纵队，Durruti Column）已在巴尔巴斯特罗集结，并准备向巴塞罗那进军。一听完加西亚·奥利弗的演讲，他们就留在了原地。然而，附近的第二十八师，旧的阿斯卡索纵队（Ascaso

① 全国劳工联合会的一些部门，特别是FIJL，有可能会并入马克思主义统一工人党。见Wildebaldo Solano, *The Spanish Revolution: The Life of Andrés Nin*（London, no date），p.18。Wildebaldo Solano是马克思主义统一工人党青年运动的秘书长。

② Julián Gorkin, *Caníbales políticos*, p.69.

③ Peirats, *La CNT*, vol. II, p.274.

Column），也许还有罗维拉领导下的马克思主义统一工人党师，在阿拉贡前线空军司令、共产主义少校阿方索·雷河斯的带领下，才停止向马德里进军的脚步，因为阿方索·雷河斯威胁说，如果纵队继续进军，就
640 会轰炸纵队。①然而，浪漫主义精神在巴塞罗那依然存在：“在放弃反法西斯的斗争之前，我们会死在战壕里；在放弃革命之前，我们会死在路障上。”②无政府主义青年这样呼唤着。

在加泰罗尼亚自治政府内部，塔拉德利亚斯在孔帕尼斯的支持下，依旧拒绝无政府主义者要罗德里格斯·萨拉斯和艾瓜德辞职的要求。但是，5月5日，他们达成了一项解决方案。加泰罗尼亚政府辞职，取而代之的是一个“临时委员会”，艾瓜德不会参与其中。③无政府主义者、左翼党、加泰罗尼亚统一社会党和拉巴塞雷协会（rabassaires）都将派代表出席。然而，混乱的射击仍在继续，枪手沿着空旷而宽阔的街道扫射，将那些试图冒险离开避难所的人推向死亡。两名主要的意大利无政府主义知识分子卡米略·伯内利和他的合作者巴比里（Barbieri）被秘密杀害。④杜鲁蒂之友发布了一本小册子，宣布成立了一个革命军政府。所有对袭击西班牙电话公司负责的人都将被枪

---

① Ibarruri, p.377. 这个故事亦见Hidalgo de Cisneros, vol. II, p.210，他说无政府主义者和马克思主义统一工人党人已经离开了前线。

② Semprún Maura, p.219.

③ 成员是塞塞（劳动者总工会）、巴莱里奥·马斯（全国劳工联合会）、J.彭斯（J. Pons，拉巴塞雷协会）和马丁·法塞德（Martín Faced，左翼党）。

④ 谁干的？这两名意大利人以“反革命分子”的罪名于5月5日被捕，这可能是加泰罗尼亚统一社会党或自治政府警察干的。人们再也没有见过他们。伯内利当时正在编写一份档案，这份档案揭示了意大利法西斯主义和加泰罗尼亚民族主义之间的关系（Peirats, *La CNT*, vol. II, p.198）。他已经成为“不断革命”支持者的一种精神核心，正如Semprún Maura所说，他是“苏联秘密警察的首要目标”。意大利无政府主义者在巴塞罗那影响了一代人。Spriano（p.209）认为，谋杀伯内利是“斯大林主义实践引入西班牙”的一个例子。两天前，伯内利在巴塞罗那广播电台对安东尼奥·葛兰西（Antonio Gramsci）的去世表达了遗憾（op.cit., p.154）。见卡米略的遗孀乔瓦娜·伯内利（Giovanna Berneri）的证词，in *Lezioni sull'antifascismo*（Bari, 1962）, p.190f。

决。国民警卫队必须解除武装，而马克思主义统一工人党，由于“坚定地建立在工人身边”，必须在政府中获得一席之地。《战斗报》（*La Batalla*）重新刊登了这一宣言，但并不表明自己的立场。随着英国驱逐舰抵达港口，警报带来的紧张气氛不断加剧，马克思主义统一工人党无缘无故地担心，现在的状况意味着港口可能会被轰炸。[①]事实上，英国人只是担心无政府主义者正在“占据上风……正在考虑疏散外国人”。[②]这一天，塔拉戈纳和沿海其他城市也发生了战斗。[③]当晚，孔帕尼斯和拉尔戈·卡瓦列罗通过电话进行了沟通，在此过程中，孔帕尼斯接受了总理协助建立秩序的提议。[④] 641

5月6日，无政府主义者宣布休战，整个上午都沉浸在一片平静中。但人们对重返工作岗位的呼吁置之不理，这是出于恐惧而不是迟钝。下午，战斗又开始了。警察和左翼党志愿者袭击了无政府主义者的建筑。一些国民警卫队成员在一所电影院被75毫米炮弹炸上了天，这些炮弹是由来自海岸上的自由主义青年成员带入的。加泰罗尼亚劳动者总工会的共产主义总书记安东尼奥·塞塞是新成立的自治政府临时委员会的成员，他在接受任命的路上被杀（这可能是一场意外，因为所有行驶中的汽车都遭到了枪击，这项行动可能是为了报复无政府主义者多明戈·阿斯卡索的被杀）。傍晚，两艘共和国驱逐舰抵达，紧随其后的是战列舰“海梅一世”号，也带着武装人员从巴伦西亚抵达。拉尔戈·卡瓦列罗不愿

---

① 奥威尔（Orwell）和马克思主义统一工人党的炮击手在一起，共同体验了这场危机。

② *CAB*, 20（37）of 5 May.

③ *Solidaridad Obrera*, 14 May 1937.有三四十名无政府主义者在塔拉戈纳被杀，更多人在托托萨（Tortosa）被杀。在这两个地方，战斗的开端就像在巴塞罗那一样，警察接管了电话交换机（Peirats, *La CNT*, vol. II, p.342）。在全国劳工联合会或马克思主义统一工人党完全控制的赫罗纳（Gerona）和莱里达，没有任何事件发生；在加泰罗尼亚的其他地方，加泰罗尼亚统一社会党或左翼党有影响力的地方都发生了战斗。

④ Angel Ossorio y Gallardo, *Vida y sacrificio de Companys*（Buenos Aires, 1943）, p.210.

在危机中采取行动，但他之后被普列托说服。由无政府主义的同情者埃米利奥·托雷斯上校［他曾是自由土地纵队（Tierra y Libertad Column）的军事顾问］率领的4,000名突击队士兵从巴伦西亚陆路抵达，他们在途中克服了塔拉戈纳和雷乌斯的骚乱和流血事件——当地无政府主义者炸毁了公路和铁路桥梁，以阻止纵队通过。[1] 5月7日，全国劳工联合会呼吁恢复"正常"。来自巴伦西亚的突击队出现在街头，并顺利推进了此事。5月8日，全国劳工联合会播报："拆除路障！每个公民都拿起自己的铺路石！恢复正常！"之后巴塞罗那骚乱结束。根据当时媒体的统
642 计，估计有500人死亡、1,000人受伤。[2] 自治政府再次改组，这次的基础成员是由劳动者总工会（共产主义者比迭利亚）、全国劳工联合会（巴莱里奥·马斯）和左翼党（还是塔拉德利亚斯）各一名代表组成。那些对死亡负有责任且只有在塔拉戈纳的人后来被审判，但他们没有被判处死刑，只是监禁。[3]

在这些焦虑的日子里，阿萨尼亚总统一直待在巴塞罗那的宫殿里，虽然他忧心忡忡，但他自己没有受到战斗的干扰。他在日记中写道，几个月以来，除了在心里默默数着分钟，他什么也没做，直到他的（总是悲观的）预测实现。他总结了在巴塞罗那的这段日子：

> 革命的歇斯底里从言语变成了行动，目的是谋杀和偷窃：统治者的无能、不道德、懦弱、诽谤；一个或另一个工会主义者的枪击；外国人的傲慢；分离主义者的蛮横；不忠、

---

① Sanz, *Los que fuimos*, p.145.

② Peirats, vol. II, p.206. Abad de Santillán（p.138）记录有1,000人死亡，数千人受伤。无政府主义领导人在停火后感到后悔，因为这导致了他们最终向西班牙共产党投降。（Abad de Santillán, p.140f.）

③ Peirats, vol. II, p.346. 马斯曾是加泰罗尼亚全国劳工联合会的秘书。迪奥尼西奥·埃罗莱斯接替了他的职位，不久之后胡安·多梅内奇又接替了埃罗莱斯。

虚伪、失败者的空谈；榨取战争来赚钱；对希望组建军队的人采取消极态度；战争行动的瘫痪；普伊格塞尔达、拉塞欧（La Seo）、莱里达（Lérida）等地由小军阀建立的小傀儡政权（gobiernitos）。孔帕尼斯谈论要向无政府主义者开战的荒谬言论，但他没有丝毫手段。①

普列托是唯一一名试图不惜一切代价保护阿萨尼亚的部长，他经常打电话给他，想护送他去港口的军舰上避难，但这要求阿萨尼亚必须采取有力的行动，甚至要做好这是一场户外冒险的准备。苏加萨戈伊蒂亚无情地写道："唐曼努埃尔（阿萨尼亚）宁可经历4天断断续续的恐惧和不确定性，也不愿选择4分钟做决断。"在这4天里，他完成了戏剧《贝尼卡洛之夜》（*La Velada de Benicarló*），这是一部关于内战原因和性质的精彩但悲观的作品，他在骚乱爆发前两周就开始写这部作品了。②

——

巴塞罗那的"五月事件"表明，在任何情况下，都不能指望无政府主义者作为一个整体做出什么反应——在他们的部长们（他们忙于赢得战争）和青年运动之间存在着一条鸿沟。像埃斯科尔萨这样具有强大影响力的人物也已经失去了对其追随者的控制。这场危机表明，马克思主义统一工人党和西班牙共产党之间水火不容。自治政府、共产主义者和中央政府已经准备共同行动，在必要时将采取武力打击"极端分子"。巴塞罗那的五月标志着革命的结束。自此以后，一切战争都是 643

① Azaña, vol. IV, p.575. 正如他辛酸地指出，在他于1936年2月组建的政府中，只有两个人（希拉尔和卡萨雷斯）在西班牙——其他人已经流亡，或者安全地成为大使。

② Zugazagoitia, p.213. Martínez Bande, *La invasión*, p.282，记录了阿萨尼亚与战争部长（以及后来加入的普列托）电话会议的文本。

共和国政府与国家主义政府之间的战争，而不再是革命与叛乱的斗争。巴塞罗那的新公共秩序主任何塞·埃切瓦里亚·诺沃亚很快恢复了大部分监狱和法庭程序的正常化，消除了无政府主义者控制大部分司法系统的任意性。然而不幸的是，共产主义者也因此能够更容易地掀起他们如今有限的反对马克思主义统一工人党和其他马克思主义异端的“征战”。

“五月事件”也导致共产主义者对拉尔戈·卡瓦列罗发动的批判进入了最后阶段。总理和共产主义者之间的关系因战略争端而变得比以往任何时候都紧张。高级指挥部的几名共和派军官提议在埃斯特雷马杜拉向佩尼亚罗亚和梅里达发起进攻，以测试他们新军队的实力。他们认为，国家主义者在该地区几乎没有资源，因此如果将敌人的领土一分为二，这样的想法绝对正确。[①]拉尔戈·卡瓦列罗支持这个想法，但共产党人表示反对。苏联首席顾问“格里戈罗维奇”将军［真名是施特恩（Shtern），接替了别尔津[②]的职务］向他的同事、中央军顾问库利克将军（General Kulik）提议：相反，应该从共和军阵地沿着科卢那通往布鲁内特小镇的道路进攻，切断田园之家和大学城的国家主义者之间的联系。[③]在共产主义的影响下，米亚哈宣布他不赞成埃斯特雷马杜拉的计划。[④]最后，当共和派军官证明自己的立场决不改变时，苏联顾问威胁
644 要拒绝共和派使用苏联的飞机进行拟议的进攻。[⑤]尽管如此，拉尔戈还

① 埃斯特雷马杜拉计划（由Alvarez Coque上校起草）载于Martinez Bande，*La ofensiva sobre Segovía*, pp.237–240上，该书的p.53f.对此进行了讨论。

② See Radosh et al., 261, 274, 285.

③ Hernández, pp.80–81.

④ Casado, pp.71–73.

⑤ 出处同上。一份国家部门备忘录（来自巴伦西亚）估计，共和国当时拥有460架飞机。其中有200架据说是苏联战斗机，有150架苏联轰炸机（双马达马丁型）和70架苏联侦察机（Cattell, *Communism*, p.228）。另见Jackson, p.372 fn。对拉尔戈的内阁秘书鲁道福·略皮斯和公共工程部长胡利奥·胡斯特的观点与普列托的观点进行了比较，以确定该计划的可行性。

是说服自己，他想要的计划一定会继续下去。

总理和内阁之间的另一个困境是，前者决心继续推行他的旧想法，即通过“在一些著名的摩尔人中间散发金钱”来煽动西班牙摩洛哥反对佛朗哥。[①]

这场军事争吵又成就了共产主义者与拉尔戈·卡瓦列罗的更大的怨愤。加拉尔萨是个软弱的内务部长，却也是西班牙共产党的敌人。西班牙共产党谴责加拉尔萨任由巴塞罗那危机爆发，因为他未能“看到反革命政变的公开准备”[②][既没有“准备”，也没有“反革命政变”，加拉尔萨在巴塞罗那对内部秩序并没有管辖权，内部秩序掌握在加泰罗尼亚顾问、科摩拉的朋友阿特米奥·艾瓜德手中]。5月11日，马克思主义统一工人党的巴伦西亚报纸《前进报》（*Adelante*）将政府类比于希尔·罗夫莱斯领导的政府，因为它们都采取镇压措施。随后，城市间的电话线被切断，这是1909年以来西班牙内部秩序危机中常用的一种措施，并同时引入了更严格的新闻审查制度。左翼党和巴塞罗那的共产主义者为城市交通的“自治”发起斗争，这意味着接下来将有一系列摧毁电车、公共汽车和地铁的集体组织事件发生。5月13日，政府再次下令在72小时内交出除正规军持有的武器外的所有武器。巴塞罗那的国民警卫队、加泰罗尼亚统一社会党和突击队开始收缴武器。 645
最后，也是在5月13日巴伦西亚的一次内阁会议上，赫苏斯·埃尔南

① Azaña, vol. IV, p.594. 巴莱巴尔（Baráibar）随后向阿萨尼亚提交了一份关于该项目的报告（*op.cit.*, p.613），他在报告中向总统保证，起义是“几天的事情，只等宗教节日结束”。阿萨尼亚认为，国家主义西班牙在摩洛哥花费了类似的资金。还有一项计划：付钱给摩尔妇女去西班牙说服佛朗哥军队中的丈夫放下武器：“我们把《吕西斯特剌忒》改编成摩洛哥版。”阿萨尼亚冷酷地说！

② 拉尔戈·卡瓦列罗表示，共产党人想除掉加拉尔萨，因为当时他正在调查米亚哈将军和罗霍上校的忠诚问题，发现他们在战前是UME的成员（*op.cit.*, p.218）。他们是否为成员一事尚未完全披露。在1936年之前，他们当然不可能有左翼意见的记录。

德斯向乌里韦提议，对那些应对“五月事件”负责的人进行惩罚，也就是马克思主义统一工人党和全国劳工联合会，并取消埃斯特雷马杜拉的攻势。[①]拉尔戈·卡瓦列罗称共产主义者为“骗子和诽谤者”，并表示最重要的是，他是一名工人，除非有证据证明他们有罪，否则他无法解散这些工人阶级的兄弟会。内阁中的无政府主义者支持总理，并辩称巴塞罗那的骚乱是由“非革命政党”挑起的。两位共产主义者随即离开了会场。拉尔戈·卡瓦列罗试图继续会议，但很快希拉尔（Giral）、德伊鲁霍、普列托、阿尔瓦雷斯·德尔巴约和内格林就追随两位共产党员而去。普列托说，没有西班牙共产党，会议就无法继续。拉尔戈·卡瓦列罗和他的两位老朋友——加拉尔萨和阿纳斯塔西奥·德格拉西亚（Anastasio de Gracia），以及4位新朋友——无政府主义的部长们——留在了内阁会议室。无政府主义者向拉尔戈建议政府在没有西班牙共产党和右翼社会主义者的情况下继续执政，但老总理拒绝了。内阁危机由此开始。

拉尔戈去找阿萨尼亚，后者高兴地收了他的辞呈，但阿萨尼亚并没有立即接受。那天的某个时候，埃尔南德斯代表共产主义者向财政部长内格林提议对方应该成为新任总理。内格林回答说，如果他的政党接受这个想法，自己会这么做，但他补充说，自己并不知名，也不受欢迎。埃尔南德斯轻描淡写地说，可以创造人气，随即他补充道，如果只有一件事是西班牙共产党可以做好的，那就是宣传。内格林反对说他并不是共产主义者，埃尔南德斯回答道：这“更好”。[②]与此同时，普列托显然

---

① 这次危机见Peirats, vol. II, pp.238ff.；Cattell, *Communism*, pp.153ff.；Largo Caballero；Alvarez del Vayo, *Freedom's Battle*, p.212；Gorkin, *Caníbales políticos*；Araquistain；以及Hernández。我咨询了出席这个内阁的伊鲁霍先生、阿尔瓦雷斯·德尔巴约先生和蒙塞尼小姐。关于拉尔戈当时的报告，另见Azaña, vol. IV, p.595。

② Hernández, pp.86–88. 克里维茨基表示，早在1936年11月，内格林就被斯塔舍夫斯基“选中”为下一任总理（*op.cit.*, p.119）。

也希望内格林成为总理，因为内格林多年来一直是他的朋友。[①]第二天，即5月14日，拉尔戈·卡瓦列罗再次向阿萨尼亚提出辞职。总统要求总理继续留任，直至布鲁内特或埃斯特雷马杜拉采取军事行动之后。拉尔戈·卡瓦列罗同意了，并开始计划组建一个没有共产主义者的内阁。 646

在劳动者总工会执行委员会的支持下，他与无政府主义者接触，提出组建一个由全国劳工联合会和劳动者总工会组成的纯工会内阁的想法。因此，通往纯工团主义国家的道路似乎打开了。然而，此时，内格林、阿尔瓦雷斯·德尔巴约和普列托告诉拉尔戈·卡瓦列罗，由于需要苏联的援助，政府不能没有共产主义者。西班牙共产党现在也凭借自己的力量成了一个强权组织。社会党右翼受到普列托的启发，并由其执行秘书长拉蒙·拉莫内达（当时是一名亲共产主义者）领导，实现了他们几个月来一直想要的目标——拉尔戈·卡瓦列罗的下台。由于阿萨尼亚的左翼共和党与普列托主义者的观点一致，拉尔戈·卡瓦列罗显然没有足够的支持力量来维持新政府。[②]

西班牙共产党确实向拉尔戈·卡瓦列罗发出了一条信息，点明了他们继续支持拉尔戈·卡瓦列罗领导政府的条件：所有战争问题都将由一个最高委员会处理；总理将不再担任战争部长；所有部长都必须获得所有支持政府的党派的支持（因此，加拉尔萨必须被解雇）；一个指定的参谋长将策划战争；政治委员只对战争委员部（war commissariat）负责，尽管该机构将对战争部长和战争委员会（war council）负责。拉尔戈·卡瓦列罗拒绝了这些条件。他希望与共产主义者做斗争，并清洗战争部，作为他的基地。他的老无政府主义敌人全力支持他。然而，阿萨尼亚在寻求妥协。在他看来，普列托总是变幻莫测，争议太大，因为他

① 并没有证据表明普列托在这次会议之前与共产党达成了正式协议，尽管Bolloten（*op.cit.*, pp.311-312）提出了这方面的指控。

② 拉莫内达拒绝为拉尔戈·卡瓦列罗背书的信件，见Peirats, vol. II, p.246。亦见Largo Caballero, pp.217-218。拉莫内达在1920年曾经是共产主义者。

与拉尔戈·卡瓦列罗的敌意由来已久，如此个人化，也广为人知。内格林是西班牙共产党公开表示支持的人，他是一个显而易见的选择。西班牙共产党认为普列托并不是合适人选，因为他们无法影响普列托，而相对应的，他们认为自己可以影响内格林。

647 ——

48岁的胡安·内格林来自加那利群岛一个富裕的中产阶级家庭。这家人拥有拉斯帕尔马斯（Las Palmas）郊区的许多土地，并且信奉宗教——内格林的母亲在卢尔德（Lourdes）生活了多年，内格林唯一的兄弟是一名僧侣。他在德国接受医生培训，曾是诺贝尔生理学或医学奖得主拉蒙-卡哈尔（Ramón y Cajal）的学生，卡哈尔是最杰出的西班牙人之一，而内格林在年轻时接替了卡哈尔，成为马德里大学的生理学教授。他与新大学城的规划有很大关系。他娶了一个俄国人，家里使用的语言是法语。他也会说英语和德语。因此，他完全是欧洲人。他没有参加政党，也对政治不感兴趣，直到普里莫·德里维拉独裁统治的最后几年，他才成为一名社会主义者。尽管他是共和国时期的一名议员，但直到内战开始后他才积极参与政治。在共和国期间，人们唯一记得的他的政治行为是1932年他在他的党团中投票反对对圣胡尔霍将军的缓刑。[①]

尽管缺乏政治经验，但1936年9月，内格林还是被拉尔戈·卡瓦列罗任命为财政部长。他在大学的事业让他获得了这个任务艰巨的职位。他还以不知疲倦和慷慨著称（他曾亲自资助医学院图书馆及其实验室）。1936年7月至8月，他帮助很多人逃离大屠杀。他不喜欢拉尔

---

① Zugazagoitia, p.138。参见他在1938年与阿萨尼亚交换的意见，见Azaña, vol. IV, p.875。

戈·卡瓦列罗，并尽力避免参加他主持的内阁会议。当时，他是普列托的追随者。[1]在财政部，他是一名成功的管理者。他熟练地处理了支付苏联援助费用的复杂问题，并与苏联经济专员波兰人斯塔舍夫斯基（Stashevsky）建立了良好关系。但他是一个没有个人追随者的人，也没有明显的政治偏见，尽管无政府主义者担心他是集体化的有力敌人——他拒绝承认无政府主义部长们提出的集体化项目。无政府主义者还指责他将海关警卫（边境警察，carabineers）组建为财政部下属的私人军队。648
然而，内格林这样做的目的只是确保政府获得适当的税收——这是一支由化学家拉斐尔·门德斯博士（Dr Rafael Méndez）领导的部队，他是内格林的大学同事。内格林是大资产阶级的一员，也是私有财产甚至是资本主义的捍卫者。这一事实，加上他的效率和学术背景，似乎有可能受到英国和法国的青睐，并使他毫无疑问地被许多不同类型的团体接受，成为共和国的新领导人。共和国经验丰富的政治家（绝不仅仅是共产主义者）认为各派势力影响内格林相对容易。在战争的前9个月，他未能阻止通货膨胀，但他在自己的部委中表现称职，不像行事毫无章法的阿尔瓦雷斯·德尔巴约。

内格林在担任总理之初就告诉阿萨尼亚，如果他成为总理，他将“百分之百投入”。[2]在战争的余下时间里，他也坚持这样做了。战争管理与议会管理需要不同的艺术，而内格林在他的对手失败的地方取得了成功。然而，他的傲慢——这种一流的头脑进入政治的必然结果，使他每天树立大量的敌人。其他政客对他感到愤怒，这样一个新来者竟然对他们如此专横，如此蔑视他们的阴谋和野心，以及如此不容忍他们的失败。内格林的内阁成员对他不规律的饮食和在所有时间都能召开会议的

---

① Álvarez del Vayo, *The Last Optimist*, p.228. 普列托对自己的描述见 *Convulsiones*, vol. II, p.219f.

② 胡里奥·阿尔瓦雷斯·德尔巴约于1960在日内瓦和我这样说。

习惯感到愤怒。另一些人指责内格林缺乏他们所说的赢得战争必需的“罗马美德”，并指责他确实有“罗马式”的贪食和贪得无厌的恶习。毫无疑问，这位新总理没办法与部长团队合作，尤其是与共和国所需的千差万别的个体组成的联盟合作。但他还是选择做一个热爱个人自由的人，坚持自己的个人隐私权。没有任何迹象表明，他奢华的生活、与女人在一起的乐趣以及他丰盛的饮食干扰了他的工作。据拉尔戈·卡瓦列罗的报告说，有时，他派人去请内格林时，却被告知内格林在国外。一般这种情况下拉尔戈什么也不会说，默认内格林的出差任务与武器采购有关。事实上，拉尔戈后来称，内格林是在和女孩们开着快
649 车在法国各地行驶。[①]不过人们应该谨慎地对待这些说法，因为这些言论是让一名70岁的清教徒去评价一种享乐主义者的生活方式。然而，普列托也回忆说，内格林能在同一个夜晚的不同地方吃两三次饭。[②]“我从来没有见过能比得上他的人。”阿萨尼亚谈到他的胃口时说。[③]尽管如此，这位总统最初还很高兴与他共事。“当我和这位政府首脑谈话时，”他在5月31日的日记中写道，“我不再觉得我是在和一个死人说话……这是积极的一点。”[④]但后来，阿萨尼亚的幻想破灭。内格林和他生活在不同的世界。阿萨尼亚回过头来再思考自己与内格林的关系，想知道他们之间到底出了什么问题，谁是最应该对此负责的人，最终他得出的结论是：内格林没有政治过往，因此只去想未来。总统与总理之间的关系经历了令人不快的变迁。总统理论上可以辞退总理，而总理有义务听取总统的建议，但可以不接受它。1938年11月，贝斯泰罗给内格林总理起了一个绰号，叫他“卡拉马佐夫”，原因是当时只有

---

① Largo Caballero, p.204.

② Prieto, *Convulsiones*, vol. III, p.220.

③ Azaña, vol. IV, p.867.

④ 出处同上，p.603。另一方面，到6月16日，他批评了内格林的“幼稚乐观主义”（*op.cit.*, p.620）。

他还在相信胜利。[1]

内格林担任总理这一事实是一种现实机会主义的体现。作为一个偏爱“计划”的温和社会主义者，他愿意为赢得战争做出任何政治牺牲。这使他与拉尔戈·卡瓦列罗一样，与苏联建立了密切的关系，因为苏联和从前一样仍然是武器的主要来源地。此外，贯穿整个内格林的执政期，西班牙共产党的现实主义使其成为西班牙最有价值的政治团体。因此，内格林不得不接受苏联军事顾问和他不喜欢的西班牙共产党的意见。作为财政部长，内格林特别关注西班牙黄金运往莫斯科的问题。他与苏联之间的关系类似于浮士德（Faust）与梅菲斯特费勒斯（Mephistopheles）的关系。

然而，如果认为内格林仅仅是苏联政策的工具，那将是个错误的判断。很少有政治家能成功地利用共产党，后来又不被它融合。但在20世纪30年代的西班牙，似乎很有这种可能性。内格林的个人自信和他热情但又有城府的天性使他认为，必要时他可以摆脱与共产主义的联系。从 650
1938年初夏开始，当他与国家主义西班牙寻求和平时，他既不信任西班牙共产党，也不信任任何其他人。认为一个思想如此独立、脾气如此坏的知识分子会屈从于任何人是愚蠢的。虽然拉尔戈被苏联人称为“同志”，但内格林坚持让他们称自己为“总理先生”（Señor Presidente）。[2]内格林与西班牙共产党领导人没有密切关系，他并不喜欢“热情之花”。事实上，尽管无政府主义者衰落了，但共产主义者在内格林统治下扩大的权力比在拉尔戈统治下的要少。埃尔南德斯后来写道，他们将不得不“清算”内格林。[3]“热情之花”后来提及内格林的“黑暗思想”，并声称：到目前为止，内格林并不是共产国际的工具——他们，共产党人，才是

① Azaña, vol. IV, p.894。

② 即主席先生（Presidente del Consejo），在西班牙语中等同于总理。Alvarez del Vayo（Geneva, 1960）的回忆。

③ Hernández, p.135.之所以说这一点，可能是因为内格林很早就希望西班牙战争扩大为世界大战，他认为这是不可避免的，但斯大林希望避免世界大战。

他错误判断的受害者。[1]

这场战争是一场致命的斗争，大多数西班牙人在骇人听闻的境况下失去了亲密的朋友或亲戚。失败者不会得到一丁点仁慈。内格林的主要错误是对革命行动的蔑视，这导致他无视西班牙共产党对革命者的镇压。内格林在此时很天真。例如，西班牙共产党主导的军事情报处（Servicio de Investigación Militar，简称SIM）设立私人监狱，这些监狱是国家主义西班牙在胜利后才发现的。[2]内格林否认这些东西的存在，并表示这些报道是国家主义西班牙的宣传。10年后，他承认自己错了。[3]然而，内格林被“共和国的强人”阿萨尼亚和“西班牙列宁”拉尔戈·卡瓦列罗等人诋毁名誉。无政府主义者在发现政治生活的现实后，
651 在精神上被压垮。内格林在成为总理时承担了这些沉重的责任，他也犯了错误。但在内战的余下时间里，这位精力充沛的生理学家显得无序的私人生活，正代表了西班牙共和国的精神。[4]

内格林的内阁组成受益于阿萨尼亚。除了总理，还包括两位社会主义者：普列托，他将战争部、海军部和空军部合并为一个国防部；普列托的门徒、内务部长苏加萨戈伊蒂亚。内格林亲自掌管财政部，而共产主义者埃尔南德斯和乌里韦则掌管教育部和农业部。阿萨尼亚的老朋友，

---

① Ibarruri, p.437. 陶里亚蒂在1962年说他在西班牙只见过一次内格林，是在1939年3月。

② 见Radosh et al., 209。

③ 内格林于1939年在佩皮尼昂（Perpignan）向亨利·巴克利否认酷刑室的存在，并于1949年向同一名记者承认了他的错误（巴克利先生向作者提供的证据）。

④ 内格林与外国记者很熟稔，而拉尔戈·卡瓦列罗告诉阿萨尼亚，“他不相信外部世界的现实性”（Obras, vol. IV, p.617）。见Juan Marichal, “La significación histórica de Juan Negrín”, *Triunfo*, 22 June 1974，他得出的结论是：“在过去一个世纪的欧洲历史上，很少有人像内格林博士一样，存在着智力和性格、道德操守和能力的融合。” Bolloten（p.300）充满敌意的观点我认为是错的。相对客观的观点见Cabanellas, vol. II, p.970。在写这本书时，我受益于与小胡安·内格林博士的几次谈话。

1936年7月时任总理的希拉尔和共和派希内尔·德洛斯·里奥斯分别担任外交部长和通信与公共工程部长。巴斯克人德伊鲁霍成为司法部长；加泰罗尼亚人海梅·艾瓜德（Jaime Ayguadé），前加泰罗尼亚议员的兄弟，成为劳工部长。因此，拉尔戈·卡瓦列罗的社会主义党派没有任何成员被纳入政府。拉尔戈·卡瓦列罗的主要支持者阿拉基斯塔因甚至辞去了驻巴黎大使的职务。他被奥索里奥–加利亚多取代。奥索里奥–加利亚多是“没有国王的君主主义者”，1909年起担任巴塞罗那的民事总督。自1936年成为驻布鲁塞尔大使以来，人们希望他作为天主教徒能够取悦法国右翼。[1]阿尔瓦雷斯·德尔巴约仍然是首席政治委员和西班牙驻日内瓦代表，他愤怒地离开了外交部。[2]战争初期曾担任圣 652
塞巴斯蒂安长官的前宪兵中尉、共产主义上校安东尼奥·奥尔特加接替文塞斯劳·卡里略担任安全总监——这是一次糟糕的任命。共产主义者还保留了警察的其他关键职位，迪亚斯·滕德罗少校重返军队担任人事主管。

内格林邀请无政府主义者加入内阁，但他们拒绝了，称他们并不想挑起危机，他们认为挑起危机是“不明智、不合时宜的，不利于战争的进行”。这些无政府主义者说，加入内格林内阁将证明他们“有失高贵”。5月27日，他们的4位前任部长发表讲话，谴责西班牙共产党和左翼共和派反对他们倡导的社会革命变革。他们的普通成员听到胡安·佩罗与内格林就国家夺取萨连特盐矿的详细争吵内容、洛佩斯对商务部的

① 在内格林政府时期，巴黎最有影响力的共和党代表是武器采购主管亚历杭德罗·奥特罗博士（Dr Alejandro Otero），他得到美国记者路易斯·费舍尔（Louis Fischer）的帮助，此人是国际纵队的前军需官，1920年代美国驻苏联记者，他在鲁特西亚酒店内领导了一个购买武器和传播共和主义的组织。也许人们也应注意法国共产党在图卢兹的活动。关于让·马塞尔·布兰科（Jean Marcel Blanc）和巴·甘贝塔（Bar Gambetta）的身份讨论，见Pike, p.128。

② 胡利奥·胡斯特“从个人而言，作为一个巴伦西亚人”，也对离开公共工程部感到愤怒（Azaña, vol. IV, p.603）。

不满，以及费德里卡·蒙塞尼对政府中无政府主义角色的强烈怀疑。[①]此后，全国劳工联合会和FAI继续与政府合作，但不再承担责任。他们既不退出军队，也不退出官僚机构。他们的领导人意识到，如果退出，只有佛朗哥才能从这种行动中获益。在巴塞罗那的“五月事件”之后，这一教训甚至被无政府主义者的年轻人以及五月战斗中阵亡者的战友深深铭记。许多无政府主义者继续相信，他们的好时光会在胜利后到来，届时他们在人数上的优势可能会给出合适的解决方案。但结果是，他们反而失去了活力，一些成员（包括秘书长马里亚诺·巴斯克斯）已被人们视作内格林的支持者。[②]无政府主义者的力量太强大，根本不可能像马克思主义统一工人党那样被彻底“清算”——1937年4月，该运动已宣称有200多万名成员。[③]

无政府主义者直到初夏都还在持续失去权力。巴塞罗那控制巡逻队于6月7日解散。巴塞罗那警方内也有其他变化，他们将有效的指挥权移交非无政府主义者、亲共产主义上校里卡多·伯里洛（Ricardo Burrillo），让他成为新任加泰罗尼亚安全局局长。波萨斯将军接管了加
653 泰罗尼亚军队，他似乎真的加入了共产党（加泰罗尼亚统一社会党）。5月25日，FAI失去了在人民法庭的职位，理由是与全国劳工联合会不同，他们不是一个合法组织，因此不能在共和国的机构中有代表。此时，加泰罗尼亚的所有CNT-FAI委员会（全国劳工联合会-伊比利亚无政府主义者联盟）均由市议会取代。6月，无政府主义者在经历了一系列政治阴谋的排挤之后，自愿退出加泰罗尼亚自治政府。头脑仍然灵活的孔帕尼斯（以及加泰罗尼亚统一社会党）决定将博学的大学校长佩德罗·博什·金佩拉博士介绍给新政府，他是一位杰出的人类学家，属于加泰罗

① 文本在Peirats, vol. II, pp.248–277。

② 出处同上，p.281。

③ Circular No. 12 of the national committee of the CNT of April 1937, qu. Lorenzo, p.275, fn. 43.据称在2,178,000人中，有1,000,000人在加泰罗尼亚。

尼亚行动党（Acción Catalana）——但无政府主义者不喜欢这种“加泰罗尼亚主义”的延伸。此外，他们此刻还相信，西班牙共和国的所有真正权力都掌握在内格林手中。他们的观点是正确的，在波萨斯被提名为加泰罗尼亚的总队长后，加泰罗尼亚人没有了国防委员。加泰罗尼亚警察，甚至加泰罗尼亚消防员，都被调到西班牙其他地方。①

与此同时，委员会前主席拉尔戈·卡瓦列罗的倒台之快让人难以置信，他回到劳动者总工会秘书处，在那里，他将再获得几个月的安全。环绕在他周围的人，正如他认为的，是“干净、纯洁的社会成员，是与我同阶级的成员，他们可能会犯错误，但他们的行为是真诚的”。②

1936年9月至1937年5月，拉尔戈·卡瓦列罗政府成功地将革命纳入了国家界限之内。当拉尔戈·卡瓦列罗上任时，中央政府的命令往往无法有效执行，只能对激进势力的既成事实表示认可。当他离开时，来自巴伦西亚的命令通常都会得到执行。为了实现这一国家权力的胜利，拉尔戈欢迎西班牙共产党成为一个执行组织。一年前，他本可以接受这 654
一点。但政治权力的现实状况、西班牙共产党本身的演变，以及他对自己独立意志的重视，使他拒绝了西班牙共产党。正如他所知，他本可以领导一个团结的社会主义–共产主义政党，但他不愿意将自己的政党与

① 加泰罗尼亚政府权力的恢复，是阿萨尼亚特别敦促，政府发出明确、坚定的决定的结果（*op.cit.*, pp.604–605）。新的加泰罗尼亚政府只由加泰罗尼亚统一社会党、左翼党（各有3名成员）、加泰罗尼亚行动党和拉巴塞雷协会（各有1名）组成：斯伯特（内务部）、塔拉德利亚斯（财政部）、皮–苏尼尔（Pi y Súñer，文化部）为左翼党；比迭利亚（劳工部）、塞拉·帕米埃斯（Serra Pamiés，供应部）和科摩拉（经济部）为加泰罗尼亚统一社会党；加泰罗尼亚行动党有博什·金佩拉（司法部）和拉巴塞雷协会的卡尔维特（农业部）。战争开始时，孔帕尼斯的前温和派同僚中只有两位——塔拉德利亚斯和皮–苏尼尔留了下来。所有其他人，以及像埃斯帕尼亚（Espanya）、加索尔（Gassol）和埃斯科费特（Escofet）等老朋友，都被流放到法国或者逃到那里。据阿萨尼亚称，有12名前自治政府成员在巴黎（*op.cit.*, p.624）。

② Largo Caballero, p.229.

西班牙共产党合并，所以之后西班牙共产党抛弃了他。因此，在他担任总理的最后几个小时里，他唯一的支持者是无政府主义者。这是一个悖论，因为他一生都在与无政府主义做斗争，在过去8个月里，他一直在有系统地削弱无政府主义的影响力。同样悖论的是，反对拉尔戈的是温和派社会主义者和西班牙共产党，因为他们希望限制革命的进一步发展。此时反对拉尔戈·卡瓦列罗的社会党执行委员会，由冈萨雷斯·培尼亚和拉莫内达领导，而在一年前，同一个执委会试图说服拉尔戈的支持者脱离该党的控制，而原因正是他们害怕拉尔戈和支持者与共产主义者过于亲近。只有当我们回顾以下事实——对于普列托以及共产主义者和阿萨尼亚，共和国阵营中最令人不安的因素仍然是无政府主义者，他们仍然对国家的理念存有地方主义的怀疑——我们才能理解这一变化。

尽管拉尔戈·卡瓦列罗固执、虚荣、缺乏想象力，但他是一个正直、朴素、勇敢的人，也很容易被善于公关的某些共产主义者欺骗。拉尔戈庄严地辞去总理职务，标志着西班牙政治的一个时代结束。就效率而言，总理从泥水工转变成生理学教授，是最好的结果。但是，在西班牙工人阶级中，内格林再也不可能像拉尔戈·卡瓦列罗那样受欢迎了。

第四部

两场反革命的战争

也许对战争还没有感到厌烦的只有那些战斗人员。

——曼努埃尔·阿萨尼亚在1937年8月13日

写给马塞利诺·帕斯夸的信

对于那些将捍卫民主当作奋斗目标的作家，象牙塔并不是一个合适的地方。（战争后）如果你还活着，你会因为在战斗中获得的经验写得更好。如果你死了，你将创造出更多活生生的记录，比你在象牙塔里能写的任何东西都要多。

——安德烈·马尔罗1938年11月于好莱坞

38. 毕尔巴鄂的陷落 657

内格林博士领导的新共和政权比拉尔戈·卡瓦列罗从希拉尔手中继承的政权要难对付得多。它有强大的军队：米亚哈领导的中央军的5个陆军军团，莫拉莱斯·卡拉斯科（Morales Carrasco）上校（1个正规的工兵上校）指挥的南方军，波萨斯将军指挥的东方军（包括加泰罗尼亚和阿拉贡军），以及在利亚诺·德拉·恩科米恩达将军领导下已然卷入战争的北方军。战场上的大部分指挥权都是由前正规军官掌握的。不过，其中一些人的头脑中此刻大都充斥着政治色彩，比如科登上校（波萨斯的参谋长）或西乌塔（Ciutat）少校（利亚诺·德拉·恩科米恩达的参谋长），他们都是共产主义者；但也有一些人外表上看像是无政府主义者，比如第四军团（4th Army Corps）的指挥官佩雷亚少校。在1936年以前没有参加过军队的最杰出指挥官中，有指挥着第五军团的共产党民兵领袖莫德斯托，还有一些师级指挥官，如利斯特、奥尔蒂斯、桑斯、特鲁巴（Trueba）、梅拉、霍韦尔和罗维拉。几个国际纵队指挥官也都控制着各个师（汉斯·卡勒、“沃尔特”和“加尔”）。多亏了苏联，装备也还差不多够用。这样的话，中央军有大约10万支步枪可供18万人使用。总共有450个炮兵连（batteries），有1,680门大炮。问题是火炮种类虽然繁多，但很少有射程远的大炮，658
重型火炮也很少。许多火炮仍然不得不使用各种各样的弹药，例如，人们不得不在可靠的旧式77毫米克虏伯野战炮上使用22种不同类型的炮弹。尽管如此，共和国的确有一支强大的坦克部队，此时由苏联将军“鲁道夫”（Rudolf）领导。这个部队有大约125辆T-26坦克和超过100辆装甲车。

与此相反，拥有德国和意大利大炮的国民军，在火力上可能比共和国拥有更大的优势，他们的坦克虽然不那么强大，但组织得更好，使用起来更得力。

至于空军，共和国可能拥有技术和数量上的相对优势，但第一种优势不会持续太久，并且在北方战线，这两种优势都不具有。共和军拥有450架飞机，由伊达尔戈·德西斯内罗斯指挥，其中有200架战斗机（150架苏制）、100架轰炸机（60架苏制）。中部地区的战斗机仍由一名苏联人“何塞”（José）上校领导，而大多数伊-15（“Chato”）飞机和所有伊-16（“Mosca”）飞机，都由苏联人驾驶。但是，从1937年5月起，在苏联接受训练的西班牙飞行员取代了苏联人。[①]其他一些飞机还包括战争初期从法国运来的一些布洛克、德瓦蒂纳和纽波特（尽管共和军自1936年7月以来已经损失了150架飞机），还有一些从英国购买的“布里斯托尔斗牛犬”（Bristol Bulldogs）飞机，以及一些从法国获得的莱托夫（Letovs）和其他型号的飞机。

相比之下，国民军只有不到400架飞机，其中大约有150架由西班牙飞行员驾驶，在“秃鹰军团”中有由德国人驾驶的100架飞机，还有由意大利人在他们的“空军军团”（legionary air force）中驾驶的大约120架飞机。菲亚特CR-32（Fiat CR-32）仍然是意大利和西班牙军队的主要战斗机。然而，1937年夏天，来自德国和意大利的新飞机——特别是意大利的萨伏亚79（Savoia 79）轰炸机，以及海因克尔111（Heinkel 111）轰炸机和著名的梅塞施米特109式战

① R. Salas Larrazábal, vol. II, p.1194.

斗机[1]，以更快、更轻、火力更大的优势，压倒了他们的对手苏联。比如，梅塞施米特战斗机最高时速达到350英里（约563千米/时），有着更高的爬升率，以及更坚固的防弹油箱，理论航程为400英里，这比1936—1937年冬季大显身手的苏联飞机都强了一截（即使它的实际航程不到400英里）。 659

国民军的技术优势在海军方面也很明显。共和军放弃了任何干预直布罗陀海峡的企图，虽然他们的舰队仍比敌方的更庞大，但由于缺少军官，这些船只能停泊在港口。在损失了几艘潜艇后，北部海岸被有效地封锁了。阿萨尼亚意识到："如果一方不能控制海洋，特别是法国边境被关闭或者被敌对方控制的情况下，它就不可能在（伊比利亚）半岛上赢得胜利。"[2]共和国海军的总指挥权很快从布伊扎海军上将手中移交给了路易斯·冈萨雷斯·乌维塔（Luis González Ubieta）上尉。但是，除了1938年的一次幸运的遭遇战，这位新任指挥官并不比上一任更好。普列托在海军部的"灰衣主教"——梅林中尉在后台谨慎地操纵着舰队。

不过，普列托的确压制了拉尔戈·卡瓦列罗的最高战争委员会，他任命了能干的罗霍上校为总参谋长，并在陆军、海军、空军和装备部门设立了4位副国防部长，分别是费尔南德斯·博拉诺斯（Fernández Bolanos）、本杰明·巴尔博亚（Benjamín Balboa）、卡马乔（Camacho）和帕斯托尔（Pastor），他们都不是共产党人。[3]普列托的这一设计是为

---

① 梅塞施米特109（ME109）的整流罩上有两挺固定机枪，机翼上有两门20毫米炮。与英国飞机相比，它们的无线电设备很差。但在西班牙内战中面对苏联飞机，这些弱点并不明显。最终建造的梅塞施米特109式飞机比航空史上任何一种飞机都要多，达到33,000架。它是由威利·梅塞施米特（Willy Messerschmitt）在1935年设计的，由奥格斯堡的巴伐利亚飞机制造厂（Bayerische Flugzeugwerke）制造。这种飞机的几种型号在西班牙进行了测试，包括109B-1、109B-2、C-1、D、E-0和后来的E-1。

② Azaña, vol. IV, p.620.

③ 关于1937年5月的这次军事力量的平衡，来自R. Salas Larrazábal, vol. I, p.1084f.；Voronov, in *Bajo la bandera*, p.128；Cattell, *Communism*, p.228；以及Sanchís, *passim*。

了平衡共产主义者与共和派，以及反共产主义的社会主义者。这个设计基本实现了这一目标，但也并不总能产生他所希望的结果。例如，任命维西多（Visiedo）上校为战斗机行动负责人，“平衡”了共产党员上校、空军司令伊达尔戈·德西斯内罗斯，但维西多似乎属于只对共和国有“地理上忠诚”的人，总之，此人表现得过于谨慎。[①]

内格林政府里有5名来自巴斯克省的人——普列托、苏加萨戈伊
660 蒂亚、德伊鲁霍、乌里韦和埃尔南德斯。[②]前线正在不断瓦解。5月18日，阿莫雷比埃塔（Amorebieta）的牧师圣罗曼·伊图里卡斯蒂略（San Román Ituricastillo）神父在一项私人调解任务中跨越了边界——这是一件冒险的事情，又选择了最赶巧的时候。国民军枪杀了他，并宣布他是被“红军”杀害的。[③]巴斯克地区此时几乎回到“铁围”时代。轰炸还在继续，“秃鹰军团”正在试验向树林投掷燃烧弹的想法，以迫使巴斯克人离开他们的隐藏地。阿吉雷取得了在战场上对巴斯克军的指挥权，这使他与利亚诺·德拉·恩科米恩达将军之间的事务变得更加错综复杂。阿吉雷写信给普列托说，后者是“无能的化身”，既不能理解巴斯克人，又受到共产党人的过度影响，特别是他的参谋长西乌塔少校，此人虽然是一名能干的军官，却是反巴斯克人的。[④]

与此同时，从巴伦西亚经法国派来帮助巴斯克人的飞机在图卢兹被不干涉巡逻委员会（Non-Intervention Patrol Commission）的伦恩上校扣留（共和军原本还希望法国空军的朋友们会给飞机加上油，然后送他们继续上路）。这批飞机随后被送回巴伦西亚，机枪却被没收了。最终，在5月22日，共和军冒着风险派遣战斗机穿越国家主义控制的西班牙，前往毕尔巴鄂。7架飞机安全抵达。在接下来的几个星期里，大约有50

---

① 关于维西多的阻挠行为，见García Lacalle, p.388。

② 普列托生于奥维耶多，但在孩童时就去了毕尔巴鄂。

③ Iturralde, vol. II, p.425.

④ Martínez Bande, *Vizcaya*, p.128f.

架飞机从共和军控制地区飞往北方——其中45架飞机抵达目的地，包括一些伊-16、伊-15和一些娜塔莎轰炸机。[①]此外，英国还同意，一旦巴斯克难民船（包括英国商船）驶离了西班牙的3英里限制区，英国方面将与法国一道护送它们。首批撤离的难民是儿童，他们将被分配给那些同意照顾他们的人。法国的CGT[②]同意接收2,300名儿童，而苏联负责照顾共产主义者的孩子。位于英国的一个巴斯克儿童救济委员会在罗马天主教会的支持下接收了4,000名儿童。经过卫生部医生的仔细检查，这些人被安置在汉普郡斯托纳姆（Stoneham）的一个营地里。布尔戈斯当局提出抗议，认为这些工作意味着巴斯克人正准备彻底摧毁毕尔巴鄂。不过，正如毕尔巴鄂媒体描述的，撤离“我们勇敢的远征儿童”的行动 661
还在毫无阻碍地继续进行着。[③]

也许是因为知道巴斯克人和巴伦西亚共和政府之间的困难，人们向巴斯克政府提出了几项新的非官方建议，要求实现孤立的和平。这些建议在整个冬天都在以非官方的形式推进着。最重要的一个新计划是出自阿根廷驻西班牙大使的提议，随后由在圣让德卢兹的其他外交使团共同推行。他向教皇建议，后者应该尽力安排一个单独的媾和机会。作为该提议的结果，教皇的国务卿帕切利枢机主教大约在5月12日向阿吉雷发出了一封和解电报，提出在北部各省实现和平的条件。不幸的是，电报是用明文传送的。巴黎的邮局看到这是一封西班牙的邮件，就把它送到巴伦西亚，在那里它落入了共和国政府的手中。拉尔戈·卡瓦列罗没有在内阁中提到这个问题。相反，他发了一封尖刻的电报，谴责巴斯克人

① R. Salas, vol. II, pp.1382–1383；Francisco Tarazona, *Sangre en el cielo*（Mexico, 1960）, p.132.

② 1895年创立的法国总工会Confédération Génerate du Travail。——编者注

③ Yvonne Cloud, *Basque Children in England*（London, 1937）；Steer, p.263。英国向巴斯克人提出一项建议，他们应该指定一系列的中立区，以保证这些区域不受攻击。共和政府针对英国像对待一个正规政府一样与巴斯克人达成交易的行为提出了抗议。

在寻求孤立的和平。巴斯克政府并不知道巴黎的投递发生错误，便断定这件事是共产党人使出的“花招”，用来诋毁他们。因此，巴斯克司法部长雷佐拉发出了一份措辞相当强硬的电报，甚至普列托在读这封电报时都认为，电报在要求将他枪毙。[①]在这种误解的状态下，巴斯克政府和共和国政府之间剑拔弩张的关系在战争的其余时间里一直存在。与此同时，教皇也与戈马枢机主教接洽，就像他与阿吉雷的接
662 洽一样。戈马枢机主教去见了莫拉，莫拉又给佛朗哥打了电话。国家主义西班牙确实向巴斯克政府提供了有限的担保，但接下来什么事情都没有发生。

巴斯克人、戈马枢机主教、教皇和墨索里尼之间的交易，并不是为部分结束在西班牙发生的屠杀所做的唯一努力。此前，安东尼·艾登曾在伦敦接待过社会党改革派贝斯泰罗的访问。贝斯泰罗代表共和国出席了5月12日乔治六世国王（King George VI）的加冕典礼。他代表沮丧的阿萨尼亚来见艾登，请求英国外交大臣居中调解。阿萨尼亚建议，在外国志愿者撤出后，各大国应该对西班牙达成一项解决方案。[②]这个想法深得艾登的欢心。然而，英国在巴伦西亚的新负责人约翰·莱切（John Leche）报告说：在西班牙，人们的仇恨深入骨髓，此时任何的调解都

---

① 见*Revue des deux mondes*, 10 February 1940。该文章错误地断言巴斯克政府已经开始与佛朗哥直接谈判。以上陈述是由雷佐拉告诉我的，他在Aguirre, pp.34–36中确认了这个陈述。Largo Caballero（p.206），对该陈述有轻微的修正，比如，巴斯克人说，共和内阁在巴斯克部长德伊鲁霍不在场的情况下秘密举行了一次会议。从福佩尔到柏林的电报中有个关于萨拉曼卡发生事件的版本，但并不可靠。1937年3月，墨索里尼通过他在圣塞巴斯蒂安的代表卡瓦莱蒂（Cavaletti）侯爵又进行了一次和平斡旋，“（他们）也许是想在巴斯克各省建立一个意大利保护国！”阿吉雷拒绝了这项提议（Aguirre, pp.31–33）。另见Martínez Bande, *La guerra en el norte*（Madrid, 1969），p.60f. 和Antonio Granados关于枢机主教戈马的传记（Madrid, 1969, p.155f.）。

② Madariaga, *Memorias*, p.416. 阿萨尼亚（vol. IV, p.588）确认这是一项他自己个人的和平任务，拉尔戈·卡瓦列罗完全没有参与。拉尔戈在他的备忘录（p.199）中给出了负面的评价。见Jackson, p.442f. 的评论。

不会有用。[①]艾登却坚持自己的看法。英国驻罗马、柏林、巴黎和莫斯
科的大使，以及驻里斯本的部长，以阿萨尼亚的建议为蓝本与这些国
家的外交部长接触。[②]5月19日，位于基吉宫的齐亚诺副手巴斯蒂尼亚
尼（Bastiniani）愤怒地向德国大使冯·哈塞尔抱怨道，艾登的计划是
典型的“英国人妄图不惜一切代价阻止一次法西斯的胜利”。[③]佛朗哥
告诉福佩尔，停战和自由选举将意味着建立一个“左翼政府”，且标志
着白色西班牙的结束。他“和所有的西班牙民族主义者宁愿死也不愿把
西班牙交给一个红色或民主政府”。塞拉诺·苏尼尔也认为，任何形式
的妥协都将“为回到那种使战争不可避免的局势打开大门”[④]。大元帅补
充说，他完全相信共和派会因此而接受调解。佛朗哥说，英国人希望停
战，是因为他们向巴斯克人出借了大笔款项。[⑤]佛朗哥和福佩尔认同梵
蒂冈造成了不少麻烦这一事实。因此，佛朗哥坚持向托莱多大主教（the
archbishop of Toledo）、戈马枢机主教说，在西班牙不要提及最近教皇发
布的《深表不安通谕》（*Mit brennender Sorge*），这份通谕是反对纳粹德 663
国的，并已在3月德国的所有教堂中被诵读过。[⑥]与此同时，伦敦《泰
晤士报》的编辑杰佛瑞·道森（Geoffrey Dawson）焦急地想知道，他如
何才能平息德国人对他关于格尔尼卡相关报道的愤怒：“毫无疑问，他
们（德国人）被斯蒂尔关于格尔尼卡轰炸的第一份报道激怒了，但报道
的准确性从未受到过质疑，我们这里也没有任何企图不断地去重复提起
它……一夜又一夜，我尽我所能避免任何可能伤害他们脆弱感情的东西
再出现在报纸上。”[⑦]5月24日，齐亚诺告诉美国大使，艾登的停战计划

---

① *USD*, 1937, vol. I, p.295.

② *GD*, p.291.

③ *GD*, p.291.

④ Serrano Súñer, p.70.

⑤ 这并不是真的，虽然英国在毕尔巴鄂有金融利益。

⑥ *GD*, p.295.

⑦ *History of The Times*, vol. IV（London, 1952）, p.907.

是不公平的，因为佛朗哥即将进入毕尔巴鄂。[①]

艾登抵达日内瓦参加国际联盟理事会（the League of Nations Council），他率领的英国代表团公开承认调解计划的失败。[②]事实上，后续人们再也没有听说过它。5月28日，联盟理事会审议了西班牙针对意大利干涉的申诉。阿尔瓦雷斯·德尔巴约发表了雄辩之言。他对不干涉控制是否会阻止物资流入提出了疑问，并同意撤离志愿者。利特维诺夫对此表示支持。德尔博斯和艾登宣称，他们“热切地相信”，自从1936年12月理事会最后一次审议西班牙事务以来，他们已经取得了一定进展。他们在会议桌上和走廊上的政策都一如既往地使讨论保持低调，以免把不耐烦的德国人或意大利人从不干涉委员会中赶走。

在位于伦敦的那个委员会中，格兰迪同样遇到一个新麻烦，那就是意大利巡洋舰“巴列塔”号（Barletta）。这艘船是意大利为不干涉巡逻控制做的一部分贡献，曾在马略卡岛的帕尔马停泊。它不可能在那里执行巡逻任务，因为马略卡岛由法国人负责。它在帕尔马的存在也不可能是无辜的。5月24日在一次共和军对这个岛的空袭中，“巴列塔”号被击中。空袭造成6名意大利人死亡。不干涉委员会建议在帕尔马为所有的海军巡逻舰设立一个安全区。[③]第二天，联盟理事会
664 正式为它在12月的决议没有得到执行表示遗憾，并欢迎不干涉控制计划，敦促撤离参战的志愿者，谴责对开放城镇的轰炸，并批准英国和法国对巴斯克儿童采取人道主义行动。这些道貌岸然的感伤注定只能停留在愿望阶段。就在同一天，巴利阿里群岛又发生了一起新的海军事件。

位于巴伦西亚的共和国国防部曾指出，不能在西班牙领海内进行国

① *USD*, 1937, vol. I, p.302.

② *USD*, 1937, vol. I, p.303.

③ *NIS*，第22次会议。

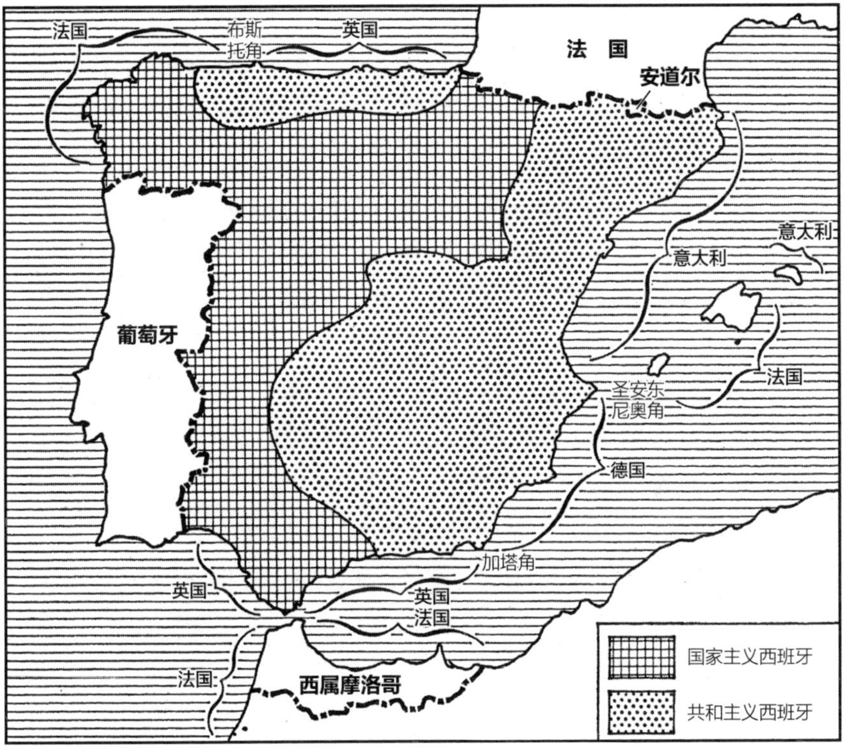

图24　海军不干涉巡航中各国的封锁段

际海军巡逻。帕尔马港是著名的国民军军火运输中心，因此，共和军对它持续攻击。5月26日，空袭继续进行，炸弹落在德国巡逻船“信天翁”号（Albatross）附近——这艘船也在帕尔马休整。德国海军巡逻队指挥官抗议说：如果再重复这种行为，将会采取“反制措施”。

当晚，德国战列舰“德意志”号（Deutschland）在伊比沙岛附近抛锚停泊。两架共和军飞机出现在头顶上。最初，它们在夕阳下没有识别身份，但随后它们投掷了两枚炸弹。其中一枚落入水手群中，造成了船员中23人死亡、75人受伤，另一枚击中了舷侧甲板，没有造成什么损失。共和军舰队目睹了这一事件，随后罕见地出动了。结果，德国人最 665

初以为他们遭到驱逐舰的袭击。

共和国国防部声称，“德意志”号率先向这些飞机开火，飞行员随即才进行了报复。但这种说辞并不真实。国防部声称它们是“侦察机”，但侦察机是不携带炸弹的。[①]这些飞机事实上是由苏联人驾驶的。[②]

希特勒为这么多德国人的死亡勃然大怒，外交部长诺拉特与他共谈了6个小时，试图缓和他的愤怒情绪。[③]“德意志”号驶往直布罗陀，在那里卸下了那些伤员。这批伤员中又有9人死亡，死亡人数上升到32人。[④]

5月31日拂晓，德国人开始报复。“舍尔海军上将”号袖珍战列舰和4艘驱逐舰出现在阿尔梅里亚附近，并向该镇发射了200发炮弹，摧毁了35座建筑物，造成了19人死亡。德国还决定退出不干涉谈判，退出海军巡逻行动，直到它得到“防止此类事件再次发生的保证”。意大利也采取了同样的行动。[⑤]在柏林，当时出任英国驻德国大使的内维尔·亨德森（Nevile Henderson）爵士恳求诺拉特“不要把西班牙局势扩大成一场世界大战，以此来讨好红军”[⑥]。甚至连科德尔·赫尔都召见了新任德
666 国驻华盛顿大使迪克霍夫。这位国务卿像往常一样谨慎地告诉他，美国希望德国“和平地解决”它在西班牙遇到的困境。[⑦]

---

① 布鲁姆告诉美国大使，他的情报是：德国人说的是实话（*USD*, 1937, vol. I, p.309）。

② 见Prokofiev, in *Bajo la bandera*, p.401和García Lacalle（p.212），书中认为苏联人将“德意志”号当成了“加那利群岛”号。见Azaña, vol. IV, p.611，他指出事实令人惊讶，因为“苏联人遵守最严格的纪律，他们的领袖和他们的政府一样，知道他们必须避免与德国人发生任何冲突”。

③ *USD*, 1937, vol. I, p.317；*GD*, p.297f。亦可参考François-Poncet's dispatch of 3 June（*FD*, vol. VI, p.22）。

④ “德意志”号的受害者由直布罗陀总督查尔斯·哈林顿（Charles Harington，爵士）将军照顾，他在西班牙战争中一直专注于如何恢复皇家卡尔佩狩猎协会（Royal Calpe Hunt）的古老荣耀。在马拉加陷落后，不干涉会议又得到恢复。

⑤ *NIS*，第53次会议。

⑥ *GD*, p.299.

⑦ *GD*, p.302.

在巴伦西亚，共和国内阁召开会议。普列托建议共和国轰炸整个地中海的德国舰队。他承认，这可能会引发一场世界大战，但这值得冒险，因为它会从佛朗哥那里抽走德国的援助。这个大胆的提议符合普列托的性格。内格林谨慎地表示，他们需要咨询阿萨尼亚的意见。这给了所有部长时间去咨询他们的良心，以及他们的朋友。埃尔南德斯和乌里韦去了西班牙共产党中央委员会。这项建议使共产国际的顾问们大吃一惊。卡德维拉去了苏联大使馆，他们通过无线电咨询了“老家”[1]；莫斯科回答，苏联对世界大战不感兴趣，因此，要不惜代价挫败普列托的计划。阿萨尼亚同样也反对普列托的计划。他说，“我们必须保证‘德意志’号不要成为我们的‘缅因’号（*Maine*）”。[2]毕竟，一场真正的对德战争可能会在英法两国被诱导干预之前将共和国毁灭。因此，阿尔梅里亚的“事件”被刻意忽视了。[3]

还有一次，共和军差点挑起另外一场世界大战。一名被肢解的共和军飞行员的尸体被投送到马德里附近的巴拉哈斯机场，一同投送的还有用意大利语写的轻蔑的评论。愤怒的共和军空军希望起飞去轰炸罗马。指挥官伊达尔戈·德西斯内罗斯宣布他会和他的人一起去。但又一次，内阁抑制了他们的冲动。一场从西班牙本土冲突升级到全局性冲突的战争对共和国的好处模棱两可。即便英国和法国有能力帮助共和国，它们也不太可能真的有意愿去帮忙。这（阻止战争升级）对苏联也是当务之急，苏联知道，如果它向西班牙送去足够的武器，帮助它的盟友赢得战争，那么随之而来的可能会是一场世界大战，英国和法国即便不结盟反对它，也会保持中立。

阿尔梅里亚事件是普列托和西班牙共产党之间关系恶化的开端。之 667

---

① *La Casa*（家乡）是西班牙共产党对莫斯科的称呼。

② 阿萨尼亚提供了一份记录（vol. IV, pp.611–613）。亦可见 Hernández, p.114。

③ 埃尔南德斯的记录大体上被普列托在墨西哥版的 *Como y porqué salí del Ministerio de Defensa Nacional* 一书的前言中证实。

前，在推翻拉尔戈·卡瓦列罗政府的过程中，双方出于方便的考虑，绽放出友谊之花。不久之后，乌里韦和埃尔南德斯找到普列托，建议他每天与他们会面。普列托回答说，西班牙共产党可以在内阁会议上与他协商事务，而不能单独和他讨论。此后，尽管普列托主义者在一些问题上与西班牙共产党保持一致，比如，如何对待拉尔戈·卡瓦列罗，以及如何约束无政府主义者等，但他们的友谊已经变淡，就像西班牙共产党其他友谊发展的传统剧情一样。①

与此同时，恶劣的天气阻碍了莫拉对毕尔巴鄂的行动。在这座城市里，一名新的军事参谋（与苏联的戈里耶夫并肩作战）从巴伦西亚来到这里，他被置于加米尔·乌利巴里（Gámir Ulíbarri）的领导之下，而后者作为"效率的承诺"取代了利亚诺·德拉·恩科米恩达。加米尔接任巴斯克最高指挥官，而利亚诺·德拉·恩科米恩达将继续执掌阿斯图里亚斯和桑坦德的指挥权。加米尔是一位军事理论家，曾任托莱多步兵学院院长，自战争开始以来，他一直担任共和国驻特鲁埃尔的指挥官。这位能干的军官确实能够提高巴斯克指挥系统的工作效率。这也很奇怪，因为他的参谋长拉马斯·阿罗约（Lamas Arroyo）少校更愿意为国家主义西班牙而战，尽管他早前曾是命运多舛的普伊格登戈拉斯、巴达霍斯和沃尔特将军的参谋长；他参加过这次战争的大部分主要战役，但如果拥有行动自由的话，他更倾向于对共和国不忠。在加米尔指挥下巴斯克人效率更高的原因，实际上是阿吉雷被说服放弃了他的总指挥权。②5月，更多的人被征召入伍。一批新的捷克武器，包括55门高射炮、30门加农炮和2个伊-15战斗机中队也于6月初抵达。其他指挥官也从马德里赶来，其中包括天才的意大利共产党人尼诺·纳内蒂，他在瓜达拉哈拉的

① Prieto, *Convulsiones* I, pp.152–153. 西班牙共产党对普列托的第一次抱怨是在布鲁内特战役中，当时乌里韦和埃尔南德斯告诉内格林，国防部长正在重新分配指挥权，这对西班牙共产党十分不利。

② 见R. Salas Larrazábal, vol. II, p.1395。

第十二师表现出色。

共和政府此刻在西班牙其他地区发动了两次攻势，将国民军的火力从毕尔巴鄂引开。第一次是在阿拉贡前线进攻韦斯卡。这是由重组后的 668
加泰罗尼亚军实施的，自5月骚乱以来，加泰罗尼亚军一直处于中央更严格的控制之下。这次进攻在波萨斯将军的指挥下并不成功。虽然共和军的人数超过了他们的对手，但国民军在压力大、几乎被围困的情况下，依然牢牢地盘踞在镇上。在持续进攻的两个星期中，共和军伤亡达到1,000人，且大部分都是无政府主义者，其中包括被炸死的同性恋将军卢卡奇，他死于一发炮弹。①刚刚受伤不久的乔治·奥威尔记录，这些正在赶往前线途中的意大利人在火车上唱着《红旗之歌》（*Bandiera Rossa*）。在医疗火车上，他看到：

> 一车窗又一车窗的黑色笑脸，长长的倾斜着的枪管，飘动着的猩红色丝巾——这一切都在绿松石色海面的背景下，慢慢地从我们眼前滑过……那些身体好到可以站立的人穿过车厢，在意大利人经过时为他们欢呼。一根拐杖向窗外挥舞，裹着绷带的胳膊向他们敬“红色的”礼。这就像是一幅寓言式的战争画面——满载着新人的列车骄傲地向前，伤残士兵乘坐着慢车灰溜溜向后撤。②

此时的另一场进攻发生在塞哥维亚前线。5月31日，多明戈·莫里

---

① 见古斯塔夫·雷格勒（Gustav Regler）的记录，他也在同一时间受伤（Regler, *The Owl of Minerva*, p.312）。受伤的还有苏联将军巴托夫（*Bajo la bandera*, p.100）。见 *Historia y vida*, December 1969。国民军飞行员王牌加西亚·莫拉托杀死了第十二国际旅的医生赫尔布伦（Heilbrunn）博士，而不是卢卡奇。卢卡奇死后，由保加利亚人科索夫斯基（Kosovski，“彼得罗夫”，“Petrov”）继任指挥官。

② Orwell, *Homage to Catalonia*, p.260. 这次战役在 Martínez Bande, *La gran ofensiva sobre Zaragoza*（Madrid, 1973）, pp.39–74 中有详细的描述。

昂（Domingo Moriones）将军（他曾于1934年担任希洪的军事总督，并在那里开始了对革命的毁灭工作）指挥着3个共和军师（分别在何塞·玛利亚·加兰、沃尔特和巴尔塞洛上校领导下）在圣伊尔德丰索（San Ildefonso）冲破了国民军的战线。此次进攻到达拉格兰哈（La Granja）后被恩里克·巴雷拉阻止，恩里克·巴雷拉率领着从马德里以南的巴龙师转移来的部队。这次进攻引发了沃尔特将军和他的下属——第十四国际旅（进攻部队）的杜蒙（Dumont）上校之间的争吵，争吵的核心内容
669 是谁应该为最终的逆转负责。[1]由于杜蒙得到法国共产党的支持，沃尔特除了抗议杜蒙的虚荣和低效，其他什么都做不了。支持共和军的苏联空军不仅效率低下，还轰炸了共和军的阵地。[2]这两次进攻的失败封印了毕尔巴鄂的命运。

巴斯克战役最后一幕开始前，还有一次进一步的预演。6月3日，莫拉将军死了。他乘坐的飞机在布尔戈斯附近的阿尔科赛罗山（Alcocero）坠毁。莫拉经常使用飞机，因此没有任何证据可以证明这是一场有预谋的暗杀。尽管此后许多年，一位一直坐镇巴利亚多利德的上校，他的桌上总是摆放着两把上了膛的手枪，等待着发现谁是杀死了他的儿子——飞机的驾驶员查莫罗（Chamorro）上尉的凶手。福佩尔形容佛朗哥“得

---

① 富恩西斯拉圣母（Our Lady of the Fuencisla），塞哥维亚的守护神，后来因为她在保卫这座城市方面所起的作用，被任命为元帅。这件事发生在恩里克·巴雷拉1942年成为国家主义西班牙内阁的战争部长时期。这一消息让希特勒表示，他在任何情况下都不会访问西班牙（*Table Talk*, p.515）。

② 一份诚实的描述，见Tagüeña, p.152。Martínez Bande, *La ofensiva sobre Segovia y la batalla de Brunete*（Madrid, 1972）, pp.61–100，里面提供了有用的信息。对于沃尔特和杜蒙之间麻烦的尖刻描述，同样见Gillain, p.57f。共和军同样误用了苏联的一个T–26坦克连。Martínez Bande发布了一个关于沃尔特和加兰战役的报告（*op.cit.*, p.246f.）。海明威对于共和军进攻的描述，见《丧钟为谁而鸣》。他暗示行动失败是由于背叛以及马蒂的固执，从而让军事行动持续。这本书记录的事件涵盖“1937年5月最后一个星期的星期六下午到星期二中午之间的68个小时”（Baker, p.225）。特别奇怪的是，海明威本人当时已经返回纽约，在为共和国筹集资金。

到莫拉之死的消息无疑让他松了一口气”。这位大元帅对他的战友说的最后一句话是：“莫拉是个顽固的家伙！当我给他的命令和他自己的提议相左时，他经常会反问：‘你不再信任我的领导力了吗？’”[①]前一年阴谋的“导演”陨落，一位拥有自己政治立场的领导人随之逝去。莫拉是一个果断的人，他常常精神紧张但性格刚直不阿。虽然他一生都是共和派，但被派往潘普洛纳时，由于卡洛斯党人对他的热情，他就转而投向卡洛斯党，他的死对卡洛斯党是一个沉重的打击。

与莫拉观点不谋而合的达维拉将军，作为布尔戈斯军政府的行政首脑继任北方军队的指挥官。他是一位官僚主义的将军，身高甚至比佛朗哥还矮，但正如塞韦拉海军上将回忆的那样，他“纯洁、朴素，西班牙味儿十足”。在布尔戈斯，戈麦斯·乔达纳（Gómez Jordana）将军接替了达维拉。他是普里莫·德里维拉政府的一名成员，是一名官员的儿子， 670
他父亲的名字在摩洛哥因对摩洛哥人的了解和兴趣而具有传奇色彩，而他本人也是国王统治下的摩洛哥高级专员。他已经老了，因此自认为是个超越了个人野心的人。虽然他是一个君主主义者，但他自认为是个自由主义者。准确而言，他算是来自另一个时代的人，那个时代与法西斯主义、共产主义和工业革命相去甚远。他谦恭、忠诚、不知疲倦、诚实，后来作为外交部长向各国大使不断地宣扬、赞扬佛朗哥的外交政策。

6月11日，北方军再次进攻。150枚炮弹的初步射击，伴随着“秃鹰军团”和意大利飞机的空中轰炸是如此沉重，这种攻击冲击了巴斯克守军“铁围”之前的最后一个高地。夜幕降临时，加西亚·巴利尼奥、巴乌蒂斯塔·桑切斯（Bautista Sánchez）和巴托梅乌（Bartomeu）上校，以及纳瓦拉人6个旅中的3个，已经到达了这条著名的防线。整个夜晚轰炸都在持续。燃烧弹落在了一块墓地里，制造了一出如同死者复活的

---

① *GD*, p.410. 当时的一项指控是，莫拉因抗议轰炸平民目标而被德国人杀害。抗议和阴谋论式的结果都不大可能是真的。

景象。[①]加米尔将军总共有大概4万人，其中有些人是阿斯图里亚斯人或桑坦德人，他们被认为是不值得信赖的。而其他大约一半的部队在政治上是社会主义者或共产主义者，因此他们无法全身心参与那些将名字取为“阿拉纳·戈里”（*Arana Goiri*，巴斯克民族主义创始人）、“伊萨·昆迪亚”（*Itxar Kundia*）或“苏卡列塔”（*Sukarrieta*）的各个旅带有巴斯克民族主义色彩的冒险活动。[②]

6月12日，火炮和更多的飞机（当天可能有70架轰炸机）在“铁围”上狂轰滥炸了几个小时之后，巴乌蒂斯塔·桑切斯的下属旅在一个几乎没有建造防御系统的地方发动了攻击。投降了国家主义西班牙的戈伊科
671 切亚少校无疑向他们透露过这个位于乌尔库鲁山（Urcullu）可以发动进攻的地点。紧接着炮击的是地面防线。防守方甚至很难区别炮击和紧跟着的坦克射击。混乱、烟雾、机动突然无处不在。巴斯克部队又一次觉察到他们有被包围的危险，于是赶紧撤退。天黑时，巴乌蒂斯塔·桑切斯已经撕开了巴斯克防线，前方部队冲进去1英里。他距离毕尔巴鄂的中心只有6英里之遥。于是国民军可以在轰炸的同时炮击毕尔巴鄂。[③]6月13日，所有在“铁围”之外的巴斯克军队都撤入了“铁围”之中。他们的士气受到极大打击，因为此事证明了一个精心设计、固定的防御体系在心理上并没有多大用处。在毕尔巴鄂，一些人准备逃往法国。他们在卡尔顿酒店（Carlton Hotel）召开了一次会议，在会议上，阿吉

---

① Martínez de Campos, p.221.北方国民军的军队已经改组，总部设在布尔戈斯。原第六师扩大后，实际上已经更名为第六军团（由洛佩斯·平托将军指挥），并被分为两个师。索尔查加领导下的第一师由6个纳瓦拉旅组成，前4个旅是在老卡洛斯党志愿纵队的基础上组建的，指挥权的归属与3月31日一致，新组建的两个旅由巴托梅乌上校和巴乌蒂斯塔·桑切斯上校领导。参谋长仍然是比贡，炮兵继续在马丁内斯·德坎波斯的领导下。5月23日，该师更名为第六十一（纳瓦拉）师，即第六军团第一师。见Martínez Bande, *Vizcaya*, pp.124–125。

② Martínez Bande, *La guerra*, pp.154–155.这些师和旅的组织是孱弱的。

③ 见del Burgo, p.900, and Martínez Bande, p.172。

雷问军事指挥官毕尔巴鄂还能不能守住。[①]炮兵司令格里卡·埃切瓦里亚（Guerrica Echevarría）认为毕尔巴鄂难以抵抗攻击。苏联将军戈里耶夫建议抵抗。另一位苏联顾问戈尔曼（Golmann）上校和法国人莫尼尔（Monnier）也很坚定地站在抵抗的立场上。加米尔什么也没有说。6月13至14日的夜里，巴斯克政府决定保卫这座城市。普列托也从国防部发出了明确的命令。工业和其他对敌人有用的设施将被摧毁，但尽可能多的平民会被疏散到西边的桑坦德。这又为这座城市的前景笼罩一片阴影，因为这预示着它将被遗弃。

6月14日，曾指挥第十四国际旅的阿尔萨斯人——上校普茨接受了巴斯克第一师的指挥权。意大利人尼诺·纳内蒂也被授予了1个师。尽管如此，从毕尔巴鄂来的难民还是一整天都在逃亡，“秃鹰军团”用机枪扫射着通往桑坦德的海岸公路。两艘满载难民的船只被国民军的舰队截获。巴斯克政府撤退到比斯开西部的特鲁西奥斯村（Trucios）。他们为毕尔巴鄂留下了一个守卫城市的军政府，成员包括雷佐拉（司法部长）、阿斯纳尔（社会主义者）、阿斯迪加拉比亚和加米尔。政府的撤离很合理，但海军司令纳瓦罗（Navarro）从比斯开的逃离，以及炮兵司令格里卡·埃切瓦里亚和其他人利用最后一艘可以找到的船逃走的行为， 672
就显得不那么合理了。6月15日，多亏了普茨，至少有一条战线挡住了前进的卡洛斯党人和意大利人——当时，贝尔德拉因在北部，普茨在中部，尼诺·纳内蒂在南部。又一次，叛徒戈伊科切亚少校指出了防御工事上不完整的地点，让国民军发动了下一次进攻。纳内蒂的部队崩溃了，他们逃过了内尔维翁河（Nervión），但并没有炸毁他们身后的桥梁。这样，就留下了一条直通毕尔巴鄂的大道。第二天，即6月16日，普

① Steer, p.307；R. Salas, vol. II, p.1403；Martínez Bande, *Vizcaya*, pp.288-290.参谋长拉马斯（Lamas）在此次会议上的说明。斯蒂尔的记录是完美的。苏联人科尔佐夫（Koltsov）也在毕尔巴鄂，但没有出席这次会议。

列托给加米尔发了电报，要求不惜一切代价守住毕尔巴鄂，特别是城中的工业区，但第五纵队已经开始不分青红皂白地向拉斯阿雷纳斯（Las Arenas）郊区开火。一个无政府主义组织压制了这一次爆发。不过到此时也没有出现空中轰炸——国民军从格尔尼卡吸取了教训，并且雷佐拉提前发现并取消了一个烧毁城市的计划。[1]整整一天，国民军不断前进。普茨的部队伤亡惨重。6月17日，这两位指挥官将前线指挥部设在了毕尔巴鄂市中心。在这一天，有2万发炮弹投向这座城市。制高点和孤立的房屋多次易手。一些工厂被清空，另一些只是部分清空，剩下的被放弃了。在毕尔巴鄂，人员和物资沿着铁路线和最后两条公路运往桑坦德。这些路线从此刻开始进入了前进的“黑箭”部队的炮兵射程。夜晚，雷佐拉侠义地把巴斯克人手中的政治犯交给敌人，避免在抵抗的最后阶段将他们置于没有警卫的监狱之中。他还阻止了共产主义者和无政府主义者的军队去炸毁大学和圣尼古拉的计划——军队认为这些是敌人架机枪的好地方。国家主义西班牙此时已经获得从城市到海边的所有内尔维翁河右岸地区，以及直达铁路桥的大部分左岸地区。6月18日黄昏时分，巴斯克军队被下令放弃他们的首都。6月19日早晨，最后一批部队撤离。中午，国民军坦克跨过内尔维翁河进行初步侦察，发现毕尔巴鄂已经空了。第五纵队、机会主义者和特务出现，他们在阳台上悬挂红色和黄色的君主主义旗帜。200
673 名国家主义西班牙的支持者聚集在一起唱着叫着。一辆巴斯克坦克不知从哪里冒出来，驱散了人群，用机枪扫倒了阳台上的3面旗帜，然后沿着最后一条逃跑的路离去。傍晚五六点钟，第五纳瓦拉旅在巴乌蒂斯塔·桑切斯的指挥下进入城市，在市政厅旗杆上升起了君

① 见Víctor de Frutos, *Los que no perdieron la guerra*（Buenos Aires, 1967）, p.119。弗吕托（Frutos）是一个旅的指挥官。关于雷佐拉，见Sancho de Beurko, *Gudaris, recuerdos de guerra*（Buenos Aires, 1956）, p.90。

主主义的旗帜。[1]

就这样，巴斯克共和国尤兹卡迪（巴斯克语“祖国”）的实践结束了，它的政治领导人使它沦落成一个流亡政府，并迁入巴塞罗那。加米尔将军全神贯注地把尽可能多的部队撤向桑坦德，在一次空袭中，他失去了第二师新任意大利指挥官尼诺·纳内蒂。[2]他的任务相对容易，因为佛朗哥就像他的空军司令金德兰抱怨的那样，在获得了毕尔巴鄂之后，并没有认真努力地迅速追击敌人。[3]国民军从3月份以来已经损失了3万人，包括4,500人死亡；加米尔预计共和军方面的伤亡总数是3.5万人，其中死亡人数最多可达1万人。[4]

在马拉加陷落后，佛朗哥从“毫无意义的枪击事件”中吸取了教训。他禁止大批分遣队进入毕尔巴鄂，以避免产生过度行为。[5]因此，他们没有立刻进行报复，平民囚犯也很少。但征服者同时也立刻想方设法着手消除巴斯克的分离主义情绪。校长们至少要积极证明自己的政治中立，否则就会被解雇。巴斯克语言被官方禁止。两周之内，原料和货物采购公司（ROWAK）的赫尔·贝斯克（Herr Bethke）参观了毕尔巴鄂的铁矿、鼓风炉和轧钢厂，发现它们都损坏了。人们开始继续为接下来的攻势做充足准备。[6]过去运往英国，特别是威尔士钢铁公司（Steel Company of Wales）的矿石被暂停和转向。[7]加尔达考的重要化工厂也是如此，它是西班牙唯一一家有能力制造炮弹的工厂。比 674

① Aznar, pp.425–426；Steer, pp.336–371.

② 见未发表的MS. of Colonel Lamas, qu. Martínez Bande, *Vizcaya*, p.198, fn. 317。

③ Kindelán, p.86.

④ Martínez Bande, *La guerra*, pp.219–220；巴斯克6月官方伤亡统计表已经遗失。在4月和5月，伤亡数字分别是7,344和8,793。6月份的伤亡很可能会达到1.4万人。

⑤ *GD*, p.409.

⑥ *GD*, p.412.

⑦ 事后，德国人准备和英国人对此展开谈判，到1937年年底，对英国的铁矿石出口恢复正常。

斯开的炸药产量占整个西班牙的一半。毕尔巴鄂的陷落也同时意味着，西班牙三个主要的电信电缆终端都掌握在佛朗哥手中（另两个在比戈和马拉加）。①

在英国斯托纳姆（Stoneham，属于汉普郡）的主难民营里，毕尔巴鄂沦陷的消息是由一名牧师告诉巴斯克的难民儿童的。聚集在一起的孩子们惊骇极了，他们用石头和棍子砸向带来坏消息的人。3,500名儿童中有300名在极度悲伤中毫无目的地冲出了营地。②

—

毕尔巴鄂的陷落加剧了世界范围内对西班牙内战宗教意义的激烈争论。争论的基调在1月份就确定了下来，当时梵蒂冈期刊《罗马观察报》（*Osservatore Romano*）曾认真思考："对于一种富有战斗精神的人生观，为教义而斗争是一场圣战……只有自由主义不可知论在理论上和实践上都试图贯彻容忍的概念……才会被意识形态斗争震撼。"③尽管如此，巴斯克人内的共和派却是"西班牙最信奉基督教的人"，④这使天主教徒开始关注起他们的忠诚来。春天，两位著名的法国天主教徒弗朗索瓦·莫里亚克和雅克·马里坦（Jacques Maritain）发表了一份支持巴斯克的宣言。维多利亚主教穆希卡在罗马写信支持法国人的宣言，虽然他依然拒

① 毕尔巴鄂陷落对海军的意义由Admiral Cervera（*op.cit.*, p.170）描述，它的封锁促成了胜利，对海军造船厂以及锚、缆绳、链条的供应等，都起到很大作用。

② Cloud, p.8。关于这些难民营中的生活片段是由维克多·乌奎迪（Victor Urquídi）提供给作者的，此人是伦敦经济学院（London School of Economics）的一名墨西哥学生，在难民中工作。他回忆说，巴斯克儿童建立了一个自己的委员会，以"反对体罚"；当有一个牙医来到时，他发现整个营地都空了——孩子们都逃跑了。

③ *Osservatore Romano*, 8 January 1937.

④ *La Guerre d'Espagne et le Catholicisme*, H. Joubert撰写的小册子，为了回应Maritain（Paris, 1937）, p.26，于7月1日写的文章。

绝公开以他的名字为巴斯克人辩护[1]——他只是向梵蒂冈提出抗议，在那里，他的观点极富影响力。格尔尼卡的毁灭加强了那些被法国右翼天主教媒体称为“红色基督徒”（chrétiens rouges）的人的力量。5月15 675
日，罗马的两名西班牙多明我会教徒卡洛神父和贝尔特兰·德埃雷迪亚神父，发表了一份支持暴力的小册子，谴责“在太多天主教家庭中普遍存在”的想法，即一个人可以在西班牙内战中保持中立。这意味着给予“杀人犯、上帝和圣父土地上的叛徒”以平等的权利。罪恶（“Sin”），像犯罪（“Crime”）一样，没有任何权利。威斯敏斯特大主教将这场战争描述为“基督教文明和有史以来使世界黯然失色的最残酷的异教徒之间的激烈斗争”[2]。教皇官方宣布所有那些被谋杀的教士都是烈士。克劳德尔（Claudel）立刻写下了他的颂歌《致西班牙烈士》（*Aux Martyrs Espagnols*），作为佛朗哥政府驻巴黎外交官胡安·埃斯特里奇（Juan Estelrich）所写的一本亲民族主义书籍的诗体序言。7月1日，马里坦在《新法国杂志》（*La Nouvelle Revue française*）上发表了一篇文章作为答复。他在文章中说，那些以宗教名义杀害穷人、“基督的人民”的人，和那些因对宗教的仇恨而杀害教士的人一样应受惩罚。[3]

那天，托莱多大主教、戈马枢机主教领导的西班牙教士阶层采取了不同寻常的一步——向“全世界的主教们”发出了一封联合信。[4]他们在信中说，不希望在西班牙举行“武装全民表决”，尽管成千上万的基督徒“拿起武器履行个人责任，捍卫宗教原则”。他们争辩道，1931年以来的立法权在试图“以违背民族精神需要的方式，来改变西班牙历

---

① Iturralde, vol. II, pp.318–319.然而，主教这时私下里承认他错了，后来就公开承认了。

② Qu. Father Bayle, SJ, *¿Qué pasa en España?*（Salamanca, 1937）.

③ 马里坦的立场见他在Alfredo Mendizábal, *Aux origines d'une tragédie*（Paris, 1937）所写书籍的序言中。同见Ch. 8, ‘Católicos Antitotalitarios’, of Southworth's *El mito de la cruzada*。

④ 由天主教真理协会（Catholic Truth Society）在伦敦出版。这封信似乎很可能是根据佛朗哥将军的建议写的。它是由戈马枢机主教起草的，并分发给主教们签署。

史”。共产国际武装了“一支革命民兵去夺取政权”。因此，内战在理论上是公正的。[1]主教们回忆起殉道的教士，并用这样的印象安慰自己，当他们的被“恶魔教义迷住的敌人，在法律的制裁下死亡后，他们中的绝大多数人都与父辈信仰的上帝和解了”。在马略卡，只有2%的人死时没有忏悔；在南部地区，这一比例不超过20%。主教们最后称，国民
676 运动应该是“一个大家庭，公民在这个家庭中可以得到全面发展”。尽管如此，他们补充说，“如果议会不负责任的自治被一个更可怕的独裁政权所取代，而这个独裁政权在这个国家本来就没有根基”，那么他们“将是第一群为此感到遗憾的人”。他们在信的最后指责巴斯克的教士们没有去听“教会的声音”。这封信既没有得到塔拉戈纳大主教（正在瑞士流亡）的承认，也没有得到维多利亚主教的签署。[2]后者在罗马拒绝承认国家主义控制的西班牙存在宗教自由（就连德国人都在抱怨他们迫害新教徒），[3]所谓只有在审判后才判处死刑，这种说法也不是真的。[4]除了这些主教的拥护者，西班牙教士阶层在教皇面前控诉巴斯克教士们，说他们表现得像是政治家，并携带武器。巴斯克教士团体答复说，他们的教士中没有一个以教士的身份附属于巴斯克民族主义党，也没有一个人（甚至连社工团体的人都算在内）携带武器。[5]但是，8月28日，

① 在*La guerra nacional española ante la moral y el derecho*（Salamanca, 1937）中，伊格纳西奥·梅内德斯·雷加达（Ignacio Menéndez Reigada）神父补充说，揭竿而起“不仅是公正的，而且是一种义务”。

② 奥里韦拉（Orihuela）主教病了，他的代表代替他签了字。塔拉戈纳大主教虽然没有评论西班牙教会在内战中的态度——他从未公开表示过他的立场，然而他也从未返回西班牙。他于流亡期间在苏黎世附近的查特修道院去世，在他墓碑上刻着希尔德布兰德（Hildebrand）的一段令人怀念的简洁的墓志：“我因太爱我的国家而死于流亡。”佩德罗·塞古拉枢机主教不久就从罗马返回塞维利亚，他显然并没有被强迫在信上签字。

③ *GD*, p.236.

④ *Le Clergé Basque*, p.10.

⑤ 出处同上，pp.33–38。

梵蒂冈正式承认“布尔戈斯当局”——英国外交部就是这么称呼他们的——为西班牙官方政府。一名教皇代表——安东纽蒂蒙席（Monsignor Antoniutti）被派往卡斯蒂利亚首都。从此以后，任何站在共和国一边的天主教徒，甚至像马里坦一样鼓吹教会应该保持中立的天主教徒，从技术上说，都成了反对教皇的叛逆者。但直到1938年年底，叛乱分子仍然对梵蒂冈感到愤慨，因为教皇没有给予他们充分的承认，也没有派任何一名教廷大使（nuncio），只派了一名教皇代表。

“小册子战争”在西班牙冲突期间一直存在，尤其是在法国。对间谍活动的指控，或者对外国人与右翼或左翼恐怖组织密谋的指控，每天都在上演。[①]莫里亚克不断发表文章，表达他对共和国的支持。查尔斯·莫拉斯（Charles Maurras）在《法兰西行动报》中做了回答，他宣 677
布教会是唯一真正的国际组织。贝尔纳诺斯（Bernanos）很快出版了《月亮下的大墓地》（*Les Grands cimetières sous la lune*），里面对马略卡的国民军镇压行动有着可怕的描述。一名右翼作家写了一部《阳光下的大工地》（*Les Grands chantiers au soleil*）作为答复。一个支持共和国的耶稣会教士胡安·维拉尔·科斯塔（Juan Vilar Costa）成立了一个天主教宗教研究所，以使共和国在世界天主教中享有比以往更好的声誉。他还出版了一本讨巧的书——《蒙特塞拉特》（*Montserrat*），评论了西班牙主教的信。在列日，一种典型的流亡西班牙教士对圣母柱（Virgin of the Pillar）作的祈祷词出现了：

> 向您祈祷，哦！玛丽亚！和平女王！我们总会回到您身边！我们这些您最深爱的西班牙忠实的儿子们，现在被罪恶的布尔什维克主义诽谤、激怒、玷污，被犹太马克思主义剥夺，被野蛮的共产主义蔑视。我们热泪盈眶地祈求您来帮助我们，

① 见 Southworth, *El mito*, p.235；Pike, pp.130–132。

> 让西班牙解放者和再征服者的光荣军队，新的佩拉约[1]，新的领袖（Caudillo），取得最后的胜利！我主基督万岁！！[2]

在英国，人们的评价几乎同样兴高采烈，比如，著名的天主教辩护士道格拉斯·杰罗尔德。一年前，他是导致佛朗哥叛乱升级链条中的一个很小的环节。他的自传《乔治王时代的历险记》（*Georgian Adventure*）中谈及他对佛朗哥的拜访时称：佛朗哥可能“不是一个伟大的人，正如世人评价的那样，但他肯定是一个比普通人重要1,000倍的人——一个极其优秀的人，一个近乎英雄的人，一个近乎圣人的人”[3]。

在美国，巴斯克教士主要依靠新教徒的积极支持。但民调显示，只有四成的美国天主教徒是支持主教一方的。舆论整体保持谨慎，甚至有一项将一些巴斯克儿童带到美国的计划因可能有损于中立而被缄口不提。[4]当然，害怕疏远天主教选民一直是罗斯福决策的一项考虑因素。巴斯克各省本身也展开了一些迫害行动。278名教士和125名僧侣（包括22名耶稣会士）遭到控制、监禁或被驱逐到西班牙其他地区。

678 1937年7月，在巴伦西亚、巴塞罗那和马德里举行了第二届国际作家大会，这如同是一个由作家组成的“巡回马戏团”，旨在将这些论战推向高潮。大会公开宣扬的目的是讨论知识分子对战争的态度，但是除此之外，大会还有一个隐藏目的，那就是谴责安德烈·纪德（André Gide），他在自己最近的一本书《访苏归来》（*Retour de l'URSS*）中攻击了苏联，但在苏联，他曾经被当作政府的朋友予以接待。海明威、斯彭德、巴勃罗·聂鲁达（Pablo Neruda）、尼古拉斯·纪廉（Nicolás

---

① Pelayo，阿斯图里亚斯第一代国王。

② Antonio Berjón, *La Prière des exilés espagnols à la Vierge du Pilier*（Liège, 1938）.

③ Jerrold, p.384. 关于在格尔尼卡问题上英国人的分歧，见Southworth, *La Destruction, passim*。

④ Taylor, p.157.

Guillén）、奥克塔维奥·帕斯以及共和国的大多数主要文学辩护者出席了这次大会。其他出席者包括朱利安·班达（Julien Benda）、安德烈·尚松、伊里亚·爱伦堡、路德维希·雷恩和埃里克·韦内特（Eric Weinert，其中韦内特和雷恩都曾在国际纵队服役）。大会由马尔罗主导，他“紧张地抽动着鼻子和抽搐着”捍卫纪德，否定人们对纪德是一个“希特勒法西斯”的指控。[①]代表们开着劳斯莱斯，与西班牙战争诗人拉斐尔·阿尔贝蒂、阿尔托拉奎尔（Altolaguirre）、贝加明（Bergamín）、安东尼奥·马查多和米格尔·埃尔南德斯（Miguel Hernández）交谈。其中，拉斐尔·阿尔贝蒂的作品最为丰富，例如第十五国际旅的报纸《自由志愿者》（*Volunteer for Liberty*）几乎所有版本都有他的诗句。然而，最好的新诗人可能是米格尔·埃尔南德斯——在战争开始时他是第五军团的成员。他是一个牧羊人，曾通过向山里的一名教士学习16世纪和17世纪的作品提升阅读能力。内战的爆发使他的诗歌活力绽放。比如：

人民的风支撑着我，
在我心中蔓延。
人民的风激励着我，
在我的喉咙里咆哮……
我不来自阉牛的人群，
我的人民赞美我，
狮子的跳跃，
老鹰的直冲，
以及公牛的强大冲锋，
它的骄傲写满了牛角。

---

① Lacouture, p.253；Spender, *World within World*, p.496；亦见Koltsov, p.431, Ehrenburg, *The Eve of War*, p.408, and *Left Review*, September 1937。

679 埃尔南德斯代表了整整一代年轻的社会主义者或共产主义者，他们认为自己在西班牙是为了自由而战。他们蔑视失败主义，将战争看作军事问题，而不是政治问题。①

大会宣读了贝尔托·布莱希特（Bertolt Brecht）的讲话。②如同其他许多这样的场合都会演奏不同国家的国歌一般，在巴塞罗那，当乐队演奏英国国歌《天佑国王》（*God Save the King*）时，英国诗人斯蒂芬·斯彭德用共产主义的方式握紧拳头致敬。阿萨尼亚拒绝致闭幕词。他认为来自国外的代表中没有什么重要人物，而西班牙代表团也并不比外国人"更清醒"。③

680 39. 共和主义的内部斗争

夏天，司法部长曼努埃尔·德伊鲁霍在内格林的鼓励以及加泰罗尼亚市议员的配合下，尽最大努力恢复了传统司法：由正规的法官担任人民法庭的主席，监狱长来自原来的职业人士，而不是由政治派别任命的，四角法官帽（*biretta*）也回到法庭，共和国的旗帜也在法庭大楼上空飘扬。诸如安赫尔·桑布兰卡特（Angel Samblancat）和爱德华多·巴里奥贝罗（Eduardo Barriobero）这样的极端革命律师也在巴塞罗那失去了他们可怕

---

① 见Claude Couffon, *Miguel Hernández et Orihuela*（Paris, 1963，翻译版，稍作改编，by A. L. Lloyd, in Spender and Lehmann, *Poems for Spain*, p.37）。见对他寡妻的采访，in *Triunfo*, 4 January 1975。埃尔南德斯的岳父曾是国民警卫队的成员，1936年夏天被无政府主义者无缘无故地枪杀。

② 他很快就以辛格（J.M.Synge）的《海上骑士》（*Riders to the Sea*）为原型创作了一部讽刺中立思想的戏剧《塞尼奥拉·卡拉拉的步枪》（*Señora Carrara's Rifles*）。这出戏的戏剧效果并没有因为剧作家错误地给他的角色起了意大利语而不是西班牙语的名字而降低。

③ 阿萨尼亚轻蔑的描述见他的日记（*op.cit.*, vol. IV, p.672）。

的力量。许多最初狂热地迎接革命的人，现在也相当欢迎这样的回潮，因为这些做法在他们看来是正义战胜武力统治、可预测性战胜武断的重要胜利。但这些事情也有一定的黑暗面。自从内格林政府成立以来，西班牙共产党就在全力以赴地排挤马克思主义统一工人党（托洛茨基派的马克思主义统一工人党）。它的领导人被指控为法西斯主义，与佛朗哥勾结。对马克思主义统一工人党的打击行动包括逮捕、审讯和实施酷刑，主要由其他国家的共产党人实行。西班牙共产党人不知道或者不敢猜出真相，当察觉到发生了什么事时，他们也只能小心翼翼地报以掌声，从而以一种他们从未完全认识到的方式，使共和事业陷入了士气消沉。信奉天主教的共产主义者何塞·贝加明（José Bergamín）真的相信尼恩、戈尔金和安德拉达是间谍吗？这恐怕不可信。但他依然写道，他认为马克思主义统一工人党领导人没有任何辩解权。[1]社会党的普列托主义者一翼，甚至共和国的左翼，681
都纵容了这些行为，也损害了他们自己的利益。他们被战争问题和战争的残酷性困扰，在阅读了所谓关于马克思主义统一工人党的叛国行为的报告之后，自觉将这种怀疑带来的好处归于原告，而不是被告。

4月，西班牙共产党控制的马德里警方发现了一起长枪党的阴谋。一个名为卡斯蒂拉（Castilla）的共谋者被诱导成为一名密探（agent provocateur）。卡斯蒂拉说服首都的另一个长枪党人哈维尔·戈尔芬（Javier Golfín），为第五纵队准备了一个虚假的军事起义计划。戈尔芬这样做了，只不过他和他的计划都被扣押。接下来还有一些人（可能是苏联在西班牙的间谍头目奥洛夫）伪造了一封信，声称是马克思主义统一工人党领导人尼恩写给佛朗哥的，信的背面就是戈尔芬的计划。大约在同一时间，另一个真正的长枪党人何塞·罗卡在赫罗纳开了一家书店，却被加泰罗尼亚共

---

① Qu. 'Max Reisser', *Espionaje en España*（Paris, 1938）, p.12.这本书是谁写的，是用什么语言写的，从来都不明确。西班牙语翻译者是Arturo Perucho，*Treball*（一份加泰罗尼亚统一社会党的报纸）的编辑以及Juan March's *El Imparcial*的前任助理编辑。

产党人察觉。罗卡在第五纵队中的任务是向一个名叫达尔莫的同一镇上的旅馆老板传递消息。5月的某一天，一个衣着讲究的人来到书店，他给了罗卡一笔钱，给达尔莫留了条信息，并询问他能否把一个手提箱放在店里三天。罗卡同意了他的请求。不久之后，警察前来搜查。很自然地，他们发现了手提箱，并且打开后他们发现里面有一堆秘密文件，全都密封着，奇怪的是上面都盖着马克思主义统一工人党军事委员会的印章。①

正是基于这些文件、尼恩写给佛朗哥的信，以及在赫罗纳发现的手提箱，西班牙共产党对马克思主义统一工人党发起了指控。

到6月中旬，西班牙共产党判断自己的根基已经足够强大，可以采取最后行动。他们已在5月28日关闭了马克思主义统一工人党的报纸《战斗报》（*La Batalla*）。安东诺夫-奥弗申柯、别尔津和斯塔舍夫斯基，
682 这些自1936年8月以来在西班牙最著名的苏联人（作为驻巴塞罗那总领事、军事代表团团长和经济参赞），都在1937年6月被召回莫斯科——斯塔舍夫斯基曾经在4月份不明智地访问了莫斯科，并向斯大林抱怨苏联在西班牙的秘密警察行动过于残酷。但毫无疑问，他的命运无论如何在这之前就已经被决定了。②6月12日，图哈切夫斯基元帅（Marshal Tukhachevsky）和其他7名苏联高级将领因“阴谋勾结德国”被枪杀。6

① 这个说法来源于戈尔芬和罗卡在监狱里遇到的托派领导人对他们说的话。见Gorkin, pp.252–253和pp.258–260。但Angel Cervera（Cervera, p.302）补充了来自莫斯科的新信息。密探卡斯蒂拉被允许活着带着一笔钱逃往法国。加泰罗尼亚警察局局长维多利奥·萨拉（Victorio Sala）曾是托派成员，后来与共产党决裂。这些文件被收入《西班牙的间谍活动》（*Espionaje en España*）之中。

② Krivitsky, p.125，由一名苏联官员向约翰·埃里克森（John Erickson）证实。他的法国妻子和女儿也在同一时间从巴黎消失（Poretsky, p.212）。根据克里维茨基的说法，斯塔舍夫斯基赞同苏联秘密警察在苏联国内对“托洛茨基分子”的镇压，但认为他们需要尊重在西班牙合法成立的政党。他兴高采烈地离开苏联，认为他已经说服了斯大林。安东诺夫-奥弗申柯被任命为人民司法委员会，并被要求返回苏联履行职责——这是斯大林的典型方式。他从来没有担任这个职位。一些人认为他对加泰罗尼亚的喜爱已经超过了对他自己安全的关心（见Miravitlles, p.195f.）。

月14日，安全总干事安东尼奥·奥尔特加上校告诉教育部长赫苏斯·埃尔南德斯，苏联秘密警察西班牙分支的负责人奥洛夫下令逮捕所有马克思主义统一工人党领导人，但身为西班牙共产党员的埃尔南德斯一点儿都不感到惊讶。[①]埃尔南德斯去找奥洛夫，后者坚持不应将此事告诉内阁，因为内务部长苏加萨戈伊蒂亚和其他人是被拘禁者的朋友。奥洛夫补充说，有证据表明马克思主义统一工人党与一个法西斯的间谍网络有联系。埃尔南德斯去找何塞·迪亚斯，后者非常愤怒。他们一同去了西班牙共产党的总部，在那儿发生了争吵。迪亚斯和埃尔南德斯谴责了这些外国“顾问”。卡德维拉平静地建议说，高强度的工作已经让迪亚斯病态十足，为什么他不去度假呢？与此同时，在6月16日的巴塞罗那，根据当地新的公共秩序负责人、隶属于“共产主义”（*comunizante*）的里卡多·布里略上校的命令：作为马克思主义统一工人党总部的猎鹰酒店被关闭。马克思主义统一工人党被宣布为非法，其中央委员会的40名成员被逮捕。身在阿拉贡前线的马克思主义统一工人党的第二十九师师长罗维拉接到一封电报，让他回到巴塞罗那东部军的总部，他一到 683
达便立刻遭到逮捕。[②]其他前线的小的马克思主义统一工人党连队被解散。安德烈斯·尼恩被单独带走，而他的朋友被关入马德里的阿托查（Atocha）监狱。马克思主义统一工人党的所有成员都很害怕被捕。西班牙共产党报纸对他们党已经逮捕但还没有进行审判的人提出了尖锐的指控。一个流言开始四处传播，说安德烈斯·尼恩已经在监狱被杀。尼恩曾经是托洛茨基的秘书，整个20世纪20年代一直在苏联工作，直到离开苏联。

---

① 奥尔特加在1936年之前是边防警察部队（Carabineers）的中士，8月在伊伦指挥共和国军队。到1937年，他成为一名共产主义者。以下所有内容见Hernández, pp.124–126，以及Cervera, p.304。托派方面对事件的记录见Gorkin, *El proceso*, pp.102ff。一些可怕的故事亦见Katia Landau, *Le Stalinisme en Espagne*（Paris, 1938）。

② 1.R.Salas, vol. II, p.1294.

内格林找来了埃尔南德斯，向他询问尼恩的下落。埃尔南德斯表示自己对此一无所知。内格林气愤地抱怨称，当天下午的内阁会议中，如果有人将尼恩的失踪提出来，又该怎么办？埃尔南德斯承诺会去调查。卡德维拉告诉埃尔南德斯，尼恩正在接受审问。紧接着是内阁会议。在门口，记者们询问着关于尼恩的新闻。在会议室里，苏加萨戈伊蒂亚质询道，他作为内务部长的管辖权是否受到苏联警察的限制。普列托、德伊鲁霍和贝尔纳多·希内尔（Bernardo Giner）支持了他的抗议。埃尔南德斯和乌里韦回答说他们对尼恩一无所知。但是，没有人相信他们，也没有人意识到，即便在共产党人之间也是有秘密的。内格林于是中断了讨论，直到所有的事实都弄清楚为止。

如果他们能够从美国、英国和法国的制造商那里购买和运来好的武器，西班牙政府的社会党和共和党成员可能早就试图与苏联保持距离了。但这些国家的不干涉政策意味着与苏联的联盟是无法打破的。

在西班牙和海外，一个广大的阵营都在询问："尼恩在哪里？"不管怎么说，尼恩都是西班牙革命运动中一个在国际上拥有很高知名度的人。6月28日，全国劳工联合会全国委员会向政府发出抗议，抱怨他们
684 需要证据，才能相信尼恩、戈尔金和安德拉达等人是法西斯主义者，正如他们需要证据来相信对米亚哈的这种指控一样："我们以正义、宪法和所有公民权利的名义，捍卫并代表他们自己的民主权利，请求停止对马克思主义统一工人党的政治迫害。"[①]内格林请求西班牙共产党终止这个丢脸的事件。西班牙共产党回答说，尼恩无疑还留在柏林或萨拉曼卡。事实上，人们几乎可以确定他早已死去。

最有可能发生的情况是，尼恩一开始坐汽车从巴塞罗那被送往奥洛

① 见Peirats, vol. II, p.334；全国劳工联合会声明全文载入Martínez Bande, *La invasión de Aragón*, pp.293–297。

夫的私人监狱，监狱设在破旧的前教堂城市阿尔卡拉德埃纳雷斯，这里也是阿萨尼亚和塞万提斯的出生地，但现在几乎成了苏联的地盘。他在那里接受了审问。[1]他对那些审讯方法的抵抗力惊人，拒绝签署那些承认他和他的朋友罪行的文件。奥洛夫已经束手无策了。比洛夫（Bielov）和维托里奥·维达利也是如此，他们显然也参与了审讯尼恩。他们又该怎么办呢？奥洛夫本人对尼古拉·伊万诺维奇·叶若夫[2]（Yezhov）又有着极度的恐惧，后者是苏联秘密警察无情的领导人。最后，根据埃尔南德斯后来的说法，意大利人维达利（卡洛斯·孔特雷拉斯，Carlos Contreras）建议，应该模拟一次“纳粹”解救尼恩的袭击事件。所以，可能是6月22日或者23日的深夜，他们把他带到位于阿尔卡拉的一栋房子里，这座房子由空军司令（共产党员）伊格纳西奥·伊达尔戈·德西斯内罗斯使用。在那儿他遭受了酷刑但毫不松口。他被带了出去，在阿尔卡拉和塔胡尼亚河畔的佩拉莱斯（Perales de Tajuna）之间的一片空地上被杀。奥洛夫带着一个助手（朱奇克，Juzik）去了阿尔卡拉曾经关押尼恩的监狱。尼恩拒绝承认自己的罪行，这一做法可能拯救了他朋友们的性命。不过，在随后的几个月里，其余的马克思主义统一工人党领导人在诸如巴塞罗那的圣乌尔苏拉（Saint Ursula）修道院中受到审讯。虽然尼恩是唯一被杀害的马克思主义统一工人党领导人，但也有不少国际上的同情者神秘地死去——他们包括埃尔温·沃 685
尔夫（Erwin Wolf），半捷克半德国血统，托洛茨基的另一个前秘书，在巴塞罗那被绑架后再未出现；奥地利社会主义者库尔特·兰道（Kurt Landau）；马克·莱茵（Marc Rhein），记者、孟什维克（menshevik）领导人阿布拉莫维奇（Abramovich，他自己也曾两次前往西班牙，

---

① R. Salas, vol. II, p.1294；Cervera, p.305.

② Николай Иванович Ежов，1895年5月1日—1940年2月4日，苏联内务人民委员会首脑，是斯大林苏联肃反运动计划的主要执行者之一，后期在政治运动中失势。——编者注

希望可以摸清那里的情况，但毫无所获）的儿子；何塞·罗夫莱斯（José Robles），巴尔的摩（Baltimore）的约翰·霍普金斯大学（Johns Hopkins University）的不定期演讲人，他曾是名誉扫地的别尔津将军的翻译；[1]还有可能包括"鲍勃"斯迈利（"Bob" Smilie），他是一名英国记者，同名矿工领袖的儿子，他代表英国独立工党（the British Independent Labour party）来到西班牙，在没有正当理由的情况下被捕入狱，最终死于阑尾炎。

共和国政府的成员们又是如何看待这起事件的呢？这难以确定：内格林告诉阿萨尼亚，尼恩被国际纵队中的德国特工拘留过并已释放。"这不是有些异想天开吗？"阿萨尼亚问道。"一点也不。"内格林回答。同样的事情也发生在盖洛德酒店的几名苏联顾问身上，他们被纳粹间谍毒死了。阿萨尼亚将这个"事实"记录在自己的日记中却不置可否。[2]这个问题是开放的。到底是内格林怀疑这个事实而误导了阿萨尼亚，还是内格林被西班牙共产党欺骗了？看上去更有可能是第一种情况：就像他和埃尔南德斯曾谈到的，内格林知道这是一件"肮脏的事"。[3]阿萨尼亚和内格林对马克思主义统一工人党的态度，都被这个团体的激进迷惑，他们认为这个团体都是些挑衅的革命者，而这些革命者正在破坏他们对这场战争的努力。尼恩在加泰罗尼亚担任司法委员期间，并没有因为对"资产阶级"（布尔乔亚，bourgeoisie）的人性关怀而受到额外的尊敬，而马克思主义统一工人党成员曼努埃尔·卡
686 萨诺瓦对该党1936年在莱里达的残暴活动的评论一直提醒人们，该党

---

① 罗夫莱斯，一个从西班牙流亡美国多年的人，是多斯·帕索斯的朋友，也步其后尘。正是海明威对罗夫莱斯命运的不敬，打破了多斯·帕索斯和海明威之间的友谊。

② Azaña, vol. IV, p.692. 尽管卡萨雷斯·基罗加后来解释了中毒事件的错误依据。

③ *Op.cit.*, p.99. 埃尔南德斯是唯一一个提到尼恩死因的前共产党员（或共产党员），虽然圣地亚哥·卡里略之后也承认他"死在我们的地盘上"（*Demain Espagne*, p.57）。他在回忆录中说，当时他被共产党阵线说服了（p.224）。

“记得何为仇恨”。[1]这当然不能证明什么，但有助于解释总统和总理对此事的意见。

马克思主义统一工人党事件在共产主义世界引起了与罗马天主教世界中巴斯克教士事件一样大的理论争议。在某些情况下，那些抗议教皇对待巴斯克教士的人，同样也在抗议斯大林对待马克思主义统一工人党的态度。比如，莫里亚克、让·杜哈默尔（Jean Duhamel）和罗杰·马丁·杜加尔（Roger Martin du Gard）给共和国政府写信抗议对马克思主义统一工人党的审判，恳求他们保障被审判者的辩护权。伊里亚·爱伦堡，如我们所见，他是除了帕斯捷尔纳克（Pasternak）那一代作家中少数在苏联的清洗中幸存下来的人。他在西班牙待了很多年。他在《消息报》（*Izvestia*）上写道：

> 我必须表达我现在作为一个男人的羞耻感。就在法西斯忙于枪杀阿斯图里亚斯妇女的同一天，法国报纸上出现了一篇抗议不公正的文章……但是，这些人并没有抗议阿斯图里亚斯的屠夫，而是抗议共和国内敢于拘留法西斯分子和马克思主义统一工人党的内奸。[2]

爱伦堡非常清楚那些在清洗中死去的人有多么无辜，正如他在后来的回忆录中记录的那样。[3]与此同时，乔治·奥威尔在自由主义的英国试图替马克思主义统一工人党辩护，却发现自己的文章被《新政治家》（*New Statesman*）的编辑金斯利·马丁（Kingsley Martin）拒

① Casanova, p.23.

② *Izvestia*, 3 November 1937, qu.Suárez, p.54 fn.

③ “被他们自己人毫无理由地摧毁。”他这样谈论戈里耶夫、安东诺夫-奥弗申柯、别尔津和斯塔舍夫斯基（*op.cit.*, p.176）。

稿了。[①]

687 共和政府正在尽最大努力尝试摆脱过度依赖苏联人的境遇。巴斯克民族主义司法部长德伊鲁霍任命了一名特别执法官米格尔·莫雷诺·拉古亚（Miguel Moreno Laguía）担任尼恩案的法官。莫雷诺·拉古亚的确扣留了一些他认为卷入其中的警察，其中就包括了一个叫作巴斯克斯（Vázquez）的人。但在被法官拘留期间，一支突击队前来释放了他。当法官抗议时，这些突击队员甚至准备抓捕法官。法官只好让巴斯克斯离开。德伊鲁霍、普列托和苏加萨戈伊蒂亚都以辞职威胁，除非莫雷诺的职权得以保障。后来，内阁将负责最初逮捕尼恩的安全局局长奥尔特加调到一个战地指挥部，并最终由共和国首席检察官卡洛斯·德胡安（Carlos de Juan）接替。莫雷诺·拉古亚法官继续徒劳地寻找着尼恩，而尼恩的同伴在被送上法庭之前还被关了几个月，[②]那些被认为是凶手的人继续留任重要位置。1937年下半年，当军事法庭被西班牙共产党控制后，一些马克思主义统一工人党的普通成员也遭到枪杀。根据戈尔金的说法，到1937年年底，大约有1,500名“反法西斯囚犯”被关押在巴伦西亚模范监狱（Model Prison in Valencia）中，包括了无政府主义者、马克思主义统一工人党成员，以及其他一些人。

在西班牙和其他地方，马克思主义统一工人党都很少有盟友。对该

---

① 关于其中的矛盾之处，见George Orwell, *Collected Essays*, vol. I, p.363，和Kingsley Martin's memoirs *Editor*（London, 1938）, p.226。奥威尔后来在给《曼彻斯特卫报》记者弗兰克·耶利内克的一封信中承认了这一点，这有点令人惊讶，他同意“有关马克思主义统一工人党的整个事件已经引起了太多骚动，这种事情的最终结果是使人们对西班牙政府产生偏见”的说法。“事实上，”他补充说，“我（在《向加泰罗尼亚致敬》中）对‘马克思主义统一工人党’路线的描述比我实际感受到的更富有同情心，因为我一直认为他们错了……但是……我认为他们说的话有些道理，尽管毫无疑问，他们说话的方式令人厌烦，又带着极端挑衅。”奥威尔还指出，当时共产主义在西方国家对富人有吸引力，而托洛茨基主义“对任何一个年收入超过500英镑的人都没有吸引力”。

② 莫雷诺·拉古亚是阿萨尼亚的朋友，他们保持着联系（*Obras*, vol. IV, p.828）。

党的镇压得到人民阵线大多数支持者的认可，即使是无政府主义者也几乎没有抱怨的理由。这里只说三个代表性的人物：阿萨尼亚、内格林和普列托。他们显然对尼恩的事件感到忧虑，尽管后两人情绪中的愤怒并不多，反而更担心事件对西班牙以外地区造成的影响。阿萨尼亚和其他无数人将尼恩的死亡和对马克思主义统一工人党的镇压看作是战争时期一种可以接受的交换，这种交换实质性地终结了在西班牙共产党警察控制下前几个月发生的无纪律杀戮，并终止了革命的资产阶级化倾向，将革命置于国家的掌控之下。他们对马克思主义统一工人党的革命目标不具有同情心，对尼恩并没有个人感情。当时也有人指控某些马克思主义 688
统一工人党领导人以及无政府主义者，将在革命初期抢到的金钱或贵重物品转移到法国，但这些指控并没有得到证实或完全推翻。[1]阿萨尼亚将苏联视为“一个社会必须接受的角色，因为不可能有其他的替代，可这个角色不是任何人的朋友”[2]。但是，就如同所有发生在苏联同时代的事情那样，这一事件也一直回响了很多年。事实上，从此以后，西班牙的共产党人变得更加慎重了。没有其他主要的政治人物再受到过拘禁。这也许是因为精明的陶里亚蒂从夏天起就作为共产国际的首席代表全职出现在西班牙共产党内。[3]尽管如此，在内战的剩余时间里，仍有许多人被不公正地关在监狱里，甚至连马克思主义统一工人党的律师贝尼托·帕蓬（Benito Pabón）也发现自己身处如此严重的威胁之下，于是逃离了这个国家。

---

① Cf. Benavides, *Guerra*, p.229.

② Azaña, vol. IV, p.618.

③ 人们忍不住要问，具体是什么时候来的？斯普里亚诺在他介绍陶里亚蒂的作品（*Escritos sobre la guerra de España*, p.9）中提到是“7月底”。马克思主义统一工人党领导人是在6月16日被捕的。因此，陶里亚蒂有充分的理由等待事情落地，直到6月16日之后才出现在西班牙，并让他的朋友（维达利、贝尔蒂、隆戈）向斯普里亚诺重复了这一点。（vol. III, p.215）离开莫斯科的理由同样令人信服。8月份时，陶里亚蒂已经到达西班牙。

689 # 40. 布鲁内特战役、桑坦德战役和阿斯图里亚斯战役

在攻占巴斯克各省之后，在向北方的下一个共和国中心桑坦德进攻之前，佛朗哥将军停了下来。共和国随后在中部发起了讨论已久的转移注意力的攻势。正如所料，攻击的地点是西班牙共产党选择的布鲁内特。他们集结了两个军团，置于米亚哈的统一指挥之下，它们分别是由莫德斯托指挥的第五军团和由一名炮兵军官胡拉多（Jurado）领导的第十八军团。前者包括了利斯特的第十一师、埃尔·坎佩西诺的第四十六师，以及沃尔特的第三十五师，而后者胡拉多的军团包括“加尔”领导的第十五师（第十一和第十四国际旅）。作为预备部队，克莱贝尔返回去指挥第四十五师，克莱贝尔的参谋长古斯塔沃·杜兰在冬天指挥第三十九师。共产主义对这支部队的影响是深远的。他们的人占据了6个师长中的5个，还有1个军团指挥官、2个军团政委——德拉赫（Delage）和扎皮林（Zapiraín）也都是共产主义者。米亚哈的政委弗朗西斯科·安东（Francisco Antón）也是一名西班牙共产党员。这支部队的总数达到8.5万人。它拥有40辆装甲车、300架飞机、130辆坦克和220门野战炮的支持。其目标是从埃斯科里亚尔-马德里大道以北，向死气沉沉的布鲁内
690 特村（1935年时人口为1,556人）推进，从西面阻断首都的所有围困者。[1]陆军参谋长罗霍期待着在佛朗哥的增援部队抵达之前，共和军能够实现

---

① Rojo, *¡Alerta los pueblos!*（Buenos Aires, 1939）, p.104；*España heroica*, pp.87ff.；Lister, p.132；Aznar, p.435；López Muñiz；Castro Delgado, pp.541ff；Longo, pp.371–397. 为了描写这次战争，我参考了马尔科姆·邓巴、贾尔斯·罗米利、乔治·艾特肯和迈尔斯·托马林的回忆录，他们与英国营在这里并肩作战。关于整体进展情况，见R.Salas Larrazábal（*op.cit.*, vol. II, p.1215f）。尤其出色的是他的笔记（fn. 9, p.1275），其中他批评了作为顾问的苏联人马林诺夫斯基，此人在他的回忆录（*Bajo la bandera*, p.37f.）中忽视了马塔利亚纳上校在进攻前的作用。Martínez Bande, *La ofensiva sobre Segovia*, p.103f. 提供了一个很好的整体调查。R.Salas Larrazábal将国际纵队的战斗序列印在了vol. IV, pp.3434–3572。亦可参考R.Casas de la Vega, *Brunete*（Madrid, 1967）。

这些目标。

第十五国际旅由克罗地亚共产主义者科皮克领导，在这场战役中作为突击部队；[①]与他们在一起的还有第十一德国旅，后由施泰默尔（Staimer）上校领导；以及主要由斯拉夫人和法国人组成的第十三旅，由意大利共产主义者“克里格”（Krieger，Vincenzo Bianco，文琴佐·比安科）指挥。后来，帕恰尔迪（Pacciardi）的加里波第旅（第十二旅），主要是意大利人，也参与进来。[②]苏联顾问当然也已经到位，其中格里戈罗维奇将军（Grigorovich，真名斯特恩，Stern）担任高级顾问，斯马什凯维奇依然是空中任务的头儿。许多苏联飞行员依然和共和国空军在一起。制订进攻计划是米亚哈的新参谋长马塔利亚纳的责任。

国家主义西班牙一方对布鲁内特的进攻十分讶异，也许是因为这个问题在共和国的咖啡馆里已经讨论好几个月了。在这次袭击中，首当其冲的是第七十一师的一些残兵败将，他们主要是一些长枪党人，还有大约1,000名摩洛哥人。发动攻击的7月6日那天夜晚，在普列托和“热情 691
之花”的督促下，黎明时分的一次猛烈的炮击和空袭之后，利斯特领导的共和军第十一师发动了攻击。几个小时后，他们已经前进了将近10英里，并包围了布鲁内特。

① 这个旅的英国营由弗雷德·科普曼指挥，他是一名前海员，曾参与1931年所谓因弗戈登（Invergordon）海军兵变。根据他自己的说法，科普曼直到离开西班牙才成为共产主义者。尽管如此，他与该党的关系非常密切，到底何时成为共产主义者也并不重要。英国营本身是三个团之一（原书如此——译者按），由内森指挥，另外两个团由米哈利·萨尔瓦伊［Mihály Szalvai，“夏伯阳”（“Chapaev”）］指挥。萨尔瓦伊在战后的匈牙利成为一名将军。

② 见Longo, p.291。在“国际战士”中，只有第十四（法国）国际旅在这场交战中表现得不活跃。施泰默尔，即“理查德上校”，是一个非常重要的德国共产党人，在西班牙领导着一个旅。“克里格”是从另一个德国人扎伊瑟（“戈麦斯”）手中接过的指挥权。施泰默尔在1932年曾经是德国木工协会的领导人，以及北巴伐利亚组织红色阵线（Rot Front）的领导人。

米亚哈的对手，国民军中部的指挥官是萨利克特，但恩里克·巴雷拉将军被任命为负责防御和反击的最高战地指挥官。几个师被转移到布鲁内特前线，“秃鹰军团”和重炮也从北方调来了。[①]一起来到前线的还有阿隆索·维加上校和巴乌蒂斯塔·桑切斯指挥的第四和第五纳瓦拉旅。这次对这些加强部队的运输组织得相当迅速——这是作战计划的一次真正胜利。当他们到达后，布鲁内特已经到利斯特手中。附近奎乔纳村（Quijorna）的守军依然在抵抗着埃尔·坎佩西诺。卡尼亚达新镇（Villanueva de la Cañada）、帕迪罗新镇（Villanueva del Pardillo）和卡斯蒂利亚镇（Villafranca del Castillo）依然在负隅顽抗，抵抗着第十五旅，大部分的守军都是来自塞维利亚的长枪党青年志愿者。尽管第一座村子在第二天就到了英国人手中，但由于混乱，进攻者前进的速度减慢。共和军一个旅接一个旅地从国家主义西班牙战线的缝隙中挤过去，互相掺杂在一起。这次进攻的共产党背景引起了共和派军官和非共产主义者对战争方向的牢骚。此次行动的参谋长塞吉斯蒙多·卡萨多·洛佩斯对此也多有抱怨，但他中途病倒后退出了。向卡斯蒂利亚镇部署80辆坦克的行动也算不上成功。[②]到进攻第一天的午夜时分，恩里克·巴雷拉向佛朗哥汇报说，前线已经得到再次巩固。24小时后，31个营和9个炮兵连已经抵达，此举加强了国家主义西班牙阵地的实力。由于正值盛夏，这场战斗在炎热的卡斯蒂利亚呈现出极其血腥的特征。[③]有人曾描述过参战人员与口渴做斗争的场景，很明显，水是人们当前最迫切的需求。在马德里，内格林渴望举行一次特别的内阁会议来庆祝胜利，但阿萨尼亚劝阻了他。[④]

---

① Galland, p.27.

② Miksche, p.38.

③ Aznar, p.443；López Muñiz, p.171.

④ Azaña, vol. IV, p.678.

7月8日，在被吹捧所属军队是共和军中最优军队后，埃尔·坎佩西诺被迫派遣该军队为其他人树立榜样，在这种怂恿下，他的军队到达奎乔纳的最后几处房子据点。[①]不过，这个村子在第二天还是陷落了。692
帕迪罗新镇和卡斯蒂利亚镇则在7月11日清晨陷落。博阿迪利亚虽然不断遭到袭击，却一直被阿森西奥控制。在“秃鹰军团”，梅塞施米特战斗机（ME 109）第一次出现在此战前线上。虽然在数量上被苏联的伊-15飞机压制，但它们显得更加有效。海因克尔111轰炸机也如同它在西班牙北方所表现得一样成功，特别是在夜间，虽然苏联战斗机也是首次在这里于夜间使用。

到7月13日，对布鲁内特的阶段进攻宣告结束。从这时开始，共和军尝试坚守他们之前获得的阵地。7月15日，在博阿迪利亚周围发生了进一步的激烈战斗之后，共和军命令挖掘战壕。到此时，共和军已获得一小块土地，深入敌军大约8英里，宽度大约10英里。利斯特处在布鲁内特以南2英里去往纳瓦尔卡内罗（Navalcarnero）的大道上。
这场战役结束时，一位英国人，拿着顶部镶着黄金的权杖的内森少校 693
牺牲了。[②]共和军在一切都有利的情况下却未曾继续发动攻势，这引起了广泛的讨论。论其责任，主要在于中下级军官在战斗中缺乏想象力和主动性。共和军的训练是在苏联或年长的正规军官的支持下完成的，这比国民军在德国人的支持下在新学院里进行的训练更为老式。国民军的临时军官（alféreces provisionales）通常是来自上层阶级经

① 也许不仅仅是一种社会兴趣，7月8日晚，海明威、玛莎·盖尔霍恩（Martha Gellhorn）和尤里斯·伊文思（Joris Ivens）在白宫共进晚餐，探讨他们认为美国应该如何帮助西班牙（FDR papers, Hyde Park, File 422A）。

② 他被炸弹炸成重伤。在他生命的最后时刻，他命令身边的人唱着歌，直到他咽气。傍晚时分，他被埋在瓜达拉马河附近橄榄树下粗制滥造的棺材里。旅政委乔治·艾特肯发表了葬礼演说。“加尔”和乔克·坎宁安一直嫉妒内森的硬汉形象，他们站在那里听着，眼泪却顺着脸颊流下来。乔治·艾特肯的证词同见Steve Nelson, *The Volunteers* (Leipzig, 1954), pp.166–169。

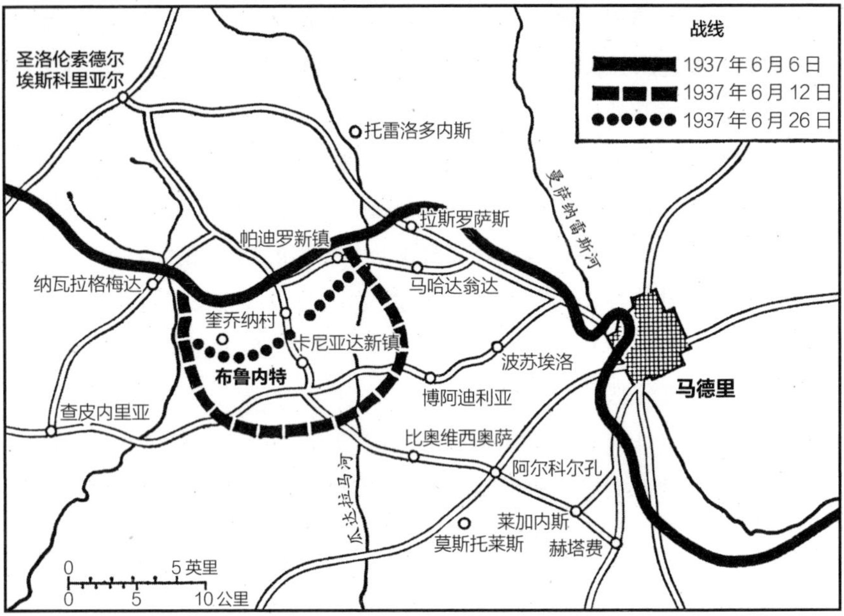

图25　布鲁内特之战，1937年7月

过良好教育的年轻人，对于国家主义更为适应（也习惯于射击游戏）。而此刻作为战士的他们和在其他领域一样，都比城里聪明的工人阶级青年和知识分子更有战斗力，更不用说那些年迈的、只是在单调的卫戍部队里读了几年有关军事演习的法语书籍的正规军官了。这不是第一次了，胜利会属于那些将战争当成一种狩猎新手段的人。共和国也十分缺乏未授衔的士官。一支像共和军那样按惯例组织的军队，好的下士、中士和参谋同等重要。但这支部队中并不存在这样经验丰富的士官。在国民军中，军队纪律严明，没有政治阴谋，已经起到关键作用了。

在更高的层面上，国民军可能会因为布鲁内特而受到指责，因为佛朗哥暂停对北方的进攻只是为了夺回一个几乎没有战略价值的被毁坏的卡斯蒂利亚镇。他试图避免因为丢失了地盘而遭受精神指责。这也是佛朗哥贯穿整个战争的策略：这是一个政治的而不仅仅是军事的行为。与此同时，共和国一方的最高指挥官米亚哈也比预期反应得更加缓慢。①

7月18日，国民军萨恩斯·德布鲁亚加指挥的各个师负责进攻左部，阿森西奥指挥的各师负责进攻右部，而巴龙指挥的部队则从中间直接进攻布鲁内特。这一天，“秃鹰军团”开始主导卡斯蒂利亚的天空，一共 694
打下了21架共和军的飞机。②从此之后，空中力量的天平始终倾向于国民军一侧。7月19日到7月22日期间，战斗持续进行，在酷热难耐的阳光下，双方军队都口干舌燥。③7月24日，阿森西奥和萨恩斯·德布鲁亚加在共和军的侧翼取得了突破。巴龙从中部突破继而夺回布鲁内特，只余下那里的墓地依然没有夺回，利斯特在那里一直撑到25日。恩里克·巴雷拉表示愿意追击共和军直捣马德里，但佛朗哥制止了他，并指出当前的最优先任务是彻底解决北方的战争。④共和军保住了奎乔纳村、卡尼亚达新镇和帕迪罗新镇，而代价是伤亡约2万人和损失大约100架飞机。国民军损失了23架飞机，1.7万人伤亡。⑤

---

① 我们也要注意到梅内德斯上校对莫德斯托、利斯特、梅拉、埃尔·坎佩西诺以及其他军事指挥官的评价：“莫德斯托是他们之中唯一懂得怎样去阅读地图的人。其他人，除了不知道怎么读，还认为没有必要读。”（Azaña, vol. IV, p.712）

② 18日，当时的另一名英国人、弗吉尼亚·伍尔夫的侄子朱利安·贝尔在卡尼亚达新镇为英国医疗队开一辆救护车时被杀，年仅29岁。他在西班牙只待了1个月。（见Quentin Bell, *Julian Bell*, London, 1938, p.176, and Stansky and Abrahams, pp.399–413。）

③ 见R. Salas Larrazábal, vol. II, p.1254 and references；Jesús Salas, pp.227–235。

④ Kindelán, p.99.当时恩里克·巴雷拉的副官（ADC）胡安·伊格纳西奥·卢卡·德泰纳（Juan Ignacio Luca de Tena）给出了一种解释，暗示佛朗哥阻止恩里克·巴雷拉直捣马德里的原因是他忌惮恩里克·巴雷拉获得太多军功（Luca de Tena, pp.205–206）。

⑤ 关于伤亡，见Casas de la Vega, p.362f.；Martinez Bande, p.231；R. Salas Larrazábal, vol. II, p.1256。8月9日，米亚哈告诉阿萨尼亚，共和军的损失是1,800人死亡和17,000人受伤（Azaña, vol. IV, p.732），而希拉尔报告说其中一半的“伤员”是逃兵或者装病的。

这场战斗可以被认为是类似于哈拉马（Jarama）、瓜达拉哈拉或者科卢那战役的逆转版本。双方都宣称自己获得了胜利。战斗自然延缓了北方的攻势。共和军获得了一块大约4英里纵深、沿着战线方向长10英里的地区，但他们在达成主要进攻目标上失败了。事实上，共和国一方损失了大量贵重的装备、众多的志愿者，因此布鲁内特战役对他们来说应该算是一场失败，这对支持它的共产党人来说也是一个挫折。梅塞施米特飞机的亮相，以及新型的海因克尔111和萨伏亚79飞机，都标志着共和军空中优势的终结（而这种优势曾经在保卫马德里时贡献巨大）。因为这些新的快速单翼飞机，加上它们的应力蒙皮结构（stressed-skin construction），作战性能已经远超苏联的飞机。[1]

在布鲁内特，国际纵队的伤亡尤其惨重。林肯营和华盛顿营失去了大量人员，使它们不得不合并。在死去的美国人中，有林肯营的黑
695 人指挥官奥利弗·劳（Oliver Law）。在各个旅中也有人选择了违抗命令。指挥各旅装甲兵的阿洛卡上尉在敌人面前抛弃了部队，逃往法国边境。他后来回到马德里，以在战场上胆怯的名义被枪决。英国营缩减到只剩下80人，他们在重返战场时抱怨连连。主要由波兰人组成的第十三旅干脆拒绝重返战场。它的指挥官——"克里格"（文琴佐·比安科）试图通过挥舞手枪来重建自己的威信。他用这把枪指着一个抗拒命令的士兵，命令他服从（重上战场），对方拒绝了。"好好想想你在做什么！"上校命令他。"我已经想过了。"违命者回答道。"再给你最后一次机会！""不去！"上校一枪打死了他，其他士兵顿时狂怒沸腾，"克里格"差点没命。狂怒的士兵向马德里挺进，直到一些开着坦克的突击队到达后才被制服。之后这个旅彻彻底底地接受

① R. Salas Larrazábal, in Carr, *The Republic*, p.181.

了“再教育”。[1]

军事理论家后来煞费苦心地指出布鲁内特战役对坦克使用的战术意义。例如，在共和军一侧指挥一组炮兵的捷克上尉米克切，后来在他的理论研究《闪电战》(*Blitzkrieg*) 中反思说：共和军的坦克战是失败的，因为他们主要依靠法国的作战理论，将坦克分散使用，以支援步兵进攻，但恩里克·巴雷拉在德国人冯·托马（von Thoma）的建议下，将他的坦克集中在一起，找到一个战术“推力点”(Schwerpunkt）猛攻，因此获得了胜利。事实上，共和国一直分散使用他们所有的装甲车、火炮、飞机以及坦克，而冯·托马的实验也只能是小规模的，因为他只有有限的车辆来运送步兵，支援坦克。[2]双方在细节上都表现得异常糟糕：埃尔·坎佩西诺纵队有300人被包围当了俘虏，后来被发现时，他们已全 696
死了，并且腿被砍掉。埃尔·坎佩西诺很快抓了一队摩洛哥人，这400人全部被枪决。“这就是新西班牙的诞生？”阿萨尼亚听到这个消息之后反问自己。反而是旧西班牙，即便有着所有的缺点，却更可取一些。[3]

两个星期后，国民军再次在北方进攻。北方军依然由达维拉指挥。在巴斯蒂科（Bastico）将军指挥下的意大利人被整编为“利多里奥”师、

---

① 见马塔利亚纳上校的报告，printed in De la Cierva, *Historia ilustrada*, vol. II, p.242。加里波第营的指挥官帕恰尔迪也逃离了西班牙，因为他对军队中的共产主义幻想破灭。南尼也同意他的观点，于是也回到巴黎。“加里波第营”由卡洛·彭奇纳蒂（Carlo Penchienati，后来脱党的共产党员）指挥，之后由社会主义者阿图罗·扎诺尼（Arturo Zanoni）指挥。见 Pacciardi, pp.239–240 和 p.161，以及 Spriano, p.223。时任南威尔士矿工队主席的阿瑟·霍纳（Arthur Horner）成功地从旅部那里获得了一项保证，即各旅应该给想离开的成员发放许可。但这一点从未得到充分落实。在访问期间，霍纳被短暂监禁在巴塞罗那，因为人们在他的行李中发现了一面摩尔旗帜，因此他被谴责为君主主义者（Arthur Horner, *Incorrigible Rebel*, London, 1960, p.159）。

② Miksche, p.171.关于坦克使用的争论可以追溯到1917年西线康布雷（Cambrai）战役中坦克的首次使用。内战双方都没有足够的卡车能够利用最初的突破优势运送大量步兵。

③ Azaña, vol. IV, p.698.

“黑色火焰”师和“3月23日”师，分别由贝尔贡索利、弗鲁西（Frusci）和弗兰奇希将军指挥。[1]索尔查加统辖下有6个经验丰富的纳瓦拉旅，分别由加西亚·巴利尼奥、穆尼奥斯·格兰德斯（Muñoz Grandes）、拉托雷、阿布里亚特（Abriat）、阿隆索·维加和桑切斯·冈萨雷斯（Sánchez González）上校指挥（最后两个旅已经从布鲁内特前线返回）。1931年，突击队的第一任指挥官穆尼奥斯·格兰德斯于这一年年初就逃离了马德里——就像阿隆索·维加一样，作为佛朗哥在摩洛哥的老朋友，这位严厉的军官现在开始了一段成功的军事生涯。那些加入了费雷尔将军指挥的两个旅的卡斯蒂利亚志愿者，正在群情激昂地准备夺回卡斯蒂利亚唯一的港口——锦绣水乡的桑坦德。另一个由西班牙人和意大利人组成的群体是“黑箭”部队，在皮亚佐尼将军的指挥下有8,000人之多。因此，大约共有2.5万名意大利人参与了接下来的战斗。北方军的总人数是9万人。在战役之前，佛朗哥将他的总部从萨拉曼卡迁往布尔戈斯，意大利将军巴斯蒂科陪同在他身边。[2]达维拉有大约70架“秃鹰军团”的飞机、80架意大利飞机和70架西班牙飞机，还有1支水上飞机分队。

桑坦德的防御核心部队是共和国第十四和第十五军团。名誉扫地的利亚诺·德拉·恩科米恩达将军和马丁内斯·卡夫雷拉将军被送回中部
697 地区，加米尔将军现在是共和国最高指挥官，而他的两支军队由普拉达上校和加西亚·瓦亚斯（García Vayas）上校率领。这支部队由50个炮兵连、33架战斗机和轰炸机，以及11架侦察机提供支持。共和军的总数达到8万。单纯的数字还不能准确反映双方兵力的不成比例。除了18架苏联战斗机，加米尔的飞机又老又慢。国家主义西班牙的飞机储备包括最新型的德国飞机，德国人想借助战争来检验它们的性能。在火炮上，对比也相差悬殊。桑坦德和阿斯图里亚斯之间的关系也没有比巴斯克人

---

① 3月23日是用来纪念1919年意大利法西斯运动成立的纪念日。

② 对这次战役最详细的记述来自上校Martínez Bande的*El final del frente norte*（Madrid, 1972）。人们也可以继续参考Aznar，pp.466–475。

在吉普斯夸并肩作战时更好，尽管老巴斯克军队的残余人员也在桑坦德人身边。他们的状态不好，士气也因为流言受到打击，流言总是言之凿凿地说他们可能向意大利人投降，以换取活命。[1]

战役开始于8月14日。战线横亘在坎塔布连山脉上，它的最高点掌握在共和军手中。因此，在整个战役中，战场都是崎岖而又美丽的。共和军被空中的轰炸死死地压制。在进攻发起的第一天，战线的南部就被突破了。纳瓦拉旅席卷了坎塔布连的山脚。雷诺萨和它的军工厂在8月16日沦陷。加米尔和他的苏联顾问也起了争执，争论的焦点为是否应该由加兰上校（属于著名的共产主义兄弟团体之一）接替加西亚·瓦亚斯上校的职务，而后者是第十五军团的指挥官，并且他从战争一开始就控制着桑坦德，他在该市也很受欢迎。最终他们达成了妥协，但是前线已被突破，许多人被俘虏。接下来，在猛烈炮火、坦克和飞机的支持下，意大利"黑箭"部队在8月18日冲破了海边的前线，在中部的"3月23日"师获取了关键的埃斯库多（Escudo）通道。从此以后，再也没有真正的前线了。桑坦德人的军队坚定地撤退了。巴斯克人在桑坦德打得比桑坦德人在毕尔巴鄂要出色得多，但即便是他们，也无法守住阵地。[2]
在桑坦德城内，为了让工人们有时间修建工事，工厂和港口都关闭了。698
西班牙的这座城市再一次挤满了牛、家畜，还有从战场上带回为数不多的私人物品逃难来的农民，而战争正在肆虐着他们的家园。许多桑坦德人（可能是大部分）都盼着佛朗哥获得胜利——这里是一座保守的城市，由于西班牙贵族把它当作度假胜地而繁荣。巴斯克流亡政府，就像它曾经所做过的那样，又一次忙于撤离。许多巴斯克人拒绝再战，开始逃跑。

---

① 在这些失败的各种努力中，包括奥纳迪亚神父和意大利军事参赞于6月25日在阿尔戈塔（Algorta，比斯开）附近举行的一次秘密会议，前者随后前往罗马，向齐亚诺进行说明，而齐亚诺对巴斯克问题还是一无所知。——见S.Payne, *Basque Nationalism*, p.280

② 阿吉雷曾试图将所有的巴斯克军队都派往加泰罗尼亚前线，妄图从背后进攻纳瓦拉——这个想法在巴伦西亚被否决（Aguirre, pp.59ff.）。

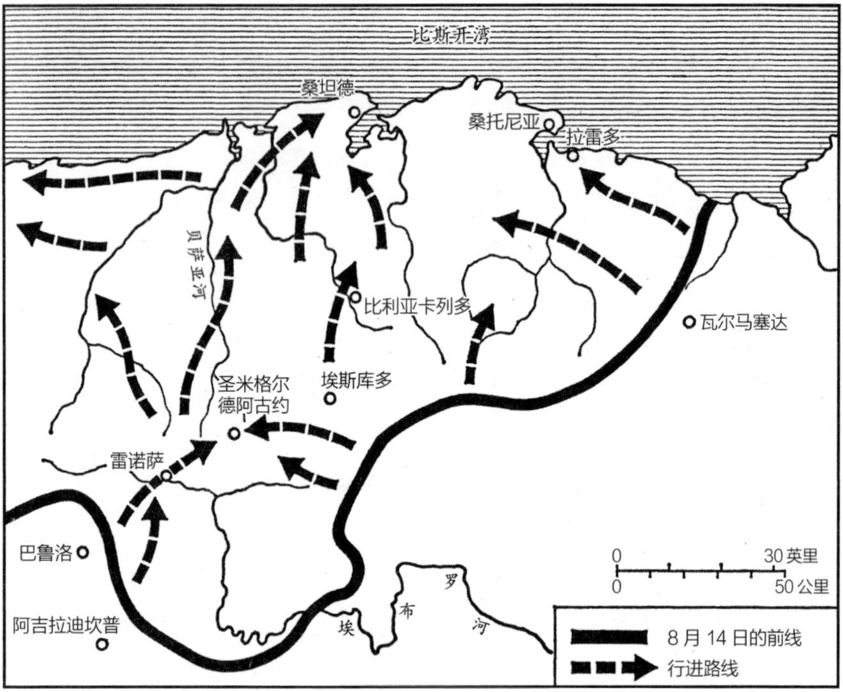

图26 桑坦德战役，1937年8月

8月22日，军事和政治领袖们聚在一起开会。像往常一样，士兵比平民更加悲观。[①]巴斯克"总统"阿吉雷主持了会议。这次，苏联人戈里耶夫将军基本没有发言。[②]巴伦西亚也传来了命令，让他们撤往阿斯图里亚斯。但是第二天，巴斯克军队独自撤往了东方20英里以
699 外的桑托尼亚（Santoña）港。他们不想在距离他们的家乡这么遥远的地方继续作战。他们满怀希望，奥纳迪亚（Onaindía）神父在罗马与意大利政府进行的谈判能够使他们有序地单独投降。但由于阿吉雷

① Castro Delgado, p.539.

② 关于这次令人沮丧的会晤，见Gámir, p.84；Zugazagoitia, vol. II, pp.307–308；以及拉马斯少校的报告，引用自Martínez Bande, *op.cit.*, p.78, fn.85。

和其他巴斯克领导人在这一问题上存在分歧，这些谈判实际上已经失败。但是，晚间，政府的命令实际上已经无法得以执行，因为通往阿斯图里亚斯的道路已被掐断。在第五纵队引发的骚乱中，桑坦德变得一片混乱。成千上万的桑坦德人跳上他们能找到的任何船只，试图逃往法国或者阿斯图里亚斯，他们宁愿乘任何船去挑战比斯开湾，也不想冒被俘的风险。许多人被淹死了。加米尔、阿吉雷和雷佐拉也夹在人群中逃走了。剩下的军队都成了俘虏，大约有6万人被俘——这是内战中叛军最大的一次胜利。[①]桑坦德的副市长拉蒙·鲁伊斯·雷波洛（Ramón Ruiz Rebollo）是最后离开的人之一。他幸存了下来，并在叛军到来的前一天夜晚，对码头上的10万人进行了一场令人唏嘘的演讲。[②]10月15日，包括市长和议员在内的一批共和军和巴斯克领导人在巴里亚海滩被枪杀。

两名巴斯克军官从桑托尼亚出发，与意大利人、"黑箭"部队指挥官法利纳（Farina）上校就巴斯克投降问题进行谈判，巴斯克人正确地决断出，他们在意大利人手中要比在佛朗哥的人手中更加安全。于是，他们达成了一项协议，巴斯克人选择投降，将他们的武器交给意大利人，并维持他们依然掌握的区域的秩序。他们已经释放了在桑托尼亚监狱里关押的2,500名囚犯。意大利人将保证所有巴斯克战士的生命安全。巴斯克人随后同意不再附加新的投降条件。当然，他们也未能获得其他方面的保证。[③]在这次事件中，许多巴斯克人拒绝投降，并纷纷竭尽全力逃走。巴斯克民族主义政治家胡安·德阿朱里亚格拉（Juan de

---

① 马丁内斯·班德（Martínez Bande）描述了一幅悲伤的图景——许多被俘人员坐在一个当地的牛圈中（*op.cit.*, facing p.104）。里面大约有3万人是巴斯克人，2万人是桑坦德人。

② Azaña, vol. IV, p.782.

③ Martínez Bande, *op.cit.*（p.97）出版了一份投降书的传真件，完整文件见pp.228–229。亦可参考皮亚佐尼将军的记录，见pp.230–242，以及S. Payne, *Basque Nationalism*, p.285，这里有对奥纳迪亚神父相关记录的讨论。

700 Ajuriaguerra；他与阿吉雷不同，从春天开始就关心与意大利的谈判）随后试图与罗阿塔将军进一步谈判，但后来被国民军最高指挥部拒绝。① 与此同时，达维拉和他的军队进入了桑坦德，而意大利人进入了桑托尼亚。意大利上校法戈西（Fagosi）实际掌控了市政权力。英国轮船“波比”号（Bobie）和“七海浪花”号（Seven Seas Spray）在桑托尼亚等待着，随时做好准备，接收难民前往法国，但没有任何运输难民的指令传来。8月27日，“波比”号上的指挥官，一个名叫乔治·杜普伊（Georges Dupuy）的法国上尉，以及在“七海浪花”号上的不干涉观察员——巴西人科斯塔·席尔瓦（Costa e Silva），都得到意大利人的许可，所有持有巴斯克护照的人也都可以上船，于是人们开始登船。但到上午10点，意大利士兵带着机枪将船只和等待的巴斯克人包围。法戈西上校通知杜普伊和席尔瓦，不允许任何人离开桑托尼亚，不管是外国人还是巴斯克人。所有已经登船的巴斯克人被要求立即下船。两艘船随后遭到5名长枪党人的搜查。第二天，也就是8月28日拂晓，杜普伊看到他的那些“短暂的乘客”，正作为囚犯沿着大路被押往杜埃索（Dueso）监狱。法利纳上校的许诺已经被他的参谋长巴托洛梅·巴尔瓦（Bartolomé Barba）少校否决。② 希望之船起锚离开，一些难民躲在轮船的机器里逃过了搜捕。那些被留在身后的，一开始只是简单地被国民军囚禁，但随后就开始了审判和处决。阿朱里亚格拉被判死刑，但这个判决随后没过多久就进行了减刑。

尽管如此，墨索里尼还是用电报向意大利指挥官表示了祝贺。8月27日，意大利报纸刊登了该电报的文本及其致敬的名字。这是意大利民众第一次得知他们在西班牙的指挥官的名字：罗阿塔、贝尔贡索

① Steer, pp.388–390。这份记录得到赫苏斯·马里亚·德雷佐拉的确认。也可见R.Salas, vol. II, p.1460f和Martínez Bande, *op.cit.*, pp.93–94。

② 战前他曾经是UME的首领，1936年8月从巴伦西亚逃出。

利、泰鲁齐、巴斯蒂科——新意大利的新英雄！齐亚诺指示巴斯蒂科保护“从巴斯克人手中缴获的枪支和旗帜”。“我羡慕法国人的荣军院和德国人的军事博物馆。一面从敌人那儿缴获的旗帜，”这位莱昂纳多·达·芬奇的同胞在日记中写道，“比任何绘画作品都更值得。”第二天，他又写道：“恐吓敌人的时刻到了。我已经下令让飞机轰炸巴伦西亚。”[①]然而，墨索里尼的西班牙盟友对意大利军队在这些交战中 701
所起的作用并不那么热心。“只有一支缺乏指挥、没有凝聚力、人数不足以覆盖所建防御工事的敌人，才会在这样的进攻下被击败，就像权威人士承认的那样……这种进攻之不成熟，就像是罗马军团士兵的进攻那样。”乌尔巴诺（Urbano）上校在给国民军总参谋部的一份特别报告中如是说。[②]

在西班牙的德国人内部也发生了争吵。“秃鹰军团”的指挥官施佩勒和大使福佩尔互相憎恶对方。在圣塞巴斯蒂安，当福佩尔打电话要见施佩勒时，后者甚至拒绝见福佩尔。施佩勒还公开批评HISMA的垄断地位，因此鼓励了西班牙人也跟着抱怨。佛朗哥甚至通过施佩勒来要求更换福佩尔，部分原因是福佩尔与长枪党的勾结，但主要原因是他的冷酷和傲慢。[③]

佛朗哥得到攻克桑坦德的消息时，恰逢他要回击共和军发起的另一次转移注意力的攻势，这次攻势位于阿拉贡前线，是由重组的西班牙化并更名为东部军的加泰罗尼亚军实施，指挥者是波萨斯将军。在他之下，是指挥第四十五师的克莱贝尔，指挥第二十七师的特鲁巴上校（一

---

① Ciano, *Diaries 1937—1938*, p.5.那位描写了国民军攻克桑坦德的《泰晤士报》（*The Times*）记者是苏联的间谍菲尔比（Philby）。

② Martínez Bande, *op.cit.*, p.245f.

③ *GD*, p.434.这种情况在8月中旬再次出现。施佩勒本人也很快被召回（虽然并不是因为他在格尔尼卡事件中扮演的角色），由冯·沃克曼（von Volkmann）将军接任“秃鹰军团”的指挥。

个聪明的自学者），以及共产党员、少校莫德斯托的第五军团，其中包括第十一、四十六和三十五师，分别由利斯特、埃尔·坎佩西诺和沃尔特指挥。他们是从布鲁内特派来的。沃尔特的师包括4个国际旅（没有第十四旅，因为他和杜蒙发生了争吵）。[①]

抵抗这些军队的是防守萨拉戈萨的庞特将军、防守韦斯卡的乌鲁迪亚（Urrutia）将军和防守特鲁埃尔的穆尼奥斯·卡斯特拉诺斯（Muñoz
702 Castellanos）将军。前线并不是连续的，因为只有战略高地加强了防守。阿拉贡前线被忽略了，而这是一个国民军没有进行大规模堡垒化的地区。

波萨斯的进攻另有目的：西班牙共产党和中央政府渴望打破阿拉贡议会（the Council of Aragon）对该地的控制。在这个问题上，和其他许多情况一样，共和国的共产主义和“自由主义”支持者是一致的。温和的社会主义者完全支持以下政策：事实上，普列托在8月4日就下达了作战命令，尽管他派利斯特师（隶属于西班牙共产党）的11,000人去做这项工作的动机可能值得怀疑——他是否希望通过战役而一举两得呢？[②]

---

① 虽然克罗地亚人科皮克依然领导着第十五旅，但随着原来的政委艾肯回家，一个来自费城的船厂工人史蒂夫·尼尔森（Steve Nelson，尽管从他的名字看不出来，但他是斯洛文尼亚血统）继任了旅政委。这些任命彰显出第十五旅进入了一个美国人主导的时代。当旅长的职位被马尔科姆·邓巴接任时，美国人甚至还有些怨恨。马尔科姆·邓巴是一个有效率的英国年轻人，他在3年前曾是“剑桥高级美学小组的领导人”。3名英国旅长［布鲁内特司令科普曼、政委塔塞尔（Tapsell）和参谋长坎宁安］回到英国，他们心中只有一个目的——讨论共产党控制英国营的性质。随后，共产党中央委员会发生了一场争吵。坎宁安再也没能回到西班牙，他被指控为“法西斯”。他脱党了。另外两人回来了。该旅在合并了麦肯齐–佩皮尼昂（Mackenzie–Papineau）营之后扩大规模。麦肯齐–佩皮尼昂营最早是由加拿大人组成，后来也有一部分美国人，它是以1837年反抗英国的两位加拿大领导人的名字命名的。该营不到三分之一的士兵是加拿大人，其余是美国人。政委是乔·达利特（Joe Dallet），他是纽约的一个码头工人，出生在一个富裕的家庭，加入共和国是为了证明自己与他早年优越的生活做了了断。这些细节表明，除了重型坦克、梅塞施米特飞机和无政府主义公社，西班牙似乎还是世界上许多其他东西的试验场。

② Lister, p.152.

阿萨尼亚很高兴，其中一名“阿拉贡议员”是他的前任司机。[1]

这个阿拉贡议会由华金·阿斯卡索主持，这已同时激怒加泰罗尼亚和中央政府。从萨拉戈萨逃出来的无政府主义者阿斯卡索是一个充满活力、行事暴力且狂妄无忌的人。[2]阿拉贡的许多集体组织在社会治理方面很成功，但它对战争毫无贡献。在无政府主义者统治下，该地区经济表现的完整数字很难确定，但例如蒙塔尔万附近乌德里拉斯（Utrillas）煤矿的煤炭产量仅为正常水平的十分之一。[3]

7月下旬，西班牙共产党开始了一场针对阿斯卡索的对抗运动。 703
边防警察部队没收了从一个集体开往另一个集体的食品卡车。共产主义者、劳动者总工会和社会主义者在巴尔巴斯特罗建立了一个新的组织——阿拉贡委员会（Aragon Council），这就要求政府建立一个新的阿拉贡“联邦政府”。8月11日，在农获时节结束后（这是这种情况下的一个重要因素），阿拉贡议会被解散，何塞·伊格纳西奥·曼特孔被任命为阿拉贡三省的总督（governor-general）。曼特孔本人是阿拉贡议会的老成员，他当时是一名左派共和党人，后来几乎可以说是加入了西班牙共产党。法令公布后，利斯特领导的第十一师立即被派往阿拉贡进行“换防”。阿斯卡索和阿拉贡议会的无政府主义成员被拘禁（阿斯卡索被指控走私珠宝）。在整个阿拉贡，600名无政府主义者被逮捕。那些成功地脱离了集体组织的农民，通过突袭的方式接手了这里的许多实验品，“把粮食收成和农具都运走分掉了”[4]。全国劳工联合会地区委员会的办公室被查封，他们的记录被扣押。其他

---

① Azaña, vol. IV, p.614.

② C. Lorenzo, p.139。据卡斯特列翁的副手兼矿业总干事胡安·萨皮尼亚（Juan Sapiña，见Azaña, *Obras*, vol. IV, p.635）所说，他总是带着24名保镖四处活动。他的秘书曾经是胡安·马奇的职员。

③ Azaña, vol. IV, p.685，以及p.744。

④ 见J. Silva, qu. Bolloten, in Carr, *The Republic*, p.375。见内格林对阿萨尼亚的记录（Azaña, vol. IV, p.733）。

共产党军队接管了位于埃布罗河谷地和上阿拉贡的集体组织。在前线的无政府主义军队渴望突袭共产党人，但他们被控制了。拥有老式自制坦克和杂色武器的无政府主义师，其装备精良程度远远不如利斯特手下拥有捷格加廖夫机枪的人马。全国劳工联合会国家领导层尽其所能制止相关处决行动，但他们已经做不了更多了，这恰是他们已经衰落的标志之一。事实上，此时，诸如阿瓦德·德桑蒂连或者埃斯科尔萨等全国劳工联合会–伊比利亚无政府主义者联盟原则的有力捍卫者，已越来越被排挤出这些运动的议事之外。全国劳工联合会的秘书长马里亚诺·巴斯克斯已经成为一名内格林主义者（Negrinista），并让许多无政府主义者进入政府担任了职务。一些无政府主义报纸尽可能地谴责西班牙共产党人的行为，他们对苏联的实践予以普遍的批评，并发表文章来描述集体
704 组织的好处。[1]事后，为了挽救下一批作物，一些阿拉贡人的集体农场被恢复，但已有大约三分之一的集体农场被摧毁，那些恢复的集体农场也比以前更加诚惶诚恐。大批的无政府主义者一直被关在监狱或集中营里，直到战争结束。

随后的阿拉贡攻势一是为了消除这些事件造成的不良印象，二是为了确保无政府主义师在前线继续保持分裂，还有部分原因是为了确保共和军的非无政府主义派系的军事部队能够全面加强对该地区的控制。不过，它的主要目的依然是将国民军的进攻点从北方引开。

8月24日，共和军在没有飞机和炮火提前开道的情况下，在8个地点发动了攻击。3个攻击点位于萨拉戈萨以北，两个位于贝尔契特（Belchite）和萨拉戈萨之间，剩下3个在南方。共和军有8万人的部队、

① 见 *Campo Libre* in August and September 1937。这里有一个令人不快的记录，作者是第二十六师的指挥官里卡多·桑斯（Ricardo Sanz, Ch. XII of his *Los que fuimos a Madrid*）。曼特孔（Mantecón）事后告诉阿萨尼亚，利斯特想枪毙这些议员，但他（曼特孔）制止了：我知道会发生什么。他会把所有责任都推到我身上，却假装自己是“人民的捍卫者”（Azaña, vol. IV, p.897）。

100辆坦克和200架飞机。贝尔契特以北的两个村庄金托（Quinto）和科多（Codo）最先被攻克。他们在埃布罗河上的富恩特斯（Fuentes del Ebro）附近穿过了埃布罗河，而中间地区在8月26日被攻克。[①]尽管如此，几乎没有空中掩护的国民军抵抗之顽强，让进攻方感到震惊，这些进攻者包括了共和军中最好的部队，这也使许多著名的外国特别是苏联军事指挥官们感到惊讶，他们以斯特恩将军（格里戈罗维奇）和新的苏联司令"黑山"（Montenegro）将军为代表。[②]贝尔契特坚持的时间最长。[③]当共和军最后进入科多时（这里的300名卡洛斯党人抵抗了2,000名共和军的进攻），他们发现墙上潦草地写着这样一句口号："当你杀死一个'红色分子'，你将在炼狱里少待一年。"[④]

坚固的小城贝尔契特（1935年时人口为3,812人）对共和国有着非凡的吸引力，共和国的军队已经观察好几个月了。围攻是强劲的，但防御是有力的。守军的水源被切断。他们正在经历的恰好是军事手册中讲授的"为全面防御而组织的，对抵抗岛（the island of resistance）的使用"，再也没有比这更完美的实例了。酷热难耐，国家主义西班牙方面的市长拉蒙·阿方索·特拉莱罗（Ramón Alfonso Trallero）手持步枪在城墙上被打死。但是防守方的指挥人员没有犯他们在布鲁内特犯的错误，他们没有为了救一个中部的小城而放弃在北方的进攻。最后，大量的空中支援来到，虽然在一开始只有15架飞机（海因克尔）。很快，国民军的40架战斗机、20架轰炸机，以及20 705

① 第十五国际旅在这些战斗中扮演了主要角色。英国营的爱尔兰指挥官戴利（Daley）受伤而死，由帕迪·奥代尔（Paddy O'Daire）接任。汤普森（Thompson）和达莱特（Dallet）——林肯营的营长和政委，都战死了。旅政委尼尔森受伤。

② "黑山"（Montenegro）的真实名字看来并没有人知道。对他能力的评价，见Azaña, *op.cit.*, p.687。对这次战斗的最客观完整的描述，见Martínez Bande's *La gran ofensiva*, p.77f。

③ Aznar, p.504；Castro Delgado, p.560. 马尔科姆·邓巴帮助我弄清了这次战斗。

④ Buenacasa, p.9. 为战场上出现的这种标语，向卡洛斯党人高昂的士气致敬。

架运输机从阿拉贡飞赴而来，其中轰炸机使用的是萨伏亚79，战斗机是菲亚特，空军指挥官是加西亚·莫拉托。巴龙和萨恩斯·德布鲁亚加指挥的国民军第十三师和第一五〇师，也从马德里被派往前线，这都是为了在阿拉贡对付由利斯特、沃尔特和埃尔·坎佩西诺率领的同样精锐的部队，他们曾经在卡斯蒂利亚交过手。巴龙阻止了共和军在萨拉戈萨北部的前进步伐。萨恩斯·德布鲁亚加试图解除贝尔契特的围困，这里已经在共和军前线10英里之后了。但贝尔契特还是于9月6日投降了。共和军现在恢复了守势。在利斯特利用新的BT-5苏联巡游者坦克集结在一起，鲁莽地冲进埃布罗河上的富恩特斯之后，战役就陷入了停滞。[1]

攻势的失败引起了普列托和波萨斯将军之间的激烈交锋。“如此多的军队去攻占四五个小土村子（pueblo）并不能满足国防部的要求。”普列托发电报说。他接着将失败归因于“政治阴谋”和“大量的苏联军官在阿拉贡驻扎，对待西班牙士兵就像他们是殖民地的土人一样”。[2]但真相是，在贝尔契特和其他的小城中，卡洛斯党和长枪党人坚定地守
707 卫着他们的城市，而前线共和军的士气因为战前发生的政治动荡受到了严重打击。

9月1日，北方的国民军发动了针对阿斯图里亚斯的另一场战役，达维拉依然是总指挥，而阿兰达和索尔查加分别担任战地指挥官。这是阿兰达第一次有机会在野战中而不是在围攻中展示他作为指挥官的伟大品质。意大利人已经撤退，但在桑坦德取得如此成就的由6个上校指挥的

---

① BT-5坦克重达20吨，有1门45毫米炮和2挺7.62毫米机枪（有时是4挺）。这是一种对1929年的“克里斯蒂”维克斯（“Christie” Vickers）坦克设计模型的复古模仿设计。在这次袭击中，40辆坦克中只有28辆回来，地面一片泥泞，他们很容易就因失去战斗力被俘。关于评价，见Alexander Foote, *Handbook for Spies*（London, 1953）, p.18。

② 出自R. Salas Larrazábal引用的电报, vol. II, p.1324。

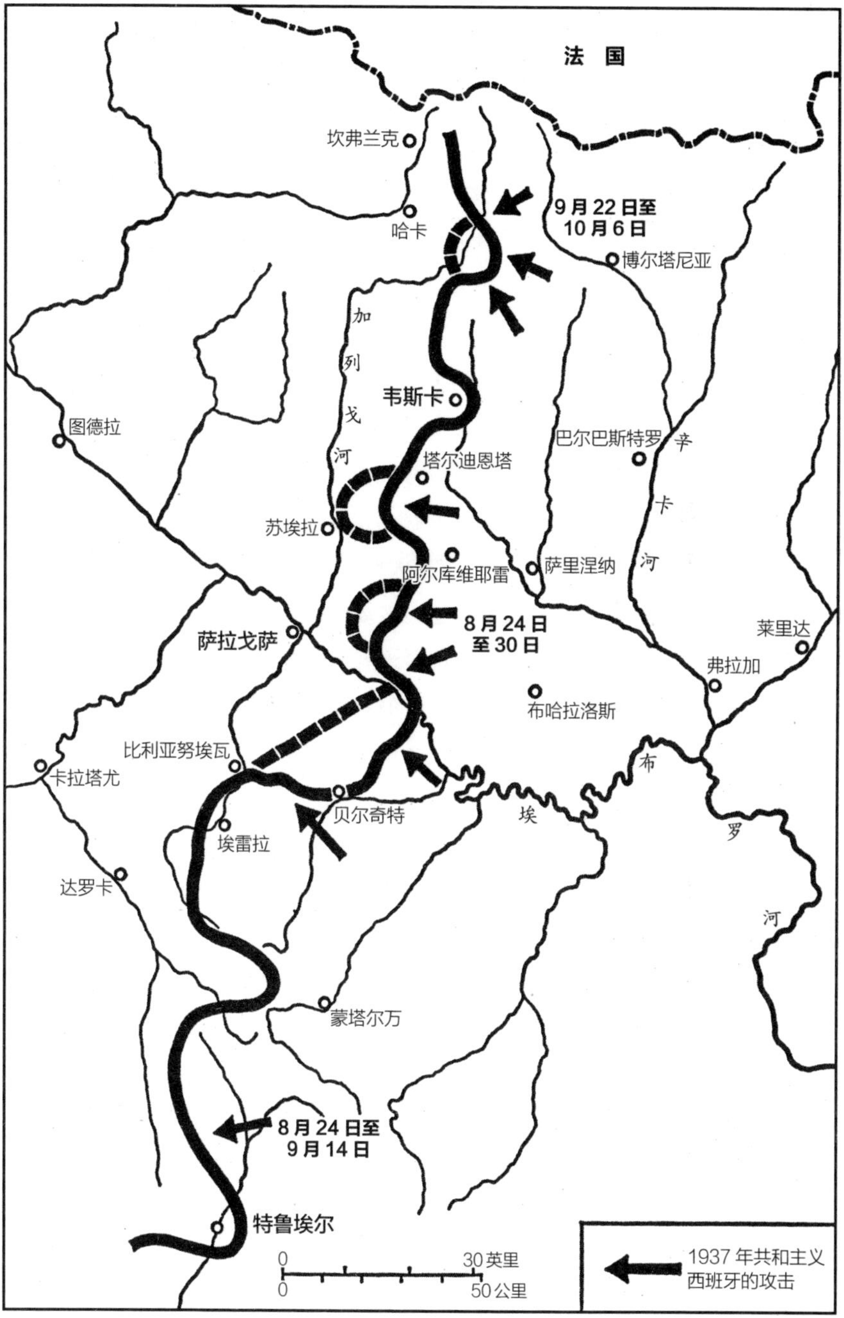

图27　阿拉贡攻势，1937年8—10月

老纳瓦拉旅担任了前锋的作用。马丁内斯·德坎波斯依然负责炮兵部队。国民军接收到250架飞机和250门加农炮的支援。与他们相对的，是弗朗西斯科·加兰（Francisco Galán）上校指挥的共和军第十四军团的残余部队，大约只有8,000—10,000人、250挺机枪、30门加农炮；以及利纳斯（Linares）上校指挥的第十七军团，大约有35,000人、600挺机枪、150门加农炮。他们还有戈里耶夫旗下的26名苏联军官。[1]

在这场战斗之前，曾有一个非同寻常的创新出现，不过在1937这一年，这似乎只是一桩显而易见的事情而已。8月28日，在希洪港成立的阿斯图里亚斯议会宣布自己为独立领土，并解除了北方军最高指挥官加米尔将军的职务。当时，指挥权移交给了阿道夫·普拉达（Adolfo Prada）上校，他是一名正规军官，曾在马德里指挥过一个纵队，现在实际上是一名西班牙共产党员。他已尽最大努力把他10个师的军队重整了。他的参谋长是能干的西乌塔少校，是一名新生代的西班牙共产党员，他也曾以这种身份为利亚诺·德拉·恩科米恩达服务。阿斯图里亚斯会继续承认在巴伦西亚的共和政府的主权，但它不想再接受那里的命令。政治权力集中在社会主义矿工领袖贝拉米诺·托马斯手中，他虚荣、雄心勃勃、挥霍无度。“阿斯图里亚斯共和国”的政治几乎是在“制造法西斯主义者”，普拉达上校后来自己报告并补充说：“即使是10岁的男孩，如果他们的父亲是法西斯主义者，也会被监禁；即使是16岁的女孩，只要她们长得漂亮，也难逃厄运。”[2]

708 在一开始，国民军前进得非常缓慢。群山为革命的西班牙的古老心脏提供了宏伟的防御阵地，由此产生的眩晕感则是防御者手中的战争武器。奥维耶多当然已经处于国民军的控制下，但它仍然被包围着，因为附近的矿业城镇还都处于激进状态。“秃鹰军团”的缺席，使阿拉贡前线

① Ehrenburg, p.147.

② Azaña, vol. IV, p.846f.（Prada对总统的报告）

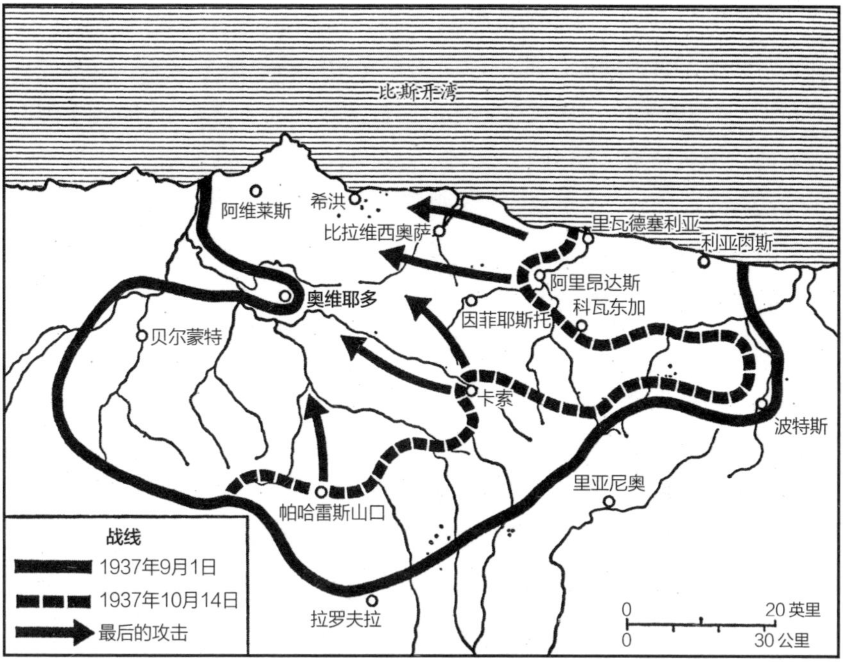

图28　阿斯图里亚斯战役，1937年9—10月

没有出现像桑坦德战役时那样富有特点的机器对战自然的速胜。[1]无论如何，到10月14日，经过6个星期的战斗之后，莱昂内斯（Leonese）山脉的几个山口仍然属于共和军。虽然他们的军队士气低落，但大多数士兵知道，胜利和逃跑同样都是不可能的。据普拉达上校说，该省矿业城镇以外的地区都倾向于右翼，85%的士兵是应征入伍的结果。最实际的希望是冬天早点到来，这样好推迟国民军的前进。但是寒冷首先影响到的是共和军官兵。逃跑是困难的，因为国民军控制了海洋，而山脉对于许多人来说代表了唯一的希望。随着知名人士（例如希洪市长）乘坐他们能找到的任何船只逃走，士气进一步低落。为了维持秩序，普拉达上校不得不下令将

① 关于这场战役，见Martínez Bande, *El final del frente norte*, p.109f。

三个旅的指挥官、六个营的指挥官，以及其他十几个军官枪毙了。[①]

突然，在一周的时间里阿斯图里亚斯陷落，国家主义西班牙胜利了。“秃鹰军团”从阿拉贡返回，被安置在利亚内斯（Llanes）郊外的一个机场里。10月15日，阿兰达和索尔查加在山城因菲耶斯托（Infiesto）建立了一个枢纽。恐慌开始在阿斯图里亚斯人中蔓延。阿斯图里亚斯议会召开了一次紧急会议。有人提议，作为允许军队从海上撤离的回报，阿斯图里亚斯不会摧毁希洪的工厂。但问题是，他们并没有舰队能够把这项提议变为现实。从此以后，与战役的前几周相比，抵抗变得越来越微弱。国民军依然在以最快的速度前进。“秃鹰
709 军团”开始尝试“地毯式轰炸”的理念：飞行员加兰德和他的朋友们以紧密编队飞行，在山谷上方飞得非常低，从后面接近敌人。所有的炸弹同时卸在阿斯图里亚斯的战壕之中。[②]共和军空军的表现几乎可以忽略不计，大部分的苏联飞行员和大部分有经验的西班牙飞行员都已经消失了。

在下一次会议，也是最后一次会议上，人们发现内格林下达的命令还是坚持对抗到底。共产党人胡安·安布（Juan Ambou）和阿维利诺·罗切斯（Avelino Roces）对此已做好了准备，但是在10月17日的阿斯图里亚斯议会会议上军事指挥官们非常悲观，似乎唯一的方法就是千方百计地逃跑。[③]所有能够逃跑的人都离开了，其中包括在英国船上的贝拉米诺·托马斯、当地最著名的无政府主义者塞贡多·布兰科

① 普拉达私自向阿萨尼亚做了汇报（Azaña, *op.cit.*, p.847）。他说“*gobiernin*”（这是阿萨尼亚轻蔑地对阿斯图里亚斯议会的称呼）拒绝承认在阿斯图里亚斯有一支第五纵队存在。贝拉米诺·托马斯“完全服从于全国劳工联合会”，他认为“在红色的阿斯图里亚斯，没有法西斯”。但即便在“红色的”阿维莱斯（Avilés），第五纵队也袭击过一个旅，造成了许多伤亡。

② Galland, p.30.

③ 最后一次会议的结束时分，刊登于*Independent News*（See Broué and Témime, p.380）。

（Segundo Blanco）、指挥官普拉达上校、能干的共产主义少校西乌塔和其他人。苏联顾问乘坐少量仅存的飞机离开。加兰上校乘坐渔船逃离。 710
军队解体了。许多人在海上被杀。10月20日，当阿兰达还在距离希洪25英里之外时，第五纵队行动了。一个团体要求无条件投降，而另一个团体利用武力夺取了一些建筑物。共和军的22个营投降。在特鲁比亚的军火工厂，负责人何塞·佛朗哥（José franco）上校将城市交给了国民军控制，以确保200名政治犯的安全，却葬送了他自己。尽管他对共和国事业最不热心，但他后来在特鲁比亚与其他7名军官一起受审并被枪杀。①在最后一分钟，普列托下令让共和国位于希洪的最后一艘船"恺撒"号（Ciscar）驱逐舰起锚离开，苏联代表团团长提出抗议，但没有达成一致意见。第二天，普列托惊讶地发现"恺撒"号被击沉了，戈里耶夫将军和普拉达上校坚持船是在他们的命令下返回港口的。②10月21日，阿兰达和索尔查加的军队进入希洪。接着是一项严厉的禁令颁布。单单在奥维耶多就有超过1,000人被枪毙。虽然北方战线消失，但依然有数千人在莱昂内斯山区继续抵抗到3月，从而延缓了国民军发动的新攻势。据说那些留在山上的人中有戈里耶夫将军。据称，他在该年年末被一架苏联飞机解救。③

在北部的战事中，国民军的军备优势引人注目。然而，无论是在巴斯克、桑坦德还是阿斯图里亚斯战役中，国民军的胜利都不是技术优势促成的。在共和国一侧，存在着3个半独立的政权，它们实践着完全不

---

① Santos Julía, p.214. 对他审判的细节引起了国家主义西班牙一方的巨大兴趣。

② Prieto, *Convulsiones*, vol. II, p.60；cf. Azaña, vol. IV, p.830.

③ 马尔罗中队的明星飞行员、后来加入了共和国空军的阿贝尔·基德试图营救戈里耶夫，但未果。他在向导指引下进行了3次飞行，但在第4次被击落身亡。见Ehrenburg, *Eve of War*, p.147。虽然戈里耶夫从佛朗哥控制下的阿斯图里亚斯被救，但没有人能够从他自己的政府手中再救他一次。回到苏联后，他被枪毙。关于1937到1958年间，在阿斯图里亚斯游击队（guerrilleros）的进一步斗争，见A. Saborit, *Asturias y sus hombres*（Toulouse, 1964）。

同的政治理论，而这是导致共和国虚弱的致命因素。利亚诺·德拉·恩科米恩达将军从来没有办法发布任何一道统一的命令，他的继任者加米尔·乌利巴里也无法做到。在共和国一侧，也有着失败主义的论调，但并非直接的背叛。（这一点，从国民军掌握的关于敌人活动的有限资料
712 中就可以看出）共和国在巴斯克地区的空中支援力量一开始很弱，但他们在6月份曾获得大量飞机。不幸的是，尽管许多在苏联（实际上是在亚美尼亚）接受过训练的年轻西班牙飞行员表现得非常勇敢，但这些飞机已闲置。[1]

3月以来的漫长战斗给国家主义西班牙带来了阿斯图里亚斯的煤田和毕尔巴鄂的工业，特别是军事工业。从这时开始，国家主义西班牙可以制造他们自己的弹药了。战役还给国家主义西班牙带来了11,600平方英里（约30,000平方公里）的土地、150万人口——包括许多关在集中营里被强迫劳动的战犯，全西班牙36%的国民生产值、60%的煤炭产量，以及几乎全部的钢铁产量。战役的胜利同样让国民军的海军可以聚焦于地中海。最后，它解放了北方军的6.5万人，他们的弹药可以用于南方的战斗。

从1937年5月开始，位于北方的共和军大约有3.3万人死亡，10万人被俘，还有超过10万的伤员。国家主义西班牙的损失总共包括1万人死亡和10万人受伤。国民军给了阿斯图里亚斯的战俘两种选择：要么进劳动营，要么加入外籍军团。有些人选择了后一项，他们的一名军官做证说，他们在后来的战斗中表现得非常勇敢。[2]

---

① 共产党试图将大部分责难归于尤兹卡迪共产党书记阿斯迪加拉比亚，他在一次中央全会中被指责过分热情地支持“阿吉雷反动拙劣的政策”（*Campo Libre*, 27 November 1937）。

② 曼达斯（Mandas）公爵的证词。

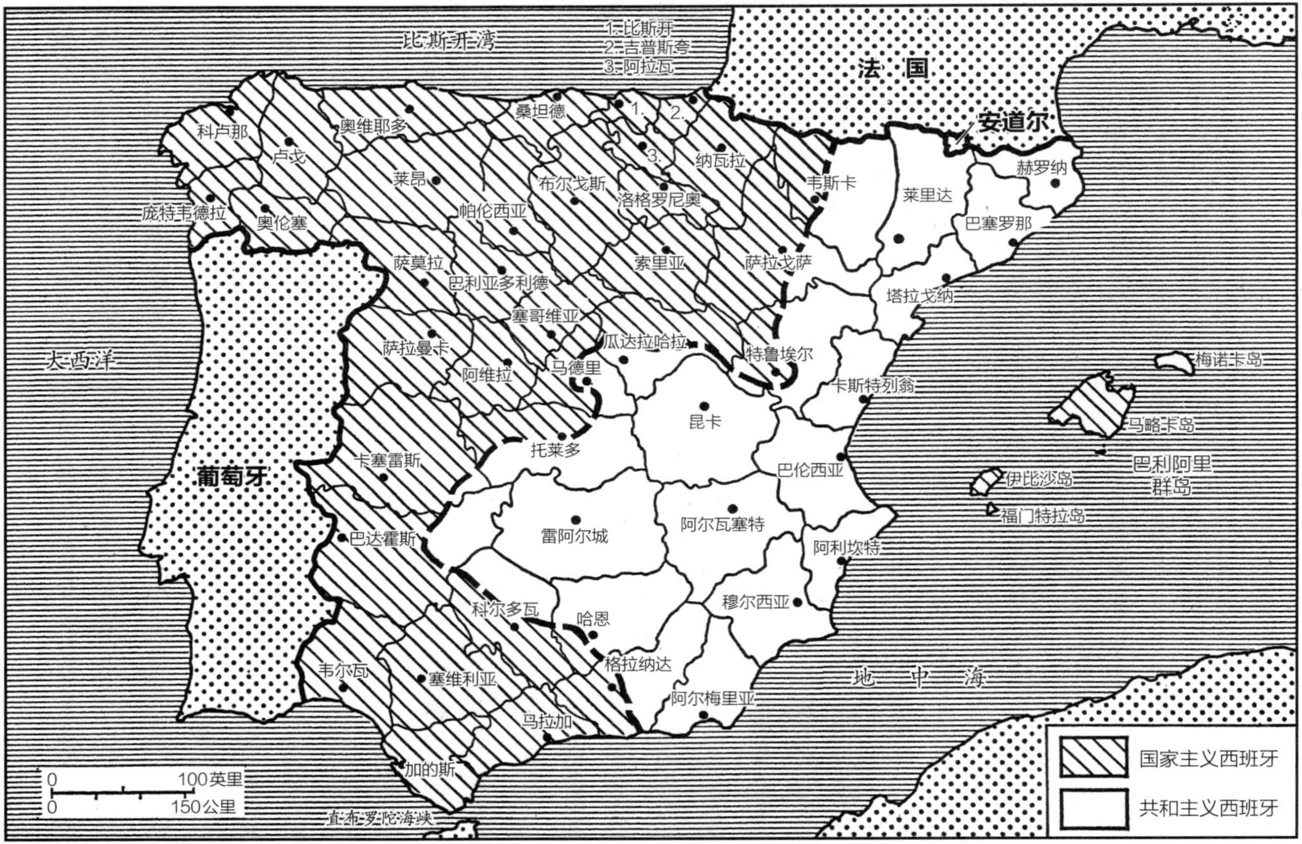

图29　西班牙局势图，1937年10月

713 ## 41. 1937年的国际局势

整个1937年，西班牙内战一直是当时主要的国际危机，它对民主国家来说是一个麻烦，对独裁者来说是一个机遇。然而，在夏秋两季，冲突中的外交方面走了一条特别拐弯抹角的道路。像往常一样，英国整体上发挥了“关键作用”，他们继续尝试与德国达成协议。它的西班牙政策在任何时候都服从于这种徒劳但可以理解的目标。1937年5月，斯坦利·鲍德温将首相一职让给内维尔·张伯伦，此后，这一政策的推行更是愈演愈烈。

德国轰炸阿尔梅里亚后，英法外交大臣艾登和德尔博斯促成意大利和德国重返海军不干涉巡逻政策。西班牙内战双方都要求避免攻击外国军舰，并指定安全区以便为巡逻舰加油。然而，共和国谴责管制制度将他们与国民军同等对待，并要求得到发动“合法的战争行为”的自由，如空袭帕尔马，只要能避免“阿尔梅里亚事件”即可。苏联担心会组成反对它的国际联盟，宣布巡逻应该是不干涉委员会中所有大国共同参与的事情。齐亚诺担心德国与英国恢复关系，便不断向柏林抱怨（在伦敦
714 的里宾特洛甫也是如此）自己直到最后一刻才得知德国外交部长诺拉特对英国的访问计划一事。[①]与此同时，墨索里尼在12日向德国驻罗马大使吹嘘说，在任何他与英国人的战争中，猎豹（意大利）可能会最终战败，但是狮子（英国）在这个过程中必定遭受重创。

德国人和意大利人刚同意恢复不干涉行动，他们的“莱比锡”号（Leipzig）巡洋舰的船长就报告说，6月15日，在奥兰（Oran）附近有人向他的船发射了3枚鱼雷，但是都没击中。接着，在6月18日，同一名船长声称，要么是有另一枚鱼雷扫过船舷，要么是有巡洋舰接触到潜艇的一部分。这个新闻在最糟糕的时刻传给了希特勒。他刚刚从一个纪念“德意志”

① *GD*, p.339.

号遇难水手的活动中归来。他下令：首先，诺拉特取消计划中的英国之行；其次，他想让所有参与海军巡逻国家的舰队进行示威抗议。[①]共和国拒绝承认对这次袭击负责。普列托提出要给艾登提供一切便利，以便调查这起事件——艾登曾相信德国关于“德意志”号的故事，但他还是接受了普列托的否认。德国和意大利拒绝进行调查。根据阿斯卡拉特向巴伦西亚的报告，艾登“掩盖不住自己对德国行径的羞耻和厌恶”。[②]然而，不干涉委员会无法达成任何共识。虽然继续留在了委员会中，但德国和意大利退出了海军巡逻。[③]看上去“莱比锡”号并不像受到了攻击。

内格林和他的外交部长希拉尔访问了巴黎。[④]在那儿，布鲁姆已经下台，激进的社会主义者肖当继任总理。不过，布鲁姆担任副总理，德尔博斯依然是外交部长。这两名西班牙人在尽力劝说这个政府结束不干涉政策。他们表示，苏联对共和国的帮助已经减弱，一是因为国民军对地中海的封锁，二是因为法国边界的关闭，三是因为从7月开始，中国和日本之间爆发了战争，斯大林已经决定援助中国。通过向民主国家购买武器，他可以逐步脱离苏联和共产国际，这种想法自然在内格林的脑海中发挥了作用。 715

共和国的境况由于葡萄牙放弃边境控制权而变得更加恶化，直到海军巡逻在后期恢复。在德国和意大利退出海军巡逻之后，英国和法国提出自己执行所有的巡逻任务，并让中立的观察员登上他们的船。格兰迪和里宾特洛甫声称这是一种过分偏袒的行为。他们提议，作为海军巡逻的替代，应授予西班牙双方交战权利，包括在公海搜索的权利。[⑤]这对

---

① *GD*, p.366.

② Azcárate, p.80. 6月25日，在下议院一次关于外交的辩论中，张伯伦作为首相发表了第一次演讲，将德国关于“莱比锡”号的行为形容为：“表现出我们应该认识到的某种程度的克制”。在不干涉的问题上，他说：“每一方都被剥夺了它认为自己急需的物资供应。”（*Parliamentary Debates*, vol.325, col. 1586）

③ *NIS*（c），第55和56次会议。

④ Azaña, vol. IV, p.654，给出了一份内格林关于此次行程的报告。

⑤ *NIS*（c），第57次会议。

国民军有利。由于和法国可以接受的条件差距太大，肖当和德尔博斯正在考虑效仿葡萄牙解除所有边境管制。内格林和希拉尔认为这是结束不干涉政策的次好的办法，但是法国对英国的依赖阻止了这一点，因为法国部长们意识到，任何与英国的决裂都只会帮助意大利。这场“戏剧”中的“悲剧演员”仍然是莱昂·布鲁姆：“我不活了（*je n’en vis plus*）。”他对着自己在第二国际中的朋友们，比如南尼（Nenni）或者德布劳克尔（de Brouckère），发出如此惊骇的低语。[①]

与此同时，国家主义西班牙向所有外国势力发出了一份照会，威胁说，那些不同意给予他们战争权利的国家（例如英国和法国），如果西班牙在经济上对他们关闭的话，他们“绝不应感到惊讶”。

英国和法国政府再次费力地修补着精心设计的不干涉政策。不干涉委员会估计，有42艘船在4月初至7月底逃避了检查，而这个数据还没有覆盖到空中航线。控制委员会无法阻止悬挂着西班牙国旗或非欧洲国旗的船只运送军事物资。德国、意大利和苏联物资持续流入西班牙，德国船甚至悬挂着巴拿马国旗——这个事实被不干涉委员会忽略了。

国家主义西班牙对德国的欠债已经攀升到1.5亿帝国马克。为什么会
716 有这么多呢？在6月27日维尔茨堡（Würzburg）的一次演讲中，希特勒对这个问题进行了简单回答，他宣称自己支持佛朗哥完全是为了获得西班牙的铁矿石。1937年，德国从西班牙进口了162万吨铁矿石、95.6万吨黄铁矿石以及2,000吨其他矿产。7月，由于布鲁内特危机，德国人得以从国家主义西班牙那里获得一些经济上的让步。[②]在乔达纳和福佩尔于7

---

① Nenni, p.83.

② B. Klein, *Germany’s Economic Preparations for War*（Cambridge, Mass., 1959），p.41，讨论了这一点。亦可参看Harper, p.65。1936年德国铁矿石进口总量为920万吨。德国需要这些进口来维持其钢铁工业。它以前也从西班牙进口过矿石，例如20世纪20年代，从西班牙的进口量占德国进口总量的四分之一。但1937年和1938年，德国从西班牙进口的大量商品还包括蔬菜、水果和葡萄酒（事实上，以马克计价的比以矿物计价的更多）。

月12日签署的一份文件中，西班牙人承诺将与德国缔结第一个全面贸易协定，并将他们与任何其他国家的任何经济谈判知会德国，同时给予德国最惠国待遇。①这份文件又以7月15日的一个宣言作为补充，两国宣布将在原材料、食品和制成品交换方面相互帮助。②16日，西班牙同意以帝国马克偿还它购买战争物资的债务，年利率是4%。作为债务的担保，原材料将被送往德国，而德国将参与西班牙的重建。③垄断公司HISMA-ROWAK（西班牙裔摩洛哥人运输公司-原料和货物采购公司）仍由约翰内斯·伯恩哈特主管，并且他将继续控制德国与西班牙之间的经济关系。德国外交部不喜欢这种安排，但他们知道伯恩哈特在纳粹党内享有威望。

这些良好关系与国家主义西班牙和意大利人之间的关系形成了对比。意大利的指挥官们仍然希望将他们的部队用在决定性的行动中，他们想赢得“一场伟大的胜利”。西班牙的法西斯头目丹齐为了给意大利军团做宣传，每个月的花费甚至高达24万比塞塔。但是福佩尔说，每个人都知道毕尔巴鄂战役是由德国飞行员和防空炮兵发挥决定作用的，而 717
不是意大利地面部队。此时的佛朗哥自己也将意大利部队在西班牙的历史说成是一个“悲剧”。④

回到伦敦，不干涉委员会的僵局似乎已经彻底打破。7月9日，荷兰大使提议英国应设法调和对立的观点。⑤在咨询了内阁之后，普利茅斯勋爵接受了这个任务。7月14日，他向委员会送去了英国提出的“关于不干涉控制的妥协方案”。海军巡逻将由西班牙港口的观察员代替。船上也会设立观察员。在陆地上，控制系统将会恢复。当志愿者撤离取得“实质性进展”时，就应给予双方海上交战权。德国将这个计划当作

---

① *GD*, p.413. See Harper, p.52f.

② *GD*, p.417.

③ *GD*, p.421.

④ *GD*, p.410.

⑤ *NIS*，第24次会议。

"讨论的基础"予以接受。①德尔博斯被激怒。他抱怨说，英国现在应处于法国和意大利的中间，而不是与法国合作。②阿萨尼亚从孤独的高傲中现身，谴责这一计划，认为这是在帮助佛朗哥。他说，交战的权利只会有利于国家主义西班牙，撤出部分志愿者一举将使佛朗哥能够摆脱效率低下的意大利人；而共和国可能不得不放弃国际纵队中一些宝贵的成员。然而，格兰迪伯爵成功忽视了对英国计划的任何真正意图。他要求按照数字顺序讨论其中的要点。由于起草草率，交战权问题的序号被放在了志愿者问题之前，因此交战权问题将首先得出结论，而麦斯基想先讨论志愿者问题。26日，英国以书面形式征求其他国家政府的意见。巴黎的莱热抱怨道：英国人"准备接受任何东西，只要不摊牌就行"③。

艾登仍然是张伯伦领导下的外交大臣，他首先欢迎新首相对外交事务的兴趣，因为鲍德温已经厌倦了这个话题。艾登还认为张伯伦在担任总理之前就和他的意见一致。然而，在张伯伦的领导下，英国政府要比在鲍德温的领导下更积极地寻求对希特勒和墨索里尼的绥靖。最重要的变化体现在7月29日张伯伦以私人信件形式发出的"橄榄枝"上。信中
718 张伯伦建议与墨索里尼进行"会谈"。④墨索里尼急切地希望让英国人承认他对阿比西尼亚的征服。对于张伯伦，西班牙是一个麻烦的复杂问题，如果可能的话，应该特意"忘掉"它。现在看来这是极有可能的。艾登甚至告诉德尔博斯，他希望佛朗哥会赢，因为他认为英国可以和佛朗哥

---

① *NIS*，第24次会议。

② *USD*, 1937, vol. I, p.360。这个说明是在一次午餐时作出的，当时新任英国驻巴黎大使埃里克·菲普斯（Eric Phipps）爵士和威廉·布利特（William Bullitt）都在场。

③ 出处同上, p.366。

④ Ciano, *Diplomatic Papers*, p.132；Churchill, *Gathering Storm*, p.189；Eden, p.445. 这封信是在艾登不知情的情况下写的。西班牙政府似乎忽略了这种改变。阿萨尼亚曾将英国人视为对西班牙事务的有害影响，8月16日，阿斯卡拉特向他保证，英国政府不知道自己想要什么。"在这些国家的政治世界里，没有人会去制订一个长远的计划。""要让我相信大英帝国是由一群傻瓜统治的，确实需要花我不少工夫。"阿萨尼亚回答（Azaña, *op.cit.*, p.738）。

达成协议让德国和意大利最终退出。①8月6日，麦斯基在不干涉小组委员会上直截了当地询问德国和意大利是否同意撤回双方在西班牙的所有志愿者，但他只得到一个含糊不清的回答。②在8月份余下的时间里，他们只召开了一次不干涉会议。这场会议在27日举行，会上人们得出结论，即海军巡逻无法抵偿其高昂的费用，因此英国在港口设立观察员的想法应该取代当下的海上巡逻。③

但是，新的警报声又出现了。从马赛通过直布罗陀海峡，以及从苏联直接运向共和国的物资似乎难以封锁。国家主义西班牙在布加勒斯特、阿尔及尔和直布罗陀，以及柏林和罗马（与德国和意大利合作）的代理人对此感到忧心忡忡。④关于苏联对共和国大规模援助的谣言致使佛朗哥派遣他的兄弟尼古拉斯前往罗马，要求意大利舰队打击苏联、西班牙共和国和其他在地中海的船只。⑤墨索里尼同意了。他不会用海面船只，而是使用潜艇，“如果他们不得不露出海面，就升起一面西班牙的国旗”⑥。（墨索里尼当时拥有世界上最大规模的潜艇舰队：83艘潜艇对阵法国的76艘和英国的57艘。）⑦结果，苏联、英国、法国和其他中立国 719
船只以及西班牙本国船只很快在地中海遭到意大利潜艇和从马略卡岛起飞的意大利飞机的袭击。8月6日，一艘英国、一艘法国和一艘意大利商

① *USD*, 1937, vol. I, p.369.这无疑是艾登的仓促之举，因为在这一时期，外交大臣普遍同情共和国。但这至少是他自己的说法，由霍尔这样的敌对证人在*Nine Troubled Years*一书中证实。

② *NIS*（c），第62次会议。

③ *NIS*（c），第63次会议。

④ Cervera, p.111.

⑤ *GD*, p.432.

⑥ 这次访问发生在8月4日（*GD*, p.433）。

⑦ *Jane's Fighting Ships, 1936*.意大利海军整体上的实力也比法国更加强大，拥有6艘战列舰（法国7艘）、29艘巡洋舰（法国16艘）、64艘驱逐舰和小型舰（法国60艘）。英国以上战舰对应的数量分别是15艘、52艘和175艘，以及57艘潜艇，加上5艘航空母舰。

船在阿尔及尔附近遭到轰炸。8月7日，一艘希腊船只遭到轰炸。接着11日、13日和15日，共和国的船只遭到鱼雷袭击。8月10日，英国“卡波拉尔”号（Caporal）油轮遭到袭击。8月11日，共和国油轮“露营者”号（Campeador）在马耳他南部被两艘意大利驱逐舰击沉，在这场袭击中水面舰艇多次出现。12日，一艘丹麦货船被击沉，外交部负责人范西塔特向意大利代办吉多·克罗拉（Guido Crolla）抱怨说，他知道“事实上，那些飞机从帕尔马基地飞出”[1]。一艘西班牙商船“加的斯城”号（Ciudad de Cádiz）于8月14日在离开达达尼尔海峡时沉没，另一艘“阿姆罗”号（Armuro）19日沉没。8月26日，一艘英国船只在巴塞罗那外海被炸。8月29日，一艘西班牙轮船在法国沿海遭到潜艇炮击。一艘法国客轮报告说，该客轮被一艘潜艇追到达达尼尔海峡。30日，苏联商船“图尼亚耶夫”号（Tuniyaev）在前往塞得港途中在阿尔及尔沉没。8月31日，一艘潜艇袭击了英国驱逐舰“哈沃克”号（Havock）。9月1日，苏联“布拉加耶夫”号（Blagaev）轮船在斯基罗斯岛（Skyros）外海被潜艇击沉。9月2日，英国油轮“伍德福德”号（Woodford）在巴伦西亚附近沉没。“三枚鱼雷和一个奖品，”齐亚诺在当天的日记中写道，“由于‘哈沃克’号遭到袭击，国际舆论已经被带起来了，特别是在英国。袭击是‘鸢尾’号（Iride）干的。”这位意大利外交部长承认，尽管他只是私下自己说。[2]

国民军在战争开始时并没有潜艇，而现在拥有了两艘，都是意大利人卖给他们的。除了这两艘，还有一些意大利潜艇已经作为“（意大利）军团”潜艇由国民军负责指挥；而其他一些意大利潜艇根据意大利自己的命令行动。“图尼亚耶夫”号就是被“军团”潜艇击沉的。但是，“鸢
720 尾”号是在意大利自己的指挥之下。[3]英国内阁仍然不愿采取行动，有

---

① Eden, p.457.英国人显然也破解了意大利的海军密码。

② Ciano, *Diaries 1937—1938*, pp.7–8.

③ 见Alcofar Nassaes, *CTV*, p.150。意大利还向国家主义西班牙出售了6艘旧的驱逐舰和1艘旧的巡洋舰“塔兰托”号。

人表示，向地中海派遣英国海军舰艇将为意大利提供更多打击目标。[1]正如内阁所知，许多英国商人秘密携带武器和食品前往西班牙；他们的动机通常是商业性的，而不是理想主义的。海洋的自由是一回事，纽卡斯尔航运百万富翁杰克·比尔梅尔（Jack Billmeir）发财的自由是另一回事。但是英国从西班牙进口的矿石仍然相当可观，没有它是不行的。

艾登最终说服了内阁向地中海派遣更多驱逐舰。张伯伦还同意德尔博斯关于召开“有关大国”会议的建议。9月6日，除了西班牙，所有面向地中海的国家，连同德国和苏联，都收到英国和法国的邀请去参加10日的会议。这次会议原定在日内瓦湖畔的尼翁（Nyon）举行，但由于担心激怒意大利（意大利将加尔文的城市（日内瓦）与联盟谴责其阿比西尼亚远征联系在一起），因此有人建议不要在那里举行。“整出交响乐，”齐亚诺当时指出，“主题是：地中海海盗、法西斯有罪、领袖（Duce）很平静。”国家主义西班牙驻罗马大使加西亚·孔德给齐亚诺带来了佛朗哥的信息，他说，如果整个9月期间维持封锁，那结果将是决定性的。“这倒是真的”，齐亚诺承认，但他仍然命令卡瓦纳里（Cavagnari）上将暂停袭击，等待进一步的命令。[2]

苏联在罗马的代办赫尔芬德（Helfand）指责意大利潜艇击沉了“图尼亚耶夫”号和“布拉加耶夫”号商船。他宣称自己有意大利有罪的无可辩驳的证据——“我想，是从截获的电报中得到的。”齐亚诺轻快地写道，并且毫不怀疑地回忆了他自己对这一信息来源的利用过程。[3]齐

---

① Eden, p.461.

② Ciano, *Diaries 1937—1938*, p.9.这次封锁就像它表现的那样近乎成功。无论人们是否相信德国驻安卡拉武官报告的不完整数字，但当他报告说9月份期间，没有任何苏联物资通过海路抵达西班牙时，他都清楚地反映了事实。另一方面，8月份确实有大量物资抵达。见Azaña, *op.cit.*, p.733。斯大林曾向西班牙驻莫斯科大使帕斯夸指出，为了节省耗资巨大的成本，国内制造军备有诸多好处，毕竟这种成本不可能是无止境的——黄金可能不会持久。

③ Ciamo, *Diaries 1937—1938*, p.11.

721 亚诺否认了意大利的责任，并对苏联做出这种判断的正确性提出异议。意大利和德国都提议由不干涉委员会而不是特别会议来处理此事，但艾登和德尔博斯并不变更他们的安排。身在法国南部的丘吉尔和劳合·乔治写信给艾登，说现在是“团结意大利履行国际义务的时刻”[1]。

会议随后举行，意大利和德国缺席。这场会议无疑是成功的。首先，德尔博斯和艾登提出，地中海应由所有沿岸国家的军舰巡逻，苏联（和意大利）分配到东地中海。但是有些小国没有多余的军舰来完成这项任务，也不愿意冒战争的危险，因此他们认为英国和法国舰队应该在马耳他以西的地中海巡逻，并攻击任何可疑的潜艇。这些都在会议的第一天就决定了。协议的签署日期是 14 日。[2]墨索里尼怒不可遏，利特维诺夫说，他很高兴看到一个“有相当大基础”的国际协议。丘吉尔写信给艾登说，协议显示了英法合作的可能性。海军专家还在做进一步安排，计划将空袭考虑在内。齐亚诺发出一份照会，要求意大利与尼翁会议各参与方拥有“对等的权利”。日内瓦巴伐利亚咖啡馆（Café Bavaria at Geneva）的智者们建议这位“不为人知的政治家”——墨索里尼应该在罗马为“不为人知的潜艇”竖立一座纪念碑。9 月 17 日，尼翁会议的海军专家赋予海军巡逻队与对抗潜艇的权力相同的对抗飞机的权力。攻击中立国船只的军舰将受到巡逻海军的反击，无论它们是否在西班牙领海。18 日，法国和英国驻罗马使节将尼翁协定的文本交给齐亚诺，并要求对他提出的“对等”要求做出解释。由此，他们给张伯伦希望的恢复与意大利的友好关系保留了可能性。

同一天，内格林在国际联盟大会（the League of Nations Assembly）上要求其政治委员会审查西班牙。像往常一样，只有利特维诺夫和墨西哥支持共和国。艾登宣称不干涉政策已经阻止了一场欧洲大战，与一年前

① Churchill, p.191.

② Eden, p.465. 会议的具体时刻表见 *FD*, vol. VI, p.730f。

鲍德温的观点相呼应，他将不干涉比作漏水的大坝——“总比根本没有大坝好”。[①]内格林提出要求，希望法国派遣400或500名军官或士官来帮助共和国。[②]他也和艾登进行谈话，艾登告诉他，英国公众并不想看到佛朗哥赢得战争。艾登说，内阁是分裂的，张伯伦害怕共产主义，直到军备重整完成之前，政府都无法在对抗德国上达成坚固的统一战线。[③]与此同时，意大利应邀派专家前往巴黎，根据意大利的意愿“调整”尼翁协定。因此，齐亚诺觉得自己这次取得了胜利。9月27日，英、法、意三国在巴黎举行海军会谈。意大利被分配到在巴利阿里群岛和撒丁岛之间以及蒂勒尼安海的巡逻区，这使意大利能够继续向马略卡岛运送物资，而不用担心被监视。同样在27日，国际联盟的政治委员会也确实讨论了西班牙问题。阿尔瓦雷斯·德尔巴约针对意大利增援佛朗哥将军的消息，口齿不清地说了些苦涩的话。身为英国代表的政治家沃尔特·艾略特（Walter Elliott）说服委员会在即将提出的决议中略过对德国和意大利的任何谴责。但该文件确实提到“不干涉的失败”，提到终止干涉的考虑（除非就撤出志愿者达成协议），以及“西班牙领土上存在着名副其实的外国军队”。不管英国人多么不喜欢这种坦率，他们都几乎无可辩驳。因为就在讨论这项决议的时候，墨索里尼在访问德国期间还公开悼念了在西班牙土地上死去的成千上万名意大利人——在那里他看出了德国备战的迹象，这给他留下了深刻印象。这位领袖私下告诉希特勒，不管有没有尼翁协议，他都会继续用鱼雷发动攻击。他吹嘘说自己已经击沉了将近20万吨的船只。[④]这些话使 722

① 鲍德温在1936年使用了这个比喻（Keith Middlemas and John Barnes, *Baldwin*, London, 1969, p.967）。

② *FD*, vol. VI, pp.824-825.

③ Azaña, vol. IV, p.805. 就像他们希望的，共和国让西班牙重新成为国联理事会成员的计划又失败了。智利表示愿意安排足够的投票，以确保大使馆中的避难人员可以获释，但这个提议遭到轻蔑的拒绝。

④ *Documents secrets du ministère des affaires étrangères d'Allemagne, 1936—1943*, vol. III, p.22（Moscow, 1946）.

723 巴黎举行的海军会谈颇具讽刺意味，9月30日，巴黎会谈刚刚圆满结束，意大利现在已经被加入尼翁巡逻计划了。

现在很难把尼翁会议说成是“实力”的胜利。英国外交部和奥赛码头（法国外交部）都在准备文件，好邀请“现在已经变成警察的海盗”（正如齐亚诺自夸的那样）[①]参加关于西班牙问题的一般性会谈。这份文件于10月2日交给齐亚诺。同一天，精心起草的联盟决议获得通过。阿尔瓦雷斯·德尔巴约只是同意“在不久的将来”这一含糊不清的说法，因为他理解英国和法国需要10天时间来看看意大利是否会友好地答复他们的邀请。但佛朗哥现在想要更多的“志愿者”。意大利军队在北部的战役中证明了他们的作用，但佛朗哥也确实希望召回巴斯蒂科将军，因为他的部下在桑坦德战役期间自作主张，竟然鲁莽地与巴斯克人谈判。

佛朗哥当时正全神贯注地处理美国前空军飞行员哈罗德·达尔（Harold Dahl）的案子——哈罗德·达尔曾应征加入共和国空军，后来被迫在国家主义西班牙的控制区域跳伞逃生。军事法庭以“叛乱罪”判处达尔和两名苏联飞行员死刑。美国政府不得不使出浑身解数。一名曾在摩洛哥与佛朗哥并肩作战的美国上校给他的前战友发了电报，请求宽大处理。最终死刑被减为无期徒刑。[②]

10月10日，齐亚诺告诉艾登和德尔博斯，没有德国，他无法对西班牙采取单独行动。齐亚诺非但不想平息西班牙的局势，反而想知道他能否派遣一些正规的阿尔卑斯部队到那里去——“突破到巴伦西亚”[③]。他还应佛朗哥的要求，任命马里奥·贝尔蒂（Mario Berti）将军接替巴斯蒂科出任意大利驻西班牙部队的新指挥官。10月底，西班牙举行了一个颁奖仪式，向在西班牙战斗过的人和阵亡者的遗孀颁发勋章，齐亚诺

---

① Ciano, *Diaries 1937—1938*, p.15.

② 但达尔在1940年回到了美国。

③ Ciano, *Diaries 1937—1938*, p.18.

“检查了自己的良心”，问这场流血是否有一个正当理由。“是的，答案是这确实是一个值得的好事业。是的。”他自我肯定说，“在马拉加，在桑坦德，在瓜达拉哈拉，我们为了保卫我们的文明和我们的革命而战！”[①] 724

对齐亚诺在未与德国协商的情况下拒绝进行谈判，法国的回击是考虑全面开放比利牛斯边境，让共和国的武器通行。艾登说服德尔博斯先回到不干涉委员会这件事上。德尔博斯说，如果不能在一周内就志愿者问题达成协议，法国将开放边境。[②]因为对方对地中海的封锁已经几乎完成，而“圣多美”号（San Tomé）补给船的沉没又是一个严重的打击。[③]10月15日，艾登告诉格兰迪，这次向委员会提出的新呼吁是“最后一次尝试”。他在兰迪德诺（Llandudno）对一名保守党听众说，他对意大利干预西班牙的耐心“已经快耗尽了”。几天前，在伯恩茅斯（Bournemouth）召开的工党会议谴责了不干涉政策；1936年参加过叛军的查尔斯·屈维廉（Charles Trevelyan）爵士提出了今年的特别决议（几周前的工会大会也遵循同样的路线）。[④]

10月16日，不干涉小组委员会会议终于再次召开。从那时起到11月2日，英国在7月提出的计划成了本次讨论的核心，该计划提议授予双方交战权，但必须撤出在西班牙“相当大比例”的志愿人员。经过长时间、令人厌烦、困惑的谈判，这个计划终于被接受，耐心的艾登在谈判中起了主导作用。西班牙两派被要求必须合作，允许两个委员会对其区域内外国人进行清点，然后让志愿者的撤离生效。[⑤]与此同时，由于德尔博斯发出的通牒已经过去了一个多星期，法国边境在夜间开放，供武器通行。艾登神

---

① Ciano, *Diaries 1937—1938*, p.26.

② *USD*, 1937, vol. I, p.420. 此处与前文的情况一样，法国政策的有效来源是美国驻巴黎大使的报告。

③ Azaña, vol. IV, p.823.

④ Watkins, p.186.

⑤ *NIS*，第28次会议；*NIS*（c），第64—70次会议。

秘地对德尔博斯说："不要打开边境，但要让你想放行的东西通过"[1]。从那时起，用布鲁姆的话说就是"我们自愿且系统地对武器走私闭上眼睛，甚
725 至还组织走私"。[2]10月28日，阿斯卡拉特在议会下院和艾登谈话。阿斯卡拉特强烈敦促艾登，于是发生以下对话：

> 艾登：你想要的是对意大利的预防性战争。
>
> 阿斯卡拉特：不，仅仅是一个明确的政治路线，如果能具备足够的实力和决心，就足以平息墨索里尼的贪婪无度。
>
> 艾登：要坚定这条路线并不容易。
>
> 阿斯卡拉特：在西班牙问题上，这很容易。该路线要确保英国在西班牙的一切不受外国纠缠，不受法西斯主义的影响，因为法西斯主义会损害英国的战略利益。

> （阿斯卡拉特报告说）艾登低头听完我的话，他表示这些话我可以很容易地接受，但对他来说，要说服同事就不那么容易了。我问他，共和国应该怎么做，才能保证西班牙没有共产主义危险。艾登只是表示，坚持让两个隶属于西班牙共产党的成员离开政府是不合理的。[3]

此时，尽管阿斯卡拉特有所保留，但艾登"非常渴望找到一种帮助巴伦西亚的方法"[4]。

各国参与干涉的真正动机正越来越清晰，至少对它们自己就是如

---

① Azcárate, p.122.

② *Les Événements survenus en France*, p.219.

③ Azcárate, pp.129–130.

④ Oliver Harvey, *Diplomatic Diaries*（London, 1970）, p.49. Cf. also B. H. Liddell Hart, *Memoirs*（London, 1965）, vol. II, p.136.

此。11月5日，希特勒向惊慌失措的诺拉特、勃洛姆堡和贝克表达了用
这场战争反对英法的愿望，他表示在西班牙战争中，“从德国人的角度
来看，法国取得百分之百的胜利是不可接受的。战争的持续才是我们最
感兴趣的部分”[①]。他继续表示，这在战略视角上非常重要，只有这样，
意大利在巴利阿里群岛的地位才能保留。先前，一位苏联将军告诉内务 726
人民委员部的代表奥洛夫，政治局采取的政策与希特勒的政策大致相
同，也就是说，如果西班牙战争拖延下去，把希特勒绑在那里，那将是
最好的。[②]因此，虽然双方相互敌对，但处于西班牙战争边缘的两个主
要大国得出了相同的结论。不久前，就连英国外交大臣也作出了一个稍
有不同的判断，艾登在9月底告诉内阁，从英国的利益出发最好是保持
僵局。佛朗哥在依赖德国援助的情况下获胜是违背英国利益的，而把战
争延长6个月会增加意大利的压力。[③]

---

① 这就是著名的《霍斯巴赫备忘录》（Hossbach Memorandum; *Nuremberg Trials*, vol. XXV, pp.403–414）。这也恰好是在西班牙的德国人对西班牙的采矿项目感兴趣的时候。关于其合法性的讨论，见A.J.p.Taylor, *The Origins of the Second World War*（London, 1961）, p.131，以及Alan Bullock, “Hitler and the Origins of the Second World War”, *Proceedings of the British Academy*, 1967。

② A. Orlov, *The Secret History of Stalin's Crimes*（New York, 1953）, pp.241–242。奥洛夫称这位军人为“N将军”（General N）。人们能相信奥洛夫的证词吗？如果它与其他证据相吻合或至少不矛盾，似乎它可以被接受。阿拉基斯塔因在1939年7月12日的《新闻报》（*La Prensa*，布宜诺斯艾利斯）上也提出了同样的观点：斯大林不希望赢得这场战争，因为那样会激怒希特勒，他也不希望输掉这场战争，因为战争一旦结束，希特勒将有更多自由在东欧侵略苏联。另一方面，正如阿萨尼亚和帕斯夸意识到的那样，西班牙对苏联与西班牙对英国和法国的友谊相比，是次要的（Azaña, vol. IV, p.734）。

③ *CAB*, 35（37）, 27 September 1937。在随后的一次会晤中，张伯伦曾表示，哪一方获胜对我们“并不重要，只要是西班牙的胜利，而不是德国或意大利的胜利就行”［*CAB*, 37（37）, of 13 October 1937］。路易斯·费舍尔记录了战争办公室的某位克拉克上校是如何问他的：“你认为，让佛朗哥迅速获胜，以及让西班牙保持一个开放的伤口，使欧洲的毒药可以通过它逃走，这两种选择哪一个更好？”（*op.cit.*, p.457）。

11月6日，意大利加入了德国和日本的行列，签署了他们所谓的《反共产国际协定》。虽然齐亚诺希望这个条约保持为一个“巨人签订的条约”，但他依然计划把佛朗哥的西班牙拉入其中，以便“将轴心延伸到大西洋”。然而，11月20日，佛朗哥于原则上接受了英国的“志愿者”撤离计划。他对委员会保证撤军的权利持保留意见。他建议，如果将3,000名志愿者撤出，将构成“实质性撤出”，并满足获得交战权的条件。毫无疑问，佛朗哥联想到这个数字的特别之处，因为恰好有这个数量的意大利军队无论有没有协议都在撤出，当然，他们是因为生病或者不可靠而撤离的。[①]12月1日，共和国也接受了这个计划，却是因为另外的原因：阿萨尼亚和希拉尔的意愿。接受计划就可能意味着停止敌对
727 行动，并且此后也不再继续。阿萨尼亚很长一段时间以来一直认为志愿者的撤离可能会最终导致停战。内格林也认为志愿者撤离计划的启动意味着战斗的中止，他喜欢这个想法，因为即便最坏的情况也是，它会给共和国以时间进行军力重新集结。[②]

728 42. 短暂的平静与建设

在阿斯图里亚斯战役之后的平静时期，两个西班牙的稳定局势似乎会朝着维持僵局的方向发展。“抒情幻觉”和混乱、狂喜，与1936年7月的屠杀情绪相比，两个西班牙组织的系统性令人惊叹，可以说，此时任何一方的军队都比法国以外的任何欧洲军队庞大。战争在这两个地区分别维持了新秩序，尽管这并不是任何和平人士都引以为豪的秩序。年轻的长枪党人迪奥尼西奥·里德鲁埃霍，也是塞拉诺·苏尼尔的信徒、

---

① *GD*, p.550.

② Azcárate, p.120.

诗人、国家主义西班牙政权的宣传家，后来反思说，战争是现代历史上西班牙人民最充分地参与自己命运的时期，①但这种命运是由国外的武器决定的。

虽然它的人民是有政治意识的，但国家主义西班牙（此刻占据了全国三分之二的领土）依然是一个军事社会。贵族戈麦斯·乔达纳将军仍然领导着位于布尔戈斯的技术型军政府，这是一个不受官僚制度约束的 729 临时政府，拥有所有行政权力。它的部门遍布几个城市。塞拉诺·苏尼尔的权力模糊，但在1937年期间他并没有担任政府职务，只是一名政治领袖。过去，他为自己创造了一个不受约束但有用的长枪党，他在大学时与何塞·安东尼奥的友谊很深厚。他的权力不受新全国委员会的限制，这个委员会的48名成员在12月2日才得到任命。该机构在性质上与大多数这样命名的机构相比，有着更强的咨询特征。它看起来像意大利法西斯的大理事会（Italian fascist grand council），因为其成员的立法职责，是由佛朗哥提名的。在这个委员会中有3名妇女——皮拉尔·普里莫·德里维拉、梅赛德斯·桑斯·巴奇列尔（奥内西莫·雷东多的遗孀，一个名叫"社会援助"的救助机构的创始人），以及玛丽亚·罗莎·乌拉卡·帕斯托尔［María Rosa Urraca Pastor，被称为"佛罗伦萨的南丁格尔"的国家主义护士，虽然她更以"上校"（la Coronela）的称呼闻名］。委员会中还有6位将军（凯波、达维拉、乔达纳、亚格、莫拉斯代里奥和奥尔加斯）、2名上校（摩洛哥总司令贝格韦德尔和加萨波）、20名老长枪党人（其中包括费尔南德斯·奎斯塔、桑乔·达维拉、阿古斯丁·阿斯纳尔和何塞·安东尼

① Dionisio Ridruejo, *Escrito en España* (Buenos Aires, 1962), p.34.这位年轻的诗人和演说家来自塞哥维亚，却曾短暂担任过巴利亚多利德（Valladolid）省长，他曾谴责佛朗哥逮捕埃迪利亚，1938年年初在他的导师塞拉诺的领导下成为宣传总干事。为什么他对佛朗哥的谴责没有让他被拘禁？答案一定是他的年轻、雄辩、真诚、承诺和魅力确保他得到联合民兵首领莫拉斯代里奥将军和塞拉诺的保护，塞拉诺是他在皮拉尔·普里莫·德里维拉的茶话会中遇到的。

奥·希隆），以及11名老卡洛斯党人［包括罗德斯诺和埃斯特万·毕尔巴鄂（Esteban Bilbao）］。名单上的其他人是不同派别的君主主义者、保守派或技术人员。卡洛斯党人法尔伯爵（法尔·孔德）被询问要不要加入其中，他拒绝了，因此他仍然在里斯本骄傲但漫无目的地流亡着。

整个1937年，新的“民族运动”（西班牙传统主义阵线，the Falange Española Tradicionalista，FET）几乎没有发展。它到底存在吗？它的成员是谁？它的办公室在哪里？它是塞拉诺·苏尼尔的工具，但这个工具到底是什么性质的？法西斯？社团主义？军国主义？还是“佛朗哥主义”？该运动尽管缺乏意识形态，但它毋庸置疑要有官员存在，因此，西班牙传统主义阵线在萨拉曼卡的新闻和宣传负责人定为费尔明·伊祖迪亚加神父。他是一个来自潘普洛纳的长枪党牧师——果然是一个适合于杂交政党的“杂交儿”。在他下面的是迪奥尼西奥·里德鲁埃霍，他担任宣传部主任；还有一名卡洛斯党人埃拉迪奥·埃斯帕萨（Eladio Esparza），他担任新闻部主任。后来，塞拉诺·苏尼尔用另一位“老衬衫”安东尼奥·托瓦尔（Antonio Tovar），代替了埃斯帕萨。长枪党的党内情绪是对军队的辅助——党报《前进西班牙》（*Arriba España*）在头版打出了“为了上帝和恺撒”的口号。除了宣传，西班牙传统主义阵线几乎什么都没有做。它似乎是一个“平行的国家”，但更是一个协调
730 性的官僚机构。10月份，内战前共和国监狱中的长枪党秘书长雷蒙多·费尔南德斯·奎斯塔在交换共和国驻伦敦大使的兄弟胡斯蒂诺·德阿斯卡拉特时，这方面并没有发生任何变化。在共和政府的部长中，只有普列托一人反对这次交换。他质疑道，谁是胡斯蒂诺·德阿斯卡拉特？一些共和派人士希望费尔南德斯·奎斯塔回到布尔戈斯后会给长枪党制造麻烦，然而他并没有这样做，而阿斯卡拉特对共和国也毫无用处，他因为监禁受到巨大摧残而选择留在法国。①费尔南德斯·奎斯塔成了在布尔

① 我在与胡斯蒂诺·德阿斯卡拉特的交谈中受益良多。（Caracas, 1973）

戈斯新的联合运动的秘书长。他缺乏成为塞拉诺·苏尼尔竞争对手的能力，普列托和其他人期待他建立一个“正宗的西班牙阵线”（Falange Española Auténtica），以分裂国家主义西班牙，但这种想法始终只是一个幻想。①

留在国民议会的卡洛斯党代表都是温和派，他们跟随罗德斯诺接受了《统一法令》（the Decree of Unification）。12月5日，卡洛斯党摄政王哈维尔亲王谴责了那些未经他同意就按照国民议会的要求作出誓言的人。他随后前往西班牙，但他的总部照常留设在法国。在圣塞巴斯蒂安，他告诉塞拉诺·苏尼尔：尝试在西班牙以德国为榜样建立一个盖世太保是错误的。在布尔戈斯，他对佛朗哥说：“如果不是当初的义勇军，我怀疑你是否会在现在的位置上。”这句话没有得到什么回应。后来，亲王去参观了战场。在塞维利亚受到欢迎后，他在被下令离开西班牙之前抵达了格拉纳达。之后，他又和佛朗哥谈了一次，佛朗哥对他说：“你正在掀起一场复辟君主制的争论。”亲王回答说：“我没有谈论关于政治的一个字，但我的姓就是波旁（Bourbon）。而且，毕竟我认为你也是一名君主主义者。”“但是军队的大部分人只是为了一个共和国而战，”佛朗哥告诉他，“我不能忽视这种心态。”“我相信，你想让我离开西班牙的主要原因是德国人和意大利人的坚持。”哈维尔亲王道。佛朗哥出乎意料地赞同了他的说法，表示：“如果你留在西班牙，殿下，不管是德国还是意大利都不会再给我们一丁点儿战争物资。”于是哈维尔亲王离开布尔戈斯回到法国，他留下一句话：“不要忘记我是你和义勇军之间最后的联系，我会永远为西班牙工作，但绝不会为你个人工作。”②事实上，长 731

① Prieto, *Palabras*, pp.235–236. 普列托可能受到“路易斯·帕吉斯·吉克斯”（Luis Pagés Guix）的误导，他以“佛朗哥的背叛”（*La Traición de los franco*）为标题来描述萨拉曼卡事件。关于评论，见 Southworth, *Antifalange*，以及 De la Cierva, *Historia ilustrada*, vol. II, p.293。

② 来自塞维利亚卡洛斯党档案馆的一系列未出版的关于哈维尔亲王一生的笔记。

枪党和卡洛斯党除了一些正式的宣示之外，没有任何意义上的联系——两个青年运动从未合并，哈维尔和法尔·孔德一样，一直流亡海外。

1937到1938年的那个冬天，国家主义西班牙成立了一个传统的内阁。2月1日，在这第二个胜利之年（Second Triumphal Year）中，佛朗哥成了议会主席，戈麦斯·乔达纳伯爵担任副主席和外交部长。戈麦斯·乔达纳的贵族风格给外国人留下了很好的印象，尤其是给英国人。“他是另一个时代的人。”谈到他时塞拉诺轻蔑地说。[①]戈麦斯·乔达纳曾在普里莫·德里维拉领导下负责公共教育工作。达维拉是国防部长，负责指挥北方军队。马丁内斯·阿尼多将军于1917年之后在巴塞罗那担任民事总督，他十分粗鲁，也是普里莫·德里维拉内阁成员。据他的同事赛恩斯·罗德里格斯说，他是一个有着“矩形思想”的人。他于75岁时回国，出任公共秩序部长。政府里的其他成员都不是军人。卡尔沃·索特洛的朋友安德烈斯·阿玛多（Andrés Amado）出任财政部长。海军工程师胡安·安东尼奥·苏恩斯是佛朗哥的老朋友，他被任命为工商业部长。[②]卡洛斯党人罗德斯诺成为司法部长，君主主义知识分子赛恩斯·罗德里格斯担任教育部长。内阁中最有权势的成员是内务部长塞拉诺·苏尼尔，尽管公共秩序已经从这个职位中部分抽离出来单独成立了一个部。塞拉诺还是运动的秘书长。费尔南德斯·奎斯塔是政府中唯一的“老衬衫”，他除了担任全国委员会秘书长这一荣誉职务，还是农业部长。佩德罗·冈萨雷斯·布埃诺是一名工程师，也是新长枪党的典型“技术官僚”成员，他成了劳工部长。内阁最后一名成员、公共工

① Serrano Súñer, p.136。此处有一点小小的疑问：是否所有英国人都喜欢他上午11点之前不进办公室的范儿？此举曾经惹恼过菲利普·切特沃德（Philip Chetwode）爵士。

② 苏恩斯自从孩童时在费罗尔就认识了佛朗哥。两人都想当海军军官，但只有苏恩斯达成了目标。苏恩斯后来成了一家部分为英国所有的公司的董事，该公司为西班牙海军建造船只。他于1934年辞职，因为他无法将英国持有的那部分股票进行国有化。内战开始后他从马德里逃了出来。直到20世纪60年代，他一直是西班牙政府主导工业的掌权人。

程部长阿方索·培尼亚-博夫（Alfonso Peña y Boeuf）也是一位工程师，此前他从未在政界“扮演”过任何“角色”。在这些部长中，有4位（塞拉诺、费尔南德斯·奎斯塔、苏恩斯和培尼亚-博夫）在战争期间逃离了西班牙共和国，因此我们至少知道他们在对抗什么。3人是普里莫·德里维拉的前合作者（马丁内斯·阿尼多、安德烈斯·阿玛多和乔达纳）。阿玛多和赛恩斯·罗德里格斯都是君主主义者，后者是圣胡尔霍的朋友，但也是佛朗哥的朋友，他早在奥维耶多就认识佛朗哥了。罗德斯诺是唯一的卡洛斯党人，塞拉诺·苏尼尔是唯一的西班牙自治权利联盟主义者（CEDAista），还有两人是长枪党人（费尔南德斯·奎斯塔和冈萨雷斯·布埃诺），两人是佛朗哥的朋友（培尼亚和苏恩斯）。这些新人中没有一个人在共和国时期担任过部长，甚至在右翼政权中也是如此，只有罗德斯诺、赛恩斯·罗德里格斯和塞拉诺·苏尼尔担任过副职。与此同时，贝格韦德尔上校被任命为驻摩洛哥高级专员。①内阁在布尔戈斯的拉斯维尔加斯（Las Huelgas）罗马式修道院宣誓效忠佛朗哥和西班牙：“我以上帝和他神圣的福音传道者的名义，宣誓履行我作为西班牙的部长的职责，对国家元首、我们光荣军队的总司令，以及组成为国家命运服务的国民政权的那些原则，保持最高的忠诚。”在宣誓后，罗德斯诺轻声地对赛恩斯·罗德里格斯说：“现在没有人能从我们这里夺走前部长这个头衔了，这可是西班牙最重要的东西。”② 732

其中一个被遗漏的人是凯波·德利亚诺。他无法理解长枪党，也看不惯长枪党人在新体制中得到好工作这件事。但是渐渐地，他在塞维利亚的私人领地也被夺走了（虽然并不是全部）。到1938年年中，他不过是南方的军事指挥官罢了。塞拉诺正忙着组织一种比他的方法更可预测

① 从1937年4月以来他就占据了这个职位。关于贝格韦德尔雄才大略的讨论，见Charles Halstead, “A somewhat Machiavellian face”, *The Historian*, November 1974。

② Serrano Súñer, p.123.

的治理西班牙的方法。凯波对自己被排除在外这点感到愤怒，因此结束了他的广播事业。国家主义西班牙在那之后就变得更加迟钝了。过去每天晚上10点，[1]成千上万的西班牙人都在听他讲话，并深信他说的一
733 切。在共和国区域，人们同样带着担心或者热情收听着他的节目，并没有受到什么干扰。巴塞罗那电台经常错误地指责他喝醉了。“为什么不呢？”他吼着回答，“为什么一个真正的男子汉不应该享受塞维利亚葡萄酒的卓越品质和优雅的女人呢？”他曾受自己的共和派经历所累，曾认为共和国能够解决西班牙的问题。然而现在，“未来”在佛朗哥身上。但是，他又向听众保证，如果他看到佛朗哥的行为不符合西班牙的最高利益（他认为这是不可能的），以他强烈的爱国主义精神，甚至会与这个军事独裁者战斗。这种反思在萨拉曼卡并不流行。他对“犹太人布鲁姆”（安德烈·莱昂·布鲁姆）、“堂娜·玛诺丽塔”（Doña Manolita，指的是阿萨尼亚[2]）、英国记者诸如诺埃尔·蒙克斯（他被指责在撰写《每日快报》时醉酒，醉称格尔尼卡发生了大轰炸）、他鄙视的米亚哈、曾经是他朋友的普列托等人进行的花式个人攻击都成了西班牙叛军民间传说的一部分。令他的听众着迷的是，在针对“乌合之众”的恶行的攻击结束时，他总会习惯性地介绍一个不相关的信息，例如：“现在，如果我在巴黎的妻子和女儿碰巧在听，我想说，我希望她们都好，并向她们保证，我们在塞维利亚的人正在想念她们。晚上好，先生们！（Buenas noches, señores!）”[3]实际上，这位早期的电台宣传从业者是一

① 有两个晚上，凯波将他的节目调整到晚上10点30分。他告诉他的听众，这是因为一个由塞维利亚女孩组成的代表团抱怨说，他10点钟的广播只给了她们半个小时的时间和男朋友坐在窗前。因此，凯波改变了他的时间。这一举打乱了国家主义西班牙的广播节目时间，因为所有电台为了转播凯波的节目，都与塞维利亚电台相连接。

② 堂娜·玛诺丽塔夫人原名曼努埃拉·德巴普洛斯（Manuela de Pablos），一名彩票销售商，西班牙内战时期也在坚持从事彩票行业，由于她的彩票点接连出现大奖，其名字就成了“幸运儿”的代名词。此处指阿萨尼亚就是个“幸运儿”。——编者注

③ 这里有对凯波作为宣传家的详细研究，见Dundas, *Behind the Spanish Mask*，p.59f.。

位高效的行政人员，他一直在尽最大努力扩大塞维利亚的纺织工业，并试图开发化学工业，他还安排向农民分发种子和优惠贷款，试图通过暂停抵押付款来保护佃农，并将属于共和国的财产分配给忠于国家主义西班牙事业的农民。（阿尔瓦公爵等大地主也捐出过一些土地，以帮助凯波的土地改革。）凯波还负责瓜达尔基维尔河三角洲的水稻种植，以弥补巴伦西亚在阿尔武费拉（Albufera）那片著名的稻田在国家主义西班牙手中造成的损失——共有24万英亩（约为971平方公里）土地变成了沼泽地。

内阁中的另外两个被遗漏者是尼古拉斯·佛朗哥和桑格罗尼斯，从1936年10月开始，他们是接下来长达18个月的国家主义大家庭的控制者。两人对塞拉诺·苏尼尔都很不友好，而塞拉诺·苏尼尔也不喜欢他们一些过时的方法；两人也都没有受到佛朗哥的保护，对于佛朗哥，感激从来不是一种美德。尼古拉斯·佛朗哥去了里斯本担任大使，而桑格罗尼斯去了加拉加斯（Caracas）。 734

任命马丁内斯·阿尼多为公共秩序部长是为了把恐惧注入所有共和派的心中。然而，无论是由于年老还是保守，马丁内斯·阿尼多都是佛朗哥的部长中比较人道的一个。像戈麦斯·乔达纳这种另一个时代的人一样，他鄙视法西斯主义，坚持军事法庭审判，因此，从此以后，很少有人在国家主义西班牙因“为了自由”（por la libre）而被处决。[①]

国家主义西班牙的资产阶级对“十字军”的热情丝毫不减。领导人之间的关系可能不像他们表现出的那么好。被打败的人可能会受到虐待，但这就是战争，不是吗？这些丑恶的事情便是一个人自我牺牲的另一面。此时的西班牙货币相当稳定，食品价格上涨不多，库存甚至足以为整个西班牙共和国提供粮食。城市里不存在饥饿的幽灵，现在连煤炭都供应充足。因此，离开前线，中产阶级的生活可以不受太多干扰地继

① 关于马丁内斯·阿尼多，见Cabanellas, vol. II, p.945。

续下去。斗牛比赛在夏天重新开始了，常规的集市（*ferias*）也一样得以恢复。[①]如果一个上了年纪的人在夜晚的大街上来回散步，就有可能会注意到有一些穿制服的人也在街上走动。街上还会贴着鼓励人们参加爱国服务的海报。人们会听到这家或那家的女儿在救助会（Auxilio）参加工作的消息。国家彩票已经重新开设。一个人在夜晚出门之后，必须在咖啡馆或电影院里为战争受害者做点捐赠，或者为国家组织的食品施舍提供点补贴，抑或为援助难民做点贡献。随着夜晚的加深，战争似乎离得更近了一些。10点钟，在咖啡馆、私人住宅里，或者如果能在一家拥挤的餐厅里找到一张桌子的话，就能收听到收音机里凯波·德利亚诺的节目。然后，每天午夜时分都会有新闻稿传来，报道伤亡人员和战俘名单；之后，在《皇家进行曲》（*Royal March*）的音乐声中，人们上床睡觉。

735 至于战斗人员的生活——飞行员安萨尔多在导致圣胡尔霍死亡的空难中受伤，痊愈后他重返战场。在此期间他记录了北方前线一天的生活：

> 上午8：30　与（在圣塞巴斯蒂安的）家人共进早餐。
> 上午9：30　离家前往前线。轰炸敌人的炮兵阵地。机枪扫射战壕和车队。
> 上午11：00　在拉萨尔特（Lasarte）打了一小局高尔夫……
> 中午12：30　在翁达雷塔（Ondarreta）海滩进行日光浴，

① 当时最著名的斗牛士［马西尔·拉兰达（Marcial Lalanda）、“马诺罗”比恩维达（‘Manolo’ Bienvida）］都在国家主义西班牙一方。伟大的马诺莱特（Manolete）在国家主义西班牙的科尔多瓦前线，虽然在1938年的斗牛季他已经吸引了不少人的目光。关于这方面的讨论，见Rafael Abella, “Toros en la Guerra Civil”, *Historia y vida*, January 1975。尽管无政府主义者反对，共和国还是举行了一些斗牛比赛，主要是为了给医院或学校带来好处。

在平静的大海中游了一会儿泳。

下午1：30 啤酒，大虾，在咖啡馆中谈话。

下午2：00 在家午餐。

下午3：00 小睡一会儿。

下午4：00 第二次战斗任务，和早上的任务类似。

下午6：30 看电影。凯瑟琳·赫本（Katharine Hepburn[①]）主演的不错的老片。

晚上9：00 巴斯克酒吧（在圣塞巴斯蒂安）的开胃酒。上好的苏格兰威士忌。动画片。

晚上10：15 在尼可拉萨（Nicolasa）家的晚餐，战争歌曲，陪伴，热情……[②]

安萨尔多的这个记录反映了内战极富戏剧性的一面，空袭一直是战争的一部分，而个人的单打独斗很有可能会对战争产生影响。在这场冲突中，一系列国民军航空英雄声名鹊起：卡洛斯·德阿亚，一个“巨人”，1937年大部分时间都在驾驶容克飞机，1938年年初，他在300架次飞行后被一架伊-15飞机击落；安赫尔·萨拉斯·拉腊萨瓦尔，他在战争中有618架次飞行，包括49次空战——这是他这一方飞行员中的最高数字；华金·加西亚·莫拉托是所有人中最著名的，他出动过511架次飞行，经历了56次空战，击落了40架敌机。身材矮小、勇敢、富有同情心的加西亚·莫拉托是国民军的航空英雄。[③]

如果“英雄”可以出现在报纸上，那么圣徒就可以回到学校。1937年，宗教教学得到恢复。4月，所有的学校都被要求悬挂圣母像。就像

---

① 1907—2003年，出生于美国康涅狄格州哈特福德市，演员。1934年凭借《清晨的荣誉》获得第6届奥斯卡最佳女主角奖。——编者注

② Ansaldo, p.74.

③ J. Salas, pp.458, 459 and 462-463.

在共和国到来之前的旧时代一样，所有的学生在上下学时，都要道一句“万福玛利亚”（Ave María），十字架又出现在教室里。教职员工和学生在
736 节日期间都必须参加弥撒。每周有一次福音书的朗读。

事实上，天主教会渗透国家主义西班牙社会文化的方方面面。新的教皇代表安东纽蒂蒙席解决了西班牙政教关系中的许多问题，因此塞古拉枢机主教作为总主教被驱逐出共和国，又在伊隆达因大主教去世后，作为塞维利亚大主教返回了西班牙。塞古拉从一开始就几乎像对待共和国一样，对新政权毫不妥协，例如他拒绝在教堂的墙上贴上死去的长枪党人的名字，同时对集体疯狂的战争宣传也置之不理。

战争带来了许多根本性的变化。10月7日的一项法令规定，所有年龄在17岁至35岁之间，没有被家庭、战争工作或医院职责占据的健康妇女都必须从事社会服务。社会服务证书对于确保西班牙妇女的就业至关重要。因此，就像20世纪所有战争中发生的那样，这场战争既对共和政府女性带来了变化，也对国家主义一方女性带来了变化。“为西班牙服务的女士”（Women in the service of Spain）、“前线医院”（Frentes y hospitales）、“前线辅助工作”（Work of assistance to the Front）都是一些热心妇女提供劳力的组织，这些组织的口号告诉她们，一针一线都是战胜折磨前线战士寒冷的小小胜利。

国家主义政权很大程度是在德国的启发下，发展源自第一次世界大战的非意识形态化、冷酷的“干预主义”：人们要想建立新工厂，必须获得政府的许可，国家的职能被定义为“生产控制”，即使是银行和上市公司，也不再需要召开股东会议，同时也不需要对其账簿进行公开审计。与战时生产有关的工厂，包括巴斯克地区的钢铁厂，都被置于军事控制之下，并被要求向军队提供所需的刀具、板材、制服和战争物资。食品、肥皂和纺织品在国家的指导下“联合化”。不允许有罢工或集体谈判。工业则根据类别重组为不同的分支。制定国家主义农业政策是全国小麦委员会的工作，该委员会由SNT（Servicio Nacional del Trigo，全

国小麦服务）和SNRET（Servicio Nacional de Reforma Económico Social de la Tierra，国民经济社会土地改革服务）组成，它们分别于1937年8月和1938年4月成立。这个组织率先控制了小麦和其他农产品的价格和销售，禁止农民擅自销售小麦和其他农产品。SNT以固定价格从农民那 737
里购买农产品，然后转售给经过授权的磨坊主或面包师。他们禁止耕种比上一年的收成更高的耕地，这一措施导致一些农民停产。即便如此，政府还是向德国出口了小麦。在1937年，随着西班牙越来越多的地区被占领，粮食的盈余耗尽。尽管如此，面包的价格还算稳定。油、水果、肉和其他一些食物也通过类似的方法组织调配。另一方面，SNRET旨在通过灌溉、现代化和机械化来改革农业，而不是重新分配。另一项任务是在土地改革机构和法律中止后，将土地归还给老业主。这意味着在某些情况下土地状况要回到1932年，而不仅仅是1936年7月。

这里是一个极权国家吗？它的敌人说是，它自己的一些朋友也是这样说的。例如，梅内德斯·雷加达（Menéndez Reigada）神父就曾写过一本教理问答，其中的一篇就是针对这个问题阐述看法："如果一个人正确理解了这个词，那么西班牙国家就是信奉极权主义。""但什么是极权主义国家？""极权主义国家是指国家必须干预社会生活的所有表现形式……"①

—

国民军此时有50万人，比同一时期的共和军还少。他们已经召集了大约11个级别的预备役。这些人不仅包括共和国的逃兵，还有许多在共和国地区被俘虏的人，甚至包括一些共和国士兵，他们被迫改变立场加入国民军。在1937年的那个冬天，这些部队的大部分都完成了改组为师。

① *Catecismo patriótico español*（Salamanca, no date）.

虽然在部队番号上还挂着地区名称，但已经慢慢失去了大部分的“领土意义”。尽管有征兵制度，但志愿者的数量还是很庞大，可能有10万名卡洛斯党人和20多万名长枪党人。[1]这些庞大的军队仍然由3个主要集团组成：达维拉领导的北方军，萨利克特领导的中部军，凯波·德利亚诺领导的南方军。200个营和70个炮兵连（由来自军事院校的高效组织者奥尔加斯将军指挥）组成了预备队。

由于国民军的物资大多从国外购买，因此并不需要当地军工厂生产
738 （除了炸药和弹药），但希斯巴诺·苏莎（Hispano Suiza）[2]在塞维利亚建立了一座新工厂，负责菲亚特战斗机的维修和重新制造，当然，占领北方的武器和弹药工厂，对减少国家主义政权欠德国的债务做出了重大贡献。[3]

当时的国民军中可能有4万名摩洛哥人，与意大利人的人数相似，而来自德国的只有5,000人，但这5,000人的重要性远远高于数字表现的比例。非洲军团，既包括外籍军团也包括摩尔军团，他们已经被打散，并入了其他部队。尽管在马德里进军中声名鹊起的指挥官仍在中部地区任职，但那些在北部地区的胜利中负责指挥的人，如加西亚·巴利尼奥或者阿隆索·维加，在当前潜在的军队指挥官名单中名列前茅。

国民军司令部当时还有一个很优秀的情报部门，由何塞·翁格里亚（José Ungría）上校领导，他一直在马德里的米亚哈参谋部工作，直到战争打响后才逃离首都。作为巴黎的战争研究院（École Supérieure de la Guerre）的学生和20世纪30年代初在巴黎的武官（military attaché），翁格里亚将国民军、第五纵队和外国特工的所有独立情报部门集中在一个组织之内，这个组织最初称为SIM，然后又变更为成立于1937年11月

① 见De la Cierva in Carr, *The Republic*, p.200。
② 西班牙豪华汽车品牌创始人。——编者注
③ 见Jesús Salas, p.339。

的SIPM（Servicio de Información y Policía Militar，信息和宪兵处），[①]涉及反间谍和情报工作。到1938年年中，有多达3万人为它工作。马德里巴拉哈斯机场的军官学校里潜伏着间谍，在加泰罗尼亚也有几个间谍圈子，这些都由秘密的长枪党人和君主主义者调度。据报道，后期每天有100多人在加泰罗尼亚和法国之间穿梭，将信息带出。[②]共和国的军事情报由身份成谜的多明戈·亨格里亚（Domingo Hungría）上校领导，他指挥了1937年秋季在国民军战线后方特别活跃的第十四军团“游击队”（guerrilleros）。然而，萨拉戈萨、布尔戈斯或塞维利亚等城市并没有城 739
市游击运动。这些游击队的活动，显然是以苏联上校罗科索夫斯基为顾问的，他们的活动范围仅限于公路、铁路线和农村通信。[③]

到1938年，许多人逃离共和国地区，他们既不是机会主义，也丢掉了理想主义。这些人在到达伊伦时可能会被盘问这样一个问题：“你为什么不早点跑过来?”这些人都会受到类似的仔细调查。不仅是后方，前线上从共和国一方叛逃到另一方的人也会受到同样的调查。他们如果没有朋友或相关关系可以为他们做证，就很容易被送到劳改营待上几个月，每天工作获得2比塞塔的报酬。[④]另一方面，在所有主要由国家主义西班牙控制的城市，都会有大量被接收的难民，他们投亲靠友活了下来，而这加深了当局的偏见。

1937年全年，居住在加的斯和昂代伊之间的西班牙人都在高呼各

---

① 在巴塞罗那，伯特伦-穆西图（Bertrán y Musitú）的SIFNE（西班牙东北部情报服务）于1938年2月与SIPM合并。

② Cf. J. M. Fontana, *Los Catalanes en la guerra de España*（Madrid, 1951），pp.161–162记录了间谍圈子路易斯·卡诺斯（Luis Canos）、何塞·马里亚·韦拉特（José María Velat）、马诺洛·巴斯滕加（Manolo Bustenga）和卡洛斯·卡兰切亚（Carlos Carranceja）；pp.336–337写了克拉丽娜（Clariana）的故事，她是双面间谍，在伊伦被枪决。

③ 见Palacio Atard, *La quinta columna*, p.261f；“埃尔·坎佩西诺”记载了罗科索夫斯基的工作角色，但没有其他方面的记录。

④ Abella, p.134.

种口号。长枪党的蓝衬衫们得到希门尼斯·卡瓦列罗的赞美，关于“主权”的诗则由佩曼而写，无数的小册子在前线欣喜若狂地对这首诗描述了好几天。如果没有“为了统一、伟大和自由的西班牙”“为了上帝和恺撒”“为了祖国，面包和正义”或“我们有帝国的召唤”这样的横幅和口号，佛朗哥主义的西班牙会成什么样子？而“佛朗哥的命令，西班牙遵从”则是另一种风格的座右铭。还有一张海报展示了佛朗哥的话：“我的手坚定无比，我的脉搏不会颤抖。”一个新的三联口号是：“服务、兄弟情谊、组织”——它取代了人们耳熟能详的“自由、平等和博爱”。在报纸或书籍中，共和国的人遭遇了谩骂，华金·阿拉拉斯在《阿贝赛报》中（后来以书籍的形式出版）对1932年和1933年阿萨尼亚日记中被盗部分的评论，成为一种新式低级的个人攻击。长枪党杂志《图片》（*Fotos*）发表了一系列“著名的野蛮人”（共和国政治家）画像，而科卢那民事总督纳瓦拉人何塞·玛丽亚·德阿雷利亚诺（José María de Arellano）安排将圣地亚哥·卡萨雷斯·基罗加那个“可憎的名字”从所有文件中删除，从出生登记册到律师学院花名册都不放过。[1]尽管没
740 有理由同情德国，但潜伏在右翼西班牙人宣传背后多年的反犹太主义也在稳步增长。记者胡安·普霍尔曾是阿萨尼亚的朋友，也是佛朗哥曾经的新闻主管，他一度开始危险地争辩说孔帕尼斯是皈依犹太人的后裔。还有一些人甚至声称“加泰罗尼亚人口中相当一部分是犹太人”[2]。

3月7日，国家主义西班牙政府颁布了他们的《劳动宪章》（Labour

① Abella, p.268.

② Pujol, *Cuando Israel Manda*, in *ABC de Sevilla*, 20 December 1936, qu. *Catalunya sota el règim franquista*, vol. I（Paris, 1973）, p.136; *Domingo*（San Sebastián）, 21 March 1937.

charter)。这标志着体制内许多讨论进入高潮，而宪章本身在很大程度上也是一种妥协。[①]许多提议听起来令人钦佩：工作条件得到规范；最低工资得到保障，同时还有社会保险、家庭津贴和带薪休假；工人的工资提高了，并且允许农民家庭有一块能满足其基本需要的土地；佃农得到保护，不被驱逐。然而，这些目标中的大多数仍然不过是在“愿望的王国”中。在实践中，就像墨索里尼统治下的意大利一样，尽管他们的政府当下自命不凡，但旧的寡头政治从未失去对经济的掌控。宪章中唯一得到充分实践的部分，是那些保障私有财产和威胁扰乱生产的行为将被视为叛国罪的部分。

国家的经济生活将由“垂直”的财团控制，这些财团的官员都是长枪党人。这些规定形成了组织的等级制度，从每个地区的地方组织上升到5个涉及全国性的农业、航运、工业、商业、公共和国家服务以及文化的商会，最终形成一个全国性的法人组织。这些思想受到墨索里尼1927年的《工作宪章》(*Carta del Lavoro*)和希特勒1934年的《国民劳动法》(Law of National Labour)的影响，但对经济的影响微乎其微。很少有商人对这一计划表现出更多的关注。更重要的是4月的新闻法。根据该法，国家接管了媒体的控制权。只有注册记者才能从事这项工作，就像只有注册报刊才能出版一样。例如，西班牙自治权利联盟的主要报纸《辩论报》就再也不会出现了，同样消失的还有卡洛斯党的《时代》。新闻将只是国家的工具。新闻法的第18条禁止任何刊登威胁政权威信、妨碍政府或“在智力薄弱者中煽动有害思想”的作品。这一宽泛的定义多年来一直使新闻界屈从。君主主义、军国主义、教士主义和极端保守主义的思想越来越带着法西斯主义的口吻进行宣传。 741

另一项创新是“第38计划”，这是一项教育改革，由聪明但深不可

① 关于《劳动宪章》来源的讨论，见Payne, *Falange*, pp.186-187。宪章起草人是冈萨雷斯·布埃诺，他得到里德鲁埃霍和其他年轻长枪党人的帮助。

测的新任部长赛恩斯·罗德里格斯推行。它将西班牙的中级国家教育牢牢地置于教会之下，让大学的问题推迟到战后再决定。（战争期间，双方的大学教育和其他奢侈品一样都被暂停了。）

肥胖的赛恩斯·罗德里格斯担任教育部长的时间并不长久，但他的轻率行为危害很大，此外，危害更大的是他不愿意为他的做法道歉。他被解雇了，随后又和其他“另一个时代的人”如勒鲁斯和希尔·罗夫莱斯一起，被流放卢西塔尼亚（Lusitanian）。在赛恩斯·罗德里格斯领导下，国家的小学教育已正式改组。他们首先清洗了教师队伍，又用宗教、爱国主义、公民和体育教育这4个要素取代了传统课程。体育教育应该集中在特定的西班牙运动项目上。其他3个要素的细节由教师决定。因此，“清洗”是该方案中最重要的部分。在教学中，就像在政治中一样，重要的是人，而不是理论。在“费迪南德和伊莎贝拉的新西班牙”学校，教师必须向光荣的民族运动宣誓，他们从来都不属于任何与人民阵线有关的政党，也并不属于任何分离主义的政党，也不曾属于劳动者总工会控制的旧的教师协会。如果他们曾在“红色地带”待过，不管多久，他们都必须发表一份声明，描述他们在那里的活动。他们还必须从他们的教区牧师那里，取得一份文件来证明他们在民族运动之前和期间的宗教、道德、政治和社会行为，还要从地方驻军指挥官或“公共秩序代表”那里取得另一份类似的证明。此外，还必须从市长那里求得一份报告。最后，这位即将成为教师的人必须亲自出现在学术、民事或军事当局面前进行面试。越过了这些重重障碍后，教师还要学习一门课程，
742 这门课程告诉他们真正的教育原则。[1]毫无疑问，实践使这些困难比想象中的更容易克服，但在1938年的国家主义政府教育部门中，几乎不存在左翼或自由主义倾向的人。

反对轻浮和与法国的斗争继续着。“塞维利亚天主教妇女”在一份

① Abella, pp.308–309.

宣言中呼吁“西班牙的女人们”：

> 在这个国家的严峻时刻，你的生活方式不应该轻浮，而应该简朴；你的位置不在剧院里、散步途中和咖啡馆里，而应在教堂和家里。你的装饰不应从诡计多端的犹太法国佬那肮脏的时尚中得到灵感，而应来自基督教道德的谦逊（pudeur）……你的责任不是让自己过上安逸的生活，而应是教育你的孩子，牺牲你的快乐，帮助西班牙。[①]

正如在西班牙共和国，保守主义、反对派和基督教通过隐蔽的方式或在不知不觉中幸存下来，革命和激进主义也在那些受到严密保护的“城堡阴影”中继续存在，这些“城堡”一半是古老的一半是新的，构成了佛朗哥主义国家的各种机构。政治生活在监狱里曾经风靡一时，之后也一起幸存了下来，人们不应忘记巴斯克教士古默辛多·德埃斯特利亚（Gumersindo de Estella）神父在他的监狱日记中描述的场景：

> 1938年2月3日，星期四。出席两次处决。一个叫弗朗西斯科·埃斯皮诺萨（Francisco Espinosa），他是卡洛萨·德塞古拉（Callosa de Segura，属于阿利坎特）人，共和军士兵，被关押在塞拉达斯（Celadas，属于特鲁埃尔）。他并不想忏悔。他认为，宗教是由右翼分子伪造的，被枪打死的人就应该被枪打死，很快右翼分子都会被杀。另一个是一名30多岁的男人，身体很强壮，在桑托尼亚被囚禁。他出生于富内斯（Funes，属于纳瓦拉），但生活在圣塞巴斯蒂安。他供认、聆听弥撒并领了圣餐。这个不开心的人在圣胡安·德莫扎里法尔（San Juan

① Qu. Abella, p.325.

> de Mozarrifar）的劳动营里说了些反对佛朗哥的话，被拘留并判处死刑。他一想到死亡，特别是看到哨兵的时候，就惊慌失措。他要求他们给他一些氯仿[1]，但他们没有给他。他们都是早
> 743 上7点在墓地被处决的。后一人叫弗洛里安·拉卡拉·伊尼戈（Florián Lacarra Iñigo）。[2]

佛朗哥很少遇到政治困难，但他的政敌与盟友确实都有不少。在西班牙，意大利人与西班牙人之间确实建立了良好关系，共同性格和语言相似性为他们建立了更加频繁且紧密的联系，也“制造”了不少非法儿童和婚姻。然而，在瓜达拉哈拉战役之后经常被派遣的意大利人和西班牙人的混合旅，却遇到“意大利人不愿放弃意大利面”的困境，当然也有指挥时语言方面的困难。[3]齐亚诺的秘书安福索于10月中旬返回罗马，告诉他的主人，意大利在西班牙的军队已经筋疲力尽了，佛朗哥也几乎等不及地想让他们离开，尽管他需要意大利的大炮和飞机。齐亚诺认为大元帅“一定是嫉妒我们的成功”[4]。不过，意大利官员的傲慢，特别是在圣塞巴斯蒂安的那些人，激怒了他们接触过的所有西班牙人。意大利向西班牙出售的两艘潜艇的账单也有争议，西班牙人也尚未付款，[5]不过这些争议因为西班牙向意大利输送了10万吨的钢铁而得以缓和。[6]截至11月底，墨索里尼仍因为战争物资被欠着30亿里拉的款项，并且他完全没有早日解决这场债务的期望。[7]11月6日他告诉里宾特洛甫：

---

① 三氯四烷（$CHCl_3$），一种有毒物质，致癌，主要作用于中枢神经系统，具有麻醉作用，对心、肝、肾有损害。——编者注

② *El clero vasco*, vol. II, p.293.

③ Abella, pp.291-292.

④ Ciano, *Diaries 1937—1938*, p.22.

⑤ Ciano, *Diaries 1937—1938*, p.32.

⑥ Ciano, *Diaries 1937—1938*, p.37.

⑦ *GD*, pp.512-516.

我们在帕尔马建立了一个海军和空军基地：我们在那里永久驻扎船只，并设有3个机场。我们打算尽可能长时间地保持这种状态……佛朗哥必须明白，即使在我们最终撤离后，马略卡也必须在（我们）与法国发生战争时仍然作为意大利的基地，（以便）……不让任何一个非洲黑人能够通过地中海路线从非洲去往法国。[①]

据推测，就欧洲战争而言，这一保证得到领袖的认可。事实上，当时在帕尔马还有一个国民军的海军基地，由莫雷尼奥上将（Admiral Moreno）领导，负责阻止苏联船只抵达西班牙。3艘国民军的巡洋舰就驻扎在帕尔马，此外还有：4艘在意大利购买的驱逐舰，以及老“贝拉斯科”号（Velasco）；3艘炮艇、2艘扫雷艇、2艘从意大利购买的潜艇和意大利“军团”的潜艇。在接下来的一年里，这个基地能够支持佛朗哥将军几乎完全封锁共和国海岸。帕尔马还有大约50架飞机：1个“秃鹰军团”的海因克尔中队、1个意大利萨伏亚和菲亚特战斗机小组，以及1个西班牙中队。 744

国民军与他们的德国盟友之间同样面临一些争议。这些争议不是个人相处层面的，因为后者通常离群索居。“秃鹰军团”住在一列特别的火车上，他们从一个前线移动到另一个前线，以避免与西班牙人混在一起。他们可能偶尔会去餐馆或特殊的妓院预订桌子，但很少有人会说西班牙语，只有军事院校的教员对西班牙有更深入的了解。

德国现在每月向国家主义西班牙提供1,000万帝国马克的信贷，其中有400万帝国马克用于战争物资，550万帝国马克用于其他出口，35万帝国马克用于现金信贷。没有任何迹象表明西班牙人急于偿还这些债务。此外，德国金融家很担心英国会购买西班牙的钢铁。在伯恩哈特的

① Ciano, *Diplomatic Papers*, p.144.

影响下，HISMA（西班牙裔摩洛哥人运输公司）和ROWAK（原料和货物采购公司）的官员一直把注意力集中在蒙塔纳项目上，该项目旨在确保德国获得西班牙矿物的稳定供应，最终目的是让德国控制西班牙的73座矿产。一名新的德国大使冯·斯托勒（von Stohrer）男爵（接替不受欢迎的福佩尔）建议，德国在西班牙的利益必须“深入”农业和采矿业。前一个问题本身已经解决了，因为无论发生什么，西班牙都必须找到一个农产品市场。但另一方面，矿产更为困难。德国的所有外交、军事和文化努力都必须以这些矿为基础。[①]他还说：“如果不能通过合理
745 的手段获得解决办法，就必须强迫解决。”然而，10月9日，西班牙人颁布的一项法令废除了自内战开始以来的所有矿产所有权。德国人焦急地问他们这是什么意思。尼古拉斯·佛朗哥（当时仍在任）回答说，只有一个成熟的国家主义西班牙政府才能完成像蒙塔纳项目这样重要的事情，但现在的这个政府还什么基础都没有。戈林和伯恩哈特变得不耐烦了。[②]当和平中的竞争对手和战争中可能的敌人——英国出于商业原因与佛朗哥交换外交代表时，不耐烦进一步变成了怀疑。因为亨利·奇尔顿爵士退休了，巴伦西亚的代办总督约翰·莱切被任命为与共和国对外“打交道”的部长。罗伯特·霍奇森（Robert Hodgson）爵士（他的西班牙语知识和1921年在苏联担任官方代表的经验让他获得了这一职务）于11月16日作为代表前往布尔戈斯。[③]英国内阁希望，除了关注商业利益，他们还能从霍奇森的访问团获得有关德国和意大利军事实验的信

---

① 斯托勒，一名职业外交家，在1936年年初有意出任驻马德里大使。在第一次世界大战期间，他曾经作为秘书在那里工作过。他是一位才华横溢的语言学家，一位高大威严的人物，“对西班牙有着非凡的了解”（Hoare, p.44）。

② 以上所有内容见*GD*，pp.496–503和pp.541–542。

③ 英国使团并不受欢迎。罗伯特·霍奇森爵士说：“人们认为我们反对这场运动，反对‘统一、伟大和自由的西班牙’。这一点可以从我们顽固地否认交战权利和英国媒体继续把民族主义者描述为叛乱分子中得到证明。”霍奇森直到1938年2月1日才受到佛朗哥的接见（Sir Robert Hodgson, *Spain Resurgent*, London, 1953, pp.84–85）。

息。[1]阿尔瓦公爵以辅助身份前往伦敦。艾登并不想接受阿尔瓦，因此他只在西班牙人要求他提供不接受的理由时（他当然没有给出理由），才勉强同意了这件事。[2]（几个月后，阿尔瓦和他的工作人员成了外交官，至少在法律上如此——1938年3月，公爵根据外交部的申请，被免除了参加驾驶考试的法律要求。）[3]此外，11月，一艘名为“加拉提亚”号（Galatea）的英国海军舰艇对摩洛哥高级专员贝格韦德尔进行了礼节性访问，因此红色和金色组成的旗帜被悬挂在了一艘英国船只上。帕尔马也发生了类似的事件。12月2日，德国驻西班牙大使斯托勒向佛朗哥抱怨道，英国已经从西班牙获得了巨大的让利，他要求佛朗哥对此做出一个解释。对于德国而言，它也想获得毕尔巴鄂和阿斯图里亚斯矿产的最大份额（the lion's share），以及购买矿渣的自由。否则，它将 746
不得不“重新审视自己对国家主义西班牙政府的态度”。佛朗哥把德国的指控称为“捏造”，他反而说自己很惊讶英国对西班牙的关注度是如此之低。佛朗哥说，蒙塔纳项目的延误是因为他缺乏以前法律的副本、档案和训练有素的官员，[4]自然，正式合同的问题依然是要留给“明天”（mañana）的。

在新年伊始，佛朗哥收到墨索里尼传来的私人信息。这位意大利领袖提出想继续向他提供援助，但要求佛朗哥能否根据它的品质来使用，即不要在具有决定性结果的交战中使用？[5]

---

① *CAB*, 12（37），最初他们建议霍奇森在3月开始他的任务。

② 法国政府甚至根本没有与国家主义西班牙建立任何一种哪怕是有限的关系。正如《法兰西行动报》讽刺地说，他们所做的一切，就是恢复了“南方快车”（*Sud Express*）这趟每日一班从巴黎前往昂代伊的主要火车而已。但查尔斯·毛拉（Charles Maurras）在萨拉曼卡仍“不仅作为一个外交官，还作为一个国家元首”被接待。

③ *News Chronicle*, 30 March 1938, qu. Watkins, p.68.

④ *GD*, p.522.

⑤ Ciano, *Diaries 1937—1938*, p.62.

与此同时，冯·斯托勒男爵告诉柏林，如果佛朗哥想要以军事手段获胜，德国不仅要运送更多的物资，而且还要运送更多受过一般参谋培训的技术人员和军官。[1]齐亚诺很担心。他在1月14日沉思道："要么我们先发制人，要么巧妙地脱离束缚，满足于在我们的旗帜上写下马拉加和桑坦德的胜利。"[2]到1月底，齐亚诺心事重重地思考着希特勒对奥地利的计划，以及他的主子对阿尔巴尼亚更加遥远的计划，这让他显得有些狂乱。他写道："我们在西班牙的冒险'必须'告一段落了。"

在布尔戈斯，德国外交官还在为他们的矿产争论不休。戈麦斯·乔达纳于1月25日对斯托勒说，他在处理此事时必须遵守旧的法律，因为"西班牙人民目前的心态是，他们更想要求前政府成员为自己的行为负责……人们永远不知道以后会发生什么"，他带着一位老君主主义者的智慧补充道。桑格罗尼斯（这发生在他受命前往加拉加斯之前）第二天对大使说：

> 我告诉你，按照德国人的意愿来安排此事极其错误。这是
> 747 一种心理上的错误。购买大量采矿权就像在发出警报，从某种意义上是在动员相关各方和整个西班牙政府。这会引起他们的反对，如果德国从一开始就只购买了几个矿产，这种反对就不会出现。[3]

德国人和意大利人并不是唯一一批既奉政府之命又出于自身意愿来国家主义西班牙参与作战的人。一些志愿者（在1937—1938年的冬天可能有1,000人左右）来自葡萄牙，还有一些人来自欧洲的其他不安分的右

---

① *GD*, p.553.

② Ciano, *Diaries 1937—1938*, pp.64–65. 当时共和军攻克了特鲁埃尔。

③ *GD*, p.470.

翼势力，他们渴望与共产主义做斗争，或者帮助宗教传播或建立君主制，以及协助完成法国法西斯主义者德里厄·拉罗歇尔（Drieu la Rochelle）的小说《吉尔》（*Gilles*）中的一个人物认为的“巨大而有益的革命”[①]。这些人包括：法国的君主主义者（组织的名称叫Camelots du Roi，国王的卡洛美），比如有德拉吉洛尼埃（de la Guillonière），他入伍时登记为卡洛斯党人，死于比斯开；或者博内维尔·德马尔萨尼（Bonneville de Marsagny）上校，他和一些白俄罗斯人一起参加了意大利人的军团；一两名英国人或爱尔兰人，其中一些人被登记为奥达菲的不幸的蓝衫党人，另一些志愿者以自己的名义进行了登记。[②]拥有献身精神的普丽西拉·斯科特-埃利斯（Priscilla Scott-Ellis，第八代霍华德·瓦尔登勋爵的女儿）从英国来到国家主义西班牙当护士。[③]还有来自西班牙美洲殖民地的志愿者。最后，还有摩洛哥人，他们在国家主义西班牙一直占有重要地位。

国家主义的西班牙自信、无情、蔑视敌人。然而，在1937年冬天，他们遭到共和国的一场意料之外的挑战。

43. 内林格的政策与内部改革 748

当国家主义西班牙的新政治家试图从遥远的过去获得灵感，梦想着对法西斯进行创新时，共和国的老政治家们却私下“交流”了注定失败的“断言”。哪里出了问题？如果阿尔卡拉·萨莫拉不曾成为总统，情况会有所不同吗？如今的状况是因为勒鲁斯的错吗？国家主义西班牙对

---

① Drieu la Rochelle, *Gilles*（Paris, 1967）, p.490.

② 比如菲茨帕特里克、南格尔（Nangle）和彼得·肯普（Peter Kemp）上尉，后者的*Mine Were of Trouble*（London, 1957）是军团生活最好的写照。

③ Priscilla Scott-Ellis, *The Chances of Death* (Norwich, 1995).一本优秀的记录。另一个支持了佛朗哥的英国护士是加布里埃尔·赫伯特（Gabriel Herbert）。

此一直很乐观，但共和国弥散着悲观情绪。

自从战争开始以来，阿萨尼亚的情绪就一直很悲观。到1937年秋天，他认为失败已不可避免，他甚至开始与马丁内斯·巴里奥等老合作者讨论在这种情况下该怎么办。墨西哥可能会表现出友好态度，但人们想象不到有100万或200万共和派或社会主义者会移民到那里。法国可能会关闭边境。“由于缺乏有远见的政策，我们会被留在这里，任由叛军进行可怕的报复吗？”马丁内斯·巴里奥认为，对于工人阶级，如果一切都失陷了，失败也只是暂时的挫折，他们仍然将以各种各样的方式追求自己的阶级利益；“但对共和派，这将是一切的终结，因为人们根本不会认为，在20年甚至30年后一个自由的共和国将‘回到’西班牙——如果我们能在世界上找到一个角落来结束我们的生命那已经是太感谢上帝了。”谈论努曼提亚（Numantian，指坚定抵抗的精神）精神是很好的，但在最后一刻，所有“努曼提亚人”（Numantinos）也不过都已经消失
749 在历史中了。[1]阿萨尼亚是在寻求和平，但也是一种真正的和平，“因为人们不必绞尽脑汁去忧虑在共和国战败、共和派被处理后，西班牙将迎来的那种葬礼般的和平”。阿萨尼亚这样告诉希拉尔。所有这些政治家虽然都在轻蔑地诋毁内格林的这种“不可磨灭的乐观主义”（希拉尔语），实际上却都不确定究竟该如何对待这种想法。阿萨尼亚、马丁内斯·巴里奥、普列托……也许除了内格林和共产主义者，所有部长都相信共和国现在已不可能在军事上赢得战争，但他们同样认为自己再不能抛弃支持共和国的数百万西班牙人了。阿萨尼亚和马丁内斯·巴里奥一致认为，北部战役结束后的一系列迫害明白地预示着，如果共和国在和平谈判中失败，那么西班牙其他地区将会发生什么。

---

① 努曼提亚（Numantia），索里亚（Soria）附近的一个山顶城堡，在公元前134—公元前133年间抵抗罗马直到毁灭。事实上，对于抵抗者，没有人有可能逃离，因为西庇阿·埃米利安努斯（Scipio Aemilianus，小西庇阿）沿着城市一周挖了连续的壕沟。

许多老共和派的人甚至更加悲观，曾在1931年出任共和国第一任财政部长的尼古劳·德奥尔维尔后来认为，最适合西班牙的政权应当是普里莫·德里维拉这样的政权。加泰罗尼亚教育顾问皮-苏尼尔（Pi y Súñer）紧张地质问道："如果国家主义西班牙打算用他们所有的力量发动强攻进入加泰罗尼亚，那样会发生什么？总参谋部想过这个问题吗？"马丁内斯·巴里奥认为，像战斗到"最后一个人和最后一比塞塔"这样的呼吁如今已经越来越少提及了。阿尔瓦雷斯·德尔巴约在外交部留下了一堆烂摊子，是不知疲倦的外交部长希拉尔给这个部门重新带来了"运转"的可能。刚开始，他甚至被迫只能在报纸上查阅英国控制计划的细节（阿萨尼亚向他保证，这种事情是"议会的传统"），但如今，他也认为，每个人都对战争感到厌烦。[①]

普列托也饱受战争、社会主义政治、新敌人和老敌人的折磨。"我不在乎两党是否合并，"在谈到社会主义和共产主义时，他曾对埃尔南德斯和乌里韦说，"因为一旦战争结束，无论怎样，这些问题都能得到解决，如果我能留下一条命，我将直接结束我的政治生命。我会乘坐第 750
一艘船前往离这里最远的那个说西班牙语的国家。"[②]

内格林虽然性格中蕴含着"冷静的鲁莽"，但独自怀揣希望。他认为，只有在有明显获胜的可能性时，才能实现妥协下的和平。内格林深信，如今法国边境对武器的运输开放，就来自他的外交努力。他是一位优秀的语言学家，交友广泛，在日内瓦、巴黎和伦敦都见证过对共和国的救赎。他与阿萨尼亚的关系很复杂，两者之间的关系并不容易说清。在1937年的秋天时，他们看起来还像是私人朋友，两人就加泰罗尼亚和全国劳工联合会的政策还曾达成过一致，不过，尽管内格林是当时维持战争的引擎，阿萨尼亚却也只是一个仪式性

---

① 所有上面的对话都来自阿萨尼亚的日记。

② Azaña, vol. IV, p.786.

的旁观者，他的作用仅限于与内格林就任命的提名进行辩论。几年前，在与阿萨尼亚和阿拉基斯塔因共进晚餐时，内格林就曾说过，西班牙“需要一个民主规则下的独裁政权，它将为人民的未来做好准备”[①]。现在他有机会把这个想法付诸实施，但他的确还要受到法令的约束，而法令必须由阿萨尼亚签署才能生效。即使如此，这也并不能确保民主的“存活”，因为除了利用压力集团，没有任何办法可以挑战政府。议会偶尔进行的会议常常死气沉沉。阿萨尼亚承认，所有的新闻稿似乎都是用“同一只手”写的，而且文笔通常都“好斗而缺乏教养”[②]。

内格林的首要任务是结束共和国在地理上的分裂。到1937年年底，他在这方面已经做了很多工作，但昆卡的民事总督仍然在抱怨他的管辖省就像位于非洲摩洛哥的里夫山区一样：“没有道路，没有电话。很多村镇我都无法取得联系。这个省到处都是成群结队的非正规民兵。”这位省长的两位前任因为担心自己的生命安危，早早就逃离了他们的岗位。一些无政府主义者的军队盘踞在村镇里养活自己，却对战争毫无贡献。总督在一座官邸开始了他的任期，而那里面所有的家具都被偷光了。[③]埃尔南德斯·萨拉维亚在接管特鲁埃尔的指挥权时才发现，他在莱万特的新军队和之前的北方军队的唯一不同就是“更加混乱”。

751 共和主义西班牙权力面临的最大挑战仍然是加泰罗尼亚人，尽管加泰罗尼亚的生活“正常化”已经持续了一整年——安东尼奥·斯伯特（Antonio Sbert）作为加泰罗尼亚自治政府的内务委员，在重建良好的公共秩序标准方面已经做了很多工作，而皮-苏尼尔（教育委员）和博

---

① Azaña, vol. IV, p.107.

② Azaña, vol. IV, p.794.

③ Gómez Lobo to Azaña, *op.cit.*, p.748.

什·金佩拉（司法委员但同时负责高等教育事务）尽管与中央政府经常发生冲突，但依然在各自领域恢复了理性治理规则。任何法院做出的死刑判决此时都由政府复审。法院、高等法院、上诉法院、律师协会、公证员协会，以及负责出生、死亡和婚姻登记的总署，都已经在运作中。这是要恢复那些当初驱使社会主义者和无政府主义者去革命的资产阶级标准吗？毫无疑问，现在越来越多的人认识到，曾经被鄙视的旧的资产阶级共和国才是他们“永远的好朋友”，但为时已晚。[①]政府开始重新考量1936年的判决，对战争初期罪行的调查也重新开始。让全国劳工联合会感到愤怒的是，它发现“革命之夏”的主要无政府主义者，如爱德华多·巴里奥贝罗、奥雷利奥·费尔南德斯，甚至是加西亚·奥利弗担任司法部长时的副秘书桑切斯·罗卡（Sánchez Roca），都在接受调查，甚至已经身陷囹圄。[②]西班牙的共产党员们也在抱怨加泰罗尼亚警察审问加泰罗尼亚统一社会党成员一事。共产党员、劳工委员比迭利亚抗议说，警方无权调查这种“革命行为”。但警方依然“我行我素”，尽管在此情况下，西班牙的共产党人发现自己比无政府主义者逃避报复要容易得多。

然而，加泰罗尼亚仍然是一个“国中之国”，这一点阿萨尼亚绝不能原谅，毕竟在共和主义西班牙政府如此弱小的时候，加泰罗尼亚却获得了如此多的本属于西班牙国家的权力。内格林相信，如果加泰罗尼亚工业要为战争发挥出最大效能，那么西班牙国家的干预至关重要。事实上，尽管孔帕尼斯随后在12月13日的一封长信中做出保证，但加泰罗尼亚工业仍远低于1936年的水平。[③]即使是在1936—1937年冬天经历了 752

① 这幅悲伤的画面是与前法西斯时代的意大利相联系的克里斯托弗·塞顿-沃森（Christopher Seton-Watson）提供的。

② 加西亚·奥利弗向国家检察长爱德华多·奥尔特加-加塞特（Eduardo Ortega y Gasset）要求，将费尔南德斯释放，并表示“我们不提两遍要求”。奥尔特加于是逃离了这个国家。

③ Qu. in Ossorio y Gallardo, p.207.

突飞猛进的冶金工业部门，也在1937—1938年回落到大萧条时期最糟糕年份的水平之下。1937年11月的工业生产总指数仅为1936年6月的一半。[①]战争工业的数字无法与战前的数字直接相比，而且几乎每个部门的产出都低于本可以达到的水平，而且可以说在大多数情况下远远低于本可以达到的水平。[②]虽然共产党员、工业委员科摩拉确保加泰罗尼亚政府代表在所有工厂委员会中会发挥越来越大的作用，但原材料短缺和供应不稳定，以及国民军每次的获胜造成的市场萎缩，都对工业萎缩产生了影响。虽然遭到西班牙共产党人的反对，但在阿萨尼亚的支持下，内格林决心一劳永逸地解决权力问题，即决定将政府驻地从巴伦西亚迁移到巴塞罗那。[③]

这件事是在1937年秋季进行的，他们故意忽视了加泰罗尼亚的脆弱感情。内格林根据自己的选择征用了各部大楼，无视为孔帕尼斯提供住宿的建议，并避免与他进行任何书面或个人接触。他甚至拒绝在里塞奥（Liceo）剧院的总统包厢中给孔帕尼斯保留一个座位，以阻止孔帕尼斯去歌剧院与他们见面。内格林自己在佩德拉贝斯宫安顿下来，阿萨尼亚也跟着他回到加泰罗尼亚首都。

这些行动惹恼了加泰罗尼亚自治政府。对于他们，这就是在“持续而系统地削弱加泰罗尼亚政府权威”。他们认为，在所有其他问题上，政府一直摇摆不定，组织混乱；只有在加泰罗尼亚问题上，政府才显得如此坚定。前线的年轻加泰罗尼亚人甚至不清楚他们到底在为谁而战。这些都是卡洛斯·皮-苏尼尔（Carlos Pi y Súñer）在9月份写给阿萨尼亚的一次申诉中表达的看法。皮还表示，国家还欠加泰罗尼亚提供战争服务的7,000万比塞塔。加泰罗尼亚支付了阿拉贡军队的费用，但没有

---

① 以1936年1月作为标准100，则1936年6月为98，1937年11月仅为53（Bricall, p.96）。

② Bricall, p.70.

③ 见诸如Azaña, *op.cit.*, p.760。

得到任何补偿，加泰罗尼亚警察被解散，同时还建立了一个特别情报机构，这些都对加泰罗尼亚产生了不利影响。加泰罗尼亚人将东部军视为外来的占领军，并担心西班牙共产党正在计划一次军事独裁。他们抱怨说，马德里抵抗的英雄神话被用来为中央集权辩护。国家在加泰罗尼亚 753 的公共秩序机构并没有与加泰罗尼亚政府的活动进行协调。与此同时，加泰罗尼亚的共产党人得到共产党中央政府的支持，并试图并吞一切其他势力。加泰罗尼亚人希望得到一个保证，一旦恢复和平，他们就能恢复自己的政权。[①]阿萨尼亚向来访者保证，并没有人想过要压制加泰罗尼亚自治政府。此时，那个曾经手段灵活的孔帕尼斯似乎也已经走到穷途末路——对于大多数人，他似乎是病了；对于普列托，他是疯了；对于内格林，他是没用了。他对此表达抗议，表示自己想辞职，但他的朋友们向他保证，没有人可以取代他。事实上，在普列托看来，他最亲密的合作者塔拉德利亚斯和科摩拉，似乎只是“无法做出高尚反应的可怜的愚民”，[②]尽管他们都算得上是称职的人。

巴斯克人战败后，再也没有谁能给加泰罗尼亚人带来类似的麻烦了。他们的领导人确实搬到巴塞罗那，并建立了一个“流亡政府”。阿萨尼亚对阿吉雷嗤之以鼻，尤其是当他为了协调两个地区政府的目标而谈到“巴塞罗那-毕尔巴鄂轴心”时。但这次共和政府转移的结果，使天主教仪式再次在加泰罗尼亚首都的巴斯克总部恢复。7月，司法部长德伊鲁霍提议重新开放教堂。部长会议也同意人们可以在政府许可的私人住宅中举行天主教仪式。在之后的10月，财政部将宗教银器和珠宝排除在为了自主战争法律规定必须向政府缴纳的所有宝石和贵重物品之外，尽管不可否认，其中的大部分已经被征缴了。当年冬天，已经有2,000名牧师从流亡地返回巴塞罗那。不过（从1938年3月起）他们并

① 卡洛斯·皮-苏尼尔写给阿萨尼亚的信，见Azaña, vol. IV, pp.790-801。
② *Op.cit.*, p.802；以及p.760。

不像从前那样被征召服兵役，而是应征加入医疗队，但他们在四处走动时依然穿着便服。此外，梵蒂冈不希望在共和国正式重建宗教。枢机主教比达尔·巴拉克尔收到邀请让他返回他位于塔拉戈纳的大教堂，但他拒绝了。①

754

—

内格林和中央政府对战胜加泰罗尼亚人后引发的挫败感并未给予足够重视。此时的普列托有一个类似关于权威的问题。人们还记得，普列托在决心挤走拉尔戈·卡瓦列罗时，是愿意为此目的利用共产国际的。他甚至一度主张社会主义者和西班牙共产党合并。1936年的冬天，共产国际在战争中的勇气、现实主义精神和可靠度，使他对西班牙共产党采取了宽容的态度，因为他知道，他和共产国际在拉尔戈问题上，以及实际在无政府主义问题上，意见都是一致的。然而，尼恩和马克思主义统一工人党事件粉碎了他的这种信心。他在这个联合组成的国防部任职的第一个月里发生的几起事件，使他早在1937年6月底就得出一个结论：共产国际的一切政策只是打算夺取“西班牙国家的所有资源”。②普列托与苏联顾问就一架梅塞施米特109飞机的处置问题发生冲突，这架飞机几乎完好无损地落入共和派手中。西班牙共产党人想把这架飞机送给苏联，而普列托则坚持首先要把它拿给法国人看。③在8月的阿拉贡攻势中，普列托曾抱怨苏联顾问的态度和能力，并且还提及由于苏联在希洪的“恺撒”号驱逐舰上的行动而遭到的挫折。秋天，普列托开始了一

---

① Guy Hermet, *Les Catholiques dans l'Espagne Franquiste*（Paris, 1981）, p.79.巴塞罗那的副主教（vicargeneral）禁止任何教堂开放，并当众宣布，他将拒绝向那些听弥撒的牧师发放许可证（Evidence of Señor Irujo）。

② Azaña, vol. IV, p.638.

③ *Convulsiones*, vol. II, p.65f.

项深思熟虑的计划，彻底贯彻“即使是在军队中也要限制共产国际的影响”的策略，军官们由此被禁止从事政治说教，或参加党派会议。11月，阿尔瓦雷斯·德尔巴约作为首席政委被普列托的朋友克雷森西亚奥·毕尔巴鄂取代。阿尔瓦雷斯·德尔巴约把战争政治部变成了一个“几乎完全是共产主义”的组织。[1]尽管共产国际提出抗议，前线的许多政治部还是被废除。这也意味着原中央军总政委安东会被调入一个正规营中任职。这个年轻人在内战前曾是一名铁路职员，内战中担任驻马德里的党的秘书。他是比他大20岁的“热情之花”的爱人，与她和陶里亚蒂在马德里住在一所房子中。[2]安东是西班牙新一代官僚主义的工人领袖，与 755
朱利安·鲁伊斯（Julián Ruiz，这位阿斯图里亚矿工在“热情之花”还年轻时就娶了她，并和她生了两个儿子）是多么不同啊！普列托的命令当然引起了他和“热情之花”之间的不和，结果安东辞去了总政委的职务，但他从未到前线去。

共产国际还掌握了各种共和国警察部队，监狱里挤满了特殊的敌人，以及更多共和国真正的敌人。1938年2月，乔治·奥威尔离开西班牙时，估计监狱里已有3,000名政治犯，如果考虑到无政府主义者和前文曾提到的因早期革命罪行而被捕的其他人，这可能是一个合理的估计值。[3]与尼恩不同的是，那些仍然活着的马克思主义统一工人党领导人尚未受到审判。奥洛夫的手下仍在工作，更重要的是，还有一个新的反间谍机构，即军事情报处（SIM）。这个声名狼藉的组织目的是限制“不受控制者”、无政府主义者或其他人的活动。正是因为这个原因，普列托在苏联“技术人员”的逼迫下，同意首先建立军事情报处。[4]因此，

---

① 普列托对阿萨尼亚的话，*op.cit.*, p.638。

② *Convulsiones*, vol. II, p.34；Hernández, pp.99–100；Castro Delgado, p.201；El Campesino, *Comunista*, p.86f.

③ George Orwell, letter to Raymond Mortimer, 9 February 1938.

④ *Convulsiones*, II, pp.56–57.

他希望协调在共和国工作的所有“情报”部门，这些部门总共至少有9个，其中有些由军队管理，有些由内务部管理，1个由巴斯克人管理，1个由加泰罗尼亚人管理。[1]他任命了一名社会主义者，也是他的朋友安赫尔·迪亚斯·巴萨，担任第一任负责人。然而，这位富有同情心的人并不是在内战中指挥一个秘密部门的合适人选。左翼共和青年党（the Left-republican Youth）的临时副指挥官普鲁登西奥·萨亚格斯（Prudencio Sayagües）暂时接管了这个秘密部门，因为在战争初期，他曾在战争部领导过一个鲁莽的反间谍部门。[2]但问题仍然存在：普列托下令逮捕一
756 名共产主义民兵少校“埃尔·内格斯”（El Negus），他曾在加泰罗尼亚各地窜行，寻求支持一项将普列托从国防部除名的活动。但最终发现，逮捕他的并不是军事情报处，而是西班牙共产党人。他们把惹是生非的少校送入地牢——事实上，再也没有人听到过他的消息。普列托为此很生气。[3]随后军事情报处的当地负责人也出了问题。一位战争中的指挥官，也是一名社会主义知识分子民兵军官，被安排在马德里指挥军事情报处，他曾任克莱贝尔的参谋长以及布鲁内特下属一个师的指挥官。普列托得知他已提名大部分共产主义者成为他的工作人员，于是将他调回了现役。一名苏联“技术人员”由此向普列托发出抗议，但普列托拒绝重新调回该人员，于是普列托与苏联的关系进一步恶化。[4]在马德里，这

---

① Manuel Uribarri, *El SIM de la República*（Havana, 1942）.新的安全总干事卡洛斯·德胡安尽了最大努力，缩小了警察的规模，并将政治任务从警察中删除（1937年年中，共和国的警察人数比整个半岛战前增加了4,000人）。阿萨尼亚指出，这个“问题”普遍存在于战争双方控制的区域内，而“其中一个指的就是他们”（*op.cit.*, p.835）。

② *The General Cause*, p.161.

③ Prieto in *Yo y Moscú*（Madrid, 1955）, p.156.即使在他的政策已经变成了党的政策时，也没有人知道埃尔·内格斯到底发生了什么。

④ Prieto, *Convulsiones*, vol. II, pp.22, 57，以及*Yo y Moscú*, p.189。奥洛夫依然是苏联秘密警察在西班牙的领导人，曾考虑暗杀普列托，被埃尔南德斯劝阻（见*Convulsiones*, vol. II, p.117）。

名军官的继任者是安赫尔·佩德罗·加西亚（Angel Pedrero García[1]），他曾与加西亚·阿塔德尔一起参加“黎明巡逻队”（dawn patrol），此时他还是一支小型反间谍部队的领导人，而军事情报处成立的目的就是要除掉这支部队。

萨亚格斯之后的军事情报处总指挥是乌里瓦里（Uribarri）上校，他是一名社会主义军官，1936年10月在格雷多斯山（Sierra de Gredos）指挥一支游击队，战争开始时也是巴伦西亚国民警卫队的一名上尉。他还曾是托莱多前线的指挥官。据利斯特说，他住在那里，过得就像一个封建男爵，“他的司令部是间谍的巢穴”，当地地主的女儿是他手下的心上人。[2]最初，他忠心耿耿地为普列托服务，向他的长官描述另一个苏联人是如何试图与他直接协商的。后来，乌里瓦里更偏向于信任西班牙共产党。由于工作的繁重，他让军事情报处逐渐变成了普列托一直想要避免的东西——一支西班牙共产党的政治警察部队。在这里，事件的发展走向总是被西班牙共产党掌控。只有他们坚持不懈地组织了一支高效的秘密警察。无论如何，军事情报处很快就开始使用内务部人民委员会的“特有”酷刑：牢房故意弄得太小，让囚犯们几乎站不起来，地面铺着带棱角的砖头。强力的电灯使人目眩，巨大的噪声让人耳聋，用喷 757
淋的冷水刺激，用火红的熨斗烧灼，还用棍棒敲打。军事情报处对谋杀几名被征召入伍的共和军士兵负有责任，这不仅针对那些胆小和低效的人，还包括那些不愿意听从西班牙共产党指挥官命令的人。军事情报处的地方首领，如巴伦西亚的阿佩利亚尼兹（Appellániz），或安达卢西亚的弗朗西斯（Francés），都展示出了他们内心的残暴，尽管他们在严格意义上并不属于共产主义者（阿佩利亚尼兹是一个前邮局官员，

---

① 他是西班牙社会主义政治家和间谍，在内战期间扮演了臭名昭著的角色，也是马德里共和党军事研究局（军事情报处）的负责人。——编者注

② Lister, p.125.

后来成为警察）。军事情报处的许多领导人也是社会主义共产主义青年（socialist communist youth）的成员，例如圣地亚哥·加尔塞斯（Santiago Garcés），他最终成功地成为该运动的国家领导人——他只是众多人中的一个。这些人在战争前可疑的破坏法律的活动，促成了一定的冲突，在这里，责任和权力既没有给他们带来智慧，也没有给他们带来人性。①

但是，此时的马德里正酝酿着一场令人厌恶的阴谋，其罪魁祸首显然并不是军事情报处，而是共和军内的一部分人。他们挖了一条隧道，从乌塞拉郊区的一所房子通往国民军前线。一些国家主义的同情者，包括一些在大使馆避难的人，付了钱要求帮助他们逃走。他们手里拿着贵重物品和纪念品到达隧道时，却被全部击毙。有67个人死在了这场隧道骗局中。②

军事情报处的司法对口机构，是为间谍和其他罪行的简易审判而设立的军事法庭。这些机构在1938年1月的设立导致出生于巴斯克的司法部长德伊鲁霍辞职。他仍然是部长，但没有职位内容，司法部长的职位则被劳动者总工会的行政负责人拉蒙·冈萨雷斯·培尼亚取代，后者是1934年阿斯图里亚斯的英雄，以及1936年年初的强硬普列托主义者（Prietista）。此后，这些军事法庭在简易程序下开始运作，被告的辩护权常常得不到正常的保障。有时庭审所谓的证据还包括特别警察或者军事情报处的报告。③

758 人们当然有理由谴责这些法庭的不公正和不合法，但当时的规定还

① Martínez Amutio, p.211, p.228.

② *The General Cause*, p.304. 这个可疑的军队单位是第三十六混合旅，由胡斯托·洛佩斯·德拉富恩特（Justo López de la Fuente）指挥，他在20世纪60年代回到西班牙，因为此事死于监狱之中。在苏联自己的内战中，也有一个类似的版本。Cf. Angelica Balabanoff, *Impressions of Lenin*（Ann Arbour, 1964）, p.108.

③ 对于这个任意性极大的法庭，以及那些经常担任法官的无知和恶毒的人的描述，见G. Avilés, *Tribunales rojos*（Barcelona, 1939）, *passim*。尽管这样的书很难得到赞扬，却不可被全盘抹杀。

有一条，即除非得到内阁批准，否则就不会执行死刑，而且大体上，除了那些在前线因叛逃或在敌人面前表现出怯懦行为而被枪杀的人，当时这条原则基本是遵守了的。[①]1938年一年内，大约通过了240件死刑判决，安全军事法庭又通过725件。不过其中很多死刑都没有执行。大概只有不到1,000人在1938年被枪杀在共和国的防线之内。

尽管警察部队人数众多，但他们无法控制所有潜在的威胁或伪装。罗霍将军曾讲述，他参观过一家为军队制作制服的服装厂。他和米亚哈都知道这些“工人”是修女，主管是上级修道院长，但两人都没有采取任何行动。[②]

——

共和军如今在理论上有将近75万人，有1,500门大炮，包括高射炮。这个庞大的组织每月花费4亿比塞塔，超过了战前整个国家的预算。1937年11月晋升为将军的非政治性的，或者说政治上模棱两可的文森特·罗霍，即便心怀悲观，却依然是一名高效的参谋长。中部军仍然由米亚哈指挥，莱万特军由埃尔南德斯·萨拉维亚指挥，东部军由波萨斯指挥。安达卢西亚和埃斯特雷马杜拉的两支不活跃的军队由普拉达上校和布里略上校指挥，前者是北方的最后一任指挥官，后者则是突击队“共产主义”（*comunizante*）的贵族前指挥官。伊达尔戈·德西斯内罗斯是共和国空军的首脑，他们拥有大约200架战斗机、100架轰炸机和另外100架侦察机或其他飞机。这使共和派在战斗机而不是轰炸机的数量上占有优势。大多数飞机由西班牙人驾驶，而不是苏联人，但仍然有一个飞行中队都是苏联驾驶员，其负责人是“黑山”（Montenegro），后面

① 一个例外是在1938年年初阿拉贡的崩溃时期。

② Rojo, *Asi fue*, p.159.

还跟着一个同样身份不明的上校“何塞”。[1]舰队也保持着低调状态。由于国民军巡洋舰“巴利阿里群岛”号船长的快速恢复力，在9月7日共和军失去一艘来自苏联的护航船之后，布伊扎上将失去了作为主管海军
759 上将的工作，他的职务由冈萨雷斯·乌维塔上尉接替。但海军那里的形势还在继续恶化，士气不断走低，很少采取主动行动，共和军舰队与国民军舰队不同，是战争中名副其实的华而不实的“白色大象”。

此时，国际纵队已正式并入共和军。正式地说，这些旅取代了旧军队中的外国军团。到现在为止，国际纵队的纪律和衣着都受到严肃对待。第十五国际旅英文版周刊《我们的战斗》（*Our Fight*）上甚至写明了敬礼的5点理由：

> （1）敬礼是以军人的方式说“你好（hello）”。
>
> （2）敬礼是一个士兵向军官询问“你的命令是什么？”的最快捷方式。
>
> （3）敬礼并不是不民主的：两个军衔相同的军官在军事事务上见面时，要互相敬礼。
>
> （4）敬礼是一个在私生活中一直以自我为中心的同志，适应了集体主义生活方式的标志。
>
> （5）敬礼是我们旅正在从一批好心的业余爱好者，转变成一批消灭法西斯的精密钢铁机器的证明。[2]

在1938年前期，跟在这些理由之后的，还有让所有人学习西班牙语的呼吁。自由志愿者称：这是“我们反法西斯的义务”。

---

① R. Salas Larrazábal, vol. II, p.1560.

② Qu. in William Rust, *Britons in Spain*（London, 1939）, p.98.这些指示并不局限于国际纵队。有关“领导力”的小册子也大量出版，e.g., *El Mando* by “General W.W.W.”。

各旅发现很难从国外招收到新兵。意大利共产党在最开始每个月甚至可以招募400人，然后变成招募100或150人。1937—1938年的冬天，这个数字在12月、1月和2月份，分别下降到68、77和34人。[1]许多志愿者心怀不满地返回家乡。旅里使用越来越多的西班牙志愿者来填充。旅的组织架构也酝酿着危机。在阿尔瓦塞特基地的法国经理维塔尔·盖曼被控贪污。他在离开西班牙之后去了巴黎。他和他的追随者们显然带 760
走了许多志愿者的私人财物。[2]他的继任者是“戈麦斯”（扎伊瑟）——他早前是第十三国际旅的领导人。这一任命加剧了德国和法国共产主义者在阿尔瓦塞特的针锋相对。保加利亚军需长卡尔波夫（Karpov，路易斯·费舍尔的继任者）、法国共产党员格里耶（Grillet）及其妻子也被指控贪污。格里耶夫妇是波琳·马蒂（Pauline Marty）的密友。之后，有人检举说，马蒂自己也是“偷来的自由战士（volé les soldats de la Liberté）”。丑闻愈演愈烈，这位伟人不得不去莫斯科为自己辩解。他已有一段时间没有回西班牙了。[3]

另一个丑闻影响到与拉尔戈·卡瓦列罗有关的将军——阿森西奥、马丁内斯·卡夫雷拉和马丁内斯·蒙赫。希洪沦陷后，他们和马拉加的比利亚尔瓦上校在被控叛国罪之前被捕。虽然在个别情况下他们有些不称职，但他们都是无辜的，不过最终他们被释放。[4]

如果共和国在潜在间谍问题上少一些思虑，而在储备的运输能力短缺等问题上多一些部署，这在军事上将是明智之举。后勤问题在很大程度上是由于忽视和战争中的破坏造成的。[5]同时，这种幻灭感不仅影响

---

① Spriano, p.226. 1938年的意大利共产党的招募还有另外一条记录，从3月往后分别是27、34、47和35人。

② Gurney, p.53. Skoutelsky, p.86，提供了另一种更无辜的解释。

③ *The International Brigades*（pamphlet, Madrid, 1953）, p.21.

④ 阿森西奥成为驻美武官，马丁内斯·卡夫雷拉成为马德里军事总督。

⑤ Azaña, vol. IV, p.683.

国际纵队，也影响整个军队；在次年冬天的战役中，疲劳、休克和消沉经常发生，这些都可以从针对可能的逃兵案件数量中看出端倪。[①]尽管如此，还是有许多人逃走了。虽然共和主义西班牙也组织过一支现代军队，甚至比他们的对手做得更早，但他们也继承了曾经旧军队中特有的官僚作风和嫉妒心。例如，米亚哈的力量过于强大，他能够坚持不让别人夺走他的后备力量，拒绝将部队送到中部以外的区域去作战。

至于武器，多亏了苏联，共和主义西班牙现在还可以获得基本的装备，不过，正如普列托向美国代办交代的那样，斯大林担心，这个全世
761 界都已经知道的事情很快就会明示——名义上他正向共和主义西班牙出售武器。普列托指出，共和主义西班牙必须为商品支付全额的市场价。除了苏联，共和主义西班牙还从中间人和冒险家那里购买武器。普列托抱怨道，所有这些公司都攫取了巨额利润。[②]在这些枪支贩子和理想主义者、共产国际特工和歹徒的中心，美国记者路易斯·费舍尔继续与帕斯托尔上校一道，在巴黎的鲁特西亚酒店运作着一系列的武器采购链条。在1937年7月1日至1938年4月1日的9个月中，他们从法国向西班牙组织了大约200次物资转运。[③]

内格林的困境继续困扰着卡瓦列罗派的社会主义者和无政府主义者。拉尔戈在巴黎和西班牙的演讲中谴责了他的继任者。尽管如此，他的支持者还是在《光明报》被边缘化了，这份马德里社会主义报纸在1936年年初为推动他的事业做了很多工作。10月1日，劳动者总工会在一次不体面的争吵之后，将拉尔戈·卡瓦列罗和他的朋友赶出了劳动者总工会的行政技术部门。他们找了一个相当不充分的理由：支

---

① R. Salas Larrazábal, vol. II, p.1583.

② *USD*, 1938, vol. I, pp.149–150. 从共和国的损失中获得的军火奸商来自各个阶层。在那些日子里，有谁没有听说过赫尔维（Hervey）勋爵？他已经收到共和派支付的一批弹药的货款，据称他又把弹药卖给国家主义一方。

③ R. Salas Larrazábal, vol. II, p.1619. 亦见Howson, especially 278ff。

持拉尔戈的分支机构没有支付订阅费。① 这一事件再次证明了一件事，那就是战争不只会让人变得崇高，也会让人变得卑劣。10月19日，前总理在马德里发表讲话，批评是内格林导致了战争。政府允许他发表这一讲话，是因为他们本就认为拉尔戈·卡瓦列罗会在讲话中犯蠢。不过，这番讲话并没有表现出他的尖刻，反而体现出他身上的一种带有尊严的自我防卫感。② 当然，他进一步的活动均被禁止。安全总干事卡洛斯·德胡安亲自打电话给拉尔戈·卡瓦列罗，禁止他去阿利坎特再做一次演讲，理由是所有大型会议如今都被禁止了。拉尔戈进行了抗议，但是没有什么用。③

1937年夏天，西班牙共产党持续推动社会主义者与他们的合并，并 762
于8月17日公布了两党之间的工作协定。这项协定重复了内格林政府的战争目标，增加了应该清除极端革命左派的说明。但是，这一协定与10月10日五个人民阵线党（Popular Front Parties）发表的联合声明，都没有对西班牙共产党做出任何其他方面的让步。10月底，内格林结束了关于未来合并的讨论，他说这样一个僵硬的框架更适合国家主义西班牙，而不是共和主义的西班牙。但这一拒绝并没有抵消西班牙共产党11月的成功，他们通过另一项更为温和的计划，成功地建立了包括无政府主义

---

① 该会议是在最后一分钟召开的，给出的理由也令人怀疑（Largo Caballero, p.236）。

② Text in Peirats, vol. II, pp.382–393.

③ 劳动者总工会的新的执行机构成员包括拉蒙·冈萨雷斯·培尼亚（主席）、埃德蒙多·多明格斯（Edmundo Domínguez，副主席）、罗德里格斯·维加（秘书长）、阿马罗·德尔罗萨尔·迪亚斯（Amaro del Rosal Díaz，助理秘书长）和菲利普·普雷特尔（Felipe Pretel，财务主管）。多明格斯和普雷特尔曾经都是拉尔戈的支持者，但现在他们都是内格林主义者。这就是权力的后果。旧的卡瓦列罗主义（Caballerista）执行机构继续存在，并质疑新机构的有效性。几个月后，双方开始了谈判，法国人工会领袖利昂·朱豪克斯（Léon Jouhaux）利用娴熟的外交技巧打开了双方的对话。最终他们达成妥协，拉尔戈·卡瓦列罗一翼的4名成员［扎巴尔扎（Zabalza）、迪亚斯·阿洛尔（Díaz Alor）、贝拉米诺·托马斯、埃尔南德斯·桑卡霍（Hernández Zacajo）］加入了执行机构。但他们并不是以官员的身份加入的，拉尔戈·卡瓦列罗本人则没有加入。见Peirats, vol. II, pp.393–394。

者在内的所有青年运动联盟——反法西斯青年联盟（the Alianza Juvenil Anti-Fascista，AJA）。社会主义者对此无法反对，因为他们的年轻人在很久之前就都被这个联盟吸收了。虽然新机构没有明确的政策，但它的组建表明，无政府主义青年在5月的暴乱中已经吸取了教训。他们再也不是非官方反对派的出头鸟了。（阿斯图里亚斯的崩溃也摧毁了那里的反法西斯青年联盟分裂出去的分支）

10月1日，议会举行了一次6个月一期的会议，以保持这种民主形式。会议中，“鬼魂”占据了多数——其中28名议员在战争早期就已在共和国区域内被谋杀，至少有这个数字两倍的人已被叛军枪毙，在1936年选出的成员中，可能有100人非常成功地参与了针对共和国的叛乱。许多共和派代表，如马塞利诺·多明戈或者阿尔沃诺斯，要么作为大使出国，要么流亡国外。在出席会议的大约200人中，只有数名激进分子和一名CEDA成员。1936年选举期间，软弱的总理曼努埃尔·波特拉·巴利亚达雷斯也参加了会议。他先前与佛朗哥联合，后来在无政府主义者手中逃过了极刑。在会议上，他描述了佛朗哥是如何试图说服他在选举后宣布战争状态的。他是个首鼠两端的人，因此这次的演讲后他的声誉
763 并没有提高多少。西班牙共产党声称，除了加泰罗尼亚统一社会党（约64,000人）和共产主义青年联合会（United Socialist Communism Youth），还有30万名党员。尽管这30万人并没有多少热情，但他们还是建议进行新的选举。自然，他们的议会代表权并没有反映出他们的真实实力。

对政府最严厉的批评来自那些仍希望在内战中建立一个工团主义国家的全国劳工联合会成员。然而，在1937年的后半年，他们集中精力保持现有的独立性，而不是扩大组织——尤其是维持他们日益减少的农业集体的数量。在1937年9月和1938年1月，全国劳工联合会的代表大会召开会议讨论了哪些事情需要去做。尽管他们广泛征集了改革建议，这些建议涵盖了共和国经济的各个方面，但大多数想法都只是为了改善现有状况。至于无政府主义的千年主义（millenarian）理想，几乎已经消

失了。剩下的似乎不过是一场联邦运动，因为无政府主义者没有有效的全国性组织，只是很勉强地从整体上给了政府一定的支持。在现实主义的全国劳工联合会前秘书长奥拉西奥·普列托的影响下，无政府主义者被说服，接受了将大型工业和银行国有化，以换取小型工业、银行和土地的集体化，以及地方服务“自治”的想法。但他们并没有像奥拉西奥·普列托希望的那样更进一步——组建一个源自全国劳工联合会的政党，就像源自劳动者总工会的社会党那样。[①]利斯特的军队占领阿拉贡之后，与此同时在拉曼恰（La Mancha）和卡斯蒂利亚也发生了类似但不太成功的摧毁集体组织的行为，这些行为通常由埃尔·坎佩西诺的共产党军队践行。1937年9月，巴塞罗那也发生了一起事件，武装部队尝试接管了配给辛迪加（rationing syndicate[②]）的总部，才避免了一场新的党派间斗争，当时那里仍然藏有大量的武器——他们发现了8,000枚炸弹，数百支步枪、机枪，数百万发子弹。[③]

在1937年的冬天，尽管谣言不断，说所有的集体组织都将被废除，但在西班牙共和国甚至阿拉贡，依然有许多集体组织存在，只不过它们的信心已丧失。无政府主义报纸仍然在批评政府和西班牙共产党。一个 764
自称“无神论者”的人在《自由之地》中写道：“今天，平庸、酗酒和傲慢的人宣布他们是西班牙的绝对主人，这比（普里莫·德里维拉）独裁统治时期的情况还要糟糕。”[④]这份报纸谈论的另一个话题是：共产党人与马基雅弗利（Machiavelli）、伊格纳修斯·罗耀拉（Ignatius Loyola）

① C. Lorenzo, p.84.

② 法文：Le syndicat，原指企业中的工会，大多是同一生产部门的少数大企业通过签订统一销售商品和采购原料的协定而建立的组织。辛迪加内部各企业不能独立进行商品销售和原料采购，须由总办事处统一办理，从而在争夺产品销售的原料分配额上进行激烈竞争。它们在生产上和法律上虽保持独立性，但在商业上丧失了独立性。——编者注

③ C.Lorenzo, p.312；Azaña, vol. IV, p.802f.

④ *Campo Libre*, 20 November 1937.

属于一丘之貉。[①]“从基督到杜鲁蒂，”另一篇文章写道，“政治权力，不管它叫什么名字，都通过谋杀教义的传道者来满足自己。”[②]这个冬天，审查变得越来越严格。《工人团结报》被关停了几天，仅仅因为他们为了避免刊登经过审查的文章而选择在报纸上开天窗——所有报纸都不能通过文字或者留白，来暗示存在审查活动。对于大多数无政府主义者，社会党的领导似乎与“其他马克思主义者”的共产党人是相同的。而另一方面，旧劳动者总工会有着不同的做法，他们与全国劳工联合会在地方一级合作得很好。莱里达的鞋匠集体、巴伦西亚的激流（Torrente）巧克力合作社、巴伦西亚面粉厂、哈蒂瓦或者马斯·德拉斯马塔斯（Mas de las Matas）的一般合作社，都在持续运作着，并且如果没有政府利益的压力，它们与战争开始时一样，保持着独立运作。

土地改革研究所报告称，1937年年底，有580万英亩（约23,472平方公里）的土地因放弃政治责任这个理由而被征用；480万英亩（约19,425平方公里）的土地因“社会需要”而被征用，具有讽刺意味的是，共和主义西班牙征收这些土地使用的竟然是1935年的法律；还有300万英亩（约12,140平方公里）的土地被临时占用。加起来一共有近1,360万英亩（约55,037平方公里）被征用，这几乎是共和主义西班牙地区可耕地面积的四分之一。[③]根据另一份报告，1937—1938年间种植的谷物比1936—1937年多了10万英亩（约404平方公里），但是缺乏足够的人手来收割庄稼。同一份报告说，拖拉机管理不善，政府的援助能力受到限制，因为农民担心被没收农具而没有申报他们拥有的
765 机器数量。[④]但政府从来没有找到说服或迫使集体或农民交付（而不是

---

① *Campo Libre*, 27 November 1937.

② *Campo Libre*, 18 December 1937.

③ 所有可耕地面积是6,000万英亩（约242,811平方公里）。

④ *Imprecorr*, 17 May 1938, p.145.同一份报告说，土地改革研究所在1936年7月至1937年12月31日期间向农民提供了2亿比塞塔的信贷和援助。

消费）他们劳动果实的方法，哪怕有时看上去实际产量比申报产量可能更高。

随着1937年的结束，有人试图达成“妥协的和平”的谣言渐起。据说，共和主义西班牙驻巴黎大使安赫尔·奥索里奥–加利亚多与巴黎的君主主义者有接触。普列托的朋友安赫尔·迪亚斯·巴萨在昂代伊与伊伦的国民军军事总督胡利安·特龙科索保持着联系。①但实际上，佛朗哥从未打算作出任何让步。另一个联系是通过红十字会。朱诺德博士在英国驻昂代伊大使馆的帮助下，成功安排了一小群囚犯的交换。但这几乎没有影响到仍然滞留在西班牙的数千人。战争一开始就在马德里的外国大使馆避难的大部分人依然滞留在那里。1938年1月，大多数人随着他们避难的大使馆被转移到巴伦西亚，不久之后，500名在法国大使馆避难的人被送走。然而，仍有2,000多名被困人员留在了巴伦西亚的各个大使馆中。②

—

大多数无政府主义者把内格林视作反革命的生动象征。然而，尽管存在着混乱和不安，但内格林的政府已经实现了一定程度的团结，这本身就是西班牙历史上的一场革命。内格林的目标是建立一个强大的国家，即使不能赢得战争，也能对抗另一个同样强大的国家。他还试图限制农业合作社；减少对工人的控制，代之以国家管理；鼓励资本所有者和小资产阶级，并最终补偿那些先前被没收资本的人。土地改革仍在继续，

① Pike, p.129. 这是一起不合理的联络：特龙科索是国民军情报的一个重要环节，他在贝永（Bayonne）因为组织一个团体而被捕，其中包括一名意大利法西斯分子马拉维利奥侯爵［Marquis di Maraviglio，罗马报纸《论坛报》（*La Tribuna*）的编辑］，该组织的目的是当共和军C–2潜艇在布雷斯特（Brest）停靠时捕获它。

② A. Toynbee, *Survey, 1937*, p.391.

但农业部没有向农业合作社提供信贷或技术帮助，除非它们得到国家承认。这是解决西班牙战争问题的一个合理的社会民主方案。内格林如今正在为民主和自由而战，即使他在一开始便依赖共产党人来支持他（其
766 中许多人只是在顺境时才是共产党人）。那些为革命而战的人，无论是什么性质，都不会认同他；那些为加泰罗尼亚或巴斯克分裂主义而战的人也没有认同他。因此，他有许多敌人，尤其是那些如北方军最后一位干练而现实的指挥官普拉达上校对阿萨尼亚谈起的人："这场战争的根本问题是，几乎没有人可以说出他所看到和知道的真相，而许多身负责任的人实际上根本无法解释他们所看到的一切。"①

767 44. 特鲁埃尔、阿拉贡和莱万特之战

攻占阿斯图里亚斯后，佛朗哥的计划是进攻瓜达拉哈拉，然后转向马德里。这个计划根本不成熟，而且，这位大元帅的计划还被共和军发现了。根据最新的一篇报道，一名共和军间谍把自己伪装成一名牧羊人，越过了边界，在敌人的指挥所里抄下了这个计划。②不管这篇报道是否属实，共和国在12月15日瓜达拉哈拉攻势即将开始前一周，就在特鲁埃尔发动了自己的进攻。之所以选择特鲁埃尔，是因为人们认为它没有被对手完全控制；如果攻克了它，将缩短新卡斯蒂利亚和阿拉贡之间的通信线路，并威胁到通往萨拉戈萨的道路。与贝尔契特、韦斯卡和萨拉戈萨一样，特鲁埃尔也是一个自战争开始以来就让共和国着迷的城镇。普列托或许希望通过攻克特鲁埃尔作为一次力量

① Azaña, vol. IV, p.848.

② 这是De la Cierva（*Historia ilustrada*, vol. II, p.328）的说法，虽然他说这名间谍是西普里亚诺·梅拉，但后者从来没有在自己的书里谈到过这个故事。

展示，从而尝试安排停战。进攻方的莱万特军目前在埃尔南德斯·萨拉维亚的领导下。他似乎只是在想象中集结那支军队，因为当他开始指挥时，共和国的防线离敌人的防线有20英里远，他自己也并没有车辆可以让他四处查看，总部甚至连吃的都没有。不同的部队只好随意地征用下阿拉贡的村庄，靠这些村庄来养活自己。①

到12月，埃尔南德斯·萨拉维亚的军队共有约10万人，包括由费尔南德斯·埃雷迪亚（Fernández Heredia）上校领导的第十八军团，他是在1936年协助保卫马德里的正规军官之一；还有领导第二十军团的梅内德斯上校，他是阿萨尼亚战前“黑色内阁”的另一位老成员；领导第二十二军团的巴斯克人胡安·伊瓦罗拉（Juan Ibarrola）上校，他作为巴斯克国民警卫队军官一直在北方作战。伊瓦罗拉是一名虔诚的天主教徒，但他和许多保守派军官一样，与共产党人合作得很好。他的陆军部队包括利斯特的第十一师，该师被选为打响第一枪的部队。②苏联将军斯特恩（格里戈罗维奇）按照惯例担任此次战役的顾问，在决策中扮演着重要角色。 768

特鲁埃尔是一个贫穷省份荒凉且建有围墙的首府，有2万人口。每年冬天，它都会创下西班牙一年中的最低气温纪录。小镇以“特鲁埃尔恋人”（Lovers of Teruel）这个阴郁的传说而闻名，这常常吸引那些渴望以忧郁为主题的邂逅的人。这种阴郁的历史为持续了两个多月的特鲁埃尔惨烈战役提供了恰如其分的背景。

1937年12月15日，随着雪幕的拉开，在没有炮兵或空中准备的情

---

① Azaña, vol. IV, p.812.

② Aznar, p.549.指挥权分配如下：第二十二军团（伊瓦罗拉）——第十一师（利斯特）和第二十五师（比万科斯）；第二十军团（梅内德斯）——第六十八师（特里格罗斯，Trigueros）和第四十师（涅托）；第十八军团（埃雷迪亚）——第三十四师（埃特尔维诺·维加）和第六十四师（马丁内斯·卡顿）。坦克（T-26和BT-5）、火炮和工兵部队分属于各个军团。

况下（以避免向敌人暴露他们的意图），利斯特发动了进攻。他和埃雷迪亚包围了这座城镇。①为了达到目的，他们立即将战线推进到山脊的西侧，一个被称为拉穆埃拉德特鲁埃尔（La Muela de Teruel）的地方。当天夜晚，包围完成。特鲁埃尔的卫戍部队指挥官雷伊·哈考特（Rey d'Harcourt）上校撤回镇中防御。17日，他放弃了坚守在拉穆埃拉的尝试。佛朗哥直到12月23日都没有决定暂停瓜达拉哈拉攻势，而他的德国和意大利顾问还在敦促他做决断。但是，这位大元帅决定，他不能接受放弃一个省会的政治失败。这次袭击在国家主义西班牙算是一场意外：不管西班牙共产党多么害怕间谍活动，在特鲁埃尔地区几乎没有任何间谍活
770 动。②但是，和布鲁内特一样，佛朗哥决心不向敌人让步，于是他在一条狭窄的战线上发起了正面反击。

到了圣诞节，城镇已被袭击者击穿，而4,000名守卫者（一半是平民）在民政总督办公室、西班牙银行、神学院和圣克拉拉修道院建立了新的防御阵地。这些建筑物聚集在城镇的南部。齐亚诺在12月20日含混不清地记录："西班牙传来了不好的消息。佛朗哥不知道如何进行协同作战。他的行动像是一名杰出的营长所做的。他的目标总是地盘，而不是敌人。"③

佛朗哥解救特鲁埃尔的反攻只能从12月29日开始算。雷伊·哈考特上校接到电报，要求他"像西班牙信任你一样信任西班牙"，并不惜一切代价进行抵抗。经过一天的炮击和空袭，恩里克·巴雷拉将军和阿兰达将军，这两位在进军马德里时有经验的非洲主义者指挥官以及拥有

---

① 共和主义西班牙一派中关于此次战役的最好的报道性作品来自亨利·巴克利和赫伯特·马修斯，*Two Wars and More to Come*（New York, 1938）。同见Lister，p.171f；R. Salas, vol. II, p.1637f。Lojendio、Azñar和Villegas是国家主义西班牙反攻的材料来源。

② 见金德兰关于1938年2月8日共和军空军的报告，qu. R. Salas, vol. II, p.1624。

③ Ciano, *Diaries 1937—1938*, p.46.

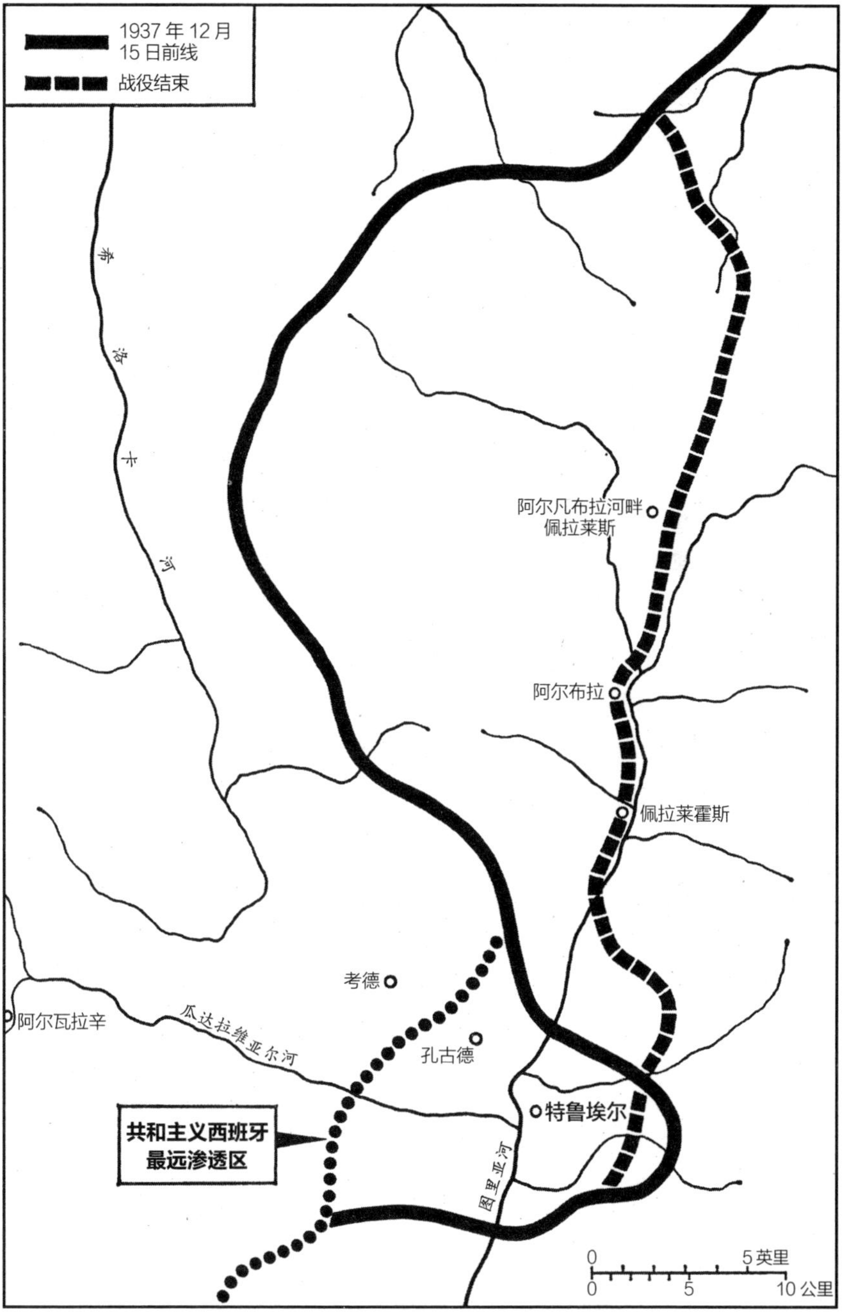

图30　特鲁埃尔之战，1937年12月—1938年2月

“奥维耶多英雄”称号的人，带着两支以“卡斯蒂利亚军团”和“加利西亚军团”命名的新组建部队出发了。他们的最高指挥官是达维拉。在这两位战地指挥将领率领之下的是著名的纳瓦拉旅，现在已经改成了师。他们受到“秃鹰军团”的保护，而此时，“秃鹰军团”的人员已经开始厌倦前线的不断变化。[1]共和军的战线被推了回来，但并没有被突破。在镇上，雷伊·哈考特还在持续抵抗。新年前夜，随着天气恶化，国民军尽了最大的努力，在下午将战线推进到拉穆埃拉德特鲁埃尔。这座城市现在可以很容易地进行炮击了，但共和军一直在抵抗，直到天色暗到看不见为止。所有的道路和机器的发动机都结冰了。特鲁埃尔继续保持着恶劣天气的“美名”，气温达到-18℃。那些曾经在布鲁内特诅咒卡斯蒂利亚无边无际的暴晒的人，现在都被冻伤了。国家主义西班牙一方可能在严寒中遭受了更多损害，因为他们缺乏纺织业，很难获得温暖
771 的衣服。“为西班牙服务的妇女”缝衣工没有生产出足够的冬衣。一场暴风雪持续了4天，留下4英尺（约1.22米）厚的积雪，切断了2支军队的补给站。600辆车在特鲁埃尔和巴伦西亚之间被风雪阻断。与此同时，城市内部的战斗仍在继续。普列托坚持要求不应该伤害国家主义西班牙一方中的平民，这让他们无法使用大型地雷。不过，共和军依然可以向聚集了大量瑟瑟发抖的抵抗人员的建筑物内，那些已遭受损坏的房间里投掷手榴弹。到1938年元旦，圣克拉拉修道院和医院的抵抗者全体死亡。1月3日，总督官邸陷落。剩下的守军既没有水，也几乎没有医疗用品，同时也没有食物。他们的防御工事是成堆的废墟。然而，他们一直坚持到1月8日，当时的天气仍然阻止了国民军发起的攻击。但是没过多久，国民军的炮击又开始了，地面上堆着厚厚的雪。最后，雷伊·哈考特上校在特鲁埃尔主教的陪伴下，向共和军投降。作为一名普通士兵，他被国家主义西班牙指控犯有军事错误和叛国罪。对于佛朗哥领导的“新西

① Galland, p.32.

班牙精神”，他的投降似乎过于顺理成章。但他抵抗的时间比人们想象能够做到的要长得多。他投降后，特鲁埃尔的平民被疏散。共和军现在成了被围困者，而国民军变成了进攻方。至于主教，普列托希望把他押送到前线并在那里释放。内阁中的大多数人反对这一人道主义建议，于是他和上校都被关在监狱里。[1]

1月17日，阿兰达和恩里克·巴雷拉试图占领城市周围的高地。意大利的重炮为前进铺平了道路。经过一个小时的战斗，随着菲亚特和苏联战斗机之间的空中决斗，共和军的防线被击破。19日，沃尔特将军领导的国际纵队第一次投身于这场战斗中。[2]共和军持续而又缓慢地撤退着，拉穆埃拉高地也已丢失。但在1月25日至27日，埃尔南德斯·萨拉维亚在 772
特鲁埃尔以北的前线发起了防守反击。共和派战斗人员中弥漫着厌战情绪，甚至叛逆情绪：1月20日，大约有50人（其中3人是中士）被第四十师师长安德烈斯·涅托（Andrés Nieto）在鲁比洛斯德莫拉村（Rubielos de Mora[3]）以叛逆罪枪毙。[4]2月7日，国民军开始向特鲁埃尔以北的阿尔伐巴（Alfambra）河发起攻击，这里的共和国防御力量非常薄弱，因为他们的主力都集中在特鲁埃尔城之中。这场战斗持续了两天。前线被3场冲锋

① Prieto, *Palabras al viento*, p.220. 两人事后都被枪杀。

② 在这些行动的早期阶段，国际纵队一直在休整。就在12月初，英国营还接受了工党领袖艾德礼、埃伦·威尔金森和菲利普·诺埃尔-贝克的访问。晚宴上，艾德礼承诺将尽最大的努力结束这场“不干涉的闹剧”，诺埃尔-贝克也回忆了英国在当时是如何派出1万人协助西班牙自由主义者进行卡洛斯战争（Carlist Wars）的。从此，英国营的第一连被称为“艾德礼少校连”。艾德礼回信说：“我们钦佩他们的勇气以及对自由和社会正义事业的献身精神。我保证要把我所看到的告诉家里的同志们。全世界的工人团结起来！”歌手保罗·罗伯逊（Paul Robeson）也是当时的一名访客。至于那些以法国为“家”的人，1937年至1938年的这个冬天因马尔罗的宏伟小说《希望》（*L'Espoir*）的出版而闻名。阿萨尼亚评论道：“啊，这些法国人！只有他们才会想到把一名国民警卫员变成一名哲学家！”

③ 鲁比洛斯德莫拉，被称为“阿拉贡之门”，1983年荣获欧盟文化遗产奖——欧洲诺斯特拉奖，并被选为西班牙最美村庄之一。——编者注

④ R. Salas, vol. II, pp.3050–3051.

击破了。在内战最壮观的骑兵冲锋中，莫拉斯代里奥的骑兵横扫阻挡在他们面前的一切，这也许是战争史上最后一次伟大的骑兵行动。[①]阿兰达和亚格，后者与重组的“摩洛哥军”在一起，同样敏捷地向前推进。到2月7日，在埃尔南德斯·萨拉维亚设法派遣任何增援部队之前，这里就取得了胜利。在这两天里，共和主义西班牙损失了500平方英里（约1295平方公里）的土地，7,000人被俘，15,000名其他人员伤亡。他们损失了大量物资——弹药、武器和救护车。那些没有被截断的人纷纷趁乱逃走，但他们在逃跑的时候，依然受到来自空中的机枪扫射。

最后一场争夺特鲁埃尔的战斗始于2月17日。这一天，亚格穿过阿尔伐巴河，沿着东岸向南推进，切断了城市与北方的联系。18日，他和阿兰达开始了一场围剿行动，就像1937年12月共和军在离城市几英里的地方进行的围剿行动一样。

2月20日，共和国通往巴伦西亚的公路和铁路交通在战争两方都受到了威胁，特鲁埃尔本身也被其他国民军部队攻入。埃尔南德斯·萨拉维亚下令撤军。在撤退被切断之前，大部分共和军已经脱离了危险，但他们又留下了众多物资，14,500人被俘。在这几场战斗中，就数字而言，
773 国民军只有微弱的空中优势：共和军有120架战斗机，对抗150架国民军战斗机；80架轰炸机对抗100架国民军轰炸机；其他飞机对比接近平衡，大约是100架对110架。但是国民军的士气、冒险的意愿和训练水平仍然优于他们的敌人。

特鲁埃尔的伤亡情况很难估量。国民军的解围部队似乎在战斗中有约1.4万人死亡、1.6万人受伤、1.7万人患病。被围困的人员有9,500人，到2月份全部死亡或被俘。共和军的伤亡人数几乎无法估计，但如果说他们的伤亡人数比他们的敌人少一半，那就太令人吃惊了。[②]

---

① 除了1942年苏联在里海附近的一些行动。

② Martínez Bande, *La batalla de Teruel*（Madrid, 1974）, p.227.

在特鲁埃尔被包围的人中有埃尔·坎佩西诺和第四十六师。然而，他们设法从敌人的防线中挤了出去。这位留着胡须的实干家后来声称，他被利斯特和莫德斯托这两位他在共产党指挥官中的对手，故意留在特鲁埃尔去送死。他还报告称，特鲁埃尔本身也是因为在格里戈罗维奇将军的授意下，因缺乏弹药而陷落，这样做的目的是诋毁普列托。[①]另一方面，利斯特也指控埃尔·坎佩西诺临阵脱逃。[②]这场争端，不再只是军事上的，而是政治上的，这种想法多年来一直兴风作浪，但是很难得到解决。埃尔·坎佩西诺的记忆力很差，但他的对手常常存心不良。

1938年年初的战斗还伴随着对巴塞罗那的轰炸。1月6日，普列托提议达成一项协议，禁止对双方防线之后的城镇进行空中轰炸。国家主义西班牙一方回答说，除非巴塞罗那的工业得到疏散，否则它将遭到轰炸。随后，塞维利亚和巴利亚多利德在1月26日遭到共和军的轰炸。这些空袭是违反普列托的指示而由伊达尔戈·德西斯内罗斯下令的。[③]共和军的空袭导致1月28日国民军对巴塞罗那的轰炸，共造成150人死亡。这次空袭是意大利人在没有咨询任何西班牙指挥官的情况下从马略卡岛发动的。齐亚诺满意地读到一篇关于突袭事件的情节夸张的报道："我从来没有读过一份如此写实的恐怖文件。大型建筑物被夷平，交通中断，恐慌近乎疯狂，500人受伤。然而我们只使用了9架萨伏亚79，整个突 774
袭只持续了一分半钟。"[④]

---

① El Campesino, *Listen, Comrades* (London, 1952) p.11；*Comunista en España*, pp.65–70. 普列托对这本书的看法收录于 *Convulsiones*, vol. II, pp.110–111。

② Lister, p.301.

③ Prieto, *Yo y Moscú*, pp.197–200.

④ Ciano, *Diaries 1937—1938*, p.72. 艾登向阿斯卡拉特承诺，自己尽力去与佛朗哥见面，反对这些空袭（Azcárate, p.209）。由于人们假定这样的手段正在施行，因此共和军并没有采取报复行动。但后来，随着艾登辞职，英国否认在此事上采取了任何主动手段。

此时在地中海地区又出现了新一轮的潜艇活动，由从意大利购买的2艘国民军潜艇执行。1月11日，荷兰商船“汉娜”号（Hannah）沉没。1月15日和19日，英国船只遭到两次未成功的攻击。2月1日，载有一批运往卡塔赫纳的煤炭的英国“恩底弥翁”号（Endymion）货船被鱼雷击沉，10人丧生，其中包括船上的瑞典不干涉观察官员。“恩底弥翁”号是一艘有名的走私船，它也曾向国家主义西班牙一方提供煤炭。但艾登告诉格兰迪，英国海军保留摧毁其巡逻区内所有潜艇的权利。这起到一定的警告作用，有一段时间，并没有新的沉船报告传来。对商船的零星空袭仍在持续。尽管如此，英国海军部还是与帕尔马的国民军舰队司令莫雷尼奥上将建立了一定程度的友谊，上将知会了他们“军团”和国民军的潜艇可以在哪里运行。[①]

与此同时，从不停息的国际舞台在1938年春天急剧变化。不干涉委员会的犹豫不决似乎是唯一不变的。普利茅斯勋爵在答复佛朗哥的建议——在3,000名“志愿者”撤出后，应给予双方交战权时，提议在撤出四分之三的志愿者之后，再给予交战权。但普利茅斯并不想草率行事。德国代表沃尔曼（Woermann，接替里宾特洛甫）将委员会在1月底的工作描述为：

> 极其不真实，因为所有参与者都看穿了另一方的底牌，但
> 都很少公开表达这一点。不干涉政策如此不稳定，它就是个人
> 为创造物，以至于每个人都害怕以一个明确的“不”字来导致
> 其崩溃，并对此承担责任。因此，取代拒绝的策略，是将令人
> 不快的提议谈论到“死掉”为止。事实证明，将交战权问题与
> 775 志愿者问题同时提出，在战术上是极其明智的（他补充道），

① Eden, p.571. 袭击“恩底弥翁”号的“圣胡尔霍”号的船长，在回港后被解除了指挥权。

因为这使一次又一次的讨论不断拖延下去。[①]

沃尔曼认为英国对“志愿者”这个题目感兴趣，只是因为这似乎是把意大利从巴利阿里群岛赶走的最好办法。他安慰上级说，志愿者不可能在5月前撤离，而且随时可能出现进一步拖延。因此，英国共产党人埃德格尔·里克沃德（Edgell Rickword）在他的诗《献给任何不干涉的政客的妻子》（*To the Wife of Any Non-Intervention Statesman*）中，带着合理的辛酸讽刺了委员会：

夫人，请允许我入侵，
简而言之，你的闺房宜人阴凉：
不过，入侵相当强烈，
我自愿独自前来。
所以请不要大喊大叫，也不要大吵大闹
更不要打电话给詹姆斯——让他介入。

德国外交部对沃尔曼的回答同样玩世不恭。德国的政策是阻止共和主义西班牙获胜（但不一定确保国家主义西班牙的胜利）。它的目的是争取时间——“尽可能地推迟我们必须做根本性决定的时间”。[②]

不知疲倦“和平做市商”的普利茅斯勋爵很快提出了撤回志愿者的新想法。双方应该在按比例撤军和按数字撤军之间做选择。2万或1.5万人可能代表一个被视为“实质性”的数字。[③]格兰迪和沃尔曼对此进行了礼貌的评价。格兰迪、艾登和张伯伦在伦敦正在进行比这更重要

---

① *GD*, p.564.

② *GD*, p.573.

③ *NIS*（c），第83次会议。

的会谈。很明显，这确实得是一个三方会谈。艾登和张伯伦之间的关系因为后者在艾登1月份缺席了罗斯福总统召开的一次总的和平大会而变
776 差。[1]艾登渴望通过谈判以至少从西班牙撤出一部分志愿者为条件达成一项英意协议。张伯伦认为那会浪费太多的时间。2月18日，格兰迪拒绝单独讨论在西班牙的志愿者问题。他建议在罗马进行“一般对话”，在对话中还要讨论英国对阿比西尼亚的意大利帝国的承认。张伯伦同意了，但艾登表示反对。因此，艾登与他的副国务卿克兰伯恩勋爵于20日辞职了，这令齐亚诺和墨索里尼以及珀斯勋爵（据齐亚诺称）都感到高兴。[2]

不久之后，在3月6日，共和主义西班牙意外地获得了一次激动人心的海上胜利。3月5日午夜，由“巴利阿里群岛”号、“加那利群岛”号和“塞韦拉海军上将”号巡洋舰率领的国民军主力舰队，与一些由它们护航的商船，从帕尔马向南驶过卡塔赫纳。共和国巡洋舰“自由”号和“门德斯·努涅斯”号，以及驱逐舰“莱潘托”号、“桑切斯·巴塞兹特吉”号（Sánchez Barcáiztegui）和“安特奎拉海军上将”号（Almirante Antequera），在船长冈萨雷斯·乌维塔的指挥下，与这股过于自信的国民军武装正面对抗。共和军的驱逐舰释放鱼雷后，离开了现场。“巴利阿里群岛”号被击中并被炸毁。英国皇家海军舰艇“肯彭费尔特”号（Kempenfelt）和“波瑞阿斯”号（Boreas）正在附近执行不干预巡逻，它们一共捞起了该炸毁船只1,000人中幸存的400人，把他们带到加那利群岛。国民军海军上将曼努埃尔·维尔纳（Manuel Vierna）与726名官兵一同随船沉没。[3]

---

① Eden, p.549f.

② Feiling, p.337；Eden, pp.380–382；Ciano, *Diaries 1937—1938*, p.78.

③ Cervera, p.226.

—

佛朗哥正谋划着对阿拉贡的下一次进攻。攻击部队将由达维拉指挥，佛朗哥的参谋顾问比贡上校担任他的参谋长。索尔查加、莫斯卡多、亚格和阿兰达，以及意大利将军贝尔蒂，将负责指挥各个军团。加西亚·埃斯卡梅斯和加西亚·巴利尼奥已经被公认为杰出的年轻指挥官，他们领导的师将组成预备队。恩里克·巴雷拉和卡斯蒂利亚军将随时准备在整体攻势发起时，对特鲁埃尔的一翼发起攻击。“秃鹰军团”也做好了准备。至于德军的坦克，佛朗哥想把它们分给步兵，“按照老派将军的一贯作风，”冯·托马满含轻蔑地回忆道，“我必须战斗……集中使用坦克去战斗。”[①]但是国民军 777
有将近200辆坦克，而且正如后来的事态显示的，战略并不重要。

此次进攻从3月7日开始，那里首先进行了重炮轰炸和空袭。共和派最精锐的军队在特鲁埃尔之战后疲惫不堪。他们的物资都快用光了，一半的人连步枪都没有。阿拉贡前线在第一天就有好几个点被突破。共和军预测布鲁内特之战后会出现新的僵局。他们的前线部队缺乏战斗经验。亚格沿着埃布罗河右岸前进，横扫了他面前的一切。3月10日，索尔查加的纳瓦拉人部队攻克了贝尔契特。第十五国际旅是最后一个从那座被轻易攻克的死城中逃出来的旅，尽管防御工事是由苏联上校比洛夫（“波波夫”）特别设计的，但他更像一名内务人民委员部专家，而不是一名工程师。[②]意

① “秃鹰军团”当时有两个梅塞施米特109组，共4个中队；2个海因克尔51组，2个中队；1个海因克尔和道尼尔17侦察组，3个中队；4个轰炸机组，3个中队，使用海因克尔111和容克52飞机。每个战斗机和侦察组有9架飞机，轰炸机组有12架飞机。冯·托马领导的坦克部队现在由4个营组成，每个营有3个连，每个连有15辆轻型坦克。与此同时，还有30个反坦克连，每个连有6架37毫米口径机炮。

② 这次，经验丰富的美国少校梅里曼（Merriman）在撤退中丧生。梅里曼的继任者是英国人马尔科姆·邓巴。布鲁克林的一个艺术学生米尔顿·沃尔夫（Milton Wolf）接管了林肯营。英国营政委沃利·塔塞尔（Wally Tapsell）在贝尔契特附近被杀。他曾直言不讳地批评了共产党对西班牙政策战线的变化。

大利人在鲁迪利亚（Rudilla）遇到短暂的顽强抵抗，之后在“黑箭”部队的引导下突破了防线。“一切正在全速前进！”齐亚诺在罗马扬扬自得地写道。[1]利斯特想通过枪毙一些指挥部队撤退的人来掩盖自己的责任，由于他们都是共产党人，这个问题似乎是在共产国际内部的讨论中提出的。判决执行后，一名意大利共产党员马库奇［Marcucci，化名“胡里奥（Julio）”］在马德里自杀以示抗议，他的死也可能是因为担心自己在中央委员会的申诉会导致自己被谋杀。[2]阿兰达在3月13日突破并攻占蒙塔尔万之前，不得不忍受更为激烈的战斗，但防御还几乎没有展开。罗霍以卡斯佩为中心，在那里集结了所有的国际纵
778 队，但就在他这么做的时候，意大利对阿尔卡尼兹（Alcañiz[3]）采取行动的消息传来。即使在共和军做出了有效抵抗的地方，他们也不得不撤退，因为他们旁边的部队已经崩溃了。溃败似乎是绝对的。逃兵频繁。在头顶上，海因克尔111和新的意大利萨伏亚飞机不断轰炸撤退的共和军。它们受到梅塞施米特和低空飞行的菲亚特飞机的保护，并得到道尼尔17（Dornier 17，Do 17P-1）侦察机的帮助。数不清的人被俘虏，师指挥部被包围。沃尔特将军在阿尔卡尼兹险些被俘。马蒂来到前线，组织了一个由显要的国际共产主义者组成的战斗领导小组。尽管指挥部进行了一些改组［一名苏联军官米哈伊尔·哈尔琴科（Mikhail Kharchenko）接管了第十三旅］，但依然无法阻止潮水般的溃败。[4]

3月16日，恩里克·巴雷拉指挥的卡斯蒂利亚军中的巴龙师、穆尼奥斯·格兰德斯师和巴乌蒂斯塔·桑切斯师3个国家主义的师包围了卡斯佩。在南方，阿兰达攻克了蒙塔尔万。3月17日，卡斯佩在经过两天

---

① Ciano, *Diaries 1937—1938*, p.87.

② Martínez Amutio, p.266.

③ 西班牙阿拉贡自治区特鲁埃尔省的一个市镇。——编者注

④ Cf. Castells, p.311f.

的激战后陷落，包括第十五旅在内的国际纵队在战斗中团结一致，表现出了非凡的英勇。到此时，国民军已经到达了他们8天前出发点以东70英里的地方。在宽阔的埃布罗河和瓜达卢佩河构成的天然防御体系之前，他们收到暂停重组的命令。但是，进攻在3月22日再次开始，这次是在北部，针对的是萨拉戈萨和韦斯卡之前的那些战线。这些战线自1936年8月以来一直由加泰罗尼亚军控制。所有熟悉的防御工事都在一天之内丢掉了。索尔查加将军和莫斯卡多将军在一个上午对从韦斯卡到萨拉戈萨的80英里发动了5次袭击。韦斯卡终于解了围。①塔尔迪恩塔和阿尔库维耶雷（Alcubierre）陷落了。第二天，亚格渡过了埃布罗河，占领了皮那——正是在1936年的这个村镇，杜鲁蒂被当地居民无声的敌意包围，逃离了此地。战争之初，所有这些具有革命精神的阿拉贡村庄，孕育了如此丰富多彩的政治人类学历史，现在全都易主了。在空中机枪的追击下，这些居民集体逃到东部，在那里他们带着他们的牛、鸡和搬运 779
家具的手推车，汇入了一条已经在战争中司空见惯的巨大人流中。如果说此时的逃兵主要是从共和军逃往国民军一方，那么为了逃离获胜的国民军的难民更是不计其数。3月25日，亚格攻占了弗拉加，随后进入加泰罗尼亚的黄金之地。在下一个城镇莱里达，埃尔·坎佩西诺指挥的师做出了英勇抵抗，坚持了在军事上“价值连城”的一个星期。在北部，莫斯卡多进入巴尔巴斯特罗。再往北，索尔查加被压制在比利牛斯 780
山脉。当他们穿过蜿蜒的山谷时，他的纵队很容易成为共和军炮兵和飞机的攻击目标。在南方，阿兰达、加西亚·埃斯卡梅斯、贝尔蒂和加西亚·巴利尼奥率军穿过阿拉贡南部的马埃斯特拉斯哥（Maestrazgo）高原，随后准备向地中海进军。几乎不存在前线这样的说法。往往是某个

① Julian Amery, *Approach March*, p.92，回忆起当被国民军解围后，韦斯卡郊外公墓里的一幕令人毛骨悚然的场景。在那里，骷髅和腐烂的尸体以及刚刚死去的人，被安排成一幅死亡之舞的场景来迎接敌人。［阿默里（Amery）是一名前途远大的英国政治家，于1938年春作为大学生访问了国家主义西班牙。］

共和军部队单独进行抵抗，他们经历混乱，通信中断，还常常遭受叛国的怀疑。无政府主义指挥官［如第二十四师师长米格尔·约尔迪（Miguel Yoldi）］发现自己的部队总是缺少弹药。很多人［比如一二七旅的指挥官马西莫·佛朗哥（Máximo Franco）］因为西班牙共产党对无政府主义领导人的不信任而被捕。马蒂在一个个指挥部间穿梭，到处寻找叛徒——但他依然无法阻止国际纵队实际上的解体。军官们被任意处决，有时是当着士兵的面进行处决，但通常，正如某位华金·弗劳（Joaquín Frau）上尉所说的："敌人从空中发动的恐怖袭击，比我们自己军官的手枪所激发的恐怖更大。"①总的来说，战役似乎失败了。目前还不清楚这场溃败将在哪里结束。虽然优越的炮兵和良好的领导在国民军的快速推进中发挥了作用，但空中优势是胜利最显著的因素。阿拉贡的平原提供了便利的着陆场，因此，飞机可以执行骑兵曾经的功能，就像在冲锋中将共和军的部队从他们的位置上驱离一样。从这些战斗中，德国人学到很多关于使用战斗机支援步兵的知识，而苏联人也被迫做了同样的事情。②

781 4月3日，莱里达和甘德萨（Gandesa）被国民军攻克。第十五国际旅的140名英国和美国成员被俘。然而，该旅的剩余人员将亚格拖了几天，使国际旅的队伍获得了重新集结的机会，并将一些物资撤走。

---

① 很难理清所有身负叛国、怯懦、企图谋杀等罪名的人，这些指控充斥在这一时期反共作家的作品中，如Peirats, vol. III, pp.102f. and 251f。由于一系列的失败，一些指挥官必然会被解雇，另外一些人注定会被枪毙，这部分是政治原因，甚至有可能是个人原因。几起极其不光彩的事件在安达卢西亚发生，在那里，没有任何借口可以说这是失败的压力迫使他们这样做的。无政府主义者无法接受在不提出抗议的情况下被西班牙共产党杀死。因此，著名的游击战士弗朗西斯科·萨巴特（Francisco Sabater，"El Quico"）枪杀了1名共产党上尉和1名政委，作为对他被刻意安排在前线暴露地区的报复（Téllez, p.17）。

② 国民军飞行员有时会将空战想象成斗牛。一些人借鉴了真实斗牛中的阶段，大喊："¡Al toro!"著名的国民军航空王牌飞行员加西亚·莫拉托的座右铭是，"Vista, suerte y al toro"——看准了，好运气，看着牛（good eyes, good luck and at the bull）。

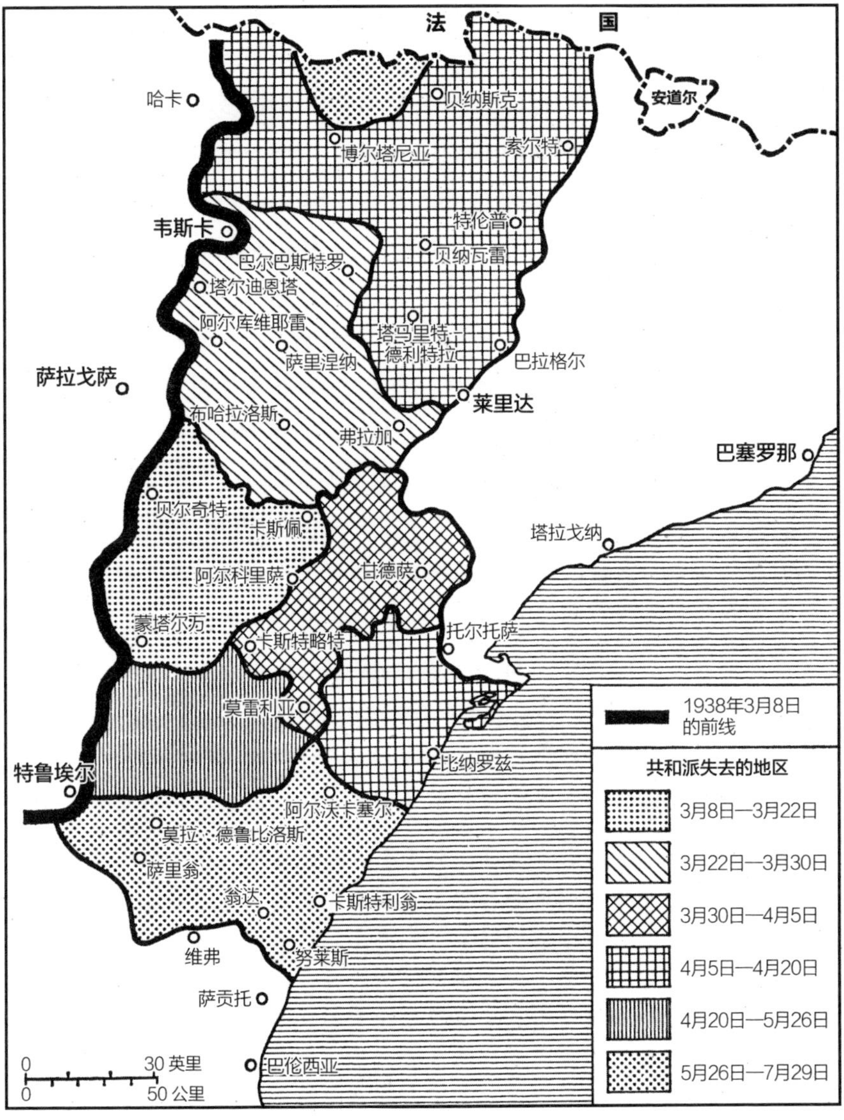

图31　阿拉贡和莱万特战役，1938年3—7月

4月3日，阿兰达的部队已经可以看到地中海了。几天后，意大利人几乎到达了埃布罗河口的大海，但他们在托尔托萨（Tortosa）被利斯特的顽强抵抗拖住了。意大利人前线指挥部的加斯东·甘巴拉（Gastone Gambara）上校报告了与西班牙人的分歧。齐亚诺第一次承认他的国人对于失败并非毫无责任。他说："意大利官员往往表现出顽固和地域偏见，这只能由他们对世界的无知来解释。"[①]在北部，国民军继续进入加泰罗尼亚。到4月8日，巴拉格尔（Balaguer）、特伦普（Tremp）和卡马拉萨（Camarasa）都已陷落。这切断了巴塞罗那与位于比利牛斯山中各个瀑布的水电站之间的联系，对巴塞罗那工业的衰落影响巨大。人们不得不将该市的旧蒸汽发电厂重新投入使用。但佛朗哥并没有对加泰罗尼亚发动袭击，他将主要精力转移到海上。这是一个战略错误。他的决定可能是为了避免冲突的扩大，因为据说他的情报报告称，如果"德国人"到达比利牛斯山脉，法国可能会干预。[②]即便如此，亚格知道自己和巴塞罗那之间已经没有什么军队可以阻挡了。与其他人一样，不得不掉头远离已成为敌人阵营的首都，对他是个不小的打击。不过，在耶稣受难节那一天，阿隆索·维加率领的纳瓦拉第四师占领了以七鳃鳗闻名的渔镇比纳罗兹（Vinaroz）。他就这样在地中海沿岸画出了十字架的标志。他的部下欣喜地跳入了大海。共和国被一分为二。加西亚·巴利尼奥的军队转向北方，阻断了北部马埃斯特拉斯哥的众多共和军。到4月19日，佛朗哥占领了40英里长的地中海岸。在特鲁埃尔圣诞节的焦虑时刻之后，这一系列的胜利确实表明，一切正如塞拉诺·苏尼尔在4月3日的讲话中所说："战争已经接近尾声。"[③]

---

① Ciano, *Diaries 1937—1938*, p.99.

② De la Cierva, *Historia ilustrada*, vol. II, p.354. 这个流言没有得到证实。

③ Qu. Abella, p.312.

45. 外部支援与内部危机 782

阿拉贡前线的崩溃致使内格林再次飞往巴黎，要求法国政府重新开放边境，自1月份总理肖当组建了一个没有社会党的政府以来，两国边境就一直关闭。一开始，内格林本打算宣称共和主义西班牙即将发动一次伟大的反击，如果法国和其他外国武器的供应充足，他们就可以扫荡敌人。但普列托说服他放弃这个想法，因为他认为内格林应该说实话，承认只有立即交付武器才能避免失败。①

内格林在一个绝佳的时机到达了法国首都。②因为法国此时就像欧洲其他国家一样，被希特勒在3月12日对奥地利的"强暴"震惊，那些在西班牙内战初期起到重要作用的容克52飞机再次满载着德国士兵飞往维也纳时，其震撼力可想而知。③3月10日，肖当政府倒台，原因除了总理不喜欢这场外国危机，也没有什么别的好理由。布鲁姆组建了他的第二届政府，开明的约瑟夫·保罗-邦库尔（Joseph Paul-Boncour）担任他的外交秘书。张伯伦指出，新任法国政府是一个"让人没有一点儿信心的政府"④。它确实很弱，但它直言不讳。就连谨慎的奥赛码头政治 783
主任雷内·马西格利（René Massigli）也曾将不干涉称为"闹剧"⑤。有人无意中听到该部新闻主任皮埃尔·科默特（Pierre Comert）谈道："我们将在西班牙为奥地利报仇。"⑥然而希特勒已经告诉过奥地利总理许士

---

① Zugazagoitia, vol. II, p.82.

② Álvarez del Vayo, *The Last Optimist*, p.300.

③ 希特勒在他与许士尼格（Schuschnigg）的著名的会见中，利用"秃鹰军团"前指挥官施佩勒对许士尼格发出人身威胁。

④ Feiling, p.347.

⑤ *USD*, 1938, vol. I, p.163.

⑥ Robert Brasillach, *Histoire de la guerre d'Espagne*（Paris, 1939）, p.397.

尼格，如果他不满足德国的要求，奥地利将会变成“另一个西班牙”。[①]在3月15日的一次法国国防委员会会议上，布鲁姆建议法国向佛朗哥发出最后通牒。通牒中应该强调：“如果在24小时内，你还没有放弃外国军队的支持，法国将……保留权利采取一切行动进行它所认为有用的干涉。”然而甘末林（Gamelin[②]）将军指出，总参谋部并没有为法国西南部制订单独的动员计划。战争部长达拉第说，法国对西班牙的任何干涉都将导致世界大战。莱热仍然是奥赛码头的秘书长，他警告说，对西班牙的干涉是对德国和意大利的一个开战借口，而英国将与法国决裂。[③]

3月17日，法国内阁同意了内格林开放法国边境的请求。[④]布鲁姆同情共和国，因此从苏联、私人冒险家、共产国际以及法国本土购买的武器开始越过比利牛斯边境流入西班牙，不过法国拒绝了进一步的措施。[⑤]当参谋长们意识到这样的一个步骤也将伴随着总动员时，他们拒绝了将一个法国摩托军团派去帮助加泰罗尼亚的想法。布鲁姆得到法国
784 驻巴塞罗那武官莫雷尔上校的保证：“总理先生！我只有一句话要告诉你，（这种情况下）法国国王会发动战争。”[⑥]但是，3月21日，里宾特洛甫告诉驻柏林的意大利代办玛吉斯特拉蒂（Magistrati），如果没有英国

---

① Schuschnigg, *Ein Requiem in Rot-Weiss-Rot*, p.37, qu. Churchill, *Gathering Storm*, p.205.

② 莫里斯·居斯塔夫·甘末林，1872年9月20日—1958年4月16日，是一名法国将军，军阶为一级上将。——编者注

③ 这次会议见Maurice Gamelin, *Servir*（Paris, 1946—1947）, vol. II, pp.322-328。亦见Georges Bonnet, *De Washington au Quai d'Orsay*（Geneva, 1946）, p.77。

④ 他们的决议也许得益于一个新闻事件的出现，即在得土安发生了针对佛朗哥的军事叛乱。这是奥托·卡茨和克劳德·科伯恩在巴黎的共产国际宣传部捏造的故事。欺诈的目的是给人一种佛朗哥仍然可能被打败的印象，因此也值得法国努力开放边界（Claud Cockburn, *Crossing the Line*, London, 1956, pp.27-28.）。（这里克劳德·科伯恩的帮助让我受益匪浅。）

⑤ L. Fischer, pp.451-452，认为英国大使埃里克·菲普斯爵士和保罗-邦库尔之间的一次关键谈话打破了平衡。据说菲普斯对发起动员的提议进行了抗议。

⑥ *Les Événements*, p.253.

的支持，法国不会干预西班牙，他是正确的（他怀疑张伯伦“会屈从于冒险政策”）。[①]

但是，英国政府中也有一些成员感到不安。当时担任战争办公室特别顾问的军事历史学家利德尔·哈特（Liddell Hart）上尉于3月21日向英国战争事务大臣霍尔-贝利沙（Hore-Belisha）递交了一份备忘录，他在备忘录中得出一个结论：“一个友好的西班牙是可取的，一个中立的西班牙是至关重要的……从战略角度看，这场斗争的政治结果并不是，也不能是我们漠不关心的问题。”[②]但是还能做些什么呢？西班牙志愿者的问题曾使艾登与张伯伦争吵不断，陷入僵局，但似乎就算不吵，问题依然无法得到解决，因为法国至少希望这个问题不要解决。佛朗哥在柏林的谦虚的大使马克斯·德马加斯表示：在这“第二个胜利年”[③]的中途，大元帅并不在意失去意大利步兵，但他依然需要“秃鹰军团”和意大利“专家”（特别是马略卡的飞行员），直到战争结束。墨索里尼像往常一样忧心为什么他珍贵的步兵没有得到更广泛的使用，所以他下令马略卡的空军停止行动，直到步兵能够派上用场。[④]因此，巴塞罗那在1938年3月初享受到免遭空袭的和平时光。元首的儿子布鲁诺·墨索里尼（Bruno Mussolini）在出动27架次飞机后，随即从意大利驻西班牙空军中撤走了。他是自愿参加意大利在西班牙的空军行动的，但当共和军准备花功夫将他击落时，他在佛朗哥的建议下退出了。[⑤]

---

① *GD*, p.622. 里宾特洛甫于2月接替诺拉特担任德国外长。

② Basil Liddell Hart, *The Defence of Britain*（London, 1938）, p.66.

③ 如同意大利法西斯的风格那样，在西班牙1936年7月18日起义之后，人们也习惯了在公文甚至私人书信中用专用术语“第1年”（Year I）、“第2年”（Year II）等来标明时间（在罗马，1937年是第15年，即Year XV）。

④ Ciano, *Diaries 1937—1938*, p.80. 齐亚诺难过地说：“佛朗哥必须抓住他的成功。运气不是一列每天都在同一时间通过的火车。它是一条激流中的‘落叶’，它稍纵即逝地路过你，但很快就会被冲向下游。”

⑤ Rachele Mussolini, p.71.

785 3月16日，巴塞罗那再次遭到意大利人的猛烈轰炸。德国驻萨拉曼卡大使斯托勒报告说，这种影响“很可怕。城市的各个角落都受到影响。没有任何证据表明此次有特定的袭击目标”[1]。第一次空袭发生在夜晚10点左右。6架超级海因克尔飞机（德国飞行员驾驶）以时速80英里（约128.7千米/时）的速度、1,200英尺（约365米）的高度飞越城市。此后，萨伏亚飞机也每隔3小时进行一次轰炸，直到3月18日的下午3点，总共进行了17次轰炸，造成了大约1,300人死亡、2,000人受伤。[2]齐亚诺报告说，与2月份的突袭行动一样，墨索里尼下达了袭击命令，而“佛朗哥对此一无所知”。斯托勒报告称佛朗哥对此很生气。[3]此时，意大利人在马略卡岛上有3个机场，这些机场听命于罗马的航空部，那里的飞行员能够独立于国民军最高指挥部行事。[4]事实上，3月19日，由于担心“国外的复杂情况”，大元帅要求停止轰炸，但这并没有阻止齐亚诺对美国驻罗马大使撒谎，他说意大利对在西班牙执行任务的意大利飞机并没有控制权。墨索里尼就像前任将军杜黑（Douhet，制空权理论开创者）一样，认为可以通过飞机的威吓来赢得一场战争，他高兴地宣称，意大利人“应该通过他们的侵略去恐吓世界，从而赢得改变，而不是通过吉他来取悦世界”[5]。共和国可以利用战斗机来击退这些攻击，但其内部的竞争和嫉妒使他们无法充分利用他们的资源。他们的士气相当低落，甚至有战斗人员从前线撤出，并在加西亚·拉卡列少校的组织下整编为一支沿海防御部队。[6]

---

① *GD*, p.625.

② 美国武官福夸（Fuqua）上校的报告（Claude Bowers, *My Mission to Spain*, New York, 1954, p.376）。

③ *GD*, p.626.

④ 见Cervera，pp.317–318；以及Kindelán，p.19。在帕尔马的德国新式海因克尔飞机也被称为“Negrillas”，即“意大利人”，属于军团。

⑤ Ciano, *Diaries 1937—1938*, pp.91–92.

⑥ 关于巴塞罗那的记录，见Horner，p.160。

国际上的恐慌也相当严重。伦敦举行了抗议集会。[①]最雄辩的抗议是乔治·巴克（George Barker）的优美诗作《西班牙挽歌》（*Elegy for Spain*）。就连科德尔·赫尔也放弃了他一贯的谨慎，以“代表整个美国人民”的名义表达恐惧的情绪。对共和党城镇不分青红皂白的空袭仍在继续，但是，这些空袭对国家主义西班牙事业所做出的贡献与它们带来的麻烦相比，可能不值一提。例如，巴塞罗那的汽油储存站在被击中之前就曾遭到过37次轰炸，但轰炸也并没有严重干扰共和国补给船在地中海港口的装卸。 786

—

在这个军事危机时期，可恶的军事情报处在巴塞罗那如鱼得水。除了执行寻找间谍的任务，它还去寻找“失败主义者”，也就是那些犯有获取暴利、囤积食物或抢劫罪的人。特别法庭（tribunales de guardia）的即审即决审判往往会采纳这些指控。军事情报处显然还进行了一次简短的私自谋杀活动，以报复在巴塞罗那的一些加泰罗尼亚统一社会党的批评者，特别是无政府主义者。在政府干预阻止这一事态发展之前，已有40人被“带去兜风”。尽管如此，军事情报处在巴塞罗那的特别监狱，特别是圣胡安修道院的监狱，仍然充斥着只有埃德加·爱伦·坡（Edgar Allan Poe）的阴魂才能设计出的各种奇怪的酷刑。一间漆成黑

① 由英国知名人士组成的混合团体签署了一封公开的抗议信，其中包括英国国教大主教、欣斯利（Hinsley）枢机主教、大法官、ICI（Imperial Chemical Industries，英国帝国化学工业集团）和Lloyds（劳合社，英国最大的保险社团，成立于1688年）的主席、霍德尔（Horder）勋爵、卡姆罗斯（Camrose）勋爵、鲁格比（Rugby）和黑利伯瑞（Haileybury）的校长、梅纳德·凯恩斯（Maynard Keynes），以及其他许多人。威尔斯（H. G. Wells）让其中一次抗议活动以自己的名字来命名。国家主义西班牙的代理人阿尔瓦公爵写信给他，惊讶地说，这么伟大的作家竟然和这么多“乌合之众”为伍。

色的球形房间，顶部只有一盏灯，给人一种眩晕的感觉。有些牢房小得连人都坐不下来。这种酷刑不分青红皂白地用在国民军和共和军（或无政府主义者和马克思主义统一工人党）的囚徒身上，特别是针对共和军俘虏。时任加泰罗尼亚政府司法委员、博学的博什·金佩拉教授回忆说："在内战的最后一年，我们花了大量时间与军事法庭和军事情报处进行斗争。"①特别法庭的组成也出现了困难，因为主审法官发现自己对法庭的其他成员并没有任何约束权力，这些人里也总是包括一名军官和一名军事情报处成员。许多本应由普通法庭审理的案件被移交给特别法庭审理。②
787 军事情报处也的确发现了一些真正的间谍，比如在1938年春天，他们就找到一份在加泰罗尼亚活动的长枪党人名单。3,500人被拘留。经过包括酷刑在内的审讯，他们发现了间谍活动的证据。③

3月从巴黎回来时，内格林发现巴塞罗那笼罩在一片阴霾之中。正如他所料，失败主义的源头就是普列托。他躺在国防部的扶手椅上，用一个胜利者的口吻温和地向记者和马屁精们宣布："我们输了！"普列托用这种悲观情绪感染了每一个人，包括易受影响但工作勤奋的外交部长希拉尔，他也向法国大使拉邦（Labonne）表达了自己的悲观情绪（不可否认，希拉尔与阿萨尼亚有着密切联系，阿萨尼亚甚至比普列托更加悲观）。因此，几乎在内格林回来之前，法国政府就从他们在巴塞罗那的代表那里得知，他们批准送往加泰罗尼亚的任何战争物资，都可能落

---

① 在一封他写给作者的信中提到。

② Bosch Gimpera, Memorandum No. 5.

③ 见Peirats, vol. III, p.280和p.288。根据一份报告，军事情报处仅在马德里就有6,000名特工，预算为2,200万比塞塔。但军事情报处很快进入了一个混乱的时期，它的首领乌里瓦里上校带着一大笔钱叛逃到法国。虽然当局一直要求将他引渡，但从未成功。其继任者是圣地亚哥·加塞（Santiago Garcés），从前是社会主义青年党的成员，是普列托的亲信，卡尔沃·索特洛被杀时，他就在执行谋杀的车里。军事情报处的另一个重要成员——"外国部门"的负责人马克西姆·施内尔（Maxim Schneller），似乎是一名双重间谍，他最后逃到法国（见Delmer, p.356，其中描写了一次对军事情报处停靠在巴塞罗那港的监狱船"乌拉圭"号的访问）。

入佛朗哥或希特勒的手中。要使拉邦相信，无论如何他都决心继续战斗，内格林需要使出浑身解数。但他对普列托又能怎么办呢？[①]3月16日，即巴塞罗那轰炸最严重的那一天，在阿萨尼亚的主持下，在佩德拉贝斯宫举行了一次内阁会议。在会议开始之前，内格林与普列托，以及普列托的朋友、《社会主义者》前编辑、内务部长苏加萨戈伊蒂亚进行了交谈，并请求，如果在内阁会议上有人提到谈判问题，他们一定要支持他。两人都同意这样做，并确认总理本人将提议调解。普列托建议，共和国在国外的资金可以封存起来，以帮助那些在取得和平之后被迫流亡的人。内格林急忙回答说："这一切都已经考虑到了。"

在内阁召开的部长预备会议上，内格林说，他非常理解有些部长心向和平，但会议一片寂静。外交部长希拉尔说，法国大使拉邦向政府成 788
员提供了陷落之后在法国大使馆的避难权。拉邦补充道：共和军的舰队可以开往比塞大（Bizerta）或土伦（Toulon）。最后的这件事让每个人都很生气，因为他们认为法国人只考虑了自己，只希望将一支一旦落入国民军手中就可能对法国产生潜在敌意的舰队从地中海拔除。部长们随后进入阿萨尼亚的房间，在那里甚至可以听到一些声音——那是一大群人向宫殿前进时发出的愤怒的声音。原来，此时人们正在举行一场抗议投降主义和普列托的示威游行。在西班牙共产党的组织下，在一两位著名的内格林主义者，甚至包括全国劳工联合会的秘书长马里亚诺·巴斯克斯的支持下，人群举着书写"打倒奸诈的部长们！"（Down with the treacherous ministers!），甚至是"打倒国防部长！"（Down with the minister of national defence!）的横幅。佩德拉贝斯宫的大门被撞开，一大群巴塞罗那人来到阿萨尼亚房间的落地窗下。普列托这个群众愤怒的针对者甚至可以听到他的死敌——"热情之花"在给她的追随者训话。内格林极力说服群众撤离，他向以"热情之花"为首的代表团保证战争

① Álvarez del Vayo, *The Last Optimist*, p.301.

会继续下去。[①]普列托后来还指责总理组织的这次示威，不过，他是不可能通过谈判取得进展的。因为国家主义西班牙只会接受无条件投降。这将包括自由地消灭那些“绝对的敌人”——塞拉诺·苏尼尔用该短语来描述从持自由主义观点到无政府主义观点的各种左翼派别。[②]

10天后的3月26日，在内格林家中举行的一次社会党领导层的会议上，内格林刻意抹平普列托和西班牙共产党之间的分歧。苏加萨戈伊蒂亚却横插一脚。“唐璜（Don Juan[③]），”他说，“摘掉你的面具吧！在前线，我们的同志遭到迫害。至于堂·因达莱西奥（Don Indalecio，即普列托），看看‘胡安·本图拉（Juan Ventura）’在《红色阵线》（*Frente Rojo*）和《先锋报》（*La Vanguardia*）中的文章吧，那是教育部长的笔名！”《先
789 锋报》是一份共和派报纸，支持内格林，当天的这份报纸将普列托称为一个“顽固的悲观主义者”。内格林回答称，他现在需要共产主义者和普列托的支持。第二天，《红色阵线》发表了埃尔南德斯的另一篇文章，建议解雇普列托。苏加萨戈伊蒂亚在当晚的内阁会议上抗议称，这篇文章本来已经被审查员删除了，竟然又发表了出来。埃尔南德斯回答说，部长不能被官员审查。内格林缓和了这两位形成的剑拔弩张的氛围。[④]

普列托的威望和自信心在特鲁埃尔失陷后已开始下降，尽管他的朋友向他保证，那座城市是被西班牙共产党人故意遗弃的，以便使他名誉扫地。这些指控的真相可能永远都不会被揭开。尽管故意放弃特鲁埃尔的阴谋并不可信，但这一次，西班牙共产党反对普列托的行动肯定是在

---

① 代表团其他成员是普利特尔（Pretel，属于劳动者总工会）、维达特（Vidarte，属于社会主义者）、圣地亚哥·卡里略（属于联合青年党）、塞拉·帕米尔（Serra Pamiés，属于加泰罗尼亚统一社会党）和格雷罗（Guerrero，属于FAI）（Ibarruri, p.395）。

② 以上来自Prieto, *Epistolario Prieto y Negrin*（Paris, 1939）；Prieto, *Convulsiones*, vol. II, p.37；Alvarez del Vayo, *The Last Optimist*, p.123；Zugazagoitia, p.400。

③ 西班牙家喻户晓、英俊风流的一名传奇人物，在文学作品中多被用作“情圣”的代名词。此处是苏加萨戈伊蒂亚讽刺内格林的轻浮。——编者注

④ Prieto, *Yo y Moscú*, p.38.

几周前就开始了。2月24日，埃尔南德斯的第一篇文章刊登在《红色阵线》上，内容是谴责"失败主义者"，而西班牙共产党对国防部长发动致命宣传运动的决定，一定是在该文章发表前不久做出的。

据赫苏斯·埃尔南德斯说，保加利亚共产国际代表斯捷潘诺夫刚刚去过莫斯科。他说，苏联已经准备好了向西班牙提供新的援助，前提是这个反复无常的普列托被赶下台。从那以后，就出现了一种残酷地抵抗到底的政策。埃尔南德斯认为，普列托是唯一一个支持这一政策的人，因为只有他才能获得西班牙共产党、全国劳工联合会和劳动者总工会的支持。但陶里亚蒂说，普列托必须下台，因为内格林需要获得近乎独裁的权力。[①]"热情之花"、米格尔·瓦尔德斯（Miguel Valdés，加泰罗尼亚的一名共产党员）和埃尔南德斯，先后发表了一系列讲话，攻击普列托。

3月28日，战争委员会召开了一次令人沮丧的会议。这个委员会是内阁中为管理战争而设立的，由当时的将军、政治家和公务员组成。普列托的沮丧似乎影响到每个人。内格林向将军们保证，他们至少可以信任他。第二天，当埃尔·坎佩西诺向莱里达、第十五国际旅向甘德萨，分别发动了几场失败的战斗时，共和国内阁在巴塞罗那召开了会议。同样，普列托（用内格林的话来说就是）用错误的方式表达了前一天战争委员会会议的结论："用他那充满暗示的雄辩，他那惯常的悲怆"挫伤 790
了内阁的士气。[②]3月29日至30日夜晚，内格林心中"涌起了一场痛苦而暴力的斗争"。他经常到前线访问，并常与士兵们交谈，他知道，无

① Hernández, p.159. 在世界共产主义运动中，这绝不是一个令人愉悦的时刻：在1938年3月2日至13日期间，布哈林（Bukharin）和他的受害者同伴，包括雅哥达（Yagoda）和格林科（Grinko，1936年苏联获得西班牙黄金时的财政委员），走上了审判台。

② Prieto, *Yo y Moscú*, pp.39–40. 普列托后来表示他只是告诉会议："法西斯们毫无疑问将抵达地中海沿岸。"

论个人的想法如何，失败主义都如同怯懦一样，是永远不应该表现出来的。因此，他决定将普列托从国防部调离，不过如果可能的话，还是要将他留在政府之中。[1]早上，内格林打电话给苏加萨戈伊蒂亚，托他询问普列托是否愿意离开国防部。苏加萨戈伊蒂亚将请求转告普列托，后者写了辞职信。[2]社会党的领导人拜访了普列托，向他请教未来该走什么样的道路，但他没有给出任何答复。另一次访问来自全国劳工联合会的一个委员会，由奥拉西奥·普列托、塞贡多·布兰科和加洛·迪亚斯（Galo Díez，一位资深无政府主义者，后任全国劳工联合会全国委员会秘书）组成。奥拉西奥·普列托和塞贡多·布兰科都是全国劳工联合会-劳动者总工会合作的主要倡导者，该合作已于10天前写入一个关于达成双方目标的联合声明之中。[3]他们告诉普列托，尽管“我们之间存在巨大的意识形态分歧”，但他们并不希望看到他从国防部除名。[4]这3个人对共产主义行动的幻想破灭了，他们认为战争已经失败，应该尽快实现当下的和平。全国无政府主义者也迅速召开了会议。所有人都同意实行支持普列托，结束内格林的政策，但对于接下来该怎么办，意见并不一致。奥拉西奥·普列托坦率地说，如今的共和国正在成为苏联的傀儡，而接下来与国民军的谈判也必不可少，佛朗哥的军事优势已经得到巩固，如果不采取任何行动，他很快就能施加自己的影响了。混乱随之而来。加泰罗尼亚自治政府前委员胡安·多梅内奇反唇相讥：只要加泰罗尼亚还有一棵树仍然屹立着，只要还有一个伊比利亚无政府主义者联盟的人还能站在树后，战争就永远不会结束。
791 内格林的朋友马里亚诺·巴斯克斯是全国劳工联合会的秘书长，他也

① Prieto, *Epistolario*, p.24.

② Qu. in Prieto, *Yo y Moscú*, p.43f.

③ 见C. Lorenzo, p.291以及p.313。他们组织了一个联络委员会，由奥拉西奥·普列托担任主席，罗德里格斯·维加（社会主义者）担任秘书长。

④ 出处同前，pp.176–177。

同意这一点。这场运动似乎从未如此分裂过。会议“圆满”结束，却没有得出任何结论。①

对于这场危机的唯一解释是，内格林在没有西班牙共产党支持的情况下，决定将普列托从他的部里除名。他希望普列托转任不管部长或者公共工程和铁道部长。但普列托拒绝了这些职位（他一直希望铁路由国防部控制），也因此离开了政府。他后来解释说，他离开该部的原因是他厌倦了西班牙共产党。他描述了他和该党在战略问题上的争执。他还称，他原本建立的运输公司是为帮助共和国从国外购买武器的，如今却被用来为西班牙共产党谋取商业利益。②但他的辩解有个致命弱点，即他并不能提出任意一种不同于西班牙共产党的更加有利的社会政策。事实上，最近这段时间，他提出的政策和西班牙共产党的政策在形式上还是非常接近的。在苏联仍然是唯一可靠的战争物资来源，而苏联已经拥有西班牙的黄金储备的情况下，除了与苏联建立友好关系之外，还能采取什么战略呢？他对此也没有做过多解释。如果国家主义只接受无条件投降，除了继续战争，还能做些什么？他也没有解答出来。毕竟，他自己与佛朗哥的和平计划也并没有取得什么进展。事实似乎是，普列托在战争中已经筋疲力尽，在他自己与共产党的斗争中也已精疲力竭。不过，他作为部长的最后一项工作是劝阻阿萨尼亚一同辞职。③之后，他投身于新闻工作中，通过他国外的各种朋

---

① C. Lorenzo, p.315.

② 共和主义西班牙政府在英国成立的航运公司包括霍华德·特南斯有限公司（Howard Tenens Ltd）、普洛斯珀轮船公司（Prosper Steamship Co.）、伯灵顿轮船公司（Burlington Steamship Co.）、“南方航运”（Southern Shipping）和肯特公司（Kentish Company）。中大西洋公司（The Mid Atlantic Company）是为了包租其他船只而成立的，由一名巴斯克民族主义者和一名社会主义者在西班牙驻伦敦大使馆的指导下经营。普列托的儿子路易斯（Luis）是使馆的财政专员。泰因赛德（Tyneside）的百万富翁比尔梅尔［“我对付的流氓中最好的一个”，共和主义西班牙政府的主要采购人之一何塞·卡尔维诺（José Calvino）如此评价］是许多此类投资的幕后之手。

③ Prieto, *Palabras al viento*, pp.282–283.

友，寻求与国家主义的谈判。①

792 西班牙共产党在此时也有自己的危机。苏联希望西班牙共产党退出内格林政府。西班牙共产党各党团在香烟缭绕的氛围中充满嫉妒地聚集在一起。“莫斯科希望共和国失败吗？”埃尔南德斯问道。保加利亚人斯捷潘诺夫认为，此举旨在让英国和法国舆论相信共产国际对征服西班牙政权不感兴趣。如果按照现在可能的情况爆发了欧洲战争，那么苏联与英国和法国的联盟也更容易达成。②然而，莫斯科的命令仅仅有部分得以施行；乌里韦仍然留在了农业部，但埃尔南德斯离开了教育部，成为中部军和南部军的联合政委，这是一个具有隐性权力的职位。内阁的这种表象变化由于西班牙共产党辩护士阿尔瓦雷斯·德尔巴约重返外交部而得到补偿。其他共产主义者也安插在重要的职位上：例如，卡洛斯·努涅斯·马扎（Carlos Núñez Maza）出任主管空军的副部长；安东尼奥·科登出任主管战争的副部长；佩德罗·普拉多斯（Pedro Prados）出任海军参谋长；爱德华多·库瓦斯（Eduardo Cuevas）上校出任安全局局长；玛西亚·费尔南德斯（Marcial Fernández）出任边防警察局局长；伊拉里奥·阿兰迪斯，他在西班牙第一代共产党人中，几乎是硕果仅存的依然是党员身份的人，担任了政委学校的主任，而总政委比比亚诺·奥索里奥-塔法尔（Bibiano Ossorio y Tafall）虽然在形式上是左翼共和党成员，实际上却是西班牙共产党的代言人。③

---

① 比如见 Amery, pp.108-109。共和政府给普列托提供了驻墨西哥大使的职位。内格林无疑希望他可以离开。对此，阿萨尼亚非常愤怒。这导致两者之间爆发了一次激烈的争吵，因为阿萨尼亚渴望普列托还继续是一个潜在的总理人选，但普列托拒绝了。见 Azaña, vol. I, pp.881-883。最终，在该年晚些时候，普列托同意担任赴智利总统阿吉雷·塞尔达（Aguirre Cerda）就职典礼的“特别大使”。他去了圣地亚哥，发表了精彩的演讲，战争结束时他已经流亡海外了。

② Hernández, pp.166-168. 3月18日，苏联提议在国际联盟内部组建一个“大联盟”对抗希特勒。这个提议被张伯伦拒绝了。

③ Castro Delgado, p.659.

与此同时，内格林放弃兼职财政部长，担任了总理兼国防部长。财政部交到他的前副秘书长门德斯·阿斯佩，一名资深的公务员手中。内阁中的其他社会党人，除了内格林，还有司法部长冈萨雷斯·佩纳（González Pena）和内务部长保利诺·戈麦斯·塞兹（Paulino Gómez Saez）。后者一直是一个普列托主义者，但共产党人仍然控制着警察部门。巴斯克人德伊鲁霍继续担任不管部长，加泰罗尼亚人海梅·艾瓜德 793
（Jaime Ayguadé）留任了劳工部长。政府的力量由于一名无政府主义领导人塞贡多·布兰科的加入而得到加强，他是从阿斯图里亚斯逃出来的，担任了教育和卫生部长这一不重要的职位。由于严重的军事危险，无政府主义者同意支持内格林（正如他们在1936年11月遥远的英雄岁月中支持了拉尔戈·卡瓦列罗一样）。3月30日，伊比利亚无政府主义者联盟的一份通知敦促所有成员在需要时支持政府。事实上，布兰科的部门并没有对此大张旗鼓——布兰科以前是内格林和共产党人的批评者，但这次他很快就对总理表现出非常友好的态度了。布兰科在政府中的存在可能有助于限制西班牙共产党对前线和其他地方无政府主义者的进一步渗透。其他职位转到共和派手中——希拉尔（不管部长）、希内尔（交通部）和安东尼奥·维劳（公共工程部）。前内务部长苏加萨戈伊蒂亚担任了国防秘书长，这只是一个名义上的职位——他经常抱怨说，自己必须从报纸上才能知道发生过什么。

内格林在罗霍的建议下，利用佛朗哥的军队转向南方留下的时间空当，用在阿拉贡战败的剩余军队创建了一支新的“东部军”（Grupo de Ejércitos de la Región Oriental，东部集团军），交由阿萨尼亚忠实的朋友埃尔南德斯·萨拉维亚指挥，正是他当初领导了特鲁埃尔的进军。“加泰罗尼亚”一词在这支人员众多的集体中没能得以体现。米亚哈被授予中部军（Grupo de Ejércitos de la Región Central，中部集团军）的最高指挥权。

共和主义一方尽管外部表现十分糟糕，但并没有被彻底打败。工人阶级团结的形象再一次得到弥补。3月18日，劳动者总工会和全国劳工联合会签署了一项协议。①这份协议标志着无政府主义进一步退潮。工业将服从中央经济计划。从此以后，集体化将是自愿的。劳动者总工会也同意劝说政府停止解散现有的农业集体，并支持工人控制那些想要建立工会的工厂。两个组织都认同一个事实，那就是当前的任务主要是促
794 进生产的扩大。但事实上，各处的集体组织依然让位于国家控制，政府越来越频繁地任命“调解人”来监督那些仍然由工人委员会管理的企业。经济部也在努力为这些企业提供所需的原材料。

加泰罗尼亚人和中央政府之间仍然没有形成同等程度的合作——4月25日，孔帕尼斯给内格林写了一封信，列出了他的不满。其中最主要的一点是，尽管敌人已经侵入加泰罗尼亚领土，但最高战争委员会中没有加泰罗尼亚人，在加泰罗尼亚前线作战的军队由卡斯蒂利亚人指挥，与战争有关的文件也没有发给加泰罗尼亚自治政府（像在拉尔戈·卡瓦列罗时期做的那样）。孔帕尼斯要求，应该将加泰罗尼亚法规扩大，以应对战争的需要。但他没有收到这封信的回信，事情依旧保持原样。

长期以来，人们担心将共和国领土一分为二的行政安排现在正在变成现实。国际纵队在阿尔瓦塞特的基地被转移到巴塞罗那。巴塞罗那和巴伦西亚之间建立了一个海底电报服务站以及一个客运和货运服务站。由于共和军领导人经常从国民军防线上方飞过，因此一分为二的后果远没有想象

① 关于这项协议和达成协议的谈判的全部描述，见Peirats, vol. III, p.62f。为了协调劳动者总工会和全国劳工联合会的活动，建立了一个联合委员会，由两个无政府主义者［奥拉西奥·普列托和罗贝托·阿方索（Roberto Alfonso）］和两个劳动者总工会成员［罗德里格斯·维加和塞萨尔·伦巴第（César Lombardie）］领导。4月间，全国劳工联合会给了政府另外的支持，前部长佩罗成了电力部的总政委（*op.cit.*, p.124）。

的那么严重。达拉第的法国新政府（4月接替布鲁姆的第二届短命政府）[1]也打开了南法运河，使共和国的船只能够通过运河从地中海驶向大西洋。

阿拉贡前线的崩溃又给共和主义西班牙带来了一场持续数月的危机。对于某些相关私人关系的问题，内格林和普列托之间的冲突是个人气质相悖的问题，但这本身也触及了意识形态和政治分歧的核心问题。这些问题一直困扰着动荡不安的共和派联盟。困难在于此时的西班牙共产党政策，无论在组织西班牙的专业人士和自由资产阶级的残余力量反对法西斯主义方面多么有效，都已耗尽共和主义西班牙的大部分精力。奥威尔在1938年2月的一篇文章中曾阐述，他在与马克思主义统一工人党并肩战斗回到英国后：“许多人都在不同程度上坦率地对我说，任何 795
人都不应该说出西班牙发生的事情真相，以及西班牙共产党所起到的真正的作用，因为这样做会使公众舆论对西班牙共和政府产生偏见，从而帮助佛朗哥。”随后，奥威尔补充道，他并不同意这种看法，因为他持有“即从长远来看，说谎是得不到回报的”这样过时的观点。[2]

46. 1938年第二季度的情况 796

战争远未结束。诚然，国民军最近的进攻赢得了大片宝贵的领土。在比利牛斯山脉，索尔查加将军、莫斯卡多将军和亚格将军一直前进到塞格雷河（Segre）及其支流诺盖拉·帕拉雷萨河（Noguera Pallaresa），后者一直延伸到法国边境。然而，他们不得不让共和军一个师在好几个

---

① 这个内阁大体上是由社会主义者组成的，它比布鲁姆和肖当的内阁偏右一些，但还是得到社会主义者的支持。

② Letter to the editor of *Time and Tide*, 5 February 1938. 奥威尔早就指出，这场战争制造了“自1914—1918的大战以来，比所有其他事件都多得多的谎言”（“Spilling the Spanish Beans”, in *New English Weekly*, 29 July 1937）。

星期里一直保持着蛰伏的状态，这个师由安东尼奥·贝尔特兰（Antonio Beltrán，绰号“El Esquinazado”，即躲避者）率领，盘踞在靠近边境的阿尔托辛卡山谷（Valle del Alto Cinca）里。①埃布罗河从与塞格雷河的交汇处直到大海奔流不息，为加泰罗尼亚提供了一道天然防线，共和军在这条防线上迅速修筑了防御工事。在埃布罗河口，意大利人本希望他们成为第一支到达地中海的国民军，但他们失望了，直到4月18日他们还被困在托尔托萨。尽管该城最终被攻陷，但意大利军队的确花了大力气打了一阵。在国民军向海边突出的南翼，他们的前进速度也减缓了。
797 在这里，恩里克·巴雷拉试图从特鲁埃尔出发，穿过马埃斯特拉斯哥—马平川的高原。国民军的第一次进攻就击破了共和军的防线，但随后，天气转为阴雨连连，这样的天气有助于防守一方，并且他们的力量还得到新武器的加强，特别是战斗机和高射炮——这是从法国运来的武器的一部分。国民军战线的推进于4月27日完全停止。5月1日，为了取得在不久之前看起来还近在咫尺的胜利，阿兰达将军向着恩里克·巴雷拉以东20英里、离地中海15英里的地方发起了一次新的攻击。在恩里克·巴雷拉和阿兰达之间，加西亚·巴利尼奥将军率领一支机动部队，在两翼被抵挡住时选择继续向前。但在这3条推进线上，战斗都很艰难。缓慢的前进步伐在国家主义的西班牙国内引起了新的政治杂音。这些杂音并没有因为“秃鹰军团”34架轰炸机成功轰炸卡塔赫纳港的消息而停止，虽然这进一步打压了共和军舰队本就低落的士气。

胜利的希望遭遇挫折，这反而制造了怨恨。佛朗哥因为没有攻击加

① 作为当地政治家，贝尔特兰在1930年的哈卡（Jaca）起义中声名显赫，又曾管理左翼共和政权在坎弗朗克（Canfranc）的一个房屋计划。战争中他成了“共产党人”。见Prieto, *Convulsiones*, vol. II, p.203，其中提到他接下来在苏联的冒险经历，他和游击队（*maquis*）来到法国，随后被驱逐到科西嘉岛，与共产党决裂。1945年后他在西班牙、美国和墨西哥与美国情报部门合作，在墨西哥，他像20世纪90时代的许多西班牙英雄一样，因与美国主人的意见相背离而死于贫困。“躲避者”的绰号继承自他的父亲和祖父，著名的坎弗朗克走私者。

泰罗尼亚而受到他的同事的批评。亚格4月19日在布尔戈斯举行的长枪党宴会上发表讲话，纪念统一一周年，他赞扬了共和军的战斗品质，并称德国人和意大利人为“掠食的猛兽”（beasts of prey）。他还说：

> 在监狱里，同志们，有成千上万的人还在受苦受难。为什么？因为他们属于一个政党或者一个组织。在这些人中，有许多可敬的、勤奋的人，我们只要稍微仁慈一点，就可以让他们加入这场运动。同志们，我们必须慷慨大方，我们必须有伟大的灵魂，懂得宽恕。我们很强大，我们可以允许自己享受这种奢侈。我向当局请求……再看看这些人的档案，在把这些人送回家的时候，也要把仁爱和安宁送还给他们，只有这样我们才能消除仇恨。

他也为不幸的埃迪利亚和监狱里的“老衬衫们”——“我们运动的发起人”——进行辩护。[①]这次慷慨的讲话使亚格被暂时解除了“摩洛哥军”的指挥权。他曾希望西班牙进行一次法西斯式的“复兴”，但是相反，年过七旬的马丁内斯·阿尼多控制了内务，意大利人轰炸了巴塞罗那，战争似乎永远无休无止。两周后，一项允许耶稣会士归来的法令（这项法令使他们的行为几乎不受任何国家的制裁）又使这些“老衬衫们”重新对立起来。 798

---

① 这次演讲的文本只发表在*Diario de Burgos*, 19 April 1938。它又重印在García Venero, *Falange*。1938年春，普列托通过雅各布·阿尔特梅尔（Jakob Altmaier）和一个无名的奥地利君主主义者与亚格接触，试图确保一种妥协下的和平。雅各布·阿尔特梅尔是一名德国记者，也是一名社会主义难民。根据协议，佛朗哥和内格林将与普列托、希尔·罗夫莱斯和其他“温和派”组成联合政府。两年后将举行关于君主制的公民投票。见Amery, pp.108–109。阿尔特梅尔曾在1919年的革命和二战期间担任法兰克福的社会主义领袖，在英国情报部门工作。亦可参考Prieto, *Palabras*, p.237，其中暗示内格林阻止了普列托尽可能达成的谈判。

正是在这种表面上对共和主义西班牙更有希望的气氛中，内格林于5月1日发表了一项十三点宣言，列出了其政府的战争目标。内格林明确要求：西班牙必须绝对独立；外国军队全部撤出；普选；不发生报复；尊重地区自由；鼓励资本主义财产，而不是形成大托拉斯；农业改革；保障工人的权利；“种族的文化、物质和道德发展”；建立独立于政治之外的军队；放弃战争；与国际联盟合作；大赦。设计该方案，主要是为了实现国际宣传的价值，以及达成未来国际调解的蓝图。此方案本身比人民阵线的方案要温和得多。任何一个怀念复辟时期那失去的纯真年代的宪法政治家可能都会赞同内格林的这十三点。虽然他事先并没有征求全国劳工联合会的意见，但劳动者总工会–全国劳工联合会合作委员会还是热情地拥护了该宣言。伊比利亚无政府主义者联盟并不支持该方案，它的“半岛委员会”（“Peninsular committee”，残废的埃斯科尔萨仍然对其施加着影响）谴责这是回到1936年7月前的状态。[①]1936年5月的萨拉戈萨会议上，杜鲁蒂、伊萨克·普恩特和其他领袖们幻想式的抒情诗、不妥协的梦想，现在又在哪儿呢？ 4月底，内格林政府试图安抚外国资本，命令解散全国劳工联合会
799 的水电公司联合体，并将这些公司归还给它们以前的所有者（这些公司对佛朗哥的胜利充满信心，因此都刻意忽视了这道命令）。但是，十三点中的任何一点都没有机会让佛朗哥批准支持，因为佛朗哥无意做出任何让步。只要佛朗哥还活着，就没有任何机会让西班牙军队从政坛上消失。

然而，看上去几乎从他成为总理的那一刻起，内格林这个微妙而难以捉摸的人物就一直试图通过谈判实现和平。1937年8月，他曾试图与梵蒂冈取得联系。[②]他会见了德国驻巴黎大使、前驻西班牙大使韦尔奇

---

① 见Circular No. 17 of the FAI, issued 3 May. Qu. Peirats, vol. III, p.118。“十三点”在4月30日的一次内阁会议中进行了进一步的讨论。塞贡多·布兰科说应该征询全国劳工联合会的意见。内格林认为这不可能，因为当天英国大使馆就要接收这个文件，而且说回来，这个声明主要是用于外交用途（*op.cit.*, p.119）。

② Azaña, vol. IV, p.845.

克伯爵。他还通过塞拉诺·苏尼尔的一个堂兄寻求调解。在除了无条件投降之外别无选择的情况下，很难责怪内格林要继续战争。而从这时起，内格林便把希望寄托在爆发一场全面的欧洲战争上，他认为，这场战争将把西班牙问题囊括在内。与此同时，阿萨尼亚告诉内格林，他觉得“自1936年9月以来，我一直是一个‘被剥夺了权利的总统’。当你们组建政府时，我在一开始觉得自己又‘能呼吸’了，我以为自己的意见至少会被听到，但情况并非如此。我不得不再次默默地忍气吞声”[1]。两人的看法一直存在着分歧：阿萨尼亚一直在向后看，疑心自己在20世纪30年代初犯了哪些错误；而没有政治过往的内格林继续向前看。内格林每天都在忙忙碌碌以保持前线的士气，他总是鼓起勇气表现出乐观；阿萨尼亚没有什么事可做，只能痛苦地反思。

佛朗哥既不喜欢内格林的观点，也不赞同亚格的观点，他在6月6日的一次讲话中表示：“任何希望调解的人都是为‘红军’或西班牙的隐藏敌人服务的。”此外他又补充道，这场战争是“祖国对‘反爱国主义’斗争的历史进程的加冕礼”，现在就考虑和平，只会让未来再次爆发一场新的战争。[2]国家主义西班牙发动了一场大规模的新闻运动，反
对那些要求调解的人：“以西班牙的命运、它的烈士和英雄的名义，祖 800
国要求佛朗哥无条件地取得胜利。”

—

1938年春天的国际形势与西班牙本身的军事形势并不相同，这种前

---

[1] Azaña, *op.cit.*, p.877。这次谈话发生在4月22日，起因是内格林希望阿萨尼亚在45份死刑判决上签字。阿萨尼亚并不情愿。内格林认为为了避免纪律松弛，判决是非常必要的。内格林提醒阿萨尼亚他自己也曾后悔在1932年赦免了圣胡尔霍（内格林本人赞同枪毙圣胡尔霍，虽然内格林很欣赏他；阿萨尼亚不喜欢圣胡尔霍但支持撤销他的死刑）。

[2] Franco’s speech, qu. Abella, p.328.

景对于反法西斯势力也越来越糟糕。张伯伦正在加紧预测德国在中欧，特别是捷克斯洛伐克的进一步需求。4月16日，他达成了他的英–意地中海条约（Anglo–Italian Mediterranean Pact）。意大利承诺一旦战争结束就从西班牙撤军。尽管只有到那时条约才会生效，但两国同意保证维持地中海的现状。齐亚诺评价说，珀斯已经被感动了。他说："你知道我多么希望这件事的到来。""这是真的，"齐亚诺补充说，"珀斯一直是我们的朋友，我们手中的几十份报告都能证明这一点（英国大使馆的意大利管家曾经为了墨索里尼的利益，偷抄了英国的电报）"。[1]阿斯卡拉特向英国外交部发出抗议，表示针对意大利和英国之间的换文，以及英国政府接受意大利军队在西班牙驻扎到内战结束这些事都感到极大恐惧。[2]《真理报》（*Pravda*）谴责英意条约是在墨索里尼"对西班牙人民发动的战争"中送给墨索里尼的祝福。甚至丘吉尔在写给艾登的信中也表达了同样的看法："墨索里尼取得了彻底的胜利，他得到我们真诚的祝福，就因为在地中海上那些防御我们的堡垒，因为他征服了阿比西尼亚，还因为他在西班牙实施了暴力。"在接下来的几周里，保守派反对张伯伦的人几乎都成了共和国的同情者。[3]

没有任何迹象表明意大利有意保留这份不干涉协定。4月11日，又有
801 300名意大利军官前往西班牙。德国方面认为，国家主义西班牙如果很早就

① Ciano, *Diaries 1937—1938*.

② Azcárate, p.153。共和国大使补充说，从此以后，他们对英国的政策感到"羞耻与愤慨"，这会导致共和国与英国若即若离。

③ W. Churchill, *The Gathering Storm*, p.221.例如，丘吉尔在苏联大使馆吃过晚饭后，被带去与共和主义西班牙大使阿斯卡拉特亲切交谈，他表达了对共和主义西班牙的同情。丘吉尔转向共和主义西班牙的部分原因是他的女婿邓肯·桑迪（Duncan Sandys）一直做工作，后者在1938年春天访问了巴塞罗那。但丘吉尔的"共和主义"总是现实的。因此，他对布宜诺斯艾利斯的一家报纸表达："佛朗哥完全站在正确的一方，因为他爱他的国家。另外，如果你想套用那些术语，那么佛朗哥是在保护欧洲免受共产主义的威胁。但我是英国人，我更喜欢看到错误的一方获胜。我更希望另一方获胜，因为佛朗哥可能会对英国不利。"（*La Nación*, Buenos Aires, 14 August 1938.）

获得胜利，就会妨碍志愿者计划付诸实施。因此，德国外交部指示他们的驻伦敦大使馆，同意他们能想到的任何撤出志愿者的“方案”。希特勒想从西班牙撤军。奥地利空军需要指导，并且“我们的士兵（在西班牙）再也学不到什么了”[①]。佛朗哥建议，只要把飞机、高射炮和其他装备留给德国人训练过的西班牙飞行员，“秃鹰军团”就可以撤离。与德国人的这种不安情绪相伴随的，是1938年春天共和国一度从法国人的新情绪中获利的事实。新首相、阴沉的达拉第对美国驻巴黎大使布利特说，为了西班牙共和国的利益，他已经尽可能地开放了法国边境。他还补充道，苏联已经同意向加泰罗尼亚派遣300架飞机，前提是这些飞机要通过法国运到西班牙。达拉第是用大卡车把飞机运过去的，尽管“他不得不在阿基坦（Aquitaine）的道路上砍树，好让飞机翅膀通过”[②]。25,000吨战争物资在4月和5月被送过了比利牛斯边境。毫不奇怪，达拉第的外交部长乔治·博内（Georges Bonnet）以张伯伦的模式开始与意大利进行沟通，但并没有取得任何进展。墨索里尼不认为这样的谈判会有什么结果，因为这两个国家在西班牙已处于“街垒不同的两侧”，于是5月15日，谈判中断了。然而，博内对此很谨慎。这证明他自己并不是“共和国的朋友”。

5月13日，阿尔瓦雷斯·德尔巴约再次出现在国联理事会面前，要求那些曾在10月决定如果不干涉政策不能很快生效就应重新审议的国家，如今应再次激活新的审议流程。张伯伦的新任外交大臣哈利法克斯（Halifax）勋爵敦促赶快投票。他急于集中精力处理捷克斯洛伐克的危机。[③]他从艾登那里继承下来的私人秘书哈维（Harvey）记录道：“他和张伯伦都不

---

① *GD*, p.635.

② *USD*, 1938, vol. I, pp.192–193.

③ 5月10日，伊冯·柯克帕特里克（Ivone Kirkpatrick）对德国驻伦敦公使俾斯麦亲王（Prince Bismarck）说：“如果德国政府能秘密向英国政府建议他们正在争取的苏台德区德国人问题的解决方案……英国政府……将向布拉格施加压力，迫使捷克斯洛伐克政府同意德国的意愿。”（*GD*, Series D, vol. II, doc. no. 1511.）

802 曾对独裁有什么深仇大恨，他们甚至无法克服自己与生俱来的对法国民主及其所谓的低效的不信任。”[①]在日内瓦的一些代表团，例如中国和新西兰的代表团，可能在这次会议上支持西班牙，但他们并没有时间同本国政府协商。就在这个问题首次提出的当天，投票表决时，只有西班牙和苏联对呼吁采取行动的决议投了赞成票。英国、法国、波兰和罗马尼亚投了反对票，而理事会其他9个国家投了弃权票。弃权票反映出人们对共和国的同情与日俱增，因为欧洲的形势正在恶化。

美国政府在要求他们终止对西班牙的武器禁运上，也受到了一些压力。专栏作家德鲁·皮尔逊（Drew Pearson）说：“华盛顿已经看到各种各样的游说活动……但以前很少有人能把来自全国各地的钱花在他们得不到任何物质利益的事业上。”[②]前共和党国务卿H.L.史汀生（H.L.Stimson，罗斯福领导下的未来的战争部长）和前驻德国大使威廉·多德（William Dodd）签署了一份反对禁运的请愿书。爱因斯坦和其他对此感兴趣的科学家也加入了这项运动。众议员拜伦·斯科特（Byron Scott）和参议员奈伊在国会提出了一项结束禁运的决议。5月3日，国务卿科德尔·赫尔在国务院会见了他的顾问，审议了参议员奈伊的决议。[③]赫尔和官员们一致认为，他们需要不干预的态度来阻止决议的通过。5月5日，《纽约时报》刊登了一篇关于此事计划好的“泄密”报道。紧接着，作为天主教徒的新任美国驻伦敦大使约瑟夫·肯尼迪（Joseph Kennedy）发出警告，担心这一措施会导致内战延长。美国的天主教徒强烈抗议对“布尔什维克和无神论者”的帮助。罗斯福正在加勒比海钓鱼度假，他告诉赫尔要推迟决议，当他回到华盛顿时，这项结束禁运的
803 决议已经被推翻了。5月底，赫尔告诉皮特曼参议员，西班牙内战“不

① Harvey, p.124.“我的同事有着独裁者的头脑。”艾登经常说。
② *New Orleans States*, 9 May 1938, qu.Taylor, p.169.
③ R. J. Bendiner, *The Riddle of the State Department*（New York, 1962）.

仅仅是一场内战”，因此不能这样简单地对待。[①]

利特维诺夫在日内瓦向依然是共和国军火采购员的路易斯·费舍尔抱怨说：“（他们）总是失败，总是撤退。”费舍尔回答他：“如果你再给他们500架飞机，他们就能赢得战争。”利特维诺夫抗议说，这样一批货物如果用在中国，对苏联的帮助要远大于在西班牙的帮助，反正他是没有飞机的。他还说：“我只负责提交外交文件。”但他答应回头去问一问他的“主子”（这对他来说是一个糟糕的时刻：他在苏联外交部的大使们此时几乎都已被捕）。[②]但是，就算他能拿到500架飞机，也很难将它们送到西班牙，因为在6月13日，达拉第在英国的压力下再次关闭了边界。[③]可以自由向共和国提供武器的几个月就这样结束了，尽管在边境关闭之前，波兰出生的商人迈尔斯·舍洛弗（当时是共和国在美国的采购代理，事实上是共和国利益在当地的总负责人）设法通过所谓的“汉诺威公司”（Hanover Corporation）运送了大量物资：其中大部分是卡车、汽车和卡车引擎。[④]一个月后，法国上诉法院第一分庭裁定，属于西班牙银行的某些黄金［一

---

① Taylor, p.174；Traina, p.134f.；Bendiner, pp.59-62；*USD*, 1938, vol. I, pp.183-195. 德国驻华盛顿大使向柏林报告说，英国的影响是决定性因素（*GD*, pp.656-657）。但阿瑟·克罗克告诉我（1963年1月9日），根据他的回忆，赫尔或威尔斯（Welles）提供给他这篇文章依据的信息，而这正是他的线人当时希望达到的效果。Ickes（vol. II, p.390）说，罗斯福在5月9日告诉他：“如果解除禁运，意味着来年秋天失去所有天主教徒的选票，国会的民主党议员会对此感到紧张不安，并拒绝这样做”。这进一步验证了诺曼·托马斯的想法，我（作者）在1962年和他讨论过这个问题。杰伊·艾伦在后来的*The Christian Science Monitor*中称，芝加哥的蒙德林（Mundelein）枢机主教后来打电话给罗斯福，劝阻他不要解除禁运（Traina, p.213）。克罗克的儿子显然是为佛朗哥而战的少数美国人之一。

② L. Fischer, pp.468-470. 利特维诺夫自己说，有几个月他都随时准备好一个行李箱，好在进监狱时带上，他的妻子也有类似的回忆。

③ Harvey, p.157.“法国变得越来越不安，这是因为他们关闭了边境，而关闭边境又是因为我们的敦促”哈维7月2日写道。

④ Traina, p.168. 在1931年至1935年间，舍洛弗首先通过在美国出售6,000万美元的苏联债券而为人所知。自1936年以来，他一直是共和派的商业代理人。在1975年和我的谈话中，舍洛弗证实罗斯福让他明白是天主教的选票影响了他的选择。

804 些黄金存放在法国的蒙德马桑（Mont de Marsan）］属于“私人社会”，因此共和国不能加以利用。这是另一次反转，尽管一些物资依然在边境通过。

在国家主义西班牙方面，从6月1日起，意大利向西班牙派遣了新部队。齐亚诺向米连·阿斯特赖和一队到访罗马的西班牙飞行员保证，“尽管有这么多委员会想阻止，但意大利不会放弃西班牙直到国家主义西班牙旗帜在巴塞罗那、巴伦西亚和马德里最高的塔楼上飘扬”①。考虑到罗马的这种情绪，这也就不奇怪为什么英国政府很快就不情愿但是又不得不回到“西班牙问题”上来了。5月18日，上议院讨论了英意协议。外交大臣哈利法克斯谈到意大利的承诺时说：“我们……确实接受这些保证，并相信它们将得到体面的执行。”②但在这番话之后，共和主义西班牙又遭到国家主义西班牙的进一步轰炸。巴伦西亚和其他地中海沿岸城镇遭到空袭，并且所有城镇都没有配备高射炮。③6月2日，位于巴塞罗那以北20英里的一个没有军事意义的小镇格兰诺勒（Granollers）遭到轰炸，大约有100人（主要是妇女和儿童）被杀。哈利法克斯向布尔戈斯和德国驻伦敦大使德克森（Dirksen）提出抗议，不过他补充说：“我知道这是一个非常微妙的问题，我希望无论如何要避免在德国制造任何不友好的情绪。”④内维尔·亨德森爵士恳求外交部长魏茨泽克利用他的影响力确保这些空袭不要再继续进行。⑤珀斯也与齐亚诺进行了类似的接触。英国驻罗马教廷的大臣也如此请求教皇的国务大臣。齐亚诺一如既往平淡无奇地答应尽他所能。［“实际上，”齐亚诺向新任德国大使麦

---

① Ciano, *Diaries 1937—1938*, p.123.

② *Speeches on Foreign Policy, 1934—1939*（London, 1940）, p.164.

③ Cf. Thompson, p.122f.

④ *GD*, p.684, Dirksen’s italics.

⑤ *GD*, pp.684–685.

肯森（Mackensen）保证，“我们当然什么也没做，也没打算做。”］[1]帕切利枢机主教解释说，梵蒂冈一直在各个层面利用它的影响力与佛朗哥周旋。[2]最后，英国提议成立一个特别委员会来调查这类袭击，看看它 805
们是否真的针对军事目标。英国接触过的国家（美国、瑞典、挪威、荷兰）中没有一个愿意参与该计划。因此，英国派出了两名自己的官员进行调查。尽管他们报告说，轰炸肯定经常针对非军事目标，但他们并没有得出任何结论。

在西班牙水域对英国船只的新一轮空袭使局势进一步恶化。此时，国际上与西班牙共和国的大部分海运贸易都是由英国拥有的船只进行的，因为其他国家都认为被轰炸或扣押的风险实在是太大了。不过，这些船中有许多只是名义上的英国船，其实是希腊的，通过杰克·比尔梅尔这样的代理人在英国获得名义上的注册，他的斯坦霍普航运公司（Stanhope Shipping Company）当时就有大约35艘船在与共和国进行贸易。4月中旬至6月中旬，在西班牙水域，22艘英国注册船舶（当时与共和国贸易的船大约有140艘）遭到袭击。11艘船要么沉没，要么严重受损。21名英国海员死亡，其中包括一些不干涉委员会观察员。据外交部常务副部长亚历山大·卡多根爵士称，张伯伦内阁“几乎到了心烦意乱的程度”[3]。每天，英国政府都因为允许这种令人遗憾的状况存在，而在下议院遭受攻击。大多数船只是在港口沉没，因此海军很难反击。词汇精妙的英国议会外交办公室副秘书长巴特勒（R. A. Butler）被派去解释为什么政府不允许向西班牙共和国出口高射炮，也不允许商船携带自己的武器。然而很明显，这些袭击都是蓄意的。一些保守派人士，如邓肯·桑迪斯（Duncan Sandys）与社会党人诺埃尔·贝克（Nöel

---

① *GD*, p.683.

② *USD*, 1938, vol. I, p.208.

③ *USD*, 1938, vol. I, p.215. 他于1938年1月接替了英国大臣范西塔特。

Baker）站在一起，抗议这一立场是耻辱的。左派的新星安奈林·贝文（Aneurin Bevan）唤起了人们对克莱武（Clive）在印度丰功伟绩的回忆，劳合·乔治要求通过轰炸位于马略卡岛的意大利空军基地进行报复。[①]丘吉尔说：

806 我想可以完全放心地对佛朗哥将军说："如果再有这种情况，我们将在公海逮捕你们的一艘船。"……我完全能理解为和平而必须忍受一些屈辱这件事。如果我觉得我们正在为和平争取更大的安全，我会支持政府的。但我担心这种谦卑在国外会被严重误解。我担心它会……在事实上使我们更靠近那些我们最希望避免的危险。[②]

切尔伍德（Chelwood）的塞西尔勋爵因为政府的无能而辞去了保守党在上议院的党鞭职务。约克大主教坦普尔（Temple）博士和其他高级教士请求采取"有效行动"。张伯伦在日记中指出："我已经考虑了各种可能的报复形式，但有一点绝对清楚的是，除非我们准备与佛朗哥开战，否则任何形式的报复都不会有效……当然，如果佛朗哥够傻的话，事情可能真的会演化成战争。"[③]在一次内阁会议中，他建议英国占领梅诺卡岛以示抗议；内阁会议记录尖锐地指出："这件事的困难在于，梅诺卡是属于（共和）政府所有的。"[④]

国家主义西班牙最终提出，可以将阿尔梅里亚设为航运安全区。共和主义西班牙和英国船东委员会都拒绝了这一提议，因为当时经常出入共和国港口的船只中，只有七分之一可以在阿尔梅里亚停靠。

---

① *Parliamentary Debates*, vol. 337, col.1011（21 June 1938）.

② *Parliamentary Debates*, vol. 337, col.1387（23 June 1938）.

③ Feiling, p.352.

④ *CAB*, 27（38）, on 1 June.

于是情况并未改变。英国船只“德尔文”号（Dellwyn）在甘迪亚附近，在一艘英国军舰的视线中沉没。“这可是历史上的第一次。”美国大使、民主的忠实朋友鲍尔斯哀叹道。[①]普列托在巴塞罗那的一次演讲中说：

> 我们在研究国际关系时，总是会谈到英国人傲慢自大，他们不会容忍对其物质利益的最小伤害，也不会容忍对其国民生命的攻击。但谁会想到这种事情竟然真的可能发生呢？如今在这里，在我们的墓地里，是英国水手的尸体，他们信心满满地以为在保护帝国，却付出了生命的代价。

持续不断的空袭使珀斯勋爵告诉齐亚诺，他担心“如果袭击继续下去，张伯伦可能会倒台”[②]。于是7月初，空袭终于停止。 807

这场危机造成了国家主义西班牙与其盟友之间的紧张关系。因为如果德国和意大利否认对此负责，那就是把责任推给了佛朗哥。斯托勒奉命告诉佛朗哥，德国本以为他会保护“秃鹰军团”免受猜忌，但有些德国人自己也不谨慎。7月12日，《新闻纪事报》（*News Chronicle*）刊登了一篇德国第四集团军雄心勃勃的纳粹指挥官冯·赖歇瑙（von Reichenau）将军的演讲，题目是《德国人对西班牙事件的态度》——“两年的真实战争经验，”赖歇瑙说，“对于我们尚不成熟的国防军和人民的进攻力量，比整整10年的和平训练更有用处。”英国内阁收到了这份演讲稿。那些读过演讲稿的部长们也可以认识到，在空战、坦克战和反坦

---

① *USD*, 1938, vol. I, p.231. 对这件事的反应之一，是劳（Low）在6月16日发表的漫画，漫画中的布林普（Blimp）上校说：“嘉德（Gad）爵士，是时候告诉佛朗哥，如果他再击沉100艘英国船只，我们将会全部从地中海撤退。”

② Ciano, *Diaries 1937—1938*, p.132.

克战中，德国人从西班牙获得了很多经验。[①]“西班牙在战争中使用机动车辆方面给了我们特别宝贵的教训。”冯·赖歇瑙说。哈利法克斯勋爵建议英国应该“起草一份呼吁书，呼吁交战双方停止战争。当然，这样的呼吁是基于人道主义、基督教等理由的……这不太可能成功，但会加强国王陛下政府的道德地位”[②]。

事实上，德国人在这年夏天与佛朗哥发生了严重的争吵。佛朗哥在知会冯·斯托勒之前，就签署了新的采矿法。法案中包括那些为了取悦德国人而做出的让步，比如允许外国资本在国内投资40%的股权，而且在摩洛哥还有可能出现高于这一比例的例外情况。这项法律令德国满意，但它的公布方式并不令人满意。冯·斯托勒问自己是否不再受支持了。当被告知佛朗哥很忙时，冯·斯托勒追问，难道他连抽出半小时时间去见德国大使都做不到吗？后来，戈麦斯·乔达纳接见了他，乔达纳解释
808 了他和佛朗哥在内阁中是如何支持德国的，他们甚至还通过了有利于德国的修正案。他补充说，如果佛朗哥在政令公布前接见了大使，敌人的宣传就会声称德国已经迫使佛朗哥做出了让步。“但国家主义西班牙的报纸在我呼吁时从来都不进行报道。”冯·斯托勒指出。虽然依然气急败坏，但德国还是接受了道歉和让步。[③]在接下来的几周里，德国与佛朗哥的关系显得非常复杂。德国甚至似乎开始产生另一种想法，通过向共和国出售武器，将德方在构思中延长西班牙战争的愿望变为现实。德国纳粹谈判代表秘密会见了内格林，这一点在后面还将提到。

在这几周持续不断的国际危机中，国民军在马埃斯特拉斯哥和地中海沿岸的攻势痛苦地、缓慢地持续着。共和军由莱奥波多·梅内德斯

---

① 见*CAB*（163）38。关于赖歇瑙，见R. J. O'Neill, *The German Army and the Nazi Party, 1933—1939*（London, 1966）, p.194。德国人得到的教训是，佛朗哥并没有足够的机动车辆来发动闪电战。

② *CAB*, 32（38）of 13 July.

③ *GD*, pp.675-681. 评论见Harper, p.98f。

（Leopoldo Menéndez）将军在米亚哈的总指挥之下作战，以娴熟的技巧和勇敢进行着抵抗。“秃鹰军团”的指挥官沃克曼将军报告称，他们的物资已经用尽。[1]另一方面，共和军从苏联收到许多新的伊-16飞机，包括所谓超高航速的“超级伊-16”（Supermosca），配有4挺机枪；他们还从法国收到40架加拿大格鲁曼战斗机（Grumman）。[2]就这样，比纳罗兹以南60英里的卡斯特列翁在郊区经过几天的激烈战斗后，于6月14日落入了阿兰达之手。最后一批共和军离开之前，他们将40名政治犯枪杀，该镇遭到洗劫。从那时起，国民军在格拉德卡斯特列翁（El Grao de Castellón）就拥有了一个大型地中海港口。他们在北面距离巴伦西亚只有50英里了。但是，尽管加西亚·巴利尼奥经验丰富的部队（现在是一个军团）加入了阿兰达、索尔查加和恩里克·巴雷拉的行列，但双方在萨贡托以北8英里的地方形成了军事僵局。国民军获得的唯一的成功是伊鲁雷塔戈耶纳（Iruretagoyena）将军征服了“躲避者”（贝尔特兰）在阿尔托辛卡山谷（Valle del Alto Cinca）的飞地。比利牛斯山城贝尔萨（Bielsa）于6月6日陷落。4,000人逃到法国。[3]

—— 809

6月中旬，国家主义西班牙已经不再暗示战争很快就会结束，春天的乐观情绪也已经消失了，到处都是厌战情绪。根据冯·斯托勒的说法，“马丁内斯·阿尼多目前在国民军控制地区实施的恐怖行为”是“难以忍受的，即便对长枪党人也是如此”。[4]内格林6月18日在马德里发表

---

① *GD*, p.689.

② 根据R. Salas（vol. II, p.1870），共和军拒绝从美国购买T-6战斗机，这种飞机拥有不错的性能。但他们怎么付账呢？在战争中途更换武器供应商是否可行呢？

③ Aznar, p.704；Buckley, p.375.

④ *GD*, p.711.

讲话声称，如果要维护西班牙作为一个自由国家而存在，就不能再容忍哪怕一秒钟的战争。赫罗纳主教于6月28日在国家主义西班牙占领区给孔帕尼斯写了一封信，他在信中说，共和国应该投降，因为佛朗哥的军队已经在大半个西班牙取得了胜利，因此孔帕尼斯主席作为一个优秀的民主主义者应该承认这一“多数原则”。[①]在国外，利特维诺夫宣布，苏联将很高兴在“西班牙人的西班牙”基础之上从西班牙撤军，而伊里亚·爱伦堡在6月17日的《真理报》上，向老长枪党人伸出了“和解之手”，他出人意料地称他们为“西班牙爱国者”。苏联在巴塞罗那的军事任务已经比以前的规模小了很多。阿萨尼亚在比克博物馆（Museum of Vich）会见英国代办约翰·莱切时，再次敦促对西班牙进行调解，其中包括停火后举行公民投票。[②]阿萨尼亚不断批评以他的名义实行的各种司法程序。他绝望地指出，最高法庭“缺乏对人身的保护，充斥着无能的文盲法官，不懂策略的残忍……几个男孩因唱歌而被判死刑；告密者不知道他在做什么；对待囚徒异常恶劣——导致一个人失明，一个人失聪”。但内格林仍然相信，一些惩戒性的惩罚会和战斗一样所获甚多。[③]

6月27日，麦斯基同意了不干涉委员会制订的志愿者撤离计划。他们将向西班牙派出两个委员会，第一个负责清点外国人，第二个负责监督他们撤离。费用估计在175万英镑至225万英镑之间，将由参与不干涉行动的国家承担。[④]该计划已送交西班牙内战双方征求意见。乔达纳
810 表达了国家主义西班牙的态度。他向斯托勒解释说：“必须寻求一种在原则上接受这一计划，以及加强内维尔·张伯伦地位的方法，但要巧妙地提出保留意见和反对建议，以赢得尽可能多的时间，同时将战争继续

① 博什·金佩拉教授给了我这封信的一份复印件。

② 来自博什·金佩拉教授的证据。

③ Azaña, *op.cit.*, p.880.

④ *NIS*，第29次会议；*NIS*（c），第93次会议。

下去。”[1]最能表达所有人想法的是由麦斯基（甚至将他自己的国家算在内）说出的：“干涉主义势力的整个行为迫使我怀疑‘志愿者’的撤离是否真的会发生。”[2]

7月5日，莱万特的国民军开始奋力向巴伦西亚进发。[3]900门大炮和400架飞机此时集中在那个区域。加西亚·巴利尼奥从卡斯特列翁城外的北方压了下来，但是这里的埃斯帕坦山脉（Sierra de Espadán）几乎延伸到大海，在精明的古斯塔沃·杜兰和梅内德斯将军领导下，共和军岿然不动。7月13日，恩里克·巴雷拉和贝尔蒂以及3个意大利师，与索尔查加的纳瓦拉人一道，从特鲁埃尔以南进攻。意大利人的装甲车掌控了前几天的战斗，但共和军的抵抗组织得也很好。一支边防警察部队（carabineers）在莫拉·德鲁比洛斯（Mora de Rubielos）坚持了很长时间。随后萨里翁（Sarrión）失守，跟着易手的是共和国在托罗山脉（Sierra de Toro）的阵地。此时的前线开始崩溃，甚至让人联想起阿拉贡发生的事情。刚刚开放的国家主义旅游局也来凑热闹，宣布了一条战场的巴士游线路。[4]在猛烈的空中轰炸和炮击的保护下，纳瓦拉人和意大利步兵在5天内沿着20英里宽的战线前进了60英里。此刻，唯一能够阻碍通往柔软的巴伦西亚冲积平原道路的（这里在和平时期相当繁荣，但在战争中也异常容易被征服），只有在维弗小村庄（pueblo of Viver）前建造的某些防御工事，这些工事一直延伸至埃斯帕坦山脉内部。然而，这些防御工事，即所谓的XYZ线，极富想象力，由两个军团防守，指挥官是罗梅罗和居埃姆斯（Güemes）上校，他们

---

① *GD*, p.725.

② Cattell, *Soviet Diplomacy*, p.119.

③ Ansaldo, p.63，表示这次进攻是佛朗哥私人提议的结果。国家主义西班牙的某些危言耸听者相信德国人是这场战役的幕后黑手，目的是延长战争。

④ 第一任局长是路易斯·博林，为了到战场旅游，他从美国购买了12辆校车（cf. Bolín, p.302）。

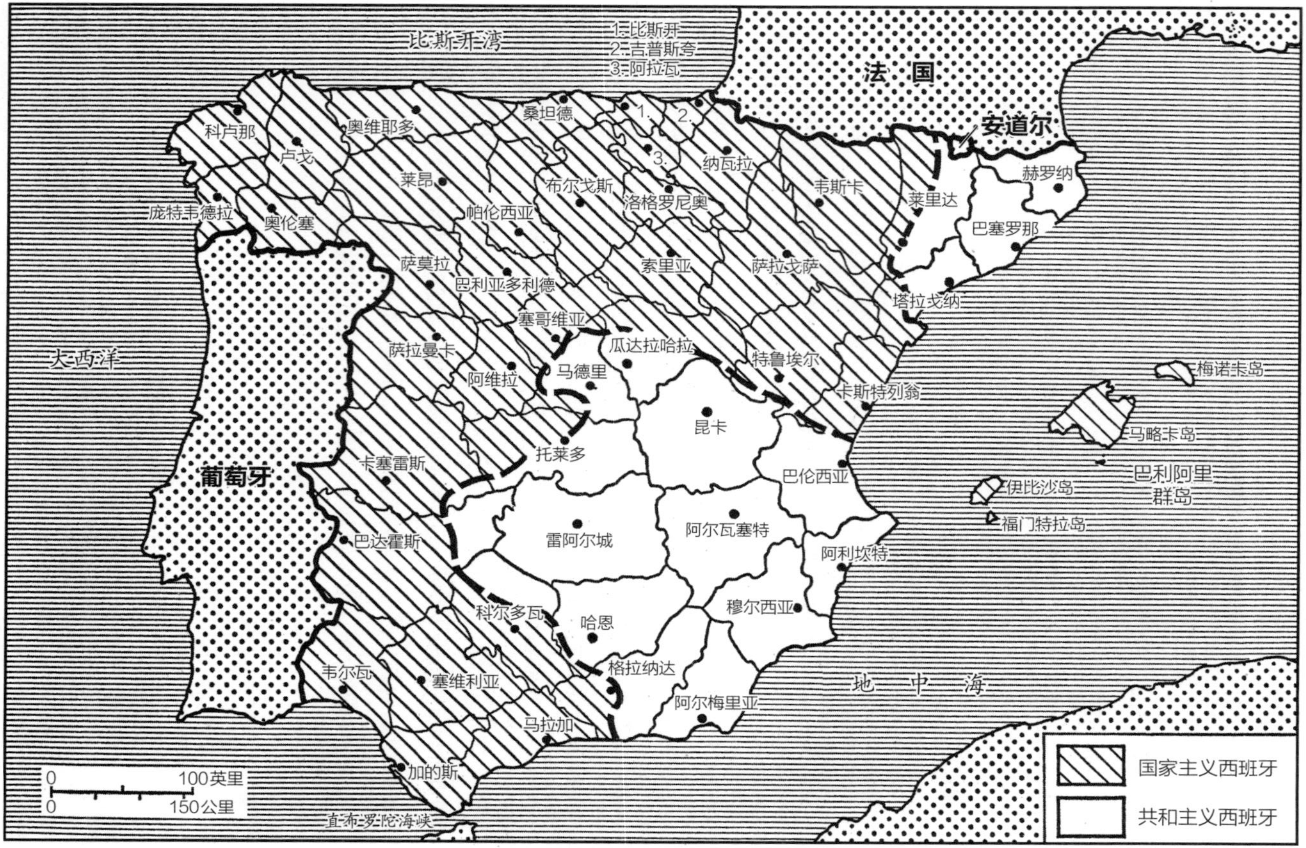

图32 西班牙局势图，1938年7月

曾在1936年11月的马德里战役中赢得了人们的交口称赞。[1]他们建造的战壕能够抵挡千磅重的炸弹。进攻方的前进被遏制了。炮击和炸弹也没有给守军留下任何印象。国民军步兵的每一次进攻都被一阵机枪的火力击退。7月18日至7月23日，国民军伤亡惨重，据共和军方面估计大约有20,000人。到最后一天，进攻出现了明显停止的迹象。巴伦西亚得救了。[2] 812

47. 埃布罗地区的战斗 813

1938年7月24日，在巴塞罗那的内格林告诉共和国战争委员会，除非其他地方发生了足以能够转移注意力的攻击，否则巴伦西亚将失陷。因此，总参谋长罗霍将军提议进攻地中海国民军突出部的北面。他的计划是从距离大海约70英里的几个地方，强行穿越宽阔的埃布罗河，目标首先是干扰国民军在莱万特和加泰罗尼亚之间的通信；其次，如果可能的话，恢复加泰罗尼亚和共和主义西班牙其他地区之间的陆地通信。为了实施这一计划，在莫德斯托的指挥下组建了一支新的"埃布罗军"（Army of the Ebro），由利斯特领导的第五军团、埃特尔维诺·维加领导的第十二军团和曼努埃尔·塔维尼亚领导的第十五军团组成。何塞·德尔·巴里奥领导的第十八军团是预备队。这支由8万人组成的部队将由70—80个野战炮兵连和27门高射炮进行支援。多亏了由苏联训练的西班牙人驾驶的超级伊-16和超级伊-15战斗机，共和军的空中力量得到极大加强。所有埃布罗军的首席指挥官都是西班牙共产党党员，其中包括军团指挥官和师长，当然还有莫德斯托本人。事实上，这些指挥官作

---

① 见R. Salas, vol. IV, pp.3284-3286。

② Buckley, pp.379-381.

814 为党员，都定期与党的委员会举行会晤。①在埃布罗军的27个旅中，无政府主义者只掌握了其中两个旅的指挥权。②不过，他们在其他军队中的表现并没有那么差劲。例如，东部军指挥官佩雷亚上校一直在同情无政府主义者，而在米亚哈领导下中部地区的5支军队中，只有1支（毫无存在感的埃斯特雷马杜拉军）是由一个甚至只能称其为共产主义同情者的伯里洛（Burrillo）上校领导。③其他指挥者不见得是无政府主义者，但他们也并不是西班牙共产党党员。

此外，西班牙的共产党党员也并不团结——莫德斯托和利斯特这两位在战争中取得突出军事成就的人关系并不好。莫德斯托是一个善于挖苦、专横的安达卢西亚人，有时很残忍，很少坦诚对人，但他是一个真正的军事领袖，缺乏政治天赋和野心。利斯特是一个热情好客、雄心勃勃的演说家，有着强烈的友善之心，不守纪律，随时准备投身于任何宣传活动，在这方面他也做得很好；他时常很严厉，但如果是他喜欢的下属，即便犯下无数错误他也会容忍。④另外，许多新共产党党员，只是名义上的，实际上是资产阶级分子。其他成功的西班牙共产党指挥官的政治态度，完全是由战争形成的。没有人知道他们以后会有什么看法。在无政府主义者看来，陆军参谋长罗霍一直对共产党党员过于宽容，但他是一名纯粹简单的技术人员。运输部长贝纳尔（Bernal）是一个著名的反进化论者。社会主义者、军队行政首长特里丰·戈麦斯是普列托的追随者，当1934年拉尔戈·卡瓦列罗开始向左翼靠拢时，他甚至从党部被撤职。此时，让很多人意外的是，负责防空的炮兵军官胡拉多上校支持共和主义西班牙。负责协调各个军需部门的曼努埃尔·阿尔巴和海

---

① Lister, p.220.

② Peirats, vol. III, p.230.

③ 另外4支军队是中部军（卡萨多）、莱万特军（埃尔南德斯·萨拉维亚），“机动部队”（梅内德斯）和安达卢西亚军（莫里昂）。

④ 对两人绝妙的描写，见 Tagüeña, p.187。

军副部长阿方索·贾蒂瓦（Alfonso Játiva）都是普列托的人。新任空军政委贝拉米诺·托马斯也是，至于国防部秘书长苏加萨戈伊蒂亚，更是如此，尽管他几乎没什么工作。[1]战争部的许多其他任务仍然由政治 815
中立的专业官员而不是共产党党员担任，就像在普列托时期一样。例如，炮兵仍然由富恩特斯上校指挥，在沃罗诺夫（Voronov）少校看来，1936年11月时的这位军官似乎是太反苏了；巴斯克军队指挥官之一蒙托（Montaud）上校负责通信；巴伦西亚大学校长、内格林的朋友何塞·普切（José Puché）博士是陆军医疗队的负责人；只有控制着工程兵团的阿斯卡拉特少校（阿斯卡拉特大使的堂弟），以及坦克专家桑切斯·萨帕德斯上校，可以认为与西班牙共产党关系密切。另一方面，负责武器采购的副秘书长、神秘的格拉纳达社会党副手亚历杭德罗·奥特罗似乎是一个想象力丰富的资本家。西班牙共产党领导的部队获得了绝大部分最先进的武器，但他们同时也主要负责进攻。

在埃布罗军中，曼努埃尔·塔维尼亚虽然还不到30岁，并且1936年以前没有任何军事经验，却指挥着一个军团。他的这一崛起象征着大批年轻人，主要是共产党党员或青年联合会成员的崛起，他们在内战后期获得了战场指挥权。[2]塔维尼亚的共产主义是一个爱国斗士的共产主义，而不是一个“理论家”式的共产主义。

这些重组后的军队在整个1938年都在西班牙共和主义地区进行着顽强抵抗。春季战败后的复苏是一项伟大的成就，3月法国边境的开放是部分原因，但召集新的预备役部队也很重要，同样重要的还有从军官学

---

① 有趣的是，托马斯找到了一份工作，他在阿斯图里亚斯理事会主席职位上做得非常不成功，却行事放肆。国家主义西班牙对这种无能行为一直犹豫不决地纵容。

② 作为战前社会主义青年的一名积极成员，塔维尼亚于1936年7月在谢拉作战，9月在塔霍河前线作战，10月在马德里接替费尔南多·德罗萨，并于1936年冬天成为一个混合旅的首批指挥官之一。他于1936年11月加入西班牙共产党，并在1938年3月阿拉贡前线的撤退行动中获得了巨大成就。

校来的新人员的补充。对于那些处境艰难的战士，复苏也是一项艰难的工作，他们中的大多数人都不到25岁，他们知道，如果仅仅维持现状，他们将失去一切，包括生命，他们只有不停地工作直到倒下为止。

1938年夏天，在法国边境再次关闭的情况下，在布鲁内特、贝尔契特和特鲁埃尔等先例的暗示下，共和国再次发动进攻，这可谓一次大胆的行动。这些战役的模式往往是：进攻的早期成功——国民军从其他战
816 线匆匆赶来增援，遏制了进攻势头——国民军反攻。埃布罗河战役也遵循了这个模式，虽然规模更大，但其后果比其他交战更可怕。[①]

7月24日至25日的午夜，在一片伸手不见五指的黑暗中，共和军开始横渡埃布罗河。塔维尼亚领导的部队开始在梅基嫩萨（Mequinenza）和法伊翁（Fayón）之间渡过河流。利斯特和第五军团在法伊翁和切尔塔（Cherta）之间的大弧线以南选择了16个渡河点，特别是在菲利克斯（Flix）、莫拉拉努埃瓦（Mora la Nueva）、米拉韦特（Miravet），以及再往南30英里靠近大海的安波斯塔（Amposta）。进攻方共装备了90艘船（每艘可载10人）、3座浮桥，还有大约12座其他桥梁。装甲部队由22辆T-26坦克和4个连的装甲车组成，它们装备的是机枪，而不是大炮。一旦这些桥能够安全地漂浮在河中，就会有更多的物资顺着桥运送过去。利斯特军团中第一支渡河部队是重建的第十一国际旅汉斯·贝姆勒营，由德国人、斯堪的纳维亚人和加泰罗尼亚人组成，他

---

① 关于埃布罗战役，见Luis María Mezquida, *La batalla del Ebro*（Tarragona, 1963—1967）；Julián Henríquez, *La batalla del Ebro*（Mexico, 1944）；战役的各种版本见塔维尼亚、利斯特、马丁内斯·德坎波斯、金德兰、罗霍和亨利·巴克利所写的各种经常被引用的书籍。关于战役计划，见R. Salas, vol. IV, pp.3287–3297。梅兹奎达（Mezquida）的书有一个优点，即记录了大量来自底层人员的个人证词。关于空战印象，见García Lacalle, p.381f。关于一个奇怪的目击者，见Francisco Pérez López, *A Guerrilla Diary of the Spanish Civil War*（London, 1972）。亦可参考R. Salas, vol. II, p.1967f。我在与马丁内斯·德坎波斯上校和曼努埃尔·塔维尼亚上校对此次战役的谈论，以及与加西亚·拉卡列上校的通信中，都受益匪浅。

们的指挥官们用不熟悉的口音高呼着“前进，内格林的儿子们！”率领着他们出发。[1]在莫拉，奔流的埃布罗河有几百英尺宽，从一个幽深的峡谷中穿过。

这条经过梅基嫩萨流到大海的河的另一岸，此时正由摩洛哥军把守着，而亚格此时再次得到摩洛哥军的指挥权。由坎波斯上校指挥的第五十师的军官曾发来报告称，在河对岸已经集结了大量部队，但最高司令部并没有理会他们。西班牙的前线有1,100英里长，并非所有的流 817
言都可以核实调查。[2]半夜两点半，佩尼亚雷东达（Peñarredonda）上校（负责莫拉区）向亚格报告说，共和军已经渡过了埃布罗河。佩尼亚雷东达的一些士兵听到背后的枪声，而他和他的师部已经失去了与侧翼的联系。这位上校是国民军中最残忍的人之一。他对国际纵队怀有特别的仇恨，并愿意承担一切责任，甚至下令将任何被俘虏的国际纵队战士枪毙。他甚至指示在他的营中服役的英国上尉彼得·肯普射杀一名爱尔兰同胞，以作为对英国干涉双方事务的特别抗议。[3]与此同时，第十四旅（法国和比利时人组成）渡过了安波斯塔附近的埃布罗河，与洛佩兹·布拉沃（López Bravo）将军率领的部队交火。这次渡河以失败告终，而它本身被认为是所有进攻中比较次要的一役。尽管如此，那里的战斗仍然持续了18个小时，之后那些活着的人尽最大努力在一片混乱中渡河撤退，留下了600具尸体和众多物资。在上游，第一阶段的

---

① *Reconquista*（埃布罗军的报纸）。关于进攻准备的详细描述，见Tagüeña, p.200f。在埃布罗战役的第一天，同样重要的还有重新组建的法国第十四旅，由马塞尔·萨尼尔（Marcel Sagnier）指挥，政委是亨利·坦古伊（Henri Tanguy）。见Delperrie de Bayac, p.354f。浮桥和充气橡皮艇购买自法国。法国军队是否告诉过他们这些器具怎么用，就像巴罗佐（Barroso）告诉希尔斯（Hills，见p.319）的那样？并没有证据说明这一点。

② 这里可以与1918年的西线相比，它的长度只有400英里。

③ Kemp, p.172.就在战斗开始前，他被一枚流弹打伤。几个月前，他曾经与一名剑桥大学三一学院的同学、第十五国际旅参谋长马尔科姆·邓巴对峙。

进攻是成功的。天亮时，前线中心位置的所有河岸村庄都被占领了。一个巨大的桥头堡已经建立了起来。那些渡河成功的人，包括第十五国际旅，继续向内陆进发，包抄、包围并俘虏了士气低落的佩尼亚雷东达部队。到了晚上，那位军官得到夜晚撤退的许可，可以带着他的人一起撤走。后来，这位大为震惊的上校自己也退居萨拉戈萨，再也没有出现在战争中。在北部的梅基嫩萨，塔维尼亚已经从埃布罗河前进了3英里。在中部，利斯特已经前进了25英里，几乎到达了甘德萨小镇（1937年的人口为3,396人）。在甘德萨和埃布罗河之间，所有高地上的主要观测点都已攻克。4,000名国民军被俘虏，还有许多人做了逃兵。

佛朗哥命令巴龙、阿尔弗雷多·加莱拉（Alfredo Galera）、德尔加多·塞拉诺、拉达、阿隆索·维加、卡斯特洪（来自安达卢西亚）和阿
818 里亚斯（Arias）等师大力增援该地区。马丁内斯·德坎波斯上校在日记中记录道，当他带着炮兵在塞戈韦（Segorbe）和萨贡托以北的埃斯帕坦山脉执行任务时，他突然接到“停止已经开始的行动……敌人已经越过了埃布罗河”的命令。[1]佛朗哥考虑允许让共和军继续向前推进到足够的深度，以便可以发动一次钳形攻势，将整个共和军摧毁。有人劝他不要这样做，但他一直在轰炸桥梁——他决心在炮兵和飞机完全掌控形势之前，不让步兵前进。

主要战斗发生在甘德萨。在阿拉贡夏天的炎热气候里，这个城镇日夜遭到利斯特的攻击。8月1日，第十五国际旅向481号山头发起了最猛烈的进攻，这座山就位于甘德萨的前方，并被他们命名为“粉刺（The Pimple）”。就像3月发生在甘德萨镇中的战斗那样，死亡名单再一次增加。战死者中包括南肯辛顿（South Kensington）的社会党市议员刘易斯·克莱武（Lewis Clive），以及剑桥的年轻共产主义哲学家戴维·哈

---

① Martínez de Campos, p.154.

登·盖斯特（David Haden Guest）。[①]8月2日，共和军的进攻已经得到了遏制。双方的战线沿着埃布罗河形成的弧线的底部从法伊翁一直延伸到切尔塔，但由于留下了国民军在维拉尔巴·德洛斯·阿科斯（Villalba de los Arcos）和甘德萨的两个坚固据点，战线在两者之间不得不折向东方。在北部，梅基嫩萨和法伊翁之间的口袋地形最宽处达10英里。亚格展现了自己作为一个天才防御者的一面，他的守卫行动和他的进攻一样出色。他自始至终都很平静。然而，技术上的弱点可能才是共和国未能取得进一步进展的原因。他们花了太长时间来修建一座横跨埃布罗河并用于重型坦克通行的铁桥。由于卡车短缺，共和军步兵不得不步行到前线。此外，当大多数国民军仍滞留在巴伦西亚时，由于共和军缺乏空军轰炸的支援，使国民军最终完成对甘德萨的防御，包括对战壕的守卫（当然他们的轰炸机已经在忙于轰炸埃布罗桥了）。莫德斯托曾想轰炸甘德萨，但遭到空军部作战司令维西多上校的阻挠。提出轰炸计划的共和国战斗机指挥官加西亚·拉卡列上校认为，作为一名常规军官，维西多的这种消极态度不亚于背叛。但随后在共和军阵营中对叛国的 820
指控突然爆发，其频繁程度不亚于对托洛茨基主义的指控。[②]然而，8月14日，HISMA领导人伯恩哈特不得不给戈林打电报，要求他为宝贵的88毫米高射炮提供更多弹药，以应对“严重的军事危险”[③]。利斯特和塔维尼亚发出的命令仍然是“警戒、防御和抵抗”，这些话在接下来的几周里不断重复，官兵因撤退而被枪杀。如果有军官没有得到上

---

① 克莱武在20世纪30年代的牛津大学上过学。哈登·盖斯特是剑桥一整代共产党人的偶像。

② Letter from Lacalle, July 1964.

③ *GD*, p.735。在埃布罗战役刚开始，国家主义西班牙驻柏林大使马加斯侯爵（Marqués de Magaz）就抗议说德国向共和军出售武器。步枪大约1英镑一支，而德国在名义上要卖给中国和希腊的飞机，实际上卖给了共和主义西班牙。马加斯认为戈林知道这些交易，并希望通过这种欺诈延长西班牙内战。两个月后，德国政府否认他们牵涉其中（Documents quoted in *The International Brigades*, p.44.）。

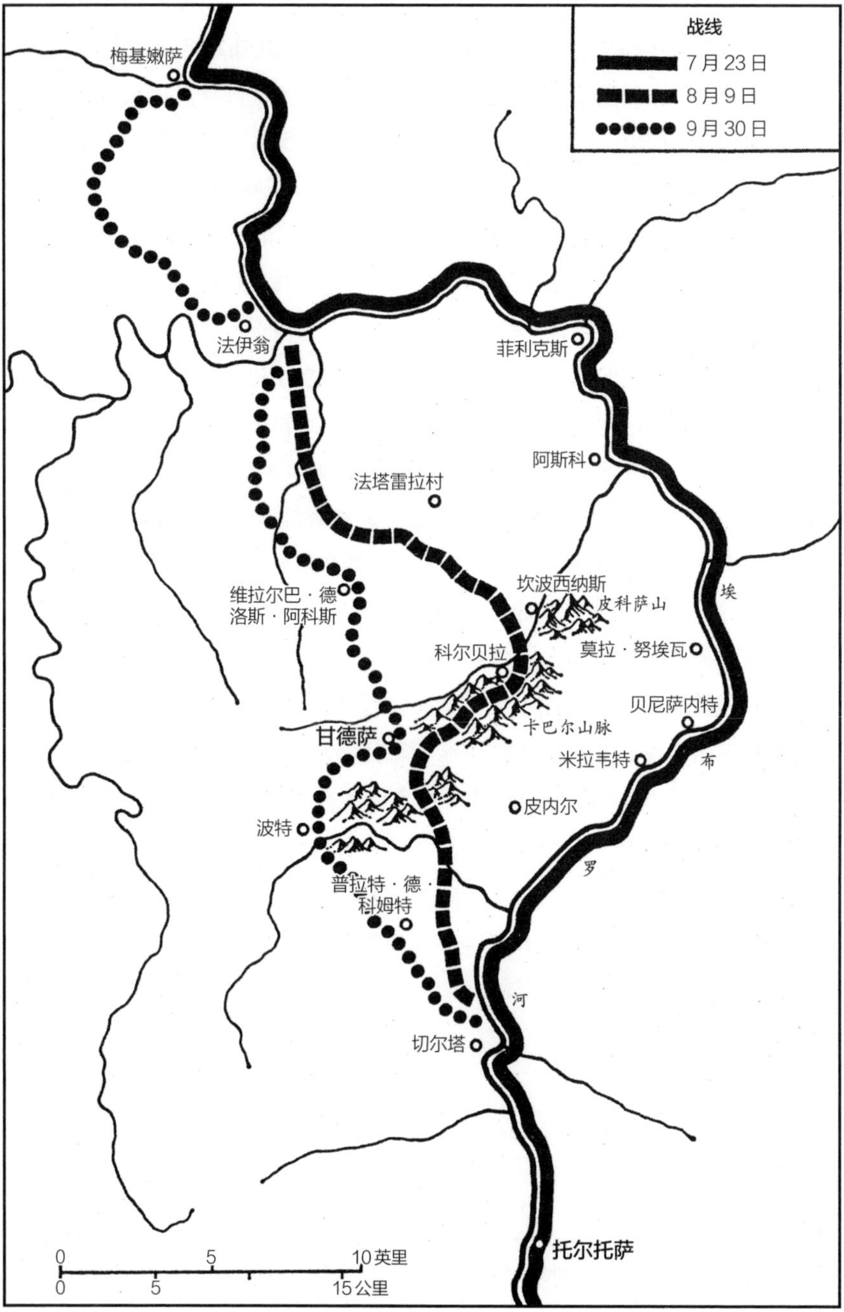

图33　埃布罗河战役，1938年7—9月

级的书面命令就下令撤退，那么他们就命令军士杀死这些军官。“如果有人失去一寸土地，”利斯特命令道，“他必须赌上部下的命去夺回来，否则就枪毙。”[①]

佛朗哥从不轻易允许哪怕是战术上的任何一次回撤。他决心把共和军从他们赢得的领土上赶回去。在这种指导思想下，几乎所有的国民军空军都集中在埃布罗地区，包括总共约300架的飞机。当时佛朗哥的这一决定受到其他将军比如阿兰达等人的批评。但这个决定是他做出的，也完全是他的风格。佛朗哥的战术是：对一个小范围的指定地点进行猛烈炮击和空袭，让对手的抵抗完全瘫痪，然后由一小群人发动攻击，可能小到只有两个营。这里的国民军炮兵指挥官是受过培养的君主主义者马丁内斯·德坎波斯，他在整个北方战役中一直担任炮兵指挥官。在他的指挥下，埃布罗战役成为一场重要的炮兵竞争赛，这也是在西班牙内战中唯一一次完全采用“炮兵征服地面，步兵占领地面”的经典公式战。

以这种方式进行的第一次国民军反击发生于8月6日，德尔加多·塞拉诺重新占领了梅基嫩萨和法伊翁之间的口袋地区。共和军留下了900
多具尸体、1,600支步枪和200多挺机枪。8月11日，阿隆索·维加和加 821
莱拉对战线南部蓝色的岩石山脉潘多尔山脉（Sierra de Pandols）发起反击。到8月14日，利斯特已经放弃了圣玛格达莱纳（Santa Magdalena）的高地。8月19日，亚格对盖塔山（Mount Gaeta）北侧的共和军阵地又发起一次反击，这里山坡土质柔软，起伏不平，长满了冬青树。这次反击也最终取得了成功。9月3日，亚格和加西亚·巴利尼奥两个军团（后者从莱万特调来，以“马埃斯特拉斯哥军”的名义接受调配）发起了另一次进攻，两支部队共包括了加莱拉、德尔加多·塞拉诺、阿里亚斯和穆罕默德“埃尔米齐安”（Mohammed “el Mizzian”）4个师，其中最后

---

① Aznar, pp.744–745，列出了几份后来被缴获的共和军命令，显示这一命令经常执行。

一个师的指挥官是一名摩洛哥军官，他曾经是西班牙最凶残的敌人阵营中某人的侄子，后来在国民军中成长为师级指挥官。甘德萨被部分解围，国民军也夺回了位于潘多尔和盖塔山之间肥沃山谷中的科尔贝拉村（Corbera）。就这样，共和国在6周后就失去了它获得的大约120平方英里（约311平方公里）的土地。

但是这些平淡的叙述只能将这场发生在8月酷热的战斗描摹个大概。国民军飞机不仅是每一天，而且是整天都盘旋在共和军的防线之上，有时甚至达到200架同时出动的程度，由于他们对手的防空力量不足以及战斗机管理不善，因此几乎无法对他们造成任何干扰。共和军许多伊-16和伊-15飞机都在地面上被击毁，也有很多都遭到破坏，还有许多飞行员要么被打死，要么受伤；此时，大多数最优异的苏联飞行员已经撤离。共和军司令部也没有将空军与陆军配合起来。8月初，共和军的制空权已经消失。这绝不只是抵消了他们在高地上获得的优势。在反攻期间，国民军飞机每天投下1万磅炸弹。但是共和军的工程师们也很顽强，在轰炸之下还能修好桥梁。这段战斗间，最引人注目的可能是打击小目标的困难：要想摧毁一座浮桥，就需要500枚炸弹。

在埃布罗河进攻之后，共和国欢腾了一段时间，就连阿萨尼亚也一度被说服，认为趋势已经被逆转。捷克斯洛伐克危机还带来了欧洲全面
822 冲突的威胁，而正如内格林希望的那样，西班牙也可能会被卷入其中。然而，这些有利的事件并没能阻止一场破坏性的政府危机。内阁内部争议的问题，是对58个间谍或破坏活动悬而未决的死刑进行最后判决。这些被判刑的人都是围绕一个名叫维拉尔塔（Villalta）的长枪党人形成的间谍团伙的相关成员，这个团伙最近被破获。因此，内格林要求，所有处理间谍活动和其他与战争有关罪行的法庭，都应归战争部管辖。他还

希望该部处理港口管理问题。最后，他希望将军事工业彻底国有化。此时的军火工业确实很混乱，有时是工人的错，有时是国家组织的错。[①]此外，军事情报处在加泰罗尼亚的活动导致孔帕尼斯和其他人抱怨连连，认为这支警察部队违反了加泰罗尼亚法规。这场争论的结果没有定性，却导致内格林颁布军事化法令。至于国有化计划，事实上导致部分人失业，因此失业比例比1936年之前高了很多。[②]许多集体化工业也需要得到支援，巴塞罗那的一家工厂甚至打出了这样的标语："集体化工厂需要资本家伙伴。"[③]许多部长（大多数是非共产主义者）反对内格林的政策。来自巴斯克和加泰罗尼亚的中央政府部长艾瓜德和德伊鲁霍认为他们都应该辞职。危机持续了数天。[④]审查制度阻止这两位部长质疑的态度广为人知：巴塞罗那最重要的报纸《先锋报》为内格林辩护，并将其解释为分离主义的阴谋。战争政委们甚至让人们理解为，这是加泰罗尼亚自治政府支持的一次分离主义反抗。[⑤]之后内格林离开巴塞罗那好几天，没人知道他在哪里。他决定酝酿一场危机，因为他担心阿萨尼亚正在考虑派遣胡利安·贝斯泰罗组成一个主张调解或投降的政府（实际上他是以私人身份留在马德里的）。因为阿萨尼亚认为，一旦达成停火协议，哪怕是暂时的，双方也都无法再恢复战斗了。[⑥] 823

最后，内格林来到孔帕尼斯的府邸，与他共进晚餐。他告诉孔帕尼斯，自己厌倦了加泰罗尼亚得不到足够支持的现状，他决定退出政坛，以

---

① 见Peirats, vol. III, pp.197–205。

② 巴塞罗那的失业人数是8万人，这可以与1936年1月的5万人对比。

③ Qu. Azaña, vol. III, p.511.

④ 8月9日，在西班牙社会党全国委员会上普列托对内格林发起攻击。此次讲话以《我是为什么和怎样离开国防部长职位的》为题发表。见*Yo y Moscú*, pp.137–227。

⑤ 1938年9月，伊比利亚无政府主义者联盟的一份秘密通告指出，自5月以来，军队中有7,000名晋升者，其中5,500人是共产党党员（Peirats, vol. III, p.225）。

⑥ Zugazagoitia, pp.438–440. See comment by Jackson, p.457. 当时，阿萨尼亚的日记太零碎了，没有太多用处。

便参加在苏黎世举行的生物学大会。在此之前，他将向阿萨尼亚递交辞呈，建议孔帕尼斯接替他，出任总理。孔帕尼斯大吃一惊，试图说服内格林留在他的岗位上。内格林回答道，自己已经意识到未能与加泰罗尼亚建立良好关系，并承认自己缺乏敏锐的洞察力。谈话未做定论就结束了。第二天，两位加泰罗尼亚自治政府内部左翼党的高级成员塔拉德利亚斯和斯伯特会见内格林。之前他们向总理保证，希望与他友好地进行事务安排，但内格林似乎已下定决心要退休了，他对斯伯特说："明天你就会看到这一切将做出何种安排。如果我和我的生物学家们一起待在苏黎世，我会非常开心。"但这其实是内格林耍的政治花招。孔帕尼斯并不是一个可靠的接班人：他曾是一名熟练的政治玩家，但此时，他已经失去了众多左翼党的老朋友，这些人中的一些加入了加泰罗尼亚统一社会党，其他人则被流放，他自己在政府迁往巴塞罗那后也彻底失去了信心。他只是一个落水狗而已。

紧接着，内格林开始围着巴塞罗那打起了电话，他成立了一个新的政府，并将艾瓜德和德伊鲁霍排除在外。对于这两个人，他用何塞·莫伊（José Moix，共产主义者，在1933年3月之前还是一名无政府主义者，直到他因意识形态争端而被驱逐出党派）和托马斯·毕尔巴鄂［Tomás Bilbao，巴斯克人，巴斯克少数党"巴斯克民族主义行动"（Basque Nationalist Action）成员，在此之前是驻佩皮尼昂领事，并且是一名坚决的内格林主义者］取而代之。其他部长与4月时相同。无政府主义者塞贡多·布兰科留任，即使他在全国劳工联合会同志的眼中已经是"另一个内格林主义者"[1]。接下来内格林找到阿萨尼亚，交给他新的政府名单并谈道，由于这是一场局部危机，他认为没有必要与阿萨尼亚协商；但
824 如果阿萨尼亚想拒绝新政府，就必须记住，内格林身后站着军队（据称，从各地的军事指挥官那里共发来数百封电报，告知他获得了这些地区的支持）。随后，他向阿萨尼亚提交了那些最初导致危机的法令和方案。

---

① Zugazagoitia, p.90.

阿萨尼亚拒绝了将法庭军事化的法令，但接受了对死刑的批准，以及将武器工业国有化的法令。58件死刑案件中有13件被执行。然而，国有化并没有改变工业本身的状况。[1]令人惊讶的是，内格林确实去了苏黎世参加他的生物学家大会，结果将在以后看到。

这种与西班牙共产党的持续妥协让内格林受到谴责。他的私人秘书贝尼尼奥·罗德里格斯（Benigno Rodríguez）也是一名共产党员，贝尼尼奥曾经是第五军团的刊物《人民民兵》（*Milicia Popular*）的编辑。然而，在1938年8月，和从前一样，总理除了与“魔鬼”共饮，别无其他选择。他争取和平调解的努力是徒劳的，尽管他对共产党人隐瞒了这个意图。佛朗哥唯一能想到的胜利就是彻底的胜利。共和国唯一的希望似乎仍然是继续抵抗，直到欧洲的总体局势发生剧变。在此期间，最坚决主张抗战政策的仍然是西班牙共产党。除了利用他们为自己服务，内格林别无选择。他在寻求通过谈判达成和平的过程中，对共产主义者并没有产生多少信心。他的政治目标和斯大林的相同——玩双重游戏。对于共产党这样做可能会带来危险，但在西班牙这样一个非正统的国家，这也有可能带来成功。

与此同时，共和国在原则上接受了英国的志愿者撤离计划。但他们持有保留意见。例如，他们希望国民军中的摩洛哥人被列为外国志愿者，并且要首先撤出“技术人员”，还要通过空中管制使不干涉政策变得无懈可击。共和国还强烈谴责了该计划给予双方交战权的做法。国民军则要求立 825
即给予交战方权利，并要求双方各撤出1万名志愿者。但这还不能受国际监督，因为“外国观察员会以一种羞辱性的方式篡夺西班牙的主权”。不干涉委员会秘书弗朗西斯·海明随后被派往国家主义西班牙，劝说佛朗哥

---

① 以上内容感谢博什·金佩拉教授的帮助。亦可见苏加萨戈伊蒂亚的著作。我还和德伊鲁霍讨论过这个事件。流言说，巴斯克和加泰罗尼亚此时请求博内和哈利法克斯的帮助，以谋求和平谈判，这个说法是错的（它被作为一个事实写进报告，见 *USD*, 1938, vol. I, p.239）。

改变主意。国家主义西班牙的声明与立场一致，等同于拒绝。阿斯卡拉特给范西塔特写了一封私人信件，信中指出，在德国和意大利与佛朗哥站在同一条阵线上拒绝志愿者计划的情况下，坚持不干涉是完全不公平的。为了帮助说服佛朗哥接受这一计划，法西边境已于6月份关闭。既然计划实施无望，这条边境难道不能重开吗？范西塔特对此从来没有给予过答复。[1]

贝尔蒂将军此时正按照墨索里尼的命令和佛朗哥谈话。当时在西班牙的意大利人有4.8万人。意大利几乎愿意做任何事情来提供帮助：要么再派两三个师去西班牙，要么再派1万人来弥补损失，要么部分或全部撤军。佛朗哥选择了部分撤军。[2]因此，墨索里尼决定把“利多里奥”师和“3月23日”师集中成一个大师，把其他意大利人撤出。英国的注意力会被吸引过来，而齐亚诺也可以宣布英意协议获得了执行。[3]但是墨索里尼对大元帅在埃布罗战役中的做法很生气。“在你的日记里记下来，”墨索里尼对齐亚诺怒吼道，“今天，8月29日，我预言佛朗哥的失败……红军才是真正的战士，佛朗哥不是。”[4]

共和国在埃布罗河的攻势自然也激发了国家主义西班牙一方的悲观情绪。即使在布尔戈斯，也有人在谈论失败主义。长枪党人对佛朗哥和马丁内斯·阿尼多都怨声载道。斯托勒报道了佛朗哥和他的将军们之间的一幕，佛朗哥指责将军们“没有正确执行攻击命令”。在内格林为捷克斯洛伐克危机而兴高采烈的同时，大元帅也对危机感到震惊。由于可能引发一场全面战争，而且可能不得不与法国作战，因此他将2万名囚犯送往比利牛斯
826 山和西班牙-摩洛哥的边境，去加强防御工事。没有人告诉佛朗哥这位德国元首的意图。由于德国在中欧的需要，他们的援助在9月中旬暂停。9

---

① Azcárate, p.174. 阿斯卡拉特认为哈利法克斯也看到了这种不公正，但无法阻止张伯伦不愿冒犯意大利的想法。

② *GD*, pp.765–766.

③ 佛朗哥直到9月才接受这个计划。

④ Ciano, *Diaries 1937—1938*, p.148.

月19日，国家主义西班牙驻柏林大使马加斯侯爵得到无可置疑的保证，即使欧洲战争真的爆发，德国对西班牙的政策也不会改变，[①]但是，一周后，佛朗哥还是对此很生气。到底西班牙港口还需要德国提供供应吗？[②]

与此同时，国际联盟大会在日内瓦召开了最后一次会议。内格林和阿尔瓦雷斯·德尔巴约再次提到西班牙的问题。他们把这场令人不快的战争遗留下来，因为，在科尔贝拉被占领后，埃布罗之战已经成了一种耐力训练。前线虽然处于交战状态，但在10月底之前战线又一直保持静止不变。内格林本人此刻（在西班牙共产党不知情，巴斯克人和加泰罗尼亚人也不知情的情况下）却开始了一项新的妥协计划。9月9日，表面上在苏黎世参加生物学家会议的他，事实上却在苏黎世郊外的希尔（Sihl）森林里秘密会见了希特勒的一名特使（可能是德国驻巴黎大使韦尔奇克伯爵）。[③]可是，只要佛朗哥还在执政，就没有妥协的可能性。10天后墨索里尼得出结论，在西班牙通过调解实现和平是不可避免的，他也将因此失去“40亿里拉的贷款”[④]。

在伦敦的国家主义西班牙代理人阿尔瓦公爵在英国外交部被告知，如果全面战争爆发，只要佛朗哥宣布自己中立，法国将不会对西班牙采取行动。否则，如果战争爆发，摩洛哥和比利牛斯山脉将立即遭到攻击。

---

① *GD*, p.742.

② *GD*, p.747.

③ 美国驻日内瓦总领事报告称：内格林是与阿尔瓦公爵进行会谈（*USD*, 1938, vol. I, p.239）。博什·金佩拉和小胡安·内格林明确告诉过我是和一个德国人会谈。内格林也将此事告诉了普列托的秘书维克多·萨拉扎（Victor Salazar，见*Convulsiones*, vol. III, p.2222），他带着明确的目的请维克多将消息传递出去。他当时很难信任希特勒的特使，不管是谁，都会如普列托说的那样，传递希特勒愿意把他的支持从佛朗哥转移到内格林的信息，但条件是内格林建立一个纳粹式的国家。也许还应该补充一点，那就是内格林总有一条通往柏林的人脉，也就是美貌的埃梅丽塔·埃斯帕扎（Emerita Esparza），后者在战争期间多次从巴塞罗那前往柏林，与内格林住在巴塞罗那的佩德拉贝斯宫。不知道她是不是间谍，以及为谁服务。

④ Ciano, *Diaries 1937—1938*, p.159.

827 佛朗哥随即发表了他希望的声明。[①]“恶心！”齐亚诺说，“这足以让我们在西班牙牺牲的战士在坟墓里背过身去！”[②]为了执行同样的政策，大元帅还宣布，作为对法国的一种小恩小惠，法国边境80英里范围内会严禁德国和意大利部队进入。佛朗哥通常很现实。

随后，慕尼黑会议举行，由此导致的捷克斯洛伐克的命运众所周知。至于西班牙，墨索里尼（就像齐亚诺描述的那样，“双手插在口袋里，他伟大的精神总是领先于时事和人类……他已经去关注别的事情了”）告诉张伯伦，他会迅速让1万人撤军，也为英意协议的起步创造良好的气氛。他还说自己对西班牙已经感到“厌倦”，因为自己在那里失去了5万人（不是事实），同时，他对佛朗哥也感到厌烦，因为佛朗哥丢掉了这么多获胜的机会。张伯伦对自己成功“解决”了捷克斯洛伐克问题感到高兴，他建议召开一次类似的会议来“解决西班牙问题”。会议上可能会要求双方遵守停火协议，而慕尼黑会议的四大国将协助解决问题。[③]这一消息一经披露，就让共和国担心它将遭受与捷克斯洛伐克同样的命运，佛朗哥也不喜欢这种安排。

在萨拉曼卡的英国代理人霍奇森告诉斯托勒，英国打算在西班牙斡旋。[④]当佛朗哥的军队“在埃布罗战役中耗尽”时，斯托勒自己也曾质疑佛朗哥不喜欢妥协这种说法。但是，在10月1日的晚宴上，坐在斯托勒旁边的大元帅本人只谈到希特勒在慕尼黑的胜利。当大使提出“捷克斯洛伐克方法”可能是解决其他国际问题的模式时，他沉默了。[⑤]10月2日，内格林（对慕尼黑会议及会议所证明的旧民主政体的软弱感到痛心）[⑥]发表讲话，呼吁西班牙人必须彼此达成谅解。他公开质问国家主义

---

① *GD*, p.479. 萨拉扎敦促佛朗哥采取这种态度。见Kay, p.117。

② Ciano, *Diaries 1937—1938*, p.163.

③ Ciano, *Diaries*, pp.167−168；Feiling, p.376.

④ *GD*, p.754.

⑤ *GD*, p.756.

⑥ 弗朗西斯科·希拉尔（Francisco Giral）的评论。

西班牙是否希望继续这场战争，直到国家被摧毁。这次演讲首次向世界表明了内格林寻求通过谈判来实现和平的愿望。但是霍奇森的尝试—— 828
旨在“以彻底胜利的姿态去妥协”——和所有类似的提议一样，都没有结果。10月4日，施文德曼在威廉大街的西班牙办事处承认，德国阻止共和主义西班牙的“消极目标”可以通过妥协来实现。他们的经济利益也是如此。但他补充说，“要想让西班牙强烈地倒向德国”，只有让佛朗哥胜利。[1]10月6日，乔达纳再次向斯托勒表示，妥协将意味着整个内战徒劳无功，共和主义西班牙必须投降。[2]在巴黎出版的一本民族主义小册子宣称，“之所以造成内战，本身是由于人们企图调解扎根在共和国内部的、西班牙两派敌对势力之间的矛盾”[3]。佛朗哥非但没有考虑妥协，反而要求德国增运5万支步枪、1,500支轻机枪和500挺重机枪（相当于德国1个月机枪的生产量）以及100支75毫米口径炮。他向德国人保证，这些物资将带来胜利。德国人愿意提供，条件是他们所有的采矿权得到正式承认，但此事直到11月才达成一致。[4]

慕尼黑会议之后，斯大林对与法国和英国结盟对付希特勒这件事已经深感绝望。从那时起，苏联越来越多地开始转向它可以避免卷入战争的唯一解决办法：与希特勒建立友谊，牺牲民主国家。即使是在人民阵线最狂热的时刻，这也是斯大林考虑过的一种可能的政策。[5]这个变化对西班牙内战产生了影响。苏联发言人暗示说，如果能够从西班牙撤出，他们将非常高兴。由此，斯大林同意，在不干涉委员会对志愿者撤离达 829

---

① *GD*, p.758. 1936时他在马德里担任顾问。

② *GD*, p.760.

③ *Médiation en Espagne*（Paris, 1938）.

④ *GD*, pp.776, 784–786。

⑤ 1937年12月25日，在莫斯科代表几家法国报纸的法国记者卢西亚尼（Luciani）受到利特维诺夫的召见，他被告知克里姆林宫已经“建立了渠道”，开始了苏德和解的进程。利特维诺夫让卢西亚尼将此事告诉他的大使。尽管他这样做了，但没有人认真对待过这个信息。见*Le Monde*, 19 February 1969, qu.Suárez, p.25。

成最终谅解之前，国际纵队也应该撤离。[1]

国际纵队的作用现在已经结束了，它们已经不再是共和主义西班牙的有效宣传了。那些经验丰富的早期国际纵队成员大多已经被杀，或者离开了西班牙。此时国际纵队里的大多数人都是西班牙人，有些是志愿者，但也有一些来自监狱、劳改营和纪律营。在指挥外国志愿者的军官中，也有几名西班牙人。例如，第十五旅由西班牙少校瓦莱多（Valledor）率领。[2]诚然，1936年在马德里的第一国际旅团长汉斯·卡勒上校仍在作战，并指挥着前线的一个师，但就像他的同事、同样经验丰富的沃尔特将军一样，他们的军队中都是西班牙人。就连在林肯营中，西班牙人也以三比一的比例占据了绝对优势。[3]因此，内格林能够在没有军事风险的情况下，于慕尼黑危机期间，在日内瓦提议撤出共和主义西班牙境内的所有外国志愿者。他要求国际联盟对这一步进行监督。他这样做是对不干涉委员会的蔑视，也是对国际联盟精神的推动。国际联盟秘书长，一向冷淡的亲英派阿维诺（Avenol）简直无法抑制自己的喜悦。“精彩一击！”当在万国宫的走廊里遇到阿斯卡拉特时，他喊道。10月1日，双方商定，国际联盟应通过一个由一名将军领导、十五名军官组成的委员会监督撤军。苏联现在减少了代表共和国的宣传呼吁，但它还在向共和国运送军事装备，只是数量少了一些。由于法国边境再次关闭，很难确保所有援助都能到达。海上航线（即使是马赛和巴塞罗那之间的航线）也并不通畅。

埃布罗惨烈的战斗仍在继续。佛朗哥正在准备他的主要反击。在共和
830 军方面，政委们仍然在高喊：“反击！反击！”国际纵队撤离时，战斗仍在

① 在西班牙的苏联人已经大幅减少，因为西班牙飞行员已得到充分的训练，直接可以驾驶苏联给他们的飞机了——苏联的军事任务似乎小了很多；甚至连内务部人民委员会的代表奥洛夫也在1938年7月12日率先叛逃到加拿大，然后逃入美国（1957年2月14—15日，他在参议院国内安全小组委员会的证词见*Hearings*，p.3421）。

② 作为1934年阿斯图里亚斯起事的一名领导人，瓦莱多也在1936—1937年间的阿斯图里亚斯战斗过。他在1938年逃离了国家主义西班牙的劳动营。

③ Rolfe, p.234.

进行。国际纵队的最后一次行动在9月22日，这是第十五旅最后一次投入战斗。英国营再次遭受重大伤亡。美国作家林·拉德纳（Ring Lardner）的儿子在这场战斗中阵亡，他的儿子也是最后入伍的美国人之一。[①]11月15日，在巴塞罗那举行的告别国际纵队的游行上，内格林和"热情之花"说了几句感谢词。"热情之花"的讲话让那些处于英雄时代且对西班牙事业关心之人的所有理想都得到短暂的恢复。首先，她向巴塞罗那妇女发表讲话：

> 母亲们！女人们！
>
> 当岁月流逝、战争的伤痕已经愈合时，当对悲伤、血腥日子的阴沉记忆，被自由、爱和幸福取代时，当仇恨的情绪逐渐消失，当所有西班牙人平等地感受到对一个自由国家的自豪感时，请告诉你的孩子们。告诉他们国际纵队的情况。告诉他们，这些人是如何跨越海洋和山脉，越过刺刀林立的边境，在那些嗜血的猎狗的注视下，来到我们国家，成为为自由而战的十字军战士的。他们放弃了一切，他们的爱，他们的国家、家庭和财富——父亲、母亲、妻子、兄弟姐妹和孩子，他们来告诉我们："我们就在这儿，你们的事业，西班牙的事业也是我们的。这是所有先进和进步的人类的事业。"今天，他们就要离开了，但他们中的许多人，成千上万的人，都留在这里，西班牙的大地成了他们的棺床，所有西班牙人都以最深的感情缅怀着他们。

然后她向参加游行的国际纵队成员发表讲话：

> 国际纵队的同志们！
>
> 是政治原因，也是国家原因，更是为了你们以无限慷慨献出

① Vincent Sheean, *The Eleventh Hour*（London, 1939）, p.237.

> 鲜血的事业利益的原因，必须把你们送走，你们有的人会回到自
> 己的国家，还有一些人被迫流亡，但你可以骄傲地离开。你们已
> 经是历史。你们是传奇。你们是团结和普遍的民主主义的英雄榜
> 831 样。我们不会忘记你们，当和平的橄榄树再次发出枝叶，并与西
> 班牙共和国胜利的桂冠交织在一起时——欢迎你们再回来！①

游行队伍在克制的情绪中起伏着。诚然，正如彼得罗·南尼所反映的那样，他们都不知道自己“活在《伊利亚特》（*Iliad*）之中”②。人群在内格林、阿萨尼亚以及斯大林的大幅照片下欢呼。还有人在抛掷着花朵。在当时国际纵队的1万名志愿者中，有不到一半的人开始乘船或者乘铁路前往法国，回到他们不管在哪里的家。根据由芬兰将军贾兰德（Jalander）、英国准将莫尔斯沃思（Molesworth）和法国上校霍默（Homo）领导的国际联盟委员会统计，共和军中有12,673名外国人。截至1月中旬，共有来自29个国家的4,640名男子离开西班牙。其中，法国人2,141人，英国人407人，比利时人347人，波兰人285人，瑞典人182人，意大利人194人，瑞士人80人，美国人54人。另有6,000名德国人、南斯拉夫人、捷克人、匈牙利人留在了加泰罗尼亚，因为他们知道他们的家乡不欢迎自己，因此他们将卷入加泰罗尼亚的灾难中，遭遇比他们在战争中所知的更大的苦难。③

在这个令民主派感到沮丧的秋天，另一个委员会也出现在西班牙。1937

① 来自1938年巴塞罗那出版的一本小册子。同一天，佛朗哥的兄弟拉蒙·佛朗哥上校在他的水上飞机上被击落身亡，拉蒙曾在巴利阿里群岛担任过一段时间的国民军空军指挥官（J. Salas, p.384）。

② Nenni, p.172.

③ 12月7日，在维多利亚车站，艾德礼、斯塔福德·克里普斯（Stafford Cripps）爵士、威廉·加拉赫（William Gallacher）、汤姆·曼恩和威尔·劳瑟（Will Lawther）热情地迎接了英国营的305名成员。山姆·威尔德（Sam Wild）随后对该营下了最后一次“解散”的口令。家属援助委员会尽最大努力照顾遇难者家属。

年10月，共和国曾向英国提出，他们应该用那些想要离开国家主义西班牙领土的西班牙平民进行谈判，与共和军手中的国民军囚犯进行交换。后来，他们安排了一个由第一次世界大战的英雄、后来成为印度军司令的元帅菲利普·切特沃德爵士率领的委员会去访问西班牙，以实现囚犯的全面交换，不过切特沃德直到1938年9月才被允许出发。委员会并没有取得成功。它只完成了一些小规模的交换，例如将国民军手中100名英国囚犯和在共和国关押的100名意大利人完成交换。当菲利普爵士在战争结束回到伦敦时，声称他已经说服共和国停止处决他们的囚犯，并且他已经获得佛朗哥将军对400 832
个死刑的减刑。后一项成就似乎是真实的，而前者则没那么真实，因为共和国政府（在他提出要求之前）已经颁布了一项禁止处决的法律。[1]

10月30日，国民军开始对埃布罗进行反攻。攻击点是甘德萨以东1英里宽的卡巴尔山脉（Sierra de Caballs）北段。在黎明后的3个小时里，共和军的阵地遭到175门国民军和意大利大炮，以及100多架飞机的轰炸。这让有100架飞机的共和军战斗机队伍显得毫无用处。随后，加西亚·巴利尼奥指挥的马埃斯特拉斯哥军团发动了进攻。穆罕默德·埃尔米齐安（Mohammed el Mizzian）和第一纳瓦拉师占领了在轰炸中被遗弃的共和军阵地。卡巴尔高地上的战斗持续了一整天，但到了夜晚，这些山就落入了国民军的手中，包括了19个堡垒化防御点和共和军的防御网络。国民军宣称共俘虏了1,000人，打死了500人，并击落了14架飞机。失去卡巴尔对共和军来说是一个可怕的打击，因为这个山脉支撑着整个地区的防御。

① Toynbee, *Survey*（London, 1938）, vol. I, pp.392–393.这个委员会的秘书是诺埃尔·菲尔德（Noël Field），前国务院官员、国际联盟官员和未来的冷战受害者，或者说是英雄。在1938年，他已经是或者说他认为自己是一名苏联特工。见Flora Lewis, *The Man Who Disappeared*（London, 1965）。

更糟的事情接踵而至。11月1日至2日的夜晚，在战争开始时还是摩洛哥军团一名指挥官的加莱拉上校冲进了潘多尔，这里是唯一还被共和军控制的高地。11月3日，他穿过皮内尔村（Pinell），到达了埃布罗河。国民军的右翼现在已经实现了战略目标。11月7日，河岸上的莫拉拉努埃瓦陷落。国民军对名为皮科萨（Picosa）山的山头发动了大规模进攻。在该地区，共和军曾以娴熟的技巧巩固了自己的控制。皮科萨山陷落后，国民军装甲部队的压力使共和军确信，埃布罗战役已经算是彻底输了。到11月10日，只有6门共和军火炮还留在埃布罗河的西岸。经过深思熟虑，共和军放弃最后的防御点。11月14日，法塔雷拉村（Fatarella）落入亚格手中。战役的最
833 后阶段由于冬季落在战场上的第一场雪而推迟（这里夏季时笼罩着无法忍受的酷热）。11月18日，亚格进入最后一个共和军桥头堡里巴罗哈（Ribaroja）。盎格鲁–撒克逊记者们，包括海明威、巴克利、马修斯和希恩，也是最后一批过河的人。大文豪海明威在一艘小船上艰难地划着桨。[①]

关于这场战斗中伤亡人数的争论不绝于耳。双方可能都损失了5万到6万人，其中，国民军的死亡人数约为6,500人，共和军的死亡人数可能在1万到1.5万人之间。[②]两者都损失了多架飞机，共和军的在130至150架之间——但它们的战斗力是不可替代的。

就在最后一批共和军离开埃布罗河右岸的同一天，即11月16日，英意协议开始生效。此时，墨索里尼在慕尼黑提到过的1万名意大利人已经撤

① 这一年年初，海明威已经返回美国，并在佛罗里达酒店完成了他糟糕的剧本《第五纵队》（*The Fifth Column*）。然而夏天的某个夜晚，共和国的朋友们兴奋地在电台听到了这样的消息："作家欧内斯特·海明威离开了他在基韦斯特（Key West）的家。他最后一次在纽约被人看到是在他正登船时，没有戴帽子或者带行李，应该是重新加入了西班牙共和国在前线的军队。"（Regler, *Owl of Minerva*, p.298.）此时，海明威的幻想由于"双方背叛和腐朽的狂欢节"而破灭了。见他的作品《告发》（*The Denunciation*）以及《蝴蝶与坦克》（*The Butterfly and the Tank*）。

② Lister, p.214；Tagüeña, p.261；R.Salas, vol. II, p.2021，以及vol. IV, p.3303。后者给出的数据是死亡4,007、受伤37,712、生病15,238，总数56,957。有理由假设伤病人员中有10%的人最终死亡。

出了西班牙。留在西班牙的意大利人包括大约1.2万人的“利多里奥”师，他们由精心挑选的士兵组成，指挥官是性情暴躁的法西斯主义者甘巴拉将军。另一名声名大噪的指挥官贝尔蒂以及皮亚佐尼［“黑箭”爸爸（Papa of the Black Arrows）］则被撤回。留下的还有飞行员、坦克部队和炮兵，还有指挥4个西班牙人混合师的军官和士官。[1]10月20日，1万名归国人员在那不勒斯受到欢迎。国王维托里奥·埃马努埃莱（King Victor Emmanuel）和民众一道毫无热情地问候了他们。但齐亚诺很快就忘记了他随之而来的烦 834
恼，因为他收到佛朗哥作为礼物寄来的一幅朱洛阿加（Zuloaga[2]）的画，《最古老的请求》（*The Oldest Requeté*），背景是令人“舒适”的战争和火焰。[3]张伯伦此时断定，他长期追求的英意协议终于可以变成现实了。

两周后，在下议院，艾登回忆起了珀斯勋爵在4月份签署协议时曾说过的话，解决西班牙问题是协议生效的“先决条件”。此刻，艾登回答道，并没有这样的解决方案，只有唯一一个牺牲西班牙的安排。这番话在未来被证明是很有道理的。11月3日，哈利法克斯勋爵在上议院宣布：“（墨索里尼）明确表示，无论英国是否赞同他个人的观点，他都不准备看到佛朗哥被打败”。在此日前一天，西班牙内战甚至在北海再次爆发。在离英国海滨小镇克罗默（Cromer）7英里的地方，一艘国民军武装商船“纳迪尔”号

---

① 甘巴拉在第一次世界大战时是一名年轻军官，之后在埃塞俄比亚担任巴斯蒂科的参谋长。1943年，他在墨索里尼命运多舛的萨洛（Salò）共和国成为格拉齐亚尼（Graziani）的参谋长。甘巴拉领导下的陆军军团（Cuerpo de Ejército Legionario）由滨海师［Littorio Division，指挥官比托西（Bitossi）将军］、“黑箭”部队［Frecce Nere，指挥官巴比尼（Babini）上校］、“蓝箭”部队［Frecce Azzurre，指挥官拉菲尔拉（la Ferla）上校］、“绿点”部队［Flecas Verdes，指挥官巴蒂斯蒂（Battisti）上校］和达米科（D'Amico）将军领导的炮兵部队组成。该军团共有58门炮（Aznar, p.609）。意大利人此时有26,000名士官和士兵，以及2,000名军官（Belforte, p.118）。见Alcofar Nassaes, *CTV*, p.176。

② 伊格纳西奥·朱洛阿加-萨瓦莱塔，Ignacio Zuloaga y Zabaleta，1870年7月26日—1945年10月31日，西班牙画家，代表作《年轻女子肖像》。——编者注

③ Ciano, *Diaries 1937—1938*, pp.180-181.

（Nadir）击沉了共和国用来供应食物的轮船“坎塔布里亚”号（Cantabria）。[①] 此外，整个11月，共有11艘英国船在共和国港口遭到袭击，但是，11月16日，正如这一天的“主角”齐亚诺所说的那样，身在罗马的珀斯勋爵在这最后一次“安抚”意大利的行动中竟然被“感动”（moved）了。[②]

835 48. 短暂的休整与加泰罗尼亚的战役

埃布罗战役结束后，国家主义一方的士气自然又重新高涨了起来。这种士气又由于新闻、广播和文学运动得以维持，并继续利用半法西斯、半君主制和全天主教的宣传方式渗透全国。例如，萨恩斯·德特贾达（Sáenz de Tejada）或者特奥多罗·德尔加多（Teodoro Delgado）的画作，似乎就是右翼人士对共和一派海报上那些坚定的、握紧拳头、目视前方的工人和战士的模仿。西班牙国家广播电台（Radio Nacional de España）由长枪党人安东尼奥·托瓦尔领导，它的目标是不同的，因为它针对的是在共和主义西班牙的地下民族主义者或第五纵队，同时也针对敌人。[③]标题抽象

① *The Times*, 5 November 1938.

② 英意协议的目的是使意大利脱离德国。哈利法克斯给巴黎的埃里克·菲普斯爵士写信说：“尽管我们并不指望意大利脱离轴心国，但我们相信，这项协议将增强墨索里尼的机动能力，从而使他减少对希特勒的依赖，而更自由地恢复意大利在德国和西方列强之间搞平衡的这一经典角色。”（*British Foreign Policy*, 3rd series, vol. III, No.285.）墨索里尼对此发起了一项新运动，以试图割让法国领土尼斯（Nice）、萨伏伊（Savoy）和科西嘉岛（Corsica）。

③ 关于这场心理战有非常好的分析，见Abella, p.369f。这家位于萨拉曼卡（Salamanca）的电台由雅辛托·米奎拉雷纳（Jacinto Miquelarena）负责，他的短节目《评论》（*Comentarios*）经过精心编辑。前激进社会主义者华金·佩雷斯·马德里加尔（Joaquin Pérez Madrigal）有一个有趣的节目，名为《共和舰队》（*La Flota Republicana*）。他在节目中还详细介绍了萨拉曼卡餐厅的菜单，这是为了让巴塞罗那人垂涎三尺。是否对共和国领土上饥肠辘辘的反共和人士产生了良好的影响，这点值得怀疑。内容见他九卷的辩解书，*Memorias de un converso*（Madrid, 1943）。

的期刊，如《机枪》（*La Ametralladora*）、《等级，黑方阵》（*Jerarquia, Revist Negra de La Falange*）或《顶点》（*Vertice*）为广大读者刊登新政权下创新的或重新创作的艺术家和作家的漫画、诗歌、故事、议论和图画。随着越来越多的领土被占领，对公务员、校长、大学教授和医生的清洗仍在继续。德国大使斯托勒写道："监狱里人满为患，前所未有， 836
在这里（即萨拉曼卡）的监狱设计容量只有40人，目前却关押了大约1,800人。"[①]9月，国家主义西班牙宣布，自战争开始以来，他们已经俘虏了21万名俘虏，其中13.4万人获得了"自由"——通常是指被编入军队或归入某种"国家服务"中。其余的人要么死亡，要么进了监狱。对所谓间谍的处决时常发生，有时一次达到几百人。[②]长枪党和神职人员虽然没有进行公开争论，但互相发牢骚。从何塞·安东尼奥逝世两周年纪念日（1938年11月20日）开始兴起的对他的崇拜，也没有影响到他们的争斗。但是，尽管受过耶稣会的训练，塞拉诺·苏尼尔也没有成功弥合西班牙社会这两个阵营之间的鸿沟。例如，1938年9月20日，新的《中等教育法》（Secondary Education Law）中最后的文本内容显示，这似乎是长枪党和教会之间一种不安的妥协，那里面规定了学校每周要有一小时用于"青年爱国运动"，但还必须余有两小时用于宗教教学。天主教被称为是"西班牙历史的精华"，其名下的宗教学校提供了两种可以学习的外语：一种是德语，另一种是意大利语。总的来说，天主教徒通过他们在司法部和教育部的领导权（罗德斯诺伯爵和赛恩斯·罗德里格斯），在涉及宗教的问题上总是能够取得胜利——所有世俗权力被取消，国家与天主教紧密地联系在一起，非天主教教堂几乎得不到任何

---

① *GD*, p.796.

② 一个所谓的阴谋涉及英国驻圣塞巴斯蒂安领事哈罗德·古德曼（Harold Goodman），在他的手提箱里发现了秘密的国民军文件。是警察栽赃还是共和主义一派在试图获取情报？一个仆人自杀了，因此也许真的是后者。Thompson, p.145 中认为盖世太保（Gestapo）负有责任："哪个间谍会在一张纸上画一个战壕系统呢？"

便利。[1]1938年6月，一个名叫西科格纳尼（Cicognani）蒙席的修女来西班牙接替教皇代表安东纽蒂蒙席，而国家主义西班牙驻罗马的大使是律师何塞·扬瓜斯·梅西亚（José Yanguas Messía），他曾在普里莫·德里维拉手下担任外交部长。于是又有一个旧政府幕僚服务于新的专政政府。

837 国家主义西班牙的经济形势比一年前稍微差一些。对于那些有购买能力的人，食物还是可以买到的，但即使实行了价格控制，工资也跟不上物价的增长速度。由于运输困难，不同地区的价格差别很大。通货膨胀使物价指数从1935年的164（以1913年为基准100）上升到1938年的212。肉类价格上升约80%，蔬菜、葡萄酒和食油上升了近50%，纺织品上升了约40%；而自1935年以来，工资普遍只增加了约20%。制成品几乎不存在，尽管在1938年间，基本工业的生产有所增加。例如，1938年，比斯开的铁矿石产量达到15.4万吨，而和平年代最后一年的产量为11.5万吨，比1937年年初巴斯克共和国时期的产量更是有了大幅增长。毕尔巴鄂港的活动比和平时期增加了50%。

工会组织部长冈萨雷斯·布埃诺在西班牙各地同时建立一个新的国家工会框架，但对劳动和经济的“工会”控制只存在于纸面上。此时的国民经济基本上是银行家经济框架，加之以政府不断干预，由战争刺激生产，通过国家控制使工资保持稳定。国家主义西班牙政府控制的毕尔巴鄂证券交易所的股票价格还在不断上涨。国际上，国家主义西班牙政府在1938年年末的报价是100比塞塔比1英镑，而官方汇率仍然停留在42.50（当时共和国的报价超过了500比塞塔比1英镑）。

国家主义西班牙政府亟须新的战争物资，同时为了满足他们的最新

---

① Payne, *The Spanish Revolution*, p.193. 但这种天主教存在一些奇怪的伙伴：“*Caminos de la guerra española*；*caminos del imperio hispano*；*caminos del Islam*；*trinidad que resulta en la sola meta del afán sin horizontes*”（西班牙战争的道路、西班牙帝国的道路、伊斯兰教的道路：三位一体只导致了无休止的斗争）。Antonio Olmedo in *ABC de Sevilla*，在1938年4月5日这样总结说。

要求，又不得不同意了德国的条件。德国资本将参与到西班牙矿业中，且基本比例提升到40%。其中的一个矿山的比例可达60%，另外4个矿山甚至允许达到75%。这些企业集中在所谓的“蒙塔纳”项目中，手段精妙的伯恩哈特仍然是该项目的主席。该项目集中在当时运作较差的矿山上；德国在1938年的利益核心在于万一某一天德国无法直接用武器换取矿石，这是一种保险。[①]伯恩哈特很恰当地选择了他的西班牙伙伴，他知道他们会接受德国的领导。在不适用西班牙采矿法的摩洛哥，德国 838
的控股率最高可达100%。西班牙同意支付“秃鹰军团”在西班牙的所有费用，并进口价值500万帝国马克的采矿机械。这将保障佛朗哥可以立即筹备发动新的进攻，从而在共和国耗尽物资时依旧可以发起更猛烈的攻击。这项援助使德国意识到，在慕尼黑之后，他们在西班牙战争中所做的一切都无法导致英国和法国的开战。如果不是因为这一点，妥协的和平或者永久分裂在西班牙就不可避免了（比如1945年后分裂的德国、朝鲜和越南）。诚然，新的援助直到新年才到达，但由于知道援助即将到来，国民军才能迅速果决地采取行动。[②]

国民军的人数在这一年翻了一番，总数超过了100万。所有年龄在18岁到31岁之间的健康男性都穿上了军装，除此之外还有更多人成为志愿者。主力由三支大军组成：一支是在凯波指挥下并不活跃的南方军；另一支是在奥尔加斯指挥下的莱万特军，也是下一次战役的主要承担者；最后一支是在萨利克特指挥下的中央军，准备进攻马德里。[③]后两位将

---

① *GD*, pp.795–796。协议日期是11月19日。见Harper, p.112。

② 评论见Harper, p.117，以及Salas Larrazábal in Palacio Atard, p.123。在他的作品《不小心说漏了西班牙的秘密》（*Spilling the Spanish Beans*）中，奥威尔写道：“虽然这场战争可能很快结束，也可能拖上几年，但它都将以西班牙在地理上的分裂或者分成不同的经济区域为终结。”

③ 国民军由61个步兵师（84万人）、15,323名骑兵、19,013名炮兵、119,594人的辅助部队、35,000名摩洛哥士兵（军官是西班牙人）、32,000名干涉军（一半是西班牙人），以及5,000名“秃鹰军团”人员组成，共1,065,930人（Bolín’s figures, p.349）。

军是“佛朗哥主义者”。凯波一人似乎拥有独立的思考能力。[1]

在共和国一方，成功撤出埃布罗河右岸的行动掩盖了战役造成的损失。毕竟，国民军花了3个月的时间才收回他们在两天内失去的东西，但不满的情绪已弥散开来。无政府主义历史学家佩拉特（当时还是一名陆军少尉）记录了当时警察是如何控制整个军队的。军事情报处的特工无处不在，他们的手段是虐待和无能的混合体，他们的一些头子非常年轻。
839 例如，199旅的军事情报处头子，他在那支部队中主掌生杀大权，而到1938年年底时他只有19岁。[2]从1936年7月以来到1938年年底为止，共和国可能已动员了上百万人参军。1919年后出生，年龄在40岁以下的人都被征召参军（在1927年之前出生的人并没有受到国民军一方的征召）。

因此，在1938年年底，8%的西班牙人要么在军队服役，要么成为囚徒。如果说共和国和平时期的历史是国家逐渐“政治化”的历史，那么战争时期的历史就以国家的“军事化”为主要特点。

9月30日，议会举行了6个月一次的会议，这次会议的举办地点在圣库加特山谷（San Cugat del Vallés）。加泰罗尼亚籍（左翼党）议员米格尔·桑塔洛（Miguel Santaló）和巴斯克籍前部长德伊鲁霍对内格林发起攻击。前者声称，在8月危机发生时，对内格林友好的报纸将法庭军事化的法令错误地解释成可以影响港口政策的法令。他和德伊鲁霍都强调，共和国政府在法律和道义上有义务就此与加泰罗尼亚人协商。[3]

至于宗教自由，私下举行弥撒已经被允许了一段时间。1938年，有2,000名神父在巴塞罗那秘密活动，奇怪的是他们竟然受到军事情报处的保护，以对抗无政府主义者。[4]然而，即使是私下，也不会有牧师在

---

① 赛恩斯·罗德里格斯前往塞维利亚，咨询凯波的真实计划，让他保持冷静（Sainz Rodríguez, p.271）。

② Peirats, vol. III, p.278.

③ *Diario de Sesiones*, 30 September 1938.

④ Lawrence Fernsworth, *New York Times*, 23 March 1938, qu. Jackson, p.458.

中心区活动。德伊鲁霍提议为军队设立一个宗教救济团体，并建议在巴塞罗那开设一个教堂。他和巴塞罗那司法委员（博什·金佩拉）再次要求巴塞罗那教区牧师何塞·马里亚·托伦特（José María Torrent）神父至少再开设一个教堂，但托伦特神父拒绝这样做。这位教区牧师提出了拒绝该行动的理由：他很难与一个被正统天主教谴责为撒旦的政权合作，且这个政权连阻止他们的兄弟被杀这件事都未能做到。不过，10月17日，为了纪念一名死去的巴斯克军官，还是举行了一次天主教葬礼，葬礼上还举办了一次穿过巴塞罗那的游行。为了确保塔拉戈纳大主教比达尔–巴拉克尔枢机主教的回归，人们又做出了一些努力，但都没成功。12月9日，一个宗教后勤委员会终于成立，它为军队提供了牧师。巴塞罗那大学医学教授赫苏斯·贝利多（Jesús Bellido）博士成为委员会主任。不过，加泰罗尼亚战役的爆发阻止了所有这些计划的实施。[①] 840

共和国的食物异常短缺。在1938年冬天的马德里，有50万人每天靠两盎司的豆类或大米生活，只是偶尔配给一点糖或腌鳕鱼。扁豆是最常见的食物，被称作内格林博士的“胜利小药丸”（little victory pills）。共和国军队的平均口粮已经缩水：从1936年的每天一又三分之二磅（约1.5斤）面包到1938年的不到一磅（约0.9斤），肉类从一磅多一点减少到三分之一磅（约0.3斤），蔬菜的量也下降了。[②]共和国不得不从国外购买大量食品，而且由于补给船不断遭到轰炸，补给也变得不规律。担任国际联盟难民救济团团长的英国官员丹尼斯·布雷（Denys Bray）爵士报告称，如今的共和国人民只靠着最低限度的口粮生活，但即使是这样也都无法按时发放。在巴塞罗那，除了常住人口，还有100万难民，他们的问题更加严重。贵格会（Quakers）于1937年

---

① A. Toynbee, *Survey*, 1938, vol. I, p.271, p.389.

② 准确的数字是面包由700克降为400克，肉类由250克降为150克，蔬菜由200克降为180克。

12月成立了一个援助儿童难民国际委员会，即使他们名义上得到了17个国家政府的资助，但该委员会只能帮助60万儿童难民中的4万人。[①]整个冬天，每天给其中三分之一的孩子吃一顿饭的费用估计已接近15万英镑。许多疾病也随之出现，如疥疮和糙皮病；1937年至1938年间，因营养不良而死亡的人数翻了一番。[②]贵格会的工作确实有助于防止最严重的悲剧发生。与此同时，国民军试图通过空袭巴塞罗那的面包库存来彰显饥饿的共和国与他们自己区域之间的对比（共和国对此行为的回应是空袭国民军的衬衫和袜子库存，以彰显共和国地区的制成品优势）。共和国的耕种工作依然在继续，但在许多地方，工作动力大
841 大减弱。例如，在昆卡，由于人手不足，只有14%的谷类耕地得到耕种。[③]小麦收成达到1.3亿蒲式耳。[④]特里丰·戈麦斯是一位持现实主义的社会主义者，曾担任部队的总军需官（commissary-general）。他认为实际的产量可能并没有这么多。但即使是那些明面上存在的粮食，也都很快不知所终。由于政府迟迟不给钱，农民根本不愿把粮食送过来。共产主义的农业部门组织一片混乱。还有一些农业集体，这些集体组织既不纳税，也不配合配给制度，在很大程度上是共和国粮食供

---

① Bosch Gimpera, Memorandum No.2.

② 关于这方面的讨论，见Jackson, p.447，以及Norah Curtis and Cyril Dilby, *Malnutrition* (London, 1944), p.46f.。

③ *Campo Libre*, 14 January 1939，提供了在1938—1939耕种季中如下的耕种量：
昆卡：170,000英亩
托莱多：200,000英亩
马德里：69,010英亩
格拉纳达：117,000英亩（67,000英亩小麦）
科尔多瓦：39,300英亩（15,800英亩小麦）
哈恩：74,700英亩（45,000英亩小麦）
阿尔瓦塞特：204,690英亩（119,230英亩小麦）
（1英亩约等于4,047平方米。——编者注按）

④ 800万公担（quintals）。

应问题的罪魁祸首。[①]

即使在工业制成品方面，共和国的境况也相当不利，主要原因是封锁造成的原材料短缺。西班牙产品，特别是加泰罗尼亚军事工业的产品，也会有同样的问题吗？尽管西班牙共产党推出了种种政策，但要想从纺织品和化学品生产转变成武器生产，也具有一定困难；仅有一种飞机得以开发，即苏联伊-15飞机的仿制品，而其中的169架还是1938年建造的，并且从未投入使用。1938年12月时，共和国每月的武器产量为：1,000支步枪和1,000万发子弹；70万枚手榴弹和30万枚炮弹；8万枚迫击炮弹和100架迫击炮。[②]除此之外，一切都必须依靠苏联和其他国家的供应。此时，加泰罗尼亚的工业总产量仅为1936年7月的三分之一，自那时以来，物价上涨了300%。1937年11月至1938年11月，通货膨胀率几乎达到200%。[③]还有一个更有说服力的统计数字是1938年电力使用的崩溃情况，这本身也是水力发电厂损失的后果。1938年9月，也就是有 842
统计数据的最后一个月，其工业用电量是1937年9月的一半，而后者本身就已经是正常用电量的一半了。[④]只有在一个领域，共和国还可以保留它的乐观，那就是教育领域：

> 我曾参观过马德里前线一所距离战壕只有500米的学校，这所学校位于一座小山丘上一堵小墙的后面。一个下士在教植物学。他正在小心地剥开一朵罂粟花的花瓣。他周围聚集着留着胡须的士兵，他们的下巴陷在手中，由于努力集中精力而拧起了眉毛。他们不太明白这个课程，但人们告诉他们：你们不过是刚刚离开了洞穴的野蛮人，我们必须为了人类的命运而拯

---

① 见特里丰·戈麦斯和阿萨尼亚的谈话，Azaña, *op.cit.*, vol. IV, p.900。

② 苏联军队记录，qu. Payne, *The Spanish Revolution*, p.344。

③ Bricall, p.48以及p.101。

④ Bricall, p.55.

> 救你们，让你们迈着沉重的脚步奔向启蒙（据杰出的法国诗人兼飞行员安托万·德·圣埃克苏佩里报道）。①

这种热情的存在，以及战争刺激下的众多文化活动，使法国记者雷蒙·洛朗（Raymond Laurent）说道："你们在为法国自身的安全而战的同时，也在为人类的崇高事业而战。"

这一观点已无法再被马克思主义统一工人党的领导人接受，他们在1938年10月接受了审判，当然，除了被谋杀的尼恩。不久前，被牵连进马克思主义统一工人党事件的那些真正的长枪党人也接受了审判。其中13人，包括特工戈尔芬、达尔莫和罗卡，因间谍罪被枪杀。然而，当马克思主义统一工人党的领导人来到法庭时，对他们的指控全不成立。以拉尔戈·卡瓦列罗和苏加萨戈伊蒂亚为首的共和国部长和前部长们提供了有利于马克思主义统一工人党的证据。1936年7月，马克思主义统一工人党民兵的年轻领袖希罗内利亚向检察官发表讲话（在场还有骑兵队、营房和乐队），称对整个丑闻审理负责的人应是维辛斯基（Vishinsky）。证人阿克尔（Arquer）坚持用加泰罗尼亚语做证，因此也造成了许多误解。托洛茨基的一位真正代表——格兰迪佐·穆尼斯宣称马克思主义统一工人党决不是托洛茨基主义者。判决认定马克思主义统一工人党是真正的社会主义者，并赦免了他们的叛国罪和间谍罪。然而，包括戈尔金
843 和安德拉达在内的5位领导人因在1937年5月危机时的活动，以及其他有损于战争努力的革命活动，被判处各种时长的监禁。②

---

① Antoine de Saint-Exupéry, *Terre des hommes*（Paris, 1939）, p.210.

② Gorkin, pp.268–280；Peirats, vol. III, pp.297–300. 亦见苏亚雷斯关于审判的整体记录。一位马克思主义统一工人党领导人戴维·雷伊（David Rey）被释放。他在战争结束时被佛朗哥枪决。这次审判结束后，3位无政府主义领袖——费德里卡·蒙塞尼、阿巴德·德桑蒂连和加西亚·比兰（García Birlán）——找到阿萨尼亚，谴责内格林是一个独裁者，要求改革政府。但阿萨尼亚如同往常一样，虽然同意来访者的说法，却没有任何明确的作为（Peirats, vol. III, p.318）。

对于战争中人性方面的问题，还要再补充一句：在共和国，几年前还是学生、工人或鼓动者的人已经升到很高的职位。老领导人阿萨尼亚、拉尔戈·卡瓦列罗、普列托、马丁内斯·巴里奥已经声名狼藉。后一个群体地位的变化，还影响了一些私人生活方面。如今，四处都流传着这样的谣言：某某在指挥部喝醉了；某某离开了妻子，和另一个女人混在一起。更奇怪的是，考虑到这么多人地位的变化，这场动荡竟然没有波及更广。有些人，例如西普里亚诺·梅拉，宣布战后他将回归原本的职业，再次当回他曾经的抹灰工。[①]不过，许多人，甚至许多无政府主义者，都在努力证明自己还算是一名称职的管理者，从这个意义上看，内格林就是共和国内部与佛朗哥对标的人——他们都是战前无名的一代人，因此可以使用这种新的身份而不必有历史包袱。

德国大使斯托勒在对西班牙当时局势进行总体分析时敏锐地评论道：相互间的恐惧是战争继续下去的原因。任何一方的显赫人物都不清楚如果被敌人抓住会发生什么。佛朗哥确切地告知一名美国记者，他有一份共和军方面100万人的犯罪名单（都有目击者）。然而，德国大使认为，和平谈判的机会极有可能会突然降临。[②]与此同时，已成为美国助理国务卿的银行家阿道夫·伯利（Adolf Berle）对于西班牙如何才能达成妥协献策于罗斯福总统。他在即将于利马举行的南美国家会议上提出了一种美洲内部的举措。但是，由于南美人之间的争吵和科德尔·赫尔的谨慎精神，这项计划从未得以实施。但古巴、墨西哥和海地还是出于不同原因宣布支持罗斯福所设想的方法。[③] 844

事实上，妥协的机会依然渺茫。国家主义一方甚至拒绝支持内格林在8月份提出的建议，即双方应暂停处决战俘一个月。[④]即使在撤走志愿

---

① 最终他在法国的确这样做了。

② *GD*, p.796.

③ *USD*, 1938, vol. I, p.255。1963年我和A.A.伯利谈到了这次计划失败的原因。

④ 虽然切特沃德委员会劝说国民军拖延了400次处决。

者的问题上（这是他在太平洋意图的试金石），佛朗哥也不屈不挠。他不会接受这样的协议，除非他首先被授予交战权利。与此同时，由于获得了新的德国武器，他正准备在埃布罗战役之后发动新的攻势，就像在特鲁埃尔战役之后迅速发动阿拉贡战役一样。

从比利牛斯山脉到埃布罗河以及大海的沿线都聚集了最精锐的国民军军队。从北到南分别是：穆尼奥斯·格兰德斯领导下的一支新的“乌赫尔军”（Army of Urgel）；加西亚·巴利尼奥领导下的“马埃斯特拉斯哥军”（Army of the Maestrazgo）；莫斯卡多领导下的“阿拉贡军”（Army of Aragon）。接着是意大利将军甘巴拉的4个师。再往南，是索尔查加领导下的“纳瓦拉军”（Army of Navarre）和亚格领导下的“摩洛哥军”（Army of Morocco）。“北方军”一如既往地由能力卓群的官僚达维拉将军指挥，总数有30万人，由565门大炮提供支援。国民军空军有近500架飞机，足以获得制空权。[1]佛朗哥自己在莱里达北部的佩德罗拉（Pedrola）城堡建立了总指挥部［通用代码是“终点站”（Terminus）］。[2]计划的进攻时间从12月10日推迟到12月15日，最后决定为12月23日。[3]人们非常担心，对巴塞罗那的进攻将卷入更多的战斗。

845 加泰罗尼亚的共和军战线由阿萨尼亚的前军事秘书埃尔南德斯·萨拉维亚指挥。在他之下是东部军和埃布罗军，分别隶属于佩雷亚上校

---

① J. Salas（p.432），共有197架战斗机、93架“合作飞机”（aviones de cooperación）、179架轰炸机。

② 佛朗哥总部1938年的成员由弗朗斯西科·马丁·莫雷尼奥（Francisco Martín Moreno）将军指挥，他之下是比利亚努埃瓦（Villanueva）上校、翁格里亚上校、巴罗佐上校、比列加斯上校和梅德拉诺（Medrano）上校（分别负责组织、信息、作战、服务和地图）。他们是佛朗哥战争组织中重要却被忽视的一群人。塞韦拉和金德兰继续担任海军总参谋长和空军司令，加西亚·帕拉萨尔（García Pallasar）将军和加西亚·德普吕内达（García de Pruneda）将军指挥炮兵和工程兵。见Martínez Bande, *Los cien últimos dias de la república*（Barcelona, 1972）, p.39。

③ Aznar, pp.814–815.

和莫德斯托上校。这些部队共有30万人。共和军有360门大炮、200辆坦克和装甲车（主要是T-26坦克，在战役开始后显得极其笨重和缺乏效率）。许多装备并没有得到及时的修理维护。飞机只有80架，大多数飞行员虽然充满热情，但缺乏经验。[1]加泰罗尼亚共和军也缺乏弹药和对胜利的信心。内格林承认，自己在“精神上和身体上”都很疲倦。[2]另一方面，参谋长罗霍相信，佛朗哥需要几个月的时间来准备一场全面进攻，因此，在受到攻击时，共和军领导人正在围绕着一项计划钩心斗角。这个计划是在莫特里尔部署一支旅，这里既可以向马拉加前进，也可以去往安达卢西亚。这样做本来是准备与共和军对埃斯特雷马杜拉的另一次进攻捆绑在一起的，但米亚哈和他的参谋长马塔利亚纳（现在他已经被提拔为一名将军）都拒绝这样做。身处巴塞罗那的共和国政府不得不接受这种自卫性的不服从，但也许马塔利亚纳不情愿的真正原因是他已叛国。[3]另一方面，罗霍将36架飞机转移到中部地区的行动削弱了加泰罗尼亚的力量。[4]在此之前，内格林派空军司令伊达尔戈·德西斯内罗斯前往莫斯科补充武器：250架飞机、250辆坦克、4,000挺机枪和650门大炮。这些武器当时的成本高达1.03亿美元，而共和国在苏联的信贷显然不到1亿美元。伊达尔戈·德西斯内罗斯见到了伏罗希洛夫、莫洛托夫和斯大林，尽管伏罗希洛夫发表了评论：“你打算不给我们留下一点武器好守卫我们自己吗？”但他们还是达成了该项运输协议。这些武器是从摩尔曼斯克用7艘船送到波
尔多的，但它来得太晚了，而法国政府也并没有急着继续运送这些武 846

① García Lacalle, p.445. 许多飞机没有配备机枪。

② Zugazagoitia, p.447. 英国编辑金斯利·马丁在12月告诉内格林，丘吉尔已经对西班牙共和国“改变了主意”。“太晚了”内格林回答（Kingsley Martin, p.136）。

③ 这个指控见De la Cierva, *Historia ilustrada*, vol. II, pp.474–475。可以肯定的是马塔利亚纳在两个月后已经与国民军取得了联系。

④ García Lacalle, p.431.

器。[1]这些武器直到1月也几乎没有一件能够到达巴塞罗那。

12月23日，在修女（教皇代表）以教皇的名义徒劳地要求一场圣诞休战之后，进攻又开始了。[2]袭击是由纳瓦拉人和意大利人发起的，他们跨过了塞格雷河。交战地点就在这条河与埃布罗河交汇处以北15英里的梅基嫩萨。这次渡河让守卫部队感到惊愕，于是，这支装备精良的火枪队竟然被他们的军官遗弃了。因此，在双方第一次接触时，战线就已被打破。在塞格雷河上游，在比利牛斯山脉的山脚下，穆尼奥斯·格兰德斯和加西亚·巴利尼奥也击穿了共和军的防线。这些突破导致塞格雷防线失守。这次进攻在巴塞罗那最初被认定为是一次小规模的袭击，但很快利斯特的第五十四军团被投入战斗，试图阻止敌人的进攻。利斯特的总部设在卡斯泰尔丹（Castelldans），位于塞格雷河以东的小山组成的第一条线上，他在那里坚持了两个星期。

1939年1月3日，国民军装甲部队最终被调来对付利斯特，利斯特被迫放弃了对抗意大利人的防线。在北部，加西亚·巴利尼奥和穆尼奥斯·格兰德斯在莫斯卡多的支援下占领了阿尔特萨德塞格雷（Artesa de Segre）的通信中心。1月4日，已经被毁坏的博哈斯·布兰卡（Borjas Blancas）镇落入纳瓦拉和意大利军队手中。前线已经敞开了口子。甘巴拉受伤了，但他并没有放弃指挥权。利斯特抓获了几名意大利人，并在

---

① 见Hidalgo de Cisneros, vol. II, pp.445–452。当时的共和国战斗机指挥官加西亚·拉卡列在11月曾经敦促尽快访问莫斯科。伊达尔戈同意了，并打算亲自前往。几个星期后，拉卡列从前线返回，发现他还在那儿。伊达尔戈解释说他还没走是因为内格林和他考虑到应该让副部长努涅斯·马扎（一名资深共产党员）前往。拉卡列回到前线，想当然地认为这位新的使者应该已经到达莫斯科了。但几星期后，甚至延长到快一年了，当拉卡列再次回来时，发现努涅斯·马扎还在巴塞罗那，因为他以为让他接受这个任务是为了将他撤职而要的花招。伊达尔戈·德西斯内罗斯不得不亲自动身，而一切都太晚了（letter from García Lacalle, July 1964）。

② 见 Buckley；Alvarez del Vayo, *Freedom's Battle*, p.262f.；Aznar, p.816f.；Rojo, *España heroica*；Lojendio, p.547f。

审讯后将这些人枪毙。[1]齐亚诺指出，此时唯一的危险似乎是法国干预的可能性，他告诉驻柏林和伦敦的大使们，如果发生这种意外情况，将会给西班牙引来“正规”的意大利师，甚至这会“引发世界大战”[2]。但是，由于英国内阁致力于绥靖（哈利法克斯12日在罗马对齐亚诺说，他 847
希望佛朗哥“能解决西班牙问题”），[3]达拉第内阁采取行动拯救西班牙共和国的可能性不大。共和军总司令埃尔南德斯·萨拉维亚通知阿萨尼亚，他在整个加泰罗尼亚只剩下1.7万支步枪。[4]如果是这样的话（埃尔南德斯·萨拉维亚算是一个诚实的人），那就表明军队中存在混乱，因为现有的武器数量应该远远超过这个数字。加泰罗尼亚战役成了一场溃 848
败。重组后的意大利机动师令共和军大吃一惊。罗霍试图从巴伦西亚利用船只运送人员和物资，但为时已晚。政府徒劳地把征兵年龄扩大到45岁。几条连续的防线几乎无人值守。共和国唯一成功的反制措施，是在安达卢西亚和埃斯特雷马杜拉的边界上发动的转移注意力的战役。这一进攻（正如罗霍所知，被称为“P计划”）是由1936年巴塞罗那的国民警卫队上校、现在的埃斯科巴（Escobar）将军领导的，伊瓦罗拉上校和加西亚·瓦莱戈（García Vallego）上校指挥着一支规模庞大但纪律松散的军队；由莫里昂将军和卡萨达（Casada）上校领导的中央区其他军队也进行了一些局部行动。这些行动占领的领土相当大，但军事意义并不大。因为，1月14日，亚格从甘德萨沿着埃布罗河突然发动了一场富有想象力的进攻，一直推进到海边并占领了塔拉戈纳。在那里，他遇到了索尔查加和他的军团，后者正沿着海岸向北推进。由于对天主教仪式的禁止是从这个城市开始的，两年半以来，这里的大教堂第一次举行了弥撒。

法国政府再次开放了边境，允许从苏联购买一些新的战争物资进入

① A. Santamaria, *Operazione Spagna, 1936—1939*（Rome, 1965）, p.115.

② Ciano, *Diaries 1939—1943*, p.5.

③ Ciano, *Diaries 1939—1943*, p.10.

④ Alvarez del Vayo, *Freedom's Battle*, p.262；Azaña, vol. IV, p.907.

加泰罗尼亚，但为时已晚。巴塞罗那的街道和广场上挤满了难民。这座城市弥漫着一股绝望的气息。士兵、资产阶级和无政府主义者只想着如何逃到法国。空袭仍在继续，特别是针对港口的空袭。这些轰炸只意图摧毁那些可能给想逃跑的人提供帮助的船只。政府事先考虑了疏散儿童的问题，但直到最后一刻才采取行动。在最后一则日记中，阿萨尼亚记录了一次对埃尔南德斯·萨拉维亚总指挥部的访问，其中写道：“巨大

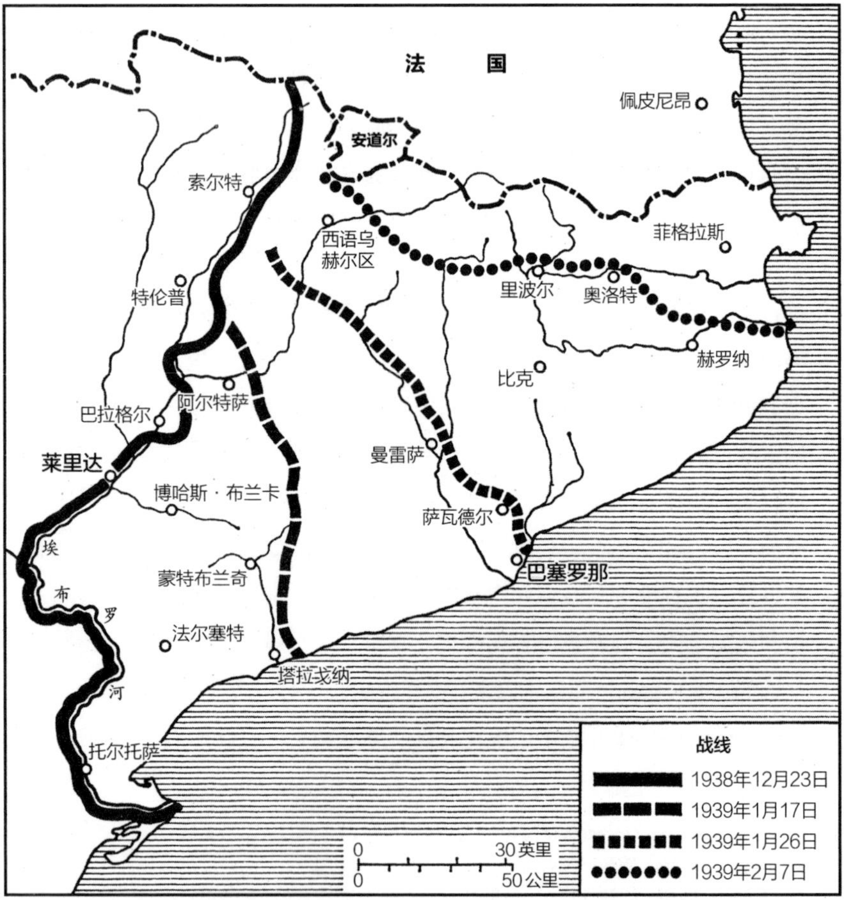

图34　加泰罗尼亚战役，1938年12月—1939年1月

的灾难。军队已经消失了。埃布罗军的人（因为崩溃）几乎没有在战斗。（情况）比4月更糟。”[①]

战线已经逼近巴塞罗那，但几乎没有发生什么战斗；战线前移的速度几乎和前进纵队能够到达的速度一样快，他们根本没有遇到任何反击。1月24日，亚格从海岸上赶来，索尔查加位于内陆25英里处，而甘巴拉在更北的7英里处到达洛伯雷加特（Llobregat）河。这条河大致从
北向南流，在巴塞罗那以西几英里处流入地中海。同一天，加西亚·巴 849
利尼奥攻克了曼雷萨（Manresa），并转向东北，试图将巴塞罗那与边境的联系切断。内格林、阿萨尼亚、政府、西班牙共产党领导人、军队和公务员的负责人，此时都从巴塞罗那迁往赫罗纳，和他们一起的还有加泰罗尼亚和巴斯克流亡政府（阿萨尼亚被留下单独行动）。[②]在加泰罗尼亚首都，人们已经失去了抵抗精神，共产党要求将洛伯雷加特河筑成“加泰罗尼亚的曼萨纳雷斯河”（Manzanares）那样的防线，但这只成了一个永远的笑谈。共和军参谋长文森特·罗霍表示：“尽管人们没有因疼痛和饥饿而筋疲力尽，但他们对战争已经厌烦至极了。”[③]加泰罗尼亚首府本可以得到守护，因此共和国战斗机指挥官加西亚·拉卡列因为首都轻而易举就陷落向他的上级表达了惊讶。[④]中央政府与加泰罗尼亚自治政府的不和付出了代价，因为它瓦解了加泰罗尼亚抵抗国民军的意志。西班牙共产党反对马克思主义统一工人党和无政府主义者的运动也产生了同样的效果。[⑤]那些留下来的外国人要么加入了逃往北方的难民潮，要么试图找到一艘船疏散他们。大城市的街道在市政清洁工逃跑后

---

① Azaña, vol. IV, p.906.

② Azaña, vol. III, p.537. 据阿萨尼亚说，政府留下了所有在国家主义西班牙内进行间谍活动的文件。这对许多人致命。

③ Vicente Rojo, *¡Alerta los pueblos!*（Buenos Aires, 1939）, p.173.

④ García Lacalle, p.490.

⑤ “杀死了革命，反法西斯战争也就被杀死了。”这个说法见M. Casanova, in *Cahiers de la quatrième internationale*（Paris, 1971）, p.5。

肮脏不堪。暴徒开始抢劫食品店。

在罗马，巴塞罗那被认为将注定陷落，甚至珀斯勋爵已经开始要求齐亚诺阻止国民军的报复。[①]在法国，国民议会进行了一周的激烈辩论，达拉第和博内在辩论中表示，拯救西班牙为时已晚，但布鲁姆和包括西班牙共产党在内的联合左派否认一切都已经完了的论调。布鲁姆批评达拉第政府即使到了此时还在继续执行不干涉政策，然而，这个批评也适用于他自己的政府，至少在1937年2月之后他也是这么做的。1月25日，亚格在索尔查加和甘巴拉的跟随下，越过了洛伯雷加特河。抵抗是孤立的，并没有任何配套计划。到第二天早上，巴塞罗那的西部和北部已经
850 被渗透。纳瓦拉人和意大利人在蒂比达博山站稳了脚跟，而亚格占领了蒙特惠奇（在那里他释放了1,200名政治犯）。到了中午，对这座城市的占领开始了。在第一辆进入巴塞罗那的坦克上，人们让一名大笑着的德国犹太女人高高地站立，行着法西斯礼。她曾作为一个托洛茨基主义者被关在拉斯科尔特斯（Las Cortes）的女子监狱里。[②]这种违合的景象给“解放”加泰罗尼亚胜利的欢呼添上了一抹嘲讽色彩。街上空无一人，几乎有50万人正千方百计逃往北方。到了下午4点，主要的行政大楼已被占领，这里并没有被燃烧弹攻击。夜晚，那些一直秘密支持国家主义的巴塞罗那市民走上街头欢呼雀跃。

其他人则带着不同目的走出家门：一共有5天的狂欢时刻（paseos），城市里那些饱受苦难幸存下来的长枪党人，可以随心所欲杀死他们看上的人而不受惩罚。[③]意大利军队指挥官甘巴拉将军向齐亚诺报告说，佛朗哥“在巴塞罗那发动了一场非常激烈的清洗行动”。墨索里尼听说许

---

① Ciano, *Diaries 1939—1943*, p.15.

② Junod, p.133.

③ Cabanellas, vol. II, p.1047；卡巴内拉（Cabanellas）说在1月26日到1月31日之间，有约1万人被枪杀，还有约2.5万人在之后陆续被杀。对于这些数字他没有给出证据，但他可能是对的。

多意大利流亡者被抓获，他说：“把他们都枪毙吧。死人不会讲故事。”[①]随后，由新任军事总督阿尔瓦雷斯·阿雷纳斯（Alvarez Arenas）将军组织的战争委员会执行了一项更为常规的程序，他还负责全面恢复旧秩序：去国有化、去集体化、发行新钞票、执行新的敬礼方式、洗掉海报和标语，并在穆特上校的命令下，“撤下”所有马克思主义者、无政府主义者和加泰罗尼亚分离主义者的书籍。从此以后，加泰罗尼亚人只能用“帝国的语言”说话和读写。[②]新旧报纸轮番出现，《先锋报》成了《西班牙先锋报》（Vanguardia Española）：它的合作者之一卡洛斯·桑蒂斯（Carlos Sentís）将加泰罗尼亚的陷落描述为“一部黑帮电影的终结”。对于无数人，这是一个世界的终结，也是一个梦想的终结。加泰罗尼亚自治被取消；萨达纳舞（Sardana）这种加泰罗尼亚民族舞蹈被禁止；加泰罗尼亚语（从此以后一直被称为“方言”）被禁止作为官方语言，甚至那些用加泰罗尼亚语发表商业招股说明书的人都会被罚款。 851
在教堂中的任何场合都必须使用西班牙语，甚至连加泰罗尼亚语的基督教名字也被禁止。不久之后，又来了一项命令，要求删除在蒙特惠奇公墓中纪念杜鲁蒂、阿斯卡索和无政府主义校长费雷尔（被枪杀于1909年）的墓志。加泰罗尼亚在经过了50年的文化努力之后，一切又归于完结。

不过，它并没有走向法西斯主义。当宣传总干事里德鲁埃霍带着用加泰罗尼亚语写的长枪党的宣传材料到达时，它被没收了。他同时被禁止发起任何会议，以支持征服者和被征服者之间的和解。另一方面，军事总督阿尔瓦雷斯·阿雷纳斯告诉他，最重大的问题“是……恢复城市的祭坛”[③]。用《圣经》，而不是何塞·安东尼奥的言论，来对这个古老的

---

① Ciano, *Diaries 1939—1943*, p.34.

② Abella, p.401.

③ Ridruejo, in Sergio Vilar, p.485.

"红色城市"示以训诫：这座城市是无政府主义和分裂主义的巢穴，像索多玛或蛾摩拉一样，需要得到"净化"。[1]

852 49. 逃离加泰罗尼亚

加泰罗尼亚战役不是以一次进攻做结，而是以一次胜利阅兵和之前发生的大规模逃亡为终结。整个世界都对共和主义西班牙的崩溃速度感到震惊，但这是由于厌战情绪和在埃布罗战役中消耗了太多的人员、物资而造成的。邓肯·桑迪斯代表了许多同情共和主义西班牙的人（或者至少是佛朗哥盟友的敌人）的观点，他敦促共和主义西班牙驻伦敦大使阿斯卡拉特道：在上加泰罗尼亚地区有必要进行进一步抵抗，好让世界认为战争还没有结束。[2]美国前国务卿H.L.史汀生给《纽约时报》写了一封长信，列举了解除对西班牙武器禁运的法律和政治理由。[3]关于这个问题的信件接踵而至，尽管热情洋溢，却已于事无补。白宫收到一封信说："看在上帝的分上！解除对西班牙的禁运。不信就看看我们这里发生了什么！"签名是"捷克斯洛伐克的幽灵"。[4]1月27日，罗斯福总统在内阁会议上发表意见称，禁运"是一个严重错误……"总统（罗斯福）说"我们再也不会做这种事了……"他赞同这项禁运违背了美国的既有原则，
853 并使既定的国际法无效。[5]但这无济于事。同时，共和国对于如下事实也提不起任何兴趣：在英国的一次民意调查中，72%的人支持他们，而只有

---

① Cf. "El Tebib Arrumi", qu. *Catalunya sota……*, p.147.这本书包含了1939年对加泰罗尼亚主义进行清洗的全面分析。

② Azcárate MS.

③ 在1月23日。

④ FDR papers, Hyde Park。同样的观点亦见Allen Dulles and Hamilton Fish Armstrong of *Foreign Affairs*（*Can America Stay Neutral?*）.

⑤ Ickes, p.569.

9%的人支持佛朗哥。[①]

首都以北的加泰罗尼亚一片混乱。共和国政府没有为此时发生的危机做任何准备。国家已经解体，内务部长本人也被降为拿着手枪在通往法国的主要道路上维持交通的角色。[②]包括阿萨尼亚在内的政府向北转移，从一个临时住所迁移到另一个临时住所，他们还边走边吵。加泰罗尼亚的战斗机指挥官加西亚·拉卡列也不清楚空军指挥官伊达尔戈·德西斯内罗斯的下落。[③]之前那些被吓破胆，并从伊伦、马拉加、毕尔巴鄂逃亡的人，与此次从加泰罗尼亚逃亡的人相比，显得那么微不足道，就连冯·斯托勒男爵都认为这是一条"苦难之路"[④]。这是一次出于恐慌的逃亡，因为如果他们留在加泰罗尼亚，也只有一小部分人会面临致命危险。但整个加泰罗尼亚似乎都在奔逃，许多逃离的人本来就是难民，他们来自埃斯特雷马杜拉或者安达卢西亚。公务车、私家车、货车……堵车事件时有发生。通往法国边境的所有城镇都挤满了人。到了夜晚，人行道上挤满了各种年龄段、饥肠辘辘、瑟瑟发抖的人。更混乱的是那些曾经作为马克思主义统一工人党成员的囚犯的命运，包括戈尔金、安德拉达、希罗内利亚，还有一些其他人。逮捕他们的人都是军事情报处的成员，他们本想把这些囚徒留在巴塞罗那， 854

---

① 来自加利福尼亚大学的帕里（H. J. Parry）所写的未发表的博士论文 *The Spanish Civil War*, qu. Taylor, p.195。关于英国的民意，还有另外3种民调，由英国公众舆论研究所（British Public Opinion Institute）在内战期间搜集。1937年1月，14%的人认为布尔戈斯的军政府应该被认为是西班牙真正的政府，86%的人反对。1938年3月，57%的人同情共和国政府，7%的人同情佛朗哥，37%的人不同情任何一方。1938年10月，结果与3月的调查接近。

② 马丁内斯·巴里奥对阿萨尼亚说的话，见Azaña, vol. III, p.541。

③ García Lacalle, pp.494–495.

④ *GD*, p.844.

置于佛朗哥的生杀予夺之下，然而，后来大部分囚犯被转移到北方。在靠近法国边境的某个地方，他们的狱卒把他们遗弃了。不过，这些人一踏上法国领土，就立即返回西班牙。就在几天后，他们又被现实逼着继续逃亡。这次是因为他们碰巧看到之前判处他们死刑的法官何塞·戈米斯（José Gomís）开着一辆黑色汽车经过，于是他们连忙离开了大道躲避。“秃鹰军团”的空袭使难民的处境雪上加霜，而这显然违背了佛朗哥的意愿。①

起初，法国政府出于政治和财政原因拒绝允许难民入境。毕竟自从战争开始以来，法国为援助西班牙难民已花费了8,800万法郎。他们提议在西班牙的边境一侧设立一个中立区，在那里，难民可以通过外国救济来维持生存。然而，国家主义西班牙拒绝了这一计划，所以法国政府只好允许边境开放，并且起初只对平民和伤员开放。在这种情况下，第一批过境点于1月27日至28日的午夜打开。1月28日，有1.5万人穿过了边界。在随后的几天里，过境人数远超这个数字。在2月的首个星期，情况已经相当明显，尽管两个新的伊-15B（超级伊-15，Superchatos）战斗机中队刚从苏联抵达，但撤退的共和军既没有意图也没有办法抵抗国民军的推进。②因此，法国面临着一个选择：要么允许士兵进入，要么用武力抵抗他们。2月5日，法国政府决定接纳军队，但要求他们必须交出武器。因此，在1月28日以来过境的1万名伤员、17万名妇女和儿童以及6万名男性平民的基础上，2月5日至10日又增加了22万名共和军。即便如此，国民军还是俘虏了大约6万人。③

---

① Hills, p.324，金德兰和德国武官冯·丰克男爵（Baron von Funck）之间曾愤怒地谈到这件事。

② 他们很快离开前往图鲁斯（Toulouse）。

③ 关于数字的讨论，见Pike, pp.213-214。在墨西哥驻巴黎大使馆里，德拉塞尔瓦（De la Cierva）给出的信息是：在1939年2月到4月末，共有52.7万人逃出西班牙。阿萨尼亚（vol. III, p.534）认定为22万人。阿尔瓦雷斯·德尔巴约（in Azaña, vol. III, p.553）中说过境总数约40万人。Sir John Simpson在*The Refugee Problem*（London, 1939）将人数定为27万士兵、17万平民、1.3万病号——共45.3万人。

边境是一片悲剧之景。逃亡者早已精疲力竭。他们的衣服被雨雪打
湿了，然而，很少有人抱怨。在灾难的打击下，大多数西班牙共和主义 855
者被迫流亡海外。孩子们带着破碎的玩具。玩具娃娃的脑袋已成了一个瘪了的球，象征着他们失去的快乐童年。在边境，也有着许多欢笑，许多快乐！但更多的是幻灭！[①]

西班牙的边境一侧由某个叫作何塞·拉莫斯（José Ramos）的人控制，他是巴塞罗那早期一个冷酷无情的革命法庭的负责人，后来又在位于奥德内斯（Ordenes）的监狱担任司令官。他的行为举止就像个土匪。[②]他在边境法国一侧的勒布卢（Le Boulou）开设了一个营地作为清算中心。那里没有房屋，因此大多数妇女和儿童以及一些受伤的士兵会被转移到法国其他地区。在那之前从未被分开的家庭，即便在逃亡途中也没有被分开的家人，此时却被迫分离。他还在阿热莱斯（Argelès）、圣西普里安（St Cyprien）、巴卡尔卡雷（Barcarès）和这个地区另外4个较小的地方设立了营地，以安置共和军。这些营地只是海边沙丘地带的空地，周围都围着带刺的铁丝网，囚徒们无法离开。人们像动物一样为自己挖洞，以寻求遮挡。他最终一共设置了15个营地，由塞内加尔人和机动警卫队（garde mobile）负责把守。一些难民在穿越国界时，手里还攥着一把离开村庄时带走的泥土。一个机动警卫队成员强行掰开了这样一只紧握的手，不屑地把那手中的西班牙泥土撒进了法国的沟里。[③]在那些跨越了边境的人中，包括一些国际志愿者幽灵般的遗存，他们在一个名为亨里克·托伦奇克（Henrik Torunczyk）的波兰人的指挥之下重组（或者自己进行重组）。这些人中包括了路德维希·雷恩、海因里希·劳（Heinrich Rau）、

① Howard Kershner, *Quaker Service in Modern War*（New York, 1950）, p.24.

② *La Dépêche*（Toulouse）, 3 March 1939, qu. D. W. Pike, *Vae Victis!*（Paris, 1969）, p.14.

③ Regler, *Owl of Minerva*, p.321. See Pike, *Vae Victis!*, pp.216–217.

米哈利·萨尔瓦伊［“西班牙的夏伯阳”（Spanish Chapaiev）］和意大利人朱利亚诺·帕杰塔（Giuliano Pajetta），以及安德烈·马蒂（André Marty）。曾在加泰罗尼亚拍摄过《希望》（*L'Espoir*）的马尔罗也在那里。“整个革命都要结束了。”（c'était toute la révolution qui s'en allait.）的确，外界的“反法西斯”的希望遭受到一次强烈打击。[①]

856 在难民营里，连续10天都没有水或食物供应，那些与同伴们待在一起的受伤者无人理会。其中一位伟大的诗人——安东尼奥·马查多患有反复发作的哮喘病，撤离的痛苦又加剧了病症，不久之后，他在科利乌尔（Collioure）的一所小旅馆里去世。[②]食物在后期得到了保障，但依旧没有卫生设施或房屋，医疗服务也很差。法国政府因为这些糟糕的难民生活条件而受到国际社会的批评，但在短时间内为大约40万难民提供服务，克服种种困难已经是超人式的了。法国在接纳难民方面的努力从未得到过太多认可。毫无疑问，法国政府希望通过“忽视他们”的举措，迫使尽可能多的难民把自己“扔回”到佛朗哥的关怀之下。那些待在美国或英国的身处舒适环境中的人也表现出极度的冷血。例如，《纽约时报》的编辑就告诉赫伯特·马修斯，不要再向他发送太多关于难民营状况富含感情的报道。[③]

花费在一名难民身上的费用约是每天15法郎，伤员则是60法郎。

---

① 朱利亚诺·帕杰塔曾经是国际纵队最年轻的政委。14岁时，他曾是一名来自都灵的年轻共产主义者，被捕后逃到法国，之后又逃到苏联，几乎从内战一开始就一直在西班牙。我在1978年见过他。像隆戈（Longo）、维达利和陶里亚蒂这样的西班牙老战士也离开了加泰罗尼亚（Spriano, p.271）。

② 新任西班牙驻巴黎大使马塞利诺·帕斯夸（从莫斯科转任）试图把马查多弄到巴黎，但他的努力因为马查多身体情况的恶化而失败（马塞利诺·帕斯夸给作者的信）。

③ Regler, *Owl of Minerva, loc.cit*。对共和国的同情者而言，照顾难民是西班牙战争最后也是最痛苦的“事情”。见Nancy Cunard, *Manchester Guardian*, 17 February 1939, and Ch. XV of Nancy Milford, *The Pursuit of Love*。

法国政府在2月初为此提供了3,000万法郎。同时，他们也窘迫地要求其他国家政府帮忙减轻负担。比利时同意接收2,000—3,000名西班牙儿童，但英国和苏联政府最初不接收任何难民。苏联的态度受到国际社会的广泛批评，尤其是法国右翼媒体。后来，英国同意一些选定的领导人入境，苏联向难民提供了2.8万英镑的援助，英国向在难民营工作的红十字会提供了5万英镑的支援费用。[①]

在这些集中营里也发生过一些私人复仇事件。例如，在阿热莱斯的集中营里，受人憎恨的军事情报处成员阿斯托加·巴约（Astorga Vayo）身上发生的事。他曾经是莱里达的奥梅尔斯·德纳加亚（Omells de Nagaya）一个大型共和国监狱的指挥官。[②]某天，几个在战争初期认识他的人接待了他。他和他们一起走了一会儿，讨论着那些旧时光。突然，他意识到他们把他带到营地中一个鲜有人经过的地方。在他面前，他看到一些松树下挖好的一条深沟，于是他立即陷入了惊恐之中。他的同伴们则冷笑着，紧接着，便把他活埋了。[③] 857

——

与此同时，2月1日，在加泰罗尼亚最后一个离边境不远的城镇菲格拉斯老城堡的一个地窖里，62名议会成员（他们在3年前近乎狂热的气氛中当选）举行了一场隆重的会议。迭戈·马丁内斯·巴里奥坐在一张挂着共和国国旗的桌子旁。内格林做了一次发言，只提到实现和平的3个条件：保证西班牙独立；保障西班牙人民选择自己政府的权利；免于迫害的自由。没有人反对这些条件，尽管可以肯定的是，佛朗哥绝不会

① A. Toynbee, *Survey*, vol. I, pp.397–399.

② 阿斯托加维持纪律的方法是，如果有一个囚犯逃跑，就枪毙5个人。关于他的证词见Juan Pujol in *Historia y vida*, January 1975。

③ Gorkin, *Caníbales políticos*, p.237; and Pike, *Vae Victis!*, p.53.

接受这些条件，因此政府实际上还是选择了战争的继续。[①]议会随后解散，其成员逃往法国。有些人其实在前一天晚上就已经到达法国。内格林前去拜访英国和法国的外交部长拉尔夫·史蒂文森（Ralph Stevenson）和朱尔斯·亨利（Jules Henry），试图通过他们与国家主义西班牙以菲格拉斯演讲为基础进行调解。外交官们同意了这次尝试。内格林补充道，如果这些条件被拒绝，共和国将继续在马德里发动战争。[②]他花了很长时间才决心这么做。阿尔瓦雷斯·德尔巴约花了很大力气从菲格拉斯把普拉多美术馆的画作安全转运出来。这些画作被放在卡车里运到日内瓦，在那里，它们由国际联盟秘书长代表西班牙人民保存着。当委拉斯开兹、戈雅（Goya）、提香（Titian）和鲁本斯（Rubens）的画作经过时，难民们就站在一边观看着。阿萨尼亚对内格林说，所有君主制和共和国的概念都比不上一个委拉斯开兹重要，内格林表示同意这个说法，[③]但是当然没有人真的相信。

纳瓦拉人和意大利人的前进势不可当。2月5日在赫罗纳，燃烧弹的轰炸激怒了退却中的共和军，他们顽强地抵抗着攻击，但赫罗纳还
858 是陷落了。同一天天亮时分，阿萨尼亚、马丁内斯·巴里奥和孔帕尼斯离开了西班牙。阿萨尼亚的离去平淡无奇。马丁内斯·巴里奥乘坐的汽车抛锚，堵塞了道路。内格林本人试图把它推到一边，但这无济于事——总统不得不步行离开西班牙。内格林和阿萨尼亚刚进入法国的拉斯伊拉斯（Las Illas）就互相告别了。后来，内格林又回到西班牙，待了几小时；阿萨尼亚则踏上了流亡之路。[④]几名国民军囚犯被杀，他们中包括特鲁埃尔的英雄雷伊·哈考特上校，和他在一起的还有特鲁埃尔

① *Diario de Sesiones*, No.69, February 1939。关于会议场景的描写，见Zugazagoitia, p.508f.

② *USD*, 1939, vol. II, pp.739–749.

③ Alvarez del Vayo, *The Last Optimist*, p.294；Azaña, vol. III, p.554.

④ 阿萨尼亚的记录见他给奥索里奥的信，28 June 1939, in *Obras*, vol. III, p.552f。

的主教。[1]马蒂企图枪杀他在阿尔瓦塞特时的一些老下属，因为在他精神错乱支配下，他担心这些人可能把他的疯狂行为告知全世界，但在最后一刻他被阻止了。[2]在西面，最成功的国民军年轻将领加西亚·巴利尼奥进入了古老的教堂城市——比克。正如国家主义一方一直怀疑的那样，加泰罗尼亚最后的抵抗已经结束。最后一刻，胡拉多接替了埃尔南德斯·萨拉维亚出任总司令，但这于事无补。这位新将军很有经验，但已经没有人能够重建战线了（埃尔南德斯·萨拉维亚曾想将莫德斯托解职，把他的指挥权交给有无政府主义思想的佩雷亚上校。内格林和罗霍对此表示反对）。[3]当罗伯特·霍奇森爵士代表英国向国家主义西班牙提出内格林的和平条件时，佛朗哥的4支军队正在向法国边境挺进。2月8日，纳瓦拉人进入了菲格拉斯。同一天，他们的先遣部队与撤退中的共和军后防部队交上了火。2月9日，索尔查加和莫斯卡多抵达法国边境，前者在勒佩尔蒂（Le Perthus），后者在努里亚（Nuria）山区。到2月10日，整个边境都被国民军包围了。当天早上，莫德斯托率领埃布罗军的最后一支部队进入法国。就在同一时间，在莫斯卡多手下担任"临时中尉（provisional lieutenant）"的西班牙第一个法西斯分子希门尼斯·卡瓦列罗回忆起路易十四那句著名的自夸之语，并向他的部下热情洋溢地宣布："终于，那就是比利牛斯山！"

50. 最后的博弈 859

加泰罗尼亚沦陷后，全世界都认为西班牙战争已经结束了。国家主

---

① *The General Cause*, p.178.

② Regler, *Owl of Minerva*, p.325.

③ 关于罗霍和埃尔南德斯·萨拉维亚的早期矛盾，在R. Salas, vol. IV, p.3345发表的一份两者间会议记录中得以展现。萨拉维亚已经和他的部队分开了两个多星期，只有战斗机指挥官加西亚·拉卡列告诉他敌人在哪里的消息。见García Lacalle, p.495。

义西班牙的比塞塔在巴黎证交所的价格上涨到共和国比塞塔的70倍。[1]在圣塞巴斯蒂安（最“正常”的国家主义城市）的齐科特（Chicote）酒吧，悲观主义者都曾经是最时髦的顾客。此时，就连那些嘲笑“保持安静，小心敌人耳朵”的告示的人，也会遭到乐观主义者的劝阻。人们可以轻松地去电影院观看电影，例如意大利法西斯历史电影《非洲的西庇阿》（*Scipio in Africa*），或者西班牙新纪录片《西班牙英雄》（*España Heroica*），或者《北方征服者》（*Los Conquistadores del Norte*），甚至克拉克·盖博（Clark Gable）和让·哈洛（Jean Harlow）主演的《中国海》（*Seas of China*）。

塞拉诺·苏尼尔在2月6日的一次新闻发布会上讨论了该政权与教会之间的关系问题（1月24日，年长的马丁内斯·阿尼多将军去世后，塞拉诺·苏尼尔既是公共秩序部长，也是内务部长）。在赞扬天主教传统的同时，他提议划分权力，特别是在教育方面。他还要求获得主教的任命权——这是该国自1851年与教廷的协约（Concordat）以来一直享有
860 的权利，但塞拉诺·苏尼尔在每件事上都没有自己的主张。塞古拉枢机主教，此时的塞维利亚大主教，谴责长枪党人不信教，并对纳粹的影响表示遗憾。不久后，作为总主教的戈马枢机主教在他的大斋节主教教书（*Lenten pastoral letter*）中更为谨慎地（这是他的习惯）谈到了这个问题，他在信中批评了“夸大的民族主义”。与此同时，12月15日的一项法令将共和国从王室手中夺走的财产和公民权利归还给王室。阿方索国王和他的儿子胡安宣布，在进一步的命令出台之前，他们希望被视作“佛朗哥的士兵”。

国家主义西班牙政权现在也受到了那些先前蔑视它的人的追捧。例

① 真实的价格接近于非官方汇率的100比塞塔对1英镑，而不是固定的官方汇率42比1。由战争初期的市政当局、人民阵线委员会和加泰罗尼亚自治政府发行的瓦勒（vales，诨名叫作“睡衣”，因为只能在家里使用），已经不再被接受。

如，法国政府派遣参议员贝拉德（Bérard）到布尔戈斯去谈判外交关系。贝拉德受到冷遇。乔达纳首先要求法国在法律上确认将法国水域的共和国船只归还给国家主义西班牙政府，并归还共和国带到法国去的西班牙艺术珍品，归还西班牙存在法国的钱财。国家主义西班牙拒绝为法国南部的共和国难民支付任何费用，也拒绝批准法国政府从西班牙在法国的资产中扣除这方面的费用。①

共和国政府在图卢兹集会。内格林和阿尔瓦雷斯·德尔巴约于2月9日从菲格拉斯抵达那里，但内阁其他成员正在等待法国当局飞往巴伦西亚的许可。在西班牙领事馆举行了一次简短会议后，运输方面的困难得到解决。内格林和阿尔瓦雷斯·德尔巴约乘坐法国航空公司的飞机飞往阿利坎特。他们发现西班牙中部的军事领导人情绪低落。②后来这种情绪进一步恶化，这是因为：在加泰罗尼亚沦陷的同一天，梅诺卡也投降了。之前佛朗哥在伦敦宣布，他将在没有德国人或意大利人的情况下占领梅诺卡，如今他已得偿所愿。共和国驻军的3个营随后反叛，其中一个营的上尉给他的兄弟、马略卡的波连萨（Pollensa）船厂的国民军负责人打电话，派特使谈判投降事宜。结果，英国巡洋舰“德文郡”号（Devonshire）从马略卡岛把谈判代表带到马翁港。该船船长支援了这个岛的投降事宜，并运送了600名共和军，由指挥官路易斯·冈萨雷斯·乌维塔（也是最近的舰队司令） 861
率领，前往马赛。西班牙中部的一些人认为，这也可能是他们自己投降的模式。③

---

① Madariaga, *Spain*, p.431.

② Alvarez del Vayo, *Freedom's Battle*, p.275.

③ *GD*, p.835；Bruno Alonso, pp.117-118。英国驻马略卡领事艾伦·希尔加思（Alan Hillgarth）上尉（1932—1937年担任副领事，未来的海军情报局局长）被国家主义西班牙要求安排投降事宜。外交办公室同意了这个请求，但规定两年内不允许德国或意大利军队进入该岛。这些条件得以遵守。

此时在马德里，一场奇怪的、对于许多人致命的游戏开始了。米亚哈——政治家兼军事上的大元帅，仍然占据着三分之一的西班牙，此时他手下约有50万人，他的4支军队（分别由莫里昂将军、埃斯科巴将军和梅内德斯将军以及卡萨多上校指挥，他们在1936年以前都是正规军官）都还没有被击败，但这些军队的军事指挥官——马塔利亚纳将军已经成了叛徒，或者说是失败主义者。马塔利亚纳自己的参谋长穆德拉（Muedra）也是如此。卡萨多上校的助手森塔尼奥·德拉帕斯（Centaño de la Paz）上校在整个战争期间一直在秘密为佛朗哥工作。米亚哈本人也很泄气，他主要是待在巴伦西亚。许多军官信奉的"共产主义"最终表现为一种适合顺境的意识形态。基本上，那些中上阶层的人，如米亚哈本人、马塔利亚纳、莫里昂或普拉达，在一年前似乎还对西班牙共产党的表现深切拜服，此刻却已动摇了这个信念，他们此时的表现就像离开一条他们正在搭载的避难船，因为这次轮到这艘船沉没了。[1]几名高级军官，其中包括中央军司令卡萨多（1936年阿萨尼亚军事委员会的领导，混合旅的创始人之一，布鲁内特的一名陆军指挥官），共同得出的结论是：佛朗哥不愿进行谈判是因为内格林政府的共产主义色彩。得出这一结论在一定程度上只是因为他们对西班牙共产党官员的能力和优势的嫉妒。卡萨多和他的朋友们对内格林秘密进行的和平努力一无所知。这些官员的周围聚集了很多反对内格林的人，包括无政府主义者、阿萨尼亚的朋党、普列托的朋党、拉尔戈·卡瓦列罗的朋党等。在这些策划者中，最突出的政治家是贝斯泰罗，他是改革派社会党人，在整个战争期间都待在马德里。他病体孱弱、年事已高，是一个斯多葛主义（stoicism）者的典范，他会从一个道德力量超群的位置上认真设想己方失败的可能性，并以此作为清除共和阵营内敌对方的一种理由。

---

① Guy Hermet, *Los comunistas en España*（Paris, 1971）, p.30.

他对共产主义的仇恨和对革命恐怖的蔑视，使他低估了战争期间国民军的镇压和“佛朗哥主义”的演化。① 863

如果不是无政府主义者，贝斯泰罗的阴谋可能会失败。这些无政府主义者接到秘书长马里亚诺·巴斯克斯（此人已经在法国）的指示，准备接受国家主义西班牙一方的胜利。虽然正如人们看到的那样，巴斯克斯已经成为内格林的朋友，但是另一个已经升任军队精英指挥官的无政府主义者、卡萨多麾下第四军团指挥官西普里亚诺·梅拉并非如此（卡萨多麾下其他3个军团指挥官巴尔塞洛、奥尔特加和布埃诺都是西班牙共产党人）。马德里的几个全国劳工联合会成员，例如记者加西亚·普拉达斯、爱德华多·巴尔（Eduardo Val）和曼努埃尔·萨尔加多，一直在迫使梅拉向前推进战事。与此同时，西班牙中部的元帅米亚哈认为，战争的持续没有任何意义，即使共和国再打一年，最终还是会失败。国家主义西班牙的间谍组织、真正的第五纵队也在进行秘密活动。他们通过可信的中间人调查卡萨多、马塔利亚纳、穆德拉（马塔利亚纳的参谋长）和其他军官的忠诚度。卡萨多在2月初已经与布尔戈斯的佛朗哥情报部门负责人翁格里亚上校取得了联系。②他和布尔戈斯之间的谈判，为那些放下武器“并且没有犯罪”的军官争取了一条保命渠道。③此外，他还与一位老朋友、佛朗哥的陆军指挥官巴龙将军通信。卡萨多，这个阴谋的神经中枢，是一个有才干、有教养、朴素且勤劳的人。他生活简单，行事做派就好像他是最

---

① Saborit, *Julián Besteiro*, p.410.

② 一个叫作“安东尼奥（Antonio）”的间谍集团［名称得自于安东尼奥·德鲁玛（Antonio de Luma），一位大学教授］的头目在其中起了决定性作用。胡里奥·帕拉西奥斯（Julio Palacios）教授是“安东尼奥”的代理人，他在1月接到指示，通过中间人与卡萨多取得联系。来自未出版的“Memoria” by Palacios, qu. Martínez Bande（*Los cien últimos días*, 1972, p.119）。在托莱多的博内尔（Bonel）上校也在马德里和布尔戈斯的谈判中发挥了重要作用。

③ Martínez Bande, *op.cit.*, p.120.

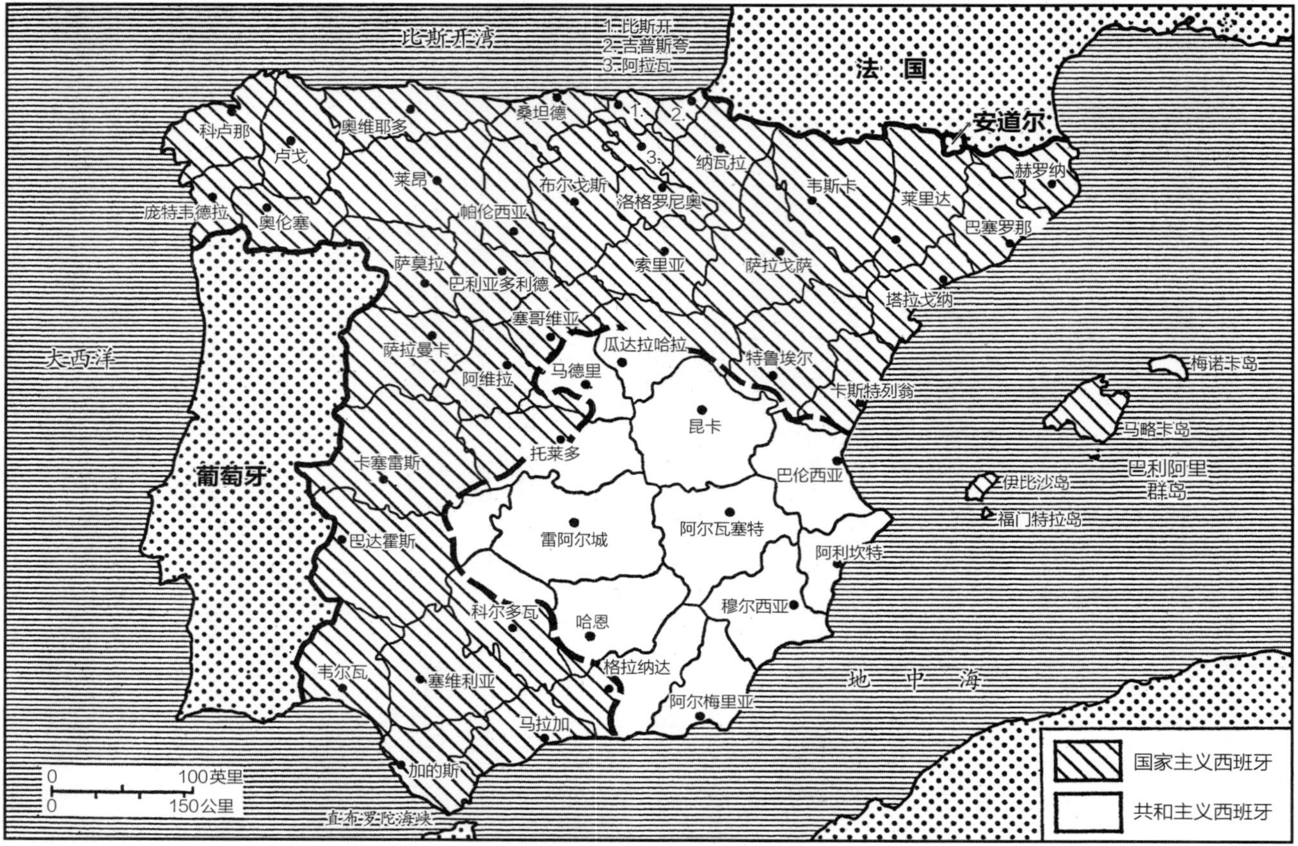

图35　西班牙局势图，1939年2月

低等级的士兵，但一旦工作起来，就好像他是总司令。[1]自1938年年底以来，他一直与英国马德里切特沃德委员会[2]联络官丹尼斯·考恩（Denys Cowan）保持联络。考恩很可能代表的是英国政府的非正式行事方，他显然有意要结束这场战争。[3] 864

西班牙共产党人在很长一段时间一直怀疑卡萨多，因为卡萨多曾在1937年反对发起向布鲁内特的进攻。西班牙共产党某组织的副手丹尼尔·奥尔特加早年是第五纵队的政委，在布鲁内特的总部工作，他在这一年年初曾向“热情之花”表达过自己内心的怀疑。[4]卡萨多通过贝斯泰罗已经知晓阿萨尼亚试图调解双方以达到和平的信息。对他深有影响的妻子，也被人怀疑已背叛共和国，尽管这种“背叛”的实质更有可能指的是失败主义的思想。众所周知，卡萨多曾经暗示过，如果内格林坚持“努曼提亚式的斗争”直至那个苦涩的结局，并决心放弃一切而不是投降，那么即使他并不情愿，但他还是会继续支持内格林的。但卡萨多和他的朋友们认为最不可接受的，是内格林做出一种公开的努曼提亚式

---

① 苏加萨戈伊蒂亚在书中的评价，见他的*Historia de la guerra en España*, p.546。

② 负责交换战俘的委员会。——编者注

③ Ibarruri, p.429。有一种说法为卡萨多是被英国政府收买来试图结束这场战争的。从他4月初抵达英国时受到接待的方式来看，这个说法似乎不成立。Broué and Témime（p.261）认为是考恩发起了这个阴谋。

④ 对接下来西班牙战争的终结和卡萨多上校阴谋的记录，是由如下材料拼凑出来的，卡萨多上校自己的说法（虽然充满矛盾，他的第二版与第一版的说法都不相同），以及如下诸人的说法：卡斯特罗·德尔加多、“热情之花”、布鲁诺·阿隆索（Bruno Alonso）、阿尔瓦雷斯·德尔巴约、加西亚·普拉达斯（见*Cómo terminó la guerra de España*）、文塞斯劳·卡里略（Wenceslao Carrillo，见*El último episodio de la guerra civil española*, Toulouse, 1945），以及赫苏斯·埃尔南德斯。此外，还有内格林3月31日在巴黎的议会委员会上的演讲；Bouthelier（*Ocho días*）and Edmundo Dominguez（*Los vencedores de Negrín*）。Martínez Bande's *Los cien últimos días de la república*是一次痛苦但认真的记录，就像这个作者一贯的风格那样，里面还给出了卡萨多和布尔戈斯进行联系的信息。亦可参考梅拉的回忆录，p.193f以及最近的*Así terminó la guerrade España* by Ángel Bahamonde and Jaime Cervera（Madrid, 1999）。

的姿态，但也同时做好了出逃的准备（正如阿萨尼亚说过的：“准备好了飞机并在瑞士有秘密账户的努曼提亚人”）。[1]卡萨多的总部位于马德里城外奥苏纳（Osuna）公爵的破败庄园中位置靠近巴拉哈斯机场的阿拉梅达宫（Alameda）。戈雅曾用画笔描绘过这里。在这座迷人的宫殿里，有着美丽的雕像、楼梯和草坪，而卡萨多也在这里计划着战争的结束。[2]

865 在马德里，指挥官们在很长一段时间内都没有与政府接触。所有人都厌倦了战斗。推动抵抗政策的只有西班牙共产党人，他们在加泰罗尼亚和埃布罗河上的领导人利斯特和莫德斯托，以及他们的意大利“灰衣主教”（éminence grise）陶里亚蒂，也从图卢兹返回西班牙。虽然许多指挥官如罗霍、埃尔南德斯·萨拉维亚、胡拉多、佩雷亚、波萨斯和其他人依然留在法国，但埃布罗军的资深共产主义领导人都已回来。[3]经历过这场战争的职业军官赫苏斯·佩雷斯·萨拉斯后来回忆道：当时的人们大多都在担心，即使共和国获得胜利，也不知会实行什么样的政治制度。[4]2月8日至2月11日，西班牙共产党在马德里举行了一次会议，会上有许多人谴责了失败主义。[5]全国劳工联合会、伊比利亚无政府主义者联盟和无政府主义青年也举行了会议，甚至在巴伦西亚与内格林会见时讨论了局势。内格林拒绝接见伊比利亚无政府主义者联盟的新秘书何塞·格伦菲尔德（José Grunfeld），因为“他不是西班牙人”，这件事引起了不必要的情绪对抗。[6]在这一点上，半岛上的一些无政府主义者支持继续抵抗的想法，但是还有许多领导人依然并且打算长期待在法国，他们传来指示，表示他们接受失败，并计划将还在西班牙中部的无

---

① 普列托对此的回忆见 *Convulsiones*, vol. II, p.83。

② Martínez Bande, *Los cien últimos días*, p.82.

③ Tagüeña, p.304。11月何塞·迪亚斯已经去了莫斯科（Spriano, vol. III, p.272）。

④ Pérez Salas, p.232.

⑤ Ibarruri, pp.436–437.

⑥ Peirats, vol. III, p.353。他是阿根廷人。

政府主义领导人撤离。[1]

阿尔瓦雷斯·德尔巴约从马德里飞往巴黎，劝说阿萨尼亚也返回西班牙。但阿萨尼亚对他说："我的职责是实现和平。我拒绝帮忙延长一场毫无意义的战争。我们必须争取到最可靠的保证，然后尽最大力量了结此事。"因此，阿尔瓦雷斯·德尔巴约放弃了他的这项任务，并认为一切都是徒劳。[2]

内格林于2月12日回到马德里，并于同一天和卡萨多聊了4个小时。[3]卡萨多在谈到马德里的饥饿和燃料短缺时表示，战争必须结束。内格林答应给他运来15天的给养，但卡萨多只"还给"他更多的抱怨。卡萨多 866
一方没有交通工具，而英国和法国也放弃了共和国。加泰罗尼亚的陷落使共和国减少了70%的原材料，许多部队没有鞋子和大衣，只有40架飞机可以为他的军队提供帮助，几乎没有大炮，也几乎没有自动化武器。国民军在马德里以南有32个师，有大量的火炮、坦克和600架飞机。内格林告诉卡萨多，苏联将送来1万挺机枪、600架飞机和500门大炮。它们现在正在马赛，尽管困难重重，但很快就会到达西班牙。随后他补充了一个消息，即与佛朗哥的和平谈判失败了。卡萨多表示，这些苏联物资永远不可能到达，因为唯一的路线是从马赛到巴伦西亚的海上通道。他恳求内格林重新开启谈判，并愿意主动提供帮助。内格林接受了这个提议，他还说，如果有必要，他将毫不犹豫地把西班牙共产党从政府中清除。此外，他还向卡萨多保证会晋升卡萨多为将军。

内格林后来在马德里会见了人民阵线各个党派的领导人。他对自己

---

① 这个指示签署的日期是2月10日，由全国劳工联合会的马里亚诺·巴斯克斯和伊比利亚无政府主义者联盟的佩德罗·埃雷拉签署（出处同前，p.356）。Cf. Juan López, *Una misión sin importancia: memorias de un sindicalista*（Madrid, 1972）。

② Alvarez del Vayo, *Freedom's Battle*, p.278f.

③ 卡萨多说这一天是2月25日。我接受马丁内斯·班德（Martínez Bande）的观点，即不是这一天。Mera（p.194）证实了这一点。

的目标表达得含糊不清。卡萨多也见到了这些政治家，并在他们面前发泄了他对西班牙共产党的愤怒。马德里的一些共产党人，如塔维尼亚、多明戈·希龙（Domingo Girón，当地组织者）和佩德罗·切卡（Pedro Checa），一听到这些流言后就开始准备应对这种军事阴谋的威胁。[①]以“热情之花”为首的西班牙共产党代表团呼吁内格林：“如果政府准备继续战斗，西班牙共产党将顺应它；如果政府希望提出和平建议，西班牙共产党亦将不会成为障碍。”内格林对此认为继续抵抗是唯一可能的行动方针。然而，他似乎是一个“被各种事件淹没的人，他在与投降潮流的艰难斗争中耗尽了自己的力量，却仍然任由自己被拖至谷底，并试图维护一点荣誉”[②]。

内格林在1939年2月施行的政策一直备受争议。他希望继续战斗，但私下里，又谋划着自己和朋友最安全的逃生路线。他是不是在假
867 装将抵抗阵线进行到底的同时，暗中欢迎着卡萨多的阴谋？他是无意识地被耍了还是知道一切并任由自己被耍了？他知道卡萨多（和马塔利亚纳）与佛朗哥的秘密交易吗？如果知道，他为什么不逮捕他们？他越来越依赖的共产党在考察他本人的时候，认为他的行为总是“矛盾的、不可理解的”：他虽然重申了自己抵抗的决心，却没有做任何事情去组织抵抗。[③]内格林实际上似乎还没有做好决定。他渴望和平，但他比卡萨多更清楚，佛朗哥的条件过于苛刻。在加泰罗尼亚崩溃之前，他的身后一直有一支军队支持着他。而现在，在西班牙中部，他发现自己正和一支未经考验的军队在一起，这支军队还是由忠诚度很值得怀疑的军官领导的。然而，他也知道，西班牙共产党的指挥官们，即使能力十分高效，也始终把对党的忠诚放在第一位。内格林唯一的策略就是等待世界大战的大屠杀。他的战

① Tagüeña, p.306.

② Ibarruri, p.440. 其他共产党员还包括切卡、德里卡多和伊西德罗·迪盖兹（Isidro Diéguez）。

③ Ibarruri, p.427.

术是，自己只能做最后一个放弃战斗的人（这一点，他与西班牙共产党的观点是一致的）。

2月16日，内格林在阿尔瓦塞特以南的洛斯亚诺斯（Los Llanos）机场举行了一次共和军领导人会议。①在场有几位共和国军队的老指挥官，曾在1936年7月作为上尉或者少校加入了共和国，现在他们中的一些人已经成长为高级将领。内格林对他们讲了两小时。他谈到了上个月和平谈判的失败，还谈到了自1938年5月以来，他是如何通过中间人以体面的条件去寻求和平的。他说：现在除了抵抗，别无他途。接下来发言的是马塔利亚纳将军，他认为继续战斗是疯狂的。他呼吁总理的人性，去寻求结束战争的可能。莱万特军、埃斯特雷马杜拉军和安达卢西亚军的指挥官梅内德斯、埃斯科巴和莫里昂将军分别对马塔利亚纳的意见表示赞同。他们都是1936年以前的正规军官，他们的人生经历集中体现了战争的悲剧性——他们忠于政府，却敌视革命。海军司令布伊扎上将（他已被重新任命接替冈萨雷斯·乌维塔担任这一职务）报告称，一个代表共和国舰队船员的委员会已经认定了战争的失败，国民军的空袭将很快 868
迫使共和军舰队离开西班牙水域，除非开始和平谈判。内格林告诉布伊扎，该委员会的领导人应该因叛变而被枪决。布伊扎说，虽然原则上他同意内格林的意见，但他没有这样做，因为他本人也同意委员会的意见。接下来，卡马乔上校代表空军发言。他只剩下3个中队的娜塔莎轰炸机、两个中队的喀秋莎飞机和25架伊–15或者伊–16。他也提议和平谈判，但他说，空军尚有足够的汽油来应付一年多的战争。卡塔赫纳海军基地的军事长官贝纳尔将军也发表了同样的讲话。“马德里英雄”米亚哈抱怨说，他一直都没有被允许发言。于是内格林立即请他发言，说自己希望米亚哈作为总司令最后一个发言。出人意料的是，米亚哈要求

① R. Salas, vol. IV. pp.3392–3398，给出了卡马乔的报告。我接受了马丁内斯·班德给出的日期，将此次会议定在2月16日，而非27日。

不惜一切代价进行抵抗。于是内格林做了总结，他并没有就即将采取的行动提出坚定的建议，但他让大家明白了，既然谈判失败，战争就必须继续下去。[1]

后来也有人表示怀疑过，内格林当时召集这些众所周知持悲观态度的军官的做法是否表明总理本人已经彻底悲观了？如果他想继续战斗的话，为什么还要把他的政府安排在一个不起眼的制造业小镇埃尔达呢？那里位于离阿利坎特20英里的内陆，距离马德里却是那么远！这个可疑的小镇位置靠近海岸，这显然是为逃跑做的必要准备。另一方面，共产国际最高统帅部（现在几乎公开地由陶里亚蒂担任主席）也在附近埃尔切（Elche）的美丽棕榈林里设立了他们的总部——也许也应该问他们同样的问题。[2]情况似乎是，尽管卡萨多、马塔利亚纳、马德里的其他官员与马德里的无政府主义者和政治家密谋，但内格林似乎已得出结论，即必须在共产国际的支持下，围绕着他自己建立一个临时独裁政权，才能确保战争的持续。卡萨多、马塔利亚纳、埃斯科巴和其他与总理不同意见的官员将被调整到不重要的职位上。

869 正如卡萨多所说，马德里的局势如今确实惨淡。内格林也许还没有完全意识到情况有多么糟糕。贵格会援助的儿童难民委员会（The Quaker Commission for the Assistance of Child Refugees）报告称：如今的粮食供应即使维持现有水平，也无法满足超过三个月的生活需求。没有供暖、热水、药品和手术敷料。这些条件让那些正在动员的国际援助注定失败。“为西班牙筹集食品”（Food for Spain）基金正在英国募集资金。好几个国家的政府也都馈赠了资源。加拿大、挪威和丹麦政府购买了各自国内多余的食品，并把它们送给了西班牙。比利时提供了价值约

① Casado, p.121；cf. Benavides, *La escuadra*, p.451.

② Casado（p.135）和García Pradas（p.34）在西班牙共和国的最后阶段对内格林的生活方式进行了攻击。他真的被合唱团的女孩包围了吗？真的有成箱的香槟吗？或者这些故事来自禁欲主义者的想象？

1万英镑的食物，瑞典提供了7.5万英镑的食物（此外还有早些时候已支援的5万英镑食物）。法国政府同意向共和国运送4.5万吨面粉，但并不是作为（无偿的）礼物。美国通过红十字会运送了60万桶面粉，但这批货物在交付之前在地中海的各个港口间来回折腾。船主们也试图使面粉的运输费用尽可能大，同时又为自己辩解说，每次刚刚指定了一个港口交货，这个港口就被国民军攻陷了。因此，共和国饥饿的孩子们在美国面粉抵达勒阿弗尔（Le Havre）后又等待了3个月才得到这批食物援助。与此同时，贵格会委员会继续向被国民军占领的领土提供援助，尽管他们为此提出了一些苛刻的条件。[①]然而，共和国的末日越近，国际社会就越关心它的命运，尤其是美国。马德里是一座陌生而寂静的城市，那里的居民知道，如果战争继续下去，他们的审判时刻也就快到了。报纸继续保持着一种平淡的乐观情绪，但没有人真的感受到这种情绪，广播服务也继续在内格林的指导下带有同样的论调。

在保密的掩护下，卡萨多继续与布尔戈斯实施谈判。他的计划是逮捕和移交给佛朗哥一些共产党人和其他领导人，他甚至道歉说，他无法阻止一些人的逃跑。[②]在布尔戈斯的翁格里亚上校收到了关于内格林在洛斯亚诺斯的会议的详细记录。卡萨多参谋部的两个上校——加里霍（Garijo，第五纵队成员）和穆德拉也在毫无顾忌地考虑着如何移交中央区域的军队。

—— 870

与此同时，佛朗哥为了集中那些倾向于投降的人的思想，于2月13日颁布了一项法令。该法令适用于1934年10月至1936年7月期间所有

① Kershner, p.47.

② Martínez Bande, p.121.

有“颠覆活动”的人，以及此后“事实上或者以消极态度反对国家主义西班牙政府”的人。这个法令给复仇提供了广泛的许可。复仇问题是当前共和国面临的最重要的问题。如果早对他们做出保证，那么共和国一年前就会实现和平。阿斯卡拉特仍在推动英国政府将内格林的最后三点作为与佛朗哥的停战协议。如果协议未达成，共和国就会认为佛朗哥应该为大屠杀的继续而负责。2月17日，仍在巴黎的阿斯卡拉特和阿尔瓦雷斯·德尔巴约给内格林发来电报，建议把放弃报复作为和平的唯一条件，并允许他们把这件事由哈利法克斯勋爵传递给佛朗哥。哈利法克斯向阿斯卡拉特传递了这个简化的条件，但由于电报延误（后来阿斯卡拉特和阿尔瓦雷斯·德尔巴约将之归咎于卡萨多的蓄意干涉），内格林的肯定答复直到2月25日才到达巴黎。与此同时，哈利法克斯于2月22日就放弃了等待回复。他转而无条件承认国家主义西班牙政府。[①]张伯伦三天前曾在日记中透露：“我认为我们应该能够与佛朗哥建立良好的关系，佛朗哥似乎‘对我们很友好’。”[②]早在那之前的2月18日，佛朗哥就已经否定了不管是英国、法国还是任何共和党人提出的所有有条件和平的想法。他宣称：“既然国民军赢得了胜利，共和国就必须无条件投降。”佛朗哥在1938年11月曾表示，不可能有特赦的问题：“那些被特赦的人会造成士气低落。”他信奉“通过劳动赎罪”。那些没有被处决的人将不得不通过在劳改营工作来“再教育”自己。

2月20日，佛朗哥的情报特工何塞·森塔尼奥·德拉帕斯（José Centaño de LaPaz）上校在阿拉梅达德奥苏纳（Alameda de Osuna）访
871 问了卡萨多，他在整个战争期间一直担任共和军在阿兰胡埃斯一家精密仪器厂的负责人，但他自1938年起，也是一个名为“卢塞罗·维尔

① 这些事实由阿斯卡拉特提供给本书作者。它们出现在他未发表的回忆录p.221。Cf以及Álvarez del Vayo, *Freedom's Battle*, p.285。

② Feiling, p.394.

德（Lucero Verde）”的间谍网络的负责人。他和布尔戈斯的另一名特工曼努埃尔·吉蒂安（Manuel Guitián）联系了卡萨多，并得到卡萨多热情的接待：卡萨多做出夸张的承诺，说他可以在2月25日前交出中部军；他答应去找内格林，并要求他辞职。随后，森塔尼奥写了一份书面保证，以担保那些共和军中没有犯罪、放下武器的职业军官不会被追究并送命。“太好了，太好了！”卡萨多说。森塔尼奥以前曾向布尔戈斯满怀欣赏地说到过卡萨多，说他是一个反共产主义者，并且说如果他是第二，无人能称第一。[①]在2月22日的另一次讨论中，卡萨多让森塔尼奥彻底地相信，他可以“完全成功地、安全地”实现他的投降计划。这些话在报告中用大写字母强调着。与此同时，卡萨多请求国民军最高统帅部推迟所有进攻。[②]

佛朗哥22日给内维尔·张伯伦发了一封电报，电报内他向张伯伦强调着自己的爱国主义、作为绅士的荣誉和众所周知的慷慨是实现公正和平的最好保证。他后来宣布，共和国投降后设立的法庭将只处理一种罪犯——“实施报复，与民族主义运动格格不入的人”。[③]这句平淡的话，连同给张伯伦的电报，被认为是他承认国家主义西班牙政府的唯一证据。

与此同时，卡萨多于2月23日宣布禁止共产党报纸——《工人世界》的发行，因为该报即将发表一份宣言，内容为攻击拉尔戈·卡瓦列罗离开西班牙一事，并敦促人们继续抵抗。农业部长乌里韦（西班牙共产党）在马德里提出了抗议，但卡萨多仍然拒绝发行。第二天，宣言被手工分发下去。卡萨多尽可能地回收了这些宣言。内格林于2月24日返回马德里。卡萨多试图说服他：投降才是正确的路线，但是他失败了，他一定

---

① Martínez Bande（*op.cit.*, pp.124–126）引用森塔尼奥的报告。卡萨多在他的书中称，他直到3月才见到森塔尼奥，并且他的拜访是一件意料之外的事情。这看起来并不真实。

② Martínez Bande, *op.cit.*, p.126.

③ Azcárate, *loc.cit.*

872 也意识到了事情会是这样的走向，于是刻意向佛朗哥夸大了他的许诺。佛朗哥本人不喜欢与任何包括像贝斯泰罗这样的政治家在内的新国防委员会成员“打交道”。不管怎样，他收到一些军官（例如此刻在法国的胡拉多将军，甚至依然在统领着中央军的马塔利亚纳将军）的报告，里面写明了如果发动进攻，那么哪里遇到的抵抗将是最小的。[①]

2月26日，贝拉德参议员完成了他在布尔戈斯的外交使命。国民军所有的要求都得以接受。法国和国家主义西班牙将作为友好邻国生活在一起，并在摩洛哥进行合作，防止一切威胁彼此安全的活动。法国政府承诺归还所有运送到法国的西班牙财产，而不考虑真正所有者的意愿。这将包括在蒙德马桑存放的价值800万英镑的黄金，它们曾作为1931年贷款的担保而放在那里。尽管贷款已经偿还，但法国银行一直拒绝归还这批黄金。存放在法国的所有其他共和国财产，包括所有的战舰、商船和渔船、艺术品、车辆和文件，也将被送回西班牙。作为回报，国家主义西班牙政府同意在布尔戈斯接受一位法国大使。

法国和英国可能在2月27日正式承认布尔戈斯政府。张伯伦2月22日宣读了佛朗哥给下议院的电报。自由党和工党都反对承认，并迫使此议案进入辩论程序。艾德礼谴责张伯伦在告知下议院之前，就已经向达拉第表示将通过承认布尔戈斯政府的法案，这是一种欺诈行为：

> （他在演讲的结尾表示）我们在这一行动中看到对民主的严重背叛、两年半不干涉政策的伪装，以及对侵略的无限纵容——这些都已经圆满完成。而这仅仅是国王陛下的政府那漫长倒退中的一个步骤而已，在每一个步骤中，他们并不是在出卖，而是直接放弃了这个国家的永久利益。他们没有为建立和平或停止战争做任何事情，而只是向全世界宣布——任何想滥用武力

---

① Martínez Bande, *op.cit.*, p.128.

> 的人，都可以在英国首相那里找到知音。

张伯伦对此的回答是，佛朗哥将军已经做出了仁慈的承诺，除非发生 873
战争，否则英国永远不可能对他施加任何条件。就像西班牙战争存续期间经常发生的那样，佛朗哥将军的保守派支持者亨利·佩奇·克罗夫特（Henry Page Croft）爵士（一年前，他曾公开将佛朗哥描述为“一位勇敢的基督教绅士”）[①]和共和国的“热心朋友”埃伦·威尔金森（Ellen Wilkinson）之间发生了激烈的争执。艾登从后座议员的位置上支持政府，说推迟承认可能会延长战争。然而其他保守派的后座议员，如维维扬·亚当斯（Vyvyan Adams），对无条件的承认感到痛惜。英国共产党员加拉赫则建议弹劾首相。[②]

阿斯卡拉特对哈利法克斯勋爵进行了最后一次气氛压抑的访问，要求英国还是要努力确保佛朗哥做出一些温和的承诺，并以此作为获得承认的条件。[③]苏联谴责了“在侵略者面前投降的资本主义政策”的虚假性，但并没有采取其他行动。华盛顿没有提交承认佛朗哥的法案，而世界其他国家的大多数此时都在效法英国和法国的做法。

回到马德里，无政府主义者举行了一次会议。他们在法国的秘书长巴斯克斯指示他们支持任何结束战争的尝试，此时，人们也已普遍接受这一指示。有人认为，内格林正在考虑在国内发动一次政变。全国劳工联合会决心应对这一情况，因为这极有可能导致西班牙共产党独裁。然而，此时的全国劳工联合会只不过是一个游说集团，除了反对西班牙共产党，没有其他明确的目标。[④]布尔戈斯从马德里收到一条新消息，称

---

① Qu. Watkins, p.118.

② 反对党自1936年10月认定不干涉是一场“闹剧”以来，一直积极支持西班牙共和国，并与西班牙大使馆的阿斯卡拉特保持着良好的关系。

③ 之后阿斯卡拉特将西班牙驻伦敦大使馆管理权移交给外交办公室，再由办公室交给阿尔瓦公爵。同样的事件也发生在其他国家的首都。

④ García Pradas, p.82.

第二天将成立一个对战争进行“清算的军政府”，贝斯泰罗将和埃斯特雷马杜拉军的参谋长鲁伊斯-福奈尔斯（Ruiz-Fornells）上校一起，前往国民军指定的任一机场安排投降事宜。佛朗哥对此做出回答：他仍然不会与任何平民打交道，除了那些已经对军官做出的许诺，只能无条件投
874 降。他极不愿和贝斯泰罗打交道，因此如果共和国愿意，可以派一两个军官来。[1]佛朗哥并不打算为共和国提供奢侈而体面的和平，他也不希望那些想逃跑的人这样做。此事使卡萨多的政变推迟了好几天。

2月28日，在英法承认佛朗哥的消息传出后，阿萨尼亚在巴黎辞去了共和国总统的职务。议会常设委员会聚集在大奥古斯丁码头（Quai des Grands Augustins）上的一家著名餐馆——拉佩鲁斯（La Pérouse）中，作为议会议长的马丁内斯·巴里奥按照1931年宪法的规定继任了阿萨尼亚的职务，但他并不打算返回西班牙。与此同时，马德里民政总督何塞·戈麦斯·奥索里奥（José Gómez Ossorio）告诉卡萨多，他已经收到将他解职的命令。然而，内格林通过电话向卡萨多保证，他并没有下令将奥索里奥解职，并且奥索里奥还会于3月2日被召集到埃尔达开会，与他同去的还有马塔利亚纳。这两名军官一早上驾车出发，行驶了260英里。在会议上，内格林提议改组总参谋部。马塔利亚纳和卡萨多将分别担任“总”参谋长和“中央军总”参谋长。他们都重复了反对进一步抵抗的观点。卡萨多与共产党员莫德斯托和科登一起被任命为将军，而卡萨多参谋部的两名军官穆德拉和加里霍分别成为陆军副秘书长和米亚哈的副官。所有这些任命都是在2月28日晚上的内阁会议上商定的。

卡萨多和马塔利亚纳反对重组。会后，他们驱车北上巴伦西亚，在那里会见了米亚哈、梅内德斯将军和鲁伊斯-福奈尔斯上校。卡萨多向这些军官表明了他反叛政府、缔造和平的决心。所有人都承诺支持，但警告他注意共产党。尽管如此，在第二天马德里郊外的午餐会上，卡萨

① Martínez Bande, *op.cit.*, p.128.

多对他所认识的共产党员伊达尔戈·德西斯内罗斯也采取了类似的拉拢策略。据推测，他认为这位空军领袖对“老朋友”的忠诚要大于对那些“新同志”的。卡萨多说：“只有我们这些将军才能让西班牙脱离战争。”据伊达尔戈·德西斯内罗斯所说，卡萨多已经下令把将军的新徽章钉在了他的制服上了。“我向你保证，”他补充道，“我可以从佛朗哥那里谈到 875
比内格林更好的条件。我甚至可以向你保证，他们会尊重我们的军衔。”伊达尔戈问这是怎么回事。卡萨多说，英国驻马德里代表（大概是丹尼斯·考恩）已经和佛朗哥安排好了一切。伊达尔戈认为卡萨多的思想只不过是异想天开，但他还是告诉卡萨多要去拜访一下内格林。[1]伊达尔戈·德西斯内罗斯传达了与内格林会见的愿望，但内格林什么也没做。他以暂时但致命的消极态度面对着此时的新挑战。[2]

差不多在同一时刻，身处卡塔赫纳的布伊扎上将召见了各艘舰的指挥官和政治委员。他告诉这些人，一场针对内格林的政变已经在准备之中，政变者将成立一个代表武装部队、所有工会和政党的全国国防委员会。会上并没有人提出反对意见，因此布伊扎得出结论：他们之间已经达成了协议。24小时后，社会党人内务部长保利诺·戈麦斯·塞兹抵达，他告诉各位海军指挥官，政府已获知布伊扎前一天所说的话，因此决心一定要在政变中获胜。在马德里，卡萨多继续推进着政变，并得到了大多数政治上非共产党员身份的上校和非共产主义政党的支持。他阻止了3月3日《政府公报》(*Diario Oficial*)的发行，因为该公报列出了内格林决定变更指挥权的事宜。马丁内斯·卡夫雷拉将军（马德里军事总督)、比森特·吉拉塔（Vicente Girauta，安全总干事）以及在马德里的军事情报处头子安赫尔·佩德罗·加西亚，也都保证对政变给予支持。军事情报处对卡萨多惊人的一致支持非常重要。卡萨多告诉西普里亚

① Hidalgo de Cisneros, pp.463–464；Álvarez del Vayo, *Freedom's Battle*, p.291.

② Jackson, p.474，对这个“消极”时刻具有敏锐的洞察力。

诺·梅拉，要做好接替他掌管中央军的准备。内格林发来电报，要求卡萨多参加在埃尔达举行的另一场会议。卡萨多打电话给马塔利亚纳，后者正和内格林在一起，卡萨多说自己不会去的，因为他害怕被捕。因此，当内格林得知此时卡萨多的健康状况使他无法再次进行如此漫长的公路旅行这一借口时，他派了他的私人飞机去接卡萨多。与此同时，所有从法国赶来的共产国际领导人都聚集在埃尔达，期望内格林给他们分配工作：科登将担任国防部长，赫苏斯·蒙松担任他的秘书长，弗朗西斯科·加兰
876 将军指挥卡塔赫纳海军基地；巴伦西亚、穆尔西亚和阿利坎特这些沿海省份的军事长官将由利斯特、埃特尔维诺·维加和塔维尼亚接任。

第二天，也就是3月5日，马德里的这场阴谋达到了高潮。上午，巴拉哈斯机场负责人通知卡萨多，内格林的道格拉斯飞机已经降落。卡萨多下令把飞行员送回去。中午，内格林再次给卡萨多打电话，卡萨多借口说他的健康状况使他无法离开马德里。内格林对此置之不理，只说他非常需要卡萨多，且不管他的健康情况如何，另一架飞机将于夜晚6点抵达，会将马德里的几位内阁部长送往埃尔达，届时，卡萨多应该和他们一起出发。卡萨多回答说，他将与部长们“安排一下事情”。

内格林任命“帕科”（Paco，西班牙男孩的名字，意思是“鹰”，这里是指加兰的诨名）加兰指挥卡塔赫纳海军基地，但此刻在该港口（离政府约50英里处）发生了奇怪的事件。首先，时任军事总督的贝纳尔将军被迫同意将权柄移交给加兰，[①]但杰拉尔多·阿门蒂亚（Gerardo Armentía）上校领导下的炮兵军官们表示抗议，舰队里也表达了类似的愤怒，布伊扎上将和萨拉萨尔·阿隆索总政委（Commissar-General）甚至打算进攻这座城市。[②]接下来，第五纵队的长枪党人出现，他们由海

---

① Bruno Alonso, *La flota republicana y la guerra civil de España*（Mexico, 1944）, pp.136-137。加兰在4日晚从贝纳尔手中获得了权力。

② Bruno Alonso, *La flota republicana y la guerra civil de España*（Mexico, 1944）, pp.141-143.

岸炮兵团的阿图罗·埃斯帕（Arturo Espá）上校领导。在暴徒的支持下（这些暴徒希望对内战的胜利者表现出热情），他们包围了炮兵营。一个住在城里的退役军官拉斐尔·巴里奥涅沃（Rafael Barrionuevo）以佛朗哥的名义自封为军事总督。还有一个海军团也加入了长枪党——他们一起接管了海军广播电台。随后，他们向加的斯发出需要增援的请求。阿门蒂亚上校向长枪党人投降，不久后，他自杀身亡。

布伊扎上将随后命令舰队出海［包括剩余的3艘最大的舰艇“米格尔·德塞万提斯”号（Miguel de Cervantes）、“自由”号和“门德斯·努涅斯”号巡洋舰，以及8艘驱逐舰］，这得到了加兰的同意，因为他被基地参谋长费尔南多·奥利瓦（Fernando Oliva）上校短暂扣留后，正在“自由”号上寻求避难。加兰辞职了。内格林又任命海军副部长安东尼奥·鲁伊斯（Antonio Ruiz）接替加兰的职务。[1]西班牙共产党员、前 877
部长赫苏斯·埃尔南德斯使用自己作为陆军政委的权力，将第四师（包括一支坦克部队）从阿尔切纳基地派遣到卡塔赫纳，由一名西班牙共产党军官华金·罗德里格斯（Joaquin Rodríguez）上校（他在第五纵队开启了自己的战争生涯）率领。到了中午，长枪党人和反对西班牙共产党的起义都被镇压。一艘载有3,500名士兵的国民军军舰“奥利特城堡”（Castillo de Olite）号在增援长枪党人时被击沉。[2]其他国民军的海军舰艇被扣留。但共和军的舰队仍然在海上，事实上，他们已向法国投降，法国人要求布伊扎在比塞大投降。因此共和国失去了3艘巡洋舰、8艘驱逐舰以及许多小船。[3]

---

① Bruno Alonso, p.146.

② 大约有1,200人死亡。

③ 关于这一天在卡塔赫纳的事件，见Manuel Martínez Pastor, *Cinco de marzo 1939*（Madrid, 1971）。还有路易斯·罗梅罗（Luis Romero）写的非虚构小说*Desastre en Cartagena*（Madrid, 1971）。加兰写了一份报告，见*España republicana*（Buenos Aires, March-April 1968）。

在巴伦西亚也发生了类似的事件：军事总督阿朗古伦将军拒绝向利斯特移交权力，并与莱万特军的梅内德斯将军一起准备用武力抵抗。之前在穆尔西亚的“热情之花”和曼努埃尔·德里卡多（Manuel Delicado）驱车前往埃尔达汇报卡塔赫纳发生的事情。在途中，他们幸运地逃脱了穆尔西亚社会主义总督尤斯塔西奥·卡尼亚斯（Eustasio Cañas）派遣的突击警卫队的逮捕。尤斯塔西奥·卡尼亚斯在卡萨多的支持下，下令逮捕西班牙共产党人。[①]

在马德里，内格林内阁的6位部长——希内尔、维劳、保利诺·戈麦斯、塞贡多·布兰科、莫伊和冈萨雷斯·培尼亚在中央政府大楼共进午餐，卡萨多也加入他们一起喝咖啡。据他后来回忆，每个部长都曾私下里向他表达自己对内格林政策的绝望。不过卡萨多解释道，他并无意愿陪同他们去埃尔达。希内尔在战争期间一直担任通信部长，他打电话给内格林，建议推迟内阁成员出发的时间。内格林的反应相当激烈，甚至逼迫部长们立刻出发，尽管卡萨多并没有和他们同往。7点，内格林又打电话给卡萨多，并命令他到场。卡萨多回答说，如果情况不再恶
878 化，那么他会去的。半个小时后，卡萨多把他的总部搬到了财政部所在地。这是一座易于防守的18世纪的华美建筑，位于太阳门广场附近的阿尔卡拉大街。在那里，他遇到贝斯泰罗。属于梅拉军团的由伯纳贝·洛佩斯（Bernabé López）领导的无政府主义第七十旅，在大楼周围修建了自己的基地。在贝斯泰罗拒绝担任新的全国委员会的主席之后（他同意出任外交部长），卡萨多只好自己担任主席。他后来又让位于米亚哈。由于疲劳、沮丧、现实主义和机会主义，米亚哈很快就被说服加入了阴谋家的行列，于是卡萨多将国防部门留给自己掌控。委员会的其他成员是文塞斯劳·卡里略（拉尔戈·卡瓦列罗领导下的社会党前安全总干事）、冈萨雷斯·马林（González Marín）和爱德华多·巴尔（二人来自

① Ibarruri, p.450.

全国劳工联合会）、安东尼奥·佩雷斯①（来自劳动者总工会），以及米格尔·圣安德烈斯（Miguel San Andrés）和何塞·德尔·里奥（José del Río，两人都是共和党人）。除了贝斯泰罗，其他人都不出名。不过，这些人分别担任内务、金融、通信、劳工、司法和教育等部长职务。桑切斯·雷奎纳（Sánchez Requena）是佩斯塔尼亚失败的工团主义政党成员，担任了秘书职务。这个军政府在3月5日至6日午夜广播了一项宣言：

> 西班牙工人，反法西斯西班牙人民！到我们必须将目前情况的真相告知“革命的四大主力”（the four winds）的时候了。作为革命者，作为无产阶级，作为西班牙人，作为反法西斯者，我们再也不能忍受内格林博士组织的这个轻率且缺乏远见的政府了。我们绝不允许在人民斗争的同时，让少数特权人士在国外继续逍遥。我们告诉所有工人、反法西斯分子和西班牙人！根据宪法，内格林博士的政府是没有合法依据的。在实践中，它也缺乏信心和良好的判断力。我们来，是要指明避免灾难的道路：我们这些反对抵抗政策的人向你们保证，在所有愿意离开的人都离开之前，那些应该留在西班牙的人中，没有一个会离开。

密谋者的主张基础并不牢靠——内格林政府是合法成立的。正如事 879
实那样，内格林的政策背后有其逻辑性，而委员会也确实无法实现最后一句话中的承诺。

贝斯泰罗、卡萨多和梅拉发表了讲话，其中的首要诉求就是对共和

---

① 安东尼奥·佩雷斯，一个铁路工人、社会党人，也是一个普列托的追随者。他曾任社会党执行委员会委员。该机构的一部分人开会讨论该怎么办，并被迫在拥挤的会议上投票支持委员会（据其副主席埃德蒙多·多明格斯说）。多明格斯和劳动者总工会秘书罗德里格斯·维加都不想接受委员会的职位，佩雷斯只好接受，虽然这违背了他的意愿。

国立法权的支持。贝斯泰罗又补充道，这些权力现在只不过是“军队的权力”——这是一种对佛朗哥在1936年发表的类似讲话极其怪异的回应。[①]卡萨多将视野聚焦在对双方发出的呼吁上。“我们都想要一个没有外国人统治的国家。因此，在你向我们保证西班牙独立之前，我们不会停止战斗，”为佛朗哥考虑，他又补充道，“但如果你向我们提供和平的选择，你会发现我们那颗西班牙之心还是会保持慷慨大方的。”[②]

内格林正在埃尔达主持内阁会议。马塔利亚纳和他在一起，是他接听了卡萨多的电话。“告诉他，我起义了。”卡萨多说。内格林接过电话回道：“将军，马德里发生了什么事？”[③]“我起义了。”卡萨多回答。“反对谁？反对我？”“是的，反对你。”内格林告诉他，他的行为太疯狂了。卡萨多回答他说，自己并不是一名将军，只是一个普通的上校，他自己已经尽了作为“军官和西班牙人”的职责。[④]当天夜里埃尔达和马德里之间的电话响个不停——内格林想找个人来逮捕卡萨多。但谁也不愿这么干。

第二天，卡萨多安排米亚哈接任全国委员会的主席。他让梅内德斯将军转告内格林：除非在埃尔达被捕的马塔利亚纳在3小时内获释，否则他会将整个内阁枪毙。马塔利亚纳被释放——尽管在此之前他曾（错误地）宣布，由于自己在卡塔赫纳起义中的问题，将接受内格林的处理。与此同时，卡萨多任命无政府主义者梅尔乔·罗德里格斯为马德里市长。梅尔乔在担任监狱长时以人道主义闻名。卡萨多还命令将红星从军队制
880 服上摘掉，并冻结了最近所有的职位晋升，但米亚哈成了中将，这一军

---

① Saborit, *Julián Besteiro*, p.411.作者朱利安·玛丽亚（Julián Marías）担任过贝斯泰罗的秘书。

② Casada, p.150.梅拉曾经想逮捕内格林并送往布尔戈斯！

③ 还有一种卡萨雷斯·基罗加问题的回应。很久以前，他问戈麦斯·莫拉托将军：“梅利利亚发生了什么事？”（见原书p.261）。

④ Alvarez del Vayo, *Freedom's Battle*, p.224.对于这次谈话也有其他版本，见García Pradas, p.75。

衔在1931年被阿萨尼亚废除。

内格林动摇了。赫苏斯·埃尔南德斯抵达埃尔达询问他现在要怎么做时，“目前，”总理回答说，“什么也做不了，我们也在考虑该怎么办。”这种动摇持续了一整天。不过，苏联的顾问们非常清楚接下来该怎么办。埃尔南德斯驱车北上，来到位于巴伦西亚“维达特”（El Vedat）农场的亚博罗夫（Iaborov）将军总部，却发现那里一片混乱，接替马克西莫夫（Maximov）将军担任苏联军事顾问团负责人的亚博罗夫将军正处于高度兴奋状态。“我们要走了，我们要走了。”他毫无礼节地对埃尔南德斯吼着。[①]副政委卡斯特罗·德尔加多和政委委员德拉赫秘密离开了马德里，并向共产国际领袖咨询是否应该命令共产国际领导的各个师向首都进军。他们在埃尔达附近一所华丽的乡村大宅里发现了“热情之花”、利斯特和莫德斯托——这所住宅现在由诗人阿尔贝蒂和他的妻子玛利亚·特蕾莎·莱昂（María Teresa León）作为一家旅馆经营着。在场的还有“热情之花”的秘书艾琳·法尔孔（Irene Falcón）、塔维尼亚（从马德里逃到这里）和其他一些人。在一种虚幻的气氛中，到处都弥漫着犹豫不决的空气。旅馆提供了不错的饭菜，中央委员和政委们像乡间的周末客人一样，步履蹒跚，不知道该如何打发自己的时间。阿尔贝蒂在外面的树下悲伤地徘徊。陶里亚蒂在思考着接下来该怎么做。[②]

即使斯大林想放弃西班牙，令其自生自灭，西班牙共产党也肯定不会接受。在花费了如此巨大的精力之后，一个像卡萨多这样不知名的上校却越过共产国际直接接管了权力。不过，另一条“道路”似乎也很危险——那就是利用共产党领导的马德里周围的各个师，也许还有共产党指挥下的游击队（多明戈·亨格里亚少校领导的第十四军团）去反对卡萨多。

---

① Hernández, p.197. 亚博罗夫的命运、来历和性格都不得而知。利斯特随口提到过他。毫无疑问，那天他和他的人带着记录离开了。

② Castro Delgado, p.731；Tagüeña, p.312.

这个计划充满了不确定，因为许多共和派人士本来并没有选边站队，但如果在内战中又发生了另一场内战，他们则都会集中在卡萨多麾下。指挥官们，例如军事情报处的布里略、普拉多、卡马乔和佩德罗，表明他们自己只是共产党暂时的朋友。米亚哈的名声虽然被共产党夸响了，但他对他的顾问们还不够忠诚。

881 因此，内格林处境艰难。毫无疑问，他清楚地知道，假如能够做到，卡萨多会毫不犹豫地逮捕他，即便不亲手枪毙他，也会把他留在监狱交给佛朗哥。他是一个没有政党的政治家，也是一个没有军队的战争领袖。曾经非常强大的内格林主义群体，如今已经沦落为一小群无足轻重的部长，像他们的领袖一样，坐在乡间小屋里，琢磨着怎样才能到达巴黎。现在他们几乎是在孤军奋战，成了没有追随者的领导人。

内格林在最后一刻试图阻止冲突发生。忠诚度可疑的无政府主义者、教育部长塞贡多·布兰科做了一次不成功的妥协尝试。另一方面，卡萨多试图逮捕一些政府成员和西班牙共产党领导人，毫无疑问他是想以此作为投名状交给佛朗哥。整个共和主义西班牙一片混乱。不同军队的指挥官都是当地有效的统治者。没有人知道同僚的下落。党或联盟的成员资格似乎已经无关紧要了。在离埃尔达几英里远的蒙诺瓦尔（Monóvar）小型空军基地，内格林、他的下属和共产党领导人聚集在一起。这些人中包括他政府中的阿尔瓦雷斯·德尔巴约、乌里韦和莫伊；空军司令伊达尔戈·德西斯内罗斯；利斯特、塔维尼亚和陶里亚蒂。“热情之花”和纳瓦拉共产党员蒙松一起飞往阿尔及尔。[①]伊达尔戈·德西斯内罗斯打电话给马德里军政府，呼吁他们解决与内格林的分歧。直到下午2点30分，这一小群人还在机场等待卡萨多的答复。共产党中央委员会召开了最后一次会议，陶里亚蒂对出席会议的几位成员说，国防委员会是西班牙唯一的政府，为了斗争，它要发动另一场内战，唯一的目

---

① Ibarruri, pp.453–455；Tagüeña, p.318.

标就是尽最大努力挽救更多的共产党人。①陶里亚蒂为此发表了一份宣言。②阿尔瓦雷斯·德尔巴约和莫德斯托下起了象棋。当听说机场将要被包围时，政府成员终于决定离开，利斯特与8名游击队员一起，负责组织对机场的防务。③他们还听说阿利坎特已经转移到卡萨多手中，内 882
格林新任命的军事总督埃特尔维诺·维加也已被捕。旧政府不再继续等待，他们直接放弃了西班牙，将它丢给了敌人。赫苏斯·埃尔南德斯、陶里亚蒂和佩德罗·切卡留在了最后，他们试图秘密组织一个共产党的影子机构。凌晨3点，内格林政府最后3架飞机离开了这个小小的机场——两架飞往法国，另一架座位更少，飞往非洲。在出发前，来自塞维利亚的共产党人曼努埃尔·德里卡多向每个难民的手上放了一英镑的钞票。④

—

话题回到马德里。抵抗（针对谁？对佛朗哥，对卡萨多，或同时针对两者？）的决心还没有丧失。虽然政府和西班牙共产党的领导人都已逃跑，但共产党领导的马德里各师决心战斗。他们并没有申请到党的领导人的批准，因为通信早已中断。这已经不是第一次由一个共产党组织同时采取两个相互矛盾的政策了。巴尔塞洛和他的第一军团一起进驻，关闭了通往首都的所有入口。他占领了位于卡斯特拉纳（Castellana）、丽池公园的各个部，以及位于阿拉梅达德奥苏纳的中部军老总部。卡萨多

---

① Tagüeña, p.316.

② 这份宣言可能收录于R. Salas, vol. IV, p.3414。陶里亚蒂是不是作者，也有质疑，见Ettore Vanni, *Io, comunista in Russia*（Bologna, 1948）, pp.6–18, qu. Spriano, vol. III, p.272。瓦尼（Vanni）是当时巴伦西亚西班牙共产党日报《真相》（*Verdad*）的编辑。

③ Lister, pp.256–257. 亦见Castro Delgado, p.733。

④ Alvarez del Vayo, *The Last Optimist*, p.316；Lister, p.257.

的3名上校和1名社会党政委被枪杀。[①]布埃诺上校和奥尔特加上校从第二和第三军团派遣部队支援巴尔塞洛。因此，马德里的大部分中心区域被西班牙共产党控制，只有几座政府大楼还在卡萨多分子手中。尽管如此，城市还是出现了混乱，中央委员会仍在西班牙的领导人［陶里亚蒂、切卡，以及赫苏斯·埃尔南德斯和青年领袖费尔南多·克劳丁（Fernando Claudín）］与马德里周围的军队失去了联系，在蒙诺瓦尔被军事情报处的西姆囚禁了一段时间。

下午，梅拉的大部分由无政府主义者组成的第四军团前来解救卡萨多，后者此时在东南部郊区坚守着。他下属的由利韦里诺·冈萨雷斯（Liberino González）指挥的第十二师，攻克了阿尔卡拉和托雷洪。梅拉
883 在他的副手、社会党少校“帕基多”（Paquito）卡斯特罗（Castro）的支持下，迅速成为卡萨多一派的强人。[②]

整个3月8日，马德里的战斗仍在继续。西班牙共产党仍然控制着局面。在西班牙其他地区，赫苏斯·埃尔南德斯成功将伊瓦罗拉从第二十二军的指挥职位上赶走。陶里亚蒂、切卡和克劳丁在经历了千辛万苦之后，在巴伦西亚附近投奔了他。与此同时，各地的共产党人遭到大规模逮捕，他们的党办公室被查封，一场针对他们的普遍迫害运动开始了。

其他3支军队（莱万特军、埃斯特雷马杜拉军和安达卢西亚军）作壁上观；虽然他们的指挥官（梅内德斯、埃斯科巴和莫里昂）都在口头上承诺支持卡萨多，但如果命令他们向马德里前进，他们则很难猜到手下士兵对此的反应。[③]大多数地区还是陆续发生了一些战斗。在这些参

---

① 他们是洛佩兹·奥特罗（López Otero）上校、何塞·佩雷斯·加佐洛（José Pérez Gazzolo）上校和阿夫雷多·布泽内戈（Aflredo Buznego）上校，以及政委佩纳多·莱亚尔（Peinado Leal）。（Martínez Bande, *op.cit.*, p.220。）

② W. Carrillo in *El Mundo*（Mexico, 1 September 1944, qu. Bullejos, p.226）.

③ 叙述见陶里亚蒂给海外共产党领导人的信，发表于*Histoira internacional*（Madrid, February 1976）。

与战斗的将军中，只有梅内德斯宁愿向佛朗哥投降，也不愿与卡萨多作战。在马德里，西班牙共产党一方的赢面很大，如果他们愿意的话，甚至可以决定谈判条件。但是，由于西班牙共产党一方被他们的政治领导人抛弃，在这个重要时刻又与陶里亚蒂失去了联系，因此他们此时茫然无措。3月9日，马塔利亚纳对与他接触的一名佛朗哥特工“几乎满含泪水地”表示，他希望佛朗哥发动总攻，以防止马德里落入共产党手中。[①]然而，由于政治上的优柔寡断，西班牙共产党的指挥官们几乎是在等着挨打。巴尔塞洛可能想对国防委员会发起最后攻击，但他的身体早就累垮了。

第二天，西班牙共产党一方的上校奥尔特加站了出来，提出要在这场新的内战中调解双方（正是他在1937年担任安全局局长，并负责逮捕了尼恩）。在过去的一两个星期里，他的忠诚度一降再降。而根据西班牙共产党的说法，这一提议的产生是因为国民军再次发动了攻击。[②]卡萨多同意了这一调解。与此同时，双方停火，但仍以敌对姿态对峙着。此时，马德 884
里的西班牙共产党人悲观地汇报道：“卡萨多似乎已无法控制局势了。”在马德里发生战斗的同时，国民军已经越过田园之家，向曼萨纳雷斯挺进了一段距离。到3月10日，西班牙共产党所在地区实际上已经被包围。

3月11日，西班牙共产党人被逼出阵地，许多巴尔塞洛和布埃诺的人跑到卡萨多一方。最后，他们的指挥官也被俘虏，并准备接受和平。卡萨多明确要求，所有部队应回到他们3月2日所在的阵地。俘虏们都会被释放，而指挥官会被解雇。这将使卡萨多可以在3支由西班牙共产党控制的军团中自由地提名自己的军官。作为交换，卡萨多承诺释放所有“非犯罪”的共产党员俘虏，并听取西班牙共产党领导人的意见。他就这样结束了这场内战中的内战：总共大约有230人被杀，560人受伤。[③]

---

① Martínez Bande, p.212.

② Ibarruri, p.455。米亚哈可能提议了调解。

③ R. Salas, vol. II, p.2318。Ramos Oliviera, vol. III, p.392，说有1,000人伤亡。

反对者包括那些在1936年7月大胆突围的所有旧纵队成员形成的团体。即便是钢铁纵队（Iron Column）的残余人员也可以在利韦里诺·冈萨雷斯领导的第十二师中找到。

西班牙共产党人同意停火。如果没有报复行动，他们将像以前一样对国民军“入侵者”采取行动。陶里亚蒂再次与西班牙共产党组织取得了联系，他从阿利坎特打来电话，鼓励巴尔塞洛做出这一妥协。同一天，3月12日上午，西班牙共产党下辖部队返回到3月2日的阵地。然而3月13日，军事法庭审问了巴尔塞洛、他的政委专员何塞·科内萨（José Conesa）和其他一些人，并一并判处他们死刑。对巴尔塞洛和科内萨（1936年10月以来一直是一名社会青年党成员，以及中央战线的一名政委）的判决立即执行。这是报复行为，而不是伸张正义。其他死刑的判决没有执行——尽管剩下人被关入监狱。在马德里城外，埃斯科巴将军和埃斯特雷马杜拉军击垮了由共产党员马丁内斯·卡顿在雷阿尔城领导的抵抗运动。梅内德斯依然是莱万特军的指挥官，他阻止了此时由埃尔南德斯领导的第二十二军团向巴伦西亚的进军。

885

将内格林和西班牙共产党抛弃后，卡萨多转而与布尔戈斯方面谈判。在共产主义周（也就是“semana comunista”），他和马塔利亚纳每天都与佛朗哥的代表保持着联系。他们告诉这位新朋友，一旦可以再次自由行动，他们就已经准备好立即去布尔戈斯了。但是，在3月16日传回的消息说，佛朗哥只对无条件投降感兴趣。①卡萨多只能派

① Martínez Bande, *Los cien últimos, días*, p.221. 这些电报从布尔戈斯的翁格里亚上校发给拉托雷·德埃斯特班·汉布伦塔（La Torre de Esteban Hambrán，位于托莱多）的博内尔上校，他再次与马德里的森塔尼奥和其他特工取得联系。

一名被赋予全权的军官，最多两名，他们还不能是引人注目的领导人。虽然国家委员会认为这是一份令人沮丧的文件，但卡萨多本人计划着将中央军撤往地中海，并让那些希望离开的人离境。这位上校现在必然已经清楚地看到，此时很难再有什么认真谈判了，因此，他的任务是争取时间，让那些想逃跑的人都能逃走。在接下来的两个星期里，许多人的确在设法逃跑，但逃跑的手段很少，即使是那些设法到达东海岸港口的人也是如此。与此同时，委员会还同意根据佛朗哥的意愿，向布尔戈斯派遣初级官员：3月19日，佛朗哥同意在此基础上进行谈判。他和国民军司令部一直忙于重新部署军队，如果有必要的话，他准备发动新的进攻。

共和国任命谈判的初级使节是加里霍上校和利奥波多·奥尔特加（Leopoldo Ortega）上校，他们两人在绝大多数战争时期都在中央军参谋部工作。如前所述，加里霍是第五纵队的成员。这两名军官于3月23日上午乘飞机前往布尔戈斯，陪同他们的是森塔尼奥和佛朗哥情报机构的其他两名成员。他们带来的条件甚至没有得到（他们的国家主义一方的谈判对手）贡萨洛上校和翁格里亚上校的讨论，后者只是递给他们一份文件，让他们转交给卡萨多。这份国家主义的文件要求共和国空军的飞机必须于3月25日飞往国民军控制的机场；至于陆军，则必须在3月27日的所有前线实现全面停火。军队指挥官必须打着白旗、带着标有他们部队位置的文件，前往国民军前线报到。此外，佛朗哥在莱万特指定了 886
两个港口，供希望逃离的人移居国外。他并不在意英国船只是否参与运送这些难民，也不会给这些船只的离开制造任何困难。但这一切都没有经过协议，没有签署过任何文件来确认这些让步。

加里霍接着说，国防委员会对拯救罪犯不感兴趣，但他很想知道国家主义思想中对犯罪的定义是否符合7月18日之前的立法规定，在考虑责任时是否考虑到集体行为，那些对投降军官的仁慈行为是否会延伸到对平民的仁慈行为，以及那些想离开的人员的安全能否得到保证。有多少人想离开？加里霍说也许有4,000人，奥尔特加则认为有1万人。[①]3月25日，在国防委员会进行一番痛苦的讨论之后，加里霍和奥尔特加返回布尔戈斯，要求将这些条款落实到书面，并给希望离开的人25天的宽限好让他们离境。后一条被拒绝，但前一条被接受。加里霍开始起草这份文件，还讨论了其他一些问题。然而，在晚上6点钟，贡萨洛上校突然直截了当地宣布，由于共和国空军还没有按照约定投降，谈判被认定为破裂，加里霍和奥尔特加飞回马德里。[②]空军当然重要，这仅仅是因为人们只有通过安排航班才能逃走。3月25日，6架飞机从西班牙中部起飞，把担心报复的官员和其他人带往法国。

到此时，卡萨多争取比内格林更体面地结束战争的尝试也不幸就此结束了。他通过自己的行动，破坏了共和军进行进一步抵抗的可能性，毕竟对于许多站在共和军一方参加了战争的人，不管多么绝望，继续战
887 斗的下场可能也比无条件投降要好得多。如果共和国完好无损，内格林和卡萨多仍站在一条战线，那么可能只要短短两周时间，他们的立场可能就会发生巨变。3月15日希特勒进军布拉格，张伯伦在3月18日对此发表了抗议。到3月底，英法对波兰的担保彻底改变了国际局势。一个共和派的大联合很可能利用这次机会而一举成为现实。对于卡萨多，唯一可称赞的，只有他的谈判为许多共和国领导人（尽管不是为普通百姓）的逃离争取了时间。与此同时，在内战史上扮演着奇怪角色的不可靠的劳动者总工会组织的领导层，也在巴伦西亚举行了最后一次会议——讨论以喧哗、纷争和对暴力的恐惧而结束。[③]同一天，陶里亚蒂和赫苏

---

① 关于在布尔戈斯附近的加莫纳尔（Gamonal）机场的第一次会见，见Martínez Bande, *Los cien últimos días*, p.229。在3月23日的一次谈话中，翁格里亚上校认为，共和军的职业军官延长了战争时间。加里霍上校精神抖擞地回答道，共和国之所以输掉战争，只是因为这些军官被束缚了手脚，无法按照他们的期望行事，此外，如果职业军官有一个他们真正相信的信仰，或许他们就不会失败了。

② 加莫纳尔机场举行的第二次会议，见Martínez Bande, *Los cien últimos días*, p.246f。

③ Domínguez, *op.cit*.

斯·埃尔南德斯乘飞机离开了卡塔赫纳，前往阿尔及利亚的穆斯塔加奈姆（Mostaganem）。[①]

3月26日一早，卡萨多电告布尔戈斯，宣布空军将于次日投降。作为回应，佛朗哥宣布国民军即将开始前进。他要求共和国前线的部队在开始炮击和空袭之前，必须展示一面白旗。[②]亚格再次在埃斯特雷马杜拉这个他在战争中第一次赢得了桂冠的地方，向着莫雷纳山脉前进。他一整天都在推进战线。波索夫兰科（Pozoblanco）在中午陷落，圣欧费米亚（Santa Eufemia）于黄昏陷落。在这一天中，国民军共获得了3万名俘虏和2,000平方公里的土地。数百个村庄都升起了白色的旗帜，而在城镇里则到处是红色和金色的君主主义旗帜。下午4点，佛朗哥广播了他的两个上校3月21日在布尔戈斯提出的那些"让步"。它们听起来很不错。国防委员会在晚上6点钟开会。米亚哈主持会议——他曾经是一个象征，现在只是一个暗影，卡萨多才是真正的主席。没有人建议进一步推进谈判。委员会决定不对国民军的前进发起抵抗，并允许所有希望返回家园的人回家。因此，共和国的军队随后自我瓦解。这些人离开前线赶往家乡，他们的军官根本无法阻止他们的步伐。这一整条战线上 888
出现的自发行动，并没有因为马德里电台播放了委员会秘书何塞·德尔·里奥对布尔戈斯谈判真实情况的说明而停止。

3月27日，国民军从托莱多开始前进。索尔查加领导的纳瓦拉人、甘巴拉指挥的意大利人和加西亚·巴利尼奥领导的马埃斯特拉斯哥军，都未受任何抵抗地通过了塔霍河。这里和南方一样，共和军一方早已放弃了战斗。在一天之内，他们的中央军就已解体。统领所有这些部队的马塔利亚纳告诉卡萨多说，有几个部队已经跑到国民军那边去了，双方的士兵在田园之家"互相拥抱"着。到了晚上9点，前3个军团只剩下

① Spriano, vol. III, p.272.
② Aznar, p.845.

了参谋人员。卡萨多告诉他的委员会成员自己将去巴伦西亚，米亚哈已经到了那里。晚上10点钟，劳动者总工会、社会党、共和联盟和全国劳工联合会的代表发表了广播，呼吁大家保持冷静。之后，当除了瓜达拉哈拉地区外无一名共和国士兵留在前线时，卡萨多命令中央军的新指挥官普拉达上校，以及最后在阿斯图里亚斯进行指挥的军官，向位于大学城的国民军指挥官谈判投降。那位军官接受了，并在临床医院（Clinical Hospital）与国民军指挥官会面。

卡萨多给法国总统勒布伦发送了电报，请求法国同意让所有想要去往法国的共和派人士只要他们设法到达了法国，都能顺利入境。同时，他向墨西哥总统卡德纳斯提出了同样的要求。接下来他告诉马塔利亚纳，批准所有共和军仿照中央军的方式撤退。然后，他飞到巴伦西亚。他和妻子经过了共和军士兵返家的巨大车流和人流。圣地亚哥·卡里略（Santiago Carrillo）是3月27日那天离开马德里的最后一位西班牙共产党领导人。[1]贝斯泰罗留在了首都，他依然保持着神秘莫测和逆来顺受，和他一起的还有拉斐尔·桑切斯·格拉，后者此刻是卡萨多的政治秘书，他以前为阿尔卡拉·萨莫拉担任过同样职务。贝斯泰罗的肺结核状况逐渐乐观，基本上恢复到战争开始时的状态，卡萨雷斯·基罗加相同的身体状况也让他对1936年夏天的遭遇过于乐观，贝斯泰罗也期待着能够受到公平对待。
889 普拉达上校代表马塔利亚纳于11点率领中央军投降。另一支国民军队伍冲破了瓜达拉哈拉防线，与从托莱多出发的部队会师。在首都，第五纵队也从藏身之处现身。中午，国民军第一军在埃斯皮诺萨·德洛斯蒙特罗斯（Espinosaa de los Monteros）将军的率领下进入马德里，占领了政府大楼。这位将军曾在法国大使馆避难，之后才被交换去往国家主义控制地区。很少有抵抗出现，几乎唯一算得上抵抗的是年迈的无政府主义记者毛罗·巴贾蒂埃拉（Mauro Bajatierra），他与来他家逮捕他的警察展开

---

① Guy Hermet, *Les Espagnols en France*（Paris, 1967）, p.168.

了一场单枪匹马的战斗。马塔利亚纳将军是向敌人投降的最高级别军官，他知道自己的生命是有保障的。在埃斯皮诺萨军队的后面，有社会救助组织（Auxilio Social）的代表以及国民军司法团的200名军官，他们用卡车装着大量的文件——据称这些文件和共和国区域犯下的那些罪行有关。“他们已经过去了！（¡Han pasado!）”，迅速聚集的国家主义的拥趸喊道。那些在外国大使馆的百叶窗后面度过战争的右翼西班牙人，很快就在两年半以来第一次出现在阳光下，他们眨着眼睛，脸色苍白得像鬼魂一样。

在埃斯特雷马杜拉、安达卢西亚和莱万特的其他战线上，也发生过大规模的撤退现象。①

卡萨多抵达了巴伦西亚。他给英国政府发了电报，要求他们派遣船只带走1万名难民前往奥兰或马赛，但英国既没有意愿也没有办法向他们提供大规模的帮助。在巴伦西亚、阿利坎特、甘迪亚、卡塔赫纳和阿尔梅里亚大约有5万名共和主义者聚集在一起，要求移居国外。但是，设在伦敦的中大西洋公司（Mid Atlantic Company，运营着共和国的航线）的船只拒绝提供帮助，理由是没有人向他们付款。当初共和国舰队惨遭遗弃，现在成千上万的共和国士兵和政治家也被遗弃了。3月29日中午，巴伦西亚的第五纵队拜访了在老总督区（captaincy-general）安顿下来的卡萨多，并要求立即在行政大楼内设立他们的机构。该镇现在由采 890
用法西斯式敬礼的人掌控着。卡萨多在巴伦西亚电台呼吁大家冷静，然后离开巴伦西亚前往甘迪亚。在那里，他登上了英国海军船“加拉提亚”号。他能够这样做，只是因为英国外交部已经意识到局势潜藏的巨大悲

---

① 在观察佛朗哥军队进入马德里的人中，有一个是美国驻伦敦大使肯尼迪的长子——年轻的约瑟夫·帕特里克·肯尼迪（Joseph Patrick Kennedy），他在哈佛大学曾写过一篇关于“干涉西班牙”的博士论文，并于1月传到巴塞罗那。当巴塞罗那陷落时，他离开巴伦西亚，然后前往马德里，被任命为美国驻巴黎大使馆的新闻随员。在马德里，肯尼迪被一支无政府主义巡逻队逮捕，并与第五纵队取得联系。他一直待在首都，直到4月初。

剧，他指示在那里有点犹豫的领事戈登（Godden）“尽可能明智而慷慨地”解释外交部给他的指令。[1]在这一天，哈恩、雷阿尔城、昆卡、萨贡托和阿尔瓦塞特都被国民军占领。3月30日，甘巴拉率领的意大利军进入了阿利坎特，阿兰达则进入巴伦西亚。女人和孩子们纷纷跑上前来亲吻征服者的手。中产阶级则从阳台上向下抛撒着玫瑰、含羞草和月桂。3月31日，阿尔梅里亚、穆尔西亚和卡塔赫纳被占领。在所有的沿海城市里，成千上万想离开自己祖国的人遭到前进的军队俘虏。国民军到达前，到处充斥着恐惧和悲惨的景象。一些人甚至自杀。3月31日刚刚入夜不久，在布尔戈斯得了一场风寒的佛朗哥将军终于从一名助手那里得到了消息：国民军已经占领了他们的最终目标。“很好，”他回答，但目光并没有离开他的桌子，“非常感谢。”[2]他听到胜利消息时的平静，是他对实现胜利的恰当表现。阿方索国王的一个年轻堂弟阿尔瓦罗·德奥尔良亲王想把国王的继承人唐胡安用飞机送到马德里，并宣布他为国王，但他的父亲、空军将军阿方索亲王阻止了这一计划。[3]

---

① British Foreign Office papers, P.R.O。船长认为，卡萨多和他的人属于“适合乘坐一艘大英帝国舰队船只的人”，但他不认为突然出现在甲板上的300名“武装的共产党”也属于这一类人。英国海军总共带走了650人。至少还有10倍的人被遗留在身后。Martínez Bande, *Los cien últimos días*, p.287，认为在阿利坎特滞留的总人数在1万人到2万人之间。[这一解读基于米切尔·阿尔伯特（Michael Alpert）的帮助，十分感谢。见他的文章*Sábado Gráfico*, April 1975。]

② Diáz de Villegas, p.384.另一个反应来自墨索里尼对齐亚诺的评论，他对着一幅打开的西班牙地图说：“为了打开这条路（我们）花费了3年时光，这已经够久了。但我知道，我必须去打开‘下一页’了。”Ciano, *Diaries 1939—1943*, p.57.接下来的一个星期（4月6日），意大利进攻了阿尔巴尼亚。

③ Ev. of Don Álvaro de Orléans.

结 局

在阶级战争中，杀人最多的一方往往是获胜者。

——杰拉尔德·布雷南（GERALD BRENAN），《格拉纳达以南》（*SOUTH FROM GRANADA*）

讽刺存在于一切事物中，它在西班牙现代史上以一种引人注目的方式出现，因为是“佛朗哥主义”实现了共产党的纲领——而这个纲领本身又是一种“资产阶级革命”。当然，就像老梅毒病患者生病的女儿一样，这场难产的资产阶级革命，没有从它的陌生姐妹那里得到文化和社会复兴的礼物，既没有增加民主自由，也没有让祖先们的偏见消失……但是，用现代马克思主义者的话，资产阶级革命的经济基础已经建立，尽管西班牙的马克思主义者否认了这一点……

——卡洛斯·塞姆普伦·莫拉（CARLOS SEMPRÚN MAURA），《加泰罗尼亚的革命与反革命》（*RÉVOLUTION ET CONTRE-RÉVOLUTION EN CATALOGNE*）

51. 结局 893

西班牙战争引起的悬而未决的问题很快得到解决。3月26日，西班牙加入了《反共产国际协定》(Anti-Comintern Pact)；3月31日，戈麦斯·乔达纳和冯·斯托勒男爵在布尔戈斯签署了一项为期5年的西班牙-德国友好条约；同样在31日，新西班牙和葡萄牙签署了一项非侵略条约（Non-Aggression Pact)。同一天，自1925年就在摩洛哥担任法国指挥官的贝当(Pétain)元帅也作为法国大使抵达布尔戈斯。他的前战友冷淡地接待了他，由于法国政府推迟移交聚集在比塞大的共和国舰队，他们的关系更加雪上加霜。他和佛朗哥从来都不是朋友。[①]这个政权对贝当的刻意冒犯按照常理本会激怒他，但事实上，贝当对此相当冷静，并通过从警方手中拯救一名在圣塞巴斯蒂安大使馆花园里避难的共和派人士来安慰自己。[②]西班牙的艺术品和共和国带到法国的钱，连同武器、飞机和机车，很快被送回西班牙。普拉多美术馆的画作经过短暂的展览后，从日内瓦被送回马德里。

4月1日，美国承认了国家主义西班牙政权。因此，此时苏联是唯 894
一没有承认这个政权的大国。美国大使鲍尔斯一回到华盛顿，就得到罗斯福苦涩的安慰。总统表示他认为禁运政策在整体上就是错误的。4月

---

① 但贝当的传记作者Maître Isorni（*Philippe Pétain*, Paris, 1972, p.397f.）说佛朗哥曾经“在1935年崇拜贝当”。

② 出处同上，p.419。贝当的英国同事是莫里斯·彼得森（Maurice Peterson）爵士。见他的作品*Both Sides of the Curtain*（London, 1950），pp.153–235。他也经历了艰难时刻。

20日，自1938年7月以来从未开过会的不干涉委员会庄严解散。[①]5月19日，国民军在马德里举行胜利游行。甘巴拉将军统领下的意大利人在游行上也取得了荣誉。5月22日，“秃鹰军团”在莱昂举行了告别游行，4天后，德国官兵在比戈登船前往汉堡。5月31日，2万名意大利人从加的斯出发。德国人和意大利人在自己国家受到了欢迎：6月6日，希特勒在柏林检阅了1.4万名“秃鹰军团”成员。意大利人在那不勒斯受到齐亚诺和维托里奥·埃马努埃莱国王的欢迎。在一支西班牙分遣队的护送下，他们前往罗马，在那里获得了墨索里尼的接见，并举行了更盛大的胜利游行，国王阿方索十三世（King Alfonso XIII）在阳台上观看了游行。当祖国的士兵们“遥远却满怀着胜利”地走过时，阿方索的泪水夺眶而出。到6月底，德国和意大利军队从西班牙撤离的工作已经完成。

至于来自地中海港口的共和国难民，许多人发现很难找到庇护地。最终，在马赛或北非港口的英国或法国船只上，在不友善的环境中经过了漫长的等待之后，大多数人还是到达了法国，和他们在一起的还有早些时候逃离加泰罗尼亚的40多万人。大多数领导人已找到合适的住处，但其余人仍留在法国南部的集中营里。到4月，那里的情况略微有所改善。此时食物供应几乎充足，卫生和医疗服务也不再一无所有，同时也没有发生大规模的流行病，但除了等待，避难者们仍然无所事事。他们不许离开，被正式“拘留”。他们的总体情况仍然处于炼狱状态。许多难民和
895 士兵，数量大概是5万人，很快同意前往国家主义西班牙。

流亡者的领袖们此时依然争吵不断。3月31日，在巴黎举行的一场可悲的议会常务委员会会议上，内格林就他自加泰罗尼亚沦陷以来的活

---

① *NIS*，第30次会议。在这次会议上，弗朗西斯·海明安排将委员会账户中盈余资金按照适当比例偿还给各成员国政府；他还安排委员会委托自己撰写一份委员会工作调查报告——然而这份调查报告从未出现过，大家一致认为，“不应给外人任何便利”，让他们查看委员会的文件——这是另一项没有保留的规定；那些在不干涉巡逻队服过役的人中建立一个“老同志”协会的想法也得到批准，但没有任何效果。

动，发表了一次引起激烈争议的演讲。马丁内斯·巴里奥、阿拉基斯塔因、“热情之花”均对此提出异议，“热情之花”更是宣称她的手上“既没有鲜血，也没有金子”。[①]与此同时，“维塔”号（Vita）轮船离开了布洛涅（Boulogne）前往墨西哥，船上堆满了宝石和其他珍宝，这些主要是共和国在内战开始时从国家主义的支持者手中没收的。[②]为了资助流亡的共和国政府，内格林将这批藏品交给墨西哥总统拉萨罗·卡德纳斯·德尔里奥（Lázaro Cárdenas del Río[③]）保管。然而，当“维塔”号抵达墨西哥时，自从智利新总统就职后就一直留在南美的普列托突然出现在那里，准备接收这批珍宝。他说服卡德纳斯，说只有他才拥有这批财宝的所有权。这是一个值得怀疑的说法。他在议会常务委员会中又设置了一个委员会，名叫西班牙共和国援助委员会（Junta de Auxilio a los Republicanos Españoles，简称JARE），由此来管理这批疑问重重的资金。内格林在议会常务委员会中以微弱的多数优势维持了流亡总理的身份，将他所拯救的资金存入了一个叫作西班牙共和国流亡者服务（Servicio de Emigración para Republicanos Españoles，简称SERE）的机构，由他的朋友、陆军医疗团团长兼巴伦西亚大学校长的普切博士管理。由于有共产国际的支持，这个团体在部分人的眼中越来越受到怀疑。虽然这两个组织经常发生激烈争吵，但它们还是将大约2.5万名共和国难民运送南美洲，特别是墨西哥和阿根廷（可能最终只有5万西班牙人到达南美洲）。其余大部分仍留在法国南部，最终被该地区的社区吸收。许多有能力的人短期内被征用建造法国的防御工事。当时，法国政府允许所有外国男性有资格在他们的军队中服役。例如，共和国舰队司令布伊扎上

---

① *Diario de Sesiones*, 31 March 1939.

② 他们的敌人指控西班牙共和国把巨额资金和金钱带到国外，但其中大部分都是用于购买武器的。

③ 1895—1970年，墨西哥政治家、军人，第38任墨西哥总统，墨西哥民族民主运动的杰出领导人。——编者注

896 将就加入了法国外籍军团。[①]到了7月，集中营人口已经下降到23万人。[②]苏联接收了大约2,000名西班牙共产党党员，他们在战争中还接收了大约5,000名西班牙儿童。[③]200名共和军领导人被英国接收，包括卡萨多上校和梅内德斯将军。[④]但到1940年，法国仍有大约35万名西班牙人，其中许多人很快就被送去为德国人工作，甚至被送往灭绝营。[⑤]在我们应该承认法国在慷慨接收如此大量难民方面的同时，也应该注意到，法国官员、警察和政客对大多数逃往那里的西班牙人的态度惊人地狭隘。[⑥]

在一项关于法国南部集中营生活的研究中，我们几乎没有看到人性的阳光面。共产国际和无政府主义者在战争中的对抗没有被忘记，间谍、背叛和谋杀也没有被忘记。[⑦]据称，大约有4,700人死于难民营，而有传言说意大利共产党员切迪尼（Chedini）继他在西班牙刺杀意大利无政府主义者之后，又向法国当局提出了一份“不受欢迎者”名单。[⑧]共产国际再次获得控制权，一些德国人宁愿回到德国也不愿待在他们现在所处的地方，而原因显然是他们被一个名叫斯蒂芬·马斯（Stephen Maas）的双重间谍出卖。而一些意大利共产党党员甚至宁愿冒着返回西班牙的风险，也不愿留在法国。[⑨]

在西班牙，胜利者自然欢欣鼓舞。以马德里为例，中产阶级人士和征服者的军队在夜间涌向街头，餐馆、酒吧里人头攒动，吃喝玩乐应有尽有，而军队司法团的军官们则耐心执行着他们逮捕、调查、倾听

---

① Bruno Alonso, p.156.

② 至少7万人在巴尔卡雷（Barcarès），4万人在阿热莱斯，3万人在圣西普里安。见Pike, p.55。在古尔（Gurs）有7,000名前国际纵队成员。

③ 具体描述见Tagüeña, p.300f。

④ 见Eugene Kutischer, *The Displacement of Population in Europe*, Studies and Reports Series D, no. 8（Montreal, 1944, ILO）, p.44。

⑤ 见原书922页。

⑥ 关于这个主题的详细讨论，见Cabanellas, vol. II, p.1119f。

⑦ Hermet, *Les Espagnols*, p.28.

⑧ Pike, p.68.

⑨ 出处同上, p.72。

线人的血腥行动（不像巴塞罗那，马德里很少有未经授权的杀戮）。终于，在马德里，牧师们可以再次戴上他们的四角教士帽，公民卫队戴上他们的三角帽，君主主义者戴上红色贝雷帽。街道很快就改了名：阿方索十二世街（Alfonso XII Street）在共和国时期是阿尔卡拉·萨莫拉街，然后是土地改革街（Agrarian Reform Street），此时已经恢复了旧有名称；儿童权利街（Rights of the Child Street）就像是家庭阵线社会主义青年民兵联合会街（Calle de la Milicias de Retaguardia de la Juventudes Socialistas Unificadas，Street of the United Socialist Youth Militias of the Home Front）的缩略版，但把巴塞罗那的霞飞元帅街（Joffre Street）变成波旁街（Bourbon Street）或许会令人感到意外。报纸和书店里充斥着大量的暴行故事，而自由主义或马克思主义的书籍甚至被勒令从私人书架上取走。各大城市都对马克思主义书籍进行象征性焚烧活动。一股胜利的宣传浪潮席卷了整个国家，留给战败者的是，即便他们保住了自己的命，却保不住个人思想，更不用说他们的工作了。4月2日的国家广播电台的一次广播宣扬了这样的论调："西班牙人，注意！和平不是在历史面前舒适而懦弱的休息……西班牙时刻准备着下一场战争。"[①]这是一个比较准确的说法，因为正如人们所料，一个可怕的惩罚令正在实施。监狱本来已经人满为患，此时又辅之以庞大的集中营，里面关满了共和国的政客、士兵和官员，他们经常遭到残酷虐待，有时甚至被关押数年之久。许多人被军事法庭判处死刑，尽管这一刑罚时常得以减刑，但减刑之后的刑期仍有30年之久。实际操作上，这种刑期通常会减至10年，此外有些人可能会顶着死刑长达两年。劳动者总工会新任秘书长罗德里格斯·维加（Rodríguez Vega）于1939年年底成功逃离西班牙。据他估计，到1942年，大约有200万人在西班牙的监狱里待过，许多人要做多年的苦力，有些人则在英灵谷（the Valley of the Fallen）干活，这是一座旨在与 897

① Abella, p.416.

瓜达拉马斯（Guadarramas）的埃斯科里亚尔相抗衡的建筑，用以安置内战中的死者。这里的大多数人每日被迫按照法西斯的方式向战死者敬礼。

很多人被枪毙。那些在西班牙共和国犯下的罪行都遭到调查，而那些据称对1936年的“暴行”负有责任的人都被追捕归案，共和国监狱的幸存者急于帮助审判者辨认那些人的身份。1939年的夏天是告密者、复仇者和
898 嗜血者的时节。[①]征服者的冷酷是由一些中产阶级维持的，他们知道自己只是碰巧逃过了被消灭的命运。由于国际局势的恶化，世界自由主义舆论的声音变得微弱不堪，因此战争结束时人们所表现出来的斤斤计较也变得更加彻底。战争中的恐怖又因为宣传而得到加强——革命者确实做了许多可憎的事，而那些活着从共和国监狱或大使馆出来的人，也没有心情去宽恕别人。此外，人们又找到了合适的发言人——内务部长塞拉诺·苏尼尔，因为正如过往事实，他自己的经历也是如此，这使他对怜悯闭上了眼睛。

除了那些因革命罪行而被枪杀的人（烧毁教堂和谋杀银行家一样，都会被判处死刑），许多共和主义的军官、官员和其他负责人也遭到处决。战争结束时的死亡人数有着各种各样的估计（枪决一直持续到20世纪40年代），有时这个数字会和战争期间在国家主义地区被杀的人数算在一起，有时还包括像贝斯泰罗或诗人米格尔·埃尔南德斯这样在监狱中因疏忽而死亡的人[②]。（贝斯泰罗留在马德里迎接胜利者，当他因为在调解中的作为获得了30年徒刑时，他才意识到他是如何错误地估计了佛朗哥统治下的西班牙的形势。）齐亚诺在1939年7月访问西班牙时报告说：“审判每天都在以一种我几乎可以称之为草率的速度进行着……还有很多人被枪决。仅在马德里，一天就有200到250人死亡，巴塞罗那150人，塞维利亚80人。”[③]（塞维利亚在整个战争期间一直属于国家主义西班牙：

---

① 见Georges Conchon的天才小说*La Corrida de la victoire*（Paris, 1960）。

② 关于米格尔·埃尔南德斯，有一篇对他的遗孀的生动采访，见*Triunfo*（Madrid），January 1975。

③ Ciano, *Diplomatic Papers*, pp.293-294.

怎么还有这么多的人以这样的速度被枪毙？）当然，齐亚诺是一个局外人，他的观点不可能是通过个人观察而形成的。尽管如此，他的数字仍然有可能真实。阿尔瓦塞特的民事总督马丁内斯·阿穆西奥（Martínez Amutio）描述了1939年12月在阿尔曼萨（属于阿尔瓦塞特）与他一同被审判的36个人中，有32人被枪决。①一名目击者谈到有2,000人在西班牙中部的一个重要监狱奥卡尼亚（Ocaña，属于托莱多）被枪杀。②5月在巴塞罗那，一个星期就可能有300人被枪决。③巴斯克国家主义者 899
宣称有21,780名巴斯克人死于战后的镇压。④那么，最终的总数能否接近被广泛引用，且由一位司法部身份不明的官员在1944年向美国记者查尔斯·福尔茨（Charles Foltz）透露的大约19.3万人呢？⑤这是绝不可能的——也许这个数字列出了已被判处死刑的人数，却没有注明那些被减刑的。在1999年的工作报告中，桑托斯·胡利亚（Santos Juliá）和一些同事似乎认为，大约有15万人于战争期间和战后在佛朗哥的西班牙被处决。⑥尽管20世纪的历史充满了对统计数据的追求和对精确性的渴望，但不幸的是，它到处充斥着这种含糊不清的数据。无疑，把这个问题搁置一边是明智的做法，因为它更多在表达对当下的不满，而不是对历史的判断。但毫无疑问，在战争结束后的几个月里，有数以万计的西班牙人死亡。

在那些死亡的人中，无疑还包括战争伊始巴塞罗那的民防部队指挥官阿朗古伦将军和埃斯科巴将军，包括马丁内斯·卡夫雷拉将军、布里

---

① 马丁内斯·阿穆西奥担任阿尔瓦塞特民事总督直到1939年3月，数字源于他对本书作者的证言。

② Sergio Vilar（p.227），引自一名共产党员米格尔·努涅斯（Miguel Núñez），他在那里待了20年。

③ *Catalunya sota...*, p.242.

④ Astillara, *La guerra de Euzkadi*。梅拉列出了他1941—1944年在马德里监狱时，那里处决的500人的名单。

⑤ Charles Foltz, *The Masquerade in Spain*（Boston, 1948）, p.97.

⑥ Santos Juliá, et al., p.410.

略上校、西班牙共产党安全总干事安东尼奥·奥尔特加上校和他同姓的西班牙共产党政委丹尼尔·奥尔特加，包括社会党青年领袖何塞·卡索拉、加泰罗尼亚总统路易斯·孔帕尼斯、内务部长胡利安·苏加萨戈伊蒂亚、无政府主义者兼商务部长胡安·佩罗和普列托的秘书克鲁兹·萨利多（Cruz Salido）——最后4人是在1940年德国占领了法国后，由盖世太保移交给西班牙，并最后被枪决的。卡萨多上校政变中的大多数参与者，包括无政府主义者，都得以幸存。一些人，比如西普里亚诺·梅拉是后来才被捕的。与此同时，马克思主义统一工人党的联合创始人华
900 金·毛林继续被关押在监狱里。[①]共和国的领导人大多踏上了不友善、贫穷且悲伤的流放之旅，而遭受这一残酷迫害的，依然是普通老百姓，是小村庄的镇长而不是市长大人，是小集体的秘书而不是总司令。

对镇压负有责任的首先是国家主义的当地支持者，他们的仇恨和愤怒只能通过简易法庭判处的死刑来遏制。此外，军事司法团的监狱长马西莫·奎尔沃·拉迪加莱斯（Máximo Cuervo Radigales），以及该团团长马丁内斯·福塞特上校（也是费德里科·加西亚·洛尔卡过去一个奇怪的老朋友）可能起到煽风点火的作用。内务部长、司法部长和战争部长可能曾试图限制残酷的执法活动，但他们都没成功。最终的罪魁祸首是佛朗哥，他判处的死刑比西班牙历史上任何一位政治家都多。佛朗哥认为自己是一位统帅，并认为自己的命令（mando）应当被当作一位上将发出的作战命令得以执行。镇压变得更加尖锐的另一个原因是，国家主义西班牙蓄意从那些曾经被共和国监禁，或曾遭受其他苦难的人中招募警察和安全部队。[②]

西班牙内战的激烈程度甚至超过了许多国与国之间的战争。如果把

① 关于镇压，见 Juan M. Molina, *Noche sobre España*（Mexico, 1958）；Miguel García, *I Was franco's Prisoner*（London, 1972）；Ronald Fraser, *In Hiding*。一篇耸人听闻的报道来自巴拉圭临时代办 Arturo Bray, *La España del brazo en alto*（Buenos Aires, 1943），还有 Melquesidez Rodriguez Chaos 的标题生动的 *24 años en la cárcel*（Paris, 1968）。

② 见 *Catalunya sota ...*, p.242.

共和国因营养不良而死亡的人数以及战后被枪杀的人数算进去，各种原因造成的生命损失肯定在50万人左右。[1]与许多战争一样，阵亡者或事后因伤死亡的人数在死者中所占比例不大，可能不超过20万人（即国民军9万人、共和军11万人），或占战斗人员总数的10%。[2]幕后的谋杀或处决可能又占了13万人（7.5万国民军、5.5万革命者或共和军，包括在监狱、前线或1936年后法庭处决的人数）。[3]如果说有1万人死于空中轰 901
炸，2.5万人死于营养不良或战争引起的其他疾病，以及10万人死于处决或战争后的其他原因（监狱以内和以外），这样的估计是有道理的。[4]如果有人假设永久移民的有30万人（即离开而没有回来的人），那么西班牙可能在内战中失去了近80万人，包括“新生代的花朵”。

—

国家主义西班牙计算的内部和外部支出的总战争费用为300亿比塞塔（约93.75亿美元）。[5]实际成本中最主要的是劳动力，这种损失一方

---

① 本书第一版（1961）首次提出公认的100万人的死亡数字过于夸张。请注意，那些试图通过人口统计分析得出一个数字的尝试中，得到的数字相差巨大，从80万（Jesús Villar Salinas, *Repercusions demográficas de la última guerra civil española*, Madrid, 1942）到56万（Pierre Vilar, *Histoire*, p.117）。

② 由于对每一场战斗的数字进行了更仔细的分析，这个数字对比上一版缩小了。Jackson的分析看上去很有说服力（p.526f.），与De la Cierva, vol. II, p.221f.也是吻合的。R. Casas de la Vega, *Las milicas nacionales en la guerra de España*（Madrid, 1974）计算出，在16万到17万参战的长枪党志愿者中，战死或受伤而死的人数达到17,015人。

③ De la Cierva将这个数字定为只有5万人，双方平分秋色，各有2.5万人（*Historia ilustrada*, vol. II, p.221）。我希望他是对的，但我担心他过于乐观了。

④ 我在这里将那些像胡利安·贝斯泰罗，或者米格尔·埃尔南德斯那样因战争而在监狱里死去的人都算在里面。虽然Jackson在上面提到了数字5万，但他给出的战后遭到报复的数字是20万。De la Cierva, *op.cit.*（vol. II, p.223）认为最多应该不超过5万人。Cabanellas（vol. II, p.1112）则认为有30万人。

⑤ *Boletín Oficial del Estado*, 4 August 1940, qu. Sarda, *El Banco de España, 1931—1962*，认为共和主义西班牙的花费是227.4亿比塞塔，而国家主义西班牙的花费是100亿比塞塔（1935年的比塞塔）。前一个数字之所以高昂，至少部分可以归因于共和军人员的高成本。

面是由于战争造成的死亡和永久性残疾带来的，另一方面是由于战争结束时许多人永久流亡了。然而，用金钱来衡量诸如诗人胡安·拉蒙·希梅内斯的流亡或洛尔卡的死亡，的确是一项艰巨的任务。但在战争期间，人们的财产也遭受了价值42.5亿比塞塔的损失；150座教堂被完全摧毁，还有4,850座教堂被毁坏，里面有1,850座教堂损毁严重，其中甚至包括阿斯图里亚斯的一座无价的前罗马式教堂；173座城镇遭到严重破坏，以至于大元帅不得不“收养”了这些城镇，也就是说，他的政府承诺支付修复费用；25万座房屋被严重毁坏，无法居住。另有25万座房屋部分受损。[①]这一损失远小于1914—1918年第一次世界大战中法国遭受的损失。
902 尽管如此，当希洪的西曼尼亚斯（Simaneas）兵营遭到袭击时，乔夫·莱尼奥斯（Jove Llanõs）日记的手稿被毁灭的情景还是让人难以释怀。作为实际的后果，胜利者拒绝承认1936年7月18日之后共和国政府发行的货币。但是，在此之前发行的纸币可以按面值兑换成新的比塞塔。1936年7月18日以前存入银行的现金也全部以新比塞塔支付。1936年7月18日后，在共和国境内使用的银行账户将会受到调查，战争结束时，共和国区域内银行账户中的90亿比塞塔，只有30亿比塞塔通过了调查。[②]

至于经济的生产力部分，毕尔巴鄂和巴塞罗那的工厂在战争中几乎毫发无损。巴伦西亚周围的灌溉系统也没有受到损害。虽然西班牙损失了三分之一的牲畜[③]和许多农业机械，但农田和农场建筑的损失也低于

---

① Report of the Dirección General de Regiones Devastadas, 1943. 这占了当时国家所有房屋的8%。

② Tamames, *Estructura*, p.559.

③ Tamames, *La república*, p.357，提供了如下数字：

（单位：头）

	牛	羊	猪
1933	597,000	2,926,000	382,000
1941	291,000	1,977,000	191,000
平均降幅	34.3%	32.7%	50.6%

预期。尽管如此，1939年播种的土地与1935年相比还是有很大程度的下降。[①]战争对铁路造成了严重影响：1,309台发动机（占1936年当时发动机的42%）、30,000辆货车（占1936年的40%）和3,700辆客车（占1936年的70%）被毁。卡车很少，但道路状况良好。损失了三分之一的商船（70艘船或22万吨）。原材料和食品的库存很少。1939年9月，即西班牙战争结束6个月后，第二次世界大战开始，这让西班牙无法从国外弥补这些损失。长期连续的干旱使情况更加恶化，战后的贫困年份（特别是1941年至1942年）因此被称为“大饥荒”。1939年的农业生产下降21%，工业生 903
产下降约31%，国民收入下降26%，人均收入下降28%。[②]

由于加泰罗尼亚政府的关心，加泰罗尼亚的考古和艺术收藏品在战争中几乎毫发无伤。西班牙中部和南部也没有重大的艺术品损失。然而，许多价值连城的私人和教会珠宝遗失了。1939年，一些重要的宝物被共和国政府带到国外，与普拉多美术馆的画作一起交给了国际联盟，但后来都被归还。在被摧毁的地点和艺术品中，圣玛利亚德尔玛教堂（Santa María del Mar，海边圣母教堂）、巴塞罗那哥特式教堂、托莱多的苏克德贝尔广场（Zocodove）和瓜达拉哈拉的因凡塔多宫（Infantado）可能是最严重的艺术损失。

内战的结束完结了西班牙历史上的一个时代。在过去动荡的半个世

① 800万公顷小麦，与1935年的1,100万公顷作对比。当然，在一些受到特别打击的地区，例如埃布罗战役的地区，损失更大。比如Mezquida（vol. I, p.162）给出的数字显示：1935年，甘德萨有540万株葡萄树；到1939年，损失了200多万株。葡萄酒业花了许多年才恢复到原来的产量。

② Tamames, *La república*, p.357.提供的数字显示，如果以1929年为标准100，那么：

	1935	1939
农业产出	97.3	76.7
工业产出	103.3	72.3
人均收入（1929的比塞塔）	1,033	740

纪里，几乎所有的“主要角色”要么死亡，要么流亡海外。许多制度和理想也被一扫而空。甚至在战争开始之前，共和国的“自由主义者”和天主教政治家就被粗暴地“扫”到一边。此刻，西班牙伟大的工人阶级政党也遭到碾轧，他们狂野、慷慨和暴力的梦想，以及他们的积极实践，例如在城市和农村土地上实行的集体组织，都一并被压垮。巴斯克和加泰罗尼亚的领导人由于流亡，不得不和他们深爱的地区分离，就像在卡斯蒂利亚发生的那样。胜利者中又有多少人死去！谁能忘记那被谋杀的13位主教，他们只是6,000个教会幽灵的代表。精力充沛的圣胡尔霍、阴谋家莫拉、才华横溢的卡尔沃·索特洛、魅力四射的何塞·安东尼奥·普里莫·德里维拉、来自巴利亚多利德的法西斯主义者奥内西莫·雷东多、有着希特勒式额发的莱德斯马、古怪的马埃斯图、卡洛斯党人哲学家普拉德拉——他们都死了，而且都死于暴力。在内战中被击败的政党中，没有一个像长枪党人的领导人那样遭受如此惨重的
904 死亡[1]——除非把诗人视为一个政党，在他们中间发生的屠杀同样可怕：敬畏上帝的人道主义者乌纳穆诺在萨拉曼卡死于悲伤之中；加西亚·洛尔卡躺在格拉纳达附近一个未知的坟墓里；马查多死于流亡途中科利乌尔的一个旅馆里；而米格尔·埃尔南德斯很快就死在了阿利坎特的监狱里。除了这些著名人物的死亡，还有成千上万个战士的幽灵，无论有没有人知道，他们都已死去，无论他们属于哪一方，都有很多人为了自认为崇高的事业献出了自己的生命；但更多的人直到死时都并未怀抱理想主义，他们只是在为他们没有希望的事业而战。

到1939年，甚至这些事业本身也已彻底“死亡”。导致战争的3次大的争论——分别关于地区、教会和阶级的争论——在这场斗争中也都耗尽了自己，它们从不可调和的两极之间发生的狂热冲突，转变成不惜一切代价争取胜利或者生存的机会主义斗争。如果说自由主义和共济会

① 据说有60%的长枪党成员死于内战（estimate by Payne, *The Falange*, p.212）。

都被除掉，那么教会也同时被长枪党人伤害得不轻。然而，就像共产主义、无政府主义和社会主义那样，长枪党人的大多数社会理想也已经完全消失。巴斯克和加泰罗尼亚分裂主义的失败，并不意味着君主主义者或卡洛斯主义者能够将他们的观点强加于人。在所有这些理想堆积起来的骷髅上，在如此众多的花言巧语的记忆尘埃中，只有一个冷酷、冷静、迟钝、苍白的人胜利地存活了下来，就像屋大维在罗马内战中存活了下来一样。恺撒和庞培，布鲁图和安东尼，加图和西塞罗，尽管他们都很有天赋，但他们都缺乏生存的小才能——佛朗哥就是西班牙的屋大维。

佛朗哥在内战中取得了相当大的成就。作为国民军武装的最高指挥官，虽然他也经常出现在前线，但他的职责是战略和政治上的，从来都不是战术上的。他没有机会作为一个战地指挥官来表现自己（或者去冒名誉扫地的风险）。他的任务是决定在什么地区发动新的进攻，并确保在一切准备就绪之前不要开始进攻，在任务完成之后阻止反击（如在布鲁内特），并通过达维拉、奥尔加斯或者巴罗佐这种有效率但生性平淡的军官的帮助，确保正确的装备在正确的时间到达正确的战线。他谨小慎微地把最高的战地指挥权交给像萨利克特这样的人，因为萨利克特是个守旧的人，而且他太老了，因此也永远不可能成为佛朗哥的对手。与佛朗哥共事的德国军官，比如冯·托马，他本人是很传统的人。但他 905
的谨慎、耐心和清教主义，让他很像冯·托马未来在阿拉曼（Alamein）的征服者蒙哥马利（Montgomery）。

作为一名最高指挥官，佛朗哥并没有表现出他年轻时在摩洛哥被称为鲁莽的行为。与冯·托马不同，佛朗哥对军事创新本身并不感兴趣。也许他最大的军事成就是政治上的。那些政治领导人对于佛朗哥将军只能算是师级指挥官，而军事事务也总是有其政治或心理意义的。因此，他做出了解救托莱多和布鲁内特的决定，并且也不愿意接受特鲁埃尔和埃布罗的既成事实。他蔑视政治激情，从而确立了自己作为一个充满激情的国家的政治领导人的地位。他不是一个演说家，但这也许可以这样认为——对一个充斥着花言巧语的国家来说，他是最适合的领导人。阿尔卡拉·萨莫拉、阿萨尼亚、普列托、卡尔沃·索特洛、希尔·罗夫莱斯、梅尔奎德斯·阿尔瓦雷斯和“热情之花”都是令人钦佩的演讲者，他们对“妙语连珠”有着真正的感悟；而佛朗哥开创了一个统计的时代，在这个时代里，语言是被用来伪装而不是传递思想的。“打倒知识分子！”——佛朗哥的顾问米连·阿斯特赖在那个不分是非但非常高效的“外国军团”中发出的呼声，对这个国家再适合不过。在那些在法国受过教育的文化人的启发之下，在马德里的咖啡馆里没完没了的闲聊和他们对雄辩术的崇拜中，这个国家最古老的政治生活悲惨地失败了。

佛朗哥在他的追随者中建立的政治联盟是他获胜的主要原因。毫无疑问，他得到塞拉诺·苏尼尔的协助——为塞拉诺·苏尼尔提供了一个理论基础。塞拉诺·苏尼尔在战前就在支持一种激进的右翼制度，即使那还不是法西斯主义，之后，他又因在模范监狱的可怕经历而更加强化了这种倾向（在1936年8月的那个夏夜，阿萨尼亚在马德里见证了人性，这让塞拉诺·苏尼尔对于右翼思想的关注极度集中）。保守运动的团结，本身就是一种很好的宣传来源。这使“十字军东征”这个旗帜可以动员数百万人之多。但是，在塞拉诺·苏尼尔从共和国监狱逃跑之前，佛朗哥冷静、举重若轻、专业的优势，为他赢得了国民军的领导地位，这才能使塞拉诺·苏尼尔得以继续塑造他。与共和国内部一样，国家主
906 义方面也有许多可能的裂痕。对胜利的拖延以及不断的失望为国家主义的联盟造成了许多崩溃的可能性。长枪党人、教会、君主主义者、卡洛斯党人和军队之间达成了明确的协议，这一切源于某种阶级的绝望，以及对失败后灾难性后果的预期（这比共和国方面的压力要大得多），也许还有一种更强烈的愤世嫉俗，让这些不同的团体像佛朗哥本人一样相信，没有任何政治目标比胜利更加重要。但也正是佛朗哥把这种绝望、恐惧和愤世嫉俗变成了战争的引擎。这些消极情绪也受到了右翼极端分子在战争中非常积极且热情的行动支持，他们乐于认为，法国式的自由

主义——那种依靠嘴皮子打架的旧政治终于结束了。这些极端右翼，无论是君主主义者还是长枪党人，都得到了很多人的支持，并表现出比他们在国内外的敌人认为的更坚定的决心。佛朗哥和他的外交部长戈麦斯·乔达纳伯爵也充分展示了他们的外交才能，他们稳住了德国和意大利，让它们提供足够的援助，但同时又不向这些国家的独裁者屈服，仅仅是牺牲了一点点采矿权而已。

如果说政治团结在很大程度上为国家主义西班牙的胜利提供了帮助，那么共和国内部的分裂即是他们失败的主要原因。这使共和主义西班牙的政治人类学，特别是在其早期阶段，成了一种特别迷人的研究领域。在追究失败的责任上，共和人士的声音也表现得非常不一致。多年前，马达里亚加就辩称：社会党内部的争端使内战不可避免；而优秀却缺乏远见的工会组织者拉尔戈·卡瓦列罗的政治判断错误，是冲突前几个月共和国问题的核心。事实上，西班牙社会党本身就是西班牙的一个缩影。革命的城市青年、FNTT（全国农业工人联合会）好战的农村青年、普列托的社会民主党人、拉尔戈的不确定领导、内格林的技术专业主义、理论上“纯”的马克思主义但实际上是贝斯泰罗的甜蜜的理性主义，所有这些都包含了对西班牙将走向何方的憧憬——它们之间的冲突破坏了西班牙已经取得的成就，特别是解放西班牙人的成就。

无政府主义者认为，如果无产阶级革命在第一天开始就充分进行， 907
那么战争就会获得胜利。但在那些没有完成军事准备就开展了革命的地区，如安达卢西亚西部和埃斯特雷马杜拉，非洲军团切开敌人的防线，就像刀子刺穿黄油一样简单。无政府主义者和共产主义者之间的战斗很早就开始了——最早在1937年春天。西班牙革命史诗中的这种段落在5月底达到高潮。随后，西班牙共产党镇压了阿拉贡议会。最后，战争结束了。但奇怪的是，战争的终结是从一名专业军官为了避免共产主义而举起了反抗政府的大旗开始的。由于支持者之间存在争端，共和国受到严重伤害。即使共产党人凭借高超的军事技术获得了显赫的地位，但他们累积的怀疑情绪反而使士气低落。西班牙的“黄金世纪”被旧基督徒或犹太皈依者的仇恨摧毁。同样，20世纪西班牙工人阶级的知识复兴，以马克思主义者和巴枯宁主义者（Bakuninists，这样说是为了给共产主义和无政府主义增加一点适当的个人色彩）之间同样紧张的关系为特点（自由主义者一会儿支持这个，一会儿支持那个）。这不正是各方对自己的政策坚信不疑，甚至为了自己观点的纯洁性而牺牲了整体利益吗？简单地说，没有人能像佛朗哥在国家主义阵营中所做的那样，在共和国内部的各个充满了争执的部落之间建立团结，这种说法显得更加真实。政治家们在描述共和国的政治、区域性和分歧时，往往会谈到中世纪早期的那些伊斯兰国家——利亚诺·德拉·恩科米恩达将军在阿斯图里亚斯和桑坦德之间的分界线上“丢失的奶酪”，就是不团结的象征。内格林已经竭尽全力地平息这样的分歧，但这样的政策意味着必须借助共产国际。西方民主国家的不干涉政策迫使内格林冒险依赖苏联。如果不利用
908 共产党人的战斗能力，那局势会变得更不可想象。但是，共产主义组织中的某些过激行为，又伤害了共和国事业的命脉。

一个真正的革命国家而不是一个革命的无政府主义社会确实可能会使战争更加有效，比如1919年的苏俄。但是，这就需要一个比现在更强大的西班牙共产党来取得政权，而这样的事情就更不符合无政府主义者的意愿了。此外，就算不说西班牙，鉴于当时欧洲的形势特点，一个革命共和国是否能够和平地享受其胜利，也是值得怀疑的。

对战争期间处于困境中的无政府主义领导人付出同情是多么容易的一件事啊！无政府主义对西班牙社会做出了创造性和原创性的贡献。毫无疑问，除非能够获得更高比例的人口支持，否则就不可能进行一场血淋淋的无政府主义革命。[1]但一场不那么血腥的革命或许又会与一个混合社会并存。无政府主义者只是在内战初期杀了太多人。在1938年10月，

① 在原文p.547有讨论。

温和派的胡安·佩罗也写过这样的话：法西斯主义“军事胜利后的第一天”，自由主义者反对马克思主义和中产阶级的斗争就会再次开始。虽然他也“希望避免左派之间的内战”，但在经历了两年的冲突之后，这句话几乎无法让人感到安慰。[①]在某种程度上，那些极其不诚实的无政府主义者给自己创造了敌人。那些从未读过马克思一句话的人也纷纷加入了西班牙共产党，他们这样做只是为了反对那些1936年7月以来的无政府主义帮派，这些帮派与理想主义者联手强化了犯罪行为。西班牙共产党中的资产阶级成员，都在利用该党来保卫自己的财产，而他们在其中的作用不可忽视。无论从20世纪90年代的角度，还是充斥着大公司的现代工业国家的角度，以及从现代苏联的国有企业的角度来看，旧西班牙的小资产阶级以及他们众多的小公司，似乎并不是西班牙工人阶级最大的敌人。

可悲的是，在阿萨尼亚的支持下，内格林本来可以利用共和国中央政府和加泰罗尼亚自治当局的关系带来团结，但相反，他只带来了幻
灭。中央政府没有维持或恢复宪法生活，这也是他们犯的一个错误。一 909
旦恢复了秩序，总理就会定期在议会受到严厉质询。缺乏蓬勃朝气的民主生活反映在共和国的效率和名誉上。即便选举很困难，但反对派本应有资格就战争的情况向历任部长进行质询。

佛朗哥是幸运的。如果捷克斯洛伐克危机在1938年导致的是一场世界大战而不是慕尼黑会议，那么法国军队可能会通过干预来拯救共和国。如果不是卡萨多上校发动政变，战争可能会持续到1939年夏天。英法两国于3月底向波兰提供担保，5月开始寻求与苏联结盟。由此可以看出，内格林当初从外国干涉冲突的事实中得出的是合乎逻辑的结论。他曾图谋将西班牙人纳入欧洲战争，而他也曾相当接近他意图实现的目标。

佛朗哥固执地反对调解。如果在1936年8月之后的任何时候去问西班牙人，大多数几乎都会欢迎妥协的和平。阿萨尼亚和内格林也从1937

① C. Lorenzo, p.236.

年中旬开始追求这一幻想。不言而喻，这样的妥协会挽救成千上万的生命。然而，对于佛朗哥，拯救生命本身并不是一个重要的考虑因素，他要利用胜利来继续推行他可恶的“清洁”（limpieza）政策：把他认为邪恶的教义“清除”出西班牙。佛朗哥和塞拉诺·苏尼尔认为，他们与德国和意大利的联盟让他们接触到“未来的浪潮”，而这股“浪潮”当时似乎很有可能在欧洲取得胜利。清洁政策并不起作用——“法国”的思想早就传到西班牙，与之一起到来的还有马克思主义、无政府主义，甚至是民主的大拼盘。因此，妥协的和平不仅是人道的，还能使20世纪西班牙的发展模式在未来长期存在。但佛朗哥追求的是绝对的君主制方式，无论是在战争中还是在随后漫长压抑的和平中，这都是不可能实现的。如果国家主义没有表达出他们胜利后要惩罚许多人的意图，那么这场战
910 争提前一年就可以结束了。[1]但对于“反西班牙的人”，他们并不想妥协，至少这种对妥协的欲望不会超过他们想与阿卜杜·克里姆达成的妥协；“解放者的十字军”战斗实际上更像是一场巨大的殖民战争，这场战争由圣胡尔霍、莫拉、金德兰、恩里克·巴雷拉、亚格这样的人，甚至佛朗哥本人领导，他们所有的政治想象力都是在摩洛哥的阳光下形成的。事情的悲剧在于，这是一场在国内进行的帝国战争。阿拉贡山区的“帝国语言”在其他地方听起来是一种奇怪的腔调。

比利牛斯山脉让西班牙和葡萄牙看上去更像是一座岛屿而不是半岛。海权肯定会影响西班牙战争。起初，共和国拥有大部分舰队。1936年9月，国民军将两艘新的巡洋舰“加那利群岛”号和“巴利阿里群岛”号带到直布罗陀，尽管西班牙在1937年4月的桑坦德郊外失去了唯一的战列舰“西班牙”号，却依然在那个夏天控制了坎塔布连海岸。共和国唯一的战列舰“海梅一世”号于1937年6月被炸毁。尽管共和国在战争结束前依然有3艘巡洋舰（这里还没有提他们拥有的14艘驱逐舰），但

① 这个观点见Abad de Santillán, *Por qué perdimos*, p.15。

国民军具有有效优势，有4艘前意大利驱逐舰和2艘他们自己的新驱逐舰。当1938年3月“巴利阿里群岛”号沉没时，它留下的空当几乎立刻被“纳瓦拉”号填补，后者是用旧的“共和”号改造而来的。尽管如此，国民军还是击沉了48艘共和国商船和44艘外国商船（约24万吨），缴获了202艘共和主义的商船（作为对比，共和军缴获了22艘）和23艘外国商船（33万吨——加上15万吨没收的货物）。[①]关于所有的小船力量对比，国民军总是占有优势。国民军在盟友的帮助下成功实施了封锁。共和军舰队的历史并不光彩，但国民军舰队的历史功勋卓著。共和主义由于缺乏海军军官，从来都无法利用他们在船只数量上的优势。在战争的最后一年，他们的舰队极度缺少燃油（尽管空军并不缺燃油）。

战争开始时，共和军也曾拥有空中优势。在最初的两三个月里，先不管数量的多少，来自德国和意大利的容克、菲亚特和萨伏亚飞机在实践上都要优于法国对共和国的帮助。1936年冬天，大量的苏联飞机，特别是伊-16和伊-15，给共和军带来了空中优势；但在1937年，梅塞施米特、新海因克尔和新萨伏亚又将平衡扳了回来。苏联人和他们的西班牙 911
学生常常谨小慎微地使用着苏联飞机，即使如此他们还是损失了很多架飞机。在北方，在1938年的大部分时间里，国民军都拥有压倒性的空中优势，但是在埃布罗战役的早期，新的苏联超级伊-16和超级伊-15给人留下了深刻印象。国民军在战争中使用了大约1,300架飞机，共和军大约使用了1,500架。[②]这都是些实质性的数字，例如，1937年，德国空军只有大约2,000架飞机，而英国和法国分别有大约1,500架和3,000架。[③]

西班牙战争的历史在一定程度上是技术泛滥的历史：共和主义西班牙方面，例如加西亚·洛尔卡在比斯纳尔（Viznar）被带去处死时乘坐

---

① Cervera's figures (Cervera, p.422). 巴斯塔雷切（Bastarreche）上将在为萨拉戈萨大学的研讨会中提供了略有不同的数字（*Guerra de liberación*, Saragossa, 1961, p.422）。

② R. Salas, vol. IV, p.3422.

③ *FD*, vol. VII, p.377.

的别克车，用电影中借来的悲哀委婉的说法，就是“载人兜风”的汽车；莫斯卡多与儿子通话的电话；以及西班牙共产党警察决心在巴塞罗那占领的电话大楼——这些都是半工业化社会的“旧货”（bric-à-brac），但从中诞生了权力，并最终由那些使用这些小玩意更熟练的人获得。凯波·德利亚诺用他生动的语言在战斗中成功运用了麦克风，而此举象征着古老的西班牙如何以新的“武器”取得胜利。

佛朗哥的军队组织得比他的敌人更有效。政治上的团结给了他统一的指挥权。国民军比他们的对手纪律更严明，后勤安排得也更出色，这一点可以从预备队从一条战线转移到另一条战线的轻松程度看出来。德国的技术培训，特别是在信号方面，发挥了相当大的作用。但同样重要的是，他们有相当多的中产阶级年轻人去担任临时中尉，而他们受到的教育使他们比共和国的初级官员办事更有效率。共和国在组建军队方面的成就相当可观，但他们没尽可能有效地利用现有的正规军官。人民军队的民兵往往在防御中表现英勇，但在进攻上缺乏想象力。阿拉贡前线的民兵连国民军一条狭窄的防线都未能突破，这使无政府主义者对正规军的抱怨显得毫无意义。但在另一方面，人民军确实像无政府主义者担
912 心的那样传统而官僚。[1]最后，马塔利亚纳将军只好在1939年告诉内格林，“虽然军队已经学会了一些防御战术，但他们没有能力撤退或反击”，他的观点可能是对的。[2]佛朗哥的不足之处并不是组织上的，而是判断上的：在布鲁内特、特鲁埃尔和埃布罗战役中，他一次又一次地坚持为已经失去的几英里而战，而不是止损，或寻求扭转局势，攻击敌人的侧翼。就像在这类战争中一贯表现的那样，这些正面的反击牺牲了不少生命。他最大的战略错误可能是没有在1938年4月向巴塞罗那挺进。他是否有可能如他的政敌（特别是君主主义者）所说，会通过故意延长战争来确保

---

① 阿尔伯特（Alpert）优秀的论文中给出了许多这样的例子。

② Qu. Carr, *Spain*, p.689. 马塔利亚纳的忠诚可能值得怀疑，但他的战术很不错。

自己的政治优势呢？这应该是不可能的——就像1936年托莱多战役那样，佛朗哥并不知道这样一个冒险的决定最终会使他受益。1938年4月时的国际形势也可能会使他的情况变得更加糟糕。如果在慕尼黑会议上围绕着捷克斯洛伐克问题爆发了世界大战，那么西班牙肯定会被卷入其中，而佛朗哥的西班牙就在最前线。佛朗哥在摧毁南方共和军之前不进攻巴塞罗那的决定完全出自他的性格特点，事实上可以从政治和战略的角度来证明这点。[1]当时不会有人知道，巴塞罗那可以不经过战斗就陷落。

战争的财政管理对于国家主义西班牙而言是成功的，但对于共和主义西班牙是一种灾难。前者为了给他们的战争物资付账，推迟了为国债和大部分战争债务支付利息的时间；无情地减少了不必要的开支；增加了税收；建立了新的西班牙银行，向国家主义西班牙当局提供了90亿比塞塔的贷款（当然，还包括外国援助，这些援助直到后来才支付）。共和主义西班牙也采取了类似的财政措施（例如，推迟支付债务利息），但他们经历了可怕的货币扩张、庞大的政府开支、严重的通货膨胀以及严格的配给制。实际上从1937年下半年开始，配给制并没能缓解粮食的大量短缺。[2]

当然，外国干预在战争中也是非常重要的，比如只要抬头看一看布 913
鲁内特或者埃布罗战役中的天空，就可以很容易地从遍布天空的苏联、德国和意大利飞机中看出这一点。同样的情况还可以通过哈奇开斯和捷格加廖夫机枪，以及布雷达机枪和毛瑟枪的较量中看出来。战争双方的燃料提供者也是交叉的，如果为了评估他们的重要性，仅仅把他们各自给予或出售的东西加起来，这些数据也不会令人信服。[3]许多情况下，某些外国物资的供应时机非常关键。第一，1936年7月德国提供的容克

---

① 即便阿萨尼亚在事后也评论说（letter to Ossorio, 28 June 1939），他很吃惊佛朗哥在1938年3月没有向巴塞罗那进军（vol. III, p.537）。

② 这个主题见Tamames, *La república*, p.341；Carlos Delclaux, *La financiación de la cruzada*（University of Deusto, unpublished thesis, 1950）。

③ 要查询完整的情况，见附录三。

52s飞机帮助佛朗哥将非洲军团运过直布罗陀海峡。如果仅仅简单地说不这样做的话国家主义西班牙就会输掉这场战争，这会引出太多问题。在容克飞机到来之前，一些军队已经被空运过了海峡，国民军也迟早会发现共和国舰队的无能——事实上，在9月底“加那利群岛”号行动中控制海峡时，他们也确实发现了这一点。尽管如此，如果非洲军团没有这么快到达大陆，战争将会走上一条不同的道路。这种帮助比共和国在同一时间从法国购买飞机的效果更好，无论后者的数量或质量如何。1936年至1945年间的容克52s飞机——“Iron Annie”（钢铁安妮）——在欧洲大部分地区都“投下了自己的阴影”，但这从未像1936年它在分裂欧洲大陆与非洲大陆的狭窄海峡上投下的阴影那样重要。

其他人员和装备在战争头3个月的影响并不太容易判断。在一个7月份之前还没有坦克的国家，来自德国的少量马克I（Mark I[1]）装甲车和意大利的轻型菲亚特[2]，肯定比巴塞罗那自制的巨型全国劳工联合会坦克更令人印象深刻。在1936年夏天，法国的波泰、德瓦蒂纳和布洛克飞机虽然比德国的海因克尔和容克52s更加迅捷，但它们的可操控性较差。直到夏末，意大利的菲亚特战斗机CR-32才在空中展现出新武器的可靠。意大利的第一批带有轻机枪的菲亚特-安萨尔多坦克见证了伊伦的陷落，但它们在这一行动中并不具有决定性。

关于外国干预的第二个重要时期是1936年11月，当时苏联对共和国
914 的援助、国际纵队的到来，以及国际共产主义的有组织支持，共同拯救了马德里。一时间，重型T-26坦克与伊-16和伊-15战斗机一起主导了战场。[3]

---

① 1916年英国制造的新式武器，被称为坦克鼻祖，是世界上第一种正式参加战争的坦克，并于1916年9月15日首次应用在索姆河战役中。——编者注

② 意大利菲亚特3000轻型坦克，意大利第一辆国产坦克，一直服役到第二次世界大战。——编者注

③ La Pasionaria（in *They Shall Not Pass*, p.348）表示“没有苏联的坦克和飞机，马德里保卫战就不可能胜利”。

苏联还送来了许多老式的“普列米特马克沁”机枪（Pulemet Maxim），这些机枪非常可靠；还有一种更轻的捷格加廖夫轻机枪，这是同级别最好的机枪之一。这些机枪比从法国购买的哈奇开斯中型机枪更耐用。苏联顾问也可能发挥了一些积极作用，尽管很难确切知道他们提供了多少帮助。

第三，当1937年叛军将领未能占领首都时，墨索里尼和希特勒提供的物资可能阻止了国民军士气的崩溃。“秃鹰军团”在1937年也成了一支变革性力量，当然是为反革命服务的。新的轻型梅塞施米特109战斗机[1]和海因克尔轰炸机[2]，连同新的萨伏亚79，从布鲁内特战役开始，就为国民军赢得了空中优势，装甲车和菲亚特–安萨尔多坦克亦赢回了主动权。可能同样重要的还有德国强大的防空“88”（88毫米Flak 36高射炮），它从1936年至1937年冬季首次在西班牙投入有效使用的那一刻起，就一直是德国国防的支柱。新的德国MG 34（Maschinengewehr 34）作为“通用机枪”也产生了相当大的影响，比意大利的同类产品布雷达30轻机枪更具影响力。

第四，1938年春天，在国民军的阿拉贡战役取得成功之后，法国边境对苏联和其他外国援助开放，避免了共和国的失败。

最后一点，如果佛朗哥没有在1938年秋天用这么多采矿权换取德国武器，他可能就无法在当年圣诞节发起加泰罗尼亚战役。如果不是这样，他的军队在埃布罗战役后会像共和军一样供给不足。在这种情况下，这场战争可能已经沿着战线事实上停止了。[3]

到1938年年底，德国政府就知道，不管它有多公然地违反《不干涉 915
协议》，它早先对西班牙战争会蔓延成“欧洲大灾难”的担忧都是毫无

① Bf-109战斗机（又称Me-109），是德国单发单翼，全金属活塞战斗机，是二战期间纳粹德国空军的主力战斗机之一，也是二战综合性能最优秀的轻型战斗机之一。——编者注

② 德国海因克尔Hell轰炸机是德国在二战期间使用最频繁的轰炸机，从1937年起服役“秃鹰军团”，在西班牙内战中实战检验。——编者注

③ 相反的观点，见R. Salas's essay in Palacio Atard, *Aproximación histórica a la guerra civil española*（Madrid, 1970）。

根据的。因为，在慕尼黑协定之后，英国（和法国）似乎永远不再会为了一个欧洲议题而采取战争手段了。1938年11月生效的英意协定更加证明了这种印象。1938年秋，苏联对西班牙的兴趣降温，加之苏维埃政府在慕尼黑会议后对德国采取的种种姿态，都进一步鼓励了德国人认为他们可以不受惩罚无所顾忌地采取行动的想法。但在慕尼黑会议之前，德国一直坚决拒绝向西班牙提供充足的兵力或战争物资，以确保国民军作为其受保护人能取得胜利。德国人认为，这样的承诺可能会使西班牙战争扩大成全面的欧洲战争。事实上，德国和苏联都不愿冒在西班牙问题上爆发全面战争的风险。一旦苏联在1936年10月对共和国做出承诺，西班牙冲突引起的任何全面战争肯定也会牵连到它。因此，斯大林遵循了与希特勒相似的政策：防止它的受保护人战败，但不确保受保护人胜利。

至关重要的前4次干涉都是防御性的，干涉国试图阻止一方或另一方失败，这就是战争持续如此之久的原因之一。希特勒和斯大林都找到了极佳理由来证明他们让战争持续下去的正确性。他们可以测试新的军事思想和新装备。对于他们每个人，胜利可能带来的难题和失败带来的一样多。如果内战继续下去，这些问题就可以推迟解决时间。墨索里尼希望在西班牙寻求荣耀，他对此非常不满。他派出了尽可能多的军队，事实上已经太多了，就像德奥合并（Anschluss）时期他表现出的弱点一样多。如果德国或苏联派去西班牙的人数和意大利一样多，一场欧洲战争就会接踵而至。但5万意大利军队的数量既不足以为佛朗哥赢得战争，又不足以使欧洲陷入全面冲突。最后一次关键的干涉发生在1938年年底，它标志着德国对国民军的全面承诺，因为德国知道，如果法国（和英国）不肯为捷克斯洛伐克而战，
916 他们也不会为西班牙而战。此外，在整个战争期间，共和国一直在努力地保障供应链，或者将其工业设施转变为战争工厂。从此来看，国家主义西班牙的物资链更为固定。他们对德国和意大利的依赖避免了大规模军工建设。

技术和外交是相互作用的。就像西班牙内战是一场意识形态的冲突一样，它也是发生在飞机设计中有关“应力蒙皮”技术革命时期的一场

冲突。它还是一场在“宣传和传播手段上”发生了革命性变化的战争，外国人在这个领域起到的作用和他们在战争中所起的作用一样大。

在工业时代的长时战争中，能源供应和武器一样重要。得克萨斯石油公司（The Texas Oil Company），以及较小规模的新泽西标准石油公司（Standard Oil of New Jersey），通过信贷提供了大量的石油供应，这给佛朗哥以很大帮助。内战期间，这些公司向国民军输送了近350万吨石油；而共和国进口的150万吨石油大部分都来自苏联。[①]美国也送来了一些卡车，价格远低于德国或意大利货：福特、斯蒂庞克（Studebaker）和通用汽车公司一共售出了12,000辆，而德国和意大利只售出了3,000辆。直到1937年年底阿斯图里亚斯被攻克之前，石油都一直在弥补国家主义控制地区煤炭的短缺（这场战争刺激了工业、铁路和航运领域对于石油的使用需求，而这种需求在战后也持续存在着）。与此同时，即便带有掠夺性，国家主义的商业也是明智的，佛朗哥也可以随心所欲地在他想要的地点出售物资，而不必担心战前供应。尽管人们可以公平地质疑法国的装备是否与苏联的装备一样好，但如果共和国能够从英国、美国和法国购买武器，那么战争将走上一条完全不同的道路。伊-15战斗机比宝玑战斗机更好，捷格加廖夫机枪比哈奇开斯机枪更好，T-26和BT-5坦克比法国同类坦克即便更笨拙，却也更强大。

尽管这个政策由布鲁姆提出，但英国政府也确实坚持执行了不干涉政策。法国政府由于对德国过于恐惧，因此不敢冒险与英国决裂。奥赛
码头负责人亚历克西·莱热指出，如果法国人民阵线政府卷入它在西班 917
牙的同意识形态一方，那么决裂将不可避免。因此法国边界只是在相当短暂的时期为西班牙武器运输开放过。[②]与此同时，尽管部分政府人员

---

① De la Cierva, *Historia ilustrada*, vol. II, p.326；Feis, *loc.cit.*准确的数字可能分别是3,471,383吨和1,504,239吨。

② 在1936年7月17日至1936年8月8日，1937年10月20日前后至1938年1月，1938年3月16日至1938年6月13日，1939年1月至1939年2月，以及1936年8月到10月飞机也可以穿越边界。

和外交部（但肯定不是安东尼·艾登）对佛朗哥的同情暗流涌动，但英国人坚定拒绝内战演变成全面战争。大多数负责外交政策的英国人都希望西班牙以某种方式直接消失。当不干涉协议遭到明确的漠视时，坚持维持该协议反而被认为愤世嫉俗。这种玩世不恭的态度既没有给英国政府带来好处，也没有带来信用。如果在1936年、1937年或1938年因为西班牙问题而爆发了全面战争，那么这将比在1939年因为波兰问题而爆发战争对于西方民主国家更为有利。就像对慕尼黑、对莱茵兰的重新占领和德国的重新武装一样，“不干涉闹剧”的另一个选择是坚定地谴责违反协议的行为，如此就有可能在没有发生战争的情况下让独裁者泄气。但是，由于发端于19世纪90年代的英国经济状况持续恶化，直到1939年9月大英帝国为波兰开战，他们才开始尝试选择不同的政策。因此，西班牙的战争是由千里之外的不干涉委员会讨论的结果决定的。艾登后续也逐渐意识到绥靖政策是不明智的，但在1936年8月，当不干涉政策刚刚开始时，他承认自己“没有认识到向独裁者摆姿态是危险的，这些独裁者更容易肆无忌惮而不是被姿态折服”[①]。他根本理解不了那些虽然签署了协议却根本不打算履行的人。在1914年之前，这些都是不可能发生的。

内战中德国坦克分遣队指挥官冯·托马将军后来把西班牙称为“欧洲的奥尔德肖特”（Aldershot，英国的陆军训练营所在地）。[②]德国在坦
918 克和航空这两种技术武器方面取得的战斗经验最为宝贵。佛朗哥在内战中的胜利也为德国提供了铁矿和其他矿产资源。布鲁姆在1942年的里翁（Riom）接受审判时曾为派遣法国飞机前往西班牙辩护，同时他也将西班牙战争称为“对法国航空的测验”。但是法国人从西班牙战争中吸取了错误的教训。他们甚至会相信一位德国流亡作家赫尔穆特·克洛茨（Helmut Klotz，他在西班牙只待了几周）在《西班牙内战的军事教训》

① Eden, p.403.

② 见Liddell Hart, *The Other Side of the Hill*。

（*Les Leçons militaires de la guerre civile en Espagne*）书中所写的话，即坦克已经被反坦克炮征服了。法国总参谋部忽视了在西班牙试验过的机械化战争。1940年，当古德里安的装甲师横穿法国北部平原时，这给他们带来了极其不利的影响。苏联人也从他们在西班牙的经历中吸取了错误的教训，尽管普列托后来也曾说苏联人也把西班牙当成了“一所真实的军事学院”①。帕夫洛夫将军告诉斯大林，西班牙战争证明，坦克编队不能发挥独立的作战作用。②他提出这样的建议，可能是为了避免被打上图哈切夫斯基元帅崇拜者的烙印，因为图哈切夫斯基总是对这种编队充满信心。苏联庞大的重型坦克部队可能因此在1939年被解散为步兵支援部队。德国轻型坦克在波兰和法国的成功，导致图哈切夫斯基体制的回归，但这对1941年苏德战争的开局来说为时已晚。

意大利和南斯拉夫的共产党人还发现，他们在支援西班牙的这段时间对他们自己国家在1944年到1945年的党派斗争有着不可估量的帮助。就连英国人也学到了一些东西：为了应付德国对伦敦的空袭，《伦敦新闻画报》（*Illustrated London News*）对巴塞罗那空袭的影响进行了研究，题目为《人体活体解剖研究》（*Study in Human Vivisection*）。前国际纵队英国营指挥官科普曼（Copeman）在西班牙战争结束后的几个月内，在温莎城堡向王室讲授了对空袭的防范措施。③医学也取得了进步，而这通常主要得益于共和国军队引入西班牙的针对战争伤亡的新治疗方法。 919
从此以后，在战争中，以前死于枪伤的人数如果有数千人，现在则只有

① Prieto, *Yo y Moscú*, p.140.

② B. Liddell Hart, *The Soviet Army*（London, 1956）, pp.316–317.

③ 然而，英国政府在根据1938年3月对巴塞罗那的那场空袭来推算此次空袭可能会对伦敦造成多大的影响时，犯了许多计算错误。官员们估计一吨炸弹可能造成72人伤亡。但后来又计算出，对巴塞罗那的所有突袭行动的报道结论是平均每次轰炸都有约4人被炸死。在英国内务部的计划中，这一新的伤亡率并没有取代先前更为激进的数字（R. Titmuss, *Problems of Social Policy*, London, 1950, *Official History of the War*, pp.13–14）。我很感激已故的克里斯托弗·贝内特（Christopher Bennett）提醒我注意这一点。

数百人。

—

西班牙内战对世界其他地区的普遍影响无法用精确的方法来衡量。在西班牙以外的地方，战争给人的第一印象便是所有的左翼党派都在合作，这是当新生代对于老一辈人的愤世嫉俗、懒惰和伪善感到愤怒的时刻提供的一种希望，同时这也让他们对老一辈人缺乏同情心。这种斗争在许多国家（包括西班牙内战的双方）都催生出一股创造力，这种创造力可以与第二次世界大战中的任何产物相媲美。内战虽然摧毁了整整一代西班牙人的政治希望，但内战的象征意义是多方面的：例如保卫马德里之前的英勇行为，也有双方持不同政见者愤怒地聚集在同一座监狱里的情况。“我们的400名囚犯，混合了伊比利亚无政府主义者联盟、无政府主义青年、教士、逃兵、一些军官、普通罪犯、流浪汉、醉汉、同性恋者。”[①]一个曾由军事情报处管理的加泰罗尼亚监狱里的囚徒这样写道。在国家主义西班牙内，也聚集着持不同政见的长枪党人，以及无政府主义者、共产主义者和共济会成员。“十字军”为英雄主义和残暴行为都提供了机会，但尼恩和埃迪利亚都是正统信仰的牺牲品。内战有辉煌的时刻，但它基本上是欧洲人民生活中的一个悲剧和幸福生活的中断——人们可能会阴郁地记得，西班牙人这支欧洲的主要民族，在1936年以前，还是一个非常贫穷的、根本没有现代军工业的民族。

① *Historia y vida*, January 1975.

后　记 920

西班牙花了很多时间才从内战中恢复。第一次世界大战让参与者停滞了一代人的时间，法国尤其如此。德国人永远不会原谅纳粹屠夫。西班牙内战是20世纪欧洲悲剧性的崩溃在西班牙的演绎。在这场崩溃中，19世纪的自由遗产和文艺复兴以来延续的乐观精神分崩离析。

这里并没有篇幅详细论述这位冷血将军依仗他的胜利做了什么。元首，国家及政府首脑，无国王之名但行国王之实——佛朗哥如君王般统治西班牙，除了他自成风格的妥协再无其他理论依据。他在内战之中，在长枪党、教会、军队和君主派之间发展壮大，以公众对他的狂热崇拜为支撑——这种崇拜更多归因于20世纪，而不是斐迪南和伊莎贝拉留下的传统。佛朗哥一如既往地对待他的盟友，好像他们是他年轻时遇到的摩洛哥部族一般。拖延是他最常使用的策略，礼仪是他始终全神贯注之事，对个人权力的渴望则是他唯一的意识形态。这种浪漫、威权主义和天主教的君主主义在1936年之前就在拉米罗·德马埃斯图创办的《西班牙行动》(*Accion Espanola*)的主要文章中得以表述。它对佛朗哥统治的影响比若泽·安东尼奥的影响更甚。1947年，西班牙成为法律意义上的君主国。然而，国王阿方索十三世（1941年逝世于罗马）的继承人胡安空等了20多年。到1969年，佛朗哥任命胡安之子胡安·卡洛斯为国家 921
元首之位的继承人。尽管内战结束后的30多年里西班牙在政治上停滞不前，但在经济和社会方面经历着革命。此时的西班牙成了德国和日本这类国家，在世人眼中，它们在威权主义右翼政权的庇护下进行了工业革命。因此，在之后的许多年里，西班牙的审查制度依旧如同报纸诞生以来那样严厉。

佛朗哥的寿命长过他的大多数战友和大多数早期政府中的同僚。一些战争中的将军如今已转变成部长。①有些人则没有那么幸运。②在文官中，塞拉诺·苏尼尔仍是佛朗哥之下西班牙最有权势之人，这种局面持续到1942年。随后他被撤职，成了政治上一名无足轻重之人——他那段昙花一现的职业生涯终结在40岁。一些长枪党成员在内战时期颇为闻名，之后又在政府中发挥了重要作用，包括雷蒙多·费尔南德斯·奎斯塔或何塞·安东尼奥·希隆。卡洛斯派的孔德·德罗德斯诺及埃斯特万·毕尔巴鄂也是如此。不过佛朗哥善于发现新人。曾属于“老衬衫们”的老英雄曼努埃尔·埃迪利亚和西班牙民主右翼的老希望希尔·罗夫莱斯遭到相似的忽略——前者到1941年才获释出狱，后者则在1957年之前都流亡在外。1947年，西班牙刚刚在理论上恢复君主制，佛朗哥便着手复兴贵族，加封了一些新头衔。尤为著名的是给鬼魂册封，而这确有其事——莫拉、卡尔沃·索特洛和何塞·安东尼奥这些早已入土的人成了公爵。不过，除了已故的公爵，佛朗哥还加封了一些在世的侯爵，包括：凯波·德利亚诺（长寿的共和派）、达维拉、萨利克特、莫雷尼奥上将和胡安·安东尼奥·苏恩斯。亚格将军、恩里克·巴雷拉将军、加西亚·埃斯卡梅斯将军、比贡将军、金德兰将军以及塞韦拉上将则最终在稍晚些时候受封侯爵。还有数位新伯爵，有些在世，如新阿卡萨·德托莱多伯爵（莫斯卡多）、新卡斯蒂略·德拉莫塔女伯爵（皮拉尔·普里莫·德里维拉）和马丁·莫雷尼奥将军；有些已故，如奥内西莫·雷
922 东多、维克多·普拉德拉、空中王牌加西亚·莫拉托和胡安·德拉谢尔瓦。③创造一群已故的贵族是佛朗哥最慷慨的措施之一。

部分出于贫穷，但更多出于政策，西班牙从未在第二次世界大战期

---

① 例如：亚格、穆尼奥斯·格兰德斯、恩里克·巴雷拉、阿隆索·维加、加西亚·巴利尼奥、马丁·阿隆索、达维拉、奥尔加斯、比贡和巴罗佐。

② 这些不那么幸运的人包括：金德兰、阿兰达、萨利克特和凯波·德利亚诺。

③ 佛朗哥分封头衔这件怪事的具体阐释见Vila San Juan著作的附录1，p.472f。

间站在希特勒一方。希特勒表示，当他要求佛朗哥偿付理应归还的4亿帝国马克时，佛朗哥让他感觉自己“企图利用人类最神圣的财产做生意”[①]。歌德将“天才”定义为“知道适可而止的人”，而佛朗哥在歌德的标准下显然属于“天才”。这只是佛朗哥最鲜明地区别于流行的扩张主义法西斯独裁者形象的地方。佛朗哥蔑视宣传，尽管他与他那僧侣般的邻居萨拉萨尔还是不同，他更喜欢自我表演。1940年，希特勒与佛朗哥在昂代伊会面。尽管关于他们谈了什么仍有争议，但这场会面大致算不上成功。希特勒后来表示，他发现佛朗哥十分难缠，他宁愿拔掉三四颗牙也不愿再见他一面。[②]但是，当德国袭击苏联时，4.7万长枪党志愿者组成的“蓝色师团”在穆尼奥斯·格兰德斯将军的率领下与德军共同作战。在整个战争的初期，国家主义西班牙都在为德国提供潜艇基地、侦察服务、军事物资，甚至空军基地。[③]同时，社会金融产业公司（Sociedad Financiera Industrial Ltda）将西班牙裔摩洛哥人运输公司、原料和货物采购公司与蒙塔纳集合起来，继续掌控德国与西班牙的经济关系。[④]

至于战败一事，如奥登所预言：历史只会哀叹，不会给予“帮助或谅解”。许多西班牙人为法国抵抗运动或红军而战，或许有1万人死于德国集中营。[⑤]约有2.5万西班牙共和派人士在二战中阵亡。[⑥] 923

流亡国外的年月，共和派领导人就他们虚幻的权力以及仍留在手上

---

① 关于德国外交政策的文件，vol. XI, p.213。1940年西班牙人给德国的参战提案是：德国需要向西班牙运输40万到70万吨谷物，西班牙军队需要的一切燃料和装备以及征服直布罗陀海峡所需的火炮、飞机、特种武器和部队。德国也准备同意将整个法属摩洛哥及奥兰移交西班牙，帮助西班牙实现里奥德奥罗南部边界的修改。

② Paul Schmidt, *Hitler's Interpreter*（London, 1951）, p.193.

③ UN Security Council, *Report on Spain*, p.2及p.76。

④ 德国在西班牙高达5,500万美元的资产最终在1948年5月根据英国、法国和美国达成的协议清算。

⑤ Lister，p.241.

⑥ Pike讨论了相关数据，见*Vae Vicits!*, p.114。这一数据可能偏少。毛特森集中营的人数确实过万，其中仅有2,000人返乡。

的资产发生了争执。1956年内格林在巴黎逝世，他在遗嘱中给西班牙政府留了数份文件，内容是关于西班牙送到苏联的黄金。1945年，他辞去流亡首相的职位，希望团结所有流亡者。此后，该职位由其他人接任。马丁内斯·巴里奥一直担任流亡共和国总统的职位，直到1962年辞世。他的继任者是社会主义律师希门尼斯·德阿苏亚，后者于1970年去世。普列托于1962年在墨西哥去世。阿尔瓦雷斯·德尔巴约仍然算是一名乐观主义者，他因为跟共产主义者过从甚密而遭到西班牙社会主义政党驱逐，最后在1975年离世。拉尔戈·卡瓦列罗在德国集中营里被关了4年，1946年在巴黎心灰意冷地过世。阿萨尼亚1940年在蒙托邦的杜米迪大酒店去世。①米亚哈、里克尔梅、波萨斯、胡拉多和很多其他共和派将军在流亡中去世，而罗霍和卡萨多在20世纪60年代返回西班牙，不久后去世。②马略卡岛远征的英雄巴约在游击战中训练菲德尔·卡斯特罗的追随者，以攻打一个更大的岛屿。无政府主义者虽然存在分裂，但仍在法国南部的流亡群体中维持着一个繁荣的组织。

西班牙共产党由圣地亚哥·卡里略领导了许多年，他是统一社会主义青年团的前总书记。“热情之花”担任了30年的西班牙共产党中央委员。何塞·迪亚斯被“热情之花”撤职之后，在1942年从第比利斯的一扇窗户坠落。莫德斯托、乌里韦、卡斯特罗·德尔加多和赫苏斯·埃尔南德斯都去世于20世纪60年代，科登将军去世于1972年。埃尔南德斯和卡斯特罗·德尔加多最终都退出了西班牙共产党，并且都写了充满恶
924 意且迅速在国家主义西班牙出版的图书。另一个感到幻灭的前著名共产

① 关于阿萨尼亚是否在教堂去世，坊间仍存在争议。有可靠的证据给出的结论似乎是否定的，尽管蒙托邦主教西亚斯蒙席（Monsignor Theas）在他去世前几个小时曾经到访现场。阿萨尼亚的遗孀给他的两位传记人员［佛罗里达的赛德韦克（Sedwick）教授和C.里瓦斯-切利夫（Cipriano Rivas-Cherif）］留下了两种相互矛盾的说法（参见Sedwick，p.236）。

② 交出了共和派中央军的马塔利亚纳受到审判、监禁。1952年，年仅58岁的他死于马德里。

主义者巴伦廷·冈萨雷斯（埃尔·坎佩西诺）也是如此。对于那些在苏联期间他自己必须遵循的纪律，他表示拒绝。经过多次冒险，冈萨雷斯经波斯（今伊朗）逃离苏联。塔维尼亚离党，并于1972年在墨西哥去世。马克思主义统一工人党的领导人大多在流亡中生活了许多年，如胡利安·戈尔金和华金·毛林，后者一直活到1973年。巴斯克领导人中，阿吉雷1960年去世。随后，雷佐拉接任了巴斯克流亡政府总统的位置。何塞·塔拉德利亚斯多年里一直秉持着成为“加泰罗尼亚的良心”的信念，1977年他返回故乡担任加泰罗尼亚自治政府主席。其他在内战中扮演重要角色，又在流亡中离世的人还包括阿尔卡拉·萨莫拉，他于1949年在布宜诺斯艾利斯去世。勒鲁斯于1949年返回西班牙后不久离世。胜利者的禁令还延伸到那些曾为加泰罗尼亚和巴斯克民族主义做贡献的人身上，即便他们曾为这些民族主义事业捐款。弗兰塞斯克·坎博就是如此。他被禁止返回西班牙，于1947年在布宜诺斯艾利斯去世。①

第二次世界大战结束时，英国和美国并没有将枪口转向佛朗哥将军，这自然令共和派感到悲伤。那些曾经与马基游击队共同对抗德国人的西班牙流亡者在1945—1949年间试图通过游击战发起反攻西班牙的行动。他们的行动以失败告终，但他们奋战的历史有待书写。不过，1975年新建的民主君主制为他们进行了平反，新政权给前共和派官员和其他人士提供抚恤金，给予国际旅老兵西班牙公民身份。

曾与国家主义一派交好的德国人和意大利人大多消失在第二次世界大战中。冯·斯托勒男爵一直担任驻马德里大使，直到1942年被里宾特洛甫撤职，原因是他没能阻止塞拉诺·苏尼尔倒台。冯·福佩尔将军夫妇在1945年苏军进入柏林时自杀。在诸位将军中，冯·施佩

① 迫害行为包括禁止他们担任任何形式的公职。这不仅影响到流亡国外的地方主义联盟成员，而且影响到许多曾在战争中积极为国家主义工作的人，例如贝尔特兰-穆西图（Bertrán y Musitu）和孔德·德鲁伊塞尼亚达（Conde de Ruiseñada）。前者是地方主义联盟的缔造者之一，曾在法国为佛朗哥的情报工作；后者是富豪船主。

925 勒、冯·托马和冯·里希特霍芬在“二战”时期成了杰出指挥官，而后冯·施佩勒作为战争犯受审。“秃鹰军团”的加兰德驾驶他的梅塞施米特109在西班牙飞行过300多次，而后默尔德斯（Mölders）接任了他在西班牙的职位。二者后来都成了攻击英国和法国的战斗中最著名的德国飞行员。另一方面，精明的约翰内斯·伯恩哈特在西班牙住到1950年，而后前往阿根廷。不过他最终死在慕尼黑。[1]

在意大利人里，罗阿塔将军曾担任墨索里尼的参谋长，而后声名扫地。在作为战争犯等待受审时，罗阿塔从医院逃出，前往西班牙。1968年他返回意大利，不久后去世。巴斯蒂科、贝尔蒂和贝尔贡索利都曾在非洲作战。巴斯蒂科曾在1941年成为利比亚总督；贝尔蒂曾在埃塞俄比亚指挥炮兵，于1960年去世；贝尔贡索利，魏菲尔前线上的“电胡须”，1941年在班加西被俘，而后在马焦雷湖畔度过余生。甘巴拉在二战时在利比亚和南斯拉夫作战，而后在萨罗共和国担任格拉齐亚尼的参谋长，1962年死于罗马。博纳科西，即“孔特·罗西”，在索马里作战，也同样在1962年去世。格兰迪协助推翻了他主人的政权，而后作为商人在墨西哥生活了许多年。

那些前往西班牙的苏联人中，别尔津、斯塔舍夫斯基、安东诺夫-奥夫申科、戈里耶夫、盖金斯、罗森博格和科尔佐夫要么被处决，要么死于集中营。别尔津、科尔佐夫和安东诺夫-奥夫申科随后恢复名誉。1956年2月赫鲁晓夫在苏共二十大上发表谴责斯大林的演讲，其中顺带提到他们的死是不应该的。[2]坦克将军帕夫洛夫在1941年遭斯大林枪

---

① 1972年我在布宜诺斯艾利斯见到他，他是双重流亡者，他既思念着儿时的故乡东普鲁士，又是德国悲剧性角逐世界权力的象征。

② “非常惨痛的后果，涉及战争初期尤其如此，此前斯大林在1937—1941年间消灭了许多军事指挥官和政治工作者……那段时间，曾在西班牙和远东获得军事经验的领导干部几乎悉数遭到清算”。（Bertram Wolfe, *Khrushchev and Stalin's Ghost*, New York, 1957, p.174）

毙，当时正是德国向苏联挺进的最初几周，而帕夫洛夫与自己手下的部队失去联系。库利克将军也在1941年被处决，原因是他对红军装备一无所知。斯特恩将军（格里戈罗维奇）曾在1938年指挥第一集团军在张鼓 926
峰对战日本人，还曾在芬兰作战——他同样在1941年被处决。雷恰戈夫（Rychagov）是西班牙内战时的重要飞行员。哈桑湖冲突中，他作为第一集团军成员与日本人作战，而后因为败于纳粹德国空军而被枪毙。另一方面，前西班牙老兵克里沃申、沃罗诺夫、罗季姆采夫（Rodimtsev）、亚库申（Yakushin）、巴托夫、梅列茨科夫、马林诺夫斯基、科涅夫和罗科索夫斯基，以及库兹涅佐夫上将，都在苏联功成名就。库兹涅佐夫因此在二战期间和1953年之后指挥苏联舰队。马林诺夫斯基在赫鲁晓夫当政时升任国防部长。他与沃罗诺夫一道成为元帅。埃廷贡（Etingon）在巴塞罗那以“科托夫”（Kotov）之名开启职业生涯，负责反间谍行动。1953年，他与时任最高领导人的贝利亚一起被枪决。[1]奥洛夫隐姓埋名生活了很多年，他是一名重要的叛逃者，成了美国公民，并被当地人推崇。[2]频繁被援引的见证者克里维茨基将军于1941年2月10日在华盛顿贝尔维尤酒店被枪杀。[3]

至于曾在西班牙作战的外国共产主义者——富有魅力的克莱伯，在1939年之前就在苏联被处决，“加尔”和科皮克紧随其后。20世纪40年代晚期，来自东欧、曾参与西班牙内战的所有共产主义者都受到斯大林怀疑。时任匈牙利外交秘书的拉斯洛·劳伊克（Laszlo Rajk）曾任第十三国际旅拉科西营政委。在1949年的审判中，他“承认”自己其实是代表霍尔蒂（Horthy）上将前往西班牙：“带着双重目的——找到拉科

① 关于Etingon，参见Isaac Don Levine, *Mind of an Assassin*（London, 1960）；奥洛夫给参议院的证词；P. Deriabin and F. Gibney, *The Secret World*（London, 1960）, p.187。

② 他在多起“间谍”案件中协助美国联邦调查局，尤其著名的是索布尔兄弟和佐布罗斯基的案子。

③ 这或许是斯大林指使的另一桩谋杀，抑或一场自杀，尚未有定论。

西营人员的名单……并且……削弱拉科西营的军事效力。我还应补充一
点，我在拉科西营还参与过托洛茨基分子的宣传工作。”[①]劳伊克被处决
927 后，东欧许多参与过西班牙内战的老兵被捕。然而，1953年后，那些
从前“为自由而战的志愿者”恢复了名誉。他们若健在，则会获释，并
且很快人们便会在重要的位置上看到这些人。穆罕默德·谢胡（Mehmet
Shehu，一度参加第十二国际旅）当选阿尔巴尼亚政府总统（阿尔巴尼
亚另一位领导人恩维尔·霍查（Enver Hoxha）也是国际旅的退伍军人）；
赖科夫·达米亚诺夫（Raiko Damianov）成为保加利亚副总统；季米
特洛夫营的最后一任指挥官约瑟夫·帕维拉（Josef Pavel）在1968年成
了杜布切克手下的内务部长；跟随卢卡奇作战的帕尔·毛莱泰尔（Pal
Maleter）在1956年成为匈牙利国防部的英雄部长。曾在西班牙作战的
24名南斯拉夫人后来成为南斯拉夫军队的将军。最令他们声名远扬的
是他们在铁托领导下进行的游击战。铁托本人则组织修建了通往西班
牙的“秘密铁路”。沃尔特将军（什夫泽夫斯基）在1945—1947年间担
任波兰国防部长，而后遭乌克兰游击队员谋杀。匈牙利人格勒有多个
化名，曾在加泰罗尼亚领导当地共产党组织，后来成为匈牙利副总理，
1956年在匈牙利事件中充当赫鲁晓夫的工具。拉科西营的另一位政委
费伦茨·明尼赫（Ferenc Múnnich）日后担任了匈牙利总统。陶里亚蒂
和路易吉·隆戈（后者在1943—1944年间曾在意大利北部领导游击战）
领导了意大利共产党许多年；朱塞佩·迪维托里奥则在意大利担任总工
会的总书记，直到1958年去世。维托里奥·维达利（卡洛斯·孔特雷
拉斯）做了多年参议员，是的里雅斯特共产主义者的领袖。卡德维拉返
回布宜诺斯艾利斯，1972年在那里去世。曾进入加里波第营的意大利

① *Laszlo Rajk and His Accomplices before the People's Court*, p.6. 去往西班牙的捷克志愿者的回忆是理解阿图尔·伦敦被审判的背景：“*nous voilà, six vétérans de la Guerre d'Espagne réunis. Mais où est notre enthousiasme d'autrefois?*”（*L'Aveu*, p.16）。成为国际旅成员和1919年插手苏联事务、反对布尔什维克一样糟糕。

共和派成员帕恰尔迪在加斯贝利（Gasperi）的联合内阁中担任国防部长。意大利社会主义者的领袖南尼当上了意大利副总统。汉斯·卡勒1952年去世时是梅克伦堡的警察局局长；弗兰茨·达勒姆则在1953年东柏林的六月事件之后被清洗。海因里希·劳曾任第十二国际旅的参谋长，日后成为民主德国副总理。戈麦斯（扎伊瑟）将军做了5年的民主德国国家安全部长，而后在1953年7月失势。施泰默尔将军曾以“理查德”上校之名担任第十一国际旅的指挥官，后来当上莱比锡的警察局局长。卡尔-海因茨·霍夫曼（Karl-Heinz Hoffman）曾化名海因茨-罗特（Heinz-Roth）担任第十一国际旅的政委。他发展得更好，从1960年 928
起担任民主德国国防部长直至1985年去世。许多曾加入国际旅的志愿者在法国抵抗运动中牺牲，他们包括杜蒙上校、皮埃尔·乔治［Pierre George，法比安（Fabien）上校］、普茨上校、皮埃尔·雷比埃、约瑟夫·爱泼斯坦［Joseph Epstein，抵抗运动中化名吉勒（Gilles）上校］、弗朗索瓦·贝尔南（François Bernard）少校。而第十四马赛营的最后一位政委亨利·唐吉［Henri Tanguy，化名罗尔-唐吉（Rol-Tanguy）上校］则是1944年巴黎的解放者之一。[①]马蒂被驱逐出法国共产党，而后于1955年去世。

幸存下来的国际旅美国成员中，许多人参加了第二次世界大战。然而，这些人在当局的眼中是可疑的。甚至直到战争后期，他们才获许出国。[②]在战后的麦卡锡时代，与西班牙事业的任何联系都被认为是颠覆性的。1946年，亚伯拉罕·林肯营本身就被宣布为颠覆性组织，而此前沃尔特将军刚刚强调了团结。[③]20世纪60年代前老兵群体一直被迫害，其方式败坏了这个自由国家的名声。而20世纪70年代，人们发现共和

---

① 关于法国志愿者的进一步消息，参见Delperrie de Bayac, p.390。一些志愿者站在纳粹一方。例如the Cagoulard，Henri Dupré为纳粹工作，在1951年被击毙。

② *Volunteer for Liberty*.文件合订本的导论（New York, 1946）, p.3。

③ 参见Taylor, pp.113-115。

派在美国的商业代理迈尔斯·舍洛弗在委内瑞拉和以色列混得风生水起。

去过西班牙的盎格鲁–撒克逊战斗人员很少在家乡平步青云。罗伯特·爱德华兹（Robert Edwards）是战后唯一进入英国议会的前西班牙战士，曾在阿拉贡任马克思主义统一工人党营的上尉。不过，他在国际旅的一些同志长年在工会运动中担任重要职位。例如，多年担任矿工工会秘书长的威尔·佩因特（Will Paynter）曾在阿尔瓦塞特基地担任政委。国际旅志愿者杰克·琼斯（Jack Jones）和伯特·雷默尔森（Bert Ramuelson）在20世纪70年代的英国工会政治中名声在外。雷默尔森是移民加拿大的波兰人，曾在麦肯齐–帕皮诺营中作战。琼斯在埃布罗河负伤。科普曼1939年年初离开共产党，而后先后加入罗马天主教、工党
929 和道德重整协会。1939年，乔克·坎宁安由于反叛的过去，参军资格遭英军否决，此后，他作为临时工在英国游荡多年。国际旅的爱尔兰领袖弗兰克·瑞安在西班牙坐了几年牢，获释后为德国人工作。1941年，他到莱比锡的结核病疗养院进行了几次奇特的治疗，不久后去世。[1]而第十五国际旅参谋长马尔科姆·邓巴则在1963年投海自尽。

多年后的今天，西班牙享受着比内战前更繁荣的生活。死亡率下降，实际收入至少是1931—1935年的4倍。如今，在恢复君主制和民主制之后，西班牙人终于注意到了阿萨尼亚。他身负自我中心、宗派主义和悲观主义的特性，却在绝境中习得慷慨与智慧，那是他权力在握时未能获得的。在内战白热化时期，阿萨尼亚以如下说辞来结束一场演讲：

① 证据来自空军中校A.詹姆斯爵士，英国驻马德里使馆荣誉第一秘书（得到瑞安家人的确认。参见*The Irish Time*，9 April 1975）。

当火炬传到他人手中，传到别的民族，传到其他代际，请他们记得，如果他们感到热血沸腾，如果西班牙人的怒火再次被不宽容、仇恨和毁灭点燃，请他们想想死亡，请他们听取教训：那些人曾在战斗中英勇地牺牲，曾慷慨地为千万人而战；如今他们安眠于祖国母亲的土地中，不再感到憎恨和怨愤；他们以恒星般宁静和遥远的光芒传递着不朽的祖国给他所有子民的信息：和平、仁慈和宽恕。①

正是秉承着这种精神，国家主义空军指挥官阿尔弗雷多·金德兰将 930
军致信空军同伴埃米利奥·埃雷拉将军，哀悼后者儿子的死亡。二者在内战中站在敌对的两方。金德兰补充道："你应该知道，你的立场是这场战争让我心痛的原因之一，如今的你也依然令我心痛。尽管在生命最后的阶段，生活把我们推向对立的阵营，我仍无法忘记一直将你我联系在一起的兄弟情，（甚至现在）我仍对你保有这样的情谊——阿尔弗雷多。"

---

① 曼努埃尔·阿萨尼亚1938年7月18日在巴塞罗那的演讲。最为独立的政治家米格尔·毛拉（*op.cit.*, p.225）描绘他到萨伏依一个小村子拜访流亡的阿萨尼亚的伤感经历："在内战最令人悲伤的日子里，一切都在他的意料中。他显而易见的天才度量出他抱负的狭隘。权力和受拥戴这种肤浅的梦想或许曾是他追逐的目标和理想。如今他幻灭、哀伤，但我重申，他的判断力比以往都要清晰明了。他给我描绘了过去糟糕透顶的三年在道德上给他带来了什么。在那段严酷的时期，我面前的人超越了所有人类的赞誉和禀赋，这几乎是超人的人性，因为它公正无私、弃绝了虚荣和野心。"阿萨尼亚还没到60岁，就在1939年去世。

附录一　西班牙波旁王朝和卡洛斯王位继承图

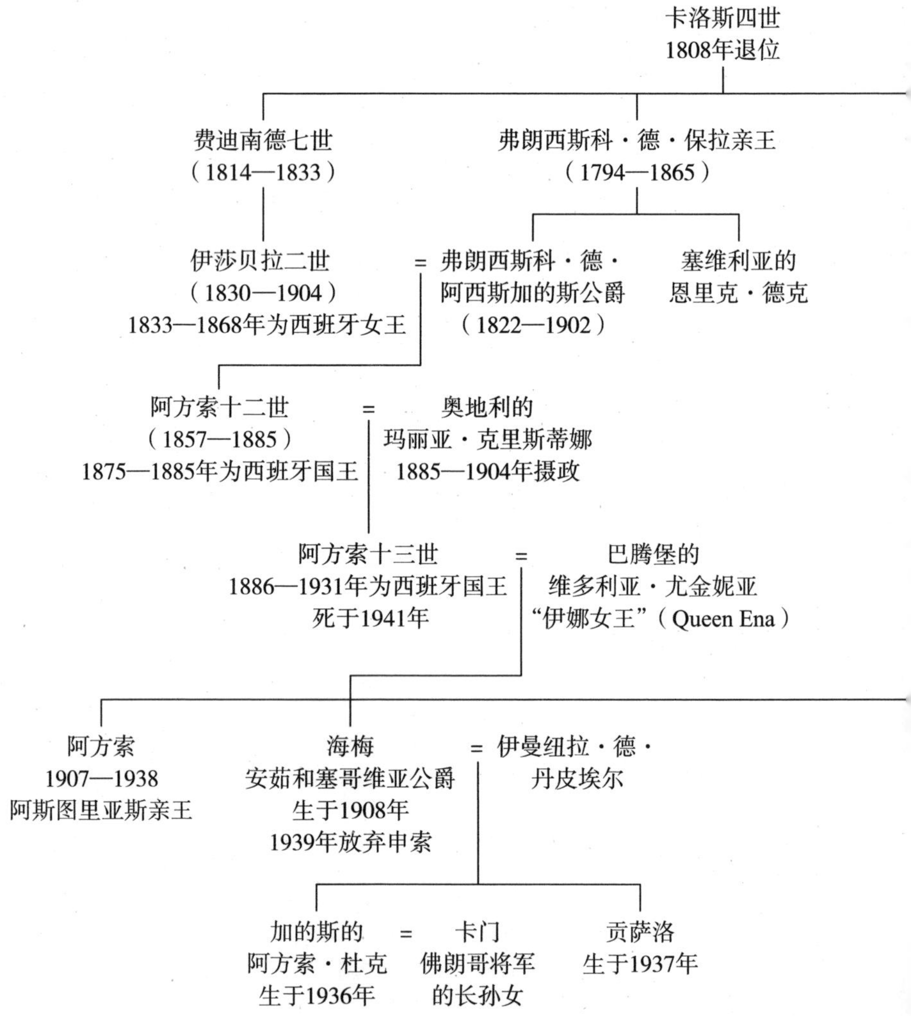

卡洛斯四世
1808年退位
费迪南德七世
（1814—1833）
弗朗西斯科·德·保拉亲王
（1794—1865）
伊莎贝拉二世
（1830—1904）
1833—1868年为西班牙女王
=
弗朗西斯科·德·
阿西斯加的斯公爵
（1822—1902）
塞维利亚的
恩里克·德克
阿方索十二世
（1857—1885）
1875—1885年为西班牙国王
=
奥地利的
玛丽亚·克里斯蒂娜
1885—1904年摄政
阿方索十三世
1886—1931年为西班牙国王
死于1941年
=
巴腾堡的
维多利亚·尤金妮亚
“伊娜女王”（Queen Ena）
阿方索
1907—1938
阿斯图里亚斯亲王
海梅
安茹和塞哥维亚公爵
生于1908年
1939年放弃申索
=
伊曼纽拉·德·
丹皮埃尔
加的斯的
阿方索·杜克
生于1936年
=
卡门
佛朗哥将军
的长孙女
贡萨洛
生于1937年

注：=为婚姻关系

"唐·卡洛斯"
卡洛斯五世
（1788—1855）

蒙提墨林的卡洛斯公爵
"卡洛斯六世"
（1848—1861）

卡洛斯
马德里伯爵
"卡洛斯七世"
（1848—1909）

唐·海梅
卡洛斯主义首领
（1870—1931）

阿方索·卡洛斯
（1849—1936）
卡洛斯主义首领，收养帕尔马公爵的小儿子哈维尔·波旁·帕尔马作为继承人，是卡洛斯四世一个堂兄的后裔。哈维尔还有另一个孩子于格公爵（生于1930年），也属于卡洛斯主义一派。

"唐胡安"
巴塞罗那的伯爵
生于1913年
= 玛利亚·德·拉斯·梅赛德斯

胡安·卡洛斯王子
生于1938年，
1975年成为西班牙国王
= 希腊的
索菲亚

阿方索
（1940—1956）

附录二　比塞塔在丹吉尔交易所的“生与死”（兑英镑）

<table>
<tr><th>时间</th><th>共和主义西班牙比塞塔</th><th>国家主义西班牙比塞塔</th><th></th></tr>
<tr><td>1936年</td><td></td><td></td><td></td></tr>
<tr><td>6月</td><td>36</td><td></td><td></td></tr>
<tr><td>7月（前两周）</td><td>36</td><td></td><td></td></tr>
<tr><td></td><td>43</td><td></td><td></td></tr>
<tr><td>8月</td><td>55</td><td></td><td></td></tr>
<tr><td>9月</td><td>57</td><td></td><td></td></tr>
<tr><td>10月</td><td>63</td><td></td><td></td></tr>
<tr><td>11月</td><td>77</td><td></td><td></td></tr>
<tr><td>12月</td><td>116</td><td></td><td></td></tr>
<tr><td>1937年</td><td></td><td></td><td></td></tr>
<tr><td>1月</td><td>115</td><td>76</td><td rowspan="4">这几项数据均为加印数</td></tr>
<tr><td>2月</td><td>114</td><td>76</td></tr>
<tr><td>3月</td><td>152</td><td>88</td></tr>
<tr><td>4月</td><td>134</td><td>122</td></tr>
<tr><td>5月</td><td>147</td><td>76</td><td>此后为新钞</td></tr>
<tr><td>6月</td><td>158</td><td>74</td><td></td></tr>
<tr><td>7月</td><td>217</td><td>81</td><td></td></tr>
<tr><td>8月</td><td>221</td><td>76</td><td></td></tr>
<tr><td>9月</td><td>246</td><td>86</td><td></td></tr>
<tr><td>10月</td><td>212</td><td>79</td><td></td></tr>
<tr><td>11月</td><td>226</td><td>85</td><td></td></tr>
</table>

续表

时间	共和主义西班牙比塞塔	国家主义西班牙比塞塔	
12月	226	87	
1938年	新巴伦西亚的记录	旧巴伦西亚的记录	国家主义西班牙比塞塔
1月	425	219	91
2月	510	306	95
3月	530	353	102
4月	533	246	97
5月	708	272	108
6月	635	254	110
7月	635	291	113
8月	681	288	126
9月	917	338	145
10月	983	346	144
11月	1,083	379	173
12月	1,462	450	172
1939年			
1月	2,132	488	177
2月	2,391	448	126
3月	13,538	386	129

资料来源：C.Delclaux, *La financiatión de la cruzada*, University of Deusto thesis (1950, unpublished), p.108.

附录三　国外介入西班牙内战的力量评估

本书鲜明地展示出，给西班牙两方的国外援助的效力和特征并非取决于战斗机或人员的数量，也并非取决于双方各自花在国外的资金或以礼赠形式从外国收到的资金——尽管礼赠并不足以造成重大影响，因为介入西班牙的所有重要势力都以某种形式得到了报酬，以抵偿他们在战争物资方面给予的帮助。

但估算仍然必要。首先，在资金方面，共和主义西班牙整体而言耗尽了他们所拥有的一切，甚至稍多于此。国家主义西班牙一派开始一无所有，但通过借贷得到大笔资金。尽管从意大利的借款要到1967年才还清，但借贷的账单最终悉数偿还。

共和主义西班牙在海外的花销是一系列错综复杂的博弈，苏联在其中扮演了银行的角色。在苏联档案馆开放之前，这些数字或许根本不能理清。不过，我们还可以获得大致的结论。1936年7月，西班牙的黄金储备高达200吨，其中许多是金币（尤其是索维林金币）。这些财富掌握在政府手里，价值7.88亿美元（1.62亿英镑）。[①]战争结束时，除了存在法国蒙德马桑的4,800万美元，所有的资金都已耗尽。事实上已经运往苏联的黄金大约值5亿美元（15.82亿金比塞塔或1亿英镑）。除此之外，苏联政府宣称西班牙还欠5,000万美元。[②]共和主义统治时期西班牙出口贸易可能会带来另外1亿美元的收入。这些收入也都花光了，其中大部分花在战争补给上，主要用于购买苏联武器。最终，共和主义西班牙将充公的大笔珠宝、金银和其他贵重物品运往国外，由此，仅1938年就从美国获得了1,400万美元。

总而言之，共和主义西班牙在1936—1939年间似乎在国外花费了9亿美元

---

① 吨即为公吨（已废止），以此为基础计算，1吨黄金等于32,150金盎司。美元与英镑的汇率为4.8666:1（原书疑似有误），比塞塔也按照1936年的汇率换算。

② *Pravda*, 5 April 1957. 1939年流传的说法是，共和主义西班牙欠了苏联1.2亿美元（参见L. Fischer, p.346）。人们将记住，伊达尔戈·德西斯内罗斯在1938年年底获得了价值8,500万美元的军备，而此前斯大林曾告诉他共和主义西班牙的信用已耗尽。参见以上著作，p.845。3,500万美元似乎很快就偿还了，此后是尚未偿还的5,000万美元账单。

以上，一大部分用于购买武器，一大部分花在了苏联。[①]

国家主义西班牙的主要供应者当然是德国人和意大利人，尽管也应该考虑得克萨斯石油公司和其他石油公司的帮助——毕竟，上述苏联的数据里也包含从苏联向西班牙运输石油的账单。

德国给佛朗哥的军事援助估值为5.4亿帝国马克，折合4,625万英镑或2.25亿美元（按照1939年的比塞塔对英镑42.25∶1的汇率，相当于19.55亿比塞塔）。其中，8,800万帝国马克用于支付薪水和日常开销，这一部分德国并没有要求西班牙人偿还；1.24亿帝国马克用于直接给西班牙的物资运输；3.54亿帝国马克花在“秃鹰军团”上。[②]西班牙人后来同意接受3.78亿帝国马克的债务，以及一笔4,500万帝国马克的补偿费，用以安抚在西班牙遭受损失的德国人。这些债务在1939—1945年间偿清，偿还方式包括：这些年里运往德国的矿物、蔬菜、水果和其他商品；“蓝色师团”（一支主要由长枪党成员组成的部队，1942年被派往对阵苏联前线，由穆尼奥斯·格兰德斯将军指挥）的损失；1945年西班牙与盟友的各项协议。在西班牙内战时期西班牙出口到德国的货物中，48%是食物和蔬菜，仅有27%是矿物。[③]

据齐亚诺估计，1940年意大利给佛朗哥的援助为140亿里拉（折合1.5725亿英镑、7.66亿美元或66.46亿比塞塔）。[④]但意大利最终开出的账单数额仅为半数——75亿里拉（折合8,425万英镑、4.1亿美元或35.6亿比塞塔），这与战争进程中的其他估值相一致。经过进一步讨价还价，意大利与西班牙政府在1940年5月

---

① 这一数据的计算方式如下：首先考虑7.88亿美元的总黄金储备，而后减去留在法国的4,800万，再加上据称欠苏联的5,000万，加出口货品的价值，再加一些运往国外的贵重物品。对于这些资金实际上是如何花掉的，我们并不全然清楚。不过Delclaux（*La financiación de la cruzada*, p.75）列出了1938年1月1日以前西班牙银行流出资金的接收清单：苏联接收6.63亿比塞塔；蒙德马桑3.5亿比塞塔；身在伦敦的费尔南多·肖（Fernando Shaw）、阿尔弗雷多·帕拉西奥斯（Alfredo Palacios）、安东尼奥·克鲁兹·马丁（Antonio Cruz Marín）各接收1,100万，1,600万和3,400万比塞塔；驻墨西哥大使戈登·奥尔达斯接收6,400万比塞塔；驻华盛顿大使德洛斯·里奥斯接收1.75亿比塞塔；驻巴黎大使阿拉基斯塔因和阿尔沃诺斯各接收1.94亿比塞塔和2.1亿比塞塔；财政部长门德斯·阿斯佩接收4亿比塞塔；匿名者接收1亿比塞塔。

② 数据载于*GD*, p.892。也可参见*GD*, vol. XI, pp.329–330。Whealey in Carr, *The Republic*, p.219，以及Angel Viñas, *'Los costos de la guerra civil'* in *Actualidad Económica*, August 1972。

③ Southworth, *Antifalange*, p.178.

④ 对希特勒的谈话（*GP*, p.933）。这数亿帝国马克当然也值数亿美元。

达成协议，债务数值定为50亿里拉（折合约5,625万英镑、2.735亿美元或23.735亿比塞塔）。债务从1942年开始偿还，25年内还清。[①]债务将以分期付款的方式偿还，以1942年的8,000万里拉开始，到1967年的3亿里拉结束。而欠款的利率从开始的0.25%上涨至最终的4%。[②]这些款项最终全数还清，1945年之后的意大利政府与其法西斯前任一样，都是尽责的债权人，甚至在陶里亚蒂和共产主义者执政时也是如此。在介入西班牙的势力中，意大利无疑是最慷慨的，因为佛朗哥签下的账单中并没有算上意大利部队的众多军事行动，意大利在这方面并未索要费用。因此，齐亚诺最初那高得多的估值可能是合理的，不过那也可能是言过其实的。

国家主义西班牙在国外的开支也应算上以下项目：大约1,000万美元用于购买美国石油；可能还花了另外1,000万美元，用于从美国或其他国家购买大巴或医疗用品。当然，所有这些都有军事功用。

由此，如果认为75亿里拉仅代表意大利援助的合理估值而不是最终的总开销，那么国家主义西班牙在国外的总开销——全是通过赊账——必然高达6.35亿美元左右。如果认同140亿里拉这个数字，那么国家主义西班牙可能拿到了9.81亿美元的借款。

人们自然而然地渴望将这些数字与共和派9亿美元的开支作对比，并得出结论：卷入西班牙的国际势力中，支持共和主义的一方的力量至少与支持国家主义的一方的力量相当——甚或更强。[③]然而这样的说法是有误导性的。这些简单项目上的对等并未考虑苏联、德国和意大利经济的差异，也未考虑西班牙两方的经济差别。我们并不完全清楚苏联是否提供了相当于这些价值的东西；且事实上，考虑到坦克和飞机这些物品在苏联的物价，价值的概念本身就多少有些荒谬。对意大利所提供之物的不同估价差异如此巨大，这不过指出以下事实：这类金额的估算总会留下猜测的空间。苏联的交通费高昂。黄金储备的价值也并不能精确换算成普通货币，对于当时世界上最大的黄金储备之一，换算尤为困难。没有更有效的算法，在大致知晓各种装备数量的情况下，我们能做出什么推算；不过即便能够简单开列飞机的数量，也难以说明任何问题。

然而，知道西班牙从国外获得了14.25亿—19亿美元的援助仍是有用的。或

---

① 1940年5月8日的协定。

② Delclaux, p.65.

③ 这一结论由Jesús Salas得出，*Intervención extranjera*, p.510。

许还应说明：以借贷形式支持某一方的国家——德国和意大利——更有动力继续提供各类订单支持，以便最终收回借款；而那些用援助换取现金的国家——苏联——可能至少满足于他们已收到的款项。有人还会补充说：坚持即时支付的人或许会质疑自己这一方成功的可能性；而那些坚持长期信贷的人对胜利更有信心。①

给国家主义西班牙的援助

德国

德国派驻西班牙的军力在顶峰时期达到近万人——1939年5月到柏林参加“秃鹰军团”游行的老兵有1.4万。帮助过国家主义西班牙的德国人可能超过1.6万，其中许多是文官和教官。②大约300名德国人丧生于西班牙。“秃鹰军团”有5,000人。这支重要、指挥得力、实验性的坦克-飞机部队还有30个反坦克连相伴。1945年，曾指挥坦克部队的冯·托马上校告诉美国人，内战期间他参与了192场坦克战斗。③在1936年和1937年，这些马克I坦克并没能有效抗击身形更大的苏联坦克。发往西班牙的坦克总数可能在200辆左右。德国共组织了大约180趟海运。另一方面，德国派往西班牙的飞机共计600架，包括136架梅塞施米特109s战斗机、125架海因克尔51s战斗机、93架海因克尔111轰炸机和63架容克52s型轰炸机。④任何有关德国援助佛朗哥的估算都应考虑他们在军事院校、

---

① 我尤其感谢巴林兄弟银行的彼得·罗伯逊（Peter Robeson），在关于这些款项及相关理解上，他给了我友善的帮助。

② Manfred Merkes, *Die deutsche Politik im Spanischen Burgerkrieg*, 2nd edition（Bonn, 1969）.该书记载总共有15,990人被派往西班牙，其中包括非军事人员，但没有算上那些在1937年年中前往西班牙的人，因为他未能获得这部分的数据。

③ Liddell Hart, *The Other Side of the Hill*, p.126.

④ 事实上是593架，参见Jesús Salas，*Intervención extranjera*, p.439。这些数字比他和他兄弟先前的估算更准确（例如Palacio Atard, p.201），也优于其他估算（如Gomá or De la Cierva）。重型容克52s轰炸机和小型海因克尔51s战机是早期的支柱；高速的梅塞施米特109战斗机用于1937年。中型海因克尔111轰炸机是德国最现代的轰炸机。从德国购买的其他飞机还包括31架道尼尔17s（这款轰炸机比当时世界上大多数战斗机要快）、33架HE-45s、22架HE-46s。Jesús Salas（*La guerra*, p.209）告诉我们，1937年有5款著名的斯图卡轰炸机（容克87）运往西班牙，但使用得不多。一架曾参与1938年1月特鲁埃尔的行动，一架似乎在1939年1月被击落（García Lacalle, p.485）。

信号装备和培训方面给予的援助以及在上百个小而关键的军事组织问题上提供的建议。88毫米高射炮也是德国提供的重大贡献，它或许中断了共和主义西班牙军在1937年春对自己的空军优势的充分利用。

意大利

意大利驻西班牙的军力在顶峰时期为4万—5万人，总共可能有7.5万人到过西班牙。[①]有4,000多意大利人丧生于此，[②]可能还损失了四分之一的有效军事装备。[③]意大利派了约660架飞机飞往西班牙，其中最重要的是350架菲亚特CR.32战斗机和100架萨伏亚79轰炸机。此外还有70多架罗密欧37战斗机和64架萨伏亚81轰炸机。[④]大概有150辆意大利坦克开赴西班牙，它们要么是3.5吨的菲亚特–安萨尔多，要么是更重型的喷火坦克。前者装备了7毫米机枪，能够以时速25英里（约40千米/时）行进并配备两名士兵。后者装载125升燃油，能够将火焰喷射到60—70码远的地方。[⑤]其他装备包括800门大炮（战力极好的1916年款65/17毫米火炮），[⑥]它们似乎全都留在了西班牙。意大利的炮兵得到军官们精准的指挥。这些军官都经历过第一次世界大战，为首的是埃托雷·曼卡（Ettore Manca）将军。意大利人可能还送去了约1,414台飞机发动机、1,672吨炸药、900万发子弹、1万挺（支）机枪和自动步枪、24万支步枪、700万发炮弹和7,660辆机动车。[⑦]根据1939年意大利报刊的估计，意大利飞行员在战争期间飞行135,265小时，参与了

---

① 1937年春，有3.5万意大利人在志愿军作战部（CTV），可能有1万人在军团、“箭矢”和空军服役。参见Payne, *Politics*, p.327和Alcofar, *CTV*, p.189。当时的数据还可能更高，这是因为意大利军官和军士领导的西班牙部队曾造成的一些混淆。

② Alcofar, *CTV*, p.189. 3,785人葬于萨拉戈萨的圣安东尼奥修道院，372人葬于Puerto del Escudo墓地，此外还有一些零星的死亡。参见Cf. Belforte, p.228和Conforti, p.416。不过还有一些未加入CTV的意大利飞行员和其他人士战死。

③ 数据出于Denis Mack Smith, *Mussolini as a Military Leader*（Reading, 1973）, p.9。

④ R. Salas的数据（*op.cit.*, p.3240）和J. Salas的*Intervención extranjera*, p.435。我认为他们的数据比Stefani News Agency1941年宣传的（主张有763架飞机）更准确，载于*New York Times*, 28 February 1941。有关菲亚特CR.32战斗机的偏高数据已经给出。

⑤ Stefani的数据受到Alcofar（1972）批判（p.190）。

⑥ Cantalupo and Belforte（p.164）说是800门。参见Whealey in Carr, *op.cit.*, p.221；*Forze armate*, June 1939；R. Salas的评论，vol. II, p.2370，以及J. Salas, *Intervención extranjera*, p.490。

⑦ Stefani News Agency，1941年。稍低一点的数据参见J. Salas, *Intervención extranjera*, p.490。

5,318次空袭，击中224艘船只，参与266次空战并击落903架飞机。据称，意大利空军中，有5,699名军官和士兵，以及312名文官曾在不同时段参与西班牙内战。91艘意大利战舰和潜艇曾参与内战，而据说后者击沉的船舶共计72,800吨。意大利的工程学、信号学，乃至密码学都做出了自己的贡献，包括援助巴利亚多利德、埃布罗河畔米兰达和帕伦西亚的“无线电传输”学校。[①]巴利亚多利德和萨拉戈萨还各有一座大型的意大利军医院，各有超过1,000个床位。此外，还有一些小医院和三列医院列车。意大利军队的整体装备和组织在1937年比较糟糕，但到1938年得到改善。他们的口粮配给和条件可能优于西班牙人。[②]

葡萄牙、爱尔兰、法国等

其他提供支援的外国政府还包括葡萄牙、爱尔兰、法国等政府。至少在战争初期，葡萄牙的帮助是无限量的，这是出于地理而非军事的原因。数千名葡萄牙志愿者加入外籍军团或其他部队作战。[③]600名爱尔兰人在奥达菲将军的指挥下，为国家主义西班牙战斗。他们的损失甚少。一些法国右翼志愿者加入军团。他们被授予在肩带上绑三色细丝带的权利，由西班牙的库尔西耶（Courcier）上校指挥。一些拉丁美洲人、白俄罗斯流亡者和其他人员与法国人加入了同样的部队。这些人员的数量最多不超过1,000人。极少有盎格鲁–撒克逊人为佛朗哥而战。[④]

---

① Alcofar, *CTV*, p.191.

② Belforte, p.183.

③ 参见Martínez Bande, *La lucha*, p.110, fn. 122；De la Cierva, *Leyenda y tragedia de las brigadas internacionales*（Madrid, 1973）, p.101；Kay, p.92。葡萄牙志愿者的“维里亚托”营是萨拉萨尔革命的奠基人之一劳尔·埃斯特韦斯（Raúl Esteves）将军授予的名字，它似乎从未作为独立的部队行动。即便如此，前往西班牙的葡萄牙人都被称为“维里亚托”。在此前的版本中，我提到来自葡萄牙的2万志愿者，这或许有所夸大。关于佛朗哥一方的葡萄牙飞行员的经历，参见José Sepúlveda Velloso, *Páginas do diario de un aviador na guerra de España*（Lisbon, 1972）。1974年在葡萄牙闻名的Spinola将军只在一次任务中扮演过观察员的角色，并未作战。

④ 他们之中似乎只有4个美国人（“电力天才”Stanley Baker；飞行员Patriarca，1936年在共和主义西班牙上空被击落；《纽约时报》的Arthur Krock的儿子；Guy Stuart Castle上尉），还可能有12个英国人（在军团中服役的船长Fitzpatrick和Nangle；Peter Kemp；某个Patrick Campbell；Rupert Bellville，1936年他在赫雷斯与长枪党人一同作战；两个从英国皇家海军陆战队脱逃的人“Stewart”和“Little”；另外两个从皇家海军舰队“巴勒姆”号战列舰脱逃的Wilson和Yarlett，前者移民到加拿大，后者受伤而亡；另有一些英国人跟随军团在安达卢西亚作战）。这些人中似乎半数有爱尔兰血统。

给国家主义西班牙的其他支援

至少有大约7.5万名摩洛哥“志愿者”——西班牙的“土兵”为佛朗哥作战，他们在战争初期发挥着极其重要的作用。[①]国家主义西班牙还从除德国和意大利之外的其他国家购买了50多架飞机（一些“龙”系和“福克”系飞机）。

给共和主义西班牙的支援

苏联

共和主义西班牙从苏联购买了近千架飞机，从其他地方——主要是法国购买了大约300架。[②]从苏联购买的飞机中近400架为“塌鼻子”战斗机，近300架为“苍蝇”战斗机，还有大约100架“喀秋莎”轰炸机、60架“掠地”飞机和113架“娜塔莎”轰炸机。从法国进口的主要是42架德瓦蒂纳371战斗机、40架波泰54轰炸机和15架马塞尔·布洛克210轰炸机。[③]从法国购买的飞机总数肯定介于100至150架之间。此外还从荷兰购买了40架航空101（Aero101）、10架莱托夫飞机、14架伏尔梯A1、11架布里斯托尔斗牛犬战斗机，20架德哈维兰巨龙轰炸机和28架库尔霍芬FK51战斗机。从美国购买的40架格鲁曼战斗机拥有良

---

① 英国驻丹吉尔的总领事估计，到1938年6月，有7万摩洛哥人参战（参见Halstead的文章，载于Beigbeder in *The Historian*, November 1974，以及De la Cierva, *Historia ilustrada*, vol. I, p.472）。

② 这些数据见Jesús Salas, *Intervención extranjera*, p.429，以及他兄弟著作的第四卷，pp.3418–3419。“喀秋莎”轰炸机的指挥官Leocadio Mendiola上校表示这款飞机只有62架，“娜塔莎”轰炸机的指挥官José Romero表示这款有93架。加西亚·拉卡列在给我的信中表示，飞机总数大约500架，其中包括300架战斗机、200架轰炸机。然而，基于文献记录，我认可Salas的数据。

③ 还可找到许多其他数据，甚至在R. Salas in Palacio Atard, p.200。共和主义西班牙在巴塞罗那建造或组装“塌鼻子”和“苍蝇”战机，国家主义西班牙一方在巴塞罗那发现200架，在阿利坎特发现100架。还可参见Sanchís, p.35；Gomá, p.58；De la Cierva, *Historia ilustrada*, vol. II, p.313。根据William Green and John Fricker, *The Air Forces of the World*（New York, 1958）, p.249，苏联输送了550架伊–15，475架伊–16，210架2B–2，130架R–5侦察机和40架R–2。

好的雷达系统，否则不能满足战争的需要；[1]它们还装备了特定的发动机，能飞到更高的地方。共和主义西班牙从苏联以外的国家订购的飞机共计320架左右，由此共和主义西班牙一方的飞机总数达到1,320架。

要估算共和主义西班牙购买了多少其他装备也不容易。根据德国军事专员从伊斯坦布尔发回的报告，在1936年9月到1938年3月之间，苏联通过大约165艘船（71艘西班牙的，39艘英国的，34艘苏联的，17艘希腊的，还有4艘其他船只）从海上运输了大约242架飞机、703门加农炮、27门防空炮、731辆坦克、1,386辆卡车、69,200吨军用物资和29,125吨军火。这份文件以身在伊斯坦布尔的间谍的报告为根据。此外，似乎还有920名军官和士兵从海路进入西班牙。与之同行的有至少28,000吨汽油、32,000吨原油、4,650吨润滑油以及其他物品，如450吨衣物、325吨药品、100挺机枪、500门榴弹炮、187辆拖车头。[2]在之后的岁月里，尽管封锁使得地中海的运输极难，甚至不能通行，但无疑还存在更多的输送。至于陆路运输方面，国家主义西班牙指挥部做了多种估计。1938年10月一个估算认为，1936年7月到1938年7月，有大约200门加农炮、200辆坦克、3,247挺机枪、4,000辆卡车、47支炮兵部队、4,565吨军火、9,579辆交通工具和14,889吨燃料运入西班牙。[3]援助随后又得到补充。无疑，补给来自共产国际武器采购代理、共和主义西班牙在巴黎的评估委员会或直接来自苏联。在数量上，共和主义西班牙的外国补给或许与国家主义西班牙相当（一些物品甚至更多），但质量参差不齐。此外，许多装备被浪费或遗留在战场。步枪偏差校准的多样性显然展现出从多方获取帮助的缺陷。到战争结束，国家主义西班牙军队已收缴一大批苏联坦克和机枪。战争双方都缺少卡车——交通工具的缺失或许决定了共和主义西班牙攻打埃布罗河前线的最终失败。

通过苏联，西班牙大约获得了坦克900辆、大炮1,550门、装甲车300辆、机枪15,000挺、自动步枪30,000支、迫击炮15,000门、步枪500,000支、卡车8,000辆，连同炮弹400万发、弹夹10亿盒、火药1,500吨。[4]俄制坦克大多是T-26s式，

---

① 加西亚·拉卡列1964年7月的来信。在空军摄像中，至少有一架格鲁曼战机很好地扮演了先锋的角色。

② 参见D. C. Watt, ‘Soviet Aid to the Republic’, in *The Slavonic and East European Review*, June 1960。

③ *The International Brigades*, p.123；也参见Alpert, p.309。

④ 这些数字来自J. Salas, *Intervención extranjera*（p.476），以及*Solidaridad de los pueblos con la república española*（Moscow, 1972），不过我认为大炮的数字过高了。

还有一些TB-5s式。相比国家主义西班牙获得的德国或意大利坦克，这些俄制坦克尽管机动性稍差，但身形更重、武装更好、速度更快、战力更强。然而，它们没能给共和主义西班牙带来本该有的成效。

国际旅

为西班牙共和主义作战的外国人共计3.5万左右，其中大约3.2万人在国际旅，但同一时段国际旅的人数可能从来都没有超过2万。[①]另外，来自国外的医生、护士、工程师和其他人员也至少有1万人。这些志愿者中，最大的团体是法国人，大约9,000人，其中1,000人战死。[②]德国和奥地利共贡献了约3,000人，其中2,000人阵亡。[③]波兰人的数量可能也有3,000人，其中包括乌克兰人——1945年之后他们的住地并入苏联。[④]意大利派出了3,350人。[⑤]美国贡献了2,400人，

---

① Wintringham, p.37；Rolfe, p.8.维托里奥·维达利（卡洛斯·孔特雷拉斯）给出的数字是3.5万（*Il Contemporaneo*, vol. IV, July–August 1961, p.284）。苏联军事档案，qu. Payne, *Spanish Revolution*，给的数字是31,237。Skoutelsky估计有32,256人在国际旅（p.329）。Andreu Castells, *Las brigadas*，这份研究报告中的分析令人印象深刻，它留给我们的数字是59,380，但证据薄弱。作者记录了有15,400法国人，但数据从何而来？对于意大利的介入，为什么要更相信一个苏联人而不是意大利人？西班牙外交部的小册子（*The International Brigades*，published 1952）尽管出示了大量有趣的材料，但其125,000的数字过于夸张。这个数据（或是猜测？）第一次出现似乎是在Lizón Gadea, *Brigadas internacionales en España*（Madrid, 1940）, p.11。R. Salas（vol. II, p.2144）也主张人数是12万，这不太可能。De la Cierva, *Historia ilustrada*, vol. I, p.404，给的是8万。La Pasionaria和同事（*Guerra*, vol. II, p.234）认为是3万到3.5万；Delperrie de Bayac（p.386）给的数字也是3.5万。Salas和De la Cierva可能错在将国际旅中的西班牙志愿者也计算在内，仿佛他们是外国人。

② *L'Epopée de l'Espagne*（Paris, 1957）, p.80.这本书认为国际旅中法国人的数量是8,500人。但该书的作者之一告诉我，他并不相信他自己的材料，数字应该更高。Skoutelsky（p.332）估计的数字是8,962。

③ Alfred Kantorowicz, *Spanisches Tagebuch*（Berlin, 1948）, p.15.

④ 这是Maciej Techniczek给Castells的数字，我认同。

⑤ Skoutelsky估算的数字是3,002。Togliatti在他的意大利共产党史中提出数字是3,354，其中3,108人为战斗人员；1,819人是共产主义者，310人是社会主义者、共和派或“正义与自由”纵队成员，1,096人无党派，但“大多是通过我们的组织招募的”。Togliatti接着表示约600名意大利人战死（其中356人为共产主义者），2,000人负伤，100人被俘——可能被射杀（Togliatti, *Le Parti communiste italien*, Paris, 1961, p.102）。Togliatti的数据与上文提到的苏联军事档案数据的差异意味着后者并不可靠。或许苏联排除了非共产主义者。一些人的社会出身被提及：1,471人为产业工人，大部分来自冶金业；仅254人为农民；69位专业人士，包括18个律师。但1,412名战斗人员的社会出身未知。这类社会学划分总是具有误导性。在西班牙的意大利战斗人员中，102人年过六旬，大多数人年龄在30岁至45岁之间。仅考虑共产主义者，大多数加里波第营的成员是威尼西亚人：309人来自威尼西亚-欧加内亚（Venetia Euganea），225人来自威尼西亚-朱利亚（Venetia Giulia），145人来自托斯卡纳。参见Spriano, vol. III, pp.227–229。

其中大约900人阵亡。[①]英国志愿者有2,000人，其中约500人阵亡，1,200人负伤——相当高的比例。[②]此外还有约1,000名加拿大人、1,500名南斯拉夫人、[③]1,000名匈牙利人、1,500名捷克人、1,000名斯堪的纳维亚人——其中500名是斯堪的纳维亚半岛人。[④]76名瑞士人战死。[⑤]其他志愿者据说来自另外53个国家。[⑥]大约有90个墨西哥人在西班牙作战。[⑦]至于在西班牙的苏联人，最多的时候有700人，先后前往西班牙的总人数在2,000至3,000之间。[⑧]约1,000名苏联飞行员曾在西班牙"翱翔"。[⑨]

我们也不能忽视1936年8月苏联工人捐赠的价值4,700万卢布的礼物，以及一笔来自国外私人组织和其他组织捐赠的大约1,000万美元。如果有人要卖弄学问，那么他还应记住，像国际旅和志愿医疗队这些服务在外汇方面没有任何支

---

① Rolfe, p.7. Skoutelsky给出的数字是2,341。

② Rust, p.210. Neal Wood, *Communism and British Intellectuals*（London, 1959）, p.56. 该书认为有2,762英国志愿者，其中1,762人负伤、543人身亡。他应该是正确的，不过没有人会给出这么精确的数字。

③ Tito，见他在*Life*（28 April 1952）的评论文章。Dedijer（p.108）给出的数字是1,500名南斯拉夫志愿者，其中300人负伤，"近半人员阵亡"，在加泰罗尼亚陷落后有350人被扣押在法国。

④ *Clarté*（Stockholm）, No. 2 of 1956, p.2.

⑤ Wullschleger, pp.39–42.

⑥ Longo, p.34. I. Persiguer, *Participación de polacos antifascistas en la guerra de España*, in I. Maisky, *Problemas de la historia de España*（Moscow, 1971）。这份研究认为有3万斯拉夫人当时在西班牙。这必然有所夸大。

⑦ Lois Elwyn Smith p.200.

⑧ 参见*Istoriya velikoy otechestvennoy voyny Sovyetskogo Soyuza 1941–5*, vol. I, pp.112–113。该书给出的数据是：1937年某个时候在西班牙的苏联"志愿者"可能有560人。其中有23名军事"顾问"、49名教官、29名炮手、141名飞行员、107名坦克成员、29名海事人员、73名翻译和109名技术人员——信号员和医生。苏联内务人民委员部的"专家"依然是谜。不过，Largo于1937年告诉Azaña，当时有781个苏联人在西班牙（Azaña, vol. III, p.477）。还可参见Hidalgo de Cisneros to Bolloten, in Bolloten, p.125. Lister说有2,500人（*op.cit.*, p.265）。R. Salas（vol. II, pp.2151–2153）认为超过了2万人。参见Alpert, pp.287–289. Jesús Salas（*Intervención extranjera*）, p.453，推测有1.2万人，但没有书面证据。De la Cierva, *Historia ilustrada*, vol. II, p.314，给出的数字是5,000人。La Pasionaria及其同事（*Guerra y revolución en España 1936—1939*, vol. II, p.235）主张有2,000人，同一时期不超过600至800人。

⑨ Jesús Salas, *La guerra*, p.286.

出可言。价值过200万美元的援助由美国救济机构募集。

墨西哥输送了2万支步枪、2,800万盒弹夹盒和8个蓄电池，以及一些卡车和飞机。不过这些并非礼物，尽管许多装备都是二流的，但西班牙仍要为之付费。

总结：外国介入内战的可能数据

<table>
<tr><th></th><th></th><th>人员/人</th><th>飞机/架</th><th>坦克/辆</th><th>大炮/门</th></tr>
<tr><td rowspan="4">国家主义西班牙</td><td>德国援助</td><td>17,000</td><td>600</td><td>200</td><td>1,000
（估算）</td></tr>
<tr><td>意大利援助</td><td>75,000</td><td>660</td><td>150</td><td>1,000</td></tr>
<tr><td>其他援助</td><td>75,000
（摩洛哥人）</td><td>4</td><td></td><td></td></tr>
<tr><td>共计</td><td>167,000</td><td>1,264</td><td>350</td><td>2,000</td></tr>
<tr><td rowspan="5">共和主义西班牙</td><td>苏联援助</td><td>2,000—3,000</td><td>1,000</td><td>900</td><td>1,550</td></tr>
<tr><td rowspan="3">其他援助</td><td>35,000
（国际旅）</td><td>320</td><td></td><td></td></tr>
<tr><td>5,000
（其他）</td><td></td><td></td><td></td></tr>
<tr><td>10,000
（非战斗的外国志愿者）</td><td></td><td></td><td></td></tr>
<tr><td>共计</td><td>52,000—53,000</td><td>1,320</td><td>900</td><td>1,550</td></tr>
</table>

附录四　“格尔尼卡”

英国领事R. C.史蒂文森致驻昂代伊的英国大使亨利·奇尔顿爵士的信，谈论到格尔尼卡相关事宜。

英国领事馆

毕尔巴鄂

1937年4月28日

亲爱的亨利爵士：

昨日我刚抵达贝尔梅奥便听闻了格尔尼卡被炸毁的事。我立即前去查看，并惊恐地发现这座城镇被毁坏殆尽。这里有近5,000名常住居民，自9月难民涌入以来增加到近1万人。10座房屋里有9座无法修复。许多房屋仍置身火海，新的火灾此起彼伏，因为有些燃烧弹由于故障没能在当天投掷时引爆，而当我在城内巡查时它们正陆续爆炸，火光不断，砖石飞落。伤亡数字无法确切查明，或许永远也不可能查明了。有些统计数字估计在1,000人左右，另一些则认为在3,000人以上。一个经历过一切的居民告诉我，大约当日下午4点，有3架飞机出现在上空并扔下高能炸药和燃烧弹。它们消失10分钟后，新一批飞机又飞来，有五六架；随后数个小时，陆续有飞机抵达，直至7点多。他估计总共有50架飞机。两三批飞机抵达后，民众陷入恐慌。男女老少涌出格尔尼卡，跑到光秃秃的小山坡上。在那里，他们遭到飞机惨无人道的轰炸，尽管没有造成太多伤亡。他们只能在野外过夜，亲眼看着自己的城市被火吞噬。我看到男男女女在街上游荡，在房子的废墟下搜寻亲人的遗体。

下午我见到蒙松，他似乎被这场轰炸惊得目瞪口呆。他问我如今自己能为贝尔梅奥的妇女和儿童做些什么。我告诉他，按提议的规模（他提到是25万人）撤离是人力所不及的，因为外国对此展现出的理解相当有限，而且也没有现存的组织来处理和执行这样的计划。我跟他说了当下法国人对难民问题的想法。我提到在过去20年里，成千上万的俄国人、波兰人、意大利人、德国人和犹太人曾涌入法国。此外，撤离计划依赖于控制海路的萨拉曼卡的帮助。您曾向萨拉曼卡提议："哈瓦那"号（Havana）邮轮和"戈塞科–伊萨拉"号（Goiseko Izarra）游艇在毕尔巴鄂与法国港口之间的拟议航行中不应受到干扰。[①]但萨拉曼卡并未回复。蒙松完全理解个中缘由，但仍然问我难道我不能想出别的什么解决方案。对此我的回答是，好几个小时里我一直在谋求一个妥善的方案，但最终只能建议投降。他说这不可能。我给他描绘了这样一幅画面：或许有一天，贝尔梅奥会以同样的方式被摧毁，除一小部分人外，大部分人完全不可能逃过被毁灭的命运，而如今这里就有大约50万人。不，回答依旧是不。我告诉过他，我能体谅他，但他此时的判断力已被一时的脑热削减，（他无法认识到）对抗具有压倒性优势的力量根本没用，我甚至把巴斯克民族主义政党的政府成员、高级官员和领袖同样置于毁灭者的位置，但（事实上）没有任何效果。他回复称，无论结果如何，投降都是无稽之谈。今天我又把所有事情跟总统复述了一遍，但发现他同样在排斥投降的想法。总统问我，我是否认为英国和法国政府有可能介入。我回答说，即便有，我也只能设想他们会在投降的基础上介入。您或许已经在报纸上读到他对文明世界的呼吁。

我想我在这件事上说得已经够多了。我显然根本无法说服他们投降，至少目前不能。我敢说，人性就是人性，我的建议终有一天会得到共鸣，希望那时不会为时太晚。我将跟进有关撤离的事宜，但我还没想好如果需要撤离该如何应对。那时，炮弹会在空中呼啸，极端主义因素伺机而动，成千上万的男女老少横冲直撞，都想抢占逃离通道——而这样一场撤离计划根本不可能保密，我无法想象它如何得以顺利实行……

萨拉曼卡官方否认自己参与过轰炸格尔尼卡，这让如下信念看起来还算可靠：无论叛军在行动上有多么胆大妄为，他们在道德上还没有勇气执行将贝尔梅奥夷为平地的危险计划。许多人对这一微弱的可能性树起了新希望。还有人认为，一个被摧毁的贝尔梅奥并不会让佛朗哥离希望更近，因为那时他将丧失急需的工厂……

你真诚的，

R. C. 史蒂文森

① 这艘船属于巴斯克富豪拉蒙·德拉索塔（Ramon de la Sota）。1904年在特伦打造，1,266的吨位让它成为海上最大的私人游艇。

附录五　地图清单

所有地图来源于道格拉斯·伦敦（Douglas London）的线稿。

书中地图系原书插附地图。

注释与参考文献

迄今为止，有关西班牙内战及其起源已有大量的参考文献。参见J. García Durán，*Bibliografía de la guerra civil española*（Montevideo，1965）；或Ricardo de la Cierva，et al.，*Bibliografía sobre la guerra de España*（Madrid，1968）。两者都不是也不可能是完整的，且二者都暴露了自己的时代性。后者的一些错误已被指出，参见Herbert Southworth，'Los Bibliófobos'，*Cuadernos de Ruedo Ibérico*，No. 2。还有一篇有关西班牙现代史参考文献的优秀论文载于Raymond Carr，*Spain 1808–1939*（Oxford，1966）。其他参考资料可在如下系列图书当中找到：*Duadernos bibliográficos de la guerra de España 1936—1939*（University of Madrid，1966之后陆续出版）。

Ⅰ. 文件汇编集

共和国最重要的文本载于María Carmen García Nieto and Javier M. Donézar，*Bases documentales de la España contemporánea*，vols. 8 and 9，La Segunda República（Madrid，1974）。1936年的文本见Ricardo de la Cierva，*Los documentos de la primavera trágica*（Madrid，1967）。关于战争可见Fernando Díaz-Plaja，*La guerra de España en sus documentos*，2nd ed.（Barcelona，1966）。

Ⅱ. 介绍性文献

（1）最优秀的西班牙现代史来自Carr（参见上文）。有关20世纪的出色导论，参见Gerald Brenan，*The Spanish Labyrinth*（Cambridge，1943）。其他综合性著作包括：Manuel Tuñón de Lara，*La España del siglo XX*（Paris，1966）和Antonio Ramos Oliviera，*Politics, Economics and Men of Modern Spain*（London，1946）。二者都强调了经济情况。Salvador de Madariaga，*Spain*（London，1946，and subsequent editions）一书的前半部分比较有用。Paul Preston，*Comrades*（London，1999）中有一些关于20世纪30年代重要政治家的可参考的描写记录。

（2）最佳的复辟时期政治史要数Melchor Fernández Almagro，*Historia política de la España contemporánea*，2 volumes（Madrid，1959）。有关免费教育机构记录见Vicente Cacho，the Institución Libre de Enseñanze（Madrid，1962）。关于阿方索十三世参见Julián Cortés Cavanilla，*Alfonso XIII*（Madrid，1959）。有关摩洛哥战争，参见David Woolman，*Rebels in the Rif*（London，1969）。1909年的历史参见Joan Ullman，*The Tragic Week*（Cambridge，Massachusetts，1968）。普里莫·德里维拉独裁参见Juan

Velarde Fuertes，*Política económica de la dictadura*（Madrid，1968）——尚没有令人满意的传记。有关这个时期的军事，参见Stanley Payne，*Politics and the Military in Modern Spain*（Stanford，1967）。

（3）对宪政问题有用的综合性分析见Carlos Rama，*La crisis española del siglo XX*（Buenos Aires，1960）。

Ⅲ.工人阶级运动的早期历史

有关无政府主义，参见杰作Casimiro Martí，*Los orígenes del anarquismo en Barcelona*（Barcelona，1959）；Josep Termes，*Anarquismo y sindicalismo en España*（Barcelona，1972）；Anselmo Lorenzo，*El proletariado militante*（Mexico，1940，以及其他版本），这是个人性的论述；名著José Díaz del Moral，*Historia de las agitaciones campesinas andaluzas—Córdoba*（Madrid，1929）；José Peirats，*La CNT—la revolución española*（Toulouse，1951）的第一卷；Diego Abad de Santillán，*Contribución a la historia del movimiento obrero español*，2 volumes（Mexico，1962）。有关无政府主义的有用或有趣信息可在Joan Ullman的作品中找到［参见上文II（2）］；此外还有Joaquín Romero Maura，*La rosa del fuego*（Barcelona，1974），这是对20世纪早年巴塞罗那工人阶级运动的细致研究；一些零碎信息散见三卷本著作Maximiniano García Venero，*Historia de las Internacionales en España*（Madrid，1956）。Brenan［参见上文II（1）］对安达卢西亚无政府主义做了杰出研究。Angel Pestaña，*Lo que aprendí en la vida*（Madrid，1932）；Manuel Cruells，*Salvador Seguí, el Noi del Sucre*（Barcelona，1974）；以及Abel Paz，*Durruti: le peuple en armes*（Paris，1972）给这一论题补充了一些个性化的观点。James Joll，*The Anarchists*（London，1964）极好地介绍了作为国际现象的无政府主义。

（2）社会主义没有得到那么全面的研究，不过仍有Gerald Meaker优异的著作*The Revolutionary Left in Spain, 1914–1923*（Stanford，1974），Julián Zugazagoitia，*Pablo Iglesias*（Madrid，1926），Largo Caballero的轻薄小册子*Mis recuerdos*（Mexico，1954），以及Andrés Saborit在*Julián Besteiro*（Buenos Aires，1967）中片段性的记录。

（3）Meaker［参见上文，III（2）］，以及Elorza and Bizcarrondo［参见下文，VIII（5）］很详细地介绍了1936年之前不太重要的共产主义史。还可参考José Bullejos，*Europa entre dos guerras*（Mexico，1944）；Enrique Matorras，*El comunismo en España*（Madrid，1935）；V. Reguengo，*Guerra sin frentes*（Madrid，1954）；Jules Humbert-Droz，*Mémoires*，3 volumes（Neuchâtel，1969–1972）中的相关章节。

（4）综合性评论参见Stanley Payne有失公正的作品*The Spanish Revolution*（New York，1970）所言。

Ⅳ.共和国

（1）在众多全面性研究中，最详尽的是Joaquín Arrarás，*Historia de la segunda república española*，4 volumes（Madrid，1956-1964）；它偏向右翼。Gabriel Jackson，

The Spanish Republic and the Civil War（Princeton，1965）是一部热心、文字精良的作品，偏向自由派。José Plá，*Historia de la segunda república española*，4 volumes（Barcelona，1940–1941），阅读该书亦可获益。Raymond Carr，*The Republic and the Civil War in Spain*（London，1971）中的论文包括有趣的修正主义论点。

（2）关于君主制垮台和共和国运动成形的最好研究见S. Ben-Ami，*The Origins of the Second Republic*（Oxford Ph.D.，1974）。

（3）Jean Bécarud，*La Deuxième République Espagnole*（Paris，1962）对选举做了详细的研究。同一主题参见José Venegas，*Las elecciones del Frente Popular*（Buenos Aires，1942）和Javier Tusell，*Las elecciones del Frente Popular*，2 volumes（Madrid，1971）中细致的研究论述。此外还有Manuel Ramírez Jiménez，*Los grupos de presión en la segunda república española*（Madrid，1969）。有关外国政策的研究仅见Salvador de Madariaga，*Memorias*（*1921—1936*）（Madrid，1974）。

（4）共和国经济史研究参见Alberto Balcells，*Crisis económica y agitación social en Cataluña*（1930–1936）（Barcelona，1971），以及Ramón Tamames，*La república, la era de Franco*（Madrid，1973）的前半部分——这是一部激起争端的政治经济学研究。

（5）Edward Malefakis，*Agrarian Reform and Peasant Revolution in Spain*（New Haven，1970）是有关土地问题的最佳研究。在以下3份针对不同乡村的研究里存在启发性的材料：Julian Pitt-Rivers，*People of the Sierra*（London，1954）；Gerald Brenan，*South from Granada*（London，1957）；Carmelo Lison Tolosana，*Belmonte de los Caballeros*（Oxford，1966）。

（6）对于自由的挑战只受到历史学家或回忆录作者的糟糕对待，唯一的例外是Manuel Azaña的日记。日记见他的*Obras completas*，volumes III and IV（Mexico，1966），以及1938年由Joaquín Arrarás编辑出版的*Memorias íntimas de Azaña*（Madrid，1939）中失窃的部分，后者在1997年再版为*Diarios 1932–1933*（Barcelona，1997）。以下两部阿萨尼亚的传记也有一点作用：Cipriano de Rivas-Cherif，*Retrato de un desconocido*（Mexico，1961）；Frank Sedwick，*The Tragedy of Manuel Azaña and the Fate of the Spanish Republic*（Ohio，1963）。也参见Miguel Maura，*Así cayó Alfonso XIII*…（Mexico，1962）和Marcelino Domingo，*Mi experiencia del poder*（Madrid，1934）。

（7）关于西班牙右翼，最好的整体性研究来自Richard Robinson，*The Origins of Franco's Spain*（Newton Abbot，1970）。此外是José María Gil Robles（*No fue posible la paz*，Barcelona，1968）和Joaquín Chapaprieta（*La paz fue posible*，Barcelona，1971）的回忆录。Alejandro Lerroux的*La pequeña historia*（Madrid，1963）不足为信。Aurelio Joaniquet（Santander，1939）提供了有关卡尔沃·索特洛生平的最丰富的信息。君主派的研究见Santiago Galindo Herrera，*Los partidos monárquicos bajo la segunda república*（Madrid，1956）；Paul Preston的分析批判性要强得多（如*The Spanish Right under the Second Republic*，Reading，1971；以及"The Moderate Right and the Undermining of the Second Spanish Republic"，*European Studies Review*，vol. III，no. 4［1973］）。君主派

的回忆见José María Pemán，*Mis almuerzos con gente importante*（Madrid，1970）；Juan Ignacio Luca de Tena，*Mis amigos muertos*（Barcelona，1971）。Javier Tusell的*Historia de la democracia cristiana en España*，2 volumes（Madrid，1974）对西班牙自治权利联盟做了条理清晰的研究。还可参考José Gutiérrez Ravé，*Antonio Goicoechea*（Madrid，1965）。

（8）关于卡洛斯派的复兴见Luis Redondo and Juan de Zavala，*El requeté*（Barcelona，1957），和Jaime del Burgo，*Conspiración y guerra civil*（Madrid，1970）。均衡的整体性研究参见Martin Blinkhorn，*Carlism and Crisis in Spain*（Cambridge，1975）。

（9）长枪党的最佳研究见Stanley Payne，Falange（Stanford，1961）。值得探讨的还有：David Jato，*La rebelión de los estudiantes*（Madrid，1953）；Felipe Ximénez de Sandoval为何塞·安东尼奥写的传记*Biografía apasionada*（Barcelona，1941）；Francisco Bravo，*Historia de la Falange Española de las JONS*（Madrid，1940）；Sancho Dávila and Julián Pemartín，*Hacia la historia de la Falange*（Jerez，1938）。何塞·安东尼奥的全集也以各种版本面世，如*Obras completas*（Madrid，1942）。［关于战争中的长枪党，参见下文VII（1）］

（10）关于共和国治下的工人阶级运动，没什么可补充到上文III（1）至（3）的清单中。关于无政府主义，John Brademas的*Anarcosindicalismo y revolución en España（1930–1937）*(Barcelona，1974）或许可以给Peirats，Abad de Santillán，García Venero，Brenan和Paz的作品做一些增补。Prieto诸篇讨论新闻的文章［载于*Convulsiones de España*，3 volumes（Mexico，1967–1969）；*De mi vida*，2 volumes（Mexico，1965–1970）；*Palabras al viento*（Mexico，1942）］表达温和的社会主义态度。

（11）共和国治下的地区问题研究并不充分。与争取自治的活动不同，加泰罗尼亚自治政府的活动并没有得到多少关注。E. Allison Peers的*Catalonia Infelix*（London，1937）尽管观点陈旧，却仍是唯一一部英文的介绍性读物。Angel Ossorio y Gallardo的*Vida y sacrificio de Companys*（Buenos Aires，1943）是一部不太令人满意的孔帕尼斯传记。有关整体背景参见García Venero，*Historia del nacionalismo catalán*（Madrid，1967）；以及Jesús Pabón的*Cambó*，3 volumes（Barcelona，1952—1969）——最好的西班牙语政治传记。Isidre Molas的Lliga Catalana（Barcelona，1972）给了地方主义联盟广泛的关注。Balcells［参见上文IV（4）］则详细处理了其中的经济问题。至于巴斯克民族主义，Stanley Payne的*El nacionalismo vasco*（Barcelona，1974）是优质、简短、持质疑态度的导论，可取代García Venero的*Historia del nacionalismo vasco*（Madrid，1945），尽管后者包含个别有用信息。

（12）关于共和国治下的教会，José Mariano Sánchez在*Reform and Reaction*（Chapel Hill，1964）做了详尽的研究；Juan de Iturralde在*El catolicismo y la cruzada de Franco*（Bayonne，1955）的研究更具激情。还可参考Arxiu Vidal i Barraquer，*Església i estat durant la segona república espanyola 1931–1936*，vol. I（Montserrat，1971）。当然希尔·罗夫莱斯等人的回忆录中也有关于这一主题的材料。

Ⅴ. 西班牙内战整体

整体性研究参见Gabriel Jackson著作的后半部分［参见上文Ⅳ（1）］和Raymond Carr的论文集。从托洛茨基派角度进行的整体性研究参见Pierre Broué and Émile Témime，*La Révolution et la guerre d'Espagne*（Paris，1961）。Julián Zugazagoitia 的*Historia de la guerra en España*（Buenos Aires，1940，之后有重印）是来自社会主义部长的生动叙述。对共和国更具批判性的研究来自Ricardo de la Cierva，*Historia ilustrada de la guerra civil española*，2 volumes（Barcelona，1970），该书写得漂亮，但不公正。Carlos Santos Juliá等人编写的*Las Víctimas de la Guerra Civil*（Madrid，1999）总结了战线后方的暴行，但没有给出参考文献。Robert Brasillach的*Historie de la guerre d'Espagne*（Paris，1939）写得好，但只研究了一段时期。Joaquín Arrarás指导编辑的鸿篇巨制*Historia de la cruzada española*，35 folios（Madrid，1940–1943）在叛乱的研究方面颇为有用。Guillermo Cabanellas的*La guerra de mil días*（Barcelona，1973）尽管说话带刺，但质量上乘。作者是米格尔·卡瓦内利亚斯将军信奉社会主义的儿子，将军的作用在书中得到很好的展现。Ronald Fraser的*Blood of Spain, an Oral History of the Spanish Civil War*（New York，1979）将诸多个人的论述很好地整合起来。

Ⅵ. 陆军、海军、空军

（1）国民军的创立和性质尚未得到充分研究。不过，存在诸多自传和回忆录，它们或是出自该军队指挥官之手，或与他们相关。第一类包括：金德兰将军的*Mis cuadernos de guerra*（Madrid，1945），他的其他文书在他去世后出版（*La verdad de mis relaciones con Franco*，Madrid，1981）；加西亚·巴利尼奥将军的*Guerra de liberación española*（Madrid，1949）；马丁内斯·德坎波斯将军的*Ayer, 1931—1953*（Madrid，1970）。第二类包括：José María Pemán，*Un soldado en la historia*（Cádiz，1954），这是巴雷拉将军的传记；莫拉的传记，出自他的副官、上校José María Iribarren（*El general Mola*，Madrid，1945）；以及无数有关佛朗哥的传记。对佛朗哥生平最完整的论述是Paul Preston，*Franco*（London，1993）。Tusell、Fusi和Bennasar所写的传记也值得参考。Brian Crozier的*Franco*（London，1967）不具有批判性。George Hills的*Franco*（London，1967）中有一些有趣的洞见。Juan José Calleja写作的亚格传（*Yagüe, un corazón al rojo*，Barcelona，1963）则回避了所有的难题。

（2）Ramón Salas Larrazábal关于共和国军的里程碑式研究（*Historia del ejército popular de la republica*，4 volumes，Madrid，1974）是一座信息巨矿，它的附录刊载了诸多有趣文件。Michael Alpert的*The Republican Army in the Spanish Civil War*（Reading Ph.D.，1973）组织得更好，偏见更少。共和国官员的回忆录众多，如：文森特·罗霍将军的*Alerta los pueblos*（Buenos Aires，1939），*Así fue la defensa de Madrid*（Mexico，1967）和*España heroica*（Buenos Aires，1942）；Julián Henríquez Caubín，*La batalla del Ebro*（Mexico，1944）；José Martín Blázquez，*I Helped to Build an Army*（London，1939），该书质量精良；卡萨多对其政变的不可靠论述，见*The Last Days of Madrid*（London，

1939）。另外还有5位资深共产主义官员的证词：Enrique Lister，*Nuestra guerra*（Paris，1969）；Juan Modesto，*Soy del quinto regimiento*（Paris，1969）；Antonio Cordón，*Trayectoria*（Paris，1971）；Manuel Tagüeña的杰作*Testimonio de dos guerras*（Mexico，1973）；Ignacio Hidalgo de Cisneros，*Memorias*，2 volumes（Paris，1964）。

（3）最早的两部军事史是：Manuel Aznar，*Historia militar de la guerra de España*（Madrid，1940）；Luis María de Lojendio，*Operaciones militares de la guerra de España*（Barcelona，1940）。就国民军研究而言，他们仍然有用。但如今最为令人满意的整体性军事史见Martínez Bande上校为军事史处（Servicio Histórico Militar）编辑的多卷本著作（Madrid，1968年之后陆续出版），尽管它们在有关国家主义一方决策的诸多方面表述过于谨慎。Salas Larrazábal的作品包含许多有趣信息［参见上文（2）］。

（4）José Luis Alcofar Nassaes 的 *Las fuerzas navales en la guerra civil española*（Barcelona，1971）百科全书式地阐述了海军问题。有关国民派的行动参见Admiral Cervera，*Memorias de guerra*（Madrid，1968） 和 Admiral Moreno，*La guerra en el mar*（Barcelona，1959）。共和派的回忆录参见Bruno Alonso，*La flota republicana y la guerra civil de España*（Mexico，1944）；Manuel Benavides 的 *La escuadra la mandan los cabos*（Mexico，1944）中可发现具有暗示性的新闻记述。库兹涅佐夫元帅很好地总结了苏联对共和国海军的贡献，载于*Bajo la bandera de la España republicana*（Moscow，约1970年出版）。

（5）关于空军的最佳战争史见Jesús Salas Larrazábal的*La guerra de España desde el aire*（Barcelona，1969）。也可参见José Gomá将军的*La guerra en el aire*（Barcelona，1958）。Andrés García Lacalle上校的*Mitos y verdades*（Mexico，1974）中谈到一名共和国飞行员的看法。F. Tarazona的*Sangre en el cielo*（Mexico，1960）则不太全面。Malraux在其令人惊叹的小说*L'Espoir*（Paris，1937）中史诗般地讲述了西班牙中队的故事。其他由共和国飞行员写作的有趣回忆录包括：Oloff de Wet，*Cardboard Crucifix*（Edinburgh and London，1938）；F. G. Tinker，*Some Still Live*（New York，1938）。国家主义一方的回忆录包括：J. García Morato情节性的*Guerra en el aire*（Madrid，1940）；Antonio Ansalado，*¿Para qué?*（Buenos Aires，1951）；José Larios，*Combat over Spain*（London，1966）。

技术性信息见Salvador Rello，*La aviación en la guerra de España*（Madrid，1969–1971），这套书由4本小册子组成；或Miguel Sanchís，*Alas rojas sobre España*（Madrid，1956）.

为佛朗哥作战的德国和意大利飞行员也有众多记录（例如Max von Hoyos，*Pedros y Pablos, Munich*，1941），苏联方面也是如此［参见*Bajo la bandera*中的回忆，参见上文（4）］。还可参考Jean Gisclon的*Des avions et des hommes*（Paris，1969）。

（6）Arrarás的*La cruzada*（见上文V）对军事阴谋和叛乱做了详尽的记录。这一方面还可参考：Antonio Lizarza，*Memorias de la conspiración*（Pamplona，1954）；Felipe Bertrán Güell，*Preparación y desarrollo del alzamiento nacional*（Valladolid，1939）；以

及莫拉的司机的叙述，B. Félix Maíz，*Alzamiento en España*（Pamplona，1952）。De la Cierva的*Historia*（参见上文V）第一卷整合了多条线索；另外，此前Robinson所援引的著作（Gil Robles and Stanley Payne，*Politics and the Military*）中也有有用的评论。Luis Bolín的*Spain, the Vital Years*（London，1967）里包含了有关佛朗哥行动的证据。del Burgo的著作［参见上文IV（8）］在探讨卡洛斯派态度方面颇为有趣。关于马德里的灾难，参见García Venero，*Madrid, julio 1936*（Madrid，1973）。Luis Romero的*Tres días de julio*（Barcelona，1967）用聪明的手法尝试重构战争开启的那些日子。

（7）Martínez Bande［参见上文（3）］分别论述了各场战役。然而，相关首都周边的战斗还可参见Robert Colodny，*The Struggle for Madrid*（New York，1958）。关于博阿迪利亚战役，参见Esmond Romilly，*Boadilla*（London，1971新版）；Olao Conforti，*Guadalajara*（Milan，1967）；R. Casas de la Vega，*Brunete*（Madrid，1967）and *Teruel*（Madrid，1975）；Luis María Mezquida，*La batalla del Ebro*，2 volumes（Tarragona，1963），同一作者的*La batalla del Segre*（Tarragona，1972），前文所引Henríquez Caubín关于埃布罗的著作［参见上文（2）］。关于格尔尼卡参见Gordon Thomas and Max Morgan Witts，*Guernica*（New York，1975），这是一份激动人心的论述，不过遗留下了一些未解决的问题。Martínez Bande上校的*Los cien ûltimos días de la república*（Barcelona，1972）关注国家主义一方在战争末期的情报系统；José Bertrán y Musitu的*Experiencias de los servicios de información del nordeste de España*（*SIFNE*）（Madrid，1940）。Cecil Eby的*The Siege of the Alcazar*（London，1966）关于这一事件的论述最为平衡。Julio de Urrutia的*El cerro de los héroes*（Madrid，1965）言辞谨慎却富有激情地记录了圣玛利亚德拉卡韦萨修道院的相关信息。Luis Romero的*Desastre en Cartagena*（Madrid，1971）讲述了该城1939年3月反抗的故事。

Ⅶ. 国家主义西班牙

国家主义西班牙的政治史仍留待历史学家研究。而与此同时，我们可以从各版佛朗哥传记和Ramón Súñer的*Entre Hendaya y Gibraltar*（Madrid，1947）中提取一些信息。Maximiniano García Venero（*Falange*，Paris，1967）收集和编辑埃迪利亚传记颇吸引人，在结合Herbert Southworth评论性的*Antifalange*（Paris，1967）一起阅读时尤其如此。García Venero对埃迪利亚的生平做了一些修正，参见*Testimonio de Manuel Hedilla*（Barcelona，1973）。Dionisio Ridruejo 的 *Escrito en España*（Buenos Aires，1962） 略微提到战争。关于长枪党，Payne的著作［参见上文IV（9）］仍是最好的导论。前文援引的Ansaldo［参见上文VI（5）］、del Burgo［参见IV（8）］和Bolín［参见VI（6）］的作品仍有助益。Julio Aróstegui的*Los Combatientes Carlistas en la Guerra Civil Española*，2 vols.（Madrid，1991）详尽地处理了卡洛斯派的相关问题。

（2）目前最好的国家主义西班牙社会史是Rafael Abella，*La vido cotidiana en la España Nacional*（Barcelona，1973）。当时的一些新闻报道也有相关阐述，例如Eddy Bauer，*Rouge et or*（Neuchâtel，1939）。

（3）国家主义西班牙历年的镇压活动在如下著作中得到充分论述：Antonio Bahamonde, *Memories of a Spanish Nationalist*（London，1939）；对塞维利亚的镇压见Antonio Ruiz Vilaplana, *Burgos Justice*（New York，1938）；Jean Flory，*La Galice sous la botte de Franco*（Paris，1938）；*Franco's Rule*（London，1937）；*El clero vasco frente a la cruzada franquista*（Bayonne，1966）。

（4）这场运动经济方面的内容参见Carlos Delclaux的学位论文*La financiación de la cruzada*（Deusto，未出版）和J. R. Hubbard的论文‘How Franco Financed His War’，*The Journal of Modern History*（1953年12月）。如果能找到资源，还可参考Juan Sardá的“El Banco de España（1931–1962）”，刊登于*El Banco de España*（Madrid，1970），以及Glenn T. Harper，*German Economic Policy in Spain*（The Hague，1967）.

（5）*Dictamen de la comisión sobre la ilegitimidad de poderes actuantes en el 18 de julio de 1936*（Barcelona，1939），这是胜利者力图论证自己叛变合法性的作品。

（6）战后的镇压见以下著作：*Catalunya sota el règim franquista*（Paris，1973）；Melquesidez Rodríguez Chaos，*24 años de la cárcel*（Paris，1968）；Miguel García，*I was Franco's Prisoner*（London，1972）；Arturo Bray，*La España del brazo en alto*（Buenos Aires，1943）；Ronald Fraser，*In Hiding*（London，1972）。还可参考上文第V节提到的Santos Juliá的著作。

（7）关于教会，参见Guy Hermet，*Les Catholiques dans l'Espagne Franquiste*（Paris，1981）；Frances Lannon，*Privilege*，*Persecution and Prophecy*（Oxford，1987）。

Ⅶ. 内战时期的共和主义西班牙政治

（1）对共和国的整体性研究见Diego Sevilla Andrés，*Historia politica de la zona roja*（Madrid，1954）；Burnett Bolloten，*The Spanish Civil War*（New York，1991）。当时一种个性化但有根据的观点参见Franz Borkenau，*The Spanish Cockpit*（London，1937）。

（2）这个日渐消散的中心从来就没有得到过全面的论述。但可参考前文引述的Azaña日记［IV（6）］；Angel Ossorio y Gallardo的自传，*Le España de mi vida*（Buenos Aires，1941）；Azaña著名的谈话录*La velada en Benicarló*（见*Obras completas*第三卷，该作品有多个版本）。Casado的回忆录［上文VI（2）］表达了一个忠诚的军官的挫败。

（3）对社会主义者也缺乏细致的分析。不过可参考前文引述的Largo Caballero，Zugazagoitia，Prieto和Saborit（关于贝斯泰罗）的作品。Julio Álvarez del Vayo写了数份自传，其中最有用的是*Freedom's Battle*（New York，1940）。还可参考Justo Martínez Amutio，*Chantaje a un pueblo*（Madrid，1974），以及Antonio Barea的*The Forging of a Rebel*（New York，1946）的最后一卷。

（4）关于内战时期无政府主义者的经历，参见Diego Abad de Santillán，*Por què perdimos la guerra*（Buenos Aires，1940）；José García Pradas，*Cómo terminó la guerra de España*（Buenos Aires，1940）。两本都是个人性的论述。最有用的研究见José Peirats，*La CNT en la revolución española*，3 volumes（Toulouse，1951–1953），其中包含诸多有趣的文件。关于无政府主义“政治”，参见César Lorenzo，*Les Anarchistes espagnols et le pouvoir*（Paris，1969）；Vernon Richards，*Lessons of the Spanish Revolution*（London，1953）。关于革命，参见F. Mintz，*L'Autogestion dans l'Espagne révolutionnaire*（Paris，1970）；Gaston Leval，*L'Espagne libertaire*（Paris，1971）。还可参考Cipriano Mera，*Guerra, exilio y cárcel de un anareco-sindicalista*（Paris，1976）；'El movimiento libertario español'，载于*Cuadernos de Ruedo Ibérico*（Paris，1974）附录；Ricardo Sanz，*Los que fuimos a Madrid*（Toulouse，1969）。前文所引的Brademas，Paz［III（1）］，Borkenau和Bolloten的著作依然有帮助；Juan Peiró的*Perull a la reraguarda*（Mataró，1936）证实了当时无政府主义者的务实作风。Carlos Semprún Maura的*Révolution et contre-révolution en Catalogne*（Torus，1974）提出了一些好观点。

（5）关于共产主义者已有丰富的参考文献，或者说，他们给自己提供了丰富的文献。两个最为严肃的历史分析是：D. T. Cattell，*Communism and the Spanish Civil War*（Berkeley，1955）和Burnett Bolloten，*The Spanish Civil War*（New York，1991）。共产主义者的回忆录包括：La Pasionaria（Dolores Ibarruri）的著作；*They Shall Not Pass*（London，1967）；以及Hidalgo de Cisneros、Lister、Cordón和Modesto的书［上文VI（2）援引］。一些信息见Santiago Carrillo，*Demain Espagne*, a conversation with Régis Debray and Max Gallo（Paris，1974）。一些前共产主义者在书里批判了他们的老同志：Jesús Hernández，*Yo, ministro de Stalin en España*（Madrid，1954）；Enrique Castro Delgado，*Hombres made in Moscú*（Barcelona，1965）；El Campesino（Valentín González）的书有*Comunista en España y anti-Stalinista en la URSS*（Mexico，1952）和*Listen, Comrades*（London，1952）。陶里亚蒂从西班牙发送至莫斯科的报道见已出版的*Escritos Sobre la Guerra de España*（Barcelona，1980）。前文援引的Manuel Tagüeña［上文VI（2）］的著作则以平和的态度谈到这一主题。有关内战的政治研究或回忆录里随处可见对内战时期共产主义者的批判或评论。其中尤为突出的是Barea、Martínez Amutio和Borkenau的著作［见上文（1）和（3），以及下文有关苏联的IX（7）］。近年来的重要研究是Antonio Elorza and Marta Bizcarrondo，*Queridos Camaradas*（Barcelona，1999）；Ronald Radosh，et al.，*Spain Betrayed*（New Haven，2001）。二者都支持这一论点——西班牙的共产主义者受到共产国际的控制。后一部著作刊载了来自苏联和其他共产主义档案馆的珍贵文书集。

（6）加泰罗尼亚相关资源有：Bricall的*Politica económica de la Generalitat*（Barcelona，1970）为战争时期的经济史研究做了重大贡献。无政府主义者的记录大多含有宝贵的信息，尤其是前文引述的Semprún Maura，Abad de Santillán和Pérez Baró的著作。Manuel Benavides的*Guerra y revolución en Cataluña*（Mexico，1946）论述生动，偏向加泰罗尼亚统一社会党。还可参考Carlos Pi Sunyer，*La república y la guerra*（Mexico，1975）；Frederic Escofet，*Al servei de Catalunya i de la república*，2 volumes（Paris，1973），后一本书很好地讲述了1936年7月19日至20日发生的事。George Orwell的*Homage to Catalonia*（London，1938）极具才华地唤起了人们对1937年5月的画面般的想象。另外可参见Ossorio y Gallardo所著的孔帕尼斯传［上文IV（11）］。阿萨尼亚

的日记里有丰富的评论。有关共和国治下加泰罗尼亚右翼的观点，参见F. La Cruz，*El alzamiento la revolución y el terror en Barcelona*（Barcelona，1943）；José María Fontana，*Los catalanes en la guerra de España*（Madrid，1951）。

（7）关于巴斯克，G. L. Steer的*The Tree of Gernika*（London，1938）中令人兴奋地描绘了比斯开的战争，态度异常偏向巴斯克。A. de Lizarra的*Los vascos y la república española*（Buenos Aires，1944）阐述了曼努埃尔·德伊鲁霍的观点。José Antonio Aguirre的*De Guernica a Nueva York pasando por Berlin*（Buenos Aires，1944）帮助不大。军事方面的研究有Sancho de Beurko，*Gudaris*，*recuerdos de guerra*（Buenos Aires，1956）。还可参考Stanley Payne所著的历史。

（8）关于马克思主义统一工人党，参见George Orwell，*Homage to Catalonia*（London，1938）；Joaquín Maurín，*Revolución y contrarevolución en España*（Paris，1966年，第2版）；Julián Gorkin，*Canibales políticos*（Mexico，1947）。戈尔金故事的新版本见*El proceso de Moscú en Barcelona*（Barcelona，1974）。近期的研究有Andrés Suárez，*El proceso contra el POUM*（Paris，1974）。Katia Landau 的 *Le Stalinisme en Espagne*（Paris，1938）揭露了马克思主义统一工人党推行的共产主义迫害。Grandizo Munis的*Jalones de derrota*（Mexico，1948）主要从马克思主义统一工人党的角度评论了革命的失败。还可参见Manuel Casanova，*L'Espagne livrée*（reprinted Paris，1971）。Víctor Alba 的 *Sísifo y su tiempo, Memorias de un cabreado*（*1916–1996*）（Barcelona，1996）是最好的回忆录之一。

（9）对于诸多民众生活的后方，一些著作生动地描绘了那里极其恶劣的环境，例如*The General Cause*（Madrid，1943，之后有重印，这是关于战后胜利者发起的一项集体诉讼的报告）。还可参考Father Montero，*La persecución religiosa en España*（Madrid，1961）；Pilar Millán Astray's *Cautivas: 32 meses en las prisiones rojas*（Madrid，1940）；Agustín de Foxá的小说，*Madrid, de Corte a checa*（San Sebastián，1938）；Rafael López Chacón，*Por qué hice las chekas de Barcelona*（Madrid，1940），该书报告了这场审判；另外还有马克思主义统一工人党对一些共产主义者的抨击（例如上文援引的Julián Gorkin，Katia Landau和Manuel Buenacasa的著作）。Angel Cervera的*Madrid en Guerra*（Madrid，1998）揭露了很多黑暗角落。

（10）共和国的经济史还需要更仔细的研究证据。不过可参考Bricall，Semprún Maura，Mintz，Delclaux，Sardá和Stanley Payne（*The Spanish Revolution*）的著作。

Ⅸ.国际影响

（1）Jesús Salas Larrazábal，*Intervención extranjera en la guerra de España*（Madrid，1974），书里有许多有趣的材料。P. A. M. van der Esch，*Prelude to War*（The Hague，1951）；Dante Puzzo，*Spain and the Great Powers, 1936–1941*（New York，1962）。二者包含简短的外交记录。Fernando Schwarz的*La internacionalización de la guerra civil española*（Barcelona，1971），记录具有暗示性。N. J. Padelford的*International Law* *and Diplomacy in the Spanish Civil War*（Cambridge，Mass.，1939）依然是关于法律事务的最佳研究。A. J. Toynbee与V. M. Boulter和Katherine Duff的合作将战争作为一个国际问题来研究，创作了*The Survey of International Affairs*，1937，volume II，and for 1938，volume I（London，分别出版于1938和1948年），它们依旧是这一领域中的最佳作品。红十字会在西班牙的代表Marcel Junod在*Warrior without Weapons*（London，1951）中有一段相关的精彩论述。Herbert Southworth的*La Destruction de Guernica*（Paris，1975）研究了媒体的反应，具有启发性。我幸运地获得了那时尚未出版的Pablo de Azcárate的回忆录和文书，1936—1939年，他任共和国驻伦敦大使。Gerald Howson的*Arms for Spain*（London，1998）是一部细致的研究，揭示了很多东西。

（2）国际旅已得到广泛的讨论。几乎世界上的所有国家都有关于它们的独特历史记录。最好的整体史是Andreu Castells，*Las brigadas internacionales en la guerra de España*（Barcelona，1974），它如百科全书一般，尽管可能难以消化。此外还有Jacques Delperrie de Bayac，*Les Brigades internationales*（Paris，1968）；Vincent Brome，*The International Brigades*（London，1965）。Martínez Bande上校的*Brigadas internacionales*（Barcelona，1972）不像他的另一部著作那么令人印象深刻。Ricardo de la Cierva的*Leyenda y tragedia de las brigadas internacionales*（Madrid，1969）则有些微不足道。Ramón Salas Larrazábal，*Historia del ejército popular de la república*，volume IV（Madrid，1974）一书的附录颇吸引人。但在很多方面，Rémi Skoutelsky的*L'Espoir guidait leurs pas*（Paris，1998）都是当前最佳的研究，尽管它讨论的是法国。

（3）K. W. Watkins的*Britain Divided*（London，1963）研究了英国与内战。Anthony Eden 的 *Facing the Dictators*（London，1962） 和 *The Diplomatic Diaries of Oliver Harvey*（London，1970）研究了英国外交政策，值得称道。英国驻西班牙的外交官贡献了以下相关材料：Sir Robert Hodgson（*Spain Resurgent*，London，1953），Sir Geoffrey Thompson（*Front Line Diplomat*，London，1959），Sir Samuel Hoare（*Ambassador on Special Mission*，London，1946）。Keith Middlemas的*Diplomacy of Illusion*（London，1972）极好地提供了当时英国外交的背景。Peter Stansky和William Abrahams所著的*Journey to the Frontier*（London，1966）描述了英国知识分子的反应，主要研究对象是约翰·康福德和朱利安·贝尔。英国籍参与者写得最好的作品包括：Esmond Romilly，*Boadilla*（London，1971）；John Sommerfield，*Volunteer in Spain*（London，1937）；Tom Wintringham，*English Captain*（London，1939）；之前援引的George Orwell的作品；Jason Gurney，*Crusade in Spain*（London，1974）。还可参见Carmel Haden Guest，*David Guest: a Scientist Fights for Freedom*（London，1939）。William Rust的*Britons in Spain*（London，1939）中有对英国志愿者的研究，但没有批判性。还可以参考Peter Davison的*Orwell in Spain*（London，2001）。

站在佛朗哥一方的英国籍人员出版的唯一作品是Peter Kemp文笔生动的*Mine Were of Trouble*（London，1957）。

爱尔兰籍加入国家主义西班牙一方的故事由O'Duffy记录在*Crusade in Spain*（London，

1938）中。

（4）法国外交政策与西班牙内战的相关内容由数卷本的外交政策文件揭露，呈现为*Documents diplomatiques français 1932–1939*，2nd series，1968 onwards（volumes III to VII）。还可参考Léon Blum的叙述，载于*Les Événements survenus en France*（Paris，1955，这是议会委员会的报告，该委员会负责研究1940年战败的原因）。以下著作也提供了相关材料：Pierre Cot，*The Triumph of Treason*（Chicago，1944）；Georges Bonnet，*De Washington au Quai d'Orsay*（Geneva，1946）；甘末林将军的*Servir*（Paris，1946–7）。对法国宣传战的精湛研究有D. W. Pike，*Conjecture Propaganda and Deceit and the Spanish Civil War*（Stanford，1970）。Maître Isorni的*Phillipe Pétain*，2 volumes（Paris，1972）中有一个有关贝当和西班牙的有趣章节。马尔罗的*L'Espoir*（Paris，1937）中也有些无可比拟的描写段落。

L'Épopée d'Espagne（Paris，1957）总结了法国志愿者对共和国的作用。不过有关这一问题的最佳研究要数Rémi Skoutelsky，*L'Espoir guidait leurs pas*（Paris，1998）。还可参考Henri Dupré，*La 'Légion Tricolore' en Espagne*（Paris，1942），它暗示马蒂的幻想并非全无根据。

（5）在德国与内战方面，外交文件Series D，volume III珍贵无比。对德国政策的分析参见Manfred Merkes，*Die deutsche Politik im Spanischen Bürgerkrieg*（Bonn，1969）；Glenn Harper［参见上文VII（4）引述］。“秃鹰军团”的飞行员也留下了一些记录，例如General Galland，*The First and the Last*（London，1957）。Angel Viñas，*La alemania Nazi y el 18 de julio*（Madrid，1974），这是一部精彩的研究，数次重印。

关于为共和国战斗的德国人，参见Gustav Regler，*The Owl of Minerva*（London，1959），这是部杰作；以及Ludwig Renn的*Der Spanische Krieg*（Berlin，1955）；Alfred Kantorowicz的*Spanisches Tagebuch*（Berlin，1948）和*'Tschapaiew', das Bataillon der 21 Nationen*（Berlin，1956）。

（6）关于意大利对西班牙的外交的研究，参见Ciano，*Diaries 1937—1938*（London，1952）和*1939—1943*（London，1947）；*Ciano's Diplomatic Papers*（London，1948）。也可参考Roberto Cantalupo，*Fu la Spagna*（Milan，1948）。对军事介入的概述参见José Luis Alcofar Nassaes，*CTV: los legionarios italianos en la guerra civil española*（Barcelona，1972）；此外，依然有理由参看早些年的叙述，例如：Ambrogio Bollati，*La Guerra di Spagna,* 2 volumes（Turin，1937，1939）；或者Francesco Belforte，*La guerra civile in Spagna*（Milan，1938）。佛朗哥一方的意大利志愿者也有一些记录，例如：Emilio Faldella，*Venti mesi de guerra in Spagna*（Florence，1939）；Sancho Piazzoni，*Las tropas flechas negras en la guerra de España*（Barcelona，1942）；Ruggero Bonomi，*Viva la muerte*（Rome，1941）。左翼一方的作者包括：Randolfo Pacciardi（*Il battaglione Garibaldi*，Lugano，1948），Luigi Longo（*Le brigate internazionale in Spagna*, Rome，1956），Pietro Nenni（*La Guerre d'Espagne*，Paris，1959），Giovanni Pesce（*Un garibaldino in Spagna*，Rome，1955）和Carlo Penchienati（*Brigate Internazionale in*

Spagna，Milan，1950）。Paolo Spriano 的 *Storia del partito comunista italiano*，volume Ⅲ（Turin，1970）极好地阐述了左翼政治的背景。

（7）对苏联政策的最佳研究仍是D. T. Cattell，*Soviet Diplomacy and the Spanish Civil War*（Berkeley，1957），尽管它没有考虑近期出版的大批苏联回忆录。回忆录中最重要的是*Bago la bandera de la España republicana*（Moscow，about 1970）。对苏联外交的研究参见Ivan Maisky，*Spanish Notebooks*（London，1966）；关于非正式战争和外交参见Mikhail Kolstov，*Diario de la guerra de España*（republished Paris，1963）以及Louis Fischer，*Men and Politics*（New York，1963）。另外可参考Walter Krivitsky，*I Was Stalin's Agent*（London，1963）；Ilya Ehrenburg回忆录的第三卷*The Eve of War 1933–1941*（London，1963）。显然，许多对于共产主义的研究也有助于理解苏联政策。

（8）多卷的美国外交政策文件载于*Foreign Relations series*（1936，volume Ⅱ；1937，volume Ⅰ；1938，volume Ⅰ；1939，volume Ⅱ，Washington，1954–1956），它们让人印象深刻。另外可参考美国大使的回忆录，Claude Bowers，*My Mission to Spain*（New York，1954）。有关石油政策，参见Herbert Feis，*The Spanish Story*（New York，1948）。美国对西班牙外交政策的相关分析参见Richard Traina，*American Diplomacy and the Spanish Civil War*（Bloomington，1968）和F. J. Taylor，*The United States and the Spanish Civil War*（New York，1956）。

赴西班牙的美国志愿者留下了许多个人的记录，包括：Steve Nelson，*The Volunteers*（Leipzig，1954）；Edwin Rolfe，*The Lincoln Battalion*（New York，1939）；Alvah Bessie，*Men in Battle*（New York，1939）。对亚伯拉罕·林肯营最公正的论述见Cecil Eby，*Between the Bullet and the Lie*（New York，1969）；但Arthur Landis的*The Abraham Lincoln Brigade*（New York，1967）温暖人心。

海明威的名作《丧钟为谁而鸣》（*For Whom the Bell Tolls*，New York，1940）常能启发人心。当时，也有许多美国记者兴致勃勃地写作相关书籍，其中有Herbert Matthews，*Two Wars and More to Come*（New York，1938）和H. R. Knickerbocker的*The Siege of the Alcázar*（Philadelphia，1936）。

Allen Guttmann的*The Wound in the Heart*（New York，1962）考察了西班牙给美国造成的思想影响。

（9）其他受到西班牙内战影响的国家包括：墨西哥、瑞士、古巴等。关于墨西哥籍人员的介入参见Lois Elwyn Smith，*Mexico and the Spanish Republicans*（Berkeley，1955）；有关瑞士籍人员相关内容参见Max Wullschleger，*Schweizer Kämpfen in Spanien*（Zurich，1939）；关于古巴，相关内容参见Raúl Roa，*Pablo de la Torriente Brau y la revolución española*（Havana，1937）。中欧国家也大多受到影响。例如，Artur London的*L'Aveu*（Paris，1969）点明了这场战争对捷克斯洛伐克的重要意义。关于大多数东欧国家参与人数和参与情况的细致研究，可参考Castells提供的参考文献。*Dez anos de política externa*（1936–47），vol. Ⅲ（Lisbon，1965）还研究了葡萄牙的作用。

Ⅹ.相关的其他各种研究

由内战推动的外科手术创新，参见J. Trueta，*Treatment of War Wounds and Fractures*（London，1939）。María Rosa Urraca Pastor的*Así empezamos*（Bilbao，1940）讲述了国民主义首席护士（“上校”）的回忆。

F. Bravo Morata，*Historia de Madrid*（Madrid，1968）的第三卷，以及Vicente Ramos，*La guerra civil en la provincia de Alicante*，3 volumes（Alicante，1974）开启了地方史研究的大门，众多地方史无疑将随之而来。Francisco Moreno Gómez的*La Guerra Civil en Córdoba*（1936–1939）（Madrid，1985）是一部引人注目的地方史，细节之详尽令人震撼。还可参见António García Hernández，*La Represión en La Rioja durante la guerra civil*（Logroño，1984），3 vols。

Ian Gibson的*The Death of Lorca*（London，1973）阐述了1936年格拉纳达的氛围。

Ⅺ.文学影响

导论性研究参见Aldo Garosci，*Gli intelletuali e la guerra di Spagna*（Turin，1959）；Guttman的著作［见上文IX（8）］；Frederick Benson，*Writers in Arms*（New York，1967）；Stanley Weintraub书写精良的*The Last Great Cause*（London，1968）。Hilary Footit做了有关阅读的学位论文，恰如其分地研究了法国右翼的反应（*French Intellectuals and the Spanish Civil War*，Reading Ph.D.，1972）。Enrique Súñer的*Los intelectuales y la tragedia española*（San Sebastián，1937）提供了国家主义一方的反应——关于这一问题，Abella的著作［上文VII（2）］中含有宝贵的信息。Herbert Southworth的*El mito de la cruzada de Franco*（Paris，1963）激起了民族主义的学术标准讨论。参见*Les Écrivains et la guerre d'Espagne*（Paris，1975）。

Ⅻ.内战中的教会文件

关于反佛朗哥的辩论性学术作品，参见Juan de Iturralde，*El catolicismo y la cruzada de Franco*，2 volumes（Bayonne，1955）。关于巴斯克教士，参见*El clero vasco frente a la cruzada franquista*（Bayonne，1966）。关于对反宗教运动的进一步思考见维多利亚主教Dr Mateo Múgica，*Imperativos de mi consiencia*（Buenos Aires，no date）和Fr J. Vilar Costa，*Montserrat, glosas a la carta colectiva de los obispos españoles*（Barcelona，1938）。有关法国天主教对共和国的支持，参见Georges Bernanos，*Les Grands Cimetières sous la lune*（Paris，1938）和Jacques Maritain，*Sobre la guerra santa*（Buenos Aires，1937）。

为教会进行的正统辩护，参见枢机主教Gomá，*Pastorales de la guerra de España*（Madrid，1955），以及诸多小册子，如：Fr Ignacio Reigada，*La guerra nacional española ante el moral y el derecho*（Salamanca，1937）。为教会展开的理性辩护，见Luis Carreras，*The Glory of Martyred Spain*（London，1939）。Fr Antonio Montero的著作［上文VIII（9）］全面考察了共和国时期教会遭受的迫害。Antonio Granados的*El cardenal Gomá*（Madrid，1969）提供了一些有用的材料。

XIII. 小说

一些描述西班牙内战及其起源的小说：Georges Conchon，*La corrida de la Victoire*（Paris，1960）；Camilo José Cela，*Visperas, festividad y octava de San Camilo del año 1936 en Madrid*（Madrid，1969）；Pío Baroja，*Aurora roja*（Madrid，1929）；José María Gironella，*Los cipreses creen en Dios*（Barcelona，1956）；Agustín de Foxá，*Madrid, de corte a checa*（San Sebastián，1938）；Ernest Hemingway，*For Whom the Bell Tolls*（New York，1940）；Angel María de Lera，*Las últimas banderas*（Barcelona，1966）；André Malraux，*L'Espoir*（Paris，1937）；Henri de Montherlant，*Le Chaos et la nuit*（Paris，1963）；Gustav Regler，*The Great Crusade*（New York，Toronto，1940）；Ramón Sender，*Seven Red Sundays*（London，1936）.

XIV. 电影

相关电影：*Madrid'* 36（1937，Buñuel创作）；*L'Espoir*（1939，Malraux创作）；*La Guerre est finie*（1964），Semprún极具才华地重构了流亡政治始末；*Mourir à Madrid*（1962），Rossif的重新演绎；*The Spanish Earth*（1938），由Joris Ivens、Hemingway、Lillian Hellman和Dos Passos共同创作，但并不成功；*The Spirit of the Beehive*（1974），虽然画面幽暗但富有美感。

选入的参考书目

以下列出了除报纸和期刊之外在注释中提到的所有书籍、文章和其他内容以及其他一些曾用到的参考书。本书目入选的标准通常是作为相关信息来源的一些具有标志性的套装书，或者是一些典型的小册子，因此像《切姆斯福德主教驳斥》(*The Bisbop of Chelmsford Refuted*)这样的书的历史参考价值并不大，但它和其他小册子的内容本身很有趣。

ABAD DE SANTILLÁN, DIEGO, *Por qué perdimos la guerra* (Buenos Aires, 1940); *La revolución la guerra en España* (Buenos Aires, 1937).

ABELLA, RAFAEL, *La España nacional* (Barcelona, 1973).

ABERRIGOYEN, IÑAKI DE (IGNACIO DE AZPIAZU), *Sept mois et sept jours dans l'Espagne de Franco* (Paris, 1938).

ABSHAGEN, KARL, *Canaris* (London, 1956).

ACEDO COLUNGA, FELIPE, *José Calvo Sotelo* (Barcelona, 1959).

ACIER, MARCEL (ed.), *From Spanish Trenches* (New York, 1937).

AGUIRRE Y LECUBE, JOSÉ ANTONIO DE, *De Guernica a Nueva York pasando por Berlín* (Buenos Aires, 1944).

ALBA, VÍCTOR (PEDRO PAGÉS ELÍAS), *Histoire des républiques espagnoles* (Vincennes, 1948).

ALCALÁ GALIANO, ALVARO, *The Fall of a Throne* (London, 1933).

ALCÁZAR DE VELASCO, ANGEL, *Serrano Súñer en la Falange* (Madrid, 1940).

ALCOFAR NASSAES, JOSÉ LUIS, *CTV: los legionarios italianos en la guerra civil española* (Barcelona, 1972); *Los asesores soviéticos en la guerra civil española* (Barcelona, 1971); *Las fuerzas navales en la guerra civil española* (Barcelona, 1971).

ALCOLEA, RAYMOND, *Le Christ chez Franco* (Paris, 1938).

ALLAN, TED, *The Man Who Made Franco* (article) (Colliers, 1947).

ALLAN, TED (and GORDON, SYDNEY), *The Scalpel, Not the Sword* (London, 1954) (Life of Doctor Norman Bethune).

ALONSO, BRUNO, *La flota republicana y la guerra civil de España* (Mexico, 1944).

ALPERT, MICHAEL, *A New International History of the Spanish Civil War* (London, 1994); *The Republican Army in the Spanish Civil War, 1936–1939* (Reading,

1973). (Published in Barcelona, 1977, as *El Ejercito republicano en la guerra civil.*)
ALVAREZ, RAMÓN, *Eleuterio Quintanilla* (*vida y obra del maestro*) (Mexico, 1973).
ALVAREZ DEL VAYO, JULIO, *Freedom's Battle* (New York, 1940); *Give Me Combat* (New York, 1973); *The Last Optimist* (London, 1950).
AMBA, ACHMED, *I Was Stalin's Bodyguard* (London, 1952).
AMERY, JULIAN, *Approach March* (London, 1973).
ANSALDO, JUAN ANTONIO, *¿Para qué?...* (*De Alfonso XIII a Juan III*) (Buenos Aires, 1951).
Anuario Estadístico de España (Madrid, 1931).
ARAQUISTAIN, LUIS, *El comunismo y la guerra de España* (Carmaux, 1939).
ARENILLAS, JOSÉ MARÍA, *The National Question and the Socialist Revolution in the Basque Country* (Leeds, 1972).
ARMILAS GARCÍA, LUIS, *Rutas gloriosas* (Cádiz, 1939).
ARMIÑÁN, JOSÉ MANUEL DE and LUIS DE, *Epistolario del dictador* (Madrid, 1930).
ARMIÑÁN, LUIS DE, *Bajo el cielo de Levante* (Madrid, 1939).
ARNAL, MOSÉN JESÚS, *Por qué fui secretario de Durruti* (Andorra, 1972).
AROCA SARDAGNA, JOSÉ MARÍA, *Los republicanos que no se exilaron* (Barcelona, 1969).
ARRARÁS, JOAQUÍN, *Franco* (Buenos Aires, 1937); *Historia de la segunda república española,* 4 vols. (Buenos Aires, 1956–64).
ASENSIO TORRADO, General, *El General Asensio: su lealtad a la república* (Barcelona, 1938).
ATHOLL, KATHARINE, Duchess of, *Searchlight on Spain* (Harmondsworth, 1938).
ATTLEE, C. R. (with ELLEN WILKINSON, PHILIP NOEL BAKER, JOHN DUGDALE), *What We Saw in Spain* (London, 1937).
AUB, MAX, *Campo cerrado* (Mexico, 1943).
AUCLAIR, MARCELLE, *Enfance et mort de García Lorca* (Paris, 1968).
Authors Take Sides (London, 1937).
AVILÉS, GABRIEL, *Tribunales rojos* (Barcelona, 1939).
AYERRA, MARINO, *No me avergoncé del Evangelio* (Buenos Aires, 1958).
AZAÑA, MANUEL, *Obras completas,* 4 vols. (Mexico, 1966–8); *Diarios 1932–1933* (Barcelona, 1997).
AZCÁRATE, PABLO DE, *Memoirs* (unpublished).
AZNAR, MANUEL, *Historia militar de la guerra de España* (*1936–1939*) (Madrid, 1940).
AZPILIKOETA,——DE, *Le Problème basque vu par le cardinal Gomá et le président Aguirre* (Paris, 1938).

BAHAMONDE, ÁNGEL (with CERVERA, JAIME), *Así terminó la guerra de España* (Madrid, 1999).
BAHAMONDE Y SÁNCHEZ DE CASTRO, ANTONIO, *Memoirs of a Spanish Nationalist* (London, 1939).
BAILEY, GEOFFREY, *The Conspirators* (London, 1961).
Bajo la bandera de la España republicana (Moscow, 1970?).
BAKER, CARLOS, *Hemingway: The Writer as an Artist* (Princeton, 1952).
BALBONTÍN, JOSÉ ANTONIO, *La España de mi experiencia* (Mexico, 1952).
BALCELLS, ALBERTO, *Crisis económica y agitación social en Cataluña (1930–1936)* (Barcelona, 1971).
BALK, THEODORE, *La Quatorzième* (Madrid, 1937).
BALLESTEROS, ANTONIO, *Historia de España*, 8 vols. (Barcelona, 1919–36).
BARÁIBAR, CARLOS DE, *La guerra de España en el plano internacional* (Barcelona, 1938).
BARCIA TRELLES, AUGUSTO, *La política de no-intervención* (Buenos Aires, 1942).
BARCO TERUEL, ENRIQUE, *Valle del Jarama (Brigada Internacional)* (Barcelona, 1969).
BARDOUX, JACQUES, *Chaos in Spain* (London, 1937).
BAREA, ARTURO, *The Forging of a Rebel* (New York, 1946).
BARMINE, ALEXANDER, *One Who Survived* (London, 1945).
BAROJA Y NESSI, PÍO, *Ayer y hoy* (Santiago de Chile, 1939).
BARRIOBERO, EDUARDO, *Un tribunal revolucionario* (Barcelona, 1937).
BARTLETT, V., *I Accuse* (London, 1937).
BASALDÚA, PEDRO DE, *El dolor de Euzkadi* (Barcelona, 1937); *En España sale el sol* (Buenos Aires, 1946).
BAUER, EDDY, *Rouge et or* (Neuchâtel, 1939).
BAYLE, FR CONSTANTINO, *¿Qué pasa en España?* (Salamanca, 1937).
BEAUFRE, General ANDRÉ, *The Fall of France, 1940* (London, 1965).
BÉCARUD, JEAN (and LAPOUGE, GILLES), *Anarchistes en Espagne* (Paris, 1969).
BELFORTE, FRANCESCO, *La guerra civile in Spagna* (Milan, 1938).
BELL, QUENTIN (ed.), *Julian Bell; Essays, Poems and Letters* (London, 1938).
BEN-AMI, S., *The Origins of the Second Republic* (Oxford thesis, 1974).
BENAVIDES, MANUEL, *El último pirata del Mediterráneo* (Madrid, 1933); *Guerra y revolución en Cataluña* (Mexico, 1946); *La escuadra la mandan los cabos* (Mexico, 1944).
BENDINER, ROBERT, *The Riddle of the State Department* (New York, 1962).
BERJÓN, ANTONIO, *La Prière des exilés espagnols à la Vierge du Pilier* (Liège, 1938).
BERNANOS, GEORGES, *Les Grands cimetières sous la lune* (Paris, 1938).

BERNERI, CAMILLO, *Mussolini à la comquête des Baléares* (Paris, 1937); *Guerre de classe en Espagne* (Paris, 1938).
BERNERI, GIOVANNA, *Lezione sull'antifascismo* (Bari, 1962).
'BERRYER',——, *Red Justice* (London, 1937).
BERTRÁN GÜELL, FELIPE, *Preparación y desarrollo del alzamiento nacional* (Valladolid, 1939).
BERTRÁN Y MUSITU, JOSÉ, *Experiencias de los servicios de información del nordeste de España (SIFNE) durante la guerra* (Madrid, 1940).
BESSIE, ALVAH CECIL, *Men in Battle* (New York, 1939).
BETHUNE, NORMAN, *Le Crime de la route Málaga-Almería* (Publicaciones Iberia, no date).
BEUMELBURG, WERNER, *Kampf um Spanien, die Geswchichte der Legion Condor* (Berlin, 1940).
BEURKO, SANCHO DE, *Gudaris, recuerdos de guerra* (Buenos Aires, 1956).
BIHALJI-MERIN, OTO (MERIN, PETER), *Spain between Death and Birth* (New York, 1938).
BILAINKIN, GEORGE, *Tito* (London, 1952).
Bishop of Chelmsford Refuted, The (London, 1938).
BLANKFORT, MICHAEL, *The Brave and the Blind* (New York, 1940).
BLEY, WULF, *Das Buch der Spanienflieger* (Leipzig, 1939).
BLOCH, JEAN RICHARD, *España en armas* (Santiago de Chile, 1937).
BLYTHE, HENRY, *Spain over Britain* (London, 1937).
BOLÍN, LUIS A., *Spain, the Vital Years* (London, 1967).
BOLLATI, AMBROGIO, *La guerra di Spagna sino alla liberazione di Gijón* (Turin, 1937); *La guerra di Spagna dalla liberazione di Gijón alla vittoria* (Turin, 1939).
BOLLOTEN, BURNETT, *The Grand Camouflage: The Communist Conspiracy in the Spanish Civil War* (London, 1961).
BONET, JOAQUÍN ALONSO, *¡Simancas! Epopeya de los cuarteles de Gijón* (Gijón, 1939).
BONNET, GEORGES, *De Washington au Quai d'Orsay* (Geneva, 1946).
BONOMI, RUGGERO, *Viva la muerte, diario dell' 'Aviación de El Tercio'* (Rome, 1941).
Book of the XVth Brigade, The (Madrid, 1938).
BORKENAU, FRANZ, *The Spanish Cockpit* (London, 1937).
BORRÁS Y BERMEJO, TOMÁS, *Checas de Madrid* (Barcelona, 1956).
BOTELLA PASTOR, V., *Así cayeron los dados* (Mexico, 1959); *Por qué callaron las campanas* (Mexico, 1953).
BOUTHELIER, ANTONIO (with MORA, JOSÉ LÓPEZ), *Ocho días de la revuelta comunista* (Madrid, 1940).
BOWERS, CLAUDE, *My Mission to Spain* (New York, 1954).
BRACHER, KARL, *The German Dictatorship* (London, 1970).

BRADEMAS, JOHN, *Anarcosindicalismo y revolución en España (1930–1937)* (Barcelona, 1974).

BRASILLACH, ROBERT, *Histoire de la guerra d'Espagne* (Paris, 1939).

BRAVO, FRANCISCO, *Historia de la Falange española de las JONS* (Madrid, 1940).

BRAVO MORATA, FEDERICO, *Historia de Madrid,* vol. III (Madrid, 1968).

BRAY, ARTURO, *La España del brazo en alto* (Buenos Aires, 1943).

BRECHT, BERTOLT, *Die Gewehre der Frau Carrara,* in *Gesammelte Werke,* vol. 3 (Frankfurt, 1967).

BREDEL, W., *Rencontre sur l'Ebre* (Paris, 1950).

BRENAN, GERALD, *Personal Record* (London, 1974); *South from Granada* (London, 1957); *The Spanish Labyrinth* (Cambridge, 1943).

BRERETON, GEOFFREY, *Inside Spain* (London, 1938).

BRICALL, JOSEP MARÍA, *Política económica de la Generalitat (1936–1939); Evolució i formes de la producció industrial* (Barcelona, 1970).

BRISSA, JOSÉ, *La revolución de julio en Barcelona* (Barcelona, 1910).

BROCKWAY, FENNER, *The Truth about Barcelona* (London, 1937).

BROME, VINCENT, *The International Brigades, Spain, 1936–1939* (London, 1965).

BROUÉ, PIERRE (and TÉMIME, ÉMILE), *La Révolution et la guerre d'Espagne* (Paris, 1961).

BROWDER, EARL (with LAWRENCE, BILL), *Next Steps to Win the War in Spain* (New York, 1938).

BUCKLEY, HENRY W., *Life and Death of the Spanish Republic* (London, 1940).

BULLEJOS, JOSÉ, *Europa entre dos guerras* (Mexico, 1944).

BULLOCK, ALAN, 'Hitler and the Origins of the Second World War' (*Proceedings of the British Academy,* LIII, 1967; Raleigh lecture).

BURGO, JAIME DEL, *Conspiracion y guerra civil* (Madrid, 1970).

BUSCH, ERNST (ed.), *Kampflieder; Battle-songs; Canzoni di guerra; Chansons de guerre; Canciones de guerra de las brigadas internacionales* (Madrid, 1937).

BUSTAMANTE Y QUIJANO, RAMÓN, *A bordo del 'Alfonso Pérez'* (Madrid, 1940).

BUTLER, Lord, *The Art of the Possible* (London, 1971).

BUTLER, J. R. M., *Lord Lothian* (London, 1960).

CABANELLAS, GUILLERMO, *La guerra de los mil días,* 2 vols. (Barcelona, 1973).

CABANILLAS, ALFREDO, *Hacia la españa eterna* (Buenos Aires, 1938).

CABEZAS, JUAN ANTONIO, *Asturias, catorce meses de guerra civil* (Madrid, 1974).

CACHO VIU, VICENTE, *La Institución Libre de Enseñanza* (Madrid, 1962).

CACHO ZABALZA, ANTONIO, *La Unión Militar Española* (Alicante, 1940).

CALLEJA, JUAN JOSÉ, *Yagüe, un corazón al rojo* (Barcelona, 1963).

CAMPBELL, ROY, *Flowering Rifle* (London, 1939).

CAMPESINO, EL: see GONZÁLEZ, VALENTÍN.

CAMPOAMOR, CLARA, *La Révolution espagnole vue par une républicaine* (Paris, 1937).

CANTALUPO, ROBERTO, *Fu la Spagna* (Milan, 1948).
CAPA, ROBERT, *Death in the Making* (New York, 1938).
CARDOZO, HAROLD G., *The March of a Nation* (New York, 1937).
Carlist Archives, Seville: these were papers, letters and other matter in the possession of Manuel Fal Conde, shown to me by Melchor Ferrer.
CARR, RAYMOND (ed.), *The Republic and the Civil War in Spain* (London, 1971); *Spain 1808–1939* (Oxford, 1966).
CARRASCAL, G., *Asturias, 18 julio 1926, 21 octubre 1937* (Valladolid, 1938).
CARRERA, BUENA VENTURA, *L'Europe aveugle devant l'Espagne martyre* (Paris, 1939).
CARRERAS, LUIS, *The Glory of Martyred Spain* (London, 1939).
CARRERO BLANCO, LUIS, *España y el mar* (Madrid, 1962).
CARRETERO, JOSÉ MARÍA, *Nosotros los mártires* (Madrid, 1940).
CARRILLO, SANTIAGO, *Demain Espagne* (entretiens avec Régis Debray et Max Gallo) (Paris, 1974); *Memorias* (Barcelona, 1993).
CARRILLO, WENCESLAO, *El último episodio de la guerra civil española* (Toulouse, 1945).
CARRIÓN, PASCUAL, *La reforma agraria de la segunda República* (Barcelona, 1973).
CARSTEN, FRANCIS, *The Reichswehr and Politics 1918–1933* (Oxford, 1966).
CASADO, SEGISMUNDO, *The Last Days of Madrid* (London, 1939).
CASANOVA, MANUEL, *L'Espagne livrée* (Paris, 1971).
CASARES, MARIA, *Residente privilégiée* (Paris, 1980).
CASARIEGO FERNÁNDEZ, JESÚS EVARISTO, *Flor de hidalgos* (Pamplona, 1938).
CASAS DE LA VEGA, R., *Brunete* (Madrid, 1967).
CASTELLS, ANDREU, *Las brigadas internacionales de la guerra de España* (Barcelona, 1974).
CASTILLO, JOSÉ DEL (with ALVAREZ, SANTIAGO), *Barcelona, objetivo cubierto* (Barcelona, 1958).
CASTRO ALBARRÁN, ANICETO DE, *Este es el cortejo... héroes y mártires de la cruzada española* (Salamanca, 1941).
CASTRO DELGADO, ENRIQUE, *Hombres made in Moscú* (Barcelona, 1965).
Catalunya sota el règim franquista, vol. I (Paris, 1973).
Catholic church in Spain. Joint letter of the Spanish bishops to the bishops of the whole world concerning the war in Spain (London, 1937).
CATTELL, DAVID TREDWELL, *Communism and the Spanish Civil War* (Berkeley, 1955); *Soviet Diplomacy and the Spanish Civil War* (Berkeley, 1957).
CAUTE, DAVID, *The Fellow Travellers* (London, 1973).
CELA, CAMILO JOSÉ, *Visperas, festividad y octava de San Camilo del año 1936 en Madrid* (Madrid, 1969).

CERVERA, JAIME, *Madrid en Guerra: La Ciudad Clandestína 1936–1939* (Madrid, 1998).
CERVERA VALDERRAMA, Admiral JUAN, *Memorias de guerra 1936–1939* (Madrid, 1968).
CHAMSON, ANDRÉ, *Rien qu'un témoignage* (Paris, 1937).
CHAPAPRIETA, JOAQUÍN, *La paz fue posible* (Barcelona, 1971).
CHAVES NOVALES, MANUEL, *A sangre y fuego, héroes, bestias y mártires de España* (Santiago de Chile, 1937).
CHOMSKY, NOAM, *American Power and the New Mandarins* (London, 1969).
Christ or Franco? An answer to the Spanish episcopate (London, 1937).
CHURCHILL, WINSTON, The Second World War, vol. I: *The Gathering Storm* (London, 1948).
CÍA NAVASCUÉS, POLICARPO, *Memorias del tercio de Montejurra* (Pamplona, 1941).
CIANO, Count GALEAZZO, *Diaries 1937–1938* (London, 1952); *Diaries 1939–1943* (London, 1947); *Diplomatic Papers* (London, 1948).
CIERVA, RICARDO DE LA, *Historia de la guerra civil española* (Madrid, 1969); *Historia ilustrada de la guerra civil española* (Barcelona, 1970); *La historia perdida del socialismo español* (Madrid, 1972); *Levanda y tragedia de las brigadas internacionales* (Madrid, 1969); *Los documentos de la primavera trágica* (Madrid, 1967).
CIRAC ESTOPAÑÁN, SEBASTIÁN, *Héroes mártires de Caspe* (Saragossa, 1939).
CIRRE JIMÉNEZ, JOSÉ, *De Espejo a Madrid con las tropas del general Miaja* (Granada, 1937).
CLARK, RONALD, *J.B.S.: The Life and Work of J.B.S. Haldane* (London, 1968).
CLAUDÍN, FERNANDO, *La crisis del movimiento comunista* (Paris, 1970); 'Spain, the Untimely Revolution', *New Left Review*, no. 74.
Clerge basque, Le, Rapports présentés par des prêtres basques aux autorités ecclésiastiques (Paris, 1938).
CLÉRISSE, HENRY, *Espagne 36–37* (Paris, 1937).
Clero vasco frente a la cruzada franquista, El (Bayonne, 1966).
CLEUGH, JAMES, *Spanish Fury: The Story of a Civil War* (London, 1962).
CLOUD, YVONNE, *Basque Children in England* (London, 1937).
COCKBURN, CLAUD, *Crossing the Line* (London, 1956).
COLÁS LAGUÍA, EMILIO, *La gesta heroica de España* (Saragossa, 1936).
Colectividades de Castilla (Madrid, 1937).
COLMEGNA, HÉCTOR, *Diario de un médico argentino en la guerra de España, 1936–1939* (Buenos Aires, 1941).
COLODNY, ROBERT, *The Struggle for Madrid* (New York, 1958).
COLVIN, IAN, *Hitler's Secret Enemy* (London, 1957).

COMÍN COLOMER, EDUARDO, *El comisariado político en la guerra española 1936–1939* (Madrid, 1973); *El Quinto Regimiento de Milicas Populares* (Madrid, 1973); *Historia del partido comunista de España,* 3 vols. (Madrid, 1965); *La república en el exilio* (Barcelona, 1957).
Communist Atrocities in Southern Spain, The (Preliminary, Second and Third Reports, in English, London, 1936; Fourth and Fifth Reports, in Spanish, Burgos, 1937).
Communist International, Report of the VIIth World Congress of the (London, 1936).
CONCHON, GEORGES, *La Corrida de la Victoire* (Paris, 1960).
CONFORTI, OLAO, *Guadalajara* (Milan, 1967).
CONILL Y MATARÓ, ANTONIO, *Codo: di mi diario de compaña* (Barcelona, 1954).
CONNOLLY, CYRIL, *The Condemned Playground* (London, 1945); *The Golden Horizon* (London, 1953).
CONQUEST, ROBERT, *The Great Terror* (London, 1968).
CONZE, EDWARD, *Spain Today* (London, 1936).
COPEMAN, FRED, *Reason in Revolt* (London, 1948).
CÓRDOBA, JUAN DE (JOSÉ LOSADA DE LA TORRE), *Estampas y reportajes de retaguardia* (Seville, 1939).
CORDÓN, ANTONIO, *Trayectoria (recuerdos de un artillero)* (Paris, 1971).
CORNFORD, JOHN, see SLOAN, PAT.
COSTELLO, JOHN (and TSAREV, OLEG), *Deadly Illusions* (New York, 1993).
COT, PIERRE, *The Triumph of Treason* (Chicago, 1944).
COUFFON, CLAUDE, *A Grenade, sur les pas de García Lorca* (Paris, 1962); *Miguel Hernández et Orihuela* (Paris, 1963).
COVERDALE, JOHN, 'The Battle of Guadalajara', *Journal of Contemporary History* (January 1974).
COWLES, VIRGINIA, *Looking for Trouble* (London, 1941).
COX, GEOFFREY, *Defence of Madrid* (London, 1937).
CREAC'H, JEAN, *Le Cœur et l'épée* (Paris, 1958).
CROZIER, BRIAN, *Franco* (London, 1967).
CRUELLS, MANUEL, *El 6 d'octubre a Catalunya* (Barcelona, 1971); *Mayo sangriento: Barcelona 1937* (Barcelona, 1970).
Cruzada: Historia de la cruzada española, 35 folios (Madrid, 1940–43).
Cuadernos de Ruedo Ibérico: 'El movimiento libertario español' (Paris, 1974).
CURTIS, NORAH (and DILBY, CYRIL), *Malnutrition* (London, 1944).
DAHMS, HELMUTH, *Der Spanische Bürgerkireg 1936–1939* (Tübingen, 1962).
DALTON, HUGH, *The Fateful Years: Memoirs 1931–1945* (London, 1957).
DÁVILA, SANCHO (and PEMARTÍN, JULIÁN), *Hacia la historia de la Falange, primera contribución de Sevilla* (Jerez, 1938).
Déclarations des gouvernements européens au sujet des affaires d'Espagne (summary of

documents in typescript in the Rockefeller Library of the Palais des Nations).
DEDIJER, VLADIMIR, *Tito Speaks* (London, 1953).
De julio a julio (by J. Garcia Oliver, etc.) (Barcelona, 1937).
DELAPRÉE, LOUIS, *The Martyrdom of Madrid* (Madrid, 1937).
DELCLAUX, CARLOS, *La financiación de la cruzada*, University of Deusto thesis (1950, unpublished).
DELMER, SEFTON, *Trail Sinister* (London, 1961).
DE LOS RÍOS, FERNANDO, *Mi viaje a la Rusia Soviética*, 2nd ed. (Madrid, 1970).
DELPERRIE DE BAYAC, JACQUES, *Les Brigades Internationales* (Paris, 1968).
DERIABIN, P. (and GIBNEY, F.), *The Secret World* (London, 1960).
DESANTI, DOMINIQUE, *L'Internationale communiste* (Paris, 1971).
DEUTSCHER, ISAAC, *Stalin, a Political Biography* (London, 1949); *The Prophet Armed* (London, 1954); *The Prophet Unarmed* (London, 1959); *The Prophet Outcast* (London, 1963).
DE WET, OLOFF, *Cardboard Crucifix* (Edinburgh and London, 1938).
DÍAZ, JOSÉ, *Por la unidad, hacia la victoria* (Barcelona, 1937); *Tres años de lucha* (Paris, 1970).
DÍAZ DE ENTRESOTOS, BALDOMERO, *Seis meses de anarquía en Extramadura* (Cáceres, 1937).
DÍAZ DE VILLEGAS, JOSÉ, *Guerra de liberación; la fuerza de la razón*, 1st ed. (Barcelona, 1957).
DÍAZ DEL MORAL, JOSÉ, *Historia de las agitaciones campesinas andaluzas: Córdoba* (Madrid, 1929).
DÍAZ NOSTY, BERNARDO, *La comuna asturiana* (Madrid, 1974).
DÍAZ-PLAJA, FERNANDO, comp., *La guerra de España en sus documentos*, 2nd ed. (Barcelona, 1966).
Dictamen de la comisión sobre la ilegitimidad de poderes actuantes en el 18 de julio de 1936 (Barcelona, 1939).
DIEGO, Capitán de, *Belchite* (Barcelona, 1939).
Documents diplomatiques français 1932–1939, 2ᵉ série (Paris, 1968).
Documents on German Foreign Policy 1918–1945, Series C, vols. IV (London, 1962) and V (London, 1966); series D, vols. III (London, 1951) and XI (London, 1961). (Note: *GD* in footnotes refers to Series D, vol. III.)
Documents secrets du ministère des affaires étrangères d'Allemagne, vol. III (Moscow, 1946).
DOLGOFF, SAM, *The Anarchist Collectives: Workers' Self-management in the Spanish Revolution, 1936–1939* (New York, 1974).
DOMÉNECH PUIG, ROSENDO, *Diario de campaña de un requeté* (Barcelona, no date).

DOMINGO, MARCELINO, *La experiencia del poder* (Madrid, 1934).
DOMÍNGUEZ, EDMUNDO, *Los vencedores de Negrín* (Mexico, 1940).
DUCLOS, JACQUES, *Mémoires 1935–1939* (Paris, 1969).
DUMONT, RENÉ, *Types of Rural Economy* (London, 1957).
DUNDAS, LAWRENCE, *Behind the Spanish Mask* (London, 1943).
DUPRÉ, HENRI, *La 'Légion Tricolore' en Espagne* (Paris, 1942).
DURÁN JORDÁ, FREDERICK, *The Service of Blood Transfusion at the Front* (Barcelona, 1937).
DUVAL, MAURICE, *Les Espagnols et la guerre d'Espagne* (Paris, 1939); *Les Leçons de la guerre d'Espagne* (Paris, 1938).
DZELEPY, ELEUTHÈRE, *Britain in Spain* (London, 1939); *The Spanish Plot* (London, 1937).
EBY, CECIL D., *Between the Bullet and the Lie* (New York, 1969); *The Siege of the Alcazar* (London, 1966).
EDEN, ANTHONY (Earl of AVON), *Facing the Dictators* (London, 1962).
Education in Republican Spain (London, 1937).
EHRENBURG, ILYA, *The Eve of War* (*Men, Years, and Life*, vol. IV) (London, 1963).
ELORZA, ANTONIO, and MARTA BIZCARRONDO, *Queridos camaradas* (Barcelona, 1999).
ELSTOB, PETER, *Spanish Prisoner* (New York, 1939).
L'Épopée de l'Espagne; brigades internationales, 1936–1939 (Paris, 1957).
ERICKSON, JOHN, *The Soviet High Command* (London, 1962).
ESCH, PATRICIA A. M. VAN DER, *Prelude to War: the International Repercussions of the Spanish Civil War, 1936–1939* (The Hague, 1951).
ESCOBAL, PATRICIO P., *Death Row: Spain 1936* (Indianapolis, 1968).
ESCOBAR, JOSÉ IGNACIO, (Marqués de VALDEIGLESIAS), *Así empezó...* (Madrid, 1974).
ESPERABÉ ARTEAGA, ENRIQUE, *La guerra de reconquista española* (Madrid, 1939).
ESPINA DE SERNA, CONCHA, *Luna roja, novela de la revolución* (Valladolid, 1939); *Princesas del martirio* (Barcelona, 1940).
ESPINAR, JAIME, *'Argelés-sur-Mer'* (*Campo de concentración para españoles*) (Caracas, 1940).
ESTEBAN INFANTES, General, *General Sanjurjo* (Barcelona, 1957).
Événements survenus en France 1936–1945, Les, Rapport fait au nom de la Commission de l'Assemblée Nationale; Temoignages, vol. I (Paris, 1955).
FALDELLA, EMILIO, *Venti mesi de guerra in Spagna* (Florence, 1939).
FARMBOROUGH, FLORENCE, *Life and People in National Spain* (London, 1938).
FD: see *Documents diplomatiques français.*
FEILING, KEITH, *The Life of Neville Chamberlain* (London, 1946).
FEIS, HERBERT, *The Spanish Story* (New York, 1948).

FERNÁNDEZ, ALMAGRO, MELCHOR, *Historia dela república española, 1931–1936* (Madrid, 1940).
FERNÁNDEZ ARIAS, ADELARDO, *Madrid bajo 'el terror', 1936–1937* (Saragossa, 1937).
FERRARA, MARCELLA and MAURICIO, *Palmiro Togliatti,* French translation (Paris, 1955).
FERRARI BILLOCH, FRANCISCO, *¡¡Masones!! Así es la secta, las logias de Palma e Ibiza* (Palma, 1937).
FERRER, MELCHOR, *Documentos de don Alfonso Carlos* (Madrid, 1950).
FERRER, SOL, *Francisco Ferrer* (Paris, 1962).
FIDALGO CARASA, PILAR, *A Young Mother in Franco's Prisons* (London, 1939).
FISCHER, LOUIS, *Men and Politics* (New York, 1941); *The War in Spain* (New York, 1937).
FISCHER, RUTH, *Stalin and German Communism* (Oxford, 1949).
FITZPATRICK, Captain NÖEL, *Memoirs* (unpublished).
FOLTZ, CHARLES, *The Masquerade in Spain* (Boston, 1948).
FONTANA, JOSÉ MARÍA, *Los catalanes en la guerra de España* (Madrid, 1951).
FONTERIZ, LUIS DE (pseud.), *Red Terror in Madrid* (London, 1937).
FOOTE, ALEXANDER, *Handbook for Spies* (London, 1953).
FOOTIT, HILARY, *French Intellectuals and the Spanish Civil War* (Reading Ph.D., 1972).
FORBES, ROSITA, *The Sultan of the Mountains* (New York, 1924).
FORELL, FRITZ VON, *Mölders und seine Männer* (Graz, 1941).
FOSS, WILLIAM, *The Spanish Arena* (London, 1938).
FOX, RALPH, *A Writer in Arms* (London, 1937).
FOXÁ, AGUSTÍN DE, *Madrid, de corte a checa* (San Sebastián, 1938).
FRASER, RONALD, *Blood of Spain: An Oral History of the Spanish Civil War* (New York, 1979) (new ed., 1986); *In Hiding: The Life of Manuel Cortes* (London, 1972); *The Pueblo* (London, 1973).
FRUTOS, VÍCTOR DE, *Los que no peridieron la guerra* (Buenos Aires, 1967).
FÜHRING, HELMUT HERMANN, *Wir funken für Franco* (Gütersloh, 1941).
FULLER, General, *The Conquest of Red Spain* (London, 1937).
GALEY, JOHN H., 'Bridegrooms of Death: a Profile Study of the Spanish Foreign Legion', *Journal of Contemporary History,* vol. IV, No. 2 (1969).
GALÍNDEZ SUÁREZ, JESÚS, *Los vascos en el Madrid sitiado* (Buenos Aires, 1945).
GALINDO HERRERA, SANTIAGO, *Los partidos monárquicos bajo la segunda república* (Madrid, 1956).
GALLAND, ADOLF, *The First and the Last* (London, 1957).
GALLO, MAX, *Spain under Franco: A History* (London, 1973).
GAMELIN, MAURICE, *Servir* (Paris, 1946–7).
GAMIR ULÍBARRI, General, *De mis memorias* (Paris, 1939).

GANNES, HARRY (with THEODORE 'REPARD'), *Spain in Revolt* (London, 1936).
GARATE, JOSÉ MARÍA, *Mil días de fuego* (Barcelona, 1972)
GARCÍA, JOSÉ, *Ispaniia Narodnogo fronta 1936–1939* (Moscow, 1957).
GARCÍA, MIGUEL, *I Was Franco's Prisoner* (London, 1972).
GARCÍA ALONSO, FRANCISCO, *Así mueren los españoles* (Buenos Aires, 1937).
GARCÍA ARIAS, LUIS, *La política internacionale en torno a la guerra de España 1936* (Saragossa, 1961).
GARCÍA LACALLE, ANDRÉS, *Mitos y verdades: la aviación de caza en la guerra española* (Mexico, 1974).
GARCÍA MERCADAL, JOSÉ, *Aire tierra y mar* (Saragossa, 1938?–40).
GARCÍA MORATO, JOAQUÍN, *Guerra en el aire* (Madrid, 1940).
GARCÍA PRADAS, JOSÉ, *Cómo terminó la guerra de España* (Buenos Aires, 1940).
GARCÍA SERRANO, RAFAEL, *Diccionario para un macuto* (Madrid, 1964).
GARCÍA VALIÑO, RAFAEL, *Guerra de liberación española. Campañas de Aragón y Maestrazgo* (Madrid, 1949).
GARCÍA VENERO, MAXIMINIANO, *Falange en la guerra de España: la unificación y Hedilla* (Paris, 1967); *El general Fanjul* (Madrid, 1967); *Historia de las Internacionales en España,* 3 vols. (Madrid, 1956–7); *Historia del nacionalismo catalán,* 2 vols. (Madrid, 1967); *Historia del nacionalismo vasco* (Madrid, 1945); *Madrid, julio 1936* (Madrid, 1973).
Garibaldini in Ispagna (Madrid, 1937).
GAROSCI, ALDO, *Gli intellettuali d la Guerra de Spagna* (Turin, 1959).
GARRACHÓN CUESTA, ANTONIO, *De África a Cádiz y de Cádiz a la España Imperial* (Cadiz, 1938).
GARRIGA, RAMÓN, *Las relaciones secretas entre Franco y Hitler* (Buenos Aires, 1965).
GARTHOFF, B., *How Russia Makes War* (London, 1954).
GD: see *Documents on German Foreign Policy 1918–1945.*
General Cause, The: see Spain, Tribunal supremo.
GEORGE, ROBERT ('ROBERT SENCOURT'), *Spain's Ordeal* (London, 1938).
GERAHTY, CECIL, *The Road to Madrid* (London, 1937).
GIBSON, IAN, *Federico García Lorca: A Life* (London, 1989); *The Death of Lorca* (London, 1973).
GIL MUGARZA, BERNARDO, comp., *España en llamas, 1936* (Barcelona, 1968).
GIL ROBLES, JOSÉ MARÍA, *Discursos parlamentarios* (Madrid, 1971); *No fue posible la paz* (Barcelona, 1968).
GILBERT, MARTIN, *A Century of Conflict: Essays Presented to A. J. P. Taylor* (London, 1966).
GILLIAN, NICK, *Le Mercenaire* (Paris, 1938).
GIMÉNEZ CABALLERO, ERNESTO, *¡Hay Pirineos! Notas de un alférez en la IV^a de Navarra sobre la conquista de Port Bou* (Barcelona, 1939).

GIRONELLA, JOSÉ MARÍA, *Los cipreses creen en Dios* (Barcelona, 1956); *Un millón de muertos* (Barcelona, 1961).
GISCLON, JEAN, *Des avions et des hommes* (Paris, 1969).
GODED, MANUEL, *Un 'faccioso' cien por cien* (Saragossa, 1939).
GOMÁ ORDUÑA, JOSÉ, *La guerra en el aire* (Barcelona, 1958).
GOMÁ Y TOMÁS, ISIDRO, Cardinal, *Pastorales de la guerra de España* (Madrid, 1955).
GÓMEZ ACEBO, JUAN, *La vida enlas cárceles de Euzkadi* (Guipúzcoa, 1938).
GÓMEZ BAJUELO, GIL, *Málaga bajo el dominio rojo* (Cádiz, 1937).
GÓMEZ CASAS, JUAN, *Historia del anarco-sindicalismo español* (Madrid, 1968).
GÓMEZ MÁLAGA, JUAN, *Estampas trágicas de Madrid* (Avila, 1936).
GÓMEZ OLIVEROS, Major, *General Moscardó* (Barcelona, 1955).
GONZÁLEZ, VALENTÍN, ('EL CAMPESINO'), *Comunista en España y anti-Stalinista en la URSS* (Mexico, 1952); *Listen, Comrades* (London, 1952).
GONZÁLEZ OLIVEROS, WENCESLAO, *Falange y requeté orgánicamente solidarios* (Valladolid, 1937).
GONZÁLEZ RUIZ, FRANCISCO, *J'ai cru en Franco, procès d'une grande désillusion* (Paris, 1937).
GORDÓN ORDÁS, FÉLIX, *Mi política fuera de España*, 2 vols. (Mexico, 1965–7).
GORKIN, JULIÁN, *Canibales políticos; Hitler y Stalin en España* (Mexico, 1941). Republished, with notes, as *El proceso de Moscú en Barcelona* (Barcelona, 1974); 'My Experiences of Stalinism', *The Review*, no. 2, October 1959 (Imre Nagy Institute for Political Research).
GOTT, RICHARD (and GILBERT, MARTIN), *The Appeasers* (London, 1963).
GRANADOS, ANTONIO, *El cardinal Gomá* (Madrid, 1969).
GRAVES, ROBERT (and HODGE, ALAN), *The Long Week-End* (London, 1940).
GREAVES, HAROLD, *The Truth about Spain* (London, 1938).
GREENE, HERBERT, *Secret Agent in Spain* (London, 1938).
GROSS, BABETTE, *Willi Muenzenberg: Eine politische Biographie* (Stuttgart, 1967).
GROSS, MIRIAM, *The World of George Orwell* (London, 1971) (contains an essay by Raymond Carr).
GUARNER, Colonel VICENTE, *Papers* (unpublished).
GUÉRIN, DANIEL, *L'anarchisme* (Paris, 1965).
Guerra y revolución en España 1936–1939 (Moscow, 1966).
GUEST, CARMEL HADEN, *David Guest: A Scientist Fights for Freedom* (London, 1939).
GURNEY, JASON, *Crusade in Spain* (London, 1974).
GUTIÉRREZ RAVÉ, JOSÉ, *Antonio Goicoechea* (Madrid, 1965); *Gil Robles, caudillo frustrado* (Madrid, 1967).
GUTTMANN, ALLEN, *The Wound in the Heart: America and the Spanish Civil War* (New York, 1962).

GUZMÁN, EDUARDO DE, *El año de la victoria* (Madrid, 1974); *La muerte de la esperanza* (Madrid, 1973); *Madrid rojo y negro; milicias confederales* (Buenos Aires, 1939).

HALDANE, CHARLOTTE, *Truth Will Out* (London, 1949).

HALIFAX, Lord, *Speeches on Foreign Policy 1934–1939* (London, 1940); *The Fullness of Days* (London, 1957).

HAMILTON, THOMAS J., *Appeasement's Child* (London, 1943).

HANIGHEN, FRANK (ed.), *Nothing but Danger* (London, 1940).

HARPER, GLENN T., *German Economic Policy in Spain* (The Hague, 1967).

HEDILLA, MANUEL, *Testimonio* (Barcelona, 1973).

HELSBY, CYRIL, *Air Raid Structures and ARP in Barcelona Today* (London, 1939).

HEMINGWAY, ERNEST, *For Whom the Bell Tolls* (New York, 1940); *The Fifth Column* (Harmondsworth, 1966); *The Spanish War* (London, 1938).

HENDERSON, Sir NEVILE, *Failure of a Mission* (London, 1940).

HENRÍQUEZ CAUBÍN, JULIÁN, *La batalla del Ebro* (Mexico, 1944).

HÉRICOURT, PIERRE, *Les Soviets et la France, fournisseurs de la révolution espagnole* (Paris, 1938?).

HERMET, GUY, *Les Catholiques dans l'Espagne Franquiste* (Paris, 1981); *Les Espagnols en France* (Paris, 1967); *Los comunistas en España* (Paris, 1971).

HERNÁNDEZ GARCÍA, ANTONIO, *La Represíon en La Rioja durante la guerra civil, 3 vols.,* (London, 1984).

HERNÁNDEZ, JESÚS, *La Grande Trahison* (Paris, 1953).

HIDALGO DE CISNEROS, IGNACIO, *Memorias,* 2 vols. (Paris, 1964).

HILLS, GEORGE, *Franco: The Man and His Nation* (London, 1967).

HIRIARTIA, J. DE, *Le cas des catholiques basques* (Paris, 1938?).

'HISPANICUS' (pseud.) (ed.), *Foreign Intervention in Spain* (London, 1938).

HITLER, ADOLF, *Hitler's Table-Talk 1941–1943* (London, 1953).

HOARE, Sir SAMUEL, *Ambassador on Special Mission* (London, 1946).

HOBSBAWN, ERIC, *Primitive Rebels* (Manchester, 1959).

HODGSON, Sir ROBERT, *Spain Resurgent* (London, 1953).

HORNER, ARTHUR, *Incorrigible Rebel* (London, 1960).

HOSKINS, KATHARINE BAIL, *Today the Struggle: Literature and Politics in England during the Spanish Civil War* (Austin, 1969).

HOWSON, GERALD, *Arms for Spain* (London, 1998); *Aircraft of the Spanish Civil War 1936–39* (London, 1990).

HOYOS, GRAF MAX VON, *Pedros y Pablos; fliegen, erleben, kämpfen in Spanien* (Munich, 1941).

HUBBARD, JOHN R., 'How Franco Financed His War', *The Journal of Modern History* (December 1953).

HUIDOBRO PARDO, LEOPOLDO, *Memorias de un finlandés* (Madrid, 1939).

HULL, CORDELL, *Memoirs,* 2 vols. (New York, 1948).
HUMBERT-DROZ, JULES, *Mémoires,* 3 vols. (Neuchâtel, 1969–72).
I Accuse France, by 'A Barrister' (London, 1937).
IBARRURI, DOLORES, *et al., Guerra y revolución en España 1936–1939* (in progress, 3 vols. 1967–71); *They Shall Not Pass: The Autobiography of La Pasionaria* (Translation of *El único camino*) (London, 1967).
ICKES, HAROLD, *The Secret Diary of Harold Ickes* (London, 1955).
INGE, W. R., *Dean Inge Indicts the Red Government of Spain* (London, 1938).
International Brigades, The: See Spain, Office of Information.
International Committee for the Application of the Agreement Regarding Non-Intervention in Spain. Stenographic notes of proceedings, 1st to 30th meetings, of the Chairman's Sub-Committee; and of the technical sub-committees (complete set in the Public Record Office, London).
International Military Tribunal: The Trial of the Major War Criminals, 37 vols. (Nuremberg, 1947–9).
IRIBARREN, JOSÉ MARÍA, *El general Mola* (Madrid, 1945).
IRVING, DAVID, *The Rise and Fall of the Luftwaffe* (London, 1974).
ISORNI, JACQUES, *Philippe Pétain,* 2 vols. (Paris, 1972).
Istoriya Velikoy Otechestvennoy voyny Sovetskogo Soyuza, 1941–1945, vol. I (Moscow, no date).
ITURRALDE, JUAN DE, *El catolicismo y la cruzada de Franco,* 2 vols. (Bayonne, 1955).
IZAGA, GUILLERMO ARSENIO DE, *Los presos de Madrid; recuerdos e impresiones de un cautivo en la España roja* (Madrid, 1940).
IZCARAY, JESÚS, *Madrid es nuestro* (Madrid-Barcelona, 1938).
JACKSON, GABRIEL, *A Concise History of the Spanish Civil War* (New York, 1974); *Historian's Quest* (New York, 1969); *The Spanish Republic and the Civil War 1931–1939* (Princeton, 1965).
Jane's Fighting Ships (London, 1936).
JATO, DAVID, *La rebelión de los estudiantes* (Madrid, 1953).
JELLINEK, FRANK, *The Civil War in Spain* (London, 1938).
JERROLD, DOUGLAS, *Georgian Adventure* (London, 1937).
JIMÉNEZ DE ASÚA, LUIS, *Anécdotas de las constituyentes* (Buenos Aires, 1942).
JOANIQUET, AURELIO, *Calvo Sotelo, una vida fecunda* (Santander, 1939).
JOHNSON, Dr HEWLETT, *Report of a Recent Delegation to Spain* (London, 1937).
JOHNSTONE, NANCY J., *Hotel in Flight* (London, 1939).
JOLL, JAMES, *Intellectuals in Politics* (London, 1960); *The Anarchists* (London, 1964).
JONG, Dr L. DE, *The German Fifth Column in the Second World War* (London, 1958).

JORDAN, PHILIP, *There Is No Return* (London, 1939).
JOUBERT, Vice-Admiral H., *La Guerre d'Espagne et le catholicisme* (Paris, 1937) (pamphlet).
JUANES, JOSÉ, *Por qué fulmos a la guerra* (Avila, 1937).
JUNOD, MARCEL, *Warrior without Weapons* (London, 1951).
KAMINSKI, HANS ERICH, *Ceux de Barcelone* (Paris, 1937).
KANTOROWICZ, ALFRED, *Spanisches Tagebuch* (Berlin, 1948); *'Tschapaiew', das Bataillon der 21 Nationen* (Berlin, 1956).
KAY, HUGH, *Salazar and Modern Portugal* (London, 1970).
KEMP, PETER, *Mine Were of Trouble* (London, 1957).
KENYON, Sir FREDERIC, *Art Treasures of Spain* (London, 1937).
KERSHNER, HOWARD, *Quaker Service in Modern War* (New York, 1950).
KESTEN, HERMANN, *Les Enfants de Guernica* (Paris, 1954).
KINDELÁN, General ALFREDO, *La verdad de mis relaciones con Franco* (Barcelona, 1981); *Mis cuadernos de guerra* (Madrid, 1945).
KIRK, H. L., *Pablo Casals* (New York, 1974).
KIRKPATRICK, Sir IVONE, *Mussolini, Study of a Demagogue* (London, 1964).
KLEHR, HARVEY (*et al.*), *The Secret World of American Communism* (New Haven, 1995).
KLEIN, BURTON, *Germany's Economic Preparations for War* (Cambridge, Mass., 1959).
KLOTZ, HELMUT, *Les Leçons militaires de la guerre civile en Espagne* (Paris, 1937).
KNICKERBOCKER, H. R., *The Siege of the Alcázar* (Philadelphia, 1936).
KNOBLAUGH, H. EDWARD, *Correspondent in Spain* (London and New York, 1939).
KOESTLER, ARTHUR, *Dialogue with Death* (New York, 1942); *The Invisible Writing* (London, 1954); *Spanish Testament* (London, 1937).
KOLSTOV, MIKHAIL, *Diario de la guerra de España* (Paris, 1963).
KORTA, ADAM (with HOPMAN, M.), *Karol Świerczewski* (Warsaw, 1954).
KRIVITSKY, WALTER, *I Was Stalin's Agent* (London, 1963).
KUTISCHER, EUGENE, *The Displacement of Population in Europe* (Montreal, 1944).
LACOUTURE, JEAN, *André Malraux* (Paris, 1973).
LA CRUZ, FRANCISCO, *El alzamiento, la revolución y el terror en Barcelona* (Barcelona, 1943).
LAMO DE ESPINOSA, E., *Filosofía y política en Julián Besteiro* (Madrid, 1973).
LANDAU, KATIA, *Le Stalinisme en Espagne* (Paris, 1938).
LANDIS, ARTHUR H., *The Abraham Lincoln Brigade* (New York, 1967).
LANGDON-DAVIES, JOHN, *Behind the Spanish Barricades* (New York, 1936).
LANNON, FRANCES, *Privilege, Persecution and Prophesy* (Oxford, 1987).
LARGO CABALLERO, FRANCISCO, *Mis recuerdos, cartas a un amigo* (Mexico, 1954).

LARIOS, JOSÉ (Duque de LERMA), *Combat over Spain* (London, 1966).
LAST, JEF, *The Spanish Tragedy* (London, 1939).
Laszlo Rajk and His Accomplices before the People's Court: a transcript of the Rajk trial (Budapest, 1949).
League of Nations, *Rapport de la Mission sanitaire de la Société des Nations en Espagne, 28 décembre 1936–15 janvier 1937* (Paris, 1937); *Yearbook 1936* (Geneva, 1937).
LEHMANN, JOHN, *The Whispering Gallery* (London, 1955).
LEÓN, MARÍA TERESA, *Contra viento y matra* (Buenos Aires, 1941).
LERROUX, ALEJANDRO, *La pequeña historia* (Madrid, 1963).
LEVAL, GASTON, *L'Espagne libertaire 1936–1939: L'œuvre constructive de la révolution espagnole* (Paris, 1971); *Né Franco né Stalin: la collettività anarchiche spagnole nella lotta contro Franco e la reazione Staliniana* (Milan, 1955).
LEWIS, FLORA, *The Man Who Disappeared—the Strange History of Noël Field* (London, 1965).
LEWIS, WYNDHAM, *Count Your Dead: They Are Alive!* (London, 1937).
Libro de oro de la revolución española, 1936–1946 (Toulouse, 1946).
LIDDELL HART, Sir BASIL, *The Defence of Britain* (London, 1938); *Memoirs*, 2 vols. (London, 1965); *The Other Side of the Hill* (London, 1948); (ed.), *The Soviet Army* (London, 1956).
Lieder der spanischen Revolution (Moscow, 1937).
LINDBAECK, LISE, *Internationella Brigaden* (Stockholm, 1939).
LINDSLEY, LORNA, *War Is People* (Boston, 1943).
LISÓN TOLOSANA, CARMELO, *Belmonte de los Caballeros* (Oxford, 1966).
LISTER, ENRIQUE, *Nuestra guerra, aportaciones para una historia de la guerra nacional revolucionaria del pueblo 1936–1939* (Paris, 1966).
LIZARRA, A. DE, *Los vascos y la república española, contribución a la historia de la guerra civil 1936–1939* (Buenos Aires, 1944).
LIZARZA, ANTONIO, *Memorias de la conspiración* (Pamplona, 1954).
LIZÓN GADEA, ADOLFO, *Brigades internacionales en España* (Madrid, 1940).
LLARCH, JUAN, *La muerte de Durruti* (Barcelona, 1973).
LLORENS, JOSEP MARÍA, *La iglesia contra la república española* (Vieux, 1968).
LLOYD GEORGE, DAVID, *Spain and Britain* (London, 1937).
LLUCH VALLS, FRANCISCO, *Mi diario entre los mártires, cárcel de Málaga, año 1937* (Granada, 1937).
LODOLI, RENZO, *I legionari* (Milan, 1970).
LOEWENSTEIN, Prince HUBERTUS VON, *A Catholic in Republican Spain* (London, 1937).
LOJENDIO, LUIS MARÍA DE, *Operaciones militares de la guerra de España, 1936–1939* (Barcelona, 1940).
LONDON, ARTUR, *L'Aveu* (Paris, 1969); *Espagne* (Paris, 1966).

LONGO, LUIGI, *Le brigate internazionale in Spanga* (Rome, 1956).
LÓPEZ, JUAN, *Una misión sin importancia* (Madrid, 1972).
LÓPEZ BARRANTES, RAMÓN, *Mi exilio* (Madrid, 1974).
LÓPEZ CHACÓN, RAFAEL, *Por qué hice las chekas de Barcelona* (Madrid, 1940).
LÓPEZ FERNÁNDEZ, ANTONIO, *Defensa de Madrid* (Mexico, 1945).
LÓPEZ MUÑIZ, GREGORIO, *La batalla de Madrid* (Madrid, 1943).
LÓPEZ SEVILLA, ENRIQUE, *El partido socialista obrero español en las cortes constituyentes de la segunda república* (Mexico, 1969).
LORENZO, ANSELMO, *El proletariado militante* (Mexico, no date).
LORENZO, CESAR M., *Les Anarchistes espagnols et le pouvoir* (Paris, 1969).
LOVEDAY, ARTHUR FREDERIC, *World War in Spain* (London, 1939).
LOW, MARY, *Red Spanish Notebook: The First Six Months of the Revolution and Civil War* (London, 1937).
LOZANO, JESÚS, *La segunda república: imágenes, cronología y documentos* (Barcelona, 1973).
LUCA DE TENA, JUAN IGNACIO, *Mis amigos muertos* (Barcelona, 1971).
LUNN, ARNOLD HENRY MOORE, *Spanish Rehearsal* (New York, 1937).
LUSSU, EMILIO, 'La Legione italiana in Spagna' (*Giustizia e Libertà*, 28 August 1969).
MACK SMITH, DENIS, *Mussolini as a Military Leader* (The Stenton Lecture, University of Reading) (Reading, 1973).
MACROBERTS, NOEL, *A.R.P. Lessons from Barcelona* (London, 1938).
MCCULLAGH, FRANCIS, *In Franco's Spain: Being the Experiences of an Irish War Correspondent during the Great Civil War Which Began in 1936* (London, 1937).
MCGOVERN, JOHN, *Terror in Spain: How the Communist International Has Destroyed Working Class Unity, Undermined the Fight against Franco, and Suppressed the Social Revolution* (London, 1938?); *Why the Bishops Back Franco* (London, 1936).
MCKEE, SEUMAS, *I Was a Franco Soldier* (London, 1938).
MCNEILL-MOSS, GEOFFREY, *The Epic of the Alcazar* (London, 1937).
MADARIAGA, SALVADOR DE, *Spain: A Modern History* (London, 1946); *Memorias (1921–1936)* (Madrid, 1974).
MAEZTU, RAMIRO DE, *En vísperas de la tragedia,* prologue by J. D. Areilza (Madrid, 1941).
MAISKY, IVAN, *Spanish Notebooks* (London, 1966).
MAÍZ, B. FÉLIX, *Alzamiento en España, de un diario de la conspiración* (Pamplona, 1952).
MALAPARTE, CURZIO, *¡Viva la muerte!* (Special number of *Prospettive*) (Rome, 1939).
MALEFAKIS, EDWARD E., *Agrarian Reform and Peasant Revolution in Spain: Origins of the Civil War* (New Haven, 1970).

MALRAUX, ANDRÉ, *L'Espoir* (Paris, 1937).

MANCISDOR, JOSÉ MARÍA, *Frente a frente* (Madrid, 1963).

MANN, THOMAS, *Avertissement à l'Europe*; preface d'André Gide (Paris, 1937).

MANNING, LEAH, *What I Saw in Spain* (London, 1935).

MARAÑÓN, GREGORIO, *Libéralisme et communisme; en marge de la guerre civile espagnole* (Paris, 1938).

MARICHAL, JUAN, 'La significación histórica de Juan Negrín' (*Triunfo*, 22 June 1974).

MARINELLO, JUAN, *Hombres de la España* (Havana, 1938).

MARITAIN, JACQUES, *Sobre la guerra santa* (Buenos Aires, 1937).

MARRERO SUÁREZ, VICENTE, *La guerra española y el trust de cerebros* (Madrid, 1961).

MARTÍ, CASIMIRO, *Los orígenes del anarquismo en Barcelona* (Barcelona, 1959).

MARTIN, CLAUDE, *Franco, soldat et chef d'état* (Paris, 1959).

MARTIN, J. G., *Political and Social Changes in Catalonia during the Revolution* (Barcelona?, 1937).

MARTIN, KINGSLEY, *Editor* (London, 1938).

MARTÍN ARTAJO, JAVIER, *No me cuente Ud. su caso. Recuerdos* (Madrid, no date).

MARTÍNEZ, CARLOS, *Crónica de una emigración (la de los republicanos españoles en 1939)* (Mexico, 1959).

MARTÍNEZ ABAD, JULIO, *¡17 de julio! La guarnición de Melilla inicia la salvación de España* (Melilla, 1937).

MARTÍNEZ ALIER, JUAN, *La estabilidad del latifundismo* (Paris, 1968).

MARTÍNEZ AMUTIO, JUSTO, *Chantaje a un pueblo* (Madrid, 1974).

MARTÍNEZ BANDE, Colonel JOSÉ MANUEL, *La guerra et el norte* (Madrid, 1969); *Brigadas internacionales* (Barcelona, 1972); *El final del frente norte* (Madrid, 1972); *La batalla de Teruel* (Madrid, 1974); *La gran ofensiva sobre Zaragoza* (Madrid, 1973); *La invasión de Aragón y el desembarco en Mallorca* (Madrid, 1970); *La lucha en torno a Madrid* (Madrid, 1968); *La marcha sobre Madrid* (Madrid, 1968); *La ofensiva sobre Segovia y la batalla de Brunete* (Madrid, 1972); *Los cien últimos días de la república* (Barcelona, 1972); *Vizcaya* (Madrid, 1971).

MARTÍN BLÁZQUEZ, JOSÉ, *I Helped to Build an Army: Civil War Memories of a Spanish Staff Officer* (with an introduction by F. Borkenau) (London, 1939).

MARTÍNEZ DE CAMPOS, CARLOS (Duque DE LA TORRE), *Ayer, 1931–1953* (Madrid, 1970).

MARTÍNEZ PASTOR, MANUEL, *Cinco de marzo 1939* (Madrid, 1971).

MARTY, ANDRÉ, *Volontaires d'Espagne: douze mois sublimes!* (Paris, 1937).

MATTHEWS, HERBERT, *The Yoke and the Arrows: A Report on Spain* (New York, 1961); *Two Wars and More to Come* (New York, 1938).

MATTIOLI, GUIDO, *L'aviazione legionaria in Spagna* (Rome, 1940).

MAULVAULT, LUCIEN, *Glaïeul noir* (Paris, 1938).
MAURA, MIGUEL, *Así cayó Alfonso XIII…* (Mexico, 1962).
MAURÍN, JOAQUÍN, *Revolución contrarevolución en España* (Paris, 1966).
MAURRAS, CHARLES, *Vers l'Espagne de Franco* (Paris, 1943).
MEAKER, GERALD, *The Revolutionary Left in Spain, 1914–1923* (Stanford, 1974).
Medical Aid Unit in Spain, The Story of the (London, 1936).
MENDIZÁBAL VILLALBA, ALFREDO, *Aux origines d'une tragédie: la politique espagnole de 1923 à 1936* (Paris, 1937).
MENÉNDEZ REIGADA, IGNACIO, *La guerra nacional española ante la moral y el derecho* (Salamanca, 1937).
MERKES, MANFRED, *Die deutsche Politik im Spanischen Bürgerkrieg*, 2nd ed. (Bonn, 1969).
MEZQUIDA, LUIS MARÍA, *La batalla del Ebro*, 2 vols. (Tarragona, 1963–7); *La batalla del Segre* (Tarragona, 1972).
MIDDLEMAS, KEITH (and BARNES, JOHN), *Baldwin: A Biography* (London, 1969); *Diplomacy of Illusion* (London, 1972).
MIGUEL, FLORINDO DE, *Un cura en zona roja* (Barcelona, 1956).
MIKSCHE, F. O., *Blitzkrieg* (Harmondsworth, 1944).
MILLÁN ASTRAY, PILAR, *Cautivas: 32 meses en las prisiones rojas* (Madrid, 1940).
MINNEY, R. J., *The Private Papers of Hore-Belisha* (London, 1960).
MINTZ, FRANK, *L'Autogestion dans l'Espagne révolutionnaire* (Paris, 1970).
MIQUELARENA, JACINTO, *Cómo fui ejecutado en Madrid* (Avila, 1937); *El otro mundo* (Burgos, 1938).
MIRAVITLLES, JAUME, *Episodis de la guerra civil espanyola* (Barcelona, 1972).
MITCHELL, Sir PETER CHALMERS, *My House in Málaga* (London, 1938).
MITFORD, JESSICA, *Hons and Rebels* (London, 1960).
MOCH, JULES, *Recontres avec Léon Blum* (Paris, 1970).
MODESTO, JUAN, *Soy del quinto regimiento* (Paris, 1969).
MOLA, EMILIO, *Obras completas* (Valladolid, 1940).
MOLINA, JUAN, *Noche sobre España* (Mexico, 1958).
MONELLI, PAOLO, *Mussolini: An Intimate Life* (London, 1953).
MONTERO, ANTONIO, *La persecución religiosa en España* (Madrid, 1961).
MONTERO DÍAZ, SANTIAGO, *La política social en la zona Marxista* (Bilbao, 1938).
Montserrat, glosasa la caria colectiva de los obispos españoles (Barcelona, 1938). (The author was J. Vilar Costa.)
MONTSERRAT, VICTOR, *Le Drame d'un peuple incompris. La guerra au pays basque* (Paris, 1938).
MORA, CONSTANCIA DE LA, *In Place of Splendor: The Autobiography of a Spanish Woman* (New York, 1939).
MORAVEC, FRANTISEK, *Master of Spies* (London, 1975).

MOREA NAVARA, VICENTE *(et al.), Cuando la guerra, Monzõn Lleida* (Lledia, 1995).
MORENO, Admiral, *La guerra en el mar* (Barcelona, 1959).
MORENO GÓMEZ, FRANCISCO, *La Guerra Civil en Córdoba* (Madrid, 1985).
MORROW, FELIX, *Revoution and Counter-revolution in Spain* (New York, 1938).
MUGGERIDGE, MALCOLM, *The Thirties* (London, 1940).
MÚGICA, Dr MATEO (Bishop of Vitoria), *Imperativos de mi conciencia* (Buenos Aires, 1945).
MUNIS, GRANDIZO, *Jalones de derrota: promesa de victoria, España 1930–1939* (Mexico, 1948).
MUÑIZ MARTÍN, OSCAR, *El verano de la dinamita* (Madrid, 1974).
MUÑIZ DIEZ, MANUEL, *Marianet, semblanza de un hombre* (Mexico, 1960).
MUSSOLINI, RACHELE, *My Life with Mussolini* (London, 1959).
Nazi Conspiracy in Spain, The (London, 1937). (The author was Otto Katz.)
NEHRU, JAWAHARLAL, *Spain! Why?* (London, 1937).
NELSON, STEVE, *The Volunteers* (Leipzig, 1954).
NENNI, PIETRO, *Spagna* (Milan, 1958).
NERUDA, PABLO, *España en el corazón, himno a las glorias del pueblo en la guerra (1936–1937)* (Santiago de Chile, 1938).
NIN, ANDRÉS, *Los problemas de la revolución española* (Paris, 1971).
NOLLAU, GUNTHER, *International Communism and World Revolution* (London, 1961).
NONELL BRÚ, SALVADOR, *Así eran nuestros muertos del laureado Tercio de Requetés de Nsra. Sra. de Montserrat* (Barcelona, 1965).
NORMAN, JAMES, *The Fall of Dark* (London, 1960).
NORTH, JOSEPH, *Men in the Ranks: The Story of 12 Americans in Spain* (New York, 1939).
NOTHOMB, PAUL (JULIEN SEGNAIRE), *Le Rançon* (Paris, 1952).
Nuevo Ripaldo enriquecido con varios apéndices (Madrid, 1927).
NÚÑEZ MORGADO, AURELIO, *Los sucesos de España vistos por un diplomático* (Buenos Aires, 1941).
Nyon Conference, 1937, *International Agreement for Collective Measures against Piratical Attacks in the Mediterranean by Submarines* (London, 1937).
O'DONNELL, PEADAR, *Salud! An Irishman in Spain* (London, 1937).
O'DUFFY, EOIN, *Crusade in Spain* (London, 1938).
L'Oeuvre constructive de la révolution espagnole, CNT-AIT (Barcelona, 1936).
O'NEILL, CARLOTA, *Una mexicana en la guerra de España* (Mexico, 1964).
O'NEILL, R. J., *The German Army and the Nazi Party 1933–1939* (London, 1966).
ORLOV, ALEXANDER, *Evidence at Senate Internal Security Sub-Committee* (14 February 1957).
ORETEGA Y GASSET, JOSÉ, *España invertebrada* (Madrid, 1922).

ORTIZ VILLALBA, JUAN, *Sevilla 1936* (Córdoba, 1997).

ORTIZ DE VILLAJOS, CÁNDIDO, *De Sevilla a Madrid, ruta libertadora de la columna Castejón* (Granada, 1937).

ORWELL, GEORGE, *Collected Essays,* vol. I (London, 1968); *Homage to Catalonia* (London, 1938).

OSSORIO Y GALLARDO, ANGEL, *Julio de 1909, declaración de un testigo* (Madrid, 1910); *La España de mi vida, Autobiografía* (Buenos Aires, 1941); *Vida y sacrificio de Companys* (Buenos Aires, 1943).

OUDARD, GEORGES, *Chemises noires, brunes, vertes en Espagne* (Paris, 1938).

OYARZÚN, RAMÓN, *La historia del carlismo* (Madrid, 1969).

PABÓN, JESÚS, *Cambó,* 3 vols. (Barcelona, 1952–1969); *Palabras en la oposición* (Seville, 1935).

PACCIARDI, RANDOLFO, *Il battaglione Garibaldi* (Lugano, 1948).

PADELFORD, N. J., *International Law and Diplomacy in the Spanish Civil War* (Cambridge, Mass., 1939).

PAGÉS GUIX, LUIS, *La traición de los Franco* (Madrid, 1938).

PALACIO ATARD, VICENTE, *Aproximación histórica a la guerra civil española* (Madrid, 1970).

PALENCIA, ISOBEL DE, *I Must Have Liberty* (New York, 1940); *Smouldering Freedom* (New York, 1945).

PALMER, NETTIE, *Australians in Spain* (Sydney, 1948).

PAMIÉS, TOMÁS, *Testamento de Praga* (Barcelona, 1970).

PAUL, ELLIOT HAROLD, *The Life and Death of a Spanish Town* (New York, 1937).

PAUL-BONCOUR, J., *Entre deux guerres* (Paris, 1946).

PAYNE, ROBERT, *The Civil War in Spain, 1936–1939* (New York, 1962).

PAYNE, STANLEY, *Falange* (Stanford, 1961); *Basque Nationalism* (Reno, 1975); *Politics and the Military in Modern Spain* (Stanford, 1967); *The Spanish Revolution* (New York, 1970).

PAZ, ABEL, *Durruti: le peuple en armes* (Paris, 1972).

PÉAN, PIERRE, *Vies et morts de Jean Moulin* (Paris, 1999).

PEERS, EDGAR ALLISON, *Catalonia Infelix* (London, 1937); *The Spanish Tragedy, 1930–1936; Dictatorship, Republic, Chaos* (London, 1936); *Spain in Eclipse, 1937–1943: A Sequel to the Spanish Tragedy* (London, 1943).

PEIRATS, JOSÉ, *La CNT en la revolución española,* 3 vols. (Toulouse, 1951–1953); *Los anarquistas en la crisis política española* (Buenos Aires, 1964).

PEIRÓ, JOAN (JUAN), *Perull a la reraguarda* (Mataró, 1936).

PEMÁN, JOSÉ MARÍA, *Mis almuerzos con gente importante* (Madrid, 1970); *Poema de la bestia y el ángel* (Madrid, 1939); *Un soldado en la historia (Vida del General Varela)* (Cádiz, 1954).

PENCHIENATI, CARLOS, *Brigate Internazionale in Spagna* (Milan, 1950).

PEÑA BOEUF, ALFONSO, *Memorias de un ingeniero político* (Madrid, 1954).
PEREA CAPULINO, JUAN, *Los Culpables* (MS.).
PÉREZ BARÓ, ALBERT, *Trenta mesos de collectivisme a Catalunya* (Barcelona, 1970).
PÉREZ DE OLAGUER, ANTONIO, *El terror rojo en Andalucía* (Burgos, 1938).
PÉREZ FERRERO, MIGUEL, *Drapeau de France; la vie des réfugiés dans les légations à Madrid* (Paris, 1938).
PÉREZ LÓPEZ, FRANCISCO, *A Guerrilla Diary of the Spanish Civil War* (London, 1972).
PÉREZ MADRIGAL, JOAQUÍN, *Aquí es la emisora de la flota republicana* (Madrid, 1939); *Augurios, estallido y episodios de la guerra civil* (Avila, 1937); *Memorias de un converso,* 9 vols. (Madrid, 1943).
PÉREZ MORÁN, DOMINGO, *¡A éstos, que los fusilen al amanecer!* (Madrid, 1973).
PÉREZ SALAS, JESÚS, *Guerra en España (1936 a 1939)* (Mexico, 1947).
PÉREZ SOLÍS, OSCAR, *Sitio y defensa de Oviedo* (Valladolid, 1938).
La persecución religiosa en España (Buenos Aires, 1937).
'PERTINAX', *Les Fossoyeurs de la France* (Paris, 1946).
PESCE, GIOVANNI, *Un garibaldino in Spanga* (Rome, 1955).
PETERSON, Sir MAURICE, *Both Sides of the Curtain* (London, 1950).
PHILBY, KIM, *My Silent War* (London, 1968).
PHILLIPS, A. V., *Spain under Franco* (London, 1940).
PHILLIPS, CECIL, *The Spanish Pimpernel* (London, 1960).
PIAZZONI, SANCHO, *Las tropas Flechas Negras en la guerra de España* (Barcelona, 1942).
PIKE, D. W., *Conjecture, Propaganda and Deceit and the Spanish Civil War* (Stanford, 1970); *Vae Victis!* (Paris, 1969).
PINI, G. (and SUSMEL, D.), *Mussolini,* 4 vols. (Florence, 1953–5).
PITCAIRN, FRANK, pseud. (COCKBURN, CLAUD), *Reporter in Spain* (Moscow, 1937).
PITT-RIVERS, JULIAN, *People of Sierra* (London, 1954).
PLÁ, JOSÉ, *Historia de la segunda república española,* 4 vols. (Barcelona, 1940–41).
PONS PRADES, EDUARDO, *Un soldado de la república* (Madrid, 1974).
PORETSKY, ELIZABETH, *Our Own People* (London, 1969).
PRADERA, VICTOR, *El estado neuro* (Pamplona, 1934).
PRATS Y BELTRÁN, ALARDO, *Vanguardia y retaguardia de Aragón* (Buenos Aires, 1938).
PRESTON, PAUL, *Comrades* (London, 1999); *Franco* (London, 1993).
PRIESTLEY, J. B. (and WEST, REBECCA), *Spain and Us* (London, 1936).
PRIETO, INDALECIO, *Convulsiones de España,* 3 vols. (Mexico, 1967–9); *De mi vida,* 2 vols. (Mexico, 1965–70); *Cómo y porqué salí del Ministerio de Defensa Nacional, intrigas de los rusos en España* (Mexico, 1940); *Epistolario Prieto y*

Negrín (Paris, 1939); *Palabras al viento* (Mexico, 1942); *Yo y Moscú* (Madrid, 1955).

PRIMO DE RIVERA, JOSÉ ANTONIO, *Obras completas* (Madrid, 1942).

PRITTIE, TERENCE, *Willy Brandt* (London, 1974).

PUZZO, DANTE, *Spain and the Great Powers, 1936–1941* (New York, 1962).

QUEIPO DE LLANO, ROSARIO, *De la cheka de Atadell ala prisión de Alacuás* (Valladolid, 1939).

RADOSH, RONALD, with MARY R. HABECK and GRIGORY SEVOSTIANOV, *Spain Betrayed* (New Haven, 2001).

RAMA, CARLOS, *La crisis española del siglo XX* (Buenos Aires, 1960).

'RAMÍREZ, LUIS', *Francisco Franco: historia de un mesianismo* (Paris, 1964).

RAMÍREZ JIMÉNEZ, MANUEL, *Los grupos de presión en la segunda república española* (Madrid, 1969).

RAMÓN-LACA, JULIO DE, *Cómo fue gobernada Andalucía* (Seville, 1939).

RAMOS, VICENTE, *La guerra civil 1936–1939 en la provincia de Alicante,* 3 vols. (Alicante, 1974).

RAMOS OLIVIERA, ANTONIO, *Politics, Economis and Men of Modern Spain, 1808–1946* (London, 1946).

REDONDO, LUIS (and ZAVALA, JUAN DE), *El requeté; la tradición no muere* (Barcelona, 1957).

REGLER, GUSTAV, *The Great Crusade* (New York, Toronto, 1940); *The Owl of Minerva* (London, 1959).

REGUENGO, V., *Guerra sin frentes* (Madrid, 1954).

REIG TAPIA, ALBERTO, *Ideología e historia sobre la represíon tranquista y la guerra civil* (Madrid, 1984).

RELLO, SALVADOR, *La aviación en la guerra de España,* 4 vols. (Madrid, 1969–71).

RENN, LUDWIG, see VIETH VON GOLSSENAU.

La Renta Nacional de España en 1959 y Avance del 1960 (Madrid, 1960).

REPARAZ, ANTONIO, *Desdeel cuartel general de Miaja al santuario de la Virgen de la Cabeza* (Valladolid, 1937).

RESTREPO, FÉLIX, *España mártir* (Bogotá, 1937).

Revolución de octubre en España, La (Madrid, 1934).

RIAL, JOSÉ ANTONIO, *La prisión de Fyffes* (Caracas, 1969).

RIBBENTROP, JOACHIM VON, *Memoirs* (London, 1954).

RICHARDS, VERNON, *Lessons of the Spanish Revolution, 1936–1939* (London, 1953).

RIDRUEJO, DIONISIO, *Escrito en España* (Buenos Aires, 1962); *Poesía en armas* (Barcelona, 1940).

'RIEGER, MAX', *Espionnage en Espagne* (Paris, 1938).

RIESENFELD, JANET, *Dancer in Madrid* (New York, 1938).

RÍO CISNEROS, AGUSTÍN DE (with PAVÓN PEREIRA, ENRIQUE), *Los procesos de José Antonio* (Madrid, 1969).
RIVAS-CHERIF, CIPRIANO DE, *Retrato de un desconocido: vida de Manuel Azaña* (Mexico, 1961).
ROA, RAÚL, *Pablo de la Torriente Brau y la revolución española* (Havana, 1937).
ROBINSON, RICHARD, 'Calvo Sotelo's Bloque Nacional and Its Manifesto' (University of Birmingham, *Historical Journal*, 1966, vol. x, no. 2); *The Origins of Franco's Spain* (Newton Abbot, 1970).
ROCKER, RUDOLF, *Extranjeros en España* (Buenos Aires, 1938); *The Tragedy of Spain* (New York, 1937).
RODRÍGUEZ CHAOS, MELQUESIDEZ, *24 años en la cárcel* (Paris, 1968).
RODRÍGUEZ TARDUCHY, EMILIO, *Significación histórica de la cruzada española* (Madrid, 1941).
ROJAS, CARLOS, *Por qué perdimos la guerra* (Barcelona, 1970).
ROJO, VICENTE, *¡Alerta los pueblos! Estudio político-militar del período final de la guerra española* (Buenos Aires, 1939); *Así fue la defensa de Madrid* (Mexico, 1967); *España heroica* (Buenos Aires, 1942).
ROLFE, EDWIN, *The Lincoln Battalion* (New York, 1939).
ROMANONES, CONDE DE, *Y sucedió así* (Madrid, 1947).
ROMERO, EMILIO, *La paz empieza nunca* (Barcelona, 1965).
ROMERO, LUIS, *Desastre en Cartagena* (Madrid, 1971); *Tres días de julio* (Barcelona, 1967).
ROMERO MAURA, JOAQUÍN (with PRESTON, PAUL, VARELA ORTEGA, JOSÉ and RUIPEREZ, MARÍA), 'Para la historia de la república española' (*Revista Internacional de Sociología,* July–December 1972).
ROMERO-MARCHENT, JOAQUÍN, *Soy un fugitivo* (Valladolid, 1937).
ROMILLY, ESMOND, *Boadilla* (London, 1971).
ROOSEVELT, F. D., Papers (unpublished, Hyde Park, New York).
ROS, FÉLIX, *Preventorio D* (Barcelona, 1939).
ROSENSTONE, ROBERT A., *Crusade of the Left: The Lincoln Battalion in the Spanish Civil War* (New York, 1969).
ROSELLI, CARLO, *Oggi in Spagna, domani in Italia* (Paris, 1938).
ROUGERON, C., *Les Enseignements aériens de la guerre d'Espagne* (Paris, 1940).
ROY, M. N., *Memoirs* (Bombay, 1964).
RUDEL, CHRISTIAN, *La Phalange* (Paris, 1972).
RUIZ ALBÉNIZ, VICTOR, *Del Ebro al Mediterráneo (febrero–abril del 38)* (Madrid, 1941).
RUIZ VILAPLANA, ANTONIO, *Burgos Justice: A Year's Experience of Nationalist Spain* (New York, 1938).
RUMBOLD, RICHARD, *The Winged Life: A Portrait of Antoine de Saint-Exupéry, Poet and Airman* (London, 1953).

RUST, WILLIAM, *Britons in Spain* (London, 1939).
SABORIT, ANDRÉS, *Asturias y sus hombres* (Toulouse, 1964); *Julián Besteiro* (Buenos Aires, 1967).
SAINT-AULAIRE, AUGUSTE, comte DE, *La Renaissancede l'Espagne* (Paris, 1938).
SAINT-EXUPÉRY, ANTOINE DE, *Terres des hommes* (Paris, 1939).
SAINZ RODRÍGUEZ, PEDRO, *Testimonio y Recuerdos* (Barcelona, 1978).
SALAS LARRAZÁBAL, JESÚS, *Intervención extranjera en la guerra de España* (Madrid, 1974); *La guerra de España desde el aire* (Barcelona, 1969).
SALAS LARRAZÁBAL, RAMÓN, *Historia del ejército popular de la república,* 4 vols. (Madrid, 1974); *Pérdidas de la Guerra* (Barcelona, 1977).
SALAZAR ALONSO, RAFAEL, *Bajo el signo de la revolución* (Madrid, 1935).
SALAZAR, OLIVEIRA, Dr, *L'Alliance anglaise et la guerre d'Espagne* (Lisbon, 1937).
SALCEDO, EMILIO, *Vida de don Miguel* (Madrid, 1964).
SALTER, CEDRIC, *Try-out in Spain* (New York, 1943).
SÁNCHEZ, JOSÉ MARIANO, *Reform and Reaction: The Politico-Religious Background of the Spanish Civil War* (Chapel Hill, University of North Carolina Press, 1964).
SÁNCHEZ DEL ARCO, MANUEL, *Elsur de España en la reconquista de Madrid* (Seville, 1937).
SÁNCHEZ GUERRA, RAFAEL, *Mis prisiones* (Buenos Aires, 1946).
SANCHEZ Y GARCÍA SAÚCO, JUAN ANTONIO, *La Revolución de 1934 en Asturias* (Madrid, 1974).
SANCHÍS, MIGUEL, *Alas rojas sobre España* (Madrid, 1956).
SANTAMARIA, A., *Operazione Spagna 1936–1939* (Rome, 1965).
SANTOS JULIÁ, et al., *Las Víctimas de la Guerra Civil* (Madrid, 1999).
SANZ, RICARDO, *El sindicalismo y la política: los 'solidarios' y 'nosotros'* (Toulouse, 1966); *Figuras de la revolución española: Buenaventura Durruti* (Toulouse, 1944); *Los que fulmos a Madrid, Columna Durruti, 26 división* (Toulouse, 1969).
SANZ Y RUIZ DE LA PEÑA, N., *Romance de la muerte de Pepe García, 'el Algabeño' (1937)* (Valladolid, 1937).
Saragossa, Univeridad de, *La guerra de Liberación Nacional* (Saragossa, 1961).
SARDÁ, JUAN, 'El Banco de España 1931–1962', in *El Banco de España* (Madrid, 1970).
SAROLEA, CHARLES, *Daylight on Spain: The Answer to the Duchess of Atholl* (London, 1938).
SCHAPIRO, LEONARD, *The Communist Party of the Soviet Union* (London, 1960).
SCHLAYER, FELIX, *Diplomat im roten Madrid* (Berlin, 1938).
SCHLEIMANN, JURGEN, 'New Light on Münzenberg' (*Survey,* April 1965, London).
SCHMIDT, PAUL, *Hitler's Interpreter* (London, 1951).

SCHWARTZ, FERNANDO, *La internacionalización de la guerra civil española* (Barcelona, 1971).
SCOTT-ELLIS, PRISCILLA, *The Chances of Death* (Norwich, 1995).
SEALE, PATRICK (and MCCONVILLE, MAUREEN), *Philby: The Long Road to Moscow* (London, 1973).
SECO SERRANO, CARLOS, *Historia de España: época contemporánea* (Barcelona, 1962).
SEDWICK, FRANK, *The Tragedy of Manuel Azaña and the Fate of the Spanish Republic* (Ohio, 1963).
SEMPRÚN MAURA, CARLOS, *Révolution et contre-révolution en Catalogne* (Tours, 1974).
SENDER, RAMÓN, J., *Counter-attack in Spain* (Boston, 1937); *Requiem por un campesino español* (Buenos Aires, 1961); *Seven Red Sundays* (London, 1936); *The War in Spain* (London, 1937).
SERGE, VICTOR, *Memoirs of a Revolutionary* (London, 1963).
SERRANO SÚÑER, RAMÓN, *Entre Hendaya y Gibraltar* (Madrid, 1947).
Servicio Histórico Militar, *Historia de la guerra de liberación*, vol. I (Madrid, 1945).
SETON WATSON, CHRISTOPHER, *Italy from Liberalism to Fascism* (London, 1967).
SEVILLA ANDRÉS, DIEGO, *Historia política de la zona roja* (Madrid, 1954).
SHEEAN, VINCENT, *Not Peace But a Sword* (New York, 1939); *The Eleventh Hour* (London, 1939).
SILVA, General CARLOS DE, *Millán Astray* (Barcelona, 1956).
SIMPSON, Sir JOHN, *The Refugee Problem* (London, 1939).
SINCLAIR, UPTON, *'No pasarán' (They Shall Not Pass)* (London?, 1937).
SKOUTELSKY, RÉMI, *L'Espoir guidait leurs pas* (Paris, 1998).
SLOAN, PAT (ed.), *John Cornford: A Memoir* (London, 1938).
SMITH, LOIS ELWYN, *Mexico and the Spanish Republicans* (Berkeley, 1955).
SOLANO, WILDEBALDO, *The Spanish Revolution: The Life of Andrés Nin* (London, no date).
SOLANO PALACIO, FERNANDO, *La tragedia del norte* (Barcelona, 1938).
Solidaridad de los pueblos con la república española (1936–1939) (Moscow, 1972).
SOMMERFIELD, JOHN, *Volunteer in Spain* (London, 1937).
SOMOZA SILVA, LÁZARO, *El general Miaja (biografía de un héroe)* (Mexico, 1944).
SORIA, GEORGES, *Trotskyism in the Service of Franco: Facts and Documents on the POUM* (London, 1938).
SOUCHY, AGUSTIN, *Colectivizaciones. La obra constructiva de la revolución española* (Barcelona, 1937); *Entre los campesinos de Aragón* (Valencia, 1937).
SOUTHWORTH, HERBERT R., *Antifalange* (Paris, 1967); *El mito de la cruzada de Franco* (Paris, 1963, also French edition); *La Destruction de Guernica* (Paris, 1975).

Spain, *Guernica; being the official report of a commission appointed by the Spanish national government to investigate the causes of the destruction of Guernica on 26–28 April, 1937* (London, 1938); Foreign Ministry, *La agresión italiana. Documentos ocupados a los unidades italianas en la acción de Guadalajara* (Valencia, 1937); Office of Information, *Las brigadas internacionales; la ayuda extranjera a los rojos españoles* (Madrid, 1948); *Appeal by the Spanish government. White book published by the Spanish government and presented to the Council on 28 May 1937* (Geneva, 1937); *Documents on the Italian intervention in Spain* (London, 1937); Tribunal supremo. Ministerio fiscal, *The general cause, the red domination in Spain, preliminary information drawn up by the ministry of justice* (Madrid, 1946); Servicio Histórico Militar, *Sintesis histórica de la guerra de liberación, 1939–1939* (Madrid, 1968).

SPENDER, STEPHEN, *World within World* (London, 1951); (with LEHMANN, JOHN [ed.]), *Poems for Spain* (London, 1939).

SPERBER, MURRAY A., comp., *And I Remember Spain: A Spanish Civil War Anthology* (London, 1974).

SPIELHAGEN, FRANZ, *Spione und Verschwörer in Spanien* (Paris, 1936).

SPRIANO, PAOLO, *Storia del partito comunista italiano*, vol. III *(I fronti popolari, Stalin, la guerra)* (Turin, 1970).

STACKELBERG, KARL GEORG, Freiherr VON, *Legion Condor; deutsche Freiwillige in Spanien* (Berlin, 1939).

STANSKY, PETER (and ABRAHAMS, WILLIAM), *Journey to the Frontier* (London, 1966).

STAVIS, BARRIE, *Refuge: A One Act Play of the Spanish War* (New York, London, 1939).

STEER, GEORGE LOWTHER, *The Tree of Gernika: A Field Study of Modern War* (London, 1938).

STEWART, MARGARET, *Reform under Fire: Social Progress in Spain, 1931–1938* (London, 1938).

STRONG, ANNA LOUISE, *Spain in Arms, 1937* (New York, 1937).

'SUÁREZ, ANDRÉS', *El proceso contra el POUM* (Paris, 1974).

SÚÑER, ENRIQUE, *Los intelectuales y la tragedia española* (San Sebastián, 1937).

SWAFFER, HANNEN, *A British Art-Critic in Republican Spain* (Madrid, 1938).

SZINDA, GUSTAV, *Die XI Brigade* (Berlin, 1956).

TAGÜEÑA, MANUEL, *Testimonio de dos guerras* (Mexico, 1973).

TALÓN, VICENTE, *Arde Guernica* (Madrid, 1970).

TAMAMES, RAMÓN, *Estructura económica de España* (Madrid, 1969); *La república, la era de Franco* (Madrid, 1973).

TAMARO, ATTILIO, *Venti anni di storia* (Rome, 1952–3).

TANGYE, NIGEL, *Red, White and Spain* (London, 1937).

TARAZONA, FRANCISCO, *Sangre en el cielo* (Mexico, 1960).
TAYLOR, A. J. P., *The Origins of the Second World War* (London, 1961).
TAYLOR, FOSTER JAY, *The United States and the Spanish Civil War* (New York, 1956).
TÉLLEZ, ANTONIO, *La guerrilla urbana en España: Sabater* (Paris, 1972).
TENNANT, ELEONORA, *Spanish Journey* (London, 1936).
TERMES, JOSEP, *Anarquismo y sindicalismo en España: La primera internacional 1864–1881* (Barcelona, 1972).
TÉRY, SIMONE, *Front de la liberté, Espagne 1937–1938* (Paris, 1938).
THARAUD, JÉRÔME, *Cruelle Espagne* (Paris, 1937).
THOMAS, GORDON (and WITTS, MAX MORGAN), *Guernica* (New York, 1975).
THOMPSON, Sir GEOFFREY, *Front Line Diplomat* (London, 1959).
'The Times', History of, vol. IV (London, 1952).
TINKER, FRANK GLASGOW, *Some Still Live* (New York, 1938).
TITMUSS, RICHARD, *Problems of Social Policy* (London, 1950).
TOGLIATTI, PALMIRO, *Escritos sobre la guerra de España* (Barcelona, 1980); *Le Parti communiste italien,* translation (Paris, 1961).
TOMALIN, MILES, "Diaries" (unpublished).
TOMLIN, E. W. F., *Simone Weil* (Cambridge, 1954).
TORRIENTE BRAU, PABLO DE LA, *Pelando con los milicianos* (Mexico, 1938).
TORYHO, JACINTO, *La independencia de España* (Barcelona, 1938).
TOYNBEE, ARNOLD, *Survey of International Affairs,* 1937, vol. II (with V. M. Boulter) (London, 1938); 1938, vol. I (with Katharine Duff) (London, 1948).
TOYNBEE, PHILIP, *Friends Apart* (London, 1954); *Spain Assailed* (with Gilles Martinet, et al.: a student delegation to Spain) (London, 1937).
TRAINA, RICHARD P., *American Diplomacy and the Spanish Civil War* (Bloomington, 1968).
TRAUTLOFT, HANNES, *Als Jagdflieger in Spanien* (Berlin, 1940).
TREND, J. B., *The Origins of Modern Spain* (Cambridge, 1934).
TROTSKY, LEON, *The Spanish Revolution (1931–1939)* (New York, 1973).
TÚÑON DE LARA, MANUEL, *La España del siglo XX* (Paris, 1966); *El movimiento obrero en la historia de España* (Madrid, 1972).
TUSELL, JAVIER, *Historia dela democracia cristiana en España,* 2 vols. (Madrid, 1974); *Las elecciones del Frente Popular,* 2 vols. (Madrid, 1971).
ULLMAN, JOAN, *The Tragic Week: A Study of Anticlericalism in Spain, 1875–1912* (Cambridge, Massachusetts, 1968).
United Nations Security Council, *Report on Spain* (New York, 1946).
United States Government, *Foreign Relations of the United States:* 1936 (vol. II); 1937 (vol. I); 1938 (vol. I), 1939 (vol. II) (Washington, 1954–56).

URIBARRI, MANUEL, *La quinta columna española* (Havana, 1943).
URRACA PASTOR, MARÍA ROSA, *Así emperzamos (memorias de una enfermera)* (Bilbao, no date).
URRUTIA, JULIO DE, *El cerro de los héroes* (Madrid, 1965).
USD: see United States Government.
VALDESOTO, F. DE, *Francisco Franco* (Madrid, 1943).
VALVERDE, JUAN TOMÁS, *Memorias de un alcalde* (Madrid, 1961).
VANNI, ETTORE, *Io, comunista in Russia* (Bologna, 1948).
VANSITTART, Lord, *The Mist Procession* (London, 1958).
VARELA RENDUELAS, J. M., *Mi rebelión en Seville* (Sevilla, 1982).
VEGA GONZÁLEZ, ROBERTO, *Cadetes mexicanos en la guerra de España* (Mexico, 1954).
VEGAS LATAPIÉ, E., *El pensamiento político de Calvo Sotelo* (Madrid, 1941).
VELARDE, JUAN, *Política económica de la dictadura* (Madrid, 1968).
VENEGAS, JOSÉ, *Las elecciones del Frente Popular* (Buenos Aires, 1942).
VICENS VIVES, JAIME, *Aproximación a la historia de España* (Barcelona, 1962).
VIDAL I BARRAQUER, ARXIU, *Església i estat durant la segona república espanyola 1931–1936,* vol. I (Montserrat, 1971).
VIETH VON GOLSSENAU, ARNOLD ('LUDWIG RENN'), *Der Spanische Krieg* (Berlin, 1955).
VIGÓN, JORGE, *General Mola, el Conspirador* (Barcelona, 1957).
VILA SAN JUAN, JOSÉ LUIS, *¿Así fue? Enigmas de la guerra civil española* (Barcelona, 1972).
VILANOVA, ANTONIO, *La defensa del alcázar de Toledo* (Mexico, 1963).
VILAR, PIERRE, *Histoire de l'Espagne* (Paris, 1952).
VILAR, SERGIO, *Protagonistas de la España democrática, la oposición a la dictadura 1931–1969* (Paris, 1969).
VILARÓ, JOSÉ ESTEBAN, *El ocaso de los dioses rojos, Barcelona, Pethus, Argelés, Paris, Méjico* (Barcelona, 1939).
VILLALBA DIÉGUEZ, FERNANDO, *Diario de guerra, 1938–1939* (Madrid, 1956).
VILLAR, MANUEL, *El anarquismo en la insurreción de Asturias* (Valencia, 1935).
VILLAR SALINAS, JESÚS, *Repercusiones demográficas de la última guerra civil española* (Madrid, 1942).
VILLARÍN, JORGE, *Guerra en España contra el judaismo bolchevique* (Cadiz, no date).
VIÑAS, ÁNGEL, *Franco, Hitler y el estallido de la guerra civil* (Madrid, 2001).
VOROS, SANDOR, *American Commissar* (Philadelphia, 1961).
'W.W.W., General', *El mando* (Barcelona, 1937).
WALL, BERNARD, *Spain of the Spaniards* (New York, 1938).
WARNER, GEOFFREY, *France and Non-Intervention in Spain, July–August 1936* (*International Affairs,* April 1962).

WATKINS, K. W., *Britain Divided* (London, 1963).
WATSON, KEITH SCOTT, *Single to Spain* (London, 1937).
WATT, D. C., 'Soviet Aid to the Republic', *The Slavonic and East European Review* (June 1960).
WEIL, SIMONE, *Ecrits historiques et politiques* (Paris, 1960).
WEINBERG, GERHARD, *The Foreign Policy of Hitler's Germany: Diplomatic Revolution in Europe* (Chicago, 1970).
WEINTRAUB, STANLEY, *The Last Great Cause: The Intellectuals and the Spanish Civil War* (London, 1968).
WEIZSÄCKER, ERNST VON, *Memoirs* (New York, 1951).
WHITAKER, J. T., 'Prelude to War' (*Foreign Affairs*, New York, October 1942).
WINTRINGHAM, THOMAS HENRY, *English Captain* (London, 1939).
WOLFE, BERTRAM, *Khrushchev and Stalin's Ghost* (New York, 1957).
WOOD, J. K., *The Long Shadow* (unpublished MS., Harrogate).
WOOD, NEAL, *Communism and British Intellectuals* (London, 1959).
WOODCOCK, GEORGE, *Anarchism* (London, 1963).
WOOLMAN, DAVID, *Rebels in the Rif* (London, 1969).
WOOLSEY, GAMEL, *Death's Other Kingdom* (London, New York, 1939).
WORSLEY, CUTHBERT, *Behind the Battle* (London, 1939).
WULLSCHLEGER, MAX (ed.), *Schweitzer Kämpfen in Spanien* (Zurich, 1939).
XIMÉNEZ DE SANDOVAL, FELIPE, *José Antonio, Biografía apasionada* (Barcelona, 1941).
YZURDIAGA, FERMÍN, *Discurso al silencio y voz de la Falange* (Salamanca, 1937).
ZAYAS, Marqués DE, *Historia de la vieja guardia de Baleares* (Madrid, 1955).
ZUGAZAGOITIA, JULIÁN, *Historia de la guerra en España* (Buenos Aires, 1940); *Pablo Iglesias* (Madrid, 1926).
ZYROMSKI, JEAN, *Ouvrez la frontière!* (Paris, 1936).

从声音到文字，分享人类智慧

天喜文化